Frederick H. Kanfer
Jeanne S. Phillips

Lerntheoretische Grundlagen
der Verhaltenstherapie

Lerntheoretische Grundlagen der Verhaltens-therapie

Learning Foundations of Behavior Therapy

von Frederick H. Kanfer
und Jeanne S. Phillips

verlegt bei Kindler

Die Übersetzung aus dem Amerikanischen besorgte Edwin Ortmann.

Die Originalausgabe erschien 1970 bei John Wiley & Sons, Inc.,
New York/London/Sydney/Toronto unter dem Titel
»Learning Foundations of Behavior Therapy«

© Copyright 1970 by John Wiley & Sons, Inc., New York/London/Sydney/Toronto
Copyright der deutschsprachigen Ausgabe 1975 bei Kindler Verlag GmbH, München
Alle Rechte vorbehalten, auch die des teilweisen Abdrucks,
des öffentlichen Vortrags, der fotomechanischen Wiedergabe sowie der Übertragung
in Rundfunk und Fernsehen.
Redaktion: H. Watson
Korrekturen: H. M. Nelkow
Umschlaggestaltung: D. Vollendorf
Gesamtherstellung: Graph. Werkstätten Kösel, Kempten
Printed in Germany
ISBN 3 463 00634 0

Für George Saslow, der die Autoren regelrecht
infizierte mit seinem Enthusiasmus, seiner
Aufgeschlossenheit und seiner kritischen Würdigung
neuer Ideen.

Für Ruby, Ruth und Lawrence Kanfer,
deren Geduld und Vertrauen dieses Werk erst
ermöglichten.

Inhaltsverzeichnis

TEIL I

GESAMTÜBERBLICK ÜBER DEN BEHAVIORALEN ANSATZ IN DER KLINISCHEN PSYCHOLOGIE

KAPITEL 1:

KAPITEL 2:

TEIL II

DIE GRUNDLEGENDEN LERNPARADIGMEN
DER VERHALTENSTHERAPIE

KAPITEL 3:

Verhaltensmodifikation durch die Kontrolle von Stimulus-Reaktions-Verbindungen   119

KAPITEL 4:

Kombinierte Modelle aus Stimulus- und Reaktionskontrolle   159

KAPITEL 5:

Soziales Lernen und Verhaltensübung 216

TEIL III

PARADIGMEN DER VERHALTENSMODIFIKATION
MIT DEM SCHWERGEWICHT
AUF REAKTIONSKONTINGENTEN KONSEQUENZEN

KAPITEL 6:

Verhaltensmodifikation durch die Manipulation von Konsequenzen 275

TEIL IV

VERBALE VERMITTLUNG UND SELBSTREGULIERUNG

KAPITEL 8:
Verbales Verhalten und Gespräch 417

KAPITEL 9:
Selbstregulierung und ihre klinische Anwendung 455

Teil V

DIE KLINISCHE ANWENDUNG DER VERHALTENSMODIFIKATION
UND IHRE PROBLEME

KAPITEL 10:
Der breitere Kontext der Verhaltenstherapie: Soziale, organismische
und diagnostische Fragen 513

Vorwort zur deutschen Ausgabe

Als die amerikanische Ausgabe dieses Werkes erschien, beschäftigte sich die Verhaltenstherapie in den Vereinigten Staaten nicht mehr bloß mit einfachen Konditionierungsprinzipien, denen operante Paradigmen zugrunde lagen und die Angstreduktion anvisierten — sie hatte begonnen, sich der Behandlung schwieriger Fälle zuzuwenden. Die klinischen Erfolge der Verhaltenstherapie und die zunehmende Verwendung behavioraler Behandlungsmethoden bewirkten ein gesteigertes Interesse für die genaue Untersuchung der theoretischen Grundlagen der behavioralen Prozeduren, und die Folge waren Versuche, die dahin zielten, die behavioralen Techniken und lerntheoretischen Prinzipien in Einklang zu bringen mit dem empirischen Wissen anderer Zweige der experimentellen und Sozialpsychologie. Die wesentliche Entwicklung der letzten Jahre bestand darin, daß die Probleme der theoretischen Grundlage jener klinischen Techniken, die auch die Verhaltenstherapie umfassen, eine Klärung erfuhren. Zur selben Zeit erkannten lernorientierte Kliniker die Bedeutung kognitiven Verhaltens, selbstregulierender Prozesse sowie der Prinzipien der Sozialpsychologie. Das Ergebnis war, daß die heute verbreiteten Techniken im Hinblick auf die tatsächliche Umgebung, in der der Klient lebt, einer wesentlich weiter entwickelten Analyse von Verhaltensproblemen fähig sind. Auch erkennen die Kliniker heute die Notwendigkeit an, den Klienten so zu motivieren und zu trainieren, daß er am Prozeß der Verhaltensmodifikation aktiv teilnimmt und daß er die entscheidende Rolle der sozialen Umwelt (und ihrer komplexen Forderungen) erkennt, wenn es darum geht, Verhaltensprobleme erfolgreich und nachhaltig zu beseitigen.

Die Autoren des vorliegenden Werkes sind der Ansicht, daß die Methoden und Probleme, die sie in diesem Buch dargestellt haben, auch in Zukunft einen entscheidenden Kontext der Verhaltenstherapie bilden werden. Seit der Veröffentlichung der englischen Ausgabe dieses Werkes hat man eine Fülle an Experimenten und klinischen Untersuchungen durchgeführt, die die bereits vorhandenen Methoden abwandelten und die von uns untersuchten Probleme von einer anderen Seite her angingen. Doch den Vorkämpfern der Verhaltenstherapie ist es zu verdanken, daß sich der allgemeine Rahmen des behavioralen Ansatzes auch nach der Abfassung dieses Buches kaum veränderte. Das aber hat zur Folge, daß die deutsche Ausgabe nur unbedeutende Veränderungen enthält; um den behandelten Stoff auf den neuesten Stand zu bringen, mußte lediglich in den Kapiteln über Ethik, Bestrafung und Selbstregulierung gestrichen oder ergänzt werden.

Wir sind der Überzeugung, daß jeder wissenschaftliche Kontext durch die kulturelle Umwelt und durch die Geschichte und die Traditionen des Landes, in denen er entstand und zur Praxis wurde, beeinflußt wird — vor allem, wenn sich dieser Kontext mit sozialen und psychologischen Phänomenen befaßt. Die behavioralen Ansätze der deutschen Psychologie haben von den entsprechenden amerikanischen Arbeiten zur Forschung und Theorie vieles übernommen. Die Tatsache, daß die Resultate zum Teil verschieden sind, ist darauf zurückzuführen, daß sich die sozialen Strukturen und Institutionen, die Erziehungssysteme, die Einstellungen zu Verhaltensabweichungen und die Geschichte und Tradition der akademischen Psychologie der beiden Länder voneinander unterscheiden. So haben wir zum Beispiel den Eindruck, daß die Annäherung zwischen Verhaltenstherapie und anderen Behandlungsmethoden wie Gestalttherapie, Psychoanalyse oder Gesprächstherapie in Deutschland weiter fortgeschritten ist als in den Vereinigten Staaten. Die lange geschichtliche Entwicklung, in der sich die deutsche Psychologie eingehend mit grundlegenden erkenntnistheoretischen Problemen auseinandergesetzt hat wie auch die bei europäischen Psychologen — im Gegensatz zu ihren amerikanischen Kollegen — weniger ausgeprägte heuristische Tendenz bilden ebenfalls eine Matrix, in deren Kontext man erwarten darf, daß die unterschiedliche Vorrangigkeit verschiedener Stärken und Schwächen der Verhaltenstherapie und der ihr zugrunde liegenden Theorie zu neuen und verschieden gearteten theoretischen Richtungen und Forschungsinteressen führen wird. Das aber berechtigt uns zu der Hoffnung, daß die derart voneinander abweichenden Entwicklungen letztlich zu einer begrifflichen Vorstellung vom menschlichen Verhalten führen werden, die breiter und adäquater ist als das Konzept, das uns irgendeines der gängigen Psychologiemodelle bietet.

Herbst 1975   *Frederik H. Kanfer*

Vorwort der Autoren

Die Anfänge dieses Buches gehen auf die Zeit zurück, in der Autor und Autorin in der Abteilung für Psychiatrie an der *University of Oregon Medical School* tätig waren. Wir arbeiteten aktiv in der psychologischen Forschung, in der alltäglichen klinischen Praxis, und wir waren mit den Kontroll- und Lehraufgaben betraut, die in einem solchen Kontext üblich sind. Im Rahmen dieser unterschiedlichen Tätigkeiten bat man uns wiederholt, wir sollten für die Studenten zwischen dem verfügbaren psychologischen Grundmaterial und den klinischen Problemen unmittelbarere Zusammenhänge herausarbeiten. Es waren vor allem graduierte Studenten der klinischen Psychologie, Assistenz- und Krankenhausärzte sowie erfahrene Kliniker, die mehr wissen wollten über die behavioralen therapeutischen Verfahren, die damals überall zunehmendes Interesse erregten.

Als wir versuchten, diesen Fragen und Bitten nachzukommen, entdeckten wir, daß wir für den Kliniker zunächst einen ganzen Fundus an verhaltenspsychologischen Prinzipien anlegen mußten. Denn diese Prinzipien waren es, die sich (aufgrund ihrer potentiellen oder tatsächlichen Relevanz für die klinischen Probleme) bei der Durchführung von therapeutischen Operationen und in der klinischen Forschung als unmittelbar hilfreich erweisen konnten. Die raschen Veränderungen in der klinischen Praxis, die gleichzeitig auf den verschiedensten Gebieten stattfanden und in die verschiedensten Richtungen zielten, ließen erkennen, daß der Kliniker nicht nur die technologische Basis eines bestimmten verhaltenstherapeutischen Verfahrens, sondern auch seine Grundprinzipien begreifen mußte. So gewappnet sollte eigentlich jeder Spezialist fähig sein, bei seinen Patienten oder bei seiner Forschungsarbeit die Anwendbarkeit der verschiedenen Techniken zu beurteilen. Er sollte fähig sein, spezifische Behandlungsprogramme zu erarbeiten, die den Erfordernissen einer besonderen klinischen Situation gerecht werden. Er sollte fähig sein, auf die Veränderungen und Neuerungen einzugehen, die auf einem neuen und häufig problematischen Gebiet unerläßlich sind. Und indem er konkrete Beziehungen zwischen Theorie, Laborforschung und Praxis herstellt, sollte der jeweilige Spezialist sowohl die Nützlichkeit als auch die Grenzen verschiedener Techniken erkennen. Zugleich sollte der nicht klinisch tätige Forscher durch diese Kompilation erkennen, wie seine Arbeit an sich zu einer Vielfalt von klinischen Anwendungsmöglichkeiten führen kann, und wie Laboruntersuchungen durch Probleme der angewandten Praxis inspiriert werden können.

Dieses Buch ist das Ergebnis unserer Bemühungen, einen vollständigen Fundus an verhaltenspsychologischen Prinzipien zu schaffen. Auslösender Faktor war die Aufforderung des amerikanischen Herausgebers GEORGE MANDLER an FREDERICK H. KANFER, ein kleines Buch über die Verhaltenstherapie zu schreiben. Darauf wurde JEANNE S. PHILLIPS, die durch Zusammenarbeit mit dem Autor ein ausgesprochenes Interesse für behaviorale Verfahrensweisen in der klinischen Praxis entwickelt hatte, gebeten, an der Planung und Durchführung des Projekts teilzunehmen. Doch bald überschritt das Ausmaß der Arbeit den ursprünglich geplanten Umfang. Es wurde ein Leitfaden daraus, der sich für Kurse und Vorlesungen eignet, mit dem Ziel, einen Abriß klinischer und psychotherapeutischer Methoden zu vermitteln. Außerdem wendet er sich an jenen Personenkreis aus Praxis oder Forschung, der sich mit den Grundprinzipien und Problemen der Verhaltenstherapie vertraut machen will.

Bei der Abfassung dieses Buches übernahm zunächst jeder von uns die Verantwortung für bestimmte Kapitel, doch geschah die endgültige Planung in einem solchen Maße gemeinsam, daß nun alle Kapitel Gemeinschaftsarbeit sind. Der Autor (FHK) zeichnet durchweg für das Material verantwortlich. Bei vielen Kapiteln bildete die vom Autor erstellte Bibliographie auch dann die Grundlage, wenn das Kapitel von der Autorin (JSP) verfaßt wurde. Obgleich die Auswahl der in jedem Kapitel angeführten Arbeiten notgedrungen begrenzt ist, ist sie doch das Ergebnis einer relativ erschöpfenden Überprüfung der einschlägigen Literatur im Winter 1968. Nach diesem Zeitpunkt wurde die Bibliographie durch besonders wesentliche oder fortschrittliche Arbeiten ergänzt.

Wie es bei einem Abriß von Experimenten und Theorien eines umfangreichen Fachgebiets nur natürlich ist, sind wir bei seiner Abfassung nicht nur durch persönliche Kontakte beeinflußt worden, sondern auch durch die vielen Autoren und Kollegen, die zur Entstehung und Entwicklung der Verhaltenstherapie beigetragen haben. J. R. KANTOR verdient in diesem Zusammenhang besondere Erwähnung, da er die Ansichten des Autors zum Humanverhalten entscheidend geprägt hat. GEORGE SASLOW ließ uns persönliche Unterstützung und Ermutigung zuteil werden; dazu kam noch der Vorteil einer jahrelangen Diskussion mit ihm über die klinische Praxis, die Lehre und über behaviorale Ansätze bei der Lösung von klinischen Problemen. Als Leiter unserer Abteilung bot er uns genügend Gelegenheit und Anregung, unsere eigenen beruflichen Entwicklungsmöglichkeiten zu verwirklichen und uns für dieses Buch voll einzusetzen. Eine Anzahl Freunde und Kollegen gingen uns hilfreich zur Hand, als sie die frühen Entwürfe von vielen Kapiteln prüften. Wir danken GEORGE MANDLER, WARREN GARLINGTON, KENNETH CRAIG, ALLEN MARLATT und ISAAC MARKS für ihre Kritik. Und schließlich sei hier noch KATHRYN HALL gewürdigt, die uns mit Sorgfalt und Hingabe dabei half, das Manuskript vorzubereiten und zu tippen, und die auch zur Erstellung des Sachregisters beisteuerte.

Unsere grundlegende Überzeugung, daß Forschung und Praxis zusammenwirken können und müssen, damit die klinische Psychologie Fortschritte machen kann, wird dadurch erhärtet, daß wir unsere Arbeit in beiden Bereichen zugleich vorantreiben. Besondere Anerkennung in diesem Zusammenhang verdient das *National Institute of Mental Health*, das die Forschungstätigkeit des Autors von 1955 bis zur Gegenwart großzügig unterstützt hat. Fast alle Forschungsarbeiten, die in vorliegendem Werk angeführt werden und deren Autor oder Mitautor FHK ist, wurden vom *National Institute of Mental Health* finanziert (den Abschluß dieses Werks erleichterte das derzeitige Stipendium des Autors), und auch die Autorin erhielt ein Forschungsstipendium dieser Institution, das ihr einen einjährigen Studienurlaub in England und Kalifornien zum Studium verhaltenstherapeutischer Techniken und Grundlagen ermöglichte.

Frederick H. Kanfer
Jeanne S. Phillips

Einleitung

In der klinischen Psychologie hat sich in den letzten beiden Jahrzehnten ein derart rascher Wandel vollzogen, daß eine einheitliche Darstellung ihrer Methoden, ihrer Grundprinzipien, ihrer Ziele und ihrer fachbedingten Probleme so gut wie unmöglich geworden ist. Der Kliniker von heute überschreitet zwanglos die Grenzen zwischen den verschiedenen wissenschaftlichen Disziplinen, wobei er manchmal Techniken benutzt, die erst einige Wochen alt sind, um ein andermal traditionelle klinische Methoden zu modifizieren, indem er sie mit neuen Verfahrensweisen koppelt, und um dann wieder auf bewährte Tests oder Therapieverfahren zurückzugreifen. Kliniker entwickkeln ständig neue Methoden, um ihre Leistungen rationeller zu gestalten und um bereits vorhandene Verfahren situationsbedingten Erfordernissen anzupassen. Eine der augenfälligsten Veränderungen der klinischen Praxis ist darin zu suchen, daß die medizinisch orientierte Einstellung zur Psychopathologie von einem sozial-behavioral orientierten Standpunkt teilweise verdrängt worden ist. Hand in Hand damit ging die bemerkenswert rasche Entwicklung und Verbreitung der sogenannten »Verhaltenstherapien«. Ziel dieses Buches ist es nun, aus der Fülle an neuen verhaltensorientierten Behandlungsweisen die Prinzipien, Methoden und Schwerpunkte herauszuarbeiten, von denen man annehmen darf, daß sie einen gewissen bleibenden Wert haben werden. Denn sie sind es, aus denen der Kliniker am ehesten besondere Techniken entwickeln kann, die den realistischen Anforderungen eines bestimmten Problems gerecht werden, und durch die er sich der Hilfsmittel bedienen kann, die in jedem Einzelfall verfügbar sind.

Trotzdem ist dieses Werk nicht als Handbuch für Kliniker gedacht. Es soll vor allem die Theorie und Forschung darstellen, die heutzutage der praktischen Anwendung von Lernprinzipien und -techniken im therapeutischen Prozeß zugrundeliegen; und zweitens soll es die praxisbedingten Probleme aufzeigen. Genauer gesagt, wir wollen uns auf die Laborarbeit und auf die klinische Forschung konzentrieren, wo man sich bemüht, Lernprinzipien auf die Modifikation von Verhalten anzuwenden, die das therapeutische Ziel bilden (dabei wird das fragliche Verhalten als »symptomatisch«, »krank« »anomal« oder »abweichend« etikettiert). Der Student, der mit Lernprinzipien bereits etwas vertraut ist und der sich für ihre Anwendung auf praktische Verhaltensprobleme interessiert, soll erfahren, wie grundlegende wissenschaftliche Befunde, die auf der Allgemeinen Psychologie basieren, durch erfinderische Extrapolation zur Verbesserung des menschlichen Lebens schlechthin eingesetzt wurden. Klinische Praktiker und Studenten, die mit traditionellen und behavioralen Therapieverfahren bereits vertraut sind, werden — so hoffen wir — die empirischen Grundlagen der Verhaltenstherapien noch besser begreifen. Darüber hinaus werden sie sich der Mängel dieser Verhaltenstherapien bewußt werden, gleichzeitig aber auch ihre zunehmende Bedeutung in der klinischen Praxis erkennen. Studenten, die sich für die Humanforschung interessieren, werden die vielfältigen Forschungsmöglichkeiten entdecken, die die klinische Psychologie in sich birgt, da eine klinisch orientierte Forschung das Verständnis für normales und anomales Verhalten vertiefen und die Methoden zur Einschätzung und Behandlung von menschlichen Leiden fördern kann. Dieses Buch ist also vor allem für Leser gedacht, die mit den Grundprinzipien der Psychologie und des Lernens einigermaßen vertraut sind und die mehr über die praktische Anwendung dieser Prinzipien wissen möchten.

Anstatt eine Reihe erläuternder Fallstudien anzuführen, wollten wir in einem geschlossenen Kontext das generelle Verständnis für verhaltenstherapeutische Methoden vertiefen. Und anstatt uns mit der Ursache für menschliche Fehlanpassungen oder mit der Bedeutung von Verhaltensstörungen für das Leben der Betroffenen selbst zu befassen, legten wir das Schwergewicht auf die grundlegende Verhaltenstheorie, die bei der Behandlung von Verhaltensproblemen zur Anwendung kommt. Zwar bilden jene Ursachen oder Bedeutungen anerkanntermaßen einen legitimen und sehr wesentlichen Untersuchungsgegenstand, unser Hauptanliegen bei der Abfassung dieses Buches waren sie jedoch nicht. Es lag nicht in unserer Absicht, die vielen Spielarten der Verhaltenstherapie zu behandeln, die derzeit erforscht oder benutzt werden; wir wollten Haupttrends anhand von Beispielen illustrieren. Zugleich haben wir auf die Fülle an Forschungsergebnissen aus dem Lernbereich und aus anderen experimentalpsychologischen Bereichen hingewiesen und gezeigt, wie sie in der Praxis zum Grundstock für klinische Verfahrensweisen wurden. Eine überaus umfangreiche Literatur, die sich mit der Entstehung und Modifikation von Problemverhalten befaßt, setzt sich mit biologischen Variablen und mit sozialen und kulturellen Prozessen auseinander. Doch trotz ihrer offensichtlichen Bedeutung für das volle Verständnis von gestörtem Verhalten und für die therapeutischen Prozesse, die für uns hier relevant sind, haben wir diese Bereiche nur gestreift. Doch muß hier darauf hingewiesen werden, daß diese Ausklammerung eine Frage des Fokus (und nicht der Relevanz) ist sowie der begrenzten Möglichkeit der Autoren, in ein derart enzyklopädisches Unterfangen genügend Fachwissen einfließen zu lassen.

Unser Entschluß, im klinischen Verhaltensbereich unter dem Gesichtspunkt von Lernprinzipien vorzugehen, wurzelt in unserer festen Überzeugung, daß dieses Vorgehen gegenüber früheren klinischen Darstellungsweisen zwei unbedingte Vorteile aufweist: 1. Verfügt der Kliniker oder Forscher, der menschliches Verhalten analysiert oder verändern möchte, über einen breiteren und flexibleren Bezugsrahmen; und da Methodologie und Gehalt dieses Vorgehens auch andere Bereiche der Psychologie kennzeichnen, werden alle Fortschritte, die in diesen Bereichen erzielt werden, auch diesem Vorgehen zugutekommen. 2. Läßt die Entwicklungsfähigkeit dieser Darstellungsweise, ihr praktischer Nutzwert und die minimale Einschränkung der Untersuchungs- und Behandlungsbedingungen die Hoffnung zu, daß die klinische Psychologie endlich in die Position einer angewandten Wissenschaft aufrückt und daß so ein weiterer Beitrag zum Wohle der Menschheit und zum vertieften Verständnis für das Verhalten des Menschen geleistet wird.

Der Gründe für die Abfassung eines Buches gibt es viele. Die verhaltenstherapeutischen Modelle, die klinisch angewandt werden, und die Bemühungen, jene Bereiche, die noch nicht praktisch verwertbar sind, mittels zusätzlicher Forschungsarbeit abzusichern, häufen sich so rapid, daß eine zusammenfassende Einführung des Studenten in den Gegenstand unerläßlich scheint. Eine relativ umfassende Darstellung kann dazu beitragen, daß in bezug auf die verschiedenen Verhaltenstherapien voreilige Schlußfolgerungen oder orthodoxe Ansichten vermieden werden. Eine solche Darstellung kann die Tatsache unterstreichen, daß sogar die bestrickendsten technologischen Entwicklungen auf diesem Gebiet dem Fachmann, der sie praktisch verwertet, ein gesundes Urteilsvermögen abverlangen. Wir hoffen, daß wir dem Leser durch unsere Darstellung verschiedener Techniken und ihrer Grundprinzipien eine Vorstellung von der Forschungsarbeit, die noch zu tun bleibt, vermitteln; immer noch müssen sorgfältige Untersuchungen durchgeführt werden, um im Hinblick auf humanpsychologische Prozesse Hypothesen zu erhärten und um den Erfolg vieler Techniken zu begründen.

Wir hoffen, daß diese Darstellung dem Leser nicht nur hilft, sich Techniken, Untersuchungen und wesentliche Befunde ins Gedächtnis zurückzurufen, sondern daß sie — im beruflichen wie im privaten Bereich — vor allem seine Zusammenschau menschlichen Verhaltens fördert. Trotz der Aufklärung und der gewaltigen technologischen Fortschritte, die unser wissenschaftliches Zeitalter kennzeichnen, hat man es noch nicht unternommen, alltägliche Ansichten über die Natur des menschlichen Verhaltens und alltägliche Einstellungen zu sozialen Institutionen und zu kulturellen und menschlichen Werten unter dem Gesichtspunkt unserer wissenschaftlichen Erkenntnisse neu zu überprüfen. Die kulturelle Kluft, die sich zwischen den Daten der Sozialwissenschaften und ihrer praktischen Anwendung auf alltägliche Probleme des Menschen aufgetan hat, stellt im Hinblick auf die Fragen der Menschheit von heute ein Hauptproblem dar, gleichgültig ob diese Fragen nun wirtschaftlicher, politischer, sozialer oder psychologischer Art sind. Da jedoch die Methoden der Verhaltensanalyse und der experimentellen Psychologie bei der kritischen Untersuchung von Humanproblemen gemeinsam zur Anwendung kommen, stürzt ein Mythos von der menschlichen Natur nach dem anderen in sich zusammen. Wir sind davon überzeugt, daß der Leser die Techniken, die bei der Behandlung einzelner neurotischer oder psychotischer Patienten benutzt werden, auch dann besser begreift, wenn er einer wissenschaftlichen Verfahrensweise konfrontiert wird, die eine ständige Überprüfung der Methoden des Beobachters oder Therapeuten unterstreicht und die eine ständige Erhärtung augenscheinlicher Wahrheiten oder Annahmen fordert. Diese Verfahrensweise wird ihm auch zu einer besseren Sicht seiner selbst, seiner Mitmenschen und der sozialen Institutionen verhelfen, die ein Produkt sind der Erfindungsgabe und der Torheit des Menschen zugleich — zu einer Sicht der Dinge, die in ihrer Vielfältigkeit einzigartig und wahrhaft beeindruckend sind, was jedoch nicht hindert, daß sie mit den Methoden der Sozialwissenschaften untersucht und erhellt werden können.

Die Gliederung des Buches

Die Gliederung dieses Buches basiert auf dem Standpunkt, daß das Kriterium psychologischer Probleme in der Interaktion von Menschen mit ihrer sozialen Umwelt und nicht in ihrem psychischen Apparat zu suchen ist. Wir erwarten von einer diagnostischen Etikettierung nicht, daß sie die Entscheidung für eine bestimmte Therapie nach sich zieht, die ausschließlich dieser diagnostischen Kategorie entspricht. Wir glauben nicht, daß die Modellvorstellung von Verhaltensstörungen auf dem medizinischen Krankheitskonzept fußen sollte, bei dem die Diagnose zu einer bestimmten Behandlung führt, ebensowenig wie wir im Hinblick auf die anzuwendende Behandlungsstrategie die Nützlichkeit des heutigen psychiatrisch-diagnostischen Systems akzeptieren. Die Verhaltenstherapie befaßt sich nicht mit »Schizophrenie« oder mit der »zwanghaften Persönlichkeit«, sondern mit einer Reihe von Reaktionen, die dem Patienten oder seiner Umwelt Schwierigkeiten bereiten. Der behaviorale Standpunkt resultiert darin, daß der Therapeut im Rahmen einer Analyse der gesamten Lebensbedingungen des Patienten Probleme definiert und beschreibt, um sich dann für entsprechende Behandlungsmethoden zu entscheiden. Daher entschlossen wir uns, Behandlungtechniken unter dem Gesichtspunkt der Lernprinzipien — von denen sie sich herleiten — zu gliedern. So können praktische Überlegungen, die im Rahmen eines Behandlungsprogramms angestellt werden, dazu führen, daß einzelne Probleme ein und derselben Person mittels verschiedener Methoden gleichzeitig oder nacheinander in Angriff genommen werden. Dabei ist es die Regel und nicht die Ausnahme, daß sich therapeutische Methoden überschneiden, wogegen es andererseits die Ausnahme und nicht die Regel ist, daß Lerntechniken (sogar Laboruntersuchungen) rein und unvermischt erhalten bleiben. In den Kapiteln über Therapiemethoden stößt der Leser auf Gruppierungen grundlegender Techniken, die aus verschiedenen zusammenhängenden Lernverfahren und aus einem Grundstock an Experimentalbefunden entwickelt worden sind.
Wir haben den behandelten Stoff grob in drei Abschnitte unterteilt: Teil I erläutert ein behaviorales Lernmodell und seine Relevanz für die klinische Psychologie. Abschnitt 2 umfaßt die Teile II, III und IV, welche die Struktur und die Anwendungsmöglichkeiten verschiedener Lernmodelle darstellen. Teil V befaßt sich mit allgemeineren Problemen, die für alle klinischen Unternehmungen von wesentlicher Bedeutung sind, ganz gleich welcher besonderen Lernparadigmen man sich auch bedient.

Die Diskussion über verschiedene Lernmodelle ist der Bequemlichkeit halber willkürlich unterteilt worden in Abschnitte und Kapitel. Wie wir bereits andeuteten, kommt es selten vor, daß sich ein therapeutisches Programm nur eines einzigen Modells bedient. Allerdings ist es möglich, zwischen Methoden zu unterscheiden, die *primär* auf nur einem grundlegenden Lernparadigma basieren. Während bei einigen Verfahren der Verhaltensmodifikation das Paradigma des klassischen Konditionierens zur Anwendung kommt (Kapitel 3), fußen andere hauptsächlich auf dem Paradigma des operanten Konditionierens (Kapitel 6). In anderen Kapiteln stoßen wir auf Muster, die sich beider Modelle bedienen. In manchen Fällen gibt es theoretische und praktische Gründe dafür, daß nicht einmal Übereinstimmung darüber erzielt werden konnte, welches der experimentellen Grundparadigmen nun auf den einen oder den anderen Konditionierungstypus angewandt werden sollte. Wenn die Mechanismen, die einer bestimmten Operation zugrunde liegen, sowohl ein klassisches als auch ein operantes Konditionieren miteinschließen, kann diese Operation an verschiedenen Stellen abgehandelt werden. Das trifft zum Beispiel auf die Anwendung von noxischen Stimuli zu, die sowohl klassische Komponenten (aversives Konditionieren) als auch operante Bestandteile (Bestrafung) umfassen kann, so daß wir ihr in Kapitel 3 und in Kapitel 7 begegnen. Versucht ein therapeutisches Verfahren sowohl die Vorbedingungen als auch die Konsequenzen eines Zielverfahrens zu beeinflussen, ist das Modell vermischt. Kapitel 4 beschreibt die Desensibilisierung als ein komplexes Therapieverfahren, das sich einer einfachen Klassifizierung entzieht, und trägt daher die Überschrift »Vermischte Modelle«.

Neben der Verhaltensmodifikation durch direkte Manipulation der stimulibedingten Umwelt oder der Verhaltenskonsequenzen einer Handlung können Lernprozesse auch durch indirekte oder vermittelnde Methoden verwirklicht werden. Die Modelle vom stellvertretenden Lernen (Kapitel 5), vom Lernen durch verbale Vermittlung (Kapitel 8) und von der Selbstregulierung (Kapitel 9) eignen sich als Grundlagen für therapeutische Prozeduren. Allerdings ist ihre theoretische Erklärung keine leichte Sache, weshalb wir jedem dieser Bereiche ein gesondertes Kapitel gewidmet haben.

Die Effektivität von Therapieverfahren der Verhaltensmodifikation hängt ab von der Anwendung geeigneter Lernmechanismen, von dem Rahmen, in dem das Lernen stattfindet, sowie von den biologischen und sozialen Merkmalen der betroffenen Personen — also des Lernenden und des Verhaltensmodifikators. Diese Faktoren werden in Kapitel 10 abgehandelt, das auch eine Diskussion über Methoden der Verhaltensdiagnostik enthält. Das letzte Kapitel (11) durchleuchtet umfassendere Probleme, die mit der Durchführung von Prozeduren der Verhaltensmodifikation in der Gesellschaft von heute zu tun haben. Hier werden im Kontext der traditionellen ethischen und sozialen Anforderungen an den Kliniker einige Implikationen der Verhaltensmodelle für die berufliche Praxis diskutiert. Außerdem untersucht dieses Kapitel Schwächen der verhaltenstherapeutischen Grundlagen und Bereiche, die weiterer Forschungsarbeit bedürfen.

TEIL I

Gesamtüberblick
über den behavioralen Ansatz
in der klinischen Psychologie

KAPITEL 1

Die klinische Psychologie und ihr Verhältnis zum allgemeinen Umfeld

Seit dem Ende des Zweiten Weltkriegs hat sich die klinische Psychologie in der Praxis ständig gewandelt. Hand in Hand mit neu entwickelten Behandlungsmethoden gingen zunehmend Anforderungen an den Psychologen, die nicht auf den Bereich der Verhaltensstörungen beschränkt blieben. Obgleich es nach wie vor für die Einzeldiagnose und -therapie sind, die weitgehend die Vorstellung von der Tätigkeit des Psychologen bestimmen, hat sich die gängige Praxis in Nervenkliniken, Schulen, Krankenhäusern und anderen öffentlichen Institutionen verändert. Die angewandte Psychologie widmet sich heute der Aufgabe, menschliches Verhalten unter mannigfachen Bedingungen zu beschreiben, vorherzusagen oder zu verändern. Leistungen der Psychologie in Anspruch zu nehmen, ist keineswegs mehr unnormal. Die Motive für die praktische Anwendung von psychologischen Prinzipien sind genauso mannigfaltig wie die entsprechenden Methoden.

Die Einschränkung des menschlichen Elends und Unvermögens, das hauptsächlich durch neurotische und psychotische Verhaltensstörungen entsteht, zählt immer noch zu den Hauptaufgaben des praktizierenden Psychologen. Doch gilt ein zunehmendes Interesse auch den vorbeugenden Maßnahmen, die im Hinblick auf die Entwicklung des Menschen ergriffen werden können, damit dieser seine persönlichen und seine umweltbedingten Hilfsmittel voll ausschöpfen und die Befriedigungen erlangen kann, auf die unsere Gesellschaft Wert legt. Manche klinische Psychologen bemühen sich im Rahmen von sozialen oder industriellen Strukturen, dem einzelnen zu einer besseren Zusammenarbeit mit seinen Kollegen zu verhelfen. Andere wiederum planen soziale Veränderungen mit dem Ziel, die sozialen, wirtschaftlichen und politischen Probleme des Landes zu lösen. Trotz dieser sehr unterschiedlichen Interessen und Zielvorstellungen stoßen wir nach wie vor auf einige Merkmale, die die Fertigkeiten des klinischen Psychologen auszeichnen. Unter ihnen ist die Kenntnis der menschlichen Verhaltensprinzipien sowie das Geschick bei ihrer Anwendung auf die zahlreichen Probleme, die sich einstellen, wenn man versucht, die Handlungen des Menschen oder die soziale Umwelt, die diese Handlungen steuert, zu verstehen oder zu verändern, am wesentlichsten.

Dadurch, daß sich der Tätigkeitsbereich des Klinikers verlagert hat, und durch das breite Spektrum an Verfahren, das zur Lösung der mannigfaltigen Probleme nötig ist, haben sich natürlich auch die Schwerpunkte der Ausbildung verschoben. Der Kliniker von heute befaßt sich im selben Maße mit der Analyse der sozialen Umwelt eines Patienten wie mit der Analyse von Denkprozessen, er befaßt sich im selben Maße mit der Beobachtung von sozialen

Verhaltensweisen wie mit der Beschreibung von Emotionen und Empfindungen. Der gute Kliniker zeichnet sich nicht mehr bloß durch Sensibilität und intuitives Verständnis für den anderen aus, sondern auch durch die Kenntnis der Techniken und Prinzipien der Allgemeinen Psychologie, sowie durch deren geschickte Anwendung auf spezifische Probleme.

Diese letztgenannten Aspekte der Tätigkeit des Klinikers, sein fachbezogenes Geschick und Wissen, sind formal lehrbar. Nur wenn er im Besitz dieses Wissens ist, kann er Erfahrungen verwerten und seine Fähigkeit und sein Urteilsvermögen entwickeln, wenn es darum geht, bei der Durchführung von Verhaltensmodifikationsprogrammen Probleme einzuschätzen und zu analysieren. Wie in jedem Berufszweig reicht auch in diesem Fall bloßes »Bücherwissen« zur Praxis nicht aus. Genauso wie der Chirurg, der Anwalt oder andere Spezialisten muß auch der Kliniker sein Fachwissen mit gesundem Urteilsvermögen und Flexibilität kombinieren, um dieses Wissen im jeweiligen Einzelfall praktisch anwenden zu können.

Doch sind die Merkmale, die den Psychologen, der praktizierender Kliniker ist, von seinem Kollegen, dem Forscher, unterscheiden, selten klar herausgestellt worden. Die Vorstellung vom Kliniker als einem »professionellen Wissenschaftler« ist — was die Ausbildung und das berufliche Gebaren vieler Kliniker anlangt — immer noch vorherrschend. In der *Boulder Conference* von 1949, einem zweiwöchigen Meinungsaustausch über Ausbildungsprogramme für klinische Psychologen, an dem 71 Vertreter der Psychologie und verwandter Disziplinen teilnahmen, wurde diesem Rollenmodell feste Form gegeben. Dieses Modell sollte die Kluft zwischen Praktikern und Wissenschaftlern dadurch verringern, daß man die Forderung aufstellte, die Ausbildung des Psychologen müsse diesen befähigen, Forschungsarbeit sowohl zu begreifen als auch durchzuführen, obgleich seine Hauptfunktion im Dienst der Klinik zu suchen sei. Man stellte sich den klinischen Psychologen als einen Fachmann vor, »in der Lage, durch Forschung und Gelehrsamkeit zur Entwicklung der Techniken und Methoden seines Fachs beizutragen, in der Lage, einwandfreie Verfahren auszuwählen und wertlose zu verwerfen, weil er die Evidenz, die sich hinter neuen Theorien und Methoden verbirgt, kritisch überprüft — kurzum, kein passives und stagnierendes, sondern ein aufgewecktes sich ständig weiterentwickelndes Mitglied seines Berufsstandes« (Cook, 1966, S. 340). Obgleich die Erwünschtheit dieser Idealvorstellung mannigfache Debatten und Meinungsverschiedenheiten ausgelöst hat, hat sich durch die zunehmende Verwendung von experimentell erarbeiteten Methoden bei der Einzelpsychotherapie und bei der Modifikation von sozialen Umwelten erwiesen, daß der praktizierende Kliniker mit dem Forschungsbereich seines Fachs unbedingt vertraut sein muß.

Zusätzlich zu dem Wandel, den die klinische Psychologie durchgemacht hat, haben umfassendere soziale Veränderungen stattgefunden, von denen in immer rascherem Wechsel Institutionen und andere Lebensmuster betroffen worden sind. Das ganze Alltagsmuster des Durchschnittsmenschen unserer Gesellschaft wird durch neue Ideen, durch technische Neuerungen und durch wissenschaftliche Entdeckungen ständig modifiziert. Durch die spektakulären Auswirkungen der wissenschaftlichen Revolution auf den Alltag hat sich die öffentliche Haltung gegenüber der Wissenschaft grundlegend geändert. Die Eroberung des Weltraums, die Automatisierung von großen Industrien und Dienstleistungsbetrieben, die Erzeugung von elektronischen Geräten und Nachrichtensystemen für den Hausgebrauch, die Bekämpfung von Krankheiten und ähnliche Leistungen unserer Zeit haben die Art und Weise, wie der Mensch seine Umwelt und sich selbst sieht, gründlich gewandelt. Fortschritte in der Physik und Biologie scheinen die hergebrachte Überzeugung, daß sich Humanverhalten der wissenschaftlichen Methodik entzieht, erschüttert zu haben. Obgleich Zweifel über die Frage, ob sich psychische Phänomene durch eine wissenschaftliche Analyse erschließen lassen, fortbestehen, ist die Lage heute doch so, daß sich die Neuerungen und Experimente auf dem Gebiet der angewandten Psychologie einer umfassenderen Anerkennung erfreuen. Wichtiger noch ist die Tatsache, daß man sich heute weniger gegen eine erneute Analyse der Annahmen sträubt, die im Hinblick auf menschliches Verhalten und auf die zivilisatorischen Einrichtungen, mit denen der Mensch lebt, als gültig betrachtet werden.

Die technologischen Leistungen der Physik, Elektronik und anderer »strengen Wissenschaften« haben auch den traditionellen Standpunkt verändert, nach dem jeder Fortschritt erst dann auf praktische Probleme angewandt werden kann, wenn ihm eine langwierige Laborforschung mittels probeweiser Exploration vorausgegangen ist. Physiker und Techniker haben vor kurzem darauf aufmerksam gemacht, daß in der Physik der Ideenfluß nicht mehr einseitig vom Grundprinzip zur praktischen Anwendung führt. Der Techniker von heute nimmt ein Projekt nicht mehr erst dann in Angriff, wenn ihm die Laborforschung die erforderlichen Informationen geliefert hat. Soziale Forderungen haben den wissenschaftlichen Wissensstand von heute ungemein gefördert, indem sie praktische Ziele umrissen und Forschungsgebiete definierten, auf denen man nun finanzielle Hilfsmittel und menschliche Arbeitskraft massiert einsetzen konnte. So hat zum Beispiel der Entschluß, auf dem Mond zu landen, anstatt neue Transportmethoden zu Lande oder Möglichkeiten zur Verhinderung der Umweltverschmutzung zu entwickeln, denjenigen wissenschaftlichen Bemühungen Vorrang eingeräumt, die Probleme der Raumfahrt und des Überlebens in der schwerkraftfreien Atmosphäre zu lösen suchten. Dieser Entschluß hat nicht nur wissenschaftliche Energien für einen bestimmten Forschungsbereich freigesetzt, er hat auch für einen echten Informationsrückfluß vom praktischen Erfahrungsbereich zum Labor gesorgt. Die Beobachtungen, die von Astronauten während ihrer Raumfahrten angestellt wurden, haben neue wissenschaftliche Probleme aufgeworfen, bei denen es sowohl um Fragen der »Grundlagenforschung« als auch um Neuformulierungen von früheren Theorien geht. In den Sozialwissenschaften hat der Entschluß, Erziehungssysteme, Haftbedingungen in Gefängnissen, urbane Gemeinwesen oder industrielle Organisationen zu modifizieren, ein neues Interesse geweckt für die Analyse von wesentlichen Variablen, die mit relevanten sozialen Phänomenen verknüpft sind. Und dieser Entschluß hat auch die Erforschung von bis dahin nur beiläufig beobachteten Phänomenen angeregt.

Die Praxis der klinischen Psychologie ist entscheidend beeinflußt worden durch technologische Entwicklungen, durch die veränderten moralischen und sexuellen Maßstäbe, durch veränderte berufliche Möglichkeiten, durch neue erzieherische und medizinische Methoden, durch die veränderte Bevölkerungsverteilung und durch die sich verschiebende Struktur des Gemeinwesens und der Familie an sich. All diese Veränderungen haben im Hinblick auf Abweichungen von strengen traditionellen Normen eine gewisse Toleranz erzeugt. Außerdem haben sie viele Annahmen widerlegt, bei denen es um die Allgemeingültigkeit von pathogenen Erfahrungen ging, um Verhaltensstörungen als einheitliche Krankheitsbilder und um die Grenzen der Anpassungsfähigkeit des menschlichen Organismus. Es läßt sich daher schwer vorhersagen, bei welchen Phänomenen künftig die Anwendung von psychologischen Prinzipien am dringlichsten sein wird. Folglich ist die geeignetste Ausbildungsstrategie für den psychologischen Praktiker die, daß man ihn nicht mehr mit besonderen Verfahrensweisen, sondern mit den empirischen Grundlagen der Psychologie von heute vertraut macht. Ähnlich scheint jede verhaltensmodifikatorische Verfahrensweise, was ihre Entwicklungsfähigkeit angeht, großenteils davon abzuhängen, ob sie den sich wandelnden Kriterien der Gesellschaft gerecht wird — gemeint sind die Kriterien für effektive soziale Verhaltensweisen und sich verändernde klinische Praktiken, die die neuen sozialen Anforderungen an die Verhaltenswissenschaften widerspiegeln.

Man hat unterstrichen, daß sich die psychologische Wissenschaft von heute, insbesondere die klinische Psychologie, in einem Übergangsstadium befindet. Für manche Autoren ist die Tatsache, daß in der Psychotherapie die Bedeutung der Psychoanalyse ab- und die Vielfalt an Verfahrensweisen zunimmt, ein Anzeichen dafür, daß auf diesem Gebiet umwälzende Veränderungen unmittelbar bevorstehen (vgl. z. B. COLBY, 1964). COLBY macht auf KUHN (1962) aufmerksam, der versucht hat, den historischen Fortschritt in den Wissenschaften zu analysieren. Der Untergang alter Modellvorstellungen, die derzeitige Krise und die alternativen theoretischen Erklärungsversuche, all diese Merkmale der heutigen Psychotherapie entsprechen den von Kuhn angeführten Vorbedingungen für die Entwicklung neuer Paradigmen. Kuhn vertritt den Standpunkt, daß jeder wissenschaftliche Fortschritt drei diskontinuierliche Phasen aufweist: 1. Unzufriedenheit, 2. die Suche nach Alternativen und 3. Umwälzungen, bei denen alte Paradigmen durch neue ersetzt werden. All diesen Bedingungen begegnen wir in der jüngsten Überprüfung älterer Theorien der Psychotherapie und Persönlichkeitsentwicklung und in der (auf Teilbereiche begrenzten) Fülle an theoretischen Konstrukten, mit deren Hilfe man Komponenten der Persönlichkeit und der sozialen Interaktion zu erklären sucht. Allerdings ist bislang keine umfassende Einzeltheorie entwickelt worden, die mit solcher Tiefe der Einsicht eine solche Menge an unterschiedlichen Bereichen menschlichen Lebens umschließt, wie das die Psychoanalyse tut.

Behavioristische klinische Psychologie

Es gibt mehrere neue theoretische Modelle der klinischen Psychologie; eines dieser Modelle basiert auf einer neobehavioristischen Methodologie und auf experimentellen Lerndaten. Der besondere Vorteil des behavioralen Lernmodells und der daraus abgeleiteten Methoden der Verhaltensmodifikation scheint darin zu bestehen, daß sich mit ihrer Hilfe besonders leicht Veränderungen von kulturellen Inhalten und von »Miniatur«-Theorien der experimentellen Psychologie darstellen lassen; das ist darauf zurückzuführen, daß dieses Modell wertneutral ist. Es beschreibt nicht die Verhaltensbestandteile der »Normalität« oder der »Wohlangepaßtheit«. Es versucht nicht, den Inhalt einer bestimmten Erfahrung (sagen wir eines Kindheitstraumas) als genaue Ursache einer Geisteskrankheit zu bestimmen. Es beschränkt sich nicht auf Lernprozesse, sondern umfaßt auch perzeptuelle, motivationale und biologische Phänomene. Im Gegensatz zu seinen Vorläufern liegt der wesentliche Beitrag des behavioralen Lernmodells darin, daß es die Methodologie unterstreicht. Es versucht die allgemeinen funktionalen Beziehungen zwischen unabhängigen Variablen und Reaktionsklassen zu spezifizieren und in jedem Einzelfall die besonderen Parameter, die diese Beziehungen beeinflussen, neu zu entdecken. Daher kann dieses Modell auf breite Spektren von Verhaltensproblemen angewandt werden, bei denen es oft nicht bloß um Einzelpersonen, sondern um ganze soziale Gruppen geht. Sein Anwendungsbereich ist bereits wesentlich umfassender als es die Anwendungsbereiche früherer klinischer Modelle waren. Außerdem beschränkt sich das behaviorale Modell nicht auf die klinische Psychologie. In einer Untersuchung zum Status des psychologischen Berufes aus dem Jahre 1962 erklärt WEBB, daß für die Psychologie von heute in all ihrer Vielfalt ein einziges Prinzip allgemeingültig sei: das Prinzip, daß menschliches Verhalten gesetzmäßig ist. Aus dieser Annahme lassen sich zwei Folgerungen ziehen: »1. Kann menschliches Verhalten am besten durch systematische Analyse begriffen werden; 2. können systematische Methodologien hergeleitet werden, die effektive Vorhersagen und Verhaltensmodifikationen gestatten« (WEBB, 1962, S. 32). Diese Überzeugung (von der Gesetzmäßigkeit menschlichen Verhaltens) erzeugt unter Psychologen einen starken Zusammenhalt, auch wenn ihre Ansichten zu anderen Fragen stark voneinander abweichen. Außerdem steht sie im Gegensatz zu der Überzeugung mancher Praktiker, die besagt, daß 1. die Gesetzmäßigkeiten menschlichen Verhaltens nicht vom Verhalten abgeleitet werden sollten, sondern vom Verständnis der Struktur und der Funktionen der Psyche; und daß 2. die richtigen Methoden der Psychologie die Intuition, Introspektion und spirituelle Teilnahme füreinander seien — nicht aber die systematische Analyse.

Die allgemeinen Prinzipien der Psychologie bilden die wissenschaftlichen Grundlagen von Verhaltensmodifikationsmethoden, doch bedarf jeder klinische Einzelfall einer bestimmten Kombination von Verfahrensweisen. So können z. B. zwei Patienten ähnliche phobische Reaktionen, aggressive Verhaltensweisen oder Sexualprobleme aufweisen. Trotzdem ist es in jedem Fall das besondere Lebensmuster des Patienten — sein Reaktionsvermögen auf die klinische Intervention und das Ausmaß, in dem die Symptome sein tägliches Leben stören — sind es all diese Dinge, die als Faktoren die Behandlungsmethode bestimmen. Die Umwelt des Patienten enthält bestimmte Hilfsmittel, die den therapeutischen Prozeß beschleunigen können, darunter die gesellschaftlichen und beruflichen Fertigkeiten des Patienten und viele andere entscheidende Merkmale, die in endlosen Kombinationen auftreten. Folglich würde die detaillierte Darstellung vieler Einzelfälle für den Studenten kaum eine *spezifische* Vorbereitung auf den nächsten Fall bedeuten. Solange die Parameter der Personen, Beschwerden, Umgebungen und Therapeuten, die das Behandlungsergebnis bestimmen, nicht besser begriffen werden, ist es unmöglich, die Vielzahl an konkreten Schritten zu beschreiben, aus denen die Arbeit des Klinikers mit jedem Patienten besteht. Eine Darstellung der allgemeinen Methoden und der zugrunde liegenden Prinzipien kann den Kliniker zumindest mit alternativen Strategien ausstatten. Derzeit sind es nach wie vor hauptsächlich der persönliche Scharfsinn und die persönliche Erfahrung, die zur Auswahl der vielversprechendsten Technik beitragen.

Der wissenschaftliche Standpunkt wirft ein ähnliches Problem auf. Keine Theorie darf erhoffen, alle Ereignisse menschlichen Normalverhaltens zu erfassen. Die gewaltige Fülle jedes ablaufenden Verhaltens läßt sich gegenwärtig nicht in einige einfache Ereignisklassen abstrahieren, die man mittels simpler standardisierter Laborverfahren behandeln könnte. Das bedeutet allerdings nicht, daß detaillierte Richtlinien der praktischen Verhaltensmodifikation nicht zu realisieren sind. Im Gegenteil, die verbesserte Katalogisierung von Therapieverfahren ist ein Ziel, das sowohl von Verhaltenstheoretikern als auch von klinischen Forschern angestrebt wird. Sogar wenn es gegenwärtig möglich wäre, eine bestimmte Technik zu verordnen (eine Möglichkeit, die sich in der nicht allzu fernen Zukunft abzuzeichnen scheint), und wenn es möglich wäre, den Persönlichkeitstypus, die sozialen Voraussetzungen, die symptomatischen Verhaltensweisen und die therapeutischen Hilfsmittel aufzuzeigen, die in der therapeutischen Verhaltensgleichung modifizierende Parameter abgeben würden, sogar dann wäre die Auswahl bestimmter Techniken nach wie vor durch den jeweiligen Patienten und das jeweilige Behandlungsziel bedingt. Davon abgesehen, würden der Mangel an einem umfassenden System zur Beschreibung und zum Verständnis von Verhalten sowie die persönlichen Vorlieben, Fertigkeiten und Überzeugungen des Therapeuten und andere praktische Faktoren immer noch eine gewisse Auswahl an Behandlungsprogrammen zulassen.

Überdies ist es mehr als fraglich, ob ein vollständiges Verständnis menschlichen Verhaltens oder eine hohe Präzision der Vorhersage aller Funktionsaspekte eines Menschen überhaupt nötig sind, um therapeutisch effektiv zu intervenieren. Eine Analyse menschlichen Verhaltens dürfte vollständig sein, nicht wenn sie ästhetisch bestrickt, sondern wenn sie pragmatischen Nutzwert hat, nicht wenn sie das ganze Gebiet abdeckt, sondern wenn sie praktisch verwendbar ist. SKINNER (1964) hat diesen Punkt folgendermaßen dargestellt:

»Keine wissenschaftliche Verhaltensanalyse wird so inhaltsreich sein wie ›Die Brüder Karamasow‹, ebensowenig wie die Analyse, die der Physiker von der Welt gibt, etwa der Fülle eines Spaziergangs auf dem Feld gleichkommen kann. Diese Analysen ›sollen gar nicht inhaltsreich sein‹. Welche Sicht der menschlichen Natur sich auch immer aus der Verhaltenswissenschaft ergeben wird, sie wird sich von allen heute vertretenen Ansichten unterscheiden; allerdings kann ich mir nicht vorstellen, daß ein wirklich effektives Verständnis menschlichen Verhaltens in irgendeiner Hinsicht als armselig betrachtet werden könnte« (S. 104). »... die Psychologie muß eine sehr wichtige Lektion lernen, nämlich die, daß sie nicht jede Frage, die man ihr stellt, beantworten kann« (S. 99).

In diesem Buch wurde die Wahl eines Lernmodells als Grundlage für einen Abriß jüngst entwickelter Verhaltensmodifikationsmethoden von zwei Überlegungen bestimmt. Trotz der Gewißheit, daß sich sogar die Hauptmerkmale dieses Lernmodells verändern werden, Hand in Hand mit Fortschritten auf Gebieten wie z. B. dem der Motivation, der Wahrnehmung, des Denkens und der Gehirnfunktion, muß erstens festgestellt werden, daß es diesem Lernmodell trotz seiner Grenzen und seiner Unvollständigkeit gelungen ist, ein größtmögliches Maß an Forschungsarbeit zu integrieren. Zweitens diente dieses Lernmodell als Grundlage zur Entwicklung eines Großteils der in diesem Buch dargestellten klinischen Techniken, und überdies wird seine pragmatische Nützlichkeit heute weithin anerkannt. Unter den verfügbaren Lerntheorien haben wir eine ausgewählt, die im allgemeinen dem Standpunkt SKINNERS entspricht. Sie befaßt sich immer dann auch mit Elementen aus dem Bereich des sozialen Lernens, der Kognition und anderer Bereiche, wenn diese Bestandteile für ein Therapieverfahren besonders relevant zu sein scheinen. Der Standpunkt, den wir hier vertreten und den wir mit DAVISON (1967), ULLMANN (1969) u. a. teilen, ist der, daß sich die Verhaltenstherapie nicht nur die Entdeckungen auf dem Gebiet des Lernens und Konditionierens, sondern alle Erkenntnisse der experimentellen Psychologie zunutze machen soll.

Bei der Untersuchung von Lernexperimenten stößt man auf eine Menge Daten aus dem tierischen Lernbereich. In der Tat bilden diese Tierstudien die Basis der heutigen Lernprinzipien. Allerdings hat sich die Extrapolation von Tier-Labordaten auf komplexes Sozialverhalten als bedenklich erwiesen, wenn es dabei zu Verallgemeinerungen kam im Hinblick auf symbolisches oder Denkverhalten, im Hinblick auf Selbsteinschätzungen oder andere Prozesse, die am Tier nicht direkt getestet werden können und die am Menschen nur teilweise erforscht worden sind. Daher sind die in diesem Buch angeführten Daten lediglich als Ansatzpunkte zur klinischen Anwendung gedacht. Sie repräsentieren den Querschnitt eines rasch sich fortentwickelnden Wissensstandes und sie illustrieren die Standpunkte und Kernfragen, die den Bereich der Verhaltenstherapien Ende der sechziger Jahre ausmachten. Viele der hier dargestellten Prinzipien werden zweifellos relativ unverändert fortbestehen. Andere Prinzipien können veralten oder erweitert werden; und einige der

behandelten Kernfragen können schon kurze Zeit nach Erscheinen dieses
Buches gelöst werden. Am wesentlichsten an dieser Darstellung ist jedoch
nicht ihr faktischer Inhalt. Es erscheint uns wesentlich, anzuerkennen, daß
die von der Tierlaborforschung und vom Experimentalpsychologen für den
Kliniker geschaffenen Hauptwerkzeuge 1. eine wissenschaftliche Methodologie und 2. einige Grundprinzipien sind, die eine Extrapolation auf praktische
Situationen zulassen. Auf diesen Grundlagen wird der klinische Forscher eine
immer präzisere Approximation an ein menschliches Verhaltensmodell erzielen.

In diesem Kapitel stellen wir dem Leser den Standpunkt der Verhaltenstherapie vor. Da er auf einer relativ klar formulierten philosophischen Auffassung beruht, diktiert er Beobachtungsmethoden und bestimmt er bis zu
einem gewissen Grad das, was beobachtet werden soll. Daher werden wir
einen Vergleich zwischen klinischen und Labormethoden durchführen, mit
dem Ziel, die Anpassung und die Veränderung zu durchleuchten, die nötig
sind, wenn man von der Untersuchung streng kontrollierter Laborphänomene
zur Erforschung von klinischen Problemen übergeht. Und schließlich werden
wir uns kurz mit derzeit gebräuchlichen Forschungsstrategien und Unzulänglichkeiten des klinischen Bereichs auseinandersetzen. Dadurch sollen Strategien illustriert werden, die die Strenge der Methode und die Allgemeingültigkeit von Schlüssen maximieren können, auch dann, wenn es sich bei den
Versuchsobjekten um Einzelpersonen in einer natürlichen Umwelt handelt
und wenn die Durchführung von idealen Forschungsplänen durch praktische
Notwendigkeiten und soziale Einschränkungen beeinträchtigt werden kann.

Verhaltenstherapie als Standpunkt

Einige verhaltenstherapeutische Techniken wurden angewandt, lange bevor
man Lerntheorien entwickelte, doch war ihre rationelle Grundlage der gesunde Menschenverstand oder die Beobachtung anstelle des Experiments. So
schlug z. B. 1830 ein Kinderarzt eine Enuresis-Behandlung vor, die einen
Großteil der Elemente einer Konditionierungstherapie enthielt (LOVIBOND,
1964). FRANKS (1966) berichtet, PLINIUS der Ältere habe einige faszinierende
Techniken zur Erzeugung von Ekel vor Alkohol vorgeschlagen. KANTORO-
VICH führte mit seiner Anwendung von PAWLOWschen Konditionierungsprinzipien im Jahre 1929 kontrollierte Testungen dieser Techniken ein, um eine
konditionierte Aversion gegen Alkohol zu errichten. MOWRER und MOWRER
entwickelten im Jahr 1938 mit der konditionierenden Klingel-und-Kissen-
methode — der eindeutig dasselbe PAWLOWsche Modell zugrundelag — ein
Behandlungsverfahren für Enuresis.

Es überrascht nicht, daß einige frühere Therapiemethoden heutigen Verhaltenstherapien ähneln. Die modernen Lerntheorien beschreiben Prozesse
und Parameter, von denen angenommen wird, daß sie alle menschlichen Lern-
vorgänge bestimmen; und obgleich es damals noch keine Verhaltenstheorien

oder empirische Daten gab, aus denen eine Technologie hätte entwickelt werden können, standen der frühen technologischen Forschung offenbar bereits Erkenntnisse, die in diese Richtung zielten, zur Verfügung. ULLMANN (1967 a) bemerkte in diesem Zusammenhang: »Wir begegnen Elementen der Verhaltenstherapie in den Arbeiten von Autoren, die so unterschiedlich sind wie ALBERT ELLIS, HOBART MOWRER, ALFRED ADLER, GEORGE KELLY und DALE CARNEGIE« (S. 1). Neu an den Verhaltenstherapien ist ihre Verwendung von Methoden, die vom Labor in die Klinik führen und von der Klinik zurück ins Labor, wobei Nutzwert und Validität der jeweiligen Operation gezielt getestet werden, während sich die Behandlung selbst in einem datenorientierten, hypothesentestenden Bezugsrahmen abspielt. So hatte in der Vergangenheit z. B. die Fülle an Literatur über das verbale Konditionieren und über die mikroskopische Analyse von dyadischen verbaltherapeutischen Operationen fast keinen Einfluß auf das Format von psychotherapeutischen Interviews oder auf das Verhalten des interviewenden Therapeuten (KANFER, 1966 a). Die umfangreiche Forschung auf dem Gebiet des anomalen Verhaltens wirkte sich nur geringfügig auf das überlieferte psychiatrische Klassifikationssystem aus. Im Gegensatz dazu haben verhaltensorientierte Therapeuten und ihre Laborkollegen kürzlich Extrapolationen von experimentellen Befunden auf klinische Methoden gefordert und versucht, wobei sie testbare Hypothesen aufstellten und die Schritte beschrieben, die diese Extrapolationen erforderten. Diese Tendenz, den experimentellen mit dem klinischen Bereich zu verquicken, liegt bei GOLDSTEIN, HELLER und SECHREST (1966) klar auf der Hand. Im Zusammenhang mit Hypothesen zur Verbesserung des interpersonalen Einflusses, den der Therapeut auf den Patienten ausübt, ziehen diese Autoren die kognitive Dissonanzforschung heran, und sie nehmen die sozialpsychologische Erforschung von Operationen in Kleingruppen zu Hilfe, um testbare Hypothesen über Methoden zur Verbesserung der gruppentherapeutischen Effektivität aufzustellen. Ihr Buch ist von einigen Psychologen als ein hervorragendes Beispiel dafür angekündigt worden, daß die wissenschaftliche Psychologie auf einer breiteren klinischen Basis angewandt werden kann, ohne daß humane Werte oder Objektivität und wissenschaftliche Strenge geopfert werden müßten.

Andere Erforscher des Bereichs der Verhaltensmodifikation haben ebenfalls eine breite Basis für Technik und Theorie gefordert. So schrieb z. B. LAZARUS:

»Warum sollen sich Verhaltenstherapeuten nur auf ›experimentell etablierte Lernprinzipien, deren Hintergrund die Physiologie bildet‹ beschränken und andere Gebiete der experimentellen Psychologie, wie z. B. Untersuchungen zur Wahrnehmung, Emotion, Kognition usw. ignorieren? Und warum sollen Verhaltenstherapeuten nicht Techniken der Selbsterschließung, der dyadischen Interaktion und andere Methoden benutzen, so lange diese Verfahren mit Verstärkungsprinzipien in Einklang gebracht werden können? Und schließlich stellt sich die Frage, inwieweit WOLPES Bezugnahme auf ein ›Reiz-Reaktions-Modell‹ wohl eine verschwommene und bedeutungslose Abstraktion ist. Sollte sich das derzeitige heftige Interesse an der Verhaltenstherapie ausbreiten und reifere Form annehmen, müssen wir uns in acht nehmen vor allzu simplifizierten Ansichten, beschränkten Verfahren und übertriebenen Forderungen, die unsere Bemühungen vermutlich unterminieren würden. Der Therapiebereich und seine vielen Aspekte erfordern alles andere als ein geschlossenes System« (LAZARUS, 1968, S. 2).

Dieser unbefangene Standpunkt auferlegt es dem Verhaltenstherapeuten in verstärktem Maße, sich eingehend mit der derzeitigen Forschung vertraut zu machen und die Relevanz neuer Befunde im Hinblick auf ihre tatsächlichen klinischen Anwendungsmöglichkeiten sorgfältig experimentell zu testen. Und schließlich muß er die Parameter und Beziehungen entdecken, die die Extrapolation von Laborbefunden auf die klinische Praxis bestimmen. Je mehr wir erkennen, daß diese Bereiche in der Klinik verwertbar sind, desto stärker verwischt sich die Grenze zwischen Verhaltenstherapien und anderen verhaltensorientierten Interview-Therapien.

Verhaltenstherapie und andere Verfahren

Wodurch unterscheiden sich Verhaltenstherapien von stärker tradierten Verfahren? Verhaltenstherapeuten sind bestrebt, spezifische Symptome oder Verhaltensarten als Modifikationsziele auszuwählen, sie neigen dazu, konkrete vorausgeplante Interventionen zur Manipulation dieser Verhaltensarten vorzunehmen und sie überprüfen gern fortlaufend den therapeutischen Fortschritt mit quantitativen Mitteln. Die frühe Lebensgeschichte eines Patienten wird großenteils ignoriert, es sei denn sie gibt Aufschluß über gewisse Faktoren, z. B. über augenblicklich wirksame Vorgänge, die Symptome aufrechterhalten oder über Verstärkerhierarchien. Weiterhin konzentrieren sich Verhaltenstherapeuten gern auf eine Analyse bestimmter Symptome. Im Gegensatz zu anderen Klinikern gilt ihre Aufmerksamkeit in wesentlich geringerem Maße subjektiven Erfahrungen, Einstellungen, Einsichten und Träumen. Ihr Instrumentarium umfaßt elektronische Geräte und Vorrichtungen, die präzise Verhaltensmessungen ermöglichen. Ihre Programme berücksichtigen weniger Material, das auf dem Einfühlungsvermögen basiert, als Material, das auf Beobachtungen beruht. Durch ihre »Zeig-mir-das!«-Haltung liegt die Beweislast beim Resultat der gewählten therapeutischen Strategie und nicht bei den vorgefaßten sozialen Meinungen darüber, was für eine Person gut sein soll. Kritiker haben mögliche Fehlerquellen des verhaltenstherapeutischen Vorgehens demonstriert. Die Gefahr liegt nicht in den Methoden selbst, sondern in ihrer Anwendung durch den unerfahrenen Kliniker, der sein mangelndes Urteilsvermögen mit einem Durcheinander an Zahlen und Diagrammen verschleiern kann, genauso wirksam wie der Analytiker seine Irrtümer hinter der Doppeltür seines Behandlungszimmers verbergen kann. Die Verwendung von mechanischen Apparaten verlangt vom Kliniker zusätzliche Wachsamkeit: der Schwerpunkt, der auf der *menschlichen* Problematik liegt, muß ständig im Auge behalten werden, auch dann, wenn die Therapie technologische Schwierigkeiten mit sich bringt.

Die Verhaltenstherapie unterscheidet sich insofern ganz wesentlich von

anderen Verfahrensweisen, als sie klar definierte problematische Reaktionen
mit dem Programm einer sorgfältig geplanten Prozedur behandelt. Die Behandlung, bei der der nervöse Tic eines Patienten durch die Anwendung eines
aversiven Stimulus immer dann konditioniert wird, wenn dieser Tic in Erscheinung tritt, unterscheidet sich ganz wesentlich von der psychodynamischen
Behandlung desselben Problems, bei der mit wiederholten Interviews versucht wird, Konflikte festzustellen, deren Manifestation besagter Tic sein soll.
Andererseits scheinen gewisse Verfahren der Verhaltenstherapie eher auf verschiedene Schulen der Psychotherapie hinzudeuten — z. B. die einem Patienten
gestellte Aufgabe, sein selbstunsicheres Verhalten zu bemerken und aufzuzeichnen oder in vorgeplanten Situationen selbstsichere Verhaltensweisen zu
praktizieren; oder auch die Verwendung von Entspannungs- und Hypnose-
methoden, wenn in der Therapie peinliche oder angsterregende Situationen
erinnert werden. Das wesentlichste Unterscheidungsmerkmal der Verhaltenstherapie scheint am lebendigsten durch ihre einzigartigen Methoden veranschaulicht zu werden, doch ist das entscheidende Charakteristikum in Wirklichkeit das Vorgehen des Klinikers, angefangen bei seinem ersten Kontakt mit
dem Patienten. Die Fragen, die im Hinblick auf die Beschwerden des Patienten gestellt werden, die angepeilten Ursachen von Problemverhalten und die
Konzeption der jeweiligen Krankengeschichte unterscheiden sich bei den verschiedenen Schulen der Psychotherapie. Das Verhalten als grundlegender
therapeutischer Ansatzpunkt, die logische Basis, die dieser Auffassung zugrunde liegt und nicht bloß die tatsächlichen Techniken, das sind die Merkmale der Verhaltenstherapie.

Was nun die verschiedenen Grundvoraussetzungen hinsichtlich der Natur
des Problems angeht, so basieren die jeweiligen Verfahren auf dem Unterschied zwischen traditioneller und Verhaltenstherapie; einige dieser Grundvoraussetzungen sind folgende:

1. In bezug auf die Ätiologie anerkennen die Verhaltenstherapeuten nicht die
   Vorstellung von psychologischen Problemen als »Krankheiten«, die auf
   frühe Fehlentwicklungen der Persönlichkeit zurückgeführt werden.
2. Das Verhalten, das modifiziert werden soll, wird nicht als oberflächliches
   »Symptom« oder als Manifestation eines zugrunde liegenden Krankheits-
   prozesses betrachtet, sondern als das Problem des Patienten. Das Zielverhalten ist keine Ersatzformel für einen Konflikt oder für die unbewußte
   Äußerung eines blockierten Wunsches, es ist eine erlernte Reaktion, die,
   ganz gleich wie sie erworben worden sein mag, für den Patienten oder seine
   Umwelt nachteilige Konsequenzen hat.
3. Die Behandlung zielt auf das Problemverhalten und nicht auf die Krankheit, den Konflikt oder den unbewußten Kampf, die sich — das wird hypo-
   thetisch angenommen — in der Persönlichkeit des Patienten abspielen sollen.
4. Behandlungstechniken werden auf die Probleme jedes einzelnen Patienten
   zugeschnitten, nicht aber auf das diagnostische Etikett, das seiner Verfassung oder seiner Persönlichkeit angeheftet wird.

Die Verhaltenstherapien unterscheiden sich in ihrer gesamten Konzeption des anomalen Verhaltens vom traditionellen Standpunkt zur Natur von Neurosen, Psychosen und anderen Persönlichkeitsstörungen. ULLMANN und KRASNER (1969) diskutieren eingehend den behavioralen Standpunkt zur Psychopathologie, und einige andere kürzlich erschienene Arbeiten (z. B. LUNDIN, 1969; MISCHEL, 1968 a; ARONFREED, 1968; BANDURA und WALTERS, 1963) stellen die verhaltensbedingten Vorstellungen von der Persönlichkeitsentwicklung dar, auf denen die Verhaltenstherapie basiert.

Kritiken an Verhaltenstherapien

Man hat zwei Arten der Kritik gegen die Verhaltenstherapien erhoben. Einerseits hat man diese neuen Techniken mit der Begründung angegriffen, daß sie nicht in unumstößlicher wissenschaftlicher Evidenz wurzelten, während man ihnen andererseits vorwarf, sie brächten eine mechanistische Technologie mit sich, die sowohl den Spender als auch den Empfänger entmenschliche. Jede dieser gegnerischen Parteien hat in bezug auf die Risiken der Anwendung von Verhaltenstherapiemethoden ernstzunehmende Fragen aufgeworfen, weshalb die Implikationen ihrer Kritiken eingehender diskutiert zu werden verdienen.

Die wissenschaftliche Position

Wir haben bereits erwähnt, daß die Verwendung eines Lernmodells Extrapolation von Tierdaten voraussetzt, da diese Daten den Kern der Lernforschung bilden. Doch laufen solche Extrapolationen Gefahr, den Kontakt mit ihrer »wissenschaftlichen« Basis zu verlieren, wenn sie auf komplexe menschliche Phänomene angewandt werden. BREGER und McGAUGH (1965) üben aus verschiedenen Gründen heftige Kritik an der lerntheoretischen Einstellung zur Psychotherapie. Die Eignung von Lernprinzipien zur Erklärung vieler Laborexperimente, von den Komplexitäten menschlichen Lernverhaltens ganz zu schweigen, ist für sie fragwürdig. »Wenn wir die Art und Weise ins Auge fassen, wie Konditionierungsprinzipien zur Erklärung komplexerer Phänomene herangezogen werden, entdecken wir, daß die Entsprechung äußerst dürftig ist, die die Kluft zwischen Laborbegriffen wie Reiz (Stimulus), Reaktion und Verstärkung einerseits und ihre Referenz im Falle von komplexem Verhalten andererseits überbrückt« (BREGER und McGAUGH, 1965, S. 344). Doch kann man, wenn man von dem Problem, zwischen Labor und Klinik passende Übergänge zu finden, einmal absieht, Kritik an der umfassenden Gültigkeit der Lernprinzipien selbst üben. Die Grundprozesse, beschrieben durch Begriffe wie Verstärkung oder Gedächtnis, sind immer noch nicht klar verstanden worden. So aber besteht die Gefahr, daß Verhaltenstherapeuten ihre Arbeit mit einem Nimbus wissenschaftlichen Ansehens ausstatten, indem sie sich der Terminologie und Konstrukte eines wissenschaftlichen Systems bedienen, das sich noch in einem primitiven Zustand befindet.

Tatsächlich zeichnen sich Berichte über verhaltenstherapeutische Prozeduren gelegentlich durch Übersimplifizierung, Ungenauigkeit und unklare Terminologie aus. In unserer Darstellung früher Experimente finden sich einige Beispiele hierfür. Zugleich mußten die Kliniker, die auf dem Gebiet der Verhaltenstherapie bahnbrechend waren, ihre Methode gegen eingefleischte Alternativverfahren der Psychotherapie verteidigen. Über unvollständig ausgearbeitete Methoden und unzulängliche Prozeduren wurde »in einigen der früheren Arbeiten auf diesem Gebiet häufig in einem abwertenden, schmähsüchtigen Ton« berichtet, und es wurde behauptet, daß einige Ansprüche auf »Präzision und Wissenschaftlichkeit noch nicht erfüllt seien und daß man sich in einer Weise übernommen habe, wie sie für die öffentliche intellektuelle Haltung von arbeitenden Wissenschaftlern nicht charakteristisch sei« (HUNT und DYRUD, 1968, S. 140). Unkontrollierte klinische Versuche mit neuen Techniken resultieren manchmal in scheinbar hohen Erfolgsraten, die von Kritikern nur zu gern als übertrieben und irreführend angesehen wurden. Doch da auch die Verhaltenstherapeuten reifer geworden sind und stärkeres Vertrauen in ihre Methoden gewonnen haben, scheint der von BREGER/ McGAUGH und von HUNT/DYRUD beschriebene Trend durch weniger hochgespannte Ansprüche auf Leistung und Wissenschaftlichkeit zurückgedrängt zu werden. Die in letzter Zeit erschienenen Arbeiten unterstreichen zusehends die Notwendigkeit, die Mechanismen und therapeutischen Effekte von Verhaltenstherapien eingehend zu untersuchen. In den folgenden Kapiteln werden wir sehen, daß sich Verhaltenstherapeuten tatsächlich immer bewußter geworden sind, wie wichtig es ist, zentrale psychologische Prozesse wie Denken, Wahrnehmen und Phantasieren in ihre Konzeption vom Funktionieren des Menschen miteinzubeziehen. Ein einfaches Konditionierungsmodell kann den Grundstein zu einem Lernsystem der Verhaltensmodifikation legen, doch es reflektiert nicht die Grenzen dieses Systems, in dem es das vielfältige Potential des Menschen vorteilhaft nutzt.

Wenn man klinische Techniken ihrem wissenschaftlichen Ursprung entfremdet, besteht die Hauptgefahr darin, daß der sich wandelnde und fortschreitende wissenschaftliche Erkenntnisstand nicht zur Verbesserung klinischer Methoden dient. Das Modell des Praktikers kann in einem frühen Entwicklungsstadium steckenbleiben, ohne von der anhaltenden Entwicklung der zugrunde liegenden Wissenschaft zu profitieren.

Die humanistische Position

Bei der Anklage, die aus humanistischen Bereichen gegen die Verhaltenstherapie erhoben wird, handelt es sich lediglich um eine weitere Spielart der allgemeinen Ablehnung einer verhaltensbedingten Einstellung zu psychologischen Phänomenen. Die Gegner der Verhaltenstherapie haben ein Front aus verschiedenen Auffassungen gebildet, die selbst voneinander abweichen. Diese Kritiker haben eines gemeinsam: Sie leben in der Besorgnis, Wert und Würde des menschlichen Lebens könnten mißachtet werden, wenn das Schwer-

gewicht auf dem Verhalten liegt. KOCH (1964) hat diese Besorgnis prägnant
formuliert:

»Die moderne Gesellschaft verfügt über mannigfache Möglichkeiten der Vergeudung,
vor allem der Vergeudung von Ideen. Doch kann in diesem System ein derartiges
›Verschenken‹ nirgendwo unglücklichere Folgen nach sich ziehen als in der Psychologie. Denn wenn nicht die Psychologie das Bild des Menschen von sich selbst beeinflußt, welcher Zweig der Gelehrsamkeit tut das dann? Daß die moderne Psychologie ein Bild vom Menschen entworfen hat, das ebenso erniedrigend wie simplifizierend ist, werden wenige intelligente und feinfühlige Nichtpsychologen leug-
nen ... der entmenschlichende Massenprozeß, der unsere Zeit kennzeichnet — gemeint ist die Simplifizierung der Sensibilität, die Gleichschaltung des Geschmacks,
die Verminderung der Erlebnisfähigkeit — schreitet rapid voran. Von allen Bereichen der Gelehrsamkeit sollte vor allem die Psychologie diesen Trend bekämpfen.
Doch stattdessen haben wir bei seiner Erhaltung und Förderung keine geringe Rolle
gespielt« (S. 37—38).

SKINNER (1974), der auf eine Reihe ähnlicher Anschuldigungen eingeht, meint:

»Die Behauptung, der Behaviorismus entmenschliche, will in der Regel besagen, daß
der Behaviorismus wichtige Fähigkeiten vernachlässigt, die weder Tier noch Maschine
auszeichnen — z. B. die Fähigkeiten zu wählen, Ziele zu verfolgen und sich kreativ
zu betätigen. Doch auch das Verhalten, von dem wir auf eine Wahl, auf ein Ziel oder
auf Originalität schließen, kann durch eine Verhaltensanalyse erfaßt werden, und
es ist keineswegs sicher, daß solches Verhalten nicht auch anderen Spezies eigen ist.
Der Mensch ist vielleicht insofern einzigartig, als er ein moralisches Wesen ist, doch
nicht insofern, als er Moralität besitzt; er hat eine soziale Umwelt geschaffen, in der
er sich anderen und sich selbst gegenüber moralisch verhält« (S. 239).

Die humanistische Position wirft die Kernfrage auf — die Frage, ob wissenschaftliche Methoden zur Erforschung des Menschen ausreichen. Die
Objektivität und Nüchternheit, die die Grundlage der wissenschaftlichen Verfahrensweise bilden, scheinen insofern eine Gefahr darzustellen, als sie die
Leistungen und die verwickelte Struktur des Menschen auf »nichts als« eine
Gruppe von Beziehungen reduzieren, die möglicherweise sogar mathematisch
formuliert werden. Sind solche Funktionen einmal beschrieben worden, was
bleibt dann noch übrig von den Qualitäten, durch die sich der Mensch von
anderen Organismen unterscheidet? Läßt sich der Gefühlsreichtum des Menschen, lassen sich seine Freuden, seine ehrgeizigen Wünsche, seine Träume und
seine Seelenkämpfe auf eine Gruppe von Variablen reduzieren? Die stillschweigende Voraussetzung scheint hierbei zu sein, daß die Kenntnis der ver-
haltensbestimmenden Gesetze unvereinbar sei mit dem Feingefühl für die
Variabilität der Manifestationen dieser gesetzmäßigen Beziehungen. Diese
Annahme findet ihre Parallele in der Auffassung, nach der eine Kenntnis der
Chemie oder der Vorgänge in der Natur den ästethischen und utilitaristischen
Wert von Erzeugnissen wie buntem Fensterglas oder von natürlichen Prozes-
sen wie die Blumenblüte vermindern.

Es gibt erwiesenermaßen Projekte der Verhaltensmodifikation, die durch
ihren Erfolg bewiesen haben, daß eine einfache, direkte Übertragung von

Daten der Tierforschung auf menschliche Probleme behaviorale Veränderungen erbringen kann, ohne daß die edleren Aspekte des Menschen bemüht zu werden bräuchte. Schließlich und endlich wird die Menschenwürde eines dahinvegetierenden psychotischen Patienten durch eine derartige Verhaltensmodifikation genauso wiederhergestellt wie durch jede andere humane Bemühung, wenn der Patient seine einstige Fähigkeit, unabhängig zu leben, teilweise zurückgewinnt. Sicherlich bringt die fortwährende Demonstration der Gesetzmäßigkeit menschlichen Verhaltens und das Lüften des Schleiers, der den menschlichen Geist eingehüllt hat, viele Risiken mit sich. Doch verändert jede neue Erkenntnis alte Verfahrensweisen und hochgehaltene Überzeugungen. Die Eroberung des Weltraums oder die Landung auf dem Mond ist der poetischen Rolle, die dieses Gestirn in menschlichen Romanzen gespielt hat, abträglich gewesen. Das zauberische Wesen des Mondes ist verlorengegangen, und an seine Stelle sind wissenschaftliche Daten der psysikalischen Mondbeschaffenheit getreten. Diese Daten aber tragen zu unserem besseren Verstännis der physikalischen Gegebenheiten unseres Sonnensystems bei. Es mag beklagenswert sein, daß eine vertiefte Kenntnis der Naturgesetze — z. B. der Gesetze der Kernspaltung — Probleme erzeugt, die ganze Gesellschaftssysteme grundlegend verändern können; trotzdem scheint die andauernde Expansion des Wissens unvermeidlich zu sein. Deshalb haben einige zeitgenössische Wissenschaftler ernsthaft vorgeschlagen, man solle den wissenschaftlichen Fortschritt so lange »einfrieren«, bis der Mensch in der Lage sei, ihn zum Wohle, statt zum Verderben der Gesellschaft zu meistern.

Die antibehavioristischen Standpunkte, denen man innerhalb wie außerhalb der Sozialwissenschaften begegnet, kennen verschiedene Begründungen. Abgesehen von der Unzulänglichkeit einer peripheren S-R-Erklärung, die ein wissenschaftliches Problem darstellt, ist die Frage der menschlichen Werte am häufigsten in die Diskussion geworfen worden. Argumente gegen die Verhaltenstherapie konzentrieren sich häufig auf die Art und den Umfang der Kontrolle, die der Therapeut ausüben möchte. Dieses Thema werden wir auch in Kapitel 11 behandeln. Außerdem fällt in den meisten Diskussionen über das Kontrollproblem das Argument von der Angst vor der Entmenschlichung, da die Einschränkung möglicher Verhalten zur totalitären Kontrolle und zur roboterhaften Mechanisierung führen kann. Nach der Veröffentlichung von SKINNERS »Beyond Freedom and Dignity« (1971)[1] hatte die öffentliche Diskussion darüber, welcher Rang der Psychologie und insbesondere dem Behaviorismus beim Verständnis, bei der Vorhersage und bei der Kontrolle von Humanverhalten einzuräumen ist, einen Höhepunkt erreicht.

In seinem Werk fordert SKINNER, man solle die Vorstellung vom »autonomen Menschen« aufgeben. Dieser »autonome Mensch« ist jenes »einzigartige Geschöpf«, das die Humanisten durch den behavioralen Standpunkt gefährdet sehen. SKINNER lehnt dieses Konstrukt vom autonomen Menschen ab, da es zu erklären suche, was wir anders bisher nicht erklären können und somit

---

1 B. F. Skinner: »Jenseits von Freiheit und Würde«. Hamburg 1973 (übersetzt von Ortmann; Anm. d. Ü.)

ein Produkt unserer Unwissenheit sei. So aber kommt es, daß »während unser Wissen wächst, sich die Substanz, aus der er gemacht ist, immer mehr in Nichts auflöst. Die Wissenschaft entmenschlicht den Menschen nicht, sie ›de-homunkulisiert‹ ihn, und es bleibt ihr nichts anderes übrig, wenn sie der Abschaffung der menschlichen Spezies vorbeugen will« (dt. Ausgabe, S. 205). Die Neigung, dem Menschen eine innere Essenz oder eine Freiheit und Würde zuzuschreiben, durch die er die Bemühungen der Wissenschaft objektiv zu beschreiben und zu verstehen vereitelt, ist für Skinner eine Falle, ein Mythos.

Die Vorstellung von der Freiheit, die mit dem Konzept vom autonomen Menschen eng verquickt ist, definiert Skinner als eine Reihe von Verhaltensprozessen, durch die aversiven Umweltereignissen mit Flucht oder Vermeidung begegnet wird. Ein Mensch kann sich frei fühlen, wenn er eine Diktatur stürzt, einer entnervenden Lebensweise den Rücken kehrt oder den langweiligen oder punitiven Unterricht schwänzt. Es ist interessant, daß, wenn Möchtegern-Kontrolleure nicht-aversive Techniken benutzen, selten von Freiheitsgefühlen geredet wird, es sei denn, die langfristigen Konsequenzen solchen Vorgehens sind aversiv. Nur wenige von uns versuchen sich von programmierten Konsequenzen zu befreien, wenn diese Liebe, Zuneigung, Lob, Geld oder andere befriedigende Ereignisse zur Folge haben.

Werden Verhaltensweisen durch positive Verstärkung kontrolliert, beruft man sich häufig auf ein weiteres Konstrukt, das den Menschen mit einzigartigen Attributen ausstattet. Dieses Konstrukt aber heißt Würde. Skinner ist der Ansicht, die Würde des Menschen sei eine Vorstellung, bei der es um die Menge an Anerkennung geht, die für solche Verhalten gezollt wird, welche durch belohnende Konsequenzen kontrolliert werden. Je unauffälliger die Belohnung, desto anerkennenswerter die Handlung. So können z. B. Eltern dagegen sein, daß man ein Kind für neue Verhalten lobt, wenn diese Verhalten durch ein Programm materieller Belohnungen erworben worden sind. So können die Eltern ihre Anerkennung verweigern, wenn der Junge seine Schulaufgaben z. B. nur deshalb macht, weil er mehr Taschengeld bekommen möchte. Die Anerkennung oder Wertschätzung, die in unseren Augen das Verhalten einer Person verdient, bildet den Kern dessen, was wir unter menschlicher Würde oder Gerechtigkeit verstehen; wir anerkennen den Wert oder die Würde einer Person, wenn wir sie für das, was sie getan hat, loben, und Autonomie schreiben wir ihr zu, wenn wir nicht wissen, warum sie sich so verhalten hat wie sie sich verhalten hat. Auf diese Weise »de-homunkulisiert« Skinner die Aspekte der Charakterisierung des Menschen, von denen er glaubt, sie seien eine Ursache nicht der Essenz, sondern der Unwissenheit.

Diese Behauptungen haben heftige Kritik ausgelöst, die sowohl den philosophischen Grundlagen als auch den Technologien der Verhaltenskontrolle galt (siehe z. B. Chomsky, 1971).

Außerdem wurde durch die Tatsache, daß die Konditionierungsverfahren im Tierlabor entstanden und daß die Prozeduren von Natur streng oder »reglementiert« sind, der alarmierende Eindruck erweckt, der Mensch werde zum Tier degradiert und dabei seiner Entscheidungsfreiheit und seiner rationalen Fähigkeiten beraubt. Diese und viele andere Überlegungen haben lebhafte Diskussionen über die ethische Berechtigung der effektiven Verhaltenskontrolle ausgelöst. Dieses Problem ist jüngeren Datums, da die Verhaltenssteuerung erst seit kurzem nicht mehr bloß mit physikalischen, sondern auch mit psychologischen Mitteln verwirklicht werden kann (KANFER, 1965 a).

Die mehr theoretisch gearteten Diskussionen zwischen SKINNER und seinen Kritikern haben bewirkt, daß sich die Öffentlichkeit in zunehmendem Maße für die Arbeit der Verhaltenstherapeuten interessierte und daß sich die Therapeuten selbst immer eingehender mit den ethischen Fragen auseinandersetzten, die durch den Umfang und die Beschaffenheit der jeweils verfolgten therapeutischen Verhaltenskontrolle aufgeworfen wurden (siehe z. B. STUART, 1973). Da die Öffentlichkeit die Verhaltensmodifikation zuweilen in einen Topf geworfen hat mit Psychochirurgie, mit paralysierenden Drogen, die als aversive Ereignisse verwendet werden, mit der langen Isolierhaft von Gefangenen unter extremen Bedingungen und mit anderen abstoßenden Techniken, ist es kein Wunder, daß die Bundesregierung bedrängt wurde, finanzielle Unterstützung für alle Programme, die den Namen »Verhaltensmodifikation« trugen, zu streichen (siehe z. B. *New York Times* 1974).

Zur selben Zeit fühlten sich die Therapeuten bei Prozeduren, die aversiver oder restriktiver Natur waren, immer unwohler. Da das Schwergewicht auf der Umweltkontrolle lag, entwickelte man therapeutische Methoden, bei denen Patienten in ihrer sozialen Interaktion, in ihrem Eßverhalten, in ihrer Körperbewegung eingeschränkt werden, um so die Nützlichkeit von Anreizen zu steigern. Die Konditionierungsverfahren, die mit aversiven Stimuli arbeiten, erregen immer mehr Skepsis und Vorsicht. Dafür, daß die pragmatische Orientierung der Verhaltensmodifikationstechniken zu einem immer breiteren Anwendungsgebiet führte, mußte die Verhaltenswissenschaft engstirnige, problemzentrierte Angriffe einstecken.

In vielen Fällen resultierte die Anwendung von verhaltenstherapeutischen Methoden in der Linderung eines bestimmten Problems, ohne daß man sich um seine Ursachen oder seine behavioralen Begleiterscheinungen bemüht hätte. Die Frage, ob eine derart gezielte Intervention einem bestimmten Problem gerecht wird, hängt von der jeweiligen Situation ab. So kann z. B. eine Symptombeseitigung bei sexueller Impotenz des Mannes für das eine Paar Eheprobleme lösen, während sie bei einem anderen Paar zusätzliche Schwierigkeiten erzeugt. Wenn stark retardierte Kinder lernen sich selbst zu versorgen, kann das die Aufgabe des Pflegepersonals erleichtern, doch die sozialen Probleme der Behandlung von retardierten Personen werden dadurch nicht gelöst. Das Endergebnis einer Technik der Verhaltensmodifikation kann den Eindruck erwecken, als werde die völlige Wiederherstellung des Patienten vernachlässigt, da in der Tat nur ein Aspekt des Gesamtproblems behandelt worden ist. Die Krankenbehandlung, in deren Rahmen diese Techniken angewandt werden, muß menschliche Werte berücksichtigen; das geschieht durch die Selektion von Behandlungszielen und durch die Festlegung von Zielvorstellungen, die mit dem vorhandenen Wertsystem übereinstimmen.

Da wir immer wieder auf die Frage stoßen werden, welche Probleme wir
in Angriff nehmen sollen, dürfte an dieser Stelle der Hinweis genügen, daß
die Technologie der Verhaltensmodifikation ein Instrument zur Verwirklichung von Zielen ist, die die Gesellschaft setzt. Im Gegensatz zu gewissen
Persönlichkeitstheorien (sowie zu den Therapien, die daraus hervorgegangen
sind) sind die Verhaltenstherapien und die Lernparadigmen weder nicht-
human noch antihuman. Sie sind auch nichtethisch insofern, als sie keine Standards oder Werte vertreten, nach denen der Mensch streben sollte. Im Gegensatz dazu liefern andere psychotherapeutische Schulen Kriterien für das, was
als normal und glücklich zu gelten hat. So basiert z. B. die nichtdirektive
Therapie auf dem Konzept von der Selbstverwirklichung als einer entscheidenden menschlichen Wert- oder Zielvorstellung. Durch ihre Aussagen über
die Ursachen der Pathologie und der unbewußten Triebe oder Konflikte
offerieren auch die Persönlichkeitstheorie und die Therapiemethode der Psychoanalyse Werturteile. Das Stehenbleiben auf der analen Stufe oder die
Benutzung der paranoiden Projektion als Abwehrmaßnahme sind von Natur
kranke oder anomale Prozesse, d. h. sie schaden dem einzelnen und der Gesellschaft. Allgemeingültige Kriterien hinsichtlich der Anpassung von Einzelpersonen und ganzen Gesellschaften werden in psychoanalytischen Arbeiten
häufig diskutiert und kritisch beurteilt.

Im Gegensatz dazu ist die Verhaltensmodifikation ihrer Art nach pragmatisch, das heißt, eine Technologie ohne eingewurzelte Wert- oder Zielvorstellungen. Diese Tatsache bedeutet jedoch nicht, daß die behaviorale Auffassung entmenschlichen muß — mit ihrer Technologie können durchaus
humane Werte und Ziele verwirklicht werden. Die Staatswissenschaft kann
als eine Wissenschaft darüber begriffen werden, wie soziale Verhaltensmuster
mit *Wertvorstellungen* ausgestattet werden, während die Verhaltenstheorie
die Untersuchung darüber ist, wie sich diese *Verhaltensmuster* entwickeln und
verändern. Die Wertvorstellungen selbst entspringen aus der Gesellschaft und
ihren Institutionen. Verhaltensmuster verbinden sich mit Wertvorstellungen
aufgrund von Normen, die durch politische und ethische Organisationen entstehen, durch Organisationen, die das Volk als Ganzes repräsentieren. Es ist
nicht die Aufgabe des Therapeuten, für die Gesellschaft oder eines ihrer Mitglieder Wertmaßstäbe festzulegen. Als privater Bürger und als Humanist
versucht zwar auch der Therapeut die Entwicklung von Wertmaßstäben zu
beeinflussen, doch handelt er bei der Modifikation von Verhalten als Instrument, das die Ziele anderer — seien es nun die des Patienten oder die einer
sozialen Institution — repräsentiert.

Sein Wissen über menschliches Verhalten gereicht dem Psychologen insofern
zum Vorteil, als er in dem Sozialgefüge, in dem er lebt, an der Formung oder
Veränderung von Wertsystemen teilhaben kann, da er Methoden anzubieten
vermag, die eine Untersuchung oder Vorhersage der Konsequenzen eines Wertsystems oder einer Wertveränderung erlaubt (KRASNER, 1965 a; KANFER,
1965 a; KELMAN, 1965; ROGERS und SKINNER, 1956). DAVISON (1974) z. B.
hat Therapeuten aufgefordert, sie sollten bei Homosexualität auf die Modi-

fikation von sozialen Einstellungen und von sozialen und legalen Sanktionen hinarbeiten, anstatt sich um die Veränderung der sexuellen Orientierung ihrer Klienten zu bemühen. Im Kontext dieser Empfehlung weist DAVISON auf eine Reihe von Daten hin, die sich mit den negativen Auswirkungen derartiger Sanktionen und mit der eigentlichen »Normalität« homosexueller Partner befassen. Auch hat es eine Reihe von Autoren gegeben, die die Rolle des Verhaltensmodifikators im schulischen Kontext in Zweifel zogen. WINETT und WINKLER (1972) sind überzeugt, daß das Ziel dieses Modifikators darin bestehe, die Kinder still und fügsam zu machen. Ihrer Meinung können es Verhaltenstherapeuten ablehnen, sich für derartige Status-quo-Ziele einzusetzen und statt dessen ihre Daten und ihre Technologie dazu benutzen, daß das soziale System der Schule verändert und neue optimale Lernumgebungen geschaffen werden: sie sind gegen ein Flickwerk aus den beklagenswerten Ergebnissen der existierenden Unterrichtsumwelten.

Da unsere Kultur eine immer größere Vielfalt an Lebensstilen toleriert und da die Verhaltensergebnisse existierender sozialer Defekte immer offenkundiger werden, ist es für den Verhaltenstherapeuten immer schwieriger, Bewertungen dieser Art durchzuführen. So kann sich ein Therapeut z. B. fragen, ob er ein Programm entwickeln soll, um das faule Verhalten eines Kindes zu ändern, oder ob er das Erziehungssystem, das solche Faulheit aufrechterhält oder sogar ermutigt, modifizieren soll; er kann sich fragen, ob er einer unterdrückten Hausfrau selbstsicheres Verhalten beibringen oder aber die repressive Einstellung der Gesellschaft gegenüber Frauen aufs Korn nehmen soll.

Doch die Rolle des Psychologen, der soziale Veränderungen und die Auseinandersetzung mit herrschenden Werten fördert, ist erzieherischer oder partizipierender Art; der Rolle des Therapeuten inhärent ist sie nicht. WINETT und WINKLER (1972) bestätigten dies, als sie bemerkten, daß programmierten Veränderungen in den sozialen Systemen namens Schule umfangreiche Dialoge der Gemeinschaft vorausgehen müßten, die sich mit der Frage beschäftigen, »was für Menschen unsere Kinder sein und werden sollen. Solche Dialoge würden feststellen, welche Werte und Verhalten wir an unseren Schulen weitervermittelt und belohnt sehen möchten ... Die Komplexität dieser Fragen in einer Epoche der raschen sozialen und moralischen Veränderungen ist offenkundig und ihre politische, soziale und wirtschaftliche Bedeutung ist gewaltig« (S. 502). Doch muß sich der Therapeut, der sich als Partizipant und Erzieher in diesen Dialog einschaltet, stets vor Augen halten, daß es eine Sache ist, durch Therapie jemand anderem zu einem glücklicheren Leben zu verhelfen, daß es jedoch eine andere Sache ist, wenn er sich als Bürger und Sozialreformer für eine bessere Gesellschaft einsetzt.

Ein Vergleich zwischen Modellen der Klinik und des Labors

Verhaltensmodifikatoren sind abwechselnd als Therapeuten und als Forscher tätig, und die Methoden beider Bereiche überschneiden sich. Doch existieren im Hinblick auf diese Bereiche und auf den *modus operandi* des Psychologen Unterschiede, wenn dieser als Experimentator und Therapeut tätig ist. Der klinische Forschungsbereich kombiniert Merkmale beider Rollenmodelle. Zwar zeichnet er sich durch die grundlegende wissenschaftliche Methodik aus, doch bedarf er in Feldsituationen häufig anpassender Strategien, um dem behandelten Gegenstand gerecht zu werden, sowie den natürlichen Beschränkungen, die experimentellen Manipulationen und möglichen Forschungsmethoden auferlegt sind. Zur stärksten Überschneidung kommt es dann, wenn der Kliniker Forschung an Patienten betreibt und damit befaßt ist, einen Teil eines vorprogrammierten Behandlungsplans auszuführen. Doch sogar unter diesen Umständen wird der Kliniker durch die Unterschiede der Bereiche, die Beschränkungen der Methoden, die Erwartungen hinsichtlich gewisser vorteilhafter Ergebnisse und durch ethische Überlegungen in einem anderen Maße beeinflußt als der im Labor Tätige.

Um das Umfeld der klinischen Forschung zu verstehen, müssen wir zunächst die herkömmliche Tätigkeit des Klinikers durchleuchten. Sie läßt sich durch folgende Hauptmerkmale charakterisieren:

1. Aufgabe des Klinikers ist es, eine Einzelperson zu beobachten und zu behandeln. Das Patientenverhalten steht zur selben Zeit unter dem Einfluß zahlreicher unkontrollierter Variablen. Es kann höchstens ein kleines Verhaltenssegment untersucht werden, und die Information, die als Behandlungsgrundlage resultiert, ist begrenzt und nicht repräsentativ.
2. Die Notlage des Patienten erfordert sofortiges Handeln, obwohl keine wissenschaftlich überprüften Erklärungen oder Operationen verfügbar sein können. Die Entscheidungen des Klinikers beruhen auf objektiven Daten und auf seinen »ausbildungsbedingten Vermutungen«, und angeregt werden sie durch die sozialen Kräfte, die den Patienten veranlaßten, sich in Behandlung zu begeben.
3. Relevantes wissenschaftliches Wissen wird neben oder zusammen mit den persönlichen Erfahrungen und Informationen des Klinikers eingesetzt, die keine Herleitung von wissenschaftlicher Psychologie oder Integration in diese gekannt haben. So wird z. B. die Untersuchung, die der Kliniker in bezug auf die emotionalen Reaktionen eines Patienten und dessen besondere interpersonale Interaktionen durchführt, im selben Maße durch das beiläufige Bewußtsein von eigenen und fremden Reaktionen auf ähnliche Umstände bestimmt, wie durch das Bewußtsein von der Persönlichkeitsforschung.
4. Die Entscheidungen des Klinikers können für mehrere Personen unmittelbare und weitreichende Folgen haben. Deshalb muß er ein stark ausgeprägtes soziales Verantwortungsgefühl besitzen und seine Ziele und Methoden im Hinblick auf ihre Effektivität und ihre sozialen Konsequenzen ständig neu bewerten.

Diese Merkmale der klinischen Praxis haben gewisse Konsequenzen. Wenn der Nachdruck in einer ständig sich verändernden sozialen Umwelt auf der praktischen Lösung von Problemen liegt, so setzt das ein ständiges Bewußtsein von den vielen Schwierigkeiten voraus, denen die Menschen im Alltag ausgesetzt sind. Die Patienten kommen aus verschiedenen sozialen Schichten und kehren nach kurzen Behandlungsintervallen wieder in ihre Rollen als Arbeiter, Lehrer, Handelsvertreter oder Hausfrau zurück. Der Kliniker kann seine Intervention nicht von den vielen anderen Einflüssen, denen der Patient ausgesetzt ist, fein säuberlich trennen. Er muß häufig mit Mitgliedern anderer Berufe zusammenarbeiten, er muß seine Vorhersagen und Lösungen oft der faktischen Welt des Patienten anpassen und er muß die wirtschaftlichen, politischen, sozialen, medizinischen und gesetzlichen Faktoren erkennen, die das Verhalten seines Patienten kontrollieren.

Durch solch praktische Überlegungen werden Schlußfolgerungen aus der sorgfältigen Untersuchung des Patienten häufig umgestoßen. So kann z. B. die Ideallösung bei der Modifikation des fehlangepaßten Verhaltens eines Kindes in der Entfernung des Kindes aus dem Elternhaus bestehen. Die Ideallösung für einen neurotischen Erwachsenen kann in seiner Befreiung von der Angst der Armut, in seiner Trennung von einem Ehepartner oder in seiner praktischen Beziehung zu einem geschickten heterosexuellen Partner bestehen. Doch sind solche Ideallösungen häufig nicht realisierbar, weil sie für den Patienten oder andere nicht akzeptabel sind. Daher muß der Kliniker, der ein spezifisches Problem lösen möchte, die Ergebnisse seiner spezifischen Fallanalyse mit den praktischen Beschränkungen kombinieren, die durch die Gesellschaft, den Therapeuten und den Patienten selbst bedingt sind. Der klinische Prozeß des Entschlußfassens ähnelt stark den Modellen, die man als praktische Taktiken der Industrie und Politik vorgeschlagen hat. All diesen Situationen ist eines gemeinsam: die Tatsache, daß es für alle interessierten Parteien keine einzige beste Lösung gibt. Diese Situationen erfordern ständige Berücksichtigung der Interessen verschiedener Einzelpersonen oder Gruppen. Eine Lösung kann nur durch »Verhandlung« oder durch einen Kompromiß zwischen den rational wünschenswertesten und den praktisch am leichtesten durchführbaren Alternativen erzielt werden (BAUER, 1966).

Im Gegensatz zu den praktischen Anforderungen des klinischen Bereichs erfordert das wissenschaftliche Labormodell die systematische und empirische Untersuchung der Beziehungen zwischen beobachtbaren Phänomenen, die einer strengen Kontrolle unterworfen werden; dabei darf es unter keinen Umständen zu Kompromissen aufgrund von sozialen Zwängen kommen. Die Tätigkeit des Laborforschers ist durch folgende Merkmale gekennzeichnet:

1. Die ausschließliche Aufmerksamkeit gilt einer im vorhinein ausgewählten Ereignisklasse (abhängige Variable), die definiert und gemessen wird, damit sie objektiv beschrieben und publik beobachtet werden kann.
2. Die geplante Manipulation einer oder mehrerer ähnlich definierter Klassen anderer Ereignisse (unabhängige Variable) mittels objektiver, meßbarer, publiker, wiederholbarer Operationen, mit dem Ziel, ihre Beziehungen zu dem untersuchten Phänomen zu erfassen.

3. Isolierung dieser Manipulationen und Messungen von anderen Einflußgrößen, mit dem Ziel, Alternativerklärungen auszuschließen.

4. Die Berücksichtigung der stichprobenweise gewonnenen Merkmale von Versuchsobjekten, Ereignissen, Definitionen, Messungen und Manipulationen, damit die Allgemeingültigkeit der Resultate bewertet werden kann.

Will man klinische mit wissenschaftlichen Modellen vergleichen, erweist sich MALTZMANS (1966) Verwendung von REICHENBACHS Unterteilung der Tätigkeit des Wissenschaftlers in den Kontext der *Entdeckung* und den Kontext der *Rechtfertigung* als hilfreich. Der Kliniker operiert auf der Basis zweier separater Gruppen von Grundregeln, je nachdem welche Funktion er erfüllt. Wenn er ein Bild von den Problemen des Patienten und ihren kausalen Faktoren entwirft, operiert der Kliniker im Kontext der Entdeckung. Die entsprechenden Prozesse sind für die Errichtung von Hypothesen durch induktives Denken charakteristisch — sie sind in der Verfahrensweise verschwommen und stark durch individuelle Kreativität bedingt; allerdings werden sie durch die Kenntnis relevanter Verhaltensdimensionen und durch ein Arbeitsmodell von der Funktionsweise des Menschen bestimmt, und so stößt man auf einige Faktoren, die sich in einer funktionalen Verhaltensanalyse als wichtig erweisen können. Hat der Kliniker für einen bestimmten Patienten eine Reihe Hypothesen aufgestellt und hat er sich für eine Behandlungsmethode entschlossen, die praktisch und vernünftig ist, wird er im Kontext der Rechtfertigung tätig, indem er die Grundregeln wissenschaftlicher Verfahrensweise beachtet. Der Kliniker bewegt sich zwischen diesen beiden Haltungen häufiger und rascher hin und her als der Laborforscher, da er bei neuen oder widersprüchlichen Informationen seine Feststellungen überprüfen und einen Teil des Evaluierungsprozesses von neuem beginnen muß. Der Wissenschaftler verändert den Ansatzpunkt vor allem dann, wenn sein Forschungsplan nicht funktioniert. Ist das der Fall, kehrt er ans »Reißbrett« zurück, um dort wesentlich bewußter und klarer zu differenzieren. Beim Wissenschaftler, der im Kontext der Entdeckung tätig ist, läßt sich der Ursprung der Ideen genauso schwer feststellen wie beim Kliniker. SIDMAN (1960 b) beschreibt dieses Dilemma folgendermaßen:

»Möchte man die Bedingungen, unter denen ein Phänomen auftritt, untersuchen, wie bestimmt man dann die Variablen, mit denen man arbeiten soll? Darauf gibt es keine eindeutige Antwort. Man kann die Variablen auswählen, die für eine bestimmte Theorie relevant sind, oder man kann aufgrund von Analogien zwischen ähnlichen Phänomenen vorgehen, über die man mehr weiß, oder man kann eine Variable aufgrund einer Tatsache auswählen, derer man sich völlig unbewußt ist und die man verbal nicht angemessen erklären kann. *Weder diese noch irgendwelche andere Auswahlmethoden stehen mit der Bedeutung der resultierenden Daten in irgendeinem Zusammenhang.* Es kann sich herausstellen, daß eine Variable in Kontexten relevant ist, an die der Experimentator nie gedacht hätte, und genauso kann offenbar werden, daß die Variable von nur mäßiger und von minimal systematischer Bedeutung ist« (S. 40, Kursivgedrucktes von SIDMAN).

Die Unterteilung von Operationen in den Bereich der *Entdeckung* und den der *Rechtfertigung* veranschaulicht die »unreine« Natur der klinischen und wissenschaftlichen Tätigkeit sowie die Ähnlichkeit, die darin besteht, daß sich beide Bereiche (obwohl in unterschiedlichem Maße und mit unterschiedlicher Häufigkeit) stark auf das Urteilsvermögen des Operators verlassen. Der Wissenschaftler wie der Kliniker geht bei seinen ersten Vermutungen von seiner persönlichen Erfahrung und seinem Fachwissen aus. Zu dem Kern an Ideen, aus dem im Kontext der Entdeckung die ersten Mutmaßungen entspringen, gehören — das gilt für den Wissenschaftler wie für den Kliniker — Wertvorstellungen, Lieblingsannahmen und andere unbekannte Merkmale. Ist eine Gruppe testbarer Hypothesen, sei es nun ein Behandlungsprogramm oder ein Forschungsprojekt, jedoch einmal aufgestellt worden, versucht der Kliniker sich an die strengen Regeln des Kontextes der Rechtfertigung zu halten, den er mit dem Wissenschaftler gemeinsam hat. Daher ist es dieses Stadium des klinischen Unternehmens, in dem sich der Schwerpunkt auf beobachtbare Reaktionen, spezifizierbare Operationen und objektive Messungen verlagert.

Das allgemeine Format der behavioralen Strategie des Klinikers kann gewöhnlich mit dem Vorgehen des experimentellen Psychologen verglichen werden. Dieses Vorgehen besteht 1. in der Formulierung des Problems; 2. in der Planung von operationalen Prozeduren, die die Hypothesen von 1. testen; 3. in der Durchführung der Behandlung; 4. in der Analyse der Daten; und 5. in der Evaluation der Tatsache, wie die Resultate auf das Problem zurückwirken. Bei klinischen Prozeduren heben sich die einzelnen Schritte dieses Prozesses weniger deutlich voneinander ab. Der letzte Schritt kann lediglich zu einer Wiederholung des Zyklus führen, wenn die Resultate einer einzigen Behandlungsprozedur das originäre Problem nicht lösen. Nichtsdestoweniger handelt es sich bei der Formulierung eines Forschungsproblems einerseits und beim Entwurf einer Prozedur anhand vorhandener Behandlungsmethoden (unabhängige Variable) und zur Modifikation ausgewählter Verhalten andererseits um parallele Tätigkeiten. Ähnlich kann man die Analyse von experimentellen Daten mit der Evaluation vergleichen, die der Kliniker in bezug auf den Behandlungseffekt durchführt. In beiden Fällen muß die Relevanz der Befunde zur ursprünglichen Formulierung des Problems in Bezug gesetzt werden. Die Analogie zwischen den beiden Modellen ist als Wegweiser zwar nützlich, doch ist er in der Praxis weit davon entfernt, perfekt zu sein. Die unterschiedlichen Zielvorstellungen, die jede Prozedur kennzeichnen, sind offensichtlich. Die Folgen der unterschiedlichen Anforderungen an den Psychologen lassen sich leicht illustrieren: man braucht — das werden wir im folgenden sehen — nur die Unterschiede zwischen klinischen Operationen und Operationen im Labor ins Auge fassen.

Die Formulierung des Problems

Das Problem stellt sich dem Wissenschaftler zunächst als verschwommene Idee dar, während es für den Kliniker die Form der wenig präzisierten Beschwerden des Patienten annimmt. Indem er sich bemüht, seine ersten Eindrücke zu verfeinern, versucht der Therapeut Hypothesen über die Variablen zu entwickeln, die für die Problemverhalten verantwortlich sein können, sowie für die besonderen Verhalten, die tatsächlich problematisch sind. Der Forscher versucht ebenfalls, Beziehungen zwischen Ereignissen in seinen experimentellen Hypothesen vorherzusagen. Trotzdem ist es für den Laborforscher gewöhnlich ein konkreter Schritt, wenn er sein Problem »einfriert« und wenn er das Experiment gekonnt durchführt; im Gegensatz dazu werden die Hypothesen des Klinikers durch neue Informationen ständig verändert. Da bewertende Interviews oder Beobachtungen ebenfalls therapeutisch wirksam sein können, vermischen sich die Bemühungen des Therapeuten, den Patienten ständig einzuschätzen, mit seiner Funktion als Verhaltensmodifikator. Die Reaktionen des Patienten auf verschiedene therapeutische Interventionen und die fortgesetzte Ansammlung von Daten, die mit den Zielverhalten zusammenhängen und nicht dem therapeutischen Kontext entstammen, führen zu einer weiteren Revision der Formulierungen des Klinikers. Dieser Prozeß setzt sich durch die ganze Therapie hindurch fort. Der Erfolg des Klinikers hängt häufig vom richtigen Timing der Veränderung einer Prozedur und von Veränderungen der Strategie *während* der Behandlung ab — Veränderungen, die für den Wissenschaftler bis zu einem bestimmten Grad nicht annehmbar sind.

Der Kliniker wie der Laborforscher versuchen Verhaltensveränderungen vorherzusagen, die aufgrund ihrer therapeutischen bzw. experimentellen Manipulationen stattfinden. Allerdings ist es in der klinischen Situation der angezielte Effekt, der vorhergesagt wird. So zielt z. B. eine Desensibilisierungsprozedur nicht auf die *Veränderung* von Angstreaktionen, sondern auf die *Reduktion* ihrer Intensität oder Häufigkeit. Die statistische Hypothese, daß eine Variable ein Verhalten — in einer unspezifizierten Quantität oder Richtung — signifikant beeinflussen wird, ist für den Kliniker ungeeignet.

Verhalten ist vielfältig determiniert

Der Kliniker kann Effekte von Fremdvariablen gewöhnlich nicht ausschalten. Viele Determinanten tragen zum Auftreten einer Reaktion bei. Bei klinischen Problemen ist die Isolierung jeder dieser Determinanten häufig nicht nur unmöglich, sondern auch unnötig. Im Gegensatz zum Wissenschaftler ist der Kliniker lediglich daran interessiert, *alle* Determinanten ausfindig zu machen, die so stark sind, daß sie das Problemverhalten kontrollieren, und die so weit zugänglich sind, daß sie therapeutisch genutzt werden können. Das primäre therapeutische Ziel des Klinikers ist die Verwirklichung einer effektiven Veränderung, nicht jedoch das umfassende Verständnis für die Variablen, die seinen Patienten beeinflussen. Die Problemerfassung und die Selektion entsprechender Therapieverfahren wird durch einen Therapieerfolg unterstützt, ebenso wie eine experimentelle Hypothese und eine Theorie oder ein Netz aus Prämissen durch eine genaue Vorhersage des experimentellen Ergebnisses erhärtet werden. Doch besteht die Aufgabe des Verhaltensmodifikators nicht darin, einzelne kausale Modifikationsfaktoren in seinen Interventionen zu isolieren; sie besteht darin, die Veränderungen herbeizuführen, die für das Wohl seines Klienten entscheidend sind. Er arbeitet einer gewissen Modifikationsschwelle entgegen, ganz gleich, welcher Mittel er sich dabei bedient. Zweitrangiges Ziel für den Kliniker ist es, seine fallspezifische Formulierung zu testen und den spezifischen Veränderungsprozeß im Einzelfall zu verstehen. Für den Forscher gilt das Gegenteil. Hat sich das Verhalten eines Patienten oder Klienten so verändert, daß er wieder adäquat funktioniert, wird der therapeutische Prozeß abgebrochen, auch wenn über die besonderen Ursachen der Besserung keine Klarheit besteht. Der Forscher dagegen hat seine Aufgabe nicht gelöst, wenn die angesammelten Daten günstig ausfallen; er hat sie erst dann gelöst, wenn er die Frage seines Forschungsgegenstands klar beantwortet hat. Da Lebensumstände des Patienten, die außerhalb des klinischen Rahmens liegen, ebenfalls Erfolg oder Mißerfolg bewirken können, kann der Kliniker seine Hypothesen nicht anhand des Behandlungsergebnisses allein bewerten. Für den Forscher aber ist die Tatsache, daß Fremdvariablen seine Daten beeinflußt haben, Evidenz für ein schlecht geplantes Forschungsprojekt.

Kliniker fühlen sich in ihrer Arbeit häufig durch die »Einsichten« und durch das »Einfühlungsvermögen«, zu denen sie gelangen, belohnt, wobei sie privates intellektuelles Vergnügen allerdings mit der Verwirklichung tatsächlicher Ziele und ungetestete Hypothesen mit bewiesenen Daten verwechseln. Ein solches Vergnügen ist riskant. Der Kliniker kann dadurch in seiner falschen Sicht der Schwierigkeiten seines Patienten bestätigt werden. Er kann dadurch den Standpunkt beziehen, daß das *sine qua non* der Behandlung die *Einsicht* oder das Verständnis sei, das der Patient in bezug auf die Ursachen seines Verhaltens entwickeln sollte, während er die Beseitigung der Symptome selbst vergessen kann. Tatsächlich läuft das Argument, daß ein Ziel der Therapie im Enträtseln und im Begreifen von Problemverhalten bestehe, darauf hinaus, daß, will man zukünftige Schwierigkeiten verhindern, alle wesentlichen Determinanten der komplexen Verhaltensweisen des Individuums erforscht werden müssen. Würde eine solche Behandlung möglich und effektiv sein, bestünde immer noch die Frage, ob der Arbeitsbereich des Klinikers so sehr ausgeweitet werden sollte, daß er eine völlige Bewertung und Veränderung der Lebensweise des Patienten einschließt, obwohl das zu lösende spezifische Problem direkter angegangen werden kann. Die Vielfältigkeit der Faktoren eines bestimmten Problems erfordert daher, daß der Kliniker seine Bemühungen auf ein vorher festgelegtes Ziel richtet, indem er immer nur die Variablen manipuliert, die sich als praktisch und effektiv erwiesen. Hauptziel des Klinikers ist nicht das Begreifen, sondern die Veränderung von Verhalten.

Der Wissenschaftler, der die Effekte einer oder mehrerer unabhängiger Variablen testet, kontrolliert den Einfluß aller anderen Variablen. Dem Kliniker fällt es schwerer, die spezifischen Determinanten, die zu testen und zu manipulieren sind, auszuwählen, weil seine erste Formulierung des Problems pro-

visorisch und unvollständig ist. Daneben muß der Kliniker dem Behandlungsergebnis und nicht der Überprüfung besonderer Variablen Vorrang einräu-
men. Der Kliniker ist sich aufgrund der Bedeutung des Behandlungserfolgs
häufig unschlüssig darüber, welche Kriterienmaßstäbe er anwenden soll, um
die Relevanz von multiplen Variablen für die Verhaltensänderung seines Patienten zu testen. Dagegen kann der Forscher sogar in explorativen Studien
systematisch isolierte Beziehungen zur Untersuchung unter experimentellen
Kontrollbedingungen auswählen. Der Kliniker ist mit unbekannten und unkontrollierten Wechselbeziehungen zwischen Reaktionsklassen und mit multiplen und gleichzeitig wirksamen Determinanten konfrontiert, die es ihm
unmöglich machen, alle relevanten abhängigen Variablen zu erkennen und
zu messen. In der klinischen Forschung werden häufig zufällig völlig unerwartete und provozierende Beziehungen entdeckt, wenn weniger vielversprechende Kriterienmaßstäbe einbezogen werden. So stießen z. B. GELDER,
MARKS und WOLFF (1967) auf völlig unerwartete Zusammenhänge, als sie
unter die Erfolgskriterien der Verhaltensmodifikation von Phobien Maßstäbe
der interpersonalen Zulänglichkeit einreihten.

Die Behandlung des Einzelfalles

Die klinische Praxis befaßt sich mit dem Einzelfall. Im Gegensatz dazu sind
wissenschaftliche Gesetze Feststellungen über wahrscheinliche Beziehungen
zwischen Ereignisklassen. Die Anwendung psychologischer Prinzipien auf
Individualverhalten erfordert die Berücksichtigung vieler individueller Parameter. Daher ist es unmöglich, bei der Vorhersage ein hohes Präzisionsniveau
zu erzielen. Die Kontroverse darüber, ob man einzelne Personen im Detail
untersuchen soll (die *idiographische* Methode) oder ob man begrenzte Verhalten an vielen Personen untersuchen soll (die *nomothetische* Methode), ist
nicht nur in der klinischen Praxis, sondern auch in anderen Bereichen der
Psychologie entbrannt. Als er sich mit dem Problem von Schlußfolgerungen
aus Gruppenlernkurven für Ratten auf Individualverhalten auseinandersetzte, bemerkte ESTES (1956), daß Gruppendaten im Hinblick auf Zusammenfassung und theoretische Analyse von erheblichem Wert sind. Doch »ein
›induktiver‹ Schluß von der Mittelkurve auf die Einzelkurve ist nicht möglich, und die unkritische Verwendung von Mittelkurven schließt sogar dann
ein erhebliches Risiko ein, wenn lediglich der Effekt einer experimentellen
Behandlung auf die Lern- oder Löschungsrate bestimmt werden soll« (S. 134).
ALLPORT und LEWIN gehören zu den vielen Protagonisten des idiographischen
Verfahrens in der Persönlichkeitsforschung. Wenn die Einzelperson das Un-
tersuchungsobjekt ist, gestatten Festwerte und Abweichungen in ihrem Verhalten die Errichtung von Normen für diese Person. Durch diese Strategie
bleibt die Fülle an individuellen Differenzen in der Therapie erhalten und
kann die Vorhersage für den Einzelfall verbessert werden. Die nomothetische
Verfahrensweise, für die Persönlichkeitstheoretiker und Vertreter der ver-
sicherungsstatischen Vorhersage (u. a. MEEHL, McCLELLAND und EYSENCK) ein-

treten, zieht den Nutzen von Einzelfallstudien in Zweifel. Diese Leute vertreten den Standpunkt, daß, zumindest was bestimmte Reaktionsklassen anlangt, jede Person mit anderen verglichen werden kann, wenn es darum geht,
aufgrund von Informationen über andere Personen mit demselben Merkmal
sinnvolle Vorhersagen über das Verhalten einer Einzelperson zu treffen. Die
Nomothetiker lassen sich durch die Tatsache, daß zur Bestimmung der Position einer Einzelperson in einer Gruppe viele Testwerte nötig sein können,
nicht entmutigen. Auch streiten sie nicht ab, daß sich solche Werte insofern
gegenseitig beeinflussen können, als sie für ein einzelnes Individuum ein ein-
zigartiges Muster oder Profil ergeben können. Die traditionelle Einzelfallstudie repräsentiert das idiographische Verfahren, während die Verwendung
objektiver Persönlichkeitsfragebogen oder anderer Test-Batterien für den nomothetischen Standpunkt steht. In der eigentlichen wissenschaftlichen und
klinischen Praxis ergänzen sich beide Methoden häufig.

Grenzen der Beobachtung

Im Gegensatz zum Forscher kann sich der Praktiker die spezifischen Bedingungen, unter denen er Beobachtungsdaten sammelt, nicht aussuchen. Das
kann so weit gehen, daß er das Verhalten, das er bewerten soll, überhaupt nie
beobachtet. Dies war vor allem in der Vergangenheit der Fall, als sich die
Tätigkeit des Klinikers auf das Behandlungszimmer oder das Krankenhaus
beschränkte, so daß er es versäumte, das alltägliche Patientenverhalten zu beobachten und entscheidende Daten zusammenzutragen. Der Therapeut hat sich
von alters her fast ausschließlich auf den Patientenbericht, die freie Assoziation
oder auf die Beobachtung von Symptomen im Behandlungszimmer oder im
Krankenhaus verlassen. Er konzentriert sich auf die Rekonstruktion eines
Persönlichkeitsbildes mit Hilfe von Rückschlüssen und Testdaten. Im Gegensatz dazu gilt die wesentliche Aufmerksamkeit des Verhaltenstherapeuten
beobachtbaren Reaktionen oder zumindest den vielfachen Anzeichen weniger
beobachtbarer Symptome, wie z. B. subjektiven Beschwerden oder gestörten
Denkprozessen. Um einschlägige Verhaltensmuster des lebendigen Organismus selbst zu erhalten, kann er den Patienten auf der Krankenstation, bei sich
zu Hause, am Arbeitsplatz oder in der Schule direkt beobachten.

Theoretisch gesehen, bilden vollautomatisierte, objektive und verläßliche
Verhaltensaufzeichnungen, die den Labordaten des Wissenschaftlers vergleichbar sind, das Idealziel des Verhaltenstherapeuten. Praktisch gesehen, stützt
sich der Verhaltenstherapeut auf wesentlich weniger adäquate Maßnahmen.
Die praktischen Probleme der Bewerkstelligung von Beobachtungen hindern
den Verhaltenstherapeuten häufig daran, die Situationen zu beobachten, in denen die symptomatischen Reaktionen auftreten, und daran, in diesem Umfeld
Fremdvariablen zu kontrollieren. Aber auch wenn für eine direkte Beobachtung gesorgt worden ist, ist die Stichprobe immer noch nicht von Belang.
Signifikante persönliche Verhaltensweisen wie Vertraulichkeiten und Phantasien oder vereinzelte Wutausbrüche können leicht versäumt werden. Das Labor-

experiment sorgt dagegen dafür, daß das fragliche Verhalten ausgelöst wird und daß die meisten irrelevanten Reaktionen ausgeschaltet werden. Man vergleiche in diesem Kontext z. B. Laborstudien zur Kommunikation in Kleingruppen, wo Versuchspersonen isoliert und ihr Verhalten anhand von Knopfdruckreaktionen aufgezeichnet wird, mit der Aufzeichnung der natürlichen Interaktionen einer Familie bei sich zu Hause. Manchmal muß bei der Interpretation von klinischen Daten sogar der klinische Rahmen selbst als relevante Variable in Betracht gezogen werden. So gehören z. B. Doppelspiegel zur Standardausstattung vieler klinischer Räumlichkeiten. Doch kann das Vorhandensein eines Spiegels den Patienten ablenken und die spezifische Frage, für die sich der Therapeut gerade interessiert, in falschem Licht erscheinen lassen. Dieses Problem ist vor allem deshalb ärgerlich, weil Patienten mit verschiedenartigen Verhaltensstörungen auf ihr Spiegelbild und auf die motivationalen und emotionalen Nebenbedeutungen des Spiegels unterschiedlich reagieren können (GALLUP, 1968). Trotzdem sind sich nur wenige Kliniker dieser Befunde bewußt, und überdies kann man von ihnen nicht erwarten, daß sie über alle situativen Variablen, die das Patientenverhalten beeinflussen, Bescheid wissen. Kürzlich durchgeführte Arbeiten über kontrollierte Umgebungen oder Testzellen (ELWOOD, 1969) stellen den Versuch dar, zumindest das physikalische Umfeld, in dem Beobachtungen vorgenommen werden, zu kontrollieren.

Der klinische Bereich ist längst nicht so konstant als der des Forschungslabors. Folglich erfordert die Datensammlung, da sie unter anderen Bedingungen durchgeführt wird, andere Methoden, und auch die resultierenden Meßwerte besitzen andere Reliabilität. Doch lassen kürzliche Berichte von klinischen Forschern erkennen, daß diese Hindernisse nicht unüberwindbar sind. Sie setzen lediglich eine entsprechende Orientierung, andere Geräte und größere Geduld voraus. Bei der Unterscheidung zwischen den Methoden der Datensammlung in der Klinik und im Labor geht es um den Schwierigkeitsgrad der Datenzugänglichkeit, nicht aber um unterschiedliche Erhebungsprinzipien.

Die Doppelrolle des Klinikers als Partizipant — und — Beobachter

SULLIVAN (1954 b) hat die Idealrolle des Klinikers als eine Rolle beschrieben, in der objektive Beobachtung und freundliche Teilnahme zusammenwirken. Die Tätigkeit des Beobachters von dessen Verhalten als Partner im klinischen Interview zu trennen, ist äußerst schwierig. Doch teilt er dieses Problem mit seinen experimentellen Kollegen wahrscheinlich in einem wesentlich größeren Ausmaß als man bisher angenommen hat. Obgleich ein wesentlicher Grundsatz des Wissenschaftlers darin besteht, jeden unkontrollierten Kontakt mit dem Gegenstand seiner Beobachtungen zu vermeiden, können sogar bei streng geplanten Laborstudien durch bloße Beobachtung oder Messung Fehler entstehen.

Die Natur der klinischen Interaktionen kann, der Rolle des Klinikers zufolge, zumindest dreierlei Fehlerquellen nach sich ziehen: 1. durch eine Veränderung der »*demand characteristics*« der Situation, d. h. eine Veränderung der insgeheimen Erwartungen und des Forderns von gewissen Verhaltensweisen durch den Patienten aufgrund des persönlichen Stils des Klinikers; 2. durch Veränderung der Präzision des Klinikers als Instrument der Verhaltensmessung aufgrund seiner persönlichen Art während Beobachtungen zu reagieren; und 3. durch eine Beeinflussung der feinen interaktionalen »Rapport«-Beziehungen aufgrund der relativen Zufriedenheit, die den Therapeuten bei der Arbeit mit einem besonderen Patienten erfüllt.

Die Errichtung einheitlicher *demand characteristics* oder zumindest ihre genaue Ermittlung ist als wesentliches Merkmal der Begründung des Verhaltens von Versuchspersonen oder Patienten wiederholt diskutiert worden. In der Klinik sind Patientenerwartungen hinsichtlich der angemessenen Rollenverhalten des Klinikers und Patientenannahmen hinsichtlich des Zwecks und der möglichen Folgen verschiedener Verfahren oder Arzneimittel hervorstechende Determinanten von Patientenreaktionen. Die formelle Art, die beeindruckenden Behandlungsräumlichkeiten und die intellektuelle Ausdrucksweise des einen Therapeuten liefern Stimuli, die andere Patientenerwartungen und -reaktionen auslösen oder »fordern« (*demand*) als das Verhalten des Klinikers, der sich in einer unverkrampften Atmosphäre zwanglos bewegt und unterhält. ORNE (1962) u. a. haben auf die markanten Auswirkungen der *demand characteristics* einer Situation aufmerksam gemacht. All die *cues*, durch die die Person in bezug auf den vermeintlichen Zweck einer Interaktion — sei dies nun ein Experiment oder ein Interview — eine gewisse Haltung oder Hypothese vermittelt bekommt, helfen potentiell das Verhalten der Person zu modifizieren. Allerdings können wahrgenommene *demand characteristics* den Beobachter genauso beeinflussen wie die Versuchsperson. Von den Resultaten einer Untersuchungsreihe ausgehend hat ROSENTHAL (1963) behauptet, vorgefaßte *biases* von Experimentatoren könnten die Ergebnisse von psychologischen Experimenten sogar unter streng kontrollierten und standardisierten Bedingungen beeinflussen. Außerdem fand er, daß persönliche Merkmale (z. B. Sex, Persönlichkeit und Erwartungen) des Experimentators und der Versuchsperson interagieren und so das Ausmaß beeinflussen, in dem der *bias* des Experimentators weitervermittelt wird. Zwar sind einige der Schlußfolgerungen ROSENTHALs debattiert worden (BARBER und SILVER, 1968), doch sollte man sich seine Warnung, *bias* des Experimentators könne Forschungsdaten ernsthaft verzerren, zu Herzen nehmen.

Die Implikationen dieser und ähnlicher Studien über klinische wie experimentelle Interaktionen sind klar. Unabsichtlich geäußerte Reaktionen können dem Patienten als *cues* für die Erwartungen und Wertvorstellungen des Therapeuten dienen. Aber auch ohne direkte verbale *cues* liefert der Kliniker seinem Patienten Informationen; das geschieht durch sein differentielles Zuhören und seine differentielle Aufmerksamkeit, die dem Patienten als diskriminative Stimuli dienen. Außerdem emittiert der Kliniker kontingente Verstärkung, die sich entweder verbal oder durch feinere Modifikationen der Körperhaltung, des Gesichtsausdrucks, des Tonfalls und des verbalen Output äußert. Die ganze Formulierung und der ganze Behandlungsplan bergen wahrscheinlich unerwähnte Erwartungen und Rolleninformationen. Auf der anderen Seite würde man von Veränderungen im Bericht eines Patienten über seine Gefühle oder seine Pläne gewiß annehmen, daß sich in ihnen nicht nur der anhaltende Einfluß des Klinikers widerspiegelt, sondern auch die augenblickliche Veränderung dessen, was der Patient im Hinblick auf die *demand characteristics* der Situation wahrnimmt.

Die unerläßliche Interaktion zwischen Kliniker und Klient während der Erfassungs- oder Behandlungsprozeduren erhöht die Möglichkeit eines stark voreingenommenen Effekts in den Beobachtungen und Verhaltensmessungen des Klinikers. Obgleich es möglich ist, Patientenverhalten in einer Interaktion mit einem gewissen Grad an Objektivität zu beobachten, muß sich der Kliniker ständig vor Augen führen, in welchem Maße seine Beobachtungen das Ergebnis seiner eigenen Voreingenommenheit sein können.

Die wechselseitigen schwierigen Abhängigkeitsverhältnisse der therapeutischen Zweierbeziehung steigern die Anfälligkeit des Klinikers als Partizipant und Beobachter. Sogar auf der physiologischen Ebene besteht häufig eine enge Verbindung zwischen Therapeuten- und Patientenveränderungen, z. B. dann, wenn beide in ihrer veränderten Herzschlagrate interagieren (COLEMAN, GREENBLATT und SOLOMON, 1956). Abgesehen von der Tatsache, daß das Konzentrationsvermögen des Klinikers stark in Anspruch genommen wird, wenn er den »Rapport« (darin liegt seine Effektivität als verstärkende Kraft) herzustellen versucht, beeinflußt die Reaktion des Klinikers, der durch das Verhalten des Patienten in seiner professionellen und persönlichen Rolle potentiell verstärkt wird, sowohl sein eigenes als auch das Patientenverhalten in einer Weise, die nicht leicht vorherzusagen ist. Alle wesentlichen wechselseitigen Einflüsse sind in der Klinik stärker vertreten und schwieriger zu kontrollieren als im Labor und bilden eine andere Dimension, wobei experimentelle und klinische Prozeduren stark voneinander abweichen.

Die soziale Verantwortung des Klinikers

Der Wissenschaftler ist darauf bedacht, dem Organismus seines Experiments keinen Schaden zuzufügen. Die meisten wissenschaftlichen Berufsorganisationen haben einen ethischen Kodex aufgestellt, der die Verantwortung des Experimentators für seine menschlichen oder tierischen Versuchsobjekte streng definiert. Das *National Institute of Mental Health* und andere forschungsfördernde Stellen fordern, daß subventionierte Institutionen Strategien und Regelungen aufstellen, die für die Sicherheit der Versuchsobjekte bürgen, und daß jeder Forscher detailliert darstellt, wie solche Sicherheitsmaßnahmen durchgeführt und wie menschliche Versuchspersonen vor ihrer Einwilligung ins Experiment informiert werden. Bei einem Großteil der psychologischen Forschung werden nur begrenzte Verhaltensbereiche beeinflußt und können zeitweilig auftretende Schmerzen oder Beschwerden nach dem Experiment rasch behoben werden. Außerdem handelt es sich bei den Versuchspersonen gewöhnlich um Freiwillige, die an den Experimentator keine besonderen Forderungen stellen und die vom Versuch keine greifbaren vorteilhaften Ergebnisse erwarten.

Entschließt sich jedoch der Kliniker, einen Patienten zu behandeln, so geschieht dies unter der Voraussetzung, daß er nicht nur wie der Wissenschaftler schädliche Auswirkungen vermeidet, sondern daß er auch zum verbesserten Befinden des Patienten beiträgt. Das medizinische Konzept der klinischen Verantwortung mag auf die Psychologen nicht ganz zutreffen. Trotzdem wird in der üblichen Praxis vorausgesetzt, daß der nichtmedizinische Kliniker für das Verhalten des Patienten eine gewisse Verantwortung übernimmt und daß er mit entsprechenden Maßnahmen eingreift, wenn das Wohl des Patienten oder anderer auf dem Spiel steht. Angesichts dieser Verpflichtung und angesichts seines etwas dürftigen Wissens darüber, wie sich individuelles Verhalten vorhersagen läßt, sieht sich der Kliniker in seinen Methoden stark eingeengt. Der Verhaltenstherapeut, der diese Verantwortung akzeptiert, sieht sich einer besonderen Schwierigkeit gegenüber, da er sowohl die verbreitete Unterscheidung zwischen gesundem und krankem Verhalten als auch die übliche Annahme darüber, was für den Patienten gut ist, nicht immer gelten läßt. Die Gesellschaft sanktioniert den Einsatz der Therapie gegen Krankheiten, die Bestrafung gesetzwidriger Handlungsweisen und die Erziehung als Mittel gegen die Unwissenheit. Eine derartige Sanktionierung tritt weniger klar zutage, wenn es um die Veränderung von Verhalten geht, das sich in diese Kategorie nicht genau einordnen läßt, d. h. um Handlungen, die die Öffentlichkeit leicht verärgern, bestürzen, anwidern oder teuer zu stehen kommen können. Wenn dieselben Verhaltensweisen nicht als *krank* definiert sind, sondern als sozial nicht annehmbar, fällt die Sanktionierung entsprechender Maßnahmen weniger deutlich aus. Es war unter anderen ULLMANN (1967 a), der darauf hingewiesen hat, daß dieses Modell für abweichendes Verhalten den Therapeuten in ein ethisches Dilemma stürzt. Trotz widerstreitender sozialer Wertvorstellungen muß der Therapeut entscheiden, welche Verhalten modifiziert und welche übergangen werden können. Der Verhaltenstherapeut ist durch die Natur seiner Arbeit nicht nur verpflichtet, Verhaltenskontrolle auszuüben. Häufig muß er sich auch noch damit belasten, sich bei der Frage, welche Verhalten kontrolliert werden sollen, als Komplize entweder auf die Seite des Patienten oder auf die der Gesellschaft zu schlagen. Diese Aufgabe ist keineswegs leicht zu lösen.

Bei seinem Entschluß, ein Programm der Verhaltensmodifikation in Angriff zu nehmen, kann der Kliniker mit vielen Problemen der bürgerlichen Rechte und Freiheiten des einzelnen konfrontiert werden. Soll man z. B. asoziales Verhalten nur dann verändern, wenn der Verbrecher selbst um Hilfe bittet? Oder wo verlaufen die Grenzen der Privatsphäre, die zur Gewinnung von Beobachtungsdaten (auch bei Zustimmung des Patienten) nicht überschritten werden sollten? Wenn der Patient durch sein Alter oder seine Gestörtheit unfähig ist, seine Einwilligung zu geben, sollte die Behandlung dann trotzdem mit Taktiken der Bestrafung oder Belohnung arbeiten? Wie weit geht die

Schweigepflicht, wenn ein Patient ein Verbrechen oder eine verbrecherische Absicht zugibt? Ab welchem Punkt verletzt die Errichtung von Umweltkontingenzen die bürgerlichen Freiheiten des Patienten? Die irrige Annahme, die sich hinter vielen solchen Fragen verbirgt, ist die, daß der Therapeut umweltbedingte Beziehungen der Verhaltensverstärkung in Situationen organisiert, in denen eine derart systematische Kontrolle völlig fehlt. Tatsächlich übt die soziale Umwelt fortlaufend Kontrolle aus. BAER (1968) war es, der, was die Kindererziehung angeht, ausgezeichnete Argumente für ein therapeutisches oder vorbeugendes Eingreifen ins Feld führte:

»Entschließt man sich, ein Kind nicht zu verstärken, so bedeutet das lediglich, daß man seine Formung der restlichen Umwelt überläßt; doch besteht keine Garantie, daß die restliche Umwelt zur Verstärkung von wünschenswerten Verhalten programmiert ist. So könnte sich der Autor z. B. entschließen, seine vierjährige Tochter nicht zu formen, doch würde deshalb ihre Entwicklung auch nicht freier verlaufen. Ihre Formung würde lediglich großenteils ihren gleichaltrigen Kameraden überlassen bleiben (die mit ihren vier Jahren in bezug auf ihre Ansichten und Bestrebungen vom Autor wirklich nicht ausnahmslos bewundert werden). Wenn Verstärkung am Werk ist, bleibt ihr, kurz gesagt, nichts anderes übrig als zu operieren. Es bleibt also nur die Wahl, Verstärkung entweder zu analysieren und sie systematisch und therapeutisch einzusetzen, oder aber sie zu ignorieren und die Formung von Verhalten denen zu überlassen, die entsprechende Kontingenzen programmieren wollen. Der ethische Standpunkt scheint das erstere zu begünstigen« (S. 19).

Dem Problem der Verwendung vertraulicher Informationen begegnet man in der Klinik, aber nur selten im Labor. Klinische Interaktionen haben mit persönlichem Material zu tun. Eine Selbstdarstellung kann den Patienten für persönliche Kritik anfällig machen. In manchen Fällen kann die gegebene Information dem Patienten persönlich oder finanziell schaden. Sie kann dazu dienen, die Interessen anderer Leute zu unterstützen oder den Patienten selbst zu bedrohen oder gerichtlich zu belangen. Daher muß sich der Kliniker bei der Benutzung von Informationen Zurückhaltung auferlegen, auch dann, wenn er sich ihrer zum Vorteil des Patienten selbst bedienen möchte. Es überrascht nicht, daß jede einwandfreie klinische Praxis z. B. das Einverständnis des Patienten voraussetzt, wenn es darum geht, patientenbezogene Informationen, die der Kliniker gesammelt hat, an eine Institution, einen Arzt oder sogar an den Ehegatten weiterzugeben. Die Kehrseite der Angelegenheit ist die, daß dem Kliniker durch diese Zwänge ein beschränkter Aktionsbereich auferlegt wird, wenn er Hypothesen prüfen oder Berichte des Patienten werten möchte.

Man hat von der geheimnisvollen Aura, die traditionelle Therapiestrategien umgeben hat, oft geglaubt, sie trüge zur Erhellung der unbewußten Gedanken des Patienten bei. Sogar heute noch diskutieren Therapeuten die Grundlagen ihrer Verfahren nicht mit ihren Patienten, vermutlich deshalb, weil das resultierende Wissen Verhaltensweisen fördern könnte, die sich einer Beeinflussung widersetzen. Die Verheimlichung des Zwecks therapeutischer Techniken wirft ethische Fragen auf, die auch der Laborexperimentator kennt. KELMAN (1967) hat die ethischen Implikationen solcher Täuschung in sozialpsychologischen Experimenten untersucht, und er hat vorgeschlagen, man solle Möglichkeiten erforschen, um den negativen Effekten solcher Täuschung entgegenzuwirken, und neue Techniken entwickeln, die solche Täuschung unnötig machen. Dieselben positiven Maßnahmen scheinen sich auch für den klinischen Bereich zu eignen.

Es ist schwierig, die Grenzen der sozialen Verantwortung des Klinikers genau zu definieren. In der Tat setzt das berufliche Verantwortungsbewußtsein nicht nur voraus, daß der Patient hinreichend und sinnvoll gepflegt wird, sondern daß sich der Therapeut aus dem Leben des Patienten zurückzieht, wenn dieser keiner Hilfe mehr bedarf. Der Abschluß der Therapie stellt eine Situation dar, in der ungewöhnliche Behutsamkeit dem Patienten zum Nachteil gereichen kann. Doch gibt es für die Beendigung einer Behandlung kein definitives Kriterium. So kann eine allzu konservative Einstellung mit finanziellen Motiven des Klinikers verwechselt werden, wenn die Behandlung über eine hinlängliche Besserung hinaus fortgeführt wird. Während sich der Experimentator bei der Planung seiner Untersuchungen von vornherein bemüht, wissenschaftlichen Standards gerecht zu werden, hält es der Kliniker oft für nötig, seine Strategie mittendrin zu verändern. Seine persönlichen klinischen Maßstäbe können Erwartungen hinsichtlich einer Besserung des Patienten beeinflussen. Im Gegensatz dazu erfordert das im vorhinein festgelegte Programm des Experimentators keine veränderten Entscheidungen mittendrin. So wird auch in diesem Fall die Unterscheidung zwischen den Verfahrensweisen des Klinikers und des Experimentators durch die unterschiedlichen Bedingungen determiniert, unter denen die beiden tätig sind.

Die verschiedenen Schwierigkeiten, die entstehen, wenn man gleichzeitig eine moralisch neutrale Haltung und eine praktische Lösung klinischer Probleme anstrebt, wurden von LONDON (1964) ausgezeichnet beschrieben:

»Die Tatsache, daß die praktische wissenschaftliche Forschung, insbesondere die objektive Analyse und Interpretation von Daten, frei sein muß von Metaphysik und Moral, diese Tatsache kann nicht genug betont werden. Doch fungiert der Psychotherapeut in seiner tatsächlichen Praxis gewöhnlich nicht als Forscher. Er ist ein Kliniker. Und ein Großteil des Materials, mit dem er sich auseinandersetzt, ist außerhalb des Rahmens eines menschlichen Wertsystems weder verständlich noch nützlich. Das ist eine leidige, eine bestürzende Tatsache für den, der sich in der Rolle eines unparteiischen Wissenschaftlers und eines unvoreingenommenen Helfers sehen möchte. Es ist eine Tatsache, die aus technischen wie theoretischen Gründen für Studenten des menschlichen Verhaltens im allgemeinen und für Psychotherapeuten im besonderen ungemein wichtig sein kann« (S. 4—5).

Klinische Forschungsstrategien und ihre Mängel

Um die Frage beantworten zu können, welche Verhaltenstherapie für welche Patienten aus welchen Gründen am wirksamsten ist, müssen wir uns mit der Art und Weise, wie klinische Forschung betrieben wird, auseinandersetzen sowie mit dem Versuchsplan, nach dem die Patienten in der Klinik behandelt werden. Allerdings sieht sich die klinische Forschung dem Dilemma schwerwiegender Kompromisse ausgesetzt, die sowohl wissenschaftlicher als auch klinischer Art sind. Wir wollen an dieser Stelle kurz einige der Lösungen und ihre Mängel diskutieren, um auf die kritische Evaluation der Forschung in späteren Kapiteln vorzubereiten.

Betrachtet man die Verhaltenstherapien als einen Teilbereich des Gesamtgebiets der Aufrechterhaltung und Veränderung von Verhalten, so sind zu ihrer Entwicklung zwei umfassende Wissensbereiche relevant. Erstens ist das ein Großteil der Psychologie, da sich dieser mit den funktionalen Parametern von Verhalten befaßt, und zweitens sind das, vom entgegengesetzten Ansatzpunkt aus gesehen, die traditionellen klinischen Beobachtungen, welche die natürliche Entwicklung verbreiteter klinischer Probleme beschreiben. Die klinische Untersuchung von Einzelfällen oder die klinische Forschung kann auf Korrelationen zwischen Reaktionsklassen und Ereignissen, die diese reaktionsbedingten Verhalten beeinflussen können, hinweisen. So hat die klinische Beobachtung z. B. das allgemeine Bild von der Depression geliefert, die sich als ein Syndrom darstellt, dessen Kennzeichen häufiges Weinen, Selbstherabsetzung, Egozentrik, pessimistische Lebenseinstellung und niedrige Rate emittierten Verhaltens sind. Häufig hat man den unmittelbar vorausgegangenen Verlust einer wichtigen Person, Funktion oder eines wichtigen Status festgestellt. Diese Ansammlung zusammenhängender Verhalten ist in der Theorie als einziger Prozeß und als Endprozeß dargestellt worden, in den — ähnlich wie beim Symptom »Fieber« — vielfältige pathologische Entwicklungen münden. Zu den Erklärungsversuchen, welche die Depression als einen Prozeß betrachten, der aus vielen verschiedenen Vorgängen resultiert, gehört die behaviorale Formulierung der Depression als relativer Mangel an positiver Verstärkung. Der Verlust eines geliebten Menschen, einer Arbeitsroutine oder körperlicher Fähigkeiten, lassen sich alle als Verlust wichtiger Quellen positiver Verstärkung deuten. Diese klinische Hypothese, die auf Beobachtungen bei der Untersuchung von Einzelfällen basiert, hat ihrerseits zu Behauptungen geführt, die im Labor im Kontext des üblichen wissenschaftlichen Paradigmas getestet werden konnten. Ähnlich hat die klinische Beobachtung der langwierigen Anpassung chronisch Schizophrener zu der Behauptung geführt, daß die Hospitalisierung, zusammen mit den Kontingenzen, die eine abhängige institutionalisierte Existenz mit sich bringt, für viele Verhaltensstörungen chronischer Patienten verantwortlich sei. Mit anderen Worten, es scheint die Hospitalisierung selbst zu sein, die die Patienten einer zusätzlichen sozialen Isolierung und behavioralen Deprivationen aussetzt, wobei diese Dinge beim chronischen Patienten zu erhöhter Devianz, zu Passivität, zu gestörter Kommunikation und zur Abkapselung führen. Diese Hypothese hat insofern zu bahnbrechender Arbeit ermutigt, als man die vom Pflegepersonal errichteten Kontingenzen zu verändern versuchte mit dem Ziel, bei institutionalisierten Personen selbstbewußtere und annehmbarere Verhalten zu fördern (vgl. z. B. AYLLON und MICHAEL, 1959); außerdem hat diese Hypothese zu einer allgemeinen skeptischen Neubewertung der üblichen institutionalen Verhaltensformung geführt.

Zwischen den beiden extremen Polen der Laborforschung über generelle Verhaltenseinflüsse einerseits und der korrelationalen oder ökologischen klinischen Forschung andererseits, stoßen wir auf Untersuchungen der Effekte und Mechanismen klinischer Verfahren der Verhaltensveränderung. Bei diesen Studien therapeutischer Veränderungen kann es sich um kontrollierte Experimente handeln, die sich der Analogien klinischer Symptome bedienen, oder um Berichte über unkontrollierte klinische Versuche, doch setzen sich beide mit der Frage auseinander, wie effektiv eine bestimmte Therapie bei einer spezifizierten Gruppe von Verhaltensbeschwerden ist. Es liegt auf der Hand, daß sich jede dieser drei Wissensquellen (wie: Verhaltensprinzipien, klinische Beobachtung und Therapieforschung) durch eigene Forschungsstrategie und -ziele auszeichnet und daß diese Wissensquellen zum Fortschritt der Verhaltenstherapien beitragen und durch Feedback aus der angewandten Praxis bereichert werden.

Derzeitige klinische Forschungsstrategien können in verschiedenen klinischen Kontexten gesehen werden. Einer dieser Bezugsrahmen stellt dem nomothetischen das ideographische Verfahren gegenüber; die beiden damit verbundenen Standpunkte sind von uns bereits dargestellt worden. Derselben Unterscheidung begegnet man noch einmal in den divergierenden Forschungsstrategien, deren sich die Erforscher von Therapien des klassischen bzw. des operanten Konditionierens bedienen. Ein weiterer Kontext erlaubt den Vergleich von Strategien, die zur Einstufung therapeutischer Effektivität relevant sind, mit jenen Verfahrensweisen, die man zur Entdeckung der Mechanismen benutzt, die Verhaltensveränderungen zugrunde liegen. Ein dritter Kontext vergleicht die Vor- und Nachteile der Forschung im regulären klinischen Bereich auf der einen Seite mit jenem anderen Bereich, in dem Laboranalogien für klinische Probleme und Prozeduren angewandt werden.

Ein interessantes zusätzliches Merkmal der angewandten Forschung hat sich kürzlich in verschiedenen sozialwissenschaftlichen Vorhaben abgezeichnet. Die Erhebung von Forschungsdaten und die Veröffentlichung von Resultaten können ihrerseits das betreffende Verhalten in derselben sozialen Gruppe, in der die Untersuchung durchgeführt worden ist, beeinflussen. So hat man z. B. behauptet, die KINSEY-Reports über verbreitetes Sexualverhalten hätten spätere Sexualverhalten und -gewohnheiten insofern beeinflußt, als sie den Lesern als Lehrbücher dienten. Und in Krankenhausgemeinschaften hat man die Analyse und Veröffentlichung von Einstellungen des Personals wiederholt zur Modifikation von Haltungen der Belegschaft und von Krankenhausprozeduren benutzt. Sogar der Entschluß, Forschungsarbeit über das Problem einer sozialen oder industriellen Organisation durchzuführen, kann Einstellungen modifizieren, indem die Aufmerksamkeit auf bislang nicht beachtete Phänomene gelenkt wird. So kann die Forschungsarbeit, ganz gleich ob klinisch oder sozial, selbst zum Instrument der Verhaltensmodifikation werden. Einem gesteigerten Bewußtsein von dieser Möglichkeit, Forschung im sozialen Aktionsbereich einzusetzen, begegnet man in Schulen, in staatlich geförderten Vorhaben von sozialen Gemeinschaften und in ähnlichen sozialen Projekten. Der richtige Einsatz dieser Verfahrensweise verspricht nicht nur eine Erweiterung des Wissens, sondern auch eine verbesserte Integration von Forschungsmethoden in das soziale Gefüge.

Gruppenuntersuchungen und Replikationen am einzelnen Objekt

Die Unterscheidung zwischen idiographischen und dem nomothetischen Standpunkt charakterisiert zwei verschiedene theoretische und experimentelle Ansätze zum Verständnis der Lernmechanismen. Darüber hinaus hat sie zur Entwicklung voneinander abweichender Persönlichkeitstheorien geführt. Manche Lerntheoretiker, z. B. HULL und TOLMAN, haben faktorielle Versuchspläne benutzt, indem sie Mittelperformanzen von Tiergruppen bei standardisierten Aufgaben verglichen, um so allgemeine Lerntheorien zu konstruieren. Im Gegensatz dazu treffen SKINNER und seine Anhänger Feststellungen über empirische funktionale Beziehungen auf der Grundlage einiger weniger Replikationen streng kontrollierter Performanzen von einzelnen Tieren.

Klinische Forscher werden folglich den idiographischen bzw. nomothetischen Standpunkt unterschiedlich bewerten; das ist teilweise auf das jeweilige Lernparadigma zurückzuführen, aus dem sie verhaltensmodifizierende Techniken extrapolieren. Infolgedessen bestehen unter Forschern gewisse Meinungsverschiedenheiten hinsichtlich der Frage, worin die entscheidende Evidenz besteht, wenn man die Effektivität einer bestimmten Technik evaluieren oder wenn man Hypothesen über die Mechanismen, die für effektive Techniken verantwortlich sind, testen möchte. Trotz der Beharrlichkeit, mit der beide Anschauungen behaupten, nur ihr Programm könne adäquate Daten zur Aufstellung von Theorien oder Prinzipien liefern, haben beide ihre Nützlichkeit bewiesen und können beide zur Gewinnung von wesentlichen Daten über verschiedene Phänomene erforderlich sein.

Die Verfechter der Gruppendatenauffassung stützen sich bei der Planung ihrer Experimente generell stark auf statistische Hypothesen. In der Verhaltenstherapieforschung setzen sich solche Planungen gewöhnlich mit verbreiteten Symptomen einer ziemlich homogenen Population auseinander; außerdem vergleichen sie die durchschnittliche Besserung an Experimentalgruppen mit nichtbehandelten Kontrollgruppen oder mit anders behandelten Gruppen. Ein Beispiel für solche Forschung ist eine Studie von PAUL (1966) mit dem Ziel, die Effektivität einer verhaltenstherapeutischen Methode mit älteren Behandlungsmethoden zu vergleichen. PAUL wählte College-Studenten mit Sprechangst und stützte sich in seinen Schlußfolgerungen auf die mittleren Veränderungswerte (Besserung) der verschiedenen Gruppen bei einer Reihe von Maßnahmen, wobei diese Werte mittels ausgeklügelter statistischer Tests gewonnen wurden.

Die Fachleute, die operante Konditionierungsmethoden benutzen, demonstrieren Verhaltensveränderungen gern an Einzelpatienten. Kumulative Reaktionskurven zeigen die Veränderungen der Rate einer symptomatischen

Reaktion während der Vorbehandlung, bei Beginn der kritischen Behandlung und nach Entfernung der Behandlungsvariablen. Die Effekte besonderer therapeutischer Prozeduren werden miteinander verglichen anhand graphischer Darstellungen oder anhand deskriptiver Statistiken, d. h. sie werden relativen Reaktionsraten unter anderen Bedingungen gegenübergestellt. Dieses Vorgehen wird bei ULLMANN und KRASNER (1965) sowie in der Zeitschrift *Behavior Research and Therapy* beschrieben. Der Bericht über einen Einzelfall enthält gewöhnlich eine einschlägige Beschreibung des Zielsymptoms. Unabhängig voneinander beschriebene Replikationen an mehreren Fällen dienen dazu, die Allgemeingültigkeit der therapeutischen Effekte einer Prozedur zu bestätigen. Datenerhebung und -analyse ähneln den Verfahren der Tierforschung, die SKINNER und seine Schüler dargestellt haben. Allgemeine Feststellungen über Beziehungen fußen auf den empirischen Befunden, die man durch replizierte Einzelfallstudien gewonnen hat. Der Leitfaden SIDMANS (1960 b) diskutiert die Forschungsstrategie dieses Vorgehens. Während der Autor eine funktionale Verhaltensanalyse im Rahmen des operanten Konditionierens befürwortet, betont er, daß »eine Gruppenfunktion dem Verhalten der Einzelpersonen nicht entsprechen kann ... Die Kurven von Einzelpersonen und die von Gruppen können einfach nicht dieselbe Information liefern, auch dann nicht, wenn ihr Verlauf identisch ist« (S. 53). SIDMAN beschreibt eine Anzahl von Techniken zur Replikation von Einzelfalldaten, aber nicht um zu bestimmen, ob ursprüngliche Beobachtungen »real« sind, sondern um die Zuverlässigkeit und Gültigkeit eines Phänomens zu überprüfen. Er argumentiert z. B., daß die Replikation an einzeln aufeinanderfolgenden Einzelpersonen, mit denen man sich jeweils separat befaßt, wesentlich effektiver ist als es Replikationen von Gruppendaten sind, wenn man Zuverlässigkeit und Gültigkeit testen möchte. Bei den letztgenannten Replikationen wird lediglich die Zuverlässigkeit der Haupttendenz getestet, während man von Gruppendaten nicht auf die Natur von Ausnahmefällen schließen kann. Er behauptet, die Replikation von beobachteten funktionalen Beziehungen an ein und derselben Einzelperson sei das wirksamste Forschungsinstrument, und er schlägt Prozeduren vor für den Fall, daß irreversible Effekte oder eine sich verändernde Grundkurve im Hinblick auf intraindividuelle Replikationen Schwierigkeiten bereiten.

Zum üblichen Versuchsplan einer Einzelreplikation gehören: 1. eine Grundkurve oder ein fester operanter Meßwert für die abhängige Variable (A); 2. die Einführung einer experimentellen Manipulation mit einem zweiten Meßwert für die Reaktion (B); und 3. eine Rückkehr zur Grundkurve sowie Prämanipulation der Bedingungen mit einem dritten Meßwert für die abhängige Variable (A). Eine kürzliche Untersuchung von INGRAM (1967) illustriert intraindividuelle Replikationsstudien der Verhaltensmodifikation und durchleuchtet die Adaptation solcher experimenteller Designs für klinische Probleme. Der Nachteil dieses Designs liegt in der Tatsache, daß die wissenschaftlichen und die therapeutischen Ziele im Hinblick auf das Endergebnis der Prozedur miteinander kollidieren. Wenn es einer therapeutischen Intervention gelingt, ein Zielverhalten von seinem Ausgangsniveau her erfolgreich zu verändern und wenn dieses Verhalten im Reversionsverfahren auf dieses Niveau zurückgeführt wird, ist der wissenschaftlichen Forderung nach Offenlegung einer Kausalverbindung Genüge getan. Doch besteht das therapeutische Ziel in der optimalen Nutzung eines irreversiblen Effekts, der *nicht* hinfällig wird, wenn die Reversionsmethode angewandt wird. Vom Standpunkt des Therapeuten aus ist es in der Tat nicht nur wünschenswert, daß das neue Verhalten durch therapeutische Intervention aufrechterhalten wird, es ist auch wünschenswert, daß dieses Verhalten anderes neues Verhalten nach sich zieht, das in der natürlichen Umwelt des Patienten auch ohne therapeutische Hilfe erhalten bleibt. INGRAM (1967) arbeitete mit BAER zusammen, als er das übliche A-B-A-Design abänderte und daraus eine Reihe sukzessiver manipulativer Stichproben und Reversionen, also ein A-B-A-B-A-B-Design, machte. Bei der Versuchsperson handelte es sich um ein Kindergartenkind, dem gewisse erwünschte soziale Verhaltensweisen abgingen. Die therapeutische Intervention bestand in einer sozialen Verstärkung durch seine Lehrer, die auf die erwünschten Verhalten kontingent war. Während der Reversionsphasen zollten die Lehrer nichtkontingente Aufmerksamkeit in einer Form und Häufigkeit, die der Aufmerksamkeit der Ausgangsphase entsprachen. Jede Woche alternierten therapeutische Intervention und Reversionsmethode. Mit jeder sukzessiven Reversion ging weniger von den erwünschten Verhalten verloren, bis die Reversion nach mehreren Wochen *keinen* Effekt mehr hatte. Vermutlich waren die sozialen Zielverhalten unter die Kontrolle von natürlichen Umweltverstärkungen gekommen und unterstanden nicht mehr der primären Kontrolle der Lehreraufmerksamkeit. Diese Prozedur verwirklicht tatsächlich das therapeutische Ziel. Dieser Versuchsplan aus sukzessiven Stichproben durch Reversionen kombiniert die Vorteile der wissenschaftlichen Kontrolle und Testung mit dem therapeutischen Verdienst, der darin besteht, daß das Zielverhalten schließlich unabhängig geschieht.

Eine Alternative zum A-B-A-Versuchsplan, die BROWNING (1967 b) vorgeschlagen hat, macht die Umkehr zu der Bedingung vor der Behandlung unnötig und schaltet die dadurch auftretenden Probleme aus. Dieser Versuchsplan nutzt im wesentlichen die gleichzeitige Verfügbarkeit verschiedener Behandlungsbedingungen (in der Phase B) aus, wobei jede Bedingung einem anderen Therapeuten zugeteilt wird. So bekommt nach der Ausgangsphase (A) z. B. einer der Mitarbeiter die Aufgabe, dem kritischen Verhalten positive Aufmerksamkeit zuzuwenden, während ein zweiter das Verhalten ignoriert und ein dritter verbal ermahnt. Um persönliche Voreingenommenheit zu unterbinden, wechselt man sich mehrere Wochen lang in den Aufgaben turnusmäßig ab. Schließlich wird die effektivste Behandlungsbedingung für alle Therapeuten in der fortdauernden Behandlung programmiert. Dieser Plan eignet sich besonders für die stationäre Behandlung, da in diesem Fall viele Mitglieder des Personals als Verhaltenstherapeuten fungieren können.

SIDMAN (1960 b) hält unerschütterlich an der idiographischen Strategie fest: »Eine Psychologie, die die Hauptquelle aller ihrer Daten — das sich verhaltende Individuum — nicht beschreiben, systematisieren und kontrollieren kann, wird für immer eine schwächliche Schwester unter den Wissenschaften sein« (S. 107). PAUL (1969 a) setzte sich mit A-B-A-Versuchsplänen auseinander, die mit Einzelpersonen arbeiten, und wies dabei auf ihre Nützlichkeit hin, die dann offenbar wird, wenn man eine Behandlungsbewertung nach einer faktoriellen Untersuchung auf neue Variablenklassen ausweiten möchte oder wenn man vor der Anwendung eines faktoriellen Versuchsplans Hypothesen über Behandlungsprozeduren auf globale Weise testen möchte. Er versichert, daß es Replikationen solcher Untersuchungen dem Forscher gestatten, einige konfundierende Effekte zu reduzieren (z. B. indem er verschiedene Therapeuten einsetzt). So kann dieser Versuchsplan nicht nur Schlüsse auf Ursache- und Wirkungs-Zusammenhänge zwischen Versuchspersonen ermöglichen, sondern auch eine stärkere Gewißheit im Hinblick auf die Natur von Effekten in der Versuchsperson selbst. Allerdings behauptet PAUL, nur faktorielle Gruppenstudien seien dazu wirklich in der Lage.

Strategien zur Untersuchung von Behandlungsergebnissen

Ein zweites forschungsstrategisch relevantes Unterscheidungsmerkmal ist die relative Bedeutung, die man auf die Bewertung der Effektivität eines therapeutischen »Pakets« legt, die Bedeutung auch, die man dem Auseinandernehmen dieses Pakets beimißt, um dergestalt die Beiträge aller Teile fein säuberlich zu trennen, und schließlich die Bedeutung, die man der Testung hypothetischer Veränderungsmechanismen beimißt. Welchen Weg man einschlägt, hängt teilweise davon ab, ob man überhaupt ein »Paket« besitzt. So gestatten z. B. die spezifischen Prozeduren der WOLPEschen systematischen Desensibilisierung bei Phobien zunächst einen Gesamtvergleich mit anderen Verfahren. Wenn die Methode insgesamt wirksam zu sein scheint, kann man fragen, welche Komponenten der Behandlung wesentlich sind und für welche Patienten und Symptome sich die Methode am besten eignet. LANG (1969) hat darauf hingewiesen, wie riskant der zergliedernde Ansatz ist, wenn man ein erfolgreiches Therapiepaket verbessern möchte. Er verglich dieses Vorgehen mit dem Versuch, die Teile, die einen Wagen funktionsfähig machen, dadurch kennenzulernen, daß man den ganzen Wagen auseinandernimmt, um ihn dann, auf der Suche nach den unerläßlichen Teilen, Stück für Stück wieder zusammenzusetzen. Doch illustriert LANGS Abriß der Desensibilisierungsforschung auch, daß sich diese Strategie, eine hinreichende Anzahl an Variablenkombinationen vorausgesetzt, bei der Isolierung von effektiven Variablen als nützlich erwiesen hat. Sie hat die Technik verbessert, indem sie unwesentliche Prozeduren ausschaltete und effektive ausarbeitete.

Wird eine spezifische Laborprozedur zu therapeutischen Zwecken adaptiert, interessiert die Frage nicht mehr, welche einzelnen Komponenten oder zugrunde liegende Mechanismen zur Erklärung der Veränderung relevant sind. Im Gegensatz zum oben erwähnten Vorgehen, das den *Prozeß* der Veränderung erforscht, haben Studien zur Effektivität einfacher Techniken das

Ergebnis der Methode untersucht. So können z. B. die Löschung, die Bestrafung oder die Belohnung wünschenswerter Alternativverhalten bei der Behandlung von Wutanfällen angewandt werden. Wenn man diese Methoden miteinander vergleicht, so deshalb, weil man ihre Ökonomie und ihre Fähigkeit beurteilen möchte, die Häufigkeit von Wutanfällen im Endstadium auf fast Null zu reduzieren. Bei den dabei implizierten Prozessen handelt es sich vermutlich um dieselben, denen wir in der allgemeinen Literatur über diese Lernmethoden begegnen.

Die Ergebnis- und Prozeßforschung der Psychotherapie hat eine lange Geschichte, wobei das experimentelle Interesse zunächst dem Ergebnis galt. Vom pragmatischen Standpunkt aus gesehen, möchte man meinen, die Demonstration eines positiven Ergebnisses genügt, da ein Verständnis des therapeutischen Prozesses von geringem, praktischem Wert ist, wenn die Technik gut funktioniert. Die Medizin kennt die häufige und erfolgreiche Verwendung von Drogen, Impfstoffen und anderen therapeutischen Mitteln und es kümmert sie nicht, wenn der effektive Prozeß nicht klar begriffen wird. Doch gibt es in der Psychotherapie verschiedene Probleme, die an sich schon ein Gegenargument darstellen, wenn man versucht, die Prozeßforschung zurückzustellen oder in die Grenzen eines rein akademischen Interessenbereichs zu verweisen. Denn erstens handelt es sich bei der Prozeßforschung nicht um einen simplen Vergleich von »Heilerfolgsraten«. Es herrschen erhebliche Meinungsverschiedenheiten hinsichtlich des eigentlichen Kriteriums der Besserung oder Heilung einer Verhaltensstörung. In der Tat unterscheiden sich Verhaltenstherapeuten insofern eindeutig von dynamischen Therapeuten, als sie die Verhaltensveränderung, die ein erwünschtes Ergebnis darstellt, spezifizieren (so spezifiziert der Verhaltenstherapeut z. B. die Beseitigung einer bestimmten Phobie oder den Erwerb der Fähigkeit, sich selbst zu behaupten, während der dynamische Therapeut im Gegensatz dazu nach Konfliktlösung oder Beseitigung einer Fixierung trachtet). Trotzdem kann sich die Besserung, die durch verschiedene Techniken bewirkt wird, in verschiedenen behavioralen Segmenten einstellen, wodurch ein direkter Vergleich von Effektivität sinnlos wird. Man hat immer wieder versucht, einheitliche Ergebniskriterien zu definieren (vgl. z. B. LUBORSKY und STRUPP, 1962; RUBINSTEIN und PARLOFF, 1959; THORNE, 1952). Wollte man diese Versuche diskutieren, müßte man sich mit der Rolle der Persönlichkeitstheorie bei der Schaffung von Zielvorstellungen und Behandlungsmethoden auseinandersetzen sowie mit Definitionen für anomales Verhalten, mit Meßproblemen und mit anderen Schwierigkeiten, die unseren gegenwärtigen Gegenstand nur am Rande streifen. Daher möchten wir lediglich aufmerksam machen auf die Meinungsverschiedenheiten unter klinischen Psychologen über Kriterien erfolgreicher Behandlung sowie auf die resultierenden Schwierigkeiten der Ergebnisforschung, die nicht ausbleiben können, wenn in bezug auf die relativen Vorteile, die die eine Technik der anderen voraus hat, keine Übereinstimmung herrscht.

Ein zweiter Grund dafür, daß der Kliniker den *Prozeß* der Therapie verstehen muß, ist die Notwendigkeit, daß er während der Behandlung plötzlich

Entschlüsse fassen und seine Strategie verändern muß, eine Notwendigkeit, mit der wir uns bereits befaßt haben. Nur mittels seines Wissens über den Grundprozeß kann der Kliniker die Teileffekte seiner separaten Therapieoperationen erfassen und Variationen einer allgemeinen oder standardisierten Prozedur einführen. Geht ihm dieses Wissen jedoch ab, so sind das Ergebnis automatische und starre Prozeduren, die sich an Einzelfälle kaum anpassen lassen und vermutlich wenig erfolgversprechend sind.

Ein letzter praktischer Grund für die Durchführung von Prozeßstudien liegt im rudimentären Entwicklungsstadium der Therapietechniken. Nur wenn der Prozeß verstanden wird, können Innovationen hervorgebracht werden. Die Therapietechniken und die Allgemeine Psychologie kommen voran, wenn Kliniker zu den Prozessen der Verhaltensveränderung Fragen aufwerfen können und wenn sie versuchen, diese Fragen durch Exploration neuartiger Methoden und durch das sorgfältige Laborstudium der psychologischen Behandlungsphänomene zu beantworten.

Analogstudien

Eine Untersuchung des Prozesses der Psychotherapie führt man am besten in ihrem natürlichen Umfeld durch. Allerdings gibt es methodische, praktische und ethische Einschränkungen, durch die sich Forscher veranlaßt fühlen, experimentelle Analogien zur Psychotherapie zu schaffen. Die Laborsituation überwindet drei Haupthindernisse der Psychotherapieforschung. Erstens begegnet man praktischen Hindernissen: die voneinander abweichenden Beschwerden der Patienten, die Unterschiede im Hinblick auf Persönlichkeit und Technik des Therapeuten, divergierende Behandlungsziele und die Einzigartigkeit des jeweiligen Materials erschweren die Replikation von spezifischen Behandlungstechniken und Populationsmerkmalen. Zweitens begegnet man ethischen und moralischen Hindernissen, die in den kulturbedingten Einstellungen zum Experiment mit Humanverhalten wurzeln. Die Verwendung von Kontrollgruppen birgt das Risiko, daß sich der Zustand des unbehandelten oder scheinbar behandelten Patienten verschlimmern kann. Auch das Konzept von der ethischen Verantwortlichkeit und von der Verschwiegenheit, das die übliche Patient-Therapeut-Beziehung auszeichnet, schränkt den Forscher ein. Endlich aber verändern sich die Interaktionsmuster in der Therapie rasch und beziehen temporale Sequenzen mit ein. Daher kann die Replikation einer langen Reihe Behandlungsoperationen in jedem Fall weder angemessen noch möglich sein. Im Gegensatz dazu kann das Labor eine langsame Analyse des therapeutischen Prozesses ermöglichen und sich auf kleine Aspekte dieses Prozesses konzentrieren (ähnlich dem Biologen, der mit seinem Mikroskop sehr umfangreiche Phänomene analysieren kann).

Der wesentliche Beitrag, den die Analogforschung zur Verbesserung von Therapietechniken leisten kann, wird durch Forschungsarbeiten über die Desensibilisierungstechnik veranschaulicht. Der simple, aber kluge Einfall, daß man den therapeutischen Prozeß mittels ziemlich homogen normaler Versuchspersonen überprüfen kann, indem man die Desensibilisierung auf relativ unausgeprägte Verhaltensprobleme anwendet, dieser Einfall hat zu vielen sorgfältigen Untersuchungen an Collegestudenten und anderen Normalpersonen geführt, die unter Schlangenphobien oder Sprechangst litten. Obgleich diese Verfahrensweise den Behandlungszielen bei schwerwiegenderen Phobien oder Ängsten parallel läuft, ermöglicht sie auch die Untersuchung von Gruppen, die in bezug auf Faktoren wie Alter, Allgemeinbefinden, Ausgeprägtheit des Symptoms und Abwesenheit anderer komplizierender Symptome relativ homogen sind. Sie läuft keine der Gefahren, die wir weiter oben im Zusammenhang mit einem ähnlichen Forschungstypus beschrieben haben, bei dem es sich um Patienten handelte, die um psychologische Hilfe nachsuchten.

Doch sind Analogstudien kein vollständiger Ersatz für klinische In-vivo-Forschung. ZYTOWSKI (1966) hat darauf hingewiesen, daß Analogstudien häufig die Evaluation einiger Meßwerte vernachläßigt haben (z. B. Veränderungen am korrelierten Nichtzielverhalten oder am Zielverhalten in einem anderen Rahmen). Das aber sind Meßwerte, die in der klinischen Behandlung hilfreich, im Labor dagegen irrelevant sein können. Ernstzunehmendere Kritik ist von jenen geübt worden, die zwischen der Reaktion auf milden Streß, der im Laboranalogon verabreicht wird, und der starken Bedrückung und Spannung, denen die ernstlich gestörte Person ausgesetzt ist, eine Diskontinuität vermuten. So ist z. B. die zentrale Bedeutung einer Schlangenphobie im Alltag der Normalperson, ist die Auftretenshäufigkeit dieser Phobie und sind viele andere Faktoren anders gelagert als die Bedeutung, die Auftretenswahrscheinlichkeit usw. einer Furcht, die der Neurotiker beim Verlassen seines Zuhauses empfindet. Ähnlich können Unterschiede hinsichtlich der Persönlichkeitsvariablen des Neurotikers und der Normalperson zusätzliche schwerwiegende Einschränkungen bedeuten, wenn Laborbefunde, gewonnen anhand von Studenten, auf klinische Populationen übertragen werden sollen.

Bei der Verwendung von laboranalogen Daten muß man die Ähnlichkeiten und Unterschiede zwischen dem Therapieanalogon und der praktischen Situation, auf die diese angewandt wird, aufmerksam verfolgen. KANFER (1962) beschreibt drei Arten von Analogstudien, von denen jede eine andere Scheinähnlichkeit mit der klinischen Verhaltensmodifikation aufweist. Das *analytische* Analogon nimmt an, daß Labor und Klinik ein Begriffsmodell gemeinsam haben, das logischerweise auf beide Situationen anwendbar ist. Die verbalen Konditionierungsstudien repräsentieren, da sie den Interviewinteraktionen in der Therapie entsprechen, ein Analogon dieser Art. Das *Prozeß*analogon konzentriert sich auf einen spezifischen Teil des gesamten therapeutischen Unternehmens. Der Forscher befaßt sich einzig und allein mit einem besonderen Mechanismus oder einem hypothetischen Prozeß, entblößt diesen aller klinischen Komplexität und untersucht ihn als vereinfachte und standardisierte Version im Labor. Beim Prozeßanalogon ist die Ähnlichkeit zwischen dem Paradigma und der therapeutischen Interaktion wesentlich ausgeprägter als beim analytischen Analogon, da das Paradigma aus einem Modell des Therapieprozesses abstrahiert worden ist und da abhängige Variablen direkt vom klinischen Prototyp selektiv bezogen werden. Ein Beispiel, das derselben verbalen Verhaltensdimension entstammt, sind Studien zum dyadischen Kommunikationsfluß in Interviews. Man kann einen derartigen Prozeß überprüfen, während man die Rededauer, -rate und den Redegehalt des Klinikers in einem Maße kontrollieren kann, wie das im klinischen Rahmen nicht möglich ist. Bei dritten Typus handelt es sich um das *Miniatur*analogon. Es ähnelt der Therapiesituation am stärksten und besteht in einem eingeschränkten Muster des Prozesses selbst. Gewöhnlich bewahrt die Miniatursituation viele der ursprünglich relevanten Variablen, einen Großteil der Komplexität der Therapiesituation und einen Teil ihrer Divergenz bei der Beeinflussung von Variablen. Desensibilisierungsstudien mit Collegestudenten, die an Schlangenphobien litten und die eine standardisierte Version der üblichen klinischen Behandlung bekommen, illustrieren diesen Analogtypus.

Obgleich die Ähnlichkeit vom ersten zum dritten Analogtypus zunimmt, läßt sich keine der Laborsituationen ohne weitere Validierung auf der klinischen Ebene unmittelbar auf die klinische Verhaltensmodifikationsprozedur extrapolieren. Ähnlich unterstrichen HELLER und MARLATT (1969), als sie die Relevanz der Forschung zur verbalen Konditionierung für die therapeutische Praxis diskutierten, die Notwendigkeit, die Rolle von vermittelnden Variablen sorgfältig zu untersuchen, bevor man Ergebnisse der Laborforschung auf die Praxis überträgt. Ein Beispiel soll diesen Punkt klarmachen. Wir verfügen über Evidenz, daß das Niveau der allgemeinen Angst und die alles durchdringende Gegenwart der phobischen Reaktionen des Patienten das Ergebnis einer Behandlung mit WOLPEs systematischer Desensibilisierungstechnik beeinflussen. Collegestudenten, deren Gesamtangstniveau gewöhnlich weniger hoch veranschlagt wird als das Niveau bei klinischen Patienten, können auf eine Desensibilisierungsprozedur anders reagieren. Extrapolationen aus Befunden dieser Art müßten, um klinischen Populationen gerecht zu werden, modifiziert werden. Wenn ein Zielverhalten in den Kontext anderer störender Verhalten eingebettet ist oder von nachteiligen Einflüssen durch Umwelt, Persönlichkeit oder intellektuelle Mängel begleitet wird, können die Effekte der Technik zudem völlig anders ausfallen, wie wenn das Zielverhalten eine relativ isolierte Beschwerde einer sonst wohlbefindlichen Person darstellt. Das Unterfangen, die Phobie einer ängstlichen Frau zu verändern, die sich in ihrem Zuhause abkapselt, die zahlreiche Ängste in harmlosen Situationen aufweist, und deren ganzes Leben durch diese Ängste verändert wird, wirft völlig andere Probleme auf wie das gesellige, aktive und wohlangepaßte Collegemädchen, das von seiner Schlangenangst befreit werden soll.

Eine andere Einschränkung, die sich der Extrapolation von Analogstudien entgegenstellt, liegt darin, daß Verhalten bei verschiedenen Personen unterschiedlich organisiert ist. BUCHWALD und YOUNG (1969) haben darauf hingewiesen, daß diese organisatorischen Unterschiede irreführende Extrapolationen von Laborbefunden auf den klinischen Bereich nach sich ziehen können. Sie zeigen, daß traditionelle klinische Auffassungen Symptome als wechselbezogene Verhalten und als Teile eines einzigen »Syndroms« konstruiert haben, während die Laborpraxis dazu neigt, kleine Verhaltensklassen zu isolieren und separate Reaktionen als unabhängig zu betrachten. Wir verfügen derzeit über zu wenige empirische Daten zu den funktionalen Wechselbeziehungen zwischen verschiedenen Reaktionen, um annehmen zu können, daß bei Einzelpersonen mit unterschiedlich ausgeprägten psychologischen Problemen derartige Organisationen von Reaktionsklassen entweder ähnlich oder aber anders ausfallen.

Das Laboranalogon stellt also eine bequeme Methode zur Erforschung klinischer Prozesse dar. Es kann Innovationen an klinische Techniken erleichtern und als Quelle für Hypothesen über den therapeutischen Prozeß dienen. Doch es ist klar, daß solche Studien als Ausgangspunkt, nicht aber als unumstößliche Evidenz für die Natur des therapeutischen Prozesses dienen können.

Zusammenfassung

In diesem Kapitel haben wir die klinische Praxis mit ihren Zielen und ihren Grenzen den Aktivitäten des Laborforschers gegenübergestellt. Unter den zahlreichen Schulen der Psychotherapie hält die Verhaltenstherapie am stärksten an der Methodologie und den philosophischen und konzeptuellen Grundlagen der wissenschaftlichen Operation fest. Trotzdem weisen für den praktizierenden Psychologen die klinischen und die Labormodelle Unterschiede im Hinblick auf Interessengrad, angestrebte Ziele, Ausmaß an persönlichem Engagement und sozialer Verantwortung auf. Zwar ist der Kliniker in den letzten beiden Jahrzehnten zur Rolle des Wissenschaftlers — und — Praktikers ausgebildet worden, doch hindert das nicht, daß einige Veränderungen zu beobachten sind, wenn er seine Tätigkeit vom einen Bereich auf den anderen verlagert.

Wir haben uns mit einigen hervorstechenden Merkmalen der klinischen Forschung und den Problemen befaßt, die bei der Durchführung solcher Forschung entstehen. Obgleich der Kliniker seine Möglichkeit, zum allgemeinen psychologischen Wissensstand beizutragen, kennt, ist sein erstrangiges Ziel die Besserung des Verhaltens seines Patienten. Infolgedessen spielen sich seine Forschungsbemühungen häufig in einem künstlichen Rahmen ab, obgleich sie ursprünglich von Beobachtungen an Patientenverhalten ausgehen.

Trotz der vielen Unterscheidungen zwischen Kliniker und Forscher ist darauf hingewiesen worden, daß wissenschaftliche Methoden auch in der Klinik bei der Durchführung einer Behandlungsprozedur praktiziert werden können. Der Kliniker verläßt sich in erster Linie dann auf sein persönliches Urteilsvermögen und seine persönliche Erfahrung, wenn er im Hinblick auf ein therapeutisches Programm Entdeckungen macht und Entschlüsse zur Strategie faßt. Bei der Durchführung des Programms, der Beobachtung von Patientenverhalten und der Analyse seines eigenen Einflusses auf den Patienten hält sich der Kliniker zwar nicht sehr streng, aber doch in hohem Ausmaß an die Tradition des Wissenschaftlers und Forschers.

KAPITEL 2

Das behaviorale Lernmodell in der klinischen Psychologie

Das behaviorale Lernmodell der Psychopathologie und therapeutischen Modifikation hat erst kürzlich das breite Interesse der klinischen Psychologie geweckt. Es konkurriert mit psychodynamischen Theorien, die ein halbes Jahrhundert lang ohne ernstzunehmende Konkurrenten eine zentrale Rolle in der Psychiatrie und in anderen psychologischen Disziplinen gespielt haben. Die psychodynamischen Theorien, die sich hauptsächlich auf das Werk Freuds und seiner Schüler stützen, haben bis vor kurzem als Grundstruktur für mannigfache Behandlungsprozeduren gedient. Gewöhnlich hat das Ziel dieser Methoden der Psychotherapie in einer Persönlichkeitsveränderung des Patienten bestanden. Zwar können sich im momentanen Verhalten der Person Merkmale, Impulse und Abwehrmanöver gegen die Angst manifestieren, doch hat man das Verständnis besonderer Verhaltensweisen weniger wichtig genommen als ihre Bedeutung, die ein Index ist für die organisierenden Kräfte und stabilen Persönlichkeitsstrukturen des Individuums.

Dynamische Theorien gingen hervor aus klinischen Beobachtungen an Patienten, aus philosophischen Überlegungen zur Natur und zum Los des Menschen, sowie aus Begriffsbildungen (die sich auf subjektive Erfahrungen und abgeleitete Prozesse stützten, da man in diesen die Hauptverbindungsglieder der Kausalzusammenhänge erblickte, die abweichendes Verhalten zur Folge haben). Im Gegensatz dazu gingen Modelle, die auf Lernparadigmen basierten, aus (häufig an Tieren vorgenommenen) Laborstudien zur Verhaltensentwicklung und -veränderung hervor, wobei der Nachdruck auf der kontrollierten Manipulation beobachtbarer Ereignisse, auf Messungen und auf der Zerlegung komplexer Vorgänge in einfachere Komponenten lag. Daher überrascht es nicht, daß die wesentlichsten Beiträge der Lernmodelle zur klinischen Psychologie Regeln darüber waren, wie man Humanverhalten beobachtet, wie man aus Beobachtungen Rückschlüsse zieht und diese als richtig beweist und wie man Techniken der Verhaltensveränderung entwickelt.

Historisch gesehen, wurzelt das Verhaltensmodell im amerikanischen Funktionalismus, im amerikanischen Behaviorismus und in der russischen Reflexologie der ersten Jahrzehnte dieses Jahrhunderts. Diese drei Schulen der Psychologie traten entschieden für das Studium der Determinanten einfacher Verhaltensweisen von Tieren ein, wobei das Schwergewicht auf der wissenschaftlichen Strenge von Sprache und Methodik sowie auf der Bedeutung des Lernens für die Entwicklung von Verhalten lag. In den Vereinigten Staaten konzentrierte sich das Verhaltensmodell, dem man schließlich den Namen S-R-Psychologie (Stimulus — Response) gab, zunächst auf einfache Lernprozesse von Tieren. Dieses Modell wurde erst in den späten vierziger Jahren ernsthaft auf Humanverhalten angewandt; die russische Reflexologie wurde zwar schon etwas früher angewandt, doch beschränkte sich diese Anwendung fürs erste auf einfache motorische Handlungen oder physiologische Funktionen. Später führte man nach und nach verschiedene Lerntheorien und Extrapolationen aus einzelnen empirischen Befunden als Operationsgrundlagen für den praktizierenden Psychologen ein.

Es gibt heute keine Einzeltheorie, die alle Lernphänomene erfaßt. Genausowenig hat man eine Theorie auf einer so breiten und komplexen Grundlage entwickelt und experimentell erhärtet, daß sie zur Handhabung sozialer, perzeptorischer, verbaler und intrapersonaler Prozesse eingesetzt werden könnte. In jüngerer Zeit hat es eine besondere theoretische Orientierung gegeben, die SKINNER entwickelt und die zu einer raschen Ausweitung von experimentellen Verfahrensweisen auf die Analyse vieler komplexer menschlicher wie tierischer Verhalten geführt hat. In den letzten beiden Jahrzehnten hat sich die Erforschung menschlicher Lernprozesse insofern fortentwickelt, als sie sich nicht mehr bloß mit der Analyse einfacher Reaktionen in Konditionierungsexperimenten oder mit dem Erlernen sinnloser Silben, sondern auch mit komplexen sozialen und verbalen Interaktionen auseinandersetzt. Immer mehr Untersuchungen befassen sich direkt mit aggressiven, sexuellen oder kriminellen Verhaltensweisen, mit Mutter-Kind-Interaktionen, mit dem Erwerb erzieherischer Fertigkeiten und mit vielen anderen Verhaltensformen. Diese Ausweitung des Forschungsgegenstandes Verhalten ist teilweise darauf zurückzuführen, daß die Lösung klinischer Probleme soziale Notwendigkeit wurde, und teilweise darauf, daß Kliniker versuchten, ihr Wissen bei den Verhalten, denen sie in der alltäglichen Praxis am häufigsten begegneten, direkt umzusetzen. Da sich die Lernforschung den wesentlichen, d. h. den inhaltlichen Aspekten der Entwicklung und Aufrechterhaltung sozialen Verhaltens zuzuwenden beginnt, werden allgemeine Lernprinzipien verfeinert, mit dem Ziel, die besonderen Eigenschaften bestimmter Reaktionsklassen zu berücksichtigen. Zugleich vertieft diese Akkumulation von spezifischen Daten unser Verständnis für die täglichen Aktivitäten und Variablen, welche die Entwicklung interpersonaler Fertigkeiten kontrollieren, für unsere Einstellungen gegenüber anderen und uns selbst, für komplexe motorische Fertigkeiten und für zahllose verbale und nichtverbale Handlungen, die einen Bestandteil unseres Alltags bilden.

Der wesentliche Teil von Lernverfahren der klinischen Psychologie geht derzeit auf frühere klinische Praktiken oder auf Erfahrungen allgemeiner Art zurück. Wir sind z. B. noch nicht in der Lage, aus dem Zuhause des Patienten, aus seinen Elternerfahrungen, aus seinen Schulerlebnissen oder aus seinen interpersonalen Verhalten, die mit diesen Bereichen korrelieren, die wesentlichen Elemente herauszuschälen, die zur Entwicklung pathologischer selbstunsicherer Verhaltensmuster führen. Auch haben wir keinen klaren Einblick in die Variablen, die ähnliche soziale Konsequenzen erzeugen, wenn ein Patient übertrieben selbstsichere Verhalten an den Tag legt. Doch haben die Lerntheorien bereits zum Verständnis von Bedingungen beigetragen, die andere Reaktionsmuster begünstigen — z. B. aggressives Verhalten, soziale Variablen, die Wutausbrüche fördern, hyperaktives Verhalten und Schulphobien bei Kindern, sowie die Beziehung zwischen Symptombeseitigung und Veränderungen anderer nicht direkt behandelter Verhaltensweisen. Man hat weniger über Faktoren gearbeitet, die für die Entwicklung besonderer neurotischer oder ineffektiver Verhaltensmuster verantwortlich sind, als über die Auswirkungen, die solche symptomatische Verhalten auf die Umwelt eines Patienten haben. Daher stützt sich in einzelnen Fällen die Auswahl des zu analysierenden Verhaltensgehalts nach wie vor auf Fragmente der traditionellen Persönlichkeitstheorien und auf die Erfahrungen des Klinikers. Der Hauptbeitrag der behavioralen Lernmodelle hat weniger in der Identifizierung entscheidender Verhaltensgehalte als in der Entwicklung besonderer Methoden der Analyse und Behandlung bestanden.

Die methodologischen Merkmale und Annahmen zum menschlichen Verhalten, die in diesem Kapitel dargestellt werden, sind den meisten Lerntheorien gemeinsam und bilden für den lernorientierten Psychologen die Basis klinischer Praxis. Bei unserer Auswahl haben wir die grundlegende Auffassung SKINNERS und seiner Schüler begünstigt, nach der wir das Material dieses Kapitels ordneten. Das SKINNERsche Modell unterstreicht die Bedeutung von verstärkenden Ereignissen im Lernprozeß und sieht in der Angst und in anderen emotionalen Zuständen keine Hauptmerkmale. Andere Lernmodelle — darunter auch die, die sich mit kognitiven Verhaltensaspekten und mit der Rolle von sozialen und emotionalen Faktoren des Lernens und der Persönlichkeitsentwicklung befassen — haben entscheidende Forschungsbereiche erschlossen und werden in späteren Kapiteln behandelt.

Allgemeine Annahmen in Verhaltenslernmodellen

1. Das Modell, das auf Lernen basiert, konzentriert sich auf *Verhalten*. Folglich ist der Gegenstand, mit dem es sich befaßt, die Aktivität einer Person, die sich in Interaktion mit ihrer Umwelt befindet. Die Daten setzen sich aus empirischen Vorgängen zusammen, die sprachlich so dargestellt werden, daß die Beschreibung sorgfältig getrennt wird von theoretischen Konstrukten und von Rückschlüssen über die Bedeutung oder Signifikanz, die diese Vorgänge für das sich verhaltende Individuum angeblich haben sollen. Konzepte wie die der Abwehr, des Impulses, des unbewußten Konflikts oder des Charaktermerkmals werden abgelehnt, da sie neben den tatsächlichen Beobachtungen, von denen sie abgeleitet werden, dem Wissen über die jeweilige Person nichts hinzufügen. Wie wir noch sehen werden, verleugnet dieser Standpunkt, der beobachtbare Ereignisse betont, *nicht* von Anfang an die Wichtigkeit von Verhaltensweisen, die zu bestimmten Zeiten nicht beobachtbar sind; genausowenig verwirft er die Nützlichkeit von Selbstbeschreibungen und von verbalen Schilderungen von Ereignissen. Doch muß

unbedingt klar sein, daß diese Verhalten nicht als Ersatz für Beobachtungen innerer Vorgänge benutzt werden dürfen und daß ein theoretisches Konstrukt — wie z. B. internalisierte Feindseligkeit — nicht als *Erklärung* für eben das Verhalten genommen werden darf, von dem es abgeleitet worden ist.

2. Das Lernmodell behandelt abweichendes Verhalten direkt. Da der Nachdruck auf Verhalten im environmentalen Kontext liegt, zielen die Lernprozeduren auf eine Veränderung beobachtbarer Aktionen, anstatt die Modifikation von hypothetischen Persönlichkeitsstrukturen wie Merkmale oder Impulse zu versuchen. Diese Strategie bewirkt, daß abweichende Reaktionen oder *Symptome* in Angriff genommen werden, nicht aber zugrunde liegende psychopathologische Prozesse, die symptomatisches Verhalten verursachen sollen. Wir verwenden den Begriff »Symptom« in diesem Werk um der Bequemlichkeit willen; er bezeichnet lediglich jede Zielreaktion, die zur Veränderung ausgewählt wird. Uns Wortgebrauch impliziert keinen Oberflächenindex für zugrunde liegende Ursachen oder für einen Krankheitszustand. Anerkennt man, daß die Umwelt Verhalten entscheidend mitbestimmt, so impliziert dies, daß sich das Auftreten von Symptomen auf eine identifizierbare Reihe von Situationen beschränken kann und kein unveränderliches Merkmal des Verhaltens der Person ist.

3. Das Lernmodell geht von dem Standpunkt aus, daß allen Verhalten dieselben psychologischen Prinzipien zugrunde liegen. Die meisten dynamischen Theorien unterscheiden zwischen Lerngesetzen, die dem Erwerb von Wissen dienen können, und Gesetzen der Persönlichkeitsintegration, die bei der Entwicklung sozialer, emotionaler und intrapersonaler Verhaltensmuster relevant sind. Diese Unterscheidung führt zu einer Vorstellung von Persönlichkeitsschichten, von denen jede eine anders geregelte Organisation aufweist. So haben z. B. Psychoanalytiker als Autoren häufig unterschieden zwischen der *Ich*-Psychologie, die sich mit Lerngesetzen befaßt, und der *Tiefen*psychologie, die sich mit der Persönlichkeitsintegration auseinandersetzt. Eine solche Unterscheidung trifft die Lernposition nicht. Von der Art und von der Stärke eines bestimmten sozialen Reaktionsmusters, einer Reaktion auf emotionale Stimuli, einer Einschätzung des eigenen Verhaltens oder einer Lernfertigkeit wird angenommen, daß sie aus der Operation derselben Lernprinzipien resultieren, die — zusammen mit biologischen und sozialen Bedingungen — nach und nach jede Verhaltensklasse formen.

4. Das Lernmodell bedient sich derselben Methoden der Erforschung von Humanverhalten wie alle anderen Wissenschaften. Manche Theoretiker der Psychodynamik haben behauptet, mit den Regeln der Theoriekonstruktion und mit den Methoden und Kriterien, die die Wissenschaft auszeichnen, könne man weder psychologische Daten erheben noch psychologische Prinzipien verifizieren. Dieser methodologische Unterschied wird am klarsten durch die beharrliche Behauptung von prominenten Vertretern der psychoanalytischen Schule belegt, daß nämlich Kriterien zur Bewertung psycho-

analytischer Theorien modifiziert werden müßten, um ungewöhnliche Eigenschaften der Daten einbeziehen zu können. Psychologische Erfahrungen, so insistieren sie, seien nicht quantifizierbar und könnten nur durch einen Beobachter eingeholt werden, der durch die Objektivität, die eine Frucht seiner Selbstanalyse ist, das Geschick erworben hat, besondere Beziehungen zu erkennen. Das sind die Gründe, wieso »kritische« Testungen einiger Prinzipien der psychoanalytischen Theorie im Tier- und Humanlabor von Analytikern als ungeeignet zurückgewiesen worden sind und warum man bisher keine wesentliche Annäherung zwischen psychoanalytischer und behavioraler Auffassung verzeichnen konnte.

5. Das Lernmodell fordert von Beobachtern keine besonderen theoriebezogenen Fertigkeiten, doch setzt es die Fähigkeit voraus, entsprechende Messungen vorzunehmen. Die Tatsache, daß man Konstrukte erster Ordnung über Beobachtungen den Beobachtungen selbst gleichgesetzt hat und dieses Verfahren für zulässig hielt, hat dynamisch orientierte Kliniker veranlaßt, vom Beobachter eine intime Kenntnis der Grundtheorie zu fordern. Obgleich jeder Beobachter, der das Auftreten einer Verhaltensweise erkennen und verläßlich darüber berichten möchte, der Schulung bedarf, setzen Lernprozeduren weder mehr theoretisches Wissen noch größere Fertigkeiten als Verhaltensbeobachtung generell voraus — das gilt für den Menschen ebenso wie für das Tier, für Verhalten in der Natur ebenso wie für das im Labor. Tatsächlich können viele Beobachtungen automatisch aufgezeichnet werden. Die präzise Definition des beobachteten (oder behandelten) Verhaltens und die Grundvoraussetzung, die nur publik beobachtbare Reaktionen zuläßt, ermöglichen es, daß auch Personen mit begrenztem Wissen über psychologische Theorie als Beobachter fungieren können. Allerdings gilt es hier zu unterscheiden zwischen Personen, die bestimmte Beobachtungen oder eine standardisierte Behandlungsprozedur durchzuführen haben, und Personen, die das Behandlungsprogramm entwickeln und seinen Fortschritt überwachen. Außerdem muß der Kliniker zusätzliche Schulung und zusätzliches Talent mitbringen, wenn er eine Verhaltensanalyse formulieren und die Eignung eines einleitenden Behandlungsprogramms bewerten möchte.

6. Lernorientierte Positionen anerkennen die wichtige Rolle, die vergangene Vorgänge bei der *Formung* erlernter Verhalten gespielt haben. Trotzdem sind Verhaltensmodifikationsprogramme immer mit *gegenwärtigen* Verhaltensstörungen befaßt. Der Verhaltenstherapeut behandelt keinen Zustand, der mit dem Symptom kausal zusammenhängen soll, sondern er geht gegen die Problemreaktion direkt vor, genauso wie er bei der augenblicklichen und nicht bei einer historischen Form der Problemreaktion ansetzt.

Diese Merkmale, die den verhaltensmodifikatorischen Standpunkt klar gegen die dynamische Position abgrenzen, sind weder erschöpfend noch widerspiegeln sie die vielen Wissens- und Beobachtungsmöglichkeiten, die bei Entscheidungen über Ziele und Methoden der Behandlung von Verhaltensproblemen als Grundlage dienen. Doch dürfte der Grundunterschied klar sein. Im Hinblick auf die klinische Erfassung und Behandlung unterscheidet sich der behaviorale Standpunkt von der dynamischen Position durch den Nachdruck, den er auf experimentelle Techniken und empirische Daten sowie auf die ständige Anwendung der Lernmethode und -theorie legt.

Der Rest dieses Kapitels umreißt und beschreibt das Schema einer Analyse von Humanverhalten, auf das sich die meisten Lernmodelle berufen; dem schließt sich eine kurze Zusammenfassung der ersten Bemühungen an, die zum Ziel hatten, das Lernmodell auf klinische Phänomene anzuwenden.

Die Verhaltensformel als Grundeinheit der Analyse[1]

Das Verhalten lebender Organismen zeichnet sich durch seine Kontinuierlichkeit aus. Die Reaktionen eines Kindes im Klassenzimmer gehen reibungslos ineinander über, ganz gleich ob es sich auf den Lehrer konzentriert, ob es den Gärtner draußen vor dem Fenster beobachtet, ob es ein Lied singt, ob es seine Aufgaben macht, seinem Banknachbarn zulächelt oder mit dem Fuß auf den Boden klopft. Um den Prozeß der Analyse und Abstraktion zu vereinfachen, muß der Verhaltensfluß in Segmente aufgeteilt werden, die untersucht werden können, ohne daß die Schlüsselelemente des Verhaltens und die Umweltbedingungen untergehen. Um der einheitlichen Beobachtung und der Klassifizierung von abhängigen und unabhängigen Variablen willen müssen alle Wissenschaften eine wesentliche Voraussetzung erfüllen: die Systematisierung von Vorgängen. Bei der Verhaltensanalyse wird dieser Systematisierungsprozeß durch die zusätzliche Dimension der Zeitdauer, die ein Merkmal aller psychologischen Vorgänge ist, kompliziert.

Die wesentlichen Komponenten der Analyse jedes Verhaltens sind schon immer als *Stimuli* und *Reaktionen* definiert worden. Eine Ausweitung dieses Paradigmas umfaßt die Beschreibung von drei weiteren wesentlichen Faktoren: die biologische Ausstattung des sich verhaltenden Organismus; die Konsequenz, die das Verhalten für den Organismus oder für seine Umwelt hat; und die Kontingenzverhältnisse zwischen dem Verhalten und seinen Konsequenzen. LINDSLEY (1964 a) hat eine operante Verhaltensgleichung mit den vier Komponenten Stimulus, Reaktion, Kontingenzverhältnis und Konsequenz vorgeschlagen. Wir haben diese Formel durch einen zusätzlichen Faktor ergänzt:

S   Vorausgehende Stimulation
O   Biologische Ausstattung des Organismus
R   Reaktionsrepertoire
KV   Kontingenzverhältnisse
K   Konsequenz

---

1 Der gern verwendete Begriff »Verhaltensgleichung« ist unpräzise. Daher habe ich mich für den Begriff »Verhaltensformel« entschieden, der nicht auf ein (gar nicht vorhandenes) Gleichungsmerkmal hinweist (Anm. d. Ü.).

Um die relativen zeitlichen Beziehungen und die zentrale Funktion der Reaktion herauszustellen, kann die Formel folgendermaßen formuliert werden:

$$\text{vorausgehend} \quad \text{nachfolgend}$$
$$S \longrightarrow O \longrightarrow R \longrightarrow KV \longrightarrow K$$

Die vollständige Beschreibung jeder Verhaltenseinheit erfordert die Spezifizierung all dieser Elemente und ihre Interaktion untereinander. Wollte man eine Person beschreiben, die in einer Telefonzelle eine Nummer wählt, würde man als effektiven (diskriminativen) Stimulus das Freizeichen spezifizieren. Zur biologischen Ausstattung würden die erforderlichen organischen Fertigkeiten des Hörens, Sehens und Nummerwählens gehören. Dem üblichen Kontingenzverhältnis zwischen der Reaktion und der Konsequenz begegnet man mit fast hundertprozentiger Sicherheit — es handelt sich um das richtige Wählen der Nummer, dem gewöhnlich das Läuten des Telefons in der Wohnung des Angerufenen folgt. Bei diesem Beispiel sind die biologische Ausstattung der Person wie die Kontingenzanordnung relativ nichtssagend, da sie in der Regel das komplexe Verhalten des Telefonierens nicht verändern. Ist der effektive Stimulus wie beim Telefonnotruf jedoch innerer Art, kann es vorkommen, daß die Person das Freizeichen nicht abwartet. Der diskriminative Stimulus kann durch die vorausgehende Reaktion der Person selbst (in diesem Fall das Abheben des Hörers) aktiviert werden, und der innere emotionale Erregungszustand kann die planmäßige Verhaltenssequenz unterbrechen. Ist die Beleuchtung der Telefonzelle für den Wählvorgang unzureichend oder ist die Person geblendet, wird die Reaktion ebenfalls völlig anders ausfallen. Ruft eine Person jemanden an, in der Gewißheit, schlimme Nachrichten zu bekommen, sind es die aversiven Konsequenzen, die sich aufgrund vergangener Anlässe oder aufgrund einer stellvertretenden Erfahrung der Folgen des Verhaltens vorhersagen lassen, welche die Reaktion beeinflussen. Und wenn schließlich die Umweltkontingenzen entscheidend verändert werden, wird die ganze Verhaltenskette unterbrochen, so daß eine ganze Menge neuen Lernens nötig wird. Der Amerikaner, der in Europa die Bekanntschaft mit einer anderen Art von Telefon gemacht hat — bei dem nur das Sprechen, nicht aber das Zuhören den Einwurf einer Münze erfordert und der Münzknopf *erst dann* gedrückt werden darf, wenn sich der Angerufene gemeldet hat — wird die Wichtigkeit der Wechselbeziehungen zwischen S, R und K sogleich bestätigen, auch dann, wenn es sich lediglich um eine so einfache Aufgabe handelt wie es das Telefonieren ist. Unter diesen Bedingungen zerbricht die tausendmal geübte Reaktionskette rasch, wenn sie keine Resultate erbringt.

Eine Analyse vieler alltäglicher Verhaltensketten kann äußerst lehrreich sein, wenn man sich über die Voraussetzungen einer geschickt durchgeführten Aufgabe informieren möchte. So hätten z. B. unsere Vorfahren das Schreiben auf einer elektrischen Schreibmaschine, die Betätigung eines Minicomputers, das Steuern eines Motorboots oder das Fahren eines Wagens als erstaunliche Leistungen betrachtet. Doch können heute sogar geistig beschränkte Menschen derartige Maschinen beherrschen. Die Wechselbeziehungen zwischen Stimulusveränderungen und den unverzüglich erfolgenden Konsequenzen für jede Einzelreaktion der Verhaltenskette können die Aneignung von Fertigkeiten erleichtern, in denen sich einfache einzelne Verhaltenselemente zu einer eindrucksvollen komplexen Kette zusammenschließen. Wenn sich situative *cues* oder Reaktionskonsequenzen weniger deutlich oder unverzüglich einstellen wie bei der Betätigung einer Kamera oder beim Fliegen mit Navigationshilfen, kann die Aufgabe nicht so rasch gelernt werden. LEONARD (1968) liefert, was das wesentliche Kulturprodukt namens Kraftwagen angeht, eine ausgezeichnete Beschreibung der Relevanz verschiedener Komponenten der Verhaltensgleichung für das menschliche Lernpotential.

»Forscher des *Brain Research Institute* haben die Hirnwellenmuster von Personen, die die Autobahnen um Los Angeles befahren, mit denen von Jetpiloten verglichen, die Abfangmissionen zur Luftverteidigung fliegen. Die Kraftfahrer zeigten komplexe Muster mit stärkerer Belastung. Ihrer aber gibt es Millionen. In der Tat liefert die universale Reaktion der Menschheit auf den Kraftwagen ein ausgezeichnetes Beispiel für das Potential des Menschen und dafür, wie dieses am besten freigesetzt wird. Das Auto wird zum perfekten Lehrer. Es stellt eine äußerst interaktive Lernumwelt dar, die bei jeder Aktion des lernenden Fahrers für rasche Rückmeldung sorgt. Alles, was ein Lehrer zu diesem Prozeß verbal äußern kann, hört sich trivial an, wenn man es mit dem vergleicht, was der Lernende durch den fahrenden Wagen selbst erfährt. Die Interaktion zwischen Umwelt (der fahrende Wagen) und Lernendem ist häufig, intensiv und immer wieder neuartig. So aber ist Fahrenlernen allermindestens ein ekstatisches Erlebnis. (Fragen Sie nur einen Sechzehnjährigen.)« (LEONARD, 1968, S. 37—38).

Der effektive Nutzen der Verhaltensgleichung liegt darin, daß jedes Element, das Erlernen und Ausführung einer Handlung beeinflussen kann, eingehend analysiert werden muß, ganz gleich, ob es sich um Autofahren, um Verstecken vor der Mutter oder um Vermeiden eines überfüllten Aufzugs handelt. So dient die Verhaltensgleichung dazu, all die Bedingungen zusammenzufassen, *die zur Zeit der Reaktion* wirksam sind; das kann für die Auftretenswahrscheinlichkeit der Reaktion relevant sein. Außerdem zeigt die Gleichung, daß alles Verhalten als Funktion spezifischer und begrenzter Determinanten betrachtet wird und daß diese durch die Elemente der Gleichung vollständig darstellbar sind.

Die Reaktion — R. Lerntheoretiker haben Reaktionen häufig in zwei Klassen unterteilt. Bei der ersten handelt es sich um Reaktionen, die ohne Training und mit geringer Rücksicht auf die Reaktionskonsequenzen durch einen besonderen Stimulus ausgelöst werden. Solche Reaktionen hat SKINNER als Respondenten bezeichnet, und MOWRER hat sie als unwillkürliche Handlungen charakterisiert. Die Errichtung von neuen Beziehungen zwischen einem neuen Stimulus und der ursprünglichen Reaktion folgt den Prinzipien des klassischen Konditionierens oder des Lernens von Signalen. Das bekannte

PAWLOWsche Experiment zur Konditionierung von Speichelreaktionen bei einem Hund veranschaulicht die Mittel, mit denen eine derartige angeborene oder unkonditionierte Reaktion durch Kontinguität zwischen einem ursprünglich neutralen Stimulus und dem unkonditionierten Stimulus mit einem neuen environmentalen Hinweisreiz gekoppelt werden kann. Die zweite Klasse von Reaktionen, die der sogenannten *Operanten,* wird durch ihre Konsequenzen, also durch Verstärkung, konditioniert. In diesem Fall brauchen die besonderen auslösenden Stimuli, die die Reaktion erzeugen, nicht bekannt zu sein. Ein Wiederauftreten der Reaktion wird dadurch bewirkt, daß man der Reaktion einen verstärkenden Vorgang folgen läßt. Da ein Operant für eine Belohnung oder Bestrafung sorgt, hat man ihn auch als *instrumentelle Reaktion* bezeichnet.

Es herrschen erhebliche Meinungsverschiedenheiten im Hinblick auf Notwendigkeit oder Wert dieser Unterscheidung zwischen zwei Arten von Reaktionsmechanismen, deren Erwerb von zwei verschiedenen Lernprinzipien bestimmt wird. (Vergleiche zwischen klassischem und instrumentellem Konditionieren haben z. B. KIMBLE, 1961, und RESCORLA und SOLOMON, 1967, angestellt.) Vom pragmatischen Standpunkt aus gesehen, ist der signifikanteste Unterschied zwischen Respondenten und Operanten von Humanverhalten der Unterschied der zeitlichen Situierung der Kontrolle vor oder nach Auftreten der Reaktion. Während Respondenten durch Variationen vorausgehender Stimulusbedingungen modifiziert werden, werden Operanten durch Veränderung nachfolgender verstärkender Konsequenzen modifiziert. Allerdings bleibt diese Unterscheidung oberflächlich, weil man beim Menschen nach seiner frühen Kindheit nur selten einem einfachen Operanten begegnet. Die meisten Reaktionen sind in eine Sequenz von Vorgängen eingebettet, die irgendein Signal, einen *cue* oder diskriminativen Stimulus vor der Reaktion einschließt. Daher können sowohl Stimulus- als auch Verstärkungskontrolle auf diskriminierte Operanten angewandt werden (und gewöhnlich ist das auch der Fall). So kommt z. B. ein Operant wie das Rufen eines Kindes nach seiner Mutter nicht nur rasch unter die Kontrolle der Wahrscheinlichkeit des sich anschließenden Erscheinens der Mutter, sondern auch unter die Kontrolle von diskriminativen Stimuli wie ihrer Anwesenheit im Zimmer.

Modifikation und Kontrolle von Reaktionen. Für den Psychologen, der menschliches Verhalten modifizieren möchte, besteht das Hauptmerkmal des Respondenten darin, daß er nicht modifiziert werden kann, wenn nur Kontingenzen verstärkt werden. Darauf hat schon FERSTER (1963) hingewiesen, als er erklärte: »Der Reflex (respondentes Verhalten) repräsentiert insofern willkürliche Kontrolle, als die volle Kontrolle des Verhaltens im auslösenden Stimulus liegt, der seinerseits seine Wirkung kaum aus der ontogenetischen und fast völlig aus der phylogenetischen Entwicklungsgeschichte des Organismus bezieht. Wenn der unkonditionierte Stimulus spezifiziert ist, ist die unkonditionierte Reaktion fast vollständig bestimmt« (S. 207).

Praktisch gesehen, ist es also schwierig, respondentes Verhalten zu unter-

brechen, und seine Beherrschung erfordert Kenntnisse über den spezifischen
unkonditionierten Stimulus, der dieses Verhalten auslöst. Da zahlreiche
menschliche Tätigkeiten sowohl respondente als auch operante Komponenten
mit einschließen, hat man einige Methoden der Verhaltensmodifikation entwickelt, durch die respondentes Verhalten unter operante Kontrolle gebracht
werden kann. Es ist in der Regel nützlich, wenn man zwischen Respondenten und Operanten im Hinblick auf die betreffenden Körpersysteme unterscheidet. Emotionale Verhaltensarten — Reaktionen also, die autonome
Aktivität mit einschließen — werden generell als Respondenten betrachtet. Verhaltensarten, die das Skelett, motorische Bewegungen und verbale
Reaktionen einbeziehen, werden allgemein als Operanten angesehen. Verhaltensmodifizierende Methoden, die emotionale Reaktionen, darunter physiologische Erregung durch sexuelle oder Furchtstimuli, zum Ziel haben, konzentrieren sich gewöhnlich auf eine Stimuluskontrolle der respondenten
Komponenten. Bei der Mehrzahl der Reaktionen, die die klinische Verhaltensmodifikation zu korrigieren versucht, handelt es sich jedoch um Operanten.

Ganz gleich, ob sich der Kliniker mit mutmaßlichen Operanten oder Respondenten befaßt, seine wichtigste Annahme über unerwünschte Reaktionen
ist die, daß die meisten spezifischen Verhaltensmuster erlernt sind. Trotz der
unglaublichen Fülle und Vielfalt des Erwachsenen-Verhaltensrepertoires
könnten viele Handlungen eines Erwachsenen mit etwas zusätzlichem Training genauso von einem durchschnittlichen Sechsjährigen ausgeführt werden.
Im Zweiten Weltkrieg lernten Grundschüler in Europa, wie man Tausch-
handel treibt, wie man kämpft, wie man sexuell verkehrt und wie man seine
Geschwister beschützt; sie lernten diese Dinge in einem Alter, in dem das
amerikanische Kind sehr vom Erwachsenen abhängt und in seinen Tätigkeiten stark eingeengt ist. Kürzliche Forschungen auf dem Gebiet der Erzie-
hungspsychologie (MOORE, 1966) lassen vermuten, daß eine sorgfältige Programmierung der responsiven Umwelt jedes altersspezifische Verhaltensrepertoire weit über die üblichen Erwartungen hinaus entwickeln kann. So kann
man zum Beispiel Kinder, entgegen der einst verbreiteten Annahme, daß sich
ihre Lese-»Fertigkeit« erst in einem späteren Alter entwickelt, bereits vor dem
Kindergarten Lesen oder Rechnen lehren. Ähnlich werden andere Annahmen über den Umfang menschlicher Möglichkeiten widerlegt, wenn man die
menschliche Umwelt radikal verändert. Raumfahrer können lernen, wesentliche Tätigkeiten in einer schwerelosen Umwelt zu verrichten; und Menschen
können sieben oder acht Jahrzehnte lang körperlich wie geistig aktiv bleiben und dabei Leistungen vollbringen, die man früher für unmöglich gehalten
hat. So mag es im Repertoire des einzelnen zwar die Bausteine des Verhaltens geben, doch sind es die biologischen und environmentalen Bedingungen,
die das Ausmaß diktieren, in dem Reaktionsmuster erlernt werden, mit dem
Ziel, einen effektiven Verhaltensakt zu bilden. Es gibt im menschlichen Verhalten wahrscheinlich kein einziges »angeborenes« Muster von großer Komplexität oder Bedeutung, das das ganze Leben lang ohne fortwährende Modi-

fikation beibehalten würde. Der zivilisatorische Fortschritt besteht gerade darin, daß die menschlichen Möglichkeiten zunehmend aktiviert werden.

Persönliche Erfahrungen und steuernde soziale Vorgänge strukturieren ständig die Reaktionselemente um und formen Verhaltensakte aus, die sich bei der Einzelperson mit der Zeit so differenzieren, daß man sie als den »Verhaltensstil« dieser Person bezeichnet. Diese individuellen Eigenarten bilden deshalb einen Teil des Gegenstands, den die Psychologie der Persönlichkeit untersucht, weil sie die nichtinstrumentellen Aspekte von operanten menschlichen Verhaltensarten charakterisieren. HERRNSTEIN (1966) glaubt, stilistische Charaktermerkmale durch die Konditionierung von speziellen Eigenschaften einer Handlung erklären zu können, wenn zufällige Kontingenzen operieren. So kann z. B. die individuelle Ausprägung von Gang, Tonfall oder Handschrift deshalb für eine Person charakteristisch sein, weil besondere Formen der fraglichen Reaktion allmählich konditioniert worden sind durch zufällige Verstärkung sowohl der wesentlichen als auch der nebensächlichen Komponenten der instrumentellen Reaktion des Gehens, Sprechens oder Schreibens.

Klassifizierung von Reaktionen. Reaktionen lassen sich klassifizieren entweder aufgrund ihrer von Beobachtern festgestellten topographischen Ähnlichkeit oder aufgrund von funktionalen Beziehungen zwischen den Vertretern einer Klasse, dargestellt mittels gemeinsamer Konsequenzen. In einfachen Situationen können sich diese beiden Typen der Klassifizierungsregeln überschneiden. So kann z. B. im Labor von einer Versuchsperson verlangt werden, daß sie auf einen diskriminativen Stimulus reagiert, indem sie einen Hebel bewegt, bis ein Licht eingeschaltet wird. Die Beobachtung der Handbewegung, die Aufzeichnung der Hebelbewegung und des mehrfachen Aufleuchtens des Lichts werden stark korrelierte Reaktionswerte ergeben. Würde die Versuchsperson ermüden und sich entschließen, den Hebel mit dem Ellbogen oder den Schultern zu bewegen, würde die topographische Klassifizierung für diesen Zeitraum keine Beobachtungsdaten zur Handbewegung erbringen. Dagegen würde eine Klassifizierung mittels der gemeinsamen Konsequenzen der Handlungen auch weiterhin Meßwerte von instrumentellen Reaktionen, die das Licht einschalten, liefern. Auf der Unterscheidung zwischen Körperbewegungen oder -reaktionen mit ähnlicher Struktur oder ähnlichem Gehalt auf der einen Seite und Verhaltensakten, die hinsichtlich ihrer Topographie differieren, jedoch dieselben Konsequenzen produzieren auf der anderen Seite, haben Lern- und Persönlichkeitstheoretiker verschiedener Schulen nachdrücklich bestanden (z. B. MURRAY, 1938).

Bei der Analyse von komplexen Reaktionsmustern zieht man die Klassifizierung mittels der funktionalen Eigenschaften einer Reaktion gewöhnlich vor. Die Entscheidung für diese Alternative ermöglicht eine umfassendere Beschreibung zur späteren Unterteilung von Verhaltenseinheiten in Komponenten, die durch ähnliche Konsequenzen modifiziert werden können. Entscheidungen darüber, welcher Klassifizierung man sich nun bei therapeutischen

Modifikationsprogrammen bedient, sind teilweise durch die Frage bedingt, ob die Topographie oder Konsequenz der Zielhandlung als unannehmbar definiert ist; das aber hängt wiederum von soziokulturellen Definitionen ab. Unterschiede in der Topographie einer Reaktion (z. B. in der Art, wie man eine Gabel hält, ein Wort ausspricht oder eine Meinung vertritt) können Modifikationsziele sein, auch dann, wenn die Konsequenz dieselbe ist (z. B. Essen im Mund, Wort verstanden, Meinung übermittelt). Doch kann das therapeutische Ziel auch in der Diskrimination von unterschiedlichen Konsequenzen bei topologisch ähnlichen Reaktionen bestehen, z. B. dann, wenn ein Hammer bei einem Schlag auf einen Nagel und auf eine wertvolle Vase genauso gehalten und bewegt wird.

Was sind Reaktionen? Die verhaltensbezogene Definition einer Reaktion ist häufig mit der rein physikalischen Definition einer Körperbewegung verwechselt worden. Zeitgenössische Behavioristen sehen das ganze Spektrum menschlicher motorischer und verbaler Reaktionen als den legitimen Gegenstand der psychologischen Forschung an. Allerdings werden zwei wichtige methodologische Einschränkungen beachtet. Erstens werden soziale und verbale Reaktionen als eigenständige Reaktionen betrachtet und nicht als Ersatz für mentale Vorgänge, für Beschreibungen von inneren Zuständen oder für Äußerungen anderer abgeleiteter Prozesse. So wird z. B. der Bericht einer Person über einen unzugänglichen Vorgang in dem von ihrer eigenen Haut umschlossenen Bereich, sagen wir über einen Hunger- oder Angstzustand, als ein multipel determinierter angesehen. Er kann durch physiologische Vorgänge oder aber durch die Adressaten des Berichts bestimmt sein. Er bleibt auf jeden Fall eine verbale Reaktion, ohne Rücksicht auf die tatsächliche Übereinstimmung mit anderen Vorgängen, die er zu beschreiben vorgibt.

Zweitens handelt es sich bei normalerweise verdeckten Verhaltensprozessen wie Denken, Wahrnehmen, Sich-selbst-Kontrollieren oder Entschlußfassen um Vorgänge, die nur dann einer experimentellen Analyse unterzogen werden, wenn die Reaktionen, *zumindest* unter den Sonderbedingungen im Labor, experimentell kontrolliert werden können. SKINNER (1953) erörterte die Schwierigkeiten, die dann entstehen, wenn man sich im Rahmen einer Naturwissenschaft mit privaten Vorgängen dieser Art befaßt; doch neueste Forschungsarbeiten haben gezeigt, daß es möglich ist, solche Phänomene mit den Instrumenten der modernen Psychologie zu erforschen. Da viele soziale und klinische Verhaltensarten normalerweise verdeckte Reaktionen mit einschließen, heißt es, zusätzlich darauf achten, daß man sich mit diesen Reaktionen nur dann befaßt, wenn sie direkt gemessen, beobachtet oder definiert werden können, und zwar so, daß man sich nicht auf hypothetische intervenierende Vorgänge, die nicht demonstrierbar sind, zu berufen braucht.

Ganz gleich, ob die untersuchten Verhaltensarten gewöhnlich offen oder verdeckt sind, Reaktionen sind durch die experimentellen Operationen definiert, die durchgeführt werden, um sie zu messen und zu manipulieren. Aus der empirischen Totalität der Aspekte und Bezüge einer Handlung abstrahiert der Experimentator eine Eigenschaft, um diese als den Index der fraglichen Reaktion aufzuzeichnen. Die Reaktion ist in der experimentellen Forschung durch diese Meßoperation völlig definiert. Die Schwierigkeit für die klinische Verhaltensmodifikation besteht darin, daß sie eine ähnliche Klarheit der Reaktionsspezifizierung erzielen muß.

Sogar beim Experimentieren im Labor verschleiert der Abstraktionsprozeß die Natur des tatsächlichen Phänomens und muß deshalb aufmerksam verfolgt werden. Beim klassischen Konditionieren kopiert die konditionierte Reaktion (CR) die unkonditionierte Reaktion (UCR) nur teilweise; das gilt sogar dann, wenn die letztere aufgrund einer starken Übereinstimmung zwischen CR und UCR ausgewählt wird. So hat z. B. ein konditioniertes Augenblinzeln eine etwas andere Form als ein unkonditioniertes, so daß man es aufgrund seiner Latenz, Intensität und anderer Manifestationen von diesem unterscheiden kann.

In der klinischen Praxis hat man Zielreaktionen gewöhnlich in Form von sehr allgemeinen Klassen gekennzeichnet, z. B. als Enuresis, Phobie oder Depression, und man hat keine Verfahren entwickelt, um präzise Reaktionsklassen oder Reaktionsreihen zu identifizieren und zu messen. Wenn der Verhaltensmodifikator abstrahierende und operationalisierende Verfahren auf eine dieser Zielklassen anwendet, gelangt er zu neuen Formulierungen des Symptoms und entwirft er neue Methoden der Symptomsteuerung. So sah sich z. B. LOVIBOND (1964) durch seine analytische Unterteilung der Enuresis und der Harnretention in eine Anzahl zusammenhängender Teilreaktionen (z. B. Rectus abdominis und Levator-ani-Muskelreaktionen, Hemmung des Miktionsreflexes, Flucht- und Vermeidungsverhalten) veranlaßt, auf eine operante Vermeidung zu schließen, anstatt auf ein Paradigma klassischen Konditierens zur Herstellung von Enuresis-Kontrolle mit verbessertem therapeutischem Ergebnis. Das Problem, die Objektivität und Präzision zu erzielen, die eine Verwendung des Laborkonzepts der »Reaktion« impliziert, wirft in der Theorie und Praxis der Verhaltensmodifikation immer wieder wesentliche Fragen auf.

Reaktionen als abhängige oder unabhängige Variablen. Beim Beobachten von menschlichem Verhalten wird offensichtlich, daß Reaktionen multiple Funktionen haben können. So kann z. B. im normalen sozialen Leben das Verhalten, das darin besteht, daß man eine andere Person schlägt, als abhängige Variable behandelt werden. Das Interesse des Psychologen gilt in diesem Fall der Ermittlung der Variablen, die die Häufigkeit oder spezifischen Bedingungen des Auftretens einer solchen Reaktion steuern. Doch kann dieses Verhalten auch als unabhängige Variable betrachtet werden, wobei der Fokus der Analyse auf die Ermittlung der Konsequenzen dieser Reaktion für die geschlagene Person, für Zeugen in der jeweiligen sozialen Umwelt oder für das nachfolgende Verhalten der schlagenden Person selbst verschoben wird.

In der klinischen Psychologie ist diese Unterscheidung besonders relevant, da sich traditionelle Analysen mit den Reaktionen von Patienten hauptsächlich als abhängige Variable befaßt haben, wenn sie sich bemühten, die »Ursachen« des fraglichen Verhaltens zu entdecken. Natürlich sind problematische Verhalten *per definitionem* immer abhängige Variablen, wenn man sie mit Hilfe von Modifikationsverfahren behandelt. Doch untersuchen derzeit gebräuchliche behaviorale Definitionskonzepte das Verhalten des Patienten auch als unabhängige Variable. In ätiologischen und deskriptiven Wissenschaftskonzepten stellt sich dieser Unterschied zwischen traditionellen und behavioralen Verfahren als eine natürliche Folge ihres unterschiedlichen Interesses dar, das entweder *nur* der Person gilt oder der Person *und* ihren Wirkungen auf ihre Umwelt. Wenn ein Kind chronisch bettnäßt, würde sich eine traditionelle klinische Auffassung mit den historischen interpersonalen und unbewußten emotionalen Variablen befassen, die die emotionale Störung als abhängige Variable erzeugen. Eine behaviorale Auffassung befaßt sich dagegen auch mit den Hier-und-Jetzt-Konsequenzen der Miktion. Untersucht man z. B. die Reaktion der Mutter auf das Kind, so stellt die Enuresis eine unabhängige Variable in der Verhaltensgleichung dar. Doch ist die Enuresis natürlich in allen beiden Fällen eine unabhängige Variable im Hinblick auf den Kummer (und das Wäschewaschen) der Mutter, die überhaupt erst zur klinischen Untersuchung führen.

Äußere und innere Umwelten — S

Die Reaktionskomponente der Verhaltensgleichung beschreibt die Aktion des Individuums, während die Stimuluskomponente die Umweltbedingungen spezifiziert, die mit dem Verhalten der Person eine funktionale Beziehung verbindet. Psychologen haben immer wieder unterstrichen, daß von dem Gesamtkomplex an Stimuli, die auf den Organismus über die Außen- oder Innenwelt einwirken, nur jene Komponenten relevant sind, die irgendeine Eigenschaft des ablaufenden Verhaltens beeinflussen. Es muß darauf geachtet werden, daß die Stimuluskomponenten nicht vom Standpunkt des Beobachters, sondern von dem des sich verhaltenden Organismus aus definiert werden.

Der diskriminative Stimulus. In SKINNERS Zwei-Faktoren-Theorie des Lernens spielt der Stimulus im respondenten Verhalten eine andere Rolle als im operanten. Obgleich der unkonditionierte Stimulus im klassischen oder respondenten Konditionieren von vornherein auf die Reaktion, die er auslöst, bezogen ist, wird die Stimuluskontrolle von operanten Reaktionen durch einen allmählichen Diskriminationsprozeß errichtet. In diesem Prozeß wird ein Organismus nur in Gegenwart einer spezifizierten Gruppe von Signalen oder diskriminativen Stimuli (S^D) differentiell verstärkt, während in Gegenwart einer anderen Gruppe spezifizierter Signale (S^Δ) eine Verstärkung unterbleibt. Folglich besteht die Rolle von diskriminativen Stimuli bei der Kontrolle von Operanten darin, daß sie spezifizieren, ob eine Reaktion Verstärkung nach sich zieht oder nicht. Am PAWLOWSCHEN Hund wurde respondenter

Speichelfluß durch Nahrung (UCS) und (nach der Konditionierung) durch eine Glocke (CS) ausgelöst. Das Hinüberspringen des Hundes zu seinem Herrn war ein diskriminierter Operant, den man Stück um Stück mittels einer Geschichte positiver Verstärkungen (Füttern, Streicheln) immer dann errichtet hatte, wenn diese Reaktion auf den Herrn (S^D) erfolgte.

Verstärkende Stimuli, die einer Reaktion folgen, erwerben allmählich diskriminative Eigenschaften (DINSMOOR, 1950; REYNOLDS, 1968). Obgleich sich operantes Verhalten anhand der Komponenten O, R, KV und K vollständig beschreiben läßt, werden die Stimulusereignisse, die Informationen über die Verstärkungswahrscheinlichkeit einer potentiellen Reaktion liefern, als Verhaltensdeterminanten immer wichtiger. Daher handelt es sich bei dem Operanten, dem man bei der Beobachtung eines klinischen Phänomens begegnet, gewöhnlich um einen *diskriminierten Operanten*. Ein diskriminierter Operant ist eine Reaktion, die nur in Gegenwart eines Umweltsignals auftritt und die nicht jederzeit oder bei jeder Gelegenheit wahllos emittiert wird. Dieses Signal (es handelt sich um einen S^D) hat in der vergangenen Geschichte der Person Situationen begleitet, in denen für die Reaktion eine hohe Verstärkungswahrscheinlichkeit gegeben war. Ein Kind kann in einem Supermarkt vor dem Süßwarenregal (S^D) bettelndes Verhalten äußern, wenn seine Mutter guter Laune (S^D) ist, nicht jedoch, wenn die Mutter mit dem Kind böse ist (S^Δ).

Verhaltensketten und reaktionserzeugte Hinweisreize. Diskriminative Stimuli können sich aus solchen zusammensetzen, die von anderen erzeugt werden, und aus solchen, die durch die Reaktionen der Person selbst entstehen. Im letztgenannten Fall kann eine komplexe Sequenz eine Selbstpräsentation von Hinweisteilen mit einschließen, die das spätere Verhalten der Person beeinflussen. Effektives Humanverhalten setzt sich zumeist aus einer Reaktionsreihe oder -kette zusammen. Solche Ketten entstehen dann, wenn eine Reaktion der folgenden als diskriminativer Stimulus dient. Sowohl die Einzelglieder als auch die ganze Kette werden durch die Endkonsequenzen beeinflußt. So erzeugt eine Reaktion einen Stimulus für die nächste und signalisiert die Verstärkungsmöglichkeiten am Ende der Sequenz. So kann z. B. bei der Lösung eines mathematischen Problems die Reaktion einer Person auf ein Element des Problems zu einem S^D werden, der dazu führt, daß zur Lösung von Gleichungen eine Reihe von Schritten verbalisiert wird. Diese Verbalreaktionen resultieren dann in einer komplexen Reaktionskette, wenn der Problemlöser versucht, auf das spezifische Problem ein früher gelerntes Verfahren aus mathematischen Operationen anzuwenden. Die abschließende Verstärkung der gesamten Lösungsstrategie folgt der richtigen Lösung und bestärkt diese Strategie.

Das Vermögen des menschlichen Organismus, sich selbst mit reaktionserzeugten diskriminativen Hinweisreizen zu konfrontieren, ist zur Aufrechterhaltung sozialen Verhaltens wesentlich. Viele S^D's und S^Δ's sind in der Umwelt zwar materiell nicht fortlaufend präsent, doch sind sie dem Repertoire eines jeden Bürgers so hervorragend ankonditioniert, daß sie dazu dienen,

individuelles Verhalten zu steuern. Gesetzessammlungen, Vollzugsinstanzen
und zahlreiche Signale, die auf die hohe Wahrscheinlichkeit aversiver Konsequenzen hinweisen, wenn sich eine Person rechtswidrig verhält — all diese
Dinge bilden ein komplexes Netz an Kontrollen, durch das die Gesellschaft
die Wahrscheinlichkeit ungesetzlicher Verhaltensweisen noch vor deren Auftreten beeinflussen kann. Es liegt auf der Hand, daß derartige Kontrollen
individuellen Verhaltens geschwächt werden, wenn der Mensch unter den
zahlreichen Bedingungen, die mit hoher Bestrafungswahrscheinlichkeit gleichbedeutend sind, unfähig ist, aversive Konsequenzen zu erleben. Das resultierende »asoziale« Verhalten des Delinquenten bildet häufig das klinische
Angriffsziel.

Die führende Rolle der sozialen Stimulation. Das Verhaltensrepertoire einer
Person wird insofern ständig modifiziert, als sie lernt und neue Erfahrungen
macht. Die Gesellschaft läßt das Individuum an einigen Lernerfahrungen teilhaben, während sie es von anderen ausschließt. Diese sozialen Einflüsse werden durch die Eltern vermittelt, die bei Verhaltensweisen, von denen das
Kind Verstärkung oder Nichtverstärkung erwarten darf, als S^D's und S^Δ's
fungieren. Die Lehrer und die Spielkameraden des Kindes, sowie das gesamte
soziale Umfeld lenken und formen die Entwicklung seines Reaktionsrepertoires. Darüber hinaus errichtet die soziale Umwelt, indem sie Beobachtungslernen ermöglicht und Imitation fordert, die Bedingungen, unter denen das
Kind erwarten darf, seine Umwelt zu beeinflussen und Befriedigungen zu erlangen.

Es ist dieser lenkenden und kontrollierenden Funktion zuzuschreiben, daß
soziale Subeinheiten Unterschiede im Verhaltensgehalt erzeugen können,
ganz gleich, ob es sich um Kinder aus der Stadt oder vom Land handelt, um
Kinder, die in wirtschaftlich unterentwickelten oder technologisch fortgeschrit-
tenen Ländern leben, oder auch um Kinder, die in unterschiedlichen Institutionen großgezogen werden. Diese sozialen Einflüsse determinieren nicht nur
die Fertigkeiten und das Wissen der sich entwickelnden Person; sie beeinflussen auch ihre Reaktionen auf sich selbst (Selbstbeobachtungen und Selbstbeschreibungen) und die Art und Weise, wie sich die Hierarchie an verstärkenden Stimuli des Individuums strukturiert. Eine zivilisatorische Umwelt, die
die unmittelbare Befriedigung von biologischen Bedürfnissen langfristig verstärkenden sozialen Stimuli vorzieht, wird vermutlich ein Repertoire entwickeln, dem es an Verhalten der Selbstkontrolle mangelt. So gilt z. B. in
einer Slumgegend das vorrangige Interesse häufig dem unmittelbaren Nah-
rungsproblem und anderen körperlichen Bedürfnissen. Dieses Verhalten fällt
dem Kind am Erwachsenen auf. Die sozialen Variablen sind in den Augen
von Leuten, die in dieser Umwelt leben, weniger entscheidende Determinanten für Befriedigungsverhalten als für Leute, die in einem Milieu leben, in
dem verstärkende Ereignisse biologischer Natur ständig niedrig eingestuft
werden oder auf einer relativ nichtkontingenten Basis reichlich vorhanden
sind.

Der Organismus — O

Das Studium des Menschen und seiner physikalischen Umwelt ist so komplex, daß die Erforschung lebender Organismen eine gewisse Arbeitsteilung erfordert. Obwohl die Aufteilung des Gegenstandes Wissenschaft in verschiedene Bereiche wie Chemie, Physik, Biologie, Psychologie oder Soziologie gewisse Vorteile bot, hat man auf jedem dieser Gebiete und im Hinblick auf die Wechselbeziehungen zwischen diesen Gebieten so viel Wissen angesammelt, daß die Grenzen jeden Bereichs heute recht willkürlich gewählt zu sein scheinen. Wissenschaftler verschiedener Fachgebiete haben erkannt, daß viele Antworten auf ihre Fragen nur durch die Exploration von Variablen möglich sind, die außerhalb ihres unmittelbaren Gegenstandsbereichs liegen. Eine Zusammenarbeit von Vertretern verschiedener wissenschaftlicher Disziplinen ist vor allem dann geboten, wenn Wissenschaft auf menschliche Probleme angewandt wird. So setzt z. B. ein volles Verständnis (und damit die Kontrolle) der Nahrungsaufnahme und der Fettleibigkeit ein Wissen nicht nur über die komplexen Reaktionsketten, Stimuluskontrollen und Verstärker voraus, die ein Bestandteil von Eßverhalten und von Leibesübungen sind, sondern auch über die genetischen, physiologischen, neurologischen, biochemischen und mechanischen Variablen, die beim Nahrungskonsum und bei der Verwandlung von Nahrung in Energie oder Fette eine Rolle spielen (MAYER und THOMAS, 1967; SCHACHTER, 1968).

Einige Autoren haben die Ansicht geäußert, man könne, vor allem was das Gehirn anlangt, zwischen der Entstehung von Verhaltensstörungen und der Beschädigung oder Mißfunktion von biologischen Systemen oder Strukturen einen direkten Zusammenhang herstellen. Andere glauben, es seien die Wechselwirkungen zwischen biologischen oder genetischen Mängeln und sozialem Lernen, die gemeinsam Verhaltensabweichungen erzeugen. Eine dritte Gruppe vertritt den Standpunkt, organismische Faktoren seien nur bei ganz wenigen Verhaltensstörungen relevant. Die ungemeine Vielfalt an gestörten Verhaltensmustern hat es jeder dieser Gruppen möglich gemacht, ihre jeweilige Hypothese zum Teil zu belegen. So begegnet man z. B. bei manchen Patienten Gehirnverletzungen und -schäden, die eine Konzentration biochemischer Substanzen aufweisen, während das bei anderen Patienten mit ähnlichen Verhaltensmustern nicht der Fall ist. Man hat Substanzen wie der Glutaminsäure, was die Geistestätigkeit angeht, eine zentrale Rolle zugeschrieben. Man hat gezeigt, daß Benzedrin, LSD und andere chemische Substanzen halluzinatorische und andere abweichende Verhaltensweisen erzeugen. Andererseits erzielen dieselben Substanzen bei verschiedenen Individuen unterschiedliche Effekte und können ähnliche Effekte durch sozialpsychologische Faktoren allein bewirkt werden. In der Psychologie hat man in bezug auf die Grenzen dieser Disziplin seit langem zwei konträre Standpunkte vertreten. Manche Psychologen glauben, daß letztlich alle Verhaltensphänomene mit Hilfe der biologischen, physiologischen und bioelektrischen Merkmale von Organismen erklärt werden müßten. Andere halten biologische Faktoren für zweitrangig. Die Vertreter der ersten Auffassung, denen man den Namen *Reduktionisten* gegeben hat, haben ihre Forschungsbemühungen auf physiologische und anatomische Variablen konzentriert, welche sich auf Verhalten auswirken.

Interaktion zwischen sozialen und biologischen Variablen. Es steht außer Zweifel, daß biologische Faktoren für das Funktionieren des Menschen wichtig sind. In der klinischen Psychologie stößt man auf zahlreiche Verhaltensprobleme, bei denen biologische Faktoren die einzigen wirklich wesentlichen kontrollierenden Variablen bilden. So können z. B. toxische Substanzen eine zeitweise oder permanente Desorganisation von Verhalten nach sich ziehen. Toxische Psychosen, Störungen nach einer schweren Verletzung gewisser Gehirnstrukturen (oder ihres Blutzufuhrsystems) oder auch Verhaltensänderungen, die mit Drüsenstörungen zu tun haben, liefern reichliche Evidenz für die entscheidende Rolle, die biologische Prozesse bei der Aufrechterhaltung von Verhalten spielen. Allerdings haben einige Autoren behauptet, alle extremen Verhaltensabweichungen ließen sich auf biologische Variablen zurückführen. Die Forscher, die die biogene Hypothese der Verhaltensabweichung vertreten, haben ihr Augenmerk ganz besonders auf die Gebiete Schizophrenie, Alkoholismus und Drogensucht, sexuelle Abweichungen und asoziales Verhalten gerichtet.

Die vor einigen Jahren durchgeführten Untersuchungen der Chromosomenausstattung von Delinquenten haben die komplexen Beziehungen zwischen biologischen und psychologischen Variablen veranschaulicht. Montagu (1968) berichtet über eine Untersuchungsreihe, die auf eine unerwartet hohe Häufigkeit eines XYY-Chromosomenmusters bei Kriminellen hinweist. Zu dieser Abweichung kommt es dann, wenn die väterlichen Samenzellen eine anomale Zellteilung durchmachen und Samenzellen mit einem zusätzlichen Y-Chromosom erzeugen. Das Y-Chromosom des Spermas produziert durch seine Vereinigung mit einem normalen Ovum (das mit dem X-Chromosom ausgestattet ist) männlichen Nachwuchs. Montagu stellt eine Hypothese auf: »Wahrscheinlich ist das übliche Quantum an Aggressivität beim normalen XY-Mann auf sein Y-Chromosom zurückzuführen und führt das dann noch hinzukommende Y-Chromosom zu einer Verdoppelung jener Potenzen, die unter gewissen Bedingungen die Entwicklung aggressiven Verhaltens fördern« (Montagu, 1968, S. 46). Man schätzt, daß die Häufigkeit von XYY-Männern bei der Geburt von 0,5 bis 3,5 pro Tausend reicht. Verschiedene Forscher haben über eine stärkere Verbreitung dieses Typs in Gefängnispopulationen berichtet. Bedeutet dies, daß der XYY-Mann seinem Schicksal völlig ausgeliefert ist? Die Antwort auf diese Frage ist nicht klar. Die XYY-Ausstattung erzeugt nicht immer asoziales Verhalten, und es ist nicht einmal eine nennenswerte Minderheit an Kriminellen, die diese Anomalie aufweist. Erforscher dieses Phänomens erklären, die prophylaktische Lösung liege in einer frühen Identifizierung dieser Personen und darin, daß man ihren Eltern hilft, sehr früh für ein Präventivprogramm zu sorgen.

Wer diese Untersuchungen liest, ist beeindruckt von den vielfältigen Auswirkungen dieser Befunde auf die soziale Einstellung zum Verbrechen. Ist der XYY-Mann für sein aggressives Handeln »verantwortlich« oder ist er, wie der Mensch, der geistig zurückgeblieben oder mit einem Geburtsschaden behaftet ist, ein unglückseliges Produkt der Natur? Sind der Modifizierbarkeit von aggressivem Verhalten bei XYY-Personen durch sozialpsychologische Mittel klare Grenzen gesetzt? Ist das asoziale Verhalten das Ergebnis einer langen Konfliktgeschichte, die eine frühe, leichte, aber konstante Abweichung in ein heftiges, raffiniertes und bösartiges asoziales Muster verwandelte? Viele ähnliche Forschungsbefunde, die auf der Untersuchung der biologischen und angeborenen Korrelate von Verhaltensstörungen basieren, lassen die quälende Frage, die die biogene Hypothese der Verhaltenspathologie aufwirft, zur Zeit noch völlig offen: die Frage nach dem Gültigkeitsbereich biologischer Determinanten und ihrer Mechanismen. Doch besteht kaum Zweifel daran, daß keine Verhaltensanalyse vollständig ist, so lange sie sich nicht mit den biologischen Merkmalen der jeweiligen Person befaßt.

Einer weiteren lehrreichen Illustration der reich strukturierten Interdependenz und Untrennbarkeit von sozialen, behavioralen und biologischen Faktoren begegnen wir in jüngst durchgeführten Arbeiten über den Beitrag, den biologische Faktoren zur Aufrechterhaltung der Populationsdichte bei Säugetieren leisten (CHRISTIAN, LLOYD und DAVIS, 1965; SNYDER, 1962). Experimente mit Ratten, Mäusen, Hunden, Waldmurmeltieren und Kaninchen in freier Natur und im Labor untersuchten den Einfluß von Schwankungen der Populationsdichte auf biologische und soziale Funktionen und ihre letztendliche Auswirkung auf die Populationszunahme. Erhöhte Populationsdichte führte zu erhöhter Sterblichkeit aufgrund von Unterdrückung normaler biologischer Abwehrmechanismen — das war vermutlich das Resultat einer erhöhten Kortikoidsekretion sowie eines verstärkten glomerulären Nierenleidens. Diese endokrinologischen Veränderungen waren bei jungen untergeordneten Tieren häufiger zu beobachten als bei beherrschenden alten. Eine zweite Gruppe endokriner Reaktionen, die Verringerung von Geburtsraten bewirkte, umfaßte Hemmung des Reifeprozesses, verringerte Fruchtbarkeit, erhöhte intrauterine Sterblichkeit, zunehmende Entwicklungsanomalien und unzureichende Laktation. Zusammengenommen verlangsamen diese beiden Gruppen von biologischen Veränderungen durch eine Vielzahl an biochemischen Mechanismen das Wachstum einer Population, bis diese schließlich auf einem Niveau gehalten wird, das die Umweltresourcen nicht mehr erschöpft. Enges Zusammenleben in Käfigen und unter ähnlichen sozialen Umweltbedingungen führte ebenfalls zu merklichen Veränderungen der Sexualreaktion und zahlreicher anderer biologischer Mechanismen, die zur Fortpflanzung der Spezies wesentlich sind. In einem Abriß der Literatur über die sozialen und biologischen Faktoren der Bevölkerungskontrolle folgern THIESSEN und RODGERS (1961), daß »sich die endokrine Reaktion, die sowohl durch soziale als auch soziophysiologische Bedingungen ausgelöst wird, zu verändern scheint, um so eine selbsttätige Kontrolle des Bevölkerungsumfangs zu bewirken«. Außerdem schließen sie, daß »die Lernfähigkeit, die Emotionalität und anderes Verhalten ebenfalls durch Variation der Populationsdichte verändert werden können« (S. 450).

Einen unmittelbareren Einfluß von biologischen Faktoren auf Verhalten illustrieren Untersuchungen von Reaktionen auf Bestrafung. ULRICH und AZRIN (1962) entdeckten, daß eine Ratte durch Verabreichung von Elektroschocks andere Ratten oder kleinere Tiere angriff. Die Autoren kennzeichnen dieses Verhalten als »Reflexkampf« und berichten, man sei auf diese ausgelöste Aggression bei mehreren Spezies und unter verschiedenen schmerzhaften Stimulationsbedingungen gestoßen (AZRIN und HOLZ, 1966). Das beobachtete Verhalten war an keine vorteilhaften Konsequenzen gebunden, so daß man auf eine unkonditionierte Reaktion schließen konnte. Wir begegnen hier einer weiteren Gruppe von biologischen Faktoren, die dasselbe Verhalten entscheidend beeinflussen kann, das auch durch Manipulation entsprechender Stimulusbedingungen oder Reaktionskonsequenzen erzeugt werden kann.

Forschungsbefunde wie diese führen klar vor Augen, daß man in der Verhaltensgleichung biologische Merkmale stets insoweit berücksichtigen muß, als sie die jeweils untersuchte Verhaltenseinheit beeinflussen.

Der Beitrag von biologischen Faktoren zum Lernen. Nicht ganz so spektakuläre, doch weiter verbreitete organismische Bedingungen, die man bei der Verhaltensbeobachtung oder -kontrolle berücksichtigen muß, sind die biochemischen Zustände, welche die Reaktion auf gewöhnliche verstärkende Kontingenzen beeinflussen. Verschiedene organische Krankheiten, Ernährungsmängel, Alter, genetisch determinierte Merkmale oder körperliche Mißbildungen, sie alle können z. B. die Parameter für die Reaktion des Einzelorganismus auf Stimulation durch die Umwelt oder auf Konsequenzen ihres Verhaltens spezifizieren. Diese Variablen determinieren auch das Vermögen des Individuums, Reaktionen zu verändern. Individuelle Unterschiede im Hinblick auf anatomische Strukturen, körperliche Fähigkeiten oder emotionale Reagibilität beeinflussen angesichts versuchter Verhaltensveränderungen das Reaktionssystem und seine Entwicklungsfähigkeit.

Bei der Untersuchung klinischer Verhalten sind die Effekte von Drogen auf organismische Funktionen besonders interessant. Durch Drogen bewirkte Hemmung oder Beschleunigung von physiologischen Aktivitäten wirkt auf komplexe Verhaltensmuster ein, die als psychologische Abweichungen gekennzeichnet werden. So kann z. B. die Einnahme von Beruhigungsmitteln oder von Psychotomimetika (das sind Drogen, die intensivierte emotionale Zustände mit begleitender Verhaltensdesorganisation erzeugen) direkten Bezug aufweisen zur Intensität oder Häufigkeit von Reaktionen, die das urspüngliche Leiden des Patienten bilden. Drogeneffekte können zeitbedingt sein oder in den biologischen Systemen der Person sekundäre Veränderungen hervorrufen. Auch können Drogen die operanten Glieder einer Verhaltenskette modifizieren, indem sie den Empfang sensorischer Inputs des Organismus oder die Stimulation, bewirkt durch sein eigenes Funktionieren, verändern. Zwar führen Drogeneffekte selbst nicht zur Errichtung neuer und wirksamerer Sozialverhalten, doch können sie die Leistung einer verhaltensbezogenen Intervention verbessern. Viele Verhaltensabweichungen, z. B. die soziale Abkapselung oder Wutausbrüche, werden durch Konsequenzen aufrechterhalten, die in der unmittelbaren sozialen Umwelt der Person situiert sind. Ein Zerbrechen dieser pathologischen Verhalten durch medikamentösen Eingriff veranlaßt die Leute in der Umwelt des Patienten häufig zu positiveren Reaktionen, wodurch die Möglichkeit zum Erlernen angemessenerer interpersonaler Verhalten entsteht.

Soziale Einstellungen von Individuen gegenüber biologischen Faktoren. Schließlich möchten wir noch auf die unterschiedlichen Einstellungen gegenüber biologischen Defiziterscheinungen bei verschiedenen Kulturen oder sozialen Gruppen hinweisen. Solche Haltungen determinieren teilweise die Bedeutung, die ein besonderer biologischer Defekt für das effektive soziale Verhalten der Person hat. Daher muß eine psychologisch orientierte Definition der biologischen Zulänglichkeit eines Organismus das soziale Milieu berücksichtigen. Nehmen wir z. B. die differentiellen sozialen Konsequenzen für eine Person, die einen Schlaganfall gehabt hat oder unter den leichten Nachwirkungen einer spinalen Kinderlähmung leidet. In einer primitiven Nomadenkultur kann bereits die Lähmung eines einzigen Körperteils verheerende Folgen haben. In den Vereinigten Staaten dagegen kann ein derartiges körperliches Gebrechen das berufliche Verhaltensmuster eines Büroangestellten nur geringfügig verändern, während es die berufliche Existenz eines Holzfällers oder eines Athleten völlig vernichten würde; doch kann dieses Gebrechen insofern auch das Sozial- und Sexualverhalten des Büroangestellten beeinträchtigen, als er selbst und als andere gewisse Reaktionen auf die körperliche Verunstaltung an den Tag legen. Schwächen des Seh- oder Hörvermögens können heute — auch wenn es sich um schwere Mängel handelt — durch prothetische Geräte kompensiert werden. Technologisch hochentwickelte Kulturen messen individuellen biologischen Differenzen gewöhnlich geringere instrumentelle Bedeutung bei als weniger hochentwickelte Kulturen. Allerdings variiert in den Vereinigten Staaten die Bedeutung solcher biologischer Variablen von einer Subkultur zur anderen, und sozial-interpersonale Konsequenzen können sogar dann erheblich sein, wenn die instrumentellen Effekte unbedeutend sind. Wie soziale Konsequenzen und Selbstreaktionen sogar direkte Manifestationen eines biologischen Defekts beeinflussen können, veranschaulicht die ausgeprägte Tremorzunahme bei Personen, die an der Parkinsonschen Krankheit (verursacht durch eine Gehirnverletzung) leiden, eine Zunahme, die immer dann zu verzeichnen ist, wenn sich diese Personen bewußt sind, daß sie beobachtet werden, oder wenn sie sich mit ihrem Tremor beschäftigen. Sind sie dagegen in eine Aufgabe vertieft und schenken sie der symptomatischen Reaktion keine Beachtung, können Parkinson-Patienten relativ geringen Tremor zeigen.

Die Konsequenz — K

Alle Lerntheorien anerkennen die Relevanz einer Reaktionskonsequenz für die spätere Auftretenswahrscheinlichkeit dieser Reaktion. Die bekannteste Darstellung der Beziehung zwischen Konsequenz und Auftreten der Reaktion ist in THORNDIKES *Effektgesetz* enthalten. Dieses Gesetz besagt, daß befriedigende Konsequenzen dazu neigen, die Reaktionsstärke zu steigern, während unbefriedigende Konsequenzen dazu tendieren, diese Stärke zu vermindern. Allerdings ist der von Natur aus subjektive Bezugsrahmen THORNDIKES, in dem die Konsequenz einer Reaktion vom Organismus als angenehm oder unangenehm registriert werden muß, bei zeitgenössischen Lerntheoretikern auf Ablehnung gestoßen.

Erklärungen des Lernprozesses. HULL, der zur Klärung der funktionalen Beziehungen zwischen Konsequenz und Reaktion wesentlich beitrug, gab eine neue Formulierung des Effektgesetzes anhand physiologischer Bezugsgrößen, welche die durch die Konsequenz entstandene Situation definieren. Sein *Prinzip der Triebreduktion* postuliert bei Triebzuständen, die Verhaltensmotiven zugrunde liegen, daß sie entweder biologisch bedingt sind (wie das beim Hunger oder beim Durst der Fall ist) oder aber sekundärer (d. h. erlernter, sozialer) Natur sind (das trifft auf die Angst zu). Stimuli, die sich einer bestimmten Reaktion anschließen und die die Fähigkeit besitzen, einen gegebenen Triebzustand zu reduzieren, werden als verstärkende Stimuli bezeichnet und sollen die Stärke der vorhergehenden Reaktion steigern. HULL und seine Anhänger verfeinerten das ursprüngliche Prinzip, um nicht für jeden (verstärkenden) Stimulus, der Verhalten zu beeinflussen scheint, einen eigenen Trieb voraussetzen zu müssen. Diese theoretische Auffassung anerkennt gewöhnlich die Vorstellung, daß verstärkende Stimuli Eigenschaften besitzen, die ihre idiosynkratischen Merkmale transzendieren. Verstärkende Stimuli haben die Fähigkeit gemeinsam, zwischen dem handelnden Organismus einerseits und inneren wie äußeren Umwelten andererseits ein stabileres Gleichgewicht herzustellen und dem Organismus zu einem niedrigeren Aktivitätsniveau zu verhelfen, indem sie die Triebstimuli, die das instrumentelle Verhalten erzeugten, ausschalten.

Vertreter von *Kontiguitäts*-Theorien zum Lernen glauben, die wesentliche Lernbedingung bestehe im gleichzeitigen Auftreten einer Gruppe stimulierender Ereignisse und einer Gruppe von Reaktionen, mit der sich die Stimuli verbinden. Doch anerkennen Kontiguitätstheorien auch die Bedeutung der Ereignisse, die sich einer Reaktion anschließen; zurückzuführen ist das auf die Sonderstellung der letzten Reaktion einer Reihe von Reaktionen, die unter ähnlichen Bedingungen ausgeführt worden sind. Reaktionen, die einen gewissen Einfluß auf ihre Umwelt haben, neigen dazu, die Stimulusbedingungen zu verändern oder den Organismus ihrem Einfluß zu entziehen. Daher ist es die Verbindung zwischen der letzten Reaktion und den Stimuli, die bestärkt wird. GUTHRIE, der Hauptvertreter der Kontiguitäts-Lerntheorie, anerkannte die Bedeutung von Ereignissen, welche von anderen Theoretikern als verstärkende Stimuli bezeichnet worden sind, ohne daß er jedoch die motivationalen Erklärungen ihres Effekts auf das Lernen gebilligt hätte. SKINNER verlieh der Konsequenz zentrale Bedeutung, indem er die Rolle der Verstärkung im operanten Konditionieren hervorhob. Doch um den Zirkelschluß, der im Effektgesetz und seinen späteren Neuformulierungen enthalten ist, zu vermeiden, hat Skinner die Konsequenz lediglich mit Hilfe einer empirischen Beziehung definiert. Jedes unmittelbar konsequente Ereignis, das die Wahrscheinlichkeit der vorausgehenden Reaktion verändert, wird als ein verstärkender Stimulus für diese Reaktion definiert. Diese Definition enthebt uns des Dilemmas, lange Listen über die Bedürfnisse und Triebe der menschlichen Organismen anlegen zu müssen. Doch führt ihre Problematik in die entgegengesetzte Richtung. Die Effektivität eines verstärkenden Stimulus für eine bestimmte Reaktion variiert je nachdem, welche Komponente der Verhaltensgleichung angesprochen ist. So kann z. B. ein Kuß von Mutter oder Vater das Verhalten eines Vierjährigen verstärken, während er den entgegengesetzten Effekt erzielen kann, wenn ihn ein Halbwüchsiger in Gegenwart seiner Freunde bekommt. Sogar ein verstärkender Stimulus, der sich durch eine ziemlich konstante psysikalische Beziehung zur Aktivität eines Organismus auszuzeichnen scheint, kann unter veränderten Bedingungen entgegengesetzte Effekte erzeugen. So hat man z. B. gefunden, daß Ratten in einer *Skinner-Box* ihre Hebeldrückrate erhöhen, wenn solches Verhalten zur Beleuchtung des dunklen Käfigs führt. Doch erhöhen Ratten diese Rate auch dann, wenn dadurch im beleuchteten Käfig ein Licht ähnlicher Intensität ausgeschaltet wird. So sieht sich der Forscher durch SKINNERs empirische Definition mit der Aufgabe konfrontiert, Listen von verstärkenden Stimuli zusammenzustellen, die lediglich äußerst spezifischen Bedingungen für einzelne Organismen angemessen sind. In der Tat muß man sich bei der Anwendung von operanten Lernmethoden auf die Verhaltensmodifikation ständig daran erinnern, daß ein bestimmtes Ereignis, das als potentiell verstärkender Stimulus gewählt wird, mit Gewißheit *nur dann* als solcher definiert werden kann, wenn es ihm gelungen ist, die Wahrscheinlichkeit der vorausgehenden Reaktion zu verändern. Obgleich die Wirkung von Verstärkern wie Nahrung, Geld und soziale Anerkennung lange erhalten bleibt und sich auf viele Personen und Situationen erstrecken kann, lassen sich ihre Effekte durch veränderte Umweltmerkmale radikal modifizieren. Da es außerdem nicht immer möglich ist, andere Faktoren, die Reaktionswahrscheinlichkeiten mitbestimmen können, zu eliminieren, ist eine nachträgliche Definition, die sich nur auf Veränderungen der Reaktionswahrscheinlichkeit beruft, nicht völlig befriedigend.

Indem er vom SKINNERschen Kontext ausging, hat PREMACK (1959) vorgeschlagen, man solle die Beziehung zwischen einer Reaktion und dem sich ihr anschließenden Ereignis ausschließlich auf der Basis *relativer* Reaktionswahrscheinlichkeiten behandeln. Kurz gesagt, PREMACK behauptet, daß ein *Verhalten* als verstärkender Stimulus dient, falls seine Auftretenswahrscheinlichkeit größer ist als die des zu verstärkenden Verhaltens, immer vorausgesetzt, daß beide Reaktionen frei verfügbar sind. Verhaltensmodifikation umfaßt lediglich eine Neuanordnung von Reaktionen, so daß die Gelegenheit, die Reaktion mit hoher Wahrscheinlichkeit zu äußern, stets kontingent ist auf eine vorausgegangene Ausführung der erwünschten Reaktion mit etwas niedrigerer Wahrscheinlichkeit.

Konjugierte und episodische Verstärkung. Wie wir bereits betont haben, bringt das statische Konzept vom menschlichen Verhalten gewisse Erleichterungen mit sich, doch entspricht es nicht der Wirklichkeit. Der glatte Ablauf alltäglichen Handelns setzt sich zusammen aus Reaktionssequenzen, verstärkenden Ereignissen und Stimulusereignissen, die in einem komplizierten ununterbrochenen Prozeß ständig interagieren. Um diese zeitliche Dimension in einer Definition der verstärkenden Ereignisse unterzubringen, hat LINDSLEY (1963 a) den Begriff *konjugierte Verstärkung* vorgeschlagen; er kennzeichnet die fortwährende Interdependenz zwischen Reaktion, Reaktionskonsequenzen und nachfolgendem Verhalten. Die Intensität oder Verfügbarkeit eines ständig vorhandenen Verstärkers kann zur direkten Funktion der Reaktionsrate oder -sequenz der Person gemacht werden. Möchte man sich z. B. einen projizierten Zeichentrickfilm ansehen, muß man möglicherweise einen Schalter mit einer gewissen Rate betätigen, um sicherzugehen, daß Ton- und Bildqualität erhalten bleiben. Dieses Laborbeispiel findet seine alltägliche Parallele in dem Prozeß, der darin besteht, daß ein Erzähler durch winzige verstärkende Hinweisreize seines Zuhörers unterstützt wird, oder auch darin, daß ein Verliebter an kleinen Zeichen der Anerkennung der Freundin seine Fortschritte mißt.

Bei der konjugierten Verstärkung erfordert die Tatsache, daß man einem verstärkenden Ereignis kontinuierlich ausgesetzt ist, ein ebenso kontinuierliches Verhalten. In der Experimentalsituation ist der Filmprojektor so programmiert, daß Film und Ton ausgeblendet werden, wenn den minimalen Reaktionsforderungen nicht entsprochen wird. Bei der sozialen Interaktion im natürlichen Rahmen ist konjugierte Verstärkung die Regel. Die Aufrechterhaltung sozialer Kontakte setzt voraus, daß die Person fortwährend sozial effektive Reaktionssequenzen emittiert, die der Partner erwidert. Die Stück um Stück voranstrebende Natur fast aller sozialer Verstärkung definiert die Kontinuierlichkeit von persönlichen »Beziehungen« in der Freundschaft, beim Liebeswerben, in geschäftlichen Interaktionen und in der Psychotherapie. In all diesen Beziehungen wird das Interaktionssystem durch eine fortwährende Anpassung an das Verhalten des Partners und durch die kleinen, aber wichtigen Konsequenzen charakterisiert, die mit der Zeit zunehmen. LINDSLEY (1964 b) glaubt, konjugierte Verstärkung setze nur sehr grundlegende und einfache Prozesse voraus und könne deshalb komplexe Verhalten wesentlich effektiver aufrechterhalten als episodische Verstärkung. Die Vorteile der konjugierten Verstärkung beim Training sozialer Verhalten werden aus der Tatsache ersichtlich, daß lange Verhaltenssequenzen dadurch gelehrt und aufrechterhalten werden können, daß dieselben allgemeinen Prozeduren durch neue Elemente ergänzt werden.

Dem Konzept der konjugierten Verstärkung ähnelt das Konzept der *Verkettung,* das wir bereits gestreift haben. Die meisten effektiven Humanverhalten bestehen aus Reaktionsketten, die miteinander verbunden sind durch kleine verstärkende Ereignisse und durch die diskriminativen Stimuli, die von der vorausgegangenen Reaktion geliefert werden. Wenn eine Person eine Tür aufschließt, steckt sie zunächst den Schlüssel ins Schloß. Paßt der Schlüssel, wird dieser Verhaltensteil verstärkt und die Reaktion des Schlüsseldrehens signalisiert. Schnappt der Verschluß zurück, wird die Reaktion des Drehens verstärkt, und es entsteht der Anlaß zum nächsten Schritt, bei dem sich die andere Hand auf dem Türknopf bewegt. Diese verketteten Verhalten werden rasch unterbrochen, wenn eine bestimmte Konsequenz ausbleibt. Ein kaputtes Schloß, ein defekter Schlüssel oder irgendein Ereignis, das die gründlich gelernte Verhaltenssequenz zerbricht, führt zu Veränderungen und zur Emission einer neuen Reaktionsreihe. Die von uns eben beschriebene Sequenz des Aufschließens einer Tür soll hier als vereinfachtes Modell für den Typus stehen, der die wechselbezogene Abfolge Stimulus-Reaktion-Konsequenz bildet und dem man in komplexen Verhaltensweisen (z. B. in der sozialen Interaktion, im Liebeswerben usw.) begegnet. All diese Situationen bedürfen — soll reibungsloses Verhalten gewährleistet sein — als Grundvoraussetzung einer Reaktionskonsequenz.

Bei der *episodischen Verstärkung* wird die Person erst dann belohnt, wenn sie eine lange Verhaltenssequenz hinter sich gebracht hat. Diese Anordnung weisen die meisten Lernexperimente und Experimente des Problemlösens auf. Schulnoten und Lohnzahlungen repräsentieren ebenfalls episodische Verstärkungen. Bei alltäglichen Aktivitäten zieht die Ausführung einer komplexen und ausgedehnten Verhaltensserie gewöhnlich episodische Verstärkung nach sich. Die verstärkenden Effekte sind in der Regel nicht für die detaillierte Durchführung der zu lösenden Aufgabe bezeichnend, sondern für das Erzielen des Resultats oder der Endreaktion. Daher neigt die episodische Verstärkung dazu, nicht die Mittel, mit denen eine Aufgabe gelöst wird, sondern das erzielte Resultat zu belohnen.

Das Kontingenzverhältnis zwischen Reaktion und Konsequenz — KV

Die letzte Komponente der Verhaltensgleichung befaßt sich mit dem besonderen Verhältnis zwischen Verhalten und seinen Konsequenzen. In der Natur ziehen viele Verhalten durch die Beschaffenheit unserer physikalischen Welt unvermeidlich spezifische Konsequenzen nach sich. So besagt z. B. das Gesetz der Schwerkraft, daß jede Gelegenheit, bei der ein Gegenstand in der Luft losgelassen wird, unvermeidliche Konsequenzen nach sich zieht. Doch unterstreichen die physikalischen Gesetze auch dann gleichbleibende Konsequenzen, wenn es sich um Verhalten handelt wie das Ziehen, Stoßen oder Schieben von kleinen Gegenständen. Im Hinblick auf derartige physikalische Ereignisse bleibt die Anordnung von Reaktion und Konsequenz bei einem breiten Spektrum an Situationen relativ konstant. Doch erweist sich diese Kontingenzanordnung bei den meisten Aktivitäten (einschließlich fast aller Sozialverhalten) als wesentlich weniger verläßlich. Die Wahrscheinlichkeit, daß dem Schreien eines Säuglings das Herbeieilen der Mutter folgt, hängt von vielen Faktoren ab, die von Augenblick zu Augenblick variieren. Zu den Variablen, welche die Wahrscheinlichkeit von Mutterreaktion auf Säuglingsgeschrei determinieren, können wir die Aufmerksamkeit zählen, welche die Mutter dem Verhalten des Kindes generell zuwendet, ihre momentane Ablenkung durch andere Tätigkeiten oder ihre räumliche Entfernung vom Kind. In vielen sozialen Situationen werden bei mannigfachen stattfindenden Reaktionen Kontingenzen absichtlich vorenthalten. Ein Lehrer belohnt ein Kind z. B. nicht für jede richtige Reaktion. Vielmehr neigt er dazu, Verstärkungen nach einem Plan zu verteilen, der auf der Häufigkeit des geäußerten Verhaltens, auf der seit der letzten Reaktionsverstärkung verstrichenen Zeit oder auf einer anderen nicht näher definierten Grundlage basieren kann.

Verstärkungspläne. Die bekanntesten systematischen Anordnungen von Kontingenzen aus Reaktion und Verstärkung wurden im Labor anhand von Programmen durchgeführt, die die Quote an verstärkten Reaktionen oder das Zeitintervall variieren, nach dem Verstärkung erlangt werden kann. Man hat gezeigt, daß solche Programme oder Pläne die Auftretenswahrscheinlichkeit einer bestimmten Reaktion und die charakteristische Abfolge und Form des ausgewählten Verhaltens modifizieren. FERSTER und SKINNER (1957) liefern eine umfassende Beschreibung der Effekte verschiedener Verstärkungspläne auf die Geschwindigkeit der Aneignung einer Reaktion, auf die Stärke, mit der diese erhalten bleibt und auf die Abnahme oder den Verfall einer bereits etablierten Reaktion. Diskriminative Reize signalisieren häufig den spezifischen Plan, der bei einer bestimmten Reaktion wirksam ist. Bei sozialem Verhalten werden solche Diskriminationen häufig in Bezug gesetzt zu den Charaktermerkmalen der Personen, die das verstärkende Ereignis kontrollieren. Kinder werden bei ihrem Vater, der im Hinblick auf die Belohnung von Verhaltensäußerungen zurückhaltend ist, andere Reaktionsraten an den Tag legen als bei ihrer Mutter, wenn diese auch kleine Leistungen großzügig belobigt und anerkennt. Da sowohl *intermittierende* Verstärkungspläne mit weniger als 100%iger Verstärkung als auch konstante Verschiebungen innerhalb der Pläne überwiegen, weisen soziale Verhalten erhebliche Variabilität auf. Ein Individuum verhält sich häufig unpassend, weil es mit dem spezifischen Plan, nach dem andere Leute sein Verhalten verstärken, nicht vertraut ist.

Verstärkungspläne können einander auf komplizierte Weise überschneiden. *Multiple Pläne* können nicht nur durch das momentane Verhalten der Person, sondern auch durch Äußerung und Beschaffenheit vorausgegangener Reaktionen determiniert sein. In der Tierforschung hat man klar nachgewiesen, daß diskriminative Stimuli, die signalisieren, welcher alternative Plan wirksam ist, die Reaktionsrate eines Tieres im Labor unverzüglich modifizieren. Verschiebungen innerhalb von Verstärkungsplänen oder das gleichzeitige Vorhandensein von multiplen Plänen werden in ungewöhnlichen menschlichen Interaktionen nicht direkt signalisiert. Die zahlreichen Experimente zu den Effekten von Verstärkungsplänen liefern eine Basis zur Regulierung von Reaktionsraten bei der Modifikation von Humanverhalten und dienen bei der Erfassung von solchen Verhalten als Index für die Veränderlichkeit und Komplexität der Beziehung zwischen Reaktion und Verstärkung. Die Aufrechterhaltung einer bestimmten Reaktionsrate ist nicht nur durch deren Konsequenz determiniert, sondern auch durch den spezifischen Plan, durch den die Konsequenz verabreicht wird.

Veränderungen von KV. Neben dem Verstärkungsplan, in dessen Rahmen das verstärkende Ereignis auftritt, können Anordnungen der Beziehung zwischen Reaktion und Verstärkung auch eine allmähliche Verlagerung verstärkender Ereignisse von einer Verhaltenskategorie auf eine andere Reaktionsklasse mit einschließen, die sich mit der ersteren zwar überschneidet, sich aber trotzdem leicht von ihr unterscheidet. Dieses Verfahren, das man als *Ausformung* bezeichnet, ist eine Technik, durch die dem Organismus immer präzisere Reaktionen abverlangt werden. Der Experimentator verstärkt zunächst eine Reaktionsklasse, die der Zielreaktion nur entfernt ähnlich ist. Nun verstärkt er nach und nach nur die Reaktionen, die der angestrebten Reaktion näherstehen. Dieser stufenweisen Veränderung der Wechselbeziehung zwischen Reaktion und Verstärkung durch den Prozeß der Ausformung hat man sich im klinischen Rahmen bedient, mit dem Ziel, bei nichtverbalen Kindern eine zunehmende Ähnlichkeit von vokalen Mustern zu erzeugen, bis die von ihnen geäußerten Geräusche tatsächlich Sprache kopierten.

Obgleich das programmierte Lernen zielbewußt R-K-Beziehungen benutzt, die zum effektivsten und leistungsfähigsten Verhalten führen, entstehen durch natürliche Gegebenheiten häufig Situationen, die eine weniger effektive Entwicklung unterstützen. So kann z. B. die Tatsache, daß es Eltern nicht gelingt, positive Konsequenzen abhängigen Verhaltens allmählich auszuschalten, zu »unreifen« Reaktionen führen, die beim Erwachsenen fortbestehen. Die Anordnung von Reaktion und Verstärkung kann absichtlich auf einer Zufallsbasis programmiert werden, so daß eine Reaktionsvariabilität maximiert wird. Man begegnet diesen einfachen Methoden der Verhaltenskontrolle im Spiel von Kindern, wenn eines der Kinder häufig Verhaltensregeln verändert, wodurch es diesem — da es die verstärkenden Ereignisse verteilt — gelingt, die Kontrolle über seine Kameraden aufrechtzuerhalten, indem es diese einem unvorhersagbaren Verstärkungsplan aussetzt. Aus ähnlichen Gründen vorenthält die soziale Instanz, die die Verstärkung kontrolliert, der sich verhaltenden Person häufig eine präzise Formulierung der Voraussetzungen für die Gewährung des Verstärkers. Unter solchen Bedingungen wird die Person Verhalten äußern, das darauf abzielt, den wirksamen Verstärkungsplan zu testen. Derartige Aktivitäten stellen sich als Verhaltensvariationen dar, die man häufig als Testung von Hypothesen, als Testung der Grenzbereiche oder als Entdeckung von Regeln bezeichnet. Entdeckt eine Person die effektiven Anordnungen von Reaktion und Konsequenz, kann sie ihr Verhalten dem wirksamen Verstärkungsplan entsprechend verändern, wodurch sie optimale Belohnung mit minimaler Anstrengung erfährt. Schüler, Angestellte und andere Leute, deren Verhalten durch eine Person direkt kontrolliert wird, können die gewohnheitsmäßigen Verstärkungspläne dieser Person leicht herausfinden, z. B. den Plan des Lehrers, der die Hausarbeiten der Schüler in alphabetischer Reihenfolge überprüft oder die Neigung des Vorgesetzten, geleistete Arbeit zu Beginn der Woche oder des Tages zu überprüfen.

Implikationen der Verhaltensformel für die klinische Praxis

Die Verhaltensformel ermöglicht nicht nur die Analyse ihrer verschiedenen Komponenten durch den lernorientierten Kliniker, der sein Fallmaterial untersucht, sondern unterstreicht auch verschiedene andere Auffassungen der Verhaltenstherapie, die sich von traditionellen klinischen Methoden unterscheiden und die wir in Kapitel 1 bereits erläutert haben. Diese Auffassungen können wir nur mit Hilfe der Komponenten dieser Gleichung herausarbeiten.

Die Betonung von augenblicklichen Einflüssen

Wird Fehlanpassung als Bedingung betrachtet, die durch falsches Lernen entsteht, so besteht die Hauptaufgabe des Klinikers darin, das sozial abweichende Verhalten durch Variablen zu manipulieren, die über das jeweilige Verhalten Kontrolle ausüben. Daten über die ursprünglich kontrollierenden Variablen können aus einer gründlichen Untersuchung der Geschichte des Patienten gewonnen werden. Doch gibt diese Information dem Kliniker selten Aufschluß darüber, wie er sich über das augenblickliche Auftreten der symptomatischen Reaktion Kontrolle verschaffen kann. Augenblicklich problematisches Verhalten kann nur durch augenblicklich wirksame Variablen beeinflußt werden. Ob es sich bei diesen Variablen nur um Merkmale von S (Stimulus), O (Organismus) oder K (Konsequenz) handelt, der Kliniker muß nach ihnen in der gegenwärtigen sozialen Umwelt, in der biologischen Verfassung und im Umfeld des Patienten suchen, das dieses Verhalten fördert. Folglich erfordert das behaviorale Verfahren nur dann ein Zusammentragen von historischem Material über das Leben des Patienten, wenn ein derartiges Wissen relevant ist bei der Entdeckung von Variablen, die das Patientenverhalten nach wie vor beeinflussen können, und wenn es zu einer Therapiemethode führt, in der diese Variablen zur Veränderung des abweichenden Patientenverhaltens benutzt werden. Die behaviorale Erfassung basiert also auf der funktionalen Analyse von augenblicklichen Bedingungen. Diese Analyse befaßt sich nicht bloß mit der stimulierenden Umwelt, sondern auch mit den verschiedenen Konsequenzen, die das Verhaltensspektrum des Patienten nach sich zieht, mit dem Repertoire an verfügbaren Patientenreaktionen, mit den verstärkenden Ereignissen, die durch die soziale Umwelt des Patienten und durch ihm nahestehende Personen geliefert werden, sowie mit ähnlichen Vorgängen.

Symptome sind erlernt

Die Annahme, daß alles Problemverhalten erlernt sei, läßt auf zwei therapeutische Modifikationsmethoden schließen: 1. Verlernen oder Ersetzen der unerwünschten Reaktion durch eine der Prozeduren, die auf Lernparadigmen des Labors fußen; und 2. Modifikation der Umwelt, damit das Symptom, ein diskriminierter Operant oder ein stimuluskontrollierter Respondent nicht mehr auftritt; das geschieht aufgrund der Abwesenheit der vorausgegangenen Bedingungen, die das Symptom kontrolliert haben. Die Anwendung verschiedener Lernprozeduren und die zugrunde liegenden Prinzipien und Methoden zur Veränderung von umweltbedingten Hinweisreizen werden in den folgenden Kapiteln diskutiert.

Subjektive Erfahrungen

Bei vielen Beschwerden, mit denen der Kliniker konfrontiert wird, handelt es sich um unzugängliche innere Ereignisse und um Reaktionen des Organismus auf seine eigene Funktionsweise. Solche Ereignisse kann man nicht direkt durch Lernprozeduren behandeln, denn sie lassen sich nicht unter die Kontrolle des Therapeuten bringen. Aber man muß den Bericht des Patienten über seine subjektiven Beschwerden als ein Verhalten betrachten, das insofern eine Doppelfunktion besitzt, als es einerseits den, der sich diesen Bericht anhört, beeinflußt, und andererseits für die inneren Stimuli, die wirksam sein mögen, als Hinweisreize erzeugende Reaktion dient. Nachdem er dem Patienten geholfen hat, zwischen diesen beiden Stimulationsquellen zu unterscheiden und in diesen Sequenzen frühe Hinweisreize zu erkennen, kann der Therapeut den Patienten lehren, sein eigenes Verhalten zu kontrollieren. So kann man entdecken, daß z. B. der Bericht über die Angst einer Ehefrau das Ende einer Kette ist, an deren Anfang die skeptische Frage des Ehemanns »Was gibts zum Essen?« steht. Die sich anschließende Kette besteht daraus, daß sie sich an seine frühere Kritik ihrer Kochkünste erinnert, daß sie noch einmal die Angst und Frustration erlebt, die diese Kritik in ihr auslöste, daß sie sich ihrer Unfähigkeit oder ihrer gescheiterten Versuche sich selbst zu behaupten bewußt wird und daß sich innere physikalische Hinweisreize einstellen, die sich mit der Selbstetikettierung »ängstlich« verbinden. Man kann der Ehefrau beibringen, aufs Essen bezogene Bemerkungen ihres Mannes als entscheidendes frühes Ereignis in dieser Kette zu erkennen, und man kann sie lehren, mit diesem Ereignis neue Verhalten (z. B. humorvolle, ignorierende oder bestätigende Reaktionen) zu verbinden. Sie kann ihren Mann aber auch dazu konditionieren, daß er die Mahlzeiten positiver kommentiert. Durch eine dieser beiden Taktiken kann sie ihre eigene Angst unterbinden. So kann die Analyse seines verbalen Berichts dem Patienten helfen, seine Selbstreaktionen unter Kontrolle zu bringen. Man nimmt von subjektiven Erfahrungen an, daß sie auf frühere soziale Erfahrungen zurückgehen und durch therapeutische Operationen beeinflußt werden können. Indem man das Verhalten, das jene Erfahrungen einleiten, verändert, werden die Konsequenzen für den Patienten positiver gestaltet.

Die Gültigkeit von Verhaltensprinzipien quer durch die Spezies

Das Verhaltensmodell ist auf der Grundlage von Prinzipien und Prozeduren errichtet worden, die man im Tierlabor entwickelt hat. Von der größeren Komplexität des Verhaltens höherer Spezies wird angenommen, sie resultiere aus der zunehmenden Komplexität der biologischen Struktur, der Fähigkeiten und des Erfahrungsreichtums. Doch nimmt man von den Grundprinzipien des Lernens an, daß sie für alle lebenden Organismen unverändert bleiben und daß für das Verständnis menschlichen Verhaltens keine speziellen psychologischen Prinzipien nötig sind. Aufgrund der einzigartigen Konzeption des menschlichen Lebens erfordern die allgemeinen Prinzipien allerdings eine gewisse Verfeinerung. Viele eindeutig menschliche Funktionen erwachsen aus dem Vermögen zur Sprache und zur Weitervermittlung von Kultur im Rahmen der Entwicklung des Menschen. Derartige Eigenschaften werden aufgrund der methodologischen Auffassung analysiert, der wir auch bei der Analyse von Tierverhalten begegnen, obgleich diese Eigenschaften für den Theoretiker wie für den Forscher zusätzliche Probleme aufwerfen (z. B. Beobachtbarkeit und Manipulierbarkeit).

Obgleich die oben erwähnten Eigenschaften die methodologischen Auffassungen und Grundvoraussetzungen des behavioristischen Modells charakterisieren, ist es doch so, daß der Auswahl bestimmter Verhaltensinhalte für die klinische Verhaltensmodifikation im wesentlichen Beobachtungen zugrunde liegen, die im Laufe der Jahrhunderte von Fachleuten mit völlig anders gearteten theoretischen Auffassungen angestellt worden sind. In dem nun folgenden Abschnitt werden wir einige der frühen Bemühungen durchleuchten, die bezweckten, das Lernmodell mit traditionellen psychotherapeutischen Standpunkten zu kombinieren. Autoren, die diese Linie verfolgten, akzeptierten häufig die traditionelle Vorstellung, nach der das pathologische Verhalten des gestörten Individuums in frühen emotionalen Erfahrungen wurzelt. Derartige traditionelle Auffassungen betrachten Verhaltensstörungen gern als ziemlich allgemeingültige Muster von Reaktionen auf physiologischen oder emotionalen Streß. Als man in die klinische Psychologie Lernmodelle zu integrieren begann, unterstrich man ganz besonders die Angst als Kausalfaktor bei der Störung normaler Verhaltensstrukturen. Einige Lernauffassungen von heute bezeichnen die Angstreaktion als das Hauptziel der Verhaltensmodifikation — allerdings betrachtet man diesen Faktor nicht mehr als den wichtigsten ätiologischen Einzelfaktor bei der Entwicklung von Verhaltensstörungen.

Frühe Lernmodelle

Versuche, die Psychoanalyse neu zu formulieren

Es mag überraschen, daß sich Lerntheorien der Verhaltenspathologie aus der Tierforschung und nicht aus der Erforschung menschlicher Lernprozesse entwickelt haben. Der Grund dafür ist, daß sich die ersten Lernexperimentatoren vor allem für die Entdeckung der Gesetze der mentalen Assoziation und für die Erforschung der fundamentalen Gesetze des Lernens und Vergessens interessierten. Forscher, die für simple verbale Items nach den Grundregeln der Aneignung und des Behaltens suchten, isolierten die Versuchsperson sorgfältig von ihren Lebenserfahrungen, sie eliminierten Variationen der Motivation, und sie stellten Aufgaben, die mit dem Alltag wenig zu tun hatten. Im Gegensatz dazu ging die Tierforschung aus einer pragmatisch orientierten Tradition hervor, die von Anfang an die Anpassung des Tiers an seine Umwelt miteinbezog. Obgleich sich Lernaufgabe wie Laborumfeld von der natürlichen Umwelt des Tieres stark unterschieden, ermöglichten die kontrollierten Laborerfahrungen und die quantifizierten Verhaltensbeobachtungen das Studium kontrollierter Umwelteinflüsse und einer Menge motivationaler Variablen. Gelegenheit zur Annäherung zwischen der Lernpsychologie und der Persönlichkeitspsychologie gab es erst, als Lernexperimentatoren konzeptuelle Schemata zu entwickeln begannen, um erfahrungsbedingte und motivationale Effekte auf die Performanz zu erklären.

Die ersten Versuche, die Phänomene der Verhaltensstörung und der Psychotherapie vom Standpunkt des Lernens aus anzugehen, kannten zwei sich klar voneinander abhebende Verfahrensweisen. Die erste, die auf HULLS Theorie gründete, blieb den Methoden und Beobachtungsweisen der Psychoanalyse eng verbunden. Versuche, zwischen HULLS Hypothese der Antriebsreduktion und FREUDS Lustprinzip eine Parallele zu errichten, lieferten eine geeignete Ausgangsbasis für die Übertragung von Daten und Konzeptionen von dem einen System auf das andere. Die zweite Verfahrensweise repräsentiert die Anwendung des klassischen Konditionierungsparadigmas auf neurotisches Verhalten. Das gestörte Verhalten, das man an Tieren beobachtete, denen man schwierige Diskriminationsaufgaben gestellt hatte, schien PAWLOW, WATSON und anderen jenem Verhalten zu ähneln, dem man beim neurotischen Menschen begegnet, dessen effektives Funktionieren zusammenbricht. Während WATSON die Konditionierungstheorie zur Neurose scharf von den psychodynamischen Theorien seiner Zeit abgrenzte, bemühten sich PAWLOW und seine Schüler, die Konditionierungstheorie in die Neurologie und Psychiatrie zu integrieren. Im Gegensatz zur Gruppe um HULL versuchten weder die Anhänger PAWLOWS noch die WATSONS, zeitgenössische Behandlungsprozeduren mittels ihrer Lerntheorien neu zu interpretieren. Dafür waren sie unter den ersten, die — ausgehend von ihrer eigenen Theorie — neue Behandlungsverfahren für neurotische Symptome vorschlugen.

Eine weitere Unterscheidung zwischen den beiden Verfahrensweisen liegt in der Tatsache, daß die Gruppe um HULL das Grundkonzept von der Neurose als Angstabwehr anerkannte. Folglich bestand das Therapieziel darin, die Angst, die das Symptom verursacht hatte, zu reduzieren. Im Gegensatz dazu betrachteten die ersten Fachleute für Konditionierungsexperimente Neurosen hauptsächlich als »schlechte Gewohnheit«. Therapeutisches Ziel war für sie Beseitigung durch Löschung, ohne Rücksicht auf die Ursachen der Reaktion.

Mowrer

Zu den frühesten Arbeiten, die die Lerntheorie zur FREUDschen Angsttheorie der Neurose in Beziehung setzte, gehörte MOWRERS S-R-Analyse der Angst (1939) als einer verstärkenden Kraft. Er behauptete, Angst sei eine konditionierte Schmerzreaktion, eine erlernte Reaktion, verbunden mit konditionierten Stimuli oder Signalen, die früher zusammen mit Schmerz oder Verletzung erfahren worden sei. MOWRER schrieb der Angst zwei Eigenschaften zu: 1. Motivationsmerkmale bei der Aktivierung des Organismus, und 2. verstärkende Eigenschaften in Verbindung mit jedem Verhalten, das den Angstzustand reduzieren kann. Er behauptete, Angst besitze adaptiven Wert: sie werde ausgelöst in Gegenwart von Stimuli, die die Nähe von Gefahr signalisieren, und sie motiviere Aktionen, welche die Gefahr und die mit ihr verbundenen Stimuli vermeiden. Angstreduktion stärke hierauf das Erleichterung bewirkende Verhalten. Experimentell gestützt wurde diese Auffassung durch eine Tierstudie (MOWRER, 1940), bei der die eine Gruppe Durchgänge verabreicht bekam, die mit einem neutralen Ton gekoppelt waren, sowie Elektroschocks in konstanten Intervallen; der zweiten Gruppe wurden Ton-und-Schock-Durchgänge in willkürlich variierten Intervallen verabreicht; und die dritte Gruppe erhielt zwischen den Ton-und-Schock-Koppelungen unregelmäßige Schocks. Die Tiere der Gruppe mit konstanten Intervallen erlernten die lokomotorische Fluchtreaktion am raschesten, dann kam die Gruppe mit unregelmäßigen Intervallen und am Schluß stand die Gruppe mit dazwischen geschalteten Schocks. MOWRERS Interpretation der Resultate lautete, daß die regelmäßige Wiederkehr des Gefahrsignals (Ton) zur Ausformung einer Erwartungs- oder Vorbereitungshaltung führe, wenn der Zeitpunkt für die Darbietung des nächsten Stimulus näherrückt. Ist diese vorbereitende Spannung (Angst) so stark, daß sie »unangenehm« wird, entwickelt sie motivationale Eigenschaften. Ihre Reduktion sollte daher begleitendes Verhalten verstärken. MOWRER argumentierte, daß regelmäßige Darbietung eines Stimulus vor dem Schock, wenn sich ihr eine Flucht anschließt, einen größeren Spannungsabfall nach sich ziehe als eine unregelmäßige Darbietung, und daß dies auf die Angst zurückzuführen sei, die sich vor dem erwarteten Schock ansammelt. Die Fluchtreaktion, verstärkt durch Spannungsreduktion, dürfte rascher erlernt werden, wenn Variationen in Intervallen zwischen Durchgängen kein klares Vorsignal liefern, und die Fluchtreaktion kann dann einer bald schwachen, bald starken Spannung folgen.

MOWRER (1950) unterschied zwischen zwei Arten des Lernens, denen im Alltag eine jeweils andere Funktion zukommt. Das *klassische Konditionieren* oder *Signallernen* basiert auf der zeitlichen Kontiguität zwischen einem ursprünglich neutralen und einem unkonditionierten Stimulus. Es findet großenteils unwillkürlich statt und bildet für MOWRER den ersten Schritt in der Angstsequenz, indem es auf den früher neutralen Ton hin den Zustand einer gesteigerten physiologischen Spannung erzeugt. Das *instrumentelle Konditionieren* oder *Problemlösen* bezieht sich auf den Prozeß, durch den eine Reaktion infolge der sich ihr anschließenden Konsequenzen erlernt wird. Die Fluchtreaktion, die auf das Tonsignal hin erfolgt, repräsentiert ein Versuch-und-Irrtum-Lernen, wobei diese Reaktion verstärkt wird, wenn sie die bestehende Spannung reduziert.

MOWRER zufolge begegnet man beiden Lernprozessen in der Entwicklung einer Verhaltensstörung. Ein Kind kann im Laufe seiner Sozialisation schmerzhaften Ereignissen ausgesetzt sein, die häufig Angst erzeugen in Situationen, in denen das zur normalen Entwicklung nötige Signallernen von sozialen Einstellungen erforderlich ist. Eine Neurose entsteht, wenn das Kind daraufhin instrumentelle Verhalten entwickelt, um weiterer Angst zu entgehen und um mit den zusätzlichen Problemen, die durch sein *Nicht*-Lernen entstehen, fertigzuwerden. Diese Darstellung des Erlernens neurotischen Verhaltens läßt den Schluß zu, daß der Neurotiker in frühen Jahren dem Erlernen wichtiger instrumenteller Handlungen aus dem Weg gegangen ist, weshalb er nun unter einem *Lerndefizit* leidet, dem wiederum nur dadurch abgeholfen werden kann, daß er zusätzliche Lernmöglichkeiten im Erwachsenenalter erhält. MOWRER unterscheidet sich in diesem Punkt insofern von FREUD, als er argumentiert, nicht das Überlernen, sondern das Unterlernen in der Kindheit sei für neurotisches Verhalten verantwortlich. Voraussetzung der Behandlung sei deshalb eine Fortführung der sozialisierenden Erziehung, um so dem Patienten zu mehr Reife und sozialer Verantwortung zu verhelfen. MOWRER macht auch auf die Wichtigkeit der zeitlichen Beziehungen zwischen der neurotischen Reaktion und der Verstärkung aufmerksam. Zwar könne ein Symptom in bezug auf die Angstreduktion unmittelbare positive Effekte haben, doch könnten ihre schwerwiegenderen Konsequenzen erheblich später auftreten. Das offensichtliche Paradoxon, daß sich ein Neurotiker selbstzerstörerisch verhält und sich sogar in der Therapie noch gegen ein Aufgeben seines neurotischen Verhaltens sträubt, wodurch mehr Probleme entstehen als gelöst werden, läßt sich durch das Timing der verstärkenden Ereignisse erklären.

Die anderen Beiträge MOWRERs zur Analyse von Persönlichkeitsprozessen mit Hilfe der S-R-Formel sind zu zahlreich, als daß wir hier auf sie eingehen könnten. Besonders wichtig ist, daß sein Werk eine bahnbrechende Kombination darstellt aus Forschung im Tierlabor und psychologischer Theorie, mit dem Ziel, die Begriffsbildung der Ätiologie von Verhaltensstörungen, so wie sie von der FREUDschen Theorie entwickelt wurde, neu zu überprüfen. Zusammen mit anderen Lerntheoretikern seiner Epoche hat MOWRER dazu beigetragen, daß man im Hinblick auf die Ätiologie und die Förderung der Humanpathologie eine Terminologie des Lernens erarbeitet hat und daß man die Weichen gestellt hat für die unabhängige Entwicklung einer lerntheoretischen Basis der klinischen Psychologie — unabhängig jedoch nicht von den Beobachtungen, sondern vom theoretischen Rahmen früherer nicht-behavioraler Modelle.

Dollard und Miller

Die Veröffentlichung von DOLLARD und MILLERS »Personality and Psychotherapy« (1950) stellt den Höhepunkt jener Bewegung dar, die die dynamische Persönlichkeitstheorie auf lerntheoretischer Basis umformen wollte. Dieses Werk ist zweifellos der konsequenteste systematische Versuch, der Entwicklung und Behandlung von Neurosen eine Lerntheorie zugrundezulegen. DOLLARD und MILLER gerieten zur psychoanalytischen Theorie nicht in Widerspruch. Sie sahen es als ihre Aufgabe an, die psychiatrische Theorie in eine Lernsprache zu übersetzen, um eine vorherrschend psychoanalytische Behandlungstheorie lebensfähig zu machen und auf eine breitere Grundlage zu stellen. Ihre sorgfältige Analyse der Übertragung, der Verdrängung, der kritischen Stadien der Kindererziehung, der freien Assoziation und der klassischen Abwehrmechanismen; diese Analyse, durchgeführt mit Hilfe der HULLschen Terminologie, hat die Vorgänge in einem neuen Licht erscheinen lassen, denen die Psychoanalyse schon seit langem fundamentale Bedeutung zugeschrieben hatte. Ein Merkmal des Schemas von DOLLARD und MILLER ist die Verwendung der in allen Lerntheorien verbreiteten Begriffe: angeborene und erlernte Triebe, Hinweisreize und Verstärkung, wobei der besondere Nachdruck auf Lernprozessen liegt, die durch primäre Triebe (vor allem durch Schmerz und Sexualität) beeinflußt werden. Um höhere mentale Prozesse deskriptiv erklären zu können, wenden sie mit Hilfe einer vermittelnden Hypothese Lernprinzipien auf die Sprache an. Verbale Reaktionen sind Hinweisreize erzeugende Reaktionen, die weitere Verhalten vermitteln — Verhalten, die schließlich als Hinweisreize für Handlungen oder instrumentelle Reaktionen dienen. Verbale Reaktionen können dadurch nicht nur andere Verhalten kontrollieren, sondern auch die Erfahrungen einer Person ordnen und ihr Repertoire von alten auf neue Situationen ausweiten. Neurotische Muster werden in der frühen Kindheit erlernt, und diesem Lernprozeß liegen hauptsächlich der Aggressions- und der Sexualtrieb zugrunde. DOLLARD und MILLER präsentieren ein schematisches Diagramm, das die bei neurotischem Verhalten auftretenden Faktoren zusammenfaßt (Abb. 2/1). Ihr Schema veranschaulicht die Zirkularität und Selbstverewigung neurotischen Verhaltens. Der Konflikt zwischen erlernter Angst und dem Grundtrieb, der normalerweise durch Ausführung der ungehemmten Reaktion reduziert werden würde, führt zu einem unreduzierten (hohen) Triebzustand, da der Neurotiker zaudert oder auf ein Symptom stößt. So wird die Angst, nicht aber der konflikthafte Trieb reduziert. Angst oder Furcht motivieren auch einen »Gedankenstop« oder die Verdrängung von verbalem oder anderem Verhalten,

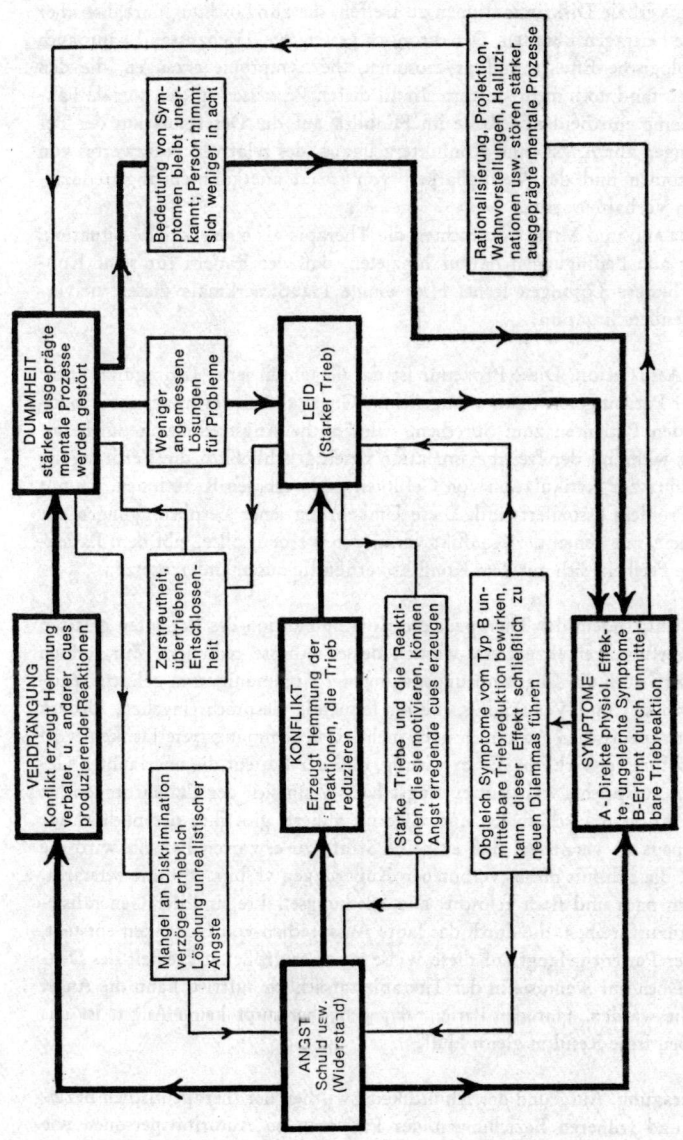

Abb. 2/1: Schematisches Diagramm einiger Grundfaktoren bei Neurosen. Die Pfeile bedeuten »erzeugt« oder »trägt bei zu«. Die dicken Pfeile bezeichnen wesentliche kausale Sequenzen, die dünnen dagegen nebensächliche Abfolgen (DOLLARD und MILLER, 1950, S. 223)

das Hinweisreize erzeugt. Daraus resultiert die »Dummheit« des Neurotikers, der zu sehr blockiert ist, um seine Konflikte lösen zu können, und der unfähig ist, verbale Diskriminationen zu treffen, die zur Löschung unrealistischer Ängste beitragen könnten. Der chronisch gesteigerte Triebzustand kann auch physiologische Effekte und psychosomatische Symptome erzeugen, die den Triebzustand noch mehr steigern. In all diesen Prozessen spielen soziale Faktoren eine entscheidende Rolle im Hinblick auf die Determination der Bedingungen zur Angst- und Konflikterzeugung, des relativen Nutzwertes von Symptomen und der Verfügbarkeit von sozial anerkannten angstreduzierenden Verhaltensarten.

DOLLARD und MILLER betrachten die Therapie als eine spezielle Situation, in der alle Bedingungen darauf hinzielen, daß der Patient für seine Konflikte bessere Lösungen lernt. Hier einige Hauptmerkmale dieser vielversprechenden Situation:

Freie Assoziation. Diese Prozedur ist das Gegenteil jener Bedingung, unter der der Patient gelernt hat, unangenehme Gedanken zu verdrängen. Sie motiviert den Patienten zum Sprechen. Allmähliche Angstreduktion durch Löschung während der freien Assoziation beseitigt schließlich die Verdrängung und führt zur Artikulation von Gefühlen und verbalen Reaktionen, die mit dem Problem assoziiert sind. Diese Umkehrung jener Lernbedingungen der Kindheit, mit denen der Konflikt vermieden werden sollte, gibt dem Patienten die Freiheit, sich mit dem Konflikt vernünftig auseinanderzusetzen.

Nachsicht. Indem der Therapeut die Kommunikation des Patienten gelassen und wertungsfrei akzeptiert, werden dessen Ängste reduziert. Zur rechten Zeit wird auch die Angst vor ungezwungener Kommunikation gelöscht. Aufmerksamkeit und Verständnis, die ins lohnende Gespräch eingehen, fördern den therapeutischen Austausch noch mehr. Das hemmungsfreie Denken wird nicht sofort verwirklicht. Es ist wichtig, daß der Patient die unerlaubten Gedanken ausspricht, während er Angst hat. Wenn sich der Patient angesichts dieser Angst nur schüchtern und zögernd äußert, gibt ihm der nachsichtige Therapeut zu verstehen, daß er keine Strafe zu erwarten hat. So wird die Angst, die sich mit bisher verbotenen Äußerungen verbindet, nicht verstärkt, sondern nach und nach gelöscht. Die Löschungseffekte sind der Generalisierung zuzuschreiben, die durch das laute Aussprechen von Gedanken entsteht, und der Patient gelangt auf diese Weise zu einer größeren Freiheit des Denkens. Doch nur wenn sie in der Therapie tatsächlich auftritt, kann die Angst gelöscht werden. Hat der Patient dagegen überhaupt keine Angst, ist das therapeutische Resultat gleich Null.

Übertragung. Aufgrund der Ähnlichkeit zwischen der therapeutischen Beziehung und früheren Beziehungen des Patienten zu Autoritätspersonen wie Eltern und Lehrer werden Reaktionen, die ursprünglich solchen Personen galten, auf den Therapeuten übertragen. Die Abschwächung der Hemmung durch Nachsicht fördert zusätzlich die Übertragung von starken Emotionen. Diese Übertragung gibt Gelegenheit, frühere Reaktionsmuster zu erkennen und zu bezeichnen, worauf sie in die mentalen Aktivitäten des Patienten integriert werden können.

Bezeichnung und Diskrimination. Werden für verschwommene Erfahrungen neue Verbalreaktionen, die Hinweisreize erzeugen, bereitgestellt, können diese Hinweisreize leicht mit instrumentellen Verhalten gekoppelt werden, die der Ereignisklasse mit der entsprechenden Bezeichnung entsprechen. Die Diskrimination zwischen Ereignissen, die weit zurückliegen, und gegenwärtigen Stimuli reduziert Ängste. Neue verbale Diskriminationen fördern das Vermögen des Patienten, zwischen realen und neurotischen Quellen der Angst und Befriedigung zu unterscheiden.

Die Kontrolle von Patientenverhalten durch Regulierung der Näherungs- und Vermeidungskomponenten von Konflikten sowie durch Regulierung des Gleichgewichts zwischen der Angst und Erleichterung, die in der Therapiesitzung erlebt werden — diese Kontrolle befähigt den Therapeuten, den Therapiefortschritt maximal zu beschleunigen. Dabei muß der Wunsch nach Fortsetzung der Behandlung stets etwas stärker sein als der Wunsch, die in den Sitzungen erzeugte Angst zu vermeiden. Deshalb aber müssen die angsterzeugenden Interventionen sorgfältig durchgeführt werden, muß die Motivation des Patienten, die Therapie fortzusetzen, durch realistische Hoffnungen und Erwartungen stark gehalten werden.

Dieser kurze Abriß der Auffassungen von DOLLARD und MILLER dürfte ihren wesentlichen Beitrag zur Neuinterpretation dynamischer Therapieverfahren mittels lerntechnischer Begriffe hinreichend verdeutlicht haben. Ebenso bemerkenswert ist allerdings, daß diese Neuinterpretation geringen Einfluß auf therapeutische Praktiken zeitigte. Das neue Vokabular regte zwar zu einigen Forschungsarbeiten über Lernprozesse bei Neurotikern und Psychotikern an, doch erbrachte es keine experimentellen Befunde aus Humanstudien, die eine Grundlage hätten liefern können für eine Ausweitung der S-R-Lerntheorie auf menschliches Verhalten. DOLLARD und MILLERs Standpunkt führte auf dem Gebiet der Persönlichkeitsforschung und der Analyse von Therapieinteraktionen zu einer Auffassung, die stärker ins Detail geht als die Psychoanalyse. Trotzdem kann man keine radikal neuen Behandlungsmethoden direkt auf die theoretischen Neuformulierungen von DOLLARD und MILLER zurückführen. Behavioristisch radikaler eingestellte und stärker umweltorientierte Kliniker haben sich bei den neueren Formen der Verhaltensmodifikation kaum der Neuformulierungen bedient, die DOLLARD und MILLER, MOWRER und ihre Kollegen anboten.

Das Werk von DOLLARD und MILLER ist der Kritik aus dem psychoanalytischen Lager nicht entgangen. Ja sogar die Leute, die bereit sind, die Relevanz von Tierdaten für die Persönlichkeitsforschung zu akzeptieren, betrachten die Neuformulierung der beiden Wissenschaftler als übertriebene Vereinfachung, wenn nicht als Gefahr, da sie, wie man glaubt, klinische Erfahrenheit und Differenziertheit durch vermeintliche wissenschaftliche Respektabilität zu ersetzen suche. RAPAPORT (1953) äußerte die Überzeugung, daß der Gegenstand zu komplex sei, um mit den üblichen experimentellen Methoden untersucht werden zu können:

»Angesichts solcher Hindernisse können nicht einmal Wissenschaftler, die mit der Methodologie des Operationalismus und mit experimentellem Know-how ausgerüstet sind, so wie es bei Dollard und Miller ganz sicher der Fall ist, eine saubere und einfache Theorie für uns entwickeln. Tatsächlich ist es doch so, daß sie sich über klinische Fakten um so rücksichtsloser hinwegsetzen, je sauberer und passender sie diese Theorie machen wollen« (S. 207).

Andere Beiträge

SHOBEN (1949) lieferte eine detaillierte Analyse der Psychotherapie, die auf der Lerntheorie basierte. Er beginnt mit einem Überblick über die psychotherapeutischen Methoden seiner Zeit und macht auf vier Merkmale aufmerksam, die allen Behandlungen gemeinsam sind: 1. Alle Therapieschulen nehmen einige Heilerfolge für sich in Anspruch; 2. die meisten Patienten weisen symptomatische Verhalten auf, die durch Angstreduktion aufrechterhalten werden, und Angst ist gewöhnlich das wesentliche Motiv; 3. das Ziel von Psychotherapeuten ist gewöhnlich die Verminderung der Angst, und 4. die meisten Kliniker bedienen sich als Hauptinstrument der interaktionalen Zwei-Personen-Beziehung und des verbalen Gedankenaustauschs. SHOBEN faßt seine Behauptung folgendermaßen zusammen:

»Das Problem, das klinischen Patienten gemeinsam ist, ist gewöhnlich die Angst, sind die behavioralen Abwehrmaßnahmen, die gegen sie ergriffen werden. Das Ziel der Psychotherapie ist es, ungeachtet der theoretischen Auffassung des Therapeuten, die Angst zu eliminieren, um so dem anhaltenden, nichtintegrativen symptomatischen Verhalten abzuhelfen. Um dieses Ziel zu erreichen, benutzen alle Therapeuten die Methode des Gesprächs, das heißt sie unterhalten sich mit dem Patienten über dessen Angst und über die Situationen, die diese Angst — bedingt durch Gegenwart und Vorgeschichte — hervorrufen; darüber hinaus bemühen sie sich um eine einschlägige therapeutische Beziehung. Da alle Psychotherapien anscheinend Erfolge für sich buchen können, und da es sich bei der Psychotherapie um einen Prozeß zu handeln scheint, durch den der Patient lernt, seine emotionalen Reaktionen und sein offenes Verhalten zu modifizieren, nimmt man an, daß sich diese Therapie, vom Standpunkt der Allgemeinen Psychologie aus gesehen, als ein Problem der Lerntheorie darstellen lassen könnte. Eine derartige Konzeption muß die Veränderungen berücksichtigen, die in Klienten aufgrund jener Faktoren, welche offenbar allen Beratungsformen gemeinsam sind, stattfinden« (S. 375—376).

SHOBEN erklärt, man könne im Therapieprozeß drei Phasen unterscheiden (wobei jede ein besonderes Lernproblem darstelle) — drei Phasen, die vom Lernstandpunkt her analysiert werden könnten. Die erste Phase besteht in der Aufhebung der Verdrängung und in der Entwicklung von Einsicht durch symbolische Wiederherstellung der Angststimuli. Die Situation, die ursprünglich in Bestrafung resultierte, und die damit verbundenen Hinweisreize, die zu Gefahrsignalen geworden sind, werden nun, in der Unterhaltung mit dem Therapeuten, aufgedeckt. Die nachsichtige (ngstreduzierende) und nichtpunitive Einstellung des Klinikers vereinfacht nicht nur die Wiederherstellung der angsterregenden Hinweisreize, sondern leitet auch die zweite Phase der Therapie, die Angstreduktion durch Gegenkonditionierung, in die Wege. Bei dieser Phase ergibt sich durch die Koppelung der angsterzeugenden Stimuli mit den positiven Hinweisreizen der Beziehung zum Berater eine allmähliche Angstreduktion. SHOBENS Vorgehen unterscheidet sich von den Gegenkonditionierungstechniken, mit denen wir uns in späteren Kapiteln befassen werden, insofern, als es sich nicht mit der Gegenkonditionierung einer einzigen symptomatischen Reaktion begnügt, sondern generalisierte Ängste bekämpft, die vielen verschiedenen Situationen zugrunde liegen und vielfältig aufeinander bezogen sind. SHOBEN glaubte, vereinzelte Symptombeseitigung könne lediglich das Erlernen neuer angstreduzierender instrumenteller Reaktionen nach sich ziehen, und er glaubte, Angst könne an zu viele Elemente geheftet sein, als daß es möglich wäre, jede dieser zahlreichen Reaktionen einzeln auszuschalten. Die dritte und abschließende Phase der Therapie besteht nach SHOBEN darin, daß der Patient umerzogen wird, auf daß er gesunde Zielvorstellungen entwickle und sich effektive Verhalten zu ihrer Verwirklichung aneigne. In dieser Endphase hilft der Therapeut dem Patienten, Verhaltenskonsequenzen zu antizipieren und Pläne mit langfristigem Anpassungswert auszuwählen.

SHOBENS Auffassung, die auf der HULLschen Tradition beruht und unter MOWRERS Einfluß steht, unterscheidet sich insofern von dem zuvor dargestellten Standpunkt, als ihr Ausgangspunkt die vorherrschenden Therapiepraktiken und nicht die ihnen zugrundeliegende Theorie war. Obgleich SHOBEN Angst als wesentlichen ätiologischen Faktor akzeptiert, geht er weiter als DOLLARD und MILLER, indem er die Verhaltensarten des Patienten wie des Therapeuten vom pragmatischen Standpunkt aus analysiert.

Die Schlüsselfunktion der Beseitigung der Verdrängung in der Psychotherapie wurde von den ersten lernorientierten Therapeuten ohne große Diskussion anerkannt. Doch war die Analyse dieses Prozesses in der S-R-Terminologie mit Schwierigkeiten verbunden. SHAW (1946) hielt sich an MOWRERS Beobachtung, nach der die Unfähigkeit des Neurotikers, symbolisches Verhalten zu benutzen, das Haupthindernis seiner effektiven Anpassung sei. Er erblickte seine Hauptaufgabe in der Analyse der Verdrängung und in der lernorientierten Einsicht. Er sah in der Unterdrückung von bestraftem, hebeldrückendem Verhalten, das ESTES (1944) an Tieren beobachtete, ein Analogon zur Verdrängung. Darüber hinaus behauptete er, daß Hinweisreize aus den Anfangsstadien eines angsterregenden Impulses ebenfalls zu Nichtwahrnehmung des Impulses führen könnten, da dadurch ein weiteres Zunehmen der Angst unterbunden würde. Nur wenn der Neurotiker erkennen kann, daß den unmittelbar befriedigenden Konsequenzen seines Verhaltens nachteilige Resultate zu einem späteren Zeitpunkt folgen, kann er sein Verhalten modifizieren. SHAFFER (1947) schlug eine ähnliche Erklärung vor, wobei er unterstrich, daß Selbstkontrolle nur dann effektiv geübt werden könne, wenn symbolisches Verhalten verfügbar ist.

Frühe Behandlungsmethoden durch Konditionierung

Die ersten Berichte über die Anwendung von Konditionierungsprinzipien auf psychiatrische Probleme kamen aus zwei Gruppen; die erste war die Gruppe um PAWLOW in Rußland, die zweite die Gruppe um WATSON in den USA. Keine dieser Gruppen hat versucht, sich in ihrer Arbeit eng an das psychoanalytische Modell anzulehnen. Ein Merkmal beider Auffassungen ist die *direkte* Benutzung von Lernprinzipien zur Symptombeseitigung.

Pawlow

PAWLOWs fundamentales Experimentieren mit dem bedingten Nahrungsreflex wurde von Anfang an begleitet von Beobachtungen und Aufzeichnungen anderer Reaktionen der Tiere im Labor oder im Käfig. Als die Komplexität der Versuchsbedingungen zunahm, wurden Beobachtungen von individuellen Unterschieden und von außerexperimentellen Reaktionen enger auf das Konditionierungsparadigma bezogen. Schließlich formulierte PAWLOW ein umfassendes Modell der Neurophysiologie, das ihm als Verständnisgrundlage für neurotische Störungen diente. Dieses Modell stellt fest, daß die Bildung des bedingten Reflexes beeinflußt werde sowohl durch strukturelle Merkmale des Organismus als auch durch Umweltbedingungen. Rindenerregung und -hemmung und andere Veränderungen von Gehirnprozessen entsprechen den beobachteten Verhaltensveränderungen. Der konstitutionelle Charakter des Nervensystems bestimmt den Reaktionsgrad und die Streßtoleranz. In seinen späteren theoretischen Arbeiten postuliert PAWLOW Persönlichkeitstypen, um individuellen Unterschieden zwischen Tieren, die auf konflikthafte Stimuli reagieren, Rechnung zu tragen. Dieses Postulat basierte auf der Untersuchung von experimentellen Neurosen, bei der Tiere schwierigen Diskriminationen, äußerst starken Stimuli oder Veränderungen der Signalfunktion eines Stimulus ausgesetzt gewesen waren. Die Tiere ließen Verhaltensstörungen erkennen, die der humanen Neurosenbedingung ähnelten; das führte PAWLOW auf die Überbeanspruchung des Nervensystems durch traumatischen Konflikt zurück. Um die Ätiologie von Humanneurosen und die Effektivität von therapeutischen Verfahren bei der Neurosenbeseitigung zu verstehen, wurden zahlreiche Tierexperimente zum Konflikt durchgeführt.

PAWLOW definierte die Neurose als eine chronische Abweichung der höheren Nerventätigkeit, geäußert »in einer Schwächung beider Prozesse (konditionierte positive und negative Reflexe), die getrennt oder zusammen auftreten, in chaotischer Nerventätigkeit und in verschiedenen Phasen des hypnotischen Zustands. Verschiedene Kombinationen dieser Symptome ergeben deutlich voneinander unterschiedene Bilder. Ob das Tier zusammenbricht oder nicht und in welcher Form es das tut, hängt vom Typ des Nervensystems ab« (PAWLOW, 1941, S. 73). Behandlungen, die bei neurotischen Tieren anschlugen, waren auferlegte Ruhe und Zurückhaltung, Verabreichung von Medikamenten, sowie Schlaf oder Hypnose. PAWLOW warnte jedoch, man solle aus seinen Beobachtungen an Hunden nicht schließen, daß menschliche Neurosen und ihre Behandlung genauso vonstatten gehen könnten, doch war er überzeugt, daß sich ein ähnliches Vorgehen auf das Studium höherer menschlicher Nerventätigkeiten anwenden ließe. Er bemerkte, es sei bei der Ausweitung der Tierforschung auf den menschlichen Bereich wichtig, die Unterschiede zwischen unter dem Menschen stehenden Spezies und dem Menschen selbst zu berücksichtigen. Der Hauptunterschied bestehe darin, daß der Mensch über das *zweite Signalsystem* verfüge. Alle Organismen passen sich der Umwelt an durch unkonditionierte Reflexe oder durch Verbindungen zwischen bedingten extremen Stimuli und Reaktionen. Diese Vorgänge bilden das *erste Signalsystem*. Dem Menschen stehen zur Bildung neuer Verbindungen zwischen Signal und Reaktion verbale Reaktionen zur Verfügung. Das Sprachsystem, das *zweite Signalsystem*, ermöglicht Generalisierung und Abstraktion aus dem Durcheinander an eingespeisten Informationen, sowie die Entwicklung eines komplexen selbstregulierenden Systems, wie wir ihnen bei niedrigeren Tieren nicht begegnen. Wörter dienen als Einheiten in einem Konditionierungsprozeß höherer Ordnung und weiten das fundamentale Paradigma vom konditionierten Reflex auf alles Humanverhalten aus. Durch die Mittlerfunktion der Sprache (die entscheidende Eigenschaft des zweiten Signalsystems) gelangen das Denken, die Selbstkontrolle und andere höhere mentale Prozesse in das PAWLOWsche Konditionierungsmodell.

Das »klassische« Konditionierungsparadigma liegt den meisten späteren russischen Arbeiten zur *semantischen Konditionierung* (RAZRAN, 1961) und zur regulativen Funktion des gesprochenen Worts (LURIA, 1961) zugrunde; das aber unterscheidet sie von den meisten Arbeiten, die auf diesem Gebiet in den USA durchgeführt wurden, und das gewöhnlich in einem instrumentellen oder operanten Konditionierungsrahmen (einen Überblick dazu vermittelt CREELMAN, 1966). Unter PAWLOWS Einfluß hat man viele Studien zur Entwicklung von »Bedeutungen« durchgeführt. Diese Prozedur wird durch Untersuchungen veranschaulicht, in denen äußere Signale, z. B. farbige Lichter, mit einfachen motorischen Reaktionen gekoppelt werden. Hierauf dienen die Farbenbezeichnungen als Teststimuli für ihr Vermögen, bei Kindern unterschiedlichen Alters Reaktionen hervorzurufen; auf diese Weise wird die Entwicklung der altersspezifischen Generalisierung der konditionierten Reaktion auf verbale Hinweisreize überprüft. Bei Erwachsenen hat man die semantische Generalisierung bei Synonymen, Antonymen und anderen verbalen Klassen untersucht, indem man Speichelreaktionen, Lidschlagreaktionen oder motorische Reaktionen benutzte. Diese und andere Experimente helfen die Rolle zu veranschaulichen, die das kombinierende Konditionieren in der Entwicklung des Sprach- und Vorstellungsvermögens spielt. Theorien und Methoden des PAWLOWschen Konditionierens haben auch weiterhin die russische Forschung auf dem Gebiet der Entwicklung und Erziehung des Kindes und im Bereich der Sprache und dem der Neurose dominiert, und sie haben amerikanische und britische Forscher insofern beeinflußt, als sie ihnen ein Schema neurophysiologischen und behavioralen Funktionierens lieferten, in dessen

Rahmen normales und anomales Verhalten untersucht und erklärt werden kann.

Watson

Als Vater des amerikanischen Behaviorismus trug WATSON entscheidend sowohl zu den Methoden und zur philosophischen Fundierung als auch zum Gehalt selbst der Psychologie bei. Seine Konzeption der Persönlichkeit enthielt die wesentlichen Lehrsätze seiner allgemeinen psychologischen Theorie ohne zusätzliche Annahmen oder ergänzende Prinzipien. WATSON definierte die Persönlichkeit als ein komplexes Reaktionssystem, das von Geburt an durch Training errichtet wird und das Gewohnheiten, Instinkte, Emotionen, das Vermögen, Gewohnheiten zu ändern oder neue auszubilden, sowie die Fähigkeit des Behaltens umfaßt. Diese Auffassung beschreibt das Funktionieren des Menschen als ein progressiv sich entwickelndes System aus erlernten Gewohnheiten, in dem einfache S-R-Verbindungen, die in der frühen Kindheit erlernt worden sind, als fundamentale Bausteine für die komplexeren und größeren Verhaltenseinheiten dienen, die der Mensch sein ganzes Leben lang erwirbt.

Das Schwergewicht, das WATSON auf die in jeder Hinsicht wesentliche Rolle der Umwelteinflüsse legt, erläutert er in seiner Behauptung, nach der »die einzige Möglichkeit, eine Persönlichkeit grundlegend zu verändern, darin besteht, daß man die Umwelt dergestalt verändert, daß neue Gewohnheiten entstehen müssen« (WATSON, 1924). Die Analyse von Humanverhalten erfordert die Untersuchung der Stimulusfunktionen der Umwelt, die sich mit spezifischen Reaktionen verbunden haben. In seinem Buch zur Kindererziehung (1928) gibt WATSON den Eltern Ratschläge, die die Verhaltenskontrolle veranschaulichen, welche durch sorgfältige Manipulation der Umwelt, der die Person ausgesetzt ist, erfolgt. Die Mutter wird angehalten, ihre routinemäßige Pflege tags wie nachts so zu organisieren, daß angemessene Verhaltensweisen durch Gestaltung der Umwelt erzeugt werden und daß die Gelegenheit zur Ausformung schlechter Gewohnheiten minimiert wird. So setzt z. B. das Vermeiden des Daumenlutschens voraus, daß die Hände des Säuglings von seinem Mund ferngehalten werden und nachts unter der Bettdecke bleiben. Sollte sich die Gewohnheit trotz dieser Vorsichtsmaßnahmen entwickeln, dann »nähe man an die Ärmel des Nachthemds und aller anderen Kleidungsstücke lockere weiße Handschuhe aus Baumwollflanell, die zwischen Daumen und Fingern keine Einschnitte haben, *und lasse man das Kind diese Handschuhe tags und nachts zwei Wochen oder länger tragen*« (WATSON, 1928, Kursivgedrucktes von WATSON). Außerdem warnte WATSON die Eltern, daß, wenn das Kind nur gleichgeschlechtlichen Umgang habe, es den gefährlichen Weg zur Homosexualität einschlagen könne, da das erforderliche soziale Verhalten in Abwesenheit der Stimulusbedingungen, die zum Erlernen heterosexueller Fertigkeiten und Gewohnheiten nötig sind, nicht stattfinden könne.

Ängste werden dadurch beseitigt, daß das Kind zunächst schwachen, dann zunehmend stärkeren Dosen des angstregenden Stimulus ausgesetzt wird (eine Entkonditionierungstechnik, die der Vorläufer der heute praktizierten Desensibilisierungstherapien ist), oder daß man zur Gegenkonditionierung greift, wobei man unter den gleichen Stimulusbedingungen für eine allmähliche Substitution der unvereinbaren Reaktion sorgt (diese Prozedur ist in der heutigen Therapie durch reziproke Hemmung verbreitet). Die erste Methode wurde durch das Beispiel von dem Kind veranschaulicht, das in der Badewanne ausrutschte und nun Angst vor dem Badewasser hat. WATSON riet, das Kind eine Zeitlang nicht ins Badezimmer zu bringen. Statt dessen soll man es einige Tage lang im Kinderzimmer mit dem Schwamm waschen. Dann benutzt man eine Waschschüssel mit nur etwas Wasser, die man mit der Zeit immer voller macht, bis das Kind schließlich auch vor dem Wasser in der Wanne keine Angst mehr hat.

Die zweite Prozedur wird durch zwei klassische Experimente veranschaulicht, mit deren Hilfe eine konditionierte Angstreaktion errichtet und wieder beseitigt wird. WATSON und RAYNER (1920) berichteten über den elf Monate alten Albert, dem sie Angst vor einer weißen Ratte ankonditionierten, indem sie gleichzeitig mit der Darbietung der Ratte hinter dem Kopf des Kindes einen Schlag mit einer Eisenstange ausführten. Der Ton, ein unkonditionierter Stimulus, erzeugte eine unkonditionierte Angstreaktion, bestehend aus heftigen Bewegungen und Weinen. Nach einigen gekoppelten Darbietungen löste die Ratte allein die Angstreaktion aus, die im Hinblick auf andere pelzartige Objekte generalisiert wurde. JONES (1924) berichtete über die Beseitigung einer solchen konditionierten Angstreaktion bei Kindern, die sich vor Kaninchen fürchteten. Dabei brachte man, während das Kind aß, ein Kaninchen ins Zimmer. Das Tier wurde dem Kind jeden Tag etwas angenähert, bis das Kind eine Störung erkennen ließ. Mehrere Wiederholungen dieses Vorgehens beseitigten schließlich die Angstreaktion des Kindes. Bei der Schilderung von Peter, einem der Kinder, die einer solchen Behandlung unterzogen wurden, bemerkt WATSON, daß Peters Angst vor anderen pelzartigen Objekten nach der Entkonditionierung ebenfalls verschwand.

WATSON glaubte, alle emotionalen Reaktionen entwickelten sich aus drei angeborenen Kategorien von emotionalen Stimuli und Reaktionen: 1. Angst, ausgelöst durch lauten Lärm oder Verlust einer Stützmöglichkeit; 2. Wut, ausgelöst durch Behinderung von Körperbewegungen; und 3. Liebe, ausgelöst durch Wiegen, Liebkosung und ähnliche Stimulation. Die Komplexität und Vielfalt emotionalen Erwachsenenverhaltens erwächst durch Konditionierung aus diesen Grundsituationen. Die klassische Konditionierung von Liebesreaktionen kann — so WATSON — in ausgeprägter Abhängigkeit und Unreife resultieren, wenn die Gegenwart der Mutter allzu häufig mit Liebkosungen, Küssen und anderem nahen Körperkontakt verquickt ist. Schon der bloße Anblick der Mutter evoziert dann diese zärtlichen Verhaltensweisen und stört die konstruktiven und unabhängigen Aktivitäten des Kindes.

Bei einem weiteren komplexen Verhaltenssystem, dem des Denkens und Sprechens, ging WATSON so vor, daß er das komplizierte Verhalten direkt auf simple Rudimente zurückführte. Denken sei, so behauptete er, subvokales Sprechen, verbunden mit körperlichen und viszeralen Reaktionen. Die Sprache basiere zunächst darauf, daß Wörter auf Objekte konditioniert würden, dann darauf, daß Wortkombinationen, idiomatische Muster und Satzgebilde nachgeahmt und konditioniert würden. Wörter würden zu Stimuli für andere Wörter, wenn das Erlernen der Sprache fortschreitet. Das Kind verfüge schließlich über konditionierte Wortreaktionen für die meisten Objekte und Ereignisse. Übrigens wies WATSON darauf hin, daß innere Prozesse aufgrund ihrer nicht beobachtbaren Natur großenteils unverbalisiert blieben. Er erblickte in diesen Reaktionen das Äquivalent zu Freuds Unbewußtem.

Der radikal mechanistische Environmentalismus WATSONS, seine Zuflucht zu einer biologischen Verhaltensbasis und die allzu stark vereinfachte Natur einer Theorie, die alles Humanverhalten auf die Basis von Gewohnheiten und konditionierten Reflexen stellt — all dies hat scharfe Kritik an seiner Theorie hervorgerufen. Allerdings hat sich sein Einfluß auf die amerikanische Psychologie nicht auf das Studium des Konditionierens und Lernens beschränkt; WATSON hat auch bahnbrechende Versuche unternommen auf dem Gebiet der direkten Anwendung einfacher Konditionierungsprinzipien auf die Kindererziehung und auf das Studium von Sprache, Persönlichkeit und anomalem Verhalten. WATSONS Auffassung vom menschlichen Verhalten, von der Persönlichkeit und von der Verhaltensstörung unterschied sich (ebenso wie die PAWLOWS) insofern vom Standpunkt der HULLSchen Gruppe, als sie nicht versuchte, psychologische Vorstellungen der psychodynamischen Theorie anzupassen, sondern dafür sorgte, daß die Analyse von komplexen Verhalten direkt aus der psychologischen und neurophysiologischen Arbeit entwickelt wird. PAWLOW wie WATSON maßen den Konsequenzen einer Reaktion wenig Gewicht bei, obwohl das klassische Konditionierungsparadigma mit dem unkonditionierten Stimulus für verstärkende Stimuli sorgt. WATSON erwähnte zwar auch die Praxis der Zuwendung und Zuneigung, die sich der Performanz eines gewünschten Verhaltens anschließt, doch ging er auf den Grundmechanismus nicht näher ein. WATSON und PAWLOW bereiteten den Weg für die heutigen Lernprozeduren, die auf klinische Phänomene angewandt werden. Doch konnte man die klinischen Probleme erst dann in voller Breite mit Hilfe von Lernmethoden angehen, als man sich weitere zwanzig Jahre lang auf den Gebieten der Sozial- und Lernpsychologie um Integration und Forschung bemüht hatte.

Unser kurzer Abriß der bahnbrechenden Versuche, die Psychotherapie mit Hilfe von behavioralen Konzeptionen zu formulieren, läßt erkennen, daß die Lernprozeduren der klinischen Psychologie in den letzten beiden Jahrzehnten nicht plötzlich entstanden sind. Die HULLSchen wie die WATSONSchen und PAWLOWSchen Untersuchungen bilden die klassischen Grundlagen der heutigen Konditionierungsmethoden und der Modifikationstechniken, die sich des Interviews bedienen. Historisch gesehen haben sicher viele Faktoren zusammengewirkt, um eine breite Anwendung von Lernprinzipien in der klinischen Psychologie zu verzögern. Zu den entscheidendsten Faktoren zählte die Tatsache, daß man die psychodynamischen Methoden erst dann unbefriedigend fand, als Demonstrationen nach dem Zweiten Weltkrieg die Untauglichkeit dieser Methoden bewiesen. Erst als das psychoanalytische System seine höchste Popularität erreicht hatte und erst als es im Niedergang begriffen war, wurden ernstzunehmende Fragen über andere Auffassungen möglich.

Die HULLsche Lehre hat — wie bereits bemerkt — versucht, die analytischen Techniken dem lerntheoretischen Standpunkt anzupassen, aber durch sie wurden keine neuen theoretischen Ansätze entwickelt und keine neuen Techniken. Dem PAWLOWschen Standpunkt begegnet man nach wie vor in Rußland, doch hat sich seine Entwicklung eng an die politische Philosophie angelehnt. Noch vor dem Zweiten Weltkrieg haben die Wissenschaftler der USA und Rußlands viel zu wenig Erfahrungen ausgetauscht, so daß es weder zu wechselseitiger Beeinflussung noch zu gemeinsamen Forschungsprojekten kommen konnte. Es war SKINNER, der WATSONs Behaviorismus wiedererweckte und neuformulierte und so entscheidend zur Einführung von Konditionierungsmethoden in die klinische Psychologie beitrug. Diese Entwicklung wurde begünstigt sowohl durch die mannigfachen soziokulturellen Veränderungen, die den behavioralen Standpunkt annehmbar machten, als auch durch die zunehmende Anzahl von Klinikern, die mit der Forschung vertraut und die daran interessiert waren, diese neuen Möglichkeiten der klinischen Praxis zu erproben.

Zusammenfassung

Das Verhaltenstherapiemodell entstand in den Lernlabors; es kombinierte die Methodologie der psychologischen Forschung mit der Persönlichkeitstheorie und der klinischen Psychologie. Trotz einiger Unterschiede in ihrer Erklärung des Lernprozesses und der therapeutischen Techniken, liegt der gemeinsame Schwerpunkt aller Verhaltensmodelle auf dem Verhalten in seinem umweltbedingten Kontext, und beruht auf der Überzeugung, daß sich jede Wissenschaft vom Verhalten mit der Wechselbeziehung befassen muß, die aus der Aktion und der nachfolgenden Reaktion zwischen Personen und ihrer Umwelt resultiert. Dieser Standpunkt unterscheidet sich auch insofern von traditionellen dynamischen Therapien, als seine Therapieziele hauptsächlich von meßbaren Ereignissen gebildet werden. Aufgrund ihrer unangenehmen Rolle im Leben der Person als »Symptome« charakterisiert, durchforscht man diese Ereignisse zunächst nach den Variablen, durch die sie aufrechterhalten bleiben, dann ändert man sie, indem man die kontrollierenden Variablen ändert. Dagegen versucht man nicht, hypothetische Persönlichkeitsstrukturen zu modifizieren, genausowenig wie man Verhaltensänderungen vor allem dadurch erstrebt, daß man dem Patienten zur Einsicht in die historischen Ursachen seiner Probleme verhilft. Die verhaltensorientierte Auffassung grenzt psychologische Daten und Interpretationen bewußt deutlich voneinander ab. Sie kümmert sich weniger um die Entstehung eines Problems, als um die Bedingungen, die dieses Problem im Augenblick aufrechterhalten —

Bedingungen, die entweder in der (sozialen oder biologischen) Umwelt des Patienten oder in der Beziehung zwischen den sozialen und biologischen Faktoren dieser Umwelt auftreten.

Als Grundeinheit der Analyse haben wir eine Verhaltensgleichung vorgeschlagen, die sowohl zur Erfassung von Verhaltensproblemen als auch zur Entwicklung eines entsprechenden Behandlungsprogramms dienen soll. Die fünf wesentlichen Komponenten dieser Gleichung sind: 1. Die Natur der stimulierenden Außen- oder Innenwelt (S); 2. die biologische Verfassung der Person (0); 3. die Verfügbarkeit und die Merkmale der untersuchten Reaktion (R); 4. die Beziehung zwischen der Reaktion und dem Timing, dem Umfang oder der Häufigkeit der reaktionsbedingten Konsequenzen (KV), und 5. die Veränderung der Umwelt oder der reaktionsbedingten Konsequenz (K). Allerdings erfaßt diese einfache Verhaltensgleichung weniger die vielen Überlegungen und Spezifikationen, die nötig sind, um alle Einzelelemente der Gleichung und ihre Interaktion untereinander eindeutig festzustellen.

Was nun die klinische Anwendung anlangt, so unterstreicht unsere Verhaltensgleichung verschiedene Voraussetzungen, die sich von traditionellen klinischen Methoden unterscheiden. Das Verhaltensmodell betont weniger die früheren Bedingungen oder Ursachen des Verhaltens als die Effekte der Reaktion auf die Person und ihre Umwelt. Es wird angenommen, daß Problemverhalten erlernt ist und daß es verändert werden kann — entweder durch Verlernen (erzielt durch Prozeduren, die aus Lernparadigmen des Labors entwickelt wurden), oder durch Modifikation der Umwelt, die bewirkt, daß die Stimuluskontrolle über das Symptomverhalten verändert wird. Die subjektiven Erfahrungen des Patienten (darunter Berichte über seine Beschwerden, seine Gedanken, Gefühle und andere verdeckte Tätigkeiten) werden als Verhalten behandelt, das eine Doppelfunktion erfüllt — einerseits beeinflußt es den Zuhörer, dem berichtet wird, und andererseits dient es als Reaktion auf die jeweilige innere Stimulation. Diese Auffassung setzt auch eine Kontinuität der Verhaltensprinzipien quer durch die Spezies voraus und fußt in hohem Maße auf der Methodologie und den Erkenntnissen der Tierforschung.

Dieses Kapitel gab einen kurzen Abriß der verschiedenen bahnbrechenden Versuche, die unternommen wurden, um die Behandlung von anomalen Verhalten lerntheoretisch zu konzipieren. Interessant an den Anfängen dieser Entwicklung waren die Versuche, psychoanalytische Auffassungen in der Sprache des Lernlabors neu zu formulieren. Man bemühte sich, die beiden Standpunkte miteinander zu verschmelzen, indem man die Ähnlichkeit der Grundprinzipien der Modifikation und der Therapie unterstrich und indem man Experimente an Menschen und Tieren durchführte in der Absicht, den theoretischen Zusammenschluß empirisch zu untermauern. Die Verschmelzung von Psychoanalyse und Lernanalyse ist nie vollständig gelungen. Statt dessen entwickelten sich die frühen Konditionierungsstudien von WATSON und PAWLOW einerseits und HULLS Auffassung von der Angst als Trieb andererseits zum zwiefachen Angelpunkt der heutigen Modelle der Verhaltensmodifikation.

TEIL II

Die grundlegenden Lernparadigmen der Verhaltenstherapie

KAPITEL 3

Verhaltensmodifikation durch die Kontrolle von Stimulus-Reaktions-Verbindungen

In diesem Kapitel werden wir uns mit Techniken der Verhaltensmodifikation befassen, die man großenteils aus dem klassischen Konditionierungsparadigma entwickelt hat. Dieses Modell erlaubt die Kontrolle einer unerwünschten Reaktion durch die Kontrolle der Stimuli, die diese Reaktion auslösen. Neuartige und gewöhnlich noxische Stimuli werden mit den Stimuli gekoppelt, die die Vorbedingungen für die symptomatische Reaktion erzeugen oder die Reaktion selbst auslösen. Die Techniken, die in diesem Kapitel behandelt werden, befassen sich hauptsächlich mit der Neuorganisation der environmentalen und inneren Stimuli, auf die die Person reagiert. Es ist bezeichnend für sie, daß ihre Aufmerksamkeit, was die Verhaltensgleichung angeht, in nur sehr geringem Maße den Reaktionskonsequenzen (K) gilt und primär der Anordnung von S (vorausgehende Stimulation), O (biologische Ausstattung des Organismus) und R (Reaktionsrepertoire).

Am besten wir beginnen mit PAWLOW, da dieser zur Entwicklung der Lerntheorie ganz entscheidend beigetragen und da man sehr früh versucht hat, sein empirisch hervorragend integriertes und instrumentiertes Modell anzuwenden. Wenn man sich mit therapeutischen Techniken befaßt, denen man PAWLOWsche Züge zuschreibt, stößt man sogleich auf einige der Komplikationen, die dann entstehen, wenn theoretische Modelle, ja sogar kontrollierte Laborprozeduren, benutzt werden, um Verfahren zu liefern, zu beschreiben oder zu erklären, welche dazu dienen, natürlich auftretende Symptomverhalten zu modifizieren. In diesem Zusammenhang stößt man auf Fragen nicht nur über den Umfang und die Art und Weise, in der Therapien tatsächlich von Lernprinzipien abgeleitet worden sind, sondern auch über das Zusammenwirken von lückenhaften Prinzipien und unsauberen Techniken, die nach wie vor Unsicherheit darüber erzeugen, welche Techniken aus welchen Gründen am wirksamsten sind.

Eine der frühesten direkten Extrapolationen aus einem Lernmodell, mit dem Ziel Problemverhalten zu modifizieren, war der Versuch von KANTOROVICH (1929). Indem er sich des PAWLOWschen Modells bediente, versuchte KANTOROVICH den Anblick von und die Gedanken über Alkohol zu konditionieren, d. h. er versuchte (siehe Abb. 3/1) diese Stimuli, die bei seinem alkoholischen Patienten offenbar die Reaktion des Trinkens auslösten, auf den neuen aversiven Stimulus des Elektroschocks zu konditionieren. Die mit Alkohol (CS) verbundenen Hinweisreize, die früher Trinkverhalten und angenehme Effekte bewirkten, werden nun mit dem Schock (UCS) gekoppelt, einem Stimulus, dem sich von Natur aus eine Schmerzreaktion anschließt. Mit

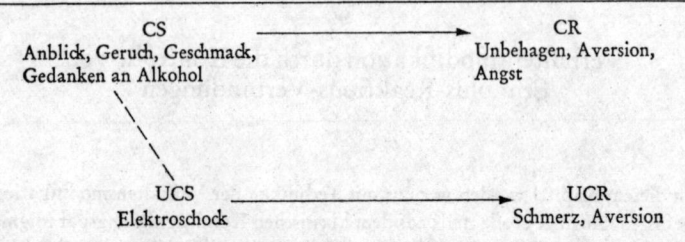

Abb. 3/1: Ein klassisches Konditionierungsparadigma, wie es bei der Behandlung von Alkoholismus angewendet wird.

der Zeit übernimmt der CS eine ähnliche Stimulusfunktion wie der Schock. Nun reagiert die Person auf den Anblick oder Geschmack von Alkohol mit Aversion und Angst (CR).

Klassisches und instrumentelles Konditionieren — zwei verschiedene Prozesse oder zwei Facetten ein und desselben Vorgangs?

Die reine Erscheinungsform der klassischen Konditionierung ist durch Operationen definiert, bei denen ein Experimentator einen konditionierten Stimulus (CS) so lange mit einem unkonditionierten Stimulus (UCS) koppelt, bis sich der Darbietung des CS allein eine konditionierte Reaktion (CR) anschließt. Allerdings besitzt der UCS gewöhnlich nicht nur im Hinblick auf die konditionierte Reaktion (CR) und auf die unkonditionierte Reaktion (UCR) verstärkende Qualitäten, sondern auch bei anderen Verhalten, die unmittelbar vor dem CS und während des CS-UCS-Intervalls auftreten. Daher kommt es häufig vor, daß sich in Operationen des klassischen Konditionierens operante oder instrumentelle Konditionierungsprozesse einschleichen. So besteht der CS in Abb. 3/1 gewöhnlich aus einer Gruppe von S-R-Ketten, die das Heben des alkoholgefüllten Glases zum Mund, den Schluck, den man nimmt, und das Schmecken des Alkohols umfaßt. Diesen instrumentellen Akten schließt sich ein kontingenter Elektroschock an, das heißt, es erfolgt eine Bestrafung für diese operanten Ketten.

Die Unvermischtheit des instrumentellen oder operanten Konditionierungsparadigmas ist eine Fiktion. Eine widerholte Reaktionsverstärkung findet gewöhnlich im Beisein von ziemlich stabilen situativen Hinweisreizen statt, die als CS fungieren können, so daß es zu einer klassischen Konditionierung kommen kann aufgrund einer Koppelung des CS mit dem nachfolgenden verstärkenden Stimulus oder UCS. Wurde also das direkte Bestrafungsmodell bei der Behandlung von Alkoholismus so angewandt, daß jeder Endreaktion ein unmittelbarer und unvermeidlicher noxischer Stimulus (z. B. ein Schock) folgte, dann pflegten die diskriminativen Stimuli (S^D's wie z. B. Geruch und

Anblick von Alkohol) für die positiven Konsequenzen, die sich dem instrumentellen Akt gewöhnlich anschlossen, zu diskriminativen Stimuli anstelle des Schocks zu werden. In diesem Fall können sie ihren eigenen sekundären positiven Verstärkungswert einbüßen und durch klassische Konditionierung den CR (Aversion, Angst) auslösen.

Mit der Schwierigkeit bei der Unterscheidung zwischen präzisen Laboroperationen, die sich an klassische Konditionierungsparadigmen halten und Operationen, in denen instrumentelles Konditionieren stattfindet, mit dieser Schwierigkeit hat man sich in umfassenden Forschungsarbeiten und Diskussionen auseinandergesetzt. Eine praktische Unterscheidung könnte in der Situierung der Kontrolle über die Versuchsperson liegen, wenn diese reagiert. Beim reinen klassischen Konditionieren ist die CS-UCS-Sequenz *nichtkontingent*. Ungeachtet der Natur oder Intensität der Reaktion der Versuchsperson auf den CS verabreicht der Experimentator den UCS bei der Aneignung, während er ihn bei der Löschung vorenthält. Beim instrumentellen oder operanten Konditionieren werden Stimuluseigenschaften gewöhnlich nicht herausgestellt, oder sie sind unbekannt. Statt dessen liegt das Schwergewicht auf der Erhaltung eines strengen Kontingenzverhältnisses zwischen einer spezifizierten Form, Größe oder Latenz der Reaktion einerseits und einem vom Experimentator verabreichten verstärkenden Stimulus, der sich der kritischen Reaktion anschließt, andererseits. Wenn in unserem Alkoholismus-Beispiel nur der Anblick oder Geruch von Alkohol als CS benutzt wird, und wenn vorausgehende Nahrungsreaktionen ignoriert werden, dann wird der Schock (UCS) vom Experimentator kontrolliert und auf nichtkontingente Weise verabreicht. Ist es dagegen die Reaktion des Glashebens und des Trinkens, die zur Verabreichung des Schocks führt und schließt sich dem Ausspucken des Alkohols sofort die Beendigung des Schocks an, dann ist der verstärkende Stimulus kontingent und er wird durch das Verhalten der Person selbst kontrolliert. Die Person kann den UCS vermeiden, indem sie die Zielreaktion nicht äußert. Abb. 3/2 stellt schematisch eine hypothetische S-O-R-K-Kette dar, zu der es bei der naturalistischen Handlung des Alkoholkonsums kommen dürfte, sowie klassische und operante Konditionierungsparadigmen (Bestrafung, Flucht, Vermeidung) zu ihrer Modifikation. Die Vermischung von Respondenten und Operanten, der mit hereinspielende soziale Rahmen des Alkoholismus und die Vielfalt an Hinweisreizen, die sich mit der Gesamtsequenz verbinden, zeigen, daß sich ein einfaches Laboranalogon lediglich mit einem kleinen Muster der betreffenden Verhalten befaßt, ganz gleich, ob wir es mit klassischer Konditionierung beim Anblick von Alkohol oder mit operanter Bestrafung für den Alkoholkonsum zu tun haben. Jedes Modell neigt dazu, Schlüsselelemente zu übersehen, das zeigt uns Abb. 3/2. Vor allem aber ist es das Stimulussubstitionsprinzip des klassischen Konditionierens, das die üblichen Reaktionen vor dem CS und die Unterschiede zwischen CR und UCR gern übersieht und das die Vermeidungsreaktion auf den CS gern unter den Tisch fallen läßt, obgleich diese Reaktion das therapeutische Endziel sein dürfte. Das operante Modell ignoriert seinerseits gern die O- und S-Variablen, die der bestraften

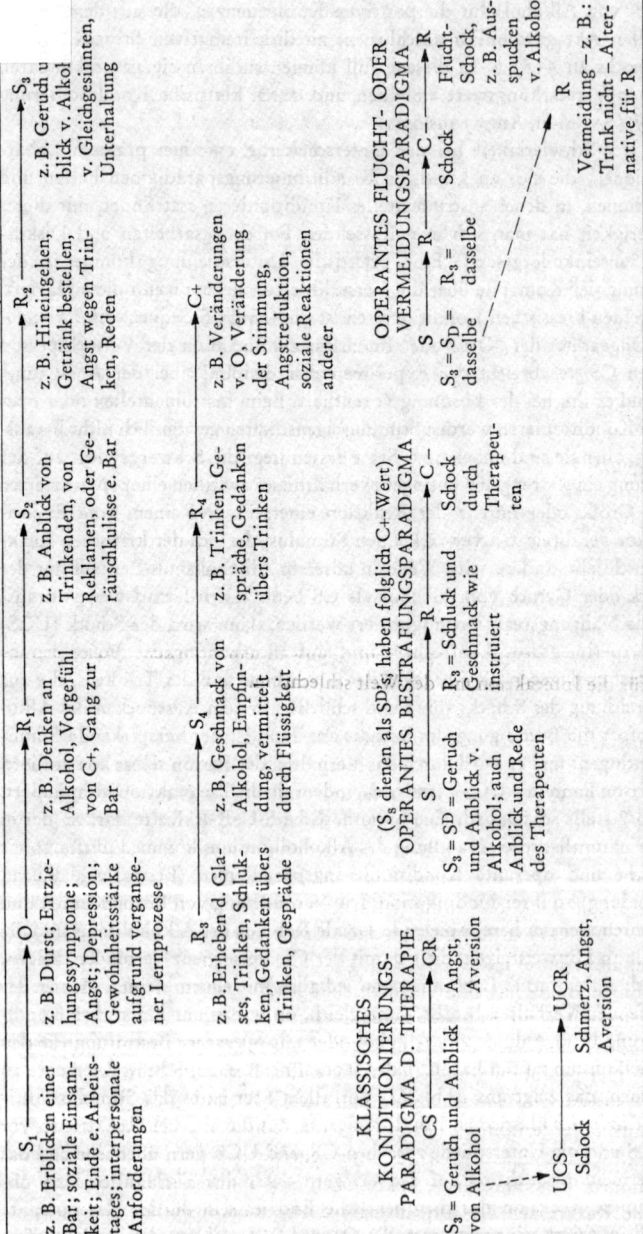

Abb. 3/2: Schematische Darstellung des Alkoholkonsums, sowie klassischer und operanter Konditionierungs-Paradigmen, wie sie bei der Modifikation auf die entsprechende Ereignissequenz angewandt werden.

Reaktion vorausgehen und die zur Natur der üblichen positiven Konsequenzen (K +) beitragen können. Tatsächlich kann eine erfolgreiche Behandlung von beiden Konditionierungsprozessen abhängen, wodurch die diskriminativen (oder auslösenden) und sekundär verstärkenden Werte des CS (mittels klassischer Konditionierung) verändert werden können und wodurch die Zielreaktion (R) unterdrückt werden kann, während eine alternative Reaktion (mittels operanter Konditionierung) verstärkt werden kann.

Vergleiche zwischen Grundmechanismen und Reaktionssystemen

Einige Autoren haben zwischen diesen beiden Lernarten nicht nur im Hinblick auf die experimentelle Operation, sondern auch im Hinblick auf die Annahme unterschieden, daß verschiedene fundamentale und biologische Mechanismen miteinbezogen sind. Die signifikanteste Unterscheidung hat man in bezug auf die Reaktionssysteme des Organismus getroffen, auf die dieser oder jener Typus des Lernens angewandt werden kann. Man hat die klassische Konditionierung als den *einzigen* Lerntypus betrachtet, der autonome oder unwillkürliche Reaktionen modifizieren kann. Diese Reaktionen hat man generell als emittiert, reflexhaft oder emotional charakterisiert, und man hat von ihnen angenommen, sie hätten für den Organismus besondere adaptive Konsequenzen. Man hat die instrumentelle Konditionierung nicht bloß als die bevorzugte, sondern als die einzig passende Methode zur Modifikation von willkürlichen und skelett-muskulären Verhalten betrachtet. Diese Reaktionen befähigen den Organismus, auf seine Umwelt einzuwirken und bilden die Basis für die Interaktion mit der Welt schlechthin.

Ein ganzer Zweig der Literatur hat den Vergleich von klassischen mit instrumentellen Konditionierungsprozeduren in verschiedenen Reaktionssystemen behandelt (für eine Darstellung und Diskussion dieser Studien vgl. KIMBLE, 1961, und BEECROFT, 1966); trotzdem hat man nicht einmal für simple Verhaltensarten eindeutige Unterscheidungsmerkmale feststellen können. Sorgfältige Untersuchungen der Konditionierung des Lidschlags mit einem Lichtstimulus oder einem Windstoß als UCS haben ergeben, daß sogar diese einfache Reaktion sowohl willkürlich als auch unwillkürlich kontrolliert werden kann. So hat man gezeigt, daß sich die CR bei der Lidschlagkonditionierung ihrer Form nach etwas von der UCR unterscheidet, was zu der Spekulation veranlaßt hat, daß Versuche, die Lidschlagreaktion auf klassische und instrumentelle Weise zu modifizieren, im Grunde darin resultieren, daß unterschiedliche Reaktionen mittels unterschiedlicher Prozesse konditioniert werden. Widersprüchlichen und konfundierenden Berichten begegnet man auch bei Versuchen, die Herzschlagrate und die GSR- und EEG-Reaktion durch instrumentelle Verfahren zu konditionieren. Von diesen wie auch von anderen Reflexen (z. B. Speichelfluß, Kniesehnenreflex, Brechreiz, vasomotorische Reaktionen, gastrointestinale Sekretionen und ähnliche in hohem Maße biologische Reaktionen des Organismus) dürfte man eigentlich erwarten, daß sie nur durch klassische Prozeduren konditioniert werden können. Doch hat man auch über erfolgreiche operante Steuerung von autonomen Reaktionen berichtet (vgl. z. B. GRINGS und CARLIN, 1966; HELMER und FUREDY, 1968; KIMMEL und HILL, 1960). Ein kürzlicher Bericht von SHAPIRO, TURSKY, GERSHON und STERN (1969) liefert Evidenz für die Möglichkeit der operanten Kontrolle von systolischem Blutdruck. Erwachsene männlichen Geschlechts erhielten ein auditives Feedback, das über eine automatische Vorrichtung lief, wobei diese Vorrichtung den Blutdruck bei jedem Herzschlag zu messen hatte. Ihrer Gruppenzuteilung entsprechend wurden die Versuchspersonen instruiert, ihren Blutdruck entweder zu vermindern oder zu erhöhen. Jede erfolgreiche Durchgang wurde mit einem kurzen Lichtblitz und mit einem Ton bezeichnet. Der Verstärker bestand aus einem Dia mit einer nackten Frau, das für je 20 Lichtblitze auf eine Leinwand projiziert wurde. Die Versuchspersonen wurden gebeten, Licht und Ton so häufig wie möglich zu erzeugen. Die Ergebnisse zeigten, daß die Versuchspersonen ihren Blutdruck bei 25 Durchgängen in auffallender Weise um durchschnittlich fast 5 mm Quecksilbereinheiten verringerten. Die Männer, die instruiert worden waren, ihren Blutdruck zu erhöhen, neigten zu gleichbleibendem Druck. Diese Ergebnisse können sich für die Behandlung von Patienten mit ausgeprägter Hypertonie als wichtig erweisen, wenn sie mit externem Feedback und operanter Verstärkung gekoppelt werden.

In einem Abriß früherer Untersuchungen überprüften KATKIN und MURRAY (1968) in kritischer Weise die experimentellen Designs, und sie meinten, man müsse die Schlußfolgerungen aus der instrumentellen Konditionierung von autonomen Reaktionen modifizieren. Die beiden Autoren glauben, es sei nicht klar belegt worden, daß autonome Reaktionen instrumentell *direkt* konditioniert werden können, d. h. ohne eine Vermittlung durch kognitive oder somatische Prozesse (Faktoren, die bei wachen Menschen nie völlig ausgeschaltet werden können). Daher interpretiert man die Daten am besten mit dem Ziel, aufzuzeigen, daß sich autonome Reaktionen durch Lernen unter Kontrolle bringen lassen. Die theoretische Frage, ob es sich hier um eine rein instrumentelle Konditionierung oder um einen komplexeren Lernprozeß handelt, klammert man am besten so lange aus, bis man über eindeutige Evidenz verfügt.

Das Problem, die Mittel getrennt zu halten, durch die autonome Reaktionen modifiziert werden können, ist für uns von besonderem Interesse, weil es die komplexen Interaktionen von verschiedenen möglichen Mechanismen widerspiegelt, denen wir in vielen Lernaufgaben des klinischen Bereichs begegnen. Die nah beieinander liegende Äußerung von autonomen und muskulären Verhalten, von willkürlichen und unwillkürlichen Reaktionen sowie von biologisch determinierten und sozial antrainierten Reaktionen ist eine der Gegebenheiten menschlichen Verhaltens. Die Tatsache, daß sich dieses Phänomen sogar in feinst ausgesteuerten Laborsituationen einer Zerlegung in einfache Lerneinheiten widersetzt, erhärtet unsere Vermutung, daß der Versuch, klinische Fälle mittels unvermischter Paradigmen zu analysieren, ungemein schwierig sein dürfte. Die Wechselbeziehung zwischen den beiden Lerntypen kann mit Experimenten aus dem Konditionierungslabor rasch belegt werden. Bei der Lidschlagkonditionierung liefern Versuchspersonen, die instruiert worden sind, auf den CS hin zu blinzeln, ohne weiteres mehr Reaktionen als nicht-instruierte Personen. Werden die Versuchspersonen jedoch instruiert, *nicht* auf den CS zu reagieren, fallen die Ergebnisse unterschiedlicher aus. Während einige Forscher über ein markantes Abnehmen der CR-Performanz berichtet haben, haben andere entdeckt, daß ihre Versuchspersonen den Lidschlag bei einem Luftstoß (CS) nicht unterdrücken konnten. LINDLEY und MOYER (1961) entdeckten ähnliche interaktionale Effekte bei der Untersuchung eines klassisch-konditionierten Fingereinziehens (CR), als sie ihre Versuchspersonen instruierten, es würde kein Schock mehr verabreicht werden. Diese Forscher und WICKENS (1939, in einer früheren Studie) entdeckten, daß die CR nicht unter die unmittelbare Kontrolle der verbalen Instruktionen gelangten und in den anfänglichen Löschungsdurchgängen nach wie vor auftauchten.

Auf der anderen Seite stoßen wir auf voneinander abweichende Berichte über die Konditionierbarkeit von autonomen Reaktionen. Eine diesbezügliche Studie dürfte ausreichen, um zu veranschaulichen, wie sich in menschlichen Situationen instrumentelle und klassische Konditionierungsprozeduren überschneiden. SHAPIRO, CRIDER und TURSKY (1964) baten Versuchspersonen, »emotionale Gedanken zu denken«. Experimentelle und Kontroll-Versuchspersonen hörten einen Ton, wenn der Experimentator mit Hilfe eines physiologischen Monitors angeblich »emotionale Reaktionen« entdecken konnte. Jede Versuchsperson erhielt für jeden Ton fünf Cents. Die Versuchspersonen bekamen den Ton unmittelbar nach einer GSR, während bei den Kontrollpersonen der Ton erst zehn Sekunden nach der GSR erfolgte. Die GSR-Häufigkeit nahm in der Kontrollgruppe ab, während die Experimentalgruppe ihre GSR-Rate aufrechterhielt. Kontingente Verstärkung beeinflußte die autonomen Reaktionen also ganz eindeutig.

Eine Interpretation der vielen Experimente, welche die Getrenntheit von klassischen und instrumentellen Konditionierungsprozessen untersuchen, ist deshalb schwierig, weil angemessene Kontrollmöglichkeiten fehlen. Interessiert sich der Experimentator nur für die Untersuchung eines einzigen Prozesses und mißt er lediglich eine bestimmte Reaktion, so werden andere, von anderen Mediatoren errichtete Variablen häufig übersehen. So kann das Tier, wenn man versucht, bei ihm durch Verwendung von Schocks als UCS eine Beinflexion zu errichten, das Bein in flexierter Form placieren oder es kann sein Bein während des Schocks beugen, wenn solches Verhalten die Aversivität des Schocks verringert. Die Möglichkeit solch einer vermittelnden instrumentellen Reaktion negiert die Interpretation der Flexion als rein klassische Konditionierung, da eine vermittelnde Reaktion dasselbe Lernen durch das Flucht- oder Vermeidungsparadigma erzeugen kann. Experimentatoren haben zahlreiche Versuche unternommen mit dem Ziel, derartige unbemerkte Operanten zu kontrollieren. Eines dieser Verfahren besteht in der Verabreichung von Kurare, einer Droge, die das Skelettsystem zeitweise ruhigstellt. BIRK, CRIDER, SHAPIRO und TURSKY (1966) gelang es, bei einer teilweise kurarasierten Versuchsperson in einer instrumentellen Vermeidungssituation GSR-Veränderungen zu erzeugen. Doch wird sogar diese Methode kritisiert. RESCORLA und SOLOMON (1967) weisen hin auf

»... die beunruhigende Möglichkeit, daß sogar Kuraremittel es uns nicht erlauben, operante Vermittler auszuschalten. Kurare bewirkt lediglich, daß Vermittler ins periphere Skelettmuskelsystem ausgeschlossen werden und daß zentrale Reaktionen auftreten können. So kann ein Mensch, auch wenn er paralysiert ist, an emotionale Ereignisse denken, die reflexhaft periphere respondente Ereignisse erzeugen. Es ist ganz und gar nicht klar, ob man derartige ›Gedanken‹ oder Ereignisse im Gehirn, die eindeutig reaktionskontingenter Verstärkung unterworfen sind, als ›skeletthaft‹ oder nicht betrachten soll« (S. 158).

Eine Strategie, die sich zur Unterscheidung zwischen den beiden Konditionierungsarten besser eignet, besteht in der gleichzeitigen Messung der Entwicklung und Aufrechterhaltung sowohl des klassischen als auch des instrumentellen Lernens an ein und demselben Versuchsobjekt. Man kann z. B. einen Hund so trainieren, daß er das Bein hebt, wenn ein Ton erklingt, um auf diese Weise Futter zu bekommen. Muskelbewegung und Speichelfluß können hierauf gleichzeitig gemessen werden. Mehrere Forscher haben entdeckt, daß sich die operante Komponente der Reaktion vor dem konditionierten Speichelfluß entwickelt. Diese Resultate widersprechen in gewisser Hinsicht der von einigen Klinikern aufgestellten Hypothese, nach der die klassische UCR in einer kombinierten klassisch-operanten Sequenz der instrumentellen Reaktion als verstärkender Stimulus dient. Diese zeitliche Sequenz ist besonders wichtig für die allgemeine Angstinterpretation (vgl. 4. Kapitel), bei der die autonomen Angstreaktionen als Hinweisreize für nachfolgende instrumentelle Reaktionen betrachtet werden und bei der die letzteren durch Reduktion des autonomen Zustands bestärkt werden. Diese Ergebnisse werden jedoch durch die Befunde von SHAPIRO (1961) noch mehr kompliziert. Wenn Hunde in dem Sinne trainiert worden waren, daß sie auf eine Platte drückten, um Fressen mit niedriger Verstärkungsrate verabreicht zu bekommen, ging der Speichelfluß dem Operanten regelmäßig *voraus*, obgleich man intensivierte Speichelung auch *nach* dem Auftreten des Operanten beobachten konnte.

Man hat die Veränderung der Herzschlagrate häufig als Index für die klassische Konditionierung während des instrumentellen Vermeidungstrainings benutzt. Doch sind die Befunde in diesem Bereich ebenfalls widersprüchlich. BLACK (1959) und andere Forscher sind beim instrumentellen Vermeidungstraining von Hunden auf ein allgemeines Ansteigen der Herzschlagrate gestoßen. Typisch war, daß die klassische Herzschlag-Konditionierung vor der Aneignung der Vermeidungsreaktion stattfand. SCHOENFELD, BERSH und NOTTERMAN (1954) beobachteten Versuchspersonen, die Ton-und-Schock-Sequenzen ausgesetzt wurden. Sie fanden, daß die Senkung der Herzschlagrate, die man während der Aneignung der Vermeidungsreaktion beobachten kann, nach erfolgreicher Vermeidung kleinere Werte ergab. Diese Ergebnisse stimmen mit der Hypothese überein, daß durch die Aneignung der instrumentellen Vermeidungsreaktion die klassische Reaktion, etabliert in frühen Trainingsstadien, geschwächt wird. Auf ähnlich widersprüchliche Resultate stieß man bei der Löschung, wobei die CR des Herzens verschwand und die Vermeidungsreaktion durch die Experimente hindurch keine stabilen Beziehungen erkennen ließ. Obgleich keines der zahlreichen Experimente, die auf diesem Gebiet durchgeführt wurden, eine bestimmte theoretische Interpretation des Lernprozesses eindeutig erhärtet hat, haben sie alle die ungemein feinen Interaktionen zwischen verschiedenen Körpersystemen erkennen lassen, sowie zwischen einer großen Anzahl von separaten Reaktionen, die zur Aneignung und Löschung eines neuen Verhaltensakts beitragen können.

Prozeduren, die zu kombinierten Modellen führen

Die Unvermischtheit des klassischen Konditionierungsmodells kann leicht zerstört werden, wenn man die Operationen auch nur geringfügig modifiziert. Es war tatsächlich eine Modifikation, die zunächst relativ unbedeutend erschien und die erst später die Grundlage für den gesamten Forschungszweig der Vermeidungskonditionierung bildete und zur sachgerechten Unterscheidung zwischen instrumenteller und klassischer Konditionierung beitrug. In einer frühen Untersuchung gaben BROGDEN, LIPMAN und CULLER (1938) Meerschweinchen Gelegenheit, einen noxischen UCS dadurch zu vermeiden, daß sie in einem Laufwerk noch vor Verabreichung des Schocks zu laufen begannen. Wie es gewöhnlich bei früheren Untersuchungen der Fall gewesen war, hatte man die Tiere im Verlauf von vielen Durchgängen zunächst dem CS-UCS-Gespann ausgesetzt, wobei nur schwaches Lernen zu verzeichnen gewesen war. Schließlich äußerten die Tiere die entscheidende Laufreaktion, so daß sie den UCS vermieden. Von der Auslassung des Schocks bei den späteren Durchgängen hätte man erwarten dürfen, daß sie zur klassischen Löschung führte. Doch die Meerschweinchen zeigten ein ausgezeichnetes Behaltensvermögen. Diesen Typus der Vermeidungskonditionierung hat man als instrumentelles oder operantes Lernen klassifiziert. Trotzdem ist es offensichtlich, daß die anfängliche Erfahrung des CS und des UCS (Schock), die zur Errichtung der Vermeidungsreaktion nötig war, mit den Regeln des klassischen Konditionierens übereinstimmte. Das Vermeidungslernen hat das starke Interesse von klinischen Psychologen geweckt, da man zunächst mutmaßte, dieser Typus der Konditionierung liege vielen neurotischen Symptomen zugrunde (darunter Phobien, Hysterien und andere Vermeidungsverhalten, die in unserer Gesellschaft als anomal betrachtet werden). Das theoretische Dilemma liegt in der Beschreibung der präzisen motivationalen Faktoren, die solches Vermeidungsverhalten aufrechterhalten, wenn der Organismus den UCS im Verlauf von Hunderten, ja sogar Tausenden von Durchgängen nicht erfährt.

Eine andere leichte Abänderung des Vermeidungsparadigmas erlaubt es dem Organismus, dem UCS kurz nach seinem Einsetzen zu *entfliehen*. Obgleich diese Modifikation, was die Interpretation der aufrechterhaltenden Bedingungen angeht, ein weniger schwieriges Problem aufwirft, ist dies ein weiteres Beispiel dafür, daß klassische und operante Prozeduren in der Gesamtdurchführung des experimentellen Designs praktisch nicht voneinander zu trennen sind. Flucht impliziert immer die Verabreichung des UCS; dadurch aber werden die Operationen direkt aufs klassische Modell zurückgeführt.

Eine dritte Modifikation des klassischen Konditionierungsverfahrens führt ebenfalls zu einer Überschneidung von Methoden. Wird der UCS bei einigen Durchgängen der klassischen Konditionierung ausgelassen, so hängt die Entwicklung der charakteristischen Eigenschaften der CR davon ab, wie die Verabreichung des UCS im einzelnen geplant wird. Diese Prozedur ist von der operanten Vermeidungskonditionierung unter der Kontrolle teilweiser Verstärkung fast nicht zu unterscheiden. Wie in den bereits angeführten Beispielen erfordert auch hier die Aufrechterhaltung der Reaktion bei intermittierender Verabreichung des UCS in der Regel ein einleitendes Training im Rahmen der traditionellen klassischen Prozedur mit hunderprozentiger Verabreichung des UCS. Auf diese Weise verlagert sich der Schwerpunkt von Trainingsparadigmen von der eindeutig klassischen Konditionierungsprozedur auf ein Verfahren, das der operanten Methode ähnelt.

Wir befassen uns in diesem Kapitel mit einigen klinischen Methoden, die unter *Aversionstherapie* eingereiht werden und die sich noxischer Stimuli bedienen — entweder um den affektiven Wert eines eingefleischten CS zu verändern (Stimulussubstitution) oder um eine neue instrumentelle Flucht- oder Vermeidungsreaktion zu aktivieren. Obgleich die zuletzt erwähnten Methoden keine Beispiele für das unvermischte klassische Paradigma sind, unterstreichen Verhaltenstherapeuten gern die CS-UCS-Sequenz, wobei sie diese Methoden ungenau oft als klassische Konditionierungstechniken klassifizieren. Ein triftigerer Grund für eine Kombination dieser Methoden ist darin zu suchen, daß der Kliniker aversive Stimuli zur Verhaltenskontrolle benutzt, obwohl der Patient die Rezeption des UCS in manchen Prozeduren kontrollieren kann, in anderen jedoch nicht.

Einem weiteren Problem der Unterscheidung solcher Lernmodelle, die sich aversiver Reize bedienen, begegnet man häufig bei der klinischen Anwendung der Reaktionsunterdrückung durch Bestrafung. Die Effekte der Verabreichung eines punitiven aversiven Stimulus können geändert werden, wenn der Person eine Fluchtreaktion verbleibt, die den aversiven Stimulus beendigt. In Praktiken der Kindererziehung werden Kinder durch Verhaltensarten wie Fortlaufen oder Versprechen, den bestraften Akt nicht zu wiederholen, mit wohletablierten Fluchtreaktionen ausgestattet. Den zugrunde liegenden Mechanismus hat LEITENBERG in einer Tierstudie (1967) klar herausgearbeitet. Die von ihm erzielten Ergebnisse lassen klar erkennen, daß die Bestrafung am effektivsten war, wenn die Flucht verhindert wurde. Das Vorhandensein einer Fluchtreaktion reduzierte den Unterdrückungseffekt der Bestrafung, und die Reaktionshäufigkeit war in der Nicht-Flucht-Situation gegenüber der Erholung nach Entfernung des Strafstimulus resistenter als in der Fluchtsituation.

In Bestrafungssituationen werden verschiedene operante Prozeduren mit noxischen Stimuli kombiniert. Da Bestrafung gewöhnlich in Form einer reaktionskontingenten Konsequenz verabreicht wird, werden viele Prozeduren, die sich der Bestrafung bedienen, in Kapitel 7 abgehandelt, obgleich sie sich häufig auch auf die Kontrolle durch aversive Stimuli stützen. Wie bereits bemerkt hängt die Bezeichnung einer therapeutischen Methode als »Bestrafung« oder »aversive Konditionierung« häufig mehr von der theoretischen Auffassung des Autors als von irgendeiner Analyse der durchgeführten Operationen ab. Die Behandlungstechniken bei sexuellen und suchtbedingten oder zwanghaften Störungen mittels aversiver Stimuli werden gewöhnlich durchwegs im Rahmen der »aversiven Konditionierung« diskutiert, da die Experimentatoren-und-Therapeuten, die auf diesem Gebiet die aktivsten sind, in der PAWLOWschen Tradition stehen. Methoden der Steuerung von selbstdestruktiven oder asozialen Akten durch aversive Stimuli sind von ihren operant-orientierten Urhebern als »Bestrafungsmethoden« bezeichnet worden. Dabei sollte man beachten, daß der Terminus »aversive Konditionierung« auch dann gern benutzt wird, wenn die Reaktionen — ganz gleich ob autonom oder skeletthaft — weniger einfach zu beobachten sind. Zwar halten wir uns an diese allgemein verbreitete Praxis, wenn wir einen bestimmten Teil unserer Materie in diesem und in Kapitel 7 behandeln, doch müssen wir immer wieder die Vermischtheit von Operationen und Paradigmen und die Ungewißheit hinsichtlich der effektiven Variablen betonen.

Zusammenfassend läßt sich die unterschiedliche Verwendung der aversiven Stimulation in der Therapie (zumindest begrifflich) in drei Klassen aufteilen: 1. *Bestrafung* — der aversive Stimulus soll ein unerwünschtes Verhalten unterdrücken; 2. *Flucht- und Vermeidungslernen* — der aversive Stimulus soll neue Reaktionen errichten, die die noxische Stimulation beenden oder unterbinden und 3. *Klassische Konditionierung* (oder verwandte Prozeduren des Diskriminationslernens) — der aversive Stimulus soll für ein Objekt oder ein Ereignis eine neue Stimulusfunktion schaffen, indem er mit einem Stimulus zusammenfällt, der stabile aversive Eigenschaften besitzt. Der letzten Prozedur gilt das Hauptinteresse dieses Kapitels, obwohl der Mangel an »unvermischten« Fällen beträchtliche Schwierigkeiten bereitet, wenn man versucht, diesen Prozeß in einer komplexen klinischen Prozedur zu isolieren. Die Bestrafungs- und Flucht/Vermeidungs-Modelle werden in Kapitel 7 behandelt, da bei ihrer klinischen Anwendung Operanten gewöhnlich eine große Rolle spielen.

Dieser kurze Überblick über die Literatur, die sich mit den Experimenten befaßt, macht deutlich, daß die derzeit verfügbaren Laboruntersuchungen keine Klassifizierung von Lernsituationen als separate Prozesse zulassen, so wie sie durch die PAWLOWschen oder THORNDIKEschen Lernmodelle konzipiert sind. Ein kurzer Blick auf diese Probleme dürfte hinlänglich beweisen, daß jede Lernprozedur, auch wenn sie unter stark kontrollierten Laborbedingungen an einem lebenden Organismus vollzogen wird, zahlreiche Reaktionssysteme mit einbezieht. Das Schwergewicht mag auf diesem oder jenem System liegen, doch scheint die Interaktion zwischen den einzelnen Systemen unvermeidlich. Zu jedem Verhaltensakt gehören — das gilt vor allem auf der Ebene des komplexen menschlichen Funktionierens — Parameter all jener wechselbezogenen Faktoren, denen wir in der Verhaltensgleichung begegneten. Veränderungen des Organismus beeinflussen andere Reaktionssysteme, die ihrerseits sowohl die Empfänglichkeit für Stimulation als auch die Effekte auf die Umwelt der Person modifizieren. Bei unserer Analyse von Lernparadigmen der klinischen Psychologie müssen wir uns dieser Wechselbeziehungen ständig bewußt sein und müssen erkennen, daß die Abtrennung spezifischer Techniken anhand von Lernmodellen lediglich didaktischen Zwecken dient. In jedem Fall können die Paradigmen den entscheidensten Aspekt der Prozedur beschreiben, doch können sie nicht die vielen anderen Einflüsse abstreiten, welche die vorhergesagten Effekte oftmals modifizieren.

Substitutionsmethoden

Wenden wir uns nun einigen Lernkomponenten der Behandlungsmethoden zu, die auf Verhaltensmodifikation basieren. Der Arzt sieht sich gewöhnlich einem Patienten konfrontiert, der auf keine festumrissene, spezifische Reaktion hinweisen kann, die man als Behandlungsziel ins Auge fassen könnte. Häufig werden dadurch, daß das zu modifizierende Reaktionsmuster, daß die verfügbaren kontrollierenden Stimuli und daß die Möglichkeiten des Patienten erst einmal festgestellt werden müssen, umfangreiche Ermittlungsprozeduren nötig. Darüber hinaus ist im klinischen Rahmen häufig die Herstellung einer positiven Therapeut-Patient-Beziehung unerläßlich, damit die Kooperation gesichert und die Behandlungseffektivität gesteigert werden kann. WILSON, HANNON und EVANS (1968) haben einerseits die Neigung bemerkt, die dahin geht, diese Beziehung in Darstellungen von Verhaltenstherapien zu übergehen, und andererseits haben sie auf das Potential hingewiesen, das in dieser Beziehung steckt, wenn es auf eine klarere Definition und auf eine Testung der Beziehungsvariablen ankommt. MARKS und GELDER (1966) haben einige Komponenten der psychologischen Behandlungstechniken aufgezählt, denen man in psychodynamischen wie in verhaltenstherapeutischen Methoden begegnet (vgl. Tab. 3/3). Diese Liste weist darauf hin, daß jede klinische Behandlung gewöhnlich eine ganze Menge therapeutischer Bemühungen umfaßt. Wenn wir dagegen Therapietechniken diskutieren, liegt der Schwerpunkt lediglich auf einem kleinen Ausschnitt des gesamten klinischen Unternehmens. Jede Behandlung wird in Verbindung mit Erfassung, Neuerfassung und umfassender Analyse des gesamten Lebensmusters des Patienten abgewickelt.

Aus den obigen Überlegungen sollte deutlich geworden sein, daß sich in der üblichen Unterteilung der Verhaltensmodifikationstechniken in PAWLOWsche oder klassische Methoden einerseits, und in instrumentelle oder operante Methoden andererseits, lediglich eine bequeme Unterteilung von spezifischen Prozeduren widerspiegelt. In der Praxis weisen die Methoden häufig

Tab. 3/3: Komponenten von psychologischen Behandlungsweisen — Ein Vergleich von verhaltenstherapeutischen mit psychodynamischen Methoden (übernommen von MARKS und GELDER, 1966, S. 19).

A. Komponenten der meisten Behandlungsweisen, einschließlich einiger psychodynamischer Methoden:
  1. Nichtspezifisch: a) Placebos
                   b) Patientenerwartungen
                   c) Suggestion
  2. Spezifischer
     geartet: a) Ermutigung, Ratschlag, Beruhigung
                   b) Environmentale Manipulation
                   c) Hinweis auf augenblickliche Streßursachen
                   d) Hinweis auf repetitive Verhaltensmuster
B. Komponenten der meisten psychodynamischen Methoden, die in der Verhaltenstherapie gewöhnlich nicht wichtig sind:
  1. Hinweis auf nicht erkannte Gefühle
  2. Verständnis für die Beziehung zum Therapeuten
  3. Ermunterung, Gefühle in bezug auf den Therapeuten zu äußern
  4. Herstellen von Bezügen zwischen gegenwärtigem Verhalten und vergangenen Mustern
  5. Deutung von Traum- und Phantasiematerial
  6. Aufzeigen von symbolischen Bedeutungen
  7. Versuch, die gegenwärtige Persönlichkeit zu modifizieren
C. Komponenten von Verhaltenstherapien, denen man in psychodynamischen Methoden gewöhnlich nicht begegnet:
  1. Schwergewicht liegt auf der unmittelbaren Symptommodifikation
  2. Benutzung einer Hierarchie im praktischen *Retraining*
  3. Benutzung einer Hierarchie beim *Retraining* in der Vorstellung
  4. Aversionstechniken
  5. Positives Konditionieren
  6. Negative Übung
  7. Andere spezielle Techniken
D. Komponenten, denen man in verschiedenen, allerdings nicht unbedingt psychodynamischen Behandlungsweisen begegnet:
  1. Entspannung und Hypnose
  2. Angstreduzierende Medikamente
  3. Abreagieren

---

eine nur entfernte Ähnlichkeit mit dem unvermischten Lernmodell auf, von dem sie abgeleitet worden sind. Darüber hinaus werden die Methoden durch andere klinische Prozeduren ergänzt, die keine Verhaltensmodifikation bezwecken, sondern die Sammlung von Daten aus der Zeit vor der Behandlung.

Der unmittelbarsten Demonstration des klassischen Konditionierungsparadigmas im klinischen Bereich begegnet man in zwei experimentellen Analogons zur Entwicklung von Verhaltensarten, die gewöhnlich als Symptome der Psychopathologie klassifiziert werden. Bereits im Jahr 1920 demonstrierten WATSON und RAYNER, wie man eine Phobie durch klassisches Konditionieren erzeugt. Wie in Kapitel 2 bereits beschrieben, zeigten die Autoren dem elf Monate alten Jungen, Albert, eine weiße Ratte, ohne daß Albert eine aversive Reaktion äußerte. Nachdem man jedoch die Darbietung des Tiers mit einem heftigen Lärm gekoppelt hatte, ließ Albert jedesmal, wenn die Ratte dargeboten wurde, Anzeichen von Angst erkennen. Dieselbe Angst beobachtete man auch gegenüber ähnlichen Stimuli, z. B. Pelztieren. Dieser Lernprozeß bestand aus der Koppelung eines ursprünglich neutralen CS (die weiße Ratte) mit einem angsterzeugenden UCS (der laute Lärm). Als die Aneignung fortschritt, trat die Angstreaktion im Beisein des CS sogar dann auf, wenn der UCS nicht länger verabreicht wurde. Obwohl diese Demonstration und eine andere, auf die wir weiter unten eingehen, das allgemeine Modell über den Erwerb eines Symptoms durch Lernen zu stützen scheinen, sollte man nicht annehmen, daß ähnliche Symptome nicht auch auf andere Weise ausgebildet werden können. EYSENCK und RACHMAN (1965) fassen die wesentlichen Merkmale der Theorie, die der klassischen Konditionierungshypothese der Phobieentwicklung zugrunde liegt, in neun Punkten zusammen. Dabei basiert jeder Punkt auf experimentellen Befunden und auf klinischen Erfahrungen, die von den Autoren angeführt werden.

1. Phobien sind erlernte Reaktionen.
2. Stimuli entwickeln phobische Qualitäten, wenn sie zeitlich oder räumlich mit einer angsterzeugenden Situation zusammengebracht werden.
3. Neutrale Stimuli, die in der angsterzeugenden Situation Relevanz besitzen und/ oder die in der Situation auf die Person einwirken, entwickeln eher phobische Qualitäten als schwache oder irrelevante Stimuli.
4. Durch Wiederholung der Verbindung zwischen der Angstsituation und den neuen phobischen Stimuli wird die Phobie bestärkt.
5. Verbindungen von höchst intensiven Angstsituationen mit neutralen Stimuli erzeugen eher phobische Reaktionen.
6. Es wird eine Generalisierung vom phobischen Ausgangsstimulus auf ähnlich geartete Stimuli stattfinden.
7. Noxische Erfahrungen, die unter stark eingeengten Bedingungen gemacht werden, erzeugen eher phobische Reaktionen.
8. Neutrale Stimuli, die mit einer (oder mehreren) noxischen Erfahrungen verbunden sind, können (sekundäre) motivierende Eigenschaften entwickeln. Diesen erworbenen Antrieb bezeichnet man als »Angsttrieb«.
9. Reaktionen (wie z. B. die Vermeidung), die den Angsttrieb reduzieren, werden verstärkt« (S. 81—82).

Über eine weniger weit zurückliegende Demonstration der Symptomentwicklung hat RACHMAN (1966 a) berichtet. Der Autor hatte zunächst sexuelle Fetischisten mit Hilfe der Aversionstherapie behandelt und wollte eine mögliche Analogie im Hinblick auf die Ätiologie dieser Störungen demonstrieren. Dabei wurden drei junge unverheiratete Männer folgender Prozedur unterzogen. Ein Farbdia, das ein Paar schwarze, knielange Frauenstiefel (ein bekanntes Fetischobjekt) zeigte, bildete den CS. Dieses Dia wurde fünfzehn Sekunden lang dargeboten, und eine Sekunde später folgte die dreißig Sekunden lange Darbietung von Farbdias mit attraktiven nackten Frauen. Das Auftreten von sexueller Erregung, manifestiert durch verändertes Penisvolumen, wurde mit einem modifizierten Plethysmographen gemessen, ein Instrument, das FREUND (1963) zur Untersuchung von Sexualreaktionen entwickelt hat. Die CR war definiert als eine Gruppe von fünf aufeinander folgenden Plethysmograph-Reaktionen, die auf den ursprünglich neutralen CS hin erfolgten. Nach einer Reihe von Durchgängen, die der Aneignung dienten, wurde jede Versuchsperson einem Test zur Stimulusgeneralisierung unterzogen. Zu diesem Zweck präsentierte RACHMAN Dias, die Schuhe verschiedener Farbe und Form zeigten. Nach diesem Test wurde die Löschungsprozedur so lange durchgeführt, bis keine Sexualreaktionen mehr auftraten. Dieses Experiment wurde in täglichen Sitzungen veranstaltet, in denen achtzehn Konditionierungsdurchgänge verabreicht wurden, wobei nach jeweils sechs Durchgängen eine Fünf-Minuten-Pause eingelegt wurde. Die drei Versuchspersonen brauchten zwischen 24 und 65 Durchgänge, bevor sie das Kriterium der Aneignung erreichten. Jede Versuchsperson zeigte Generalisierung bei einem oder zwei Teststimuli. Bei allen Versuchspersonen war eine Woche nach der Löschung eine spontane Erholung zu verzeichnen, so daß um diese Zeit weitere Löschungsdurchgänge erforderlich wurden. In eine Replikationsstudie (RACHMAN und HODGSON, 1968) hat man eine Kontrollprozedur eingeführt, um die früheren Ergebnisse nicht mit einer Pseudokonditionierung erklären zu müssen. Die erfolgreiche Replikation bei allen fünf Versuchspersonen bestätigte die früheren Befunde.

Diese Studien erhärten im wesentlichen die früheren Entdeckungen von WATSON und RAYNER, die besagen, daß ein ursprünglich neutrales Objekt für Verhaltensarten, die als sozial unerwünscht oder als schädlich für den einzelnen betrachtet werden, zum CS werden kann. Der einzige Punkt, in dem sich das Analogon von klinischen Fällen unterscheidet, ist der, daß Fetischisten keine so rasche Löschung zeigen, was wahrscheinlich darauf zurückzuführen ist, daß ihre Erfahrung häufig die ganze Sequenz bis zum Orgasmus durchläuft — eine Tatsache, die das abweichende Verhalten verstärken dürfte.

Gegenkonditionierung

Die Technik der *Gegenkonditionierung* umfaßt die Einführung eines CS für eine symptomfeindliche Reaktion, mit dem Ziel, die Effekte des Stimuluskomplexes (oder, um es einfacher auszudrücken, seine Bedeutung) zu verändern, damit die Gesamtsituation nicht mehr die vorausgehende nicht-adaptive Reaktion hervorbringt. Diese Technik hat man am häufigsten in Verbindung mit angstbezogenen Reaktionen benutzt, und WOLPE (1958) hat sie unter dem Begriff des *reziproken Hemmungsprinzips* beschrieben. Die Methoden, bei denen Stimuli substituiert werden, um Reaktionen zu verändern, sind am häufigsten in Fällen zitiert worden, in denen der neu eingeführte Stimulus aversiv war. Dieser aversive Stimulus reduziert das Symptom mittels einer konkurrierenden Reaktion des Unbehagens, Schmerzes oder Ekels. Wolpes Verwendung der Gegenkonditionierung stellt insofern eine bemerkenswerte Ausnahme dar, als bei ihr ein positiver neuer Stimulus benutzt wird, ein Stimulus z. B., der Entspannung bewirkt. Allerdings bezieht WOLPEs Prozedur andere therapeutische Elemente ein, die das einfache klassische Konditionierungsmodell komplizieren. Die Prozedur von WOLPE und andere verwandte

Prozeduren, die sich des Gegenkonditionierungsmodells bedienen, werden ausführlich in Kapitel 4 behandelt. Im Augenblick gilt unser Interesse der Verwendung von Substitutionsmethoden bei Fällen, in denen starke und unerwünschte Annäherungsreaktionen das Behandlungsziel bilden.

Aversionstherapie bei sexuellen Abweichungen

Die Beseitigung einer eingefleischten sexuellen Abweichung kann durch mehrere verschiedene Konditionierungsmethoden herbeigeführt werden. Die konditionierte Aversionstherapie ist auf eine breite Vielfalt von Situationen angewandt worden. Der Typus der Aversionstherapie, der dem klassischen Konditionierungsmodell am nächsten kommt, zeichnet sich dadurch aus, daß ein noxischer UCS mit einem Stimulusobjekt gekoppelt wird, das mit dem unerwünschten Verhalten verbunden ist. Wenn der Stimulus, der die symptomatische Reaktion vermutlich wachgerufen hatte, in naher zeitlicher Kontiguität mit einem unangenehmen Ereignis gekoppelt wird, so nimmt man an, daß die Stimulusfunktion des CS vorwiegend zur Funktion wird, die das Einsetzen eines unangenehmen, angsterregenden oder -erzeugenden Ereignisses signalisiert. Folglich erzeugt der CS (z. B. der Anblick eines Fetischobjekts) nunmehr Angst, Brechreiz oder andere Reaktionen, die mit der ursprünglich lustvollen Konsequenz unvereinbar sind. Seine Effekte können dazu dienen, die unerwünschte Verhaltenssequenz zu unterbrechen. Hierauf können neue und geeignetere Reaktionen entwickelt werden.

Die Methode der Aversionstherapie wird durch eine Studie von RAYMOND (1956) veranschaulicht. Es handelte sich hier um einen Patienten, der bereits in einer Nervenheilanstalt gewesen war und wiederholt festgenommen und zu Gefängnisstrafen verurteilt worden war, weil er vorsätzlich Kinderwagen und Handtaschen zerstört hatte. Der Patient wurde durch diese Objekte sexuell erregt. Bei dem Versuch, dieses Verhalten zu verändern, entschloß sich RAYMOND, die Fetischobjekte mit einem noxischen UCS zu koppeln. Der Patient erhielt vor jeder Sitzung Apomorphin-Injektionen mit Brechreizeffekt. Und immer wenn zu erwarten war, daß die subjektive Brechreizerfahrung ihren Höhepunkt erreichte, zeigte man dem Patienten Handtaschen, Kinderwagen und Bilder von diesen Gegenständen. Durch wiederholte Kopplungen wurden die sexuell erregenden Objekte zum CS für das Brechgefühl (UCS), so daß eine Gegenreaktion gegen die sexuelle Erregung erzeugt wurde. RAYMOND erzählt, daß das Verhalten des Patienten nach einer Intensivbehandlung nicht mehr auftrat. Tatsächlich zeigte der Patient bereits nach der zweiten Sitzung eine starke Aversion gegen besagte Fetischobjekte. Es wird berichtet, daß der Patient drei Jahre lang keine Probleme mehr hatte. Als es ihm wieder schwer fiel, sich zu kontrollieren, wurde eine weitere Behandlung durchgeführt. Zwei Jahre danach ging es ihm anscheinend immer noch ausgezeichnet. RAYMOND handelte vor allem den klassischen Konditionierungsaspekt seines Verfahrens ab. Doch umfaßte die klinische Gesamtbehandlung auch die Deprivation von Nahrung und Schlaf in der einleitenden Behandlungsphase; außerdem unterzog sich der Patient nach sechs Monaten in einer psychiatrischen Klinik einer Nachuntersuchung. Dieser Patient war davor lange in psychotherapeutischer Behandlung gewesen, allerdings ergebnislos. Da sein fetischistisches Verhalten mehrere Festnahmen nach sich gezogen hatte, wurde durch die Unterdrückung des Fetischismus auf der Stelle eines seiner wesentlichen Lebensprobleme gelöst. Überdies berichtete er über verbesserte Sexualbeziehungen zu seiner Frau. Obgleich diese Konsequenzen nicht direkt auf die Konditionierungsbehandlung zurückgeführt werden können, liegt doch auf der Hand, daß die Beseitigung eines wesentlichen Problemverhaltens viele andere und wahrscheinlich vorteilhafte Veränderungen bewirken kann.

Die Wahl geeigneter UCS und CS

Raymonds Verwendung von Amorphin-Effekten kann uns helfen, einige Hauptpunkte bei der Auswahl und Definition eines geeigneten UCS zu umreißen. Der Einsatz von Medikamenten zu diesem Zweck wirft besondere Probleme auf, auch wenn sie bis vor kurzem von Forschern fast ausschließlich als aversive Stimuli benutzt wurden (eine lobenswerte Ausnahme bildete KANTOROVICH, der sich schon sehr früh des Elektroschocks bediente). Studien an Mensch und Tier zu den konditionierten Vermeidungsreaktionen, die durch CR's aus konditionierter Angst vermittelt werden, demonstrieren, daß Medikamente wie Reserpin, Chlorpromazin, Morphium, Emetin und andere Beruhigungsmittel die Aneignung und die Performanz von bereits angeeigneten konditionierten Vermeidungsreaktionen blockieren (vgl. z. B. HERZ, 1960). Morphium und einige andere Drogen verringern auch die reaktionsunterdrückenden Effekte der Bestrafung. Auf der anderen Seite können einige Anregungsmittel die Aneignung von Vermeidungsreaktionen erleichtern, weshalb sie als Beigabe zur aversiven Konditionierung nützlich sein können. Folglich liegt auf der Hand, daß ein Medikament, das als UCS eingesetzt wird, die Effektivität der Konditionierungsprozedur beeinträchtigen kann. Da Apomorphin ein Derivat von Morphium ist, gilt derselbe Einwand seiner weitverbreiteten Verwendung. Der Prozeß, der in der Aktion eines jeden UCS mit enthalten ist, muß bei jeder Planung einer Aversionstherapie sorgfältig untersucht werden, und zwar Hand in Hand mit dem Charakter der resultierenden UCR und CR.

Eine weitere Schwierigkeit, die durch die Verwendung von Drogen wie Apomorphin entsteht, hat damit zu tun, daß beim klassischen Konditionieren eine *präzise* Kontrolle der zeitlichen Beziehung zwischen CS und UCS erforderlich ist. Einzelpersonen reagieren auf Brechmittel in unvorhersagbarer Weise unterschiedlich rasch und heftig; außerdem begegnet man von Fall zu Fall intraindividuellen Unterschieden. Auch wenn das CS-UCS-Intervall präzis kontrolliert werden kann, lassen kürzlich gewonnene Befunde darauf schließen, daß die CR anders ausfällt, wenn kurze oder lange Intervalle (0,5 bis

5 Sekunden) benutzt werden. Wenn das Konditionieren autonome CR's einschließt, kann das längere Intervall wirksamer sein, ein Sachverhalt, der den üblichen Regeln für optimale Intervalle von 0,5 Sekunden widerspricht (GRINGS, LOCKHART und DAMERON, 1962). So lange bei kontrollierten Durchgängen der Aversionstherapie die CR-Parameter nicht direkt gemessen und die CS-UCS-Zeitintervalle nicht systematisch variiert werden, ist die Relevanz derartiger Laborbefunde im Hinblick auf eine verbesserte therapeutische Effizienz ungewiß.

Wegen der Schwierigkeiten beim genauen Timing eines durch Drogen erzeugten UCS-Brechreizes haben die ersten Praktiker häufig aus Versehen Prozeduren benutzt, zu denen auch das Rückwärtskonditionieren gehörte (FRANKS, 1963). Ein ähnliches Problem ist die Unsicherheit in bezug auf die spezifischen Stimuli, die als UCS benutzt werden oder werden sollten. RAYMOND (1964) weist darauf hin, daß es der Brechreiz und nicht das Erbrechen selbst ist, der zum relevanten Ereignis bei der Aneignung einer Vermeidungs-CR wird. Andere Forscher haben beiden Ereignissen UCS-Charakter zugeschrieben. Die Bestimmung der relativen Wirksamkeit verschiedener Stimuluskomponenten und die Messung der entsprechenden UCS-Ereignisse mittels Apomorphin und ähnlicher Drogen ist zumindest schwierig. RACHMAN (1965 a) hat sich mit den Vor- und Nachteilen von Drogen, Elektroschocks und anderen aversiven Stimuli bei Konditionierungstherapien auseinandergesetzt und verweist auf die verstärkten Nachteile von Brechmitteln — z. B. auf möglicherweise schädliche Nebenwirkungen und auf den Ekel, der durch Anwendung solcher Mittel beim therapeutischen Personal hervorgerufen wird.

Was nun die Natur des CS angeht, so kann die »Rekonditionierungs«-Prozedur entweder auf Stimulusobjekte, die mit dem pathologischen Verhalten verbunden sind, angewandt werden, oder aber auf irgendeine Komponente des pathologischen Verhaltens selbst. COOPER (1963) benutzte bei der Behandlung eines Frauenkleider-Fetischisten das Brechmittel Emetin als UCS, während der CS die sich überschneidende Ausführung der fetischistischen Verhaltensweisen war. In diesem Fall ist der Beitrag der Konditionierungs-Behandlung schwieriger zu bewerten. Neben den Konditionierungs-Sitzungen erhielt der Patient »eindeutige moralische Ratschläge« und es wurde ihm nicht erlaubt, die Frauenkleidung abzulegen. Er wurde instruiert, sich selbst zu beobachten und im Geiste seine »widerliche Perversion« noch einmal zu durchleben. Außerdem wurde er nachts wachgehalten, und sechs Tage lang durfte er weder essen noch schlafen. Alle zwei Stunden wurde zwanzig Minuten lang ein Tonband mit moralischen Ratschlägen abgespielt. Derselbe Patient hatte sich, was seine Ehe anging, über Impotenzprobleme beklagt, eine Schwierigkeit, die getrennt behandelt wurde. Neun Monate nach Beendigung der Aversionsbehandlung erfüllt ihn nach wie vor ein Abscheu gegen sein Transvestitentum. COOPERS Arbeit erhellt, wie schwierig es ist, die spezifischen Effekte jener Behandlungsfragmente herauszuarbeiten, die in eine einheitliche Prozedur hineinverwoben sind. Bestrafung, moralische Standpauken, körperliche Deprivation und drogenbedingte organismische Veränderungen, sie alle bilden zusätzliche Variablen der grundlegenden Konditionierungsprozedur.

In den meisten anderen Fällen, in denen über die erfolgreiche Beseitigung von fetischistischen und transvestitischen Symptomen berichtet wird, hat man den ungewöhnlichen Erregungsstimulus (CS) mit chemischen oder elektrischen aversiven Stimuli (UCS) gekoppelt. Bei den abgewandelten Techniken, die uns hier interessieren, geht es hauptsächlich um die Benutzung eines breiten Spektrums von Verhaltensarten oder Stimuli als CS. So wurden auf Tonband gesprochene Beschreibungen der sexuellen Perversionen des Patienten, Bilder von Fetischobjekten, tatsächliche Ausführungen abweichender Reaktionen, die Onanie zu abweichenden Phantasien, die Darbietung von Wörtern, die sexuelle Stimuli darstellten, all diese und ähnliche Ereignisse wurden als CS benutzt.

Die Annahme, die klassische Konditionierung stelle den fundamentalen Lernmechanismus dar, ist am fragwürdigsten, wenn das Symptom selbst (also die Hinweisreizeigenschaften der abweichenden Reaktion) als CS benutzt wird. Wird unter diesen Umständen ein männlicher Patient z. B. gebeten, Frauenkleidung anzuziehen oder bei pervertierten Phantasien zu masturbieren, sind die Zielreaktionen mit den Verhaltensarten, die eliminiert werden sollen, identisch. Schließen sich ihnen Schock oder drogenbedingter Brechreiz an, verfährt man genauer, wenn man die Konsequenzen als aversive verstärkende Stimuli beschreibt, die dem Symptomverhalten folgen. Diese Situation wird am deutlichsten veranschaulicht, wenn der Therapeut das zunehmende Penisvolumen des Patienten als Signal zur Schockverabreichung benutzt. Diese Prozedur entspricht dem operanten Konditionierungsmodell, da das Schwergewicht auf der Reaktion und weniger auf ihrem Hinweisreiz liegt und da die Verabreichung des aversiven Stimulus auf die Reaktion des Patienten kontingent ist. Doch ist die Trennung zwischen auslösenden Hinweisreizen von offenen oder verdeckten Reaktionen bei natürlich auftretenden komplexen Verhaltensarten (wie sexuelle Erregung) fast unmöglich, da in diesem Fall 1. lange S-R-Ketten wahrscheinlich sind; da 2. jeder S wahrscheinlich sekundären Verstärkungswert besitzen würde; und da 3. jede R für die nächste R wahrscheinlich Hinweisreizeigenschaften bereithält. Es ist schwierig, ein Element auszuwählen, das man als den CS bezeichnen könnte, oder Elemente zu bestimmen, die man als die kritische Reaktion benennen könnte. Aus diesem Grunde fällt es tatsächlich schwer zu entscheiden, welches Lernmodell die therapeutischen Operationen nun effektiv repräsentieren.

Eine grundlegende Schwierigkeit besteht in der Bestimmung des Umfangs, in dem therapeutische Operationen anhand der Standards des Labors und anhand der effektivsten Extrapolation von Laborbefunden auf die Therapie definiert und gemessen werden können, wenn diesen eindeutigen Standards nicht entsprochen werden kann. Abb. 3/4 stellt eine hypothetische Kette aus S-R-Ereignissen dar, die ein Fetischismus zur Folge haben könnte. Früher Ansatzpunkt der therapeutischen Intervention könnten die anfänglichen sexuellen Phantasien oder die Befriedigungsversuche des Patienten sein. Ein

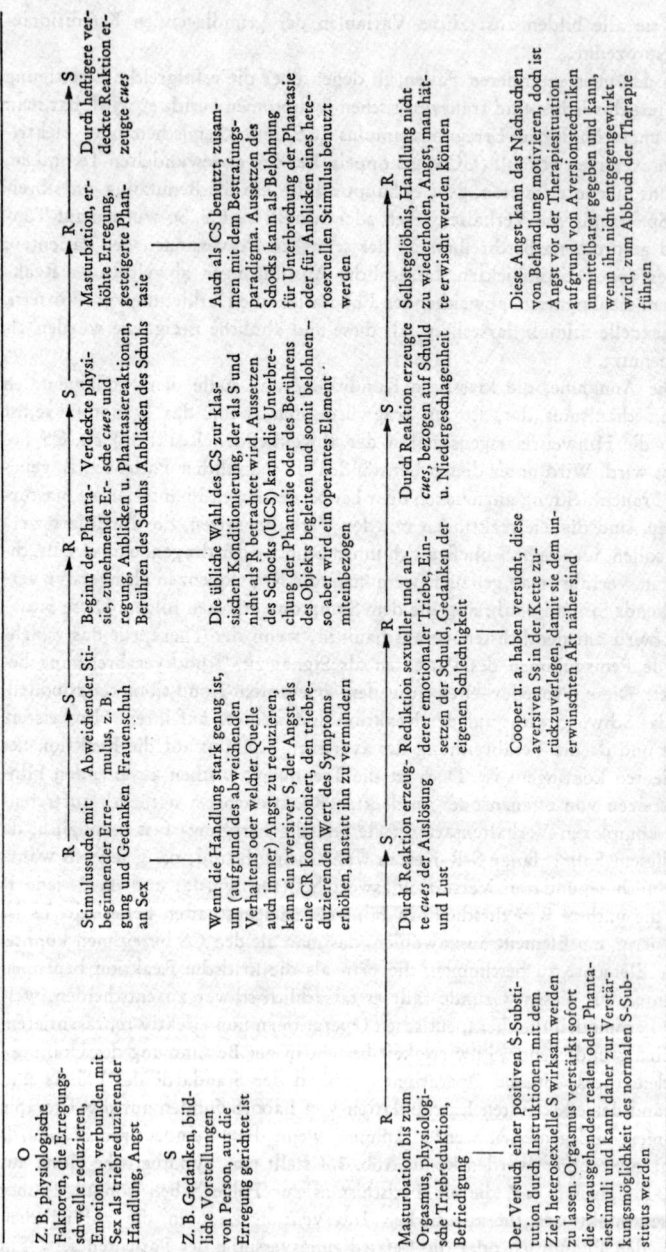

Abb. 3/4: Hypothetische Kette aus S-R-Ereignissen bei Fetischverhalten und die entsprechenden therapeutischen Ansatzpunkte.

zweiter Ansatzpunkt ist das Einsetzen des abweichenden Verhaltens, das in der klassischen Konditionierung häufig als CS benutzt wird. Und schließlich kann die volle Erregung der aktiven Sexualreaktion durch klassische Konditionierung oder operante Bestrafung manipuliert werden.

Die Auswahl des CS kann von entscheidender Bedeutung sein. Das veranschaulicht eine Studie von BANCROFT (1966), die beschreibt, wie ein Schock-UCS verabreicht wird, und zwar nach dem CS einer (durch Phantasien ausgelösten) Peniserektion von vorbestimmter Größe, die mit Hilfe eines Plethysmographen gemessen wurde. BANCROFTS Daten lassen erkennen, daß die Patienten auch weiterhin markante Erektionsreaktionen auf homosexuelle Phantasien zeigten, obwohl die Häufigkeit und Latenz der Phantasien etwas unterdrückt wurde und das selbsteingeschätzte Interesse für Männer abnahm. RACHMAN und TEASDALE (1969) meinten, daß, da der intermittierende Schock genausolang anhielt wie die Erektion, die Patienten vielleicht lediglich dahingehend trainiert worden waren, daß sie ihre Reaktion während des Schocks aufrechterhielten. Sie praktizierten ihre üblichen homosexuellen Reaktionen gewissermaßen auch weiterhin.

Kombinationen aus operanten und klassischen Prozeduren

Der Vermischung von klassischen und operanten Prozeduren begegnet man häufig in Berichten über die Behandlung von Homosexualität. Die meisten Autoren benutzen nicht nur Methoden der Stimulussubstitution, sondern auch (sei es nun absichtlich oder nicht) Flucht- oder Vermeidungsreaktionen, bei denen es sich im wesentlichen um Annäherungsverhalten an die Heterosexualität handelt. Wenn keine sozial akzeptable Reaktion anstelle der abweichenden Handlung gelernt wird, ist ein Rückfall fast unvermeidlich. Man kann sich die Unterdrückung des abweichenden Verhaltens als Gelegenheit zur Aneignung anders gearteter Reaktionen vorstellen. Ein Großteil der ergänzenden Prozeduren entspricht dem Bestrafungsparadigma, da sich der abweichenden Sexualreaktion irgendein aversiver Stimulus anschließt. Trotzdem kommt der Strategie einer engen zeitlichen Verbindung zwischen einem aversiven UCS und einem CS (der im symptomatischen Patientenverhalten gewöhnlich früh auftritt) in den Verhaltensmodifikationstechniken des Klinikers ein bestimmter Platz zu — und dasselbe gilt für die operanten Methoden. Tatsächlich kann ihre Kombination äußerst effektiv sein. In einem kritischen Überblick über die zahlreichen Techniken der Aversionstherapie bei sexuellen Abweichungen folgert Feldman (1966):

»Noch kann keiner behaupten, diese oder jene Technik der Aversionstherapie dieser oder jener sexuellen Abweichung überrage alle anderen, obwohl die bisher erzielten Resultate vermuten lassen, daß instrumentelle Techniken einerseits theoretisch mehr Erfolg versprechen als Verfahren des klassischen Konditionierens, und andererseits in praktischer Hinsicht eine annehmbare Erfolgsrate erzielt haben« (S. 78).

Feldman selbst verfuhr bei der Behandlung von Homosexuellen und anderen Patienten so, daß er klassische und operante Prozeduren kombinierte, wobei

er sorgfältig auf jene Operationen achtete, die dazu neigen, die Löschungs-
und Generalisierungsresistenz zu fördern (FELDMAN und MACCULLOCH, 1965;
MACCULLOCH, FELDMAN und PINSCHOF, 1965; FELDMAN, 1966). Nachdem
er den Beweis dafür erbringt, daß instrumentelle Vermeidungsreaktionen
löschungsresistenter sind als Effekte des klassischen Konditionierens, und nachdem er MORGENSTERN, PEARCE und REES (1965) zitiert, die gezeigt haben,
daß operante Konditionierungstésts (verbaler Art) das Ergebnis der Aversionstherapie vorhersagen, während das bei Durchgängen der klassischen Konditionierung (des Lidschlags) nicht der Fall ist, folgert FELDMAN, Sexualverhalten sei primär operant und sollte dementsprechend behandelt werden.
Diese Folgerung wird durch Evidenz gestützt, nach der abweichende Sexualreaktionen nach und nach gelernt und durch Verstärkung aufrechterhalten
werden, die bewirkt wird durch Masturbation anhand einer Erinnerung, in
der das abweichende Stimuluselement zum Teil mit enthalten ist (MCGUIRE,
CARLISLE und YOUNG, 1965; EVANS, 1968). Aus den bereits angeführten
Gründen benutzt FELDMAN den Elektroschock als UCS. Feldman bedient sich
projizierter Darstellungen von erregenden abweichenden Stimuli, weil er es
für schwierig hält, Phantasien zu entwickeln und genau mitzuverfolgen (obgleich viele andere Experimentatoren keine Schwierigkeiten mit diesem Verfahren gehabt haben und die Latenz der Phantasieentwicklung in der Tat
als Kriterium für den therapeutischen Fortschritt benutzt haben). Dazu ist
zu bemerken, daß diese Dias im Gegensatz zu den gewöhnlichen Phantasien
des Patienten, die übliche Erregungssituation weniger präzise reproduzieren,
obwohl diese Prozedur natürlich eine bessere Stimuluskontrolle durch den
Therapeuten ermöglicht.

Um in der Therapie die Löschungsresistenz der neu erworbenen Reaktion
zu fördern, werden Durchgänge nicht massiert, sondern verteilt, wird für eine
partielle Verstärkung durch variable Intervall- und Quotenpläne gesorgt,
wird die Schockgewöhnung dadurch vermieden, daß man sich nicht allmählicher Steigerungen, sondern hoher Niveaus von Beginn an bedient, und werden einige Vermeidungsreaktionen verzögert. Die Tatsache, daß die Verwendung der partiellen Verstärkung nicht typisches Merkmal gewesen ist, erinnert an EYSENCKS (1965 b) Bemerkung, daß man die theoretischen und experimentellen Fortschritte auf dem Gebiet des Lernens und des Konditionierens
genausogut als nicht existent bezeichnen könnte, wenn man sie mit dem entsprechenden Interesse der Praktiker vergleicht. Doch wissen wir auch, daß
HOLZ und AZRIN (1966) den Standpunkt vertreten, man solle, wenn irgend
möglich, eine hundertprozentige Verstärkung verabreichen, wenn der aversive Stimulus als Bestrafung benutzt wird. Da man jedoch nicht verhindern
kann, daß der CS und der abweichende Akt außerhalb der Therapie auftreten, ist eine hundertprozentige Verstärkung nicht möglich. Die Tatsache,
daß eine klare Diskrimination des Auftretens des UCS möglich ist, da dieser
nicht außerhalb der Behandlungssitzungen auftreten kann, und der davor
erwähnte Sachverhalt sind wesentliche Einwände gegen die Aversionstherapien und stellen im Hinblick auf ihren effektiven Wirkungsbereich ein Para-

dox dar. Mit allgemeinen Problemen der Verwendung von Flucht-, Vermei-
dungs- und Bestrafungsparadigmen werden wir uns noch einmal in Kapitel 7
auseinandersetzen.

FELDMAN bedient sich eines operanten Modells, wenn er versucht, die Aneignung einer alternativen Reaktion zu unterstützen, und in diesem Prozeß
werden abweichende durch normale heterosexuelle Reaktionen ersetzt. Da
in den meisten therapeutischen Milieus das Praktizieren normaler sexueller
Verhaltensweisen nicht direkt angestrebt werden kann, koppeln FELDMAN u. a.
(reale oder phantasierte) Bilder von Frauen mit der Beendigung des CS und
UCS. Diese Prozedur sollte die eingangs neutralen Bilder von Frauen in
positive Verstärker verwandeln, weil Stimuli, die den Ausgleich des Schocks
begleiten, zu sekundären Verstärkern werden (KIMBLE, 1961). DAVISON
(1968 a) und andere sind sogar noch weiter gegangen, indem sie den masturbatorischen Orgasmus des Klienten mit realen oder phantasierten weiblichen
Stimuli koppelten. Die Patienten benutzten abweichende Phantasien zur Aufrechterhaltung der Erregung, phantasierten jedoch stets Frauen, wenn der
Orgasmus sich näherte, und mit der Zeit gelang es ihnen, diese normale Phantasie in der Zeit zurückzuverlegen, bis sie die abweichende Phantasie ganz
aufgeben konnten. Allerdings hielten es sowohl DAVISON (1968 a) als auch
THORPE, SCHMIDT und CASTELL (1963) für nötig, dieses positive Konditionierungsverfahren mit einer aversiven Prozedur zu kombinieren, um so die
CR zusammen mit dem abweichenden CS zu verändern. Das lange Überlernen des abweichenden Musters bewirkt vermutlich, daß dieses Muster jede
alternative neue Reaktion beherrscht, es sei denn es würde direkt unterbrochen werden. FELDMAN macht warnend darauf aufmerksam, daß, sollte die
Umstellung auf weibliche Stimuli zur Detumeszenz führen, diese positive
Konditionierungstechnik ein Rückwärtskonditionieren einschließen und zur
Vermeidung von Frauen führen könnte. Auch wenn es gelungen ist, abweichende Sexualstimuli durch heterosexuelle zu ersetzen, muß dem Patienten
wahrscheinlich beim Erlernen der Verhaltensweisen des Umwerbens von
Frauen geholfen werden. Möglicherweise bedarf er auch einer Behandlung,
mit dem Ziel, seine früheren Ängste in bezug auf soziale und sexuelle Kontakte mit Frauen zu reduzieren. Dieser Punkt unterstreicht noch einmal die
Notwendigkeit, jedes Verhalten individuell sorgfältig zu erfassen und das
therapeutische Vorgehen auf einer breiten Basis anzusiedeln, die alle relevanten Elemente von komplexen sozialen Verhaltensarten berücksichtigt.

FELDMANS Technik zeichnet sich durch ein letztes besonderes Merkmal aus
— durch die Verwendung einer antizipatorischen Vermeidungsreaktion. Dabei sieht sich ein homosexueller Patient das projizierte Dia eines nackten Mannes »so lange an, wie er es attraktiv findet«. Nach acht Sekunden wird ein
schmerzhafter Elektroschock verabreicht, der so lange dauert, bis der Patient
einen Schalter betätigt, der das Dia mit dem Mann verschwinden läßt und
durch ein Dia mit einer Frau ersetzt. Betätigt der Patient den Schalter innerhalb acht Sekunden, vermeidet er den Schock. Verabreichung von Schock und
Dias mit Frauen erfolgt nach einem zufallsgemäßen partiellen Verstärkungs-

plan. RACHMAN und TEASDALE (1969) haben FELDMANs konditionierte Vermeidungsreaktion als artifiziell kritisiert und erklärt, sie habe nichts mit den instrumentellen Handlungen zu tun, die zur Vermeidung von natürlichem homosexuellem Verhalten potentiell gegeben seien; auch unterscheiden sich die Dias mit Männern und Frauen von den realen und phantasierten Stimuli, die gewöhnlich die Erregung des Patienten auslösen, ganz erheblich. Trotz dieser Einwände erzielen FELDMANs Prozeduren offenbar vielversprechende Ergebnisse.

Doch sollte man auch bedenken, daß die pervertierten Sexualreaktionen in der Klinik oder im Labor im Beisein des Behandlungspersonals ausgeführt werden. Dieser Typus einer publiken Performanz wird sicher von einer gewissen Angst begleitet; das aber kompliziert noch mehr unser Verständnis jenes besonderen Prozesses, von dem Berichte über Therapieerfolge sprechen. Die Angst kann reduziert werden, wenn der noxische UCS schließlich auftritt, ähnlich wie im Tierlabor der UCS Angst beendet, die während des CS-UCS-Intervalls zu beobachten war (ESTES und SKINNER, 1941; SCHOENFELD, 1950). So kann also ein aversiver UCS das vorausgehende Verhalten aufrechterhalten, wenn er zum Signal wird für die nachfolgende Verabreichung von positiver Verstärkung. Solche Belohnungen können der Erleichterung durch Beendigung eines Durchgangs oder der Anerkennung durch den Therapeuten inhärent sein. »Masochistisches« Verhalten könnte in die Reduktion des Symptoms, das die Aversionstherapie anpeilt, eingreifen; das war möglicherweise bei BANCROFT (1966) der Fall, als dieser, wie oben erwähnt, versuchte, homosexuelles Verhalten zu eliminieren. Daher wird in klinischen Prozeduren darauf geachtet, daß der UCS erst dann beendet wird, wenn der Patient die pervertierte Reaktion nicht mehr ausführt, und auf diese Weise wird die Möglichkeit einer Vermeidungskonditionierung ausgeschaltet.

Allgemein gesehen, haben die aversiven Konditionierungsverfahren, die man durch zusätzliche Prozeduren ergänzte, bei der Behandlung von sexuellen Abweichungen wirklich vielversprechende Erfolge erzielt, zumal wenn man sie mit den dürftigen Ergebnissen anderer Therapien vergleicht. FELDMAN und MacCULLOCH (1965) berichten bei Nachuntersuchungen, die sich über einen Zeitraum von 1—14 Monate erstreckten, über ein völliges Verschwinden der homosexuellen Phantasien und Verhalten bei zehn von sechzehn Patienten, die mit der oben dargestellten Methode behandelt wurden. Diese zehn Patienten praktizierten zum Zeitpunkt der Nachuntersuchung aktiv heterosexuelles Verhalten und/oder Phantasien. Ein späterer Bericht (FELDMAN, 1966) über 26 Patienten (die Nachuntersuchungen erstreckten sich über einen Zeitraum von drei Monaten bis zwei Jahren) spricht von 18 Patienten, die einen derartigen Behandlungserfolg aufwiesen, und von 8 Patienten, deren Zustand sich nicht gebessert hatte.

MARKS und GELDER (1967) behandelten fünf Männer mit Fetischismus und/oder Transvestismus zwei Wochen lang zweimal täglich mit der aversiven Konditionierungsmethode; danach nahmen die Patienten an wöchentlichen und später monatlichen Unterstützungssitzungen teil. Die Behandlung bestand darin, daß der Patient einen intermittierenden Schock verabreicht bekam, wenn er signalisierte, daß er sich lebhaft eine gewohnheitsmäßige abweichende Sexualsituation vorstellte, und später erhielt er den Schock immer dann, wenn er abweichendes Verhalten tatsächlich ausführte. Erfolgreiche Behandlung wurde an folgenden Kriterien gemessen: 1. bei Behandlungsende war die Latenz im Hinblick auf ein Heraufbeschwören der perversen Situation stark angestiegen; 2. die Plethysmographmessungen zeigten entweder wesentlich längere Latenzzeiten oder die Unfähigkeit des Patienten, durch die abweichenden Stimuli erektile Reaktionen zu äußern (diese Veränderung war auf das einschlägige Stimulusobjekt, dem der Schock galt, speziell abgestimmt, so daß jeder Stimulus — z. B. ein Rock, ein Unterrock und ein Unterhöschen — für sich behandelt werden mußte; 3. semantische differentielle Schätzungen zeigten eine Abwertung der abweichenden sexuellen Stimuli bis hin zur Neutralität; 4. alles abweichende Verhalten außerhalb der Therapiesitzungen hörte auf. Bei einer Nachuntersuchung nach einem Jahr zeigten zwei von den fünf Patienten Anzeichen von Rückfall. Diese beiden Studien mit ihren 60- bis 70prozentigen Heilerfolgen bei der Nachuntersuchung repräsentieren erstaunliche Erfolge bei Patienten, die schon sehr lange (nämlich durchschnittlich 20 Jahre) unter abweichenden Sexualverhalten gelitten hatten. Es ist schwierig festzustellen, inwieweit diese Patienten eine positiv selegierte Stichprobe repräsentieren — das gilt für die allgemeine Pathologie, die Motivation zur Veränderung, das insgesamte Angstniveau, die Geschichte der Existenz normaler Sexualphantasien und normalen Sexualverhaltens die verfügbaren heterosexuellen Ventile und die umweltbedingte Verstärkung dieser Ventile. Zukünftige Arbeiten täten gut daran, dem Beispiel von MARKS und GELDER zu folgen und im Verlauf der Therapie multidimensionale Kriterienmaßstäbe anzulegen, sie täten gut daran, zusätzliche autonome Maßstäbe zu benutzen, um den Verlauf der angenommenen konditionierten Angst festzustellen, und gut täten sie daran, den anderen Variablen, die vermeintlichen prognostischen Wert besitzen, Aufmerksamkeit zu schenken.

Kriterien der Veränderung und Generalisierung von Effekten

Bei dem Versuch, die Verhaltensarten und die therapeutischen Effekte, denen wir in diesen Behandlungsverfahren begegnen, zu entwirren, verdienen zwei Punkte unsere besondere Aufmerksamkeit. Werden multiple Kriterien benutzt, sind verschiedene Aspekte des Sexualverhaltens offenbar relativ unabhängig. So stellten MARKS und GELDER fest, daß die Veränderungen der Phantasien, der Einstellungen und der körperlichen Erregung unterschiedlich rasch stattfanden. MEES (1966 b) fand in einer Fallstudie, daß abweichende Phantasien, normale heterosexuelle Phantasien und normale heterosexuelle Verhalten unabhängig voneinander stattfanden. Die aversive Konditionierung beeinflußte die Häufigkeit, mit der sich der Patient abweichender Phantasien zur Masturbation bediente, erst dann, als die normalen Phantasien bewußt bestärkt worden waren; das war sogar dann der Fall, wenn der Patient normalen heterosexuellen Geschlechtsverkehr hatte. Ähnlich fanden MARKS und GELDER, daß die semantischen Schätzungen der aversiv konditionierten abweichenden Stimuli lediglich neutral, aber nicht negativ ausfielen — dies war eine Neutralisierung, die mit positiven Veränderungen an normalen sexuellen Stimuli gewöhnlich wenig gemeinsam hatte.

Die aversiven Konditionierungstherapien fußten anscheinend auf zwei miteinander verquickten und nicht getesteten Annahmen. Zum einen glaubte man, Angst vor und Vermeidung von »normaler« Heterosexualität bilde die Grundlage der Entstehung und Aufrechterhaltung abweichender Sexualpraktiken. Zum anderen meinte man, normale und anomale Muster stünden in reziproker Beziehung zueinander. Eine dritte häufige Annahme ist die, daß Phantasie und Praxis stark positiv korreliert sind. BARLOW (1973) hat darauf hingewiesen, daß sowohl die psychoanalytischen als auch die Verhaltens-Theoretiker zu diesen Annahmen neigen.

Noch bis vor kurzem befaßten sich verhaltenstherapeutische Techniken weniger mit der Förderung der heterosexuellen Reagibilität und Fertigkeit als mit der Unterdrückung der Erregung, die sozial abweichenden Sexualobjekten galt. Doch es spricht vieles dafür, daß diese Reagibilität zumindest dieselbe Aufmerksamkeit verdient. In ihrem Bericht über die Behandlung männlicher Homosexueller mit aversivem Elektroschock betonten BANCROFT und MARKS (1968), wie wichtig es sei, bei sozio-sexuellen und Phantasieverhalten Veränderungen einzuleiten. Obwohl die meisten Patienten unmittelbar nach der Behandlung einige Veränderungen erkennen ließen, hielt diese therapeutische Wirkung nicht an. BANCROFT und MARKS meinten, die Aversionsprozedur sollte als eine Methode betrachtet werden, »bei der es darum geht, Einstellungen zu ändern, ein Verfahren, das den Methoden vergleichbar ist, mit denen Sozialpsychologen im nicht-klinischen Kontext gearbeitet haben. Die Stabilität einer derartigen Einstellungsänderung hängt davon ab, inwieweit sie in Verhaltensänderung umgesetzt wird«. FELDMAN und MACCULLOCH (1971) erarbeiteten in einer Untersuchung, die aversive Konditionierung mit Psychotherapie verglich, noch eindeutigere Ergebnisse. Ihr bester Vorhersagemaßstab für das Behandlungsergebnis waren die früheren heterosexuellen Erfahrungen. BANCROFT (1970) fand heraus, daß die Desensibilisierung heterosexueller Angst ebenso wirksam ist wie Aversionstherapie und daß überraschenderweise beide Techniken heterosexuelle Erregung steigern, während homosexuelle Erregung nur durch Aversion reduziert wird. Doch um welche der beiden Behandlungsarten es auch geht, wichtiger noch ist, daß es die Zunahme heterosexueller Erregung, nicht *aber* die Abnahme homosexueller Erregung ist, die in bezug auf eine klinische Besserung Vorhersagewert besitzt.

BARLOW (1973) gab einen Überblick über klinisches und experimentelles Beweismaterial und gelangte zu dem Schluß, daß heterosexuelle Reagibilität kein einheitliches Konzept sei und nicht als allgemeingültiges Behandlungsziel formuliert werden sollte. Vielmehr setze sich dieses Konzept aus verschiedenen voneinander unabhängigen Verhaltenskomponenten zusammen, von denen jede unter Umständen mit einer anderen therapeutischen Technik behandelt werden könne. Bei manchen Patienten könne die Behandlung nur einer Komponente ausreichen, während bei anderen Patienten mehrere Komponenten behandelt werden müßten. So könne bei dem einen Patienten Reduktion von heterosexueller »Angst« durch Desensibilisierungstechniken bewirkt werden, während ein anderer Patient unter Umständen mit kombinierten Prozeduren behandelt werden müsse — z. B. dann, wenn sein sexuelles Erregungspotential bestärkt werden muß, wenn seine sozialen Fertigkeiten beim Umgang mit Frauen trainiert werden müssen und wenn seine abweichenden Reaktionen aversiver Konditionierung bedürfen.

Angesichts der Tatsache, daß die Aversionstherapien im allgemeinen und die entsprechende Behandlung von Homosexualität im besonderen in zunehmendem Maße ethische Probleme aufwerfen (vgl. dazu DAVISON und WILSON, 1973; WILSON und DAVISON, 1974), ist es wichtig, in der Theorie wie in der Praxis Alternativen zu verfolgen. Einige *Gay Liberation*-Gruppen vertraten den Standpunkt, kein Therapeut solle je einen Homosexuellen behandeln. Sie behaupteten, der Wunsch des Klienten sich zu ändern sei auf punitive, irrationale und ungerechte Sanktionen zurückzuführen, die die Gesellschaft gegen einige Sexualverhalten verhänge. Anstatt derartige Verhalten zu behandeln, sollten die Therapeuten versuchen, die Gesellschaft zu ändern. Der Therapeut, der in diesem Dilemma von Wertvorstellungen steckt und der Wahlfreiheit des Klienten den Vorrang einräumt, braucht nicht zu Aversionsmethoden zu greifen; er kann Techniken benutzen, die heterosexuelle Erregung fördern und für den Erwerb relevanter sozialer Fertigkeiten sorgen. DAVISON (1968), MARQUIS (1970) und andere haben über die erfolgreiche Behandlung mit einer klassischen Konditionierungsprozedur berichtet, bei der gegenwärtig neutrale Stimuli (z. B. *Playboy*-Nacktfotos für den homosexuellen Mann) mit Orgasmus durch Masturbation gekoppelt wurden. Dieses Verfahren, das gewöhnlich als »orgastisches *Retraining*« bezeichnet wird, stellt insofern eine Instigationstechnik dar, als der Klient in jeder Sitzung Aufgaben mit nach Hause bekommt. Er wird instruiert, im geheimen wie sonst auch zu masturbieren und sich dabei der Phantasien zu bedienen, die ihn gewöhnlich erregten. Doch kurz vor dem Orgasmus soll er sich eine nackte Frau oder einen anderen passenden Stimulus vorstellen. Das Einsetzen diesen neuen Stimulus wird in der Zeit allmählich zurückverlegt, wobei stets die Fähigkeit des Klienten, seine Erregung durch diese »normale« Stimulation aufrechtzuerhalten, berücksichtigt werden muß. Da dieser Ersatzstimulus mit der äußersten Erregung und dem Orgasmus stark assoziiert ist, kann er rasch konditionierte Erregungseigenschaften erwerben und die ganze Erregungssequenz schließlich selbst bestreiten. Um eine Generalisierung zu fördern und eine größere Anzahl effektiver Stimuli bereitzustellen, führt man in die Behandlung gewöhnlich zusätzliche neue Bilder und Phantasien ein.

Wie wir sehen, ist dieses *Retraining* mit keiner aversiven Stimulation verbunden; außerdem entwertet oder bekämpft es die einstigen Erregungsmöglichkeiten des Klienten nicht direkt. Diese Prozedur stimmt folglich mit der in letzter Zeit erarbeiteten Evidenz und mit der heute verbreiteten Meinung überein, daß Homosexualität weder eine Krankheit noch ein psychopathologisches Merkmal ist. Die meisten Verhaltenstherapeuten haben diesen Standpunkt übernommen und anstatt zu versuchen, das Verhalten ihrer homosexuellen Klienten zu modifizieren — das tun sie nur dann, wenn der Homosexuelle das wirklich möchte —, unterstützen sie ihre Entwicklung einer positiven homophilen Einstellung (DAVISON und WILSON, 1973).

Alkoholismus

Bei einem zweiten Bereich pathologischen Verhaltens, in dem man das Stimulussubstitutions- oder das Aversionstherapie-Paradigma angewandt hat, handelt es sich um den Alkoholismus. FRANKS (1966) hat einen Überblick über dieses Feld gegeben und darauf hingewiesen, daß ein Großteil der Studien, die in den zwanziger Jahren in den USA und in der Sowjetunion zu diesem Gegenstand durchgeführt wurden, unzulänglich war. Die ersten Versuche auf diesem Gebiet benutzten als UCS Apomorphin, auf dessen Ungeeignetheit wir bereits hingewiesen haben. Neben dem Rückwärtskonditionieren, der Beeinträchtigung der Konditionierbarkeit durch Beruhigungsmittel und anderen Problemen, bewirkt durch die Verwendung von Medikamenten als UCS, gab es noch andere Mängel, die diese ersten Untersuchungen kennzeichneten — z. B. die unpräzise Berichterstattung, die begrenzten Nachuntersuchungen, sowie widersprüchliche Prozeduren. Wegen der kärglichen Erfolgsquoten dieser Studien kam man von Konditionierungstherapien gegen Alkoholismus großenteils ab; erst in den späten vierziger und frühen fünfziger Jahren begann man sich aufgrund einiger gelungener Studien erneut für die Möglichkeiten dieser Technik zu interessieren. In dieser Zeit erfreute sich Antabus (Disulfiram), ein Mittel, das zu Brechreiz und Erbrechen führt, wenn sich seiner Einnahme Alkoholkonsum anschließt, einer weiten Verbreitung als Behandlungs- und Vorbeugemittel. Doch wirkt es in seiner Reaktion auf Alkohol auf direktem physikalischem Wege, so daß seine Anwendung keine Konditionierungsprozedur darstellt. Insoweit Lernprozesse in seine Effekte eingehen, handelt es sich bei der Antabusbehandlung um ein Bestrafungsparadigma, bei dem sich der Reaktion des Alkoholkonsums Brechreiz anschließt. Die Diskrimination fällt leicht, da sich der Patient ohne weiteres erinnern kann, ob er kürzlich Antabus eingenommen hat oder nicht. Zwar wurde über eine milde konditionierte Aversion gegen Alkohol als Folge der Antabustherapie berichtet, doch handelt es sich bei dieser Methode um keine Konditionierungsprozedur im üblichen Sinne. Die Person, die Antabuse eingenommen hat, zeigt auf Alkoholkonsum hin äußerst unangenehme Reaktionen. Trotzdem ist dieser Prozeß primär physiologisch, und er hat nichts zu tun mit etablierten Beziehungen zwischen Stimuli und Reaktionen in einer Situation, in der jene zunächst nicht existierten (FRANKS, 1966).

Zu den besten Studien, die ein Brechmittel (Emetin) als UCS benutzten, gehört die von LEMERE und VOEGTLIN (1950). Ihre Prozedur bestand darin, daß der Patient Mittel zur Kontrolle von schwerwiegenden Nebeneffekten bekam, dazu ein orales salinisches Mittel, das für leicht erbrechbare Mageninhalte sorgte, und schließlich injiziertes wie orales Emetin. Kurz vor dem Einsetzen der Übelkeit und des Erbrechens roch und schmeckte der Patient Alkohol. Die meisten Experimentatoren verabreichten zwischen den Sitzungen große Mengen an alkoholfreien Getränken, um die Differenzierung zwischen der konditionierten Reaktion auf Alkohol und Alkohol enthaltende Getränke einerseits und andere Flüssigkeiten andererseits zu maximieren. LEMERE und VOEGTLIN (1950) berichten, daß 60 Prozent von mehr als 4000 behandelten Patienten mindestens ein Jahr abstinent blieben, 51 Prozent mindestens zwei Jahre, 38 Prozent mindestens fünf Jahre und daß sich für den Zeitraum von dreizehn Jahren, über den sich die Nachuntersuchungen erstreckten, eine totale Abstinenzquote von insgesamt 51 Prozent ergab. MILLER, DVORAK und TURNER (1964) benutzten die Voegtlin-Technik im Rahmen einer Gruppenprozedur und erzielten nach acht Monaten bei 50 Prozent totale Abstinenz.

Eine drastischere Prozedur verwendete Scolin oder Anectin, ein kurarisierendes Mittel, das momentan völlige Paralyse erzeugt, u. a. auch plötzliches Abbrechen der Atmung des Patienten, ohne daß der Bewußtseinsgrad beeinträchtigt wird. Die Verabreichung von Scolin setzt sorgfältige ärztliche Überwachung voraus und erzeugt bei dem Patienten, der kurz vor dem Einsetzen der Paralyse Alkohol schmeckt und riecht, terrorisierende Effekte. Als man diese dramatische Methode einerseits mit einer Pseudokonditionierungs-Prozedur verglich (MADILL, CAMPBELL, LAVERTY, SANDERSON und VANDER-WATER, 1966), bei der die Gruppe nur den UCS erhielt, der nicht mit dem Geschmack, Geruch oder Anblick von Alkohol gekoppelt war, und andererseits mit einer Placebo-Prozedur, bei der die Gruppe nur den CS, nicht jedoch den aversiven Stimulus verabreicht bekam, beobachtete man bei einer Nachuntersuchung nach drei Monaten bei den drei Gruppen keine signifikanten Unterschiede hinsichtlich der genauen Abstinenzzeit.

Von den zwölf behandelten Patienten waren bei einer Nachuntersuchung nach einem Jahr nur mehr zwei abstinent. Trotz der ethischen Vorsichtsmaßnahmen, die bei der Benutzung eines derart extremen UCS ergriffen werden müssen, machte man die Patienten mit der Natur dieser »schrecklichen, doch unschädlichen« Erfahrung, die sie, wie man ihnen erzählte, machen würden, nicht vertraut. Da die heftigen Effekte dieser Prozedur dazu geführt haben, daß sie in der Forschung nur begrenzt angewandt wurde, sollten experimentelle Programme benutzt werden, die den Informationswert der Studie maximieren. Jene Studie berichtete jedoch weder über angemessene Kontrol len noch über Mehrfachmessungen. Die Tatsache, daß Experimentatoren es häufig versäumen, Patienten im vorhinein über die Verabreichung kurarisierender Drogen als UCS zu informieren, verblüfft insofern, als dieses Vorgehen ethisch unrichtig ist und als sich das Bewußtsein des Patienten von der Wirkungsweise der Droge auf die Ergebnisse zusätzlich positiv auswirken kann.

In jüngerer Zeit hat man — ähnlich wie bei der Behandlung von sexuellen Abweichungen — auch auf diesem Gebiet begonnen, den Elektroschock als UCS den Brechmitteln vorzuziehen. Man benutzt Drogen als aversive Stimuli häufiger bei Alkoholismus als bei sexuellen Problemen — vielleicht weil dieses Verfahren eine längere Geschichte hat und weil eine natürliche Verbindung besteht zwischen Übelkeit und Erbrechen und oralem Verzehr. Diese beiden Arten von Aversionsbehandlung haben zum großen Teil dieselben Schwierigkeiten und Verwicklungen gemeinsam. Vergleicht man Alkoholismus mit sexuellen Abweichungen, so stößt man bei jenem auf mehr Theorien hinsichtlich seiner Ursachen und seiner Aufrechterhaltung (z. B. Angstreduktion als aufrechterhaltender Verstärker), auf weniger Gewißheit hinsichtlich der endogenen und exogenen Hinweisreize, die im Leben selbst gern die Zielreaktion auslösen, und auf mehr Variabilität hinsichtlich der Umstände, Methoden und Akte, die die Zielreaktion gern begleiten. Während z. B. die meisten Personen mit abweichenden Sexualverhalten im geheimen nach Phantasien masturbieren, in denen die meisten Stimuli, welche die sexuelle Erregung auslösen, enthalten sind, variieren Alkoholiker gewaltig in bezug auf die Frage, was, wie, wann und warum sie trinken. Daher ist es auch wesentlich schwieriger, zu einer rivalisierenden Reaktion zu gelangen, die als Alternative zum Alkoholismus eingesetzt werden kann. Sowohl die angestrebte Verstärkung durch den Orgasmus, als auch die sozial annehmbaren Alternativen zu seiner Verwirklichung versteht jeder. Doch repräsentieren weder klassisch konditionierte Hinweisreize noch universell operante Verstärker geeignete Alternativen zur Reaktion des Alkoholkonsums. Folglich ist die Schaffung eines Trinksubstituts so lange schwierig oder unmöglich, so lange man nicht weiß, *welcher* Aspekt der Kette aus Verhalten und Konsequenzen des Alkoholkonsums substituiert werden soll. Denselben Schwierigkeiten begegnet man bei der Konditionierungsbehandlung von anderen Konsumreaktionen — z. B. beim Überessen, bei der Drogensucht oder beim Zigarettenrauchen. Wenn die Löschung einer konditionierten Aversion gegen den primären CS (immer vorausgesetzt, er kann identifiziert werden) gewöhnlich relativ rasch verläuft, muß die Unterbindung eines Wiederauftretens darin bestehen, daß man während der »Schonzeit« der aversiven Konditionierung alternative Reaktionen liefert.

RACHMAN und TEASDALE (1969) weisen darauf hin, daß es sich bei der sexuellen Erregung zunächst einmal wahrscheinlich um eine ausgelöste Reaktion handelt, die an erlernte *cues* gebunden ist. Sie meinen, die Generalisierung von Aversionstherapie-Effekten auf Ereignisse außerhalb des Behandlungsrahmens werde durch die Angst vermittelt, die dem CS anhaftet. Es ist sehr unwahrscheinlich, daß Alkoholkonsum primär durch den Geschmack und Geruch des Getränks ausgelöst wird; daher hat die Aversion sicher weniger mit den auslösenden Hinweisreizen und mehr mit der klassischen Konditionierung einiger Hinweisreizeigenschaften der Reaktion oder mit der Bestrafung der Reaktion selbst zu tun. SOLOMON (1964) hat gezeigt, daß Bestrafung bei der Unterdrückung von Konsumreaktionen (da diese nicht-konsumatori-

schen instrumentellen Akten entgegengesetzt sind) besonders affektiv ist,
doch sind die Generalisierung und Nachhaltigkeit dieser Effekte weniger erwiesen. Es weist einiges darauf hin, daß die aversive klassische Konditionierung von Nahrungsstimuli das Freßverhalten von Tieren nicht reduziert,
trotz der Tatsache, daß die konditionierte Angst errichtet wird. Bestrafung
der Freßhandlung eignet sich besser zur Unterdrückung des Verhaltens (LICH-
TENSTEIN, 1950). Sollte das auch beim Menschen der Fall sein, wäre bei der
Behandlung von Alkoholikern ein Bestrafungsmodell offenbar vorzuziehen.

In diesem Zusammenhang interessiert der Versuch von MAC CULLOCH,
FELDMAN, ORFORD und MACCULLOCH (1966), ihre antizipatorische Konditionierungstechnik durch Vermeidung bei Alkoholikern anzuwenden. Die
alkoholischen Patienten entwickelten weder eine anhaltende Vermeidungsreaktion noch eine konditionierte Herzschlagreaktion auf den CS, obwohl
man beiden bei Homosexuellen begegnete, die erfolgreich mit dieser Methode behandelt wurden, eine Tatsache, die zu beweisen scheint, daß eine
konditionierte Aversion errichtet wurde. Ein weiterer Unterschied hinsichtlich
der Eignung des aversiven Konditionierens bei sexuellen Abweichungen bzw.
bei Alkoholismus ist darin zu suchen, daß man von den Alkoholikern häufig
annimmt, ihr Symptom (Alkoholkonsum) würde durch Angstreduktion verstärkt werden. Wenn das der Fall ist, kann die Angst, die auf den Anblick
und Geruch von Alkohol konditioniert worden ist, die Trinkreaktion ohne
weiteres steigern, da diese Handlung die Angst ja reduzieren würde (GWINN,
1949; EYSENCK und RACHMAN, 1965).

Trotz dieser Vorbehalte hat sich, wie wir bereits bemerkten, die aversive
Konditionierung von Alkoholismus durch Schock oder Drogen-UCS als sehr
vielversprechend erwiesen. BLAKE (1965, 1967), der sich einer Kombination
aus verbaler Motivation, Entspannung und Aversion (Schock als UCS) bediente, hat z. B. über 46 Prozent totale Abstinenz bei einer Nachuntersuchung nach einem Jahr berichtet. Zur Evaluierung der Aversionstherapie bei
Alkoholikern bedarf es dringend einer Reihe Kontrollstudien, die Behandlungen im Rahmen von bestimmten Patientenpopulationen mittels physiologischer, einstellungsbezogener und behavioraler Messung vor, während
und nach der Behandlung miteinander vergleichen (dieses Verfahren würde
der Methode von MARKS und GELDER ähneln, die diese bei sexuellen Störungen und Phobien anwandten). Zugleich muß die klinische Praxis auf eine
denkbar breite Basis gestellt werden — Angstsymptome müssen mit Hilfe
der Verhaltenstherapie behandelt werden, es müssen, so weit nötig, soziale
und berufliche Fertigkeiten entwickelt werden, es muß für die nötigen Um-
weltverstärker und für die konditionierte Aversion gegen Alkohol gesorgt
werden. LAZARUS (1965 b) und andere haben für Behandlungsprogramme
dieser Art eine breite Grundlage geschaffen, wobei sie die aversive Konditionierung mit anderen Techniken untermauerten.

Bei einigen Fällen von Fettsucht hat man auch über die erfolgreiche Anwendung der Vermeidungskonditionierung berichtet. Obgleich sich Nahrungsaufnahme und Alkoholkonsum im Hinblick auf ihre biologische Bedeutung,

ihre unmittelbaren Effekte und ihre langfristigen Konsequenzen voneinander unterscheiden, sind beiden Konsumverhalten der soziale Rahmen, in dem sie stattfinden können und gefördert werden, sowie einige Merkmale der tatsächlichen Konsumreaktionen gemeinsam. Ein Bericht von MEYER und CRISP (1964) schildert die Verwendung von Elektroschocks bei der Annäherung an verführerische Nahrung in der Behandlungssitzung mit zwei fettsüchtigen Patienten. Obgleich bei dem einen Patienten noch zwei Jahre nach der Behandlung eine erfolgreiche Gewichtsabnahme festgestellt werden konnte, sprach der zweite Patient auf die Behandlung nicht an. KENNEDY und FOREYT (1968) koppelten den Geruch einer Lieblingsmahlzeit (CS) mit dem stark noxischen Geruch von Buttersäure (UCS). Nach 22 Wochen hatte die Patientin 10 Prozent ihres Körpergewichts abgenommen. Die zusätzliche Verwendung von Diätkontrollen, die Aufklärung über den Kaloriengehalt der verschiedenen Speisen und eine Flasche zum Hausgebrauch, die das noxisch riechende Gas enthielt, beeinträchtigten die Evaluation der einzelnen Effekte der Vermeidungskonditionierung *per se.* Allerdings erweist es sich — wie bei der Behandlung von sexuellen Abweichungen, von Alkoholismus und von anderen Symptomen — als fast unmöglich, eine Behandlungsprozedur auf eine spezifische Technik zu beschränken, ohne daß man im Leben des Patienten nicht andere Veränderungen bewirkte, und sei dies auch nur aufgrund des Kontakts mit dem Therapeuten. Daher sind zur Evaluierung einer bestimmten Prozedur Kontrollverfahren unerläßlich, auch dann, wenn die spektakulären Erfolge der Prozedur überzeugende Evidenz für ihre Effektivität zu liefern scheinen. Die Verwendung der Vermeidungskonditionierung bei Fettsucht liefert im Hinblick auf den therapeutischen Mechanismus keine neuen Erkenntnisse, doch bestätigt sie, daß sich das zugrunde liegende Paradigma in der Praxis einer immer größeren Beliebtheit erfreut.

Enuresis

Das Bettnässen stellt ein drittes klinisches Problem dar, das man gern mit Methoden der Stimulussubstitution behandelt. Enuresis hat man auf emotionale Störungen zurückgeführt. Dynamische Persönlichkeitstheorien haben das Unvermögen, die Blasenfunktion zu kontrollieren, als die Manifestation entweder von passiv-aggressivem Verhalten gegenüber den Eltern oder von tiefverwurzelten emotionalen Konflikten oder von Ersatzbildungen der Befriedigung verdrängter Sexualität betrachtet. Obwohl dieser Standpunkt zu Beginn des zwanzigsten Jahrhunderts vorherrschte, berichtet LOVIBOND (1964), daß J. NYE bereits 1830 eine Methode zur Behandlung von Enuresis vorschlug, die in vielen Punkten heutigen Lernmethoden ähnelt. NYE schlug vor, man solle den einen Pol einer Batterie mit einem feuchten Schwamm zwischen den Schulterblättern des Patienten und den anderen mit einem trockenen Schwamm verbinden, der sich am Blasenausgang befinden müsse. Das Kind schlummert so lange ungestört, bis der trockene Schwamm naß und zum elektrischen Leiter wird. Ist der Stromkreis einmal geschlossen, spürt der Patient einen leichten Elektroschock, durch den er aufwacht und »sich bei dem Akt selbst ertappt, so daß er sich, durchdrungen vom Willen wie von der Elektrizität, zumindest für dieses Mal gegen ein Fortsetzen verwahrt« (zitiert nach LOVIBOND, S. 8).

Im Jahr 1938 schlug MOWRER eine ausgeklügelte Apparatur vor, die denselben Zweck erfüllen sollte. MOWRER erblickte in den Stimuli, die sich mit der vollen Blase des Kindes verbanden, einen CS, den man mit dem Ton einer Glocke (UCS) koppeln konnte. Da die Glocke Erwachen und Schließmuskelkontraktion bewirkt, sollten die Stimuli der Blasenausdehnung mit der Zeit als CS für das Erwachen und die Schließmuskelkontraktion (CR) fungieren. Im Prinzip ist dieser Mechanismus der Konditionierungsbehandlung von Enuresis derselbe wie der, dem wir bereits bei der klassischen Konditionierungsbehandlung von sexuellen und Alkoholikerproblemen begegneten. Hinweisreize, die gewöhnlich das unerwünschte Verhalten des Patienten nach sich ziehen, werden mit einem UCS gekoppelt, der unvermeidlich eine antagonistische Reaktion auslöst. Daß dieser Prozeß bei der erfolgreich konditionierten Kontrolle von Enuresis tatsächlich auftritt, ist bezweifelt worden. LOVIBOND (1964) meinte, es handle sich hier um ein Paradigma der Vermeidungskonditionierung. Er nimmt die Gleichzeitigkeit des Glockentons, des Elektroschocks oder des lauten Lärms einerseits an, und der einleitenden Reflexe, die sich mit dem Harnfluß verbinden, andererseits. Anders ausgedrückt, hält man den CS für das Muster von Stimuli, die sich direkt aus der Miktionshandlung ergeben, wobei diese Handlung dem aversiven UCS unmittelbar vorausgeht. Schließmuskelkontraktion und Kontingenz, die sich aus der wiederholten Koppelung von CS und UCS ergeben, repräsentieren eine Vermeidungsreaktion gegenüber dem UCS. Wenn LOVIBONDs Analyse richtig ist, stellt der aversiv verstärkende Stimulus die Konsequenz der Handlung des Harnlassens dar und führt zur Reduktion der Wahrscheinlichkeit der vorausgehenden Reaktion (in diesem Fall der verschiedenen Verhalten, die sich mit dem Harnlassen verbinden) — so aber wird der Urin in der Vermeidungsreaktion zurückgehalten. Dem Hauptmangel dieser Interpretation begegnet man in vielen anderen Situationen, die sich auf ein Vermeidungsparadigma stützen — wie erklärt man sich die Aufrechterhaltung der neu konditionierten Reaktion, wenn keine weiteren verstärkenden Stimuli vorhanden sind?

LOVIBOND meint in seiner Analyse, das wirksamste therapeutische Instrument sei jenes, das den CS, der mit der Schließmuskelkontraktion und dem Harnlassen verbunden ist, beendet. In der Praxis veranlaßte diese Analyse LOVIBOND zum Entwurf eines Geräts, das zwei auditive Stimuli benutzt. Der erste Stimulus wird von einem Warnsignal gebildet, das ungefähr eine Sekunde lang anhält. Ihm folgt ein Stilleintervall von einer Minute. Das zweite Signal ist ein Summton, der so lange anhält, bis er eigens abgeschaltet wird. Das erste Warnsignal dient als aversiver Stimulus, der durch Schließmuskelkontraktion beendet werden kann. So kann das Kind entweder das Warnsignal beenden oder es kann den zweiten Summton durch Schließmuskelkontraktion vermeiden. LOVIBONDS Prozedur unterscheidet sich insofern von früheren Methoden als sie den Wachzustand des Kindes nicht als kritischen Behandlungsfaktor betrachtet. Findet eine Schließmuskelinhibition als Reaktion auf das erste Signal statt, so daß eine Flucht-Lern-Situation gegeben ist, kann das Kind, ohne zu erwachen, weiterschlafen. Der einzige Nachteil dieser Prozedur geht aus der entsprechenden Literatur zum Lernverhalten von Tieren hervor, wonach durch die Gelegenheit, dem aversiven Stimulus schon zu Beginn des Trainings zu entfliehen, die Möglichkeit, auf den konditionierten Stimulus hin starke aversive Reaktionen zu errichten, reduziert wird.

Die Literatur zum Enuresisproblem veranschaulicht ausgezeichnet, wie Lernprinzipien aus dem Labor zur technischen Planung von praktischen Methoden der Verhaltensveränderung beisteuern können. Es sind umfassende Studien unternommen worden, bei denen eine große Anzahl Kinder vergleichbaren Behandlungen unterzogen wurden, weshalb die Evaluation der Effektivität der Technik auf sichereren Daten basiert als bei den meisten anderen Methoden. Trotzdem wurden sogar auf diesem Gebiet durch das praktische Problem, die Eltern zur Mitarbeit zu bewegen, durch kleinere Veränderungen der Apparatur und durch andere Unterschiede zwischen den einzelnen Studien im Hinblick auf die berichteten Erfolgsraten Abweichungen festgestellt. Die Fälle von LOVIBOND selbst ergaben bei einer Nachuntersuchung nach zwei Jahren eine Rückfallquote von 45 Prozent; die Standard-Konditionierungsbehandlung weist bei Nachuntersuchungen nach fünf Jahren im allgemeinen eine Rückfallquote von zirka einem Drittel auf.

Das Grundkonzept der Enuresis, das als fehlerhafte Konditionierung begriffen wird, wurde von TURNER und YOUNG (1966) zur Testung einer Hypothese benutzt, die in EYSENCKS Persönlichkeitstheorie auftaucht — daß nämlich Drogen, die das zentrale Nervensystem stimulieren, die Steigerung der Konditionierungsrate begünstigen sollen. Hand in Hand mit der Konditionierungsbehandlung benutzten die Forscher Dexedrin und Methedrin, beides Mittel, die dazu neigen, das Aktivitätsniveau zu steigern. Eine Kontrollgruppe zu Vergleichszwecken wurde ohne Drogen konditioniert. Bei zwei Dritteln der erfolglosen Behandlungsfälle schrieb man das Mißlingen der Tatsache zu, daß das Kind auf den Summton nicht ansprach. Die zusätzliche Verabreichung von Stimulanzien ergab eine signifikante Verkürzung der Behandlungszeit. Im Vergleich zur Kontrollgruppe fielen weniger Fälle aufgrund der Nichtkooperation der Eltern aus. Allerdings fand man bei einer Nachuntersuchung nach einem Jahr, daß die Dexedringruppe eine wesentlich höhere Rückfallquote aufwies. Bei noch längeren Nachuntersuchungsintervallen (bis zu fünf Jahren) wiesen beide Gruppen signifikant höhere Rückfallquoten auf, wobei auch in diesem Fall die Dexedringruppe schlechter abschnitt. Die Nachuntersuchungsperiode war bei der Gruppe, die nur konditioniert worden war, am längsten, und die Rückfallquote betrug lediglich 32 Prozent. Die Gruppe mit Dexedrin und Konditionierung wies eine Rückfallquote von 76 Prozent auf, die Gruppe mit Methedrin und Konditionierung dagegen eine Quote von 43 Prozent. TURNER und YOUNG weisen folglich darauf hin, daß die Studien, die die Aneignung der Kontingenz erfolgreich beschleunigten, zu wesentlich höheren Rückfallquoten führten als die Studien, die sich mit der Standard-Konditionierungstechnik begnügten. Es ist möglich, daß das Überlernen während des Trainings die Löschungsresistenz bestärkt, ebenso wie Lovibond fand, daß die intermittierende Verstärkung, bewirkt durch seine Doppelsignal-Technik, Rückfallquoten reduzierte.

Bei einem grundlegenderen Problem geht es um die Konzeption der normalen Entwicklung der nächtlichen Kontinenz und um die physiologischen Korrelate der Anomalie, denen wir in diesem Prozeß begegnen. BROUGHTON (1968) vertrat den Standpunkt, Enuresis sei eine der vier klassischen Schlafstörungen (zu denen auch Nachtwandeln, Alpträume und Schlafterror gehören), die zum Zeitpunkt der Erregung nach einer traumlosen Schlafphase auftreten und durch niedrige EEG-Kurven gekennzeichnet sind. Seine Daten zeigen, daß Personen, die unter diesen Störungen leiden, während der ganzen Nacht verschiedene physiologische Abweichungen manifestieren, die von der enuretischen Phase unabhängig sind. Diese anomalen autonomen und andere physiologische Veränderungen im Schlaf prädisponieren die Person zur Miktion. Bei der enuretischen Phase scheint es sich lediglich um eine intensive Steigerung dieser Veränderungen zu handeln. Man hat entdeckt, daß jede Erregung nach Schlaf mit niedrigen EEG-Kurven, analog der Streßinkontinenz, Blasenkontraktionen bewirkt; tatsächlich lassen die autonomen Reaktionen bei der Erregung erkennen, daß die Erfahrung äußerst intensiv ist. Zyklische Erregung aus niedrigen Schlafwellen heraus zählt zu den normalen Vorgängen im Schlaf und wird begleitet von Verwirrung, Desorientierung, automatischem Verhalten, relativ niedriger Reaktivität auf Stimuli, Widerstand gegen das Erwachen und retrograder Amnesie. Zum Zeitpunkt der enuretischen Reaktion, wenn der Verwirrtheitszustand und die autonome Reaktion ihren Höhepunkt erreicht haben, scheinen Prozeduren (darauf weist BROUGHTON hin), die sich der Konditionierung bedienen, im Hinblick auf die Empfänglichkeit der Person für Konditionierungsprozesse ein weniger optimales Timing aufzuweisen. Vielleicht spiegelt sich in der Unfähigkeit, das Kind (sei es nun mittels einer Glocke, der Eltern oder eines Schocks) zu erregen, die Beharrlichkeit dieses Verwirrtheitszustandes wider. Da Stimulanzien die Empfänglichkeit des Mittelhirns affizieren, scheint die beschleunigte Konditionierung, die auf die Einnahme solcher Mittel zurückgeht, BROUGHTONS Behauptung zu stützen. Interessant in dieser Hinsicht ist die Tatsache, daß sich BROWNING (1967 a) positiver Verstärkung bediente, um die Reaktion des Aufwachens nach dem Glockenton zu etablieren eine Prozedur, die einen Teil der Resistenz des Schlafenden gegen das Erwachen abschwächen kann.

Die Durchführung eines verhaltenstherapeutischen Programms zur Beseitigung einer Enuresis erfordert nicht nur den Kontakt zu einem Therapeuten, sondern auch die Aufmerksamkeit der Familie im Hinblick auf die nächtliche Performanz des Kindes. Die Wirksamkeit der Technik kann auf die Konditionierungsprozedur allein oder auf die sozialen Interventionseffekte der Behandlung (und *nicht* auf eine Konditionierung) oder aber auf eine Interaktion zwischen diesen beiden Prozessen zurückgeführt werden. Da wiederholt gezeigt worden ist, daß die Effekte einer Placebo-Behandlung und die allgemeinen, nichtspezifischen Effekte des Kontextes an sich und des Rituals der Psychotherapie gewisse Verhaltensveränderungen bewirken, muß bewiesen werden, daß die spezifischen Elemente der Konditionierungsmethode und nicht deren (sekundäre) Nebeneffekte für Besserungen verantwortlich sind. BAKER (1969) untersuchte diese Frage in einer Studie, in der eine Konditionierungsgruppe mit einer »Aufwach«-Gruppe verglichen wurde, wobei in der letztgenannten Gruppe, abgesehen von der Konditionierung, alle Behandlungsmerkmale dupliziert wurden. Eine dritte Kindergruppe kam auf eine Warteliste und wurde später behandelt. BAKER fand, daß die Konditionierungsprozedur der »Aufwach«-Methode stark überlegen war, und er wies darauf hin, daß die Behandlungseffekte in der Tat den spezifischen Lernmethoden und nicht der Beziehung oder den nichtspezifischen Effekten zuzuschreiben ist. BAKER führte eine Anzahl von Messungen vor und nach der Behandlung durch, die sich mit der allgemeinen Anpassung der Kinder befaßten. Im Gegensatz zu manchen Befürchtungen, die Beseitigung der Enuresissymptome könne neue Symptome erzeugen, ausgelöst durch den zugrunde liegenden (nicht behandelten) emotionalen Konflikt, zeigten die Kinder eine Besserung in bezug auf das berichtete Verhalten, auf Selbstbeschreibungen und auf Testergebnisse.

Die aversive Vorstellung als UCS

Bei allen aversiven Konditionierungstechniken, mit denen wir uns bisher befaßt haben, sind wir auf nachhaltige Schwierigkeiten gestoßen, wenn es darum ging, sich ständig wandelndes Verhalten aus dem wirklichen Leben kategorisch in definitive und klar erkennbare S- und R-Komponenten zu unterteilen und die eine Komponente als »den« CS und eine andere als »die« antagonistische CR zu wählen. Im Tierlabor kann man die Geschichte, die Umwelt und die zugestandene Reaktionsbreite der Versuchsobjekte präzis kontrollieren, und häufig kann man Stimulus- und Reaktionselemente, die primär nicht wichtig sind, ignorieren. Doch liegt die Sache ganz anders, wenn man in das tägliche Verhalten von Patienten einzugreifen versucht. Wir werden in diesem Buch noch häufig auf die Neigung des Menschen zurückkommen, die darin besteht, daß er selbst nicht beobachtbare Hinweisreize oder Gedanken schafft, die, und seien sie auch noch so gesetzmäßig, letztlich die Identifizierung der relevanten Verhaltenssegmente erschwert. Eine relativ junge Entwicklung, die die aversive Konditionierung genommen hat, kann diesen Punkt eingehender illustrieren und uns Probleme der Definition des UCS vor Augen führen, die den CS-Definitionsproblemen vergleichbar sind, denen man bei der Behandlung von sexuellen Anomalien, von Alkoholismus und von Enuresis begegnet.

Aus Gründen der Ethik und der Bequemlichkeit halber hat eine Anzahl von Forschern Drogen und Schock durch phantasierte aversive UCS's ersetzt — eine Technik, die entweder als »verdeckte Sensibilisierung« oder als »aversive Vorstellung« bezeichnet wird. Die Substitution von realen Stimulusereignissen durch phantasierte Ereignisse wurde im Abschnitt, der sich mit der Behandlung von sexuellen Anomalien befaßte, bereits behandelt. Tatsächlich hat man die lebhafte Erinnerung des Patienten an seine masturbatorischen Standardvorstellungen häufig als »realistischer« angesehen als die Bilder oder Dias, die man als CS einsetzte. GOLD und NEUFELD (1965) gingen einen Schritt weiter und kombinierten vorgestellte CS und UCS. Sie instruierten einen homosexuellen Patienten, sich sexuell erregende Stimuli in aversiver Umgebung vorzustellen, wobei die einzelnen Elemente so geartet sein sollten, daß die aversiven überwogen. So stellte sich der Patient z. B. vor, er befinde sich in einer Toilette zusammen mit einem häßlichen Mann oder zusammen mit einem attraktiven Mann, in diesem Fall allerdings mit einem Polizisten in der Nähe. Sie benutzten auch phantasierte Szenen mit attraktiven Frauen in angenehmer Umgebung, um heterosexuelle Neigungen gegenzukonditionieren. CAUTELA (1966) behandelte erfolgreich Fälle von Alkoholismus und Fettsucht mit einem Verfahren, das Entspannung miteinbezog sowie phantasierten Kontakt mit dem CS (z. B. Alkohol) und phantasierte aversive Ereignisse, die den CS begleiten (z. B. daß man sich über sich selbst und seine Begleiter erbricht, wenn das Glas die Lippen berührt hat). Die Tatsache, daß die Patienten zwischen Therapiesitzungen derartige Sequenzen zu Hause praktizieren können, ist ein großer Vorteil, da dadurch ein komplizierter Apparat unnötig wird.

Obgleich noch kontrollierte Behandlungserfolgsstudien durchgeführt werden müssen, hat man mit dieser Technik günstige Behandlungsergebnisse bei Alkoholismus, Fettsucht, Drogensucht, sexuellen Anomalien und zwanghaften Verhalten verzeichnet. ANANT (1968) hat bei 26 Alkoholikern, die mit CAUTELAS Verfahren behandelt und nach 14 bzw. 21 Monaten nachuntersucht wurden, 25 Fälle mit völliger Abstinenz festgestellt. ASHEM und DONNER (1968) stießen bei Patienten, die mit CAUTELAS Methode (und allerdings auch mit einer Prozedur des Rückwärtskonditionierens) behandelt wurden, auf 40 Prozent Abstinenz, während eine entsprechende Kontrollgruppe Null Prozent ergab.

Diese überaus vielversprechenden Resultate sind zugleich ermutigend und verblüffend. Wenn der CS und der UCS imaginär sind, wird es ungemein schwierig, den CS und den UCS zu identifizieren, zu überwachen und zu messen, und ebenso schwierig wird es, die miteinbezogenen Prozesse und die Zusammenhänge zwischen den Ergebnissen und entsprechenden Befunden aus dem Labor zu erhellen; diese Schwierigkeiten aber können mit unseren derzeitigen technischen Möglichkeiten nicht gelöst werden. Das Verständnis und die präzise Kontrolle dieser verdeckten Verhalten scheint derzeit noch eine ziemlich schwierige Aufgabe darzustellen. Andererseits bietet diese Technik erhebliche Vorteile — z. B. die Möglichkeit, die unmittelbare Erfahrung des

Patienten zu nutzen, wodurch keine Generalisierung vom Labor- auf den Klinikbefund nötig wird; die Möglichkeit, eine Vielfalt von CS-Bedingungen, die reale Ereignisse replizieren, zu verwenden; die Reduktion der apparatbedingten Natur des UCS sowie die Gelegenheit, auch ohne den Therapeuten häufige Durchgänge zu verwirklichen. Fortlaufende Erfolgsberichte würden diesem Verfahren eine pragmatische Grundlage geben, obwohl seine Mechanismen nicht völlig verstanden werden können.

Zusammenfassung

Das klassische Konditionierungsmodell hat verschiedenen Techniken der Verhaltensmodifikation als Basis gedient. Dieses Modell ist die Abstraktion eines sich fortentwickelnden Verhaltenssegments, bei dem die Beziehung zwischen einer Reaktion und ihren auslösenden Stimuli den Fokus bildet. In der klinischen Praxis wird eine Steuerung unerwünschten Verhaltens meistens durch Substitutionsmethoden erzielt. Ein aversiver Stimulus, der sich gewöhnlich durch starke und bekannte, noxische Effekte auszeichnet, wird mit den Stimuli gekoppelt, die der symptomatischen Reaktion in der Regel vorausgehen. Wird dieser Prozeß wiederholt, so gewinnt schließlich die unkonditionierte Reaktion, die auf den aversiven Stimulus hin erfolgt, die Oberhand über die antagonistische symptomatische Reaktion. Am Ende werden die Vorbedingungen zur Ausführung des Symptoms selbst zu konditionierten aversiven Stimuli. Diese Methoden eignen sich vor allem für Verhalten, bei denen der Patient exzessive Reaktionen auf Stimuli zeigt, die nur minimale oder gemäßigte Näherungsreaktionen erlauben — z. B. Reaktionen auf homosexuelle Stimuli oder auf Alkohol. Einfacher gesagt heißt das, daß die Behandlung in einer Veränderung der Bedeutung des Stimulus resultiert.

Die Anwendung des unvermischten klassischen Konditionierungsmodells im klinischen Bereich wird durch die Schwierigkeit, diesen Mechanismus von der operanten Konditionierung zu trennen, erschwert. Da der UCS gewöhnlich nicht nur die CR und die UCR verstärkt, sondern auch andere Verhalten, die unmittelbar vor dem CS und während des CS-UCS-Intervalls auftreten, kann es während der Prozedur leicht zur operanten oder instrumentellen Konditionierung kommen. Darüber hinaus schließt sich jedem substitutiven Verhalten, das der Patient hervorbringt und das mit sozialen Normen stärker übereinstimmt, häufig eine von außen oder von innen her wirkende Verstärkung an.

Einige Autoren haben versucht, zwischen diesen beiden Arten der Konditionierung zu unterscheiden, indem sie von dem Standpunkt ausgingen, daß zwei unterschiedliche Reaktionstypen — der eine skeletthaft, der andere autonom — unterschiedliche Lernmodelle erfordern und daß bei unwillkürlichen oder reflexhaften Reaktionen andere fundamentale psychologische und biologische Mechanismen wirksam sind als bei willkürlichen oder Skelett-Muskel-Verhalten. Widersprüchliche Berichte über Versuche, autonome Reaktionen mit Hilfe von instrumentellen Verfahren zu konditionieren und eindeutige Evidenz für die erfolgreiche Anwendung dieser Prozedur lassen jedoch vermuten, daß autonome Reaktionen auch direkt operant konditioniert werden können. Daher ist die vorgeschlagene Unterscheidung bei der Trennung der beiden Modelle wenig hilfreich.

Eine Übersicht über die heutigen Praktiken der Verhaltenstherapie zeigt, daß man dem klassischen Konditionierungsmodell am häufigsten bei Aversionstherapien zur Behebung von sexuellen Anomalien, von Alkoholismus und von Enuresis begegnet. Die Behandlung von Phobien und anderen angstbedingten Verhalten mit Methoden der Gegenkonditionierung oder der Stimulussubstitution bildet einen Teil der Verhaltensmodifikationstechnik, die wir als »systematische Desensibilisierung« bezeichnen und die in Kapitel 4 eingehend behandelt wird. Man hat sich des klassischen Konditionierungsmodells auch bei Demonstrationen des Prozesses der Symptomaneignung bedient (z. B. beim Erwerb von Phobien oder bei sexuellem Fetischismus). In diesen Spekulationen über die Ätiologie neurotischer Symptome betrachtet man die übereinstimmende zeitliche Verbindung zwischen einem ursprünglich neutralen Stimulus und einem UCS als den wesentlichen Mechanismus, durch den die Reaktion des Patienten, sei sie nun Angst oder sexuelle Erregung, mit einem ungewöhnlichen Stimulusereignis gekoppelt wird.

Bei der Behandlung von sexuellen Perversionen hat man das klassische Konditionierungsmodell gewöhnlich so angewandt, daß man für das Symptom ein Signal (z. B. ein Bild des erregenden CS) darbot und gleichzeitig einen Elektroschock oder ein ähnliches aversives Stimulusergebnis als UCS verabreichte. Bei der Aversionslinderung sorgt der Therapeut zusätzlich für die Möglichkeit einer Flucht- oder Vermeidungsreaktion, die das sozial wünschenswerte Gegenstück darstellt (bei Homosexuellen kann das z. B. eine Annäherungsreaktion an ein heterosexuelles Bild sein); diesem Vorgehen liegt die Absicht zugrunde, den neuen Stimulus mit der Beendigung oder Vermeidung des Schocks zu koppeln. Der zweite Teil dieser Prozedur verwendet im wesentlichen operante Konditionierungsmethoden, durch die im Beisein der ursprünglichen symptomatischen Situation eine Flucht- oder Vermeidungsreaktion gestärkt wird.

Das klassische Konditionierungsparadigma blickt, was die Behandlung von Alkoholikern angeht, auf eine lange Geschichte zurück. Die ursprüngliche Benutzung von Brechmitteln als aversive Stimuli ging wahrscheinlich von der Absicht aus, die ganze Phase des Trinkens mit aversiven oder unangenehmen Erfahrungen zu koppeln. Da derartige Mittel ihre maximale Wirkung zu einem jeweils anderen Zeitpunkt erzielen können, gelingt es diesen Techniken häufig nicht, die optimalen zeitlichen Beziehungen herzustellen, die eine effektive klassische Konditionierung voraussetzt. Es ist in der Tat vorstellbar, daß der maximale Effekt eines Brechmittels nach dem Alkoholkonsum eintritt, so daß wir es mit einem Paradigma der Rückwärtskonditionierung zu tun hätten. In jüngerer Zeit durchgeführte Arbeiten zur Behandlung von Alkoholismus mit Hilfe der klassischen Konditionierung haben sich des

Elektroschocks als Aversivstimulus bedient, so daß der Therapeut das zeitliche Einsetzen des aversiven UCS besser kontrollieren konnte.

Ein drittes klinisches Problem, das man mit Hilfe von Stimulussubstitutionsmethoden zu lösen versucht hat, ist das sogenannte Bettnässen. Bereits 1938 hat MOWRER die Klingel- und Kissenmethode eingeführt. Bei dieser Prozedur stellt der Ton einer Klingel den UCS für das Aufwachen dar, und dieser Ton wird mit der vollen Blase des Kindes, dem CS, gekoppelt. Da man erwartet, daß dem Klingelton Aufwachen und Schließmuskelkontraktion folgen, dürften die Stimuli der Blasenausdehnung mit der Zeit als CS des Aufwachens und der Schließmuskelkontraktion dienen. In seinen Arbeiten aus jüngerer Zeit hat LOVIBOND behauptet, daß das Stimulusmuster, das durch das Einsetzen des Urinierens entsteht, als CS wirksam wird, der dem UCS der Blasenentleerung knapp vorausgeht. Damit aber wird die Schließmuskelkontraktion im Hinblick auf die Blasenentleerung zur Vermeidungsreaktion. LOVIBONDS Prozedur benutzt daher zunächst ein Warnsignal, das durch Schließmuskelkontraktion beendet werden kann. Wenn keine Schließmuskelinhibition stattfindet, erfolgt ein zweiter anhaltender Summton. Noch mehr erschwert wurde das Verständnis der Enuresis durch die Behauptung einiger Autoren, daß es bei Schlafstörungen physiologische Anomalien sein könnten, welche die Person zur unwillkürlichen Miktion im Schlaf prädisponieren.

Der UCS braucht nicht unbedingt von einem Therapeuten oder Experimentator verabreicht zu werden. In kürzlich durchgeführten Studien hat man als UCS nicht mehr Schock, Drogen oder ähnliche Mittel, sondern aversive Ereignisse in der Vorstellung benutzt. Diese Technik hat mehr als »verdeckte Sensibilisierung« oder »aversive Vorstellung« bezeichnet. Dabei wird der Patient instruiert, sich immer dann aversive Ereignisse vorzustellen, wenn sich die Hinweisreize für das sozial unerwünschte Verhalten einstellen. Der Erfolg dieser neuen Technik birgt die Möglichkeit, das klassische Konditionierungsmodell in die Praxis umzusetzen, ohne daß man auf komplizierte Laborvorrichtungen zurückgreifen müßte. Bisher hat man sich der klassischen Konditionierungsmethoden fast nur in den klinischen Fällen bedient, die von uns dargestellt worden sind. Doch da die meisten Verhaltenssegmente, in denen emotionale Reaktionen vorkommen, Respondenten enthalten, ist es wesentlich, daß man bei der Planung von Behandlungsprozeduren auch dieses Paradigma berücksichtigt.

KAPITEL 4

Kombinierte Modelle aus Stimulus- und Reaktionskontrolle

Das letzte Kapitel faßte klinische Behandlungsmethoden zusammen, die versuchen, sich so eng wie möglich an das klassische Konditionierungsmodell zu halten. Wir haben darauf hingewiesen, daß im Stimulussubstitutionsparadigma der klinischen Praxis fremde Elemente auftauchen können, die unvermeidliche Folgen der Schwierigkeit sind, Reaktionseinheiten des Humanverhaltens voneinander zu isolieren. Diskussionen zum Alkoholismus, zur Enuresis und zur sexuellen Perversion veranschaulichten, daß klassisch konditionierte Reaktionen nur einen kleinen Anteil der Verhaltenssequenz ausmachen. Der pathologische Akt setzt sich aus vielen Operanten, vermittelnden Verbalverhalten und komplexen physiologischen Erfahrungen zusammen.

In diesem Kapitel befassen wir uns mit der Anwendung von Lernprinzipien auf Situationen, die durch zwei wesentliche Punkte kompliziert werden: 1. durch das Vorhandensein von emotionalen Reaktionen, die um die emotionale Zielreaktion herum angesiedelt sind, und 2. durch die Vor- und Nachteile, die dadurch entstehen, daß die verdeckten und offenen Verbalreaktionen einer Person in bezug auf deren Verhalten als kontrollierende Stimuli dienen können. Bevor wir uns jedoch Behandlungsmethoden zuwenden, die emotionale Reaktionen als pathologisches Verhalten begreifen, wollen wir uns mit einigen Daten über die Natur und die Effekte der Angst, sowie über die Beziehung zwischen physiologischen und operanten Reaktionen befassen.

Angst

Verhaltensstörungen werden häufig als *emotionale* Störungen charakterisiert. In der Sprache des Laien legt dieses Adjektiv einen kausalen Zusammenhang nahe. Von einigen mentalen oder physiologischen Zuständen, grob als »Emotionen« bezeichnet, wird angenommen, sie erzeugten anomales oder unannehmbares Verhalten. Der Psychologe kann diese Definition nicht anerkennen, da sie keine nützlichen Informationen über die beobachteten Verhalten oder ihre Vorausgegebenheiten liefert. Der praktische Wissenschaftler kann Eigenschaften des beobachteten Verhaltens anhand der Stimulusbedingungen, der organismischen Verfassung, der Reaktionsmerkmale oder der Konsequenzen messen. Dann kann er einer Gruppe von Stimulussituationen, von physiologischen Bedingungen oder von Reaktionsklassen einen bestimmten Namen geben, da diese Bedingungen, Situationen oder Klassen gewisse Merkmale gemeinsam haben oder in bezug auf die Umwelt oder den sich verhaltenden

Organismus ähnliche Konsequenzen nach sich ziehen. Der weitaus größte Teil der Studien zu emotionalen Zuständen hat sich mit der Untersuchung der Angst befaßt.

Definition der Angst

Das Konstrukt »Angst« fußt auf vielen verschiedenen Beobachtungen. Erstens hat man Angst häufig mit Hilfe der verbalen Beschreibung definiert, die eine Person von einem inneren Zustand gibt. Diese verbalen Reaktionen werden mit Hilfe von Inventaren oder Interviews gemessen oder aus projektiven Persönlichkeitstests abgeleitet. Manche Inventare sind so strukturiert, daß ihr Gehalt an spezifischen Items als irrelevant betrachtet werden kann, da die Punktwerte mit anderen Verhaltensmessungen der Angst hervorragend korrelieren. Die Validität dieser Tests basiert auf der Kongruenz zwischen Antwortmustern bei den verbalen Testaufgaben und Mustern, die in der Standardisierungsstichprobe von Patienten eingeholt werden, deren Diagnosen oder Verhaltensmerkmale bekannt sind. Im Minnesota Multiphasic Personality Inventory (MMPI) liegt das Schwergewicht z. B. auf der Übereinstimmung des Musters an Wahr- und Unwahr-Antworten des Patienten mit den Mustern, die Personen mit bekannten Verhaltensstörungen gezeigt haben. Eine Analyse der selbstbeschreibenden Feststellung des Patienten ist sekundär und wird selten durchgeführt. Andere Inventare, Interviewverfahren und Persönlichkeitstests schenken der Beschreibung, die die Person von ihrem inneren Zustand liefert, vollen Glauben, so als handelte es sich hier um direkt beobachtbare Ereignisse. Eine zweite Verfahrensweise zur Definition der Angst basiert auf der Erfassung von physiologischen und Verhaltensmustern. Umfang, Dauer, Schwelle oder Variabilität der Reaktionen, die auf standardisierte Stimuli hin erfolgen, ergeben ein Muster, das als Angstindex definiert ist. Eine dritte Verfahrensweise verankert die Definition der Angst in experimentellen Operationen. So definieren z. B. SKINNER und seine Kollegen Angst als das Verhaltensmuster, das während des Intervalls zwischen einem Warnsignal und einem unvermeidbaren, starken und aversiven Stimulus zu beobachten ist.

Zwar konnten Tierexperimentatoren für Klarheit sorgen, indem sie sich nur an eine dieser Definitionen — die Definition durch experimentelle Operationen — hielten, doch liegt der Fall in dem klinischen Bereich anders. Nehmen wir eine Patientin, die zur Verhaltenstherapie kommt und deren Beschwerden darin bestehen, daß sie nun schon mehrere Jahre »ans Haus gefesselt« und nicht in der Lage gewesen war, die Wohnung zu verlassen, ohne starke Spannungszustände, beschleunigten Herzschlag, Hyperventilation und Panikgedanken zu erleben, wenn sie das Gartentor erreicht hatte. Der Behaviorist möchte die Zielreaktion messen; doch was soll nun kontrolliert werden — der Selbstbericht zur Panik, die beobachtbaren Verhalten der Flucht durch die Rückkehr ins Haus und der Vermeidung durch das Zuhausebleiben oder aber die physiologischen Veränderungen? LACEY (1959) und

LANG (1968) haben neben anderen Autoren darauf hingewiesen, daß nur geringe Übereinstimmung besteht zwischen den Messungen von autonomen, verbalen oder offenen motorischen Angstmanifestationen. Trotz des Phänomens, daß wir Angst als etwas Einheitliches erfahren, hängt ihre gemessene Intensität von der Reaktionsdefinition ab, für die wir uns entscheiden; diese Definition aber bestimmt auch, bei welchen Variablen gezeigt werden kann, daß sie die Reaktion beeinflussen. Widersprüche zwischen physiologischen Reaktionen und verbalen Berichten begegnet man häufig, und Meßwerte von bestimmten physiologischen Reaktionen (z. B. Herzschlagrate, GSR und Atmung) weisen bei verschiedenen Personen unter denselben experimentellen Bedingungen nicht immer ähnliche Muster auf. So fanden z. B. LANG, LAZOVIK und REYNOLDS (1965), daß die starke Annäherung an ein phobisches Objekt weder signifikant korrelierte mit dem Selbstbericht, den die Person über ihre Angst lieferte, noch auch mit ihrer Schätzung der generellen Intensität ihres Angstniveaus. Der Erforscher der menschlichen Angst besitzt also keinen »einzig richtigen« Angstindex für verschiedene Personen, sondern mehrere gleichermaßen gültige und unabhängige Indices. Welche der multiplen Reaktionen, die mit dem Angstkonstrukt zusammenhängen, das therapeutische Ziel bilden sollen, auf dieses entscheidende Problem werden wir noch zurückkommen.

Theorien zur Angst und Symptombildung

Das Konstrukt »Angst« spielt in fast allen Theorien der Psychopathologie eine zentrale Rolle. Diesen Theorien ist die Annahme gemeinsam, daß es sich bei den abweichenden Verhaltensarten, die den neurotischen und psychotischen Patienten kennzeichnen, im Grunde um angepaßte Reaktionen handelt, die einen überwältigenden und äußerst erschreckenden emotionalen Zustand, den Zustand der Angst, vermeiden oder beenden. Diesem Zustand der Angst werden folgende Eigenschaften zugeschrieben: gesteigerte biologische Aktivität, reduzierte behaviorale Leistungsfähigkeit, sowie stereotype und fixierte »defensive« Vermeidungsreaktionen. Läßt die Angst nicht nach, nehmen diese Reaktionen an Häufigkeit, Intensität und Stereotypie zu, bis sie mit sozialen Normen nicht mehr übereinstimmen. Derart exzessive Reaktionen charakterisieren ein psychopathologisches Syndrom und umfassen sowohl instrumentelle als auch emotionale Komponenten. Wenn eine Person wie in Abb. 4/1 eine Reihe symptomatischer Reaktionen manifestiert, kann sich der Therapeut entschließen, eine von ihnen gesondert zu behandeln. So kann z. B. eine Dekonditionierung der physiologischen Reaktionen die Symptome des beschleunigten Herzschlags, des Schwitzens und der Hyperventilation reduzieren. Veränderungen anderer Verhaltensarten (zum Beispiel des Gesprächsinhalts des Patienten) können oder können nicht stattfinden.

Das Konstrukt »Angst« ist nicht nur in psychoanalytischen und dynamischen Theorien von großer Bedeutung, wo Symptome als Abwehrmaßnahmen zur Verdrängung unbewußter Angst betrachtet werden, sondern

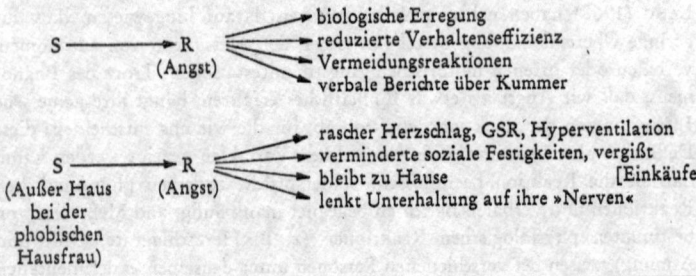

Abb. 4/1: Verhaltenseigenschaften der Angst: Welches ist das therapeutische Ziel?

auch bei Erklärungen von klinischen Problemen mittels der Daten der experimentellen Psychologie. Im Laboratorium hat man die Verhaltensmuster »Angst« durch klassisches Konditionieren mit bisher neutralen Hinweisreizen verbunden, um dann zu finden, daß sie gegenüber einer Löschung erstaunlich resistent waren. Mit dem konditionierten Stimulus, der Angst auslöst, können Flucht- und Vermeidungsreaktionen, die man als Analogien zu symptomatischen Verhaltensarten betrachtet, verbunden werden. Es ist leicht einsehbar, daß Flucht durch Beendigung des UCS (Angst-Reduktion) verstärkt wird, die Erklärung der Vermeidungsreaktion ist schwieriger. Erfolgreiche Vermeidung bedeutet *per definitionem*, daß der UCS nie auftritt. Doch wodurch wird die Vermeidungsreaktion dann verstärkt?

Vermeidungsreaktionen erweisen sich trotz vieler nicht verstärkter Durchgänge als äußerst persistent. Sowohl für den experimentellen als auch für den klinischen Analytiker lautet die entscheidende Frage: Wenn ein neurotisches Symptom — sagen wir eine Phobie — konditionierte Angst und erlernte Angstvermeidungs-Reaktionen repräsentiert, warum werden dann in Abwesenheit des UCS, der die Sequenz ursprünglich eingeleitet hatte, die beiden Aspekte des Symptoms nicht nach und nach schwächer? Abb. 4/2 zeigt die Entwicklung der Angst und der Vermeidungsreaktionen, wie wir ihnen im Laboratorium begegnen, sowie ihre Parallele, die eine menschliche Neurose erklären soll. Der Verlauf vom klassischen Konditionieren der Angst zur Entwicklung von Flucht- und Vermeidungsreaktionen wird an fortlaufenden Diagrammen gezeigt. Und in beiden Fällen bleibt als ungeklärtes Problem: Was erhält die Angst- und Vermeidungsreaktionen aufrecht, und warum werden sie bei nichtvorhandener Verstärkung nicht gelöscht?

Biologische Reaktionen auf Streß

Im wesentlichen sind zwei rivalisierende Erklärungsmodi für dieses Paradox vorgeschlagen worden. Da jeder dieser beiden Modi in mehreren Varianten vorliegt, werden wir die zugrunde liegende Argumentation nur allgemein

Demonstriert an der Ratte im Labor:

UCS (Schock) → UCR (Schmerz, Furcht)

CS (Ton) ⇢ CR (Angst o. Furcht)

Als Hypothese bei der phobischen Hausfrau:

UCS (Interpersonales Scheitern, Zurückweisung) → UCR (Furcht, Schmerz)

CS (Erfahrung beim Einkaufen wird auf alle Aktivitäten außer Haus generalisiert) → CR (Angst)

Angst wird klassisch konditioniert und kann durch viele unverstärkte Durchgänge hindurch und über lange Zeitabschnitte hinweg fortbestehen.

UCS (Schock) → UCR (Schmerz, Furcht)

CS (Ton) → CR (Flucht, springt z. B. auf ein Bord)

UCS (Scheitern, Zurückweisung) → UCR (Furcht, Schmerz) (Flucht durch Rückkehr ins Haus)

CS (Außer Haus) → CR (Angst) (Flucht durch Rückkehr ins Haus)

Instrumentelle Fluchtreaktionen, ausgelöst durch den UCS, können mit dem Beginn des CS gekoppelt und durch diesen Beginn ins Leben gerufen werden. Flucht wird gelöscht, wenn sie nicht aufrechterhalten wird durch verstärkte Durchgänge, in denen der UCS auftritt.

UCS (Schock) → UCR (Schmerz, Furcht)

CS (Ton) → CR (Vermeidung, z. B. durch Sprung auf ein Bord)

UCS (Scheitern, Zurückweisung) → UCR (Schmerz, Furcht)

CS (Außer Haus) → CR (Vermeidung durch Zuhausbleiben)

Vermeidungsreaktionen können mit der CR gekoppelt sein. Per definitionem tritt der UCS nicht bei erfolgreichen Vermeidungsdurchgängen auf, doch bleibt die Reaktion auch ohne diese Verstärkungsquelle bestehen.

CS (Ton) → CR (Sprung aufs Bord)

und

CS (Außer Haus) → CR (Angst)

und

CS (Außer Haus) → CR (Zuhausbleiben)

So wird eine Ratte bzw. eine Hausfrau »krank«.

Abb. 4/2: Laborparadigmas zur Konditionierung von Angst- und Vermeidungsreaktionen. Man beachte, daß die UCR allgemeine Erregung bedeutet; zwar ist die Flucht eine erlernte Reaktion, doch wird sie hier, um ihre Aneignung in der Vergangenheit herauszustellen, als UCR bezeichnet.

zusammenfassen. Der erste Standpunkt unterstreicht die Zugehörigkeit von
Angstmustern zur Familie der biologischen Streßreaktionen. Der bekannteste
Verfechter der zugrunde liegenden Theorie ist HANS SELYE (1950), der drei
aufeinanderfolgende Stufen von biologischen Reaktionen auf anhaltenden
Streß im Organismus beschrieben hat. Der gesamte Prozeß wird als *allgemeines Adaptationssyndrom* bezeichnet. Jede dieser Stufen — man kennt sie
als Alarmreaktion, Resistenzphase und Erschöpfungsstadium — zeichnet sich
durch spezifische endokrinologische und andere physiologische Veränderungen aus. Während der einleitenden Alarmreaktion kommt es zu einem
generellen Ansteigen der biologischen Aktivitäten und zu einer allgemeinen
Zunahme von biochemischen Substanzen, die dem Effekt der Stressoren
(zum Beispiel Freisetzung von Adrenalin) entgegenwirken. In der folgenden
Resistenzphase intensiviert sich die Abwehrtätigkeit des Körpers und beschränkt sich auf die Körperstelle, die vom Stressor in Mitleidenschaft gezogen
wird. Wirkt der Stressor fort, lassen diese Abwehrreaktionen schließlich nach,
so daß sich eine progressive Schädigung, ja schließlich sogar der Tod einstellen
kann.

Bei der Aktivations- oder Erregungstheorie der Emotionen haben wir es mit
einer ähnlichen Auffassung zu tun; sie postuliert ein Kontinuum, das vom
Zustand völliger Ruhe bis hin zur heftigen Erregung reicht. Alles Verhalten
läßt sich irgendwo in diesem Kontinuum ansiedeln, wobei emotionale Muster
am oberen Ende der Aktivitätsskala stehen. Die Ergebnisse beträchtlicher
Forschungsanstrengungen zielten eindeutig in die Richtung, daß experimentelle Operationen, die als Emotion definierte Verhaltensarten (Furcht, Wut,
Frustration) erzeugen, auch eine verstärkte Aktivität feinst ausbalancierter
physiologischer Funktionen oder eben Erregung bewirken. Man hat über
Veränderungen im Gefäßsystem, über hormonale Sekretionen, sowie über
respiratorische und gastrointestinale Funktionen berichtet. Diese Veränderungen beeinflussen einander, fallen jedoch in derselben Situation bei verschiedenen Individuen gewöhnlich unterschiedlich aus. MALMO (1957) meinte,
ein Ansteigen des Erregungsniveaus aktiviere normalerweise Hemmungsmechanismen, die dazu tendieren, das Ungleichgewicht zu beseitigen. Wird
ein Organismus längere Zeit einer Erregungs-Stimulation ausgesetzt, zum
Beispiel einer anhaltenden Hervorrufung von Frustration, Furcht oder
anderen heftigen emotionalen Reaktionen, so kann dies die Effektivität der
Hemmungsmechanismen aufheben. Folglich dürfte man von neurotischen
Patienten, die lange Perioden gesteigerter emotionaler Reagibilität durchgemacht haben, erwarten, daß sie eine größere Reagibilität bei minimalen
Streßsituationen, eine langsamere Rückkehr in einen Ruhezustand und andere
Unterschiede hinsichtlich ihrer Reaktion aus Streß erkennen lassen. Zahlreiche
Untersuchungen, die neurotische und normale Populationen miteinander verglichen, haben diese Unterschiede festgestellt. Solche permanenten Veränderungen würden die prompte Hervorrufung von Angst als ein Muster physiologischer Erregung erklären, auch wenn der Organismus nicht fortlaufend
einem originären aversiven UCS ausgesetzt wäre. Gleichzeitig muß hier je-

doch angemerkt werden, daß dieses Angstmuster bei vielen psychotischen Patienten fehlt. In der Tat sah man sich durch die klinische Praxis oft veranlaßt, den psychotischen Patienten als Person zu charakterisieren, die sich durch einen *Mangel* an gesteigerter Angst vom Neurotiker unterscheidet. Als wichtigste Folgerung aus MALMOS These ergibt sich für die Verhaltenstherapie der Ansatz, daß die Ausbildung besonderer Verhaltensstörungen von unwiderruflichen biologischen Veränderungen begleitet worden sein kann. Obgleich diese Betrachtungsweise nicht in direktem Widerspruch steht zu einer von einem Lernkonzept ausgehenden Auffassung über spezielle Verhaltensarten, welche als Symptome erworben und aufrechterhalten werden, läßt sie doch vermuten, daß die gleichzeitig auftretenden biologischen Veränderungen das Maß, in dem emotionale Störungen durch Lernen rückgängig zu machen sind, einschränken können.

Konditionierte Reaktionen auf Streß

Eine zweite allgemeine experimentelle Interpretation neurotischer Verhaltensweisen sieht in der Angst eine konditionierte Reaktion auf eine schmerzhafte Stimulation. Diese Interpretation taucht in Abb. 4/2 in Form eines Diagramms auf und wurde von uns bereits kurz gestreift, als wir einen Überblick gaben über die von MOWRER und später von DOLLARD und MILLER unternommenen Versuche, psychoanalytische Prinzipien auf die Lerntheorie zu übertragen. Diese Hypothese ist in mehreren Variationen aufgestellt worden, die sich durch einen gemeinsamen Standpunkt auszeichnen — den Standpunkt, daß eine konditionierte emotionale Reaktion (CER) durch klassische Konditionierung errichtet wird, wenn man einen CS mit einem schmerzhaften Stimulus koppelt. MOWRER (1950) und SCHOENFELD (1950) benutzten zwar leicht voneinander abweichende Lernmodelle, doch behaupteten beide, daß diese CR, die Angstreaktion, autonome Komponenten enthalte, die mit den aversiven Eigenschaften des originären Schmerzstimulus gekoppelt werden. Diese konditionierte emotionale Reaktion (CER) dient ihrerseits als Hinweisreiz oder Triebstimulus, der so lange bestehen bleibt, bis irgendeine instrumentelle Reaktion den Organismus aus der originären Umwelt entfernt. MILLER (1951), der HULLS Hypothese von der Triebreduktion folgte, ging weiter und behauptete, die autonomen Komponenten der CER — erworben durch die Verbindung mit der originären Schmerzreaktion, die selbst Triebeigenschaften besitzt — agierten schließlich als erworbener Trieb, der durch entsprechende Flucht- oder Vermeidungsreaktionen reduziert werden kann. Diese Analogie hat, als man sie auf menschliche Phobien anwandte, zu der Annahme geführt, ein konditionaler Angsttrieb werde in einer traumatischen Lernsituation etabliert und die CER oder der erworbene Angsttrieb unterstütze hierauf phobische Reaktionen, die bei späteren Gelegenheiten die nun angsterzeugende Situation vermeiden helfen. MILLER hat an Labortieren gezeigt, daß eine Vielzahl instrumenteller Reaktionen gelernt wird, wenn dem Tier die Flucht aus einer engen Zelle gestattet wird, in der es zuvor geschockt

wurde. Auch stellte man bei Menschen und Tieren übereinstimmende Beobachtungen an, die erkennen ließen, daß jede Blockierung der gewohnten
Vermeidungsreaktion (das kann die phobische Reaktion beim Menschen oder
die instrumentelle Spring- oder Radlaufreaktion bei der Ratte sein) darin
resultiert, daß sichtbare physiologische Begleitumstände der konditionierten
Angstreaktion intensiviert werden.

SKINNER und seine Mitarbeiter liefern, was die konditionierte Angstreaktion
angeht, eine weitere Variante. Sie haben vor allem die Veränderungen unterstrichen, die die Rate von gut eingeführten Operanten aufweist, wenn eine
neue CS-aversive UCS-Sequenz auferlegt wird. Das grundlegende experimentelle Paradigma von ESTES und SKINNER (1941) veranschaulicht die Prozedur.
Die beiden Autoren konditionierten Ratten so, daß diese um der Verstärkung
durch Futter willen nach einem Plan mit fixiertem Intervall einen Hebel drückten. Nachdem diese Reaktion richtig etabliert worden war, bekamen die Tiere
einen Ton von 5 Minuten Dauer dargeboten, der mit der Verabreichung eines
kurzen Elektroschocks über den Gitterboden des Käfigs endete. Die Hebeldruckrate wurde in dem Intervall zwischen dem Einsetzen des Tons und dem
Schock reduziert. Doch nach dem Schock nahm die Hebeldruckrate, die Futter
»erzeugte«, wieder zu. Die Löschung der konditionierten Unterdrückung erfolgte relativ langsam.

Man hat dieses Modell benutzt, um die besonderen Unterdrückungseffekte
der konditionierten Angst bei einer Anzahl von instrumentellen und autonomen Reaktionen zu untersuchen. Die spezifische Veränderung der Rate der
operanten Reaktion während des Angstintervalls kann, so scheint es, eine
Funktion der Verträglichkeit der operanten Reaktion und der unkonditionierten Reaktion gegenüber dem aversiven UCS sein. In manchen Fällen steigert
sich der etablierte Operant im Angstintervall, anstatt unterdrückt zu werden.
So stieß z. B. der Autor (1958), der während des konditionierten Angstintervalls die verbale Outputrate und die Herzschlagrate maß, auf eine Steigerung
des verbalen Output in diesem Intervall, die noch eine Woche nach der ersten
konditionierten Angsterwerbssitzung aufrechterhalten wurde. Die Verwendung der konditionierten Angst als therapeutische Methode, z. B. mit dem
Ziel, die Rate einer unerwünschten Reaktion zu reduzieren, setzt unbedingt
eine Erforschung der unterdrückenden oder steigernden Effekte einer jeden
Operantenklasse voraus.

Löschung beim Vermeidungskonditionieren

Wie die weiter oben skizzierten Theorien zur Angst verdeutlichen, ist bei der
Modifikation anomalen Verhaltens das Verständnis und die Kontrolle des
Erwerbs und der Löschung von Vermeidungsreaktionen besonders wichtig.
Es wird häufig angenommen, die Angst vermittle sowohl den Erwerb als
auch die Aufrechterhaltung dieser Reaktionen. Doch entweder ist das gut
entwickelte Vermeidungsverhalten das Symptom, oder es spielt eine Hauptrolle bei der Verhinderung der raschen Löschung des störenden Angstsym-

ptoms. Die Angstreaktionen selbst, erworben durch klassische Konditionierung, bilden nicht immer das Modifikationsziel.

Eine von SOLOMON und WYNNE (1953) durchgeführte Untersuchungsreihe befaßte sich mit Vermeidungsreaktionen bei Hunden, wobei die Autoren als UCS intensive Elektroschocks benutzten und die Hunde in einen Käfig mit zwei Abteilungen gesperrt wurden, die durch eine versenkbare Tür getrennt waren; diese Tür kontrollierte den CS und die UCR. Der Hund kam in die eine Abteilung, der CS wurde dargeboten, der untere Teil der Tür versenkt, und zehn Sekunden später wurde ein Schock verabreicht. SOLOMON und WYNNE entdeckten, daß die Tiere während der ersten Durchgänge nur dann Fluchtversuche (UCR) unternahmen, wenn sie geschockt wurden; doch bald führten sie mit zunehmender Geschwindigkeit Vermeidungsreaktionen (CR) aus. Es ist interessant, daß die Reaktionslatenz auch dann weiterhin abnahm, als es dem Tier gelang, die Schocks zu vermeiden. Sogar nach sechshundert Durchgängen ließen die Tiere keine Anzeichen von Löschung erkennen. Wurden die Hunde am Überspringen der z. T. versenkten Tür gehindert, zeigten sie heftige emotionale Reaktionen.

Die Forscher akzeptierten die Grundprinzipien der von uns bereits dargestellten Zweistufentheorie der Angst. Doch die bemerkenswerte Löschungsresistenz gegenüber der Vermeidungsreaktion veranlaßte sie, zwei zusätzliche Prinzipien zum Lernen unter stark traumatischen Bedingungen zu entwickeln. Das erste, das sie *Angsterhaltungsprinzip* nannten, behauptet, daß die Geschwindigkeit, mit der eine Vermeidungsreaktion geäußert werden kann, die volle Angsterregung verhindert. Mit anderen Worten, die Effektivität der Vermeidungsreaktion selbst verhindert die Löschung des erworbenen Triebs, der sie aufrechterhält. Das zweite Prinzip der sogenannten *partiellen Irreversibilität* behauptet, daß eine relativ permanente Verkettung errichtet werden kann, wenn ein sehr intensiver UCS zur Konditionierung einer Angstreaktion benutzt wird. So bildet SOLOMONS Interpretation eine Kombination der beiden Auffassungen, die Angst als eine biologische Streßreaktion begreifen.

Daten aus jüngerer Zeit weisen darauf hin, daß das Problem der Verstärkungsoperationen, die Vermeidungsreaktionen aufrechterhalten, noch lange nicht gelöst ist. So bemerkt z. B. BOLLES (1968), daß zum Vermeidungslernen weder ein einleitendes Fluchtlernen noch die Beendigung des CS nach der Vermeidung erforderlich sei, obgleich man gewöhnlich beide als Operationen begreift, die nötig sind, um die Angst, die dem CS anhaftet, mit der Vermeidungsreaktion zu verbinden. Abb. 4/2 zeigt, wie beide als die Schritte betrachtet worden sind, die zum Einsetzen der Vermeidungsreaktion führen. BOLLES behauptet auch, daß die Löschungsrate einer Vermeidungsreaktion eine Funktion ist der Verfügbarkeit eines Feedbackmechanismus oder eines Sicherheitssignals, eine Rolle, die übrigens die CS-Beendigung spielen kann. Er weist darauf hin, daß es dem CS nicht immer gelingt, als aversiver Stimulus zu funktionieren. So versuchen z. B. Ratten nicht, einen CS, der Schock signalisiert, zu verhindern, wenn keine Flucht oder Vermeidung möglich ist. Anscheinend ziehen sie signalisierten unsignalisiertem Schock vor (LOCKARD,

1963). Diese Befunde werfen Fragen auf, bei denen es darum geht, ob der CS die Rolle eines konditionierten aversiven Ereignisses oder eines Hinweisreizes für die konditionierte Angst spielt. BOLLES versucht, den Erwerb und die Aufrechterhaltung von Vermeidungsreaktionen mit einer Bestrafungshypothese zu erklären. Er behauptet, der UCS wirke als Bestrafung, um alles Verhalten zu unterdrücken, das nicht die Vermeidungsreaktion darstellt, die selbst nicht direkt verstärkt wird. Während diese Hypothese weder den Erwerb von neuen Verhalten erklärt, die darauf abzielen, dem CS allein zu entfliehen, noch auch die Löschungsresistenz der konditionierten emotionalen Reaktion (CER), macht sie doch deutlich, daß es sogar im Tierlabor wichtige ungelöste Fragen gibt, bei denen es um die konditionierte Angst und um die funktionalen Wechselbeziehungen zwischen UCS (Schmerz), CS, CER (Angst) und CR (Vermeidung) geht.

Angsterwerb und Angstreaktionen beim Menschen

Der größte Teil an Forschungsarbeiten, der die Angsterleichterungshypothese für anomales Verhalten stützt, stammt aus dem Labor. Diese Tatsache beschneidet in verschiedener Hinsicht unsere Möglichkeiten, auf normales und anomales Humanverhalten zu generalisieren. In Tierexperimenten ist der UCS fast immer ein schmerzhafter Stimulus, der im Hinblick auf seine Herkunft und seine Auslösung von physiologischen Mechanismen ganz spezifischer Art ist. Beim neurotischen Patienten umfassen die hypothetischen und traumatischen UCS-Ereignisse gewöhnlich keine schmerzhafte Stimulation und keine körperlichen Tätlichkeiten. KESSEN und MANDLER (1961) wandten sich gegen den begrenzten Herkunftsbereich der konditionierten Angst, der impliziert ist, wenn der Schmerz den UCS bildet, und sie wiesen darauf hin, daß die Angstreaktion in Verbindung mit zahlreichen menschlichen Situationen auftreten kann, die das Wohlergehen der Person oder deren Fähigkeit bedroht, Ziele vorherzusagen oder zu verwirklichen. Diese Situationen können jede Bedingung einschließen, in der die Grundbedürfnisse des Organismus, seien sie nun sozialer oder biologischer Art, nicht erfüllt werden.

Und schließlich haben sich die meisten Tierstudien eines Modells bedient, in dem Flucht- oder Vermeidungsreaktionen vorgegeben sind. CAMPBELL, SANDERSON und LAVERTY (1964) untersuchten in einer einzigartigen Laborstudie die Merkmale einer menschlichen CER, die unter extremem Streß erworben wurde. Der traumatische UCS war selbst nicht schmerzhaft, und es stand keine Flucht- oder Vermeidungsreaktion zur Verfügung. Die Autoren benutzten *Scolin*, ein Mittel, das die Skelettmuskulatur fast völlig paralysiert und die Atmung (zwei Minuten lang) unterbricht. Die Versuchsperson, die während dieser Paralyse bei Bewußtsein bleibt, erlebt zwar keinen Schmerz, doch beschreibt sie die Erfahrung als entsetzlich, weil sie völlig unfähig sei zu atmen oder irgend etwas zu diesem Zweck zu unternehmen. Die Versuchspersonen bekamen vor und während der Paralyse einen CS-Ton dargeboten. Jede Versuchsperson bekam lediglich einen traumatischen Konditionierungsdurchgang verabreicht, wobei galvanische Hautreaktion, Atmung, Herztätigkeit und Muskelspannung ständig kontrolliert wurden. Nach einer fünfminütigen Erholungsphase wurden die Versuchspersonen dreißig Löschungsdurchgängen ausgesetzt. Diese Löschungssitzungen wurden eine Woche und drei Wochen nach dem Konditionierungsdurchgang wiederholt. Kontrollpersonen bekamen entweder den UCS oder nur den CS verabreicht. Im Gegensatz zur Kontrollgruppe zeigten die Versuchspersonen keine Löschung auch nur irgendeiner der konditionierten autonomen Reaktionen. Tatsächlich nahm die galvanische Hautreaktion, als die Löschung fortschritt, an Latenz ab und an Stärke zu. Eine ähnliche Tendenz war bei der Herzreaktion zu verzeichnen, während die respiratorischen und muskulären Komponenten der CR dazu neigten, längere Latenzen zu entwickeln und in späteren Löschungsdurchgängen abzuflachen. Diese Befunde stimmen mit den Ergebnissen überein, über die SOLOMON und WYNNE in bezug auf eine konditionierte Vermeidungsreaktion berichtet haben (siehe oben). Der Unterschied liegt jedoch in der Tatsache, daß bei dem von CAMPBELL und seinen Kollegen durchgeführten Experiment keine instrumentellen Vermeidungsverhalten möglich waren. Bemerkenswert an diesem Experiment ist, daß die respiratorischen und Muskelreaktionen, die man gewöhnlich für willkürlich hält, und die »unwillkürlichen« GSR- und Herzreaktionen durchweg eine ähnliche Tendenz gegen die Löschung aufwiesen. Die Resultate dieser Studie bedürfen, um voll anerkannt zu werden, zwar der Replikation, doch wecken sie dessenungeachtet bereits Zweifel hinsichtlich der Haltbarkeit der Theorie, nach der die Angstreduktion das Fortwirken von Vermeidungsreaktionen auch nach einem heftigen Trauma erklären soll. Diese Resultate werden eher einer Interpretation gerecht, die eine partielle Irreversibilität des Reaktionsmusters, das im Beisein des CS erworben wurde, annimmt.

Eine Studie von KATZEV (1967) befaßt sich mit den Bedingungen, unter denen Vermeidungsreaktionen schwierig zu löschen sind, und wirft in diesem Kontext eine methodologische Frage auf. In den meisten Prozeduren wird der UCS bei der Löschung weggelassen, während das Warnsignal (CS) nach einer Reaktion bendet wird. Diese Prozedur könne man, so erklärt KATZEV, von den Trainingsdurchgängen nicht unterscheiden. Als KATZEV eine konventionelle Löschungsprozedur mit einer Prozedur verglich, bei der die Beendung des CS erst einige Zeit nach Abschluß der Reaktion erfolgte, wurde die Vermeidungsreaktion sehr rasch gelöscht. Diese Befunde lassen vermuten, daß die Eliminierung einer Vermeidungsreaktion bei klinischen Fällen am effektivsten ausfallen würde, wenn eine enge zeitliche Kontiguität zwischen Reaktion und CS sorgsam vermieden werden würde — diese Hypothese ähnelt in mancher Hinsicht der Folgerung von BOLLES (1968) und anderen, nach der die Darbietung eines Sicherheitssignals die Löschung bzw. den Erwerb von Vermeidungsverhalten fördern bzw. verzögern würde.

Verbale Angstvermittler

Wir haben uns bis jetzt vor allem mit der Tierforschung befaßt, in der das Wissen über die wesentlichen Kontrollfaktoren, die die Angstentwicklung modifizieren können, begrenzt ist. Der Mensch aber besitzt in der Sprache potentielle Kontrollstimuli, die den Verlauf einer erworbenen Angstreaktion modifizieren können. Auf die Wichtigkeit von Selbstinstruktionen und ähnlichen Verbalverhalten ist im Zusammenhang mit der Forschung zur Lidschlagkonditionierung bereits hingewiesen worden. Ähnliche Befunde aus anderen Situationen haben gezeigt, daß Menschen ihr Reaktionsmuster rasch ändern, wenn sie über die CS-UCS-Beziehung oder über die Weglassung des UCS bei der Löschung informiert werden. Eine Studie von SILVERMAN (1960) illustriert die starken Effekte, die Vorausinformationen beim klassischen Konditionierungsexperiment auf die Verwirklichung der Löschungsrate der GSR haben können. SILVERMAN konditionierte eine GSR-Reaktion auf einen Zwei-Sekundenton mittels eines sechs Sekunden langen UCS-Schocks, den er dem linken Arm der Versuchsperson verabreichte. Das CS-UCS-Intervall wurde bei der einen Gruppe mit 0,5 Sekunden optimal gehalten und betrug bei einer anderen Gruppe sechs Sekunden. Einer dritten Gruppe verabreichte man willkürlich verteilte CS und UCS, die nicht gekoppelt wurden. Die Hälfte der Versuchspersonen einer jeden Gruppe wurde vor der Löschung informiert, daß der UCS nicht mehr verabreicht werden würde. In der 0,5-Sekunden-Gruppe wurde die konditionierte GSR durch die Vorausinformation bemerkenswert reduziert. Die Sechs-Sekunden-Gruppe dagegen wurde von der Vorausinformation nicht beeinflußt. Diese Befunde sind schwer zu erklären. Eine Vermutung ist die, daß die Verzögerung zwischen CS und UCS die Einmischung anderer Verhalten der Versuchsperson ermöglicht, wodurch Muster von Angststimuli aufrechterhalten werden. SILVERMAN behauptet: »Mit anderen Worten, das Sechs-Sekunden-Intervall zwischen CS und UCS kann als äußerst wirksame Technik der Angsterregung benutzt werden« (S. 125). Auch der Erwerb einer konditionierten GSR mittels einer Rückwärtskonditionierungsprozedur (der UCS geht dem CS voraus) ist, das hat man gezeigt, bedingt durch die Art und Weise, in der die menschliche Versuchsperson die experimentelle Prozedur strukturiert oder wahrnimmt. Nur solche Versuchspersonen, die dem verzögerten CS eine kausale oder signalisierende Signifikanz zuschreiben, zeigen den Rückwärtskonditionierungseffekt (ZEINER und GRINGS, 1968). Viele andere Studien aus jüngerer Zeit berichten über die modifizierenden Effekte von Vorausinformationen beim Erwerb und bei der Löschung von GSR-Reaktionen (siehe z. B. HILL, 1967), bei der Lidschlagkonditionierung (GORMEZANO und MOORE, 1962) und beim Fingerzurückziehen (siehe z. B. LINDLEY und MOYER, 1961).

Die mutmaßliche Rolle von verbalen Verhalten bei der Evaluierung der Regelmäßigkeit des UCS und bei der Verursachung der Vermeidungsreaktion erhellt aus einer Studie von D'AMATO und GUMENIK (1960). Collegestudenten wurden aufgefordert zu raten, ob ein Licht links oder rechts aufleuchten würde, und sie mußten ihre Meinung durch Drücken eines Hebels, der sich unter dem entsprechenden Licht befand, äußern. Nach einer einleitenden Serie von 60 schocklosen Trainingsdurchgängen erhielt die Versuchsperson jedesmal, wenn sie den einen Hebel drückte, sofort einen Schock, und jedesmal, wenn sie den anderen Hebel drückte, erhielt sie einen willkürlich verzögerten Schock, ganz gleich, ob sie nun richtig geraten hatte oder nicht. Die Verzögerungsspanne betrug 0 bis 20 Sekunden. Nach dem Experiment wurden die Versuchspersonen gebeten, die relative Angenehmheit der beiden Schockarten einzustufen und den Prozentsatz an Durchgängen zu schätzen, bei denen das linke bzw. rechte Licht aufgeleuchtet hatte. Die Versuchspersonen zeigten Vermeidung gegenüber dem willkürlich verzögerten Schock; als man sie befragte, beurteilten sechzehn von zwanzig Versuchspersonen den willkürlich verzögerten Schock als unangenehmer. Darüber hinaus erinnerten sie sich längst nicht so gut an die Stimulusereignisse und ihr Verhalten während der Schockdurchgänge als an die schocklosen Durchgänge.

Der Beitrag, den das verbale Verhalten einer Person zur Steuerung einer Angstreaktion leistet, ist für Verhaltenstherapeuten besonders entscheidend, weil viele Techniken fast völlig auf der Manipulation der verbalen Reaktionen basieren, von denen man annimmt, sie würden andere Verhalten beeinflussen. Die Vernunft sagt uns, daß eine Person nicht einfach aufhören kann Angst zu haben, indem sie sich dazu auffordert. Trotzdem kann die Tatsache, daß man den eigenen Zustand als emotionale Erregung bezeichnet, und können die Verhaltensfolgen aus einer derart spezifischen Kennzeichnung das unangepaßte Verhalten der Person beeinflussen. In einer Reihe von Studien zur Kennzeichnung von emotionalen Mustern, die mit erregten Körperzuständen verbunden sind, haben SCHACHTER und seine Mitarbeiter (1964 a) demonstriert, daß die Interpretation, die eine Person über die Natur ihres körperlichen Erregungszustands liefert, immer dann durch die Erklärungen modifiziert werden kann, die in Instruktionen oder anderen experimentellen enthalten sind, wenn die Person nicht über eine eigene stichhaltige Erklärung verfügt.

»In dem Umfang, in dem kognitive Faktoren wirksame Determinanten emotionaler Zustände sind, könnte man vorwegnehmen, daß genau derselbe Zustand einer physiologischen Erregung mit dem Etikett ›Freude‹, ›Wut‹, ›Eifersucht‹ oder mit einem anderen emotionalen Etikett aus einer enormen Vielfalt versehen werden könnte, was von den jeweiligen kognitiven Aspekten der Situation abhängt« (SCHACHTER und SINGER, 1962, S. 38).

NISBETT und SCHACHTER (1966) verabreichten ihren Versuchspersonen vor dem schmerzhaften Elektroschock ein Placebo. Der einen Hälfte wurde gesagt, das Mittel würde Erregungssymptome wie Herzklopfen und Zittern erzeugen. Die andere Hälfte erwartete von der Placebopille keine derartigen Symptome. Man entdeckte, daß Versuchspersonen, die glaubten, sie befänden sich in einem (künstlich erzeugten) Erregungszustand, den Schock als weniger schmerzhaft empfanden, daß sie geneigt waren, eine größere Schockmenge zu ertragen und daß sie die schockerzeugten autonomen Symptome eher der

Pille als dem Schock zuschrieben. In einigen anderen Studien haben SCHACH-
TER und seine Kollegen gezeigt, daß das spezifische emotionale Etikett (z. B.
Angst und Wut), das dem drogenerzeugten Erregungszustand angeheftet wird,
weniger durch tatsächliche innere physiologische Stimulation als durch umweltbezogene Hinweisreize bedingt ist. Andere Forschungsarbeiten schlagen
für verschiedene emotionale und motivationale Umstände verschiedenartige
Erregungsmuster vor (AX, 1953; LACEY und LACEY, 1958). GELLHORN (1964)
meinte, das Feedback von spezifischen autonomen Mustern könne eine unmerkliche Kontrolle über kognitive Ereignisse ausüben. Die Tatsache, daß eine
Person ein bestimmtes Etikett vorzieht, müßte also von dem Ausmaß an
Mehrdeutigkeit, das die Situation aufweist, von der Lebensgeschichte und
vielleicht von der Intensität oder Spezifität des Erregungsmusters abhängen.

Für den klinischen Psychologen, der sich mit den Angstreaktionen eines
fortlaufend denkenden und aktiv interpretierenden Patienten auseinandersetzt, besitzt die verbale Komponente oder der »kognitive« Aspekt der
Angstreaktion wesentliche Bedeutung. Die weiter oben behandelten Studien
behaupten, die Modifikation von Humanverhalten, die in Verbindung mit
einer CER stattfindet, könne dadurch bewerkstelligt werden, daß man für
eine effektivere Alternative zur Vermeidungsreaktion sorgt und daß man
sowohl die emotionale Reaktion als auch das Verhalten, das auf sie kontingent
ist, unter verbale Kontrolle bringt. Die entscheidende Rolle, die diese »kognitiven« Faktoren bei der Verhaltensregulierung durch die Person selbst spielen,
wird eingehend in Kapitel 9 behandelt. Doch sollte hier noch bemerkt werden,
daß die Flexibilität von Etikettierungen physiologischer Erregung für den
Kliniker ganz wesentlich impliziert, daß die Prädisposition, die eine Person
für ein bestimmtes Etikett (z. B. »Angst« oder »Wut«) oder für das Überlernen dieses Etiketts zeigt, die Art und Weise, wie diese Person mehrdeutige
Situationen interpretiert, so beeinflussen kann, daß ihre charakteristischen
affektiven Erfahrungen betroffen sind (GOLDSTEIN, HELLER und SECHREST,
1966).

LAZARUS und seine Kollegen (LAZARUS, 1966) haben sich intensiv mit den
Auswirkungen dessen befaßt, was sie als kognitive Neubewertung bei der
Reduktion von Streßreaktionen bezeichnen. Im Gegensatz zu Untersuchungen
über Methoden zur Reduktion von bereits konditionierten Angstreaktionen
verfolgten sie in ihrer Arbeit eine prophylaktische Strategie, indem sie die
Effektivität verschiedener Trainingsprozeduren, die Herzschlagrate und GSR
und Selbstwertungen der Reaktion mit einem sich anschließenden Laborstreß
verglichen. Versuchspersonen wurden veranlaßt, ein bedrohliches Ereignis
(z. B. einen blutrünstigen Film) in einer Verhaltensübung neu zu bewerten;
diese Übung fand in der Phantasie statt, wobei die Personen ihre eigenen Abwehrreaktionen gegen dieses Ereignis (z. B. Abstreiten, Intellektualisierung
und Selbstberuhigung) schildern. Diese antizipierende Praxis der »Meiste-
rung« eines Ereignisses hat spätere Streßindikatoren signifikant reduziert; das
entdeckte man, als man die so behandelte Gruppe mit einer unbehandelten
Kontrollgruppe oder mit einer Kontrollgruppe, die sich einem Entspannungs-

training unterzogen hatte, verglich (FOLKINS, LAWSON, OPTON und LAZARUS, 1968).

Die Hypothese, nach der ein kognitiver Set die subjektiven und physiologischen Angstkomponenten beeinflussen soll, wird nicht nur durch LAZARUS' Arbeit, sondern auch durch Studien gestützt, die darauf hinweisen, daß viele Instruktionsset- und Modellernvariablen die Effekte von aversiven Stimuli regulieren. HART (1966) hat z. B. entdeckt, daß das Schlangenvermeidungsverhalten schlangenphobischer Versuchspersonen abnahm, als sie eine Rede ausgearbeitet hatten, die andere davon überzeugen sollte, daß Schlangenfurcht etwas Unsinniges sei. Die autonomen Reaktionen von Versuchspersonen auf eine Droge oder ihre verbalen Berichte über Elektroschocks sind z. T. durch die Stimuluserwartungen, über die man sie instruiert hat, bedingt (STERNBACH, 1964; 1966). Eine Generalisierung von diesen Analogstudien auf Angstbeschwerden von klinischen Patienten wäre jedoch gewagt. Laborstreß ist mild, zeitbedingt und wird als Bestandteil einer experimentellen Prozedur begriffen, und auch die Effekte der kognitiven Variablen sind von kurzer Dauer. Überdies scheinen — darauf haben LANG (1969) und andere hingewiesen — im Entstehen begriffene Angstsymptome häufig die stärksten Hinweisreize für eine Angststeigerung beim klinischen Patienten zu bilden. Studenten, die an heftiger Prüfungsangst leiden, bezeichnen »Das Daran-Denken, daß man während der Prüfung Angst haben könnte« und »Das Kribbeln im Magen« häufig als die stärksten Angststimuli.

Wir haben dieses Kapitel teilweise deshalb mit der Überschrift »Kombinierte Modelle« versehen, weil wir in ihm einer verquickten Vielfalt an Therapien, an Manipulationen von Stimulusereignissen, an autonomen und motorischen Reaktionen und an vermittelnden oder kognitiven Reaktionen begegnen. Wenn sich, und darauf haben wir hingewiesen, klassische und operante Komponenten im Alltagsverhalten offensichtlich so sehr verquicken, daß sie nicht auseinandergehalten werden können, trifft das in noch viel höherem Maße auf Techniken zu, die der Modifikation von Angst dienen.

Angst und Erregung

Die Literatur, die sich mit Angstinventaren, Angstursachen und den Auswirkungen von Angst aufs Lernen befaßt, auf die Wahrnehmung und die Performanz, ist zu umfangreich als daß wir sie hier eingehend abhandeln könnten. Doch sollte hier zumindest darauf hingewiesen werden, daß man über Angstmuster der autonomen Erregung auch bei der Vermeidungskonditionierung und bei vielen anderen Konfliktsituationen berichtet hat. In Übereinstimmung mit PAWLOWS Entdeckung des »neurotischen« Verhaltens von Hunden, die er schwierigen oder unmöglichen Diskriminationen ausgesetzt hatte, entdeckte man auch an Menschen, die in einer komplexen Lernsituation eine schwierige Diskriminationsaufgabe gestellt bekommen hatten, physiologische Erregungsmuster. Ähnlichen Mustern begegnete man bei den wenigen Untersuchungen, die es zu natürlichen Angstsituationen gibt.

BEAM (1955) testete z. B. Personen unmittelbar bevor sie an ihrem College einen Pflichtvortrag hielten, unmittelbar bevor sie in einem Theaterstück vor einem großen Publikum auftraten und unmittelbar bevor sie eine Vorprüfung zur Graduierung ablegten. Obwohl wir Angst als Erregungsmuster behandelt haben, ohne näher auf die spezifischen umweltbedingten Merkmale, die sich mit ihr verbinden, einzugehen, hat man doch Unterscheidungen getroffen zwischen dem Angstmuster als chronischen Zustand und dem Angstmuster als Reaktion auf ein bestimmtes transitorisches Ereignis, z. B. auf eine Collegeprüfung. Die vielen Versuche, die man unternahm, um Inventarpunktwerte von Angstskalen und Performanzen bei Lernaufgaben miteinander zu korrelieren, deuten darauf hin, daß die Effekte bei leichten Anforderungen anders ausfallen als bei schwierigen.

Verhaltenstherapien gegen die Angst

Der vorausgegangene Abschnitt hat verdeutlicht, warum die Angst bei der Behandlung von Verhaltensstörungen eine wesentliche Rolle spielt. Wir müssen MARTIN (1961) zustimmen, wenn er, nach einem gründlichen Überblick über die Angstdiagnostik mittels behavioraler und physiologischer Messungen, erklärt: »Ungeachtet einer ganzen Reihe vielsagender Anhaltspunkte kann man aus den in dieser Untersuchung abgehandelten Forschungsarbeiten nicht folgern, daß ein klar umrissenes Muster an physiologisch-behavioralen Reaktionen, die mit Angsterregung verbunden sind, demonstriert worden sei.« Trotzdem läßt die geleistete Forschung komplexe Wechselbeziehungen zwischen klassischem und instrumentellem Konditionieren erkennen, sobald Symptome produziert werden, die mit einer konditionierten emotionalen Reaktion verquickt sind. In bezug auf die Ausformung und Schwächung von Vermeidungsreaktionen, die mit Angst verbunden sind, lassen die durchgeführten Untersuchungen auch ein enges Wechselspiel zwischen verbalen, physiologischen und anderen behavioralen Ereignissen erkennen. Anerkennt man das Prinzip der teilweisen Irreversibilität von heftigen Angstzuständen, so dürfte eine Diskontinuität existieren zwischen den Effekten und der Dauer von Reaktionen, die mit leichter Angsterregung und mit heftigen, lebensbedrohenden Erfahrungen verbunden sind. In dem nun folgenden Teil müssen wir uns die grundlegende theoretische Ungewißheit hinsichtlich der Bedingungen vor Augen halten, die Angstreaktionen erzeugen; das gilt auch dann, wenn die pragmatische Evidenz uns veranlaßt, therapeutische Techniken, die sich auf eine der vorgeschlagenen Theorien oder auf einen der vorgeschlagenen Laborbefunde stützen, zu akzeptieren, allerdings nicht wegen ihrer Richtigkeit, sondern wegen ihres Vermögens, menschliches Elend und Leid zu lindern.

Wolpes reziproke Hemmung

Es war WOLPE (1958), der das therapeutische Gesamtpaket einer heute weitverbreiteten verhaltenstherapeutischen Methode entwickelte. Da ihn die
psychoanalytischen Methoden der Behandlung neurotischer Ängste nicht be-
friedigten, versuchte WOLPE aus den experimentellen Arbeiten von PAWLOW,
JONES, WATSON und MASSERMAN, die sich mit »experimentellen Neurosen«
bei Tieren befaßten, wirksamere Techniken zu entwickeln. In den Jahren
1947 und 1948 führte WOLPE an Katzen eine Reihe Experimente durch, die
nachhaltiges »neurotisches« Verhalten erzeugten; dabei ging er so vor, daß er
die Tiere in kleine Käfige sperrte, wo er ihnen Schocks verabreichte, denen ein
CS vorausging. Die Reaktion der Tiere bestand u. a. darin, daß sie im Käfig
jegliche Nahrung verweigerten. WOLPE fand heraus, daß er diese Reaktion
ausschalten und normale Käfigverhalten wiederherstellen konnte, indem er
die Katzen an Orten fütterte, die sich vom Käfig des Experiments deutlich
unterschieden. Als die Tiere nun weniger ängstlich schienen und sich wieder
effektiver verhielten, näherte WOLPE sie Schritt um Schritt der ursprünglichen traumatischen Situation an, bis sie den Käfig ohne Verhaltensunterbrechung akzeptierten.

Die Technik WOLPES zur Behandlung von neurotischen Patienten lehnt
sich an diese frühe Prozedur an. Seine Methode zeichnet sich durch zwei
Hauptelemente aus. Erstens wird dem Patienten in geschwächter Form derselbe CS verabreicht, von dem angenommen wird, daß er ursprünglich zur
Angst konditioniert wurde, indem er sich mit einem starken UCS verband.
Durch diese Stimulusabstufung wird die konditionierte emotionale Reaktion,
wenn überhaupt, so nur mit sehr geringer Intensität erzeugt. Dieses Merkmal
bildet den *Desensibilisierungs*-Aspekt von WOLPES Methode. Zweitens wird
eine Reaktion eingeführt (bei den Katzen war es die Nahrungsaufnahme), die
der Angstreaktion entgegenwirkt. Dieses Merkmal hat WOLPE als *reziproke
Hemmung* bezeichnet, ein Prozeß, der darin besteht, daß im Hinblick auf den
CS eine wahrscheinlichere konkurrierende Reaktion konditioniert wird, die
zu einer konditionierten Hemmung führt, welche wiederum die Angstreaktion minimiert.

WOLPE hat sein Prinzip der reziproken Hemmung folgendermaßen formuliert: »Wenn eine angsthemmende Reaktion in Gegenwart angsterzeugender
Stimuli hervorgerufen werden kann, wird sie die Beziehung zwischen diesen
Stimuli und der Angst abschwächen« (WOLPE, 1972, S. 29). In seiner ersten
Darstellung (WOLPE, 1958) basierte die theoretische Erklärung des Phänomens
der reziproken Hemmung in erster Linie auf HULLS Konzept der konditionierten Hemmung, das WOLPE durch zusätzliche neurophysiologische Erklärungen ergänzte. Bei der derzeitigen Anwendung dieser Technik werden
jedoch die ihr zugrunde liegenden Spekulationen zugunsten der therapeutischen Operationen selbst fallengelassen.

WOLPES Hypothese von der unvereinbaren Reaktion ähnelt in gewisser
Weise GUTHRIES Lerntheorie. Ein reines Kontiguitätsprinzip des Lernens

ließe vermuten, daß die Verbindung einer unvereinbaren Reaktion, die bereits
sehr stark ist, mit Stimuluselementen, die bisher mit einem bestimmten Teil
der unerwünschten Reaktion verbunden waren, schließlich darauf hinauslaufen müßte, daß die alte Reaktion gelöscht und eine neue Assoziation
gelernt wird. Es war PAWLOW, der ein experimentelles Verfahren vorschlug,
bei dem die eine Reaktion — durch Darbietung des ursprünglichen UCS mit
geringer Intensität — eine andere Reaktion ersetzt, während gleichzeitig die
Möglichkeit, daß eine unvereinbare Reaktion im Beisein des UCS auftritt,
erhöht wird. Der Begriff *Gegenkonditionierung* ist auf dieses allgemeine Verfahren angewandt worden, und so wird dieser Terminus häufig dazu benutzt,
WOLPES Technik zu charakterisieren. Das Hauptmerkmal der reziproken
Hemmung besteht also darin, daß das Angriffsziel die Angst ist. Wie wir
bereits sahen, ist Angst zumindest teilweise klassisch konditioniert, und sie
erzeugt ihrerseits andere Verhaltenssymptome. Aus diesem Grund hat man
WOLPES Methode häufig unter der Rubrik »klassisches Konditionieren« eingereiht. Doch diese Methode erfordert auch die Auslösung und Aufrechterhaltung einer antagonistischen Reaktion, die mit einem positiven Affekt verquickt ist. Da es sich bei solchen Reaktionen gewöhnlich um Operanten
handelt, enthalten die tatsächlichen Desensibilisierungsoperationen Elemente
beider Lernprozesse. Aus diesem Grund werden die in diesem Kapitel behandelten Methoden als »kombinierte Modelle« bezeichnet.

Verbindet sich die Angstreaktion mit der Unfähigkeit, entsprechende Gefühle zu äußern oder sich in interpersonalen Beziehungen anzupassen, können die geäußerten Gefühle und Einstellungen des Patienten als die konkurrierende Reaktion der Gegenkonditionierung fungieren. So wird *selbstsicheres* Verhalten zu einem besonderen Werkzeug der Desensibilisierung.
WOLPE und LAZARUS (1966) bemerken, daß der selbstunsichere neurotische
Patient, dem es schließlich gelingt, sich anderen Leuten gegenüber zu behaupten, für sein selbstsicheres Verhalten gewöhnlich belohnende Konsequenzen
erfährt. »Das Gegenkonditionieren von Angst ist also in jedem Einzelfall
mit dem operanten Konditionieren der instrumentellen Reaktion verquickt,
wobei beide einander fördern« (WOLPE und LAZARUS, 1966, S. 40). WOLPE
wandte dieses Verfahren zunächst bei vielen Patienten an, doch entdeckte er,
daß diese Reaktion bei den Patienten unzulänglich war, deren Angstreaktionen (wie bei den klassischen Phobien) mit nichtsozialen Stimuli verbunden
waren oder deren Angst durch die bloße Anwesenheit gewisser Personengruppen, durch das Gefühl, zurückgewiesen zu werden, oder dadurch ausgelöst
wurde, daß sie im Mittelpunkt des Interesses standen usw. Eine geeignetere
antagonistische Reaktion wäre dann gegeben, wenn im Rahmen dieser Reaktion keine neuen Verhalten, die von der Verstärkung durch andere abhängig
sind, ausgeformt zu werden bräuchten.

Schließlich bediente sich WOLPE der Entspannung, einer Reaktion, die der
Angst entgegenwirkt und im breiten Rahmen anwendbar ist. Obwohl die
tiefe Muskelentspannung mittlerweile zu einem wesentlichen Merkmal der
meisten systematischen Desensibilisierungsbehandlungen geworden ist, muß

hier darauf hingewiesen werden, daß WOLPES Theorie im Prinzip die Verwendung jeder anderen antagonistischen Reaktion gestattet. So hat man in der Tat neben der Selbstsicherheit und der Entspannung auch Eßverhalten sowie sexuelle oder ähnliche Verhalten als antagonistische Reaktion benutzt.

Bevor wir die theoretischen und empirischen Probleme der WOLPEschen Behandlungsweise untersuchen, sollten wir uns eingehender die verschiedenen Stufen der tatsächlichen therapeutischen Prozedur vor Augen führen. WOLPES Technik umfaßt im wesentlichen drei Gruppen von Operationen: 1. die Einübung tiefer Muskelentspannung; 2. die Errichtung von Hierarchien aus angstauslösenden Stimuli und 3. die Entspannung, die den Stimuli der Hierarchien entgegenwirkt.

Die ersten beiden Stufen der systematischen Desensibilisierung (Einübung der Entspannung und Errichtung von Hierarchien) werden in drei bis sechs einleitenden Sitzungen realisiert. Bei der tiefen Muskelentspannung, von der WOLPE glaubte, sie hemme oder konkurriere als Reaktion mit Angst, handelt es sich gewöhnlich um eine vereinfachte Version von JACOBSONS (1938) Trainingsmethode. Sie besteht darin, daß der Therapeut dem Patienten angenehme Affekte und Ruhe suggeriert; während er ihn veranlaßt, verschiedene größere Muskelgruppen nacheinander zu spannen und zu entspannen. Die zweite Hälfte dieser ersten Sitzungen wird von Interviews ausgefüllt, durch die sich der Therapeut mit den Problemen des Patienten vertraut macht und mit deren Hilfe dieser (gemeinsam mit dem Therapeuten) den zentralen Komplex an Stimuli herausarbeitet, der die heftigsten Angstreaktionen des Patienten auslöst. Situationen, die (vermutlich anhand eines Generalisierungsgradienten) auf diesen Stimuluskomplex bezogen sind, werden nach dem Ausmaß an Angst, das sie auslösen, eingestuft und in gleichen Intervallen in eine Stimulushierarchie eingebaut. Die Items einer Hierarchie haben ein einziges Thema gemeinsam (z. B. Schlangen, Selbstbehauptung) oder einen zeitlichen und räumlichen Gradienten der Annäherung an einen bestimmten Zielstimulus oder eine Kombination aus beiden. Diese Items sollen die angstauslösenden Stimuli liefern und werden dem entspannten Patienten später dargeboten.

Einer kombinierten Hierarchie, die sich mit Prüfungsangst befaßt und in der Prüfungstypus und zeitliche Nähe variiert werden, begegnen wir in Tab. 4/3. Diese Liste macht einen Vorteil evident, der imaginäre vor In-vivo-Darbietungen auszeichnet: Verschiedene Items befassen sich mit inneren Ereignissen, die der In-vivo-Darbietung unzugänglich sind, z. B. mit dem Denken an die eigene Angst. Die Zahlenwerte in der Tabelle zeigen, wie der Patient bei zwei verschiedenen Gelegenheiten die Intensität der Angst, ausgelöst durch das jeweilige Item auf einer Skala von 0 (»Völlig entspannt«) bis 100 (»Angespannt wie nur möglich«), einschätzt. Ähnliche Schätzungen, die häufig anhand einer Zehn-Punkte-Skala, dem sogenannten Angstthermometer, durchgeführt wurden, benutzte man bei kontrollierten Studien zur Desensibilisierung (LANG und LAZOVIK, 1963). Wie aus Tab. 4/3 hervorgeht, können gleich erscheinende Intervalle schwierig zu erzielen sein, und die Schätzungen und damit die Item-Anordnung können sich während der The-

Tab. 4/3: Eine kombinierte Desensibilisierungshierarchie für Prüfungsangst [1]

Angstschätzungen

1. Schätzung	2. Schätzung	Items der Hierarchie
0	0	Beginn eines neuen Kurses.
15	10	Sie hören den Lehrer eine mündliche Prüfung ankündigen, die in zwei Wochen stattfinden wird.
20	25	Ihnen wird von einem Professor persönlich ans Herz gelegt, bei einer Prüfung gut abzuschneiden.
35	40	Sie versuchen zu entscheiden, wie Sie sich auf eine Prüfung vor-
40	45	bereiten sollen. Sie gehen noch einmal den Stoff durch, den Sie beherrschen sollten — Sie notieren sich, was Sie noch lernen müssen.
60	50	Sie hören den Lehrer eine mündliche Prüfung ankündigen, die in einer Woche stattfinden wird.
60	65	Sie hören den Lehrer eine Hauptprüfung ankündigen, die in drei Wochen stattfinden wird; der Lehrer weist auf die Wichtigkeit dieser Prüfung hin.
75	75	Sie hören den Lehrer eine Hauptprüfung ankündigen, die in einer Woche stattfinden wird.
80	70	Sie befinden sich vor einer Prüfung völlig allein im Schulfoyer.
80	80	Sie bekommen in der Klasse eine Prüfungsarbeit zurück.
80	80	Sie erwarten, daß Sie noch am selben Tag ein entscheidendes Übertrittszeugnis bekommen.
80	85	Sie sprechen mit verschiedenen Klassenkameraden über eine Prüfung, die Ihnen unmittelbar bevorsteht.
85	80	Sie denken daran, daß Sie sich vor einer bestimmten Prüfung ängstigen.
90	85	Sie arbeiten einige Tage vor einer Prüfung mit einigen Klassenkameraden zusammen.
90	90	Während Sie in einer Gruppe arbeiten, gibt Ihnen ein Klassenkamerad einige »kostbare Tips«, aber Sie bezweifeln, ob Sie sie behalten werden.
90	90	Kurz vor einer Prüfung pauken Sie allein in einer Bibliothek.
90	95	Während Sie sich auf eine Prüfung vorbereiten, denken Sie daran, daß Sie in anderen Fächern nicht mitgekommen sind.
95	90	Sie denken daran, daß Sie im Hinblick auf Ihre schulischen Leistungen generell ängstlich sind.
95	90	Sie unterhalten sich mit Klassenkameraden über die soeben abgelegte Prüfung.
100	100	Sie denken daran, daß Sie sich auf eine bestimmte Prüfung nicht richtig vorbereitet haben.
100	100	Sie arbeiten in der Nacht vor einer Hauptprüfung.

[1] Schätzungen: 0 = Völlig entspannt; 100 = So angespannt wie möglich.

rapie auf alle Fälle verändern. Es ist erhebliches klinisches Können nötig, um adäquate individuelle Hierarchien zu konstruieren. Wir haben es hier mit einer Aufgabe zu tun, die im Gegensatz zu anderen Phasen des Desensibilisierungsprozesses noch nicht automatisiert werden kann (LANG, 1968). Dieser Punkt hat mit der bereits erwähnten niedrigen Korrelation zwischen Angstindikatoren zu tun — so zeigten z. B. Werte des *Fear Survey Schedule* oder FSS (WOLPE und LANG, 1964) niedrige Korrelationen bei Selbstschätzungen ($r = -0.04$), bei offener Vermeidung ($r = -0.26$) und bei Fremdschätzung ($r = 0.14$) (LANG, 1968). Selbstverständlich würde das Unvermögen eines Patienten, das Ausmaß der durch gewisse Situationen erregten Angst adäquat zu beschreiben, irreführende Hierarchien zur Folge haben und die Wirksamkeit der Behandlung einschränken. Ähnlich wird bei Einzelfallstudien häufig auf anfängliche Fehlschläge hingewiesen, die auf eine unzulängliche Hierarchiekonstruktion zurückgeführt werden. So beschreibt WOLPE (1966) einen Anwalt, dessen Sprechangst sich nicht besserte, als man ihn im Desensibilisierungsprozeß einer Hierarchie aus immer größeren Personengruppen, zu denen er sprechen mußte, aussetzte; sie besserte sich erst, als man ihn mit einer Hierarchie konfrontierte, die sich mit der Demütigung vor den Augen anderer, vor allem fremder Personen, befaßte.

Im Gegensatz zu dem klinischen Können, das in dieser Phase erforderlich ist, können die Entspannungsübungen mit Hilfe von Tonbandaufnahmen durchgeführt werden. Die Hypnose, mit der man zunächst Entspannung zu erzielen versuchte, erzielt offenbar keine besonderen Wirkungen und wird heute nur selten benutzt. Die nichtspezifischen Effekte der Therapeut-Patient-Beziehung scheinen in diesem Behandlungsstadium zum Erfolg ebenfalls nicht entscheidend beizutragen. Fällt die Entspannung schwer, werden manchmal auch erfolgreich Medikamente benutzt, ohne daß die Generalisierung vom medikamentbedingten auf den nicht medikamentbedingten Zustand schwerfiele; das ist zumindest bei der Behandlung mit Methohexital (Methohexiton) der Fall (FRIEDMAN, 1966; FRIEDMAN und SILVERSTONE, 1967).

Die dritte Stufe ist die eigentliche Desensibilisierung. Sie beginnt damit, daß die Fähigkeit des Patienten, sich die Items der Hierarchie so lebhaft vorzustellen, daß sie ohne Entspannung Angst auslösen, auf die Probe gestellt und evaluiert wird. Dann wird der Patient veranlaßt, tief zu entspannen, sich das niedrigste Item der Hierarchie vorzustellen und dem Therapeuten das geringste Anzeichen von Anspannung oder Unbehagen zu signalisieren. Gibt der Patient dieses Signal, wird er angewiesen, sich dieses Item nicht mehr vorzustellen und zu entspannen, oder an etwas Angenehmes zu denken. Gibt der Patient dieses Signal nicht, wird die Vorstellung weitere 10—15 Sekunden fortgesetzt, um dann abgebrochen und durch eine ausschließliche Entspannungsphase von 15—30 Sekunden ergänzt zu werden. Hierauf wird das Item ein zweites oder drittes Mal dargeboten, dann geht man zum nächsten Item der Hierarchie über. Erzeugt ein Item signalisierte Anspannung, kann man zum letzten Item der Hierarchie zurückkehren oder man kann dieses Item so lange wiederholen, bis es keine Anspannung mehr auslöst.

In-vivo-Darbietungen können benutzt werden, nachdem imaginäre Items dargeboten worden sind (MEYER und GELDER, 1963) oder sie können imaginäre Darbietungen ganz ersetzen (z. B. WOLPE, 1966). Als Alternative wurden auch Diaprojektionen verwandt (GOLDBERG und D'ZURILLA, 1968). PAUL (1969 a) hat viele Variationen dieses Verfahrens zusammengestellt und auf die besten Anwendungsmöglichkeiten verwiesen. Nach LAZARUS (1964) sind die häufigsten Verfahrensfehler, die zum negativen Ergebnis führen, auf die wiederholte Signalisierung von Anspannung bei nur einem Item, auf die adäquaten Entspannungsintervalle zwischen imaginierten Szenen, auf die Anzahl an Szenen, die pro Sitzung dargeboten wird und auf die Dauer von und dem zeitlichen Abstand zwischen Sitzungen zurückzuführen.

Kontrollierte Experimente zur systematischen Desensibilisierung

Der Nachweis der Effizienz der meisten psychotherapeutischen Methoden weist erhebliche Mängel auf. Bevor die Verhaltenstherapien entwickelt wurden, war der theoretische Unterbau der verschiedenen Therapien derart kompliziert und häufig so voller Unlogik, daß spezifische Vorhersagen, die experimentell getestet werden konnten, einfach nicht möglich waren. Da die vielfältigen Facetten der interaktionalen Verhaltensweisen in der traditionellen verbalen Psychotherapie den Therapeuten zwingen, sein eigenes Verhalten von einem Augenblick zum andern dem fluktuierenden Verhalten des Patienten anzupassen, erwies es sich als schwierig, das Handeln des Therapeuten präzis zu spezifizieren. Darüber hinaus nennen die meisten dynamischen Therapien als Behandlungsziel die Restrukturierung der Persönlichkeit des Patienten. Ein derart komplexes Konstrukt bietet wenig Gelegenheit zu quantitativer Messung. Da es bei den dynamischen Therapien häufig nicht das Symptom, sondern ein umfassenderes und oft dürftig spezifiziertes Merkmal des Patientenverhaltens ist, das behandelt wird, kann der Behandlungsfortschritt nicht durch den einfachen Vergleich von Performanzen vor und nach der Therapie, die sich auf spezifizierte Aufgaben, Inventare oder behaviorale Situationen beziehen, erfaßt werden. Die meisten dynamischen Behandlungsmethoden behaupten, daß Veränderungen des Patientenverhaltens, die außerhalb des Behandlungsraums stattfinden, durch die indirekten Bemühungen zustande kommen, die darauf abzielen, das verbale und interpersonale Verhalten in der Sitzung zu modifizieren. Da die spezifischen Verhalten, auf die Behandlungsmanipulationen einen generalisierenden Effekt haben können, gewöhnlich nicht festgestellt werden, ist es unmöglich, eine Aufzeichnung oder eine Analyse der Behandlungseffekte zu erstellen, um verschiedene Techniken bei verschiedenen Patienten miteinander zu vergleichen. Trotz dieser Hindernisse, die großenteils auf ROGERS und andere experimentell orientierte Kliniker zurückzuführen sind, hat man in zunehmendem Maße psychotherapeutische Methoden zu erforschen begonnen. Dabei machten viele Experimente die Verwendung von Analogsituationen oder die Analyse kleiner Segmente der natürlichen Behandlungssequenz nötig.

WOLPES Technik eignet sich hervorragend zur Analyse mittels verbreiteter experimenteller Methoden. Die Desensibilisierungsprozedur ist relativ standardisiert; die ihr zugrunde liegenden theoretischen Annahmen können klar beschrieben werden; das Behandlungsziel wird vor der Therapie spezifiziert; und die weniger ehrgeizige, stufenweise Reduktion von symptomatischen Verhalten liefert durchsichtige Kriterien zur Bewertung des Behandlungserfolgs. All diese Faktoren haben dazu beigetragen, daß uns heute viele hervorragende Studien, die anhand dieser Technik durchgeführt wurden, zur Verfügung stehen. Auf den folgenden Seiten sollen ausgewählte Studien in Kontext jener Fragen untersucht werden, die die Desensibilisierungsmethode aufgeworfen hat. Erstens: Läßt sich die vermeintliche Effektivität der systematischen Desensibilisierung unter objektiven Laborgegebenheiten demonstrieren? Zweitens: Hat man diese Effektivität demonstriert, bleibt immer noch die Frage der Unterscheidung zwischen den verschiedenen Komponenten, die die vollständige Behandlungsprozedur bilden. Das aber bringt uns auf die Frage: Welche Komponenten der WOLPEschen Therapie sind zur Effektivität erforderlich, reichen zur Effektivität aus? Und schließlich sind Untersuchungen in breitem Rahmen nötig, um sowohl die theoretischen Annahmen zur Ausformung des unerwünschten Verhaltens *als auch* die Mittel, die dieses Verhalten beseitigen, zu testen. Dieser letzte Punkt ist von entscheidender Bedeutung, da die Effektivität einer therapeutischen Methode nicht unbedingt die Theorie darüber erhärtet, warum sie Erfolg hat, wie sie auch nicht unbedingt die Entstehungsweise des jeweiligen Symptoms vor Augen führt. Wie wir in Kapitel 3 in Verbindung mit der Kaninchenangst des kleinen Albert und mit RACHMANS Erzeugung von Schuhfetischismus bereits ausführten, kann die Demonstration einer Entstehungsweise von Symptomen nicht die ausschließliche Gültigkeit des zugrunde liegenden Modells garantieren, ebensowenig wie man von einer derartigen Demonstration die allein gültige Behandlungsmethode ableiten kann. Auf diesen Mangel an logischer Folgerichtigkeit hat DAVISON (1967) hingewiesen, als er daran erinnerte, daß das Wissen über die Veränderung eines Phänomens nicht gleichbedeutend ist mit dem Wissen über den Prozeß, durch den dieses Phänomen entstand. So aber sollten wir uns davor hüten, die nun folgenden Befunde so zu interpretieren, als erhärteten sie nicht nur einen *Behandlungseffekt*, sondern auch eine Theorie zur Entstehung von Neurosen.

Behandlungseffektivität. LANG schuf ein hervorragendes Instrument, das die meisten Kriterien einer Labortestung der Effektivität systematischer Desensibilisierung erfüllte. Obwohl Schlangenangst für viele Leute kein dringliches Problem darstellt, ist diese Angst doch weit verbreitet. Von hundert sind es einer bis drei: Collegestudenten, die in ihrem Verhalten gegenüber Schlangen alle Kriterien einer Phobie erfüllen. LANG und LAZOVIK (1963) versuchten, diese spezielle Phobie unter experimentellen Bedingungen zu beseitigen. Sie beabsichtigten mit ihrem Experiment zweierlei: Erstens wollten sie herausfinden, wie effektiv die systematische Desensibilisierung bei der Beseitigung dieser Phobie ist, und zweitens wollten sie bestimmen, ob die Teilverfahren der reziproken Hemmungstechnik (also die Einübung tiefer Muskelentspannung, die Hypnose und das gute Verhältnis zum Therapeuten) allein derartige Veränderungen hervorbringen können. Anhand eines Klassenfragebogens wurden 24 schlangenphobische Studenten ausgewählt. Diese Studenten berichteten, sie litten in Gegenwart von Schlangen unter somatischen Störungen wie Angespanntheit, feuchte Hände und Magenbeschwerden. Sie vermieden die Schlangenabteilung im Zoo und zeigten beim Anblick von Schlangen verwirrte Reaktionen, auch wenn sie sie nur im Film oder Fernsehen sahen. Die Autoren testeten das phobische Verhalten sowohl mit Hilfe von Fragebögen als auch dadurch, daß sie die Versuchsperson direkt mit einer in einem Glaskasten gefangen gehaltenen Schlange konfrontierten, die ungiftig war. Dann wurde die Versuchsperson, die vom Glaskasten fünf Meter entfernt war, aufgefordert, sich der Schlange zu nähern. Als die Versuchsperson diese Annäherung abbrach, notierte man ihren Abstand zum Glaskasten und ihre Angstschätzung.

Darauf nahm die experimentelle Gruppe an einer Reihe von Sitzungen teil, die dazu diente, Angsthierarchien zu entwickeln, tiefe Muskelentspannung einzuüben, mit der Hypnose vertraut zu machen und das Vorstellungsvermögen zu fördern. Die Kontrollgruppe wurde derselben Prozedur unterzogen. Als dieses Training abgeschlossen war, wurden beide Gruppen nach Inventaren und mit dem Annäherungsexperiment im Labor getestet. Die experimentelle Gruppe nahm danach an einer Reihe von Sitzungen mit systematischer Desensibilisierung teil. Der abschließende Test bestand darin, daß das schriftliche Inventar und der Labortest mit der lebenden Schlange durch umfangreiche Interviews ergänzt wurden. Sechs Monate nach Abschluß dieser »Behandlung« wurde ein Nachtest durchgeführt. Die Effektivität der Desensibilisierungsbehandlung zeigte sich deutlich an dem signifikanten Unterschied der Anzahl an Personen, die im Vermeidungstest eine Schlange hielten oder berührten. Mehr als die Hälfte der experimentellen Gruppe hatte keine Schlangenangst mehr, während es bei der Kontrollgruppe weniger als 25 Prozent waren. Bei dem Nachtest sechs Monate später schnitt die experimentelle Gruppe bei dem Vermeidungstest immer noch vorteilhaft ab, obwohl zwei Personen »rückfällig« wurden. Bei den Selbstberichtmessungen zeigte die experimentelle Gruppe im Vergleich zur Kontrollgruppe eine Verringerung der berichteten Angst, doch war der Unterschied zwischen den Gruppen statistisch nicht signifikant. Doch entdeckte man nach sechs Monaten bei der experimentellen Gruppe eine Abnahme der selbst berichteten Ängste, die signifikanter war als bei der Kontrollgruppe.

Da durch bloße Entspannung und Hypnose keine signifikanten Effekte erzielt wurden, lag auf der Hand, daß an WOLPES reziproker Hemmungstechnik die Desensibilisierungsprozedur am wesentlichsten war. Da alle experimentellen Versuchspersonen nur elf Therapiesitzungen haben konnten, wurden einige unter ihnen mit der 20-Item-Hierarchie nicht fertig. Als LANG und LAZOVIK ihre Daten weiter analysierten, fanden sie, daß die Versuchspersonen, die mehr als 15 Items geschafft hatten, in fast allen Meßbereichen des Experiments signifikante Besserung zeigten, während sich die Versuchspersonen, die weniger als 15 Items erledigt hatten, von der Kontrollgruppe kaum unterschieden.

In einer zweiten Untersuchung benutzten LANG, LAZOVIK und REYNOLDS (1965) im Grunde denselben Plan, nur daß sie eine »Psychotherapie«-Gruppe einbezogen. Diese Gruppe entspannte in den Therapieinterviews und sie diskutierte ihre Hierarchie-Items. Doch der Therapeut vermied die Darbietung von angstauslösenden Stimuli und lenkte die Unterhaltung auf angenehme Erfahrungen. Die Psychotherapiegruppe hatte den Eindruck, sie mache eine dynamische oder deutende Therapie durch. Die Resultate dieser zweiten Untersuchung waren eindeutig. Weder die Kontroll- noch die Psychotherapiegruppe zeigte eine signifikante Reduktion des phobischen Verhaltens. Dieses Ergebnis läßt vermuten, daß die Angstreduktion nach der Desensibilisierung nicht auf einen gemeinsamen Placebofaktor, der mit der Teilnahme an der Therapie verbunden ist, zurückgeführt werden kann. Auch die Hypnose, die Einübung der Muskelentspannung, die Hierarchiekonstruktion und der allgemeine therapeutische Kontext erzeugten allein keine Veränderungen des phobischen Verhaltens. Diese Studien untermauern den pragmatischen Nutzen der WOLPEschen Prozedur. Darüber hinaus beweisen sie eindeutig, daß klar definierte phobische Reaktionen auch ohne Kenntnis der mutmaßlichen Ursachen reduziert werden können und daß die Behandlung eines spezifischen pathologischen Verhaltensmusters keine genaue Sondierung der Einstellungen und Lebenserfahrungen des Patienten erfordert. Vielmehr zieht dieses scheinbar so begrenzte Behandlungsverfahren tatsächlich eine *generalisierte* Angstreduktion und eine Besserung der Anpassung insgesamt nach sich (PAUL und SHANNON, 1966). Spätere Arbeiten von Lang und seinen Kollegen zeigten, daß die gleichzeitig stattfindende Reduktion anderer Ängste, die nicht direkt desensibilisiert wurden, darauf zurückzuführen war, daß diese Ängste Ähnlichkeit mit oder Korrelationen zu den behandelten Stimuli aufwiesen (LANG, 1969).

PAUL (1966) untersuchte die Effektivität der systematischen Desensibilisierung an einer anderen Angst, der man ebenfalls bei Collegestudenten begegnet — der Angst vor öffentlichem Sprechen. PAULS Experiment ist deshalb bemerkenswert, weil es zu den bestkontrollierten Studien auf dem Gebiet der Psychotherapie gehört. Fünf Gruppen sorgfältig ausgewählter Studenten wurden je einem der folgenden Prozesse ausgesetzt: 1. einer systematischen Desensibilisierung, 2. einer traditionellen Therapie durch Einsicht, 3. einer pseudotherapeutischen Prozedur, 4. einer Nichtbehandlungskontrolle und 5. einer »Prozedur« ohne klinischen Kontakt. Die Vergleichstherapien wurden von erfahrenen Psychotherapeuten durchgeführt, die in der einen Gruppe ihre übliche Therapie durch Einsicht durchführten, während sie in der Pseudotherapiegruppe ein Programm der Suggestion und Stützung verfolgten. Nach dem Training durch den Experimentator führten sie Desensibilisierungssitzungen durch. Jeder Student machte fünf therapeutische Sitzungen mit.

Die Ergebnisse bewiesen zwingend die Richtigkeit der Daten von LANG und LAZOVIK. Die Desensibilisierungsgruppe erzielte größere Fortschritte bei der Reduktion ihrer Phobie — das zeigten subjektive Berichte, Messungen der physiologischen Erregung und Schätzungen ihres Verhaltens im Rahmen eines Rednerkurses.

PAULS wesentlicher Beitrag besteht nicht nur darin, daß er mit Hilfe einer anders gearteten Phobie eine Replikation früherer Befunde schuf, sondern auch darin, daß er die größere Effektivität demonstrierte, die diese Prozedur vor der traditionellen Therapie durch Einsicht auszeichnet. Doch trotz der ungemeinen Sorgfalt, die Pauls Versuchsplan auszeichnet, bleiben einige Fragen offen. So hatten sich die erfahrenen Therapeuten z. B. vermutlich nicht an eine sorgfältig geplante schrittweise Prozedur gehalten, als sie ihren eigenen therapeutischen Stil praktizierten, während ihr Desensibilisierungstraining jüngeren Datums und stark spezifiziert war. Außerdem zieht sich die traditionelle Psychotherapie gewöhnlich über viele Sitzungen hin, und sie hat die Herstellung des Kontakts zwischen Therapeut und Patient stets zwar als zeitraubende, doch unerläßliche Vorbedingung betrachtet. Fünf Sitzungen reichten vielleicht nicht aus, um diese Techniken gewissenhaft zu testen. Trotz dieser und anderer Fragen, die das Experiment aufwarf, besteht kein Zweifel daran, daß die Befunde von LANG und seinen Kollegen und die von PAUL die Nützlichkeit der systematischen Desensibilisierung beweisen. Das geschieht einzig und allein durch ihre empirische Demonstration der therapeutischen Wirksamkeit der Desensibilisierung. Die Untersuchungen dieser Autoren testeten weder die zugrunde liegenden Annahmen zur Entwicklung neurotischen Verhaltens, die mit WOLPES Theorie übereinstimmen, noch testeten sie die besonderen Lernmechanismen, die bei der Desensibilisierung wirksam werden sollen, obwohl sie zeigten, daß Entspannung und Hierarchiekonstruktion an sich nicht ausreichten, um den Effekt zu erzielen.

Die Durchführung von Analogstudien zur Effektivität einer Therapie an gesunden, freiwillig sich zur Verfügung stellenden Collegstudenten läuft immer Gefahr, daß sich die positiven Resultate nicht generalisieren lassen auf andere Populationen und andere Symptome — z. B. auf Patienten, die heftige Ängste und geringe psychologische Anpassung aufweisen. Allerdings hat eine Reihe von Untersuchungen, durchgeführt von GELDER, MARKS und ihren Mitarbeitern (COOPER, GELDER und MARKS, 1965; GELDER und MARKS, 1966; MARKS und GELDER, 1965), Desensibilisierungseffekte an psychiatrischen Populationen demonstriert. Im Vergleich zu traditionellen Methoden der Einzel- und Gruppenpsychotherapie, die sich der Einsicht, Deutung, Übertragung und ähnlicher Techniken bedienen, erzielte die Desensibilisierung wirksamere Angstreduktion und andere Verbesserungen der Verhaltenseffizienz. Das Ausmaß des Behandlungserfolgs stand im Verhältnis zur Schwere der ursprünglichen Beschwerden. Neue »substituierte« Symptome traten nicht auf. Diese klinischen Studien lassen komplexe Interaktionen zwischen Symptomerleichterung und anderen Aspekten der Verhaltensgeschichte und Anpassung des Patienten vermuten. So entdeckte man z. B., daß die Desensibilisierung die Anpassungsfähigkeit in Beruf und Freizeit stärker und rascher verbesserte. Desensibilisierung wie Gruppentherapie bewirkten Verbesserungen von interpersonalen Beziehungen, doch fanden diese Verbesserungen bei der Desensibilisierung nach der Symptomveränderung statt, während sie sich bei der Gruppentherapie ohne Symptomveränderung einstellten (GELDER, MARKS, WOLFF und CLARKE, 1967).

Warum funktioniert die systematische Desensibilisierung? Als die klinische Effektivität der Desensibilisierungstherapie demonstriert worden war, begann man den Prozeß der Desensibilisierung zu untersuchen. Man zeigte, daß die nichtspezifischen Faktoren der Therapie (also die Effekte der therapeutischen Beziehung, die Vorschläge und die Persönlichkeit des Therapeuten) allein nicht ausreichten, um die positiven therapeutischen Wirkungen, die die weiter oben genannten Studien belegen, hervorzubringen. In der Tat können Patienten heute so instruiert werden, daß sie sich zu Hause mit Hilfe eines Tonbandgerätes Hierarchien selbst verabreichen (MIGLER und WOLPE, 1967); auch ist man dabei, diese Prozedur zu automatisieren. LANG (1968) hat über die Verwendung eines *Device for Automated Desensitization* (DAD), eines automatisierten Desensibilisierungsapparats, berichtet, der Hierarchie und Entspannungsanweisungen auf Tonband speichert. Er präsentiert automatisch Anleitungen zur Hypnose und Entspannung, sowie die Items der Hierarchie. Diese Items können mehrere Male, jedoch nur begrenzt, dargeboten und durch Indikatoren des Unwohlbefindens der Person zeitweise gestrichen werden. Diese Prozedur dupliziert sehr genau alle verfahrensmäßigen Merkmale der Desensibilisierung, ohne daß ein Therapeut dabei zu sein bräuchte. Die sich häufenden Forschungsarbeiten, die mit diesem Apparat durchgeführt werden, lassen vermuten, daß die interpersonale Beziehung zur effektiven Behandlung nicht nötig ist.

KAHN und BAKER (1968) teilten freiwillige Collegestudenten mit leichten Phobien entweder einer konventionellen Desensibilisierungsgruppe oder einer *Do-it-yourself*-Gruppe zu. Die experimentelle Gruppe machte eine Sitzung mit, in der eine Hierarchie errichtet wurde. Dann gab man ihr *Do-it-yourself*-Apparate mit nach Hause. In den folgenden sechs Wochen bestand der einzige Kontakt zum Therapeuten in einem Telefongespräch pro Woche. Der Apparat bestand aus einem Handbuch und einer Langspielplatte, und der Lernapparat war so strukturiert, daß jeder Student in diesem Experiment zuhause und ohne Beistand des Experimentators durchschnittlich zwei Sitzungen pro Woche absolvieren konnte. Die konventionelle Desensibilisierungsgruppe traf sich dagegen in 12 Dreißig Minuten Sitzungen. Obgleich diese Prozedur interessant ist, sind die Resultate schwierig zu interpretieren. Drei Monate nach Behandlungsabschluß wurden alle Personen telefonisch interviewt. Diese Interviews bildeten die Grundlage der Schätzung des derzeitigen Zustands und der effektiv erzielten Besserung der Personen. Die Autoren berichten, daß alle sechs Personen der experimentellen Gruppe Besserungen zu verzeichnen hatten, während es in der konventionellen Gruppe von 7 Studenten nur 5 waren, denen es besser ging. Da diese Daten darauf basieren, daß der Therapeut den Zustand von Studenten mit verschieden starken und verschieden gearteten Phobien anhand telefonischer Berichte einschätzte, gibt es mannigfache Variablen, die die Resultate beeinflussen konnten, so daß diese Daten praktisch wertlos sind. Zu diesen unkontrollierten Variablen gehören u. a. Voreingenommenheit des Experimentators, nicht wahrheitsgemäße Berichte oder verbale Beeinflussung im Interview. Trotzdem beschreibt diese Studie anschaulich den Trend, der dahin geht, daß man die Prozedur aus der Beziehung zum Therapeuten lösen möchte. In späteren Abschnitten werden wir sehen, daß viele Forscher die Loslösung der Prozedur von der Funktion des Therapeuten nicht akzeptieren.

Tatsächlich ist oft darauf hingewiesen worden, daß die Funktion des Therapeuten nicht vernachlässigt werden dürfe. Zusätzlich zu den positiven Auswirkungen, die die Anwesenheit eines urteilslosen Fachmanns haben kann, können die feinen Auswirkungen der Ermutigung, des Lobes oder anderer steuernder Kommentare die therapeutischen Elemente bilden, die das Angstbewältigungsverhalten des Patienten verbal verstärken. LEITENBERG, AGRAS, BARLOW und OLIVEAU (1969) verglichen drei Gruppen von schlangenphobischen Collegestudentinnen. Die erste Gruppe wurde mit dem Standarddesensibilisierungsverfahren behandelt (das in diesem Fall Instruktionen enthielt, die indirekt die Effektivität der Behandlung und die erfolgreiche Bewältigung der Hierarchieitems unterstrichen); die zweite wurde mit Entspannung und stufenweiser Hierarchiedarbietung behandelt (wobei jedoch die Instruktionen keinen Hinweis darauf enthielten, daß therapeutische Fortschritte erzielt werden könnten, die überdies nicht verstärkt wurden); und die dritte Gruppe erhielt keine Behandlung zwischen den Testsitzungen. Alle Versuchspersonen bekamen dieselben 27 Items mit Schlangenszenen verabreicht. Das tatsächliche Annäherungsverhalten an eine lebende Schlange wurde vor und nach der Behandlung gemessen. Während der Behandlung führte man GSR-Messungen durch. Die Autoren berichteten, daß die erste Gruppe stärkeres Schlangenannäherungsverhalten aufwies als die zweite, obwohl beide Gruppen eine Reduktion schlangenphobischen Verhaltens zeigten. Bei der zweiten Gruppe lag diese Veränderung kaum etwas höher als bei der dritten Kontrollgruppe. Die Autoren argumentierten, daß die theoretischen Erklärungen der Mechanismen, die der Prozedur zugrunde liegen, problematisiert würden, wenn die selektive Verstärkung und die therapeutisch ausgerichteten Instruktionen einen festen Bestandteil der Desensibilisierungsprozedur bildeten. Wir werden uns mit diesem Punkt später in diesem Kapitel eingehender befassen, doch wollen wir uns zuvor noch mit anderen Studien auseinandersetzen, die ebenfalls das theoretische Modell der Desensibilisierung testeten. Die eben behandelte Studie ist deshalb beachtenswert, weil sie evident gemacht hat, daß der Therapeut — sei es nun absichtlich oder unabsichtlich — den Behandlungserfolg beeinflussen kann, obwohl die davor behandelten Studien vermuten ließen, daß seine Anwesenheit nicht unbedingt erforderlich sei.

In diesem Zusammenhang ist eine beiläufige Entdeckung von Leitenberg u. a. von Interesse. Sie fanden heraus, daß die verbalen Berichte des Patienten (z. B. die Feststellung, er fühle sich ängstlich) während der Desensibilisierung einem höheren Prozentsatz an Hierarchieitems entsprechen als die GSR-Reaktionen. Diese Befunde stimmen überein mit der von uns bereits festgestellten Tatsache, daß die Entsprechung zwischen verbalen und physiologischen Angstindikatoren mangelhaft ist. Außerdem bestätigen sie die Resultate einiger anderer Untersuchungen, die in diesem Kapitel behandelt werden und die besagen, daß sich verbale Berichte im Verlauf der Desensibilisierung langsamer verändern als physiologische oder behaviorale Meßwerte.

Wie sieht es nun mit den einzelnen Schritten der systematischen Desensibilisierung aus? Einige Fachleute haben zu bestimmen versucht, inwieweit die Entspannung zum Behandlungsergebnis beiträgt, und sie sind zu dem allgemeinen Schluß gelangt, daß sich die Entspannung positiv auswirkt und daher einen wünschenswerten Bestandteil des Desensibilisierungspakets darstellt, daß jedoch ihre physiologische Rolle als Angstgegner noch nicht völlig geklärt ist. Über die Technik, die darin besteht, daß man eine phobische Person in einer gewissen Entfernung von ihrem Angstobjekt placiert, wird in der klinischen Literatur bereits seit vielen Jahren berichtet. Dorcus und Shaffer (1945) bezeichnen diese Technik als *Desensibilisierung,* und sie behaupten, es würde therapeutisch effektiv sein, wenn man den Patienten in immer stärkeren Dosen dem phobischen Objekt aussetzt. In einigen Fällen, in denen Kliniker ihre Patienten zum Platz ihrer Phobien brachten, um sie dort immer länger den angsterregenden Stimuli auszusetzen, waren Erfolge mit dieser Technik zu verzeichnen. Allerdings benutzt diese Prozedur die Anwesenheit des Klinikers nicht dazu, die Anti-Angst-Funktion der Wolpeschen Entspannungsreaktion zu fördern.

Rachman (1965 b) teilte psychiatrische Versuchspersonen mit bekannten Spinnenphobien jeweils einer von vier Gruppen zu, die unterschiedlich behandelt wurden. Die Behandlungen bestanden a) in Desensibilisierung mit Entspannung, b) Desensibilisierung ohne Entspannung, c) nur Entspannung und d) Kontrollen ohne Behandlung. Langs Untersuchungen haben uns bereits gezeigt, daß Entspannung allein keine signifikanten Veränderungen des phobischen Verhaltens bewirkt. Rachman untersuchte nun die Frage, ob Desensibilisierung allein effektiv sein kann. Es besteht guter Grund zu der Annahme, daß die Desensibilisierung allein effektiv sein könnte, da ihre wesentliche Wirkung durchaus einfache Löschung sein könnte. Rachmans spinnenphobische Versuchspersonen zeigten nur dann markante Reduktionen bei Vermeidungstests und bei subjektiven Berichten, wenn die Desensibilisierung von Entspannung begleitet wurde. Der Autor schließt daraus, daß »weder Entspannung noch Desensibilisierung allein effektiv sind. Die beiden Prozeduren haben, wenn miteinander gekoppelt, einen katalytischen Effekt, der größer ist als ihre jeweilige Einzelwirkung. Das aber bedeutet, daß es sich bei dem Lernprozeß, um den es hier geht, wahrscheinlich um konditionierte Hemmung und nicht um Löschung handelt. Das soll nicht heißen, daß Löschung niemals für eine Angstreduktion verantwortlich ist. Doch ist Hemmung in diesem Kontext ein effektiverer Prozeß« (RACHMAN, 1965 b). Spätere Untersuchungen, mit denen sich RACHMAN (1968) auseinandersetzte, ergaben, daß die therapeutische Effektivität nicht immer ein Muskelentspannungstraining erforderte. Und Versuchsleiter, die nur einige oder nur eine einzige Sitzung zur Einübung von Muskelentspannung durchführten (WOLPE empfahl deren sechs), berichten ebenfalls über Erfolge (vgl. z. B. COOKE, 1966). Werden in der In-vivo-Desensibilisierung reale phobische Objekte benutzt, so bleibt der Patient durch die Gegenwart des Angstobjekts sicher körperlich aktiv; in diesem Fall aber dürfte es unwahrscheinlich sein, daß eine Muskelentspannung aufrechterhalten wird. Und schließlich weisen im Desensibilisierungsprozeß durchgeführte elektrische Aufzeichnungen der Muskeltätigkeit darauf hin, daß Versuchspersonen über Ruhe und Entspannung berichten können, obwohl die aufgezeichnete Muskelspannung nicht abgenommen hat. Dieses Material veranlaßte RACHMAN (1968), sich in einer späteren Abhandlung noch einmal mit diesem Problem auseinanderzusetzen. Dabei meinte er, *Muskel*entspannung müsse kein unbedingter Bestandteil der systematischen Desensibilisierung sein, obgleich sie die Behandlung wahrscheinlich vereinfacht. Statt dessen könne das wesentliche therapeutische Element ein Gefühl der Ruhe oder Entspanntheit sein. Mit einer ähnlichen Auffassung, die darauf basiert, daß man bei Versuchspersonen, deren Muskeln durch die Droge *Kurare* »entspannt« waren, anhaltende Angst beobachtete, werden wir uns in diesem Kapitel noch befassen. DAVISON (1966) meinte, es könne ein angenehmer affektiver Zustand und nicht die Muskelentspannung sein, der mit Angst unvereinbar ist. So aber gelangt RACHMAN in seiner späteren Abhandlung zu der Ansicht, die *muskuläre* Entspannungstechnik sei nur eine Methode, um die nötige, der Angst entgegenwirkende »mentale Entspannung« zu erzielen, und viele kognitive Prozeduren könnten zum selben Ziel führen. Doch würden derartige Veränderungen der Methode an der grundlegenden theoretischen Auffassung WOLPES zur Angsthemmung durch unvereinbare Reaktionen nichts ändern.

Man kann der Rolle, die die Entspannung spielt, auch dadurch auf den Grund gehen, daß man sich fragt, nicht ob die Entspannung eine notwendige, sondern ob sie eine *ausreichende* Bedingung darstelle. JOHNSON und SECHREST (1968) verglichen die Effekte des Desensibilisierungs- und des Entspannungstrainings bei Collegestudenten, die unter Prüfungsangst litten. Sie nahmen als Hypothese an, daß man den positiven Effekten des Gegenkonditionierens nur in der Desensibilisierungsgruppe begegnen würde. Die Experimentatoren entdeckten, daß sich die Prüfungsnoten (für einen Psychologiekurs, den alle Versuchspersonen mitmachten) bei den Studenten signifikant verbesserten, die der Desensibilisierungsgruppe angehörten. Dagegen unterschied sich die Entspannungsgruppe in keiner Weise von einer nicht behandelten Kontrollgruppe.

Im Hinblick auf die Interviewangst von schizophrenen Patienten entdeckte man, daß eine Entspannung, die man nicht mit einer Hierarchie koppelte, ebenso effektiv war wie eine systematische Desensibilisierung (ZEISSET, 1968).

Diese Studie ist insofern interessant, als sie zu den wenigen gehört, die sich mit psychotischen Versuchspersonen befassen, und als sie in bezug auf ihre Patientengruppe bestätigt, daß die Desensibilisierung einer Placebobehandlung und einer Nichtbehandlung überlegen ist. ZEISSET schulte seine Entspannung-ohne-Desensibilisierungsgruppe nicht nur in progressiver Entspannung, sondern er lehrte sie auch, sich der Entspannung im In-vivo-Verfahren in alltäglichen Streßsituationen zu bedienen. So scheinen ZEISSETs Resultate (darauf weist auch der Autor selbst hin) nicht unvereinbar zu sein mit einer Gegenkonditionierungsfunktion der Entspannung, da die Nur-Entspannungs-Versuchspersonen eine In-vivo-Praxis gehabt haben können, die gleichwertig ist mit jener Koppelung von Entspannung und CS, die die Desensibilisierungsgruppe erfahren hatte.

Neben der Entspannung sind andere konkurrierende Reaktionen (z. B. Sex und Selbstsicherheit bei WOLPE und LAZARUS) häufig befürwortet und weniger häufig getestet worden. In einer Untersuchung von Einzelfällen — es handelte sich um sieben Phobiker — benutzten SOLYOM und MILLER (1967) anstelle von Entspannung die momentane Erleichterung von aversivem Schock, indem sie Darbietungen von Stimuli (Fotos und Tonbandaufnahmen) mit der Beendigung des Schocks koppelten. Von diesen sieben Patienten zeigten sechs bei einer Nachuntersuchung keine Symptome mehr.

DAVISON (1968 b) testete die Hypothese, daß die systematische Desensibilisierung einen Gegenkonditionierungsprozeß einschließe, was damit erklärt wurde, daß ein derartiger Prozeß hinreichend beschrieben sei durch die Kontiguität von stufenweisen angsterzeugenden Stimuli und unvereinbaren Entspannungsreaktionen. Die weitere Annahme, die von WOLPE artikuliert wurde, daß nämlich die antagonistische Reaktion die Angstreaktionen *unterdrückt* habe, schien sich zu erübrigen, da die Gegenkonditionierungshypothese wesentlich einfacher ist und sich direkt von GUTHRIES Lerntheorie herleitet. Anstatt die Reduktion oder Unterdrückung der Angstreaktionen anzunehmen, schreibt die Gegenkonditionierungshypothese die erzielten Effekte direkt dem Prozeß zu, bei dem die schwächere Angstreaktion durch die stärkere unvereinbare positive Reaktion substituiert wird.

Collegestudentinnen mit einer Schlangenphobie wurden einer von vier Gruppen zugeteilt. Eine dieser Gruppen wurde systematisch desensibilisiert. Bei der zweiten »Pseudosensibilisierungs«-Gruppe unterschied sich die Prozedur nur insofern von der ersten Gruppe, als der Inhalt der imaginierten und mit Entspannung gekoppelten Stimuli schlangenneutral war. Einer dritten »Expositions«-Gruppe wurde dieselbe Reihe an stufenweisen aversiven Items dargeboten, allerdings ohne Entspannung. Diese Bedingung diente als Kontrolle für die Löschungseffekte, die dadurch erzielt wurden, daß man die Versuchspersonen den konditionierten aversiven Stimuli wiederholt aussetzte. Eine nicht behandelte Kontrollgruppe nahm lediglich an den Tests von Angstverhalten vor und nach der Therapie teil. Außerdem überprüfte DAVISON den Fortschritt, den die Pseudodesensibilisierungs- und Expositionsgruppen während der Behandlung machten, indem er die Gruppenmitglieder zusammen mit Partnern der Desensibilisierungsgruppe einer verbundenen Kontrolle unterzog. In diesem Versuchsplan waren die Anzahl an Behandlungssitzungen, die Sitzungsdauer und die Anzahl an Stimulusexpositionen pro Sitzung für jede der drei Vergleichsgruppen dieselben. Zwar sind all diese durchgeführten Kontrollen bewundernswert, doch ergeben sich bei der Interpretation der Ergebnisse Schwierigkeiten, da nur die systematische Desensibilisierungsgruppe auf das idiosynkratische Tempo jedes einzelnen Mitglieds einging. Die Mitglieder der Pseudosensibilisierungsgruppe dürften die Prozedur, bei der sie mehr Angst signalisierten als die experimentelle Gruppe, als besonders aversiv erfahren haben, da ihr Tempo von außen kontrolliert wurde. Der Nachtherapietest wurde drei Tage nach Behandlungsschluß durchgeführt. Sollte die zeitliche Verbindung von Entspannung und angsterzeugenden Stimuli ausreichen, um die schlangenbezogenen Stimuli mit neuen und weniger störenden Reaktionen zu koppeln, dann, so argumentierte DAVISON, durften nur die Personen mit Desensibilisierung eine Besserung aufweisen. Tab. 4/4 faßt Davisons Befunde zusammen. Die parallelisierten Cluster beziehen sich auf die jeweilige im Verbund kontrollierte Personengruppe, und die Daten stellen die Veränderungswerte für jede Versuchsperson in einem 13-Item-Verhaltenstest dar.

Wie wir sehen, hatte die Versuchsperson der Desensibilisierungsgruppe in jeder Replikation (Cluster 5 ausgenommen) stärkere Besserung zu verzeichnen. Bei Cluster 6 lag der Besserungsgrad der Versuchsperson mit Pseudosensibilisierung höher. Die statistischen Analysen ergaben, daß die systematische Desensibilisierungsgruppe signifikant stärkeres Schlangenannäherungsverhalten aufwies als jede andere Gruppe.

Theoretisch interessant ist DAVISONs Beobachtung, daß die desensibilisierten Personen nach der Behandlung zwar mit Schlangen umgehen konnten, daß die von ihnen dabei berichtete Angst jedoch stark ausgeprägt blieb, ob-

Tab. 4/4: Veränderungen des Schlangenannäherungsverhaltens, die die Versuchspersonen unter verschiedenen Behandlungsbedingungen zeigten (DAVISON, 1968 b).

Parallelisierte Cluster verbundener Vpn	Behandlungsbedingungen			
	Desensibilisierung	Pseudo-desensibilisierung	Exposition	Ohne Behandlung
Cluster 1	3	2	2	0
Cluster 2	3	— 1	0	—
Cluster 3	6	0	— 1	— 1
Cluster 4	5	1	— 5	0
Cluster 5	0	1	2	—
Cluster 6	6	8	1	0
Cluster 7	12	0	0	—
Cluster 8	7	1	1	—
Mittel	5.25	1.50	0.0	— 0.25

gleich sie niedriger bewertet wurde als vor der Behandlung; dabei war die Abnahme der berichteten Angst signifikant korreliert mit dem Umfang an offener Verhaltensbesserung. Dieser Befund, den auch andere Experimentatoren erwähnt haben, wirft interessante Fragen auf in bezug auf die Rolle, die die Selbstinstruktionen der Versuchsperson spielen, auf die Korrelation zwischen motorischer Aktivität und Intensität der emotionalen Erregung, sowie auf die Unabhängigkeit oder auf die Mittlerrolle der Angst angesichts von Vermeidungsverhalten. Obgleich man gewöhnlich annimmt, daß das Handeln einer Person durch ihre subjektiven Erfahrungen bestimmt werde, zeichnete sich durch kürzliche Verhaltensformulierungen zum Thema Selbstreaktion eine andere Möglichkeit ab. Die offenen Handlungen einer Person können doch auch die sich anschließenden Gefühle und Berichte zur emotionalen Erregung, die diese Person artikuliert, beeinflussen. In der bereits angeführten Studie von LEITENBERG u. a. (1969) vermuten die Autoren, daß die Verstärkungsgruppe von dem Feedback profitiert haben kann, das in den Instruktionen und in der verbalen Verstärkung enthalten war. Diese Informationsquellen befähigen den Patienten, sein eigenes Verhalten besser zu beobachten. Und »vielleicht erklären diese *selbst beobachteten* Anzeichen der Besserung einen Großteil des Erfolgs nicht nur der systematischen Desensibilisierung, sondern der stufenweisen Verhaltenstherapien überhaupt« (LEITENBERG u. a., 1969). Wir werden auf dieses Problem im Rahmen unserer Diskussion zur Selbstregulierung in Kapitel 9 noch eingehen. Wenn wir feststellen wollen, welche Relevanz diese Frage für die systematische Desensibilisierung besitzt, müssen wir uns daran erinnern, daß die Korrelation zwischen der Beschreibung, die eine Person von ihren Einstellungen oder ihrer emotionalen Verfassung liefert, und dem tatsächlich ausgeführten Verhalten variieren kann durch die spezifischen Bedingungen, unter denen jedes dieser beiden Verhalten stattfindet.

Obwohl viele Studien Gruppen verglichen haben, bei denen irgendein Element der üblichen Desensibilisierungsprozedur fehlte, haben sich wenige Untersuchungen bemüht, die Rolle verschiedener Komponenten zur selben Zeit zu testen. COOKE (1968) untersuchte mit Hilfe von Laborratten Verhaltensänderungen an Collegestudentinnen, die starke Rattenangst hatten. Dabei wählte er Versuchspersonen aus, die ein hohes allgemeines Angstniveau aufwiesen, wodurch er die variablen Effekte eines wichtigen Persönlichkeitsfaktors, die in früheren Studien gewöhnlich nicht beachtet worden waren, reduzierte. Es gab fünf Gruppen mit fünf verschiedenen Behandlungsprozeduren: 1. Desensibilisierung (im Standardverfahren), 2. Desensibilisierung ohne Entspannung, 3. Entspannung, 4. Hierarchiekonstruktion und 5. Nichtbehandlung zur Kontrolle. Die Resultate zeigten, daß bloße Hierarchiekonstruktion so wenig Angstreduktion bewirkt wie bloße Entspannung. Beide Desensibilisierungsgruppen (Gruppe 1 und 2) wiesen nach der Behandlung bei einem Annäherungstest (Betrachten, Berühren und Halten einer Ratte) geringere Angst auf. Dieser Befund stimmt überein mit RACHMANS weiter oben dargestellter Hypothese zur Rolle der muskulären Entspannung. Cooke entdeckte allerdings bei keiner der Gruppen irgendwelche therapeutischen Effekte, die die Reaktionen auf den *Fear Survey Schedule* und auf bewertende Fremdbeobachtungen des Verhaltens der Versuchspersonen in der Angstsituation verändert hätten. In Übereinstimmung mit anderen Forschern fand COOKE, daß Versuchspersonen, die die ganze Hierarchie hinter sich brachten, beim Annäherungstest weniger Angst zeigten als die Personen, die nicht alle Items absolviert hatten.

Die Rolle des Stimulus

WOLPE benutzte ursprünglich reale Stimulusobjekte, um Hierarchieitems zu repräsentieren. In der heutigen Praxis dagegen erhält der Patient meistens die Instruktion, sich eine Szene vorzustellen. Die Benutzung der Vorstellungsgabe als abgeleitetes Stimulusereignis wirft erhebliche theoretische Probleme auf. Denn schließlich weiß der Therapeut, wenn er die Kontrolle über die Darbietung von stimulierenden Ereignissen aus der Hand gibt, nicht mehr genau, welche Stimuli in Verbindung mit der Entspannungsreaktion auftreten, und ebensowenig kann er feststellen, ob die von ihm intendierten therapeutischen Operationen auch durchgeführt werden. Es ist durchaus vorstellbar, daß eine Versuchsperson eine liebliche, friedliche Landschaft imaginiert, obgleich sie instruiert wurde, sich eine unangenehme soziale Situation oder einen schrecklichen Autounfall vorzustellen. Doch kann sich ein übereifriger Patient andererseits eine allzu erregende Szene vorstellen, wodurch die Items der vorbereiteten Hierarchie durcheinander geraten würden. Weiterhin gibt es im Hinblick auf die Bereitschaft der Patienten, einen unangenehmen Erregungszustand durch Heben des Fingers zu signalisieren, offenkundige individuelle Differenzen. Die starke Tendenz des Patienten, mit Verhalten übereinzustimmen, die er in der gegebenen Situation für sozial wünschenswert hält, kann dazu führen, daß er den Finger zu früh oder zu spät hebt. Während die theoretischen Probleme durch die empirische Evidenz der gleichwertigen Effektivität von imaginierten und realen Stimulusobjekten nicht gelöst werden, fühlt sich der Therapeut durch derartige Demonstrationen insofern beruhigt, als er den Eindruck erhält, daß seine klinischen Operationen bei den meisten Patienten wahrscheinlich mit dem Paradigma der systematischen Desensibilisierung übereinstimmen.

Einige Studien, die die imaginäre und die In-vivo-Darbietung von angsterregenden Items miteinander verglichen, haben Teilantworten auf die schwierige Frage nach der Natur des Stimulus in der systematischen Desensibilisierung geliefert. COOKE (1966) benutzte als Versuchspersonen Collegestudentinnen mit starker Rattenangst. Nach Erfassung der Intensität der spezifischen Phobie suchte COOKE die Personen aus, die die höchsten Phobiewerte aufwiesen; diese Personen teilte er nun mit Hilfe der Emotionalitätsskala von BENDIG in zwei Gruppen, die entweder hohe oder niedrige allgemeine Angst aufwiesen. Durch dieses Ausleseverfahren wurde die Population auf zwölf Studentinnen reduziert. Die sechs Personen mit hohen und die sechs Personen mit niedrigen Angstwerten wurden im Zufallsverfahren drei

Behandlungsbedingungen zugeteilt, wobei in jede Zelle zwei Versuchspersonen kamen; die Bedingungen waren: a) direkte Dekonditionierung (im Beisein der Ratte), b) imaginäre Dekonditionierung (in Abwesenheit der Ratte) und c) Kontrolle. Die experimentellen Versuchspersonen erschienen zu vier Therapiesitzungen im Abstand von drei Tagen. Die Kontrollgruppe erhielt keine Behandlung. Die beiden experimentellen Gruppen machten eine Entspannungsphase und die übliche Desensibilisierungsprozedur durch, wobei die Versuchspersonen, die direkt dekonditioniert werden sollten, als entsprechendes Angsthierarchieitem eine lebende Ratte dargeboten bekamen. Nachbehandlungsmessungen erfolgten fünf Tage nach der letzten Therapiesitzung und basierten auf einem nochmaligen Fragebogeninterview und auf der weiteren Labordarbietung einer Ratte.

Beide experimentellen Gruppen zeigten vergleichbare Behandlungserfolge in allen Meßbereichen, während die Kontrollpersonen keine Veränderungen aufwiesen. Die Methode der Stimulusdarbietung beeinflußte den Umfang der Angstabnahme nicht signifikant. Weiterhin berichtet COOKE über eine Interaktion zwischen Behandlungsmethode und Niveau der allgemeinen Angst. Obwohl die Gruppen sich bei der In-vivo-Behandlung nicht voneinander unterschieden, zeigten die Versuchspersonen mit hohem Angstniveau bei zwei Messungen mit imaginären Items eine signifikant größere Angstabnahme. Dieser Befund ist insofern interessant, als er den Experimentator auf die Möglichkeit verweist, daß Persönlichkeitsvariablen mit der Behandlungseffektivität interagieren können. Diese Arbeit rät auch zur Vorsicht in bezug auf eine Generalisierung von Analogstudien auf klinische Populationen, deren allgemeines Angstniveau im Durchschnitt stets höher liegen dürfte. Allerdings erlaubt die geringe Anzahl an Versuchspersonen, die diese Studie enthielt, nur eine vorsichtige Interpretation des Ergebnisses. Außerdem weisen EYSENCK und RACHMAN (1965) und andere darauf hin, daß starke allgemeine Angst eine systematische Desensibilisierung behindere oder vereitle. So gesehen, ist der Stellenwert dieser Variablen noch unklar, obgleich klar auf der Hand liegt, daß diese Variable in der klinischen Praxis wichtig ist. Doch enthält COOKES Prozedur ein weiteres Artefakt, das dadurch zustande kam, daß die Personen der In-vivo-Gruppe standen, während die Mitglieder der Imaginationsgruppe saßen. Da die Muskelentspannung aber die vermutete konkurrierende Reaktion ist, dürfte eine unterschiedliche Körperhaltung die Natur und den Umfang der geleisteten Muskelentspannung und damit das Behandlungsergebnis beeinflussen.

Man kann dieses Problem in leicht abgewandelter Form handhaben, indem man während der instruierten Visualisierung den Erregungsgrad etabliert. Wenn Hierarchie-Items aufs Geratewohl dargeboten werden, während die spinnenphobische Versuchsperson entspannt ist, werden Veränderungen der Herzschlagrate mit der Hierarchiestufe des Items korreliert (LANG, 1969). GROSSBERG und WILSON (1967) testeten auch die Annahme, die in WOLPES reziproker Hemmungshypothese enthalten ist und die besagt, daß das Imaginieren eines Items der Angsthierarchie begleitet werden sollte von physiologischen Reaktionen, die sich charakteristischerweise mit Angst verbinden. Die Forscher verglichen Veränderungen der Herzschlagrate, des Leitvermögens der Haut und der Stirnmuskelaktivität bei Collegestudentinnen, die nicht entspannt hatten, und die instruiert wurden, erschreckende oder neutrale Stimuli zu imaginieren. Die neutralen oder störenden Items entstammten dem *Fear Survey Schedule*, und die Szenen wurden von der Versuchsperson für beide Itemgruppen zusammengestellt. Nach einer einleitenden Adaptationsphase wurde die Person gebeten, eine Szene, die man ihr vorlas, zu visualisieren. Neutrale und Angstszenen wurden viermal dargeboten, und für jede Visualisierung wurden 25 Sekunden zugestanden. Zur Überprüfung von Hinweisreizen, die durch die Stimme des Experimentators, der die Angstszenen auf erregendere Weise vorlesen konnte, vermittelt werden mochten, spielte man einer zusätzlichen Gruppe von Versuchspersonen, die davor bei keiner der Fragebogenszenen Angst gezeigt hatten, Tonbandaufnahmen des Vortrags des Experimentators vor. Während die vom Experimentator vorgelesene Angstszene nicht mehr erregte als die von ihm vorgelesene neutrale Szene, bewirkten die Instruktionen, Angstszenen zu imaginieren, signifikant stärkere physiologische Erregung als Instruktionen, neutrale Szenen zu imaginieren. Anscheinend bewirkte selbsterzeugte Stimulation, ausgelöst durch die Instruktion, Angstszenen zu imaginieren, eine stärkere Aktivierung als eine ähnliche Stimulation durch die Stimme des Experimentators.

Ebenfalls interessant ist die Entdeckung eines Adaptationseffekts der Herzschlagrate und der Hautleitfähigkeit bei wiederholten Lesedurchgängen, sowie der Hautleitfähigkeit bei sukzessivem Imaginieren. Diese Resultate lassen vermuten, daß die wiederholte Darbietung der Angstszenen eine Abnahme ihres Erregungsvermögens bewirkt, das heißt, daß wiederholte Darbietungen an sich zu einer gewissen Löschung der physiologischen Reaktionen führen. Die Kontrollgruppen zeigten ebenfalls signifikante Unterschiede in der Leitfähigkeit beim Vorlesen von angsterregenden und neutralen Szenen, und beim Imaginieren zeigten sie Unterschiede in der Hautleitfähigkeit und Herzschlagrate. Diese Befunde lassen vermuten, daß der Inhalt oder die Darbietungsweise von Angstszenen differentielle Erregung bewirkt hat und konfundiert wurde mit der Einschätzung des Angstgrades der Szenen durch die Versuchsperson. Doch bestätigen sie anscheinend auch die Hypothese, daß Instruktionen, irgendwelche Szenen zu imaginieren, meßbare und zuverlässige Zunahmen der Anspannung bewirken.

Trotz ihrer zum Teil widersprüchlichen Resultate erhärtet diese Studie generell die Folgerung, daß die Visualisierung einige meßbare Effekte auf Versuchspersonen hat. Die Studie veranschaulicht die Art von Forschung, die erforderlich ist, um zu verstehen, welche spezifischen Effekte (wenn es solche überhaupt gibt) Instruktionen Szenen zu imaginieren auf die Individuen haben können; diese Frage aber ist entscheidend für unser Verständnis der Prozesse, die in der systematischen Desensibilisierung wirksam sind. GROSS-BERGS und WILSONS Befunde stellen wegen der berichteten Widersprüchlichkeiten erste tastende Versuche in diese Richtung dar.

Eine Untersuchung von WILSON (1966) läßt vermuten, daß eine Hauptschwierigkeit bei der Angsterfassung die Auswahl normaler Studenten sein könnte. WILSON selegierte »offensichtlich normale«, junge Erwachsene, die instruiert wurden, sich eine Reihe von Farbdias mit Landschaften, Spinnen und Schlangen anzusehen. Die Dias wurden jeweils eine Sekunde lang und mit Intervallen von je 15 Sekunden dargeboten. Der Hautwiderstand wurde fortlaufend gemessen. WILSON berichtete keinen signifikanten Unterschied der GSR-Größe bei den Reaktionen auf die drei verschiedenen Diatypen, und er folgerte, daß normale Personen in dieser Situation keine differentiellen GSR's auf verschiedene Stimuluskategorien äußern. Doch dann selegierte WILSON zwei phobische Patienten. Einer zweiunddreißigjährigen Frau mit einer Katzenphobie wurde eine ausgesuchte Reihe Tierbilder gezeigt, unter denen sich auch das Bild einer weißen Katze befand. Die GSR's auf das Katzenbild waren wesentlich stärker als die Reaktionen auf die anderen Bilder. Wilson bemerkt, die Tatsache, daß die Frau Bilder von Tigern, Ratten und Schlangen als »äußerst beunruhigend« wertete, habe nicht mit einer entsprechenden GSR korreliert. So haben wir es hier mit einem weiteren Beispiel dafür zu tun, daß die Korrelation zwischen physiologischen Messungen und Messungen des Selbstberichts niedrig ist. Eine einundzwanzigjährige Frau mit einer Spinnenphobie wurde einem ähnlichen Test unterzogen, bei dem man ihr Bilder von Landschaften und Spinnen vorführte. Die GSR auf die Spinnenbilder war auch in diesem Fall stark. Allerdings waren bei dieser Versuchsperson die Effekte, die die wiederholte Konfrontation mit den Angststimuli auf die GSR hatte, bemerkenswert. Die Reaktionsabnahme im Verlauf aufeinanderfolgender Sitzungen war so stark, daß die GSR's auf Spinnen- und Landschaftsbilder am Ende der vierten Sitzung fast dieselben waren. Dieser Befund stimmt mit den Beobachtungen der bereits angeführten Studie von GROSSBERG und WILSON überein.

Die dürftigen Erkenntnisse über das Los der physiologischen Angstindikatoren scheinen mit den bereits behandelten Verhaltensbefunden nicht übereinzustimmen. Während verschiedene Studien darauf hingewiesen haben, daß Verhaltensmessungen lediglich aufgrund wiederholter Exposition keine Abnahme der Reaktion auf den phobischen Stimulus aufweisen, lassen die physiologischen Indikatoren nach wiederholter Exposition anscheinend eine Adaptation erkennen. Es liegt auf der Hand, daß eine weitere Klärung des Verlaufs der physiologischen Erregung während der Desensibilisierung nötig ist, um die reziproke Hemmungshypothese zu bestätigen, daß Angst nur dann schwächer wird, wenn gleichzeitig antagonistische Reaktionen ausgeführt werden.

Ist eine stufenweise »Dosierung« von Angst erforderlich? Bei der Diskussion über die Vorteile einer stufenweise fortschreitenden Annäherung an das volle Ausmaß der symptomatischen Angst können wir uns auf zweierlei Arten von Evidenz berufen. Tierexperimente haben Löschungsprozeduren variiert, indem sie entweder Löschungsdurchgänge massierten oder den CS so darboten, daß seine Intensität weniger stark war als die ursprünglich beim Erwerb gegebene, um daraufhin diese Intensität stufenweise zu steigern. Die Endresultate dieser beiden Techniken sind dieselben. Ratten, die Löschungsdurchgängen unterzogen wurden, bei denen der CS zunächst geringe Intensität aufwies, die jedoch nach und nach bis zu ihrer ursprünglichen Stärke gesteigert wurde, weisen eine vollständigere Löschungsrate auf als Ratten, denen der CS von Anfang an in seiner vollen Stärke dargeboten wird (KIMBLE und KENDALL, 1953). Mit dem Begriff »Reizüberflutung« bezeichnet POLIN (1959) die entgegengesetzte Technik einer lang anhaltenden, fortwährenden CS-Stimulation im Verlauf des Löschungsprozesses, in dem die Vermeidungsreaktion auftreten kann. Verglich man die Reizüberflutungsgruppe mit einer anderen Gruppe, die bei Löschungsdurchgängen weniger lang dem CS ausgesetzt gewesen war, so zeigte sie den stärkeren Löschungsgrad.

Die grundlegende Bedeutung, die der *stufenweisen* Desensibilisierung der WOLPEschen Technik zukommt, kontrastiert mit einer Gruppe klinischer Techniken, die den Patienten sofort und vollständig den Angststimuli oder einer gerade noch tolerierbaren Erregungssituation ausliefern. Diese Prozeduren fußen auf der Annahme, daß die stärkste Effizienz von Löschungsprozeduren beim Menschen dann erzielt wird, wenn die ursprüngliche traumatische Situation in ihrer vollen Intensität oder mit zusehends sich steigernder Intensität wiederhergestellt wird. Leider handelt es sich bei vielen frühen klinischen Berichten über diese Techniken nicht um kontrollierte Studien, sondern um Studien, die mit sehr wenigen Versuchspersonen arbeiteten. In jüngerer Zeit desensibilisierten RAMSEY, BARENDS, BREUKER und KRUSEMAN (1966) Collegestudenten mit Phobien gegen verschiedene Tiere, z. B. Reptilien oder Insekten. Eine Gruppe von 20 Personen wurde in einem Zeitraum von 20 Minuten 20 Items einer Angsthierarchie ausgesetzt. In der negativen Übungsgruppe erstreckte sich eine 40-Minuten-Sitzung auf 40 Items. Die Ergebnisse lassen auf die Überlegenheit der massierten Gruppe schließen, doch sind sie sehr zweideutig, weil die statistischen Analysen unzureichend sind und weil sich die tatsächlichen Durchgänge pro Minute der beiden Gruppen nicht voneinander unterschieden. Obgleich die Autoren die eigenen Schlußfolgerungen skeptisch beurteilen, haben andere diese Studie benutzt, um auf die größere Effizienz der distributiven Praxis hinzuweisen.

In einer Studie über abgewandelte Desensibilisierungsprozeduren berichteten WOLPIN und RAINES (1966) über die erfolgreiche Löschung einer Vermeidungsreaktion bei zwei schlangenphobischen Frauen; dabei benutzten die Autoren weder stufenweise Stimuli noch Entspannungsverfahren. Die klinischen Beobachtungen dieser Autoren sind deshalb interessant, weil sie — im Hinblick auf die Diskrepanz zwischen der vom Patienten selbst beschriebenen Angsthaltung und den Handlungsweisen des Patienten — unseren eigenen Beobachtungen völlig entsprechen. WOLPIN und RAINES beschreiben das Verhalten einer schlangenphobischen Patientin folgendermaßen: »Sie griff nach der Schlange, nahm sie und spielte mit ihr. Es ging sehr rasch und sie streichelte sie und das schien ihr eindeutig Vergnügen zu bereiten. Die ganze

Zeit über äußerte sie ihre Verwunderung über ihr eigenes Verhalten, indem sie Dinge sagte wie: ›Ich halte eine Schlange — ich kann es nicht fassen!‹ Sie ließ sie in ihrem Schoß und in ihren Armen herumkriechen, ohne sich im geringsten unwohl zu fühlen. Und sie fragte sich, ob nicht auch ihre anderen Ängste, die sie für stark hielt, in Wirklichkeit unbedeutend seien, ein Gedanke, der plötzlich ganz plausibel schien, angesichts der Raschheit, mit der sie ihre scheinbar enorme Schlangenangst überwunden hatte.«

RACHMAN (1966 b) wandte die Reizüberflutungstechnik bei drei spinnen-phobischen Studentinnen an. Im Gegensatz zu den Resultaten von WOLPIN und RAINES und anderen zeigten die Mitglieder der Reizüberflutungsgruppe keine Besserung, während eine Vergleichsgruppe, die sich der üblichen Desen-sibilisierungsbehandlung unterzog, wesentliche Besserung aufwies. Wilson (1967) bemerkt, daß die Diskrepanz zwischen den Befunden von RACHMAN einerseits und von WOLPIN und RAINES andererseits auf Unterschiede in der experimentellen Prozedur zurückzuführen sein könnte. Während WOLPIN und RAINES ihre Personen instruierten, sie sollten ihr Tun als Training zur Überwindung ihrer Schlangenangst betrachten, ermunterte RACHMAN zu voller emotionaler Erregung. WILSON glaubt, daß RACHMANs Personen er-schreckende Situationen imaginierten und daß sie in diesen Situationen *Angstreaktionen übten.* WOLPINs und RAINES' Personen dagegen waren auf solche Verhaltensübungen vorbereitet, so daß es ihnen gelang, während der imaginierten Szenen ihren Abscheu zu überwinden; das aber geschah in einer Weise, die stark an die bereits dargestellte Arbeit von LAZARUS und seinen Mitarbeitern erinnert.

Vermeidung bei Phobien und ihre Löschung. Wie wir in diesem Kapitel bereits sahen, sind die Verstärkungsmechanismen, die Vermeidungsreaktionen aufrechterhalten, sogar im Fall der Laborratte keineswegs klar; das gleiche gilt für die Unterschiede der Löschungsstrategien. Besonders relevant für die systematische Desensibilisierung ist folglich die Natur jeder vom Patienten ausgeführten Vermeidungsreaktion, ist die Natur des Verstärkungsprozesses, der die phobische Angst aufrechterhält. Doch so lange die Daten der kontrol-lierten Laborstudien nicht durchsichtiger gemacht worden sind, können wir diese Fragen im klinischen Fall nicht beantworten. Doch haben wir gesehen, daß die klinischen und die Analogstudien, die sich mit der Entspannung bei Desensibilisierung befaßten, zur Frage, ob die jeweilige Technik als Löschungs-oder als Gegenkonditionierungsprozedur funktioniert, einiges beitragen konnten. Entsprechende Tierstudien, die man als Teilanaloga konstruierte, las-sen vermuten, daß eine instrumentelle Vermeidungsreaktion rasch gelöscht wird, wenn die Vermeidungsreaktion vor Beginn der Löschungsdurchgänge in Gegenwart des CS *verhindert* wird (vgl. z. B. BAUM, 1966). Diese Studien weisen auch darauf hin, daß die traditionelle Löschung bei der Ausschaltung von Vermeidungsreaktionen ebenso effektiv oder sogar noch effektiver ist als Gegenkonditionierungsprozeduren, daß jedoch das Vermeidungsverhalten um so *rascher* eliminiert wird, je heftiger die mit der Vermeidung konkurrierende

Reaktion evoziert und verstärkt wird (GAMBRILL, 1967). Doch bewirkt, wie GAMBRILL bemerkt, sowohl die Bestrafung als auch die Gegenkonditionierung eine sofortige Reaktionsunterdrückung; werden sie jedoch ausgeschaltet (z. B. dann, wenn die konkurrierende Reaktion nicht mehr verfügbar ist), nimmt die Rate an Vermeidungsreaktionen wieder zu. Im Gegensatz zur Reizüberflutung oder zu den stufenweisen »Dosierungs«-Prozeduren WOLPES, KIMBLES und KENDALLS steigern Gegenkonditionierung und Bestrafung nicht die Löschungsbereitschaft. Wie andere, so folgert auch GAMBRILL, daß die Löschung, unterstützt durch stufenweise CS-Exposition, der effektiv wirksame Bestandteil der Reduktion von Vermeidungsreaktionen sei; diese Folgerung widerspricht jener anderen Folgerung aus den klinischen Untersuchungen, die immer dann günstigere Ergebnisse aufwiesen, wenn die Entspannung in Verbindung mit der stufenweisen Hierarchie benutzt wurde.

LOMONT und EDWARDS (1967) untersuchten die relative Effizienz der systematischen Desensibilisierung und der Löschung bei schlangenphobischen Collegestudenten. Die Autoren sorgten dafür, daß sich die beiden experimentellen Gruppen nur in einer Hinsicht unterschieden — während die Desensibilisierungsgruppe in Gegenwart der imaginierten Angsthierarchieitems Muskelentspannung praktizieren sollte, sollte die Löschungsgruppe vor und nach Darbietung der Items Muskelanspannung praktizieren. LOMONT und EDWARDS entdeckten, daß die Kontiguität von Entspannung und Darbietung der Angsthierarchieitems eine signifikant stärkere Reduktion aller Meßwerte der Schlangenangst bewirkt. Diese Studie ist jedoch aus einem anderen Grund interessant. Im Gegensatz zu anderen Forschungsarbeiten zeigte die Löschungsgruppe überhaupt keine Abnahme der Schlangenangst. Tatsächlich nahmen zwei Meßwerte etwas zu. Da die Muskelanspannung während des Imaginierens der Schlangenitems einen gewissen Grad der emotionalen Erregung vielleicht tatsächlich duplizierte oder zumindest förderte, können Mitglieder dieser Gruppe tatsächlich Durchgänge zusätzlichen Angsterwerbs vollzogen haben. LOMONT und EDWARDS interpretierten ihre Ergebnisse dahingehend, daß die Entspannung bei der systematischen Desensibilisierung entscheidend sei, und so unterstützten auch sie die Grundannahmen des Paradigmas der reziproken Hemmung.

Bei der Durchsicht von Tierstudien, die im Hinblick auf die Reduktion von Vermeidungsverhalten Gegenkonditionierung und Löschung einander gegenüberstellen, stellte LOMONT (1965) fest, daß es kein Beweismaterial gebe, das in schlüssiger Weise der Gegenkonditionierung einen Vorrang einräumt, daß jedoch zumindest eine Studie (SOLLOD und STURMFELS, 1965) in bezug auf die Beseitigung von Angst (die hier im Gegensatz zur Vermeidung steht) die Gegenkonditionierung der Löschung vorgezogen habe. Es ist interessant, daß der Bereich, in dem sich Tierverhalten anhand stufenweiser Vermeidung oder allmählicher CS-Exposition am klarsten zeigt, in klinischen Studien zur Desensibilisierung am wenigsten untersucht worden ist. Dagegen sind die grundlegenden Tierbefunde, was das Problem Gegenkonditionierung versus Löschung anbelangt, zweideutiger als die klinischen Studien.

Die Studien zur Wirksamkeit der Entspannung und der stufenweisen Stimulushierarchie konfrontieren uns schließlich mit der Frage, die bereits zu Beginn dieses Abschnitts aufgeworfen wurde. Warum wird phobisches Patientenverhalten nicht zumindest genauso langsam gelöscht wie Tierverhalten? Vielleicht befindet sich der Patient in seinem alltäglichen Leben nicht in einer echten Löschungssituation: nur das gelegentliche Auftreten des UCS könnte das Symptom aufrechterhalten. Im Labor hat man gezeigt, daß bis zu 70 Prozent der UCS-Darbietungen fortgelassen werden können, ohne daß die CR abnimmt (BOREN und SIDMAN, 1957). Doch kann die Vermeidungsreaktion schon bei den allerersten Anzeichen einer potentiell angsterregenden Situation stattfinden, so daß eine CS-Exposition selten stattfinden kann. So wird z. B. der Anlaß zu interpersonalem Streß bei der Hausfrau, die wegen ihrer Phobie zu Hause bleibt, auf ein Minimum reduziert, und der schlangenphobischen Person, die sogar Waldspaziergänge meidet, dürften kaum Schlangen über den Weg kriechen. Oder zufallsbedingte UCS-Darbietungen, die nicht mit dem CS verbunden sind, können die Vermeidungs-CR aufrechterhalten (SIDMAN, HERRNSTEIN und CONRAD, 1957).

Trotzdem scheinen einige konditionierte Ängste nicht gelöscht zu werden, obwohl keine Vermeidungsreaktion offenkundig ist. Das scheint zumindest bei einigen Ängsten der Fall zu sein, mit denen sich die Forschung eingehend befaßt hat. Bei der Prüfungsangst und bei der Angst vor öffentlichem Sprechen kann der Betroffene unverzüglich und unvermittelt eine Prüfung ablegen oder vor der Klasse Fragen beantworten, ohne daß er einen offenkundigen UCS empfinge, und nichtsdestotrotz kann er dabei auch weiterhin heftige Angst erleben. Personen mit Angst vor Schlangen, Spinnen oder Ratten klagen gewöhnlich über Flucht-, nicht über Vermeidungsreaktionen, wobei diese Fluchtreaktionen aufrechterhalten werden trotz der Tatsache, daß, wenn das angstauslösende Tier erscheint, die aversive Konsequenz lediglichAngst ist.

Es hat den Anschein, daß das widersprüchliche Material über die effektiven Desensibilisierungsmechanismen Unterschiede in der Natur, im Timing und in der Verfügbarkeit jeder Vermeidungsreaktion reflektiert — das aber ist ein Aspekt, der in klinischen Untersuchungen selten direkt studiert und häufig einfach hingenommen wird. Tab. 4/5 faßt die verbreitetsten Bedingungen zusammen, die mit Hilfe der Desensibilisierung behandelt worden sind. Diese Tabelle macht klar, daß die Konsequenzen, über die sich das Individuum beklagt, sehr unterschiedlich ausfallen können. Die CR's reichen von der völligen Vermeidung bis hin zur lediglich reduzierten Effizienz, die auf einige konkurrierende Reaktionen zurückgeht und die häufig offenbar nicht mit dem CS verbunden sind. Obgleich es bei Tieren häufig die Vermeidungsreaktion ist, die gemessen wird, sind es beim Menschen ein oder mehrere Kriterien der Angst (die untereinander nicht immer befriedigend korreliert sind und daher zu widersprüchlichen Ergebnissen führen), die häufig als Maßstab für den Effekt des CS dienen. LANG, PAUL u. a. benutzen auch Messungen des Verhaltens der Annäherung an das angstregende Objekt. So aber kann man ihre Forschungsarbeiten leichter mit Hilfe des Vermeidungs-

Tab. 4/5: Spekulationen über Ängste, die man im Rahmen von Analog- und klinischen Studien untersuchte.

CS	Kontextstimuli	CR	UCS	Kontakthäufigkeit	Effekte und Angstniveau	Symptombeschwerde
Schlangen, Spinnen, Wanzen bei Normalen	Auftauchen unerwartet, Bewegung nicht vorhersagbar, natürliche Umgebungen	Flucht	Schwierig zu bestimmen, vielleicht R eines Modells	Relativ selten in vivo oder in der Imagination	Gewöhnlich minimal, allgemeines Angstniveau niedrig	Flucht und Angst
Klassische Phobien	Stimuli gewöhnlich auf breiter Grundlage generalisiert	Vermeidung aller CS und Situationen mit CS-Risiko	Trauma zu vermuten	Sehr häufig in vivo und in der Imagination, doch Vermeidung beseitigt häufig Angst	Starke Einschränkung, allgemeine Angst stark ausgeprägt	Vermeidungsreaktionen
Prüfung oder Performanz	Stimuli sind spezifisch, können aber in vielen Kontexten auftreten, z. B. bei jeder schriftlichen Prüfung	Angst mit reduzierter Effektivität — Vermeidung in vivo häufig minimal, kann aber groß sein, wenn z. B. R auf symbolischen S zu Flucht oder Vermeidung von Vorbereitung auf Prüfung führt	Mögliches Scheitern, Demütigung, häufig allerdings verzögert	Häufig in vivo und noch häufiger in der Imagination. Vermeidung beseitigt selten Angst	Mittel bis stark	Performanzabnahme, physiologische Beschwerden
Evaluierend — sozial	Stimuli verschwommen und generalisiert, umfassen Situation, die R erfordert, auch wenn R nicht verabreicht wird	Flucht oder Vermeidung, Performanzminderung	Mögliches Scheitern, Demütigung	Häufige Flucht und Vermeidung, mittlerer Erfolg bei Angstvermeidung	Mittel bis stark	Performanzabnahme, physiologisches Unbehagen

paradigmas beschreiben. Eine weitere komplizierende Variable ist manchmal die UCS-Intensität: In diesem Zusammenhang ist behauptet worden, daß, wenn ein sehr intensiver UCS wirksam ist, die Gegenkonditionierung einerseits oder die Löschung plus Bestrafung von Vermeidung andererseits effektiver seien als die Löschung allein. Ein weiterer Grund der Verwirrung kann darin bestehen, daß beim Menschen — zumindest in den Fällen, in denen keine offene Vermeidung impliziert zu sein scheint — ein selbst verabreichter aversiver UCS möglich sein kann. So kann z. B. bei Prüfungsangst die Erinnerung an heftige Ängste der Vergangenheit, die damit verbundene reduzierte Effizienz und alles, was noch dazu kommt, selbst einen aversiven UCS ergeben, der physiologisches Feedback einschließt und den sich die prüfungsängstliche Person wiederholt selbst verabreicht, und das immer dann, wenn sie an den CS, die bevorstehende Prüfung also, denkt. Es kann kein extrinsischer UCS nötig sein; die Angsterfahrung des Menschen kann sich gewissermaßen selbst verstärken. Falls gezeigt werden kann, daß diese Faktoren das Anhalten der Phobie hinreichend erklären, muß das Modell der klassischen Konditionierung so erweitert werden, daß es auch diese kognitiven Prozesse einschließt.

Angesichts der Ungeklärtheit dieser Fragen sollten wir uns daran erinnern, daß es in den meisten Tierstudien zur Reduktion von Vermeidungsreaktionen erhebliche individuelle Unterschiede gibt, deren Determinanten unbekannt sind, ganz gleich, ob die Reduktion durch Löschung plus Bestrafung (SOLOMON, KAMIN und WYNNE, 1953), durch traditionelle Löschung oder durch Gegenkonditionierung (GAMBRILL, 1967) erzielt wird. Man möchte beim Menschen, ganz gleich, ob in Analog- oder klinischen Studien, eine noch größere Variabilität erwarten; die Herausforderung dabei liegt in der Erforschung der Determinanten solcher Reduktion, von denen einige in den von uns diskutierten Faktoren enthalten sein können.

Implosionstherapie

Einer weiteren Richtung, die die Forschung einschlug und die entscheidend zur Entwicklung der stufenweisen Desensibilisierung von Stimuli beitrug, begegnen wir in der Arbeit STAMPFLS und seiner Kollegen (1967), die eine intensive Löschungsprozedur, die *Implosionstherapie,* benutzten. Wie WOLPE nimmt auch Stampfl an, daß neurotische Symptome gelernte Vermeidungsreaktionen sind, die durch Angstreduktion aufrechterhalten werden. Allerdings formuliert STAMPFL seine Annahme und seine Löschungsprozedur mit Hilfe traditioneller psychodynamischer Begriffe. Die Szenen, die in seiner Prozedur imaginiert werden sollen, beinhalten viele psychoanalytische Deutungen der Symptome. Doch ist der wesentlichste Unterschied zwischen Implosion und Desensibilisierung in der Tatsache zu suchen, daß weder eine Gegenkonditionierung durch Entspannung noch eine stufenweise Hierarchie benutzt wird. Tatsächlich wird die Angstsituation sogleich so intensiv wie möglich dargeboten. STAMPFL beruft sich bei seinem Implosionsmodell auf das ursprüngliche PAWLOWsche Löschungsprinzip, das die Reaktionsreduktion (CR) als Resultat von Darbietungen des CS ohne den UCS beschreibt. Von der Löschung einer emotionalen Reaktion wird angenommen, sie vollziehe sich dann am raschesten, wenn die Stimulusbedingungen im Löschungsprozeß jenen Bedingungen, die in der ursprünglichen Erwerbssituation vorherrschten, am stärksten ähneln (STAMPFL und LEVIS, 1967). Daher werden dem Patienten Szenen dargeboten, mit dem Ziel, ein maximales Angstniveau zu erzeugen, und er wird aufgefordert, diese Darbietungen mit echten Gefühlen und Affekten zu erleben. Diese Prozedur wird so lange wiederholt, bis eine Angstabnahme zu verzeichnen ist. HOGANs (1966) Beschreibung einer typischen Sitzung enthält auch die Darstellung einer stufenweisen Anordnung des CS, wobei diese Anordnung allerdings nicht den Umfang erreicht, der die Desensibilisierung auszeichnet. Die Intensität des CS übersteigt bei weitem das Niveau jeglicher Desensibilisierungshierarchie.

»Eine Person mit Schlangenangst wurde gebeten, sich vorzustellen, wie sie eine Schlange aufhebt und befühlt. Man versuchte, ihr ihre Reaktion auf das Tier bewußt zu machen. Man instruierte sie, die Schleimigkeit der Schlange nachzuempfinden. Daraufhin bat man sie, sich vorzustellen, daß die Schlange über ihren Körper krieche und sie beiße und zerfleische. Geeignete Implosionen waren Szenen von Schlangen, die einen zerquetschen oder verschlingen, war die Schlangengrube, in die man hinabstürzt ...

Ähnlich bat man einen Akrophobiker, sich den eigenen Sturz von einem hohen Haus oder von einer steilen Klippe vorzustellen, oder man instruierte ihn sich auszumalen, wie er in völliger Dunkelheit durch den Weltenraum fiele. Absicht war, ihm seine Gefühle und Empfindungen während des Fallens bewußt zu machen. Daraufhin sollte er sich sein Aufschlagen auf den Boden und seinen zerschmetterten Körper vorstellen. Wesentlich ist, daß der Therapeut immer wieder herausstellt, wie sich die Person in diesen Szenen gibt und fühlt. Erinnert sich der Klient an eine tatsächliche traumatische Erfahrung, so sollte der Kliniker die imaginären Stimuli auf eben diese Erfahrung zentrieren« (S. 26).

Ein experimenteller Test dieser Prozedur ist in einer Studie von HOGAN und KIRCHNER (1967) enthalten, die sich mit rattenphobischen Collegestudentinnen befaßte. Die Personen erhielten je eine Sitzung, wobei die Sitzungszeit jeweils variierte. Durchschnittlich dauerten die Sitzungen 39 Minuten für die Versuchspersonen und 30 Minuten für die Kontrollpersonen. Die Versuchspersonen wurden sogleich intensiven Hinweisreizen ausgesetzt, die aus Szenen bestanden, in denen sie von Ratten gebissen und angefressen wurden usw. Der Inhalt jeder Darbietung fiel bei jeder Versuchsperson anders aus, da man von der logischen Annahme ausging, daß »der Therapeut weiß, welche Szenen die meiste Angst erzeugen und daß er diese Szenen ausgearbeitet hat«. Die Kontrollen wurden neutralen Vorstellungen ausgesetzt, wobei der Schwerpunkt weniger auf Angst als auf Entspannung lag. Es wurde also der Vergleich mit leichter Entspannung und nicht mit systematischer Desensibilisierung angestrebt. Am Ende der jeweiligen Einzelsitzung nahmen von den 21 Versuchspersonen 14 eine weiße Ratte in die Hand, während es bei den 22 Kontrollpersonen nur zwei waren, die sich überwinden konnten. Die Autoren folgerten, daß »die Implosionsidee der heftigen Angsterfahrung ohne primäre Verstärkung, mit dem Ziel Angst zu löschen, ihren praktischen Wert bewiesen hat« (S. 109).

HOGAN (1966) berichtete auch über Erfolge mit Implosionstherapie bei einer Stichprobe hospitalisierter Psychotiker. Im Vergleich zu Kontrollpersonen zeigten 26 Patienten mit Implosionsbehandlung auf fünf Skalen des MMPI signifikante Besserungen sowie eine statistisch signifikant höhere Entlassungsrate. Es geht also im wesentlichen auch um die annehmbaren oder nicht annehmbaren Kriterien, die im klinischen Rahmen zur therapeutischen Effektivität beitragen. Wie wir gesehen haben, sind die Kriterien zur Evaluierung der systematischen Desensibilisierung in der Regel spezifisch verhaltensbezogen gewesen oder sie sind zumindest so formuliert worden, daß mit einem symptomspezifischen Selbstberichtsinstrument vorhergesagte Verhaltensänderungen erzielt werden sollten. Doch sollte auch darauf verwiesen werden, daß WOLPE und LAZARUS (1966) nur ungern Implosionsverfahren benutzten, da sie die Erfahrung gemacht hatten, daß sich das Befinden von Patienten verschlechterte, wenn sie heftigen realen oder imaginären Angstsituationen ausgesetzt wurden. Die Tatsache, daß Therapeuten mit ein und derselben Technik unterschiedliche Effektivität erzielen, wirft die interessante Frage auf, ob hier andere Faktoren wirksam sind, die die Effizienz der Technik, bedingt durch die Reaktion des Patienten auf den Therapeuten oder den Behandlungsrahmen, modifizieren. Allerdings existiert eine Studie zur Implosionstherapie mit klinischen Patienten, die nur geringe Effektivität feststellte (und zwar aufgrund signifikant höherer Veränderungswerte bei kombinierten Kontrollen, die sich bei zwei von zehn MMPI-Skalen ergaben) und die keinen Unterschied entdeckte zwischen einem unerfahrenen und einem erfahrenen Implosionstherapeuten (LEVIS und CARRERA, 1967).

Die Rolle verbaler Vermittlungsprozesse. Kürzlich durchgeführte Studien haben ein wachsendes Interesse bekundet, in das ursprüngliche WOLPEsche Modell auch eine Reihe kognitiver Faktoren einzubauen. Dabei hat man in der Forschung vor allem zwei Richtungen eingeschlagen, die in der Wirklichkeit jedoch schwierig auseinanderzuhalten sind. Die erste Richtung befaßt sich mit dem Problem, auf das wir in diesem Kapitel bereits eingingen — mit dem über interpersonale Kanäle geübten Einfluß des Therapeuten auf den Behandlungsfortschritt durch Desensibilisierung. Untersucht man die interpersonale Beziehung in der Therapie genauer, so stellt man fest, daß der geschickte Therapeut seine eigenen Verhalten kontrolliert, so daß seine Kommentare als selektiv zu bezeichnen sind. Sie konzentrieren sich auf die Verhalten, die den Schwerpunkt der Behandlung bilden. So können die Bemerkungen oder Gesten des Therapeuten diskriminative Funktionen erfüllen. Darüber hinaus wird der Therapeut durch die Kommentare und durch die enttäuschte oder ermutigende Haltung des Therapeuten über die Evaluierung des Behandlungsfortschritts informiert. Daher können die Handlungen des Therapeuten, ähnlich wie Lob und Tadel im Laborlernprozeß, eine verstärkende Rolle spielen.

Doch entdeckt man beim näheren Hinsehen, daß eben diese Merkmale der Operationen des Therapeuten oder Experimentators auch für operante Konditionierungsmethoden charakteristisch sind (Kapitel 6). Sollten so unmerkliche konditionierende Einflüsse in Desensibilisierungsprozeduren wirksam sein, müßte ihre Rolle erforscht werden, denn nur so könnte man feststellen, ob die gegebenen Bedingungen zur Verhaltensmodifikation einer phobischen Reaktion nötig bzw. ausreichend sind. Die Entdeckung, daß die klinische Prozedur teilweise automatisiert werden kann, macht es weniger wahrscheinlich, daß die operante Konditionierung *allein* determinierender Faktor ist. Trotzdem kann man sogar in den Untersuchungen, die sich automatisierter Vorrichtungen bedienen, den gesamten Behandlungsrahmen und die Haltung des Therapeuten nicht einfach außer acht lassen, da diese auch unter solchen Umständen wichtige Faktoren der Beschleunigung der Behandlung darstellen.

Die zweite Reihe von Untersuchungen unterstrich die Rolle der verbalen Vermittlungsprozesse, mit deren Hilfe ein Patient sein eigenes Verhalten modifizieren kann, wenn er eindeutige Informationen über sein eigenes Handeln und die Auswirkungen dieses Handelns auf die Umwelt erhalten hat. Die Tatsache, daß sich diese beiden Bereiche überschneiden, ist hauptsächlich darauf zurückzuführen, daß die tatsächlichen experimentellen Operationen dazu neigen, sich Feedback zunutze zu machen, das reaktionskontingente Information über verschiedene Verhaltensdimensionen der Person einschließt. Dieses Feedback kann sowohl informative als auch motivationale Merkmale aufweisen und kann dadurch dazu dienen, Verhalten zu verändern, entweder durch (kognitive) verbale Kontrolle, oder durch seine Funktion als vereinfachender sozialer Stimulus (Belohnung) oder auch als aversiver sozialer Stimulus (Bestrafung).

Bis jetzt haben wir uns mit Forschungsarbeiten befaßt, die den Patienten im wesentlichen als nicht partizipierenden passiven »Kampfplatz« betrachten, auf dem Angst, Vermeidungs- und Entspannungsreaktionen um die Vorherrschaft ringen. Doch hat der Leser sicher bemerkt, daß wir bei einigen der behandelten Studien darauf hinwiesen, daß die Evaluierung des Patientenverhaltens durch den Patienten selbst und daß die verbale Tätigkeit des Patienten bei der Vermittlung der erzielten Veränderungen eine Rolle spielen können. Kürzliche Untersuchungen zur Selbstüberzeugung (BEM, 1965) und zur Selbstregulierung (KANFER, 1967 b) haben belegt, daß die Evaluierung, die eine Person hinsichtlich ihrer eigenen (autonomen oder motorischen) Reaktion vornimmt, das nachfolgende Verhalten dieser Person beeinflussen kann. Es ist durchaus vorstellbar, daß die Effektivität der Desensibilisierungsprozedur nicht nur auf den Gegensatz zwischen emotionaler Erregung und Entspannung zurückzuführen ist, sondern auch auf die Interpretationen, die die Person über ihr eigenes Verhalten in Gegenwart angsterregender Stimuli liefert, sowie darauf, daß sich das nachfolgende Verhalten der Person gegenüber dem phobischen Objekt auf eine neue Gruppe kontrollierender verbaler Stimuli verlagert, die im Verlauf der Behandlung aufgetreten sind.

LANG (1969) stellt eine ähnliche Hypothese auf:

»Die von der Person durchgeführte Kontrolle des imaginierten Angststimulus, seine Dauer, Häufigkeit und Darbietungssequenz bildet ein weiteres wichtiges kognitives Element der Desensibilisierungsprozedur. Als dieses Kontrollelement in DAVISONs Experiment ausgeschaltet wurde, wurde keine positive Angstreduktion erzielt. Es könnte sein, daß die Aversivität phobischer Stimuli in der Hilflosigkeit der Person zu suchen ist, d. h. darin, daß sie, abgesehen von Flucht und Vermeidung, über keine organisierte Reaktion verfügt. HEBB (1949) meinte, die Essenz der Angst sei eine zerebrale Desorganisation, bewirkt durch Stimuli, für die keine adäquate Reaktion zur Verfügung steht. Diese Stimuli lösen Teilreaktionen aus, die entweder miteinander oder mit den reaktiven Eigenschaften des Stimulus unvereinbar sind. So aber können Verhaltenssequenzen nicht glatt abgeschlossen werden. Der Hauptprozeß der Verarbeitung desorganisiert sich, Energie wird mobilisiert, die sich nicht entladen kann, und das Ergebnis ist jenes unkoordinierte, hilflose Verhalten, das wir mit Angst assoziieren.

Bei der Desensibilisierung lernt die Person, die Stimulusdarbietungen kontrollieren, um dann vielleicht die Reaktionen, die von den Stimuli ausgelöst werden, zu steuern. Die Person wird ermuntert, innerhalb einer Stimulusklasse, die früher lediglich generalisierte Vermeidung erzeugte, Diskriminationen zwischen dem jeweiligen Grad an Bedrohung zu treffen. So entwickelt das Individuum eine kontrollierte Transaktion mit seiner Umwelt, eine Transaktion, in der Verhalten abgestimmt wird gemäß der jeweiligen Stimulusintensität und einer Vielfalt anderer dazugehöriger semantischer und struktureller Faktoren. Ob die Entwicklung eines derartigen Kontrollsystems am besten als ausschließlich kognitiv konzeptualisiert werden sollte, ist nicht klar (HEBB z. B. formulierte seine Theorie mit neurophysiologischen Begriffen). Jedenfalls verdient diese Konzeption ängstlichen und angstfreien Verhaltens unsere Aufmerksamkeit, da sie auf die Desensibilisierungstherapie angewandt werden kann« (S. 188).

Es ist das Los jeder klar spezifizierten theoretischen Formulierung, daß sie neue Forschungsbereiche erschließt und neue Fragen aufwirft, auch dann, wenn neue Erkenntnisse eine Modifikation der Theorie erfordern. Die Desensibilisierungstherapie setzt sich aus einer Reihe von Operationen zusammen, und die diesen Operationen anscheinend zugrunde liegenden Prozesse sind sehr klar dargestellt worden. Paradoxerweise verlangt eine derartige Klarheit den Verfechtern der Theorie eine um so stichhaltigere Beweisführung ab, da sie sich gegen alle neuen Forschungsergebnisse, die in andere Richtungen weisen, verteidigen müssen.

WEITZMAN (1967) hat in einer Kritik der Verhaltenstherapie Interpretationen der Effektivität der systematischen Desensibilisierung gegeben, wobei er von einer Anzahl nichtbehavioraler Gesichtspunkte ausging, die von der Entscheidungstherapie bis zur Psychoanalyse reichen. Er forderte nichtbehaviorale Kliniker auf, diese Alternativerklärungen zu testen und diese Prozedur in ihre jeweiligen Modelle einzubauen. Als Beispiel einer technischen Neuentwicklung auf dem Gebiet der Desensibilisierung, die von dynamischen und nicht von Verhaltensmodellen hergeleitet werden könnte, beschreibt WEITZMAN GENDLINs (1962) Prozedur. Patienten bekamen die heftigste Szene einer Hierarchiefolge verabreicht und wurden fortlaufend instruiert: »Achten Sie darauf, wie Sie sich fühlen. Sprechen Sie nicht! Denken Sie nicht! Kommen Ihnen irgendwelche Gedanken, lassen Sie sie sich einfach durch den Kopf gehen. Bleiben Sie nicht an ihnen hängen. Geben Sie dauernd

auf Ihre Gefühle acht«. Jede Darbietung dauerte fünfzehn Minuten, und dieselbe Zeit verwandte man später auf die Diskussion der entsprechenden
Erfahrung des Patienten. Beide Patienten, die GENDLIN nach einer konventionellen Desensibilisierung auf diese Weise behandelte, berichteten über anfängliche Steigerung der Angst, der ein neues Verständnis dessen folgte, was
sie fühlten, ein Verständnis, dem sich schließlich das Verschwinden der Angst
anschloß. Dem Leser wird auffallen, daß diese Prozedur der von uns bereits
dargestellten Reizüberflutung ähnelt. WEITZMAN stellt die entsprechenden
Effekte (nach GENDLIN) dar:

»Beide Patienten hatten, *im Gegensatz zu ihrer Erfahrung mit der systematischen
Desensibilisierung,* das Gefühl, ›sich selbst zu verstehen‹, sie hatten nach jeder Sitzung
sich selbst gegenüber ein gutes Gefühl und sie fühlten sich ›in Kontakt mit sich selbst‹.
Darüber hinaus schien diese Prozedur etwas Magisches und Geheimnisvolles an sich
zu haben, während die *Effekte* der Desensibilisierung als ›real‹ erfahren wurden.
Bei diesem neuen Verfahren hatten die Patienten das Gefühl, sich selbst zu heilen«
(S. 311 f).

WEITZMAN meint, die systematische Desensibilisierungsprozedur, die jeder
Darbietung nur 10 bis 15 Sekunden zugesteht, könne diese Art einer therapeutischen Introspektion verhindern, die im GENDLINschen Verfahren mittels
einer einzigen langen Darbietung Angsterleichterung bewirkt. Dieser begrenzte Zeitraum könne es den Gefühlen des Patienten unmöglich machen,
den Höhepunkt der Angst zu überschreiten; folglich erscheint es als möglich,
daß »die Notwendigkeit multipler, hierarchischer Darbietungen ein Artefakt
der Technik selbst war« (WEITZMAN, 1967).

WEITZMANs Kritik macht auf die unvollständigen Überlegungen zu allen
Desensibilisierungsprozessen aufmerksam und liefert eine Neuinterpretation
des Prozesses aus der Sicht des dynamischen Geschehens. Doch sogar im behavioristischen Kontext werden nun Forschungsergebnisse zusammengetragen,
die die Notwendigkeit erkennen lassen, die selbstregulierenden Prozesse des
Individuums voll und ganz in die systematische Desensibilisierung einzubauen. VALINS und RAY (1967) sprechen von der Möglichkeit, daß es nicht die
Entspannung, sondern die kognitive Reaktion des Individuums auf seine
inneren Reaktionen sei, welche die Reduktion der Vermeidungsreaktion ver-
einfache. Ihre Hypothese wurzelt in der von uns bereits behandelten Arbeit
von SCHACHTER u. a., die sich mit der Etikettierung des Erregungszustandes
durch den Patienten selbst befaßten. VALINS und RAY führten zwei Experimente durch, die im wesentlichen dieselbe Prozedur benutzten. Sie unterschieden sich nur insofern, als die Replikation mit Versuchspersonen arbeitete,
die bei einem Schlangenangsttest mit einem hohen Punktwert abgeschnitten
hatten, wogegen das erste Experiment mit unselegierten nichtgraduierten Collegestudenten durchgeführt wurde. Diese Studenten hatten nur mäßige Angst
vor Schlangen. In der zweiten Untersuchung wurde den Versuchspersonen der
Anblick einer lebenden Schlange in einem Glaskäfig dargeboten, während in
der ersten Untersuchung lediglich Dias von Schlangen benutzt wurden. Alle
Versuchspersonen bekamen in zufälliger Reihenfolge zehn Dias mit dem

Wort »Schock« und zeitlich eng verbundene Elektroschocks verabreicht, sowie zehn Schlangendias oder In-vivo-Darbietungen. Die Versuchspersonen glaubten auch, ihre eigenen amplifizierten Herzschläge zu hören, deren Rate während der Schockdurchgänge scheinbar zunahm, was während der Schlangendarbietung nicht der Fall war. Kontrollpersonen unterschieden sich nur insofern, als sie die von außen kommenden Töne nicht als ihre Herzschläge identifizierten. Auf diese Weise wurde den Versuchspersonen der Eindruck vermittelt, daß sie der Anblick von Schlangen innerlich nicht berühre. Man entdeckte, daß die Versuchspersonen bei der Annäherung an und beim Umgang mit einer lebenden Schlange nach den experimentellen Sitzungen signifikant höhere Werte als die Kontrollgruppe aufwiesen. Diese Versuchspersonen hatte man glauben gemacht, daß sich ihre Herzschlagrate nach Schockverabreichung erhöhen würde, daß es jedoch keine derartige Steigerung gegeben habe, als man ihnen die Schlangenstimuli darbot. Die Resultate ließen vermuten, daß Vermeidungsverhalten dadurch modifiziert werden könnte, daß man die kognitive Information der Person über ihre inneren Reaktionen auf die ursprünglich angsterregenden Stimuli verändert, was auch dann möglich zu sein scheint, wenn diese Information mit den autonomen Reaktionen der Person in Wirklichkeit gar nicht übereinstimmt. Die Autoren verweisen auf die Ähnlichkeit zwischen der Feedbackprozedur des fingierten Herzschlags und der üblichen Muskelentspannung bei der Desensibilisierung; beide Prozeduren machen die Versuchsperson glauben, daß phobische Stimuli geringfügige innere Effekte haben. Die Grundlagen der Effektivität dieser beiden Prozeduren unterscheiden sich jedoch erheblich. Während VALINS und RAY annehmen, daß Veränderungen der Verhaltenseinschätzung durch die Versuchsperson wesentlich zu Verhaltensänderungen selbst beitragen, ganz gleich, ob diese Einschätzungen genau oder ungenau sind, schreiben Verfechter der Desensibilisierungstherapie diese Effekte direkt dem Vorhandensein der antagonistischen Entspannungsreaktion zu.

Die Feedback-Effekte einer Prozedur, die der Desensibilisierung ähnelt, wurden von LEITENBERG, AGRAS, THOMPSON und WRIGHT (1968) experimentell getestet. Diese Studie beschreibt zwei Fälle, in denen die Patienten stufenweise mit phobischen Stimuli konfrontiert wurden (im einen Fall waren es kleine geschlossene Räume, im zweiten Fall waren es Messer). In manchen Komplexen aus Durchgängen wurden die Patienten gebeten, im Hinblick auf die phobische Situation bei jedem Durchgang ihre Expositionstoleranz aufzuzeichnen, während das bei anderen Komplexen nicht der Fall war. In dem einen Fall wurde die Verhaltensbesserung außerdem auch verbal gelobt. Die Autoren berichten, daß präzises Feedback bei jeder Durchgangsperformanz die Verhaltensmodifikation vereinfachte. Wurde kein Feedback gegeben, machten beide Patienten geringere Fortschritte; die Wiedereinführung des Feedback führte zu erneuter Besserung. Zusätzliches oder fortgelassenes selektives Lob beeinflußte die Fortschritte des zweiten Patienten nicht. Angesichts der kleinen Stichprobe ist die Beweiskraft der von den Autoren berichteten Effekte gering. Allerdings stimmen die Resultate mit anderen Berichten (auf

die wir in Kapitel 9 im Zusammenhang mit selbstkontrollierenden Prozeduren eingehen) überein; in diesen Berichten wird festgestellt, daß, wenn man
einen Patienten bittet, sein eigenes Verhalten aufmerksam zu verfolgen und
seine Häufigkeit und seine Beziehung zu Umweltereignissen aufzuzeichnen,
dies vorteilhafte Effekte haben kann. Ob diese Effekte durch direkte Veränderung des Erregungszustands des Patienten oder durch Neuinterpretation
seines affektiven Zustands zustande kommen, weiß man noch nicht.

DAVISON (1966) argumentierte ähnlich. Der Widerspruch, den er zu klären
suchte, besteht darin, daß durch durch Kurare bewirkte Entspannung, die die
Weiterleitung neuraler Botschaften an die Muskelfasern blockiert, keine Angst
gehemmt wird, wogegen durch Instruktionen bewirkte Entspannung der
Angst entgegenwirkt. DAVISON meint, die Entspannung der Desensibilisierungsprozedur könne Angst in der Tat nur deshalb hemmen, weil selbstindu-
zierte Entspannung stark positive Affektzustände erzeuge, die mit Angst unvereinbar seien. Zweitens glaubt er, daß die signifikanten Merkmale der
angsthemmenden Fähigkeit der Entspannung weniger in einer Muskelverfas-
sung zu suchen seien als auf einer höheren kortikalen Ebene. Das würde, anders
ausgedrückt, bedeuten, daß die Effekte der (gleichgültig, ob nun richtigen oder
falschen) Überzeugungen und Einstellungen des Individuums zu seiner eigenen
physiologischen Verfassung eine wichtigere Determinante der Patientenreaktion bilden können als das tatsächliche Körperbefinden des Patienten. Doch
sollte hier unterstrichen werden, daß wir mit diesen Fragen keinem simplen
»Suggestions«-Effekt der Desensibilisierungstechniken das Wort reden. Obgleich die direktive Durchführung der Desensibilisierungsprozedur sicherlich
Elemente starken Überzeugens enthält, fußt die Wichtigkeit, die man verbal
vermittelten Reaktionen bei der Reduktion von Vermeidungsverhalten beimißt, auf der Annahme, daß all diese externen Variablen lediglich ihre
spezifische Rolle spielen, wenn es darum geht, das Selbstbewertungsmuster
und das umweltbezogene Verhalten des Patienten zu beeinflussen.

Einige Untersuchungen, bei denen die Desensibilisierung durch entspannende Drogen gefördert wurde, scheinen dem eben angeführten Argument zu
widersprechen. So berichtete z. B. BRADY (1966) über die Verwendung von
Brevital, um Entspannung zum Zweck einer rascheren Desensibilisierung zu
erzielen. FRIEDMAN (1966) benutzte bei 25 phobischen Angstfällen erfolgreich
ein ähnliches Mittel. Allerdings kann eine eingehendere Untersuchung der
Prozedur das Rätsel auch nicht lösen. BRADY informierte seinen Patienten tatsächlich über die entspannende Wirkung der Droge, und er bat den Patienten
um seine Mitarbeit: »Sie müssen diese Wirkung unterstützen, indem Sie sich
der Entspannung so wenig wie möglich widersetzen.« Obgleich FRIEDMANS
Bericht ziemlich kurz ist, vermittelt er doch den Eindruck, als habe der
Patient um den beabsichtigten Drogeneffekt gewußt, da die Lösung so lange
injiziert wurde, »bis er (der Patient) erklärte, er fühle sich ruhig und entspannt«. Durch diese verfahrensbedingten Schwierigkeiten bleiben die vielen
potentiellen Prozesse, die Entspannung bewirken können, unerklärt. Die
Entspannungsprozedur könnte zunächst eine Körperverfassung herbeiführen,

die dem Patienten gewöhnlich »Wohlbefinden« signalisiert, und dieses »Wohlbefinden« könnte den Patienten veranlassen, seinen neuen entspannten Körperzustand zu benennen; dadurch aber könnte sich auch die Selbstbeschreibung, die der Patient von seinen Reaktionen auf den dargebotenen angsterregenden Stimulus liefert, verändern.

Einem verwirrenden Widerspruch begegnen wir in einer Untersuchung von SHERMAN (1967), die Labortiere zum Gegenstand hatte. In diesem Forschungsprojekt wurde eine konditionierte emotionale Reaktion errichtet, indem man Tiere so trainierte, daß sie um des Futters willen einen Hebel drückten, und jedem Hebeldruck folgte ein Schock. Nach der letzten Schock- (oder Bestrafungs-) Sitzung injizierte SHERMAN einigen Tieren eine Salzlösung, um die Effekte der vorausgegangenen Injektionen mit amobarbitalem Sodium zu kontrollieren. Diese Injektionen waren *nach* der ersten Rekonditionierungssitzung verabreicht worden. Die »Drogengruppe« bekam *vor* der ersten Rekonditionierungssitzung amobarbitales Sodium und nach der Sitzung Salzlösung injiziert. Eine »Gruppe mit stufenweiser Entziehung« — sie machte die Hälfte der Tiere der Drogengruppe aus — wurde in drei weiteren Dekonditionierungssitzungen mit kleineren Dosierungen der angstreduzierenden Droge behandelt. Die »Gruppe mit plötzlicher Entziehung« — sie machte den Rest der Drogengruppe aus — und die Krontrollgruppe wurden statt dessen mit isotonischen salzhaltigen Injektionen gespritzt. Das Wiederlernen des adaptiven Hebeldruckverhaltens wurde (im Vergleich sowohl zur abrupten Entziehung als auch zu den Kontrollgruppen) durch die stufenweise Entziehungsbehandlung erleichtert. Beim Abschluß der stufenweisen Drogenentziehung wurde das Hebeldruckverhalten im drogenlosen Zustand unvermindert fortgesetzt. Die Gruppe mit abrupter Entziehung zeigte nach der Beendigung der Drogeninjektionen eine deutliche Abnahme, wobei sich die Performanz (ähnlich wie bei der Kontrollgruppe) in späteren Sitzungen langsam erholte. In dieser Untersuchung ist die Ähnlichkeit zur stufenweisen Desensibilisierungsprozedur lediglich eine Art Rückschluß. Trotzdem haben die stufenweise Entziehung und Desensibilisierungsmethoden die Technik gemeinsam, daß die bedrohlichen Effekte auf einer Ebene gehalten werden, die unter dem zur Auslösung einer Vermeidungsreaktion erforderlichen Niveau liegt. Vom ganzen Konzept her gesehen müßte dadurch die Löschung der zurückgebliebenen Angst und die Gegenkonditionierung adaptiven Verhaltens möglich sein. SHERMAN meint, der Unterschied sei eine Frage des Schwerpunkts. »Während bei der systematischen Desensibilisierung der Schwerpunkt auf der Stimuluskontrolle der Angst und gleichzeitig auf der direkten Kontrolle durch die angsthemmende Entspannung liegt, liegt bei der stufenweisen Entziehung der Schwerpunkt auf der direkten physiologischen Kontrolle durch die Droge und auf der gleichzeitigen Kontrolle der Stimulusveränderung« (S. 128).

Ein wichtiger Aspekt der Befunde SHERMANs besteht darin, daß man in der Tierforschung von der physiologischen Variablen, der Injektion also, nur rückschließend annehmen kann, sie habe stufenweise angstreduzierende Effekte. Beim Menschen basiert derselbe Rückschluß auf dem verbalen Bericht des

Individuums. Doch kann von den zentralen oder verbal vermittelnden Faktoren nicht angenommen werden, daß sie auch bei der Ratte wirksam seien (obwohl das möglich ist), und die verbale Evaluierung der Stimulussituation oder der Gefühle durch das Individuum selbst kann die Behandlungseffekte auch nicht erklären. Diese experimentellen Befunde ermutigen zu weiteren Bemühungen, das Ausmaß festzustellen, in dem Untersuchungsergebnisse von Tier und Mensch austauschbar sind, ohne daß man sich um die jeweiligen artspezifischen Parameter zu kümmern bräuchte. Außerdem lassen sie vermuten, daß die Behandlungseffekte bei angstbedingten Problemen, bei denen die Stimulusereignisse physisch bedrohen (das ist bei Tieren der Fall), anders ausfallen als bei imaginären oder sozialen Stimuli (die bei vielen Patienten auftreten).

In der von uns bereits behandelten Arbeit haben wir entdeckt, daß WOLPES strenge prozedurale Grundregeln der Desensibilisierung zum Teil nicht mehr standhalten. Einem interessanten Beispiel für die Verschmelzung unterschiedlicher Techniken begegnen wir in einer Voruntersuchung von WILSON und SMITH (1968), die mit GENDLINS weiter oben dargestellter Methode einiges gemeinsam hat. Die Autoren erklären, daß man in Fällen, in denen es wegen der allgegenwärtigen Angst schwierig ist, spezifische Hierarchien zu errichten, die FREUDsche Technik der »freien Assoziation« benutzen könnte. Da sie annahmen, daß sich die Assoziationen der Patienten zunächst mit Material befassen, das weniger bedrohlich ist, um sich hierauf ganz allmählich Bereichen intensiverer Angst zu nähern, stellten sie die Hypothese auf, daß die freie Assoziation in Verbindung mit muskulärer Entspannung ein wirksames Mittel sei, um gleichzeitig Komplexe angstvermittelnder Stimuli zu definieren und zu gegenkonditionieren. Die Prozedur bediente sich des Entspannungstrainings. Doch anstatt ihn mit Hierarchieitems zu konfrontieren, wurde der Patient gebeten, über Situationen zu sprechen, die mit seinen Problemen zu tun hatten. Wie bei der Desensibilisierung bat der Therapeut den Patienten, sich zu unterbrechen und zu entspannen, wenn wachsende Angst oder Muskelanspannung bemerkt wurde. In beiden klinischen Fällen erfolgte die Besserung durch die Gegenkonditionierung dieser Prozedur »zumindest genauso rasch wie die, über die man bei der Gegenkonditionierung durch Szenenhierarchien berichtete«. Am Ende der Gegenkonditionierungsprozedur erhielten die Patienten zusätzliches Training. In einem der Fälle schloß sich der Gegenkonditionierung ein Selbstsicherheitstraining und Familientherapie an. Im zweiten Fall wurden die Gesprächstherapie und die verbale Exploration in einer Reihe von Sitzungen fortgesetzt. Obwohl die geringe Anzahl von Fällen keine volle Evaluierung dieser Technik erlaubt, veranschaulicht diese erfolgreiche Behandlung noch einmal die derzeitigen Versuche, das therapeutische Gegenkonditionierungsmodell durch seine Kombination mit traditionellen Therapiemethoden auf eine breitere Grundlage zu stellen.

Die Rolle der verbalen Konditionierung bei verschiedenen
Desensibilisierungsprozeduren

Die Integrierung verschiedener Therapiemodelle wird auch durch einige Untersuchungen aus jüngster Zeit veranschaulicht, die sich mit der bewußten, durch operante Verstärkung erzielten Kontrolle des Patientenverhaltens befaßten. Mit dieser Technik werden wir uns im nächsten Kapitel eingehend befassen. Im Augenblick sollten wir uns lediglich daran erinnern, daß sich operante Konditionierungstechniken insofern deutlich vom Stimulussubstitutionsmodell unterscheiden, als ihr Schwergewicht nicht auf den vorausgehenden Stimuli, sondern auf der Veränderung der Konsequenzen einer selegierten Reaktionsklasse liegt. Verschiedene frühere Studien haben (darauf ist bereits hingewiesen worden) gezeigt, daß die meisten Patient-Therapeut-Beziehungen einige Elemente operanter Konditionierung enthalten; das ist dem selektiven und motivationalen Merkmal der Reaktion des Therapeuten auf seinen Patienten zuzuschreiben. Die Wichtigkeit der Anregung und der verbalen Konditionierung für die Desensibilisierungstherapie illustriert eine kürzlich durchgeführte Studie von LEITENBERG, AGRAS, BARLOW und OLIVEAU (1969), die die Rolle untersuchten, die therapeutische Instruktion und positive Verstärkung in der Desensibilisierungsprozedur spielen. Schlangenphobische Collegestudentinnen wurden entweder der üblichen Desensibilisierungsprozedur oder einer zweiten Gruppe zugeteilt, bei der therapeutische Instruktionen und positive Verstärkung zur vollständigen Ausführung eines Hierarchieitems oder zu Berichten über den Behandlungsfortschritt unterblieben. Eine dritte (Kontroll-)Gruppe erhielt keine Behandlung. Die Resultate zeigen deutlich, daß die Effekte der Desensibilisierung wesentlich ausgeprägter sind, wenn die therapeutische Prozedur nichtspezifische Verstärkung des Behandlungsfortschritts und Instruktionssets, die das positive Behandlungsergebnis zum Ziel haben, umfaßt. Die Autoren interpretieren ihre Befunde in Übereinstimmung mit den zuvor beschriebenen Untersuchungen, und sie erklären, daß die Desensibilisierungsprozedur verbale und vermittelnde Reaktionen enthalten kann, die nicht übersehen werden dürfen, da sie zu den positiven Ergebnissen der Prozedur entscheidend beitragen können.

BERGIN (1969) stellte eine Einzelfallstudie vor, in der ein Desensibilisierungsverfahren mit Prozeduren verbunden wurde, die man gewöhnlich in traditionellen verbalen Therapien benutzt. Bei der Patientin handelte es sich um eine junge lesbische Frau, die ihr Problem darin sah, daß sie mit Männern nicht verkehren konnte und daß sie wegen einer lesbischen Beziehung aus jüngster Zeit in Konflikt mit sich selbst geraten war. Sie erschien zu 14 Sitzungen, in denen der Therapeut versuchte, mit Einfühlung, Wärme und direkter Befragung einen Prozeß der Selbsterkundung voranzutreiben. Diese Reihe traditioneller Interviews verbesserte ihre Beziehung zum Therapeuten und ihre Einsicht in ihre eigenen Probleme, doch wurden ihre Probleme dadurch kaum verändert. So beschloß man, ihre Angst vor Männern mit der Desensibilisierungsprozedur zu behandeln. Dabei entdeckte BERGIN, daß seine

Patientin wegen ihrer heftigen Angst nicht einmal eine Angsthierarchie konstruieren konnte. Daher ließ er die Patientin sich zunächst entspannen, und dann bat er sie, ihre Erinnerungen, Gedanken und Gefühle, die mit den zur Diskussion stehenden Items verquickt waren, nicht nur zu imaginieren, sondern auch zu erforschen und zu diskutieren. So machten der Prozeß der Hierarchiekonstruktion und der Diskussion der Items bei Entspannung gleichzeitig Fortschritte. Immer wenn sich die Patientin stark erregte, wurde die Diskussion abgebrochen, wurden Entspannungsinstruktionen gegeben und kehrte man auf ein weniger stark erregendes Niveau zurück. Sowohl aus Persönlichkeitstests als auch aus ihrem täglichen Umgang mit Männern war ein offensichtlicher Behandlungsfortschritt zu ersehen. In der Tat stellte sich bei einer Nachuntersuchung nach zweieinhalb Monaten heraus, daß ihre Besserung anhielt, ja daß sie sich sogar verlobt hatte.

BERGIN weiß um die beschränkte Gültigkeit dieser Einzelfallstudie, in der er weniger den Beweis einer Effizienz als die Demonstration einer Technik erblickt. Doch erklärt er auch, daß man »das Ausmaß an Ereignissen, die während der Desensibilisierung eines Hierarchieitems erlebt werden, mittels dieser Prozeduren entscheidend vergrößern und intensivieren kann, da diese Prozeduren, zusammen mit der Befragung und gemäßigten Interpretation, eine Vielfalt an kognitiven und emotionalen Reaktionen auslösen, die in Vergangenheit wie Gegenwart konsequent verbunden gewesen sind mit dem Ereignis, das strukturell von dem Item selbst dargestellt wird« (S. 16). TRUAX und CARKHUFF (1967), die im Rahmen einer klientbezogenen Gesprächstherapie zunächst demonstrierten, daß Einfühlungsvermögen und Wärme des Therapeuten in der Gesprächstherapie als entscheidende Verstärker positiven Verhaltens fungieren können, erklärten daraufhin, daß man derartige operante Konditionierungstechniken in einem Kontext verwenden kann, der sich zwar von dem der Verhaltenstherapie unterscheidet, sich aber an die methodologischen Prozeduren der Desensibilisierung hält. Derartigen Zusammenschlüssen und Neukombinationen von Techniken begegnet man in der klinischen Literatur derzeit nur in vereinzelten Fällen. Doch veranschaulichen sie im Prinzip die Fruchtbarkeit einer flexiblen Haltung, die nicht nur spezifische Merkmale des therapeutischen Vorgehens insgesamt abklärt, sondern auch versucht, verschiedene Elemente neu zu kombinieren, um den Bedürfnissen des einzelnen Patienten gerecht zu werden und die stärksten Effekte zu erzielen, die die Vorhersage mittels eines Begriffssystems erlaubt.

Trotz der einfachen Strukturierung von WOLPES ursprünglichem Modell liegt doch auf der Hand, daß sich die tatsächlichen Operationen nicht einfach auf die Manipulation von Stimulusvariablen durch stufenweise Anordnung angstterregender Stimuli beschränken, genausowenig wie sie sich auf die Manipulation der Reaktionsvariablen durch Gegeneinanderschaltung zweier gegensätzlicher Reaktionen beschränken. Zur Diskussion stand die Darbietung organismischer Variablen, die sich in Form körperlicher Erregung des Patienten äußerten, sowie eine große Anzahl möglicher Konsequenzvariablen, einschließlich der Konsequenzen der durch den Patienten selbst vorgenommenen Evaluierung seiner eigenen Reaktion. Einige Forschungsergebnisse weisen auf die Wahrscheinlichkeit hin, daß das behandlungsbezogene Verhalten des Patienten ausdrücklich oder unmerklich durch den Therapeuten und durch andere Personen aus der alltäglichen Umgebung des Patienten verstärkt wird. WOLPES Selbstsicherheitstraining veranschaulicht besonders deutlich, wie eine Desensibilisierungstechnik in der Praxis mit operanter Verstärkung kombiniert werden kann.

Der vielleicht wesentlichste Unterschied zwischen dieser Technik und den klinischen Methoden, die in den letzten und in den folgenden Kapiteln diskutiert werden, ist in der Tatsache zu suchen, daß das Schwergewicht der Forschung wie der klinischen Praxis nicht auf den effektiv erzielten Verhaltensänderungen liegt, sondern auf der Körperverfassung, der Angstreaktion, die das Angriffsziel ist und die als kausaler Faktor für das Symptom postuliert wird. Da es klinischen Beobachtern am leichtesten fällt, das Zusammentreffen von emotionaler Erregung und phobischem Vermeidungsverhalten zu dokumentieren, haben sich die meisten Experimentatoren mit eben diesen Störungen befaßt. Sowie die Desensibilisierungsprozedur einmal modifiziert ist, damit sie den besonderen Problemen anderer Verhaltensstörungen gerecht wird, gehen auch die Eleganz und Klarheit der systematischen Desensibilisierungsoperationen verloren. Die begrenzte Anwendbarkeit des Desensibilisierungsparadigmas auf besondere Probleme und der Behandlungserfolg, der immer dann erzielt wird, wenn diese Technik in das therapeutische Gesamtprogramm des Patienten eingepaßt wird, führen uns noch einmal vor Augen, daß wir uns trügerischen Hoffnungen hingeben würden, wenn wir glaubten, mit einem einzigen Modell der ganzen Fülle und Komplexität menschlichen Verhaltens gerecht werden zu können. Auch dürfen wir nicht vergessen, daß es naiv wäre, von einer einzigen standardisierten Prozedur zu erwarten, daß sie für alle Fälle einer bestimmten Kategorie von Problemen effektiv sein müsse, oder zu glauben, daß auf jede Klasse von Verhaltensproblemen nur eine therapeutische Prozedur anwendbar ist.

Zusammenfassung

Wir befaßten uns in diesem Kapitel mit der Anwendung von Lernprinzipien auf komplexe Symptommuster, deren dominierendes Merkmal Angst heißt. Bei Fällen dieser Art wird das klassische Konditionierungsparadigma häufig durch Operationen ergänzt, die dem operanten Konditionierungsmodell entsprechen. Obgleich sie gewöhnlich dazu dient, Neurosen zu charakterisieren, ist Angst ein schwierig zu definierendes Konstrukt. Als empirische Referenzen hat man abwechselnd die verbale Selbstbeschreibung der inneren Verfassung der Person, ihre Reaktionen auf ein Inventar, ein Interview oder einen Persönlichkeitstest, sowie die Aufzeichnung ihrer physiologischen Reaktionen gewählt. Trotz der Verschwommenheit des Begriffs hat das Angstkonstrukt in den meisten Theorien der Psychopathologie eine zentrale Rolle gespielt.

Genauer gesagt, hat man viele symptomatische Reaktionen als Anpassungs-
reaktionen betrachtet, die einen überwältigenden oder heftig erschreckenden
emotionalen Zustand namens Angst vermeiden oder beenden. Die symptomatischen Reaktionen können folglich als Vermeidungs- oder Fluchtreaktionen untersucht werden, und der Brennpunkt der Aufmerksamkeit verlagert
sich auf die Frage nach den Variablen, die beim Erwerb, bei der Aufrechterhaltung und bei der Löschung dieser Reaktionen eine entscheidende Rolle
spielen. Das fortgesetzte Auftreten dieser Vermeidungsreaktionen hat die
schwierige Frage aufgeworfen, welche Faktoren diese Reaktionen und die
Angst selbst aufrechterhalten. Während einige Theoretiker behaupten, daß
wiederholte Erfahrungen mit angsterregenden Stimuli permanente Veränderungen nach sich ziehen, die die Schwelle der Angstreaktion senken, betrachten rein psychologisch orientierte Theorien die konditionierte emotionale Reaktion als einen Triebstimulus, der so lange fortbesteht, bis irgendeine instrumentelle Reaktion den Organismus der ursprünglichen Umwelt
entzieht. Im Werk von SOLOMON und WYNNE begegnen wir einer Kombination der biologischen und psychologischen Auffassung. Sie begründen die
bemerkenswerte Löschungsresistenz der Vermeidungsreaktion mit dem Dop-
pelprinzip der Angsterhaltung und der teilweisen Irreversibilität.

Beim Menschen wird der Erwerb und die Aufrechterhaltung von Angstreaktionen durch seine verbale Beschreibung der Umwelt und durch seine
innere emotionale Verfassung beeinflußt. Aufgrund dieser Mischung aus
instrumentellen, autonomen und Stimulus-Komponenten und aufgrund der
noch hinzukommenden verbalen vermittelnden Prozesse wurden die in diesem Kapitel dargestellten Behandlungstechniken in die Kategorie »kombinierte Modelle« eingereiht.

Die weitverbreitetsten Techniken der Behandlung von angstbedingten Symptomen gingen aus WOLPES Methode der reziproken Hemmung hervor. WOL-
PES Verfahren wählt die Angst als Therapieziel, und diese Angst wird durch
die Darbietung einer hemmenden Reaktion in Gegenwart der angstauslösenden Stimuli reduziert. Der Begriff *Desensibilisierung* bezeichnet die Methode,
bei der der CS der Angstreaktion zunächst in sehr geringer Stärke dargeboten
wird, um dann mit allmählich zunehmender Intensität präsentiert zu werden,
wobei diese Intensitätsgrade einer Hierarchie angstauslösender Stimuli entsprechen. Der Begriff *reziproke Hemmung* beschreibt die konditionierte Hemmung, die die Angstreaktion minimiert. Als primäre antagonistische Reaktion
zur Angst benutzte WOLPE ursprünglich die Muskelentspannung, und er präsentierte die angsterregenden Stimulusitems entweder im In-vivo-Verfahren
oder mittels Instruktionen, nach denen der Patient sie sich vorstellen sollte.
WOLPES sorgfältige Beschreibung der theoretischen Grundlage und der verschiedenen Komponenten seiner Behandlungsprozedur ermöglichte die experimentelle Testung beider Bereiche.

Ein Großteil der Arbeit, die sowohl die theoretische Grundlage als auch
die Behandlungserfolge dieser Technik erhärtet, wurde im Labor mittels
Analogstudien durchgeführt; in diesen Untersuchungen behandelte man Pho-

bien wie Angst vor Schlangen, Spinnen oder vor öffentlichem Sprechen von relativ angepaßten Individuen. Laborstudien wie klinische Berichte haben die Effektivität der systematischen Desensibilisierung belegt. Allerdings stieß man im Hinblick auf die einzelnen Schritte der Prozedur auf widersprüchliche Befunde. So fanden z. B. einige Autoren, daß die Entspannung einen unerläßlichen Bestandteil der Desensibilisierungsprozedur bildet, während andere meinten, daß anstelle der Muskelentspannung eine aufnahmebereite psychologische Verfassung als Gegenreaktion zur Angst ausreiche. Andere Experimente haben die Unerläßlichkeit der WOLPEschen Hemmungskomponente in Frage gestellt, indem sie behaupteten, diese Prozedur wurzle im wesentlichen in der Gegenkonditionierung von Verhalten, die mit Angst unvereinbar sind.

Andere Variablen, die im Rahmen des Desensibilisierungsmodells untersucht wurden, waren die Effekte der imaginären und In-vivo-Darbietung von angsterregenden Items, war die Anzahl an Hierarchieitems, die im Gesamtverlauf der Behandlung absolviert wurde, war das allgemeine Angstniveau des Individuums und war die Rolle, die der Löschungsprozeß spielte. Einige Forscher testeten auch die Hypothese, nach der die operante Verstärkung des Behandlungsfortschritts und der vom Patienten wie vom Therapeuten erwarteten Besserung entscheidend zur erfolgreichen Behandlung beitragen soll.

Wird die Desensibilisierungstechnik so benutzt, daß die stufenweise Einführung des Angst-CS unterbleibt, folgt die Prozedur PAWLOWschen Löschungsprinzipien, wobei ein CS in voller Stärke dargeboten wird, allerdings ohne den vorausgehenden UCS. Diese von STEMPFL befürwortete Technik wird als *Implosionstherapie* bezeichnet; auch sie soll Angst und phobische Reaktionen wirksam reduzieren.

Obgleich die therapeutische Effektivität der in diesem Kapitel vorgestellten Behandlungsmodelle mannigfach belegt worden ist, sind der präzise Wirkungsbereich der effektiven Variablen und das Minimum an notwendigen Elementen des therapeutischen Paradigmas noch nicht klar herausgearbeitet worden. Doch hat man die in diesem Kapitel diskutierten kombinierten Modelle mittlerweile in breitem Rahmen auf pragmatischer Grundlage anzuwenden begonnen.

KAPITEL 5

Soziales Lernen und Verhaltensübung

In den bisherigen Kapiteln haben wir gesehen, wie grundlegende Konditionierungsprinzipien zur Beschreibung und Modifikation klinischer Probleme benutzt werden können. Extrapolationen aus diesen Prinzipien, die als Behandlungsoperationen und zum Verständnis menschlichen Verhaltens dienten, sind häufig kritisiert worden. So wurde von ihnen behauptet, sie seien allzu simplifizierend und mechanistisch, sie seien zu beschränkt, weil sie sich auf Laborparadigmen berufen, und zu engstirnig seien sie in bezug auf die Verhalten und die unabhängigen Variablen, die sie untersuchen. In diesem und in den nächsten beiden Kapiteln werden wir uns mit jüngsten Entwicklungen befassen, die versuchen, Verhaltenslernprinzipien auf typisch menschliche Aspekte der Einzelperson und ihrer sozialen Umwelt auszuweiten.

Der Gegenstand, mit dem wir uns in diesem Kapitel auseinandersetzen, wird als soziales Lernen, als stellvertretendes Lernen, als Imitation und als Beobachtungslernen bezeichnet. Man hat diese Begriffe ziemlich willkürlich verwandt, so daß wir in diesem Kapitel keine Unterscheidung zwischen ihnen treffen werden. Das Hauptproblem, das untersucht werden soll, ist die Analyse der Effekte auf die Entwicklung neuer Einstellungen oder Fertigkeiten, die dadurch zustande kommen, daß ein Individuum dem Verhalten anderer ausgesetzt ist. Die Aufgabe des Lerntheoretikers besteht insbesondere darin, den Prozeß der Beobachtung der Handlungen eines anderen in Bezug zu setzen zu den Veränderungen der Performanz des Beobachters, wenn dieser mit einer ähnlichen Situation konfrontiert wird. Auf der empirischen Ebene besteht diese Aufgabe in der Untersuchung der besonderen Beziehungen zwischen dem Ausmaß, in dem sich das Verhalten des Beobachters verändert, und den Parametern dreier Bedingungen: 1. Beobachtung, 2. Erinnerung oder Speicherung und 3. Test zum Zweck der Replikation beobachteter Verhalten. Die Erforschung der Wechselbeziehungen zwischen diesen Bedingungen und der Persönlichkeit des Beobachters ist ein weiterer Beitrag zum Verständnis der selektiven Natur des Sozialisationsprozesses. So determiniert also das soziale Lernen den Gehalt des Verhaltensrepertoires einer Person, und es wird seinerseits determiniert durch die vergangenen Erfahrungen und die persönlichen Merkmale der Person.

Obwohl die experimentellen und theoretischen Ursprünge des sozialen Lernens ohne weiteres bis in die Anfänge der modernen Psychologie zurückverfolgt werden können (vgl. z. B. BALDWIN, 1895) und obwohl diese experimentellen und theoretischen Aspekte einen festen Bestandteil der Entwicklung von S-R-Lernmodellen in den dreißiger und vierziger Jahren bildeten

(MILLER und DOLLARD, 1941), ist das soziale Lernen als Forschungsgebiet relativ vernachläßigt worden. Die Tatsache, daß in jüngster Zeit auf diesem Gebiet intensiv gearbeitet worden ist, ist auf verschiedene Faktoren zurückzuführen: 1. auf die Unzufriedenheit mit der therapeutischen Anwendung der von uns bereits behandelten Konditionierungsmodelle; 2. auf den Wunsch, im Wettbewerb mit anderen Systemen komplexere soziale Phänomene in die Erklärungsmodelle der Verhaltenslerntheorien aufzunehmen; 3. auf die Erkenntnis, daß rein menschliche Fähigkeiten eine besondere Betrachtungsweise erfordern und 4. auf das gemeinsame Interesse, das verwandten Phänomenen der klinischen, Sozial-, Entwicklungs- und Lernpsychologie gilt.

Ein Beispiel soll die Unzufriedenheit mit simplen S-R-Lernhypothesen veranschaulichen. Nehmen wir eine Person, die mit einigen Freunden zum erstenmal in einem japanischen Restaurant sitzt. Der Bericht über die sich abspielende Konditionierung könnte folgendermaßen ausfallen: Unser Neuling findet keines der Instrumente vor, mit denen er seit alters her Essen vom Teller zum Mund führte. Er ist hungrig und würde, wäre er allein, sicher auf das jetzt zwar schwache, aber immer noch vorhandene einst gelernte Verhalten zurückgreifen und Reis und Gemüse mit den Fingern essen. Doch ist die Anwesenheit von anderen Leuten zu einem S^A für derartiges Verhalten geworden, zu einem Signal des Inhalts, daß soziale Verstärkung entzogen werden würde. Durch eine Stimulusgeneralisierung reagiert er auf die Eßstäbchen und praktiziert den Versuch-und-Irrtumsprozeß des Erlernens eines neuen Verhaltens, wobei er beim Umgang mit dem Eßgerät die Komponenten nutzt, die in seiner Hierarchie dominieren. Da keine dieser verfügbaren Eßreaktionen zwei Eßwerkzeuge in einer Hand verbindet, wird sein Verhalten durch die natürlichen Kontingenzen des Essens, das entweder in den Mund gelangt oder unterwegs verloren geht, nach und nach zu einer effektiveren Technik des Nahrungstransports vom Teller zum Mund ausgeformt. Da das Essen, das unterwegs verlorengeht, durch frühere Erfahrungen zu einem konditionierten aversiven Stimulus geworden ist, erlebt unser Held konditionierte autonome Reaktionen, die starke Verlegenheit und heftigen Verdruß auslösen. Diese durch Reaktionen erzeugten Hinweisreize veranlassen ihn schließlich, den Kellner zu rufen, d. h. eine davor verstärkte Reaktion auf ein akutes Unbehagen im Restaurant zu äußern, und diesen um eine Gabel zu bitten.

Doch läßt sich diese Verhaltenssequenz auch in der Sprache des sozialen Lernens beschreiben: Unser Held könnte die ersten Eßstäbchenreaktionen seiner Begleiter bemerken und sein Augenmerk ganz auf sie richten, oder er könnte fragen: »Mit den Dingern da eßt ihr?« Auch wenn er bereits auf die eigentlichen Stimuli reagiert, muß er immer noch eine Reihe neuartiger Reaktionen erwerben. Wenn er mitverfolgt, wie seiner Freundin Gemüse aufs Kleid fällt, erlebt er eine stellvertretend konditionierte Angstreaktion, die eine instrumentelle Vermeidungsreaktion vermittelt: er legt seine Eßstäbchen beiseite.

Doch nun hilft ihm eine generalisierte Tendenz zur Imitation neuartiger sozialer Situationen, die schon häufig verstärkt wurde, aus der Patsche. Unser Held bemerkt die weltmännische Meisterschaft des Gastes neben ihm, nimmt ihn sich zum Modell und fängt an, seine Eßstäbchentechnik zu imitieren. Dieselben Konsequenzen des Essens-im-Mund oder des Essens-auf-dem-Anzug tragen nun dazu bei, daß unser Eßstäbchenneuling seine Aufmerksamkeit darauf richtet, ob seine Reaktionen mit denen seines Modells übereinstimmen oder nicht. Er verbalisiert für sich selbst die auffälligen Merkmale der Eßstäbchenhaltung seines Modells, modifiziert sein Verhalten dementsprechend, bittet aber schließlich doch um Instruktionen. Nun zeigt das Modell Schritt um Schritt, wie man die Eßstäbchen richtig hält und bewegt, wobei es Regeln gibt wie: »Das eine Stäbchen müssen Sie ruhig halten« oder: »Drükken Sie sie nicht zu stark zusammen« verbalisiert. Das Modell demonstriert seine Technik, indem es einen guten Bissen zum Mund führt. Unser Held, der die Verstärkung der Performanz des Modells mitverfolgte, wiederholt dessen verbale Instruktionen, führt sie aus und freut sich bei jedem Versuch über Erfolg und verbesserte Leistung. Doch ist dadurch der Prozeß des Beobachtenlernens, den unser Held vorgeführt hat, keineswegs klar geworden. Es ist die Erklärung dieses Lernprozesses, die den Gegenstand dieses Kapitels bildet.

In dem eben angeführten Beispiel begegnen wir einigen Merkmalen, die gewöhnlich dann als Mängel angeführt werden, wenn klassische und operante Lernmodelle, die in Tierstudien erarbeitet wurden, auf die Modifikation von Humanverhalten angewandt werden. Wiederholte Versuche, Lerntheorien im Rahmen der Psychotherapie, der Kindererziehung und der Erziehung überhaupt zur Modifizierung von Verhalten heranzuziehen, haben Grenzen erkennen lassen, die unvermeidlich sind, da die Labordaten, aus denen S-R-Lernmodelle entwickelt wurden, begrenzte Gültigkeit besitzen. Das Sprach- und Denkvermögen des Menschen macht Verhalten möglich, mit dessen Hilfe er einfache Konditionierungsprozesse übertreffen kann. Und dieselben verbalen und sozialen Fertigkeiten sind es, die den einzelnen befähigen, auch dann von den Lernerfahrungen seiner Mitmenschen zu profitieren, wenn er sich in keiner formalen »Lernsituation« befindet. Der Erwerb intellektueller, sozialer, moralischer, ja in der Tat fast aller Verhalten, die das kleine Kind mit der Zeit zu einem Mitglied der Gesellschaft machen, dieser Erwerb läßt sich nicht leicht mit Lernbegriffen erklären. Man kann diese komplexen sozialen Lernsituationen nicht einfach so darstellen, als unterstünden sie ausschließlich der Kontrolle von CS-UCS-Koppelungen aus der frühen Kindheit, und ebensowenig kann man kontingente Konsequenzen für die Billionen Reaktionen, die in den Anfängen der Entwicklung ausgeführt werden, völlig verantwortlich machen.

S-R-Theorien ist häufig vorgeworfen worden, sie seien nicht in der Lage, gewissen Aspekten gerecht zu werden — z. B. dem Erwerb neuer Reaktionen, der sprachlichen und sozialen Entwicklung, der Rolle, die Sprache und Denken bei der Verhaltenskontrolle spielen, sowie kürzlich erarbeiteten Daten, die auf Beobachtungslernen auch dann hinweisen, wenn der Beobachter untätig und unverstärkt bleibt. Das Gegenargument bestand darin, daß Unzulänglichkeiten strenger S-R-Modelle nicht den Modellen selbst, sondern der Tatsache anzulasten sind, daß diese Modelle auf eine begrenzte Reihe von Phänomenen angewandt wurden. Die frühe Lernforschung befaßte sich weniger mit Parametern des Erwerbs völlig neuer Verhalten als mit der Veränderung von Rate, Latenz oder Topographie bei der Ausführung von ziemlich eingefahrenen Tierreaktionen wie z. B. Laufen oder Springen. In jüngerer Zeit haben verhaltensorientierte Feld- und Laboruntersuchungen angesichts schwerwiegender methodologischer Probleme den Versuch unternommen, die funktionalen Beziehungen zu erforschen, denen man bei Ereignissen begegnet, die komplexer und vielschichtiger sind und die sich ständig verändern und häufig nicht direkt beobachtet werden können. Obgleich diese Prozesse, so wie sie geartet sind, meistens Menschen als Forschungsobjekte erfordern, spielten Tierstudien auch weiterhin eine wesentliche Rolle, wenn es darum ging, im Hinblick auf das soziale Lernen zu allgemeingültigen Schlüssen zu gelangen. Die wenigen vorhandenen Berichte über komplexe soziale Tierverhalten, die sich in natürlichen und in künstlichen Lebensräumen entwickeln, gehören zu den faszinierendsten Beobachtungsstudien der Psychologie. Diese Berichte und Laboruntersuchungen an vielen Spezies lassen erkennen, daß das junge Tier ein aktives, neugieriges und lernbegieriges Geschöpf ist, das in seiner Umwelt nach neuer Stimulation sucht und ständig neue Variationen von Verhaltensmustern hervorbringt. Daher sollten wir uns vor der Annahme hüten, daß »Lernen« gleichbedeutend sei mit dem Prozeß, bei dem man in passiver Weise Umweltstimuli, experimentellen Manipulationen oder reaktionsverstärkenden Kontingenzen ausgesetzt ist.

Zwei wesentliche Merkmale scheinen die Grundlage für die Suche des Organismus nach neuen Erfahrungen zu bilden. Erstens reagieren gesunde Organismen auf neue Stimuli ihrer Umwelt, und sie praktizieren Verhalten, die Veränderungen der umweltbedingten Stimulation nach sich ziehen. Dieses Phänomen ist ein anerkanntes Merkmal des lebenden Organismus, ganz gleich, ob man es mit Hilfe der Neugier, des Forschungsdrangs, dem Streben nach neuen Stimuli oder ähnlichen Konzepten erklärt. Das zweite Merkmal hat mit der (bei Ratten, Affen und Menschen gemachten) Entdeckung zu tun, daß das Verhalten eines Peer-Modells gern von dem beobachtenden Modell imitiert wird, wenn man dieses ähnlichen Bedingungen aussetzt. Beobachtungslernen wurde nicht nur anhand beiläufiger Evidenz, es wurde wiederholt auch im Labor nachgewiesen. So ließen z. B. DARBY und RIOPELLE (1959) Affen die erfolgreiche Lösung von Diskriminationsproblemen durch einen anderen Affen beobachten, der für die Hälfte seiner Durchgänge belohnt wurde, während die beobachtenden Affen keine Belohnung erhielten. Dann wurden die beobachtenden Affen mit denselben Problemen konfrontiert, und sie wurden immer dann belohnt, wenn sie dieselben Lösungen wie das Modell fanden. Ihre Aneignung von Diskriminationen war der Aneignung von Kontrolltieren, die man nicht mit dem Modell konfrontiert hatte, weit überlegen. Doch spielt bei verschiedenen Spezies das Beobachtungs- oder das stellver-

tretende Lernen wahrscheinlich eine unterschiedliche Rolle. Je größer die
Komplexität des zum Überleben nötigen Verhaltensrepertoires und je größer die motorische, sensorische und intellektuelle Fähigkeit, Modellverhalten
zu beobachten, zu erinnern und auszuführen, desto wichtiger ist die Rolle,
die das Beobachtungslernen spielt. Beim Menschen kommt noch hinzu, daß
sein Sprachvermögen ebenfalls zum Beobachtungslernen beiträgt. So beschreibt
z. B. eine Untersuchung von BANDURA, GRUSEC und MENLOVE (1966), wie
Kindern ein Film über einen Erwachsenen vorgeführt wurde, der eine Reihe
neuer Reaktionen äußerte. Die Kinder, die man gebeten hatte, die Modellstimuli während ihrer Darbietung zu verbalisieren, zeigten eine wesentlich
stärkere Neigung, die neuen Reaktionen auszuführen, als die Kinder, die sich
den Film passiv ansahen.

Im klinischen Bereich kann man oft feststellen, daß die neurotischen Verhaltensmuster eines Patienten mit ähnlichen fehlangepaßten Verhalten zu
tun haben, die der Patient an seinen Eltern oder an anderen Modellen beobachtet hatte. So manches Kind ist von seinem Lehrer schon getadelt worden,
weil es Redensarten oder sonstiges Benehmen äußerte, das es durch Beobachtung des häuslichen Verhaltens seines Vaters erworben hatte. Mit einer
schwerwiegenderen Störung haben wir es zu tun, wenn sich ein Kind eine
ineffektive, »kranke« Methode der Streßbewältigung aneignet, indem es sich
z. B. krank stellt oder gewalttätig wird, weil es mitverfolgt hatte, wie sich
seine Eltern oder Geschwister mit Erfolg derselben Verhaltensmuster bedienten. Solche Probleme werden häufig erst außer Haus klar definiert. Die Familie kann derartige Verhalten dulden und damit unterstützen, während sie
von anderen sozialen Gruppen bestraft werden können. Kliniker haben bemerkt, daß sich viele Handlungen, die ursprünglich durch Beobachtung einer
Peer-Gruppe erworben wurden, in nichtangepaßtes Verhalten verwandeln,
wenn sie in einer größeren sozialen Gemeinschaft nicht mehr hingenommen
werden. Die Aneignung delinquenter Verhaltensweisen in Institutionen,
Klubs oder in jeder anderen Situation, die die Beobachtung solcher Fertigkeiten ermöglicht und ihre Performanz belohnt, ist ein hervorragendes Beispiel
dafür, daß dieselben Verhalten unter verschiedenen Umständen einander
entgegengesetzte Konsequenzen haben können. Doch bewirken Häufigkeit
der Exposition und die persönliche Bedeutung der Gruppe, daß ein Jugendlicher ein besserer Imitator der Verhalten seiner Freunde als der verschwommenen Anpassungsstandards ist, die die Erwachsenengesellschaft bereitstellt.
Viele Persönlichkeitstheoretiker haben dem Lernen durch Vorbilder grundlegende Bedeutung zugeschrieben, doch haben sie auch behauptet, daß die
frühe Identifizierung mit Eltern und anderen Modellen das Verhalten des
Individuums lebenslang beeinflußt, indem sie relativ permanente Persönlichkeitsstrukturen des Individuums erzeugt. Eine verhaltensorientierte Auffassung vertritt dagegen den Standpunkt, daß die Entwicklung dieser Reaktionsmuster im Kontext des Beobachtungslernens und der Konditionierung ver-
ständlicher werde und das ganze Leben lang beeinflußbar sei. In der Tat können umfassende Veränderungen im Rahmen der Psychotherapie sogar durch

bewußt programmiertes Beobachtungslernen herbeigeführt werden. Das vorliegende Kapitel befaßt sich mit diesem Lernbereich, den wir als grundlegenden Prozeß der Entwicklung des Menschen und der Methoden der Verhaltensmodifikation begreifen.

Beobachtungslernen: Forschungsparadigmen

Eine klare Differenzierung zwischen verschiedenen Kategorien an Untersuchungen, die auf diesem Gebiet durchgeführt wurden, ist insofern schwierig, als die Variablen, die in diesem Kontext relevant sind, unvollständig kontrolliert worden sind. So wählten einige Studien Reaktionen mit bestimmten (z. B. aggressiven) Eigenschaften als die Verhalten aus, die imitiert werden sollten. Bei anderen Studien lassen sich die Quellen der direkten und der stellvertretenden Verstärkung nicht voneinander trennen. Wieder andere Studien gestatten keine Unterscheidung zwischen Effekten, die durch Lernen bewirkt werden, und Effekten, ausgelöst durch die Motivation zur Performanz. GILMORE (1968) meinte, zu der theoretischen und empirischen Verwirrung habe auch die Tatsache beigetragen, daß man es an operationaler Spezifität mangeln ließ, wenn man bestimmte Verhalten behandelte und wenn man zu erkennen versuchte, um welche Fragen es bei diesen konkreten Verhalten eigentlich ging. Die Forschungsstrategie, die er selbst empfiehlt, besteht darin, daß man »ein Verhalten und kein Konzept erklärt« und daß man »sich eingehend mit den besonderen Fragen auseinandersetzt, deren Beantwortung die Imitationstheorie tatsächlich anstrebt, denn diese Fragen können weder die sein, die man zu stellen behauptet, noch die, die man gelten läßt« (S. 219). Ähnlich hat auch BANDURA (1962) auf die Verwirrung hingewiesen, die aus dem Unvermögen resultiert, zwischen imitativer Performanz oder Nutzung von Beobachterwissen einerseits, und imitativer Aneignung oder Wissensgewinn durch Beobachtung andererseits zu unterscheiden. Im ersten Fall liegt das Schwergewicht auf den Bedingungen, unter denen eine Person in einer Testsituation *vorausgegangene* Beobachtungen maximal nutzen wird. Im zweiten Fall wird der Lernprozeß *während* der Beobachtung genau untersucht. Jede dieser Verhaltensdispositionen wird von anderen Variablen beeinflußt. Trotzdem übersieht man diese Unterscheidung häufig.

Um der Klarheit willen hat man sich einer Reihe organisatorischer Schemata bedient, um im Kontext des Beobachtungslernens verschiedene Typen von Verhalten, Mechanismen und Paradigmen zu klassifizieren (FLANDERS, 1968; TOLMAN, 1968; BERGER, 1968). Zu den wichtigsten operationalen Variablen, die gewöhnlich zur Definition dieser Kategorien benutzt werden, gehören: Vorhandensein, Ursprung und Beschaffenheit der Verstärkungsbedingungen, die während des Trainings für die Person selbst (P) und für das Modell (M) gültig sind; die instrumentellen und expressiven Reaktionen des Modells; und Hinweisreiz, Reaktion und Trieb- oder Erregungszustand der Versuchsperson, darunter auch die Anreizbedingungen für die Versuchs-

Tab. 5/1: Einige wesentliche Variablen, die bei der Erforschung des Beobachten-lernens manipuliert werden.

	Trainingsbedingungen
Für das Modell	Die expressive Reaktion
	Die instrumentelle oder die reflexhafte Reaktion
	Die mutmaßlichen, mit der Reaktion assoziierten Stimuli
	Verstärkung
	Status, Geschlecht und andere stabile Persönlichkeits-
	merkmale
Für die Versuchsperson	
	Erregung
	Reaktion
	Verdeckte oder verbale Einübung der instrumentellen oder
	reflexhaften Reaktion
	Geschichte der Hemmung oder allgemeine Tendenz
	zur Emission der Reaktion
	Verstärkung
	Geschichte des Imitationstrainings
	Erfahrungen mit dem Modell oder mit modellähnlichen
	Objekten
	Alter, Geschlecht und andere stabile Persönlichkeitsmerkmale
	Testbedingungen
	Status der Anreize für die Versuchsperson
	An- oder Abwesenheit des Modells und/oder anderen
	Publikums
	Verstärkung
	Grad der Aufgabenstruktur (Ambiguität)

person während der Testung. Tab. 5/1 zählt einige dieser Parameter auf, die in verschiedenen Forschungssparten des Beobachtungslernens enthalten sind. Wie aus dieser Tabelle zu ersehen ist, sind es nicht nur die Merkmale der Versuchsperson, sondern auch deren Beziehung zum Modell und die situativen Aspekte der Testbedingungen, die den erzielten Effekt des stellvertretenden Lernens beeinflussen.

GILMORE (1968), der besonderen Wert auf die spezifischen Eigenschaften der untersuchten Verhalten legte, unterteilte die Imitation in zwei Kategorien: Die eine erfordert, daß die Versuchsperson Ähnlichkeiten und Unterschiede zwischen der Reaktion des Modells und ihren eigenen Reaktionen berücksichtigt, während die andere Kategorie das nicht tut. Diese beiden umfassenden Kategorien unterteilt er in verschiedene Untergruppen. Um sogleich auf die Unterschiede zwischen Verhalten, die alle als »imitativ« bezeichnet werden, aufmerksam zu machen, zeigt Tab. 5/2 GILMORES entsprechende Klassifizierung. Wie GILMORE selbst bestätigt, begegnet man diesen Typen in der Natur und in der Forschung nur selten in der »Reinform«. Statt dessen kann die Erkennung dieser Typen, die sich aus verschiedenen Kombinationen der in Tab. 5/1 enthaltenen Variablen zusammensetzen, dazu bei-

Tab. 5/2: Klassifizierung imitativer Verhalten (übernommen von GILMORE, 1968, S. 230) (M = Modell, P = Versuchsperson)

Nicht bedingte imitative Verhalten: Alle Verhalten, bei denen P nicht auf Hinweisreize der Ähnlichkeit oder Verschiedenheit zwischen dem Verhalten von M und seinem eigenen Verhalten zu achten braucht.

Typus I — Zufällig übereinstimmender Typus. M's Verhalten ist nicht nötig, damit P's ähnliches Verhalten auftreten kann.
Beispiel: P kommt gleich hinter ihm, der ihm zufällig vorangeht, in den Speisesaal.

Typus II — Reflexhafter Typus. P's Verhalten ist eine reflexhafte oder klassisch konditionierte Reaktion auf einen Stimulus von M, der zufällig ähnlich ist.
Beispiel: P emittiert eine Schreckreaktion, wenn M erschrocken hochfährt, weil er plötzlich Kontakt mit einem Eiswürfel hatte.

Typus III — Parallel-abhängiger Typus oder Typus mit ähnlichen Hinweisreizen. M's Verhalten ist instrumentell gelernt worden als diskriminativer Stimulus, der anzeigt, wann P's Reaktion (die zufällig ähnlich ist) lohnend sein kann.
Beispiel: P bemerkt M's lüsternen Gesichtsausdruck, und mit der Erwartung auf ein lohnendes Erlebnis wendet er sich nach der Stripteasetänzerin um, der M zuschaut.

Typus IV — Typus mit abgewandelter Hemmung. Beobachtung von M's Verhalten veranlaßt P, Konsequenzen zu antizipieren und die mit seinen Reaktionen verbundenen Hemmungen so zu ändern, daß eine Reaktion (die M's Verhalten ähnelt) performiert wird.
Beispiel: P bemerkt, daß M einige große Fleischstücke mit den Fingern ißt, ohne daß er von seinen Tischgenossen kritisiert werden würde, und er beschließt, sich genauso zu verhalten.

Typus V — Typus der Erleichterung durch Aufmerksamkeit. M's Verhalten erhöht das Potential einer ähnlichen, gehemmten Reaktion von P, indem es die Aufmerksamkeit P's auf diese Reaktion lenkt.
Beispiel: P greift nach seinen Eßstäbchen, nachdem er auf sie durch dieselbe Reaktion M's erst aufmerksam gemacht wurde.

Bedingte imitative Verhalten: Alle Verhalten, bei denen P auf die Hinweisreize der Ähnlichkeit oder Verschiedenheit zwischen dem Verhalten von M und seinem eigenen Verhalten achten muß.

Typus VI — Generalisierter Lerntypus. P strebt nach einer Belohnung, die kontingent ist auf ein Verhalten, das dem Verhalten M's, ohne Rücksicht auf die Konsequenzen für M, parallel läuft.
Beispiel: P, der die Eßstäbchen ergriffen hat, wählt M als Modell für richtige japanische Tischmanieren.

Typus VII — Modellerntypus. M's Verhalten erreicht ein Ziel, das auch P anstrebt; M hat P über die Reaktionen informiert, mit deren Hilfe das Ziel erreicht werden kann.
Beispiel: P verfolgt M's flinke Handhabung der Eßstäbchen bei einem großen Stück Fisch, und, konfrontiert mit einem ähnlichen Stück, das größer ist als ein einziger Bissen, kopiert er M's Verhalten.

Typus VIII Typus der Verhaltensabweichung durch Vermeidung. P imitiert M, weil
            er für den Fall, daß er das nicht tut, Bestrafung erwartet.
            Beispiel: Ebenso wie M meint auch P, der Umgang mit den Eßstäbchen
            mache Spaß, nachdem alle Freunde M's begeistert denselben Standpunkt
            vertreten haben.

Typus IX   Typus der Informationssuche. P imitiert M, um im Hinblick auf M,
            sein Verhalten oder seinen Standpunkt, Informationen zu sammeln
            (mehr Verständnis usw.)
            Beispiel: P beobachtet M, der rohen Fisch verspeist, frägt sich, wie das
            wohl schmeckt und probiert.

tragen, daß wir nach unterschiedlichen Faktoren Ausschau halten, die unterschiedliche Imitationstypen dominieren, und daß wir feststellen, inwieweit
sie jeweils an den komplexen experimentellen Paradigmen beteiligt sind. Der
Rest dieses Kapitels stellt den Versuch dar, Experimente um ihrer verständ-
licheren Darstellung willen nach prozeduralen Ähnlichkeiten zu ordnen. Doch
werden wir uns hin und wieder den Variablen und Verhaltenstypen aus
Tab. 5/1 und 5/2 zuwenden, um festzustellen, welche Rolle sie in den komplexeren, von uns behandelten Designs spielen.

Experimente zum stellvertretenden Lernen befassen sich mit allen Situationen, bei denen nachgewiesen werden kann, daß zwischen dem Verhalten
eines Modells und dem späteren Verhalten eines Beobachters eine Beziehung
besteht. Diese Untersuchungen lassen sich anhand der zugrunde liegenden
Paradigmen in fünf Kategorien unterteilen. Darüber hinaus tendiert jede
Kategorie im Hinblick auf die theoretische Erklärung der vielfältigen Prozesse
des Beobachtungslernens zu unterschiedlichen Implikationen. Hier nun die
fünf Kategorien, auf die wir anschließend näher eingehen werden.

1. *Pläne parallel-abhängigen Verhaltens* fordern von der Versuchsperson,
   daß sie dem Beispiel eines Modells folge, und hieraus resultieren für die
   Versuchsperson belohnende Konsequenzen. Die Versuchsperson wird entweder direkt für ihr kopierendes Verhalten belohnt oder sie bekommt eine
   Belohnung, für die das Imitationsverhalten wesentlich ist.

2. *Identifikationsstudien* befassen sich mit der Aneignung nichtinstrumenteller
   idiosynkratischer Verhalten eines Modells durch einen Beobachter. Im
   Kontext der Performanz der Versuchsperson können einige spezifische
   instrumentelle Reaktionen belohnt werden, doch das Ziel der direkten
   Verstärkung ist die Imitation des *Verhaltensstils* des Modells. Der Begriff
   »Imitation« bezieht sich in diesem Fall auf die Reaktion der Versuchsperson und nicht (wie bei anderen Autoren) auf die Identifizierung *mit*
   oder die empathische Einführung *in* ein Modell.

3. *Paradigmen des Lernens ohne Einübung* untersuchen das Verhalten von
   Versuchspersonen, das sich der Beobachtung eines Modells anschließt, wobei
   die Performanz des Beobachters ohne praktische Einübung und ohne
   kontingente Verstärkung bleibt. Der Beobachter bekommt Gelegenheit, die-

selbe Aufgabe wie das Modell auszuführen, und die auftretenden instrumentellen und stilistisch-imitativen Reaktionen können gemessen werden.

4. *Pläne des gemeinsamen Lernens* untersuchen die Effekte der Beobachtung der Performanz eines Modells, das dieselbe Lernaufgabe zu lösen versucht wie die Versuchsperson; dabei besteht gewöhnlich die Möglichkeit, zwischen Zuschauen und Selbsttun zu wechseln. Die Einflüsse sozialer Motivation und die Verwendung der beobachteten Information werden anhand der Zunahmen der Performanz des Beobachters evaluiert.

5. *Experimente des stellvertretenden klassischen Konditionierens* untersuchen die Reaktionen einer Versuchsperson, die Zeuge wird, wie ein Modell einen unkonditionierten Stimulus für eine emotionale Reaktion oder die Reaktion selbst verabreicht bekommt. Gemessen werden kann der Einfluß der Beobachtung konditionierter emotionaler Zustände anderer auf Beobachtung, Lernen und Performanz der Versuchsperson.

Viele Studien kombinieren verschiedene Paradigmen, um zu verschiedenen Kombinationen aus instrumentellen Reaktionen und verstärkenden Ereignissen im Hinblick auf das Modell, auf den Beobachter oder auf beide zu gelangen.

Das parallel-abhängige Paradigma oder Imitationslernen

Bei dieser experimentellen Prozedur beobachtet die Versuchsperson die Aktion eines Modells, und sie wird immer dann belohnt, wenn sie dieselbe Reaktion wie das Modell ausführt. Dieses Paradigma stellt den einfachsten Fall dar, weil von der Versuchsperson lediglich die Imitation der Modellreaktion verlangt wird, ohne daß sie die spezifischen Hinweisreize, auf die das Modell reagierte, zu kennen braucht, und ohne daß sie irgendwelche für das Modell positive Konsequenzen beobachten muß. Zu diesem Paradigma gehört auch Gilmores Typ III, der Imitationsverhalten mit ähnlichen Hinweisreizen umfaßt. Gilmores Klassifizierung macht auf die Tatsache aufmerksam, daß die Reaktion des Modells lediglich als diskriminativer Stimulus für eine bestimmte Klasse von Reaktionen der Versuchsperson dient. Jeder andere S^D würde eine ähnliche Funktion erfüllen. Fortgesetzte Durchgänge belohnter parallel-abhängiger Verhalten würden jedoch die Aneignung von Gilmores Typ VI/ Imitation, also die generalisierte Neigung, in ähnlichen Situationen zu imitieren, unterstützen.

Die meisten sozialen Institutionen müssen ein gewisses Vertrauen in die Imitation setzen, damit effektive Verhalten erworben werden können. Indem ein Lehrer zur Imitation von *Peer*-Modellen ermuntert und anschließend richtige Performanzen verstärkt, sorgt er für die Fügsamkeit und Anpassung des Schülers. Ein militärischer Ausbilder »sozialisiert« den frischen Rekruten mit ähnlichen Methoden, und Tischmanieren bringt man durch Demonstration und Verstärkung von Imitationsverhalten bei. Diese Prozeduren sind am effektivsten, wenn die Reaktion so beschaffen ist, daß sie der Lernende leicht imitieren kann und daß ihre Performanz keine Praxis voraussetzt.

Eine Studie McDAVIDS (1959) veranschaulicht diesen Plan. Vorschulkinder wurden aufgefordert, zwischen den beiden verschiedenfarbigen Fächern eines Holzkästchens zu diskriminieren. Ein erwachsener Experimentator diente als Modell und wechselte sich mit den Kindern in den Durchgängen ab. Traf ein Kind dieselbe Wahl wie das Modell im Durchgang davor, so fand es im Fach ein Bonbon. McDAVID stellte mit fortschreitenden Durchgängen eine Zunahme der imitativen Reaktionen fest und bestätigte damit Berichte von MILLER und DOLLARD (1941) über das Imitationslernen bei Kindern. In einer späteren Untersuchung, die dieselbe Aufgabe stellte, änderte McDAVID (1964) den Versuchsplan, indem er Verstärkung nicht auf das Verhalten des Modells allein, sondern auch auf andere Hinweisreize kontingent machte. So konnte er die parallel-abhängigen Prozeduren mit anderen Paradigmen vergleichen. Gruppen von Kindern wurden belohnt, entweder weil sie sich an das Modell gehalten hatten (parallel-abhängiges Lernen) oder weil sie auf einen farbigen Hinweisreiz reagiert hatten (direktes Lernen). Die Kinder lernten die richtige Reaktion genausogut, ganz gleich ob es sich bei dem diskriminativen Hinweisreiz um das Verhalten des Modells oder um die Farbe des Holzkästchens handelte. Bei einer dritten Gruppe stimmten farbige Hinweisreize und Verhalten des Modells als S^D's verschiedentlich nicht überein (Kombination aus direktem und parallel-abhängigem Lernen). Die Kinder dieser Gruppe zeigten dürftiges Diskriminationslernen. McDAVIDS Analyse dieser dritten Gruppe weist darauf hin, daß eine teilweise Verbindung von sozialen (imitativen) und nichtsozialen (Ziel: Kästchenfarbe) Hinweisreizen leicht dazu führen kann, daß das Modell blindlings imitiert.

STIMBERT, SCHAEFFER und GRIMSLEY (1966) führten an Laborratten eine parallel-abhängige Lernprozedur durch. Die Autoren trainierten acht *anführende Ratten,* die einer 22stündigen Wasserdeprivation ausgesetzt gewesen waren, auf eine von vier Zielboxen zuzurennen. Zwei Ratten mit Führungsfunktion wurden so trainiert, daß sie zu jeder Zielbox liefen. Die Zielboxen waren so unterteilt, daß zwei Tiere Zugang zum Wasser hatten. Nun erhielten *nachfolgende Ratten* Trainingsdurchgänge, die ihnen nur dann den Zugang zum Wasser freigaben, wenn sie zur selben Box wie ihr jeweiliger Führer liefen. Die nachfolgenden Ratten wurden immer wieder verschiedenen Führern zugeteilt, damit die feste Bevorzugung einer bestimmten Zielbox vermieden wurde. Alle Tiere lernten ihren Führern folgen, wenn der Zugang zum Wasser auf dieses Verhalten kontingent war. Diese Resultate schufen für die Ergebnisse früherer Untersuchungen an Ratten, in denen die nachfolgenden Ratten einem wesentlich einfacheren Diskriminationsproblem mit zwei Wahlmöglichkeiten ausgesetzt wurden, eine breitere Grundlage.

Imitationstraining hat man vor allem zur schwierigen Ausformung von Operanten benutzt, mit dem Ziel, bei autistischen und schizophrenen Kindern Sprechverhalten und andere komplexe nützliche Verhalten zu errichten. So trainierten z. B. LOVAAS, FREITAS, NELSON und WHALEN (1967) schizophrenen Kindern Verhalten an, das darin bestand, daß diese Kinder nichtverbale Reaktionen eines erwachsenen Modells imitierten, indem ihre immer stärkeren

Annäherungen an das Verhalten des Modells mit Nahrung verstärkt wurden. War die generalisierte Imitation errichtet, lehrte man die Kinder mit Hilfe von Imitationsprozeduren sozial und intellektuell nützliche Verhalten (Hygiene, Zeichnen, Spiele, Lächeln). Man hielt das generalisierte Imitationsverhalten für errichtet, wenn das Kind auf die erste Darbietung eines neuen Verhaltens des Modells mit Imitation reagierte. Abb. 5/3 veranschaulicht die Aneignung nichtverbaler Imitation durch eines dieser Kinder. Die Aufgaben bestanden aus einfachen und komplexen Diskriminationen. Unsere Abbildung zeigt, daß das Kind nach dem Imitationstraining Aufgaben im Verlauf von sechs oder weniger Modelldurchgängen lösen lernt. LOVAAS u. a. benutzten während des einleitenden Trainings eine Reversionsprozedur, um zu demonstrieren, daß eine Verabreichung von Verstärkung nötig war, um zumindest bei den Kindern, die mit dem Training erst angefangen hatten, Imitationsverhalten aufrechtzuerhalten. Doch haben BAER und SHERMAN (1964) und andere gezeigt, daß imitative Reaktionen, die selbst überhaupt nicht verstärkt wurden, aufrechterhalten werden können, so lange andere gleichzeitig durch-

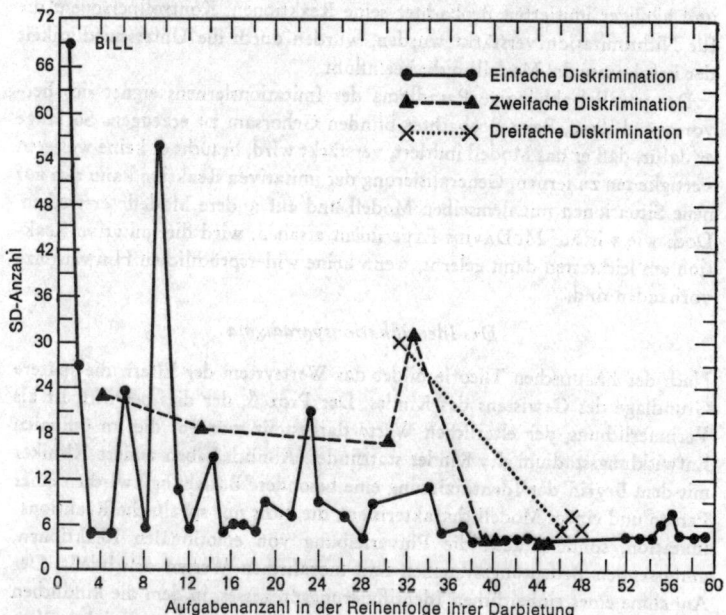

Abb. 5/3: Bills Aneignung nichtverbaler Imitation. Die Ordinate zeigt die Anzahl an Durchgängen (die S^D's sind Erwachsenenreaktionen), die für die Lernbewältigung des Kindes erforderlich sind. Die Abszisse zeigt die Aufgaben in der Reihenfolge ihrer Darbietung. Die drei verschiedenen Linien entsprechen der einfachen, zweifachen und dreifachen Diskrimination (LOVAAS u. a., 1967, S. 175).

geführte Imitationen verstärkt werden. Bei der Verwendung von Imitationsverhalten zur Sprachentwicklung autistischer Kinder hat Lovaas entdeckt,
daß soziale — und später vermutlich auch selbsterzeugte — Verstärker die
Nahrung, mit der imitative Verbalreaktionen verstärkt werden, nach und
nach ersetzen können.

Die Beziehung zwischen Modell und Lernendem ist in bezug auf die Rate,
mit der Imitationslernen fortschreitet, häufig eine kritische Variable. So berichten z. B. McDavid (1959) und andere über unterschiedliche Performanzen,
je nachdem, ob Kinder, erwachsene Frauen oder Männer imitierten. Größere
Modellkompetenz erleichtert häufig das parallel-abhängige Lernen, ganz gleich,
ob diese Kompetenz dem Alter, der demonstrierten Fertigkeit des Modells oder
anderen Faktoren zuzuschreiben ist. Rosenbaum und Tucker (1962) baten
Collegestudenten, das Ergebnis eines imaginären Pferderennens zu erraten,
nachdem sie den Studenten die Resultate einer anderen Versuchsperson, die
anscheinend ebenfalls geraten hatte, bekannt gegeben hatten. Die Schein-
information wurde so variiert, daß das Modell bei 80, 50 oder 20 Prozent der
Durchgänge recht hatte. Durch den angeblichen Erfolg des Modells wurde
also Modellkompetenz vermittelt. Je erfolgreicher das Modell, desto früher
und häufiger imitierten Beobachter seine Reaktionen. Kontrollpersonen, die
für Nichtimitation verstärkt wurden, wurden durch die Unterschiedlichkeit
der Erfolgsrate des Modells nicht beeinflußt.

Das parallel-abhängige Paradigma des Imitationslernens eignet sich hervorragend dazu, beim Beobachter blinden Gehorsam zu erzeugen. So lange
er dafür, daß er das Modell imitiert, verstärkt wird, braucht er keine weiteren
Fertigkeiten zu lernen. Generalisierung der imitativen Reaktion kann sich auf
neue Situationen mit demselben Modell und auf andere Modelle erstrecken.
Doch wie wir aus McDavids Experiment ersahen, wird die imitative Reaktion am leichtesten dann gelernt, wenn keine widersprüchlichen Hinweisreize
vorhanden sind.

Das Identifikationsparadigma

Nach der Freudschen Theorie bildet das Wertsystem der Eltern die spätere
Grundlage des Gewissens des Kindes. Der Prozeß, der dies bewirkt, ist als
Verinnerlichung der elterlichen Werte dargestellt worden, die im ödipalen
Entwicklungsstadium des Kindes stattfindet. Ähnlich haben andere Kliniker
mit dem Begriff der Identifizierung eine besondere Beziehung zwischen einer
Person und einem Modell charakterisiert, die nicht nur spezifische Reaktions-
imitation, sondern auch die Einverleibung von emotionalen Reaktionen,
umfassenden Bedeutungssystemen und moralischen Werten einschließt. Der
Annahme eines einheitlichen Identifizierungsprozesses, in dem die kindlichen
Verhaltensdispositionen zur moralischen Regulierung und zu sozialem Verhalten nach einem elterlichen Modell geformt werden, widersprechen die
Befunde von Lazowick (1955), der berichtete, daß Personen mit ihren tatsächlichen Eltern keine größere Ähnlichkeit aufwiesen als mit zufällig
gewählten Elternfiguren. In jüngerer Zeit durchgeführte Arbeiten zum Iden-

tifikationslernen lassen auch die Annahme zweifelhaft erscheinen, daß Reaktionsmuster, die mit moralischen Urteilen verbunden sind, sehr früh erworben werden und das ganze Leben hindurch fest erhalten bleiben. So hat man z. B. gezeigt, daß die Evaluierung des eigenen Verhaltens, die Entwicklung von Kriterien der Selbstbelohnung und ähnliche wertungsbezogene Reaktionen bei unterschiedlichen Modellexpositionen systematisch anders ausfallen. Untersuchungen darüber, wie Gruppenzugehörigkeit konforme Verhalten beeinflußt, weisen ebenfalls darauf hin, daß die individuellen Modelle oder Gruppenstandards, denen man ausgesetzt wird, viele Einstellungen und Glaubensbekenntnisse modifizieren können.

HILL (1960) und BANDURA (1965 b) haben vorgeschlagen, man sollte die pittoresken Begriffe Identifikation, Verinnerlichung und Introjektion aufgeben zugunsten einer präziseren technischen Analyse der Mechanismen, die der Vermittlung verschiedener sozialer Verhalten vom Modell zum Beobachter zugrundeliegen. Da man die Grundbeziehungen zwischen Modell- und Beobachterverhalten mit Hilfe von Lernbegriffen analysieren kann, handelt es sich bei der Aneignung von komplexen sozialen Verhalten lediglich um einen Sonderfall üblicher Lernprozesse. Trotz dieser Einwände kann die Beibehaltung des Begriffs Identifikation dann nützlich sein, wenn der Erwerb von unwesentlichen, idiosynkratischen oder stilistischen Verhaltenseigenschaften gemeint ist, der für die Vermittlung instrumenteller Reaktionen des Modells an den Lernenden nebensächlich ist. Dieser Sprachgebrauch des Begriffs »Identifikation«[1] unterscheidet sich von der FREUDschen »Identifizierung« durch seine Referenz auf Reaktionen der Versuchsperson, während der FREUDsche Begriff den Gesamtprozeß der Persönlichkeitsentwicklung durch persönliche Interaktion beschreibt.

BANDURA und HUSTON (1961) haben die Aneignung von unwesentlichen Reaktionen im Imitationslernen experimentell hervorragend demonstriert. Kindergartenkinder beobachteten ein Modell, das ein Diskriminationsproblem mit zwei Wahlmöglichkeiten löste, ein Experiment, das dem bereits beschriebenen Versuch von McDAVID ähnelte. Doch äußerte das erwachsene Modell in der vorliegenden Studie gewisse eingeübte Verhalten, die für die Performanz der Diskriminationsaufgabe völlig irrelevant waren. So bemerkte das Modell z. B. zu Beginn eines Durchgangs: »Jetzt geh ich los«, und während es sich der Box mit der Spielzeugbelohnung näherte, sagt es: »Gehen, gehen, gehen«. Man entdeckte, daß die Kinder nicht nur das Diskriminationsverhalten, sondern auch das programmierte nebensächliche Verhalten des Modells imitierten. BANDURA und HUSTON führten in ihre Untersuchung eine zusätzliche Variable ein, indem sie die Kinder in einer Sitzung vor der Diskriminationsaufgabe entweder einer warmen und belohnenden (*nurturant*) Interaktion aussetzten oder aber einem gegenteiligen (*nonnurturant*) Prozeß, in dem das Modell die Interaktion mit den Kindern vermied. Die Versuchs-

---

1 Um die beiden Begriffsbildungen deutlich voneinander abzuheben, soll »Identifizierung« — wie das auch so üblich ist — den psychoanalytischen Prozeß beschreiben, während »Identifikation« den behavioralen Vorgang bezeichnen soll (Anm. d. Ü.).

personen, die die belohnende Interaktion erlebt hatten, imitierten später die rein stilistischen Verhalten des Modells stärker als die Kinder, die man gegenteilig behandelt hatte. Eine interessante Ausnahme bildete die hohe Imitationsrate bei aggressiven Reaktionen, die auftrat, ganz gleich wie die vorausgegangene Erfahrung mit dem Modell geartet war. Diese hohe Imitationsrate deutet darauf hin, daß die anfängliche Auftretenswahrscheinlichkeit einer modellierten Reaktion im Repertoire des Beobachters einen überragenden Einfluß auf die Imitationstendenz haben kann. Aus den Ergebnissen dieser Untersuchung geht hervor, daß das Beobachtungslernen über spezifische instrumentelle Reaktionen hinausgehen und den persönlichen Stil des Modells einschließen kann, eine Tatsache, die das eigenartige Verhalten der Versuchspersonen von BANDURA und HUSTON bestätigt. Das Antrainieren idiosynkratischer Verhalten kann natürlich auch von parallel-abhängigem Lernen oder von einer Kontingenzanordnung begleitet werden, so daß zur Verstärkung ganz bestimmte *stilistische* Eigenschaften einer Reaktion nötig sind. Doch führen diese anderen Prozeduren zur Aneignung von stilistischen Eigenschaften, indem die Belohnung diese Eigenschaften voraussetzt, während deren Aneignung beim Identifikationslernen vom experimentellen Standpunkt der Kontingenzanordnung aus gesehen nebensächlich ist.

Man hat versucht, die Aneignung spezifischer nichtinstrumenteller Aspekte menschlichen Verhaltens im Rahmen der operanten Konditionierung zu erklären, wobei man sich auf die Mechanismen der in Kapitel 6 dargestellten »abergläubischen Konditionierung« berief. HERRNSTEIN (1966) führt stilistische Merkmale auf die Reaktionsvariabilität des operanten Konditionierens zurück. Wenn eine Verstärkung verabreicht wird, können wahllose individuelle Reaktionseigenschaften zufällig verstärkt und kann ihre Wahrscheinlichkeit erhöht werden. Ein dominierender Reaktionsstil müßte danach so lange erhalten bleiben, bis das nebensächliche Merkmal durch viele Durchgänge hindurch unverstärkt bleibt. Die differentielle Verstärkung der einfacheren Handlung führt schließlich dazu, daß die instrumentelle Reaktion allein verbessert und stereotypisiert wird. Der Vergleich zwischen der Performanz einer Gruppe Rekruten auf dem Übungsfeld und der Performanz einer Eliteeinheit veranschaulicht die gezielte Ausformung uniformer motorischer Verhalten. Wenn die Individualität von Verhalten belohnende Konsequenzen nach sich zieht, wie das beim Malen, Schreiben, Tanzen, Modezeichnen und öffentlichen Sprechen der Fall ist, werden stilistische Abweichungen unter den Performierenden wahrscheinlich mittels Verstärkung durch die soziale Gemeinschaft aufrechterhalten. Ein Vergleich zwischen den Arbeiten von Romanschriftstellern und von wissenschaftlichen Autoren veranschaulicht die Resultate der sozialen Verstärkung, die bei verschiedenen Aktivitäten entweder für Individualität oder für Konformität gegeben wird. Ebenso können auch die Ergebnisse des Identifikationslernens unterschiedlich ausfallen, was jeweils von der Toleranz abhängt, mit der die verstärkende Umwelt die individuelle Reaktion aufnimmt.

In den zwei eben dargestellten Standpunkten spiegelt sich weniger eine

Divergenz der Lernprinzipien als eine Verschiebung des Fokus. Die Untersuchung BANDURAS und HUSTONS reflektiert das Interesse einiger Forscher für den Ursprung von neuen Reaktionen, die in ihrer spezifischen Form *zum erstenmal* in der Geschichte des Individuums auftauchen. Forschungsarbeiten über stilistische Veränderungen während des operanten Konditionierens befassen sich dagegen mit den Mechanismen, die bei wiederholter Performanz der Handlung idiosynkratische Reaktionsvarianten aufrechterhalten. Diese unterschiedlichen Schwerpunkte sollten wir nicht vergessen, da unsere Diskussion über die Anwendbarkeit von Prozeduren stellvertretenden Lernens auf klinische Probleme versuchen wird, klar herauszustellen, wie wichtig die Unterscheidung ist zwischen Methoden, die neue Reaktionsformen auslösen, und Methoden, die diese Formen in der sozialen Umwelt des Individuums aufrechterhalten.

Das Paradigma des Lernens ohne Einübung

BANDURA (1965 b) bezeichnete mit diesem Begriff eine Gruppe von Untersuchungen, in deren Verlauf ein Beobachter neue S-R-Verbindungen erwirbt, obgleich er offenbar nicht die Möglichkeit hatte, das Verhalten einzuüben oder für die Imitation positiv verstärkt zu werden. Diese Untersuchungen unterscheiden sich von den Studien zum Identifikationslernen nur insofern, als es sich bei dem imitierten Verhalten im wesentlichen um eine instrumentelle Reaktion handelt, der sich häufig Belohnung für das Modell anschließt. Imitationslernen wird evident, wenn bereits existierende Reaktionen als Resultat der Beobachtungsdurchgänge gesteigert oder vermindert werden. Ist die Imitation des Modellverhaltens vollzogen, kann man die Generalisierung der stellvertretenden Lerneffekte dadurch testen, daß man die Veränderung anderer Verhalten, welche vom Modell nicht demonstriert wurden, untersucht (Reaktionsgeneralisierung) oder daß man die Versuchsperson etwas anderen Situationen aussetzt (Stimulusgeneralisierung).

BANDURA hat mit seinen Kollegen viele Untersuchungen an Kindern durchgeführt, die die Effekte spezifischer Parameter auf den Umfang von Imitationsverhalten zum Gegenstand hatten. Die untersuchten Variablen waren u. a.: Vorausgegangene Interaktion zwischen Modell und Beobachter; Verstärkung des Modells; Modelldarbietung in-vivo oder im Film; Modellmerkmale; Geschlecht und Alter des Beobachters; sowie Geschlecht und Alter des Modells. Die Darstellung einer dieser Untersuchungen kann das allgemeine Paradigma veranschaulichen. BANDURA, Ross und Ross (1963 b) testeten die Hypothese, nach der Kinder, die man Modellen mit aggressivem Verhalten aussetzt, auch dann vermehrt aggressiv reagieren sollen, wenn sie später leicht frustriert werden. Eine Gruppe Kindergartenkinder beobachteten ein erwachsenes Modell, das mit Kinderspielzeug spielte. Das Spielverhalten des Modells war zunächst konstruktiv, doch dann äußerte es besondere aggressive Handlungen — es setzte sich auf eine Puppe, schlug ihr mit einem Holzhammer auf den Kopf, warf sie in die Luft und trat sie mit den Füßen. Diese

Handlungen wurden von aggressiven verbalen Äußerungen begleitet. Eine zweite Gruppe bekam dasselbe Modell vorgesetzt, allerdings im Film, und eine dritte Gruppe sah sich einen Trickfilm an, dem zwar dieselben Verhaltensweisen zugrunde lagen, der jedoch in einem Phantasieland spielte. Die Kontrollgruppe bekam keine Modellexpositionen dargeboten. Um allen Kindern leichte Frustration zu vermitteln, zeigte man ihnen hübsches Spielzeug, mit dem sie jedoch nicht spielen durften. Dann führte man sie in einen Testraum, in dem sich das Spielzeug befand, mit dem das Modell gespielt hatte. Nun wurden in zwanzig Minuten freien Spiels imitative und nichtimitative Reaktionen aufgezeichnet. Kinder die lebende Modelle, gefilmte Modelle oder Trickfilmmodelle gesehen hatten, unterschieden sich in ihrer geäußerten Aggressivität nicht voneinander. Alle drei Gruppen zeigten generell mehr aggressives Verhalten als die Kontrollgruppe. Die experimentellen Gruppen manifestierten außerdem mehr von den spezifischen Aggressionsverhalten, die das Modell vorgeführt hatte. Die Resultate dieser Studie wurden von HICKS (1965) repliziert, der bei einem Nachtest nach 6 Monaten auf kleine Verhaltensreste stieß. Diese übriggebliebenen Effekte waren am stärksten, wenn ein Mann als Modell gedient hatte. Die Verwendung von leichter Frustration in der Testsituation erläutert die allgemeine Auffassung, daß die Manifestation von Verhalten, die durch Imitation erworben wurden, dann am wahrscheinlichsten ist, wenn die Performanzbedingungen für die imitierte Reaktion am günstigsten sind.

Die Resultate von BANDURAS Experimenten weisen darauf hin, daß Beobachtung die Quantität und Qualität von Verhaltensweisen beeinflussen kann, wenn diese Verhaltensweisen in Situationen stattfinden, die den beobachteten ähneln. Beobachtung erleichtert manche Verhalten und liefert Hinweisreize zur Ausführung spezifischer Reaktionen, die sonst nicht stattfinden könnten. In diesen Erperimenten war das beobachtete aggressive Erwachsenenverhalten für das Kind wahrscheinlich ein Hinweis darauf, daß derartiges normalerweise gehemmtes Verhalten in der experimentellen Situation gebilligt wurde, d. h. daß die sonst antizipierte Bestrafung in diesem Rahmen nicht stattfinden würde.

In der eben behandelten Untersuchung beobachteten die Kinder keine verstärkenden Konsequenzen des aggressiven Modellverhaltens. In einer anderen Studie mit Kindergartenkindern konfrontierten BANDURA, ROSS und ROSS (1963 c) einige Gruppen mit aggressiven Modellen, die für ihr Verhalten entweder bestraft oder belohnt wurden. Kinder, die das belohnte aggressive Modell beobachtet hatten, zeigten mehr imitative Aggression als Kinder, die die Bestrafung eines aggressiven Modells mitverfolgt hatten. Die Beobachtung belohnten Verhaltens neigt also dazu, die Imitation zu fördern, während die Beobachtung aversiver Konsequenzen hemmend wirkt. In sozialen Institutionen begegnen wir einem ähnlichen Zusammenhang, wenn dort das Konzept vertreten wird, daß die Bestrafung von Missetätern auf die Population, die der Bestrafung beiwohnt, abschreckend wirken müsse. Einer näher liegenden Analogie begegnen wir in der Schulklasse, wo die Demonstration der aversiven Konsequenzen einer Aggression von den Lehrern häufig als Kontroll-prozedur durch stellvertretendes Lernen benutzt wird. BANDURA, ROSS und ROSS (1963 a) bewiesen auch, daß die Imitation nichtrelevanter stilistischer Modellverhalten, wie sie in der weiter oben dargestellten Studie von BANDURA und HUSTON vorkamen, häufiger auftrat, wenn das erwachsene Modell vorher zu erkennen gegeben hatte, daß es positive Verstärker (z. B. Spielzeug, Süßigkeiten oder Säfte) kontrolliere, während Imitation weniger häufig auftrat, wenn das Modell zuvor mit dem Kind um hübsches Spielzeug konkurriert hatte. Die Machtstellung des Modells ist in der Imitation eine signifikante Variable.

Das Lernen von Standards der Selbstverstärkung durch Beobachtung. Die Möglichkeiten des Modellernens für die Weitervermittlung von Verhalten sind besonders wichtig, wenn es darum geht, daß Kinder Standards zur Evaluierung ihrer eigenen Leistungen und ihres moralischen Urteilsver-mögens entwickeln. Von mangelhaften Selbstreaktionen bei Erwachsenen nimmt man häufig an, sie bildeten die Crux der Probleme des erwachsenen Neurotikers; deshalb fassen klinische Interaktionen häufig ihre Modifikation ins Auge. Daher ist die Verwendung von Prozeduren stellvertretenden Ler-nens zur Modifikation von Selbstreaktionen für den Kliniker von großem Interesse. Ein wesentlicher Teil der Forschungsarbeiten zum Einfluß des Modellernens auf die Modifikation der Selbstverstärkung wurde mit Kindern durchgeführt. Obgleich sich diese Studien mit harmlosen Situationen befaßten und obgleich die Konsequenzen für die Kinder lange nicht so stark waren wie vergleichbare Folgen zu Hause oder in der Schule, schien die Demonstration der Auswirkungen von Beobachtung auf selbstregulierende Verhalten doch die Hypothese zu erhärten, daß diese Verhaltensmuster nicht fest vorgebildet, sondern modifizierbar sind. Jüngste klinische Anwendungen dieser Methoden bestätigen deren therapeutischen Wert; darauf werden wir in diesem Kapitel noch eingehen.

In einer Untersuchung von BANDURA u. a., die sich mit der Imitation von Selbstverstärkung und Selbstbestrafung befaßte, beobachtete ein Kind ein Modell, das mit einem Kegelspiel spielte. Hatte das Modell eine bestimmte Punktzahl erreicht, konnte es sich mit Süßigkeiten oder Münzen selbst be-lohnen. Die Kontingenz der Punktzahl und die Kriterien der Selbstbeloh-nung wurden durch die Kommentare des Modells erläutert. Verbales Selbstlob oder verbale Selbstkritik begleiteten die Selbstverstärkungen des Modells. Dann spielte das Kind das gleiche Spiel, doch wurden seine Punktzahlen so manipuliert, daß sie denen des Modells ähnelten. Die Effekte der Fertigkeit des Kindes wurden also eliminiert. Die abhängige Variable ist generell die Menge an Selbstbelohnung, Selbstkritik oder die Anzahl an Durchgängen, bei denen es zu Belohnungen kommt. BANDURA und KUPERS (1964) fanden, daß Kinder sowohl die eigentlichen Selbstverstärkungsmuster als auch die verbalen Selbstbewertungen erwachsener Modelle imitierten. *Peer*-Modelle erwiesen sich als weniger effektiv, als es darum ging, Standards der Nichtverstärkung bei niedrigen Performanzen zu schaffen. Ein größerer Teil der Kinder erhöhte von sich aus immer dann den Umfang der süßen Belohnungen, den sich das Modell zugestanden hatte, wenn das Modell *Peer* und nicht Erwachsener war.

Die Kriterien der Selbstbelohnung eines Modells zeitigen einen interessanten Einfluß nicht nur auf die Art, wie die beobachtende Versuchsperson ihre eigene Performanz evaluiert, sondern auch auf die Art, wie sie die Performanzen anderer bewertet. MARSTON (1965) entdeckte, daß erwachsene Versuchspersonen andere Personen mit höherer Rate verstärkten, wenn sie anstelle eines Modells mit niedriger Selbstverstärkungsrate ein Modell mit hoher Rate beobachteten. MISCHEL und LIEBERT (1966) fanden ebenfalls, daß Kriterien, die durch beobachtende Versuchspersonen anderen Kindern auferlegt wurden, die Tendenz aufwiesen, sich mit den selbstauferlegten Kriterien zu decken.

Die Festlegung der Selbstbelohnungskriterien hängt nicht nur von der Performanz des Modells ab. BANDURA und WHALEN (1966) konfrontierten Kinder bei Spielen, die anscheinend Körperkraft, Problemlösungsfähigkeit und psychomotorische Fertigkeit maßen, mit Erfolgs- und Mißerfolgserfahrungen. Dann beobachteten die Kinder Modelle, die bei einem Minikegelspiel hohe, mittlere oder niedrige Selbstbelohnungskriterien lieferten. Die vorausgegangenen Erfolgs- oder Mißerfolgserfahrungen beeinflußten nicht die Selbstverstärkungsraten von Kindern, die so manipuliert wurden, daß sie hohe Punktwerte hatten. Doch als man ihre Performanz niedrig hielt, belohnten sich die erfolglosen Kinder nach der Beobachtung von schwächeren Modellen weniger häufig; überhaupt erfolgreiche Kinder dagegen belohnten sich häufiger als Kinder, die zusammen mit anderen erfolgreich gewesen waren. Die Resultate lassen auf eine komplexe Interaktion zwischen Hinweisreizen des Modellernens, vorausgegangener Geschichte und augenblicklicher Performanz schließen, wobei diese drei Faktoren bei der Anerkennung von Kriterien der Selbstbelohnung zusammenarbeiten.

Es waren BANDURA, GRUSEC und MENLOVE (1966), die die Effekte untersuchten von Kombinationen aus vorausgegangenen freundlich-warmen und belohnenden Interaktionen mit einem erwachsenen Modell, aus Beobachtungen der Verstärkung des Modells, welche auf strenge Selbstverstärkungskriterien kontingent gemacht wurde, sowie aus der zusätzlichen Beobachtung eines *Peer*-Modells mit niedrigen Selbstbelohnungskriterien. Die Autoren erwarteten, daß die freundlich-warme Behandlung und die stellvertretende Verstärkung die Imitation strenger Kriterien der Selbstbelohnung fördern würden, während das *Peer*-Modellernen diese Imitation reduzieren würde. Man entdeckte, daß die Beobachtung von Modellverstärkung zur Adoption strengerer Kriterien führte, während die Versuchspersonen durch freundliche und schonende Modellbehandlung veranlaßt wurden, mildere Selbstbelohnungskriterien zu entwickeln.

Verbalisiert das Modell ausdrücklich die Regeln der Selbstbelohnung, so verletzen die derart informierten Kinder diese Regeln weniger häufig als nicht informierte Kinder. Doch man fand auch, daß stark strukturierte

Regeln selbstbelohnende Verbalisationen steigern, wobei das verbale Verhalten zu dem des beobachteten Modells stark parallel lief (LIEBERT und ALLEN, 1967). Interessant an den letzten Untersuchungen ist die Tatsache, daß die Koppelung von Regeln der angemessenen Selbstbelohnung mit der Beobachtung desselben Verhaltens an einem Modell oftmals dazu führte, daß verbale Selbstbelohnungen anders beeinflußt wurden als materielle. Obgleich die stärkere Strukturierung das selbstverabreichte Lob und die selbstverabreichte Kritik der Kinder steigerte, verminderte sie die Selbstverabreichung von Tokens, die gegen Preise eingetauscht werden konnten. In LIEBERTS und ALLENS Studien beeinflußte der Umfang der verfügbaren Belohnung nicht die Häufigkeit, mit der das Kind die Regeln verletzte (d. h. unverdiente Selbstbelohnungen für sich in Anspruch nahm).

Die experimentelle Demonstration der Modifizierbarkeit selbstauferlegter Verstärkungskriterien fordert zu einer Neuüberprüfung bereits vorhandener Theorien über die Entwicklung von moralischen und sozialen Verhaltensstandards des Kindes heraus. Die Effektivität der Modellbeobachtung scheint in relativ isolierten Spielsituationen über die bloße Imitation hinauszugehen. BANDURA und McDONALD (1963) konfrontierten Kinder mit einer Reihe von Items, die der Testung moralischer Werturteile dienten. Sie entdeckten, daß die Beobachtung eines erwachsenen Modells, das Werturteile äußerte, welche mit denen des Kindes entweder übereinstimmten oder ihnen widersprachen, die Werturteile des Kindes hinsichtlich einer Reihe zusätzlicher, durch einen zweiten Experimentator dargebotener Items veränderte. Die Ergebnisse aus derartigen Untersuchungen kontrastieren häufig mit der verbreiteten klinischen Überzeugung, nach der die für eine Person charakteristische Selbstbewertung und die moralischen Standards der Person relativ starr sein sollen. Sollten sich Ergebnisse dieser Art mehren, könnte aus ihnen geschlossen werden, daß sogar die Patienten, deren klinisches Krankheitsbild Verzerrungen von selbstregulierenden Verhalten oder von moralischen Wertmaßstäben aufweist, einer Verhaltensmodifikation zugänglich sein könnten, bei der Verhaltenssequenzen dargeboten werden, in denen die Belohnungs- oder die moralischen Wertungskriterien den üblichen sozialen Normen mehr entsprechen.

Das Paradigma des gemeinsamen Lernens

In den bisherigen Abschnitten des Kapitels haben wir Situationen diskutiert, in denen ein Beobachter imitative Reaktionen erwirbt, ohne genau zu wissen, ob er Gelegenheit zur Wiederholung des beobachteten Verhaltens hat oder ob er für solche Imitation belohnt wird. Viele Beobachtungen an Tieren wie an Menschen haben zu der Annahme geführt, daß die individuelle Aktivität durch die bloße Anwesenheit eines anderen Organismus gesteigert wird. Fand diese Zunahme der Reaktionshäufigkeit im Beisein eines Organismus statt, der nicht dasselbe Verhalten wie der Beobachter oder der überhaupt kein Verhalten äußert, so bezeichnete man dieses Phänomen als »Zuhöreffekt«. »Zuhöreffekte« hat man bei vielen nahrungsaufnehmenden Tieren beobachtet, so bei Fischen, Vögeln, Ratten, Hunden und Affen. Bei solchen Experimenten diente als Maßstab für den erzielten Effekt die unterschiedliche Nahrungsmenge, die ein nahrungsdepriviertes Tier in An- bzw. in Abwesenheit eines zweiten Tieres aufnahm. Praktiziert dieses zweite Tier dasselbe Verhalten wie das Versuchstier, so bezeichnet man den Effekt auf das Verhalten des Versuchstiers als »soziale Erleichterung«. So kann z. B. die Einführung eines zweiten fressenden Tieres das normale Freßverhalten gesättigter Tiere wiederherstellen. Dieses Phänomen der sozialen Erleichterung ist auch an Tauben demonstriert worden, deren Tastenpickreaktionen, nachdem sie während eines CS-Schock-Intervalls unterdrückt worden waren, wiederhergestellt wurden. Die Einführung einer zweiten Taube, die, um Futter verabreicht zu bekommen, fortfuhr, auf die Taste zu picken, führte dazu, daß das Versuchstier sein Pickverhalten wieder aufnahm (HAKE und LAWS, 1967). Verschiedene Berichte über diesen Effekt haben bestätigt, daß die durch ein zweites Tier ausgelöste Reduktion unterdrückten Verhaltens potentielle Vorteile aufweist (DAVITZ und MASON, 1955; HARLOW und ZIMMERMAN, 1959).

Der Prozeß der Erleichterung — bewirkt durch die Anwesenheit eines zweiten Individuums, das dieselbe Tätigkeit verrichtet wie die Versuchsperson — spielt sich in der Situation des gemeinsamen Lernens ab. Die Forscher interessieren sich gewöhnlich für den erleichternden Effekt, den bestimmte Parameter im Verhalten des Modells auf eine topographisch ähnliche Person des Lernenden haben. Im Gegensatz zu den Untersuchungen, mit denen wir uns im Kontext des *Lernens ohne Einübung* befaßten, werden die menschlichen Versuchspersonen instruiert, sich auf die Lernaufgabe zu konzentrieren. Die entsprechende Operation beim Tier ist die Verstärkung einer kritischen Reaktionssequenz, die dem Modell wie dem Beobachter oder im Rahmen eines Gruppentrainings verabreicht wird. Dieses experimentelle Paradigma unterscheidet sich vom Imitationsmodell parallel-abhängigen Lernens insofern, als der Lernende mit richtigen wie falschen Modellreaktionen konfrontiert werden kann und als er für die genaue Nachahmung der beobachteten Reaktion nicht ausdrücklich belohnt wird. Dieses Paradigma repräsentiert die Situation, der man gewöhnlich beim sozialen Lernen begegnet und in der es für eine Person, die eine Aufgabe zu lösen hat, vorteilhaft ist, wenn sie eine andere Person beobachten kann. Methoden, die heute in der Schulklasse praktiziert werden, bestehen darin, daß Lernen dadurch erzielt wird, daß Kinder mit der Performanz anderer Kinder konfrontiert werden und daß hierauf alle eine Prüfung ablegen. Dieses Beispiel veranschaulicht den Prozeß des gemeinsamen Lernens im Kontext alltäglichen Verhaltens.

PANMAN, ARENSON und ROSENBAUM (1962) untersuchten den Effekt, den Demonstrationen auf Labyrinthperformanzen von Collegestudenten hatten. Versuchspersonen, die eine Demonstration mitverfolgten, zeigten erfolgreichere Performanz als Kontrollpersonen. Dabei genügten zwei Demonstrationen, um maximale Effekte zu erzielen. Eine dritte Demonstration bewirkte keine signifikante Besserung der Performanz des Beobachters. Auch entdeckten die Autoren, daß eine einleitende fehlerfreie Demonstration den Lernprozeß nicht stärker beschleunigte als eine fehlerhafte Demonstration. Andererseits aber führte eine zusätzliche fehlerhafte Demonstration zu einer signifikant besseren Performanz als ein zusätzlicher fehlerfreier Durchgang. Diese Resultate weisen darauf hin, daß das stellvertretende Lernen im Paradigma des gemeinsamen Lernens nicht von der genauen Imitation der Reaktion des Modells abhängt. Offenbar profitiert der Beobachter durch Informationen, die er durch die falschen *und* richtigen Reaktionen des Modells bekommt.

KANFER, MARSTON und ihre Mitarbeiter haben stellvertretendes mit direktem Lernen verglichen und den Effekt verschiedener verwandter Parameter auf die Performanz untersucht. In einer dieser Untersuchungen (KANFER und MARSTON, 1963 c) sollten Collegestudenten abwechselnd mit einer anderen Versuchsperson auf eine verbale Lernaufgabe reagieren. Bei dem »Mitlernenden« handelte es sich in Wirklichkeit um die Tonbandaufzeichnung eines Studienkollegen, dessen Reaktionen experimentell programmiert worden waren. Die richtigen Antworten des Modells oder der Versuchsperson wurden durch den Versuchsleiter der Behandlungsbedingung entsprechend verstärkt. Dabei entdeckte man, daß das Anhören der Tonbandaufzeichnung, die von einem verstärkten Modell angefertigt worden war, ausreichte, um signifikantes Lernen zu erzeugen; tatsächlich war es so, daß eine weitere Verstärkung der Versuchsperson deren Lernen nicht signifikant verbesserte. Doch wenn das Modell dieselbe verbale Reaktion äußerte, ohne verstärkt zu werden, imitierten die Versuchspersonen das verbale Verhalten des Modells nicht. In einer zweiten Studie untersuchten MARSTON und KANFER (1963 a) den Zusammenhang zwischen der Stärke der beobachteten Modellgruppe und des geleisteten Lernens des Beobachters. Die Autoren bedienten sich derselben Konditionierungsprozedur, d. h. die Versuchspersonen äußerten sich verbal, abwechselnd mit Stimmen, die vom Tonband kamen. Der Befund war, daß die Abnahme des Anteils an verstärkten stellvertretenden Reaktionen durch Vermehrung der Gruppenmitglieder zu signifikant niedrigerem Lernen führte. Und wie in der zuvor angeführten Untersuchung, bewirkte die Ergänzung der stellvertretenden Verstärkung durch direkte Verstärkung keine signifikante Steigerung des Lerneffekts.

Die Effekte des Verhaltens eines gemeinsam mit jemand anderem Lernenden (*co-learner*) können sich sowohl während der Erwerbsprozedur als auch während der Löschung manifestieren. Differentielle Effekte der stellvertretenden Verstärkung auf den Erwerb und auf die Löschung sind zu erwarten. Beim Erwerb benötigt die Versuchsperson eine Menge Informationen über die Art der Aufgabe und die Angemessenheit gewisser Reaktionen. Hat die Versuchsperson jedoch gelernt, eine Aufgabe auszuführen, kann die Löschung lediglich Informationen darüber erfordern, ob die Versuchsperson ihre Reaktionen fortsetzen oder verändern soll. MARSTON (1966) entdeckte, daß Instruktionen mit dem Inhalt, die Versuchsperson solle kritische Reaktionen auch weiterhin emittieren, die Löschung effektiv verzögerten; dieses Resultat ähnelt Befunden anderer verbaler Lernexperimente. Die Beobachtung, daß die während der Löschungsdurchgänge fortgesetzte stellvertretende Verstärkung keinen signifikanten Einfluß auf das Abfallen der Löschungskurven des Lernenden hat, erhärtet die Hypothese noch mehr, daß der Haupteffekt der Beobachtung der Reaktion und die kontingente Verstärkung einer anderen Person nicht dem Prozeß der Aufrechterhaltung, sondern dem der Aneignung zuzuschreiben sind (MARSTON, 1964).

In den meisten Testungen des Effekts stellvertretender Lernparameter zeigt das Modell während des Erwerbs progressiv zunehmende Häufigkeit kritischer Reaktionen. DITRICHS, SIMON und GREENE (1967) variierten die Verteilung kritischer Reaktionen im Verlauf der Erwerbsdurchgänge des Modells. Einige Gruppen wurden Zeuge, wie das Modell zunehmend häufiger verstärkte richtige Reaktionen emittierte; andere Gruppen erlebten dagegen, wie die Häufigkeit der richtigen Reaktionen durch alle Komplexe von Durchgängen hindurch abnahm oder konstant blieb. Am effektivsten erwies sich die Konfrontation mit dem natürlichen Muster verbesserter Performanz des Modells. Wird eine Person mit einer Reihe von Durchgängen konfrontiert, in der das Modell zusehends weniger richtige Reaktionen emittiert und zusehends weniger verstärkt wird, so wird der Erwerb des Lernenden nicht erleichtert.

SMITH und MARSTON (1965) stellten die Hypothese auf, daß das stellvertretende Lernen verbaler Reaktionen eine Funktion sei sowohl des Umfangs der verstärkten Reaktionsklasse des Modells als auch der Häufigkeit der verbalen Reaktionen in dieser Klasse. Sie stellten fest, daß die Benutzung von Wörtern mit hoher Frequenz besseres Lernen bewirkte als die Benutzung von Wörtern mit niedrigerer Frequenz. Die Verwendung gängiger Wörter sorgte für eine größere Klarheit der Kontingenz aus Reaktion und Verstärkung und gestaltete die Beobachtung effektiver, da der Beobachter rascher mit Informationen versorgt wurde. Auch das Konditionieren durch stellvertretende Verstärkung erwies sich als einfacher, wenn die kritische Reaktionsklasse viele Vertreter enthielt, die im Repertoire der Versuchsperson bereits enthalten waren. Einer ähnlichen Tatsache, die im Kontext des Beobachtungslernens die Zweideutigkeit der Hinweisreize milderte und zu rasch verbesserter Leistung führte, begegnen wir in den Befunden von MCDAVID (1962). Ein Beobachter, der mit einem Modell konfrontiert wird, scheint dann am meisten zu profitieren, wenn die Information des Modells klar ist, wenn sie während des Erwerbs geliefert wird und wenn das Modell die eigene Effektivität durch Sequenzen von Durchgängen hindurch steigert. Den Nutzen der Information, der auf der Performanz des Modells fußt, kann man experimentell variieren, indem man den Prozentsatz der verstärkten Modelldurchgänge, die Schwierigkeit der Lernaufgabe, die der Versuchsperson erteilten Informationen und ähnliche Variablen ändert.

In einem früheren Abschnitt haben wir bereits bemerkt, daß die Effektivität des stellvertretenden Lernens modifiziert werden kann durch Modifikation der Beziehung zwischen Modell und Versuchsperson. Verschiedene Untersuchungen haben bewiesen, daß die durch die Versuchsperson eingestufte Kompetenz des Modells das Lernen der beobachtenden Person entscheidend beeinflußt. ROSENBAUM und TUCKER (1962) trainierten Versuchspersonen so, daß sie Vorhersagen über das Ergebnis einer Reihe fiktiver Pferderennen machten, nachdem sie konfrontiert worden waren mit den Vorhersagen und mit der Richtigkeit dieser Vorhersagen, die von einem simulierten Partner gemacht wurden. Die Versuchspersonen imitierten am stärksten, wenn die Vorhersagen des Modells am kompetentesten waren. Bei einer späteren Untersuchung (ROSENBAUM, CHALMERS und HORNE, 1962) wurden die Versuchspersonen zunächst mit einem Durchgang derselben Lernaufgabe konfrontiert, der entweder Erfolgs- oder Mißerfolgsbedingungen enthielt. Indem sie so einige Kriterien für die Evaluierung der Versuchsperson-Fertigkeit durch die Versuchsperson selbst lieferten, konnten die Autoren die Interaktion untersuchen zwischen der Beobachtung eines kompetenten oder inkompetenten Modells einerseits und der modellbezogenen Evaluierung der Versuchsperson-Performanz durch die Versuchsperson selbst. Im Gegensatz zum vorausgegangenen Erfolg führte vorausgegangener Mißerfolg zur rascheren Aneignung der Imitation. Je kompetenter die Performanz des Modells schien, desto ausgeprägter war die Tendenz der Versuchsperson, dem Modellverhalten zu entsprechen. In dieser Untersuchung stieß man auf keine Interaktion zwischen den beiden Variablen. Dieselbe Gruppe Experimentatoren stieß auf einen Zusammenhang zwischen der allgemeinen Selbstachtung der Versuchsperson und ihrer Tendenz, das zum Erfolg nötige Verhalten eines Modells zu imitieren. Doch schien diese Tendenz nicht mit einer breit angelegten Prädisposition zur Imitation anderer zusammenzuhängen (ROSENBAUM, HORNE und CHALMERS, 1962).

Die Neigung einer Versuchsperson, das Verhalten eines Modells aufmerksam zu beobachten, ist entscheidend für die Aufnahme und Verwendung der Information durch die Versuchsperson. Diese Aufmerksamkeit kann — vom Standpunkt des Lernenden aus gesehen — in den Anfangstadien des Lernens am effektivsten sein, wenn die Kompetenz des Lernenden selbst am niedrigsten ist. Später darf aufgrund der ausgeprägteren Fertigkeit des Lernenden erwartet werden, daß der Einfluß der Beobachtung der Versuchsperson auf deren Performanz nachläßt. Sollte der Lernende weitere Inkompetenz des Modells beobachten, müßte man von ihm erwarten, daß er anstatt weiterhin sein Augenmerk auf die Modellperformanz zu richten, seine verfügbare Zeit dazu benutzt, die bereits erworbenen Reaktionen einzuüben. Tatsächlich dürfte die fortgesetzte Aufmerksamkeit, die eine Versuchsperson einem Modell zollt, das in erster Linie unrichtige Reaktionen emittiert, zu einer Performanzunterbrechung der Versuchsperson führen, die bereits einen gewissen Grad an Effizienz erreicht hat. KANFER und DUERFELDT (1967 b) variierten die Modellkompetenz, die Versuch-Kompetenz und eine Anzahl stellvertretender Lerndurchgänge im Rahmen einer Aufgabe mit Nonsense-Silbenpaaren. Versuchspersonen hörten zu Beginn oder gegen Ende ihrer eigenen Lernprozedur einem Modell zu, das sich in einem frühen oder späten Stadium des Lernens befand. Die Resultate wiesen darauf hin, daß die Modellkompetenz allein das Lernen nicht signifikant beeinflußte. Allerdings bewirkten Durchgänge stellvertretenden Lernens, die spät im Aneignungsprozeß der

Versuchsperson stattfanden, einen störenden Effekt, während frühe Konfrontation mit dem Modell positive Ergebnisse erbrachte, die jenen ähnelten, die durch direkte Verstärkungsdurchgänge erzielt wurden. Diese Ergebnisse weisen darauf hin, daß ein Modell einen Lernenden im Anfangsstadium stärker beeinflussen könnte als einen »erfahrenen« Lernenden.

Die experimentellen Untersuchungen, die wir in diesem Abschnitt zusammengefaßt haben, verweisen auf mannigfache Möglichkeiten der Modifikation individuellen Verhaltens durch Beobachtung eines Modells oder durch die gemeinsame Teilnahme verschiedener Versuchspersonen an einer Lernaufgabe. Die experimentellen Daten fanden bisher nur begrenzte Anwendung auf komplexe soziale Lernphänomene, denen man in der Klinik begegnet. Die wenigen Beispiele solcher Anwendung werden wir am Ende dieses Kapitels zusammenfasssen. Doch sollte bereits an dieser Stelle darauf hingewiesen werden, daß alle bisherigen Methoden der Aneignung neuen sozialen Lernens von Bedeutung sind für klinische Prozesse, in denen der Therapeut als Modell für interpersonale Verhalten fungiert, oder auch von Bedeutung in institutionellen Kontexten, in denen Gruppenverhalten ständig vom Patienten beobachtet werden kann. Bevor wir uns jedoch mit klinischen Anwendungsmöglichkeiten auseinandersetzen, wollen wir eine Zusammenfassung der Laboruntersuchungen geben, die sich mit dem beschleunigten Erwerb von emotionalen oder klassisch konditionierten Reaktionen durch Beobachtungslernen befassen.

Paradigmen der stellvertretenden Konditionierung von Erregung

Die Weitervermittlung emotionaler Erfahrungen durch Beobachtung ist für klinische Psychologen besonders interessant, weil viele Patienten emotionale Verhalten manifestieren, die ihrer sozialen Effektivität schaden. Bei der genauen Erforschung der Vergangenheit von Patienten, in deren Kontext diese emotionalen Reaktionen zum erstenmal wesentlich verstärkt wurden, gelingt es häufig nicht, besondere traumatische Erfahrungen aufzudecken. Doch könnte der Prozeß, um den es hier geht, auch so geartet gewesen sein, daß dadurch, daß der Patient jemand anderen zum erstenmal beobachtete, ein bestimmtes emotionales Reaktionsmuster etabliert wurde, welches sich später durch die Erfahrung des Patienten selbst verstärkte. Die Erregung emotionaler Reaktionen durch Beobachtung einer anderen Person ist ein wesentliches Merkmal der Schauspielkunst. Die in Tränen zerfließenden Zuschauer von Filmschnulzen, die Angst, Furcht und erotische Erregung, die manche Fernsehfilme und gefilmte Theaterstücke auslösen, veranschaulichen, wie emotionales Verhalten den Beobachter beeinflussen kann. BERGER (1962) bezeichnete diesen Prozeß als *stellvertretende Instigation* (Anreizung). Voraussetzung dieses Phänomens ist, daß das Individuum emotional auf die unkonditionierte emotionale Reaktion eines anderen reagiert. Die spezifische emotionale Reaktion des Beobachters kann mit der Modellreaktion übereinstimmen oder von ihr abweichen. Im ersten Fall bezeichnet man den

Prozeß als *Emphatie,* im zweiten Fall als *Sympathie.* BERGER umriß vier mögliche Kombinationen aus angenehmen und unangenehmen emotionalen Reaktionen von Beobachter und Modell, und er belegte sie mit dem Namen *konkordante* und *diskordante* Reaktionen. So definiert sich z. B. Empathie durch eine Schmerzreaktion eines Beobachters, der zum Zeugen des Schmerzes von jemand anderem wird, oder durch eine freudige Reaktion angesichts einer ähnlichen Äußerung eines Modells. Auf der anderen Seite definiert sich Sadismus durch diskordante Freude des Beobachters, der mitverfolgt, wie das Modell Schmerzen leidet.

Das stellvertretende emotionale Konditionieren kann die Form des klassischen oder des instrumentellen Konditionierens annehmen. Beim stellvertretenden klassischen Konditionieren wird die ausgelöste emotionale Reaktion des Beobachters durch zeitliche Kontiguität mittels bislang neutraler Stimuli konditioniert. Bei Humanexperimenten geht man gewöhnlich so vor, daß ein Modell im Beisein eines neutralen Stimulus (CS) einer schmerzhaften Erfahrung ausgesetzt wird. Von dem Beobachter, der auf einen konditionierten Stimulus allein emotional reagiert, obgleich er den UCS selbst nie erlebt hat, wird behauptet, er habe die Reaktion durch stellvertretendes klassisches Konditionieren erworben.

BERGER (1962) führte eine Untersuchung durch, die diese Prozedur illustriert. Beobachter wurden zum Zeugen einer angeblichen Schockverabreichung, die durch den CS eines Summers und durch das Abblenden eines Lichts angezeigt wurde. Außerdem reagierte das Modell bei jedem vermeintlichen Schock mit einer Armbewegung. Die GSR-Reaktionen des Beobachters wurden aufgezeichnet. Bei den Konditionierungsdurchgängen des Modells und bei Testdurchgängen zeigten Beobachter signifikant mehr GSR-Reaktionen als Versuchspersonen, denen nicht gesagt worden war, daß das Modell geschockt werden würde. In einer Kontrollgruppe, die glaubte, daß das Modell geschockt worden sei, ohne daß sie jedoch eine Armbewegung bemerkte, lag die Häufigkeit der GSR-Reaktionen niedriger.

Die Frage, ob die vorausgehende Erfahrung der von der Versuchsperson beobachteten emotionalen Reaktion eine unerläßliche Vorbedingung zur Erzielung dieses Effekts ist, wurde von CHURCH (1959) untersucht. Eine Rattengruppe wurde einem Vortraining unterzogen, das darin bestand, daß sie kurze Schocks verabreicht bekam, während sie gleichzeitig mitverfolgte, wie eine andere Ratte ebenfalls geschockt wurde. Eine Kontrollgruppe erhielt dieselbe Anzahl an Schocks, wurde jedoch nicht zum Zeugen derselben Stimulation einer anderen Ratte. Eine dritte Gruppe wurde in diesem Training nicht aversiv stimuliert. Der Effekt des Vortrainings auf die Reaktion, ausgelöst durch Beobachtung einer geschockten Ratte im Käfig nebenan, wurde untersucht, indem man die Unterdrückungsrate des hebeldrückenden, futterspendenden Verhaltens maß. Die Tiere, die Schocks beobachtet hatten und gleichzeitig selbst geschockt worden waren, zeigten die stärkste Reaktionsabnahme. Die Tiere, die geschockt worden waren, ohne gleichzeitig die Stimulation einer anderen Ratte zu beobachten, zeigten nur eine gewisse Reaktionsabnahme, und die Kontrollgruppe veränderte ihr hebeldrückendes Verhalten kaum. Beim Menschen können Rückschlüsse aus den Effekten eines Stimulus, der bei einer anderen Person Schmerz erzeugt, oder Rückschlüsse aus den Stimulusbedingungen, die bei einem Modell eine offenkundige Schmerzreaktion bewirkt haben mögen, ausreichen, um die Errichtung eines stellvertretend konditionierten Respondenten auf der Grundlage der vergangenen Versuchsperson-Erfahrungen in ähnlichen Situationen zu vermitteln. Oft können die Rückschlüsse des Beobachters falsch sein, da der aversive Stimulus oder die erzielte Reaktion nicht direkt beobachtbar sein können. Die Basis derartiger Konditionierung braucht nicht unbedingt von der emphatischen emotionalen Erfahrung gebildet zu werden, sondern kann auch in der Interpretation der Situation durch den Beobachter bestehen, die (wie bei den Tieren) vielleicht auf einer früheren Konditionierungserfahrung beruht, in der Schmerz gekoppelt worden ist mit schmerzbedingten Hinweisreizen im Verhalten anderer Tiere.

Verschiedene Studien weisen darauf hin, daß die Kommunikation von Emotionen zwischen Individuen äußerst fein gesponnen sein kann. Ein interessantes Beispiel sind die Ergebnisse einer Reihe von Untersuchungen, die MALMO u. a. (MALMO, BOAG und SMITH, 1957) über die Wechselbeziehung zwischen den physiologischen Zuständen zweier Erwachsener im klinischen Interaktionsrahmen durchführten. Diese Untersuchungen der »interpersonalen Physiologie« offenbarten Zusammenhänge zwischen verschiedenen physiologischen Meßwerten von Patient und Interviewer. In einer dieser Untersuchungen wurden 19 Neurotikerinnen einem *Thematic Apperception Test* (TAT) und einem Interview unterzogen. Ein überraschendes Ergebnis war der Zusammenhang zwischen den Noten, mit denen der Prüfer seine eigene subjektive Verfassung bewertete, und der mittleren Herzrate der Patienten. Wie aus Abb. 5/4 zu ersehen ist, nahm die mittlere Herzrate des Patienten im Verlauf des psychologischen Tests an den »schlechten« Tagen des Prüfers signifikant zu, während das an den »guten« Tagen nicht der Fall war. Es liegt auf der Hand, daß eine derart subtile wechselseitige Modifizierbarkeit emotionaler Reaktionen tiefgreifenden Einfluß haben könnte auf den Verlauf der psychotherapeutischen Interaktion. Eine Reihe von Untersuchungen, die MILLER u. a. (MILLER, BANKS und OGAWA, 1962; MURPHY, MILLER und MIRSKY, 1955) durchführten, hat ergeben, daß es auch zwischen Tieren zur Kommunikation von Emotionen kommt, eine Tatsache, die die Grundlage des Lernens instrumenteller Verhalten bilden kann.

Die Demonstration eines stellvertretend konditionierten Respondenten geht schrittweise vor sich. Zunächst muß nachgewiesen werden, daß der Stimuluskontext der beobachteten Situation ausreicht, um beim Beobachter eine emotionale Reaktion auszulösen. Zweitens muß gezeigt werden, daß die stellvertretende ausgelöste affektive Erregung, die so erzeugt wurde, durch einen CS konditioniert werden kann. Und schließlich muß die emotionale Reaktion andere Merkmale erlernten Verhaltens aufweisen, z. B. eine Stärke, die auch noch nach der Wegnahme des verstärkenden Stimulus andauert, bis

Herzschlagrate des Patienten

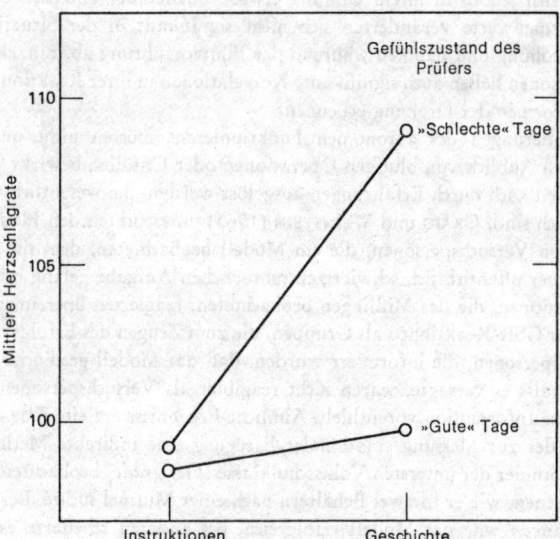

Abb. 5/4: Mittlere Zunahme der Herzschlagrate des Patienten durch den Gefühlszustand des Prüfers. Wie wir sehen, nahm die mittlere Herzschlagrate der Patienten an den »schlechten« Tagen des Prüfers stärker zu (MALMO u. a., 1957, S. 114).

die Löschung fortschreitet, oder auch die Generalisierung der emotionalen Reaktion auf andere Situationen. Es wäre auch interessant herauszufinden, ob derartige emotionale Reaktionen das stellvertretende Lernen von instrumentellen Verhalten eines Modells, mit dem die Versuchsperson emotional gemeinsam reagiert, erleichtern.

Das Ausmaß an psychologischem Streß bei Filmvorführungen ist in mehreren Studien untersucht worden. So spielten z. B. LAZARUS, SPEISMAN, MORDKOFF und DAVIDSON (1962) Collegestudenten einen Film mit einer blutigen Operation vor, die einen Teil des primitiven Pubertätsritus eines australischen Stammes bildet. Einzelne Szenen dieser Operation, z. B. ein Junge, der vor Schmerz schrie, lösten bei den beobachtenden Studenten eine Zunahme autonomer Reaktionen aus. Modifikationen der Schmerzensschreie auf der Tonspur und Kommentare zur Operation selbst veränderten den Grad autonomer Erregung. ALFERT (1966) verglich die Effekte der Beobachtung mit der direkten Erfahrung schmerzhafter Stimulation der Herzrate, des Hautwiderstands und der Atmung von Collegestudenten. Einige Versuchspersonen sahen sich einen Film über einen Unfall an. Andere wurden mit einer Streßsituation (Schockdrohung) konfrontiert. Bei beiden Gruppen begegnete man Veränderungen der Herzrate und des Hautwiderstandes, die in dieselbe Richtung zielten, sich jedoch in ihrem Umfang etwas voneinander unterschieden. Die Atmungsmeßwerte veränderten sich nicht signifikant in der Situation mit Schockdrohung und nahmen während der Filmvorführung ab. Einzelne Versuchspersonen ließen auch signifikante Korrelationen in ihrer Reaktion auf die beiden Formen der Drohung erkennen.

Veränderungen des autonomen Funktionierens müssen nicht unbedingt durch den Anblick von blutigen Operationen oder Unfällen bewirkt werden, sie können auch durch Erfahrungen ausgelöst werden, die wesentlich weniger bedrohlich sind. CRAIG und WEINSTEIN (1965) untersuchten den Hautwiderstand von Versuchspersonen, die ein Modell beobachteten, dem die Performanz einer offensichtlich schwierigen motorischen Aufgabe gelang oder mißlang. Gruppen, die das Mißlingen beobachteten, reagierten übereinstimmend mit mehr GSR-Reaktionen als Gruppen, die zum Zeugen des Erfolgs wurden. Versuchspersonen, die informiert wurden, daß das Modell geschockt werden würde, falls es versagte, waren nicht reagibler als Versuchspersonen, denen man diese Information vorenthielt. Ähnliche Ergebnisse erzielte KOBASIGAWA (1965), der zur Messung emotionaler Erregung eine indirekte Methode benutzte. Schüler der untersten Volksschulklasse *(first grade)* beobachteten einen Erwachsenen, wie er in zwei Behältern nach einer Murmel suchte. Bei einigen Durchgängen war das Modell erfolgreich, bei anderen scheiterte es völlig, und es scheiterte auch bei den restlichen Durchgängen, bei denen es sich dem festgesetzten Kriterium näherte. Die beobachtenden Kinder sollten einen Kolben drücken, der am Ende jedes Durchgangs einen Summer abstellte. Der Umfang der beobachtungsbedingten Emotionen wurde an der Reaktionszeit und am Reaktionsumfang der Kinder gemessen. Die Kinder reagierten mit signifikant stärkerem Reaktionsumfang und mit größerer Geschwindigkeit, wenn sie den entscheidenden Mißerfolg des Modells beobachteten. Der Autor zog den Schluß, daß Situationen, die das Modell differentiell frustrieren, beim Beobachter einen entsprechend veränderten Reaktionsumfang bewirken.

Wenn das Erregungsniveau des Beobachters ein Hauptfaktor der stellvertretenden klassischen Konditionierung ist, dürften Variationen dieses Erregungsniveaus mittels experimenteller Manipulationen zu unterschiedlichem stellvertretendem Lernen führen. BANDURA und ROSENTHAL (1966) testeten diese Hypothese, indem sie den Grad psychologischer Erregung variierten; dazu benutzten sie Ephinephrininjektionen in drei Dosierungen, eine Placeboinjektion, eine Placeboinjektion plus angedrohtem Schock und eine neutrale Versuchsbedingung. Die Versuchspersonen beobachteten ein Modell, das anscheinend geschockt wurde und das während seiner Performanz einer *Pursuit-Rotor-Aufgabe*[1] nach dem Ton eines Summers (CS) Schmerzhinweisreize äußerte. Die Häufigkeit der GSR's diente als Maßstab für die emotionale Reagibilität des Beobachters. Diese Studie bestätigte, daß Erregung durch die Beobachtung der Bestrafung einer anderen Person ausgelöst werden kann. Die Placeboinjektion plus Schockdrohung erhöhte die Häufigkeit konditionierter GSR-Reaktionen. Die starken Ephinephrindosierungen führten jedoch nicht zu den erhofften Ergebnissen. In den stark erregten Gruppen versuchten sich viele Versuchspersonen vom Schmerz des Modells abzulenken, indem sie konkurrierende Reaktionen (sie dachten z. B. an etwas anderes) hervorbrachten; das kann zur Verworrenheit der Untersuchungsergebnisse beigetragen haben.

Die Gleichwertigkeit der physiologischen Reaktion im Kontext beobachteter Erfahrung und im Kontext imaginierter emotionaler Szenen ist für den Kliniker besonders interessant, weil viele therapeutische Methoden versuchen, direkte In-vivo-Verhaltensmodifikation dadurch zu umgehen, daß sie sich der verbalen Erinnerung, der Beobachtung von Erfahrungen anderer oder der bildlichen Darstellung emotionaler Situationen bedienen. CRAIG (1968) verglich den Umfang und die Qualität physiologischer Erregung anhand von imaginiertem, beobachtetem und tatsächlich erlebtem Schmerz. Unbefangene, unkritische Versuchspersonen dienten als Modelle oder als Beobachter. Jede Versuchsperson wurde gebeten, sich dem *Cold-Pressor-Test* zu unterziehen, bei dem die Hand in Eiswasser getaucht wird. Alle Versuchspersonen machten diese Erfahrung in vivo, beobachteten ihren Partner und imaginierten die Erfahrung. Die Sequenz dieser Bedingungen wurde für die Versuchsgruppen ausgewogener gestaltet. Die direkte Erfahrung bewirkte signifikant stärkere Erregung als die anderen Bedingungen. Die Atmungsrate nahm unter der stellvertretenden und der imaginierten Bedingung zu und während der direkten Erfahrung ab. Die Herzrate stieg stark an beim direkten Streß und unter imaginierten Streßbedingungen, was auf die stellvertretende Bedingung nicht zutraf. Tatsächlich bemerkte man eine qualitative Differenz, da die Herzrate unter direktem und unter imaginiertem Streß zu- und unter stellvertretendem Streß abnahm. Messungen der Leitfähigkeit der Haut ergaben bei direkter Erfahrung größere Zunahmen als bei stellvertretender Erfahrung, doch unterschied sich die imaginierte Streßbedingung in signifikanter Weise weder von der direkten noch von der stellvertretenden Bedingung. Die direkte Erregung erzeugte ebenfalls Veränderungen, die über einen längeren Zeitabschnitt hin anhielten. Ähnliche Ergebnisse erzielten CRAIG und WOOD (1969). Sowohl die direkte als auch die stellvertretende Erfahrung des *Cold-Pressor-Tests* steigerte die Leitfähigkeit der Haut. Die Herzrate dagegen beschleunigte sich bei der direkten Erfahrung und nahm bei der stellvertretenden Erfahrung ab. Ging die direkte Erfahrung der stellvertretenden voraus, war die Abnahme ausgeprägter. CRAIG und WOOD interpretieren ihre Ergebnisse anhand der Hypothesen von LACEY (LACEY, KAGAN, LACE und Moss, 1963) und erklären, daß Situationen, die anhaltendes Augenmerk auf umweltbedingten Input (z. B. empathische Beobachtung) erfordern, ein Abnehmen der Herzrate bewirken müßten, während Situationen, die die Vermeidung von externem Input erfordern (z. B. der *Cold-Pressor-Test*) den Herzschlag beschleunigen müßten.

---

1 Bei dieser Aufgabe muß man mit einem Stift einen sich im Kreis bewegenden Fleck verfolgen, wobei der Stift den Fleck nicht verlassen darf. Diese Aufgabe wird vor allem in Kontexten motorischen Lernens gestellt (Anm. d. Ü.).

Obwohl diese Untersuchungen keine stellvertretende Konditionierung einschließen, enthalten sie wesentliche Implikationen für die Erforschung stellvertretend instigierter konditionierter emotionaler Reaktionen. Die qualitativen Unterschiede der Erregungsmuster bei direkten, imaginierten und stellvertretenden Erfahrungen lassen auf unterschiedliche emotionale Erregungsmuster schließen, wobei voneinander abweichende Veränderungen verschiedener autonomer Komponenten eingeschlossen sein können, die zentrale Lernprozesse und Verhaltenskonsequenzen beeinflussen können. Die Vorhersage der Variablen, die stellvertretendes respondentes Konditionieren beeinflussen, einzig und allein durch Extrapolation von Untersuchungen auf direktes Konditionieren zu treffen, dürfte also ungültig sein.

Die Zunahme von emotionaler Erregung bei einem Beobachter könnte auf eine Veränderung seiner emotionalen Dispositionen hinweisen, wenn man emotionale Zustände als Triebzustände mit richtunggebenden und potentiellen verstärkenden Eigenschaften betrachtet. Die Konsequenzen emotional erregender Beobachtung für eine instrumentelle Reaktion sind in der bereits angeführten Untersuchung von KOBASIGAWA beschrieben worden. Eine weitere Testung der Effekte emotionaler Erregung auf eine instrumentelle Reaktion wurde von DI LOLLO und BERGER (1965) durchgeführt. Collegestudentinnen beobachteten ein Modell, das im Rahmen eines angeblichen Reaktionszeitexperiments im Verlauf einer Reihe von Durchgängen vermeintlich geschockt wurde. Für einige Versuchspersonen manifestierte das Modell Schmerzhinweisreize, indem es den Arm bewegte, während andere Versuchspersonen lediglich die angebliche Schockverabreichung, aber keine Bewegung des Modells beobachteten. Kontrollpersonen beobachteten Bewegung oder keine Bewegung des Modells, ohne daß sie jedoch über die vermeintlich dem Modell verabreichten Schocks instruiert worden wären. Die Reaktionszeit der Versuchspersonen war bei derselben Aufgabe erheblich kürzer, wenn Schock wie Bewegung stellvetretend erlebt wurden. Gab das Modell keine Schmerzhinweisreize, wurde die Reaktionszeit des Beobachters nicht beeinflußt. Die Wichtigkeit der Interpretation des beobachteten Ereignisses durch den Beobachter wurde in dieser Untersuchung hervorgehoben. Gab das Modell durch keine Armbewegung zu erkennen, daß es scheinbar geschockt worden war, äußerten 23 von den 25 Versuchspersonen bei einer Befragung nach dem Experiment die Überzeugung, daß das Modell nur einen leichten oder überhaupt keinen Schock erhalten habe. So könnte also die subjektive Interpretation durch den Beobachter ausgereicht haben, um angesichts einer Szene, bei der das Modell angeblich aversiv stimuliert wurde, stellvertretende Erregung zu reduzieren.

In den bisher behandelten Untersuchungen, die das Paradigma des Lernens ohne Einübung benutzten, wird der Versuchsperson gewöhnlich versichert, daß ihr nach der Beobachtung der aversiven Behandlung des Modells keine schmerzhafte Stimulation verabreicht werde. Doch kann stellvertretendes Lernen auch dann stattfinden, wenn das Verhalten des Modells für den Beobachter direkte Konsequenzen hat. CRAIG (1967) ließ Versuchspersonen die Performanz eines Modells, das ein Zeitlabyrinth zu durchlaufen hatte, beobachten. Immer wenn dem Modell ein Fehler unterlief, wurden beide, Modell und Beobachter, geschockt. Die bestraften Versuchspersonen unterschieden sich im späteren Kontext derselben Lernaufgabe von den Versuchspersonen, die nicht geschockt wurden, sondern lediglich das geschockte Modell beobachteten. Geschockte männliche Versuchspersonen leisteten mehr Performanz, während die geschockten weiblichen Versuchspersonen weniger lernten als die nicht geschockten Gruppen. Die Tatsache, daß die Frauen die Schocks als schmerzhafter einstuften als die Männer, kann in Bezug gesetzt werden zu der subjektiven Intensität des aversiven Stimulus während der Beobachtung. CRAIG entdeckte auch, daß unbefangene Modelle wesentlich mehr Durchgänge benötigten, um die Aufgabe zu bewältigen, als die beobachtenden Versuchspersonen bei ihrem späteren Test. Diese Ergebnisse erhärten frühere Berichte über den beschleunigenden Effekt der Beobachtung. Die in diesem Abschnitt behandelten Untersuchungen deuten darauf hin, daß die Beobachtung der schmerzhaften oder frustrierenden Erfahrungen eines Modells nicht immer dieselbe intensive emotionale Erregung bewirkt wie eine direkte oder imaginierte Erfahrung, daß Beobachtung jedoch stets zumindest eine gewisse Erregung erzeugt. Dabei beeinflußt die Interpretation, die die Versuchsperson zur Beobachtung liefert, deren Reaktion. Die stellvertretende Erregung modifiziert die spätere Performanz, die der Beobachter leistet, doch sind Natur und Umfang des stellvertretenden Lernens nicht unbedingt dieselben wie bei den Lernprozessen, die vorhergesagt werden angesichts der Möglichkeit, daß sich die Versuchsperson in der Lage des Modells befinden könnte.

Merkmale der Versuchsperson und des Modells, die Effekte stellvertretenden Lernens beeinflussen

Wir haben bereits angedeutet, daß relativ stabile Modellmerkmale die Imitation von Beobachtern beeinflussen. Die Imitation nimmt dann zu, wenn der Einfluß eines Modells ausgeprägt ist, das heißt, wenn es jetzt oder früher den Zugang des Beobachters zu Hilfsmitteln, die dieser schätzt, kontrolliert hat. Verliert das Modell diese Kontrolle, nimmt die Imitation der Versuchsperson ab (vgl. z. B. MISCHEL und LIEBERT, 1967). MILLER und DOLLARD behaupteten in ihrer ersten Arbeit, der Modellstatus, der sich im Alter, in der Fertigkeit oder im Sozialprestige äußert, würde die Imitation des Beobachters steigern. Mehrere Untersuchungen haben diese Behauptung bestätigt. Schlußfolgerungen hinsichtlich der Effekte auf die Imitation der Qualität vergangener Interaktion zwischen Modell und Beobachter sind mit Vorsicht zu genießen, da die entsprechende Evidenz widersprüchlich ist. Es weist einiges darauf hin, daß die freundlich-warme Behandlung des Modells (also die nichtkontingente Zuneigung) die Imitation des Beobachters fördert, und daß dies auch dann der Fall sein kann, wenn der Beobachter selbst Zuneigung für das Modell empfindet, doch ist noch nicht geklärt worden, unter welchen Bedingungen diese Variablen Imitation fördern oder beinträchtigen (HETHERINGTON und FRANKIE, 1967; SAMPSON und INSKO, 1964).

Besonders interessant ist die Frage, wie sich die relativ stabilen Persönlichkeitsmerkmale des Beobachters auf dessen Verhaltensneigung auswirken.
Diese Auswirkungen lassen es als vorteilhaft erscheinen, wenn man die Rolle
kennt, die individuelle Unterschiede bei der Behandlungsplanung spielen.
Doch haben die Verhaltenstherapien dieser Variablengruppe bisher keine besondere Aufmerksamkeit gewidmet. Welche Patientenmerkmale erhöhen oder
vermindern die Wahrscheinlichkeit, daß der Patient mittels gewisser Modelle
neue nützliche Verhalten erwirbt? Diese Frage erfordert eine Untersuchung
aller Operationen der Verhaltensmodifikation, und in Kapitel 10 werden wir
kurz auf sie eingehen. Auf dem Gebiet des sozialen Lernens veranschaulicht
eine Untersuchung von PATTERSON, LITTMAN und BROWN (1968), inwieweit
persönliche Merkmale die Effekte von Modellverhalten einschränken. So erfaßte man den Negativismus oder den »negativen Set« von Jungen der ersten
Volksschulklasse, indem man zählte, wie oft das Kind seine ursprüngliche
Wahl bei einer Präferenzaufgabe mit Bildern veränderte, nachdem ein erwachsenes Modell dieselbe Wahl getroffen hatte. Kinder mit hohen negativen
Sets ließen auch geringe Modellerneffekte erkennen. Wann und in welchem
Grad ein negativer Set den Erwerb paralleler Verhalten beeinflußt und welches Modell, welche Aufgabe, welcher Anreiz und welche sonstige Situations-
merkmale den Umfang des negativen Sets beeinflussen können, das sind Fragen, die noch genauer untersucht werden müssen. Andere flüchtigere Merkmale des Beobachters, die, wie man entdeckte, ebenfalls das Ausmaß oder die
Qualität der Imitation beeinflussen, sind: Niveau der physiologischen Erregung, Abhängigkeit, Selbstachtung, unmittelbar vorausgegangene Erfahrungen des Scheiterns und der sozialen Isolierung, sowie ein affektiver Zustand
(Wut), der den Reaktionen des Modells (Aggression) entspricht.

So lange die Mechanismen der Imitation und des stellvertretenden Lernens
nicht besser verstanden werden, können die vereinzelten Untersuchungsergebnisse über die Effekte von situativen und Persönlichkeitsvariablen dem Kliniker einigermaßen weiterhelfen. Doch erlauben diese Ergebnisse nicht den
planvollen Einsatz dieser Variablen, mit dem Ziel, Imitationseffekte zu therapeutischen Zwecken zu verbessern. Außerdem deuten sie auf die Notwendigkeit hin, daß das Imitationsphänomen mit Hilfe einiger Konstrukte der
zentralen Prozesse erklärt werden sollte, da Versuchspersonen anscheinend
nicht nur mit simpler Imitation belohnten Verhaltens reagieren. Ihr imitatives Verhalten hängt auch davon ab, welche Aufmerksamkeit sie dem Modell schenken, welche Interpretation sie zu dem beobachteten Verhalten liefern, welche Einstellungen sie vertreten, sowie von ähnlichen komplexen
Variablen. Tatsächlich sind einige Forscher der Ansicht, daß das Beobachtungslernen von besonderem Wert sei, wenn es um die Erforschung von Vermittlungsprozessen der S-R-Theorie geht, da Daten wie BANDURAS Ergebnisse
aus dem »Lernen ohne Einübung« (GREENWALD und ALBERT, 1968) die S-R-
Theorien in rechte Bedrängnis gebracht haben.

Theoretische Probleme des stellvertretenden Lernens

Unser Überblick über Laborexperimente zum stellvertretenden Lernen hat gezeigt, daß es über Variablen, die das Beobachtungslernen beeinflussen, Daten in Fülle gibt. Doch trotz dieser mannigfachen Untersuchungen bleibt die theoretische Erklärung des Beobachtungslernens nach wie vor vage und unvollständig. Dieser Mangel mag daran schuld sein, daß klinische Psychologen das Paradigma des stellvertretenden Lernens nicht in breitem Rahmen angewandt haben. Man hat mit verschiedenen Theorien die Funktion der Verstärkung im Prozeß des stellvertretenden Lernens zu erklären versucht. Wir begegnen hier fünf wesentlichen Ansätzen.

Theorien zum parallel-abhängigen Verhalten (Miller und Dollard; Skinner)

Man hat zwei theoretische Analysen parallel-abhängigen Verhaltens vorgeschlagen. MILLER und DOLLARD (1941) stellten die Hypothese auf, daß die Aktionen des Modells dem motivierten Individuum als Hinweisreiz für parallele Reaktionen dienen. Bei der Nachahmung von Verhalten ist die entscheidende Voraussetzung für die Verstärkung des Nachahmers ein Verhalten, das dem des Modells zusehends parallel läuft. Beim parallel-abhängigen Verhalten führt die imitative Performanz des Beobachters zu direkter Belohnung, die gewöhnlich der ähnelt, die das Modell am Ende der imitierten Verhaltenssequenz bekommt. Die Triebreduktion erklärt das Stärkerwerden der imitativen Reaktion.

Die operante Analyse der Imitation (SKINNER, 1973) fußt auf der Annahme, daß bei jedem Kind durch eine Geschichte des Diskriminationstrainings ein Repertoire aus parallelen Reaktionen errichtet wird. Die wiederholte Verstärkung der Imitation von Erwachsenen, Gleichaltrigen und Tieren, die die Welt des Kindes bevölkern, führt mit der Zeit zu einer selektiven Nachahmung, und zwar aufgrund der differentiellen Verstärkung von Imitationsverhalten wie die Tischmanieren eines Gleichaltrigen, die Tätigkeiten der Mutter im Haushalt oder die Spielmuster von Geschwistern. Das Modell, dessen Verhalten das Kind mit Gewinn kopiert, wird zum S^D, in dessen Gegenwart man vermehrte und verbesserte Nachahmung erwarten darf.

Weder die HULLsche noch die SKINNERsche Interpretation scheint die Sozialisation durch imitatives Lernen hinreichend erklären zu können. Da man sich allzusehr auf die Beziehung zwischen Modell und Lernendem und auf die Verstärkung der kopierten instrumentellen Reaktion beruft sowie auf die Einschränkung der Imitation auf Reaktionen, die der Lernende ohne Schwierigkeit ausführen kann, kann der Kliniker diese Techniken nicht auf einer breiteren Grundlage anwenden. Doch demonstrieren Ergebnisse von Imitationsversuchen eindeutig, daß konformes Verhalten zumindest dann durch Verstärkung von Imitationsreaktionen errichtet werden kann, wenn es um einfache Verhalten geht und wenn die Performanz von einzelnen imitativen Verhalten direkt belohnt wird. Was nun den klinischen Bereich angeht, so zeigt die Forschung über die Bedingungen, die die Motivation einer Person, sich einem Führer anzuschließen, modifizieren, und die Forschung über andere verbal vermittelnde Faktoren, die die Wahrscheinlichkeit beeinflussen, daß ein Erwachsener eine beobachtete Reaktion blindlings nachvollziehen wird, so zeigen also beide Forschungsbereiche, daß man Parameter wie die therapeutische Beziehung und die Fertigkeit des Patienten bei der Ausführung der Modellreaktion eingehend untersuchen muß, bevor man imitative Lernmethoden zu therapeutischen Zwecken nutzen kann.

Mowrers Imitationstheorie

MOWRER (1960 a) schlug zwei Erklärungen des Beobachtungslernens vor. Bei der unmittelbaren Verstärkung des Beobachters, die zur selben Zeit wie die Performanz des Modells stattfindet, verbindet sich die beobachtete Reaktion so lange mit positiver Verstärkung, bis sie sich allmählich sekundäre Belohnungsmerkmale aneignet. Wird der Beobachter nicht direkt verstärkt, so glaubt man, daß Lernen deshalb stattfindet, weil der Beobachter sowohl die mit der Reaktion korrelierten Stimuli als auch — in stellvertretender Weise durch die Vermittlung der eigenen instigierten konditionierten emotionalen Reaktionen — die verstärkenden Konsequenzen des Modellverhaltens erfahre. Diese Erfahrung erzeuge positives sensorisches Feedback, und das sei der Grund dafür, daß der Beobachter dazu neigt, die Reaktionen des Modells zu imitieren.

Banduras Imitationstheorie

BANDURA (1965 b) schlug eine Kontiguitätstheorie des Beobachtungslernens vor. Die perzeptuellen, symbolischen und sensorischen Ereignisse besitzen Hinweisreizeigenschaften, die später den offenen Reaktionen, die früher beobachtet worden sind, als diskriminative Stimuli dienen. So lernt der Beobachter, gewisse Reaktionen mit den beobachteten Bedingungen zu verbinden. Diese Verbindungen liefern (ohne Performanz des eigentlichen Verhaltens) die Imitationsgrundlage, wenn der Beobachter sich nun in einer ähnlichen Lage wie davor das Modell befindet und wenn er zum Handeln hinreichend motiviert ist. BANDURA stellt fest, daß »es bei dieser Art des Reaktionserwerbs imaginäre und verbale Darstellungen von Modellernstimuli sind, die die anhaltenden Lernergebnisse von Beobachtungserfahrungen bilden« (1965 b, S. 47).

Dieses Konzept stellt den Erwerb paralleler Reaktionen auf die Grundlage der Stimuluskontiguität. Da sich die meisten Experimente mit Reaktionen befassen, die im Repertoire des Beobachters bereits enthalten sind, ist die Frage, wie der Beobachter die Fertigkeit zur Ausführung der imitierten Reaktion erwirbt, nicht entscheidend. Außerdem unterscheidet BANDURA zwischen dem Lernprozeß während der Beobachtung und der Performanz der imitierten Reaktion in Testsituationen. In diesen Situationen kann die Tatsache, daß Verstärkung zur Verfügung steht, die Performanz des davor gelernten Verhaltens modifizieren. Ein Experiment von BANDURA (1965 a) stützte dessen Hypothese, daß die einem Modell verabreichten Verstärkungen zwar die Performanz, nicht aber den Erwerb von parallelen Reaktionen durch den Beobachter beeinflussen sollen. Kinder schauten sich Filme über aggressive erwachsene Modelle an, die für ihre Reaktionen belohnt oder bestraft wurden oder überhaupt keine Konsequenzen verabreicht bekamen. In dem sich anschließenden Test produzierten die drei Kindergruppen, wie vorhergesagt, differentielle Mengen imitativen Verhaltens. Offerierte man nun jedoch den Kindern aller Gruppen dafür, daß sie das aggressive Verhalten des Modells reproduzierten, attraktive Verstärker, wurden die davor beobachteten Performanzunterschiede ausgeschaltet und demonstrierten alle Kinder ähnliche Lerneffekte. Vom experimentellen Standpunkt aus gesehen ist BANDURAS Untersuchung deshalb wichtig, weil sie auf die Notwendigkeit einer sorgfältigen Trennung zwischen den Variablen, die das Lernen im Verlauf der Beobachtung beeinflussen, und den Bedingungen aufmerksam machen, die die Wiederholung solcher gelernter Verhalten in späteren Tests fördern oder hemmen.

BANDURAS Vermittlungshypothese wird auch durch eine Untersuchung von GREENWALD und ALBERT (1968) gestützt. Dabei verfolgten Beobachter, wie ein Modell eine visuelle Diskriminations-Vermeidungsaufgabe löste. Diese Beobachter wurden später in derselben Aufgabe getestet, doch wurde die räumliche Position zur Apparatur für einige Gruppen turnusmäßig gewechselt oder die instrumentelle Reaktion wurde von einer Hand auf die andere verlagert. Dabei fand man, daß nur die Gruppe, bei der Orientierung *und* Handfunktion verändert worden waren, etwas schlechter performierte als ihr Modell. Bei den anderen Gruppen konnte nachgewiesen werden, daß ihr Lernen durch Beobachtung ebenso erfolgreich war wie ihr Lernen durch Praxis. Der Nachweis eines positiven Transfers, der sogar dann gelang, wenn spezifische Reaktionsvoraussetzungen aus dem Beobachtungsprozeß ausgeschaltet und in die Performanzbedingungen eingebaut wurden, scheint die Behauptung BANDURAS zu stützen, daß es sich bei dem, was während der Beobachtung gelernt wird, nicht um eine Reihe spezifischer Einzelreaktionen handelt, sondern um einen allgemeinen Set »imaginärer und verbaler Darstellungen«, der so verändert werden kann, daß er etwas anderen Stimulusbedingungen entspricht.

Gewirtz' Modell des konditionierten Diskriminationslernens

In einer ihrer Abhandlungen erläutern GEWIRTZ und STINGLE (1968) einen einfachen Mechanismus des Erwerbs und der Aufrechterhaltung generalisierter Imitation. Auch enthält diese Abhandlung eine eingehendere Analyse, die lediglich auf den Prinzipien des operanten Konditionierens basiert. Die Autoren erblicken in der Imitation einen besonderen Typus der gelernten Stimuluskontrolle über eine Klasse funktional aufeinander bezogener (imitativer) Reaktionen, die — wie andere Verhalten auch — durch äußere Verstärkung erworben werden. GEWIRTZ und STINGLE führen den Ursprung der Imitation auf die frühe Verstärkung imitativer Reaktionen des Kleinkindes zurück. Nachdem das Kleinkind einen Erwachsenen in vielen Fällen, die ihrem Inhalt nach zwar variieren können, imitiert hat, hat es wiederholt erfolgreiche Imitation erlebt. So wird eine Klasse funktional äquivalenter Verhalten — und damit eine generalisierte Tendenz zur Imitation — erworben, da alle diese Verhalten in einem bestimmten Stimuluskontext (Modellhinweisreize) dasselbe Los der Verstärkung teilen.

Die Entwicklung dieser Klasse verläuft analog dem Training von Versuchspersonen bei Aufgaben des diskriminativen Zuordnungslernens. In dieser Laboraufgabe lernt der Mensch oder das Tier lediglich auf die Ähnlichkeit zwischen einer Reihe von Vergleichsstimuli und einem Standardstimulus zu reagieren, wobei der spezifische Charakter der entsprechenden Reihe von Formen oder Objekten von Durchgang zu Durchgang variiert. »Bei jedem Durchgang begegnen wir einer Analogie zwischen der Reaktion auf den Vergleichsstimulus, der dem begrenzten, dem Standardstimulus entsprechenden Stimulusaufgebot *(sample)* entstammt, und zwischen der Reaktion, die die Versuchsperson aus einer großen Gruppe von Alternativen (: ihr eigenes Repertoire) auswählt und die den Hinweisreizen entspricht, welche durch die Reaktion des Modells — durch die imitative Reaktion also — bereitgestellt werden« (GEWIRTZ und STINGLE, 1968, S. 380). Diese Formulierung entzieht sich der wesentlichen Kritik an der wechselseitigen Zuordnung von Reaktionen, an dieser spezifischen Zuordnung, die andere S-R-Formulierungen nötig macht. Diese Kritik erübrigt sich deshalb, weil die Nachahmung in diesem Fall ein generalisierter Prozeß ist, anstatt reaktionsspezifisch zu sein.

Man nimmt an, daß die Imitation deshalb erhalten bleibt, weil im Alltag zahllose Imitationsverhalten von außen her zumindest intermittierend verstärkt werden. Daher kann dieses Paradigma im Kontext des Erwerbs von imitativem Verhalten auf das Konzept der inneren und der stellvertretenden Verstärkung verzichten. GEWIRTZ und STINGLE machen aufmerksam auf die in der frühen Sozialisation allgegenwärtige Überschneidung von Verhalten des Kindes, die von den Erwachsenen als Fortschritt hin zu kompetenteren und reiferen Verhaltensweisen betrachtet werden, und solchen Verhalten, welche das Kind an älteren Modellen beobachtet hat. So aber kann die Verstärkung zunehmender Kompetenz zugleich Verstärkung generalisierter Imitation sein. Obgleich sich die Inhalte, die Modelle und die Verstärkungspläne verändern können, wenn das Kind größer wird, wird die allgemeine Reaktionsklasse »Imitation« während der ganzen Entwicklung des Kindes verstärkt.

Diese Autoren haben das Imitationsmodell ausgeweitet auf den Erwerb von allgemeinen Einstellungen, Werten und Motiven, die von anderen stammen, womit sie eine wenn auch dürftige Basis zur Beschreibung der Entwicklung der Identifikation überhaupt lieferten. Die Imitation Erwachsenenverhaltens im Spiel der Kinder, die Annahme, daß die Modelle große Verhaltenssegmente (Rollen) aufweisen und die sich mit der Zeit einstellende Performanz komplexer Repertoires, die den Repertoires eines oder vieler Modelle ähneln, das alles sind Ereignisse, die (wie im einfachen Fall auch) von der Menge extrinsischer Verstärkung abhängen, die für diese Verhalten während ihres Erwerbs zur Verfügung steht. Diese Auffassung erschließt den Weg zur Exploration von Veränderungen des Identifikationsgehalts, da man bei einem bestimmten Modell oder einer bestimmten Reaktionsklasse Löschung erwarten sollte, wenn sich imitativem Verhalten unter besonderen Bedingungen differentielle Nichtverstärkung anschließt. So unterstreicht die Auffassung von GEWIRTZ und STINGLE die Rolle, die die direkte Verstärkung für den Beobachter von Imitationslernen spielt; auch sie verwirft vermittelnde oder Stimulus-Kontiguitäts-Mechanismen als grundlegende Prozesse der Imitation, und schlägt statt dessen ein Modell vor, bei dem sich die sozialen Bedingungen früher Entwicklung mit Lernprozessen verbinden, um so einen besonderen Typus eines sozialen Lernmechanismus entstehen zu lassen. Dieses Modell weist interessante Implikationen für neue Forschungsansätze der Entwicklungspsychologie auf, und es ist ein hervorragendes Beispiel dafür, wie man das einfache S-R-Modell zur Analyse und Erklärung von komplexen sozialen Prozessen benutzen kann. Die Entwicklungsfähigkeit dieses Modells hängt von der Verifizierung der umfassenden Annahmen ab, von denen die Autoren in bezug auf die Verbreitung und die übliche Entwicklung von Imitationsverhalten im Säuglingsalter und in der Kindheit ausgingen.

Bergers Hypothese der stellvertretenden Instigation

BERGER (1961, 1962) unterstrich, wie wichtig es sei, Prozesse stellvertretenden Lernens von den Auswirkungen zu trennen, die die direkte Verstärkung auf den Performer hat. Er argumentiert, daß bei jeder Demonstration stellvertretender Verstärkung alle möglichen Quellen einer direkten Verstärkung des Beobachters ausgeschaltet werden müssen. Diese Forderung ist schwierig zu erfüllen, da Versuchspersonen, die mit Modellverhalten konfrontiert werden, häufig annehmen, daß diese Verhalten lediglich ein Vorspiel zu ihrer eigenen Performanz ähnlicher Reaktionen sind. Die verbreitetsten Ursachen für die Entstellung der direkten Verstärkung bei der Untersuchung von stellvertretenden Prozessen sind für BERGER folgende: direkte Verstärkung des Beobachters für Imitationsverhalten; die Möglichkeit, daß die Modellreaktionen dem Beobachter als diskriminative Stimuli für spätere direkte Verstärkung dienen können; und die Bedingung, unter der die Performanz des Modells selbst direkt verstärkende Auswirkungen auf den Beobachter haben kann, weil die Reaktionen des Performers entsprechend geartet sind. BERGERS Definition der stellvertretenden Instigation schränkt diesen Begriff auf Verhalten ein, bei dem der Beobachter in Verbindung mit der unkonditionierten emotionalen Reaktion des Performers eine emotionale Reaktion erfährt. Experimentelle Situationen, in denen andere Hinweisreize dazu dienen, die

Reaktion des Beobachters auszulösen, werden als Fälle *scheinbar stellvertretender Instigation* dargestellt.

Der Nachdruck, den BERGER darauf legte, daß die Verhaltensübung des Beobachters und ihre im Verlauf der Beobachtung potentiell verstärkenden Konsequenzen kontrolliert werden müßten, wird durch verschiedene Experimente klar, die die Rolle der Praxis des Beobachters untersuchten. Ein theoretischer Standpunkt, der die Möglichkeit anerkennt, daß Lernen ohne Reaktionsübung stattfinden könne, setzt voraus, daß jede Testung derartigen Lernens frei von direkter Verstärkung sei. Hätte ein Beobachter die Gelegenheit, verdeckte oder symbolische Reaktionen auszuführen, würden dem Beobachter durch eine derartige Performanz Verstärkungsmöglichkeiten entstehen. BERGER (1966) fand, daß ein Großteil seiner Beobachter seine kritischen Reaktionen während der Konfrontation mit dem Modellverhalten emittierte. Außerdem zeigte er, daß das Zurückhalten beobachteter Reaktionen durch den Umfang dieser Übung bedingt ist. Zur Performanz kam es sogar dann, als die Beobachter instruiert worden waren, daß sie an dem Experiment nicht teilnehmen würden, und als sie kaum annehmen durften, daß sie später verstärkt werden würden. Aus diesen Experimenten folgerte BERGER, daß das Beobachtungslernen möglicherweise aus der fortwährenden Tendenz der Beobachter resultiert, Modellverhalten während der Expositionsphase zu praktizieren.

Das Verhältnis des stellvertretenden Lernens zur Sozialpsychologie und zu verschiedenen Forschungsrichtungen

Bei diesem Überblick über das Imitationslernen lag der Schwerpunkt weniger auf dem Prozeß, *in dem man zu imitieren lernt,* als auf dem Prozeß *des Lernens durch Imitation,* weniger auf den O- und R-Variablen als auf den S- und K-Variablen unserer Verhaltensgleichung. Die persönlichen und emotionalen Bedingungen und der Verhaltensinhalt, die die Neigung einer Person zur Nachahmung determinieren, sind für den Sozialpsychologen von zentralem Interesse. All diese Merkmale haben wir in Tab. 5/2 zusammengefaßt. Allerdings sind sie auch relevant beim Studium der Entwicklung von Einstellungen, der Dynamik der Überzeugungskraft und der sozialen Angepaßtheit. Die Typen I bis V der Tab. 5/2 enthalten Situationen, in denen das Modellverhalten hauptsächlich als Hinweisreiz für die unabhängigen Aktionen des Beobachters dient. Die beschleunigenden Effekte der Gegenwart einer anderen Person oder der Beobachtung allein müssen von der Imitation, wie sie unter den Typen VI bis IX dargestellt wird, unterschieden werden. Eine Beobachtung, die einen Effekt erzielt, genügt nicht, um daraus Imitation abzuleiten. Der spezifische Effekt muß in einer Performanz des Beobachters bestehen, die der des Modells stark ähnelt.

Um die kontinuierliche Verbindung zwischen stellvertretendem Lernen und anderen Arbeitsbereichen der Sozialpsychologie zu veranschaulichen, dürften zwei Beispiele genügen. Man hat die Hypothese aufgestellt, daß die *bloße Anwesenheit* eines anderen Organismus das allgemeine Erregungsniveau steigert und dadurch alle Reaktionstendenzen mit Energie speist (ZAJONC, 1965). Aus dieser Hypothese ließen sich differentielle Vorhersagen des Beobachtungslernens in Situationen stellvertretenden Lernens ableiten, in denen das anfängliche Triebniveau und konkurrierende Reaktionstendenzen variiert werden. Auch sind weitere Vorhersagen individuellen Verhaltens in sozialen Gruppen auf der bloßen Grundlage der sozialen Erleichterung möglich, so z. B. die Steigerung von Eß-, Trink- und Kopulationsverhalten, die dann stattfindet, wenn Tiere gemäßigten Triebniveaus mit anderen Tieren konfrontiert werden (ZAJONC, 1968). Die Behauptung, ein Modell könne auf die Performanz der Versuchsperson enthemmenden oder einengenden Einfluß ausüben, ist unter Typ IV von GILMORES Klassifikation imitativen Verhaltens einzuordnen (vgl. Tab. 5/2). Doch muß jedermann, der sich für die treibenden emotionalen Ansteckungskräfte in sozialen Gruppen interessiert, den richtungweisenden Einfluß eines Modells verstehen, der sich darin bemerkbar macht, daß instrumentelle Verhalten auf ein spezifisches Ziel hin kanalisiert werden, ebenso wie er die Interaktion mit der vorherrschenden Reaktionsdisposition der Gruppe verstehen muß.

Mit dem Einfluß der vergangenen Geschichte der Versuchsperson haben sich nur wenige Untersuchungen befaßt, obgleich Experimente der Sozialpsychologie gezeigt haben, wie Persönlichkeitsvariablen die Wahrnehmung anderer, die Empfänglichkeit für soziale Zwänge und andere Verhaltensdispositionen, die beim stellvertretenden Lernen wichtig sind, fortlaufend beeinflussen. In seiner Zusammenfassung eines Symposiums, das die soziale Erleichterung und Imitation zum Thema hatte, umriß HOPPE (1968) diesen Trend zur Annäherung zwischen Sozialpsychologie und Imitationsforschung:

»Da das Studium der sozialen Erleichterung die Untersuchung jedes Verhaltenstypus mit einschließen kann, der durch die Gegenwart anderer (ganz gleich, was diese auch tun) beeinflußt wird, ist eben dieses Studium für die Imitationsforschung wesentlich. Tatsächlich bildet die Untersuchung der sozialen Erleichterung einen grundlegenden Bestandteil der Sozialpsychologie. Imitatives Verhalten ist weit verbreitet, und sein Verständnis ist Voraussetzung für das Verständnis vieler Arten sozialen Verhaltens. So kann die Imitationsforschung selbstverständlich durch das Verständnis der sozialen Erleichterung gefördert werden« (Hoppe, 1968, S. 244).

Jüngste theoretische Analysen von Prozessen stellvertretenden Lernens lassen gewisse Fragen über die grundlegenden Mechanismen unbeantwortet. Die Imitation eines Modells könnte determiniert sein durch ein frühes Entwicklungsmuster, in dessen Kontext ein genereller Imitationsset fortwährend verstärkt wurde. So könnte die Imitation *per se* bei älteren Individuen ein starker sekundärer Verstärker sein. Die Untersuchung von GREENWALD und ALBERT steht im Hinblick auf die Durchleuchtung der Spezifität des gelernten Imitationsverhaltens fast allein. Obgleich die experimentelle Arbeit der Autoren den Schluß nahelegt, daß Imitationsverhalten beim Duplizieren der beobachteten Reaktion nicht exakt ausfällt, fehlt es nach wie vor an experimenteller Evidenz des Grads der Generalisierung oder des Transfers von Modellverhalten auf neue Situationen. Diese Evidenz ist insofern besonders wichtig, als sich das stellvertretende Lernen in klinischen Situationen primär nicht auf den Erwerb situationsspezifischer Reaktionen, sondern auf das Lernen allgemeiner Verhaltensregeln konzentrieren würde. Theoretisch würde diese Evidenz zur Unterscheidung beitragen zwischen der Hinweisreizfunktion von Modellreaktionen bei der Ausführung dieses oder jenes Sets von Beobachterverhalten einerseits und der Funktion von Modellreaktionen als Prototypen ihrer präzisen Adoption durch den Beobachter.

Experimentelle Daten haben sich hauptsächlich mit dem Verhaltenserwerb durch Imitation befaßt. Material über die Dauerhaftigkeit der imitierten Reaktion ist nach wie vor gering. Obwohl die Reaktion im Verlauf eines einleitenden Tests imitiert werden kann, können viele andere Faktoren bestimmen, ob das imitiative Verhalten über einen langen Zeitabschnitt hinweg aufrechterhalten wird. Ein weiteres experimentelles Problem besteht in der Bestimmung der genauen Wahrscheinlichkeit, die die imitierte Reaktion im Repertoire des Beobachters vor der Beobachtung aufweist. Ein guter Teil der Effekte des Modellernens kann darauf zurückzuführen sein, daß die Aufmerksamkeit des Beobachters auf potentiell effektive Verhalten in einer sozialen Umwelt gelenkt wird. Die Rolle, die Erfahrungen am Modell dadurch spielen können, daß sie diskriminative Kontrolle ermöglichen, würde sich als besonders nützlich erweisen, wenn es um die Modifikation des Verhaltens von Einzelpersonen ginge, die in ihrer Performanz der erforderlichen Reaktion relativ kompetent sind, denen es jedoch nicht gelingt, durch differenzierte Stimuluskontrolle derartige Verhalten zur richtigen Zeit zu äußern. Eine weitere Klärung dieser und anderer Punkte würde die praktische Anwendung von Techniken stellvertretenden Lernens entscheidend erleichtern.

Auswirkungen des Modellernens in Feldsituationen und bei klinischen Problemen

Die vorteilhaften Effekte des Modellernens auf altruistisches Verhalten erforschten BRYAN und TEST (1967) in einer Reihe von Untersuchungen. Den »natürlichen« Rahmen des Experiments bildete ein Wagen, der mit einer Reifenpanne am Straßenrand liegengeblieben war, und dessen Besitzerin, eine junge Dame, auf Hilfe wartete. Vierhundert Meter davon entfernt spielte sich die experimentelle Situation ab: Dort wurde an einem anderen Wagen ein Reifen montiert und diesem Reifenwechsel schaute ein zweites Mädchen zu. Die abhängige Variable bestand in der Anzahl von Wagen, die hielten und deren Besitzer der ersten jungen Dame ihre Hilfe anboten. In drei anderen Experimenten wurde in einem Einkaufszentrum mit Hochbetrieb für die Heilsarmee gesammelt, wobei drei Modelle spendeten. Die Ergebnisse stimmten für alle vier Situationen überein. Die Gegenwart eines helfenden

Modells steigerte signifikant altruistisches Verhalten. Die spezifischen Mechanismen des altruistischen Verhaltens, das der Beobachter unter derart natürlichen Bedingungen an den Tag legte, sind wesentlich komplexer, und es ist schwierig, sie lediglich mit Hilfe eines Modellerneffekts darzustellen. Trotzdem wiesen diese Untersuchungen den allgemeingültigen Erleichterungseffekt nach, den ein Modell auf komplexe soziale Verhalten ausüben kann. Die eben beschriebene experimentelle Situation findet ihre Parallele in der weitverbreiteten Verkaufspraxis, die darin besteht, daß man einen Kunden vorführt, der den betreffenden Artikel gerade benutzt, um so die Kaufwiderstände des Beobachters zu vermindern. Am klarsten tritt uns solches Modelllernen im amerikanischen *shill*[1] entgegen, jener Figur, die in einer Menge immer der erste ist, um hervorzutreten und sich an einer Lotterie, einem Kartenspiel oder einem ähnlichen Unternehmen zu beteiligen.

Die Behandlung von Phobien mit Prozeduren des Modellernens

Eine direkte Testung der Effektivität des Modelltrainings positiver Verhalten bei der Reduktion von Angst- und Vermeidungsreaktionen wurde von BANDURA, GRUSEC und MENLOVE (1967) durchgeführt. Vorschulkinder mit Angst vor Hunden beobachteten, wie sich im Rahmen einer fröhlichen Partystimmung ein angstfreies *Peer*-Modell einem Cockerspaniel näherte. An vier aufeinanderfolgenden Tagen beobachteten die hundephobischen Kinder das *Peer*-Modell beim Streicheln, beim Füttern und bei anderen positiven Interaktionen mit dem Hund. Eingeführt wurde diese Situation im Kontext einer Party mit Süßigkeiten, Luftballons und bunten Hüten. Die vorgeführten Annäherungsreaktionen fanden stufenweise statt und wurden in jeder Sitzung stärker. Kontrollgruppen aus anderen Kindern, die ebenfalls Angst vor Hunden hatten, wurden konfrontiert 1. mit denselben stufenweise angeordneten Modellstimuli, die allerdings in einem neutralen Rahmen dargeboten wurden; 2. mit der bloßen Beobachtung des Hundes, in einem positiven Kontext ohne Modell; 3. mit der Beteiligung an den positiven Partyaktivitäten, ohne Konfrontation mit dem Hund oder dem Modell. Die Kinder, die das *Peer*-Modell beim angstfreien Umgang mit dem Hund beobachtet hatten, zeigten bei späteren Verhaltenstests eine signifikant stärkere Reduktion von Vermeidungsverhalten. Diese Angstreduktion existierte — das ergab eine spätere Bewertung — noch einen Monat nach dem abschließenden Behandlungstest. Die Ergänzung des Modellverhaltens durch den positiven Kontext erwies sich als nicht besonders vorteilhaft. Spätere Untersuchungen, die von derselben Forschergruppe mit ähnlichen Prozeduren durchgeführt wurden, zeigten, daß bei der Reduktion der Ängste von Kindern In-vivo-Demonstrationen wirksamer sind als symbolisches Modellernen (z. B. mit Hilfe von Filmen), doch kann man diesen Nachteil dadurch ausgleichen, daß man in die Filme ein breiteres Spektrum von Modellen und aversiven Stimuli aufnimmt

---

1 In der Regel der Gehilfe eines Schaustellers oder Hausierers, der durch Scheinkauf etc. die Kauflust des Publikums anregt, in: MURET und SANDERS, München: Langenscheidt, 1969 (Anm. d. Ü.).

(BANDURA und MENLOVE, 1968). Würden die Unterschiede zwischen der direkten und der symbolischen Erfahrung mit einem Modell repliziert werden, so stieße man auf wichtige Schlußfolgerungen für Desensibilisierungs- (und möglicherweise auch für aversive Konditionierungs-) Therapien, die sich gewöhnlich auf symbolische Stimuli stützen.

Man hat die Wirksamkeit von Behandlungsmethoden, die sich des Modelllernens bedienen, mit der Effizienz von Desensibilisierungsmethoden verglichen, wobei man sich der Kriterien affektiver, behavioraler und einstellungsbedingter Veränderungen bei schlangenphobischen Jugendlichen und Erwachsenen bediente (BANDURA, BLANCHARD und RITTER, 1968). Die Autoren sorgten für vier Versuchsbedingungen. 1. Versuchspersonen, die in angsthemmender Entspannung instruiert worden waren, schauten sich Filme an, in denen Modelle zunehmend angstauslösende Interaktionen mit einer Schlange erlebten. Die Versuchspersonen kontrollierten ihre Reaktionsrate auf die Filme, indem sie, immer wenn sie ängstlich wurden, Entspannung praktizierten und sich die Filme noch einmal von Anfang an ansahen. 2. Versuchspersonen beobachteten wiederholt ein lebendes Modell in seiner zusehends engeren Interaktion mit einer Schlange. Bei jedem Schritt führten die Versuchspersonen das Verhalten aus, das sie am Modell beobachtet hatten. Auch in diesem Fall wurden die Fortschritte, die auf dem stufenweise angeordneten Annäherungsverhalten basierten, durch den Angstbericht der Versuchspersonen selbst kontrolliert. Erst wenn die eine Annäherungsreaktion angstfrei war, wurde der nächste Schritt getan. 3. Die dritte Gruppe wurde der Standardprozedur der systematischen Desensibilisierung WOLPES (siehe Kapitel 4) unterzogen. Die Therapie dauerte höchstens sechs Stunden (das war die maximale Behandlungszeit für alle Gruppen) bzw. so lange, bis alle Schlangenängste gelöscht waren. 4. Eine Kontrollgruppe unterzog sich allen Vor- und Nachtests, erhielt jedoch keine Behandlung. Als die Gruppen anhand eines behavioralen Vermeidungstests miteinander verglichen wurden, erwies sich die Kontrollgruppe als unverändert. Die Entspannungsgruppe, die sich des symbolischen Modellernens bedient hatte, und die Desensibilisierungsgruppe wiesen wesentlich verbesserte Annäherungsverhalten auf. Bei der Gruppe, die Modellernen *in vivo* praktiziert hatte, waren es 92 Prozent der Versuchspersonen, deren Vermeidungsverhalten ausgeschaltet worden war. Außerdem reduzierten beide Behandlungsweisen, die sich des Modellernens bedienten, auf signifikante Weise die berichtete antizipatorische Angst vor dem Verhaltenstest und die berichtete Angst während des Tests.

Ungewöhnlich an dieser Untersuchung ist, daß sie auch Einstellungsmessungen (Schätzskalen und semantische Differentiale) enthielt. Untersuchungen des sozialen Lernens und der experimentellen Sozialpsychologie haben evident gemacht, daß anhaltende Einstellungsänderungen am effektivsten dadurch induziert werden, daß man die Person veranlaßt, neue Verhalten zu emittieren, ohne daß es dabei zu ungünstigen Konsequenzen für das Einstellungsobjekt käme. Wie schon als Hypothese festgestellt, fanden BANDURA und seine Kollegen, daß diese »behaviorale Strategie« die stärksten Verhaltensänderungen in der Gruppe herbeiführte, die Modellernen *in vivo* und echte Praxis übte. Die Gruppen mit Desensibilisierung und symbolischem Modellernen, bei denen man auf die Löschung des negativen Affekts abzielte — ein Verfahren, das man als affektorientierten Ansatz der Verhaltensänderung bezeichnen kann — wiesen vorteilhafte Einstellungsänderungen auf, allerdings in einem geringeren Maße als die Versuchspersonen, die erfahrungsmäßiges Feedback erhalten hatten. Auch die Generalisierung der reduzierten Angst auf Stimuli, die keine Schlangen waren, war bei der Gruppe am ausgeprägtesten, die Modellernen *in vivo* und echte Praxis übte. Die Gruppe mit symbolischem Modellernen zeigte Reduktion sowohl in ihrer Angst vor Tieren als auch in anderen Bereichen, während sich die Generalisierung der Angstreduktion bei den Versuchspersonen, die mit Desensibilisierung behandelt wurden, lediglich auf andere Tiere erstreckte. Bei einer Nachuntersuchung nach einem Monat stellte sich heraus, daß alle erzielten Besserungen anhielten.

Noch ein Merkmal dieser Untersuchung verdient besonders erwähnt zu werden. Die Autoren bemerkten nämlich, daß, erzielt eine bestimmte Therapie nur schwache Kontrolle über Verhalten, andere Variablen (z. B. die Persönlichkeit des Patienten und Charaktermerkmale des Therapeuten) das Behandlungsergebnis stark beeinflussen können. Um zu beweisen, daß es weniger persönliche Merkmale als die Behandlung selbst war, die bewirkte, daß Versuchspersonen nicht alles schlangenphobische Verhalten ablegten, wurden die Versuchspersonen mit symbolischem Modellernen und mit Desensibilisierung konfrontiert, während die Kontrollpersonen anschließend mit der Prozedur des In-vivo-Modellernens und der gesteuerten Erfahrung behandelt wurden. Innerhalb einiger kurzer Sitzungen verloren all diese Versuchspersonen ihr ganzes schlangenphobisches Verhalten und sie zeigten dieselbe Generalisierung der Angstreduktion und dieselben Einstellungsänderungen wie die Gruppe, die dem In-vivo-Modellernen unterzogen worden war.

Schlangenphobische Kinder, die in Gruppen mit dem In-vivo-Modellernverfahren oder mit demselben Verfahren plus gesteuerter Erfahrung behandelt wurden, zeigten ähnliche Ergebnisse (RITTER, 1968). Durch das Modellernen allein wurde die Schlangenphobie bei 53 Prozent der Kinder völlig gelöscht, während der entsprechende Anteil bei den Kindern mit Modellernen plus gesteuerter Erfahrung 80 Prozent betrug; beide Behandlungen nahmen lediglich zwei Sitzungen à 35 Minuten in Anspruch.

Wir haben die Untersuchung von BANDURA, BLANCHARD und RITTER eingehender beschrieben, da sie zu den wenigen gehört, die sich mit der relativen Wirksamkeit und Leistungsfähigkeit verschiedener Verhaltensmodifikationstherapien befaßt und da sie verschiedene wichtige Veränderungskriterien berücksichtigt. Besonders wichtig für die künftige klinische Anwendung wird die Forschung sein, die die Mechanismen gründlich durchleuchtet, durch die das Modellernen und die gesteuerte Erfahrung erst wirksam werden. Auch in diesem Kontext besitzen die kritischen Anmerkungen Gültigkeit, die wir in Verbindung mit den Analogstudien und den Untersuchungen zur Desensibilisierung machten, wobei wir betonten, wie wichtig es ist, sowohl die theoretischen als auch die praktisch-technischen Aspekte einer Prozedur zu verstehen.

BANDURA (1968) erklärt die Löschungseffizienz der Kombination aus Modellernen und gesteuerter Partizipation mit der Zwei-Prozeß-Theorie des Vermeidungsverhaltens (RESCORLA und SOLOMON, 1967), die wir bereits in einem früheren Kapitel behandelten. Nach diesem Paradigma reduziert das wiederholte Modellernen von Annäherungsreaktionen beim Beobachter das Erregungspotential des aversiven Stimulus auf ein Niveau, das niedriger liegt als das, welches zur Aktivierung von Vermeidungsreaktionen nötig ist. In diesem Fall kann der Beobachter, wenn auch etwas ängstlich, Annäherungsverhalten praktizieren, wobei er durch diese neuen Verhalten positive Konsequenzen erfährt. Diese vorteilhaften Konsequenzen konkurrieren mit allen Angstrückständen und Vermeidungstendenzen mit dem Ziel, Einstellungsänderungen und angstfreie Annäherungsverhalten zu bewirken. Es ist interessant, daß WOLPE, SALTER und andere bei ihren Angstlöschungsversuchen mit In-vivo-Prozeduren begannen, wobei WOLPE der Bequemlichkeit halber zu symbolischen Stimuli (imaginierte Szenen) überging. Andere Versuchsleiter haben es in jüngster Zeit mit stufenweisen, *in vivo* praktizierten Annäherungsverfahren versucht, ohne vorhergehende symbolische oder Modellerndesensibilisierung; allerdings waren ihre Erfolge dürftig. BANDURAS Kombination aus direkter und indirekter Erfahrung ähnelt mehr der Prozedur MEYERS (1966), der seine Patienten mit jedem Hierarchie-Item konfrontiert, sobald das Item mit WOLPES Prozedur desensibilisiert worden ist. Eine provozierende Frage handelt also davon, inwieweit Ähnlichkeit oder Verschiedenheit besteht zwischen Effizienz und Mechanismen der imaginierten Szenen WOLPES, in denen Nichtvermeidungsverhalten praktiziert wird, und Effizienz und Mechanismen der Konfrontation mit symbolischen Modellen unter ähnlichen Umständen. BANDURA u. a. benutzten in der oben erwähnten Studie die Entspannung während der Konfrontation mit symbolischen Modellen als konkurrierende Reaktion. HUMPHERY (1966) verwandte an Stelle von Entspannung Süßigkeiten, um Reaktionen auszulösen, die der Angst von phobischen Kindern entgegenwirken sollten; im übrigen ähnelte seine Prozedur stark dem in dieser Untersuchung dargestellten symbolischen Modellernen (z. B. Patientenkontrolle des Behandlungsfortschritts durch die Hierarchie und Verwendung von projizierten Stimuli). Und schließlich deutet die Tatsache, daß das lebende Modell dem symbolischen überlegen ist, darauf hin, daß die Nutzung tatsächlicher Erfahrungen die Effektivität der üblichen systematischen Desensibilisierungsprozedur steigern kann. Eine sorgfältige Kombination imaginierter Modifikation im Gespräch mit Situationen mit lebenden Modellen kann ebenfalls ein Behandlungsprogramm erbringen, in dem verschiedene verbale und aktive Verhaltensebenen dazu benutzt werden, raschere und umfassendere Veränderungen ineffizienter Verhalten zu erzielen.

Modellernansätze bei Interview- oder Gesprächsverhalten

Ein unmittelbarer Anwendungsbereich des stellvertretenden Lernmodells war die Gesprächstherapie. TRAUX, WARGO, CARKHUFF, KODMAN und MOLES (1966) führten einen Versuch mit gemeinsamem Lernen durch, in dem Gruppen hospitalisierter Geisteskranker und jugendliche, delinquente Anstaltsinsassen ein Vortraining erhielten, indem sie sich ein Modellerntonband anhörten, das verschiedene Ausschnitte aus vorselegierten Gruppentherapieinteraktionen enthielt, die »gutes« Patientenverhalten belegten. Die Forscher stellten die Hypothese auf, daß derartiges Vortraining den Lernprozeß erleichtern würde, da es Informationen liefere über die »eigentliche« Selbsterforschung des Patienten in der Psychotherapie. In der klientbezogenen Gruppenpsychotherapie besteht ein wesentliches Behandlungsziel in der Veränderung der Selbstvorstellung des Patienten, die sich durch ein neues Verhältnis zwischen dem Selbst und seinen Idealvorstellungen manifestieren soll. Daher wurden die Effekte dieser Vortrainingssitzungen mit einer Reihe Messungen evaluiert, mit denen man gewöhnlich Anpassungsänderungen bewertet. Dieses stellvertretende Vortraining bewirkte eine ausgeprägte positive Veränderung verschiedener Meßwerte und förderte folglich den Behandlungsfortschritt. Wenn die herkömmliche Gesprächstherapie dadurch effektiver gestaltet wird, daß der Patient seine Probleme ungezwungen beschreibt, daß er seine Gefühle und Einstellungen erforschen und daß er auf die Kommentare des Therapeuten reagieren kann, dann müßte auch das Vortraining dieser Rollenverhalten des Patienten den therapeutischen Fortschritt beschleunigen. DOLLARD und MILLER (1950) und andere Lerntheoretiker haben z. B. erklärt, daß sich Patienten gegen die Diskussion persönlicher Probleme in der Gesprächstherapie sträuben können, da man sie früher bestraft hatte, weil sie Schwächen zugegeben oder Konflikte und Ängste diskutiert hatten. Die Beobachtung eines Modells, das seine Probleme darlegt, und eines Therapeuten, der darauf mit ermunternden oder zustimmenden Kommentaren reagiert, müßte die ungezwungene und spontane Selbstbeschreibung des Patienten fördern.

MARLATT, JACOBSON, JOHNSON und MORRICE (1966) führten eine Untersuchung durch, bei der die Versuchspersonen Collegestudenten waren, die in einem Wartezimmer mit einem programmierten Gedankenaustausch zwischen einem Modellpatienten und einem Therapeuten konfrontiert wurden, wobei das Modell seine Probleme beschrieb. Es gab drei Versuchsgruppen, die vom Versuchsleiter unterschiedlich behandelt wurden: Der Therapeut ermutigte, oder er nahm die Äußerungen des Modellpatienten passiv auf. Kontrollpersonen hörten keines dieser Gespräche an. Die experimentellen Manipulationen bewirkten signifikante Unterschiede in bezug auf die Häufigkeit, mit der sich Versuchspersonen in späteren Interviews über ihre Probleme ausließen. Die ermutigten und die passiv aufgenommenen Gruppen bekannten sich häufiger zu ihren Problemen, während die entmutigten und die Kontrollgruppen ihre Probleme eher für sich behielten. Das ergaben die Punktwerte der Personen, die mit deren Performanzwerten aus einem Interview vor dem Zeigen des Modells verglichen wurden. In anderen Untersuchungen zeigten MARLATT und seine Mitarbeiter, daß das Modell als Person oder Tonbandaufnahme dargeboten werden könne oder daß die Versuchsperson die Reaktionen des Modells einem schriftlichen Text entnehmen könne, ohne daß etwas von der Effektivität verloren ginge. Sie fanden auch, daß zweideutige Instruktionen das Ausmaß, in dem Versuchspersonen den Modellpatienten imitierten, signifikant beeinflußten (MARLATT, 1968).

Dieser Versuch, die Effekte unterschiedlicher Aufgabenmerkmale auseinanderzuhalten, ist eine Forschungsstrategie, die unerläßlich ist, wenn man Mechanismen erklären will, die in der stellvertretenden Einflußnahme auf die Performanz und in den Merkmalen wirksam werden, die ihren Wert bei der klinischen Anwendung bestimmen. So unterstützt MARLATTs Untersuchung die Rolle, die die Aufmerksamkeit erregende Aspekte des Verhaltens eines Modells spielen, und sie befürwortet somit eine diskriminationstheoretische Einstellung zu den Auswirkungen, die Beobachtung auf Verhalten hat. Auch weist sie darauf hin, daß klare Instruktionen zum gewünschten Verhalten in klinischen Interviews zuweilen ähnliche Ergebnisse erzielen können. Ob Instruktionen Modellerneffekte duplizieren können, wenn das Zielverhalten nicht die Anzahl an zugegebenen Problemen, sondern z. B. das Affektniveau von Therapiegruppenmitgliedern ist (SCHWARTZ und HAWKINS, 1965), muß noch herausgefunden werden. Das aber verweist uns noch einmal auf die Notwendigkeit, Zielverhalten, die sich wesentlich und deutlich voneinander unterscheiden, zu untersuchen, noch bevor man sie mit einer bestimmten Technik der Verhaltensmodifikation behandelt. Eine weitere dringende Forschungsaufgabe ist der Vergleich zwischen Therapien, die mit stellvertretender und mit direkter Verstärkung arbeiten, ein Vergleich, der dann durchgeführt werden müßte, wenn die Verhalten bereits gesondert mit jeder der beiden Methoden behandelt worden sind; diese Aufgabe würde sowohl der Selektion der klinischen Instrumente als auch der Klärung theoretischer Meinungsverschiedenheiten dienen. MARLATT, der sich an eine Diskriminationstheorie der Beobachtungseffekte hält, unterstreicht (ebenso wie HILLIX und MARX, 1960) den störenden und ablenkenden Effekt, den eine direkte Verstärkung für die Performanz hat. Er betont, wie notwendig es sei, bei der Untersuchung stellvertretender Prozesse Erwerb und Performanz voneinander zu trennen, denn nur so könne man die informativen und die motivational-anreizenden Komponenten der Verstärkung erklären.

DUKE, FRANKEL, SIPES und STEWART (1965) demonstrierten ebenfalls, daß Versuchspersonen, die Tonbänder angehört oder Gesprächsprotokolle gelesen hatten, wesentlich mehr über die Themen, um die es ging, sprachen, als Kontrollpersonen, die diese Tonbänder oder Protokolle nicht dargeboten bekommen hatten. Die Resultate weisen auf die kritische Rolle hin, die die Information bei dieser Verwendung stellvertretenden Lernens spielte, da diese mündlichen oder schriftlichen Kopien keine direkte Beobachtung des tatsächlichen Gesprächsverhaltens des Modells gestatteten. Diese jüngst durchgeführten Untersuchungen lassen stark vermuten, daß das Modellernen — ja vielleicht sogar lediglich eine Kurzsitzung — dazu beitragen kann, den beschwerlichen Prozeß abzukürzen, in dem dem Patienten beigebracht wird, was man von ihm in der Psychotherapie erwartet. Obgleich man in der Vergangenheit angenommen hat, daß die erhebliche Zweideutigkeit der Struktur psychotherapeutischer Interaktionen einen wesentlichen Bestandteil des therapeutischen Prozesses bilden kann, erfordern Befunde jüngeren Datums eine Neuüberprüfung dieser Hypothese. Wenn nachgewiesen werden kann, daß die Beobachtung des Verhaltens einer anderen Person oder die kurze Instruktion über dieses Verhalten den Patienten darüber informiert, was von ihm in der Psychotherapie erwartet wird, und wenn belegt werden kann, daß der therapeutische Effekt durch dieses Vorgehen nicht zerstört wird, dann wäre bewiesen, daß Vortraining durch stellvertretendes Lernen einen gewaltigen Schritt hin zu einer größeren Ökonomie der Gesprächstherapie bedeuten würde.

KRUMBOLTZ, VARENHORST und TORESEN (1967) haben untersucht, wie sich die Beobachtung von Beratungssitzungen im Videoverfahren auf das informationssuchende Verhalten von Beobachtern auswirkt. *High-School*-Studenten, die um eine Ausbildungs- und Berufsberatung gebeten hatten, wurden Videoaufnahmen von solchen Beratungssitzungen vorgeführt. Die Teilnahme, die der Berater für das beratene Modell an den Tag legte, variierte in diesen Aufnahmen — einmal wirkte der Berater ermutigend und interessiert, ein anderes Mal gleichgültig und zerstreut. Die Versuchsleiter variierten auch das Prestige des Videoberaters, indem sie ihre Einführungen zu dem Band unterschiedlich gestalteten. Die abhängige Variable war die Häufigkeit und Verschiedenartigkeit der informationssuchenden Verhalten der Studenten in der Zeitspanne zwischen der Beobachtung der Videoaufnahme und einer späteren Beratung derselben Versuchsperson. Es wurde notiert, wie oft jeder Student gewisse Verhalten praktiziert hatte — wie oft er z. B. an Colleges oder andere Instanzen geschrieben hatte, mit der Bitte um Ausbildungsprogramme oder Broschüren, wie oft er mit Leuten gesprochen hatte, die einen für ihn interessanten Beruf ausübten, oder wie oft er Schulen besucht hatte, die für ihn in Frage kamen. Versuchspersonen, die das Videoband gesehen hatten, zeigten größere Häufigkeit und Verschiedenartigkeit informationssuchender Verhalten als Kontrollpersonen. Die Beobachtung des Videogesprächs löste bei den Studenten mehr Aktivität dieser Art aus, als es eine verbale Zusammenfassung des Bandinhalts oder der den Studenten direkt erteilte Ratschlag tat, daß sie sich zunächst selbst informieren und dann erst den Berater aufsuchen sollten. Die Aufmerksamkeit und das Ansehen des Modellberaters beeinflußten nicht die aktive Informationssuche des Beobachters.

Obgleich die wenigen vorhandenen Studien zur Verwendung von Modelllernprozeduren auf dem Gebiet der Beratung unmißverständlich den beschleunigenden Effekt solcher Prozeduren evident machen, gehört ihre Anwendung noch nicht zur alltäglichen klinischen Praxis. Doch gibt es zahlreiche traditionelle Techniken, die sich beiläufig der Informationsvermittlung bedienen, indem sie den Patienten mit einem behavioralen Modell konfrontieren. In der Gesprächstherapie kann der Therapeut als Modell für interpersonale Verhalten oder für problemlösende Prozeduren dienen. Die Modelllerneffekte der Gesprächstherapie werden auch durch Untersuchungen belegt, die gezeigt haben, daß Patienten nach einer langen und erfolgreichen Behandlung dazu neigen, ihr Verhalten den Charaktermerkmalen und persönlichen Einstellungen des Therapeuten anzunähern. Tatsächlich hat man den geschickten Therapeuten häufig als Person beschrieben, die in der Lage ist, durch ihre Kommentare und Aktionen den Patienten unter dem Gesichtspunkt zu modellieren, unter dem er sich selbst sehen, unter dem er seine Probleme behandeln und unter dem er effektiver handeln sollte.

Im nächsten Abschnitt werden wir uns kurz mit verschiedenen klinischen Techniken befassen, die Stimulusbedingungen manipulieren, um beim Patienten Verhaltensveränderungen zu bewirken. Die nun folgenden Techniken sind keine eindeutige Anwendung des stellvertretenden Lernens. Trotzdem haben sie mit den Methoden stellvertretenden Lernens eines gemeinsam — den Informations-Input, den der Therapeut zu therapeutischen Zwecken als Stimuluskontrolle verwendet.

Replikationstechniken

Eine Anzahl etablierter Behandlungsmethoden verwendet Prozeduren, bei denen wesentliche Aspekte der außertherapeutischen Umwelt des Patienten repliziert oder simuliert werden mit dem Ziel, im Beisein des Therapeuten Patientenverhalten zu beobachten und zu manipulieren. Diese Techniken geben dem Patienten Gelegenheit, seine eigenen Problemverhalten zu bewerten und neue Verhalten auszuprobieren, ohne daß er sich vor traumatischen Erfahrungen ängstigen müßte. Diese Techniken können zwei wesentliche Veränderungen fördern — zum einen die Beseitigung von Verhaltensdefizits durch Übung oder Beobachtungslernen, zum anderen die Reduktion von Angst oder von anderen unerwünschten Verhaltenskorrelaten. Hier die Merkmale, die all diesen Methoden gemeinsam sind: Künstliche Situationen, die der Therapeut herstellt; die verbalen Instruktionen des Therapeuten; seine bewußte Kontrolle der Stimulusbedingungen mit dem Ziel, die Intensität der ausgelösten Angstreaktionen zu regulieren — und die Möglichkeit des Patienten, neuartige Reaktionen einzuüben. Sowohl in der Einzel- als auch in der Familientherapie wird der Patient häufig gebeten, sich im Kontext eines wichtigen Vorfalls an einem Rollenspiel zu beteiligen, worauf man ihm hilft, sein Verhalten und dessen Auswirkungen auf andere realistisch zu evaluieren. Durch die Verwendung von Tonband- und Videoaufnahmen ist es heute ein einfaches, den Patienten mit einem *Sample* seiner eigenen Verhalten zu konfrontieren. Sieht er sich einer verbalen oder visuellen Reproduktion seiner selbst gegenüber, kann der Patient neue Verhalten entdecken und erproben, die seine soziale Effektivität verbessern können.

Eine Studie von PATTERSON (1965 c) illustriert die Verwendung relativ nichtbedrohlicher Stimuli in Miniatursituationen der Therapie. Ein schulphobisches Kind wurde ermuntert, mit Puppen die Bedingungen durchzuspielen, die mit seiner phobischen Reaktion zusammenhingen. Die Reaktion des Kindes auf die Trennung von seiner Mutter war die Angst, von zu Haus fort- und zur Schule zu gehen. Durch das Puppenspielen bekam das Kind Gelegenheit, neue Verhalten zu üben, für die es sogleich mit Süßigkeiten verstärkt wurde. In diesen Sitzungen replizierte das Spiel mit den Puppen immer längere und kompliziertere Episoden — z. B. das Zur-Schule-Gehen, In-der-Schule-Bleiben, Mit-Kameraden-Spielen, *Peer*-Aggressionen-Bewältigen. Mit derartigen Therapiemethoden kann in einer künstlichen Umwelt das Vermögen des Patienten, mit umweltbedingten Stimuli und mit seinen eigenen Verhalten zurechtzukommen, gesteigert werden. Die weitere Generalisierung dieser Verhalten auf natürliche Situationen kann dadurch gefördert werden, daß man den künstlichen Rahmen planvoll nach und nach durch den natürlichen ersetzt.

Seit über fünfzig Jahren verwendet man nun Varianten der therapeutischen Technik des sogenannten *Psychodramas*. MORENO und seine Schüler haben seit 1911 das Rollenspiel und andere Aktionstechniken entwickelt. Dabei werden Patienten ermutigt, einige persönliche Probleme vor einer Patientengruppe auszuagieren. Ständiges Feedback, Anleitungen durch den Therapeuten und Diskussionen über das Verhalten des Patienten versorgen diesen mit Informationen über sich selbst, mit Verhaltenspraxis und mit der Gelegenheit, die Extreme seines Affekts ohne nachteilige Folgen zu äußern. Im Psychodrama wird spontanes Verhalten in sozialen Situationen dadurch gefördert, daß man in zahlreiche Rollen schlüpft, die für das eigene Verhalten und für das Verhalten anderer charakteristisch sind. Je mehr Rollen man spielen lernt, desto stärkere Flexibilität im Umgang mit anderen gewinnt man. Außerdem vertritt MORENO den Standpunkt, daß das Rollenspiel, ganz gleich, ob es imaginäre oder reale Ereignisse darstellt, die Distanz zwischen Individuen verringert und effektiveres soziales Verhalten ermöglicht.

Einer anderen Verwendung des Rollenspiels begegnen wir bei KELLY (1955). In seiner sogenannten »*fixed role therapy*« wird der Patient aufgefordert, Verhalten zu erforschen, die sich von seinen eigenen scharf abheben, oder aber so zu handeln, *wie wenn* er jemand anders wäre, jemand, der er vielleicht sein möchte. Außerdem wird vom Patienten verlangt, er solle solche Verhalten im Alltag üben. Die Grundlage dieser Technik ist die Annahme, daß es dem Patienten leichter fällt, neue Verhalten zu praktizieren, wenn diese lediglich als temporäre »Scheinaktionen« gebracht werden, die der Patient jederzeit zurückweisen kann. So aber verfolgt er, wie die Umwelt agiert und reagiert, wenn er sich selbst auf verschiedene Weise verhält. Die effektiv gesteigerte Fertigkeit im interpersonalen Verhalten wird ergänzt durch neue soziale Feedback-Erfahrungen, wenn die soziale Umwelt auf die neue Rolle des Patienten anders reagiert.

In der Verhaltenstherapie bezeichnete man ähnliche Techniken als Verhaltensübung (LAZARUS, 1966), als Rollenspiel oder als behavioristisches Psychodrama (WOLPE, 1958; STURM, 1965). Über Verhaltensübungen hat man am häufigsten bei Einzelfallstudien berichtet, wo sie die Desensibilisierung ergänzten und wo es um die Behandlung der mangelnden Selbstsicherheit ging, die vermutlich die Grundlage für die generalisierte Angst vor und die phobische Vermeidung von engen sozialen Interaktionen bildete. Der Therapeut kann die Rolle einer Person spielen, die die Angst des Patienten gewöhnlich stimuliert, während der Patient versucht, immer selbstsicherere und direktere Verhalten zu praktizieren. Sowohl die durchgespielten Situationen als auch der Grad an Selbstbehauptung des Patienten werden anhand einer Hierarchie angstauslösender Items geordnet. Als Verstärker für die neuen Verhalten nimmt man die verbale Anerkennung durch den Therapeuten, die durchgespielten positiven Konsequenzen und die positive Selbstbewertung. Diese Prozedur ähnelt in hohem Maße der Technik von BANDURA, der, wie bereits erwähnt, mit einem lebenden Modell arbeitete, nur daß es sich bei diesem Modell um eine Person und nicht um eine lebendige Schlange handelte. LAZARUS (1966) verglich bei 75 Patienten, die nicht vorher therapiert worden waren und deren spezifische soziale oder interpersonale Beschwerden behandelt wurden, die Effektivität der Verhaltensübung, der direkten Beratung und der nicht-direktiven Reflexion/Interpretation. Nach vier 30-Minuten-Sitzungen bat man die Patienten, über objektiv feststellbare Veränderungen ihrer alltäglichen Verhalten zu berichten. LAZARUS stellte fest, daß 92 Prozent der Gruppen mit Verhaltensübung über derartige Veränderungen berichteten, während die entsprechenden Werte der direkt beratenen Gruppe und der Reflexion/Interpretations-Gruppe bei 44 bzw. 32 Prozent lagen. Diese Studie enthält keine unabhängige, objektive Erfassung des Behandlungserfolgs und keine Kontrolle des Therapeuten, des Patienten und der Zielreaktionseffekte. Allerdings weist sie auf einen Bereich hin, der dringender Forschung bedarf. Wie BANDURAs Arbeit legt auch diese Studie nahe, daß die überlegenen Prozeduren diejenigen sind, in denen der Patient die erwünschten neuen Verhalten aktiv praktizieren kann.

Wie wir gesehen haben, müssen die Mechanismen des Modellernens und des Rollenspiels, die Verhaltens- und Einstellungsänderungen erzeugen, erst noch durchleuchtet werden. Analogstudien, die mit einem genau definierten Zielverhalten arbeiten, das alle Versuchspersonen aufweisen, können die jeweiligen Leistungen der verschiedenen Komponenten ermitteln helfen, so wie sie das auch im Fall der Desensibilisierung getan haben. JANIS und seine Mitarbeiter haben untersucht, wie sich Rollenspiele bei normalen Versuchspersonen auf ein signifikantes Verhalten (Zigarettenrauchen) auswirken. JANIS bezeichnete seine Prozeduren als »emotionales Rollenspiel«, da das Spiel der Versuchspersonen weniger aus neuen instrumentellen als aus emotionalen Verhalten besteht. So spielten z. B. starke Raucher die Rolle von Patienten, denen ein »Arzt« (der Versuchsleiter) erklärt, sie hätten Lungenkrebs (JANIS und MANN, 1965). Die Versuchspersonen wurden so geführt, daß sie auch Emotionen äußerten — z. B. in bezug auf drohende Schmerzen, auf eine bevorstehende Hospitalisierung oder auf einem vorzeitigen Tod. Eine Vergleichsgruppe hörte sich eine Tonbandaufnahme von einer dieser Sitzungen an, ohne jedoch die Rolle selbst zu spielen, und eine nicht behandelte Kontrollgruppe lieferte einfach dieselben Berichte über Rauchverhalten und Einstellung zum Rauchen. Die Versuchspersonen, die das emotionale Rollenspiel praktiziert hatten, zeigten noch bei einer Nachuntersuchung nach 18 Monaten signifikant weniger Zigarettenkonsum als die anderen Gruppen (MANN und JANIS, 1968). Eine kognitive Rollenspielprozedur, bei der Versuchspersonen eine Diskussion vorspielten, in der gegen das Rauchen argumentiert wurde, war im Hinblick auf die Modifikation von Rauchergewohnheiten ebenfalls weniger effektiv als die Rollenspieltechnik (MANN, 1967). Informationen über die Gefahren des Rauchens erzeugten lediglich eine zeitweilige Abnahme der nicht behandelten Kontrollpersonen, doch steigerten sie die Effekte des emotionalen stellvertretenden oder In-vivo-Rollenspiels (MANN und JANIS, 1968). Auch in diesem Fall ist festzustellen, daß die In-vivo-Partizipation (das haben wir bereits aus BANDURAS Studien ersehen) wirksamer war als die symbolischen oder stellvertretenden Erfahrungen, die allerdings auch einige positive Folgen hatten.

Im Gegensatz zu den Befunden von JANIS und MANN, gelang es einer Replikation von LICHTENSTEIN, KEUTZER und HIMES (1969) nicht mit aller Deutlichkeit zu zeigen, daß das Rollenspiel wirksamer ist als das passive Abhören der Tonbandaufnahme einer Rollenspielsitzung. Manche Versuchspersonen beider Gruppen wiesen Einstellungsänderungen auf. Die Autoren dieser Replikation meinten, diese Widersprüchlichkeiten könnten auf die Unterschiede zwischen den einzelnen Studien zurückzuführen sein. In ihren Erläuterungen findet sich die interessante Spekulation, daß das Erscheinen des *Surgeon General's Report* im Jahr 1963 (also nach der Datensammlung von JANIS und MANN) die Situation verändert haben könnte. Der Raucher von heute ist sich der Gefahren für seine Gesundheit bewußter. So »muß man aus der Tatsache, daß die Frau sogar angesichts dieses Materials noch raucht, schließen, daß sie sich gegen Angstmanipulationen besser immunisiert oder verteidigt als die Raucherin von 1963« (LICHTENSTEIN, KEUTZER und HIMES, 1969). Die Befunde anderer Untersuchungen zeichnen sich zwar durch signifikante, aber weniger dramatische Ergebnisse des Rollenspiels aus als die von JANIS und MANN, doch unterstreichen auch sie, wie wichtig die Einstellungen, Fertigkeiten und Vorinformationen des Rollenspielers sind, wenn es darum geht, durch diese Technik Verhaltensänderungen herbeizuführen.

Man hat sich in der Psychotherapie einer Vielfalt von Techniken bedient, um dem Patienten neue Verhalten beizubringen, wobei man manchmal für die Anordnung von Stimulussituationen sorgte. Derartige Anordnungen können nötig sein, um Ängste zu reduzieren, die sich mit dem Ausagieren solcher Verhalten verbinden, bei denen sich der Patient unsicher fühlt oder bei denen er negative Konsequenzen antizipiert. Diese Rollenspieltechniken können sowohl in der Einzel- als auch in der Gruppentherapie benutzt werden. Leider gibt es wenig Forschungsarbeiten, die den Lernprozeß durchleuchten, der in

Rollenübungen stattfindet. Auch wird die Effektivität der Techniken häufiger durch Zeugenaussagen als durch empirische Evidenz belegt. Eine Studie von ROTHAUS, JOHNSON und LYLE (1964) stellt, was die Konsequenzen verschiedener Rollenspielverhalten angeht, einen Forschungsansatz dar. Die Autoren verglichen zwei Rollenspieltechniken, die das Ziel verfolgten, typische Verhaltensmuster psychiatrischer Patienten zu modifizieren. Aktiven und passiven Patienten wurden Gruppendiskussionsrollen zugeteilt, die entweder ihrem üblichen Verhalten ähnelten (Rollenrepetition) oder diesem entgegengesetzt waren (Rollenreversion). Nach diesen Gruppendiskussionen füllten die Patienten Schätz- und Reaktionsskalen aus. Die Patienten neigten dazu, ihr typisches Verhalten im Verlauf der Rollenrepetition zu übertreiben. Unter der Rollenreversionsbedingung fiel es typisch passiven Individuen schwerer, die ihnen zugeteilte Rolle zu spielen, als typisch aktiven Patienten. Passive Patienten, die eine passive Rolle spielten, berichteten über keine Frustration, während sich aktive Mitglieder mit passiver Rolle stark frustriert fühlten. Die Rollenreversionstechnik vermittelte allen Partizipanten stärkere Befriedigung als die Technik der Rollenrepetition.

Die Interaktion zwischen Mitgliedern einer Therapiegruppe kann selbst zur Analyse und als Grundlage für Lernerfahrungen benutzt werden. Sensitivitätstrainingsgruppen, die häufig lediglich als T-(Trainings-)Gruppen bezeichnet werden, verwenden dieses Prinzip. Meistens benutzen diese Methoden eine Kombination aus kognitiven, emotionalen und behavioralen Elementen (SCHUTZ, 1967). Das Modellernen nimmt bei all diesen Prozeduren einen wichtigen Platz ein. Das Modell kann der Therapeut sein, ein Gruppenmitglied, ein Sketch über ein imaginäres Ereignis oder eine imaginäre Person. Da jede intime Begegnung in der Psychotherapie die Konfrontation der persönlichen Erfahrungen, Überzeugungen und Verhaltensweisen von Therapeut und Patient und in manchen Fällen einer ganzen Gruppe von Individuen mit einschließt, die zumindest in einigen Aspekten ihres Lebens effektiv funktionieren, liefern derartige Sitzungen dem Lernenden fast immer einige Hinweisreize für die Entwicklung neuer Verhalten auf der Grundlage des Modelllernens.

Die unmerklichen Veränderungen, die durch das Modelltraining des Therapeuten bewirkt werden, sind durch verschiedene Studien belegt worden. So untersuchte z. B. ROSENTHAL (1955) zwölf Patienten mit den unterschiedlichsten Diagnosen. Vor der Therapie wurden an den Patienten und ihren Therapeuten mehrere moralische Wertungstests durchgeführt. Bei Behandlungsabschluß hatten sich bei den Patienten, die als Besserungen eingestuft wurden, die Punktwerte der moralischen Wertungstests insofern verändert, als sie den Werten des jeweiligen Therapeuten näher gekommen waren. Über ähnliche Befunde berichtete PENTONY (1966). Andere Autoren fanden, daß anscheinend nicht nur diese Testwerte durch erfolgreiche Psychotherapie modifiziert werden, sondern auch der Gesprächsinhalt der Therapie, die Terminologie, die der theoretischen Auffassung des jeweiligen Therapeuten entspricht, sowie andere komplexe Verhalten, was zur Folge hat, daß die Patienten ihren

Therapeuten ähnlicher werden. Zusätzlich zum Modellernen können noch andere Lernmechanismen (z. B. die fortwährende Verstärkung von Patientenverhalten und von Äußerungen, die der Therapeut billigt) die Annäherung der Verhaltensmuster des Patienten an das Verhalten des Therapeuten fördern.

Wir haben in diesem Kapitel versucht, einen Überblick zu geben über Studien zum stellvertretenden Lernen, die im Laufe der Zeit die Grundlage abgeben können für therapeutische Prozeduren, welche darauf abzielen, Verhaltensdefizite zu verbessern oder pathologische Patientenverhalten zu verändern. Aus diesem Überblick dürfte hervorgehen, daß die eigentlichen Mechanismen des stellvertretenden Lernens noch nicht voll verstanden werden. Obgleich es einige Berichte gibt über gezielte Bemühungen, diese Prinzipien in der Psychotherapie zu benutzen, ist es doch so, daß ein Großteil der gängigen klinischen Techniken nur beiläufig auf Modellernprozeduren zurückgreift und dabei kaum Parameter berücksichtigt, die aus Laborexperimenten hervorgegangen sind und die die Anwendung derartiger Prozeduren im klinischen Bereich erleichtern könnten.

Zusammenfassung

Neben der direkten Verhaltensmodifikation durch klassisches und instrumentelles Konditionieren kommt menschliches Lernen häufig durch das Beobachten einer anderen Person zustande. Diesen Typus des Lernens hat man in der Diskussion verschiedentlich als soziales oder stellvertretendes Lernen, als Imitation oder Beobachtungslernen bezeichnet. Die experimentellen Arbeiten auf diesem Gebiet haben sich hauptsächlich mit den Parametern befaßt, die in enger Beziehung stehen zur Beobachtung, zur Erinnerung des beobachteten Ereignisses und zu den Bedingungen, unter denen das Verhalten des Beobachters getestet wird. Das Beobachtungslernen ist für die Verhaltenstherapie insofern relevant, als es zu einem besseren Verständnis der Entwicklung einiger symptomatischer Verhalten verhilft und als Werkzeug der Verhaltensmodifikation dienen kann.

Die durchgeführten Experimente ermöglichen eine Unterscheidung zwischen fünf Paradigmen des Beobachtungslernens: 1. das Paradigma des parallelabhängigen Verhaltens; 2. das Identifikationsparadigma; 3. das Paradigma des Lernens ohne Einübung; 4. das Paradigma des gemeinsamen Lernens und 5. das Paradigma des stellvertretenden Konditionierens. Diese fünf Kategorien unterscheiden sich durch die Beziehung zwischen dem Versuchsperson und dem Modell während der Beobachtung, durch die Verfügbarkeit von Konsequenzen für die Versuchsperson während oder nach der Beobachtung, durch den Umfang an Überschneidung zwischen dem beobachteten und dem getesteten Verhalten und durch die operante oder respondente Natur der beobachteten Reaktion. Parallel-abhängiges Verhalten kann erzielt werden, wenn eine Versuchsperson dafür verstärkt wird, daß sie ein Modell kopiert und wenn das imitierte Verhalten auch auf neue Situationen generalisiert wird. Doch ist beim Lernen parallel-abhängigen Verhaltens die Gegenwart eines Modells oder eines Führers von großer Bedeutung, so daß sich diese Prozedur mehr dazu eignet, dem Beobachter Gehorsam anzudressieren als seine Fertigkeiten zu entwickeln. Beim Identifikationslernen hat man entdeckt, daß die Konfrontation mit dem Verhaltensmodell nicht nur Imitation des instrumentellen Verhaltens, sondern auch des beiläufigen Verhaltens des Modells bewirkt. Beim Paradigma des Lernens ohne Einübung liegt das Schwergewicht auf der Veränderung des Beobachterverhaltens durch die Modellbeobachtung, ohne offenkundige Verhaltensübung oder Praxis. In Situationen des gemeinsamen Lernens befassen sich zwei Individuen aktiv mit ein und derselben Aufgabe. Im experimentellen Kontext ist das Modell gewöhnlich eine Versuchsperson, deren Verhalten vorprogrammiert wurde, und die Aufmerksamkeit gilt den Effekten besonderer Modellstrategie oder den Erfolgen des Beobachterlernens. Diese Situation unterscheidet sich von dem Identifikationsparadigma und dem Paradigma des Lernens ohne Einübung insofern, als der Lernende eine Lernaufgabe gestellt bekommt und daß er für seine entsprechenden Leistungen direkt oder indirekt verstärkt wird. Beim stellvertretenden Konditionieren von Erregung gilt die Aufmerksamkeit den Bedingungen, die einen Beobachter veranlassen, ein emotionales Reaktionsmuster zu zeigen, das dem des Modells ähnelt.

Die theoretischen Hauptprobleme auf dem Gebiet des stellvertretenden Lernens bestehen in der Frage, was im Verlauf der Beobachtung gelernt wird (obwohl keine offene Einübung der Reaktionen durch den Beobachter zu bemerken ist) und welche Elemente der Situation als Stimuli dienen, die die Beobachtung und die spätere Replikation des beobachteten Verhaltens verstärken. Manche Theoretiker glauben, die Lerngrundlage werde von einer Stimulus-Stimulus-Verbindung während der Beobachtung gebildet und die Verstärkung des imitierten Verhaltens spiele lediglich bei der Reproduktion des beobachteten Materials eine Rolle. Andere haben behauptet, die Imitation eines Modells sei determiniert durch ein frühes Entwicklungsmuster, in dessen Rahmen eine allgemeine Tendenz zur Imitation fortlaufend verstärkt worden sei. So kann also die Imitation *per se* bei älteren Individuen ein sekundärer Verstärker sein, der stark genug ist, um in vielen Situationen imitiertes Verhalten aufrechtzuerhalten. Bei einer weiteren theoretischen Frage geht es um die Funktion der Modellreaktionen. Ebenso wie Stimuli, können auch Modellreaktionen für den Beobachter eine Hinweisreizfunktion erfüllen, die zu erkennen gibt, ob die Ausführung des beobachteten Verhaltens unter ähnlichen Umständen statthaft oder wünschenswert ist, vor allem dann, wenn die Reaktion im Repertoire des Beobachters bereits sehr stark vertreten ist. Die Modellreaktionen können aber auch als diskriminative Stimuli dienen, wenn sich der Beobachter der beobachteten Reaktion zuwendet oder wenn er sie einübt.

Verschiedene Experimente haben die beschleunigenden Effekte demonstriert, die die Modellbeobachtung auf die Ausführung pa␣lleler komplexer sozialer Verhalten durch den Beobachter hat. Man hat das Modellernen auch benutzt, um phobisches Verhalten zu löschen und um Patienten beim Erlernen von Rollenverhalten zu helfen, die in verschiedenen sozialen Situationen vorteilhaft sind — z. B. in sozialen Interaktionen, bei Interviews auf ein Stellenangebot hin oder bei therapeutischen Gesprächen.

Obgleich sie sich nicht direkt von der Forschung zum stellvertretenden Lernen herleiten, haben wir Techniker, die im Prinzip mit Methoden des Beobachtungslernens verwandt sind, durchwegs unter den Begriff *Replikationstherapie* eingeordnet. Diese Techniken haben meistens folgende Merkmale gemeinsam: die Anordnung von künstlichen Situationen durch den Therapeuten, dessen Verwendung verbaler Instruktionen, seine absichtliche Kontrolle der Stimulusbedingungen, mit dem Ziel, die Intensität ausgelöster Angstreaktionen zu regulieren, sowie die Möglichkeit des Patienten, Modellreaktionen zu üben. Durch die teilweise oder vollständige Replikation problematischer Lebenssituationen im klinischen Rahmen hilft der Therapeut dem Patienten, neue Verhalten, die dessen Verhaltenseffektivität verbessern sollen, zu entdecken und auszuprobieren. Diese neuen Reaktionen können selektiv verstärkt werden durch den Therapeuten oder eine Patientengruppe. Viele ältere Techniken wie die des Psychodramas oder die *»fixed role therapy«* und neuere Ansätze wie die Techniken der Verhaltensübung verwenden die Mechanismen des stellvertretenden Lernens zu therapeutischen Zwecken. Das Potential der gezielten Anwendung von Methoden stellvertretenden Lernens bei Patienten, die ihre effektiven, sozialen Interaktionen verbessern sollen, ist bisher kaum genutzt worden. Obgleich die Mechanismen des stellvertretenden Lernens noch nicht präzis durchleuchtet worden sind, dürfte uns der pragmatische Nutzwert, der im Modelltraining und in der Ausformung von imitativen Reaktionen zum Zweck der Beseitigung psychologischer Schwierigkeiten enthalten ist, zu einem weiteren wichtigen Instrument im klinischen Arsenal der therapeutischen Techniken verhelfen.

TEIL III

Paradigmen der Verhaltensmodifikation
mit dem Schwergewicht
auf reaktionskontingenten Konsequenzen

KAPITEL 6

Verhaltensmodifikation durch die Manipulation von Konsequenzen

Die bisherigen Kapitel gaben einen Überblick über die therapeutischen Prozeduren, die sich im Rahmen des klassischen Konditionierungsparadigmas hauptsächlich der Manipulation von Stimuluseigenschaften bedienen. In diesem und im nächsten Kapitel werden wir uns mit dem operanten Konditionierungsmodell und mit den Methoden der Verhaltensmodifikation und -kontrolle befassen, die dieses Modell zur Grundlage haben. Die Hauptunterschiede zwischen diesen beiden Paradigmen sind darauf zurückzuführen, daß sie die Komponenten der Verhaltensformel (S, O, R, KV, K) unterschiedlich bewerten und nutzen. Das klassische Konditionieren setzt das Studium der ersten beiden Komponenten der Formel voraus, das heißt der umweltbezogenen und der inneren Bedingungen, die einer Reaktion *vorangehen*, sowie ihrer Beziehungen zu den nachfolgenden Reaktionen. Das operante Modell beschäftigt sich dagegen in erster Linie mit der Beziehung, die die Komponente R zu den beiden *nachfolgenden* Elementen KV und K unterhält. Therapeutische Interventionen, die auf dem operanten Modell fußen, sorgen in erster Linie für eine Neuanordnung kontingenter Verhaltenskonsequenzen, darunter Belohnungen und Bestrafungen mit dem Ziel, unerwünschte Verhalten zu ändern oder Verhaltensdefizite zu beheben. Da das operante Paradigma keine Spezifizierung der vorangegangenen Stimulusbedingungen erfordert, eignet es sich besser zur begrifflichen Erfassung und Manipulation eines breiten Spektrums von Reaktionen, die in der natürlichen Umgebung auftreten und die keine eindeutige Identifikation der auslösenden Stimuli erlauben. Konsequenzen, die sich sowohl auf die Umwelt als auch auf die sich verhaltende Einzelperson auswirken, bilden den Hauptgegenstand der Beobachtung, da sie großenteils die Wahrscheinlichkeit bestimmen, mit der das Verhalten, welches sie erzeugte, von neuem auftritt (SKINNER, 1953, deutsch 1973). Da sie die Verfügbarkeit verstärkender Konsequenzen aufzeigen können, können vorangegangene Stimuli auch Verhalten kontrollieren und beim therapeutischen Diskriminationstraining benutzt werden.

Das operante Konditionieren unterscheidet sich von den bereits behandelten Paradigmen in einer Reihe anderer Punkte. Diese Unterschiede spiegeln sich wider in der Forschungsplanung und -strategie, in der Natur der untersuchten Variablen, in der Auswahl von Versuchspersonen und Zielverhalten im Rahmen der Forschung und Therapie sowie in der Art der aufgeworfenen Forschungsfragen. Die Auffassung, nach der Operanten eine überragende Stellung im menschlichen Verhalten zukommen soll, veranlaßt zu Feststellungen über die Natur, die Ätiologie und die Behandlung von gestörten Verhalten, und diese Feststellungen unterstreichen die Bedeutung der sozialen Umwelt. Folglich ist die Analyse der Interaktion zwischen dem sich verhaltenden Organismus und der Umwelt, in der das Verhalten stattfindet, für die Therapie, die auf dem operanten Konditionieren basiert, von zentraler Bedeutung. Die Modifikation dieser *Interaktion,* bewirkt entweder direkt durch die Manipulation der Reaktion des Organismus oder indirekt durch die Veränderung des umweltbedingten Feedback (kontingente Konsequenzen), diese Modifikation bildet das Hauptziel der strategischen Planung therapeutischer Interventionen.

Merkmale des operanten Paradigmas

Folgende untereinander zusammenhängende Merkmale des operanten Ansatzes sind bei der therapeutischen Verhaltensmodifikation besonders relevant:
1. *Dieser Ansatz ist empirisch und vermeidet vermittelnde Konstrukte.* Die Formulierungen und die Forschungsstrategie SKINNERs und seiner Schüler vermitteln eine Vorstellung von der empirischen Tradition der amerikanischen Psychologie. Verhaltenstherapeuten, die den operanten Standpunkt vertreten, suchen bei der Erklärung oder Modifikation abweichenden Verhaltens gewöhnlich nicht Zuflucht bei Konstrukten wie »Angst« oder »Psychose«. Das SKINNERsche Modell kennt keine Bezugnahme auf innere Systeme oder innere »Ursachen«, da diese schwierig zu beobachten sind und wahrscheinlich Mechanismen oder Kräfte implizieren, deren Vorhandensein weder belegt noch widerlegt werden kann. Die inneren Ereignisse selbst sind, wenn es um Versuche der Verhaltensmodifikation geht, häufig von geringer Bedeutung.

»Die Gewohnheit, im Innern des Organismus nach einer Erklärung für das Verhalten zu suchen, hat zu der Neigung geführt, die Variablen zu übersehen, die der wissenschaftlichen Analyse unmittelbar zugänglich sind. Diese Variablen liegen außerhalb des Organismus, in seiner unmittelbaren Umwelt und in seiner Umweltgeschichte... Der Einwand gegen innere Zustände besteht nicht darin, daß diese etwa nicht existierten, sondern darin, daß sie für eine funktionale Analyse nicht relevant sind...« (SKINNER, deutsch: 1973, S. 38, 41).
2. *Der Ansatz ist praktisch-technisch.* Trotz ihrer atheoretischen Tendenz kann man operante Methoden durch geschickte Versuchsanordnung zur Testung theoretischer Fragen und Hypothesen benutzen. So kann man z. B. der Frage, inwiefern Umweltfaktoren zum autistischen Verhalten von Kindern oder zum Stottern beitragen, dadurch auf den Grund gehen, daß man sorgfältig Experimente durchführt, die die Konsequenzen solcher Verhalten variieren. Ein ähnliches systematisches Variieren des umweltbedingten Feedback bei gesprächstherapeutisch behandelten Patienten oder bei störenden Schulkindern hat dazu beigetragen, daß man heute die Bedingungen, die Problemverhalten fördern, besser versteht und leichter behebt.

Dieser technische Aspekt wird veranschaulicht durch die Wichtigkeit, die man der Präzision der Messungen zumißt. Tatsächlich konzentrierte sich ein Großteil der Erforschung operanter Verhalten auf die Reaktionsrate als einziges Verhaltensdatum. Der praktische Beweis, daß ein Verhalten experimentell kontrolliert wird, wird als hinreichende Evidenz dafür genommen, daß die relevanten unabhängigen Variablen entdeckt worden sind, worauf man sich um keine weitere konzeptuelle Erklärung bemüht. So aber stellt die restliche Abweichung im Verhalten eines Organismus für den, der die operante Konditionierung durchführt, eine Herausforderung dar, die Determinanten zu entdecken, die übersehen worden sind.

»Ein großer Teil der traditionellen Verhaltenstheorie ist unterstützt worden durch die ungenauen und häufig komplexen Beziehungen zwischen Stimulus und Reaktionsvariablen. Werden diese Beziehungen präziser herausgearbeitet, verringert sich das Bedürfnis nach Begriffen, die sich auf nicht beobachtbare Zustände oder Reaktionen beziehen ... Sind die unabhängigen Variablen, die ... die Variabilität bestimmen, entdeckt worden, wird sich das Bedürfnis, einen nicht beobachtbaren Prozeß zu postulieren, von selbst erübrigen« (HONIG, 1966, S. 9).

Das operante Modell neigt also dazu, Wissen über die Variablen, die ein Verhalten kontrollieren, gleichzusetzen mit dem Verständnis dieses Verhaltens. Daher überrascht es nicht, daß dieses Modell die klinischen Psychologen, die von ihm überzeugt waren, veranlaßte, eifriger nach praktischen, genau geplanten Heilmethoden zu suchen als nach kausalen Zusammenhängen.

3. *Der Ansatz betont die Bedeutung der Analyse des Einzelfalls.* Eine technisch genau geplante Verhaltenskontrolle setzt voraus, daß individuelle Unterschiede zwischen Organismen berücksichtigt werden, indem die Techniken den Parametern, die für den einzelnen Organismus charakteristisch sind, angepaßt werden. In Kapitel 1 haben wir bereits darauf hingewiesen, daß sich die im experimentellen Kontext durchgeführte Einzelfallanalyse ganz besonders zur Arbeit mit klinischen Populationen eignet, weil die individuellen Merkmale von Patienten stark variieren. Die operante Forschung hat von Anfang an einzelne Tiere zur Laboruntersuchung benutzt. Kumulativaufzeichnungen der Reaktionsraten einzelner Tiere und die graphische Darstellung der Effekte, die sich mit Veränderungen der Umweltkonsequenzen (K) oder der Verstärkungspläne (KV) verbanden, hat man statistischen Gruppendesigns und quantitativen Datenanalysen, die auf Gruppentrends basieren, vorgezogen. Der operant Konditionierende erhärtet die hypothetischen Beziehungen zwischen unabhängigen und abhängigen Variablen weniger durch die Demonstration von Durchschnittstrends als durch die Replikation eines beobachteten Phänomens. In der klinischen Praxis zieht eine funktionale Analyse eines Einzelfalls die Untersuchung der Beziehungen zwischen Verhalten und kontrollierenden Umweltereignissen nach sich.

Obgleich die operante Methodologie das intensive und sorgfältig kontrollierte Studium des Einzelfalls unterstreicht, gestattet die Replikation der therapeutischen Effekte bei unterschiedlichen Individuen mit ähnlichen Verhaltensproblemen eine einigermaßen allgemeine Feststellung über die Nützlichkeit bestimmter Prozeduren unter spezifizierten Bedingungen. Der operante Ansatz, der praktisch-technisch ausgerichtet ist, bezweckt letztlich eine organisierte Auswahl an Techniken und allgemeinen Prinzipien, die der Therapeut bei ein und demselben Patienten einzeln anwenden oder kombinieren kann.

4. *Dadurch, daß der Ansatz gegenwärtige Determinanten betont, wird die Bedeutung historischer Variablen nicht geschmälert.* Wie wir in Kapitel 1 bereits gezeigt haben, ist die Errichtung einer Kontrolle über Verhalten durch Variablen, die in der gegenwärtigen Situation wirksam sind, nicht unbedingt ein Beweis dafür, daß eben diese Variablen zur Entwicklung jenes Verhaltens beigetragen haben. Humanverhalten ist häufig das Ergebnis der Interaktion vieler sich verschiebender unabhängiger Variablen. So können z. B. die Wutanfälle eines Halbwüchsigen emotionaler Erregung und Frustration entspringen, sie können zunächst unterstützt werden durch wiederholte materielle Belohnung, und später können sie trotz gelegentlicher Bestrafung fortbestehen, weil kein alternatives Verhalten eine solche Menge an elterlicher Aufmerksamkeit nach sich zog. Die unbekannte Geschichte verschiedener Problemverhalten erschwert jede funktionale Analyse ungemein. Kann das störende Verhalten jedoch ohne Rücksicht auf seine ursprünglichen Determinanten modifiziert werden, hat der Verhaltenstherapeut seine Aufgabe gelöst. So mag die Tatsache, daß ein Patient soziale Kontakte meidet, in der Tat darauf zurückzuführen sein, daß er schon sehr früh von seiner Mutter wegen ungeschickten sozialen Verhaltens bestraft wurde. Doch kann durch das langsame Antrainieren sozialer Annäherungsverhalten und durch die Belohnung der ersten geglückten Versuche des Patienten das psychiatrische Problem leichter gelöst werden, als durch Versuche, die darauf abzielen, den gesamten Vermeidungskomplex, der auf die Mutter und auf das frühe soziale Training des Patienten zurückzuführen ist, zu löschen.

Die Verwendung des operanten Konditionierens zu Beginn der Verhaltenstherapie

Bevor wir uns mit relevanten Labordaten und ihrer klinischen Anwendung befassen, sollten wir den operanten Ansatz umreißen, indem wir die ersten Versuche beschreiben, bei denen die operante Technologie direkt auf klinische Probleme angewendet wurde. In dem Ausmaß, in dem alle Verhaltensänderungen ein Teileffekt der Konsequenz der vorangegangenen Reaktion sind, impliziert jede therapeutische Intervention — gewollt oder ungewollt— operante Prinzipien. So weist sogar die klassische Studie von MARY COVER JONES (1924), in der die Ängste eines Kindes modifiziert wurden und die gern als Musterbeispiel der klassischen Konditionierung angeführt wird, Merkmale auf, die nicht nur systematische Desensibilisierung einbeziehen, sondern auch Modelltraining und Imitation sowie kontingente, soziale und primäre (Nahrungs-)Verstärkung. Jones sagte auch voraus, daß die spätere Verstärkung von Vermeidung und anderen unreifen Verhalten durch die Mutter des Kindes die bereits erzielten therapeutischen Fortschritte wahrscheinlich zunichte machen würde. Diese frühe Studie nahm viele der Probleme vorweg, mit denen sich die Verhaltenstherapien noch heute auseinandersetzen.

Doch erst in den fünfziger Jahren bemühte man sich gezielt, die Methoden der funktionalen Verhaltensanalyse in der klinischen Praxis anzuwenden. FULLER (1949) berichtete über einen frühen Versuch, einen achtzehnjährigen schwachsinnigen Patienten operant zu konditionieren. Die zu konditionierende Zielreaktion bestand darin, daß der Patient seinen rechten Arm in eine senkrechte oder fast senkrechte Lage bringen sollte. Als verstärkende Konsequenz wurde etwas Zuckermilchlösung verabreicht, die kontingent war auf die Performanz der kritischen Reaktion. FULLER berichtete, daß die Reaktionsrate in der vierten Trainingssitzung dreimal so hoch war wie in der ersten. Sein Experiment belegte die Konditionierbarkeit einer menschlichen, vegetativ reagierenden Versuchsperson durch operante Methoden. Doch sei hier darauf hingewiesen, daß dieses frühe Experiment mit einer klinischen Versuchsperson keine therapeutischen Veränderungen bezweckte, sondern lediglich beweisen sollte, daß operante Prinzipien auf Humanverhalten angewandt werden können.

PETERS (1952, 1955) war es, der im therapeutischen Rahmen programmierte positive Verstärkung direkt anwandte, ohne sich dabei allerdings ausdrücklich an das SKINNERsche Modell zu halten. Um den Anreizwert von Süßigkeiten zu erhöhen, verabreichte PETERS chronisch schizophrenen Patienten Insulindosierungen, die noch nicht im Schockbereich lagen, und gleichzeitig enthielt er ihnen das Frühstück vor. Nach der richtigen Lösung einer Reihe abgestufter Aufgaben (z. B. Bleistiftlabyrinthe, Diskriminationsprobleme und kooperative Diskriminationsaufgaben, die zwei Patienten nur gemeinsam lösen konnten) verteilte der Versuchsleiter Süßigkeiten. Schätzungen der Arbeitsleistung und anderer Verhalten in den täglichen Beschäftigungstherapiesitzungen ergaben im Vergleich zu Kontrollgruppen behandlungsbedingte Besserungen. Obgleich Peters mit seiner »Lernbehandlung« eigentlich »das Funktionieren der Hirnrinde der Patienten fördern wollte«, sind seine Operationen identisch mit einer anderen Prozedur, bei der es darum ging, die operante Performanz von Patienten mit Verhaltensdefiziten durch positive Verstärkung zu verbessern.

LINDSLEY (1956) ist wahrscheinlich die erste systematische Untersuchung der Auswirkungen operanter Konditionierungsprinzipien auf eine klinische Population zu verdanken. Er benutzte kleine Versuchsräume als »SKINNER-Boxes«, um die Effekte zu untersuchen, die verschiedene Verstärker, Kontingenzpläne und diskriminative Stimuli auf die Hebeldruckrate von chronischen Schizophrenen hatten. Abb. 6/1 zeigt einen dieser Patienten, der in einem operanten Konditionierungsraum vor einer Art Schaltbrett sitzt, das

Abb. 6/1: Das Innere eines Raums zur operanten Konditionierung von Versuchspersonen. Die Versuchsperson sitzt vor einem Schaltbrett, das mit Hebeln ausgestattet ist. Diese Hebel drückt sie, um Verstärkungen zu bekommen (mit freundlicher Genehmigung von Dr. OGDEN LINDSLEY, veröffentlicht bei MAHER, 1966, S. 380).

mit den zu betätigenden Hebeln, mit Schlitzen zur Darbietung diskriminativer Stimuli und mit einer Öffnung ausgestattet ist, durch die mittels einer automatisch programmierten Kontrollvorrichtung Verstärker verabreicht werden. LINDSLEYS ausgeklügelte Experimente testeten unter anderem die verstärkenden Eigenschaften verschiedener visueller Stimuli (z. B. Nacktphotos von Frauen und Männern) und sie testeten den Altruismus von Versuchspersonen, die mit Hebeldruck einem hungrigen Kätzchen Milch geben konnten. LINDSLEYS Werk illustriert nicht nur die Relevanz von Modellen für psychotische Patienten, sondern zeigt überdies von Anfang an, daß die Methoden der operanten Technologie auch klinisch anwendbar sind. Die Reaktionsrate als die abhängige Variable wurde im Kontext einer genau definierten Reaktionsklasse mit derselben Präzision und demselben Instrumentarium aufgezeichnet wie im Tierlabor. Um bei der Extrapolation vom Tierlabor auf die Klinik Veränderungen möglichst zu vermeiden, sorgte LINDSLEY für strenge Stimuluskontrollen und für ein Minimum an verbalen Instruktionen. Seine Arbeit ebnete den Weg für spätere kompliziertere Anwendungsmöglichkeiten des operanten Modells.

Einer weiteren frühen direkten Verwendung operanter Laborprozeduren zu therapeutischen Zwecken begegnen wir in einer Studie von TILTON (1956), der die motorischen Reaktionen von schizophrenen Patienten mit Süßigkeiten belohnte. Zusammen mit seinen Kollegen (KING, ARMITAGE und TILTON, 1960) entwickelte er eine Behandlungsprozedur für schwere Fälle chronischer Schizophrenie. Dabei wurden zunächst einfache operante Reaktionen (Hebeldrücken) im Beisein des Therapeuten mit Süßigkeiten, Zigaretten und Farbdias verstärkt. Je nach dem Fortschritt des Patienten wurden nach und nach komplexere diskriminative und interpersonale Reaktionskomponenten systematisch in die Prozedur eingebaut. Schließlich mußten Gruppen von sogar sechs Patienten zusammenarbeiten und kommunizieren, um die Aufgaben zu lösen und ihre Belohnungen zu erhalten. Die Autoren fanden, daß ihre Prozedur, die sie als »operant-interpersonale Methode« bezeichneten, im Hinblick auf die klinische Besserung der Patienten effektiver war als die verbale oder Erholungstherapie, die Kontrollgruppen verabreicht bekamen; dieser Befund wurde durch Interviews und Beobachtung auf der Station erstellt.

Diesen frühen Experimenten schlossen sich sehr bald mannigfache Berichte über klinische Anwendungsmöglichkeiten operanter Methoden an. Wenn man sich vor Augen hält, daß viele Laien und Kliniker dazu neigen, derartige Techniken genauso zu verurteilen wie Gehirnwäsche oder Kontrollen ORWELLschen Zuschnitts, überrascht es nicht, daß man zunächst chronische, regredierte Schizophrenie operant zu konditionieren begann. Operante Prozeduren wurden zunächst nur bei solchen Personen akzeptiert, die von der freien Gesellschaft bereits ausgestoßen waren und die man zur Zielscheibe ungewöhnlicher Einschränkungen und Reglementierungen gemacht hatte. Im großen und ganzen fuhren die operanten Verhaltenstherapien in den fünfziger Jahren noch eine Zeitlang fort, sich mit schwer Geisteskranken, Psychotikern und Gefängnisinsassen zu befassen. Das heißt sie behandelten Personen, die extreme Verhaltensabweichungen aufwiesen und bei denen bereits andere vergeblich versucht hatten, konkrete Alltagsverhalten zu fördern; Personen auch, deren Einweisung in eine Anstalt nicht auf eigenen Wunsch, sondern auf den Wunsch anderer erfolgte. Die empirische Natur der operanten Therapie und die anscheinend simple Beschaffenheit der Zielverhalten und der therapeutischen Operationen veranlaßten die Spezialisten, diese Art von Therapie zunächst nur bei »hoffnungslosen Fällen« anzuwenden, denen die klinische Erprobung des neuen therapeutischen Ansatzes kaum schaden würde.

Das operante Paradigma

Abb. 6/2 enthält eine schematische Darstellung der wesentlichen Operationen, die im Kontext des operanten Paradigmas möglich sind. Die horizontalen

Pfeile (man lese sie als »kontingent gefolgt von«) und das Stimulus- oder
Reaktionsereignis repräsentieren eine bestimmte Operation. Bei der Verwendung von Symbolen wie K +, das für eine positiv verstärkte Konsequenz
steht, sollte darauf hingewiesen werden, daß diese Symbole nicht bloß
Objekte, sondern auch *Funktionen* von Ereignissen bezeichnen. Die Konsequenz (K +) ist durch ihre Effekte definiert. So kann ein Bonbon zwar für
ein hungriges Kind, nicht aber für einen Diabetiker verstärkende Eigenschaften besitzen.

Das operante Paradigma benutzt als primäre abhängige Variable die
Reaktionswahrscheinlichkeit. Wie aus Abb. 6/2 zu ersehen ist, wird diese
Variable experimentell meistens anhand der Häufigkeit pro Zeiteinheit oder
der Rate gemessen, mit der eine bestimmte Reaktion emittiert wird. Ein
Operant ist eine Reaktion, die eine konsequente, kontingente Veränderung
in der Umwelt bewirkt, das heißt er ist insofern instrumentell, als er die Veränderung herbeiführt. Skinner lehnte den Begriff »instrumentelle Reaktion«
ab, weil er eine zweckhafte Nebenbedeutung aufwies, ebenso wie er es ab-
lehnte, den unsauber definierten und subjektiven Begriff »Belohnung« zu
verwenden: er bezeichnete die nachfolgende Konsequenz lieber als »Verstärkung«. Der Vorteil, den die Reaktionsrate als unabhängige Variable besitzt,
liegt darin, daß sie auf programmierte Umweltveränderungen sehr feinfühlig reagiert. Doch kann man das zugrunde liegende Paradigma auch bei
der Untersuchung von komplexen Verhaltensketten anwenden. In der klinischen Praxis wurde der Umfang der Reaktionseinheit häufig durch deren
Relevanz für die angestrebten Effekte definiert, so daß sich diese Einheit zuweilen aus einer Reihe kleinerer Reaktionseinheiten zusammensetzte. Daher
hängt die Abgrenzung einer Reaktionsklasse sowohl von dem jeweiligen Problem ab als auch von den funktionalen Beziehungen zwischen der beobachteten Klasse und den Umweltkonsequenzen. Klinische Untersuchungen von
heute, die mit dem operanten Paradigma arbeiten, benutzen relativ große
Reaktionsklassen — z. B. das »störende Verhalten« eines Kindes. Diese
Klasse umfaßt viele Unterklassen aus langen und komplexen Verhaltensketten, z. B. alle Handlungssequenzen, die in der körperlichen Gewalttätigkeit
gegen andere Kinder enthalten sind. Das »kranke Gerede« von Schizophrenen, das Stottern oder die Annäherungsreaktionen an eine andere Person sind
ebenfalls als Reaktionsklassen der Modifikation ausgewählt worden. Doch
hat man auch die Dauer, Intensität und Periodizität einer Reaktion als die
abhängige Variable benutzt. So verwendete man z. B. die Dauer eines Kraft-
aufwands für eine Arbeit oder die Intervalle zwischen aggressiven Ausbrü-
chen als Maßstäbe für sehr komplexe Reaktionsklassen.

Jede der in Abb. 6/2 schematisch dargestellten Reaktionsklassen (Verstärkung, Bestrafung, Löschung, Reaktionsdifferenzierung oder Verhaltensformung und Diskrimination) spielt in der Taktik der Verhaltensänderung
eine Rolle. Hat man eine Reaktionsklasse als Behandlungsziel gewählt, hängt
die Wahl der technischen Prozeduren von folgenden Punkten ab: 1. die Verfügbarkeit kontrollierender Stimuli (z. B. Hinweisreize der Umwelt, die

	Annahme	Verstärkung *Operation*	*Ergebnis*
Positiv	$R >$ 0-Rate K+	$R \to$ K+	Rate und Intensität von R nehmen zu, Topo- graphie von R verengt sich
Negativ	K—	$R \to$ (K—) Bestrafung	
	$R >$ 0-Rate		
Aversiv	K—	$R \to$ K—	Rate von R nimmt ab; Flucht- u. Vermeidungs- R's entwickeln sich. (S. nächstes Kapitel.)
Verstärker- entzug	K+	$R \to$ ($\downarrow$K+)	Rate von R nimmt ab. (S. nächstes Kapitel.)
Löschung	$R >$ 0-Rate und Geschichte von $R \to$ K+ oder $R \to$ ($\downarrow$K—)	$R \to$ 0	Rate von R nimmt ab; Topographie von R wird variabler
		Verstärkung und Löschung kombiniert	
Reaktions- differenzie- rung oder -ausformung	R-Klasse bei 0-Rate und K+	$R_1 \to$ K+ $R_2 \to$ 0	Unterklasse R_1 nimmt ratenmäßig zu, Unter- klasse R_2 nimmt ab.
Diskrimination	$R >$ 0 und S_1, S_2, K+	$S_1 \to R \to$ K+ $S_2 \to R \to$ 0	S_1 wird zum S^D, S_2 wird zum S^Δ; R tritt mit S^D, nicht aber mit S^Δ auf.

Abb. 6/2: Hauptoperationen des operanten Konditionierens

gewöhnlich mit einer erwünschten Reaktion verbunden sind); 2. die Grenzen, die der Einzelperson beim Erwerb neuer Konstellationen einfacher Reaktionskomponenten gesetzt sind und 3. die Verfügbarkeit verstärkender Stimuli für die Therapie. Beim operanten Modell wird das gestörte Verhalten im wesentlichen als ein Reaktionsmuster betrachtet, das unvereinbar ist mit den Anforderungen der sozialen Umwelt oder das der sozialen Anpassung oder dem Überleben des Patienten letztlich abträglich ist. Eine besondere Zielreaktion wird ausgewählt aufgrund einer Analyse des fraglichen Gesamtverhaltens und nicht bloß aufgrund der Beschwerden des Patienten oder der Beschwerden von Personen aus der Umgebung des Patienten. Stört ein Kind z. B. den Unterricht, können operante Konditionierungsmethoden angewandt werden, um das aufmerksame Verhalten dieses Kindes, seine schulischen Fertigkeiten, die Zeit, die es ruhig auf seinem Sitzplatz zubringt, oder solche sozial anerkannten Verhalten zu fördern, durch die es positive Zuwendung erfährt. Da das operante Paradigma die relativ präzise Spezifizierung einer

Reaktionsklasse erfordert, behandeln Verhaltenstherapeuten häufig die Reaktionskomponenten eines Gesamtsymptoms getrennt voneinander.

Wie aus Abb. 6/2 zu ersehen ist, gehören zu den Grundelementen des operanten Paradigmas neben der Reaktion und der Konsequenz auch die Stimuluselemente der Situation und das Kontingenzverhältnis zwischen Verstärkung und Reaktion. Eingehende Darstellungen der verschiedenen Operationen, durch die diese Elemente mit dem Ziel der Verhaltensänderung modifiziert werden können, sind in verschiedenen Einführungen in das operante Konditionieren enthalten (z. B. bei MILLENSON, 1967 oder bei REYNOLDS, 1968). Unser kurzer Überblick soll lediglich die Merkmale des operanten Konditionierungsparadigmas durchleuchten, die für verhaltenstherapeutische Operationen besonders relevant sind.

Verstärkungsoperationen

Jede Reaktion ist einer Verstärkungswirkung unterworfen, auch dann, wenn der Wahrscheinlichkeitsgrad ihres Auftretens sehr gering ist. Verstärkung impliziert grundsätzlich ein Umweltereignis oder eine Stimuluskonsequenz (K), die auf die jeweilige Reaktion (R) kontingent ist und deren Auftreten die Wahrscheinlichkeit erhöht, daß die Reaktion wieder stattfindet. Manche Autoren möchten für diesen Effekt den Begriff »Belohnung« reservieren und den Terminus »Verstärkung« in einem allgemeineren Sinn benutzen, damit er auch den UCS des klassischen Konditionierens und die weniger klar formulierten Vorgänge, die verbal-kognitives Lernen bewirken, einschließt. Auch möchten einige dieser Autoren den Begriff »Verstärkung« nur auf Vorgänge angewandt wissen, die eine Reaktionswahrscheinlichkeit erhöhen, das aber heißt, auf die Aneignung von Reaktionen und nicht auf ihre asymptotische Performanz (BERLYNE, 1967). Gleichwohl werden wir uns in diesem Kapitel an die Terminologie von SKINNER und seiner Schule halten. Auch die beiden Hauptfragen der Verstärkung werden wir kaum berühren. Die erste Frage ist: Wie funktionieren verstärkende Vorgänge? Funktionieren sie z. B. durch Erwartungsmechanismen, positive Feedback-Mechanismen oder Kontiguitätsmechanismen? Und die zweite Frage lautet: Was ist es, das verstärkende Vorgänge gemeinsam haben und das ihre verstärkende Kraft determiniert? Haben sie z. B. eine Triebreduktion, die Veränderung eines hedonistischen Zustands oder eine Erzeugung zentraler Energie gemeinsam? Dies sind Kernfragen, die, wie auch andere, bei denen es um organismische Einflüsse geht, im Hinblick auf unsere Überlegungen zu den empirischen Operationen des operanten Konditionierens nicht wesentlich sind.

Auf der einfachsten Stufe begegnen wir vier Möglichkeiten der Verabreichung von kontingenten verstärkenden Konsequenzen: Es können positive Stimuli (K+) oder negative Stimuli (K—) jeweils dargeboten oder entzogen werden. Darüber hinaus können beide Arten von Konsequenzen nach einer Darbietungsperiode vorenthalten werden. Diese sechs Möglichkeiten veranschaulicht Abb. 6/3; jede Möglichkeit wird mittels der Begriffe gekenn-

Operation	Positive Konsequenz: K+	Aversive Konsequenz: K—
Kontingente Verabreichung	Positive Verstärkung R → K+ Kind kommt Aufforderung nach → freundliche Anerkennung des Erwachsenen	Bestrafung R → K— Kind kommt Aufforderung nicht nach → Erwachsener schimpft
Kontingente Entfernung	Verstärkerentzug R → ↓ K+ Kind kommt Aufforderung nicht nach → Erwachsener entzieht Aufmerksamkeit	Negative Verstärkung (Flucht oder Aversionserleichterung) R → ↓ K— Kind entschuldigt sich → Erwachsener hört auf zu schimpfen
Vorenthaltung nach einer Reihe von Darbietungen	Löschung R → 0 Kind formuliert Forderung brüllend → Erwachsener ignoriert	Vermeidung R → 0 Kind kommt der ersten Aufforderung nach → Erwachsener braucht nicht zu schelten

Abb. 6/3: Verstärkungsoperationen

zeichnet, die man gewöhnlich mit derartigen Operationen verbindet. *Positive Verstärkung* und *Löschung* (Extinktion) bezeichnen kontingente Darbietung oder Vorenthaltung positiver Stimuli.

Wird ein aversiver Stimulus nach einer speziellen Handlung dargeboten, so bezeichnet man diese Operation gewöhnlich als *Bestrafung.* Werden dagegen aversive Stimuli nach einer speziellen Handlung entfernt, ist diese Operation eine *negative Verstärkung;* sie deckt das Paradigma ab, das man in der Sprache der instrumentellen Konditionierung als Fluchttraining bezeichnet. In therapeutischen Kontexten bezeichnet man das manchmal auch als Aversionserleichterung. Die Verwendung von aversiven Stimuli ist bereits im Zusammenhang mit dem Modell des klassischen Konditionierens diskutiert worden, und mit der Benutzung von aversiven Stimuli bei Operanten wird sich das nächste Kapitel befassen. Die Operation der Aversionserleichterung haben wir an dem kombinierten Modellparadigma zur Behandlung von Homosexualität veranschaulicht (siehe Kapitel 3). So bedienten sich z. B. THORPE, SCHMIDT, BROWN und CASTELL (1964) dieses Begriffes, um ihr Verfahren darzustellen, bei dem es darum ging, erwünschte konkurrierende Verhalten durch Beseitigung eines aversiven Stimulus zu belohnen. So las der Patient z. B. laut visuell dargebotene Wörter wie »homosexuell« und dergleichen vor, die sich auf seine Symptome bezogen, und sofort erhielt er einen schmerzhaften Elektroschock. Dieser Schock wurde beendet, wenn der Patient das

»Erleichterungs-« Wort (z. B. »heterosexuell«) sagte, das nun, nach Schockabschluß, im Blickfeld des Patienten belassen wurde. Die Verwendung einzelner Wörter zur Darstellung von derart komplexen Verhaltensketten wie es homosexuelle oder heterosexuelle Interaktionen sind, der relative Wert der Beseitigung eines Schocks als Verstärker und der Zusammenhang zwischen diesem Vorgehen einerseits und einer aversiven Konditionierung und reziproken Hemmung andererseits — all diese Dinge müßten noch methodisch überprüft werden. Doch wie in Kapitel 3 bereits erläutert, haben Laboruntersuchungen ergeben, daß neutrale Stimuli, die mit der Beendigung eines aversiven Stimulus (z. B. eines Elektroschocks) gekoppelt werden, tatsächlich konditionierte verstärkende Eigenschaften erwerben, die ausreichen, um die Aneignung einer neuen Reaktion zu bewirken. Ferner ist der konditionierte verstärkende Wert von keiner unerläßlichen diskriminativen Funktion des Stimulus abhängig (KINSMAN und BIXENSTINE, 1968). So aber ist eine allgemeine Strategie des Entfernens von aversiven Stimuli von Nutzen, wenn es darum geht, den verstärkenden Wert von Stimuli, die mit schwachen Reaktionen verbunden sind, zu unterstützen — zumindest so lange, bis andere ökologische Verstärker ihr Auftreten begünstigen können. Durchführen läßt sich das im Rahmen eines instrumentellen Flucht-Vermeidungs-Paradigmas (siehe nächstes Kapitel) oder eines respondenten Konditionierungs-Paradigmas (siehe Kapitel 3). In beiden Fällen ist das Entfernen von aversiven Stimuli eine verstärkende Operation, die Symptome produzieren oder zu ihrer Veränderung verwendet werden kann.

Doch ist die Sache weniger einfach als Abb. 6/3 vermuten läßt. Stimuli können sowohl in nicht-kontingenter als auch in kontingenter Weise manipuliert werden, und das sowohl allein als auch zusammen mit anderen Ereignissen. Darüber hinaus hat das Nichtvorhandensein einer Klasse von Stimuli andere Effekte als das Entfernen einer solchen Klasse; wie jede Mutter weiß, übt ein nicht vorhandenes Spielzeug auf ein Kind einen geringeren Effekt aus als das Entfernen desselben vorhandenen Spielzeugs. Abb. 6/4 umreißt die Manipulationen, die möglich sind, wenn einigen komplexen Fällen dieser Art Rechnung getragen wird. Dieses Kapitel befaßt sich, wenn auch nicht mit allen, so doch mit den meisten Manipulationen positiver Stimuli (K +). Die restlichen Manipulationen, die gewöhnlich Reaktionsabnahmen nach sich ziehen, werden im nächsten Kapitel behandelt, da sie in funktionaler Hinsicht aversiven Ereignissen ähneln.

Wir wir gesehen haben, werden die verstärkenden Eigenschaften eines Stimulus durch Demonstration seiner Effekte auf die Reaktionswahrscheinlichkeit festgestellt. Diese Art von Definition hat erhebliche Kritik auf der theoretischen und Schwierigkeiten auf der praktischen Ebene nach sich gezogen. Forscher wie Kliniker haben, um der Zweckmäßigkeit willen und um einen Zirkelschluß zu vermeiden, häufig angenommen, daß ein verstärkender Stimulus — z. B. ein Happen zum Essen, eine Tracht Prügel, soziale Anerkennung oder ein Elektroschock — bei vielen Individuen unter verschiedenen Umständen denselben Effekt hat. Wäre das richtig, könnte der Stimulus als

	Nicht-kontingente Verabreichung	Nicht-kontingente Beseitigung	Reaktionskontingente Verabreichung	Reaktionskontingente Beseitigung oder Nichtvorhandensein	Nichtkontingente Verabreichung gekoppelt mit S	Nichtkontingente oder kontingente Beseitigung gekoppelt mit S
C+	Sättigung Zufällige (abergläubische) Konditionierung	Deprivation	Positive Verstärkung Diskriminationstraining wenn gekoppelt mit SD Konditionierung sekundärer positiver Stimuli	Löschung Auszeit Verstärkerentzug Diskriminationstraining wenn gekoppelt mit SΔ	Klassische Konditionierung (Klassische Konditionierung sekundärer positiver Stimuli)	Klassische Konditionierung sekundärer aversiver Stimuli
C—	Erregung Zufällige (abergläubische) Konditionierung	Zufällige (abergläubische) Fluchtkonditionierung	Bestrafung Diskriminationstraining wenn gekoppelt mit SΔ Konditionierung sekundärer aversiver Stimuli	Negative Verstärkung von Flucht-Vermeidungs-Training Diskriminationstraining wenn gekoppelt mit SD	Klassische Aversionskonditionierung (Klassische Konditionierung sekundärer aversiver Stimuli und der konditionierten emotionalen Reaktion)	Klassische Konditionierung sekundärer positiver Stimuli (»Erleichterungs-«S: Aversionserleichterung)

Abb. 6/4: Mögliche Manipulationen positiver und aversiver Stimuli

»Verstärker« charakterisiert und als solcher im vorhinein definiert werden. Ein klassisches Beispiel sind die Futterpillen, die generell als Verstärker für Versuchstiere im Labor anerkannt werden, vorausgesetzt, das gewisse Deprivationsoperationen durchgeführt worden sind. Ähnlich hat man in Studien zur Verhaltensmodifikation von der gezielten Aufmerksamkeit, von Süßigkeiten oder von verbalen Feststellungen wie »gut« angenommen, sie wirkten sich als überall und immer wirksame Verstärker aus. Doch hat sowohl eine Reihe von Untersuchungen als auch die tägliche Erfahrung gezeigt, daß von den verstärkenden Effekten eines bestimmten Stimulus nicht angenommen werden kann, sie seien für verschiedene Individuen oder für dieselbe Person zu verschiedenen Zeiten ähnlich. So kann z. B. im Tierlabor eine kontingente Futterpille zu vermehrtem Drücken des Hebels führen, wenn das Futtermagazin in der Vergangenheit leer war; doch kann dieselbe Pille die Reaktionen auch verringern, wenn in der Vergangenheit pro Hebeldruck stets 100 Pillen geliefert wurden (vgl. z. B. PERKINS, 1968). Schüler von *Junior High Schools* (entspricht etwa unserer Mittelschule, Anm. d. Ü.) lösten eine größere Anzahl an schwierigen Diskriminationsaufgaben, wenn ihnen auf ihre richtigen Lösungen hin nicht die Fotos eines ihnen unsympathischen, sondern eines sympathischen *Peer* gezeigt wurden (LOTT und LOTT, 1969). Leichte Elektroschocks sind von Versuchspersonen häufig als angenehm beschrieben worden, und man weiß von ihnen, daß sie eine Reaktion steigern können. LINDSLEY (1968) hat von »süßen Strafstimuli« gesprochen, weil er entdeckte, daß in seinen Verhaltensmodifikationsprogrammen manche Kinder die Rate an erwünschtem Verhalten nicht steigerten, sondern verringerten, wenn sie auf kontingente Weise Süßigkeiten bekamen.

PREMACK (1959, 1965) hat im Hinblick auf den in der Verstärkungsdefinition implizierten Zirkelschluß eine Lösung vorgeschlagen und die Relativität von Verstärkungsoperationen demonstriert, indem er zeigte, daß Kinder *zum* Essen verstärkt werden, wenn diese Reaktion kontingente Gelegenheit zum Drücken von Hebeln gibt. Er hatte diesen Befund vorhergesagt, indem er sich auf seine Verstärkungshypothese berief, die besagt, daß bei jedem Reaktionspaar die Reaktion, die eine höhere Wahrscheinlichkeit des Auftretens besitzt, eine vorausgegangene Reaktion mit niedrigerer Häufigkeit des Auftretens verstärken wird. PREMACK (1965) meinte dazu:

»Verstärkung ist eine relative Eigenschaft. Die wahrscheinlichste Reaktion einer Gruppe von Reaktionen wird alle Mitglieder dieser Gruppe verstärken; die am wenigsten wahrscheinliche Reaktion aber wird kein Mitglied der Gruppe verstärken. Doch werden Reaktionen mittlerer Wahrscheinlichkeit die weniger wahrscheinlichen verstärken, nicht aber die wahrscheinlicheren. So aber können die Gruppenmitglieder mittlerer Wahrscheinlichkeit verstärken oder auch nicht, das hängt von der relativen Wahrscheinlichkeit der Grundreaktion ab... Die Verstärkungsbeziehung ist umkehrbar. Kann die Auftretenswahrscheinlichkeit zweier Reaktionen ihrer Reihenfolge nach umgekehrt werden, so ist auch die Verstärkungsbeziehung zwischen den beiden Reaktionen umkehrbar« (PREMACK, 1965, S. 132—133).

Der Verstärkungseffekt wahrscheinlicherer auf weniger wahrscheinliche Reaktionen in der Kontingenzsituation setzt als notwendige und ausreichende Bedingung offensichtlich voraus, daß der Organismus gezwungen wird, seine instrumentelle Reaktion zu steigern, um so die Gelegenheit für das kontingente Verhalten auf dem Niveau freier Performanz aufrechtzuerhalten (EISENBERGER, KARPMAN und TRATTNER, 1967). Diese Forscher entdeckten auch, daß die wahrscheinlichere Reaktion die weniger wahrscheinliche nur dann verstärkt, wenn das kontingent verfügbare Verhalten unter seinem Niveau freier Performanz gehalten wurde. Andererseits verstärkte die weniger wahrscheinliche Reaktion die wahrscheinlichere dann, wenn die letztere unter dem Niveau des freien Operanten gehalten wurde.

Es liegt also auf der Hand, daß die Effektivität eines bestimmten Stimulus als Verstärker in jedem Versuchsplan und bei jeder klinischen Anwendung zunächst für die bestimmte Situation und eine bestimmte Versuchsperson nachgewiesen werden muß. In der klinischen Situation, in der sich die Konditionierung über einen langen Zeitabschnitt erstrecken kann, ist es sogar nötig, die Effektivität eines verstärkenden Stimulus einige Tage oder Wochen nach seiner Einführung in die Behandlung neu zu bewerten. Eine weitere Schwierigkeit bei der Annahme von Allgemeingültigkeit für die Effekte eines verstärkenden Stimulus besteht — das gilt sogar für nur eine bestimmte Person — darin, daß der verstärkende Stimulus von der organismischen Verfassung der Person abhängt. So können Futterpillen bei einem hungrigen Tier so lange als effektive Verstärkung dienen, bis die verabreichten Pillen zur Sättigung ausreichen; und ein Kind kann vermehrt reagieren, um mit einem neuen und unvertrauten Spielzeug spielen zu dürfen, was es jedoch nicht tun würde, wenn es mit diesem Spielzeug bereits vertraut wäre. In der klinischen Praxis besteht ein weiteres Problem darin, daß, wenn sich der Zustand eines Patienten bessert und wenn der Patient sein Verhaltensrepertoire erweitert, die verstärkenden Stimuli, die er in der simplifizierten und beschränkten klinischen Umgebung als angenehm empfand, nicht genügend verstärkende Eigenschaften besitzen, um das fragliche Verhalten des Patienten im Alltag aufrechtzuerhalten.

Ein Stimulus kann in seiner Effektivität als Verstärker auch aufgrund der Verstärkungsrate, also des Verstärkungsplans (KV), variieren. Laborexperimente mit Tieren haben eindeutig ergeben, daß eine einzige Futterpille im Kontext gewisser Verstärkungspläne Verhalten über lange Zeitabschnitte hinweg und durch viele Reaktionen hindurch aufrechterhalten kann. Der Umfang des verstärkenden Stimulus oder dessen verstärkender Wert kann ausreichen, um im Rahmen des einen, nicht aber eines anderen Verstärkungsplans den Erwerb oder die Erhaltung von Verhalten zu bewirken. Dieser Interaktion zwischen Verstärker und Verstärkungsplan begegnet man in jedem Spielkasino. Spielautomaten, die niedrige Gewinne abwerfen, sind gewöhnlich so programmiert, daß sie das Spielverhalten anders verstärken als Automaten, die große Gewinne abwerfen können. Eine lange Verhaltenskette, die einen Münzspielautomaten in Betrieb hält, kann aufrechterhalten werden durch die geringen Unkosten (man wirft ja nur 10-Pfennig-Stücke ein) oder durch die Größe des zu erwartenden Supergewinns. Ähnlich wird die Größe eines Stücks Schokolade oder die Höhe eines Bankschecks mit der Häufigkeit und dem Fahrplan ihrer Verabreichung interagieren, indem sie die Kontrolle über die Arbeitsleistung einer Person determinieren.

Verstärkung und Motivation

Angesichts der Spezifizierung der Bedingungen, unter denen ein bestimmtes Ereignis verstärkt, benötigt der operant Konditionierende kaum irgendwelche motivationalen Konstrukte. SKINNER (1953) stellte fest, daß man das Phänomen, das man generell als »Motivation« bezeichnet, durch die Effekte von Deprivations- und Sättigungsoperationen formulieren könne. Da das Schwergewicht auf den Verstärkungseffekten liegt, werden motivationale Bedingungen angeführt, wenn nachgewiesen wird, wie die Wahrscheinlichkeit, daß ein Kind für ein Bonbon arbeitet, bedingt ist durch die früheren Erfahrungen des Kindes mit Süßigkeiten, durch die Zeit seiner letzten Mahlzeit, durch die Schwierigkeit der zu lösenden Aufgabe und durch ähnliche Variablen. Diese präzis beschreibbaren Variablen decken genau dasselbe Ereignis ab wie die umfassende Feststellung, daß »das Kind stark zu Süßigkeiten motiviert ist«. Doch haben sie für den Forscher den zusätzlichen Vorteil, daß er, wenn das Kind aufhört zu reagieren, jede dieser Variablen variieren kann, um das Verhalten wieder unter seine Kontrolle zu bringen.

Es ist offensichtlich unpraktisch und wissenschaftlich unbefriedigend, wenn man in jedem Einzelfall zu einer Analyse der wirksamen Verstärker gezwungen ist. Deshalb fahren die Forscher fort, die Bedingungen und Prozesse zu untersuchen, die die verstärkenden Effekte eines Stimulus determinieren. Bei einer Reihe von Stimuli kann man sich darauf verlassen, daß sie unter einer Vielzahl von Umständen einen verstärkenden Effekt beibehalten. Diese Stimuli, die häufig als *primäre* Verstärker bezeichnet werden, sind nicht von der vergangenen Konditionierungsgeschichte der Personen abhängig und bei den meisten Vertretern einer Spezies anzutreffen. Feste oder flüssige Nahrung, Stimuli, die Unbehagen oder Schmerz reduzieren, und Sexualstimuli gehören zu denen, die für die meisten Leute meistens attraktiv sind. Veränderungen der Umwelt nach anhaltender Monotonie, Gelegenheiten, mit anderen Menschen zu interagieren, verbale Äußerungen der Anerkennung, Zuneigung und des Lobes — sie alle gehören zu den Stimuli, die zwar weniger verläßlich sind, trotzdem aber ihre verstärkenden Eigenschaften bei einem breiten Spektrum an Bedingungen und Personen beizubehalten scheinen.

Situationen, die häufig mit Hilfe von komplexen sozialen motivationalen Konstrukten beschrieben werden, können anhand operanter Prozeduren untersucht werden. LINDSLEY (1962) erfaßte z. B. »Motive« psychotischer Patienten, indem er Bilder religiösen Inhalts, Dias mit nackten Frauen und Männern und andere Objekte an die Wand projizierte, die alle auf das fortlaufende Hebeldrücken der Versuchspersonen kontingent waren. Mit einer etwas verfeinerteren Ausstattung kann man soziale Ereignisse oder Bedingungen, die Operanten aufrechterhalten, untersuchen. NATHAN, SCHNELLER und LINDSLEY (1964) haben ein Laborverfahren zur Analyse von Veränderungen interpersonaler Einflüsse vorgestellt, bei dem die Rate gemessen wird, mit der eine Person fortlaufend eine Taste drückt, um Material zu sehen oder zu hören, das über einen Fernsehbildschirm dargeboten wird. Die verstärkenden Eigenschaften verschiedener Dimensionen des vorgestellten Materials (z. B. Inhalt, Vertrautheit, Intensität oder Überflüssigkeit) können erforscht werden, indem man ihre Fähigkeit, eine hohe Tastendrückrate aufrechtzuerhalten, mißt.

Konditionierte Verstärkung und soziale Verstärker

Im Gegensatz zu den primären Verstärkern haben die meisten Kontingenzen des Alltags ihre verstärkende Fähigkeit dadurch erworben, daß sie in den vorausgegangenen Erfahrungen der Person wiederholt mit anderen verstärkenden Ereignissen gekoppelt gewesen waren; sie bezeichnet man als *konditionierte Verstärker*. Das Klicken, das gewöhnlich mit der Verabreichung einer Futterpille durch ein spezielles Magazin verbunden ist, wird bei Tierversuchen üblicherweise als konditionierter Verstärker benutzt. Schließlich setzt das Tier sein Hebeldrücken auch dann noch fort, wenn kein Futter mehr verabreicht wird und seiner Reaktion nur noch das Klicken folgt. Neue Reaktionen können auch dadurch erworben werden, daß das Klicken kontingent verabreicht wird; das ist ein weiterer Beweis des konditionierten verstärkenden Effekts des Klickens.

SKINNER (1938) zeigte schon sehr früh, daß ein diskriminativer Stimulus (S^D), der *per definitionem* ein mit Verstärkung verbundener Stimulus ist, auch verstärkende Eigenschaften erwerben kann. Der *konditionierte* Verstärkungswert eines S^D ist vermutlich deshalb relativ löschungsresistent, weil er im Kontext eines intermittierenden Verstärkungsplans erworben und benutzt wird. ZIMMERMAN (1959), KELLEHER (1961) und andere haben bewiesen, daß Verhalten, welches durch verstärkende S^D's aufrechterhalten wird, sich nicht unterscheidet von Verhalten, das durch primäre Verstärker aufrechterhalten wird, solange intermittierende Pläne benutzt werden. Obwohl diskriminative Stimuli gewöhnlich als konditionierte Verstärker funktionieren, ist die Errichtung eines Stimulus als S^D weder notwendig noch ausreichend, um aus ihm einen konditionierten Verstärker zu machen (KELLEHER und GOLLUB, 1962). Das aber bedeutet, daß nicht alle konditionierten Verstärker diskriminative Stimuli sind und daß nicht alle diskriminativen Stimuli konditionierte Verstärker sind. Die simple Kopplung eines Stimulus mit einem kontingent verstärkenden Stimulus kann aus jenem einen konditionierten Verstärker machen, da die Errichtung von konditionierten Verstärkern offensichtlich durch klassisches respondentes Konditionieren geschieht (WITTENBORN, ADLER, LUKACS, SHARROCK und SIMMONS, 1963). Tatsächlich haben einige Theoretiker behauptet, alle Verhaltensänderung bestehe aus »der Übertragung differentieller Attraktivität« auf vorangegangene Stimuli, werde also bewirkt durch den Mechanismus konditionierender sekundärer Verstärkung (PERKINS, (1968). Auf alle Fälle ist die Kraft, die ein Stimulus als konditionierter Verstärker besitzt, eine Funktion der Häufigkeit, mit der er mit einem anderen bereits etablierten Verstärker gekoppelt worden ist, was erwartet werden darf, wenn er klassisch konditioniert ist. Da konditionierte Verstärker Reaktionsraten und -muster ebenso kontrollieren wie primäre Verstärker, sind sie wichtig, wenn es darum geht, in jenem Fall lange Reaktionsketten aufrechtzuerhalten, in dem nur für die Endreaktion primäre Verstärkung zur Verfügung steht; und sie verzögern die Löschung, wenn keine primäre Verstärkung erfolgt.

Beim menschlichen Verhalten treten konditionierte Verstärker im allgemeinen im Rahmen langer Ketten aus Reaktionen und Stimuli auf. Eine Kette setzt sich zusammen aus Reaktionen, die durch Stimuli miteinander verbunden sind, und diese Stimuli fungieren als konditionierte Verstärker und als diskriminative Stimuli. REYNOLDS (1968) liefert ein hervorragendes Beispiel dafür, wie sich im Humanverhalten diese beiden Eigenschaften überschneiden:

»Wir versuchen nicht in unseren Wagen zu steigen, bevor die Tür nicht offen ist. Auch versuchen wir nicht Essen zu bestellen, so lange der Kellner nicht an unserem Tisch steht. Jeder dieser diskriminativen Stimuli ist zusätzlich konditionierter Verstärker. Das Öffnen einer Tür verstärkt z. B. deshalb, weil die offene Tür ein Stimulus ist, in dessen Gegenwart die Reaktion verstärkt wird. Die ganze Verhaltenskette wird durch das Essen, das wir schließlich zu uns nehmen, aufrechterhalten; wir suchen ganz einfach keine Restaurants auf, die entweder schlechtes oder gar kein Essen servieren« (S. 53).

Wird ein konditionierter Verstärker durch Kopplung eines Stimulus mit vielen unterschiedlichen primären und sekundären Verstärkern etabliert, spricht man von einem *generalisierten Verstärker*. Geld, Aufmerksamkeit oder Kreditkarten sind einige der vielen generalisierten Verstärker, die in unserer Kultur weit verbreitet sind. Generalisierte Verstärker eignen sich hervorragend zur klinischen Anwendung, weil sie, was ihre Effektivität anlangt, viel weniger von der momentanen Verfassung der Person abhängen. Dadurch ist eine ziemlich kontinuierliche Konsequenzkontrolle des Verhaltens auch dann möglich, wenn der Person soziale Anerkennung gleichgültig ist und wenn sie weder hungrig noch durstig ist. Durch die Verwendung von generalisierten Verstärkern — wie z. B. Geld — kann sogar dann noch uniformes Verhalten erzeugt werden, wenn sich die Interessen, Deprivationen und persönlichen Erfordernisse der Person verändern. Die Überlegenheit von generalisierten Verstärkern über einzeln wirkende konditionierte Verstärker im Kontext der Erleichterung menschlichen Lernens und ihre stärker ausgeprägten Anreizeigenschaften wurden belegt von KANFER und MATARAZZO (1959), von KANFER (1960) und von anderen.

Münzen, Punkte oder andere Symbole (Pokerchips, Spielgeld usw.), die gegen eine Vielzahl von Objekten und Leistungen eingetauscht werden können, sind nicht nur praktisch generalisierte Verstärker, wenn es darum geht, individuelle Verhalten auszuformen, sondern ihr Nutzen ist wiederholt auch dann belegt worden, wenn ganze Institutionen mit einer »Ökonomie« ausgestattet wurden, die sich eines *Token*systems bediente (AYLLON und AZRIN, 1968). Der verstärkende Wert von *Tokens* wird von fast allen Personen problemlos rezipiert — sogar von stark geschädigten oder psychotischen Personen. SIDMAN (1965) beschrieb z. B. die erfolgreiche Konditionierung von *Tokens* in Verbindung mit generalisierten Verstärkern bei stark retardierten Kindern. Der Therapeut gab einem der Kinder zuerst ein Bonbon und dann ein *Token*, das sofort gegen ein Bonbon eingetauscht wurde. Hierauf erfolgte der Eintausch der *Tokens* in langsam zunehmenden Abständen. Schließlich richtete man einen »Laden« ein, in dem man gegen *Tokens* ein oder zweimal täglich eine ganze Menge Dinge (Spielzeug, Essen, Kleidung) eintauschen konnte.

Soziale Verstärkung

Unter allen verfügbaren verstärkenden Stimuli sind es wahrscheinlich die verbalen und nichtverbalen Reaktionen der anderen, die ganz entscheidend zur Ausformung von Humanverhalten beitragen. Zwischen dem unmerklichen Lächeln oder Zwinkern und der unverhohlenen verbalen Erklärung von Liebe oder Haß liegt ein breites Spektrum von Hinweisreizen, die unser Verhalten in jeder alltäglichen Interaktion formen, kontrollieren und lenken. Welche grundlegende Bedeutung ihnen auch immer zukommen mag, wir müssen noch eine ganze Menge über die funktionalen Merkmale von sozialen Verstärkern lernen. Verschiedene interessante Forschungsansätze versprechen eine Vereinfachung der funktionalen Analyse der Operationen, durch die soziale Stimuli als Verstärker zu verschiedenen Graden an Verhaltenskontrolle gelangen. STEVENSON (1965), LINDSLEY (1963 a) und andere haben darauf hingewiesen, daß dieselben sozialen Stimuli auslösende, diskriminative, erleichternde, unterdrückende oder verstärkende Funktionen ausüben können. LINDSLEY (1963 a) hat eine Vorrichtung zur Erfassung konjugierter Verstärkung entwickelt, die das Laborstudium fortlaufender sozialer Verstärker und verwandter Phänomene erleichtern dürfte, während eine Konfundierung durch andere Variablen sozialen Verhaltens vermieden wird. Abb. 6/5 veranschaulicht eine Form von LINDSLEYs Versuchsanordnung, die es ermöglicht, einem Säugling in seinem Bett mit einem Stummfilm die lächelnde Mutter vorzuführen. Eine Platte, auf die der Säugling mit dem Fuß drückt, ist über einen Kontrollmechanismus (in der Abbildung als »konjugierter Verstärker« bezeichnet) dergestalt mit der Projektorlampe verbunden, daß die Rate des Plattedrückens direkt bezogen ist auf die Intensität des projizierten Bildes. Mit Hilfe dieser Vorrichtung entdeckte LINDSLEY, daß das Lächeln einer fremden Frau auf ein fünfmonatiges Baby verstärkend wirkt. Ähnliche Vorrichtungen konjugierter Verstärkung hat man benutzt, um die verstärkenden Effekte der Videodarstellung des Therapeuten auf den Patienten in regulären Therapiesitzungen zu untersuchen (LINDSLEY, 1963 b).

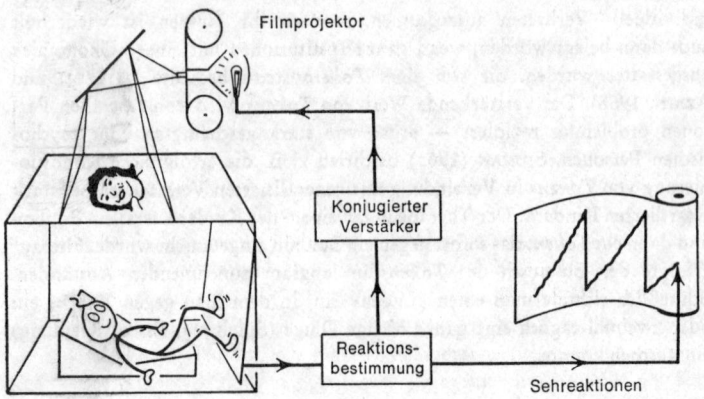

Abb. 6/5: Schematische Darstellung des Apparats, mit dessen Hilfe der Verstärkungswert von Stummfilmen für einen Säugling gemessen wird. Das ständig dargebotene Filmbild wird anhand einer konjugierten Verstärkungskontingenz verabreicht. Diese Kontingenz scheint sich für soziale Verstärker am besten zu eignen (LINDSLEY, 1963a, S. 631).

STEVENSON (1965) hat die Wirksamkeit sozialer Verstärker gemessen, indem er eine einfache Aufgabe mit minimalem Vorauslernen benutzte. Wurde das Verhalten von Kindern, die Murmeln durch Löcher in einen Behälter fallen ließen, positiv kommentiert, so entdeckte man, daß ihre Rate des Murmel-Fallenlassens auf folgende Punkte bezogen war: 1. auf ihr eigenes und auf das Geschlecht des Experimentators (Mädchen reagieren stärker auf die Kommentare eines Mannes, während Jungen stärker auf die einer Frau reagieren); 2. auf die Interaktion zwischen dem Alter des Kindes, dem Geschlecht des Versuchsleiters und anderen Merkmalen (z. B. können einzelne Männer, die kleine Kinder besonders intensiv verstärken, auch ältere Kinder effektiv verstärken, während die Frauen, die bei kleinen Kindern besonders effektiv sind, auf größere weniger verstärkend wirken); 3. auf die interpersonale Beziehung und die anzunehmende Verstärkungsgeschichte in Verbindung mit der verstärkenden Instanz (Eltern waren weniger effektive Verstärker als Unbekannte) und 4. auf das Alter des Kindes (ältere Kinder reagierten auf Lob genauso effektiv wie auf Lichtsignale). Eine lange Reihe von Laborstudien über die soziale Verstärkung von Kindern hat die Komplexität dieser Operationen unterstrichen. Die Beliebtheit, die Aggressivität, die freundschaftlichen Beziehungen, das Alter und andere Merkmale eines *Peer* interagieren auf komplexe Weise sowohl mit der Aufgabe als auch mit den Merkmalen der Versuchsperson, wenn es darum geht, die Effekte von *Peers* als soziale Verstärker zu bestimmen (HARTUP, 1967). Die Neigung eines Kindes, auf die von anderen emittierten sozialen Stimuli zu achten und durch derartige Emission verstärkt zu werden und seinerseits selbst zu verstärken, kann durch Erbfaktoren beeinflußt werden. Nun kann das Kind durch den Grad seiner Reagibilität das soziale Verhalten seiner Eltern formen, so daß ein in sich geschlossener Zyklus entsteht (BELL, 1968). So aber kann das mangelhafte Verhaltensrepertoire eines Kindes weitere Einschränkungen seines Verhaltens nach sich ziehen und seine sozialen Interaktionsschwierigkeiten vermehren.

In jüngerer Zeit hat man sich bemüht, soziale Verstärkung nicht nur im Labor, sondern auch in der natürlichen Umwelt zu erforschen. HARTUP, GLAZER und CHARLESWORTH (1967) haben die Beziehung zwischen Peer-Verstärkung und soziometrischem Status bei Gruppen von Vorschulkindern untersucht. Ihre Befunde lassen vermuten, daß ein positiver soziometrischer Status signifikant korreliert mit der Häufigkeit der verabreichten positiven Verstärkung, während er unbezogen ist auf das Ausmaß an negativer Verstärkung, die ein Kind verabreicht. Negative Wahlen im Soziogramm wurden korreliert mit dem Ausmaß an negativer Verstärkung, die das Kind gab, ohne jedoch bezogen zu werden auf die von ihm verabreichte positive Verstärkung. Die Kinder erhielten mehr positive Verstärkung von den Peers, die sie mochten, als von denen, die sie nicht leiden konnten.

Obwohl ökologische Untersuchungen häufig unter den schwachen A-priori-Definitionen von positiven und aversiven Verstärkern leiden, belegen ihre Daten gewöhnlich die leistungsfördernde Rolle, die Klassen sozialer Stimuli zugeschrieben wird. Das bedeutet, daß Untersuchungen im natürlichen Kontext Gelegenheit geben, Annahmen darüber zu testen, welche sozialen Ereignisse als Verstärker funktionieren. In manchen Fällen sind frühere Hypothesen über die konstitutionellen oder psychodynamischen Ursprünge eines störenden Verhaltensmusters durch den Beweis, daß soziale Verstärkung das fragliche Verhalten aufrechterhielt, widerlegt worden. Bei ihrer Untersuchung der Aggression stellten PATTERSON, LITTMAN und BRICKER (1967) z. B. die Hypothese auf, die aggressiven und selbstsicheren Verhalten kleiner Kinder seien Operanten. Die Konsequenzen, die das jeweilige Opfer des Verhaltens liefert und die in seiner Unterwerfung, seinem Schreien, seiner Abwehrhaltung oder seinem Gegenangriff und seiner Vergeltung bestehen mögen, können das aggressive Verhalten entweder schwächen oder aufrechterhalten. Die Autoren weisen darauf hin, daß eine Reihe Laborstudien gezeigt hat, daß aggressive Handlungen unter die Kontrolle von sozialen oder materiell verstärkenden Stimuli gebracht werden können (vgl. z. B. HINSEY, PATTERSON und SONODA, 1961; LOVAAS, BAER und BIJOU, 1963; WALTERS und BROWN, 1964) und daß eben diese Studien eine signifikante Beziehung belegt haben zwischen aggressiven Verhalten, die im Labor ausgeformt wurden, und Verhalten, die im natürlichen Kontext stattfanden. Gleichzeitig erklären die Autoren:

»Es ist allerdings unwahrscheinlich, daß die Kultur so programmiert ist, daß sie diese Verstärkerklassen für selbstsichere Verhalten verabreicht oder daß die Verstärker nach denselben geregelten Plänen ablaufen, deren man sich im Labor bedient und die sich durch kontinuierliche oder fixierte Quoten auszeichnen. Um richtig verstehen zu können, wie das Kind aggressives Verhalten erwirbt, muß man die tatsächlichen Konsequenzen und Verstärkungspläne erkennen, die die Gesellschaft für seine selbstsicher-aggressiven Verhaltensweisen liefert« (Patterson, Littman und Bricker, 1967, S. 6—7).

Als Beobachter Episoden aggressiver Handlungen und deren Konsequenzen im Kontext üblicher Kindergartenspiele aufzeichneten, entdeckten sie, daß die Ereignisse, von denen *a priori* behauptet worden war, sie würden als Verstärker fungieren, tatsächlich den vorhergesagten Effekt hatten. Aggressionsrate und -typus und ausgewählte Opfer variierten je nach der positiv oder negativ verstärkenden Reaktion des Opfers. Außerdem wurden zunächst passive Kinder, die häufig von aggressiven *Peers* gepeinigt wurden, und die bei einigen Gegenangriffen Erfolg hatten, rasch dahingehend konditioniert, daß sie ihre eigene Rate aggressiven Verhaltens steigerten.

Werden Verstärkungsoperationen mit Hilfe natürlicher Sozialisationseinheiten untersucht, kann man die Mechanismen entdecken, durch die das kleine Kind die Regeln sozialen Verhaltens im Versuchs- und Irrtumsverfahren und mittels sozialer Feedback-Prozesse lernt. PATTERSON und seine Mitarbeiter haben, um nur ein Beispiel anzuführen, einen allgemeinen Prozeß beschrieben, der erklärt, wie soziale Instanzen in der Umwelt des Kindes häufig dessen abweichende Verhalten aufrechterhalten, obwohl sich eben diese Instanzen heftig über besagte Verhalten beklagen. PATTERSON und REID (1967) schlugen als Motor der sozialen Verstärkungsoperationen von Dyaden und komplexeren sozialen Systemen (z. B. Krankenstation oder Familie) zwei Mechanismen vor: die Reziprozität und die Koerzion. Zur Reziprozität kommt es, wenn zwei Personen, A und B, einander unvoreingenommen soziale Verstärkung verabreichen. Die Koerzion dagegen referiert die Situation, in der Person A von Person B ein unangemessenes Quantum an positiver sozialer Verstärkung fordert oder erzwingt, während sie B's nachgiebiges Verhalten durch Ausschaltung der aversiv fordernden Stimuli aufrechterhält. Ihre Beobachtungen lassen vermuten, daß sowohl ganze Familien als auch Dyaden aus Elternteil und Kind stabile und systematisch voneinander abweichende Quoten der Verabreichung sozialer Verstärkung (Reziprozitätsgrad) aufweisen. Sie führten quantitative Beobachtungen der koerziven Interaktion in der Eltern-Kind-Dyade durch, die das symptomatische Verhalten des Kindes offenbar aufrechterhalten (PATTERSON, RAY und SHAW, 1968). In einer Familie unterhielten die Mutter und das Problemkind jeweils koerzive, nicht-reziproke Beziehungen zu den anderen Familienmitgliedern, und das Verhältnis zwischen den positiven und den aversiven Konsequenzen war gering. Wurden jedoch Umfang und Gleichgewicht der wechselseitigen positiven Verstärkung durch therapeutische Intervention verändert, wandelte sich die Familie vom »Tollhaus« in einen Zustand, der eine relativ geringe Rate störenden Verhaltens aufwies (PATTERSON und REID, 1967).

Untersuchungen über Auftreten, Effekte und Modifizierbarkeit sozialer Verstärkung in natürlichen Kontexten exemplifizieren einen Standpunkt, der mit drei miteinander verwandten Problemen der Verhaltensmodifikation zu tun hat. Erstens ist zur Extrapolation von Laborbefunden auf die klinische

Praxis mehr Wissen über ökologische Verstärkungsoperationen nötig. Zweitens stellen Patterson und Reid folgendes fest:

»... der sozialen Umwelt muß das primäre Interesse des Verhaltensmodifikators gelten, dem es um die Entwicklung von Behandlungsprogrammen für das nicht-institutionalisierte Kind geht. Erforderlich ist nicht nur die Entwicklung eines Begriffssystems zur Untersuchung der Parameter, die die Verabreichung von Verstärkern in angezielten sozialen Umwelten bestimmen, denn entscheidend ist auch die Entwicklung einer Technologie, die diese Parameter effektiv verändern kann« (S. 2).

So bildet also die therapeutische Modifikation von koerziven Eltern-Kind-Interaktionen einen Teil von Pattersons programmatischer Forschung. Drittens gehören diese Studien zu den spärlichen Bemühungen, die Rolle ernsthaft zu untersuchen, die soziale Stimuli bei der Entwicklung von störenden Verhalten spielen. Der Beitrag derartiger Arbeiten ist entscheidend, wenn es darum geht, die *Ursachen* von Problemverhalten zu verstehen, seine akuteren Formen zu *unterbinden* und für eine *wirksamere Anwendung* von Modifikationstherapien zu sorgen.

Zu einem vertieften Verständnis der sozialen Verstärkung tragen auch Untersuchungen zur Anpassung, Nachahmung und sozialen Einschätzung bei, die sich immer häufiger der Terminologie und der Operationen des sozialen Lernens bedienen. HILL (1968) gab z. B. einen Überblick über verschiedene von ihm selbst und von anderen aufgestellte Hypothesen über die Effekte positiver und negativer Bewertungen (Lob, Spott, Erfolg, Kritik) auf das Verhalten einer Einzelperson. Es darf angenommen werden, daß Bewertungen in Form von sozialen Feedback-Operationen als Verstärker operieren. HILL folgert, daß bewertende Äußerungen bei primären Verstärkern als diskriminative Stimuli fungieren, und er behauptet, die Interpretation bewertender Feststellungen als konditionierte Verstärker widerspreche den experimentellen Befunden. Bewertende Feststellungen sind offenbar erheblich löschungsresistenter als konditionierte Verstärker, und häufig beeinflussen sie Verhalten wesentlich stärker als die primären Verstärker, die sie zur Grundlage haben können. Doch kann es sein, daß bei diesen Vergleichen die Bewertung als *generalisierter* Verstärker im Gegensatz zur Bewertung als *spezifischer* primärer Verstärker unterschätzt wurde. Die unter Umständen tödlichen sozialen Strafmaßnahmen, die gegen die Feigheit eines Soldaten ergriffen werden, fungieren möglicherweise als überlegene generalisierte konditionierte Verstärker, genauso wie Geld für den hungernden Geizhals zu einem Verstärker eben dieser Art wird — das ist ein weiteres Beispiel für einen generalisierten konditionierten Verstärker, der größere Kraft besitzt als ein spezifischer primärer Verstärker. So aber behauptet HILL, daß bewertende Stimuli in der Kindheit mit einer Vielfalt von primären Verstärkern verbunden seien, wodurch sie zu generalisierten S^D's und damit zu konditionierten Verstärkern würden. Das Intermittieren der ursprünglichen Koppelung und der Koppelungen, die später durch das ganze Leben hindurch stattfinden, erhält die verstärkende Fähigkeit dieses S^D's und ihre Löschungsresistenz anscheinend aufrecht.

Ob nun HILLS bewertende Stimuli eine besondere Unterklasse der sozialen Verstärkung durch andere darstellen oder ob die beiden Klassen gleichwertig sind, dürfte eine Frage sein, die weiterer Untersuchung bedarf. Ist z. B. die »Zuwendung von Aufmerksamkeit«, auf die der Rezipient reagiert, jemals nicht evaluativ? Neulingen in der Klinik werden bestimmte Verhalten gegenüber dem Patienten (Augenkontakt, Körperhaltung) beigebracht, wobei man von der Annahme ausgeht, daß diese Art von Aufmerksamkeit den Klienten dahingehend verstärkt, daß er das therapiebezogene Gespräch nicht abbricht (IVEY, NORMINGTON, MILLER, MORRILL und HASSE, 1968). Ein ähnliches, aber allgemeineres Problem hat mit dem Bedürfnis zu tun, jeden funktionalen Unterschied zwischen den informativen und motivationalen Aspekten des sozialen Feedback feststellen zu können. Funktioniert reaktionsrelevante Information durch andere immer als Verstärkung? Und falls dem nicht so ist, welche Bedingungen bestimmen dann seine verstärkende Funktion? Bildet die Fremdbewertung des Verhaltens einer Einzelperson (z. B. in Form von Zensur, Lob, Kritik) eine verstärkende Handlung, die sich von dem Informations-Feedback, das die anderen geben, unterscheidet? STEVENSON (1965) fand, darauf haben wir bereits hingewiesen, daß bei größeren Kindern ein Lichtsignal ebenso wirksam wie Lob ist, wenn es um die langweilige Aufgabe geht, Murmeln in Behälter fallen zu lassen. In Kapitel 9 wird eine Reihe von Untersuchungen zur Selbstregulierung beschrieben, bei denen die entscheidende Schwierigkeit darin bestand, Gruppen aus Versuchspersonen zusammenzustellen, die keine externe Verstärkung suchten. Jede reaktionsbezogene Information kann im üblichen experimentellen Rahmen bei leistungsorientierten Collegestudenten als Verstärkung wirken. Eine extreme Prozedur, zu deren Anwendung sich Forscher gezwungen sahen, um die Auswirkungen der bewertenden Komponenten von Fremdinformationen zu umgehen, bestand darin, daß sie *Dart*-Spielern[1] die Augen verbanden.

Hills Formulierungen unterstreichen mehrere Punkte, die für die Verhaltenstherapie wichtig sind. Erstens liegt bei vielen Patientenbeschwerden das Schwergewicht auf interpersonalen Interaktionen und sozialen Bewertungen. Die Tatsache, daß soziale Verstärker allgegenwärtig sind, daß ihnen im Alltag zentrale Bedeutung zugeschrieben wird und daß sie in der Umwelt zur Verfügung stehen, macht aus ihnen ein Hauptinstrument der Verhaltensmodifikation. Ebenso wie Fremdbewertungen können auch Selbstbewertungen Verhalten steuern und verstärken. Doch können Rate und Beschaffenheit von Fremd- und Selbsteinschätzungen stark voneinander abweichen. Viele neurotische Patienten zeigen als Hauptsymptom negative Selbsteinschätzung, die häufig von positiver Fremdeinschätzung unbeeinflußt zu bleiben scheint. In der Tat entwickeln sich negative Selbsteinschätzungen oft in Verbindung mit Hinweisreizen für die negative Einschätzung durch andere, denen die »Ich-bin-zu-nichts-gut-Leier« auf die Nerven geht. Man hat entdeckt, daß die Verhaltensprobleme von Kindern als Funktion der differentiellen Reagibili-

---

1 Es geht bei diesem Spiel darum, Pfeile möglichst günstig auf eine Korkzielscheibe zu placieren (Anm. d. Ü.).

tät des Kindes auf verschiedene soziale Verstärkungsquellen (z. B. Mutter, Vater, Peers) variieren (Patterson und Fagot, 1967). Empirische Fortschritte im Hinblick auf das Verständnis und die Kontrolle von sozialer Verstärkung dürften sich in der therapeutischen Praxis enorm bezahlt machen; das hat schon KRASNER (1962 a) prophezeit, als er den Psychotherapeuten als »soziale Verstärkungsmaschine« bezeichnete.

Zweitens können soziale Verstärkungsoperationen zum wesentlichen Verbindungsglied werden zwischen traditionellen operanten Paradigmen, sozialem Lernen und vermittelnden Variablen, in denen man Mechanismen von Selbstreaktionen erblickte. HILL behandelt z. B. Selbst- und Fremdeinschätzungen zusammen, und er verbindet beide Einschätzungsarten mit operanten und sozialen Lernformen. BARON (1966) beschreibt die Effekte sozialer Verstärkung anhand internalisierter Normen, die sich aus der Vorgeschichte der sozialen Verstärkung entwickelt haben und an denen der einzelne gegenwärtige Kontingenzen mißt. Richtung und Umfang der Diskrepanz zwischen Selbst- und Fremdeinschätzungen erzeugen affektive Reaktionen, die ihrerseits die motorische Performanz beeinflussen können. Auch in diesem Kontext kann soziale Verstärkung als theoretisches Bindeglied dienen.

Verkettung von Reaktionen

Reaktionsketten und konditionierte Verstärker sind verwandte Phänomene, und beide sind von großer Wichtigkeit, wenn es darum geht, komplexes und kontinuierliches Humanverhalten aufrechtzuerhalten. Eine operante Kette setzt sich aus einer Reihe von Reaktionen und diskriminativen Stimuli zusammen, in der jede Reaktion den S^D für die folgende Reaktion erzeugt. Jeder S^D kann als Verstärker fungieren, der die vorangegangene Reaktion aufrechterhält. SKINNER (1938) bezeichnete das (S^D-R)-Element einer Kette als »Reflex« und stellte folgende Hypothesen auf: »Ein diskriminativer Stimulus, der ... in Abwesenheit einer eigentlichen Verstärkung als Verstärkung benutzt wird, erzeugt in einem anderen Reflex eine Reserve, die jener Reserve des Reflexes, der sie zugehört, gleichwertig ist«; und zweitens: »In einer Reihe von schließlich nicht verstärkten Reflexen erfahren nur die tatsächlich ausgelösten Reflexe eine Löschung« (S. 105). Diese Hypothesen wurden durch spätere Forschungsarbeiten erhärtet (vgl. z. B. DINSMOOR, 1950). Diese miteinander verquickten Prinzipien machen klar, daß bei der therapeutischen Modifikation Ketten rückwärts konstruiert werden sollten, d. h. daß man von der Reaktion ausgehen sollte, die der abschließenden Verstärkung unmittelbar vorausgeht; das letzte Element der Kette sollte also zuerst errichtet werden. Außerdem muß jedes Element seine S^D-Funktion wahren, da die vorangegangenen Elemente (Reflexe) sonst gelöscht werden würden. Wird die abschließende Verstärkung vergessen, so werden alle Elemente der Kette, die tatsächlich aufgetreten sind, ebenfalls gelöscht, doch verschwinden die späteren Elemente später. Bei der Errichtung einer Reaktionskette muß vor allem darauf geachtet werden, daß sie von keiner konkurrierenden Reaktion unterbrochen wird, so lange die Verstärkung nicht verabreicht worden ist, daß der konditionierte verstärkende Wert jedes S^D richtig etabliert ist, bevor das nächste Element eingeführt wird, und daß die Verstärkung schließlich auch stattfindet. Mit diesen Prozeduren kann bei einer Ratte z. B. folgende komplexe Verhaltenskette erzeugt und aufrechterhalten werden: Erklettern einer kleinen Wendeltreppe, Überqueren einer Brücke, Erklimmen einer Leiter, Ziehen an einer Kette, wodurch ein Spielzeugauto angefahren kommt, Besteigen des Tretautos, Treten des Autos zu einer anderen Treppe, Aussteigen, Sich-durch-eine-enge-Röhre-Pressen, Einen-Aufzug-Benutzen, Abfahrt zur Startbox, Hebeldrücken — und dem folgt nun die Verabreichung eines Futterkügelchens (PIERREL und SHERMAN, 1963; siehe Abb. 6/6).

Obwohl sich eine Kette aus einer Reihe von Elementen zusammensetzt, kann sie manchmal als einziger Operant behandelt werden, wenn man sie anhand der den Elementen gemeinsamen Eigenschaft als schließlich verstärkendes Ereignis definiert. So impliziert z. B. die Freßreaktion einer Ratte in der SKINNER-Box die Annäherung an das Futterkügelchen, das Beschnüffeln, das Zerkauen und das Hinunterschlucken des Futters. Diese ganze Sequenz wird häufig als einzige Reaktion definiert. Hat man die größere Reaktionseinheit über einen langen Zeitabschnitt hinweg verstärkt, können ihre Teilglieder so eng aneinander gekoppelt werden, daß die ganze Kette vom einen Zeitpunkt zum nächsten mit großer Präzision und geringer Variabilität abläuft. Nur wenn es darum geht, die Komponenten der größeren Reaktionseinheit zu verändern, wird diese Einheit in kleinere Bestandteile zerlegt.

In therapeutischen Situationen wird eine derart detaillierte Analyse oft dann nötig, wenn sich herausstellt, daß ein Patient nicht fähig oder nicht hinreichend trainiert ist, um eine Teilkomponente der Gesamteinheit auszuführen. Bestehen die Schwierigkeiten eines Patienten primär in Reaktionsdefizits, ist die Aufgabe des Verhaltensmodifikators häufig die, mittels positiver Verstärkung langsam die entsprechenden Reaktionsketten zu errichten. So haben wir z. B. bereits SIDMANs (1965) Prozedur erwähnt, die darin bestand, daß stark retardierte Kinder so konditioniert wurden, daß sie für generalisiert verstärkende Tokens arbeiteten. Beginnend mit dem einfachen Verzehr angebotener Süßigkeiten, entwickeln die Kinder nach und nach lange Verhaltensketten, indem das ursprüngliche Ereignis durch zusätzliche Elemente ergänzt wird, wobei immer nur die Endreaktion verstärkt wird. So lernen sie z. B. mit der Zeit, beim Anblick des Therapeuten von anderen Tätigkeiten abzulassen, bestimmte Orte aufzusuchen, sich im Kreis mit anderen Kindern niederzusetzen, so lange ruhig zu warten, bis ihnen ein Ball zugerollt wird, den sie zurückrollen, ein *Token* anzunehmen, das sie sich drei bis sechs Stunden lang aufsparen, sich zum »Stationsladen« zu begeben, sich einen Gegenstand auszusuchen und ihre *Tokens* gegen diesen einzutauschen. Das Spielzeug oder die Nahrung bilden den abschließenden »Eintauschverstärker«. Dieses »Eintauschen« bezieht sich auf die Tatsache, daß durch den gewählten Gegenstand die Effektivität des *Tokens* als konditionierter generalisierter Verstärker »erhandelt« oder »eingetauscht« wird. Auf diese

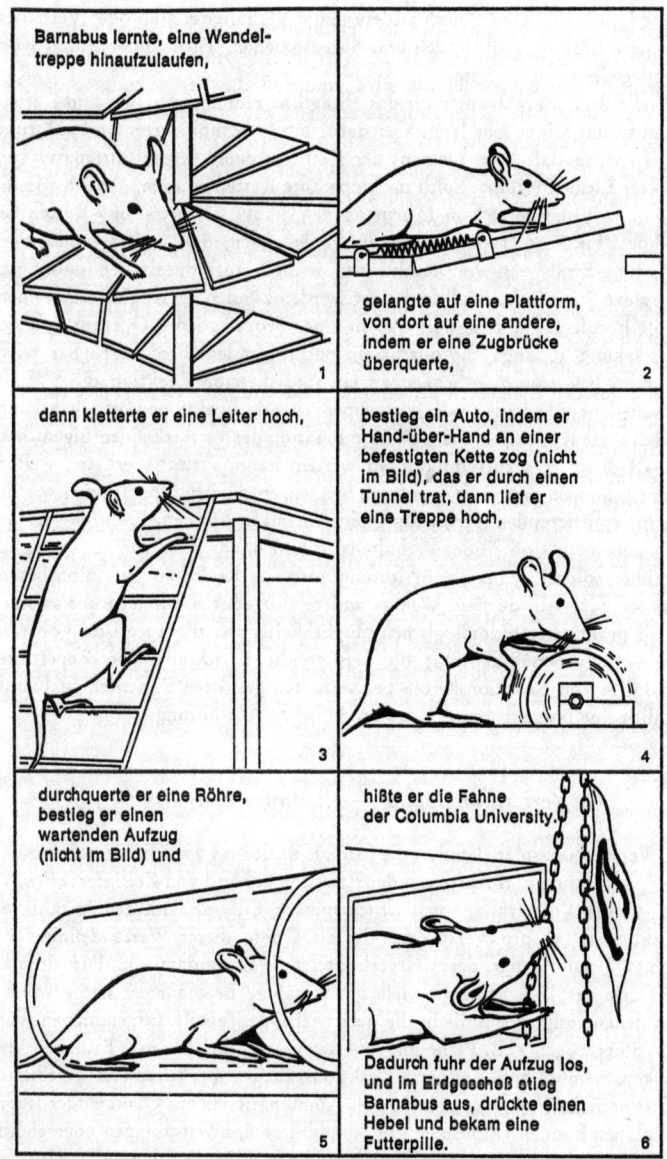

Abb. 6/6: Die Errichtung einer komplexen Reaktionskette (bei PIERREL und SHER-MAN, 1963, übernommen von FERSTER und PERROTT, 1968, S. 183).

Weise lernen die Kinder noch andere lange Verhaltensketten oder Verhalten
der Selbsthilfe — z. B. Baden und Sich-Anziehen, Tischmanieren und Körperpflege im weiteren Sinne.

Vielleicht noch relevanter für das alltägliche Humanverhalten sind Ketten,
die nicht unbedingt sehr lang, aber dafür um so komplizierter sind aufgrund
der Tatsache, daß jedes Element der Kette zu einer Anzahl alternativ verstärkter Elemente führt. Solch multioperante Ketten werden, ähnlich wie die
Branching-Programme von Lehrmaschinen, häufig als *Branching*-Ketten bezeichnet. FINDLEY (1962) hat darauf hingewiesen, daß multioperante oder
Branching-Sequenzen von Reaktionen leichter aufrechterhalten und unter
komplexe Stimuluskontrolle gebracht werden können als lange Kettenreihen.
Er stellte die Hypothese auf, daß in einer Sequenz jeder Operant von der
Verstärkung abhängt, die durch sein nachfolgendes Glied verfügbar wird,
während bei *Branching*-Sequenzen ein und dieselbe Reaktion die S^D's für
verschiedene alternative oder zusammengehende Reaktionen erzeugen kann,
so daß diese Reaktion durch eine Kombination der verstärkenden Eigenschaften all dieser S^D's aufrechterhalten werden kann. FINDLEY erklärt, weitere
Untersuchungen von multioperanten Sequenzen dürften Operationen wie die
der intermittierenden Verstärkung hinreichend begründen. *Branching*-Ketten
scheinen einen Großteil des Verhaltens zu bilden, das jeder von uns tagtäglich
ausführt, so daß sie bei der Errichtung normaler Reaktionsrepertoires besonders relevant sein dürften. Wenige andere Prozeduren erinnern uns so stark
an die praktischen technologischen Möglichkeiten der therapeutischen operanten Verhaltensmodifikation; die erfolgreiche Errichtung von Repertoires
mit Hilfe von Reaktionsketten bei verhaltensgestörten Patienten ist hauptsächlich eine Frage der sorgfältigen technischen Ausführung.

Verstärkungspläne — Kontingenzverhältnisse

Ein Verstärkungsplan definiert die formale Beziehung zwischen Verabreichung
der Verstärkung und Auftreten der Reaktion anhand von *Zeitintervallen* (*t*),
die vor der Verstärkung verstreichen müssen, oder anhand der Anzahl von
Reaktionen (*n*) pro Verstärker, die als Quote dieser Werte definiert ist.
Abb. 6/7 faßt einige der weitverbreiteten Pläne zusammen. Für einfache
Verstärkungspläne hat man viele gesetzmäßige Beziehungen nachgewiesen,
von denen einige ebenfalls in die nebenstehende Tabelle aufgenommen wurden. So erzeugen z. B. Pläne mit fixierter Quote, die jede *n*-te Reaktion verstärken, ziemlich hohe uniforme Reaktionsraten, wobei kurze Pausen lediglich
sofort nach der Verstärkung auftreten. Kombinationen aus Quoten oder Inter-
vallplänen können Unmengen von kombinierten, zweitrangigen oder gleichzeitigen Plänen produzieren. Diese komplexen Pläne werden zwar erforscht,
doch weiß man über ihre Effekte bislang nur wenig. Einiges weist darauf hin,
daß die charakteristischen Muster, die von verschiedenen Plänen erzeugt
werden, sogar dann auftreten können, wenn Verstärkung nicht-kontingent

Verstärkungsplan	Operationen	Einige übliche Effekte auf R-Muster
Quotenpläne	K + wird kontingent nur verabreicht, wenn seit der letzten verstärkten R (oder eines anderen Ereignisses) eine Emission von n R's stattgefunden hat.	Verstärkung ist unabhängig vom Reaktionsintervall. Sie erzeugt hohe Reaktionsraten.
Fixierte Quote (FQ)	n ist ein fester Wert — FQ 10 bedeutet z. B. daß nur jede 10. Reaktion nach der letzten verstärkten R verstärkt wird.	Hohe, uniforme Rate mit unbedeutender Pause nach K +; Dauer dieser Pause und R-Rate sind funktional bezogen auf n. Stufenweise Steigerung von n kann hohe n-Werte erzeugen. Löschungsresistenz verändert sich umgekehrt proportional zu n, und während der Löschung werden die Pausen länger, während die Reaktionen zwischen den Pausen auch weiterhin mit hoher Rate auftreten.
Variable Quote (VQ)	n-Wert variiert von Durchgang zu Durchgang — VQ 10 bedeutet z. B., daß von 10 R's durchschnittlich eine R verstärkt wird; die Numerale (z. B. 10) verweist lediglich auf Durchschnittswert von n; Reihenfolge der Verstärkung ist willkürlich bestimmt.	Erzeugt sehr hohe stabile Raten und bewirkt starke Löschungsresistenz.
Intervallpläne	K + wird nur kontingent auf das Zeitintervall t verabreicht, das seit der letzten verstärkten R (oder einem anderen Ereignis) verstrichen ist. Keine Spezifikationen für R zwischen Anfang und Ende von t (wenn K + verfügbar wird).	Verstärkung ist direkt bezogen auf das Reaktionsintervall und indirekt ist sie bezogen auf die Rate.

Verstärkungsplan	Operationen	Einige übliche Effekte auf R-Muster
Fixiertes Intervall (FI)	t-Wert ist fixiert und K+ für die nächste R wird erst verabreicht, wenn Zeit t verstrichen ist. FI 10 bedeutet z. B., daß R nur dann verstärkt wird, wenn seit dem Ereignis (meistens ist das die letzte K+) 10 Sekunden verstrichen sind.	Sehr niedrige oder Nullrate nach K+, dann plötzliche oder allmähliche Beschleunigung hin zu einer mittleren Rate, während sich das Ende von t nähert. In der Regel Verstärkung niedriger Raten, im Gegensatz zur fixierten Quote, die indirekt höhere Raten verstärkt.
Variables Intervall (VI)	t-Wert ist variabel; VI 100 bedeutet z. B. durchschnittlichen t-Wert von 100, doch variiert das Zeitintervall zwischen dem Ereignis und der nächsten K+ (in der Regel nach einem Zufallsprogramm) von Durchgang zu Durchgang.	Stabile und einheitliche mäßige Rate, die zunimmt, wenn der erforderliche Durchschnittswert von t abnimmt. Sehr starke Löschungsresistenz. Dauer und Umfang von R mehr variabel.
Alternative oder gleichlaufende Verstärkungspläne	Einer von zwei voneinander unabhängigen Verstärkungsplänen determiniert K+-Verfügbarkeit, je nachdem, welcher Plan zuerst befriedigt wird.	Konkurrenz oder Präferenz der Pläne und ihre sich überschneidenden Effekte können untersucht werden.
Multiple Verstärkungspläne	Bei diesem Typus gleichzeitiger Planung werden SD's benutzt, um zu erkennen, welcher Plan wirksam ist; gewöhnlich alternieren derartige Pläne zufällig.	Performanzen unter den beiden Plänen sind sehr unabhängig, so daß z. B. einer der Pläne als »Kontrollindex« für den anderen fungieren kann.
Verkettete Pläne	R_1, zu Beginn selbstverstärkt, fungiert als auslösender oder diskriminativer S für R_2, der K+ folgt. Das heißt R_1 erzeugt einen Stimulus, der als SD funktioniert, da R_2 in seiner Gegenwart verstärkt wird.	Mit nur einer abschließenden K+, die alle R's der Sequenz aufrechterhält, können lange Verhaltensketten errichtet werden. Wahrscheinlich finden einige Verkettungen in stabilen FQ-Plänen statt.

Abb. 6/7: Eine Zusammenfassung von Verstärkungsplänen. Die Schreibweisen stammen von FERSTER und SKINNER (1957). — Sie wurden in der Übersetzung den deutschen Kurzformeln angepaßt (Anm. d. Ü.).

verabreicht wird (ZEILER, 1968). Wer sich für diesen Gegenstand interessiert, sei verwiesen auf FERSTER und SKINNER (1957), auf die entsprechenden Kapitel von HERRNSTEIN, MORSE, KELLEHER und CATANIA bei HONIG (1966), sowie auf andere Fachtexte. An dieser Stelle genügt es, anhand Abb. 6/7 mit den wesentlichen Termini der verschiedenen Verstärkungspläne vertraut zu machen und auf die Tatsache hinzuweisen, daß Verstärkungspläne die Fähigkeit besitzen, äußerst komplexe Verhalten zu erzeugen und aufrechtzuerhalten. MORSE (1966) unterstreicht diesen Punkt:

»Die Experimente mit verschiedenen Verstärkungsplänen besitzen zusätzliche generelle Bedeutung, weil sie auf die gewaltige Anzahl an Verhalten, die durch Pläne erzeugt werden können, auf die durch Pläne erzeugte einschneidende Verhaltenskontrolle und auf die verwickelten Beziehungen hinweisen, die zwischen den Variablen existieren, die Verhalten steuern. Umfang und Komplexität der Verhalten, die durch zeitlich intermittierend verstärkte Reaktionen erzeugt werden können, sind unglaublich. Die Tatsache, daß diese Prozeduren der Verstärkungsplanung bei der Erzeugung von Verhalten die entscheidendste Rolle spielen, ist wesentlich: Sie unterstreicht, daß die Verstärkungsgeschichte die primäre Verhaltensdeterminante ist« (MORSE, 1966, S. 57—58).

Dem Verhaltensmodifikator können also Kontrolle des Timing, der Häufigkeit oder des Umfangs der Verstärkung zur Verfügung stehen. Manche Verstärkungspläne sind der Natur der Situation inhärent; so folgen z. B. dem Berühren eines heißen Ofens aversive Konsequenzen aufgrund einer 100prozentig fixierten Verstärkungsquote. Verstärkungspläne sind häufig nicht so wichtig, wenn fortlaufende Reaktionen aufrechterhalten werden, doch wichtig sind sie, wenn eine *Veränderung* des Plans fortlaufendes Verhalten unterbricht oder unangemessenes Verhalten erzeugt. Ein Lehrer, der gewohnt ist, in der Klasse mit fortwährendem Feedback durch seine Schüler (Augenkontakt, Unruhe, Gelächter, Fragen) zu unterrichten, kann sich in seinem Unterricht gestört fühlen, wenn er plötzlich vor einer Kamera im Fernsehstudio lehren soll, wo er lediglich am Ende der Fernsehaufzeichnung direktes Feedback erfährt. In vielen Situationen passen interagierende Personen ihr Verhalten insofern an, als sie für wechselseitig befriedigende Pläne sorgen — das ist z. B. im Gespräch und bei sexuellen Interaktionen der Fall. Die starke Interdependenz zweier Personen, die sich trotz entsprechender Verstärkung vergeblich bemühen, das Verhalten des Gegenübers aufrechtzuerhalten, wird hervorragend veranschaulicht durch die Familien, die PATTERSON untersuchte, oder durch den Gesprächspartner auf einer Cocktailparty, der einen selbst sehr rasch verstummen läßt, da er begierig nach einer Person, die ihn wesentlich mehr interessiert, Ausschau hält.

Was die verschiedenen Auswirkungen von Verstärkungsplänen anlangt, so haben sich Verhaltenstherapeuten vor allem für die Vorteile interessiert, die die intermittierende Verstärkung der konstanten Verstärkung voraushat. Intermittierende Pläne erzeugen stärkere Löschungsresistenz, sind leistungsfähiger im Hinblick auf den Verstärkerentzug pro Reaktion und reduzieren die Wahrscheinlichkeit der Sättigung während des Trainings. Wie wir im Kapi-

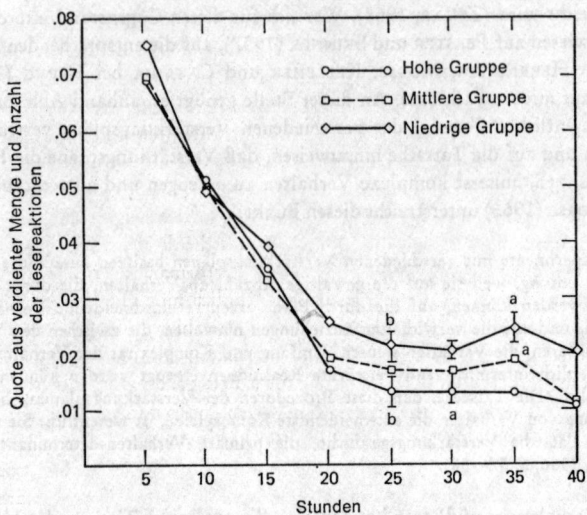

Abb. 6/8: Quote des Geldwerts der empfangenen *Tokens* dividiert durch die Anzahl der Lesereaktionen, die als Funktion der Lesezeit emittiert wurde. Die Punkte a der Leistungskurven repräsentieren den letzten Punkt, an dem alle S's dargeboten werden, und die Punkte b indizieren den Zeitabschnitt, in dem die Prämie für die meisten S's eingeführt wurde. (STAATS, MINKE, GOODWIN und LANDEEN, 1967, S. 11).

tel 3 bereits erwähnten, kritisierte FELDMAN (1966) die Anfänge der Aversionstherapie sexueller Abweichungen deshalb, weil Schocks nach einem 100prozentigen Plan verabreicht wurden; wie zu erwarten, erzielte er in seinen eigenen Untersuchungen dauerhaftere Ergebnisse durch Verstärkungspläne mit variabler Quote oder variablem Intervall. Ein verbreitetes Verfahren zur Entwicklung einer neuen Reaktion besteht darin, daß ein Programm mit einem 100prozentigen Verstärkungsplan einsetzt, um jedoch später diesen Plan nach und nach herabzuschrauben; das geschieht zunächst mit Hilfe einer variablen Quote und später mittels variabler Intervalle, bis schließlich relativ wenig Verstärkungsoperationen nötig sind, um das gewünschte neue Verhalten aufrechtzuerhalten. Die Art des Verstärkens, die früheren Erfahrungen der Person mit unterschiedlichen Verstärkungsplänen und verschiedene organismische Variablen beeinflussen die Rate, mit der diese Übergänge ohne Unterbrechung der gewünschten Performanz erzielt werden können. Abb. 6/8 illustriert einen solchen Übergang in einem Zeitraum von 40 Stunden, den erzieherisch retardierte Schulkinder mit Lesen zubrachten (STAATS, MINKE, GOODWIN und LANDEEN, 1967). Die Menge an Leseleistung, die pro Verstärkungseinheit (Geld) abverlangt wurde, wurde ohne Rücksicht auf das (hohe, mittlere, niedrige) Leistungsniveau der Kinder und ohne Performanzminderung nach und nach gesteigert. Die Verstärkung pro Reaktion wurde auf ein Viertel herabgeschraubt, während die Kinder die Rate und den Schwierigkeitsgrad ihrer Leseleistung auch weiterhin erhöhten. Dieses Beispiel zeigt, daß die Fähigkeit, mit verschiedenen Verstärkungsplänen zu arbeiten, an sich schon von wesentlicher therapeutischer Bedeutung sein kann. Ein Behandlungsziel kann darin bestehen, daß man Patienten befähigt, auf komplexe Verstärkungspläne zu reagieren, die sie bisher nicht meisterten. So hat man retardierte Kinder dahingehend trainiert, daß sie nach multiplen Plänen performierten, die sie zu Beginn unfähig waren auszuführen. Dabei ging man von der Annahme aus, daß individuelle Unterschiede der Performanz nach multiplen Plänen einen Teil der allgemeinen Performanzdefizite solcher Kinder bildeten (BIJOU und ORLANDO, 1961). Ähnlich muß ein Vertreter häufig lernen, einen sehr »dünnen« Plan (mit hoher variabler Quote) hinzunehmen, wenn er sein Verkaufsverhalten aufrechterhalten und Depressionen oder Fluchtverhalten (wie Golf, Trinken, Spät-zu-Bett-gehen) vermeiden will.

Problemverhalten hat man unter anderem auch mit ungünstigen Verstärkungsplänen zu begründen versucht. So hat man z. B. Depressionen auf unzureichende Verstärkung durch die Umwelt zurückgeführt. Die ungenügende Arbeitsleistung von Studenten kann aus der kärglichen Verstärkung,

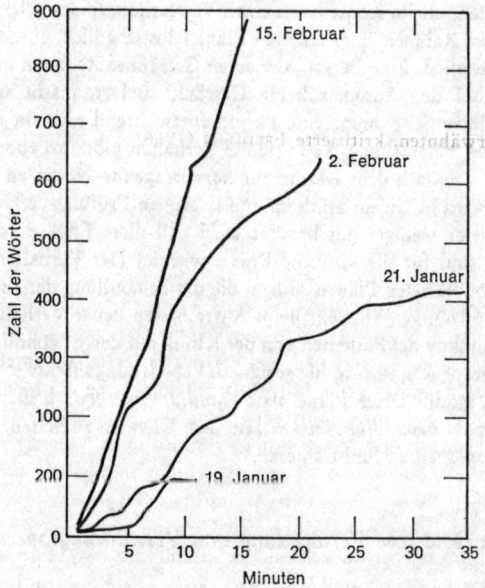

Abb. 6/9: Kumulativkurve: Rate der pro Minute gesprochenen Wörter in der Interaktion zwischen einer Mutter und ihrem Kind bei sich zu Hause (PATTERSON, McNEAL, HAWKINS und PHELPS, 1967, S. 189).

die ihnen zuteil wird, resultieren, da in ihrem Fall jede Verstärkung eine
große Arbeitsmenge voraussetzt. Die geringe Neigung zur Performanz von
Verhaltensarten, die im Repertoire der Person durchaus vorhanden sind, läßt
ebenfalls auf einen defekten Verstärkungsplan schließen. Abb. 6/9 (PATTER-
SON, McNEAL, HAWKINS und PHELPS, 1967) belegt anhand der entsprechenden
Gesprächsraten, daß der Interaktion zwischen einem problematischen Jugendlichen und seiner Mutter ein äußerst »dünner« wechselseitiger Verstärkungsplan zugrunde liegt. Im Hinblick auf den Jungen wurde hauptsächlich beklagt, er ziehe sich zurück und kapsle sich ab. Die im Zuhause des Jungen
selbst gesammelten Beobachtungsdaten ließen vermuten, daß weder die Mutter
den Jungen noch der Junge die Mutter zu verbaler Interaktion verstärkte.
Die steiler verlaufenden Kurven des Diagramms veranschaulichen die verbesserte Interaktion, die ein Behandlungsprogramm mit operanter Konditionierung bewirkte.

Verstärkungspläne können auf vielerlei Art zu Problemverhalten führen.
Werden Pläne abrupt oder drastisch verändert (indem z. B. Quoten dadurch
»überbeansprucht« werden, daß man rasch von der einen zur anderen wechselt), können die Reaktionen plötzlich abnehmen oder völlig versiegen. Ein
Kind, das an das ständige Lob seiner Mutter gewöhnt ist, kann sich weigern,
schulische Leistungen zu erbringen, da es in der Schule plötzlich mit einem
nur sehr dürftigen Plan der Verstärkung durch Aufmerksamkeit konfrontiert
wird. Verhalten, die im Kontext des einen Verstärkungsplans gelernt wurden,
können sich im Rahmen eines anderen Plans selbstschädlich, unwirksam oder
bizarr herausstellen. Eine Person, die einen Getränkeautomaten mit Münzen
füttert, obwohl der Automat keine Getränke liefert, macht sicher einen
komischen Eindruck. Kommt eine Person fortwährend nicht in den Genuß
der erwarteten Verstärkung, kann sie ihr Verhalten plötzlich abbrechen. Der
Klassenerste, der nach dem Abitur auf hervorragende Noten an der Hoch-
schule hofft, wird in seinem Studium und in seinem Prüfungsverhalten häufig
gestört, wenn er weniger gut benotet wird. All diese Effekte von Verstärkungsplänen sind für die klinische Praxis wichtig. Der Verhaltenstherapeut
muß nach modifizierten Plänen suchen, die die Behandlung der Probleme des
Klienten beschleunigen können. Beim Antrainieren neuer Verhalten und bei
der Umgewöhnung des Patienten von der Klinik auf den gewöhnlichen Alltag
muß der Therapeut umsichtig für geeignete Verstärkungseffekte sorgen. Dabei
kann er sich modifizierter Pläne als *Behandlungsmethode* bedienen oder er
kann es sich zum *Behandlungsziel* setzen, dem Klienten zu helfen, nach neuen
Verstärkungsplänen zu funktionieren.

Die therapeutische Verwendung von Verstärkungsoperationen

Operantes Bestärken durch positive Verstärkung erweist sich in der Klinik
dann am nützlichsten, wenn das Behandlungsziel ein Verhaltensdefizit ist,
das heißt wenn die Reaktionsklasse einer Person

»... deshalb als problematisch beschrieben wird, weil sie 1. nicht mit hinreichender Häufigkeit, 2. nicht mit angemessener Intensität, 3. nicht in angemessener Form und 4. nicht unter den erwarteten sozialen Bedingungen auftritt. Beispiele hierfür sind: reduzierte soziale Reagibilität (Abkapselung), Amnesie, Erschöpfungssyndrome und Einschränkungen der sexuellen oder somatischen Funktion (z. B. Impotenz oder Schreibkrampf). Anderen Fällen von Verhaltensdefiziten begegnet man bei depressiven Patienten, die in einer neuen sozialen Umgebung kein entsprechendes Verhalten aufweisen — z. B. beim Überwechseln vom Landleben in die Stadt, vom ehelichen in den Ledigenstatus oder von einer sozialen Schicht in die andere. ›Unangepaßte‹ Personen weisen häufig große Lücken in ihren sozialen, intellektuellen Repertoires auf, die angemessenes Handeln verhindern« (KANFER und SASLOW, 1969, S. 431).

MEEHL (1962) hat unter anderen behauptet, daß sich Kliniker zu häufig mit unangepaßten Verhaltensarten und deren Löschung und zu selten mit der Bestärkung von angepaßten Reaktionen befassen, die entweder noch nicht oder kaum vorhanden sind. Im Gegensatz zu traditionellen Methoden hält der operante Ansatz die Beseitigung von pathologischen Reaktionen für nicht so wichtig; es geht ihm vielmehr darum, neue angemessene Reaktionen zu errichten. Aus diesem Grund sind es weniger die operanten als die klassisch konditionierenden oder die dynamisch orientierten Therapeuten, die nach Auslösern oder ätiologischen Determinanten der Pathologie suchen. Obgleich die »Vernichtung der Pathologie« häufig das Behandlungsziel von Verhaltensprozeduren darstellt, besteht eine genauso wertvolle und wirksame Strategie darin, die Aktiven des Patienten zu nützen und zu maximieren.

Versuchsanordnungen zur Erfassung von klinischen Operationen

Viele klinische Untersuchungen kombinieren Löschungsprozeduren mit der Bestärkung von wünschenswerten, aber defekten Verhaltensarten. In der Praxis ist es häufig schwierig, die verstärkende Wirkung der manipulierten Ereignisse zu belegen. Häufig beobachtet man im natürlichen Rahmen den dauernden Fluß von Verhaltensarten und die sich konsequent anschließenden Ereignisse, und dabei bemüht man sich mögliche therapeutische Verstärkungseffekte zu entdecken. Unter solchen Umständen ist es verführerisch, die beobachtete Ereignissequenz auch dann als Verstärkungsoperation zu beschreiben, wenn man nicht belegt hat, daß das nachfolgende Ereignis kontingent ist und tatsächlich als Verstärker operiert. Beobachtungsprozeduren können interessant und anregend sein und genügen häufig als Richtlinien für klinische Verhaltensdurchgänge, doch beweisen sie nicht eindeutig, daß eine verstärkende Operation stattgefunden hat. Daher sind Forschungsdesigns und Kontrollen auch im klinischen Rahmen häufig nötig, um den therapeutischen Eingriff mit einem sicheren Wissen der Mechanismen zu verbinden, auf die Verhaltensveränderungen zurückgeführt werden. Hat man einmal belegt, daß zur Aufrechterhaltung einer symptomatischen Reaktion Verstärkungsmechanismen beitragen, ist es verführerisch, die Aneignung der Reaktion diesen Mechanismen zuzuschreiben. Dieser Versuch, von der Behandlung selbst auf die Entstehung eines Problems zu schließen, ist sehr gefährlich, da Verhaltensarten unter einer Gruppe von Bedingungen erworben und später durch eine Gruppe völlig anderer Faktoren aufrechterhalten werden können.

Man vergleiche z. B. die Schlußfolgerungen, die aus zwei Untersuchungen von Patienten gezogen werden können, von deren problematischen Verhalten man annahm, sie würden durch die Aufmerksamkeit ihrer Pfleger aufrechterhalten werden. GELFAND, GELFAND und DOBSON (1967) beobachteten Krankenpflegerreaktionen auf verschiedene Verhaltensklassen von sechs stark psychotischen Patienten. Beobachter schätzten jedes Patientenverhalten anhand einer Fünf-Punkte-Skala der Angepaßtheit und sie zeichneten die sich unmittelbar anschließenden Reaktionen des Pflegepersonals (z. B. positive oder negative Aufmerksamkeit oder Ignorieren) auf. Dabei stellte sich heraus, daß die Krankenschwestern 39 Prozent der psychotischen Verhalten positiv begegneten, während es bei den Lernschwestern nur 30 Prozent waren. Wünschenswerte soziale Verhalten wurden von 66 Prozent der Lernschwestern und von 32 Prozent der regulären Schwestern übersehen. Soziale Verhalten wurden also häufig nicht positiv vermerkt, während sich unpassenden Verhalten positive Aufmerksamkeit mit hoher intermittierender Verstärkungsrate anschloß. Und je psychotischer der Patient, desto größer der Anteil seiner unpassenden Verhalten, denen positive Aufmerksamkeit zugewandt wurde. Diese Daten ließen sowohl auf verpaßte therapeutische Gelegenheiten als auch auf mögliche antitherapeutische Effekte schließen, so daß sich die Forscher veranlaßt sahen, das Personal in den Prinzipien des operanten Konditionierens zu unterweisen. Allerdings belegen diese Daten keine Kausalverbindung (in die eine oder andere Richtung) zwischen Patienten und Personalverhalten. Trotzdem besteht kein Grund zu der Annahme, daß die aufmerksame Zuwendung des Personals Patientensymptome positiv verstärkt (d. h. verursacht oder aufrechterhalten) haben könnte.

Im Gegensatz dazu manipulierten ALLEN, HART, BUELL, HARRIS und WOLF (1964) den vermeintlichen Verstärker des unerwünschten Kindergartenverhaltens eines Kindes, um seine funktionale Rolle empirisch zu belegen. Die Autoren schreiben, daß sich das Mädchen, Ann, zwar Lehrern und anderen Erwachsenen bereitwillig anpaßte, daß es jedoch nicht frei und spontan mit anderen Kindern spielte. Anns fortgeschrittenes Sprach- und Begriffsvermögen, ihre lange Aufmerksamkeitsspanne bei kreativen, von Lehrkräften eingeführten Projekten und ihr langsames, unsicheres Sprechen schienen wesentlich mehr Lehrer- als Peer-Aufmerksamkeit auszulösen und zu verstärken. Wie in der Untersuchung von GELFAND, GELFAND und DOBSON wurden auch in diesem Fall Beobachtungen im Zeitstichprobenverfahren durchgeführt, die folgende Daten ergaben: Ann benutzte 10 Prozent ihrer Zeit zur Interaktion mit anderen Kindern, weitere 10 Prozent in nicht-interaktionaler Nähe zu anderen Kindern, 35 Prozent zur Interaktion mit Erwachsenen und 45 Prozent zum Alleinsein. Ein Großteil der ihr von Erwachsenen zugewandten Aufmerksamkeit schien auf Verhaltensarten kontingent zu sein, die mit Peer-Spielen unvereinbar waren. Nachdem man Ausgangsdaten erarbeitet hatte, machten die Lehrer ihre Aufmerksamkeit kontingent auf Anns Spielen mit anderen Kindern, indem sie ihre Aufmerksamkeit minimal hielten, wenn Ann allein war oder sich einem Erwachsenen zuwandte.

Abb. 6/10 zeigt die Veränderung der Ausgangsdaten in prozentualen Anteilen der Zeit, in der Ann mit Erwachsenen bzw. *Peers* interagierte, als diese neuen Kontingenzen angewandt wurden. Um zu testen, ob Anns interaktionales Verhalten tatsächlich durch kontingente Lehreraufmerksamkeit gesteuert wurde, wurden die Prozeduren anschließend umgekehrt. Aufmerksamkeit wurde kontingent gemacht auf einsames Spielen oder Interaktion mit Erwachsenen, während das Spielen mit anderen Kindern ignoriert wurde. Wie vorhergesagt kehrte der prozentuale Anteil der Zeit, die Ann mit Kindern und mit Erwachsenen verbrachte, zum Niveau der Ausgangsdaten zurück. Daraufhin wurden die Kontingenzen noch einmal umgekehrt, und wieder verbesserte sich Anns soziale Interaktion mit anderen Kindern. Aus diesen Resultaten schlossen die Autoren, daß die Aufmerksamkeit der Lehrer für Ann ein intensiver Verstärker war, der zur Bestärkung erwünschter Verhalten benutzt werden konnte und der in der Vergangenheit Anns unerwünschte Verhalten aufrechterhalten hatte. Die Beobachtungen von Anns Interaktionsqualitäten ließen vermuten, daß ihre Fertigkeiten im Umgang mit *Peers* (darunter vermutlich auch ihre Fähigkeit, *Peer*-Verstärkung zu geben) zunahmen, als sie mehr Zeit mit den anderen Kindern verbrachte; diese Fertigkeiten mußten von Lehrern nicht direkt manipuliert werden. Man beachte, daß die Autoren offenbar stillschweigend annahmen, daß sich Anns Reagibilität auf *Peer*-Verstärkung stufenweise verändern würde, so daß es nicht mehr der Aufmerksamkeit von Erwachsenen bedurfte, um das Spielen mit *Peers* aufrechtzuerhalten. Allerdings hatte sich diese Verschiebung der Empfänglichkeit Anns für *Peer*-Verstärkung zum Zeitpunkt der Reversion (siehe Abb. 6/10) nicht eingestellt, so daß Anns Spielen mit *Peers* sofort abnahm, als es nicht mehr die Aufmerksamkeit von Erwachsenen auf sich lenkte. Vom diagnostischen Standpunkt aus wäre es interessant zu wissen, was mit Anns *Peer*-Spielen geschehen wäre, wenn man die Aufmerksamkeit von Erwachsenen nicht kontingent gemacht hätte auf eine konkurrierende Reaktion (Annäherung an Erwachsene), sondern einfach entzogen hätte. Da Ann zu Beginn 50 Prozent ihrer Zeit allein verbrachte, ist nicht klar, ob, wie die Autoren behaupten, die Aufmerksamkeit von Erwachsenen dadurch Anns *Peer*-Vermeidung auslöste, daß sie mit dieser konkurrierte, oder aber ob *Peer*-Verhalten Anns Interaktionen mit *Peers* einfach nicht verstärkten. Im letztgenannten Fall würde sich dieselbe therapeutische Veränderung eingestellt haben, wenn die Aufmerksamkeit von Erwachsenen dieselbe Kontingenzbasis gehabt hätte wie in der Ausgangsdatenperiode, doch hatte man Süßigkeiten oder irgendeinen anderen nicht-sozialen Verstärker benutzt, um Anns Annäherungsverhalten an *Peers* auszuformen und so lange aufrechtzuerhalten, bis sie lernte, auf *Peers* wie auf konditionierte Verstärker zu reagieren. Natürlich wurden solche Überlegungen unnötig, als das therapeutische Ziel einmal erreicht war. Trotzdem sind sie relevant für die Erforschung der Ätiologie von Problemverhalten,

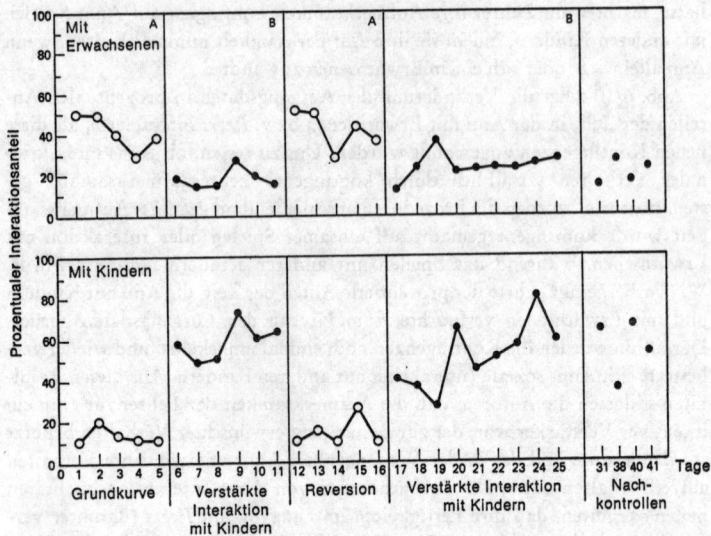

Abb. 6/10: Anns Interaktion mit Erwachsenen und Kindern (ALLEN u. a., 1964, S. 514).

und sie warnen uns davor, aus der Tatsache, daß eine bestimmte Therapie-technik funktioniert, Rückschlüsse auf die Symptomätiologie zu ziehen. Trotzdem gestattet das ABAB-Einzelfall-Design zumindest die Aufstellung einiger provisorischer Hypothesen über die angeblichen Ursachen der Verstär-kung des Problemverhaltens.

Zwei weitere Versuchspläne wurden benutzt, um die therapeutischen Effekte von Kontingenzmanipulationen zu erfassen. INGRAM (1967) beschäf-tigte sich mit einer anderen Frage, die die Studie von Allen u. a. aufwarf. Der ABAB-Plan, der erforderlich ist, um die Relevanz des klinischen Eingriffs für eine Verhaltensänderung zu belegen, *verneint* seiner Natur nach die Dauer-haftigkeit der Effekte. Wenn die Reversionsphase die Problemreaktion wieder steigert und damit bestätigt, daß der Therapeut die gewünschte Kontrolle über das Verhalten des Patienten erzielt hat, so beweist sie auch, daß das neuerlich bestärkte Verhalten abnimmt, sobald die systematische Verstärkung des Therapeuten entzogen wird. Gewöhnlich hofft der Therapeut, daß die Zielverhalten schließlich durch natürliche Verstärkung aus der alltäglichen Umwelt des Patienten aufrechterhalten werden. Würden jedoch natürliche Verstärker Verhalten aufrechterhalten noch bevor die Reversionsphase des ABAB-Plans eingeführt wird, würde es an Evidenz für den spezifischen therapeutischen Effekt mangeln.

Indem er von Grundkurvenmessungen ausging, bediente sich Ingram einer Reihe von Operationen (vgl. Abb. 6/11), um die *Peer*-Interaktion eines vier-

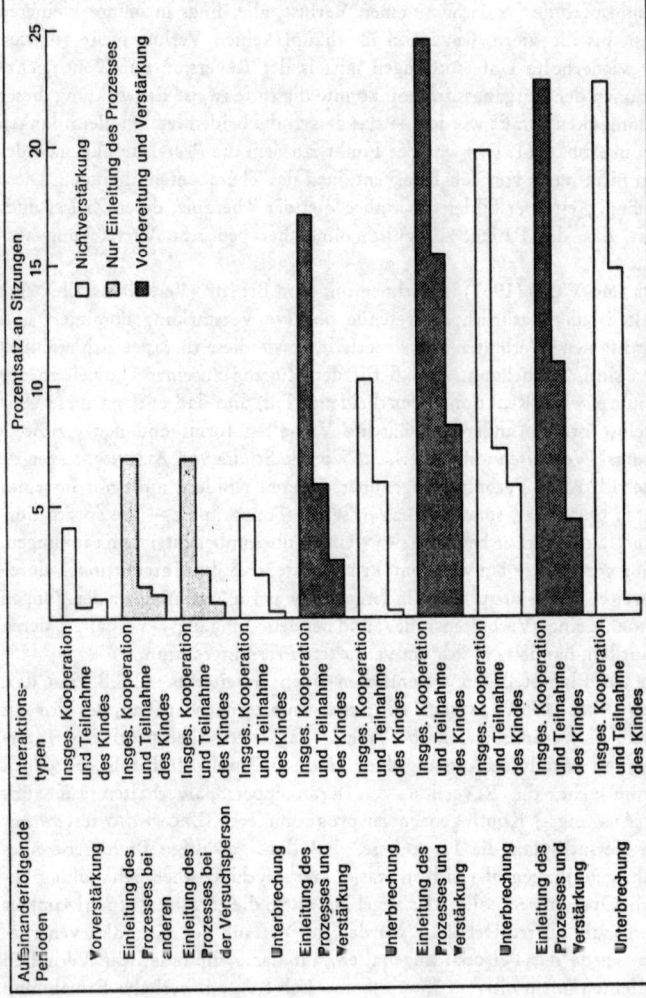

Abb. 6/11: Allmähliche Entwicklung von Reaktionen, die unabhängig sind von therapeutischen Verstärkungskontingenzen (aus INGRAM, 1967, bei BAER und WOLF, 1967).

jährigen Jungen, der sich im Kindergarten abkapselte, zu fördern. Nach jeder Intervention wurde eine Reversionsprozedur durchgeführt, so daß die Kontingenzen, die in der Ausgangssituation wirksam waren, wiederhergestellt wurden. Jede Operation verbesserte die *Peer*-Interaktionen des Jungen und führte unter anderem auch zu positiverer Kooperation und Beteiligung. Jede Reversionsperiode verzeichnete einen Verlust, allerdings in immer kleineren Mengen, bis die vierte Reversion überhaupt keinen Verlust mehr aufwies. Durch wiederholte Untersuchungen mittels der Reversion auf Kontingenzoperationen der Ausgangssituation konnte die stufenweise Entwicklung dieser Unabhängigkeit erfaßt werden — das zeigen die beiden letzten gleich langen Balken in Abb. 6/11. Das war der Punkt, an dem die *Peer*-Interaktionen des Jungen nicht mehr von den Interventionen des Therapeuten abhingen. Diese Unabhängigkeit aber bildet das wahre Ziel der Therapie, deren Ziel es doch stets ist, daß der Patient schließlich ohne therapeutische Verstärkung auskommt.

BAER und WOLF (1967) bezeichnen mit dem Begriff »Verhaltensfalle« eine Umwelt, in der natürlich auftretende positive Verstärkung dominiert und erwünschte neue Verhalten aufrechterhält, sowie diese therapeutisch etabliert worden sind. Sie behaupten, daß für den Zugang zu einer Umwelt in der Regel nur gewisse Reaktionen entscheidend sind, und daß es dann diese Umwelt selbst ist, die andere erwünschte Verhalten formt und neu errichtete »Eingangs«-Verhalten aufrechterhält. Wie die Studie von ALLEN u. a. zeigte, änderte sich Anns Verhalten gegenüber anderen Kindern nicht nur in seiner absoluten Quantität, sondern auch in seiner Topographie — sie sprach flüssiger und lauter und sie beklagte sich weniger über unbedeutende Kränkungen, als es ihr verstärkter Umweltkontakt bewirkte, daß ihre Interaktionen durch *Peers* weiter ausformten. Der Kindergarten war für Ann und für den Jungen von INGRAM eine »Verhaltensfalle«, und bei den »Eingangs«-Verhalten, deren sie bedurften, handelte es sich um vermehrte *Peer*-Interaktion.

INGRAMS Plan stellt im wesentlichen einen erweiterten ABAB-Plan dar. Bei BROWNING (1967 b) stoßen wir auf einen alternativen Plan, der sich mit irreversiblen Veränderungen im Verlauf der ersten therapeutischen Intervention, mit unstabilen Ausgangsdaten und mit Problemen befaßt, bei denen es darum geht, die Reversion von Krankenpersonalverhalten auf »übliche« (Ausgangs-) Kontingenzen zu programmieren. BROWNING testete mit diesem Versuchsplan die Hypothese, daß die »gewaltige Prahlerei« eines neunjährigen Jungen, der sich in stationärer psychiatrischer Behandlung befand, ein Operant sein sollte, der angeblich durch die gezollte Aufmerksamkeit des Personals aufrechterhalten wurde. Im Verlauf der Grundkurvenerhebungen wurde das Personal angehalten, auf das symptomatische Verhalten des Patienten mit positivem Interesse und Lob (A), mit verbaler Ermahnung (B) oder mit absichtlicher Nichtbeachtung (C) zu reagieren. Das waren die drei experimentellen Kontingenzen. Jede der drei Gruppen des Personals bekam für jeweils eine Woche ausschließlich eine dieser Kontingenzen zugeteilt. Der Versuchsplan sah drei Wochen lang folgendermaßen aus:

Personal- gruppe	Woche		
	1	2	3
1	A	B	C
2	B	C	A
3	C	A	B

Häufigkeit und Dauer des prahlerischen Verhaltens wurden aufgezeichnet, während Mitglieder des Personals dem Programm entsprechend reagierten. Man hatte die Hypothese aufgestellt, daß der Patient die Personalgruppe als Opfer für seine Prahlereien wählen würde, die auf sein Verhalten positiv reagierte. Im Verlauf dieser dreiwöchigen Behandlung prahlte der Patient (was die zeitliche Dauer seines Verhaltens anlangt) tatsächlich vor einigen Personalgruppen signifikant häufiger als vor anderen. Doch ergaben die Daten überraschenderweise, daß verbale Ermahnung als positiver Verstärker effektiver war als Lob und positive Aufmerksamkeit: Der Patient prahlte am meisten vor der »Ermahnungs«-Gruppe. Auch ergab eine Analyse der Interaktionseffekte im Hinblick auf die Anwendung der verschiedenen Kontingenzen eine differentielle Effektivität der verschiedenen Personalgruppen, was bei der späteren Auswahl der Therapeuten unter den Personalmitgliedern ein vorteilhafter Nebeneffekt war. Diese Untersuchung veranschaulicht erstens die Nützlichkeit der Testung von Vermutungen darüber, welche Ereignisse als Verstärker fungieren könnten, zweitens die Möglichkeit, Untersuchungen operanter Therapien zu planen, in denen sich der Patient selbst kontrolliert, und drittens den Wert von Vergleichen zwischen verschiedenen Operationen und verschiedenen Therapeuten. Diese letztgenannten Kontrollprozeduren, die bei der Überprüfung der therapeutischen Effektivität von Gruppenplänen verarbeitet sind, werden bei Untersuchungen operanter Verhaltenstherapien selten benutzt.

Die nun folgenden Abschnitte illustrieren die klinische Anwendung einiger besonderer operanter Operationen und Taktiken. Ein Teil der angeführten Beispiele schließt Versuchspläne mit ein, die den eben behandelten ähneln und die darauf abzielen, die Effekte (so vorhanden) von vermuteten verstärkenden Operationen zu überprüfen. Andere Beispiele kennen keine Kontrollen dieser Art und verlassen sich stärker auf Indizienbeweise, wenn es um die Analyse der Vorgänge geht, die sich im Verlauf der therapeutischen Operationen abspielen. Die Natur des Leidens kann einen Reversionsplan als nicht empfehlenswert erscheinen lassen, z. B. dann, wenn gewalttätige Aggression oder depressive Phasen im Spiel sind. Auch Umweltkontrollen entziehen sich zuweilen der Reversion, z. B. dann, wenn Eltern geringe Neigung verspüren, ihre einstige Verstärkung der Wutanfälle ihres Kindes noch einmal zu praktizieren, lediglich um dem Wunsch des Klinikers zu entsprechen, der gern wissen möchte, was die unverhoffte und erfreuliche Gutartigkeit des Kindes bewirkt hat. Der Versuch, Familien neue Muster wechselseitiger Verstärkung beizubringen, dürfte sich zwar als schwierig, aber doch als fruchtbar erweisen, wenn es darum geht, Familienprobleme zu lösen. Aber auch dem

Kliniker widerstrebt es, eine weitere Reversionsperiode einzuleiten und dadurch die bereits erzielten Lernprozesse zeitweise zu zerstören. Neuerungen in der Praxis des sozialen Lernens können sich im Kontext der Reversionspläne, die gewöhnlich bei operanten Prozeduren benutzt werden, als ungeeignet herausstellen. Obwohl wahrscheinlich alle Verhaltenstherapeuten darin übereinstimmen, daß es in der Regel wünschenswert ist, die Effektivität von Variablen unter Kontrollbedingungen zu belegen, und daß neue Versuchspläne oder analytische Verfahren nötig sind, um bereits bestehende Reversionsprozeduren und Vergleichsgruppendesigns zu ergänzen, würden sicher auch viele behaupten, daß die immer wieder fruchtbare Erforschung der klinischen Anwendung operant-sozialer Lernparadigmen zunichte gemacht würde durch Forderungen nach strenger Befolgung traditioneller experimenteller Kontrollverfahren.

Kurz zusammengefaßt heißt das, daß die Natur und die Konsequenzen des Zielproblems, der Umfang und die Richtung der vom Kliniker geübten Kontrolle der Umwelt, die Komplexität der manipulierten Stimuli, die Kooperation, die Vertreter der Umwelt zu geben bereit sind, daß diese und ähnliche Faktoren den Umfang bestimmen, in dem die Mechanismen, welche in einer klinischen Untersuchung modifizierend wirken, kontrolliert getestet werden können. Generell dürfte es so sein, daß die bereits in Kapitel 1 behandelten Konflikte zwischen der Verantwortung des Klinikers und der des Laborwissenschaftlers bestimmen, bis zu welchem Grad Kontrollstudien in klinische Behandlungsprozeduren eingebaut werden können. Vom Kliniker erwartet man z. B. in erster Linie Behandlungserfolge, während für ihn die Frage, wie sie zustande kamen, zweitrangig ist. Gefährdet diese zweite Frage die vorrangige Aufgabe des Klinikers oder halten Patienten und Fachleute diese zweite Frage für unwichtig, ist eine strenge Untersuchung der therapeutisch effektiven Mechanismen gewöhnlich unmöglich.

Das Bestärken unvereinbarer Reaktionen

Bei den bisher behandelten Beispielen für die therapeutische Anwendung von Verstärkungsplänen ging es in erster Linie um die Bestärkung von Verhaltensarten, die im Repertoire des Patienten mangelhaft ausgebildet sind. Bewirken problematische Reaktionen dagegen einen Überschuß an Verhalten, wird eine andere Behandlungsstrategie erforderlich. Ein effektives Verfahren besteht darin, daß man eine andere, wünschenswerte Reaktion, die mit dem symptomatischen Verhalten unvereinbar ist, bestärkt. Konkurrieren die beiden Reaktionsklassen miteinander, so daß sie nicht gleichzeitig auftreten können, muß die Bestärkung der wünschenswerten Klasse die Auftretenswahrscheinlichkeit der symptomatischen Klasse reduzieren. Diese Taktik, die oft als »Gegenkonditionierung« bezeichnet wird, bildet im Kontext des instrumentellen Konditionierens eine Parallele zu WOLPES Angstsubstitution durch Entspannung (siehe Kapitel 5).

Das Bestärken unvereinbarer Reaktionen bietet gewisse Vorteile, wenn man es mit den alternativen Techniken vergleicht, die darin bestehen, daß das unerwünschte Verhalten bestraft oder durch Beseitigung der aufrechterhaltenden Verstärker gelöscht wird. Wird eine problematische Reaktion durch Bestrafung oder Löschung lediglich beseitigt, bleibt die Frage, welche Verhalten an Häufigkeit zunehmen, dem Zufall überlassen. Hat ein Patient wichtige Verstärker hauptsächlich durch sein symptomatisches Verhalten erlangt und verfügt er über keine annehmbaren Alternativreaktionen, die dieselben Konsequenzen produzieren können, wird die Löschung oder Bestrafung wahrscheinlich entweder scheitern oder zu allgemeinen Verhaltensdefiziten und zu anderen Problemen führen, denen unzureichende Verstärkung zugrunde liegt. Die Bestärkung unvereinbarer Reaktionen vermeidet therapeutische Komplikationen (z. B. die Ersetzung eines Symptoms durch eine ebenso unerwünschte Handlung oder das Wiederauftauchen des Symptoms nach einer zeitweisen Besserung durch Bestrafung oder Löschung) und die unerwünschten Effekte, die auftreten können, wenn aversive Prozeduren benutzt werden.

Ein weiterer Vorteil des Bestärkens von unvereinbaren Verhalten ist der, daß man dadurch der schwierigen Aufgabe ausweicht, die verstärkenden Ereignisse, welche die symptomatischen Verhalten aufrechterhalten, identifizieren und kontrollieren zu müssen. Unvereinbare wünschenswerte Verhalten, die nicht von den Verstärkern, die das exzessive Problemverhalten unterstützen, sondern von anderen aufrechterhalten werden, können benutzt werden, wenn es schwierig oder unmöglich ist, die Verstärker des Symptoms zu kontrollieren. So entdeckte z. B. LOVAAS (1967), daß das Auftreten von Selbststimulation (z. B. Schaukeln, Sich-im-Kreis-drehen und Mit-den-Armen-schlagen), dieses häufigsten Verhaltens bei autistischen Kindern, im umgekehrten Verhältnis zur Häufigkeit anderer Verhalten zu stehen scheint. Die Verstärkung, die, wie man annimmt, der Selbststimulation eigen ist, entzieht sich dem therapeutischen Eingriff, doch können konkurrierende Verhalten, die die Selbststimulation reduzieren, durch therapeutische Prozeduren vermehrt werden.

BECKER, MADSEN, ARNOLD und THOMAS (1967) beobachteten, daß ihre Versuche, problematisches Schülerverhalten in der Klasse durch Entzug der Aufmerksamkeit des Lehrers zu löschen, eine Zunahme des schlechten Benehmens der Kinder bewirkte. Vermutlich waren es Peer-Verstärkung oder intriusische Verstärker, die zur Ungezogenheit der Klasse beitrugen. Der Entzug der Aufmerksamkeit durch den Lehrer war folglich unwirksam. Tatsächlich wurde lediglich die verbale Bestrafung eliminiert; sie aber war es, die die abweichenden Verhalten etwas gehemmt hatte. Andererseits erwies sich die Kombination des Ignorierens von abweichenden Verhaltensarten mit der Verstärkung von unvereinbaren Lern- und Arbeitsreaktionen als besonders effektiv. Diese Ergebnisse wurden sogar dann erzielt, wenn der Verstärker (z. B. Lob für ruhiges Lesen) zu einem Zeitpunkt einem anderen Kind verabreicht wurde, zu dem das »Zielkind« sich schlecht benahm und ignoriert wurde. Diese letztgenannte Prozedur reduzierte vermutlich die Peer-Verstärkung des Fehlverhaltens (da die Peers für ruhiges Lesen verstärkt wurden, und da ruhiges

Lesen unvereinbar ist mit dem Kichern, das den Unfugmacher belohnt) und lieferte dem »Zielkind« stellvertretende Verstärkung für Verhaltensarten, die mit schlechtem Benehmen unvereinbar waren.

Probleme können dann auftauchen, wenn die unvereinbare Reaktion nicht gewünscht und in der natürlichen Umgebung nicht aufrechterhalten wird. AYLLON und MICHAEL (1959) schilderten die Schwierigkeiten, die entstehen können, wenn die unvereinbare Reaktion nicht gewünscht wird. Sie behandelten gewalttätiges Verhalten einer psychotischen Frau, indem sie eine unvereinbare Reaktion — ihr mit niedriger Häufigkeit praktiziertes Verhalten, das darin bestand, daß sie friedlich auf dem Fußboden des Tagesraumes saß — verstärkten. Leider war dieses friedliche Verhalten unvereinbar mit nettem Annäherungsverhalten, das die Autoren gleichzeitig zu verstärken beabsichtigten. Wurde das Verhalten des Auf-dem-Boden-Sitzens gelöscht, um Annäherungsverhalten zu ermöglichen, stiegen die gewalttätigen Verhalten über die Grundkurve an, noch bevor die Patientin Gelegenheit hatte, Verstärkung für freundliche Annäherung zu empfangen. Das war der Punkt, an dem sie vom Personal gebändigt werden mußte. Genauso können die »Faxen«, die man mit einem Kind macht, ein nur zeitweiliges Mittel der Reduktion unerwünschter Handlungen sein (z. B. die Erkundung der zerbrechlichen Nippsachen einer Gastgeberin), da die Reaktion, die dieses Ablenkungsmanöver nach sich zieht, selbst zur Plage werden kann; so kann das Kind darauf bestehen, daß seine Mutter in dem Spielchen, das es zunächst nur ablenken sollte, fortfährt.

Anstatt sich auf die kontingente Verabreichung von positiver Verstärkung zu verlassen, die die Hauptoperation der bisher behandelten Arbeiten bildete, kann der Kliniker die positive Verstärkung, die Problemverhalten aufrechterhält, vorenthalten. Diese Prozedur, die wir als Löschung bezeichnen, schließt Operationen ein, die wir in Abb. 6/2 darstellten. Löschungsoperationen erfordern das Vorhandensein einer davor erworbenen Reaktion, deren Auftreten nun durch identifizierbare Verstärkung aufrechterhalten wird. Findet die Reaktion ohne weitere Verstärkung statt, kommt es zu einer allmählichen Reduktion ihrer Rate (Löschung). Nur wenn Reaktionen tatsächlich emitiert werden und unverstärkt bleiben, werden sie nicht geschwächt. Daher genügt es nicht, Verstärkung vorzuenthalten oder einen Patienten Situationen fernzuhalten, in denen die störende Reaktion auftritt. Reaktionskurven von Ratten weisen einen nur geringen Unterschied auf zwischen Löschungsdurchgängen, die nach der ursprünglichen Bestärkung entweder einen Tag oder 45 Tage lang durchgeführt wurden (SKINNER, 1938). Die schwächenden Effekte der Löschung sind sehr umfaßend und rasch, wenn man sie mit denen des Vergessens vergleicht.

Sowohl die Erzeugung und Aufrechterhaltung von Problemverhalten als auch seine Behandlung kann Löschungsprozesse mit einschließen. Soziale Institutionen und Einzelpersonen scheinen oft so zu handeln, als sei Verstärkung bei der Aneignung besonderer Verhalten wichtig, als sei sie jedoch unnötig zur Aufrechterhaltung der davor erworbenen Verhalten. Eine Mutter kann von ihren Kindern erwarten, daß sie sich gut benehmen, ohne daß sie sie dafür belohnt. Da von einem effektiven Verstärkungsplan vorausgesetzt wird, daß er jeden Operanten aufrechterhält, ganz gleich, wie stark dieser ist, schließt sich die Löschung an, und die enttäuschte Mutter schilt und schimpft. Andererseits ist die Löschung, die von der Verstärkung neuer Reaktionen begleitet wird, ein natürlicher Teil des Reifungsprozesses eines Kindes; verläuft dieser Prozeß langsam oder unterbleibt er ganz, wird man sich über das Verhalten des Kindes wahrscheinlich beschweren. Das Kind, das für sein Babygebrabbel intensiv verstärkt worden ist, kann dieses Gebrabbel auch dann noch fortsetzen, wenn die Eltern seiner längst müde geworden sind und wenn sie das Kind immer wieder ausschelten, damit es endlich wie ein Erwachsener spreche. Treten erwachsene Sprechmuster mit niedriger Rate auf und werden sie (als Verhalten, das mit Babygebrabbel unvereinbar ist) nicht intensiv verstärkt, kann das Gebrabbel so lange ungelöscht bleiben, so lange es, und sei es auch nur selten, verstärkt wird, oder so lange es stellvertretend verstärkt wird, indem das Kind erlebt, wie seine kleinen Geschwister für dieselbe Kindersprache verstärkt werden.

Verschiedene Merkmale einer Reaktion, die ein Löschungsprozeß durchmacht, und der Parameter, welcher die Löschungsrate beeinflußt, sind in der therapeutischen Praxis besonders relevant. Die Kumulativkurve einer Reaktion, die gerade gelöscht wird, verläuft gewöhnlich sehr unregelmäßig. Zunächst steigt die Rate an, und die Reaktion wird unbeständiger und intensiver. Allmählich kehrt die Reaktionsrate auf ihr Ausgangsniveau zurück, während gleichzeitig andere Verhalten, die durch die Zielreaktion unterdrückt worden waren, nach und nach zu ihren vorherigen Raten zurückkehren. Die Löschung stellt keine glatte Reaktionsabnahme dar; sie besteht aus einer allmählichen zeitlichen Zunahme der Perioden, in denen die Reaktion nicht auftritt. Und in den Perioden, in denen sie auftritt, tritt sie mit derselben hohen Rate auf (vgl. HURWITZ, 1957). Die anfängliche Zunahme der Reaktionsrate, -intensität und -variabilität, zu der es zu Beginn des Verstärkungsentzugs kommt, kann therapeutisch nützlich sein. Wird eine intensivere oder häufigere Reaktion gewünscht, kann diese neue durch Löschung erzeugte Rate oder Intensität verstärkt werden. Diesen abwechselnden Prozeß der Löschung des einen Reaktionsniveaus und der Verstärkung eines neuen höheren Niveaus untersuchen wir im Abschnitt über die Reaktionsausformung.

Der Widerstand der Reaktion gegen die Löschung ist eine weitere für die Theorie wie für die Praxis wesentliche Komponente. Dieser Widerstand der Reaktion — man nennt ihn *Löschungsresistenz* —, wird gemessen an der Anzahl der unverstärkten Durchgänge, die nötig sind, um die Reaktion auf ihr operantes Niveau oder auf eine niedrige, als Kriterium dienende Rate zurückzuführen. Als man die Löschungsresistenz als abhängige Variable untersuchte, entdeckte man, daß sie bedingt ist durch die Anzahl der vorausgegangenen Verstärkungen (bis zu einem gewissen Höchstwert), den Kraftaufwand der Reaktion und die Anzahl der vorausgegangenen Löschungs- und Wiederbestärkungszyklen. Diese Variablen können in der Behandlung berücksichtigt werden. So kann ein Patient z. B. ein Defizit aufweisen im Hinblick auf ein gewisses wünschenswertes Verhalten, das in der Vergangenheit durch die wechselnde Umgebung des Patienten wiederholten Zyklen der Bestärkung und Löschung unterworfen war. Hat der Therapeut dieses Verhalten wieder bestärkt, kann ein einziger unverstärkter Durchgang alle therapeutischen Fortschritte zunichte machen. Die Reaktion kann in einem Durchgang gelöscht werden und auf das Niveau der operanten Rate des Patienten zurückkehren. In der Tat hatte der Patient früher einen diskriminierten Operanten gelernt, in dem eine unverstärkte Reaktion als S^Δ funktionierte. Ein Großteil unseres Alltagsverhaltens untersteht ähnlicher diskriminativer Kontrolle. Aufgrund früherer Erfahrungen mit kaputten Warenautomaten findet bei den meisten Leuten eine Verhaltenslöschung statt, wenn die erste Münze verlorengeht. Die zähe Langlebigkeit unangepaßten Verhaltens ist häufig auf die entsprechende Löschungsresistenz zurückzuführen. Ein einmal angepaßtes und umfassend und häufig verstärktes Verhalten kann zu einer anderen Zeit, wenn es unangepaßt geworden ist, so langsam gelöscht werden, daß es als Symptom betrachtet wird. Individuelle Unterschiede der allgemeinen Löschungsresistenz, die auf unterschiedliche organismische oder Verstärkungsgeschichten zurückzuführen sind, können wichtige Ursachen des variablen Ausmaßes abgeben, in dem Leute unangepaßtes Verhalten an den Tag legen.

Löschung als therapeutische Taktik. Löschung ist eine nützliche therapeutische Technik, wenn der therapeutische Eingriff Verhaltensexzessen gilt. Einem klassischen Beispiel begegnen wir bei AYLLON und MICHAEL (1959), die Krankenschwestern instruierten, wie sie die zahlreichen störenden Besuche einer psychotischen Patientin im Stationszimmer unterbinden sollten. Da die Autoren von der Annahme ausgingen, daß die Aufmerksamkeit der Krankenschwestern (die die Patientin z. B. ausschalten und fortbrachten) eine verstärkende Konsequenz darstellte, die besagtes Verhalten aufrechterhielten, rieten sie den Schwestern, sich *jeglicher* Aufmerksamkeit zu enthalten, wenn die Patientin ins Stationszimmer kam. Nach einem Löschungsprozeß, der sich über sieben Wochen hinzog, war der durchschnittliche Ausgangswert von 16 Besuchen pro Tag auf zwei Besuche zurückgegangen. Mit ähnlichen Löschungsoperationen gelang die Reduktion von wahnhaften verbalen Äußerungen (RICKARD, DIGNAM und HORNER, 1960; AYLLON und MICHAEL, 1959), von hypochondrischen Beschwerden (AYLLON und HAUGHTON, 1964), von verschiedenen Abhängigkeitsverhalten (AYLLON und HAUGHTON, 1962) und vieler anderer Verhaltensexzesse.

Häufig ist die Löschung von unerwünschten Verhalten der erste nötige Schritt zur positiven Verstärkung von schwachen, aber erwünschten Verhalten. So fanden z. B. BLAKE und Moss (1967), daß sie bei einem vierjährigen stummen Mädchen kein Spracherwerbstraining einleiten konnten, weil ihre Versuche von vornherein durch häufiges heftiges Weinen und durch Wutanfälle gestört wurden. Um das Weinen und die Anfälle zu löschen, wurde jede Verstärkung dieser Verhalten ausgeschaltet. Eine Klappe in der Trainingszelle, die jeden Zugang zum Licht, zum Therapeuten, zur Nahrung und zu anderen Verstärkern unterband, wurde immer dann geschlossen, wenn sich ein Anfall ankündigte. Nachdem Augenkontakt als notwendige Vorbedingung der Verstärkung anderer Reaktionen antrainiert worden war, wurden leicht störende Verhalten durch Entzug dieses konditionierten Verstärkers rasch gelöscht — immer wenn die Patientin sich störend zu verhalten begann, schaute der Therapeut weg und vermied er ihren Blick. Die von BLAKE und MOSS benutzten Prozeduren sind mehr als bloße Löschungsoperationen, da sie nicht nur den Zugang zu den Verstärkern versperren, die die störenden Verhalten aufrechterhalten. Der Zugang zu *jeglicher* Verstärkung anderer Verhalten wurde ebenfalls versperrt. Diese Prozedur bezeichnet man als »Auszeit« *(Time out)*, als Zeit, in der keine positive Verstärkung stattfindet; wir werden uns mit ihr in Kapitel 7 eingehender befassen. »Auszeit« wird als eine Form von Bestrafung betrachtet, weil sie *reaktionskontingent* verabreicht wird und Merkmale eines aversiven Ereignisses aufweist. Obwohl sich Löschungs- und Auszeitprozeduren voneinander unterscheiden, zeichnen sich beide durch die Vorenthaltung von Verstärkung nach einer bestimmten unerwünschten Reaktion aus. In der Praxis überschneiden sich beide Verfahren häufig. Wenn vermutet wird, daß die Aufmerksamkeit des Therapeuten der Verstärker ist, der ein unerwünschtes Verhalten wie Weinen aufrechterhält und wenn die Aufmerksamkeit des Therapeuten gleichzeitig als S^D der Verstärkung von erwünschten Verhalten fungiert, setzt die Löschung einige kurze Perioden eines Auszeittypus der Bestrafung voraus, die dann zustande kommen, wenn die Aufmerksamkeit entzogen wird. Kann nicht jegliche Verstärkung, die ein unerwünschtes Verhalten aufrechterhält, ausgeschaltet werden — das ist z. B. dann der Fall, wenn der Unfug eines Kindes im Unterricht von *Peers* unterstützt wird —, wird eine umfassendere *Time out*-Prozedur nötig. Das Kind kann, ohne daß ihm noch irgendwelche Aufmerksamkeit gezollt wird, in einen anderen Raum gebracht werden, in dem es weder soziale noch irgendwelche andere Verstärker gibt. Die Rückkehr in die verstärkende Umgebung ist kontingent auf das Verstreichen einer gewissen Zeit, in der kein störendes Verhalten geäußert wird. Wirksame Verstärker wie das Essen, das ein hungriges Kind bekommt, können zur Erhaltung des konditionierten Verstärkungswertes des Therapieraums nötig sein, wenn zu Beginn der Behandlung häufig mit »Auszeit« gearbeitet werden mußte.

Unter gewissen Bedingungen erweist sich die Löschung als ungeeignete therapeutische Technik. Zu diesen Bedingungen gehört das eben erläuterte Problem — die Identifikation und Ausschaltung aller Verstärkung, die das Problemverhalten aufrechterhält. Viele Verhalten können aufrechterhalten werden durch intrinsische Effekte, durch Selbstverstärkung oder durch raffinierte Kontingenzen, die durch komplexe Verstärkungspläne funktionieren; durch derartige Faktoren wird eine Klientenbeobachtung und die Testung der aufrechterhaltenden Verstärkung unmöglich gemacht. Patientenberichte können zuweilen zur Beseitigung dieser Identifikationsprobleme beitragen, doch sieht sich der Kliniker — angesichts dieser Verstärkerklassen und angesichts von Verstärkungen, die durch mannigfache soziale Einflüsse aus der Umgebung des Patienten entstehen — mit der großen Schwierigkeit konfrontiert, das Auftreten von Verstärkung zu kontrollieren, um Löschung überhaupt anwenden zu können. In solchen Fällen müssen andere Techniken benutzt werden, die entweder auf dem operanten Paradigma (Bestrafung, Verstärkung von konkurrierenden Reaktionen) oder auf anderen Paradigmen (Selbstregulierung — siehe Kapitel 9; stellvertretendes Lernen — siehe Kapitel 5) basieren. Die Herausforderung an den Therapeuten, der die symptomerhaltenden Verstärker erkennen und ausschalten muß, läßt sich an einer unvollständigen Liste der Verstärker veranschaulichen, denen man bei Alkoholikern begegnete (MERTENS und FULLER, 1964): Beseitigung von aversiven Stimuli (z. B. Angst, Verantwortung), soziale Verstärker durch die Umgebung des Trinkers (z. B. Zechkumpane), wohltuende Verhalten, die der Betrunkene von seiner Frau oder anderen erfährt, Reduktion anderer gehemmter Verhalten (z. B. sexuelle Annäherungsversuche, Prahlereien, Steigerung von Selbstreaktionen wie »Denen werd' ich's zeigen!«), Duldung oder Ermutigung sonst untragbarer Verhalten, Rauscheffekte (beruhigende, hypnotische, schmerztötende) und Zugang zu sozialen Verstärkern (z. B. der Mann hinter der Bar) in einem sonst kontaktarmen, öden Leben.

Eine Löschung setzt unweigerlich völlige Kontrolle der Umgebung voraus, da andere Kräfte die Verhalten, die der Therapeut löschen möchte, unbemerkt verstärken können. Wenn sich gleichermaßen zugängliche Umwelteinflüsse, was die Verabreichung von Verstärkung angeht, systematisch voneinander unterscheiden, funktionieren sie einfach als S^D oder S^A, ohne daß sie die Gesamtrate der Reaktion in irgendeiner Weise reduzierten. Findet diese Diskrimination nicht statt, wird die intermittierende Verstärkung, die die eine Instanz liefert, lediglich bewirken, daß die Reaktion gegen die Löschungsbestrebungen anderer Instanzen resistenter wird. Sind Verabreicher der relevanten Verstärker in der natürlichen Umwelt des Patienten zur Kooperation bereit, läßt sich die Löschung wesentlich leichter durchführen. Löschung des Alkoholkonsums kann dadurch bewerkstelligt werden, daß man sich der Hilfe der Trinkkumpane des Patienten bedient. So wurden z. B. Freunde des Patienten unterwiesen, alle ihre üblichen sozialen Verhalten in ihrer Stammkneipe (Reden, Scherzen, dem Patienten gezollte Aufmerksamkeit) nur so lange mit hoher Rate zu emittieren, so lange der Patient alkoholfreie Getränke zu sich nahm. Sobald er jedoch dem Alkohol zuzusprechen begann, entzogen sie ihm jegliche soziale Verstärkung (sie ignorierten ihn und gingen).

Das anfängliche kurze Ansteigen der Rate und Intensität einer Reaktion, die gelöscht wird, kann ein weiteres Hindernis bilden. Die verstärkenden Instanzen können unfähig sein, diese kurze Zunahme so lange zu ertragen, bis sich die anschließende Abnahme einstellt; das aber kann dazu führen, daß sie die Prozedur aufgeben, da sie nicht nur nicht sofort zu wirken scheint, sondern das Problem offenbar noch verschlimmert. Eine Alternative besteht darin, daß diese Instanzen beginnen können, die Reaktion intermittierend zu verstärken, und zwar immer dann, wenn diese besonders noxisch ist, während sie ihre planmäßige Löschung zu anderen Zeiten aufrechterhalten. Die verstärkenden Instanzen bewirken dadurch einfach eine höhere Rate und Intensität des unerwünschten Verhaltens. Auf dieses Muster sind wahrscheinlich die Klagen von Eltern zurückzuführen, die besagen, daß die Wutausbrüche ihrer Kinder um so schlimmer werden, wenn sie (die Eltern) sie nicht beachten. Manchmal ist das Problemverhalten so geartet, daß eine humane Löschung unmöglich ist. LOVAAS (1967) hat darauf hingewiesen, daß die selbstdestruktiven Verhalten autistischer Kinder (Sich-den-Kopf-anschlagen, Sich-in-die-Hände-oder-Arme-beißen) eine Löschung ungeraten erscheinen lassen, da sie teilweise durch die ihnen zugewandte Aufmerksamkeit aufrechterhalten werden. So aber muß ein Großteil dieser Verhalten mit Bestrafung behandelt werden, da jede anfängliche *Steigerung* des Problemverhaltens den Patienten körperlich gefährden kann.

In unserer Diskussion des Bestärkens von unvereinbaren Reaktionen verwiesen wir auf einen weiteren Nachteil der Löschung: Sie erlaubt weder eine Kontrolle noch eine Vorhersage darüber, welche neuen Reaktionen die gelöschte ersetzen werden. Stehen annehmbare Ersatzreaktionen, die für die nötige Verstärkung sorgen könnten, zur Verfügung, erübrigt sich dieses Problem, da diese Reaktionen zunehmen werden, wenn die Wahrscheinlichkeit der symptomatischen Reaktion reduziert wird. In anderen Situationen muß eine gleichzeitige positive Verstärkung eines akzeptablen alternativen Verhaltens die Löschung unter Umständen begleiten.

Und schließlich weist die Löschungsprozedur auch aversive Eigenschaften auf. Da sich Verstärkung durch Hinweisreizfunktionen auszeichnet, führt ihre Ausschaltung zu zwiespältigen, frustrierenden Gefühlen, so lange es anderen Reaktionen nicht gelingt, Verstärkung zu erzeugen. Eine Reihe von Untersuchungen hat ergeben, daß die Löschung emotionale, aggressive und andere Verhalten erzeugt, die jenen Verhalten ähnlich sind, welche durch Schmerz oder andere aversive Stimuli ausgelöst werden (MOWRER und JONES, 1943). Man hat sich der Löschung erfolgreich als Strafstimulus für andere Reaktionen bedient, wodurch man ihre aversiven Eigenschaften eindeutig belegte (vgl. z. B. FERSTER, 1958 a; ZIMMERMANN und FERSTER, 1964). Körperliche Angriffe gegen andere Tiere wurden ausgelöst durch Löschungsprozeduren bei Tauben (AZRIN, HUTCHINSON und HAKE, 1966). In der Therapie können sich die Nebenwirkungen der Löschung als unerträglich aversiv herausstellen; das ist vor allem dann der Fall, wenn die aggressiven Verhalten eines Patienten bereits stark ausgeprägt sind. Die freie Verfügbarkeit von alternativen Verhalten zur Bewerkstelligung derselben Verstärkung würde die frustrierenden Löschungseffekte einer besonderen Reaktion natürlich stark reduzieren.

Es gibt noch andere Löschungsmerkmale, die sich für die Verhaltenstherapie als relevant erweisen können, doch hat man sie noch nicht eingehend untersucht. Wir begegnen z. B. gegensätzlichen Phänomenen, wenn die eine Reaktionskomponente eines multiplen Verstärkungsplans gesteigert und die andere gelöscht wird. Ob und in welchem Ausmaß symptomatische Verhalten

der Kontrolle multipler Pläne unterstehen und Kontrasteffekte aufweisen, ist
nicht bekannt, doch können solche Kontraste bei der Löschung Probleme aufwerfen. Auch beweist einiges, daß Hinweisreize erzeugende Reaktionen oder
beobachtende Verhalten, die (abgesehen von der normalerweise zur Identifikation diskriminativer Stimuli nötigen Daten) nur überflüssige Informationen liefern, während der Löschung eines Operanten zunehmen. Eine Ehefrau,
deren gattenabhängige Verhalten gelöscht werden, kann ihre Rate der Frage
»Liebst du mich?« oder des Lesens seiner Briefe steigern, wenn er ihre abhängigen Verhalten nicht beachtet. Forscher auf diesem Gebiet haben Verstärkung als Reduktion vorhandener Ungewißheit betrachtet, womit sie den
durch Löschung erzeugten aversiven Zwiespalt unterstrichen. Auch in diesem
Fall dürfte die potentielle Relevanz dieses Zweigs der Praxis interessant sein,
und zwar sowohl in bezug auf die Symptombildung des Patienten (der als
Neurotiker z. B. unaufhörlich beruhigt werden möchte) als auch im Hinblick auf die Nebenwirkungen, die im Verlauf der Löschungstherapie auftreten.

Reaktionsdifferenzierung oder Ausformung von Verhalten

Benutzt ein Kind Ausdrucksweisen, die die Erwachsenen seiner Umwelt nicht
akzeptieren, kann der Verhaltenstherapeut diese unanständigen Äußerungen so lange einem Löschungsplan unterziehen, bis das störende Verhalten
beseitigt ist. Bei einem Kind, das nie verständlich sprechen gelernt hat, liegt
das Problem anders. In diesem Fall können die Prinzipien der Verstärkung
und Löschung zu einer Technik kombiniert werden, die Elemente vorhandener Verhalten zu anscheinend neuen Reaktionen organisiert, indem sie entweder aus einfachen Elementen neue komplexe Verhalten formt oder indem
sie komplexe Ketten aus einfacheren Reaktionen konstruiert. Diese Prozedur
wird als *Verhaltens(aus)formung, Reaktionsdifferenzierung oder sukzessive
Annäherung* bezeichnet.

Anstatt sich der direkten Verstärkung oder Löschung zu bedienen, um die
Wahrscheinlichkeit einer gegebenen Reaktion zu verändern, benutzt die Verhaltensformung die differentielle Verstärkung und die differentielle Löschung
mit dem Ziel, die Topographie und Organisation einer Reaktion allmählich
in eine neue Konstellation von Komponenten umzuwandeln. Indem differentielle Verstärkung auf eine extreme Unterklasse einer Gruppe von Reaktionen angewandt wird, während alle anderen Reaktionen dieser Gruppe einer
Löschungsprozedur unterzogen werden, wird die extreme Unterklasse differentiell bestärkt, so daß sie dominiert. Durch die sukzessive Anwendung dieser
Prozedur können komplexe Verhalten errichtet werden. Die extremen Merkmale einer Reaktion, auf denen die differentielle Verstärkung der Vertreter
einer solchen Gruppe basiert, können aus der Intensität, dem Kraftaufwand,
der Topographie, der Rate oder der Dauer bestehen. Die differentielle Löschung spielt bei dieser Prozedur ebenfalls eine wichtige Rolle, da sie eine
breite Reaktionsvariabilität erzeugt und dadurch bewirkt, daß zur differen-

tiellen Verstärkung extremere Reaktionen verfügbar werden. So kann das Verhalten einer Taube z. B. so ausgeformt werden, daß sie sich voll im Kreise dreht; zu diesem Zweck wird Verstärkung durch Futter zunächst kontingent gemacht auf jede leichte Wendung des Kopfes oder Körpers in eine Richtung. Hierauf wird jede stärkere Drehung von Kopf oder Körper in die richtige Richtung verstärkt, während kleine Bewegungen in die falsche Richtung gelöscht werden. Durch die immer strengeren Verstärkungsbedingungen wird schließlich nur mehr die volle Drehung verstärkt, während alle anderen Drehungen unverstärkt bleiben. Das erzielte Verhalten kann auf dieselbe Weise durch neue Komponenten ergänzt werden; so kann die Taube z. B. veranlaßt werden, sich einer Klingel zu nähern, den Kopf nach dem Klingelknopf zu strecken und, nach einer Drehung im Kreis, auf den Knopf zu picken. Auf diese Weise können durch sukzessive Annäherungen aus kleinen Elementen der freien Operanten des jeweiligen Verhaltensrepertoires lange Reaktionsketten errichtet werden. Wie Abb. 6/12 zeigt, lehrte SKINNER (1962) Tauben auf diese Weise mittels einer derartigen Prozedur »Tischtennis«-Spielen.

Bei der praktischen Anwendung von Verstärkungstechniken ist die Verhaltensformung insofern eine schwierige Prozedur, als die Verstärkungskriterien während der Aneignung neuer komplexer Reaktionen immer auf die augenblicklichen Reaktionswahrscheinlichkeiten abgestimmt werden müssen. Allzu starre Kriterien bewirken zu geringe Verstärkungshäufigkeit und zu geringe Verhaltenskontrolle, während flexible Kriterien Verhalten rasch bestärken und kontrollieren können. Eine häufige Ursache für das Scheitern einer Verhaltenstherapie besteht darin, daß man keine realistisch abgestuften Verstärkungskriterien benutzt. Eine Modifikation der Verstärkungsbedingungen ist vor allem dann wichtig, wenn der Patient »Anweisungen« zur Performanz

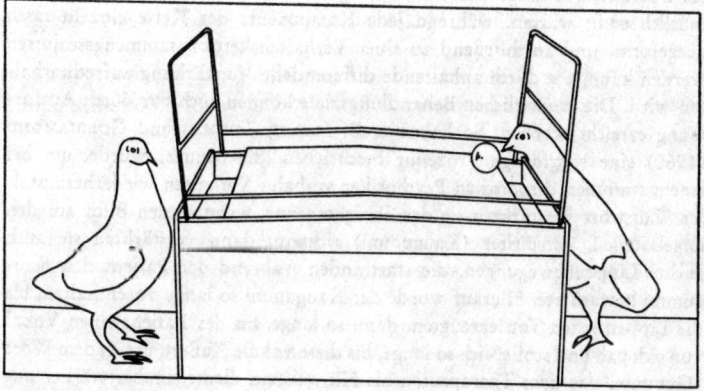

Abb. 6/12: Zwei Tauben, die »Tischtennis spielen« (SKINNER, 1962, S. 531).

außerhalb der Therapiesitzung erhält. Bei dieser Behandlungsprozedur (siehe Kapitel 9) gibt es keine direkten Beobachtungsdaten, an denen der Therapeut den Behandlungsfortschritt messen könnte. Nur die aufmerksame Selbstüberwachung der Behandlung kann Aufschluß darüber geben, ob die Reaktionen im richtigen Verhältnis abgestimmt und verstärkt werden. So haben z. B. STUART (1967) und FERSTER, NURNBERGER und LEVITT (1962) Programme beschrieben, in denen Patienten lernen, ihre Eßsucht zu kontrollieren, indem sie schrittweise ein Programm ausführen. Stuarts Patienten begannen damit, daß sie Zeit, Kontext und Quantität ihres Eßverhaltens schriftlich aufzeichneten. Dann begannen sie, ihr Eßverhalten während der Mahlzeiten kurz zu unterbrechen, und sie sorgten für bestimmte Zeiten und Orte der Zubereitung von Mahlzeiten, errichteten niedrige Eßraten und sorgten für alternative Reaktionen in Situationen, in denen die Eßwahrscheinlichkeit hoch war (so z. B. für Reaktionen, die mit dem Erdnußknabbern im Kino oder mit dem mitternächtlichen Plündern des Eisschranks unvereinbar waren). Dieses Programm war so beschaffen, daß durch die verbale Anleitung zu einer Reihe von Verhaltensänderungen eine Anzahl neuer Eßgewohnheiten ausgeformt wurde, wobei jede Instruktion dem Patienten etwas mehr abforderte als die vorangegangene. Durch dieses schrittweise Vorgehen wird bewirkt, daß im Verlauf der ganzen Behandlung angemessene Verstärkung verabreicht wird.

Da sich die Prozedur der Ausformung hervorragend zur Erzeugung neuer Anordnungen und Sequenzen von Verhalten eignet, ist ihr therapeutischer Rang unbestritten, wenn es darum geht, Verhaltensdefizite zu beseitigen. Die einleitenden Schritte, die bei anderen Modifikationsverfahren nötig sind, können »ausgeformt« werden — das ist z. B. dann der Fall, wenn ein hyperaktives autistisches Kind veranlaßt wird, ins Behandlungszimmer zu kommen, ruhig auf einem Stuhl sitzenzubleiben und auf den Gesichtsausdruck und die Stimme des Therapeuten zu achten. Wollte man mit der Verstärkung dieses Operanten so lange warten, bis die ganze Kette auftritt, müßte man vermutlich ewig warten, während jede Komponente der Kette einzeln rasch ausgeformt und anschließend zu einer Verhaltenskette zusammengeschlossen werden kann, die durch anhaltende differentielle Verstärkung aufrechterhalten wird. Die wesentlichen Behandlungsziele können auch nur durch Ausformung erreicht werden. So haben z. B. ISAACS, THOMAS und GOLDIAMOND (1960) eine sorgfältige Prozedur beschrieben, die benutzt wurde, um bei einem stummen chronischen Psychotiker verbales Verhalten wiederherzustellen. Zunächst verstärkten sie den Patienten nur, wenn er den Blick auf den angebotenen Verstärker (Kaugummi) richtete; dann verstärkten sie auch leichte Lippenbewegungen, die stattfanden während der Patient den Kaugummi betrachtete. Hierauf wurde der Kaugummi so lange vorenthalten, bis die Lippen einen Ton erzeugten, dann so lange, bis der Patient einen Vokal von sich gab und schließlich so lange, bis diese vokale Äußerung sich dem Wort »Gummi«, das dem Therapeuten als Hinweisreiz diente, immer stärker annäherte. Handelt es sich um keine hinreichend allgemeine Reaktionsklasse, kann die Ausformung sehr langwierig sein. Die niedrige Rate, mit der diese Prozedur Veränderungen erzielt, stellt die Geduld des Therapeuten insofern auf die Probe, als dessen eigenes Verhalten gewöhnlich dadurch aufrechterhalten wird, daß er eine Besserung des Patienten konstatiert. Versucht der Therapeut, sich selbst dadurch rascher zu verstärken, daß er die Kriterien des Patienten allzu eilig verändert, läuft er Gefahr, den bereits erzielten Erfolg zunichte zu machen.

Die zur Ausformung erforderliche Zeit und Mühe kann oft dadurch reduziert werden, daß man eine allgemeine Reaktionsklasse antrainiert, mit deren Hilfe später andere neue Verhaltenssequenzen eingeführt werden können. Imitation oder die Parallelisierung einer Reaktion mit einem S^D des Therapeuten ist ein Beispiel für eine allgemeine Reaktionsklasse dieser Art. RISLEY und WOLF (1967) gingen bei der Entwicklung von Sprechverhalten bei autistischen Kindern so vor, daß sie zunächst Imitationsverhalten ausformten. Ein erstes Ziel bestand darin, beim Kind verläßliche und richtige Imitation zu erzeugen, so daß jede Äußerung eines neuen Wortes im passenden Kontext unter die Kontrolle des Sprechens des Therapeuten gebracht werden konnte. Alle vier oder fünf Sekunden sagte der Therapeut ein bestimmtes Wort. Zunächst wurde das Kind immer dann verstärkt, wenn es sogleich mit *irgendeinem* Ton reagierte, und später wurde es verstärkt für Laute, die dem angestrebten Endverhalten, der sofortigen und genauen Imitation der Äußerung, immer näherkamen. Indem er den Tonfall, die Intensität und die Tonhöhe eines dargebotenen Wortes variierte, steigerte der Therapeut die Wahrscheinlichkeit der Imitation schon früh im Training, doch wurden diese Hinweisreize im Verlauf der Ausformung des Imitationsprozesses weggelassen. Wenn das Kind auf zwei abwechselnd dargebotene Wörter verläßlich reagierte, wurden diese durch andere ergänzt, bis eine allgemeine imitative Reaktion errichtet worden war. Während sukzessive imitative Annäherungen an das erwünschte Wort verstärkt wurden, wurden andere nicht-imitative, irrelevante und unpassende Verbaläußerungen gelöscht; das Stimuluswort wurde nur dann dargeboten, wenn das Kind still war. Als die Imitation immer verläßlicher wurde, wurden weitere nicht zur Sache gehörende Verhalten gelöscht; das Stimuluswort (das als S^D auch als konditionierter Verstärker fungierte), wurde nur dann dargeboten, wenn das Kind still und aufmerksam dasaß und den Therapeuten anschaute.

Abb. 6/13 stellt den raschen Erwerb verläßlicher Wortwiederholungen eines echolalischen Kindes dar. Das Kind steigerte seine Erwerbsrate allmählich, bis seine Imitation so gut funktionierte, daß für jedes neue Wort nur ein Durchgang erforderlich war. Bei der Ausformung der Reaktionen dieses Kindes suchte man zunächst nach einem besonders effektiven Verstärker. Wie das oft bei schwer gestörten Patienten der Fall ist, brauchte dieses Kind, um sein Verhalten kontrollieren zu können, zunächst intensive extrinsische primäre Verstärkung, z. B. Essen nach Vorenthaltung einer Mahlzeit. Um die Verstärkungskontingenzen zu präzisieren und die Konditionierung geeigneter sozialer Verstärker einzuleiten, traf der Therapeut gewöhnlich

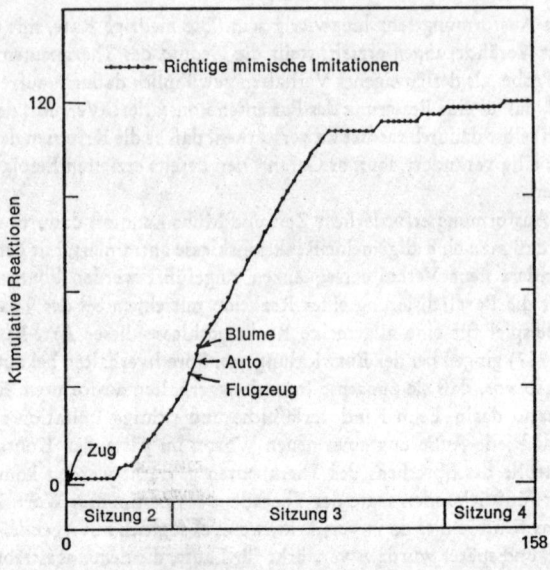

Abb. 6/13: Careys Aufzeichnung der anfänglichen Rate an richtigen (mimischen) Imitationen. Jeder Punkt steht für zwei Minuten Sitzungszeit (RISLEY und WOLF, 1967, S. 79).

Feststellungen wie »gut«, wenn die Reaktion des Kindes erfolgte und wenn er ihm einen Bissen in den Mund steckte.

Die Studie von RISLEY und WOLF veranschaulicht auch, wie schwierig es ist, zu unterscheiden zwischen der Ausformung freier operanter Reaktionen durch bloße differentielle Verstärkung (ein Beispiel ist die Taube, die sich im Kreis dreht) und der gleichzeitigen Herstellung einer Stimuluskontrolle über eine bestimmte Reaktion (z. B. beim Training imitativen Verhaltens). Ähnlich werden die Errichtung von Reaktionsketten und die Ausformung neuer Reaktionsmuster häufig zusammen durchgeführt, so daß sich die beiden Prozeduren verwischen, obwohl sie separate Techniken darstellen.

Ausformungsprozeduren spielen auch bei anderen Therapien eine wichtige Rolle, unter anderem bei Paradigmen des stellvertretenden und des Imitationslernens (siehe Kapitel 5). Replikationstechniken wie z. B. Rollenspiel und Psychodrama, die bei erwachsenen Neurotikern benutzt werden, sorgen gewöhnlich auch für den Erwerb neuer sozialer Fertigkeiten durch eine Ausformungsmethode. So kann einem Patienten mehr Selbstsicherheit gelehrt werden, indem man ihn eine Reihe von Interaktionen im Rollenspiel erleben läßt, die immer mehr selbstsichere Elemente erfordern, um die Verstärkung durch den Therapeuten zu gewährleisten.

Wenn Verhaltensdefizite auf unzureichender vergangener Verstärkung basieren, man aber weiß, daß die Reaktion, wenn auch mit niedriger Rate, im Repertoire des Patienten vorhanden ist, sind umständliche Ausformung und systematische extrinsische Verstärkung unter Umständen gar nicht nötig. In diesem Fall können verbale Instruktionen zur Performanz des Verhaltens genügen. So verglichen z. B. AYLLON und AZRIN (1964) Instruktionen, positive Verstärkung und Instruktionen plus positive Verstärkung im Hinblick auf ihren Effekt bei psychotischen Patienten, die sich beim Betreten des Speisesaals gewöhnlich kein Eßbesteck holten. Instruktionen führten bei 25 Prozent zum Erwerb dieses Verhaltens, während es bei der Verstärkung (extra Nachtisch) nur 10 Prozent waren. Bei Instruktionen plus Verstärkung holten alle Patienten ihr Besteck.

Diskrimination und Stimuluskontrolle

SKINNER (1938) unterschied vier Situationen, in denen ein Stimulus funktionieren kann: Auslösung, Verstärkung, Diskrimination und Emotion. Bisher befaßte sich dieses Kapitel vor allem mit den verstärkenden Eigenschaften von Stimuli. Doch wird in der Verhaltenstherapie wie im Alltag erstaunlich viel Verhalten durch die auslösenden und diskriminativen Stimuli der Umwelt kontrolliert. Wie wir in früheren Kapiteln bereits bemerkten, befassen sich Therapien der Stimulusmanipulation hauptsächlich mit auslösenden Stimuli. Operante Verhaltenstherapien bedienen sich dagegen vor allem diskriminativer Stimuli. Dieser Unterscheidung entspricht die empirische Differenzierung zwischen Respondenten und Operanten. Während die ersteren dazu neigen, bei jeder Gelegenheit durch den entsprechenden Stimulus ausgelöst zu werden, besteht die Funktion des diskriminativen Stimulus beim operanten Konditionieren lediglich darin, daß er das respondente Verhalten vorbereitet. Andere Variablen als der diskriminative Stimulus tragen entscheidend zur Auftretenswahrscheinlichkeit der Reaktion bei.

Wie die Feststellung, daß das meiste Verhalten aus diskriminierten Operanten besteht, vermuten läßt, spielt die Stimuluskontrolle bei einem Großteil der Verhaltensmodifikation eine entscheidende Rolle. Viele der bereits behandelten klinischen Studien arbeiteten mit Reaktionsbestärkung unter diskriminativer Stimuluskontrolle. Um das Spielen mit Peers zu fördern, verstärkten Allen u. a. (1964) das Mädchen Ann im Beisein von Peers (S^D) mit Lehreraufmerksamkeit, während sie keine Verstärkung verabreichten, wenn Ann mit den Lehrern allein war (S$^\Delta$) (siehe Abb. 6/10). Vorschulkinder wurden dahingehend trainiert, daß sie auf gewisse Erziehungsverhalten der Kindergärtnerinnen als S$^\Delta$s für lärmendes Spielen reagierten. Die Kinder erhielten deutliche S^D's für lärmendes Spielen, das ein einflußreicher Verstärker war, und diese S^D's waren kontingent gemacht auf Nichtreaktionen auf den S$^\Delta$ des Lehrers. Das aber hieß, daß der S^D und das sich anschließende lärmende Spielen die entsprechende Benutzung des S$^\Delta$ verstärkte (HOMME, de BACA, DEVINE, STEINHORST und RICKERT, 1963). Der Therapeut wird häufig mit Verhalten konfrontiert, das verändert werden müßte, aber nicht, weil es universell unerwünscht wäre, sondern weil es unter ungeeigneten Umständen auftritt. Tatsächlich wird von der Therapie zuweilen behauptet, ihre Hauptaufgabe sei in erster Linie das Diskriminationstraining. Aggressive Verhalten von Kindern sind nicht immer unerwünscht, denn schließlich muß ein Kind diskriminieren zwischen Stimuli, die ihm signalisieren, daß seine Aggression bestraft oder belohnt wird. Bei der ganzen Bandbreite an neurotischen und psychotischen Symptomen handelt es sich häufig nicht um unangemessene Reaktionsraten, sondern um Stimuluskontrollprobleme. Beim Exhibitionisten ist es nicht die Rate des Sich-Entkleidens, sondern die Frage, wo dieses Entkleiden stattfindet, die seine Probleme bedingt. Ähnlich haben Patienten häufig ein Training nötig, bei dem es darum geht, daß sie lernen, anderen klare diskriminative Stimuli zu liefern, um auf diese Weise befriedigendere interpersonale Interaktionen zu entwickeln. Selbstunsichere Personen neigen nicht nur dazu, Forderungen anderer zu belohnen, sondern signalisieren viel zu spät, wann sie solche Forderungen belohnen werden und wann nicht. Die andere Person ist verblüfft angesichts eines endlich erfolgenden Wutausbruchs, da nichts darauf hindeutete, daß ihrer Forderung, wie in früheren Fällen auch, nicht bereitwillig entsprochen würde.

Bei einem interessanten Fall von Diskriminationstraining im verhaltenstherapeutischen Kontext ging es darum, Mütter so zu trainieren, daß sie auf verschiedene Verhalten ihrer Problemkinder anders reagierten (WAHLER, WINKEL, PETERSON und MORRISON, 1965). Jede Mutter wurde durch Instruktionen und ein Lichtsignal so gesteuert, daß sie die ihrem Kind angemessenen Reaktionen wählte, und daraufhin wurde sie für die richtigen Reaktionen durch ein Lichtsignal und durch Lob verstärkt. Sie wurde so trainiert, daß sie auf die abhängigen Verhalten des Kindes als S^Δ und auf dessen Unabhängigkeit als S^D reagierte. Das heißt, sie erhielt selbst keine Verstärkung, wenn sie ihr Kind für abhängige Verhalten verstärkte. Und gelobt wurde sie nur dann, wenn sie die selbständigen Handlungen des Kindes bemerkte und lobte. Ihre aufmerksamen und lobenden Reaktionen auf die erwünschten Verhalten wurden durch die Experimentatoren verstärkt und verstärkten selbst das Kind. Auf diese Weise lernte jede Mutter zwischen verschiedenen Aspekten des Verhaltens ihres Kindes zu diskriminieren, die zu Hinweisreizen für ihre eigenen Handlungen wurden. Mit einem Reversionsplan demonstrierte man, daß die Verstärkungskontingenzen das Verhalten der Mutter und des Kindes kontrollierten.

Verschiedene Techniken sind eng mit der Stimuluskontrolle verwandt und werden in der Behandlung häufig mit ihr kombiniert. *Ein-* oder *Ausblenden* ist eine Technik, die die Formung neuer Diskriminationen erleichtert. Ein Stimulus, der zunächst starke diskriminative Kontrolle ausübt, wird allmählich »ausgeblendet«, während ein anderer Stimulus zusehends an Kontrollvermögen gewinnt. Dem Ein- oder Ausblenden begegnen wir in Studien, in denen echolalische Kinder benennendes Vokabular gelehrt bekommen. Solche Kinder können durch Ausformung und positive Verstärkung dahingehend trainiert werden, daß sie ein Wort, sofort nachdem der Therapeut es ausgesprochen hat, wiederholen. Das Aussprechen des Wortes »Ohr« untersteht bei einem solchen Kind der Stimuluskontrolle des vom Therapeuten ausgesprochenen Wortes »Ohr«. Funktionales Sprechen erfordert eine andere Art von Stimuluskontrolle. Ein erster Schritt auf dem Weg zum selbständigen Sprechen besteht darin, daß man das Kind so trainiert, daß es das Wort auf den entsprechenden Gegenstand oder auf Abbildungen dieses Gegenstands bezieht, das heißt, daß es ein Benennungsvokabular erwirbt. Der Trainer zeigt auf einen bestimmten Stimulus (z. B. auf sein eigenes Ohr). Schaut das Kind auf das Ohr, fragt der Trainer: »Was ist das?«; dann sagte er das bezeichnende Substantiv (»Ohr«). Imitiert das Kind den Klang, wird es verstärkt. Diese Prozedur wird bei jedem Durchgang wiederholt, doch wird die Anregung (Aussprechen von »Ohr«) allmählich ausgeblendet. Der Trainer spricht immer leiser und/oder immer undeutlicher (»Oh . . .«), bis das Kind zur Äußerung des Wortes nur mehr den Trainingsstimulus und die Frage »Was ist das?« braucht. Auf diese Weise werden immer mehr Wörter eingeführt, und zwischen bereits beherrschte Stimuli werden neue eingeschoben, um zu gewährleisten, daß nur der Gegenstand oder seine Abbildung der entscheidende S^D ist. Tab. 6/14 enthält Daten über ein echolalisches Kind, das sich ein Benennungsvokabular aneignet (LOVAAS, 1967). Diese Daten lassen erkennen, daß das Kind im Verlauf der Ausblendungsprozedur nach und nach einen Lernset erwarb, so daß es beim späteren Training nur einer einzigen Anregung (prompt) oder nur einer Bezeichnung eines Gegenstands durch den Trainer bedurfte, um die richtige Reaktion zu erwerben.

Im nächsten Stadium der Trainingsprozedur werden als diskriminative Stimuli nach und nach verschiedene Formen ein und desselben Gegenstands eingeführt, um eine generalisierte Reaktionsklasse zu gewährleisten (z. B. Kindernase, Puppennase, Bild von einer Nase). Die Wörter für alltägliche Aktivitäten (Gehen, Lachen usw.) werden auf ähnliche Weise antrainiert, und Techniken der Ausformung und des Ein- und Ausblendens werden auch benutzt, um abstrakte Sprache und schließlich sogar Konversation anzutrainieren. Bei jedem Schritt wird sorgsam darauf geachtet, daß Diskriminationen nicht durch zufällige Stimuli wie z. B. Effekte der verstrichenen Zeit oder des Versuchsplans konditioniert werden.

Ähnliche Prozeduren des Ein- oder Ausblendens sind erfolgreich bei Erwachsenen angewandt worden. Beim Training von Aphasikern, die unfähig sind, ihren eigenen motorischen Reaktionen Selbstinstruktionen darüber zuzuordnen, wie man sich bewegen sollte, äußert der Trainer die Selbstinstruktionen laut, und während der Patient diese Instruktionen laut imitiert, wird er vom Trainer durch die geschilderte Bewegung geführt; doch werden die verbalen und körperlichen Anregungen nach und nach ausgeblendet.

SIDMAN und STODDARD (1967) verglichen verschiedene Trainingsprozeduren, mit deren Hilfe retardierte Kinder Formen diskriminieren lernen sollten. Sie fanden, daß Ein- oder Ausblenden dem Training ohne Ein- oder Ausblenden überlegen war, als sie die begangenen Fehler und die Endniveaus des

ORANGE
BOOT
REIF
STROH

AST
SPAN

Hammer HAMMER
MAMA

DADA
BABY

BAR
TOPF
TÜR

Bär
Topf
Tür BAUCH

Bauch Bauch BAUCH
Kopf Kopf HALS
Hals HALS

Kopf
Hals
EI

Ei Ei
KNIE
BLOSS

Ei Ei
Knie Bloß
Bloß SCHUH

Ei Bloß Schuh
Bloß Schuh OHR
Schuh Ohr
Ohr

Bloß Bloß Bloß Bloß Bloß
Schuh Schuh Schuh Schuh
Ohr Ohr Ohr Ohr Ohr
Ohr

2 4 6 8 10 12 14 16 18 20 22 24 26 28 30 32 34 36 38

Trainingstage

Abb. 6/14: Taylor, ein bisher stummer Junge, erwirbt ein Benennungsvokabular. Die Abszisse kennzeichnet die Trainingstage. Die Wörter erscheinen in normaler Schrift, wenn sie eingeführt und trainiert wurden, und in kapitalen Lettern erscheinen sie, wenn sie beherrscht wurden (LOVAAS, 1967). [Die Abbildung stellt eine lautliche, keine bedeutungsmäßige Übertragung aus dem Englischen dar. Anm. d. Red.]

Erwerbs der richtigen Lösung miteinander verglichen. Die Hälfte der Kinder, die durch bloße Verstärkung und Löschung nicht lernte, zwischen Kreis und Ellipse zu diskriminieren, erwarb diese diskriminierte Reaktion durch ein Ein- bzw. Ausblendprogramm. Diejenigen, denen die Aneignung der Diskrimination völlig mißlang, hatten gewisse Reaktionsmuster angenommen (z. B. Positionswechsel, die mit effektiver Stimuluskontrolle unvereinbar waren), ein Ergebnis, das vermieden werden kann, wenn fehlerfreie Trainingsprozeduren benutzt werden.

Prozeduren des Ein- und Ausblendens und andere Diskriminationstrainings werden häufig von einigen der »Nebeneffekte« des Löschungsprozesses begleitet. RISLEY und WOLF (1967) bemerkten, daß in ihrem Sprachtraining echolalischer Kinder zunächst Wut- und andere emotionale Ausbrüche stattfanden, wenn ein S^Δ dargeboten wurde. Die Kinder zeigten auch dann diese Verhalten, wenn das Intervall zwischen der Darbietung des Trainingsobjekts (S^D) und der verbalen Anregung des Therapeuten vergrößert wurde. Diese Ausbrüche wurden relativ rasch gelöscht. Die Rolle des Therapeuten als Verteiler von Verstärkung erwies sich als vorteilhaft. Die Aufmerksamkeit des Therapeuten ist eine unerläßliche Voraussetzung der Verstärkung und wird ihrerseits zum S^D und erwirbt verstärkende Fähigkeiten, eine Folge, die sich für diese gestörten Kinder als wichtig erweist, da andere Personen im Leben dieser Kinder häufig keinen S^D oder verstärkenden Wert hatten oder aber als S^D's für symptomatische Verhalten dienten, weil sie dazu neigten, derartige Symptome zu verstärken.

Die Stimuluserleichterung, mit der wir uns in Kapitel 5 befaßten, ist mit der Stimuluskontrolle eng verbunden; Effekte und Mechanismen der beiden sind häufig nicht voneinander zu unterscheiden. Soziale Erleichterung findet statt, wenn die Reaktionsrate im Beisein anderer Personen (z. B. eines Publikums oder eines Mitakteurs, die paralleles Verhalten äußern) zunimmt. So hat man z. B. häufig beobachtet, daß ein Tier, dessen Freßrate durch Sättigung oder aversive Konditionierung zurückging, mehr zu fressen begann, wenn es in dieser Situation mit einem anderen fressenden Tier konfrontiert wurde (MASSERMAN, 1943). Die Resultate solcher Experimente sind häufig als Beweis für das Vorhandensein diskriminativer Kontrolle interpretiert worden. Das zweite fressende Tier kann dazu dienen, daß die S^Δ-Situation zur S^D-Situation wird, indem es durch sein Verhalten signalisiert, daß keine aversiven Stimuli mehr verabreicht werden. Doch haben in jüngerer Zeit durchgeführte Studien (HAKE und LAWS, 1967) nachgewiesen, daß soziale Erleichterungseffekte auch dann auftreten, wenn die aversive Stimulation fortgesetzt wird. Die Arbeiten von BERKOWITZ (1962, 1964) und von BERKOWITZ und LE PAGE (1967) haben belegt, daß auch Stimuli, die keine differentielle Verstärkung signalisieren, auf aggressive Verhalten erleichternde Effekte haben. So erhielten z. B. Versuchspersonen Gelegenheit, einem *Peer*, von dem sie offensichtlich geschockt worden waren, nun ebenfalls Schocks zu verabreichen. Dabei verabreichten sie signifikant mehr Schocks, wenn sich anstatt eines Federballschlägers ein Gewehr im Raum befand. Diese Erleichterungseffekte scheinen nicht zu erfordern, daß ein erleichternder Stimulus als S^D funktioniert. Da der Effekt, der dadurch entsteht, daß man den Stimulus als Anleitung zum Handeln beobachtet, derselbe ist, ganz gleich, ob es sich lediglich um einen erleichternden Stimulus oder um einen S^D handelt, ist diese Unterscheidung in der Praxis der Verhaltensänderung weniger wichtig als in der Theorie.

Ein weiteres Problem, das sich ergibt, wenn man die Rolle bestimmter Stimuli in verhaltensorientierten Behandlungen erfassen möchte, ist die Unterscheidung zwischen einem Verstärker und einem S^D. Da es für einen S^D keineswegs ungewöhnlich ist, daß er konditionierten verstärkenden Wert bekommt, mag diese Unterscheidung unnötig erscheinen. Trotzdem kann eine Verhaltensdiagnose annehmen, ein bestimmter S wirke, um symptomatisches Verhalten aufrechtzuerhalten, als Verstärker, obwohl experimentelle Manipulation zeigen würde, daß es sich um einen S^D handelt, der den Zugang zu einem anderen wirksameren Verstärker signalisiert. Das Behandlungsprogramm würde in jedem Fall anders ausfallen. Untersuchungen, in denen postuliert wird, daß Lehreraufmerksamkeit das Weinen eines Vorschulkindes verstärkt, folgern häufig, daß eine Löschungsprozedur dieses Postulat erhärtet. Um die Richtigkeit dieser Folgerung zu belegen, müßte die Lehreraufmerksamkeit während der experimentellen Phase mit derselben Rate verabreicht werden wie in der Ausgangssituation, allerdings zufallsgemäß und nicht kontingent. Andernfalls könnte die Lehreraufmerksamkeit entweder ein S^D oder ein Verstärker sein und während der Löschungsprozedur denselben Effekt haben. Das heißt, die Vorenthaltung von Aufmerksamkeit würde das Weinen reduzieren, ganz gleich, ob es sich bei dieser Aufmerksamkeit um einen positiven Verstärker oder um einen S^D handelt. Dieser Punkt kann wichtig sein beim Verständnis des Ursprungs und der Aufrechterhaltung von Problemverhalten in der natürlichen Ökologie.

Stimuluskontrolle — ein therapeutisches Hindernis. Im Gegensatz zu den Leistungen, die die Stimuluskontrolle in den von uns bisher dargestellten Behandlungsmethoden erbringt, kann eine allzu spezifische Stimuluskontrolle die Therapie stark behindern. Wird eine Generalisierung der Verhaltensänderungen vom Behandlungsrahmen auf die alltägliche Umwelt des Patienten angestrebt, kann die Stimuluskontrolle alle therapeutischen Fortschritte zunichte machen. So versuchte z. B. PATTERSON (1965 a), der die Hyperaktivität und die mangelnde Aufmerksamkeit eines neunjährigen Jungen behandelte, die Allgemeingültigkeit der Verhaltensbesserung zu fördern, indem er den Jungen, während dieser in seiner Schulbank an normalen Schulaufgaben saß, positiv verstärkte. Trotz der Vorsichtsmaßnahme, die Behandlung in der normalen Schulumgebung durchzuführen, gelangten die Reduktion der Hyperaktivität und die erhöhte Aufmerksamkeit unter die diskriminative Kontrolle der Anwesenheit des Therapeuten und generalisierten nicht auf den verbleibenden Rest des Schultags. Um dem entgegenzuwirken, schlug PATTERSON vor, die Therapiesitzungen über den ganzen Tag zu streuen und

den Therapeuten aus dem Sichtfeld verschwinden zu lassen, indem man sich
mechanischer Vorrichtungen bediente, die von einer Beobachtungskabine aus
kontrolliert wurden. Bei späteren Arbeiten trugen diese Veränderungen zur
Generalisierung von erwünschten Verhalten bei. Man hat viele Beispiele angeführt, bei denen der Behandlungsrahmen unerwünschte Stimuluskontrolle
über Verhaltensänderungen ausübte. So fanden z. B. HINGTGEN, SANDERS
und DeMYER (1965), daß die soziale Kooperation, die bei sechs schizophrenen
Kindern verstärkt wurde, auf ähnliche Verhalten im Behandlungszimmer
generalisierte, sich jedoch in ihrer Häufigkeit nicht veränderte, wenn sich die
Kinder auf der Station, wo sie lebten, aufhielten. Andere Beispiele unerwünschter Stimuluskontrolle wurden in Kapitel 3 angeführt — wir brauchen
uns nur an den Mann mit dem Tic zu erinnern, dessen Symptome nur dann
verschwanden, wenn der Schockapparat aufgestellt wurde.

Der Umfang der unerwünschten Stimuluskontrolle, die auf den Behandlungsrahmen zurückzuführen ist, kann eine Funktion vieler Faktoren sein —
unter anderem der Bandbreite an verfügbaren Stimuli und der Ähnlichkeit,
die diese mit der natürlichen Umwelt aufweisen, der Planung und Eindring-
lichkeit von Therapiesitzungen, der Beschaffenheit der benutzten Verstärker
und der modifizierten Reaktionen.

Bei Überlegungen zur Stimuluskontrolle von Verhalten sollte man sich an
den Punkt erinnern, den wir bei unserer Diskussion der S-Komponente der
S-O-R-KV-K-Formel unterstrichen: Die S-Komponente kann umfassende
und komplexe Aspekte der Umwelt beinhalten und wesentlich mehr Inhalte
aufweisen als die präzis definierten, begrenzt wirksamen Stimuli, die in vielen
Experimenten manipuliert werden. Jedes Verhalten findet in irgendeinem
Rahmen statt. Wird dieser Rahmen, der eine komplexe Stimulikonstellation
einschließen kann, systematisch auf bestimmte Verhaltens- und Verstärkungs-
modi bezogen, erwirbt er eine Kontrollfunktion. Ist dieser Rahmen dagegen
mit vielen Verhaltensvariationen verbunden und läßt er nicht erkennen, welche Handlungen in Zukunft verstärkt werden, übt er keine Stimuluskontrolle
aus. In diesem breiten Kontext muß der Verhaltenstherapeut die verschiedenen Stimuluskontrollen so manipulieren, wie sie in komplexen Alltagssitua-
tionen auftreten.

Die technische Handhabung der Umwelt

Der technische Charakter der operanten Therapie und die strenge Umweltkontrolle, die in ihrem Fall unerläßlich ist, sind in diesem Kapitel immer
wieder unterstrichen worden. Diese Merkmale haben dazu ermutigt, daß man
operante Therapien auf Probleme anwandte, mit denen sich klinische Psychologen bis dahin nicht befaßt hatten, und daß diese Therapien von Leuten
durchgeführt wurden, die keine volle klinische Ausbildung an der Universität
hatten. Verschiedene gegenwärtige Entwicklungen dürften dazu beitragen,
daß die operante Technologie in den nicht tradierten Anwendungsbereichen
der Umweltkontrolle noch stärkere Verbreitung erfahren wird.

Neuerungen und Verbesserungen des Instrumentariums werden in Zukunft wesentlich zur Standardisierung, zur Leistungsfähigkeit und zur Kostenminderung beitragen. Elektromechanische Geräte werden zu Methoden der Datensammlung und der therapeutischen Intervention führen, die heute unvorstellbar sind. SCHWITZGEBEL (1968) gab eine Übersicht über verfügbare Geräte zur Kontrolle und Aufzeichnung von Verhalten, zur Umwandlung von Stimuli, zur Planung von Konsequenzen, zur Anregung (prompting) und zum Lehren und zur Erzielung von neurologischen Veränderungen. Der Autor folgerte, daß viele Geräte nur experimentellen oder gar zweifelhaften Wert besäßen, daß gesicherte und effektive Parameter der technischen Ausstattung erst noch entwickelt werden müßten, daß sich jedoch Forschung und Anwendung der Verhaltensmodifikation wesentlich verbessern würden, wenn feinere Instrumentarien entwickelt würden. LANGS (1969) Device for Automated Desensitization (siehe Kapitel 4) ist ein Beispiel dafür, wie therapeutische Prozeduren so instrumentiert werden können, daß schließlich Kontrollen standardisiert und Arbeitskräfte gespart werden. Man benutzt Taschengeräte, um alle Interaktionen der Person zu kontrollieren, weiterzuleiten und aufzuzeichnen, so daß die Beobachtung des lebenden Objekts entfällt und die Verzerrungen, die durch die Gegenwart eines Beobachters entstehen, reduziert werden (PURCELL und BRADY, 1966). Automatisierte Vorrichtungen, die zur Programmierung und Aufzeichnung konjugierter Verstärkung dienten, ermöglichen die Erforschung der kontinuierlichen Verabreichung einer Vielfalt von Verstärkern, angefangen vom Gesichtsausdruck einer Mutter (LINDSLEY, 1963 a; siehe Abb. 6/5) bis hin zu den Äußerungen eines Psychotherapeuten (NATHAN, SCHNELLER und LINDSLEY, 1964). Im Gegensatz zu den dynamischen Therapien, wo der Therapeut sein eigener »Aufzeichner« und sein eigenes »Meßgerät« darstellt, benötigen die Verhaltenstherapien (vor allem jene, die sich des operanten Paradigmas bedienen) präzise Messungen, die durch verfeinerte Instrumentation entscheidend verbessert werden können.

Ein zweiter Grund dafür, daß die Nützlichkeit operanter Techniken zunehmen wird, ist auf die Spezifität dieser Techniken zurückzuführen. Diese Spezifität ermöglicht die Ausbildung von Technikern, die ihr Wissen ihrerseits auf die Problemverhalten von Patienten anwenden können. Die relative Leichtigkeit, mit der die operante Technologie beherrscht werden kann, sei's nun von Krankenpflegern, Ärzten, Eltern oder anderen Personen, die im natürlichen Kontext tätig sind, diese Leichtigkeit ist bereits belegt worden (WALDER, BREITER, COHEN, DASTON, FORBE und McINTIRE, 1966; BAER und WOLF, 1968; AYLLON und MICHAEL, 1959). Eine verbesserte Trainingstechnologie dürfte die Effizienz und Kompetenz, zu denen diese Leute ausgebildet werden, verbessern und ihre therapeutische Effektivität steigern. So haben z. B. PATTERSON und GULLION (1968) einen kurzen programmierten Text für Eltern entwickelt, der grundlegende operante Prinzipien zur Beeinflussung von Kinderverhalten enthält. Aufgabe der Eltern ist es, dieses Programm zu vervollständigen und die Rate an problematischem Verhalten graphisch darzustellen, bevor sie und ihr Kind durch ein Forschungs/Behandlungsteam, das direktere verhaltensorientierte Eingriffe vornimmt, Hilfe erlangen. Dieses Verfahren erleichtert die Generalisierung und langfristige Aufrechterhaltung der Besserung, da die Eltern bei der Diagnostik und Modifikation von Zielverhalten äußerst systematisch kooperieren. Ihr reguläres Sammeln von quantitativen Daten veranschaulicht, wie Forschungsmethoden und -ziele in operanten Therapien als therapeutischen Prozeduren *per se* benutzt werden können.

Ein weiterer Faktor, dessen Entwicklung erheblich zur Leistungsfähigkeit der operanten Verhaltensmodifikation beitragen wird, besteht darin, daß der Patient selbstregulierendes Verhaltenstraining erhält. Um symptomatische Reaktionen zu kontrollieren und zu ändern, werden bei vielen Patienten technisch manipulierte Umwelten oder programmierte Techniken erforderlich sein. In anderen Fällen ist es der Patient selbst, der so programmiert werden kann, daß er sein eigenes Verhalten mit operanter Technologie behandelt. Ist dies möglich, so besteht die Funktion des Therapeuten nicht mehr darin, daß er in das kontinuierliche Verhalten des Patienten direkt *eingreift* oder daß er für eine Replikation der Umwelt des Patienten sorgt, in der wünschenswerte Reaktionen ausgeformt und praktiziert werden; sie besteht nun darin, daß er im Alltagsverhalten des Patienten Verhaltensänderungen in Gang setzt. Daß dieses Vorgehen ökonomischer ist, liegt auf der Hand. Mit der Selbstregulierung werden wir uns in Kapitel 9 gesondert befassen, doch bildet die Entwicklung dieser Prozedur einen wichtigen Aspekt des vorliegenden Kapitels, da sie eine Neuerung darstellt, die der technisch manipulierten Umwelt zwar entgegengesetzt, aber doch auch komplementär ist, eine Neuerung, die sich genauso für operante Prozeduren eignet.

Diese und andere Entwicklungen in unserer Gesellschaft (siehe Kapitel 11) werden dazu beitragen, daß die derzeitigen Anwendungsmöglichkeiten der Technologie der Verhaltenskontrolle in der natürlichen Umwelt zunehmen. Auf die Nutzung von einzelnen Instanzen im Alltag des Patienten, auf die technische Handhabung von *Token*-Systemen als therapeutisches Environment in Krankenhäusern und Schulen und auf die Konzeption von prothetischen Umwelten werden wir gleich zu sprechen kommen. Da diese Anwendungsmöglichkeiten neue Möglichkeiten der klinischen Psychologie erkennen lassen und da das operante Paradigma entscheidend zu ihrer Entwicklung beitragen kann, werden wir uns mit diesen Anwendungsmöglichkeiten eingehender befassen. Doch sei hier daran erinnert, daß sich operante Prozeduren gleichermaßen zur individuellen Verhaltensmodifikation eignen, und das sogar dann, wenn die Therapie verbal ist und Neurotiker oder andere klinische Patienten behandelt.

Therapeutische Instanzen in der natürlichen Umwelt

Wir haben die bahnbrechenden Arbeiten von AYLLON und seinen Mitarbeitern am *Anna State Hospital* und von BAER und WOLF in Kindergärten bereits erwähnt: Sie brachten dem jeweiligen Pflegepersonal operante Techno-

logie bei, um durch die vielen Interaktionen zwischen Krankenschwestern
oder Lehrern und deren »Zöglingen« therapeutische Effekte zu beschleunigen. AYLLON und MICHAEL (1959) wiesen darauf hin, daß das Pflegepersonal
durch seine Aufgaben ständigen Kontakt mit den hospitalisierten Patienten
unterhält. Daher eignen sich Krankenschwestern und Hilfspersonal hervorragend als »Verhaltensingenieure«, wenn sie sich entschließen, ihre üblichen
Bemühungen, Patienten zu kontrollieren und zu beruhigen, durch systematische Verhaltensmodifikation zu ersetzen.

Die Ausbildung von Personal in der Anwendung von operanten Prinzipien der Verhaltensmodifikation hat verschiedene Vorteile. Erstens ist die
Handhabung von Verhalten in der natürlichen Umwelt deshalb besonders
geeignet, weil sich dem Modifikator dadurch symptomatisches Verhalten
direkter und konstanter erschließt als im natürlichen Fall. Viele Verhalten
können nicht ohne weiteres im traditionellen Rahmen eines Behandlungszimmers oder einer Klinik behandelt werden, während sie Personen aus der Umwelt des Patienten ohne weiteres zugänglich sein können. Zweitens wird die
Aufrechterhaltung von erwünschten Verhalten und deren Generalisierung
auf verschiedene Umwelten gefördert, wenn die Behandlung dort stattfindet,
wo der Patient lebt, sei's nun zu Hause, in der Schule oder in einer anderen
Institution. Eine reagible soziale Umwelt ermöglicht die Kontrolle eines größeren Anteils und einer größeren Breite von Zielverhalten und stützt die veränderten Verhalten in verschiedenen Formen und unter den verschiedensten
Umständen. BAER und WOLF (1967) haben diesen Punkt besonders hervorgehoben, als sie darauf hinwiesen, daß, wenn Verhaltensänderungen in der
natürlichen Umwelt direkt erzielt werden, die Gelegenheit größer ist, die
Veränderungen so zu programmieren, daß es im natürlichen Verlauf der Behandlung andere Personen aus der Umwelt des Patienten übernehmen werden, für die Erzeugung von Hinweisreizen und die verstärkenden Operationen des Verhaltensmodifikators zu sorgen. Auch die Unterbindung neuer
Symptome läßt sich leichter durch die korrigierenden Aktionen therapeutisch
tätiger Vertreter bewerkstelligen, die natürlich auftretende Verhalten kontrollieren und »behandeln«.

Und schließlich erweckt der Einsatz des Laien als effektiver therapeutischer
Instanz eine gewisse Hoffnung, daß den psychohygienischen Bedürfnissen
der Gemeinschaft trotz des ständigen Mangels an ausgebildeten Fachleuten
besser entsprochen werden könnte. Auf die Tatsache, daß der Einsatz von
Laienpersonal in der Klinik ständig befürwortet wird (siehe z. B. ELLSWORTH,
1968; FREDERICK, 1969 a), werden wir in Kapitel 11 näher eingehen. Der
heutige Trend, die Definition der Psychopathologie nicht mehr auf die Grundlage von Geisteskrankheiten, sondern von Lebensproblemen zu stellen, läßt
es nicht nur als annehmbar, sondern als dringlich erscheinen, therapeutische
Bereiche auch Nichtmedizinern und Nichtpsychologen zugänglich zu machen,
d. h. insbesondere den Leuten aus der natürlichen Umwelt des Patienten, die
am ehesten auf problematische Verhalten stoßen und die den engsten Kontakt zu solchen Verhalten unterhalten.

Die Eltern waren unter den ersten nichtprofessionellen Gruppen, die als Therapeuten *in situ* ausgebildet wurden. Sie waren offensichtlich und praktisch im Vorteil, wenn es darum ging, bei ihren Kindern Verhalten zu ändern und diese Änderungen aufrechtzuerhalten. Kind und Elternteil erschienen zunächst in der Klinik. Dort wurden ihre Interaktionen beobachtet und aufgezeichnet, und dem Elternteil wurde (häufig durch Instruktionen, Lichtsignale und Verstärkung durch den Therapeuten) beigebracht, operante Technologie auf die abweichenden Verhalten des Kindes anzuwenden (WOLF, RISLEY und MEES, 1964; WAHLER, WINKEL, PETERSON und MORRISON 1965; STRAUGHAM, 1964). ALLEN und HARRIS (1966) stellten z. B. die Hypothese auf, daß es sich bei dem übertriebenen Selbstkratzen eines Mädchens nicht um respondentes, sondern operantes Verhalten handelte, und daß dieses Verhalten durch mütterliche Aufmerksamkeit aufrechterhalten wurde. Dieses Symptom war so schwerwiegend, daß eine bleibende Selbstverstümmelung drohte. Alle Erziehungsmaßnahmen der Eltern waren gescheitert. Beobachtungen im Labor ergaben, daß die Mutter mit dem Kind nur in kritisierender, direktiver Weise sprach, und daß sie das breite Repertoire an sozialen und intellektuellen Fertigkeiten des Kindes nicht positiv verstärkte. So wurde die Mutter gebeten, tagtäglich Buch zu führen sowohl über die Häufigkeit des Kratzens und über andere Verhalten des Kindes, als auch über ihr eigenes scheltendes und körperlich züchtigendes Verhalten. Die Aufzeichnungen der Mutter ergaben, daß sich das Kind, wenn es ungestört spielte, nicht kratzte, und sie ergaben auch, daß die meisten Verhalten der Mutter aversiv geartet waren. Die Mutter wurde im Gebrauch von Verhaltenstechniken unterwiesen — z. B. in der Löschung, in der positiven Verstärkung und darin, daß sie die unerheblichen Verhalten, die sie gewöhnlich kritisierte, einfach übersah. Außerdem sollte sie das Mädchen für jede halbe Stunde, in der es sich nicht gekratzt hatte, mit Essen oder Goldsternen und warmer Anerkennung belohnen, und Spielzeug sollte es bekommen, wenn es sich eine ganze Nacht lang nicht gekratzt hatte. Nach fünf Wochen waren alle symptomatischen Verhalten verschwunden, die Kratzwunden waren verheilt und, was am wichtigsten war, die Mutter übte durch ihre Interaktionen mit dem Kind nun nicht mehr aversive, sondern positive Kontrolle, was zur Folge hatte, daß sich auch ihre Gefühle dem Kind gegenüber wandelten.

In dieser und in ähnlichen Untersuchungen vollzieht sich die Verhaltensänderung sprunghaft, da der Elternteil zunächst über eine »klägliche Technologie« verfügt. Aus diesem Grund und um des eindeutigeren repräsentativen Charakters der beobachteten und ausgeformten Mutter-Kind-Interaktionen willen, haben viele Forscher das Verhalten der Mutter zu Hause trainiert (so z. B. HAWKINS, PETERSON, SCHWEID und BIJOU, 1966). PATTERSON und seine Mitarbeiter haben eine Reihe von Studien durchgeführt, um ein Trainingsprogramm für Familien zu entwickeln und zu bewerten, mit dem Ziel, die wechselseitigen Verstärkungskontingenzen der Familie zu ändern, damit erwünschte Verhalten bestärkt und unerwünschte geschwächt würden. Dieses Programm beinhaltete Instruktion von Lernprinzipien anhand eines pro-

grammierten Textes und Unterweisung im Beobachten und Aufzeichnen der
Häufigkeit der Zielverhalten eines Kindes und der üblichen Konsequenzen
dieser Verhalten. Nach dieser Phase stieß eine Gruppe Experimentatoren zu
den Eltern, mit denen sie ein Modifikationsprogramm erstellten, das sie im
Elternhaus selbst modellierten und erprobten, um dann die Familie bei der
Durchführung zu überwachen und schließlich die Daten zu überprüfen, welche
die Familie über die symptomatischen Reaktionen und ihre Konsequenzen
sammelte. Besonderes Augenmerk wird darauf verwandt, daß die Effektivität
der Eltern als soziale Verstärker zunimmt. Zu diesem Zweck bedient man sich
zunächst intensiver Verstärkungspläne, primärer Eintauschverstärker und
reduzierter aversiver Kontrolle. Abb. 6/15 zeigt die veränderten Raten der

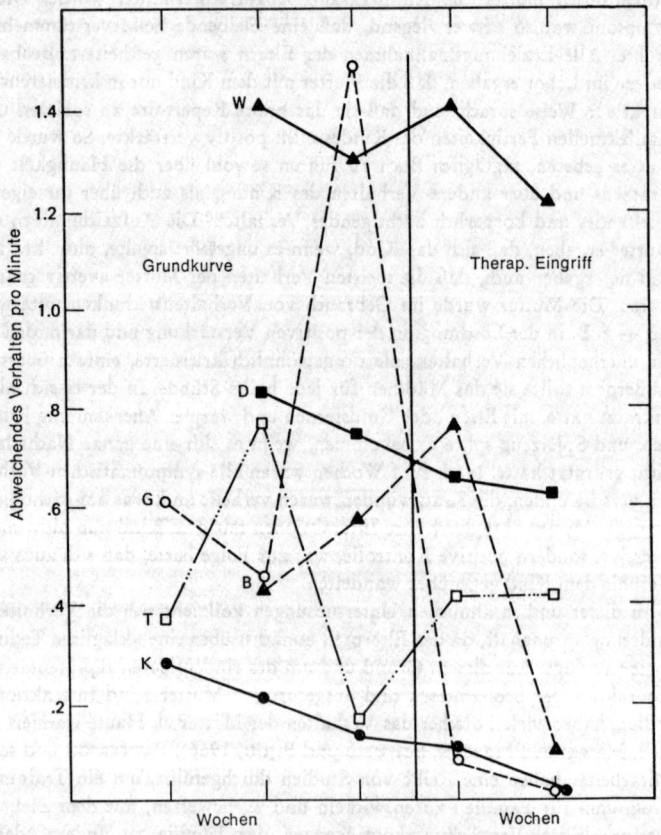

Abb. 6/15: Rate abweichenden Verhaltens von sechs Versuchspersonen bei sich zu
Hause (PATTERSON, RAY und SHAW, 1968).

abweichenden Verhalten von Kindern aus sechs Familien, deren Eltern als therapeutische Techniker geschult wurden (PATTERSON, RAY und SHAW, 1968). Diese Daten lieferten eine Reihe vielversprechender Beobachtungen für zukünftige Forschungsarbeiten. So führte z. B. die von den Eltern durchgeführte Aufzeichnung abweichender Kinderverhalten zu Beginn zu einer verringerten Häufigkeit dieser Verhalten, was vermutlich teilweise darauf zurückzuführen war, daß die Kinder jede Aufzeichnung als leicht aversiv erfuhren. Auch können die Eltern ihre eigenen Reaktionen auf die abweichenden Verhalten als Folge der von ihnen durchgeführten Aufzeichnungen verändern, weil ihnen zum erstenmal die Umstände bewußt werden, unter denen die Probleme auftreten.

Eine der wesentlichsten Forschungsbemühungen dieser Gruppe zielte auf die systematische Erkennung der Verstärker, die erforderlich sind, um die veränderten Verhalten *aller* Familienmitglieder, also auch der Eltern aufrechtzuerhalten. Kommt es nicht zu dieser Aufrechterhaltung, werden sich die früheren Muster der Familie, die, anstelle von wünschenswerten Reaktionen, problematische Verhalten verstärkt hatten, wahrscheinlich wieder einstellen. Die Koerzionshypothese von PATTERSON und REICH (1970), die wir in diesem Kapitel bereits darstellten, läßt vermuten, daß die Eltern ihrerseits das Spielen des Kindes durch ihre Aufmerksamkeit unterstützen, anstatt durch ihre Nachgiebigkeit Wutausbrüche zu verstärken, wenn sie nach einem therapeutischen Eingriff verstärkt werden durch das konstruktive Spielen des Kindes und nicht durch das Aufhören des Wutausbruchs oder einer anderen aversiven Handlung, das deshalb zustande kommt, weil sie einer Bitte des Kindes nachgegeben haben. So aber würde das Kind keine koerzive Kontrolle mehr über seine Eltern ausüben. Andererseits verweist die Reziprozitätshypothese auf die Ursache einer Schwierigkeit, die wir bei der Aufrechterhaltung effektiver Verhaltensmanipulation durch die Eltern begegnen. Ist ein Familiensystem durch nicht-reziproke Verstärkungsinteraktionen der Art gekennzeichnet, daß ein paar Familienmitglieder viel Verstärkung geben und wenig empfangen, dürfte eine Veränderung hin zur Reziprozität *innerhalb* des Systems nötig sein, um neue Verhaltensmuster der Eltern aufrechtzuerhalten. Das aber bedeutet, daß die Familie lernen muß, für eine gleichmäßigere Verteilung der positiven Verstärkung zu sorgen. Es würde nicht ausreichen, wenn der Versuchsleiter lediglich neue Elternverhalten gegenüber dem gestörten Kind verstärkte. Bei einer Familie mußten Patterson und seine Kollegen alle Kinder so trainieren, daß sie die Mutter verstärkten, um das Gleichgewicht wechselseitiger Verstärkung zu korrigieren.

Die Lehrer sind eine weitere große Gruppe, die als Verhaltenstechniker geschult wurden. Im Gegensatz zu den meisten Untersuchungen, in denen Eltern als Therapeuten ihrer eigenen Kinder fungieren, zeichnen sich Studien, die im schulischen Rahmen durchgeführt wurden, gewöhnlich dadurch aus, daß sie sich des bereits dargestellten experimentellen ABAB-Plans bedienen. Die Kontrolle über die Kontingenzen des Erwachsenen, die dieser Plan erfordert, läßt sich bei Lehrern leichter verwirklichen als bei Eltern, deren Kontingenzen wesentlich abhängiger sind vom kranken Kind und von der restlichen Familie, und die nur ein Ziel haben: Die Symptome loszuwerden. Unter den Problemen zur Erforschung der operanten Steuerung von Verhalten in der Schule befaßt sich eine Frage mit den Effekten von verschiedenen Kontingenzen, deren Verwendung für Lehrer typisch ist. MADSEN, BECKER und THOMAS (1968) variierten systematisch das Verhalten von zwei Grundschullehrern, um die Effekte auf das Verhalten der Kinder festzustellen, wenn diese Lehrer bestimmte Verhaltensregeln spezifizierten, unangemessene Verhalten übersahen und angemessene Verhalten guthießen. Die Lehrer- und Kinderreaktionen wurden in Grundkurven- und in experimentellen Phasen aufgezeichnet. In den experimentellen Perioden, die jeweils mehrere Wochen dauerten, wurde immer nur eine der drei Verhaltensklassen der Lehrer eingeführt. Man entdeckte, daß die Verhaltensregeln selbst geringen Einfluß hatten, und wenn die Lehrer das Verhalten lediglich ignorierten, so blieb sich dieses entweder gleich oder es verschlimmerte sich. Beiden Lehrern fiel es schwer, unter dieser Bedingung zu arbeiten. Dagegen führte die Kombination aus dem Ignorieren von unangepaßten Verhalten einerseits und Anerkennung für angepaßtes Verhalten andererseits zu einer wesentlichen Besserung des Schülerverhaltens in der Klasse, und diesen Effekt belegte man anhand einer Reversion. In anderen Studien demonstrierten dieselben Forscher, daß störende Schülerverhalten in der Klasse umgekehrt proportional sind zu der Anerkennung, die der Lehrer als kontrollierende Kontingenz benutzt (THOMAS, BECKER und ARMSTRONG, 1968).

Durch die Anzahl der miteinander vergleichbaren Kinder, Lehrer und Situationen eignet sich die Situation in der Klasse besser zu Forschungszwecken, denn sie kann Informationen liefern, die über die bloße Veränderung eines Zielverhaltens hinausgehen; kurzum, die Situation in der Klasse eignet sich hervorragend zu faktoriellen oder Kontrollgruppenplänen. So wurden experimentelle Untersuchungen der Effekte möglich, die bestimmte Lehreroperationen auf Schülerverhalten hatten. GOODWIN (1966) z. B. schulte im Experiment sieben Lehrer, die bei Zweitkläßlern anstatt des unaufmerksamen Verhaltens spezifische Aufmerksamkeit verstärken sollten. In jeder Klasse wurden zwei unaufmerksame Kinder beobachtet, wobei das eine Kind als Kontrolle fungierte, von der die Lehrer nichts wußten, während das andere Kind das Ziel der Modifikationsbemühungen der Lehrer bildete. Eine zweite Gruppe aus sieben Lehrern mit ihren jeweiligen unaufmerksamen Schülerpaaren diente als Kontrollgruppe. Die Daten ergaben, daß die Lehrer des Experiments geeignete Verstärkungsmöglichkeiten zwar stärker, aber unregelmäßiger als die Lehrer der Kontrollgruppen benutzten. Vermutlich war es dieses unregelmäßige Verhalten der Lehrer, das bewirkte, daß sich Versuchsgruppen- und Kontrollgruppenkinder am Ende der Untersuchung in bezug auf ihre Aufmerksamkeit nicht unterschieden. Doch zeigten *beide* Schülergruppen eine Zunahme aufgabenorientierter Verhalten. Derartige Befunde unterstreichen, wie nötig es ist, kontrollierte Experimente durchzuführen und die tatsächliche Anwendung der vorgeschriebenen Prozeduren (in diesem Fall Verstärkung von Lehrern) aufzuzeichnen. Ohne Kontrollgruppe wären die Veränderungen der experimentellen Gruppe als Beweis der Effektivität des Programms fehlinterpretiert worden. Diese Studie läßt auch die Notwendigkeit erkennen, daß die Technologie der Schulung von therapeutischen Technikern derselben Aufmerksamkeit bedarf wie die therapeutischen Techniken selbst. Wie GOODWIN feststellte, können Anleitungen ohne die entsprechende lohnende Praxis nicht ausreichen, um das Verhalten von Lehrern (und zeigten sich diese auch noch so interessiert) zu ändern.

Werden Lehrer als Verhaltenstherapeuten mittels eines Programms geschult, das die Verabreichung von Hinweisreizen, Verhaltensübungen und Verstärkungen umfaßt, verläuft die Veränderung von Schülerverhalten in der Klasse gewöhnlich erfolgreicher. HALL, LUND und JACKSON (1968) schulten z. B. Lehrer, die in einer städtischen Slumgegend lehrten, dahingehend, daß diese lernten, das Arbeitsverhalten ihrer Schüler zu verstärken. Instruktoren regten den Lehrer durch ein Signal immer dann an, wenn sich ein Kind dem richtigen Arbeitsmaterial zuwandte. In diesem Fall ging der Lehrer zu dem Kind, um es mit Lob zu verstärken. Unaufmerksame Verhalten wurden ignoriert. Durch diese Prozedur besserten sich die Arbeitsverhalten der Kinder entscheidend. Als man für eine Reversionsphase sorgte, in der die Lehrer absichtlich zu ihren früheren Kontingenzen zurückkehrten, nahmen die Arbeitsverhalten der Kinder wieder ab.

Die Stationen von psychiatrischen Kliniken und von Institutionen für Retardierte und Straffällige bilden ein drittes Milieu, in dem Laien als Verhaltenstechniker tätig werden können. Obgleich derartige Anstalten für viele Patienten nur kurzfristig zur »natürlichen Umwelt« werden, halten sich viele Personen für längere Zeit in ihnen auf. Auf alle Fälle sind Verhaltensmodifikationen für alle Insassen erstrebenswert, ganz gleich, ob das Ziel eine Therapie ist, die zur Entlassung oder zu einem lohnenderen und normaleren Leben in der Institution selbst führt. Wie immer das Behandlungsziel beschaffen ist, die angewandten Methoden können einander stark ähneln, während die Zielverhalten, die der Modifikation zugrunde liegen, im therapeutischen Kontext stark individuelle Züge aufweisen können, wogegen sie in einer Patientengruppe, die im wesentlichen nur der Betreuung bedarf, stärker standardisiert sein können. Staatlich geprüfte Krankenschwestern, therapeutische Berater bei der Armee, klinisches Hilfspersonal und freiwillige Collegestudenten, man hat sie alle erfolgreich eingesetzt bei Untersuchungen zur Modifikation und Kontrolle von Patientenverhalten (KREITZER, 1966; RICKARD und DINOFF, 1971; AYLLON und MICHAEL, 1959). Untersuchungen der Kontingenzen, die für Institutionen charakteristisch sind, weisen darauf hin, daß abweichende Verhalten häufig durch Personal- und Peer-Verstärkung aufrechterhalten werden (GELFAND, GELFAND und DOBSON, 1967; BUEHLER, PATTERSON und FURNISS, 1966). Befunde dieser Art zeigen, daß das Personal das Verhalten der Personen, die es betreuen soll, im guten oder im schlechten ganz entscheidend beeinflußt. Ein Großteil der in jüngerer Zeit durchgeführten Untersuchungen, die sich mit der positiven Verhaltenskontrolle

durch Anstaltspersonal befaßten, benutzten *Token*-Systeme, um die Prozeduren einheitlicher zu gestalten.

Das Token-System als therapeutische Umwelt

Anstalten eignen sich ganz besonders für die programmierte Durchführung
von Verhaltensänderungen. Sie geben Gelegenheit, Zielverhalten *in vivo* zu
manipulieren, so daß die Schwierigkeiten einer Generalisierung vom Behandlungskontext auf die natürliche Umwelt von vornherein nicht gegeben sind.
Jede Anstalt verfügt über Personal, das so geschult werden kann, daß es
operante Technologie systematisch und folgerichtig auf ein breites Spektrum
von Zielverhalten anwenden kann. Da sie die täglichen Bedürfnisse ihrer
Insassen befriedigen und da sie die alltägliche Routine und die alltägliche
Umwelt ihrer Insassen kontrollieren, ermöglichen Anstalten eine direktere
Kontrolle und Steuerung von diskriminativen und verstärkenden Stimuli als
die meisten Umwelten. GOFFMAN (1962) hat anschaulich beschrieben, wie die
Insassen von »geschlossenen Anstalten« rasch »den richtigen Riecher« dafür
entwickeln, wie man sich regelwidrige Vorrechte und Verstärker beschafft
und wie man die eigene alltägliche Routine etwas steuert. Trotzdem können
solche Anstalten so manipuliert werden, daß sie Verhalten wesentlich stärker
kontrollieren, verändern und aufrechterhalten als andere Milieus.

Da generalisierte Verstärker vorteilhaft genutzt werden können, haben
einige Anstalten in jüngerer Zeit mit ihnen experimentiert — für erwünschtes
Patientenverhalten wurde nach einem intensiven Plan sofort Verstärkung
verabreicht. Zwar benutzt man auch in anderen Kontexten der Verhaltensmodifikation Pokerchips, *Tokens*, Spielmarken, Goldsterne und andere Dinge,
die als generalisierte Verstärker eingeführt worden sind, doch ist es z. B. auf
einer klinischen Station so, daß einige Patienten häufig viele Probleme gemeinsam haben und daß sie die institutional bedingten Verhalten und Verantwortungen mit denselben Augen sehen. Diese Gemeinsamkeiten lassen
die Anwendung von generalisierten Verstärkern auf einer breiteren und
systematischeren Skala als möglich und wünschenswert erscheinen. Derartige
Systeme werden häufig als »*Token*-Ökonomie« bezeichnet (AYLLON und
AZRIN, 1968), weil die Patienten für die Performanz erwünschter Verhalten
Tokens bekommen, die sie gegen selbstgewählte Güter, Leistungen oder Privilegien eintauschen können. Diese »Eintauschverstärker« erhalten den konditionierten verstärkenden Wert der *Tokens* aufrecht.

In relativ kurzer Zeit hat sich die Verwendung von *Token*-Systemen —
vor allem in großen öffentlichen Krankenhäusern und in Strafanstalten —
stark durchgesetzt. AYLLON und AZRIN (1965) benutzten *Tokens*, als sie mit
einzelnen hospitalisierten Psychotikern zu arbeiten begannen. ATTHOWE und
KRASNER (1965) und viele andere wandten ihre Methoden auf alle Patienten
einer Station an. Viele Untersuchungen haben ergeben, daß ein operationales
Token-Programm bei institutionalisierten Patienten entscheidende Verhaltensänderungen und deren Aufrechterhaltung bewirken kann.

Ein *Token*-System profitiert nicht nur von der Wirksamkeit der von uns bereits behandelten generalisierten Verstärker, sondern auch von der Leichtigkeit, mit der Verstärkung durchgeführt werden kann. *Tokens* können mit unterschiedlicher Verzögerung und nach unterschiedlichen Verstärkungsplänen verabreicht werden, ohne daß die stattfindende Performanz gestört würde. Sie können eingetauscht werden gegen irgendeinen oder gegen alle Eintauschverstärker, die die Umwelt ermöglicht. Sie können unterschiedlichen Wert haben, und sie können ihren Wert mit der Zeit ändern. Da *Tokens* dann verabreicht werden, wenn der Patient sie haben will (und etwas dafür leistet), ist das Problem, daß jede Einzelperson geeigneter Verstärker bedarf, fast gelöst. *Tokens* können eingetauscht werden gegen Notwendigkeiten wie z. B. ein Nachtlager, Essen oder Tageskleidung, sie können also erheblichen Anreizwert besitzen. Darüber hinaus ermöglicht ein *Token*-System, das für die ganze Station gilt, die Standardisierung eines Großteils der für alle Patienten erforderlichen Kontingenzen. So können z. B. alle Patienten *Tokens* bekommen, wenn sie zu einem bestimmten Zeitpunkt fertig angekleidet sind, oder wenn sie zur Zeit einer nicht angekündigten Beobachtungsphase oder auch am Ende eines jeden Arbeitsabschnitts sozial interagieren. Die Standardisierung von Kontingenzen nimmt dem Pflegepersonal Arbeit ab und erhöht die Wahrscheinlichkeit, daß das Personal nach dem vereinbarten Kontingenzsystem vorgeht. Tatsächlich können Patienten selbst häufig mit einem Teil der *Token*-Verabreichung und -Einsammlung beauftragt werden, z. B. dann, wenn sie einen *Peer*, der im Sinne seines Therapieprogramms eine Unterhaltung einleitet, mit »Punkten« auszeichnen.

Token-Systeme haben auch gewisse Nachteile, die in der Regel weniger auf Schwächen der ihnen zugrunde liegenden Prinzipien, sondern auf praktische oder technische Probleme zurückzuführen sind. Der Wert des *Tokens* als generalisierter Verstärker muß sorgfältig hergestellt und aufrechterhalten werden. Die Kraft des *Tokens* hängt ab vom Wert und von der Vielfalt der Eintauschverstärker. Wird die Bezahlung mit und das Einsammeln von *Tokens* nicht folgerichtig durchgeführt, werden die Kontingenzen nicht effektiv sein. *Tokens* stehen jedem Mißbrauch offen, den man auch mit Geld und anderen generalisierten Verstärkern treiben kann. Man kann sie stehlen, fälschen, horten. Daher erfordert die Entwicklung einer »ausgewogenen Ökonomie« dieselben Überlegungen, denen man bei der Lösung der ökonomischen Probleme jeder beliebigen sozialen Gruppe begegnet. Angebot und Nachfrage müssen optimal aufeinander bezogen sein, was eine Menge vorbereitender Arbeit und nachträglicher Korrekturen erfordert. Es muß ein relatives Gleichgewicht herrschen zwischen der Häufigkeit der vorgeschriebenen Verhalten, den verdienten *Tokens* und den *Tokens*, die ausgegeben werden.

LIBERMAN (1968) untersuchte *Token*-Systeme in vier kalifornischen Nervenheilanstalten und fand, daß die operationalen Hauptprobleme nicht nur im Mißverhältnis zwischen dem *Token*-System und der natürlichen Umwelt lagen, sondern auch in der Flucht vor Kontingenzen, in der schlechten Schulung und Motivation des Pflegepersonals, das das Programm durchführte, und

in der Schwierigkeit, Verhalten mit sehr niedrigen operanten Raten zu bestärken. Einige der Prozeduren, mit deren Hilfe man diese Probleme löste
(z. B. periodische »Abwertungen«, um die Token-Hortung zu unterbinden),
wurden von LIBERMAN (1968), SCHAEFER und MARTIN (1969), ATTHOWE
und KRASNER (1968) u. a. dargestellt. So lehnte man sich z. B. bei bestimmten Lösungen an die Lösung von Arbeitskraftproblemen im natürlichen Wirt-
schaftssystem an; und diese Lösungen benutzte man, neben komplexen automatisierten Geräten zur Verhaltensformung, dazu, Tokens für Verhalten zu
verabreichen, die so spezifisch sind wie die morgendliche Toilette. Auch gibt
es Verkaufsautomaten, die Tokens gegen Verstärker eintauschen — z. B.
gegen Essen, Zeitschriften, Musik und Filme (s. z. B. WATSON, 1967). AYL-
LON und AZRIN (1968) lieferten eine Reihe wertvoller Regeln, um Versuchspläne durchzuführen und Token-Systeme wirksam zu gestalten; diese Regeln
basierten auf den Forschungsarbeiten, die von den Autoren im Labor und in
der Klinik durchgeführt worden waren. SCHAEFER und MARTIN (1969) befassen sich ebenfalls mit vielen praktischen Aspekten des Token-Systems.

Ein häufiger Einwand sowohl gegen Token-Systeme als auch gegen die Verwendung anderer materieller Verstärker besteht in dem Argument, daß bei
den meisten Individuen Verhalten letztlich unter die Kontrolle solcher sozialer und anderer Verstärker kommen müssen, die der Alltag bereithält. Doch
wenn man Token-Systeme als Mittel und nicht als Endzweck benutzt, kann
auch dieses Ziel schließlich verwirklicht werden. Die meisten Systeme koppeln
mit jedem Token soziale Verstärkung und »entwöhnen« die Patienten der
Token, wenn sich ihr Verhalten bessert. Handelt es sich bei den ausgeformten
Verhalten um Reaktionen, die die natürliche Umwelt gern verstärkt, wird der
Übergang zu natürlicheren Kontingenzen nur in seltenen Fällen schwierig sein.

Daß Übergang von materiellen Tokens zu sozialer Verstärkung ohne weiteres vollzogen werden und das erwünschte Verhalten auch noch fördern
kann, veranschaulicht eine von mehreren Untersuchungen, die am Parsons
State Hospital (1967) durchgeführt wurden. Abb. 6/16 ist die Kumulativaufzeichnung der täglichen Häufigkeit, mit der ein geistig zurückgebliebenes
Mädchen seine schmutzigen Kleider zur Reinigung brachte, anstatt sie, wie
es ihre Gewohnheit war, zu tragen oder bei sich zu horten. Hatte sie die Kleider zum Waschen abgeliefert, wurde sie gelobt und erhielt sie Tokens, die sie
gegen Geld eintauschen konnte, das sie nach 15 Tagen auf einer speziellen
Reise in die Stadt ausgeben durfte. Sofort nach dieser Reise brachte sie keine
schmutzigen Kleider mehr zum Waschen. Doch nach sechs Tagen brachte sie
ihre Kleider wieder, und obwohl sie nun nur mehr durch Lob verstärkt
wurde, setzte sie das erwünschte Zielverhalten fort.

Der Übergang von Tokens zu rein sozialer Verstärkung ist besonders wichtig, wenn man bemüht ist, für kontinuierliches Verhalten auch nach der Entlassung zu sorgen. Andere Maßnahmen, die man ergreift, um diesen Übergang
zu erleichtern, bestehen z. B. darin, daß man dem Patienten als Aufgaben,
die verstärkend wirken sollen, Arbeiten zuweist, die der Gemeinschaft dienen;
daß man anstelle von Tokens echtes Geld und Prozeduren des Bankverkehrs

Sorge um schmutzige Kleidung
Einzelfallstudien
Fall zwei

Phase I
Verstärkung durch Geld

Phase II
Soziale Verstärkung:

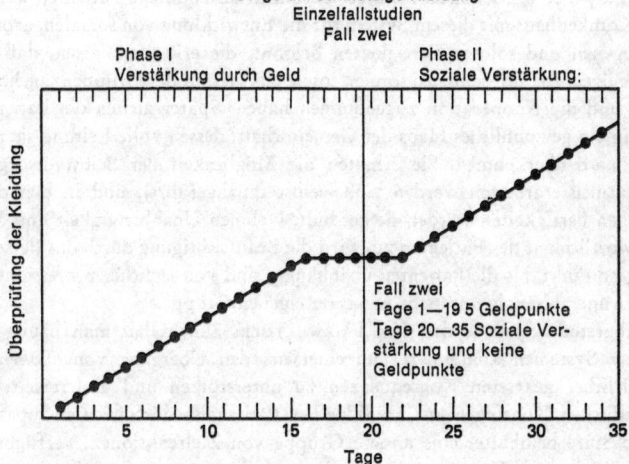

Fall zwei
Tage 1—19 5 Geldpunkte
Tage 20—35 Soziale Ver-
stärkung und keine
Geldpunkte

Abb. 6/16: In Phase I erhielt die Versuchsperson dafür, daß sie ihre schmutzigen Kleider zum Waschen brachte, Punkte, die sie gegen Geld eintauschen konnte. In Phase II diente als Verstärker lediglich Lob (PARSONS STATE HOSPITAL PROGRESS REPORT, 1967, S. 36).

benutzt; daß man nur noch komplexe soziale Verhalten verstärkt; und daß man den Patienten nach und nach aus dem formellen Kontingenzprogramm entläßt. Dieses Problem, das bei der Benutzung von *Token*-Systemen auftreten kann, ist ein Teilproblem des allgemeineren Bedarfs an künstlichen Behandlungskontexten, die es ermöglichen sollen, neue Verhalten in die natürliche alltägliche Umwelt des Patienten einzubringen und dort aufrechtzuerhalten. Dieses Problem ist dasselbe für die überlieferte Gesprächspsychotherapie, für die traditionelle Behandlung in den üblichen Krankenhausstationen und für die Verwendung von *Token*-Systemen. Kann ein künstlicher Behandlungskontext allmählich immer mehr Bestandteile der umfassenderen und natürlicheren Umwelt in sich aufnehmen und prothetische Mittel (z. B. *Tokens,* Verstärkung durch den Therapeuten) ausblenden, so werden die Patienten nach und nach gezwungen, sich stärker mit den Personen und Ereignissen auseinanderzusetzen, mit denen sie später in der Gesellschaft, also außerhalb der künstlichen Gemeinschaft, in der die Behandlung stattfindet, konfrontiert werden.

Die bahnbrechende Arbeit von FAIRWEATHER und seinen Mitarbeitern (1967) zeigt beispielhaft, wie sich ein klinisches Programm allmählich auf die Gesellschaft ausweiten läßt. FAIRWEATHERS Behandlungsansatz integriert soziale Lernprinzipien und spezifische Verhaltensziele in ein abgestuftes System, in dem die Stufen im Verlauf des Behandlungsfortschritts, den der Patient macht, Erwartungen und verfügbaren Belohnungen entsprechen.

Tokens per se werden nicht benutzt. Chronisch schizophrene Patienten werden im Krankenhaus mit diesem System für die Entwicklung von sozialen, arbeitsbezogenen und solchen Fertigkeiten belohnt, die erkennen lassen, daß das Vermögen, für sich selbst zu sorgen, sowie das Gefühl der Gruppenzugehörigkeit und die Kooperation zugenommen haben. Später ziehen die Patienten um in ein gewöhnliches Haus der Gemeinschaft, dessen volle Leitung sie nach und nach übernehmen. Sie erhalten die Möglichkeit der Selbstversorgung (Hausmeisterarbeiten werden z. B. selbst durchgeführt), und in den dazu nötigen Fertigkeiten werden sie geschult. Nehmen Unabhängigkeit und Verantwortlichkeit der Patienten zu, wird die Beaufsichtigung durch das Personal eingeschränkt, bis die Patienten unabhängig sind von jeglicher professioneller Hilfe und abhängig nur mehr von ihrer eigenen Gruppe.

Abgestufte Systeme das dem FAIRWEATHERS ähnelt, hat man häufig mit *Token*-Systemen kombiniert, um einerseits den Übergang vom *Token* zu natürlicher gearteten Konsequenzen zu unterstützen und andererseits die spezifischen Kontingenzen individuellen Patientenbedürfnissen anzupassen. Jede Stufe beinhaltet eine andere Gruppe von Zielreaktionen, verfügbaren Verstärkern und Voraussetzungen, die durch ihre Strenge, ihre Kontingenzen und ihre Verhaltenskontrolle definiert sind. Für den Aufstieg von der einen Stufe zur anderen können *Tokens* verabreicht werden. Abb. 6/17 veranschaulicht ein abgestuftes System, das in einer *Token*-Ökonomie für Alkoholiker benutzt wurde (NARROL, 1964). Die Stufen bestehen aus anfänglicher Deprivation und aus einer Reihe zunehmend attraktiver Verstärker, gegen die die *Tokens* eingetauscht werden können; dadurch wird eine Sättigung oder eine vorzeitige Nivellierung des Verhaltens vermieden. Die Überwindung der Stufen ist kontingent auf die Verhaltensänderung, und *Tokens* werden für konstruktives Verhalten bezahlt.

Solche abgestuften Systeme veranschaulichen, daß *Token*-Systeme und andere verhaltensmodifizierende Umwelten soziale Minisysteme sind, die Experimente mit einer Vielfalt sozialer und psychologischer Parameter ermöglichen. Sie geben Gelegenheit, die Psychopathologie in ihrem breiten sozial-psychologischen Kontext zu untersuchen und zu manipulieren, eine Möglichkeit, die andere therapeutische Verfahren nur indirekt verwirklichen können. Generalisierte Verstärker werden oft bei ambulanten Einzelpatienten benutzt, z. B. dann, wenn der Therapeut einem fettleibigen Patienten für jedes abgenommene Pfund einen Teil des geforderten Honorars erläßt, oder dann, wenn ein Ehepaar auf den Vorschlag des Therapeuten hin einen Kontrakt schließt, des Inhalts, daß beide für unfaire »Kampftaktiken« Geldbußen entrichten müssen. Es ist der direkte Einschluß des winzigen, aber vollständigen sozialen Systems in die therapeutische Untersuchung und Planung, durch die sich derartige individuelle Anwendungsmöglichkeiten von *Token*-Systemen, die man in Anstalten verwendet, unterscheiden; dieser Einschluß aber dürfte für Verhaltensmodifikatoren besonders interessant sein.

V
Offene Station
frei nach Wahl,
Arbeit fortwäh-
rend außerhalb
der Station, im-
mer längere Aus-
gangserlaubnis.

IV
Offene Station
mit Arbeit
fortwährend
außerhalb der
Station, kurze
Ausgangs-
erlaubnis.

III
Geschlossene
Station, allerdings
mit mehr Bewegungsfreiheit
und Arbeits-
möglichkeit
außerhalb der
Station; noch
angenehmere
soziale
Umgebung.

II
Geschlossene
Station mit etwas
angenehmerer
Arbeit, etwas
angenehmere
soziale
Umgebung.

I
Geschlossene
Station mit
eintöniger
Arbeit und
eintöniger
sozialer
Umgebung

Abb. 6/17: Stufen eines Projekts, bei dem die Patienten nach ihrem Verhalten belohnt wurden. Jede Stufe dauerte mindestens eine Woche (NARROL, 1964).

Erzieherische Umwelten

Einige Projekte, die man in speziellen Schulen, in Erziehungslabors und in Institutionen für geistig Zurückgebliebene durchführte, arbeiteten mit dem erzieherischen Paket Verhaltensanalyse plus programmierte Kontingenzen plus Stimuluskontrolle. Diese Prozedur steht im Gegensatz zu der gezielten Benutzung von Lehrmaschinen oder programmiertem Material im Lehrplan an gewöhnlichen Schulen. Lehrmaschinen und programmierte Anleitungen stellen natürlich eine der weitestverbreiteten gezielten und systematischen Möglichkeiten der verhaltensmodifikatorischen Anwendung operanter Prinzipien dar, wobei es in diesem Fall um kognitive Fertigkeiten im erzieherischen Kontext geht. Es gibt eine Reihe von Arbeiten über die Erforschung dieser Methoden (z. B. BROWN und L'ABATE, 1969; MORRILL, 1961; LUMSDAINE und GLASER, 1960). Wir wollen hier in aller Kürze nur einige der umfassenderen Anwendungsmöglichkeiten der operanten Technologie auf dem Bereich der Erziehung beschreiben, und das vor allem in Verbindung mit besonderen Lernproblemen.

Wenn die Prinzipien und die Technologie der breiteren Ansätze weiter entwickelt sein werden, dürften sie in der Lehrerausbildung und in schulischen Lehrplänen immer mehr Einfluß gewinnen. Einige Forscher haben bereits Methoden entwickelt, um Lehrer in Verhaltensmodifikationstechniken zu schulen, die für den Schulunterricht bestimmt sind. Außerdem werden reguläre, aber auch programmierte Arbeiten veröffentlicht mit dem Ziel, Lehrer mit den Prinzipien und Techniken der funktionalen Verhaltensanalyse vertraut zu machen (WOODY, 1969; FERSTER und PERROTT, 1968). Da die Modifikation und Kontrolle von verbalen, sozialen und motorischen Verhalten im Schulunterricht vorbeugend wirken dürften, können diese Entwicklungen nicht nur für die Fertigkeit der Aneignung, sondern auch für die generelle Anpassung große Bedeutung haben. Mehrere Faktoren setzen den Klassenlehrer in die Lage, Verhaltensprobleme von vornherein zu unterbinden oder früh zu erkennen und zu modifizieren. Bei der Lösung der psychopathologischen Probleme, denen wir in den USA begegnen, versucht man in zunehmendem Maße, vorbeugend tätig zu werden, und so kommt es, daß Klassenlehrern immer mehr Möglichkeiten der Beratung, Schulung und Stützung zur Verfügung gestellt werden. Es ist häufig der Lehrer, der als Erwachsener in enger Verbindung mit dem Kind steht und gleichzeitig in der Lage ist, die Bedeutung eines abweichenden Verhaltensmusters richtig zu bewerten. Darüber hinaus trägt er zur Entwicklung oder Modifikation der sozialen Verhalten jedes seiner Kinder bei. Die Schulklasse bildet häufig den ersten und wichtigsten Schauplatz, auf dem das Kind soziale Fertigkeiten gegenüber *Peers*, Selbstkontrolle und solche Verhalten entwickelt, die dem Wettbewerb und der Leistung dienen; und sie ist auch der Rahmen, in dem das Kind die Verstärkungen kennenlernt, die solche Verhalten nach sich ziehen. Als der »Verhaltensmanager«, den er in dieser so wichtigen Umwelt darstellt, kann der Lehrer die Aktivitäten im Unterricht generell modifizieren, und er kann die Verhalten einzelner Schüler individuell beeinflussen, um Verhaltensstörungen vorzubeugen und Probleme schon sehr früh zu erkennen und zu behandeln.

Die meisten Forscher, die in besonderen Erziehungsfragen operante Paradigmen anwenden, nehmen an, daß Personen, die lernen, wie man Probleme

löst, teilhaben müßten an der Bestärkung und Entwicklung von Verhaltensarten wie Aufmerksamkeit und Konzentration, Ausdauer und Kooperation
— von Verhalten also, die Voraussetzung effektiven Lernens sind. Außerdem
nehmen sie an, Planung, Geschwindigkeit, Quantität und Qualität der Verstärkung seien im gewöhnlichen Schulunterricht unzureichend. Häufig werden
generalisierte Verstärker (z. B. Punkte oder *Tokens*) sofort und mittels eines
intensiven Verstärkungsplans und häufig in Verbindung mit Formungsproze-
duren verabreicht, um aufgabenrelevante Verhalten und anhaltende Be-
schäftigung mit Schulstoff zu fördern. Häufig wird für eine große Vielfalt
von Eintauschverstärkern gesorgt, um die *Tokens* auf längere Zeit attraktiv
zu gestalten. Die Kinder haben freien Zutritt zu programmiertem Schulungs-
material, mit dessen Hilfe sie *Tokens* verdienen können. Löschungsmethoden
und Auszeitprozeduren (Entfernung aus dem Klassenzimmer und damit Entziehung der Verstärkung) werden benutzt, um alle störenden Verhalten auszuschalten, obwohl diese gewöhnlich von selbst rasch abnehmen, wenn die
Schüler beginnen, durch ihre Arbeit *Tokens* zu verdienen.

Die ersten Bewertungen von Einzelfallstudien ergaben, daß die Kinder
solch experimenteller Klassen bessere Lernleistungen und rascheren Erwerb
von Fertigkeiten zeigten. BIRNBRAUER, BIJOU, WOLF und KIDDER (1965)
entwickelten für schwer retardierte Jungen ein Klassenzimmer für programmiertes Lernen *(Programmed Learning Classroom)* und benutzten dabei
Prozeduren, die den oben beschriebenen grob ähnelten. Ihre Schüler zeigten
signifikante Besserungen in bezug auf die für produktive Arbeit aufgewandte
Zeit, auf die Rate der Lösung von Aufgaben und auf die Menge richtig aus-
geführter Arbeit.

Andere Experimente verglichen die Effekte, die kontingente und nicht-
kontingente *Token*-Belohnungen auf die Performanz hatten. TYLER und
BROWN (1968) entdeckten z. B. signifikante Unterschiede in der Performanz
von straffälligen Jungen, die unter kontingenten und nicht-kontingenten
Bedingungen getestet wurde. Korrelationsstudien haben auch die Annahme
erhärtet, daß kontingente *Tokens* Lernverhalten kontrollieren. COHEN, FILI-
PCZAK und BIS (1967) schilderten ein umfangreiches *Token*-System für ein-
sitzende straffällige Jungen, die alle erzieherisch retardiert waren. Jeder
Junge konnte Punkte verdienen, indem er Schularbeiten machte, u. a. mit
Hilfe von Lehrmaschinen. Unter den Dingen, die sich die Schüler mit ihren
Punkten »kaufen« konnten, waren interessanterweise Nachhilfestunden, zusätzliche Unterrichtzeit und Zulassung zu Fortgeschrittenenkursen. Die Empfänglichkeit der Performanz für kontingente Verstärkung geht aus der
Arbeitsleistung hervor, die jeden Freitag abnahm. Freitagmorgen war Zahl-
tag, und wie wir aus Abb. 6/18 ersehen können, benutzten die Jungen ihre
erworbenen Punkte und ihre Zeit zum Konsum und zur Erholung. Im Hinblick auf die Kontrolle der Lernverhalten, bewirkt durch die verfügbar
gewordenen Verstärker, stellten die Autoren fest, daß die Jungen — grob
gesehen — zwei Gruppen bildeten. Kurve b) der Abbildung zeigt die Performanz eines Jungen, der sich als äußerst reagibel erwies in bezug auf die

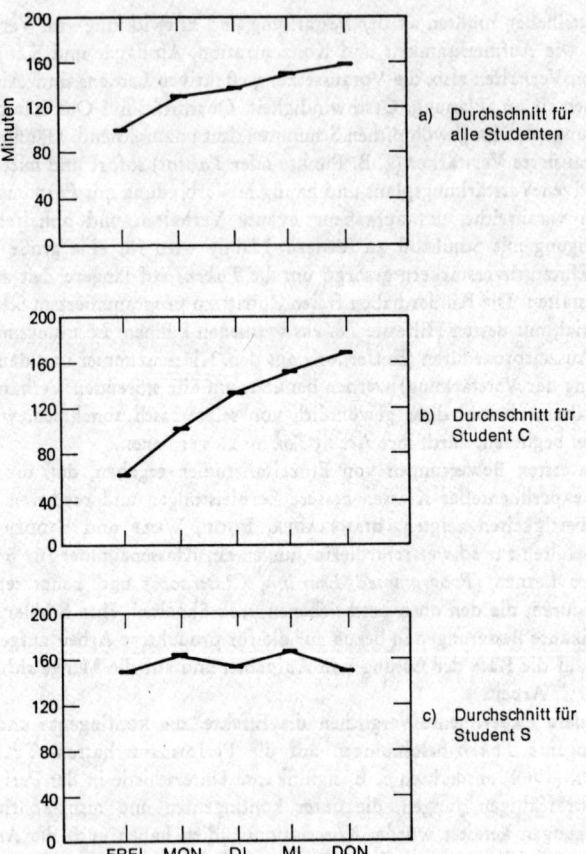

Abb. 6/18: Veränderungen der Arbeitszeit im Zusammenhang mit K+-Verabreichungen (COHEN, FILIPCZAK und BIS, 1967, S. 85, 86, 87).

Punkte, die er zwischen zwei Zahltagen ausgeben konnte. Kurve c) zeigt das fast konstante Verhalten eines Jungen der anderen Gruppe, der die ganze Woche hindurch ein hohes, stabiles Arbeitsniveau hielt und hinsichtlich der Schularbeit vermutlich über mehr innere Verstärkung verfügte. Die Mitglieder dieser Gruppe waren die, die häufiger die Berechtigung »kauften«, an Fortgeschrittenenkursen mit höherem Status teilzunehmen.

Eine andere Gruppe von Untersuchungen manipulierte den Wert von *Tokens,* verglich Performanzen bei verstärkten und unverstärkten Aufgaben und benutzte unbehandelte Kontrollgruppen, um die Effektivität des Programms zu bewerten. So berichteten z. B. WOLF, GILES und HALL (1968) über eine Versuchsreihe im Kontext eines Nachhilfe-*Token*-Programms für leistungsschwache Fünftkläßler. Leistungstests und Punktekarten der behandelten und einer unbehandelten Gruppe lieferten eine Bewertung vor und nach der Durchführung des Programms. Die Kontrollgruppe schnitt bei den Leistungstests nur halb so gut ab wie die behandelte Gruppe. Die Punktekarten verwiesen auf einen durchschnittlichen Punktegewinn von 1.1 der behandelten Gruppe, während sich die Kontrollgruppen mit einem durchschnittlichen Punktegewinn von 0.2 begnügen mußten. In anderen Experimenten, die sich nur mit der behandelten Gruppe befaßten, fand man, daß eine Manipulation der Punkteanzahl, die »verdient« werden konnte, die Leseraten stark beeinflußte. Wurden Punkte fürs Lesen herabgesetzt, sanken die entsprechenden Raten; wurden sie dagegen verdoppelt, stiegen die Raten — und sie stiegen auch dann, wenn die Anfangsrate bereits hoch war. Ähnlich wechselten Schüler (nach den Ausgangsraten zu urteilen) von Schulbüchern, die sie vorzogen, zu Büchern, die sie nicht vorzogen, wenn differenzierte Bezahlungsraten eingeführt wurden. Bei einigen Schülern führte die Rückkehr zum Ausgangsniveau der Punktebelohnung nicht zu einer Rückkehr zur anfänglichen Leserate, nachdem ihre Leseraten durch Erhöhung der Punkte angestiegen waren. Dieser teilweisen Unabhängigkeit der Bezahlungsrate begegnete man nicht in der Arithmetik und nicht in Englisch, was darauf schließen läßt, daß das Arbeiten auf diesen Gebieten, verglichen mit dem Lesen, wesentlich stärker von äußeren Belohnungen abhängig ist.

Die Tatsache, daß sich Studenten — wie bei COHEN u. a. (1967) — systematisch voneinander unterschieden im Hinblick auf die Empfänglichkeit ihrer Performanz für kurzfristige Schwankungen der *Token*-Verstärkung, und die Tatsache, daß diese Empfänglichkeit bedingt war sowohl durch die Aufgabe als auch durch die Person, diese beiden Tatsachen vermitteln einen Eindruck von der Möglichkeit, die Determinanten »selbsttätiger« Verstärkung (also verstärkende Effekte mit einem *per se* gegebenen Aktivitätsgrad) zu identifizieren und zu manipulieren. Die wenigen verfügbaren Untersuchungen vergleichen gewöhnlich soziale oder materielle Verstärkung mit einem informierenden Signal, das darauf hinweist, daß die Reaktion einer Lernaufgabe »richtig« oder »falsch« ist. Soziale oder materielle Verstärkung begleitet höhere Performanzniveaus bei kleinen Kindern, während sich die Performanz unter diesen beiden Bedingungen bei älteren Kindern gewöhnlich nicht unterscheidet (siehe z. B. LEWIS, WALL und ARONFREED, 1963). Man hat soziale, klassenbedingte Unterschiede festgestellt; weiße Kinder der Mittelschicht reagierten stärker auf informierende Signale als Kinder der unteren Schichten (TERRELL, DURKIN und WIESLEY, 1959). Die Aufrechterhaltung von Performanzen bei Aufgaben, die keine so ausgeprägte Gegenüberstellung von richtiger und falscher Lösung enthielten, ist systematisch kaum erforscht worden.

In jüngerer Zeit hat man die Anwendung operanter Prinzipien im erzieherischen Kontext vom formalen und engen Modell der *Token*-Systeme ausgeweitet auf umfassendere Programme, z. B. auf die Programmierung ganzer Collegekurse. So gliederte z. B. KELLER (1968) einen Psychologiekurs in Einheiten, die die Studenten Schritt um Schritt bewältigten, indem sie vor jeder neuen Einheit einen Test absolvierten. Zulassung zu Vorlesungen und Vorführungen und Zensuren waren kontingent gemacht auf den befriedigenden Fortschritt in den verschiedenen Einheiten. FERSTER und PERROTT (1968) entwickelten ihren Lerntext mit Hilfe von Verhaltensprinzipien, um die Studenten zum regelmäßigen Üben des Wortschatzes und zum Lernen der einschlägigen Begriffe zu veranlassen. Die Studenten erhielten die Anweisung, einander auf ganz bestimmte Weise über jeden Abschnitt des Buches abzufragen. Damit sich die Studenten dem nächsten Abschnitt zuwenden konnten, mußten sie beweisen, daß sie den Stoff davor beherrschten. Ebenso wie die funktionale Analyse im Schulunterricht immer häufiger auf Problemverhalten angewandt wird, um späteren schwerwiegenden Anpassungsschwierigkeiten vorzubeugen und eine spätere klinische Behandlung »gestörter« Kinder gewissermaßen vorwegzunehmen, genauso beschränkt sich der Einfluß, den diese Analyse auf die erzieherische Praxis hat, nicht mehr auf hochspezialisierte Techniken zur Beseitigung von speziellen Lerndefiziten; er erstreckt sich nun auch auf die Entwicklung einer »Technologie des Lehrens« (SKINNER, 1968)[1], die sich auf jegliche Erziehung anwenden läßt.

Prothetische Umwelten

Eine vielversprechende Entwicklung, die zur Zeit noch in ihren Anfängen steckt, ist die Planung von Umwelten, die Verhalten kontrollieren, und das nicht nur in der formalen Erziehung, sondern im Hinblick auf alle Aspekte des Lebens. SKINNERS »Walden Two« (1948)[2] ist vielleicht der Inbegriff einer sozialen Utopie, die auf Verhaltensprinzipien basiert. Doch brauchen wir auf keine Fiktionen, auf keine Romanliteratur zurückzugreifen. Das *Mississippi Research and Development Center* hat vorgeschlagen, ein *Human Resource Development Center* zu gründen, das 100 Familien der Unterschicht, die Opfer ihrer eigenen »Slumkultur« wurden, in einer kontrollierten Umwelt unterbringen sollte, um die kulturellen Defizite dieser Familien zu beseitigen. Ein ähnlicher Vorschlag galt der Errichtung von *Urban Learning Villages* (SEGAL, 1968). SEGAL meinte, es sei eine völlig durchprogrammierte physische, soziale und wirtschaftliche Umgebung nötig, um Slumbewohner mit den Verhaltensfertigkeiten auszustatten, durch die sie lohnende Lebensmuster entwickeln und aufrechterhalten könnten. Techniken der Verhaltensmodifikation (darunter Encounter-Gruppen, Modelltraining und programmierte Unterweisung mittels starker Anreize) sollten gekoppelt werden mit materiellen und kulturellen Einrichtungen zur Förderung neuer Interessen und neuer Entwicklungsmöglichkeiten.

---

1 SKINNER, B. F.: *The Technology of Teaching,* New York 1968; »Erziehung als Verhaltensformung«, München 1971 (Anm. d. Ü.).
2 SKINNER, B. F.: »Walden Two«, New York 1948; Deutsch: »Futurum Zwei«, Hamburg 1970 (Anm. d. Ü.).

Weniger ehrgeizige Projekte der Umweltverbesserung werden durchgeführt und bewertet in Verbindung mit Kleinkindern und Vorschulkindern, die in gesellschaftlich benachteiligten Elternhäusern aufwachsen. In einem Schulungszentrum und zu Hause werden den Eltern Modellernverfahren und Verstärkungsprozeduren beigebracht. Gleichzeitig hilft man ihnen, mit Hilfe einfacher Werkzeuge »Spiel«-Objekte zu erfinden, die beim Kind ein breites Spektrum wahrnehmungsmäßiger und motorischer Verhalten stimulieren (SCHAEFER und FURFEY, 1967). Zu den abhängigen Zielvariablen gehören die Sprachentwicklung, das Funktionieren des Intellekts, das Vermögen der Begriffsbildung, der kognitive Stil und die Leistungsorientierung. Ergebnisse einer Zwischenbewertung dieser Projekte sind insofern ermutigend, als sie z. B. im Verlauf eines Jahres eine Steigerung des IQ der Kinder um 15 Punkte zeitigten, als mehr als die Hälfte der Mütter erzieherisch wie beruflich höher eingestuft werden konnte und als andere feinere Veränderungen im Lebensstil der Familien zu verzeichnen waren (MILLER, ohne Jahresangabe).

Pläne der Verhaltenssteuerung durch die Umgebung lassen sich generell in zwei Kategorien unterteilen: in unterweisend-therapeutische und in prothetische. Die bereits erwähnten Urban Learning Villages gehören in die erste Kategorie, da ihr Ziel darin besteht, die Verhalten ihrer Bewohner auf Zeit rasch und dauerhaft zu ändern. Prothetische Umwelten dagegen dienen, wenn wir uns an die Definition von LINDSLEY (1964 a und b) halten, dazu, Verhalten aufrechtzuerhalten, das in der alltäglichen Umwelt nur mit niedriger Rate oder überhaupt nicht auftritt. Sollten weitere Forschungsergebnisse darauf hinweisen, daß gewisse Gruppen von Kindern Verstärkung durch Token-Systeme benötigen, um Lernfortschritte zu erzielen, könnte man ihr Klassenzimmer als spezielle prothetische Umgebung gestalten, in der sie ihre gesamte Schulzeit verbringen könnten. Eine prothetische Umgebung erfüllt also eine dauerhafte Behandlungs- oder Heilungsfunktion für eine kleine Gruppe von Personen, die unter ähnlichen Verhaltensmängeln leiden. Im Gegensatz dazu wollen Utopien wie SKINNERS »Futurum Zwei« (»Walden Two«) das Verhalten wesentlich größerer Gruppen oder ganzer Bevölkerungen auf einer relativ dauerhaften Grundlage kontrollieren.

Eine zweite Unterscheidung zwischen Möglichkeiten der Verhaltenssteuerung durch die Umgebung erhellt aus der Frage, ob die kontingenten Verstärker, die mit einer Tätigkeit verbunden sind, dieser Tätigkeit inhärent sind oder von außen kommen. Token-Systeme sind ein Beispiel für die umweltbedingte Möglichkeit. MOORE (1966) meinte, selbsttätige Verstärkung eigne sich hervorragend zum Erwerb komplexer symbolischer Fertigkeiten. Mit dem Begriff »autotelic responsive environment« bezeichnet er eine Umgebung, in der selbsttätige Verstärkung vorherrscht und in der der Lernende die Reaktionen seiner Umwelt ungehindert erforscht, in der er Konsequenzen sofort erfährt, in der er sein eigenes Tempo bestimmt und in der er ermuntert wird, Wechselbeziehungen zwischen seiner physischen, kulturellen und sozialen Umwelt zu erforschen. Für diese spezifische responsive Umgebung, mit der Moore experimentiert, ist »die sprechende Schreibmaschine« ein bekanntes Beispiel, doch setzt diese Umgebung in Wirklichkeit einen Computer-Input voraus, sowie eine Ablesevorrichtung *(Edison Responsive Environment)* in einem Labor, das »einfach, klar und übersichtlich« geplant sein und von einem sorgfältig programmierten Unterweisungspersonal geleitet werden sollte. Der Lehrplan konzentriert sich auf den Spracherwerb (Schreiben, Sprechen, Lesen) und hat bei sehr jungen, retardierten und begabten Kindern offenbar bemerkenswerte Erfolge erzielt, obwohl die entsprechenden empirischen Daten noch nicht zur Verfügung stehen.

Bei der Planung der Konsequenzen und Stimuli, die die physische Umwelt liefert, interessiert man sich zusehends für die Verhaltenskontrolle. Architekten befassen sich immer eingehender mit den Verhaltenseffekten ihrer Bauten (COHEN, 1964; FULLER, 1962; SOMMER, 1969). Empirische Daten über Verhaltensmuster (Verkehrs- und Arbeitsabläufe, Kommunikationsmuster, zeitbedingte Muster) bestimmten ihre Stadtplanung, die Verteilung des Fußgänger- und Kraftfahrzeugverkehrs, die Grundrisse von Schulen und Krankenhäusern usf.

Trotz der Möglichkeiten, die programmierte prothetische, präventive und therapeutische Umwelten für die Zukunft bereithalten, sind das Wissen und die Technologie noch nicht hinreichend entwickelt, um eine Verwirklichung der angestrebten Ziele durch technische Steuerung der Umwelt im großen Rahmen zu gewährleisten. Mit einigen ethischen Problemen der Verhaltenskontrolle und der Umweltsteuerung im großen Rahmen werden wir uns in Kapitel 11 befassen. Forschung, welche die langfristige Vorhersage von Konsequenzen ermöglicht, ist eine Teillösung dieser Probleme. Möglichkeiten der Testung von Effekten müssen durch Analog- oder Miniatursituationen erschlossen werden, bei denen die Hauptmerkmale der größeren Umwelt erhalten bleiben und die nicht die Gefahren eines Verhaltenseingriffs im großen Rahmen mit sich bringen. Die Forschung, die erforderlich ist, um die Grundlagen der umweltorientierten Verhaltenssteuerung zu untermauern, wird durch den Forschungsgegenstand selbst gerechtfertigt. Nötig ist ein größeres Wissen über die natürlichen funktionalen Reaktionsklassen und ihre typischen Wechselbeziehungen in der Natur. Die Nebenwirkungen, die die Veränderung einer Reaktion oder Dimension für andere Teile des Verhaltensrepertoires einer Person mit sich bringt, müssen eindeutig ermittelt worden sein, bevor eine soziale, umweltorientierte Verhaltenssteuerung im großen Rahmen, doch ohne großes Risiko durchgeführt werden kann.

Zusammenfassung

Im Gegensatz zu allen anderen Modellen der Verhaltenstherapie werden Verhaltensprozeduren, die die Prinzipien und die Technologie des operanten Lernparadigmas benutzen, bei vielfältigen Zielsymptomen und in mannigfachen sozialen Kontexten angewandt. Das operante Paradigma konzentriert sich auf die letzten drei Komponenten (R-KV-K) der Verhaltensformel, indem es die Wahrscheinlichkeit einer Reaktion als Funktion ihrer kontingenten Effekte oder Konsequenzen beschreibt. Da die meisten wichtigen menschlichen Handlungen bereits zu einem frühen Zeitpunkt ihres Erwerbs diskriminativ kontrolliert werden, spielt die Stimuluskomponente der Formel bei der Kontrolle von operantem Verhalten eine wichtige diskriminative (aber keine auslösende) Rolle.

Durch ihren Empirismus und ihren Pragmatismus eignen sich die operanten Prinzipien besonders zur Entwicklung von therapeutischen Technologien, die insofern »wertfrei« sind, als sie weder bestimmte therapeutische Ziele, noch bestimmte Formulierungen zur Ätiologie problematischen Verhaltens besonders bevorzugen. Während also die Angst ein zentrales Konstrukt der Neurosentheorie und der Neurosenbehandlung durch klassische Konditionierung darstellt, beruft sich das operante Modell der Pathologie auf kein derartiges zentrales Konstrukt. Vielmehr betrachtet es Verhaltensexzesse und -defizite wie alle anderen Verhalten als Produkte derselben Lernvariablen. Operante Therapien verwenden daher dieselben allgemeinen Prinzipien und dieselbe Technologie, ganz gleich, ob es darum geht, die Vermeidungsverhalten einer ans Haus gefesselten phobischen Hausfrau zu reduzieren, bei einem Kind das Spielen mit *Peers* durch den Vorschullehrer zu fördern, die Interaktionen eines Ehepaars um des Ehefriedens willen zu ändern, das psychotische Gerede eines hospitalisierten Psychotikers zu verringern und konstruktive Verhalten zu steigern, oder bei Studierenden aller Disziplinen und Semester die Genauigkeit und die Rate der Wissensaneignung zu verbessern. Großangelegte, standardisierte Eingriffe, die das Ziel verfolgen, das Verhalten großer Gruppen »normaler« Leute (z. B. Studenten eines Collegekurses oder Slumbewohner) zu modifizieren und zu kontrollieren, unterscheiden sich in ihrem Umfang, nicht aber in ihrer Art von den sehr spezifischen Therapieprogrammen, die für Einzelpersonen »maßgefertigt« werden, mit dem Ziel der jeweiligen Verhaltensbeschwerde des Patienten abzuhelfen.

Als Schlüsseloperation der operanten Konditionierung wird Verstärkung therapeutisch manipuliert, um Verhalten zu bestärken oder zu löschen, um durch belohnende sukzessive Annäherungen allmählich neue Reaktionskonstellationen auszuformen, um lange und komplexe Reaktionsketten zu errichten oder um Verhalten unter angemessenere diskriminative Stimuluskontrolle zu bringen. Die Vermehrung der Kraft oder Vielfalt von Verstärkern, die bei einem bestimmten Patienten effektiv sind, oder die Abänderung von Kontingenzplänen, unter denen er effektiv tätig werden kann, das sind therapeutische Ziele, die die Verstärkungsoperation selbst einschließen. Da konditionierte (insbesondere soziale) Verstärker für die Entwicklung und Aufrechterhaltung der meisten Humanverhalten besonders entscheidend sind, konzentriert sich die Verhaltensmodifikation vor allem 1. auf ein besseres Verständnis des sozialen Verstärkungsprozesses, der in der natürlichen Umwelt erwünschtes und unerwünschtes Verhalten erzeugt; 2. auf die Frage, wie man den Einfluß von sozialen Verstärkern bei Personen steigert, bei denen sie keine effektiven Konsequenzen haben und 3. auf deren Verwendung zur

Verhaltenskontrolle in vielfältigen, nicht-klinischen Umgebungen. Generalisierte Verstärker wie Geld oder *Tokens,* die durch eine Vielfalt materieller Eintauschverstärker ersetzt werden können, werden häufiger benutzt, wenn standardisierte Interventionsprogramme auf Personengruppen angewandt werden. Doch sogar in diesen Fällen sorgt man, um neues Verhalten aufrechtzuerhalten, in der Regel für einen glatten Übergang vom *Token* zu natürlichen sozialen Verstärkern.

Als »wertfreie« Technologie eignet sich das operante Modell hervorragend zur Planung von speziellen Umwelten, die besonderen Verhaltenszielen dienen sollen. So wurden Verstärkung und ähnliche Operationen nicht nur gern bei den üblichen Beschwerden von neurotischen oder anderen traditionsgemäß klinischen Patienten angewandt, sondern bildeten auch die Grundlage zur Konstruktion besonderer therapeutisch-erzieherischer oder prothetischer Umwelten in Krankenhäusern, Schulen, Strafanstalten und anderen Institutionen. Auf dieselbe Weise kann man Eltern beibringen, ihre Verstärkungskontingenzen zu verbessern, um ihr Familienleben zu einer konstruktiveren Umwelt zu machen, das heißt, um die Wahrscheinlichkeit des Auftretens von Problemverhalten bei Familienmitgliedern zu verringern. Sowohl für den institutionellen als für den Rahmen der Familie können Laien ohne weiteres in der Verhaltensmodifikation durch operante Prinzipien unterwiesen werden. Die Tatsache, daß diese Art der Verhaltensmodifikation jedermann zugänglich sein könnte, ist nicht nur im Hinblick auf den Personalmangel im Bereich der Nervenklinik relevant, es ist auch einzusehen, daß operante Therapien von Personen (z. B. von Eltern und Lehrern) durchgeführt werden können, die als natürliche Kräfte der Verhaltensbeeinflussung schwerwiegenderen Problemen vorbeugen können.

Die Wirksamkeit operanter Verhaltensmodifikation wird in der Regel mit Einzelfallkontrollplänen geprüft, obwohl zuweilen herkömmlichere Gruppenvergleiche tunlicher und geeigneter sind. Diese Bewertung gestaltet sich etwas schwieriger, da die therapeutischen Programme in ihrer Durchführung gern pragmatisch und improvisiert sind. Die Kritik an operanten Therapien weist nicht nur darauf hin, daß die Möglichkeiten der Vorhersage und der Bewertung von Veränderungen durch die unverzügliche Modifikation an Ort und Stelle begrenzt sind, sie weist auch auf menschlich-moralische Probleme der Kontrolle hin, auf die scheinbare Vernachlässigung innerer Selbstregulierungsprozesse und auf logische oder empirische Schwächen von Formulierungen der Verstärkung und anderen operanten Schlüsselvariablen. In den nächsten Kapiteln werden sich bestimmte Abschnitte eingehend mit einem Teil dieser Kritiken befassen und sich unter anderem auseinandersetzen mit der Verhaltensdiagnose, mit ethischen Problemen, mit der Selbstregulierung und subjektiven Erfahrung sowie mit verbalem Verhalten.

KAPITEL 7

Verhaltenskontrolle durch aversive Konsequenzen

Positive Verstärkung und der Entzug positiver Verstärkung sind einflußreiche Ereignisse der Verhaltenskontrolle. Allerdings schenkte die im letzten Kapitel durchgeführte Untersuchung des operanten Lernmodells und der operanten Aufrechterhaltung von Verhalten nur geringe Aufmerksamkeit jener anderen Ereignisklasse, die in der Verhaltenskontrolle vermutlich genauso weit verbreitet ist — gemeint ist die Klasse der *aversiven Konsequenzen*. Dieses Kapitel beschreibt und diskutiert die Paradigmen, die mit aversiven Konsequenzen arbeiten sowie die Parameter, welche die entsprechenden Effekte bestimmen. Es erläutert auch den therapeutischen Nutzen aversiver Konsequenzen. Ein wichtiger Punkt bei diesen Überlegungen ist der Vergleich zwischen den aversiven Stimuli, die im operanten Modell und im klassischen Modell des aversiven Konditionierens (siehe Kapitel 3) eine Rolle spielen.

Ein Großteil unseres alltäglichen Verhaltens wird zweifellos von schmerzhaften oder unangenehmen Stimuli beherrscht, die nach bestimmten Handlungen von natürlichen Kräften oder anderen Leuten verabreicht werden. Lernt ein Kind gehen, formen die natürlichen Konsequenzen des Ungleichgewichts rasch Reaktionen, die das Kind aufrecht halten. Bereits sehr wenige Erfahrungen mit einem heißen Ofen oder einer Heizsonne genügen, das Kind oder den Schoßhund zu veranlassen, diese Hitzequellen in Zukunft zu meiden. Das Kind, das beim Zahnarzt schreit, und der Erwachsene, der in dieser Situation Angstsymptome erkennen läßt, zeigen emotionale Reaktionen, die durch frühere schmerzhafte Erfahrungen im selben Rahmen konditioniert worden sind; beide können den Zahnarzt so lange vermeiden, bis ein Loch im Zahn schmerzhafter ist als der Bohrer des Zahnarztes. Eltern und Lehrer verlassen sich in hohem Maße auf Bestrafung und angedrohte Bestrafung, wenn es darum geht, Kinder zu sozialisieren und effektiv zu kontrollieren. Obgleich nur wenig bekannt ist über die Häufigkeit positiver Verstärkung und aversiver Konsequenzen im häuslichen oder schulischen Rahmen, scheinen die aversiven Konsequenzen gezielter und offener benutzt zu werden. Eltern fällt es in der Regel leicht, nicht nur ihre Auffassung von »Disziplin«, sondern sogar die Stimuli zu beschreiben, die unbeabsichtigte Bestrafung (ausgelöst z. B. durch Ungeduld oder Gereiztheit) kontrollieren, während es ihnen schwerfällt, genau zu sagen, wie und wann sie Interesse, Aufmerksamkeit, Zuneigung und andere sozial positiv verstärkende Konsequenzen verabreichen. Häufig verbinden sich im häuslichen und schulischen Bereich mit dem Begriff »Disziplin« Vorstellungen, deren Schwergewicht nicht auf positiver Verstärkung, sondern auf Bestrafung liegt. Im Gegensatz zur gezielten Anwendung positiver Stimuli ist die Verabreichung aversiver Konsequenzen häufig direkt, kompakt und kontingent auf bestimmte Verhalten. So können z. B. Eltern ihrem Kind das ihm wöchentlich zustehende Taschengeld nichtkontingent verabreichen, doch kann es sofort gekürzt werden, wenn das Kind etwas angestellt hat. Beobachtungen an Müttern mit niedrigem sozioökonomischem Status, die ihren Kindern neue Sprachfertigkeiten lehrten, haben ergeben, daß diese Mütter geringe und sporadische positive Verstärkung verabreichten und daß sie komplizierte Aufgaben nicht in praktische Komponenten auflösten. Sie stellten ihren Kindern schwierige Fragen, bestraften sie für Fehler und schimpften, es solle gerade sitzen, aufpassen und richtig antworten; nur selten aber lobten sie erwünschtes Verhalten oder richtige Antworten. Erst nach sorgfältigem Training gingen die Mütter von der generalisierten aversiven zur spezifischen positiven Kontrolle über (RISLEY, 1968 a).

Ähnlich arbeiten die klarstdefinierten und -strukturierten Methoden der Verhaltenskontrolle unserer Gesellschaft mit gesetzlich verankerten aversiven Konsequenzen für unerwünschte Verhalten. Bei gewissen Verhaltensklassen (z. B. Handlungen, begangen von Kriminellen, Psychotikern und Suchtkranken) geben die öffentliche Meinung, die Gesetze und der Strafvollzug nicht der positiven Verstärkung wünschenswerter Verhalten den Vorzug vor der aversiven Kontrolle unerwünschter Verhalten. Das veranschaulicht z. B. die Kontroverse, zu der es häufig kommt, wenn in Strafanstalten Fortbildungsprogramme, Tagesurlaube zur beruflichen Förderung oder Besuche des Ehepartners eingeführt werden. Die Verwendung positiver Verstärkung zur Einübung neuer motivationaler Verhalten wird häufig als »Verweichlichung« oder als Unterstützung der Kriminalität betrachtet. In anders gearteten Umwelten, in denen positive Konsequenzen häufig nicht als Privilegien, sondern als unveräußerliche Rechte angesehen werden, die frei und nicht-kontingent zugestanden werden wollten, protestiert man auf der anderen Seite dagegen, daß positive Konsequenzen auf erwünschte Verhalten kontingent gemacht werden. Familienangehörige und Verwaltungspersonal würden protestieren, wenn Mahlzeiten oder Betten nur als kontingente Belohnung dafür gegeben werden, daß hospitalisierte Patienten gesunde Reaktionen äußern. Krankenschwestern können den Standpunkt vertreten, daß die liebevolle Pflege, die sie Dauerpatienten angedeihen lassen, nicht kontingent, sondern völlig freiwillig verabreicht werden müsse. Und Lehrer können die kontingente Verabreichung von »Punkten«, Süßigkeiten oder von Aufmerksamkeit als »Bestechung« anprangern.

Gesellschaftliche Instanzen scheinen anzunehmen, daß die Effekte aversiver Konsequenzen leichter vorherzusagen und zu kontrollieren seien als die Effekte positiver Verstärker. Obwohl Fachleute dem widersprechen, betrachtet man Geld- und Gefängnisstrafen im allgemeinen als wirksame Abschreckungsmittel, während Fürsorgeprogramme die Angst wecken, sie könnten unerwünschte Verhalten positiv verstärken. Finanzielle Hilfsprogramme für die Bevölkerungszunahme werden manchmal als »Belohnung für sexuelle Promiskuität« verurteilt, und von garantierten Jahreseinkommen und subventionierten Programmen der Gesundheitspflege wird häufig behauptet, sie unterstützten Faulheit und Müßiggang.

Erstaunlicherweise neigt die öffentliche Meinung heute dazu, aversive Kontrollen anzuprangern, obwohl die Gesellschaft diese Art der Kontrolle offenbar vorzieht. Zumindest im Bereich der intellektuellen Diskussion setzt man sich für positive Anreize ein. So suchen Lehrer nach schülerbezogenen und interessanten Unterrichtsstoffen, um Eifer und Aufmerksamkeit ihrer Schüler zu fördern; Eltern suchen Kontakt und Anerkennung ihrer Kinder, um diese stärker beeinflussen zu können, und Fürsorgebeamte wollen die Wertvorstellungen und Einstellungen der Armen ändern, mit dem Ziel, Mittelschichtverhalten durch Mittelschichtanreize auszuformen.

In Theorien über die Ätiologie von Persönlichkeitsstörungen spielen die nachteiligen Effekte der aversiven Stimulation eine wichtige Rolle. SKINNER (1953) betrachtet Angst als emotionale Reaktion, die mit einem Signal gekoppelt ist, das einem aversiven Stimulus vorausgeht. Bestrafungskontingenzen erzeugen besonders leicht Angst, da durch den Beginn bereits früher streng bestraften Verhaltens heftige emotionale Prädispositionen wachgerufen werden. »Sie bilden den wesentlichen Bestandteil dessen, was wir als Schuld, Scham oder Sündigkeit bezeichnen« (dt. Ausg. 1973, S. 177). Kontrolle durch Vertreter der Gesellschaft (Eltern, Lehrer, Arbeitgeber) und durch gesellschaftliche Instanzen (Regierung, Rechtsprechung, Religion) kann, was die Verwendung von Bestrafung betrifft, widersprüchlich ausfallen oder übertrieben werden. Die schädlichen Nebenwirkungen solcher Kontrollen können abweichende oder zerstörerische Verhalten erzeugen, die die Verhaltenspathologien der Neurose und Psychose bilden. Nach SKINNER »bringt es das Wesen der psychotherapeutischen Verfahrensweise also mit sich, Verhaltensänderungen, die das Ergebnis einer Strafe sind, wieder rückgängig zu machen. Strafen sind aber vielfach durch kirchliche oder staatliche Instanzen verursacht worden. Daher besteht zwischen der Psychotherapie einerseits und kirchlichen und staatlichen Kontrollinstanzen andererseits ein gewisser Gegensatz« (ebd., S. 341). Manche Persönlichkeitstheoretiker haben als Kern jeder neurotischen Entwicklung den Konflikt zwischen Luststreben und internationalisierten sozialen Tabus hervorgehoben. Frühkindliche Traumen, strenge Bestrafung, aversive Stimulation und die Abwehr realer oder eingebildeter Bedrohungen gehören zu den zahlreichen Konstrukten, mit denen man versucht, Verhaltensabweichungen zu erklären. Ihnen allen liegt die Annahme zugrunde, daß die Vermeidung solcher Bedrohungen die Basis symptomatischen Verhaltens bildet. Diese verbreitete Vorstellung von Angstreduktion, der Vermeidung von oder Flucht vor Bedrohung ist ein kritischer Faktor der Ätiologie von Verhaltensstörungen und verweist auf den weitverbreiteten Glauben, daß das breite Spektrum menschlichen Elends und menschlicher Krankheit in erster Linie die Folge aversiver sozialer Kontrolle ist. Der heute zu beobachtende Trend, neue soziale Kontrollmethoden zu erforschen, die mit positiver Verstärkung arbeiten, kam nicht überraschend, wenn man bedenkt, daß die Psychologie im Bewußtsein der Öffentlichkeit einen breiteren Platz einnimmt.

Sogar die experimentelle Psychologie hat es bis in die sechziger Jahre hinein unterlassen, den Bereich der aversiven Kontrolle zu erforschen. SOLOMON (1964) beklagt in einer einflußreichen Abhandlung, man habe die Erforschung der Möglichkeiten aversiver Stimulation vernachläßigt und neige augenblicklich dazu, ihren Einfluß auf die Verhaltenskontrolle zu unterschätzen. SOLOMON gibt THORNDIKE, SKINNER und FREUD die Schuld an der Entstehung jener »wissenschaftlichen Legenden«, die über die vermeintlichen Unzulänglichkeiten und unerwünschten Auswirkungen der aversiven Kontrolle unter Psychologen kursieren. Zur Bestrafung behaupten diese »Legenden«, sie sei deshalb weniger effektiv als positive Verstärkung, weil sie Reaktionen lediglich indirekt und zeitweilig unterdrücke, ohne die Reaktionsstärke zu schwächen; sie sei, pragmatisch gesehen, eine dürftige und unverläßliche Verhaltensdeterminante; und sie erziele unerwünschte Nebeneffekte, wie pathologische Ängste, Hemmungen und Neurosen. Dieses Kapitel befaßt sich im wesentlichen mit experimentellen und klinischen Untersuchungen, die es uns ermöglichen, diese Ansichten zu beurteilen und präzise wissenschaftlich testbare Fragen zu formulieren, die sich mit den Effekten und dem Nutzen der aversiven Kontrolle befassen.

Doch bevor wir uns den wesentlichen Forschungsergebnissen zuwenden, sollten wir uns mit den verschiedenen Paradigmen, die sich aversiver Stimuli bedienen, vertraut machen und uns mit der Schwierigkeit auseinandersetzen, die die Definition der Variablen dieser Paradigmen und vor allem die Definition des Begriffs »aversiver Stimulus« bereitet.

Paradigmen der aversiven Verhaltenskontrolle

Genauso wie wir uns mit den funktionalen Operationen und Verhaltenseffekten der positiven Verstärkung befaßten, sollten wir uns in diesem Kapitel mit den Problemen der Definition des aversiven Ereignisses auseinandersetzen. Doch um auf die möglichen Manipulationen aversiver Stimuli überhaupt eingehen zu können, sollten wir zunächst einmal von der naiven Annahme ausgehen, daß sich Umweltereignisse mit Hilfe der in ihnen enthaltenen positiven oder aversiven Stimuli klassifizieren lassen, eine Annahme, die an THORNDIKE (1913) erinnert, der von befriedigenden und unangenehmen Zuständen sprach. Die Situation, in der ein aversiver Stimulus nach einer bestimmten Handlung dargeboten wird, ohne daß man ihn vermeiden oder ihm entfliehen könnte, kann als *Bestrafung* bezeichnet werden. Werden aversive Stimuli auf eine spezifizierte Reaktion hin kontingent entfernt, handelt es sich um *negative Verstärkung,* ein Prozeß, der in der Sprache des instrumentellen Konditionierens dem Fluchttrainingsparadigma zuzuordnen ist. Vom Standpunkt der betroffenen Person aus gesehen bringen Fluchtreaktionen Erleichterung mit sich, da die Person die aversiven Stimuli flieht; diese Prozedur wird häufig als *Aversionserleichterung* bezeichnet. Stimuli können sowohl nichtkontingent als auch kontingent, sie können sowohl gleichzeitig mit anderen

Ereignissen als auch allein manipuliert werden. Abb. 6/4 faßte sowohl die Operationen zusammen, die zur Behandlung von aversiven Stimuli zur Verfügung stehen, als auch die Begriffe, mit denen sie gekennzeichnet werden. Die Manipulationen positiver Stimuli, die Reaktionsabnahmen bewirken, werden deshalb in diesem Kapitel behandelt, weil sie aversiven Ereignissen ähneln.

Aversive Manipulationen positiver Stimuli

Unter besonderen Bedingungen kann die *Sättigung,* der exzessive Konsum positiver Stimuli, ein aversiver Zustand sein. Der Effekt erzwungener Nahrungsaufnahme ist ein Beispiel für eine derartige Situation. AYLLON (1963) entdeckte, daß Sättigung in der klinischen Praxis erfolgreich zur Beseitigung störender Symptome benutzt werden kann; er bediente sich dieser Prozedur bei einer schizophrenen Dauerpatientin, die gern Handtücher hortete, und bei der man so verfuhr, daß man ihr Zimmer mit Handtüchern vollstopfte. *Löschung* darf als aversiv gelten, wenn sich die Unterlassung einer Belohnung in bezug auf eine Verminderung von Verhalten als effektiver Stimulus erweist. Die »Auszeit«-*Methode* ist eine verwandte Prozedur; bei diesem Verfahren wird der Zugang zu *jeglicher* positiver Verstärkung für eine bestimmte Zeit blockiert, wobei diese Zeit kontingent ist auf das Auftreten des unerwünschten Verhaltens. Der Unterschied zwischen Löschung und »Auszeit« besteht hauptsächlich darin, daß bei der »Auszeit« Verstärkung auch für alle konkurrierenden Reaktionen vorenthalten wird. Nehmen wir ein Kind, das vor dem Spielzeugregal eines Krämers häufig Wutanfälle bekommt. Eine Löschungsprozedur würde versuchen, die positiven Verstärker, die dieses Verhalten aufrechterhalten, zu entdecken und auszuschalten. Eine »Auszeit«-Prozedur dagegen eliminiert nicht nur die positive Verstärkung, die die Wutanfälle aufrechterhält (z. B. die Aufmerksamkeit der Mutter oder der Kauf des Spielzeugs), sondern beseitigt für eine bestimmte Zeit *jegliche* positive Verstärkung. Eine derartige Prozedur könnte darin bestehen, daß die Mutter ihr Kind für kurze Zeit in den Wagen vor dem Geschäft sperrt und es so *jeglicher* Gelegenheit beraubt, ihre Aufmerksamkeit auf sich zu lenken, ihr Lob zu beanspruchen oder im Laden andere angenehme Erlebnisse zu haben. In Tab. 7/1 sind Löschung und Auszeit kontingent auf Wutanfälle, deren Häufigkeit sie zu reduzieren versuchen. Beide sind für das Kind insofern aversiv, als positive Verstärker entfernt werden. Doch wirkt die Auszeitprozedur wie ein generalisierter Verstärker: Sie eliminiert nicht nur das Spielzeug und die Aufmerksamkeit, die früher auf Wutanfälle hin verabreicht wurden, sondern beseitigt auch alle anderen positiven Verstärker.

Ein *Verstärkerentzug* setzt nicht nur die Abwesenheit positiver Verstärker, sondern ihre direkte Beseitigung voraus; am einfachsten zu bewerkstelligen ist dieser Entzug mittels sekundärer Verstärkung wie Geld, Punkte usw. In diesem Fall folgt einer Reaktion die Beseitigung von Verstärkern, über die die Person bis zu diesem Zeitpunkt verfügen konnte. So kann z. B. eine Mut-

Tab. 7/1: Vergleich zwischen Löschungs- und Auszeit-Paradigmen.

LÖSCHUNG

Verhaltensbeschreibung

Kind sieht Regal mit Spielzeug $\xrightarrow{SD}$ Kind schreit, schlägt um sich $\xrightarrow{R_1}$ Mutter schimpft, besänftigt, gibt Spielzeug $\xrightarrow{K^+_1}$ Zukünftige Wahrscheinlichkeit der Wutanfälle (R_1) wächst

Löschung

Kind sieht Regal mit Spielzeug $\xrightarrow{SD}$ Kind schreit, schlägt um sich $\xrightarrow{R_1}$ Mutter ignoriert $\xrightarrow{O}$ Zukünftige Wahrscheinlichkeit der Wutanfälle (R_1) wird reduziert

»AUSZEIT«

Kind plaudert und schiebt Einkaufswagen $\xrightarrow{R_2}$ Mutter lobt, scherzt, plaudert $\xrightarrow{K^+_2}$ Wahrscheinlichkeit kooperativer Handlungen des Kindes (R_2) wächst

Verhaltensbeschreibung

Kind sieht Regal mit Spielzeug $\xrightarrow{SD}$ Kind schreit, schlägt um sich usw. $\xrightarrow{R_1}$ Mutter schimpft, besänftigt, gibt Spielzeug $\xrightarrow{K^+_1}$ Wahrscheinlichkeit der Wutanfälle des Kindes (R_1) wächst

»Auszeit«

Kind sieht Regal mit Spielzeug $\xrightarrow{SD}$ Kind schreit, schlägt um sich usw. $\xrightarrow{R_1}$ Mutter sperrt Kind kurz in den Wagen, ohne seinen Wutanfall zu beachten $\xrightarrow{»AUSZEIT«}$ Kind geht K^+_2 verlustig und erlebt ebensowenig K^+_1. Wahrscheinlichkeit der Wutanfälle reduziert ter ihrem Kind ein »Bußgeld« auferlegen, indem sie ihm das »Zehnerl«, das sie ihm gegeben hat, wieder wegnimmt. Verstärkerentzug kann auch manipuliert werden, indem man den Aufwand oder die Bemühungen, die nötig sind, um ein bestimmtes Quantum an Belohnung zu bekommen, steigert. Der »Preis«, den ein Tier für ein Futterkügelchen »bezahlen« muß, kann gesteigert werden, indem man dem Tier mehr Reaktionen oder stärkeren Hebeldruck abverlangt oder indem man die qualitativen Kriterien einer Diskrimination verschärft. Diese Prozedur erzielt andere Effekte als die erste (»Bußgeld«-)Methode, obwohl beide am Ende starke Reaktionsabnahmen zur Folge haben.

Und schließlich kann der neutrale Stimulus, wenn die Beseitigung positiver Verstärkung im Rahmen eines *klassischen Konditionierungsparadigmas* mit diesem neutralen Stimulus gekoppelt wird, als sekundärer aversiver Stimulus wirksam werden. Assoziiert das Kind z. B. ein bestimmtes Zimmer der Wohnung regelmäßig und ausschließlich mit einer Auszeitprozedur, kann dieses Zimmer selbst zum aversiven Stimulus für das Kind werden.

Bei all diesen Modellen werden positive Verstärker so manipuliert, daß aversive Stimulation resultiert. Wird das aversive Ereignis im Rahmen eines Bestrafungsparadigmas dargeboten, nimmt die Häufigkeit der vorauslaufenden Reaktion ab. So kann die Auszeit-Prozedur als Bestrafung der Reaktion wirksam werden, auf die sie kontingent ist. Doch kann sich ein aversiver Stimulus (ebenso wie die aversive Manipulation eines positiven Stimulus) so auswirken, daß er die Reaktionshäufigkeit *erhöht*. Das Ergebnis ist dann paradox. So kann sich z. B. unterbundene Verstärkung (»Auszeit«) als aversives Ereignis auswirken, da durch diese Unterbindung die vorauslaufende Reaktion bestraft wird. Dadurch aber wird die Zunahme und Häufigkeit jedes Verhaltens, das drohende Auszeit erfolgreich *vermeidet,* verstärkt. Wenn das Betteln und Jammern eines Jungen die Mutter veranlaßt, von einer Auszeit-Prozedur abzusehen, wird diese Vermeidung das Betteln und Jammern positiv verstärken. In diesem Fall wird angedrohte Auszeit zu einem S^D für das bettelnde und jammernde Verhalten. Es braucht nicht betont zu werden, daß die Auszeit als Bestrafung wirkungslos werden, ja, in der Tat noch mehr störendes Verhalten erzeugen würde.

Paradigmen, die mit aversiven Stimuli arbeiten

Aus Abb. 6/4 ging hervor, daß sich der nicht-kontingenten Verabreichung aversiver Stimuli gewöhnlich Anzeichen behavioraler und physiologischer *Erregung* anschließen, vor allem dann, wenn Stimuli plötzlich dargeboten werden oder wenn sie intensiv oder neuartig sind. Werden die Stimuli wiederholt verabreicht, haben die ausgelösten Erregungsreaktionen die Tendenz zu verschwinden, so lange die Stimuli nicht sehr intensiv sind.

Ebenso wie positive Stimuli können auch aversive Stimuli zu *abergläubischer Konditionierung* führen, wenn ihr nicht-kontingentes Auftreten zufällig einer besonderen Reaktion folgt. Hier liegt die Ursache des Verhaltens eines Neurotikers, der Orte meidet, an denen er Angst hatte, an denen er böse Neuigkeiten erhielt oder an denen er persönliche Mißerfolge erlitt. Die dynamischen Therapien unterstützen die Erkenntnis, daß die Koppelung eines Gedankens mit einem verstärkenden Ereignis zufälliger Natur sein kann; durch Selbsteinsicht versuchen sie die Effekte der Konditionierungsgeschichte zu reduzieren. Nicht-kontingent beseitigte aversive Stimuli können dieselbe Wirkung haben wie nicht-kontingente positive Stimuli, indem sie *abergläubische negative Verstärkung* erzeugen. Die zufällige Assoziation des Verschwindens eines Symptoms mit der Einnahme von Medikamenten veranschaulicht, wie sich in der Ökonomie des Konsumenten abergläubische Konditionierung durch Ausschaltung aversiver Stimuli vollzieht.

Bestrafung ist operational definiert als die Verabreichung eines aversiven Stimulus, die kontingent ist auf das Auftreten einer bestimmten Reaktion. Von der Bestrafungsoperation wird gewöhnlich erwartet, daß sie die Reaktionshäufigkeit verringert. Doch kann sie unter gewissen Umständen auch eine *Zunahme* bewirken — das ist z. B. dann der Fall, wenn sich die Häufigkeit von Respondenten (z. B. Angst) oder von Verhalten (z. B. Jammern oder Lügen), die früher die Bestrafung beendeten, steigert. Bestrafung kann viele Effekte haben, das hängt ab von den gleichzeitig auftretenden Bedingungen, den benutzten Prozeduren, den parametrischen Werten und von der vorangegangenen Geschichte. Da Bestrafung in der Theorie wie in der Praxis sehr wichtig ist, wird sich dieses Kapitel sehr eingehend mit ihr befassen.

Die anderen Paradigmen, die mit aversiven Stimuli arbeiten und die dieses Kapitel ebenfalls eingehend behandelt, bildeten den Gegenstand umfangreicher Laborforschung — es handelt sich um *Flucht* und um *Vermeidung*. Ein Organismus, der noxischer Stimulation ausgesetzt ist, wird in jeder (Flucht-)Handlung, die den Stimulus ausschaltet, verstärkt. Genauso nehmen bei späteren Gelegenheiten alle Handlungen zu, die den noxischen Stimulus vermeiden. Die Katze macht einen Bogen um den heißen Ofen, das Kind zieht die Schultern ein und legt die Hände an die Ohren, wenn es ausgeschimpft wird, und viele Leute lügen, um einer Kritik oder Rüge zu entgehen.

Viele Theorien über die Prozesse, denen wir bei der Bestrafung und im Flucht- und Vermeidungstraining begegnen, fußen auf dem Modell der *klassischen aversiven Konditionierung*, das Abb. 6/4 veranschaulicht und das die Entstehungsgeschichte der Flucht- oder Vermeidungsreaktion zu erklären versucht. Daher ist die Auseinandersetzung mit dem klassischen Konditionieren, mit der wir im dritten Kapitel begannen, auch in diesem Kapitel relevant, obgleich es sich mit den aversiven Konsequenzen des operanten Modells befaßt. — Wenn aversive Stimuli im Beisein eines neutralen Stimulus beseitigt werden, kann dieser neutrale Stimulus als positiver Verstärker fungieren. Durch klassisches Konditionieren können sich die positiven Effekte der Flucht vor noxischen Stimuli mit einem neutralen Stimulus verbinden, der dann als »*Erleichterungs*«-Stimulus bezeichnet wird und als sekundär positiver Verstärker wirkt. Einem Beispiel für dieses Paradigma der *Aversionserleichterung* begegneten wir in Kapitel 3: Bei der Behandlung männlicher

Homosexueller wurde Schockbeendigung gekoppelt mit der Darbietung von Bildern, die attraktive Frauen zeigten.

Alle bisher behandelten Modelle der aversiven Verhaltenskontrolle sind in ihrer einfachsten Form formelhaft in Tab. 7/2 dargestellt. Obgleich diese formelhafte Lesart etwas schwierig zu entziffern ist, veranschaulicht sie Unterschiede in der Prozedur; außerdem wird sie uns bei der eingehenden Behandlung der entsprechenden Paradigmen helfen.

Definitionsprobleme

Bei der Einführung der verschiedenen Paradigmen haben wir den Begriff »aversiver Stimulus« der Bequemlichkeit halber nicht definiert. Doch eben diese Definition ist der Schlüssel zu den Theorien und zur Erforschung der aversiven Kontrolle; die Operationen, die im Rahmen der Modelle stattfinden, lassen sich relativ einfach spezifizieren; das aber trifft auf die Definitionsmerkmale ihrer zentralen Variable, des aversiven Ereignisses, nicht zu.

THORNDIKES (1913, 1932) *Effektgesetz*[1] spricht von einem »unangenehmen Zustand« *(annoying state of affairs)* oder von »unangenehmen Faktoren« *(annoyers),* wenn es aversive Stimuli meint. Andere Autoren sprechen von »noxischen Stimuli«, von einem »plötzlichen und schmerzhaften Zunehmen der Stimulation« (MOWRER, 1947) oder sie bezeichnen mit dem Begriff »Bestrafung« sowohl den Stimulus als auch die Prozedur des Bestrafungsparadigmas. Die Schwierigkeiten, die diese Definitionen aufwerfen, liegen eindeutig in ihrer subjektiven Natur und darin, daß ein und derselbe Begriff für eine ganze Klasse von Ereignissen benutzt wird, obwohl nur die Ereignisse als Strafstimuli richtig definiert sind, die einen besonderen Effekt haben. Wie die »positiven Stimuli« oder THORNDIKES »befriedigender Zustand« *(satisfying state of affairs)* zeigen, ist eine Definition nötig, die auf einer funktionalen verhaltensbezogenen Grundlage fußt und durch Effekte auf Verhalten voll beschrieben ist.

Die häufigste Definition des »aversiven Stimulus« berief sich auf Fluchtprozeduren. THORNDIKE definierte einen unangenehmen Zustand als einen Zustand, »zu dessen Erhaltung das Tier nichts unternimmt; statt dessen tut es häufig Dinge, die ihn (den Zustand) beenden« (1913). Viele Experimentatoren haben sich an THORNDIKE gehalten, als sie den aversiven Stimulus als Stimulus definierten, der, wenn er dem Fluchtparadigma gemäß angewandt wird, stabile Fluchtreaktionen aufrechterhält. Manche Forscher benutzten in Bestrafungsstudien die Fluchtdefinition, um den Stimulus als Strafstimulus zu beschreiben, obwohl dieser Stimulus in der Praxis nie im Rahmen einer Fluchtprozedur getestet worden war oder so geartet sein konnte, daß jegliche Flucht vor ihm unmöglich war.

---

1 Zur Definition dieses Gesetzes vgl. Skinner, »Wissenschaft und menschliches Verhalten«, München 1973, S. 413 (Anm. d. Ü.).

Tab. 7/2: Symbolische Repräsentation aversiver Kontroll-Paradigmen (als Prototyp: die Ratte in der SKINNER-BOX).

Symbole:	R_1 = Hebeldruck	$K_1{}^+$ = Futter in der Schale
	R_2 = Annäherung an Wasserbehälter	$K_2{}^+$ = Wasser im Behälter
	R_3 = Annäherung an Futterschale	$K^+{}_3$ = Beseitigung des Schocks
	R_x = Jede Zufallshandlung	$K^+{}_4$ = Kein Schock
	CER = Konditionierte emotionale Reaktion	$K-_1$ = Schock
	ER = Emotionale Reaktion	$K-_2$ = Kein Wasser
	S^0 = Neutraler Ton	$K-_3$ = Kein Futter
	S^{0L} = Hebel	$K-_4$ = Futter aus Schale entfernt

Sättigung	$R_1 \to 0$	Deprivation	$R_1 \to 0$
	$R_3 \to K^+{}_1$		$R_3 \to K-_3$
	$R_2 \to K^+{}_2$		$R_2 \to K^+{}_2$

Löschung	*Reaktion wird errichtet*	*dann*	*erfolgt Löschung*
	$R_1 \to K^+{}_1$		$R_1 \to K-_3$
	$R_2 \to K^+{}_2$		$R_2 \to K^+{}_2$
	$R_3 \to K^+{}_3$		$R_3 \to K-_3$

»Auszeit«	*Reaktion wird errichtet*	*dann*	*folgt »Auszeit«*
	$R_1 \to K^+{}_1$		$R_1 \to K-_3$
	$R_2 \to K^+{}_2$		$R_2 \to K-_2$
	$R_3 \to K^+{}_1$		$R_3 \to K-_3$

Verstärkerentzug	$R_1 \to K-_4$		
Sekundärer aversiver Stimulus	$R_3 \to S^0 + K-_1$	*dann*	$S^0 \to$ CER
Erregung	$K-_1 \to$ ER	*dann*	$R_x \to$ CER
Abergläubische aversive Konditionierung	$R_x \to K-_1$		
Abergläubische Fluchtkonditionierung	$R_x \to K^+{}_3$		

Bestrafung	*Reaktion wird errichtet*	*dann*	*erfolgt Bestrafung*
	$R_1 \to K^+{}_1$		$R_1 \to K^+{}_1 + K-_1$

Bestrafungskonditionierung des sekundären aversiven Stimulus	(dasselbe)	$S^{0L} \to$ CER
Negative Verstärkung der Flucht	$K-_1$, *dann* $K-_1 \to R_1 \to K^+{}_3$	
Negative Verstärkung der Vermeidung	$S^0 + K-_1$, *dann* $S^0 \to R_1 \to K^+{}_4$	
Klassische Aversionskonditionierung	$S^0 \to K-_1 \to$ ER, *dann* $S^0 \to$ CER	
Aversionserleichterung	$K-_1$, *dann* $K-_1 \to R_1 \to K^+{}_3 + S^0$	

Die Schwierigkeit der Fluchtdefinition eines aversiven Stimulus besteht darin, daß die Parameter, die den Erfolg des Fluchttrainings beeinflussen, verschiedene Werte aufweisen, wenn derselbe Stimulus in einem anderen Modell (der Bestrafung z. B.) benutzt wird. CHURCH (1963) stellte fest:

»Benutzt man nur den noxischen Stimulus als Konzept, um die Prozeduren des aversiven klassischen Konditionierens, des Flucht- und Vermeidungstrainings, der Bestrafung und der Aufrechterhaltung abzudecken, kann dies kostspielige Knauserei sein. In einer besonderen Situation gibt es eine meßbare Intensitätsschwelle der Bestrafung, die nötig ist, um eine gewisse Reaktionsunterdrückung zu erzielen. Ist sie auch die Angstschwelle? Ist sie der schwächste aversive Stimulus, der widerstreitende Reaktionen auslöst? Ist sie die Schwelle der Flucht oder der Vermeidung? ... So aber gibt es neben der Strenge des Stimulus viele andere Faktoren, die die Effektivität bestimmen der Prozeduren der aversiven klassischen Konditionierung, der Aufrechterhaltung und des Flucht- und Vermeidungstrainings. Aus diesen Gründen läßt sich ein noxischer Stimulus indirekt nicht zuverlässig definieren« (S. 371).

Vom operanten Standpunkt ausgehend, verzichten AZRIN und HOLZ (1966) auf die Fluchtdefinition; statt dessen verwenden sie eine Definition, die sie aus ihren Forschungsarbeiten zur Bestrafung entwickelten: Ein Strafstimulus ist demnach »eine Verhaltenskonsequenz, die die zukünftige Wahrscheinlichkeit dieses Verhaltens reduziert«. Diese Definition vermeidet sowohl den Subjektivismus als auch die von CHURCH angeschnittenen Probleme. Allerdings ist ihre Sprache umständlich, wenn es gilt, die operationalen Spezifika zu beschreiben, und überdies engt sie den Vergleich zwischen Paradigmen ein.

Bei Tierexperimenten bevorzugen Forscher den Elektroschock als aversiven Stimulus, da er leicht kontrollierbar und meßbar ist. Indem sie bei allen Prozeduren von den bekannten aversiven Eigenschaften des Schocks ausgehen, gehen sie den Definitionsproblemen einfach aus dem Weg. Bei Untersuchungen am Menschen sind die Definitionsprobleme schwieriger zu meistern, vor allem dann, wenn aversive Kontrolle in natürlichen Kontexten untersucht wird. Doch auch dann, wenn Elektroschocks benutzt werden können, wird die Definition des Begriffs »aversiv« durch kognitive vermittelnde Ereignisse und durch die jeweils unterschiedliche Geschichte kompliziert. So gibt es z. B. Leute, die über einen angenehm »prickelnden« Effekt des Schocks berichten und sich demgemäß verhalten. Natürlichere aversive Stimuli zu quantifizieren, ist wahrscheinlich schwierig. Wie wir noch sehen werden, kann der verstärkende Wert von aversiven Stimuli auch von ihrer früheren Geschichte abhängen. Auf der einen Seite regen diese Schwierigkeiten zu fruchtbarer Humanforschung in Klinik und Labor an; doch auf der anderen Seite verhindern sie die Spezifizierung von Variablen und sie begünstigen die ungenaue Sprache der Forschung und des klinischen Berichts. Im letzten Kapitel wiesen wir auf die Neigung von Psychologen hin, den Begriff »positiver Verstärker« auch im nicht-behavioralen Kontext zu benutzen. Weist der Stimulus in den Augen des Experimentators eine Geschichte auf, die positive Eigenschaften beinhaltet, wird er verstärkend genannt. Bei den aversiven Stimuli ist dieser ungenaue Sprachgebrauch noch stärker verbreitet. Was die positive Verstärkung betrifft, so definiert PREMACK (1959) das positiv verstärkende Potential eines Ergebnisses anhand der — relativ zur vorauslaufenden Reaktion — höheren Auftretenswahrscheinlichkeit. Kein verwandtes probabilistisches Konzept der aversiven Ereignisse liefert (abgesehen von der Fluchtdefinition), was die positive Verstärkung angeht, dieselben simplifizierenden Vorteile.

Eine dritte Definitionsmöglichkeit aversiver Ereignisse beruft sich weder auf spezifische Stimuluseigenschaften noch auf spezifische Reaktionsänderungen, sondern auf Variablen der biologischen Ausstattung des Organismus. OLDS und OLDS (1965), GRASTYÁN, KARMOS, VERECZKEY und KELLÉNYI (1966) und andere Autoren sind von unabhängigen positiven und aversiven Verstärkungssystemen im Gehirn ausgegangen, die durch Veränderungen des Erregungsniveaus des Organismus aktiviert würden. BERLYNE (1967) hat eine Reihe von Vermutungen zusammengefaßt, die darauf hinauslaufen, daß der Umfang der veränderten Erregung bestimmen könnte, welches System aktiviert wird, und daß die beiden Systeme einander wechselseitig hemmen könnten. Mäßige Zunahmen der Erregung sollen das belohnende Verstärkungssystem aktivieren, während ausgeprägtere Erregungsveränderungen das aversive Verstärkungssystem in Gang setzen und die Effekte des Belohnungssystems hemmen. Sowohl die individuellen Unterschiede als auch die Geschichte des Erregungsniveaus des Organismus sollen die Schwelle des Aversionssystems determinieren.

Eine biologische Definition, die auf Gehirnfunktionen fußt, ist in der klinischen Praxis ungeeignet, weil ihre Anwendung durch Beobachtung des intakten Organismus unmöglich ist. Trotzdem kann die biologische Definition für psychopathologische klinische Strategien, die sich der aversiven Stimulierung bedienen, sehr wichtig sein. So hat man z. B. entdeckt, daß sich Soziopathen nach schmerzhaften Stimuli Vermeidungsreaktionen langsamer aneigneten als normale Leute. Unter der erregenden Wirkung injizierten Adrenalins verbessern Soziopathen ihr Vermeidungslernen, während das bei Normalen nicht der Fall ist (SCHACHTER und LATANÉ, 1964). Da man gewöhnlich aversive Stimuli benutzt, wenn man versucht, soziopathisches Verhalten zu kontrollieren, ist es im Hinblick auf die Unterbindung oder Modifikation soziopathischer Verhaltensmuster ganz offensichtlich wichtig, die Rolle zu klären, die die Erregung bei der Reaktion von Soziopathen auf verschiedene Stimulusklassen spielt.

Die Implikationen der Erforschung der Interaktionen zwischen Erregung und Verstärkung werden auch von EYSENCK dargestellt, der in einer seiner Arbeiten (1967) behauptet, Introvertierte und Extravertierte unterschieden sich in ihrem bevorzugten Stimulations- oder Erregungsniveau.[1] Extravertierte neigten zu einem »Stimulushunger«, während Introvertierte zur »Stimulusvermeidung« tendieren. Stimulationsniveaus, die für Introvertierte aversiv sind, seien ungeeignet, wenn es darum ginge, bei Extravertierten ähnliche Verhaltenskontrolle zu erzielen. EYSENCKs Hypothesen basieren —

1 Vgl. auch Eysenck, »Die Experimentiergesellschaft«, Hamburg 1973, S. 491 (Anm. d. Ü.).

wie die von SCHACHTER — auf rückgeschlossenen biologischen Unterschieden (die vor allem durch kortikale Erregung und autonome Reaktionsfähigkeit bedingt sind — auf Unterschieden, die mit BERLYNES allgemeiner Erregungstheorie übereinstimmen.

Da es keine allgemeingültige Definition der aversiven Kontrolle gibt, werden wir in diesem Kapitel verschiedene Definitionen aversiver Stimuli benutzen, je nachdem, mit welchem Ansatz wir uns befassen. Doch werden wir versuchen, auf die Implikationen der jeweiligen Definition einzugehen, wenn es den Anschein hat, als wirkte sie sich auf die Schlußfolgerungen aus.

Respondente und operante Elemente der aversiven Kontrolle

Bei einem weiteren zentralen Definitionsproblem geht es um die Unterscheidung zwischen der aversiven Kontrolle von Operanten und von Respondenten, das heißt, zwischen klassischen und operanten Konditionierungsmodellen, die aversive Stimuli benutzen. In Kapitel 3 diskutierten wir die theoretischen und prozeduralen Folgen der Kombination beider Modelle. In diesem Kapitel werden wir daher nur kurz auf diese Unterscheidungen und auf die Schwierigkeit, die beiden Modelle säuberlich zu trennen, eingehen. Später werden wir uns mit der Rolle befassen, die kombinierte respondente und operante Komponenten in Theorien der Bestrafung, Vermeidung und in anderen Paradigmen mit aversiven Konsequenzen spielen.

Wie wir in Kapitel 3 sahen, können aversive Stimuli zur *Errichtung von Stimulusfunktionen* dienen, das heißt, man kann konditionierte Aversionen und konditionierte positive Verstärker dadurch erzeugen, daß man neutrale Stimuli in einem klassischen Konditionierungsparadigma mit dem Einsetzen oder der Beendigung einer aversiven Stimulierung koppelt. Im operanten Konditionierungsparadigma können aversive Stimuli benutzt werden, um eine Reaktion zu unterdrücken, indem die Stimuli *kontingent* gemacht werden auf das Auftreten der Reaktion. Doch können aversive Stimuli auch zur Aufrechterhaltung einer Reaktion benutzt werden, indem ihre Beseitigung auf diese Reaktion kontingent gemacht wird. Im Bereich der theoretischen Darstellung scheint die Unterscheidung zwischen der stimuluserrichtenden Funktion des klassischen Konditionierens und der reaktionskontingenten Funktion des operanten Konditionierungsmodells klar zu sein. Doch in der Praxis können die beiden Modelle nicht säuberlich voneinander getrennt werden. Beobachtete Effekte können dem einen oder dem anderen Modell nur dann zugeschrieben werden, wenn willkürlich nur einige Elemente der Verhaltensformel berücksichtigt werden. Auch die verschiedenen operanten Paradigmen, die die Anwendung des aversiven Stimulus erläutern und die im Bereich der bloßen Beschreibung klar voneinander getrennt werden (siehe Tab. 7/2), sind in der Praxis weniger einfach voneinander zu unterscheiden.

Die Theorien, die versuchen, den Prozeß zu erklären, durch den aversive Konsequenzen ihre Effekte erzielen, widerspiegeln die Schwierigkeit, klassische und operante Konditionierungsmodelle einerseits und die verschiedenen Parameter innerhalb des operanten Modells andererseits prozedural zu trennen. So berufen sich z. B. manche Bestrafungstheorien auf klassisch konditionierte skeletthafte oder emotionale Reaktionen, die durch den Strafstimulus ausgelöst werden, wenn sie dessen Effekt auf die bestrafte Handlung zu erklären suchen. Andere Bestrafungstheorien erklären die Unterdrückung der bestraften Handlung mit dem operanten Vermeidungsparadigma. Auf diese Theorien werden wir, wenn wir uns mit der Bestrafung befassen, näher eingehen. An dieser Stelle soll lediglich betont werden, daß die Überschneidung von Modellen und Paradigmen nicht nur Unsicherheit erzeugt im Hinblick darauf, welche Variablen in der Praxis der aversiven Verhaltensmodifikation einen erwünschten Effekt bewirken, sondern auch zu widerstreitenden Theorien führt, die durch empirische Daten derzeit nicht differentiell bewertet werden können.

Um die Schwierigkeit der Trennung aversiver Paradigmen in der Praxis zu erläutern, wollen wir auf einen Fall von klinischer Verhaltensmodifikation durch aversive Kontrolle eingehen. LANG und MELAMED (1969) behandelten mit einem aversiven Konditionierungsparadigma einen neunmonatigen Säugling (einen Jungen), der in Lebensgefahr schwebte, weil er ständig erbrach und das Erbrochene wieder aß. Eine organische Grundlage für das Erbrechen konnte nicht festgestellt werden, und verschiedene medikamentöse und andere Therapien verliefen ergebnislos. Da mehrere Untersuchungen bewiesen hatten, daß Erbrechen eine konditionierte Reaktion sein kann (siehe z. B. PAWLOW, 1927), und da sich Verhaltensmodifikation als erfolgreich erwies sowohl bei nahrungsbezüglichen Symptomen (siehe z. B. BACHRACH, ERWIN und MOHR, 1965) als auch bei Erbrechen mit Wiederessen des Erbrochenen (WHITE und TAYLOR, 1967), versuchten LANG und MELAMED, das Leben des Säuglings durch aversive Konditionierung zu retten.

Anfängliche Beobachtungen und elektromyographische Aufzeichnungen zeigten, daß der Säugling den größten Teil der aufgenommenen Nahrung in den ersten zehn Minuten nach der Mahlzeit erbrach und den ganzen Tag über kleine Mengen regurgitierte. Der Beginn des Erbrechens wurde stets begleitet von heftigen Bewegungen des Halses, die ein bestimmtes, sonst nicht auftretendes Muster bildeten. Glücklicherweise kam es während der Nahrungsaufnahme nicht zum Erbrechen. Daher glaubte man nicht, daß die Beseitigung des Erbrechens durch aversive Kontrolle lebenswichtige Verhalten des Saugens unterbrechen würde.

Die Behandlungsprozedur bestand aus Elektroschocks, die am Bein verabreicht wurden (und von denen die Therapeuten annahmen, sie seien schmerzhaft genug, um beim Säugling Gegenverhalten auszulösen); diese Schocks wurden vom Einsetzen bis zum Ende des Erbrechens in Ein-Sekunden-Intervallen verabreicht. Das Einsetzen des Erbrechens wurde durch elektromyographische Aufzeichnungen und durch die Beobachtungen einer Krankenschwester ermittelt. Nach der ersten Sitzung hatten Häufigkeit und Dauer des Erbrechens auffällig abgenommen. Nach der zweiten Sitzung sah der Säugling den Schock voraus; nach Beginn des üblichen Saugverhaltens fing er laut zu schreien an. Auch begann er den Schock zu vermeiden, indem er seinen Fuß einrollte, weshalb die Elektroden nicht mehr an der Fußsohle, sondern an der Wade befestigt wurden; und wieder nahm das Erbrechen rasch ab. In der sechsten Sitzung fand kein Erbrechen mehr statt, und das heftige Daumenlutschen des Säuglings wich einem passiveren Daumen-im-Mund-Verhalten. Eine leichte spontane Erholung nach zwei Tagen ohne Behandlung wurde durch drei weitere Sitzungen reduziert. Sechs Monate später war der Säugling immer noch symptomfrei, und er hatte sein Normalgewicht zurückerlangt. Hand in Hand mit den Sitzungen hatten sein Lächeln, sein Spielen mit Spielzeug und sein Reaktionsvermögen gegenüber anderen zugenommen. Diese positiven Veränderungen wurden bei einer Nachuntersuchung bestätigt.

Obwohl LANG und MELAMED diese Therapie als aversive Konditionierung bezeichnen, erwähnen sie auch Bestrafung und Gegenkonditionierung, und sie gehen auf die verschiedenen alternativen Modelle ein, die die therapeutischen Prozeduren erklären könnten. Halten wir Erbrechen für einen konditionierten oder unkonditionierten Respondenten, können die elektromyographischen Aufzeichnungen, die das Einsetzen der Magenmobilität anzeigen, zur Definition eines neutralen Stimulus (CS), der der tatsächlichen Reaktion vorausgeht, benutzt werden. So aber kann die klassische Konditionierung dieses CS mittels Schock (UCS) durchgeführt werden. Auch wenn die Hauptkomponenten des Erbrechens operante Reaktionen wären, ist die klassische aversive Konditionierung zu diesen frühen Gliedern (Magenmotilität) der Reaktionskette immer noch eine mögliche Erklärung. Die Therapeuten stellten fest, daß »die Sequenz des Erbrechens, des Wiederkauens und Saugens und des nochmaligen Erbrechens« auf eine starke selbstverstärkte »Verhaltensschleife« schließen läßt, deren Stimuluskomponenten durch Koppelung mit Schock sekundäre aversive Funktionen erwerben könnten.

Andererseits ist die Erklärung, daß die direkte operante Unterdrückung durch Schockbestrafung des Erbrechens erzielt wurde, ebenfalls plausibel. Da die unkonditionierte Reaktion auf den Schock im Schreien bestand, einem Verhalten, das mit Erbrechen unvereinbar ist, könnte sie den Bestrafungseffekt gesteigert haben. Doch lassen verschiedene Merkmale der Reaktionen des Säuglings auf die Behandlung vermuten, daß auch Vermeidungstraining (einschließlich Flucht und spätere Verstärkung konkurrierender Vermeidungsreaktionen) im Spiel war. Das konkurrierende Schreien fiel in den meisten Konditionierungsdurchgängen zusammen mit der Beendigung des Erbrechens und des Schocks. Im Mittelstadium der Behandlung folgte dem Saugen kaum mehr Erbrechen, sondern Schreien, wodurch der Schock vermieden wurde. War als Alternative eine Vermeidungsreaktion möglich (Flexion des Fußes, wenn die Elektrode an der Fußsohle befestigt war), wurde das Erbrechen nicht gehemmt. Wenn durch Fußflexion bei einigen, doch nicht bei allen Durchgängen der Schock erfolgreich reduziert oder vermieden wurde, wurde die Verabreichung des Schocks offensichtlich von einer *Zunahme* des Erbrechens begleitet, ein Ergebnis, das nicht ungewöhnlich ist, wenn eine Vermeidungsreaktion selbst bestraft wird. Schließlich weisen die Autoren noch darauf hin, daß, obgleich die positive Verstärkung sozialer Verhalten, die mit Erbrechen unvereinbar sind, das Ergebnis allein nicht erklären konnte, diese Verhalten durchaus andere Faktoren, die zum Behandlungserfolg beitrugen, ergänzt haben konnten. Die sozialen Reaktionen des Säuglings, die zunahmen, als das Erbrechen abnahm, wurden von der Krankenschwester mit Wärme und Aufmerksamkeit begrüßt und ersetzten vielleicht sein früheres nichtsoziales Verhalten.

Eine Analyse dieses Falles zeigt, daß die effektiven Variablen bei Untersuchungen in der Klinik und im Labor nicht immer isoliert werden können. Trotzdem weist jedes operante aversive Paradigma gewisse Merkmale auf, die, zumindest in ihrer Reinform, zu seiner Identifizierung dienen und besondere therapeutische Anwendungsmöglichkeiten erkennen lassen. Auf die Überschneidung und Ambiguität von Paradigmen werden wir in den folgenden Abschnitten eingehen, die sich mit der Benutzung unvermeidbarer aversiver Stimulierung, mit Flucht- und Vermeidungstraining und mit Bestrafungsprozeduren befassen.

Unvermeidbare aversive Stimulierung

Die Effekte kontingenter aversiver Stimuli müssen vor dem Hintergrund der Verhaltenseffekte unvermeidbarer aversiver Stimuli gesehen werden, die während eines Zeitabschnitts nach einem zufälligen, nicht-kontingenten Plan verabreicht werden. Die unkonditionierten Reaktionen auf plötzliche, intensive aversive Stimulation variieren von einer Spezies zur anderen, doch schließen sie ihrer Natur nach gewisse motorische und autonome Reaktionen ein. Diese bezeichnet man gewöhnlich als emotionale Reaktionen; im Kontext des Fluchtverhaltens stößt man auf Bemühungen nach dem Versuchs- und Irrtumsschema. So beginnt ein Hund in einem »Schützenkasten« (aus dem er entweichen kann) zu heulen, zu defäkieren, zu urinieren und beim Einsetzen heftiger Elektroschocks wie wild herumzurennen. Schließlich klettert er über das Gatter und entflieht dem Schock. Frieren und Aggression sind weitere häufig beobachtete Reflexreaktionen nach Schockverabreichung (ULRICH und AZRIN, 1962). Nicht-kontingente aversive Stimulation gestattet kein Diskriminationslernen; daher bewirkt nicht-kontingent verabreichter Schock eine allgemeinere Verhaltensunterdrückung als kontingenter Schock oder Bestrafung (siehe z. B. HUNT und BRADY, 1955). Nicht-kontingente aversive Stimulation kann jedoch nicht nur allgemeine Verhaltensunterdrückung, sondern auch anhaltende Unterbrechung von Verhaltensarten wie antrainierte Diskrimination bewirken; im Gegensatz dazu erzeugt Bestrafung nur zeitweilige Unterbrechung (HEARS, 1965). CHURCH (1963) hat gezeigt, daß die Unterschiede zwischen kontingenter und nicht-kontingenter aversiver Stimulation wahrscheinlich dann am größten sind, wenn die Intensität der noxischen Stimuli klein ist. Bei großer Intensität werden wahrscheinlich, ungeachtet der Kontingenzbeziehung, alle Reaktionen unterbunden; dagegen haben die diskriminativen Eigenschaften der aversiven Stimuli bei kleiner Intensität und bei kontingenter Verabreichung wahrscheinlich einen Effekt, obgleich die Intensität zu gering ist, als daß sie emotionale Reaktionen bewirken könnte (siehe z. B. ANNAU und KAMIN, 1961).

Da die Anwendung noxischer Stimuli beim Menschen problematisch ist, weiß man relativ wenig über den Parameter der Stimulusintensität beim menschlichen Flucht- und Vermeidungslernen. In mehreren Untersuchungen autistischer Kinder haben LOVAAS und seine Mitarbeiter (BUCHER und LOVAAS, 1968; STAHELSKI und LOVAAS, 1967) entdeckt, daß nichtkontingente Stimuli (ein lautes »Nein« oder ein Klaps) Lächeln und Gebrabbel reduzierten, während sie echolalisches Sprechen oder Betrachten des Gesichts des Erwachsenen zunehmen ließen. Angenehme Stimuli (z. B. ein warmes Bad) hatten entgegengesetzte Effekte. Diese Forscher entdeckten auch, daß die Unterdrückungseffekte der noxischen Stimuli relativ kurzlebig waren; so wurde z. B. spontanes Sprechen nach einem Klaps für weniger als 13 Minuten unterdrückt. Die Forscher weisen darauf hin, daß die Unmittelbarkeit und die affektive Qualität dieser Veränderungen, ganz gleich, ob es sich um ungelernte affektive Reaktionen oder um gelernte Reaktionen handelt, die mit aversiven, diskriminativen Stimuli verbunden sind, daß also diese Unmittelbarkeit und Qualität erkennen lassen, wie wichtig es ist, in Verhaltensmodifikationsplänen auch die affektiven Variablen zu berücksichtigen.

Über eine interessante Anwendung nicht-kontingenten Schocks wurde im Fall einer Harnverhaltung berichtet. BARNARD, FLESHER und STEINBOOK (1966) stellten die Hypothese auf, daß dieses Symptom auf eine Überstimulation der sympathischen Kontrolle der Blase zurückzuführen sei und daß ein starker parasympathischer Impuls die Sphinkter-Relaxation bewirken würde. Parasympathische Entleerung könne nach plötzlicher Streßerleichterung als »Rückeffekt« auftreten. Die therapeutische Prozedur, die auf diesen Hypothesen beruhte, umfaßte eine Schockbehandlung, die so lange fortgesetzt wurde, bis die Patientin erklärte, sie könne sie nicht mehr ertragen. Wurde sie plötzlich beendet, kam es zur Entleerung. Die Patientin verabreichte sich selbst so lange weitere Durchgänge, bis die Entleerung willentlich kontrolliert wurde (und gleichzeitig wurden andere Arten der Verhaltenstherapie durchgeführt, z. B. Selbstsicherheitstraining).

In Diskussionen zur Ätiologie der Neurosen hat man oft die Rolle der zufälligen klassischen aversiven Konditionierung unterstrichen. Die zufällige Koppelung eines neutralen Ereignisses mit noxischer Stimulation kann zur Grundlage lang anhaltender Vermeidungsverhalten werden. Im Alltag sind die Vermeidung eines Restaurants, in dem man nach einer Mahlzeit (ohne daß ein kausaler Zusammenhang hätte festgestellt werden können) Magenschmerzen bekam, oder die Vermeidung einer Gesellschaft von Leuten, mit der man unangenehme Erfahrungen gemacht hat, Beispiele für die Effekte der Kontiguität von Ereignissen, die kausal eventuell nicht miteinander verbunden waren. Die Experimente zur Entwicklung von Phobien, die wir in Kapitel 3 behandelten, veranschaulichen die Auswirkungen einer derartigen Kontiguität von Ereignissen im klinischen Kontext.

Eine faszinierende und bislang unerforschte Frage betrifft die Natur biologisch begründeter Vermeidungsreaktionen. Obwohl die Forschung belegt hat, daß viele scheinbar instinktive Verhalten zur Vermeidung von Schädigungen in Wirklichkeit durch Beobachtung oder Erfahrung gelernt wurden, legen Tiere und Menschen häufig ein »Wissen des Körpers« an den Tag, wenn es darum geht, gewisse Nahrungsmittel, gefährliche Situationen und andere schädliche Erfahrungen zu vermeiden, obwohl entsprechendes Lernen gering oder nichtexistent war. Motivationstheorien haben für solche Verhalten einige Mechanismen postuliert (COFER und APPLEY, 1964). Doch reichen Reaktionen »ungelernter Vermeidung« von komplexen Verhaltensarten des Menschen bis hin zu den einfachsten (in erster Linie wahrscheinlich biochemisch oder mechanisch determinierten) Vermeidungsmustern bei Amöben oder Bakterien, die man den Wirkungen neuer, von Menschenhand verfertigter Drogen oder anderen tödlichen Mitteln z. B. Röntgenbestrahlung aussetzte. Würde die Zukunft für uns einen vollständigen Katalog der dem Menschen angeborenen Stimuli zur Auslösung von Vermeidung und der zugrunde liegenden Mechanismen bereithalten, könnte der Kliniker bei der Erfassung von Verhaltensproblemen und bei der Programmierung ihrer Behandlung wesentlich geschickter verfahren.

Ein letztes Merkmal, das im Kontext der nicht-kontingenten aversiven Stimulation diskutiert werden sollte, ist das Ausmaß, in dem derartige Erfahrungen den einzelnen im Hinblick auf spätere Erfahrungen mit denselben aversiven Stimuli (auch wenn diese reaktionskontingent sein sollten) »sensibilisieren« oder »immunisieren«. Was das klassische Konditionierungsmodell betrifft, so ist die Konsequenz klar: Neutrale Stimuli (CS), die wiederholt mit dem Einsetzen eines noxischen Stimulus (UCS) assoziiert werden, ganz gleich, ob dieser reaktionskontingent ist oder nicht, werden selbst aversiv und lösen später dieselben emotional oder anders gearteten Reaktionen aus, die dem ursprünglichen noxischen Stimulus (UCS) folgten. Da die emotionale Reaktion in diesem Fall auf einen größeren Stimuluskomplex konditioniert wird, wird der einzelne durch seine Erfahrung gewissermaßen »sensibilisiert«. Das Kind, das, nachdem es früher eine ähnliche Erfahrung gemacht hatte, eine konditionierte emotionale Reaktion an den Tag legt, die darin besteht, daß es Angst-, Schrei- und Fluchtverhalten zeigt (CER), wenn es sich dem Behandlungszimmer nähert, die Spritze sieht und gespritzt wird, dieses Kind emittiert — verglichen mit seiner ersten Erfahrung, bei der es erst nach der Spritze zu schreien begann — mehr emotionales Verhalten über eine längere Zeit hin. Da seine emotionale Reaktion nun durch wesentlich mehr Stimuli ausgelöst wird, ist sie intensiver und dauert sie länger; in diesem Sinne darf man sie als »sensibilisiert« bezeichnen.

Wie sehen die Effekte einer anfänglichen Konfrontation mit noxischer Stimulation aus, die sowohl nicht-kontingent ist als auch nicht-assoziiert mit demselben Set kontexthafter Stimuli? Bewirkt eine vorausgehende vereinzelte Konfrontation, daß aversive Stimuli als Verstärker instrumenteller Handlungen mehr oder weniger wirksam werden? Offensichtlich beeinflussen verschiedene Aspekte der anfänglichen Erfahrung die späteren Effekte der aversiven Konsequenz. Werden Ratten einem schwachen Elektroschock ausgesetzt, ist die sich anschließende Bestrafung durch Elektroschock weniger effektiv; dagegen bewirkt die vorangegangene Konfrontation mit intensivem Schock eine Zunahme der späteren Bestrafungseffekte. So kann also die Konfrontation mit einem aversiven Stimulus, der später als operanter Verstärker benutzt wird, entweder zu Adaptation oder Sensibilisierung führen. Unterscheidet sich jedoch die anfängliche Expositions- oder Konfrontationsumwelt erheblich von der späteren Testumwelt, kann es sein, daß keine Adaptation stattfindet (MILLER, 1960; WALTERS und ROGERS, 1963; KARSH, 1963; CHURCH, 1969).

Ein anderer Forschungsansatz läßt vermuten, daß die Gelegenheit des Organismus, auf den anfänglichen nicht-kontingenten aversiven Stimulus hin eine instrumentelle Reaktion zu äußern, dessen spätere Effekte bestimmen wird. In einer Reihe von Untersuchungen haben SELIGMAN, MAIER und deren Mitarbeiter die (von ihnen so bezeichnete) »gelernte Hilflosigkeit« von Hunden untersucht (SELIGMAN, MAIER und GEER, 1968; SELIGMAN und MAIER, 1967). Setzt man Hunde unvermeidbarem, nicht-kontingentem intensivem Schock aus und bringt man sie anschließend für ungefähr 24 Stunden in einen Apparat zum Flucht-Vermeidungstraining, so sind sie unfähig zu lernen, wie sie fliehen oder wie sie Schocks vermeiden können, obwohl Kontrolltiere das ohne weiteres können. SELIGMAN und MAIER (1967) behaupten, die Tiere hätten eine Beziehung der *Unabhängigkeit* zwischen ihren Reaktionen und dem aversiven Schock gelernt, ebenso wie Tiere Kontinguitätsbeziehungen (positive Verstärkung) und Dissoziationsbeziehungen (Löschung) zwischen einer instrumentellen Reaktion und Umweltereignissen lernen können. Die Hunde verhalten sich so, als hätten sie gelernt, nicht zu erwarten, daß ihr eigenes Verhalten die Schockverabreichung beeinflußt. Werden sie mit einer neuen Situation konfrontiert, vermittelt der Schock eine Generalisierung ihres passiven Verhaltens.

Dieses »hilflose« Verhalten (das Mißlingen des Erlernens von Flucht oder Vermeidung) findet nicht statt, wenn man zwischen der anfänglichen Schockexposition und dem Fluchttraining 48 Stunden verstreichen läßt. Chronisch wird diese »Hilflosigkeit« jedoch, wenn den Tieren in der Fluchtapparatur in den 24 Stunden nach der ersten Schockexposition mehrere Schockdurchgänge verabreicht werden. Offenbar muß die Generalisierung der passiven Reaktion oder der gelernten Unabhängigkeitsbeziehung von einer Umwelt auf die andere ziemlich früh stattfinden; hat sie jedoch einmal stattgefunden, scheint sie sehr dauerhaft zu sein. Ein weiteres wichtiges Merkmal des »hilflosen« Verhaltens der Hunde besteht darin, daß sie später, auch dann, wenn sie erfolgreiche Flucht- oder Vermeidungsreaktionen äußerten, den Schock passiv hinnahmen. Offenbar reduziert das Lernen, daß die Reaktionen von der Schockbeendigung unabhängig sind, nicht nur die Wahrscheinlichkeit, daß der Hund später Fluchtverhalten zu zeigen beginnt, sondern es hemmt offenbar auch die Assoziation einer Reaktion mit Schockerleichterung.

Hunde mit »chronischer Hilflosigkeit« können einer »Therapie« unterzogen werden, indem man sie zwingt, normale Vermeidungsreaktionen zu äußern. Der Kraftaufwand (gemessen am Zug einer Hundeleine), der erforderlich ist, um sie in einen »sicheren« Bereich des Käfigs zu ziehen, nimmt im Lauf der Durchgänge ab, doch ist eine hohe Anzahl von Durchgängen erforderlich, bevor man sich auf das Vermeidungsverhalten verlassen kann. Dadurch wird die Ansicht gestützt, daß die Tiere gehemmt worden waren, als sie versuchten, eine Reaktion mit Aversionserleichterung zu assoziieren (SELIGMAN, MAIER und GEER, 1968). Die Hunde könnten auch eine »präventive Therapie« bekommen, die eine Ausformung chronischer Hilflosigkeit unterbände. Wurden sie früher mit Schock konfrontiert, dem sie *entfliehen* konnten, wirkte sich die spätere Konfrontation mit unvermeidbarem Schock nicht auf neues Fluchtlernen aus (SELIGMAN und MAIER, 1967).

Das Konzept der »gelernten Hilflosigkeit« oder — genauer gesagt — der gelernten Unabhängigkeit von Reaktion und aversiver Stimulation, kann beitragen zum Verständnis der Pathologie des in einer bedrohlichen Situation praktizierten passiven Verhaltens. Frühere Erfahrungen von Patienten in Situationen, die denen der Hundeexperimente analog sind, könnten auch die großen individuellen Unterschiede erklären, die die Reaktionen von Leuten auf bestimmte aversive Stimuli aufweisen. So kann z. B. ein Kind auf kräftige Klapse hin überhaupt keine Reaktion äußern, während es sein Verhalten ändern kann, wenn es einen neuartigen noxischen Stimulus, sagen wir einen Elektroschock, verabreicht bekommt. Seine Erfahrungen mit Klapsen von Erwachsenen haben es gelehrt, daß diese Klapse unvermeidlich von seinem Verhalten unabhängig sind, wogegen es die Verabreichung von Schocks durch seine eigenen Handlungen kontrollieren kann. Die therapeutische Strategie, die darin besteht, daß man das Individuum zwingt, die operierende Verhaltenskontingenz zu erfahren, ähnelt der Prozedur, bei der die Löschung der Vermeidungsreaktion eines Tieres dadurch beschleunigt wird, daß dieses Tier an der Stelle, wo es früher aversive Stimuli verabreicht bekam, festgehalten wird. Dem Leser wird auffallen, daß diese Prozeduren den Methoden der Implosionstherapie, die wir in Kapitel 3 behandelten, ähneln. Die systematische Desensibilisierung gelangt zum selben Ziel durch eine langsamere Wiedereinführung der Ausgangssituation. Die vorbeugende Verwendung reaktionskontingenter Aversionserleichterung vor der Konfrontation mit nicht-kontingenter aversiver Stimulation scheint auch verwandt zu sein mit dem vorbeugenden Entspannungstraining oder mit LAZARUS' (1968) Methode, die darin bestand, daß antizipierte aversive Stimuli noch einmal eingeschätzt wurden, um ihren Effekt bei ihrer tatsächlichen Darbietung zu reduzieren.

Andere Autoren haben die Fähigkeit, durch Aversionserleichterung zu lernen, als Äquivalent der »Hoffnung« — des Gegenteils von »Hilflosigkeit« — (MOWRER, 1960 b) gedeutet. BERLYNE (1967) hat ein aversionsreduzierendes System im Gehirn angenommen, das die Tätigkeit des Aversionszentrums angeblich hemmt und das durch Stimuli, die mit Erleichterung oder »Hoffnung« verbunden sind, angeblich mit Energie gespeist wird. MANDLERs, (1964) Angsttheorie geht ebenfalls von der Hilflosigkeit und vom Nichtvorhandensein einer geeigneten Reaktion aus: »Freischwebende Angst entstammt nicht der Generalisierung der Angstreaktion, die durch eine ursprüngliche traumatische Assoziation entstanden ist und auf eine Reihe von Stimuli hin erfolgt; vielmehr scheint das Angstphänomen bedingt zu sein durch das *Nichtvorhandensein* geeigneter Umweltstimuli und der assoziierten Reaktionen« (MANDLER, 1964).

Vorbeugende und therapeutische Prozeduren, die denen von SELIGMAN und MAIER nachgebildet sind, sind bei klinischen Fällen noch nicht systematisch angewandt worden. Klar ist allerdings, daß der verhaltensmodifikatorische Nutzen bestimmter aversiver Stimuli einerseits von den vorausgegangenen Erfahrungen des Individuums mit diesen Stimuli abhängt, andererseits von der Entwicklungsgeschichte der Fähigkeit des Individuums, den Einfluß dieser Stimuli zu fliehen oder zu meiden.

Man hat sich der nicht-kontingenten aversiven Stimulation in beschränktem Umfang zu therapeutischen Zwecken bedient. So scheinen z. B. manche autistische Kinder lethargisch zu sein, es scheint ihnen an normaler Angst zu mangeln, und die eigenen Fehlschläge und soziale Kontingenzen scheinen sie nicht zu berühren. LOVAAS und seine Mitarbeiter (PERLOFF und LOVAAS, 1967; BUCHER und LOVAAS, 1968) haben vermutet, daß eine aversive Stimulation in solchen Kindern die Angstgefühle auslösen könnte, die von normalen Kindern erlebt und beim Lernen genutzt werden. Jimmy, ein autistisches Kind, machte in einem Imitationstrainingsprogramm gute Fortschritte, so lange Nahrungsverstärker benutzt wurden, während er bei sozialer Verstärkung wesentlich weniger richtige Reaktionen äußerte. Nicht-kontingente aversive Stimuli (Klaps aufs Hinterteil) ließen seine Performanz durch soziale Verstärker auf die Stufe zurückkehren, die er bei Nahrungsverstärkung bereits erreicht hatte. Nach einer Reihe alternierender Trainings- und Löschungsdurchgänge erhielt Jimmy sieben Tage lang einen hohen Anteil an richtigen Reaktionen aufrecht; als die Effekte des vorauslaufenden Klapses nach Löschungsdurchgängen abnahmen, stellte ein Aversionsdurchgang die hohe Performanz wieder her. Da dieser aversive Klaps nicht kontingent war auf irgendeine Reaktion, enthielt er keine Hinweisreizinformation. Es gab einen Punkt, an dem nicht Jimmys richtige, sondern seine falschen Reaktionen zunahmen, nachdem er bei nur 10 Prozent richtiger Antworten angelangt und wieder zur Aversionsprozedur gegriffen worden war. Es bedurfte kontingenter Nahrungsverstärker, um Jimmys Diskrimination zwischen richtigen und falschen Reaktionen wiederherzustellen; danach bewirkte der Klaps wieder richtige Performanzen. Die Forscher stellten fest: »Nicht-kontingente« aversive Stimulation oder Angst (das wäre wahrscheinlich die richtigere klinische Bezeichnung) dürfte für einen Patienten insofern hilfreich sein, als dieser weiß, was er tun soll. Ist das nicht der Fall, wirkt sich die aversive Stimulation diskriminativ aus auf eine allgemeine Verhaltenszunahme, das heißt, auch falsches Verhalten nimmt zu« (BUCHER und LOVAAS, 1968).

Nicht-kontingente aversive Stimuli können als diskriminative Hinweisreize funktionieren, und zwar aufgrund der Geschichte ihrer Verwendung in einer Kontingenzbeziehung. So steigerten schizophrene Kinder, deren soziale Reagibilität zunächst durch ein Flucht-Vermeidungsparadigma mit Elektroschock trainiert wurde, ganz plötzlich ihre teilweise gelöschten sozialen Reaktionen nach nur einem *nicht-kontingenten* Schock. Ebenso war das Verhalten allmählich zurückgekehrt, nachdem autistische Selbststimulation mit reaktionskontingentem Schock bestraft worden war. Doch genügte ein *nicht-kontingenter* Schock, um die Unterdrückung wiederherzustellen (BUCHER und LOVAAS, 1968). Solche Befunde mögen erklären, warum aversive Stimuli unerwartete Effekte erzielen können, wenn sie therapeutisch (sei es nun kontingent oder nicht-kontingent) genutzt werden. In ihrer unbekannten Geschichte können diese Stimuli unerwartet diskriminative Eigenschaften erworben haben.

Flucht- und Vermeidungstraining

Flucht- und Vermeidungsreaktionen werden durch *negative Verstärkung* (der Begriff stammt von SKINNER) antrainiert, also durch die Beendigung oder Vermeidung aversiver Stimuli. In einem typischen Laborexperiment kann der Schock über den Käfigboden verabreicht werden; durch Hebeldrücken kann das Tier den Schock beenden oder vor ihm fliehen. Das Einsetzen des Schocks kann einige Sekunden im voraus signalisiert werden, so daß das Tier durch Hebeldrücken lernt, den Schock völlig zu vermeiden. Diese beiden Paradigmen haben wir in Tab. 7/2 dargestellt. Aus dieser Tabelle geht hervor, daß es sich bei der Reaktion, die in diesen Prozeduren untersucht wird, um die Reaktion handelt, der sich *Aversionserleichterung* anschließt. Jedes andere Verhalten, welches das Tier vor der Stimulation äußert, ist in diesem Modell irrelevant. So errichtet das Flucht- und Vermeidungstraining *neue* Verhalten, und es beeinflußt alte Verhalten nur insofern, als es mit diesen konkurriert oder als es diese in abergläubische Verhaltensketten integriert.

»Pathologische« Flucht und Vermeidung

In Kapitel 3 stellten Flucht- und Vermeidungsreaktionen häufig therapeutisch wünschenswerte Verhalten dar. Die Einführung eines aversiven Stimulus in Verbindung mit einem Homosexuellen-Dia oder mit dem Anblick von Alkohol dient dazu, anstelle von sozial unerwünschten Verhalten Flucht- und Vermeidungsverhalten zu errichten. Doch — wie bereits bemerkt, wird allgemein angenommen, daß Verhaltensabweichungen Vermeidungs- oder »Defensiv«-Reaktionen darstellen, die Angst reduzieren oder den Neurotiker von einem Konflikt oder einer Drohung fortschaffen. Im Alltag haben manche

Flucht- oder Vermeidungsreaktionen widersprüchliche unmittelbare oder langfristige Effekte. Man hat einen Katalog gemeinsamer Symptome zusammengestellt für den Hypochonder, Hysteriker, den sexuell Perversen und für andere Patienten, bei denen die unmittelbaren Erleichterungskonsequenzen der Symptome offensichtlich sind. Die übertriebene Angst vor Infektionen kann dem Hypochonder helfen, Zusammenkünfte, die ihn sozial überfordern, zu vermeiden, und vom Pädophilen wird angenommen, er vermeide durch seine Symptome den gefürchteten Kontakt mit reifen Sexualpartnern. Durch Versagensangst, soziale Abkapselung oder negative Selbsteinschätzung wird die Konfrontation mit Situationen unterbunden, die ein hohes Risiko des Scheiterns beinhalten, und Phobien führen zur Vermeidung gefürchteter Objekte. So kann Flucht- oder Vermeidungsverhalten von der Gesellschaft aus gesehen unannehmbar sein, während es dem einzelnen Erleichterung verschaffen kann. Die sekundären angenehmen Konsequenzen einer pathologischen Vermeidungsreaktion stellen sich häufig erst dann ein, wenn das Symptomverhalten richtig etabliert ist. Reaktionen der sozialen Umwelt — z. B. Sympathie, Unterstützung oder die Vorrechte, die die Gesellschaft ihren »kranken« Mitgliedern einräumt — können dazu beitragen, daß das Vermeidungsverhalten in seiner vollen Stärke aufrechterhalten wird. Dieser Effekt, der Klinikern seit langem vertraut ist und den sie als »sekundären Gewinn« bezeichnet haben, behindert die Symptombeseitigung.

Die besonderen Merkmale, die die Entwicklung »selbstschädigender« Vermeidungsreaktionen beeinflussen, sind im Tierlabor eingehend untersucht worden. SIDMAN (1960 a) hat mehrere Affenstudien beschrieben, welche die Komplexität des Vermeidungslernens veranschaulichen. Die Tiere waren so trainiert worden, daß sie durch einen stabilen hebeldrückenden Operanten Futter erhielten. Als man ein Tonsignal einführte, das stets mit einem kurzen, unvermeidbaren Schock endete, zeigten die Tiere die übliche *konditionierte Unterdrückung* (ESTES und SKINNER, 1941), das heißt, sie hörten während des Tonintervalls mit dem Hebeldrücken auf. Diese Ergebnisse sind immer wieder bestätigt worden, und man vermutet, daß sie auf aversiver Konditionierung basieren. Als SIDMAN seine Affen mit einem partiellen Verstärkungsplan konfrontierte, in dem er Ton und Schock nur bei 25 Prozent der Zeit assoziierte, erschöpfte sich die stabile konditionierte Unterdrückung allmählich und an ihre Stelle trat eine Vielfalt von Verhaltensanomalien. Weitere Untersuchungen ergaben, daß die Dauer des Warntons und die Dauer seiner Abwesenheit die wesentlichen Kontrollvariablen bildeten. Waren die Pausen ohne Ton relativ lang, wurde die Reaktionsunterdrückung länger aufrechterhalten, wie wenn die Pausen kurz waren. Wie sich herausstellte, minimierte diese Beziehung die Einbuße an positiver Verstärkung; die Tiere hielten eine relativ konstante Gesamtrate von positiver Verstärkung aufrecht (das waren zirka 90 Prozent der Grundkurve), und das taten sie, ungeachtet der unterschiedlichen Dauer der Phasen, mit und ohne Ton. Ergab die konditionierte Unterdrückung einen Verlust an positiver Verstärkung, der größer war, verschwand die Unterdrückung. SIDMAN meinte dazu: »Die Tiere manifestieren Angst nur in dem Umfang, in dem sie sich das im Hinblick auf den Verstärkungsentzug leisten können« (S. 64).

Dieser Befund scheint besonders relevant zu sein in bezug auf das Verständnis der konditionierten Angst beim Menschen und in bezug auf die Reaktionen, von denen man annimmt, sie würden durch Vermeidung der Angst verstärkt. Das erinnert an die früheren Behauptungen, phobische und zwanghafte Verhalten könnten reduziert werden, wenn man dafür sorgt, daß ihr Gesamtentzug an positiver Verstärkung groß ist (MEYER, 1966). Vor allem dieser Befund ist ein warnender Hinweis darauf, daß das Programmieren effektiver Verhaltenstherapien auch andere positiv verstärkte Verhalten berücksichtigen muß, obwohl die Flucht- und Vermeidungsparadigmen an sich nicht dieser Überlegungen bedürfen.

SIDMANs weitere Experimente illustrieren, wie Verhalten, die nichts mit erfolgreicher Vermeidung zu tun haben, auf paradoxe Weise mit einbezogen werden können, wenn aversive Stimuli angewandt werden. Erst trainierte er Affen dazu, daß sie, um Schocks zu vermeiden, den Hebel drückten; jeder Hebeldruck verzögerte einen Schock um 20 Sekunden. Daraufhin wurde das übliche konditionierte Unterdrückungsparadigma eingeführt: Einem Ton folgte ein unvermeidbarer Schock. Die Tiere zeigten eine paradoxe Verhaltensänderung: In der Periode ohne Ton äußerten sie normales Hebeldruckverhalten, wodurch sie alle vermeidbaren Schocks vermieden, doch während der Periode mit Ton wies ihr Hebeldruckverhalten eine wesentlich *höhere* Rate auf, obgleich das Hebeldrücken überhaupt keine Konsequenzen hatte, da der Schock bei Beendigung des Tons unvermeidbar war. Diese *konditionierte Erleichterung* wird schließlich gelöscht, ist jedoch relativ dauerhaft und stellt nicht-adaptives Verhalten dar, das auf einer besonderen Geschichte basiert; sie kombiniert negative Verstärkung mit momentanen zufälligen Kontingenzen (das heißt, die erfolgreichen Vermeidungsreaktionen werden mit den unechten assoziiert).

Standen zwei verschiedene Reaktionen zur Verfügung, die eine kontingent auf Futter und die andere auf Schockvermeidung, fand eine ähnliche zufällige Konditionierung statt. Während einer Periode mit Ton, der einen unvermeidbaren Schock signalisiert, nahmen *beide* Reaktionen zu. Die durch Futter verstärkten Reaktionen kamen unter die Kontrolle der Schockvermeidungskontingenz, obwohl diese unter den experimentellen Bedingungen irrelevant war. Sie war zum Glied einer Verhaltenskette geworden, obwohl für die Schockvermeidung nur eine Reaktion relevant war. In einem Zeitabschnitt, in dem die Kontingenz völlig irrelevant war und in dem — abgesehen von dem unvermeidbaren Schock am Ende — keine Schocks verabreicht wurden, nahm die ganze Kette an Häufigkeit zu.

Diese Phase eines »Aberglaubens zweiter Ordnung« sei, so meint SIDMAN, ein denkbares Modell für »krankes« Verhalten, das durch gesetzmäßige, geregelte Prozesse erzeugt und aufrechterhalten wird. Nichts beweist direkt die Vermutung, daß viele klinische Verhaltensprobleme die Konsequenz einer komplizierten Geschichte aversiver Stimulation sein können. Wie bei

Symptomen, von denen man annimmt, daß sie auf klassischer aversiver Konditionierung fußen, ist es (wenn man von der Analogforschung am Tier im SIDMANschen Sinne absieht) auch in diesem Fall schwierig, Hypothesen über den Ursprung solcher Verhalten zu testen, die möglicherweise durch Vermeidung aufrechterhalten werden. Klinisch gesehen, sind relevante aversive Stimuli häufig verschwommen, und identifiziert werden sie nur *post hoc.* Ihr erstes Auftreten ist schwierig festzustellen. Doch sind Tieruntersuchungen wie die von SIDMAN als allgemeines Modell sowohl von klinischer als auch von wissenschaftlicher Bedeutung. Sie unterstreichen die Wichtigkeit der vielen ungeplanten Konsequenzen, die die Reaktion einer Person auf aversive Stimulation in natürlicher Umgebung beeinflussen können.

Parameter des Flucht- und Vermeidungslernens

Einzelne Parameter, die Flucht- und Vermeidungslernen beeinflussen, lassen sich relativ leicht beschreiben, obwohl ihre detaillierten Interaktionen sehr komplex sein können. Tab. 7/3 veranschaulicht, daß die Intensität des aversiven Stimulus, die Dauer von Warnsignalen und von aversiven Stimuli, ihre zeitlichen Beziehungen, ihre Beziehung zur Reaktion und die Beschaffenheit der Reaktion selbst, daß sie alle wesentliche Determinanten der Geschwindigkeit, Verläßlichkeit und Dauer sind, mit denen Flucht- und Vermeidungsreaktionen gelernt werden. Vollständigere Darstellungen der Beziehungen zwischen diesen Parametern und der Reaktionsaneignung und -rate sind in einer Reihe von Übersichten enthalten (z. B. bei DINSMOOR, 1968; HOFFMAN, 1966; KAMIN, 1968; SIDMAN, 1966; SOLOMON und BRUSH, 1956; TURNER und SOLOMON, 1962).

Die theoretische Beschreibung des Fluchtlernens ist ebenfalls relativ unkompliziert. Der Beginn des aversiven Stimulus dient als diskriminativer Hinweisreiz für die Reaktion, die ihn beendet; die Beendigung des aversiven Ereignisses fungiert als positiver Verstärker. Verhaltensmuster, die durch Aversionsbeendigung unter verschiedenen Bedingungen und mit verschiedenen Verstärkungsplänen erzielt werden, ähneln den Mustern, die durch konventionelle positive Verstärkung erzeugt werden und sind relativ einfach zu errichten.

Völlig anders sieht die Sache beim Erwerb und bei der Aufrechterhaltung von Vermeidungsreaktionen aus. Erfolgreiche Vermeidung *verhindert* das Auftreten des aversiven Stimulus. Das Dilemma liegt also in der Erklärung dessen, was das Vermeidungsverhalten verstärkt. Das *Nichtvorhandensein* einer Umweltkonsequenz ist kein befriedigendes »Ereignis«, es sei denn, man beruft sich auf irgendwelche intervenierende oder vermittelnde Ereignisse. Dieses scheinbare Paradox hat zu einer Reihe widersprüchlicher Theorien geführt, die das Vermeidungslernen zu erklären suchen. Doch hat man noch keine völlig befriedigende Grundlage gefunden, um die Wahl einer dieser Theorien zu rechtfertigen.

Obgleich wir keine stichhaltige theoretische Erklärung der Entwicklung von

Tab. 7/3: Einige Parameter, die das Flucht- und Vermeidungslernen beeinflussen.

	Art	Zeitlicher Ablauf
Aversiver Stimulus (UCS)	Ein »überraschender« oder »unerwarteter« UCS ist für die Assoziation mit dem Warnstimulus (CS) notwendig. Intensität und Dichte des UCS stehen in einem positiven Zusammenhang mit der Zuverlässigkeit der Aneignung und der Reaktionsfrequenz. Schwellenwert ist gewöhnlich niedriger als bei bestrafenden UCS. Vorerfahrungen mit dem UCS können die Aneignungsgeschwindigkeit erhöhen oder erniedrigen. Sie beeinflussen vor allem die anfänglichen Reaktionen.	Schnelle Beendigung beschleunigt die Aneignung bei Reflexen von geringer Stärke. Ein optimales R-UCS-Intervall ist eine Funktion des UCS-UCS-Intervalls. Je länger die Flucht dauert (Beseitigung des UCS), desto zuverlässiger ist die Aneignung.
Reaktion, von der Flucht und Vermeidung abhängen	Reaktionen, die den unkonditionierten Reaktionen auf den aversiven Stimulus ähnlich sind, werden schneller angeeignet. Weniger »reflexhafte« Reaktionen werden als Fluchtreaktionen langsamer, als Vermeidungsreaktionen dagegen schneller und dauerhafter gelernt.	Reaktionen mit längerer Latenz werden schneller und dauerhafter als Vermeidungsreaktionen angeeignet. Der zeitliche Abstand zwischen den Versuchsdurchgängen steht in einer kurvilinearen Beziehung zur Geschwindigkeit der Aneignung. Der zeitliche Abstand zwischen den Sitzungen steht in einer inversen Beziehung zur Geschwindigkeit der Aneignung.
Warnstimulus (CS)	Je weniger redundant die Information ist, die durch den CS gegeben wird, desto schneller ist die Aneignung. Beendigung des CS durch die Vermeidungsreaktion beschleunigt die Aneignung. Wenn mehrere konkurrierende Reaktionen durch C+ aufrechterhalten werden, ist die Fähigkeit des CS, eine Vermeidungsreaktion auszulösen, direkt proportional zu seiner Fähigkeit, konditionierte Unterdrückung herbeizuführen.	Längere CS-UCS-Intervalle erschweren die Aneignung.

Vermeidungsreaktionen besitzen, können wir über Prozeduren, welche die Aneignung von Vermeidungsreaktionen unterstützen, einige empirische Verallgemeinerungen aufstellen. Vermeidungsverhalten sind äußerst löschungsresistent, und ein einziger verstärkter Durchgang kann solche Verhalten, nachdem eine Löschung erfolgt ist, auf einem hohen Niveau wiederherstellen. Vermutlich ist das auf die diskriminative Stimulusfunktion des aversiven Ereignisses zurückzuführen. Ein einziger Schock kann das Tier informieren, daß die aversive Kontingenz noch effektiv ist; er weist auf den Unterschied hin zwischen erfolgreicher Vermeidung und der Abwesenheit aversiver Stimuli in der Umwelt. Ein Verstärkungsplan, der zusehends stärker intermittiert und zusehends variabler gestaltet wird, die Bereitstellung »stützender« aversiver Stimuli und die Unterbindung klarer diskriminativer Kontrolle fördern die Löschungsresistenz.

Alternative Flucht-Vermeidungsreaktionen müssen verhindert werden. Ebenso wie sich Ratten auf den Rücken legen und ihr Fell als Isolator benutzen können, um die über das Bodengitter verabreichten Schocks zu vermeiden, können auch Patienten unbeabsichtigte, aber erfolgreiche Vermeidungsreaktionen äußern. Der Säugling, dessen Erbrechen durch Schocks unterdrückt wurde, vermied den Schock zunächst, indem er den Fuß einrollte. Laute Töne als aversive Stimuli werfen insofern Schwierigkeiten auf, als ihr Effekt dadurch reduziert werden kann, daß die Versuchsperson ihre Ohren bedeckt, daß sie ihren Kopf abwendet oder daß sie sich entfernt. Und Patienten können als endgültige Vermeidung der therapeutischen aversiven Konditionierung die Therapie natürlich einfach aufgeben.

Das Timing des CS und des UCS können, ebenso wie die Entwicklungsstufe der konditionierten emotionalen Reaktionen auf den CS, entscheidende Faktoren sein. Vorausgehendes Fluchttraining, das konditionierte Angstreaktionen auf den CS fest etabliert, fördert gewöhnlich die Aneignung von Vermeidungsreaktionen. TURNER und SOLOMON (1962) bemerken, daß kurze CS-UCS-Intervalle die Konditionierung von Angstreaktionen unterstützen, während es längerer Intervalle bedarf, damit eine langsame skelettbezügliche Vermeidungsreaktion durch CS- und UCS-Beendigung verstärkt wird. Daher schlagen sie vor, das Training einer stark emotionalen Person (ein Merkmal, das viele Patienten auszeichnet) solle mit einem kurzen CS-UCS-Intervall beginnen, das nach und nach verlängert wird. Und TURNER und SOLOMON schlagen vor, man solle mit einem intensiven UCS beginnen, den man nach und nach reduziert, um Fluchtreaktionen mit langer Latenz zu erhalten, die nun ihrerseits das Vermeidungslernen beschleunigen. Die übliche klinische Prozedur verläuft umgekehrt, indem sie die Intensität steigert, wenn sich der Patient dem UCS entsprechend adaptiert.

Die Natur der Flucht- oder Vermeidungsreaktion scheint entscheidend zum erfolgreichen Training beizutragen. Hat die Reaktion, wenn die Person Angst erlebt, eine niedrige anfängliche Auftretenswahrscheinlichkeit, kann das Training schwierig oder unmöglich werden, es sei denn, man bedient sich verbaler Instruktionen. TURNER und SOLOMON (1962) stellen fest, daß die

Vermeidungsreaktion um so schwieriger anzutrainieren sei, je reflexhafter (je respondenter oder viszeraler) sie ihrer Natur nach ist. Enthält das Verhalten einer ängstlichen Person umfangreiche Komponenten der Vermeidungsreaktion, die trainiert werden müssen, ist es wahrscheinlich, daß es ihrer Natur nach respondent oder reflexhaft und damit schwierig anzutrainieren ist, obwohl seine Wahrscheinlichkeit hoch ist. Es kann sein, daß niedrigere Niveaus aversiver Stimulation die Intensität der skeletthaften Verhalten, die mit Angst assoziiert sind, reduzieren, wodurch sie einfacher zu konditionieren sind als Vermeidungsreaktionen.

Die klinische Anwendung des Flucht- und Vermeidungstrainings

Sicher hat der Leser erkannt, daß unter den Beispielen zur Aversionstherapie in Kapitel 3 viele Fälle von Flucht- und Vermeidungstraining waren. So erlaubte es z. B. FELDMANS (1966) Aversionstherapie von Homosexuellen den Patienten, Schocks dadurch zu fliehen oder zu vermeiden, daß sie den CS änderten, das heißt, sie konnten anstelle des Bildes eines nackten Mannes das Bild einer nackten Frau projizieren. Auch Alkoholiker konnten den Schock, der ihnen bei der Einnahme von Alkohol verabreicht wurde, vermeiden oder fliehen, indem sie ihn ausspuckten. So stellt die Methode einer Kombination aus Aversion und Aversionserleichterung als Alternative zum UCS eine unvereinbare Reaktion zur Wahl. Die »Erleichterungs«-Komponente der Behandlung benutzt eine wünschenswerte Reaktion als potentiellen positiv verstärkenden Stimulus, der seine positiven Qualitäten aus der Kontiguität von Aversion und Flucht bezieht. Theoretisch gesehen wird entweder die Angst, die mit dem CS-UCS-Intervall assoziiert ist, reduziert (ESTES und SKINNER, 1941) oder positive emotionale Reaktionen werden zur Beendigung des noxischen UCS konditioniert (MOWRER, 1960 a). Der Erleichterungsstimulus soll dadurch zwei Funktionen erfüllen: 1. dient er dazu, eine Flucht- oder Vermeidungsreaktion bereitzustellen und 2. intensiviert er die potentiell verstärkende Eigenschaft des assoziierten Stimulusereignisses. Da im experimentellen Arbeitsbereich die Rolle, die die Erleichterungsstimuli beim Flucht- oder Vermeidungstraining spielen, noch nicht geklärt ist, sind ihre positiven Auswirkungen bei der Verhaltensmodifikation im wesentlichen reine Vermutung. Doch kann die Ausführung der erwünschten Reaktion, gekoppelt mit der wahrscheinlichen expliziten oder impliziten sozialen Anerkennung durch den Versuchsleiter und mit der Bereitstellung einer alternativen Reaktion, ausreichen, um in der Therapie wesentlichen praktischen Nutzen zu bringen.

Bei einer Reihe nicht kontrollierter klinischer Fälle ist die Aversionserleichterung die zum Ziel hat, sekundäre positive Verstärkung zu erzeugen, erfolgreich als therapeutische Hauptprozedur benutzt worden. So verwandelten z. B. SOLYOM und MILLER (1967) aversive phobische in positive Stimuli, indem sie sie mit Schockbeendigung koppelten. Sechs von ihren sieben Patienten wiesen nach sechs Monaten keine Symptome mehr auf. THORPE, SCHMIDT, BROWN und CASTELL (1964) beschreiben eine Prozedur, die aversives Konditionieren und Konditionieren durch Aversionserleichterung kombiniert, doch befassen sie sich in ihren Überlegungen vor allem mit dem letzten Aspekt. Sie benutzten symptombezogene Wörter als CS und Schocks als UCS und sie berichteten über Behandlungserfolge bei sechs von acht Patienten mit verschiedenen Beschwerden (z. B. Fettleibigkeit, Homosexualität, Transvestismus und Phobien).

Andere therapeutische Versuche mit dem Flucht- und Vermeidungstraining zielten vor allem auf eine Zunahme der Reaktion, die mit Erleichterung assoziiert war. LOVAAS und seine Mitarbeiter wollten z. B. das soziale Verhalten von zwei autistischen Kindern vermehren (LOVAAS, SCHAEFFER und SIMMONS, 1965). Die Kinder wurden in den Teil eines Zimmers gebracht, dessen Boden mit einem Elektroschockrost ausgestattet war. Sie wurden gebeten, sich dem Versuchsleiter zu nähern. Näherten sie sich nicht, wurde ein Schock so lange verabreicht, bis die Annäherung stattfand. In späteren Sitzungen konnte der Schock vermieden werden, wenn sich die Kinder innerhalb von 5 Sekunden nach der Aufforderung näherten. Die Vermeidungsreaktion, in diesem Fall die Annäherung an den Erwachsenen, wurde rasch erworben und erst nach neun schockfreien Monaten gelöscht. Kam es nach dieser Zeit zu einer plötzlichen Abnahme des Annäherungsverhaltens, genügte bereits ein *nicht-kontingenter* Schock, um die Vermeidung wiederherzustellen. Außerdem kamen die Kinder — zwar nur im Versuchsraum — auch anderen Aufforderungen nach. Und in anderen Räumen reichte bereits eine Schockvermeidungserfahrung aus, um die Generalisierung der Willfähigkeit in voller Stärke zu errichten.

Man hat sich auch einer Kombination aus Bestrafung und Flucht-Vermeidung bedient, um Stimmlosigkeit, Schiefhals, funktionelles Schließen der Augenlider und ähnliche Verhalten zu behandeln. Häufig ist es schwierig, in diesen Therapien Bestrafung und Flucht-Vermeidung voneinander zu unterscheiden. Bei einem Mann, der arbeitsunfähig war, weil er nach einem Augentrauma die Augen nicht offen halten konnte, befestigte JONES (1967) falsche, elektrisch leitfähige Metallwimpern. Durch das Augenschließen wurde ein Stromkreis geschlossen, und so erfolgte ein Schock, der durch das Öffnen der Augen beendigt wurde. Diese Prozedur veranschaulicht den praktischen Nutzen einer Kombination aus Elementen der Bestrafung und Flucht-Vermeidung. Gibt es neben dem symptomatischen Zielverhalten direkt antagonistisches Verhalten, das bestärkt werden kann, so sind in der aversiven Kontrolle wahrscheinlich alle Elemente vertreten. In dem eben dargestellten Fall wurde das Augenschließen bestraft, und die Stimuli, die mit dem Augenschließen assoziiert waren, wurden aversiv konditioniert. Das konkurrierende Verhalten des Augenoffenhaltens wurde durch Flucht und Vermeidung verstärkt. Ein ähnliches Beispiel ist die Aversionstherapie bei Schreibkrämpfen (LIVERSEDGE und SYLVESTER, 1955). Ein Metallstift, mit dem der Patient Muster in einer Metallplatte nachzieht, schließt einen Stromkreis und erzeugt immer dann einen Schock, wenn der Patient von dem vorgegebenen Muster abweicht. Doch kann auch ein Füllfederhalter so modifiziert werden, daß zu starker Daumendruck einen Schock erzeugt, der durch reduzierten Druck beendigt wird. Dabei sind gleichzeitig Elemente der Bestrafung, der aversiven Konditionierung und des Flucht-Vermeidungstrainings vertreten. Doch konzentrieren sich die Forscher, die das theoretische Grundprinzip dieser kombinierten Prozeduren beschreiben, häufig auf nur eine Komponente.

Eine gewisse terminologische Verwirrung scheint jedoch nicht auf die Komplexität des Modells, sondern auf die falsche Bezeichnung oder unvollständige Beschreibung von Prozeduren zurückzuführen sein. So stellen z. B. KENNEDY und FOREYT (1968) fest:

»Es wurde ein Paradigma der Vermeidungskonditionierung benutzt. Während S die Sauerstoffmaske trug, wurde der CS (Essensduft) dargeboten. Signalisierte S durch Kopfnicken, daß sie das Essen rieche, wurde der Hahn geöffnet und S empfing den UCS (noxisches Gas)« (S. 574).

Diese Beschreibung läßt auf ein normales Paradigma klassischer Konditionierung schließen, da keine Vermeidungsreaktion erwähnt wird.

Die Prozeduren, die sich kombinierter Modelle bedienen, können in manchen Fällen äußerst wirksam sein, weil mehrere sich wechselseitig stützende Modelle angewandt werden, um zusätzliche therapeutische Effekte zu erzielen, während die Anwendung eines einzigen Paradigmas keine Ergebnisse brächte, da unzureichende Kontrolle ausgeübt würde. Auf alle Fälle ist erfolgreiche Verhaltensmodifikation wahrscheinlicher, je größer die instrumentelle Bedeutung der Flucht-Vermeidungsreaktion ist und je breiter das Umweltspektrum ist, in dem das Training durchgeführt wird. Die Effektivität von Prozeduren, die mit mehreren Paradigmen arbeiten, kann auch zur Beseitigung der Schwierigkeit beitragen, bei Aversionsmethoden Generalisierung vom therapeutischen Rahmen auf die natürliche soziale Umwelt zu erzielen. Benutzt eine therapeutische Strategie positive Verstärkung, um eine erwünschte Reaktion zu bestärken, kann man sich häufig darauf verlassen, daß die alltägliche Umwelt des Patienten für weitere positive Verstärkung sorgt. So führen z. B. verbesserte Studierverhalten, selbstsicherere Reaktionen oder geschickte heterosexuelle Muster häufig zu einer natürlichen Zunahme der Verstärkung des Patienten. Bei aversiver Kontrolle ist die Auftretenswahrscheinlichkeit einer kontingenten aversiven Stimulation (z. B. bei homosexuellem Verhalten) oder einer Belohnung einer Vermeidungsreaktion (z. B. des Verzichts auf den Umgang mit »schlechter Gesellschaft«) wesentlich geringer. Außerdem entsteht durch das spezielle Instrumentarium und durch die Prozeduren selbst, die solche künstliche noxische Stimuli wie Elektroschock oder medikamentös erzeugten Brechreiz benutzen, ein scharfer Kontrast zwischen den jeweiligen Laborsituationen und der alltäglichen Umwelt des Patienten. Stimulusdiskrimination kann bewirken, daß die Zahl der Situationen, in denen das neu erworbene Verhalten auftritt, vermindert wird, es sei denn, man versucht gezielt, den Übergang zur natürlichen Umwelt zu überbrücken. Die verbalen Prozesse und die Denkprozesse des Patienten können zweifellos dazu dienen, die Effekte der therapeutischen Prozedur zu vermitteln oder einzuschränken. Die zusätzliche Verwendung von Gesprächen und die Assoziation der täglichen Erfahrungen des Patienten mit der therapeutischen Prozedur werden gewöhnlich als untergeordnete Prozeduren der Aversionstherapie dargestellt und sollen dazu dienen, die Therapieeffekte zu beschleunigen. Die verschiedenen Anwendungsmöglichkeiten der Selbstkontrolle, der schriftlichen Aufzeichnungen und der Berichte über therapiebezügliche Erfahrungen zwischen den Sitzungen (diesen Komplex werden wir in Kapitel 9 behandeln) können die Aversionstechniken dann ergänzen, wenn es sich um ambulante Patienten handelt.

Eine interessante Studie von Carlin und Armstrong (1968) basierte auf der Hypothese, daß die günstigen Ergebnisse aversiver Konditionierungstherapien nicht auf ein Lernmodell, sondern auf die Inkongruenz zwischen dem Verhalten des Patienten und seinen Ansichten zurückzuführen sein könnten, eine Inkongruenz, die dann gegeben ist, wenn sich der Patient einer Verhaltensänderung unterzieht. Drei Personengruppen, die daran interessiert waren, das Rauchen aufzugeben, wurden folgende Behandlungen verordnet: 1. Konditionierung: während des Rauchens wurden Schocks nach einem variablen Intervallplan verabreicht; 2. Pseudokonditionierung: den Versuchspersonen wurden Dias gezeigt, von denen ein Drittel mit Rauchen zu tun hatte, und beim Anblick dieser Dias wurden sie geschockt; 3. Kontrolle: es erfolgte dieselbe Behandlung wie in der Konditionierungsgruppe, nur wurden keine Schocks verabreicht und die Versuchspersonen wurden informiert, sie würden »unterschwellige Schocks« erhalten. Carlin und Armstrong berichten über signifikante Reduktion des Rauchens im Verlauf der viertägigen Behandlungsreihe bei allen Gruppen, die sich jedoch nicht in bezug auf den Umfang der Abnahme des Rauchverhaltens unterschieden. Diese Untersuchung wirft trotz ihres beschränkten Rahmens und mangelnder Nachuntersuchungsdaten viele Fragen auf. Zumindest während der Behandlung führte die Teilnahme am Experiment zu einer starken Reduktion des Rauchens, ganz gleich, welche Behandlungsmethode angewandt wurde. Die Autoren stellen fest, ihre Absicht sei in dieser Studie nicht gewesen, die Effektivität verschiedener Behandlungsmethoden zu vergleichen, und sie fahren fort: »Vielmehr versuchte (das Experiment) zu demonstrieren, daß es falsch ist anzunehmen, jegliche Verhaltensänderung, die im Verlauf von Konditionierungstherapien stattfindet, sei eine Funktion der Konditionierung« (S. 677). Die Ergebnisse lassen keinen Zweifel daran, daß ähnliche Verhaltensänderungen durch kombinierte Techniken erzielt werden können.

Vermeidungstraining und Angst

Die Hauptrolle, die die Angst bei der Entwicklung von Verhaltenspathologien spielt, ist bereits diskutiert worden und wird in den meisten Handbüchern der Psychopathologie eingehend behandelt. Verschiedene Forscher haben untersucht, inwiefern unterschiedliche Wirkungen des Vermeidungslernens durch das Angstniveau und die traditionelle diagnostische Klassifizierung bedingt sind. Dieser Forschungsbereich ist nicht nur vom klinischen, sondern auch vom theoretischen Ansatz her interessant. Die Interpretation dieser Untersuchungen fußt auf der Annahme, die Angst diene dazu, den Erwerb einer Vermeidungsreaktion zu vermitteln, während eine Reduktion dieser Angst diese Reaktion aufrechterhalte. Die bekannteste Formulierung dieser Hypothese ist MOWRERS Zwei-Prozeß-Theorie (1947). Dieser Autor behauptete, die klassische Konditionierung stelle die erste Stufe des Prozesses dar, wobei emotionale Reaktionen (Angst) während des CS-UCS-Intervalls erregt werden. Diese Reaktionen dienten als Hinweisreize für instrumentelle Fluchtreaktionen, die — wenn sie erfolgreich sind — durch Angstreduktion verstärkt würden. Diese Hypothese ist schwierig zu belegen und wurde u. a. von SIDMAN (1966) skeptisch kommentiert: »Immer wenn (diese Theorie) in Frage gestellt wird, werden die Eigenschaften der Angst einfach geändert, damit sie den neuen Tatsachen entsprechen« (S. 448).

Doch die Angsthypothese besagt, daß emotionale Verhalten nötig sind, um Vermeidungslernen zu ermitteln. Tierstudien haben gezeigt, daß Ratten, denen man Adrenalin spritzte, ein Mittel, das Erregung des sympathischen Nervensystems erzeugt, eine Vermeidungsreaktion leichter erwerben als Kontrolltiere (LATANÉ und SCHACHTER, 1962). LYKKEN (1957) zeigte, daß kriminelle Soziopathen relativ angstfrei und im Grunde unfähig sind, die Vermeidung eines schmerzhaften Stimulus zu lernen, während im Gegensatz dazu parallelisierte normale Kontrollpersonen dasselbe Verhalten ohne weiteres lernten. SCHACHTNER überprüfte LYKKENs Befund mit seiner eigenen allgemeinen Hypothese, nach der eine Emotion zweifach bedingt ist durch physiologische Erregung und durch Kognitionen, die dieser Erregung entsprechen, so daß z. B. die sympathische, durch injiziertes Adrenalin erzeugte Erregung Selbstberichte und Verhalten vermehrt, die von Euphorie, Belustigung oder Ärger handeln, das hängt vom jeweiligen Kontext und von den kognitiven Bedingungen ab (s. z. B. SCHACHTER und SINGER, 1962). Indem sie Soziopathen und Kontrollpersonen Adrenalin spritzten und deren Lernen vor und nach der Injektion verglichen, zeigten SCHACHTER und LATANÉ (1964) in der bereits beschriebenen Studie, daß Soziopathen und Normale bei positiver Verstärkung genauso gut lernen, daß jedoch Normale ohne weiteres lernen, Schmerz zu vermeiden, während das Soziopathen nicht tun. Werden Soziopathen sympathikomimetische Mittel injiziert, zeigen sie markant verbessertes Vermeidungslernen, während Normale unter dieser Bedingung weniger gut performieren. Außerdem hat man gefunden, daß Soziopathen für sympathikomimetische Mittel empfänglicher sind und daß sie bei einer Vielfalt von Streßbedingungen automatisch mehr Reagibilität zeigen. SCHACHTER und LATANÉ interpretieren diese scheinbar widersprüchlichen Ergebnisse dahingehend, daß nur intensive autonome Reaktionen, die ohne weiteres von ihrem üblichen hohen Erregungszustand unterschieden werden können, vom Soziopathen als Emotion (z. B. als Angst) bezeichnet werden und daß nur sie Vermeidungslernen erfolgreich vermitteln können.

Wenn durch Angst vermittelte Vermeidungsreaktionen die Grundlage vieler sozial angepaßter Verhalten bilden, erfordert die Behandlung der Kriminalität von Soziopathen wahrscheinlich entweder ein Training in bezug auf ihre Etikettierung eigener emotionaler Reaktionen oder aber ein Vermeidungslernen unter hohem Angst- oder Erregungsdruck. Ihre bereitwillige Aneignung positiv verstärkter Verhalten läßt Programme als vorteilhaft erscheinen, die (wie z. B. *Token*-Systeme) wünschenswerte Verhalten errichten können, welche mit asozialen Verhalten konkurrieren. Doch weisen diese Ergebnisse auch darauf hin, daß Soziopathen ohne besondere Trainingsprozeduren nicht lernen, schmerzhafte Konsequenzen zu vermeiden; daher ist es ziemlich unwahrscheinlich, daß die übliche Methode, Asozialen noxische Stimuli zu verabreichen, den Soziopathen beeinflussen könnte.

Es gibt noch einen anderen Forschungsansatz, der ebenfalls auf MOWRERS Zwei-Prozeß-Theorie fußt und mit dessen Hilfe SLOANE, DAVISON, STAPLES und PAYNE (1965) Vermeidungslernen bei neurotischen Patienten untersuchten. Neurotiker werden gewöhnlich charakterisiert als autonom-hyperreaktiv und als emotional unbeständig (s. z. B. DUFFY, 1962). SCHACHTER und LATANÉ (1964) meinten, diese Reagibilität des Angstneurotikers sei kognitiv determiniert und stehe in keiner Beziehung zur Adrenalinempfindlichkeit. So wäre also die Hyperreaktivität des Neurotikers ihrer Art nach der des Soziopathen entgegengesetzt, während sie quantitativ der des Soziopathen ähneln müßte. Die Hypothese dieser Autoren ist, daß Neurotiker die Umwelt stets emotional und als bedrohlich interpretieren, wodurch seine autonome Aktivität ausgelöst wird. Der Soziopath bezeichnet seine autonome Erregung selten als Emotion, der Neurotiker dagegen tut das immer. SLOANE u. a. (1965) fanden, daß ihre neurotischen Patienten gesteigerte autonome Reagibilität zeigten. Es fiel ihnen schwer, eine Vermeidungsreaktion zu lernen, doch ließen sie sich leichter als Normale auf unvermeidlichen Schock hin klassisch konditionieren. Bei hohem Angstniveau verglich man introvertierte mit extravertierten Patienten, die sich ausagierten, und man entdeckte, daß die ersteren, wenn sie durch soziale Anerkennung verstärkt wurden, langsameres instrumentelles Lernen zeigten, wogegen die letzteren im Rahmen eines Vermeidungsparadigmas leichter auf Anerkennung und weniger auf Schmerz oder Bestrafung reagierten. Die Ergebnisse lassen — und darin stimmen sie mit SCHACHTERS Resultaten überein — vermuten, daß, will man *Acting-out*-Patienten Vermeidungsreaktionen lehren, Angst gesteigert werden muß, während bei überängstlichen Neurotikern das Gegenteil der Fall ist. SCHACHTERS Theorie nach kann man den letzteren am besten dadurch helfen, daß man ihnen im Hinblick auf ihre physiologische Verfassung neue nichterregende Etikette beibringt, ein Vorschlag, mit dem wir uns im Kapitel zur systematischen Desensibilisierung befaßten.

Welche Rolle Vermeidungsverhalten in der natürlichen Umwelt spielt, und welche Langzeiteffekte ein Großteil aller Vermeidung auf andere Verhalten des Repertoires einer Person hat, weiß man nicht. Obwohl wiederholt demonstriert worden ist, daß Labortiere durch lange Zeitabschnitte hindurch hohe Raten an Vermeidungsreaktionen aufrechterhalten können, weist einiges darauf hin, daß diese Kontingenz, obgleich aversive Stimuli erfolgreich vermieden werden, ihren Tribut an Streßreaktionen fordert. Die konditionierte emotionale Reaktion, die vermutlich Vermeidung vermittelt, kann zur Krankheit, ja zum Tod führen. Die berühmten Untersuchungen an »Exekutivaffen« (BRADY, PORTER, CONRAD und MASON, 1958; BRADY, 1958) zeigten, daß Affen, die, um Schocks zu vermeiden, einen Hebel mit hoher Rate drückten, Magengeschwüre *(Ulcus duodeni)* entwickelten und nach wenigen Wochen starben. Verbundene Kontrollen, die zwar dieselben Schocks verabreicht bekamen, denen jedoch keine Vermeidungskontingenz zur Verfügung stand, entwickelten überhaupt keine Ulzera. Entscheidender Faktor war offensichtlich das benutzte Programm; der schädliche Effekt war nur dann zu beobachten, wenn sechs Stunden Vermeidung mit sechs Stunden Ruhepause alternierten. Andere Zyklen erzeugten keine Ulkusbildung. Angesichts der Stringenz des erforderlichen Programms dürfte geringe Gefahr bestehen, daß Vermeidungsreaktionen, die durch therapeutische Operationen antrainiert werden, psychosomatische Nebenwirkungen haben. Doch kann vermeidungsbezügliche Angst bei den psychosomatischen Beschwerden von neurotischen Patienten eine wichtige Rolle spielen. SCHACHTERS Meinung nach etikettieren Neurotiker einen Großteil der Umweltstimuli als noxisch, so daß sie an einem zwischen Vermeidung und Ruhepausen alternierenden Zyklus teilhaben könnten, der der Dichte des BRADYschen Verstärkungsplans bei Affen mit Ulkus nahekommt.

Bestrafung

Die viel und häufig in bösartiger Absicht verwendete Bestrafung stößt als Methode der Verhaltenskontrolle auf geringes Verständnis. Wir haben uns in diesem Kapitel bereits mit der Tatsache auseinandergesetzt, daß Theoretiker sich viele Jahre lang beklagten, Bestrafung würde als Prozeß benutzt, der nicht vorhersagbar sei und der wahrscheinlich unerwünschte Nebeneffekte erzeuge. Forscher ignorierten die Bestrafung großenteils, und Kliniker rieten, nicht Bestrafung, sondern positive Verstärkung zu benutzen. Forschungsarbeiten, die in jüngerer Zeit durchgeführt wurden, erhellten Parameter, die die verschiedenartigen punitiven Effekte steuern und führten zu einer Neuüberprüfung der angeblich schädlichen Nebeneffekte der Bestrafung. Untersuchungen wie die von CHURCH (1963), SOLOMON (1964), AZRIN und HOLZ (1966), BOE und CHURCH (1968) und CAMPBELL und CHURCH (1969) haben zu einer erneuten Auseinandersetzung mit der Bestrafung im klinischen Bereich und im Bereich der Forschung geführt.

Der kontingenten Bestrafung liegt ein einfaches und direktes Paradigma zugrunde: Einer spezifischen Reaktion, die bislang durch positive Verstärkung erworben und aufrechterhalten wurde, folgt nun ein noxischer Stimulus. Doch in der Praxis untersteht das zu bestrafende Verhalten (z. B. das Rauchen eines Kindes oder der Drogenkonsum eines Jugendlichen) nur selten einer aversiven Kontrolle. Statt dessen erleben das Kind oder der Jugendliche (häufig sofort und anhaltend) die positiven Konsequenzen der Anerkennung durch *Peers,* der Ausführung »erwachseneren« Verhaltens, der Flucht vor elterlicher Überwachung usw. Gäbe es keine verstärkenden Konsequenzen, wäre eine Löschung der Reaktion zu erwarten. Tatsächlich aber wird ein und dasselbe Verhalten häufig durch gleichzeitige effektive aversive und positive Kontrollpläne aufrechterhalten. Diese Situation wird im Labor wie in der alltäglichen Umwelt als Konflikt bezeichnet. Es gibt eine umfangreiche Forschungsliteratur, die sich mit Verhalten in solchen Situationen befaßt und die häufig darauf hinweist, wie relevant solches Verhalten für die Ätiologie von Neurosen ist. Da Methoden der Verhaltenstherapie diese Befunde nur selten genutzt haben, soll hier nicht auf sie eingegangen werden. Was uns hier interessiert, ist die Tatsache, daß Bestrafung nur selten eine alleinige Konsequenz der Verhalten ist, mit denen der Kliniker zu tun hat, und ebensowenig ist die Bestrafungssituation gewöhnlich frei von alternativen Reaktionen, die Vermeidung, Flucht oder Verminderung der Bestrafungseffekte bewirken können. Wird Bestrafung jedoch von einer Mutter, einem Vorgesetzten, einem Versuchsleiter oder einem Therapeuten verabreicht, so hat sie die Möglichkeit, die Variabilität von Verhalten zu steigern. Wie die Löschung ändert auch die Bestrafung die Stärke der Reaktion, auf die sie kontingent ist.

SOLOMON (1964) unterstreicht die Ähnlichkeit zwischen reaktionskontingenter Bestrafung und Prozeduren des Vermeidungstrainings, wenn er Bestrafung als *passives Vermeidungslernen* bezeichnet. Er bemerkt, die beiden Prozeduren unterschieden sich hauptsächlich in der relativen Spezifität der Verhalten, die die noxische Stimulation *erzeugen* und *beenden.* Beim Vermeidungstraining sind die Verhalten, die zum Einsetzen der aversiven Stimulation führen, unspezifiziert, obwohl die besondere Reaktion, die die noxische Stimulierung beendet, genau definiert ist. So lernt z. B. ein Kind Entschuldigungen verbalisieren und zukünftiges Wohlverhalten versprechen, um einer Schelte zu entgehen, ganz gleich, was es im Begriff war anzustellen, als es von seiner Mutter erwischt wurde. Dadurch, daß sich die Mutter der Schelte enthält, wird das Kind in seinem Erwerb verbaler Vermeidungsreaktionen bestärkt. Das Gegenteil gilt für die Bestrafung. Die Verhalten, die den Strafstimulus erzeugen, sind klar definiert, während die, welche die noxische Stimulation beenden, undefiniert sind. Das Kind, das beim Rauchen erwischt wird und Haue oder Schelte bekommt, sieht sich einer klaren Kontingenz gegenüber: Rauchen führt zu Bestrafung. Nicht klar ist jedoch, was die Haue oder Schelte beenden kann oder was das Kind anstelle des Rauchens, dieser verbotenen Handlung, tun könnte. Während die Vermeidung die Einzelperson lehrt, »was zu tun ist«, lehrt die Bestrafung sie, »was nicht getan werden darf«. In beiden Fällen ist das Trainingsziel erreicht, wenn keine aversive Stimulation mehr erlitten wird. Der praktische Unterschied besteht darin, daß passives »Nicht-Reagieren« zur Umgehung der Bestrafung ausreicht. Es werden keine neuen Verhalten an die Stelle von alten gesetzt, es sei denn, sie würden positiv verstärkt. Beim Vermeidungstraining reicht die bloße Vermeidung des drohenden aversiven Stimulus aus, um neue Verhalten zu errichten; das haben wir in unserer Auseinandersetzung mit der therapeutischen Benutzung von Erleichterungsstimuli festgestellt. In beiden Situationen können nen Diskriminationen ohne weiteres auftreten oder es kann sich Vermeidungsverhalten entwickeln. Das Kind lernt rasch zu warten, bis die Mutter außer Sicht ist, bevor es sein Brüderchen schlägt, oder es reißt von zu Hause aus, lügt oder versteckt sich, um die aversiven Konsequenzen seines Verhaltens zu vermeiden.

Während einige theoretische und praktische Zweifel über die Effekte der Bestrafung ausgeräumt wurden, sind neue Fragen aufgetaucht, die unsere Aufmerksamkeit verdienen, so lange Verhaltensmodifikatoren versuchen problematische Verhalten durch Bestrafung zu unterdrücken. Zunächst waren es die überaus strengen, die »grausamen und ungewöhnlichen« Arten der Bestrafung (z. B. in Gefängnissen), die die Kontroverse über die Bestrafung überhaupt wieder aufflammen ließen. Nun sind es auch die milderen, die vernünftigeren Formen der Bestrafung (z. B. die Benutzung des Verstärkerentzugs in *Token*-Systemen oder die Verweigerung üblicher Rechte, wenn ein jugendlicher Krimineller eine Anstaltsvorschrift verletzt), die mit moralisch-ethischen Begründungen zusehends kritisiert werden. Mit den diesbezüglichen Argumenten wird sich auch das Kapitel 11 befassen.

Bei einem anderen Problemkreis geht es um praktische Mängel der punitiven Verhaltenskontrolle. Mit Schwierigkeiten dieser Art setzt sich SKINNER in seinem Werk »Jenseits von Freiheit und Würde« (dt. Ausg. 1973) auseinander. Bestrafung kann Vermeidungsverhalten erzeugen, die selbst nicht wünschenswert sind. So kann ein Kind, darauf haben wir bereits hingewiesen, das verbale Ritual des Bedauerns lernen, indem es, um Bestrafung zu vermeiden, leere Versprechungen macht — anstatt das mißbilligte Verhalten einzustellen, führt es die Leute an der Nase herum. Kinder, die in der Schule durch starke Demütigung bestraft wurden, können die Schule schwänzen oder, um zu Hause zu bleiben, Krankheiten simulieren, anstatt sich auf Schulproben vorzubereiten. Drogenhändler, denen die Todesstrafe droht, können, um dieser Strafe zu entgehen, einen Polizisten niederschießen, denn dieser Tod kostet sie ja auch »nur« das Leben.

Bestrafung kann auch Aggressionen erzeugen. Das gezüchtigte Kind kann sich rächen, indem es die Lieblingsvase seiner Mutter zerbricht, und der Jugendliche, für den die Schule nichts als eine punitive Umgebung ist, kann das Schulgebäude verwüsten. Bestrafung unterdrückt das Zielverhalten, doch lehrt sie die Person nicht, an seine Stelle andere wünschenswerte Verhalten zu setzen. Daher kann jedes Verhalten, das die bestrafte Handlung ersetzt, unzureichend sein. Der Schüler, der bestraft wird, weil er im Unterricht redet, kann statt dessen träumen, eine Ersatzhandlung, die seine schulische Leistung auch nicht verbessert. Und wenn die bestrafende Instanz der eigene Vater, Lehrer oder Heimleiter ist, also ein und dieselbe Person immer wieder dieselbe Rolle spielt, dann ist anzunehmen, daß sich die Lage der Dinge nicht bessert, sondern ganz im Gegenteil eine konditionierte Aversion zur Folge hat.

Doch neben diesen Nachteilen kann Bestrafung auch von großem Wert sein — z. B. dann, wenn ein Verhalten die Person selbst oder andere unmittelbar gefährdet. Die meisten Leute haben nichts dagegen einzuwenden, wenn ein Kind bestraft wird, weil es einfach über die Straße rannte, oder wenn der Therapeut ein autistisches Kind bestraft, um zu verhindern, daß es beißt oder sich den Kopf blutig schlägt. In weniger eindeutigen Situationen müssen Bestrafung und Nichtbestrafung sorgfältig gegeneinander abgewogen werden.

SKINNER vertritt den Standpunkt, man solle Bestrafung unnötig machen, indem man die Umgebung so anordnet, daß unerwünschte Verhalten nicht auftreten können. Doch da unser Geschick, eine derartige Welt zu planen, sicher noch zu wünschen übrig läßt, sollten wir die Bestrafung vernünftigerweise nach wie vor als wichtiges Instrument der therapeutischen Behandlung und des Umgangs mit Menschen generell betrachten. Über die langfristigen und komplexen Effekte der Bestrafung wissen wir wenig. Natürlich ist uns bekannt, daß — wenn man von den ethisch-moralischen Fragen einmal völlig absieht — eine ausschließliche Verwendung der Bestrafung unerwünschte Folgen haben kann. So haben z. B. PATTERSON und seine Mitarbeiter entdeckt, daß die Familien, die um Therapie eines aggressiven Kindes nachsuchen, durchweg aus Mitgliedern bestehen, die ebenfalls zu negativ-koerziven Verhalten (z. B. Schreien, Fordern, Klagen, Jammern) neigen. Auch kommt es in solchen Familien weniger häufig zu positiven sozialen Interaktionen als in »normalen« Familien (PATTERSON und REID, 1970; REID und HENDRICKS, 1973). Man hat behauptet, die Verwendung des Verstärkerentzugs oder der Geldbuße in einem *Token*-System könne bewirken, daß der Kontingenzmanager für unerwünschte Verhalten immer empfänglicher wird und immer punitiver auf sie reagiert; allerdings werden solche Fragen selten untersucht (vgl. z. B. O'LEARY und DROBMAN, 1971). Es ist also noch ein weiter Weg zum effektiven Verständnis der Bestrafungseffekte in der natürlichen Umwelt und zu den optimalen Bestrafungsmöglichkeiten im Rahmen therapeutischer Programme.

Bestrafungstheorien

Die grundlegende Ähnlichkeit zwischen Vermeidung und Bestrafung spielt in vielen Theorien, welche erklären, wie Bestrafung Verhalten beeinflußt, eine wesentliche Rolle. WOODWORTH und SCHLOSBERG (1954) unterschieden die beiden Paradigmen der Bestrafung für *Etwas-Tun* und der Bestrafung für *Etwas-nicht-Tun*, eine Unterscheidung, die SOLOMONS Gegenüberstellung von *aktivem* und *passivem* Vermeidungslernen ergänzt. CHURCHS (1963) Überblick über Bestrafungstheorien enthält die Unterteilung in zwei umfassende Kategorien: Die Theorien der einen Gruppe erfordern keine Korrelation von Reaktion und Bestrafung, während die andere Gruppe einer derartigen Korrelation bedarf. Tab. 7/4 beschreibt einige Theorien der einen und der anderen Kategorie. Die meisten Theorien dieser Tabelle, die auf diskriminativen Stimuli fußen, welche von der bestraften Reaktion unabhängig sind, befassen

Tab. 7/4: Bestrafungstheorien, klassifiziert von Church (1963).

Theorien, die keine Korrelation zwischen Reaktion und Bestrafung erfordern:

Angsthypothese: Eine unkonditionierte Angstreaktion auf K− wird klassisch konditioniert mit Hilfe diskriminativer Stimuli, die die Zielreaktion kontrollieren (oder mit Hilfe reaktionserzeugter Stimuli).

Hypothese der konkurrierenden Reaktion: Unkonditionierte motorische Reaktion auf K− wird klassisch konditioniert mit Hilfe diskriminativer (oder reaktionserzeugter) Stimuli.

Fluchthypothese: Die Reaktion, die K− beendet, wird durch vorauslaufende diskriminative Stimuli generalisiert.

Diskriminationshypothese: Bestrafung verringert die Reaktionen, wenn sie die Trainingsbedingungen verändert, und sie fördert die Reagibilität, wenn sie die Trainingsbedingungen wiederherstellt.

Theorien, die eine Korrelation zwischen Reaktion und Bestrafung erfordern:

Unterdrückungshypothese: Aus K− resultiert irgendeine Form gehemmter Reagibilität.

Vermeidungshypothese: Aus K− resultiert irgendeine Form der Verstärkung für Nicht-Reagieren (Vermeiden), vermittelt durch klassisch konditionierte Angst oder Furcht.

sich mit Angstmechanismen, die im Kontext der Zwei-Prozeß-Theorie gewöhnlich zur Erklärung der Flucht-Vermeidung herangezogen werden. Unter den Theorien, die mit *reaktionserzeugten* diskriminativen Stimuli arbeiten und die, um die Effekte erklären zu können, eine Korrelation von Reaktion und Bestrafung erfordern, unter diesen Theorien ist die Hypothese, daß jeder Bestrafung Vermeidungslernen zugrunde liegt, am heißesten umstritten. Doch die meisten Theorien enthalten einige Parallelen zwischen Flucht-Vermeidung und Bestrafung.

Die Schwierigkeit aller Bestrafungstheorien besteht darin, daß sie die scheinbar paradoxen Resultate der Bestrafung begründen müssen; Bestrafung kann Reaktionen völlig, teilweise oder zeitweise unterdrücken, oder sie kann sie fördern. Church (1963) folgerte daraus, daß beide Kategorien von Theorien (also die, welche die reaktionskontingenten diskriminativen Funktionen der Bestrafung unterstreichen, und die, welche die generalisierten emotionalen Effekte der Bestrafung betonen) teilweise richtig bzw. unerläßlich sind. Reaktionskontingente aversive Stimulation bewirkt eine stärkere Reaktionsunterdrückung (oder geringere Reaktionsförderung), während die aversive Stimulation, die nur auf diskriminative Stimuli kontingent ist, ebenfalls das Respondieren unterdrückt. Die *Unterdrückungs*-Hypothese und die *Vermeidungs*-Hypothese (siehe Tab. 7/4) berücksichtigen beide diese Befunde. Aus seiner Übersicht über empirische Untersuchungen folgert Church, es gebe nach wie vor geringe Wahlmöglichkeiten zwischen den beiden Theorien, doch müßten Effekte konditionierter wie unkonditionierter emotionaler Reaktionen (so wie man sie z. B. in der Vermeidungshypothese benutzt) in jeder Erklärung sowohl der unterdrückenden als auch der fördernden Bestrafungseffekte eine Rolle spielen.

Solomon (1964), der die *Vermeidungstheorie* der Bestrafung vorzog, weist auf einige praktische Implikationen dieser Theorie hin. So behauptet er z. B., daß Bestrafungseffekte insofern dauerhafter sind, als die Reaktion, die den Strafstimulus beendet und mit der bestraften Reaktion konkurriert, spezifischer geartet ist. In diesem Fall werden die beendenden Verhalten positiv verstärkt, während die bestraften Verhalten durch ihre Assoziation mit konditionierten Angstreaktionen unterdrückt werden. Die Löschung von Bestrafungseffekten würden also zwei Löschungsprozesse erfordern: die Löschung der klassisch konditionierten Angst und die Löschung des operant beendeten (konkurrierenden) Verhaltens.

Parameter, die Bestrafungseffekte beeinflussen

Obgleich es noch keine Theorien gibt, die eine klare Beschreibung der Bestrafungsmechanismen liefern, erlauben es die auf diesem Gebiet zusammengetragenen Forschungsdaten, Bestrafung vernünftig zu handhaben und Parameter zu entdecken, die ihre Wirksamkeit beeinflussen. Azrin und Holz (1966) haben die Implikationen der relevantesten Variablen zusammengefaßt, indem sie Anordnungen vorschrieben, die die Ausschaltung einer Reaktion durch Bestrafung maximal gestalten:

»1. Der Strafstimulus sollte so angeordnet werden, daß keine unerlaubte Flucht möglich ist; 2. der Strafstimulus sollte so intensiv wie möglich sein; 3. die Bestrafungshäufigkeit sollte so hoch wie möglich sein; ideal wäre es, wenn der Strafstimulus für jede Reaktion verabreicht würde; 4. der Strafstimulus sollte sofort nach der Reaktion verabreicht werden; 5. der Strafstimulus sollte nicht nach und nach gesteigert, sondern mit maximaler Intensität eingeführt werden; 6. ausgedehnte Bestrafungsperioden sollten vermieden werden, vor allem wenn es um niedrige Bestrafungsintensitäten geht, da sich dadurch die Erholung einstellen kann. Werden niedrige Bestrafungsintensitäten benutzt, bedient man sich ihrer am besten nur für kurze Zeit; 7. es sollte sehr darauf geachtet werden, daß die Verabreichung des Strafstimulus nicht differentiell assoziiert ist mit der Verabreichung von Verstärkung, da der Strafstimulus selbst konditionierte verstärkende Eigenschaften erwerben könnte; 8. die Verabreichung des Strafstimulus sollte zum Signal oder zum diskriminativen Stimulus dafür werden, daß eine Löschungsperiode fortschreitet; 9. der Grad an Motivation zur Äußerung der bestraften Reaktion sollte reduziert werden; 10. auch die Häufigkeit positiver Verstärkung der bestraften Reaktion sollte reduziert werden; 11. es sollte eine alternative Reaktion zur Verfügung stehen, die nicht bestraft wird, sondern dieselbe oder größere Verstärkung liefert als die bestrafte Reaktion...; 12. steht keine alternative Reaktion zur Verfügung, sollte die Person Zugang zu einer anderen Situation haben, in der sie dieselbe Verstärkung ohne Bestrafung erhält; 13. wenn es nicht möglich ist, den Strafstimulus nach einer Reaktion zu verabreichen, gibt es immer noch eine effektive Methode der Bestrafung: Ein konditionierter Stimulus kann mit dem aversiven Stimulus assoziiert werden, und dieser konditionierte Stimulus kann, damit konditionierte Bestrafung erzielt wird, nach einer Reaktion verabreicht werden« (Azrin und Holz, 1966).

Tab. 7/5: Einige Parameter, die Bestrafung beeinflussen.

Variable	Beziehungen
K—-Intensität	R-Unterdrückung ist eine gleichbleibende Funktion der K—-Intensität. Nimmt diese Intensität zu, erfolgt eine zeitweilige, partielle oder am Ende vollständige Unterdrückung. Sehr intensive K— erzeugt vollständige und dauerhafte Unterdrückung; milde K— führt zur Erholung von R. R-Unterdrückung kann bei K—-Niveaus auftreten, die zu niedrig sind, um eine CER oder Vermeidung zu erzeugen.
K—-Verzögerung	R-Unterdrückung ist geringer, da sich die größere Verzögerung von K— R anschließt.
K—-Häufigkeit und Verstärkungsplan	R-Unterdrückung ist um so größer, je größer der Anteil an R's, denen K— folgt. Intensität von K— interagiert mit Häufigkeit von K—; schwache K— kann bei hohem Verstärkungsplan effektiv sein. R-Erholung nach Unterdrückung erfolgt rascher, wenn K— kontinuierlich verabreicht wird.
K+-Verstärkungsplan	Kontinuierliche K+- und K—-Pläne bewirken, daß K— diskriminativ für K+ wird. Es hängt von der K—-Intensität ab, ob Endhandlungen unterdrückt werden, ob K— nicht effektiv ist oder ob R beschleunigt wird. Der benutzte K+-Verstärkungsplan bestimmt das zeitliche Muster von R während der Bestrafung, z. B. K— während eines fixierten Quotenplans; K+ beeinflußt Gesamt-, aber nicht Endrate von R. Nur K+-Quotenpläne reduzieren bei Bestrafung beständig K+.
K+-Häufigkeit	R-Unterdrückung bei K— größer, je weniger häufig K+ ist. K— während der Löschung reduziert R rascher als die Löschung allein es könnte.
Motivation	R-Unterdrückung ist geringer, wenn Motivation für R zunimmt.
R-Alternativen	Erfährt alternative R K+, ist die Unterdrückung von R größer. Wenn Flucht nach unbestrafter Benutzung von R möglich ist, ist die Unterdrückung von R sogar bei niedrigen Intensitätsniveaus von K—, die gewöhnlich nicht effektiv sind, größer.
Beschaffenheit von R	K— für negative instrumentelle R (Flucht-Vermeidung) stellt die Trainingsbedingungen wieder her und beschleunigt dadurch (zumindest zunächst) R. Ist K— bei der Bestrafung und beim Vermeidungstraining dieselbe, wird die Löschung der Vermeidung verzögert.

Diese Liste praktischer Richtlinien abstrahiert die Krux vieler parametrischer Bestrafungsstudien. Tab. 7/5 umreißt einige dieser Beziehungen mittels der Hauptvariablen. Die Haupteinflüsse, die wir zur Diskussion stellen könnten, ähneln jedoch jenen, die im Vermeidungstraining hervortreten: die Natur der zu unterdrückenden Reaktion, die Vorgeschichte der Person im Hinblick auf das aversive Ereignis und der Verstärkungsplan, der die bestrafte Reaktion und die Verhalten, die mit ihr konkurrieren, aufrechterhält.

Die Natur der bestraften Reaktion

Die Wahl der bestraften Reaktion ist entscheidend, wenn Bestrafung Verhalten modifizieren soll. Wie aus unserer Tabelle hervorgeht, neigt die Bestrafung einer Flucht- oder Vermeidungsreaktion vor allen Dingen dazu, das bestrafte Verhalten nicht zu unterdrücken, sondern zu steigern (siehe z. B. BLACK und MORSE, 1961). So wird das Kind, dessen Schreien durch Beendigung des Scheltens oder der Klapse der Eltern verstärkt worden ist und das dadurch gelernt hat, daß Schreien Flucht unterstützt, dieses Kind wird noch mehr schreien, wenn es *wegen* seines Schreiens Haue bekommt. Diese Beobachtung kann man im Alltag immer wieder machen.

Bestrafung wird häufig deshalb als Prozedur gewählt, weil die Verstärkungsgeschichte und die Ursachen für die gegenwärtige Aufrechterhaltung des unerwünschten Verhaltens unbekannt sind, wodurch eine Löschung oder die Verwendung desselben Verstärkers zusammen mit einem annehmbaren Alternativverhalten erschwert wird. Doch kann dieses mangelnde Wissen auch zur Bestrafung von funktional nützlichen Flucht-Vermeidungsverhalten führen und dadurch genau die entgegengesetzten Behandlungsergebnisse erzielen. So beschreiben z. B. BUCHER und LOVAAS (1968) die Benutzung von Bestrafung, zu der sie sich entschlossen, nachdem der autistische Junge, den sie behandelten, nach vier Monaten eines nahrungsverstärkten Imitationstrainings keine Fortschritte gemacht hatte. Der Patient — er hieß Kevin — bedeckte seine Ohren und verließ seinen Stuhl, wenn man mit ihm sprach oder Trainingsversuche unternahm. Die Autoren nahmen an, daß Kevin durch diesen Negativismus intensiv verstärkt wurde, so daß die positive Verstärkung für richtige Verhalten unwirksam blieb. Fünf Tage lang und täglich drei Stunden wurde Kevin, immer wenn er seine Ohren bedeckte oder seinen Stuhl verließ, angebrüllt und erhielt er Schläge auf die Oberschenkel. Der erwachsene Therapeut fühlte sich erschöpft, als Kevin nicht weniger, sondern *mehr* bestrafte Handlungen äußerte. Nun wurden die Schläge durch Elektroschocks ersetzt. Nach zehn Minuten zeigte Kevin Angst, stellte den ersten Augenkontakt mit dem Therapeuten her und äußerte keine bestraften Reaktionen mehr. Schon nach zwei Stunden äußerte er bei Aufgaben, an denen er vier Monate lang gescheitert war, die ganze Zeit lang richtige Imitation. Dieses Beispiel kann dazu benutzt werden, verschiedene Faktoren, die das Bestrafungsergebnis beeinflussen, zu veranschaulichen, da jeder dieser Faktoren für die differentiellen Effekte der Schläge und der Schocks relevant sein könnte. Tab. 7/6 faßt

Tab. 7/6: Mögliche Gründe für nicht effektive aversive Stimuli: Kevins Fall (BUCHER und LOVAAS, 1968).

Beschaffenheit von R	R war ein »Negativismus«: Kevin bedeckte die Ohren, verließ den Stuhl; da eingangs durch K— beschleunigt, konnte R ohne weiteres zum Fluchtverhalten werden.
Beschaffenheit von K—	War R eine Flucht-Vermeidungshandlung und ähnelte die K— des Anbrüllens und der Klapse jener Situation, in der R ursprünglich erworben wurde, mußte Beschleunigung resultieren. Der Schock K— aber, der der Fluchtaneignung überhaupt nicht ähnelte, mußte R unterdrücken.
Beschaffenheit von R	War R eine instinktive Reaktion auf aversive Stimuli, hätte K— R steigern und fixieren können.
Frühere Konfrontation mit K—	Adaptation an K— kann stattgefunden haben, vor allem dann, wenn die Intensität allmählich gesteigert wurde und wenn die Darbietung nicht plötzlich erfolgte. Frühere Koppelung von K— mit nachfolgender K+ kann einen positiven diskriminativen Stimulus zur Folge gehabt haben.

die Faktoren zusammen, die für Kevins Verhaltenssequenz verantwortlich sein könnten.

Im Rahmen dieser Diskussion scheint die Hypothese plausibel, daß es sich bei Kevins negativistischem Verhalten um Flucht- und Vermeidungsreaktionen handelte, die früher verstärkt worden waren durch Beendigung des Schreiens und Prügelns von Erwachsenen. Die Topographie der Verhalten und die Häufigkeit, mit der Erwachsene diese aversiven Stimuli anderen Stimuli vorziehen, läßt diese Annahme plausibel erscheinen. Der Effekt der Benutzung derselben aversiven Ereignisse zur Bestrafung der Flucht- und Vermeidungsverhalten, würde — zumindest anfänglich — darin bestehen, daß diese Verhalten zunehmen, und das war ja auch der Fall. Da diese beschleunigende Funktion allmählich ihren Einfluß einbüßt und die Vermeidungsreaktion unterdrückt wird, war die Effektivität des Schocks unter Umständen teilweise auf dessen *Timing* zurückzuführen. Unterscheidet sich jedoch der aversive Strafstimulus von dem, der während der Aneignung von Flucht und Vermeidung effektiv ist, findet die Unterdrückung der Reaktion wesentlich rascher statt (CARLSMITH, 1961) — das aber ist eine glaubwürdigere Erklärung der Effektivität von Elektroschocks.

Ein weiterer Aspekt der Reaktion, der die Effektivität der Bestrafung beeinflussen kann, hat zu tun mit dem Gegensatz, der zwischen instrumentellen Verhalten einerseits und konsumatorischen oder instinktiven Verhalten andererseits besteht. SOLOMON (1964) stellte die Hypothese auf, daß Verhaltensfixierungen, -hemmungen und andere Phänomene der »experimentellen Neurose« (s. z. B. MASSERMAN und PECHTEL, 1953) dann auftreten, wenn instinktive oder konsumatorische Reaktionen bestraft werden. LICHTENSTEIN (1950) erzeugte z. B. lang anhaltende Eßhemmungen, indem er die Eßhandlung bestrafte, und MASSERMANS (1943) »neurotische« Katzen wurden ebenfalls für Freßhandlungen bestraft. Nicht-kontingente aversive Stimulation, die mit einer instrumentellen Handlung assoziiert ist, kann jedoch, wenn sie nicht signalisiert wird, ähnliche Ergebnisse erzielen. KLEE (1944) entdeckte z. B., daß Ratten verhungern können, anstatt von einem LASHLEY-Sprungstand zu springen, wenn die eine Hälfte der Durchgänge bestraft und die andere mit Futter belohnt wird, wenn also das Diskriminationsproblem unlösbar ist. SOLOMON schlägt zwei Parameter vor, welche die mit konsumatorischen Verhalten assoziierten Bestrafungseffekte beschleunigen. Die verfügbaren Verhaltensalternativen, die in einer Endhandlung und in einem hohen Grad an diskriminativer Kontrolle über das Einsetzen der Bestrafung gipfeln, können Bestrafungseffekte vermehren. SOLOMON spekuliert über die Möglichkeit, daß Triebstimuli oder Anreize zu konditionierten Stimuli für konditionierte emotionale Reaktionen werden können, was auf die enge Assoziation des Triebanreizes mit der Bestrafung zurückzuführen wäre, zu der es dann kommt, wenn Endhandlungen bestraft werden. Wäre Kevins Negativismus eine instinktive Reaktion auf noxische Stimuli gewesen, hätte man von der Bestrafung erwarten dürfen, daß sie diesen Negativismus fixierte. Die Topographie des Verhaltens und dessen Empfindlichkeit für Schockbestrafung weist darauf hin, daß das wahrscheinlich nicht der Fall war.

Im allgemeinen führt der diskriminative Stimulus (S^D), der vor der Bestrafung einer Endhandlung verfügbar ist, zu Vermeidungsverhalten, während das Fehlen eines S^D zu desorganisierten Reaktionen führt. Paradoxerweise kann bei klinischen Fällen die letztgenannte Situation leichter behandelt werden, da jede neu errichtete Vermeidungsreaktion durch gezielte Wahl mit einem S^D gekoppelt werden kann. Ist eine Vermeidungsreaktion bereits richtig etabliert (das war bei den hungernden Ratten der Fall), kann ihre wahllose Entwicklung eine Reaktion fixieren, die ernsthafte langfristige Konsequenzen hat, auch wenn sie das aversive Ereignis vermeidet. Daher sollte man dafür sorgen, daß bei der Benutzung von Bestrafung Vermeidungsreaktionen bereitgestellt werden, die sozial wünschenswert sind, oder daß anstelle des Endverhaltens Alternativen angeboten werden.

Frühere Erfahrungen mit dem aversiven Ereignis

Frühere Konfrontationen mit dem Strafstimulus können bewirken, daß die Einzelperson später gegen eine Verhaltensunterbrechung durch diesen Stimulus stärker gefeit ist (s. z. B. MILLER, 1960). Schrittweise Darbietung oder die Benutzung allmählich zunehmender Intensitätsgrade beschleunigen diese Adaptation oder Resistenz, obwohl die Benutzung der letztgenannten Prozedur häufig darauf abzielt, allen Adaptationseffekten entgegenzuwirken. Da Klapse und laute »Neins« von Erwachsenen häufig als Strafstimuli benutzt werden, könnte die Adaptation an die anhaltende, wenig intensive Benutzung dieser Mittel in der Vergangenheit eine weitere Erklärung für Kelvins mangelnde Reagibilität liefern.

Frühere Konfrontationen mit dem Strafereignis können die Strafeffekte drastisch ändern, wenn dem Einsetzen des Ereignisses gewöhnlich positive Verstärkung vorausgegangen ist. Schocks, die verabreicht werden, während ein Tier frißt, können zu schwerwiegenden Verhaltensstörungen führen, während Schocks, die vor dem Fressen verabreicht werden, als S^D's fungieren können und die Reaktionslatenz tatsächlich herabsetzen (siehe z. B. HOLZ und AZRIN, 1962). So aber können die diskriminativen Eigenschaften der Bestrafung deren Effekte häufig hinreichend erklären, ohne daß man sich auf ihre aversiven Eigenschaften berufen müßte. Wahrscheinlich begehen Eltern häufig den Fehler, daß sie Bestrafung zum diskriminativen Stimulus für positive Verstärkung machen. Wenn Eltern ihr Kind z. B. anbrüllen oder schlagen, um ihm dann zur Ablenkung oder zur Wiedergutmachung ein brandneues Spielzeug oder Zärtlichkeiten und Küsse zuteil werden zu lassen, signalisieren sie mit Bestrafung Belohnung. Hätte Kevin eine derartige Vorgeschichte gehabt, hätte die Bestrafung zunächst die Häufigkeit der unerwünschten Reaktionen *erhöht*, da sich Kevin ja stärker um Belohnung bemüht hätte. Erst nach wiederholten Durchgängen ohne positive Verstärkung wäre dieser Effekt allmählich ausgelöscht worden. Da jedoch eine Vorgeschichte mit Schock sehr unwahrscheinlich war, sollten Schocks Kevins zu bestrafende Handlungen unverzüglich unterdrücken.

Die diskriminativen Eigenschaften der Bestrafung sind noch in einem anderen Kontext wichtig, in einem Kontext allerdings, der sich für Kevins Fall nicht sonderlich geeignet hätte. Ein aversives Ereignis signalisiert, daß die Bestrafungskontingenz wirksam ist. Fixierte Quoten und zeitliche Pläne führen rasch zur Diskrimination von Bestrafungsperioden. Ähnlich dient Bestrafung, die mit Löschung gekoppelt ist, als S^Δ, und so signalisiert sie, daß keine positive Verstärkung erfolgen wird. In beiden Fällen kann die Verabreichung von Bestrafung wegen ihrer diskriminativen Eigenschaften das respondente Verhalten rasch unterdrücken. Die Weglassung von Bestrafung wird eine rasche Rückkehr zu einer hohen Reaktionsrate zur Folge haben. Die Daten, die diese »Pseudobestrafung« oder die diskriminativen Effekte aversiver Stimuli belegen (HOLZ und AZRIN, 1962), sind für die klinische Praxis eindeutig relevant. Doch sind sie auch von theoretischer Bedeutung, da sie die Bedingungen darstellen, unter denen Bestrafung eine Reaktion anscheinend nicht schwächt, da die Reaktion zu ihrer hohen Stärke zurückkehrt, sobald die Bestrafung weggelassen wird. In diesen Fällen ist das einfache Diskriminationslernen das bessere Prozeßmodell.

Positive Verstärkung und konkurrierende Reaktionen

Wir haben bereits erwähnt, daß der positive Verstärkungsplan, der ein Verhalten aufrechterhält, mit dem gleichzeitigen Bestrafungsplan für dieselbe Reaktion interagiert, um vielfältige Muster von Reaktionsraten zu erzeugen, auch dann, wenn die gesamte Reaktionsrate unterdrückt wird (AZRIN und HOLZ, 1966). Außerdem wurde darauf hingewiesen, daß verfügbare alternative Reaktionen, die positive Verstärkung ohne Bestrafung bewirken, die Reaktionsunterdrückung in der Bestrafungssituation beschleunigen.

In der Praxis wird die Bestrafung dadurch am stärksten kompliziert, daß viele Flucht- oder Vermeidungsreaktionen entstehen können, die den aversiven Stimulus durch ihren Effekt auf den Strafstimulus beendigen. Ein Kind, dem während der Bestrafung eine wache, kluge Bemerkung einfällt, wird für diese Fluchtreaktion häufig belohnt, so daß der beabsichtigte erzieherische Effekt zerstört wird. Oder das Weinen, die Versprechungen oder das Betteln eines Kindes können für dessen Eltern so aversiv sein, daß diese Verhalten effektive Flucht-vor-Bestrafung bewirken. Und schließlich gibt es noch die »Flucht« in die Phantasie, das verdeckte Verbalverhalten und andere Fluchtverhalten, die die Eltern nicht kontrollieren können und die es ermöglichen, die angestrebten Unterdrückungseffekte der Bestrafung zu reduzieren.

Bestrafung unterdrückt alte Verhalten, wogegen positive Verstärkung neue bestärkt. Indem sie ein altes Verhaltensmuster zerbricht, kann Bestrafung Gelegenheit zur positiven Verstärkung neuer Operanten geben, die für die Person wertvoller sind. Die Kombination aus positiver Verstärkung und Bestrafung scheint äußerst effektiv zu sein. Als man Bestrafung mit anderen Methoden der Beseitigung von Verhalten verglich und als man bei jeder Methode maximal effektive Parameter benutzte, erwies sich Bestrafung als vollständiger und irreversibler als Löschung, Sättigung, Stimulusveränderung und Einschränkung, und sie erwies sich als genauso rasch und dauerhaft (HOLZ, AZRIN und AYLLON, 1963; AZRIN und HOLZ, 1966).

Ein letztes Merkmal der Bestrafung im Kontext der Verhaltensmodifikation ist die Beziehung zwischen Bestrafendem und Bestraftem. Bestrafung ist häufig lediglich die aggressive Reaktion einer Person auf eine andere, und häufig ist sie determiniert weniger durch das unmittelbar voraus laufende Verhalten des Bestraften als durch die emotionale Verfassung des Bestrafenden. Und der Bestrafte kann seinerseits häufig mit Aggression oder aversiver Stimulation reagieren, die sich gegen den Bestrafenden wenden. Untersuchungen an Kindern in Familien (PATTERSON und REID, 1970) lassen vermuten, daß derartige wechselseitig koerzive Beziehungen häufig durch die Effekte der relativen (noxischen) Kontrolle, die jeder Partner auf den anderen ausübt, aufrechterhalten werden. Die letztlich unerwünschten Aspekte derartiger Interaktionen sind dem Kliniker zwar klar, doch sind solche Muster in sozialen Kontexten leicht zu errichten und schwer zu zerbrechen, wenn die Umwelt psychische (oder physische) Machtausübung dieser Art toleriert oder gar unterstützt. In der Tat hat man das gewohnheitsmäßige Muster zwischenmenschlichen Umgangs, das auf feiner aversiver Kontrolle beruht, für ein Wesensmerkmal passiv-aggressiver Persönlichkeiten und anderer neurotischer Patienten gehalten.

Besondere Bestrafungsparadigmen: Auszeit und Verstärkerentzug

Wir haben bisher drei mögliche Kontingenzen diskutiert: die Darbietung eines positiven, die Darbietung eines negativen Verstärkers und die Beseitigung eines negativen Verstärkers. Die vierte mögliche Kontingenz, die Beseitigung eines positiven Verstärkers, ist von FERSTER (1957, 1958 a), der sich eingehender mit ihr befaßt hat, als »Auszeit« bezeichnet worden. Wie VERHAVE (1962) gezeigt hat, beinhaltet die Beseitigung positiver Verstärkung, da die Darbietung eines Verstärkers zeitlich gesehen sehr kurz ist, hauptsächlich die Beseitigung von Stimuli, die mit ihrem Vorhandensein asoziiert sind — das aber sind konditionierte positive Verstärker. Gewöhnlich wird eine Auszeit-Periode, in der der Organismus keine positive, reaktionskontingente Verstärkung mehr erhält, durch einen diskriminativen Auszeitstimulus signalisiert. Unser tägliches Leben hält viele Beispiele für »Auszeit« bereit — da ist der Freund, der nach einem Streit seine Freundin verläßt, da ist die »Beruhigungsphase« für Kinder, wenn sie heftig gespielt haben, da ist die Mutter, die die Erzählung einer Geschichte abbricht, weil sich ihr Kind schlecht benimmt, da ist die Weigerung eines Wirtes, einen betrunkenen Gast zu bedienen und da sind mannigfache andere Situationen, in denen die kontingente Vorenthaltung positiver Verstärkung, der häufig Drohungen (S^D's) vorausgehen, dazu benutzt wird, das Verhalten unter die Kontrolle der Belohnung zu bringen.

FERSTER (1958 a) demonstrierte, daß signalisierte »Auszeit« im Hinblick auf die augenblickliche Reaktion viele Eigenschaften mit üblichen aversiven Ereignissen gemeinsam hat. Eine Reihe anderer Studien, die Auszeit-Prozeduren benutzten, erhärten die allgemeine Folgerung, daß Auszeit als aversives Ereignis wirksam ist. LEITENBERG (1965) weist bei einem Überblick über diese Forschungsarbeiten darauf hin, daß »jene Studien, die Flucht vor solchen Stimuli demonstrieren, die früher Gelegenheit zur Nichtverstärkung gaben, am überzeugendsten evident machen, daß ›Auszeit‹ aversiv ist«. LEITENBERG bemerkt auch, daß »Auszeit« in einem Bestrafungsparadigma zuweilen andere Effekte erzeugt als Elektroschocks und daß Elektroschocks effektivere Mittel der Unterdrückung sind.

Die Auszeit-Prozedur, die beim Menschen im Rahmen eines Bestrafungsplans angewandt wird, erlaubt das Auftreten von Flucht- oder Vermeidungsreaktionen. So kann sich z. B. ein Kind, das wegen seines schlechten Benehmens auf einer Kinderparty in sein Zimmer geschickt wird, Phantasien oder anderen Ersatzverhalten hingeben, welche die aversiven Konsequenzen der Prozedur reduzieren. Ähnlich wie bei der Bestrafung erweist sich die Kontrollprozedur als weniger effektiv, wenn andere positive Verstärkung zur Verfügung steht. Eine Ähnlichkeit mit der Bestrafung ist auch gegeben im Hinblick auf die Beziehung zwischen dem Umfang an »verlorener« Belohnung und der Effektivität der Technik. Das bedeutet, daß die insgesamte Häufigkeit oder der Gesamtumfang der positiven planmäßigen Verstärkung richtiger Reaktionen die Effektivität der »Auszeit« beeinflußt, wenn es um die

Unterdrückung unrichtiger Reaktionen geht (FERSTER und APPEL, 1961; BARON, KAUFMAN und RAKAUSKAS, 1967). Die Auszeit-Prozedur unterscheidet sich von der Löschung insofern, als die erstere auf *unerwünschte* Reaktionen kontingent ist, während die letztere früher verstärktem Verhalten folgt. Doch unterdrücken beide Techniken zumindest zeitweise respondentes Verhalten.

In der Praxis hat die Auszeit-Prozedur auch den Vorteil, daß sie eine Interaktion unterbricht, die zu explosiver Eskalation neigt. Der Spender wie der Empfänger von Verstärkern können das Auszeit-Intervall dazu benutzen, daß sie ihr eigenes Verhalten überprüfen, daß sie sich mit strategischen Alternativen auseinandersetzen und daß sie sich beruhigen. Wenn sich das aversive Verhalten eines Kindes auch auf dessen Lehrer auswirkt, kann dieser ein Auszeit-Intervall einschalten, das es ihm ermöglicht, auf das Kind nicht emotional exzessiv zu reagieren. In vielen klinischen Fällen ist Bestrafung ebenfalls entweder unpraktisch oder unratsam. Löschung kann deshalb unmöglich sein, weil das gestörte Verhalten von Patienten häufig durch Verstärker bedingt ist, die entweder schwer festzustellen oder nicht zu kontrollieren sind. Daher stellt die Auszeit-Prozedur eine praktische Alternative dar.

Auszeit-Prozeduren werden häufig als leichte Bestrafung benutzt, um störende Verhalten zu beseitigen. Voraussetzung dabei ist, daß die Person relativ hohen Belohnungsbedingungen ausgesetzt ist, da die Beendigung der positiven Verstärkung aversiv wirken und ohne weiteres diskriminierbar sein muß. Der Ehemann, der droht, er würde einfach fortgehen, wenn seine Frau nicht mit ihrer Nörgelei aufhöre, wird deren Verhalten nur geringfügig beeinflussen, wenn sie ihn unbedingt loswerden möchte. Und ebensowenig wird ein Kind angesichts von angedrohter »Auszeit« zu schreien aufhören, wenn es den Schulunterricht als aversiv empfindet und wenn es sich von »Auszeit« Erleichterung erhofft. In der Tat dient die kontingente Auszeit-Prozedur, die unter den Bedingungen einer niedrigen positiven oder hohen aversiven Verstärkung und im Kontext der störenden Reaktion benutzt wird, als Erleichterungsstimulus, der die noxische Reaktion dem Fluchtparadigma entsprechend bestärkt. So lernt das Kind, daß destruktives Verhalten in einer unangenehmen Situation zur Flucht in die »Auszeit« führen kann; die augenfällige Unwirksamkeit dieser Prozedur ist häufig auf ihre ungeschickte Handhabung zurückzuführen.

Eltern, die sich mit Verhaltensproblemen ihres Kindes herumschlagen, bekommen häufig den Rat, das Kind physisch zu isolieren, ein Verfahren, das äquivalent ist der »Auszeit«, welche auf unerwünschte Verhalten kontingent ist. Allerdings dürfte diese Prozedur neben der »Auszeit« noch andere Merkmale der Verhaltenskontrolle beinhalten. Wird das Kind z. B. eine gewisse Zeit lang allein in ein Zimmer gesperrt, so kann dieser Zustand, wenn man von seinen Auszeitmerkmalen absieht, an sich schon aversiv sein. (Das setzt allerdings voraus, daß das Zimmer keine alternativen Verstärkungsmöglichkeiten wie z. B. Fernsehen oder Telephon enthält.) Die »Auszeit« beseitigt positive Verstärkung des unerwünschten Verhaltens (z. B. die Aufmerksamkeit von Eltern oder Geschwistern) und reduziert die insgesamte positive Verstärkung für alle Reaktionen. Die Beendigung der Auszeit aber kann, da sie gewöhnlich kontingent ist auf das Verstreichen einer gewissen Zeitspanne und auf das Aufhören der Zielreaktion, die Verhalten positiv verstärken, die mit dem Zielverhalten konkurrieren. Bei der Anwendung von »Auszeit« ist es, wie bei anderen Techniken auch, schwierig, die effektive Variable festzustellen, die therapeutische Veränderung bewirken könnte.

Und ebenso schwierig kann es sein, die Gründe dafür zu finden, daß es der »Auszeit« nicht gelingt, das Zielverhalten zu unterdrücken. So berichtete z. B. RISLEY (1968 b) über die Unmöglichkeit, das gefährliche Kletterverhalten eines autistischen Kindes durch Verwendung von Auszeit im Labor und zu Hause zu unterdrücken. Bestrafender Elektroschock beseitigte dieses Verhalten dagegen im Labor sehr rasch. Zu Hause wurde »Auszeit« später durch Schock ergänzt, und so konnte das Klettern besonders erfolgreich unterdrückt werden. Doch wurden mit »Auszeit« auch weniger störende Verhalten reduziert, z. B. das sinnlose Ausräumen von Schränken oder der Versuch, in den Eisschrank zu kriechen. Es kann sein, daß das Kind in der Zeit, in der es kletterte, nur geringe Verstärkung erhielt, so daß es während der »Auszeit« fast nur das Vergnügen einbüßte, das ihm das Klettern selbst verschaffte. Da sich die Deprivation von Aufmerksamkeit für das Klettern und die Verstärkung unvereinbarer Verhalten nicht auf das Klettern auswirkten, hat soziale Verstärkung dieses Verhalten wahrscheinlich nicht aufrechterhalten und übertraf die dem Klettern selbst innewohnende Verstärkung alle konkurrierenden Verstärker, die dem Kind offeriert wurden.

In einem Überblick über Versuchsbeschreibungen und klinische Berichte zum Auszeitverfahren halten PATTERSON und WHITE (1969), was die Anwendung dieser Technik anlangt, folgende Schlußfolgerungen für gerechtfertigt:

»1. ›Auszeit‹ hat sich in einer Vielzahl von Situationen, vor allem aber im Schulunterricht, als effizienter und effektiver erwiesen als sogenanntes ›passives Ignorieren‹. 2. Obwohl man sich auch langer Auszeit-Prozeduren bedient hat ... haben kurze Perioden den zusätzlichen Vorteil, daß die Zeit, die zur Verfügung steht für die positive Verstärkung von Handlungen, welche für soziale Fertigkeiten repräsentativ sind, daß diese Zeit vermehrt werden kann. 3. Die Größe der Auszeit-Räumlichkeit braucht sich nicht auf Zellengröße zu beschränken. Studien, die über die effektive Verwendung von Auszeit berichteten, wurden in Räumlichkeiten von der Größe eines mittleren Schlafzimmers durchgeführt. 4. Wünschenswert ist die Überwachung der Auszeit-Prozedur. Nötig ist diese bei Untersuchungen, in denen das Kind sofort nach Beendigung seines Wutanfalls in die Klasse zurückkehren soll ... Außerdem vertreten verschiedene Forscher die Ansicht, daß äußerst intensives destruktives oder verbales Verhalten während der ›Auszeit‹ dadurch nur leicht bestraft werden sollte, daß man dem Kind sagt: ›Das macht zwei Minuten mehr. Jedesmal, wenn du gegen die Tür trittst, macht das zwei Minuten mehr.‹ Allerdings gibt es keine Daten, die belegen, welches Resultat diese Prozedur zeitigt. 5. Auszeit-Prozeduren vermeiden einige der Probleme, die bei der Anwendung direkter körperlich schmerzhafter Bestrafung auftauchen... So liefert z. B. die ›Auszeit‹, im Gegensatz zu körperlich aggressiven Bestrafungsmethoden, dem Kind kein aggressives Modell der Imitation... Das heißt, sie enthält keine Modelle, die Methoden der Gegenaggression beinhalten, Methoden, die gegen Eltern, Lehrer oder Peers gekehrt werden könnten« (S. 3).

Verstärkerentzug ist eine ähnliche Art von Bestrafung, bei der auf eine bestimmte Reaktion hin ein verstärkender Stimulus aus der Umwelt der Person entfernt wird (WEINER 1962). WEINER machte die Punkte eines Zählers zu konditionierten Verstärkern. Zog er daraufhin nach jeder Reaktion einen Punkt ab, so daß der Verstärkerentzug jeweils einen Punkt betrug, wurden die Reaktionen sofort und häufig fast vollständig unterdrückt. Dieser Effekt war größer als der entsprechende Auszeit-Effekt, und die diskriminativen Stimuli brauchten weniger berücksichtigt zu werden, da der Entzug des Punktwerts an sich schon ein eindeutiger Hinweisreiz war. Verstärkerentzug wirkt also offensichtlich wie ein schockähnliches aversives Ereignis, setzt jedoch gewöhnlich vermutlich einen konditionierten Verstärker voraus (da eine Beseitigung primärer Verstärker unwahrscheinlich sein dürfte). Prozeduren des Verstärkerentzugs werden sowohl in *Token*-Systemen als auch im alltäglichen Geldverkehr benutzt. Bei einer Untersuchung, die sich mit *Veterans' Administration*-Krankenhauspatienten befaßte, galt der Verstärkerentzug keinen *Tokens*, sondern echtem Geld, da das Krankenpersonal die Geldzuteilungen der *Veterans' Adminstration* kontrollieren konnte, mit denen die Patienten Zigaretten, Zeitungen und Getränke kauften. HARMATZ und LAPUC (1968) unterzogen fettleibige Männer einer 1800-Kalorien-Diät und wogen jeden der Männer einmal pro Woche. Die Männer, die in dieser Woche nicht abnahmen, gingen eines Teils ihrer Geldzuteilungen verlustig. Die experimentelle Gruppe unterschied sich, was die Gewichtsabnahme anging, in der Nachbehandlung nicht sofort von Männern, die sich einer Gruppentherapie unterzogen oder von Kontrollgruppen, die nur Diät gemacht hatten. Doch fuhren die Versuchspersonen in der einmonatigen Nachbehandlungszeit fort abzunehmen, während die Kontrollgruppen im selben Verhältnis wieder zunahmen, in dem sie abgenommen hatten. Ähnliche klinische Verfahren zur Einschränkung des Rauchens forderten vom Patienten, er solle vor jeder Zigarette eine Ein-Dollar-Note zerreißen; auch diese praxisbezogene Manipulation des Verstärkerentzugs hatte gewisse Erfolge.

Einen raffinierten Verstärkerentzug haben NATHAN und seine Kollegen bei der Behandlung von Stotterern beschrieben (NATHAN, ANDBERG und PATCH, ohne Jahresangabe). Eine junge Frau konnte mit ihrem Therapeuten nur über ein Zweiweg-Audio-video-System kommunizieren, das von NATHAN so benannte TRACCOM-System *(Televised Reciprocal Analysis of Conjugate Communication)*. Um die Größe und Klarheit des Bildes optimal zu halten, mußte die Patientin eine bestimmte Knopfdruckrate emittieren; Lichtsignale wiesen auf »Ruhepausen« hin, in denen kein Knopfdrücken nötig war und in denen durch Knopfdrücken weder Bild noch Ton erzeugt werden konnten. Nun wurden das S^Δ-Signal und der Entzug der TRACCOM-Kommunikation kontingent gemacht auf das Stottern, das während des Gesprächs der Patientin mit ihrem Therapeuten auftrat. Man benutzte einen progressiven Quotenplan, in dem die Abnahme des Stotterns weniger Stotterern pro Verstärkerentzug entsprach. Das S^D-Signal und eine »freie« Kommunikationsphase schlossen sich stotterfreien Äußerungen an. Die Patientin wies schließlich nur mehr

25 Prozent der anfänglichen Stotterrate auf und ihr stotterfreies Reden nahm um mehr als das Doppelte zu; eine Nachuntersuchung nach sechs Monaten ergab, daß die Besserung im therapeutischen wie im nicht-therapeutischen Rahmen anhielt.

Den Begriff *Verstärkerentzug* hat man auch in einem anderen Kontext der Verhaltenskontrolle benutzt. Wird einem Labortier eine Reaktion antrainiert, so steigert man nach und nach den Kraftaufwand oder die Anzahl an Reaktionen, für die Verstärkung verabreicht wird. So kann z. B. eine Taube mit einem fixierten Quotenplan beginnen, der für ein Futterkorn drei Picker verlangt. Diese Quote wird langsam auf 5, auf 10, auf 25, auf 50 oder sogar auf 100 Pickbewegungen erhöht. Ab einem gewissen Punkt, wenn die Steigerung entweder zu groß oder die Anstrengung zu gewaltig ist, nimmt die Performanz des Tieres ab und es kann schließlich ganz zu arbeiten aufhören (FERSTER und SKINNER, 1957). Die technische Terminologie bezeichnet die Abnahme der Performanz, die unter derartigen Bedingungen stattfindet, als *Überbeanspruchung* (FERSTER und PERROTT, 1968). Neben der Bedeutung, die dieses Phänomen als störender Faktor dann gewinnt, wenn ein Verhaltensmodifikationsprogramm mit niedrigen Auszahlquoten arbeitet, besitzt es praktischen Nutzwert bei der Reduktion einer Reaktion. Ein anschauliches Beispiel für die Steigerung eines Verstärkerentzugs, mit dem Ziel, eine unerwünschte Reaktion zu reduzieren, ist z. B. die Erhöhung der Parkgebühr pro Zeiteinheit, um Verkehrsverstopfungen im Stadtzentrum zu vermeiden, oder auch die zusätzliche Festlegung von Bedingungen, die — will man an einem beliebten Lehrgang teilnehmen — erfüllt werden müssen. Bei zwanghaften Patienten bedienten sich die Autoren dieser Technik, indem sie vor der Ausführung der zwanghaften Handlung so lange für eine stufenweise Steigerung in kleinen Schritten sorgten, bis der zur Performanz nötige Kraftaufwand z. B. Zupfen der eigenen Haut oder Überessen) den Punkt einer Überbeanspruchung erreichte und das Verhalten abnahm. Übrigens benutzen alle Trainingsprogramme, wollen sie ein Verhalten *aufrechterhalten,* die Technik des gesteigerten Verstärkungsentzuges, da diese sowohl wirtschaftlich als auch effektiv ist. So nimmt die Häufigkeit des Lobes, das ein Kind erhält, mit der Zeit ab, wenn sich das Verhalten des Kindes bessert, und *Token*-Systeme sind so strukturiert, daß der Wert eines jeden *Token* reduziert wird, wenn der Patient Fortschritte macht, und Akkordzahlungen werden verringert, wenn der Arbeiter sein Arbeitsmaximum erreicht hat. Das aversive Potential des gesteigerten Verstärkungsentzugs hängt also ab von der Vorgeschichte des verstärkten Verhaltens und von der Leistungsfähigkeit, die der Organismus in bezug auf den Entzug an den Tag legt. Es liegt etwas jenseits des Punkts, an dem maximales Verhalten durch die niedrigste Auszahlung aufrechterhalten werden kann.

Schwierigkeiten bei der Anwendung aversiver Kontrolle

Man hat die Bestrafung klinisch wie experimentell vor allem deshalb so lange vernachläßigt, weil man glaubte, jede aversive Kontrolle würde durch unerwünschte oder schädliche Nebeneffekte beeinträchtigt. Forschungsarbeiten, die in jüngerer Zeit in der Klinik oder im Labor durchgeführt wurden, haben viele dieser Befürchtungen entweder widerlegt oder stark vermindert.

Ein nach wie vor existentes Problem ist die Frage, inwieweit durch Bestrafung erzeugte Reaktionsunterdrückung generalisieren kann. Ist Bestrafung ziemlich beständig mit einer Gruppe von Stimuli assoziiert, mit einer anderen dagegen nicht, kann die Unterdrückung anfänglich zwar generalisieren, doch werden sich die Reaktionen im Beisein der »sicheren« Stimuli bald wieder erholen (siehe z. B. AZRIN, 1956). Tatsächlich kann ein Kontrasteffekt die Reagibilität im »sicheren« Kontext in einer Weise stützen, daß diese Reagibilität die entsprechenden Daten vor der Behandlung noch übertrifft (BRETHOWER und REYNOLDS, 1962). BIRNBRAUER (1968) schildert die Bestrafungseffekte im klinischen Bereich als so ungemein diskriminiert, daß therapeutische Bestrebungen von vornherein vereitelt werden. Gegen einen retardierten Jugendlichen mußten wegen seines Beißens und anderer destruktiver Handlungen Zwangsmaßnahmen ergriffen werden. So wurde er in Laborsitzungen intensiven Schocks ausgesetzt, die auf seine destruktiven Handlungen kontingent waren; seine spezifischen Zielverhalten wurden rasch eliminiert. Doch erwiesen sich verbale Warnungen, die man mit Schocks koppelte, um aus ihnen konditionierte aversive Stimuli zu machen, nur dann als effektiv, wenn sie von der Person kamen, die den Schock verabreichte. Gleichzeitige Versuche, ein anderes destruktives Verhalten (Zerreißen von Servietten während der Mahlzeiten) dadurch zu reduzieren, daß man konkurrierende Reaktionen verstärkte und zu einer Auszeit-Prozedur griff, die auf das Zielverhalten kontingent war, fruchteten nichts. Erst als man für diese spezifische Reaktion Schocks verabreichte, wurde auch sie unterdrückt. Also begann das Stationspersonal Schocks für destruktive Handlungen und positive Verstärkung für prosoziales Verhalten zu verabreichen, was zur Folge hatte, daß die destruktiven Handlungen des Jungen in fünf Monaten abnahmen, während sein soziales Verhalten zunahm. Doch wurden verbale Drohungen als einzige Bestrafung nie effektiv, so daß die Unterdrückung reaktions- und situationsspezifisch war. Außerdem traten die Fehlverhalten danach wieder auf einem Niveau auf, das der Situation vor der Behandlung entsprach.

BIRNBRAUER folgerte, die Anwendung von Bestrafung bedürfe einer Absicherung »gegen die Ausbildung von Diskriminationen — von Diskriminationen zwischen Reaktionen, zwischen einer Reaktion zu einem Zeitpunkt und derselben Reaktion zu anderen Zeitpunkten, zwischen Situationen, sowie zwischen Personen« (S. 209). Da die Effekte der Schockbestrafung zu Beginn stark und ausgeprägt gewesen waren, fühlte sich BIRNBRAUER veranlaßt, die vollständige und anhaltende Reaktionsunterdrückung zu ihrem frühesten Zeitpunkt zu befürworten, denn nur so könne man die anfängliche Effektivi-

tät der Schocks voll nutzen, zumal eine spätere Wiederholung der Schock-
prozedur nicht dieselbe Unterdrückungsrate erzielen würde. Zwei weitere
Variablen sollten besonders berücksichtigt werden: das Timing der Bestrafung
und die Verfügbarkeit einer alternativen Reaktion. Der Patient reagierte auf
verbale Warnungen nur dann, wenn sie während der Reaktion ausgesprochen
wurden; dieser Befund erhärtete die Folgerung anderer (siehe z. B. ARON-
FREED und REBER, 1965), daß die Bestrafung, die zeitlich so arrangiert wird,
daß sie mit dem Einsetzen der Reaktion zusammenfällt, bei normalen Kindern
die effektivste Prozedur darstelle. Schock schien auch dann ein effektives
Mittel der Unterdrückung zu sein, wenn eine spezifische alternative Reaktion
zur Verfügung stand; das aber läßt vermuten, daß bei jeder Bestrafungs-
therapie vorsorglich Alternativen programmiert werden müssen.

RISLEY (1968 b), BUCHER und LOVAAS (1968), WOLF, MEES und RISLEY
(1964) u. a. bestätigen, daß man sich vor antitherapeutischen Diskriminationen hüten müsse. Zu diesem Zweck empfehlen sie die Anwendung des aversiven Ereignisses in einer Reihe natürlicher Umgebungen durch verschiedene
Personen bei einer Vielzahl von Beispielen der Zielreaktionsklasse, und sie
empfehlen die rasche und vollständige Unterdrückung der natürlich auftretenden Verhalten.

Neben den Problemen, die die Generalisierung der Bestrafungseffekte aufwirft, sind noch andere charakteristische Schwierigkeiten zu verzeichnen. Die
gezielte Nutzung der aversiven Kontrolle im Kontext der Verhaltensmodifikation birgt gewöhnlich die Gefahr, daß der Patient sein Verhalten nach
dem des Therapeuten modelliert. Wird die Verabreichung von Bestrafung als
Modellverhalten des Therapeuten betrachtet, dürfte man — sowohl im Hinblick auf die Selbstkontrolle, als auch im Hinblick auf die Art und Weise,
wie der Patient seine interpersonalen Beziehungen gestaltet — Imitationslernen aggressiver Verhaltensweisen erwarten. Auch hat man von der Verabreichung aversiver Stimulierung angenommen, sie gehe der Aggression voraus
(BUSS, 1961; ULRICH und AZRIN, 1962). Obgleich einige klinische Berichte
angedeutet haben, daß es bei der aversiven Konditionierung zur Aggression
gegen den Therapeuten kommen könne, hat man nur selten über derartiges
Verhalten bei Erwachsenen berichtet. Im äußersten Fall könnte man von der
therapeutischen Benutzung aversiver Mittel sogar erwarten, daß sie zusätzliche neurotische Symptome erzeuge, falls man das Konflikt-Angst-Vermei-
dungs-Modell der Entstehung neurotischer Symptome anerkennt. Doch in
der Praxis genügen gewisse Sicherheitsmaßnahmen (z. B. die sorgfältige Planung der aversiven Behandlung und die ständige Kontrolle von Verhaltensänderungen), um die Nebeneffekte aversiver Kontrolltechniken minimal zu
halten.

Viele Forscher, die aversive Kontrollen benutzten, haben versucht, nicht
nur die Zielreaktion, sondern auch andere Verhaltensbereiche zu erfassen. So
hat z. B. RISLEY (1968 b) bei einem sechsjährigen Mädchen eine Reihe anderer
Verhalten kontrolliert, während er Klettern mit Schock und autistisches
Schaukeln mit Anschreien und Schütteln bestrafte. Die Bestrafung erfolgte im

Labor und zu Hause durch den Forscher und durch die Mutter. In beiden Fällen wurden die Zielverhalten rasch beseitigt. Zu Beginn wurden Labor und Experimentator im Rahmen der Reaktionsunterdrückung als Einheit diskriminiert, doch nur so lange, bis dieser Stimuluskontrolle bewußt entgegengewirkt wurde. Die Nebeneffekte bestanden u. a. darin, daß ähnliche Verhalten (z. B. Klettern auf einen Stuhl) zunahmen, wenn die Zielhandlungen (z. B. Hochklettern an einem Bücherregal) unterdrückt wurden. Wurden jedoch auch diese Reaktionen bestraft, fand keine weitere Substitution statt. Es war keine allgemeine Vermeidung der Situationen oder der bestrafenden Instanzen festzustellen. Statt dessen erwiesen sich die Vermeidungsreaktionen als äußerst spezifisch. Diese Reaktionen (z. B. Auf-einem-Stuhl-Sitzen) wurden größtenteils gezielt verstärkt. Andere Verhalten wurden nicht unterdrückt, und es traten auch keine aggressiven Verhalten auf. Wurde ein früher erworbenes aggressives Verhalten (Angriffe gegen den Bruder) bestraft, stieß man auf keine schmerzbedingte oder ersatzweise Aggression. Trotz der Stimuluskontrolle, die der Forscher über die Reaktionsrate ausübte, nahm der Augenkontakt vom Mädchen zum Therapeuten zu, wenn die Bestrafung begann; dadurch aber wurden andere Trainingsaktivitäten gefördert; im übrigen verhielt sich das Mädchen dem Therapeuten gegenüber nicht anders als sonst. RISLEY folgert:

»Der signifikanteste Nebeneffekt bestand in der Tatsache, daß die Beseitigung des Kletterns und des autistischen Schaukelns durch Bestrafung den Erwerb neuer wünschenswerter Verhalten erleichterte ... Einige abweichende Verhalten, die durch unbekannte Variablen aufrechterhalten wurden, beeinträchtigten die Errichtung neuer Verhalten. Diese Beeinträchtigung war nicht primär auf eine körperlich bedingte Unvereinbarkeit der Verhalten zurückzuführen. Doch läßt diese Beeinträchtigung, die man als ›funktionale Unvereinbarkeit‹ bezeichnen könnte, vermuten, daß die Beseitigung solcher abweichender Verhalten unerläßliche Voraussetzung zur Errichtung neuer Verhalten sein kann« (S. 25—26).

BUCHER und LOVAAS (1968) benutzten Bestrafung ebenfalls im klinischen Bereich und berichteten über ähnliche Ergebnisse. Nachdem sie selbstzerstörerische Verhalten durch Schock unterdrückt und Generalisierung dadurch gefördert hatten, daß sie verschiedene bestrafende Instanzen in verschiedenen Umgebungen tätig werden ließen, zeigte ihr autistischer Junge geringere Vermeidung von Erwachsenen und geringeres Weinen. Da man ihn keinen physischen Zwangsmaßnahmen mehr auszusetzen brauchte, entwickelte er rasch viele wünschenswerte Verhalten. Bei anderen Kindern waren vergleichbare »positive Nebeneffekte« zu beobachten.

Die Tatsache, daß die punitive Unterdrückung einer Zielreaktion im therapeutischen Rahmen wirkungslos sein kann, stellt in der Behandlung eine ungewisse Größe und im ethisch-moralischen Bereich einen Trost dar. Der Mensch erweist sich als überaus geschickt, wenn es darum geht, eine aversive Kontrolle seines Verhaltens zu vereiteln. Die Prohibition der Zwanziger Jahre vermochte den Alkoholkonsum nicht entscheidend zu verringern. SKINNER (1974), DAVISON (1973) und andere haben sich mit der Gegenkontrolle befaßt, die im therapeutischen Kontext immer dann stattfindet, wenn der Klient Schritte unternimmt, um sich den Effekten seiner Bestrafung und anderer Kontrolltechniken zu entziehen. DAVISON weist nachdrücklich darauf hin, daß die meisten Verhaltensmodifikationstechniken vom Klienten eine Menge Kooperation fordern. Der Klient kann Verabredungen nicht einhalten, Verhaltensübungen zu Hause unterlassen, ungenaue Daten abliefern oder die Behandlung ganz aufgeben.

Das psychoanalytische Konzept vom Widerstand konzentrierte sich auf Gegenkontrollverhalten der Patienten, und THARP und WETZEL (1969) betitelten mit eben diesem Begriff einen Abschnitt ihres Buches, der sich damit befaßt, wie Eltern Verhaltensmodifikationsprogramme, die mit ihrer Hilfe für ihre Kinder entwickelt worden sind, zunichte machen. Sogar wenn man zu strenger Bestrafung greift, gibt es häufig Variablen, die das angestrebte Ergebnis beeinträchtigen. DAVISON (1973) bezeichnet dies als den *Kol-Nidre*-Effekt, ein Begriff, der sich von den Juden Spaniens herleitet, die ihren orthodoxen Glauben trotz drohender Hinrichtung durch die Inquisition weiter ausübten, auch wenn sie sich formhalber »bekehren« ließen. Dieser Effekt beschreibt die Tatsache, daß zur Vermeidung von Bestrafung manche minimale publike Verhalten ausgeführt werden können, daß die Wirkung auf die Dauer jedoch völlig unerheblich ist. Bei der Frage, inwieweit der Klient die von ihm geforderten Verhaltensänderungen als legitim betrachtet, handelt es sich wahrscheinlich um eine wichtige, wenn auch häufig ignorierte Variable, die unter Bestrafungsbedingungen ebenfalls Kontrollfunktion ausübt. DAVISON meinte, daß der Verhaltenstherapeut unter Umständen kognitiver, vermittelnder Konstrukte (z. B. negativer Sets oder Verpflichtungen) bedürfe, wenn er Gegenkontrollverhalten angemessen beschreiben und vorhersagen möchte.

SKINNER (1971) zielt in dieselbe Richtung, wenn er bemerkt, daß Mißhandlungen (also der grobe Mißbrauch der Bestrafung) bei fünf Personengruppen, denen keine Gegenkontrollmaßnahmen zur Verfügung stehen, am augenfälligsten seien: Es dreht sich um die ganz Jungen, die Alten, die Häftlinge, die Psychotiker und die Retardierten. Er schreibt: »Es wird häufig behauptet, daß es den Leuten, die diese Personen beaufsichtigen, an Mitleid oder Moral fehle, doch was in die Augen sticht, ist die Tatsache, daß sie keiner starken Gegenkontrolle unterworfen sind« (S. 191). Das *American Bar Association Joint Committee* hat sich kürzlich mit dem rechtmäßigen Status von Strafgefangenen befaßt und sich bemüht, in Strafanstalten für mehr Möglichkeiten der Gegenkontrolle zu sorgen. Doch auf der anderen Seite können extreme Gegenkontrollmaßnahmen langfristige aversive Konsequenzen nach sich ziehen, wenn es der Person unmöglich gemacht wird, sozial relevante konstruktive Verhalten zu erwerben.

Kurzum, obwohl die experimentelle Theorie und Tierversuche befürchten lassen, daß Bestrafung schädliche Nebeneffekte haben kann, weisen die Befunde klinischer Untersuchungen überwiegend in die entgegengesetzte Richtung. Nicht negative, sondern positive Nebeneffekte scheinen für die Bestrafung spezifischer Verhaltensstörungen charakteristisch zu sein. Erforscht muß noch werden, in welchem Umfang erwünschte und unerwünschte Nebeneffekte durch Variablen bedingt sind wie z. B. die Quote positiver Verstärkung durch Bestrafung, die Beschaffenheit der Reaktion und die Rolle, die diese in der gesamten Verhaltensökologie des Patienten spielt, sowie die Häufigkeit und Beschaffenheit der aversiven Stimulation. Da die Kliniker zweifellos fortfahren werden, human gestaltete Bestrafung durchzuführen, darf der therapeutische Nutzen der Bestrafung nicht länger vernachläßigt werden, genauso wie die Parameter, welche die Bestrafungseffekte bei Patientenpopulationen steuern, nicht mehr unerforscht bleiben dürfen.

Zusammenfassung

Man hat die Rolle, die die aversive Stimulation in der Verhaltenskontrolle spielt, im Kontext der Forschung und der Klinik noch bis in jüngerer Zeit vernachläßigt, weil man befürchtete, Bestrafung könne unerwünschte Nebeneffekte haben. Doch ist man heute so weit, daß viele der Variablen, die die Ergebnisse aversiver Kontrolle beeinflussen, definiert und daß bei ihrer effektiven Anwendung einige Richtlinien aufgestellt werden können. Die Prozeduren, die den verschiedenen Hauptparadigmen der aversiven Stimulation zuzuordnen sind, können ebenfalls spezifiziert werden, obwohl die verschiedenen Praktiken der aversiven Stimulation in der Klinik und im Labor gewöhnlich Elemente mehrerer Paradigmen enthalten, die weder empirisch noch theoretisch voneinander getrennt werden können. So ist in Bestrafungsprozeduren häufig auch klassische Konditionierung auf die aversiven Stimuli hin enthalten, und theoretische Erklärungen der Bestrafung führen als Grundmechanismus häufig das Vermeidungsparadigma an. Der Kliniker, der weiß, daß sich in der Praxis stets verschiedene Modelle überschneiden, kann seine Prozedur anhand der maximalen Effektivität dieser Modelle entwickeln, und um die Therapie noch wirksamer zu gestalten, kann er sich der anderen Operationen bedienen, die in seiner Strategie mitenthalten sind. So kann er bei der Anwendung von Bestrafung sein Wissen über diesen Gegenstand verwenden, um sicherzugehen, daß der Effekt maximal sein wird, und gleichzeitig kann er gezielt die klassische Konditionierungskomponente anwenden, indem er seiner Prozedur ein Aversionserleichterungselement hinzufügt.

Die aversive Kontrolle kennt im wesentlichen folgende Modelle: 1. Kontingente Wegnahme positiver Verstärkung (»Auszeit«, Verstärkerentzug); 2. kontingente Anwendung aversiver Stimuli (Bestrafung); 3. kontingente Wegnahme aversiver Stimuli (Flucht und Vermeidung) und 4. klassisches aversives Konditionieren neutraler oder positiver Stimuli durch deren Koppelung mit aversiven Ereignissen. Andere Manipulationen, mit denen sich dieses Kapitel befaßt hat, sind u. a. die Löschung als aversives Ereignis, sowie die Effekte nicht-kontingenter aversiver Stimulation. Man hat sich eingehend mit dem Flucht- und Vermeidungstraining und mit der Bestrafung befaßt, da beide große Bedeutung besitzen als Modifikationsinstrumente, als theoretische Forschungsziele und als vermeintliche Faktoren der Entstehung von Problemverhalten. Flucht- und Vermeidungsverhalten werden kontingent verstärkt durch Wegnahme (Flucht) oder durch Weglassung (Vermeidung) von aversiven Stimuli. Durch Flucht- und Vermeidungtraining werden neue Verhalten errichtet, und alte Verhalten sind dann nur insofern berührt, als die neuen mit ihnen konkurrieren. Bestrafung zielt besonders auf die Unterdrückung von alten Verhalten und bestimmt an sich nicht, welche neuen Verhalten an die Stelle der bestraften Reaktion treten. Tierversuche lassen vermuten, daß ein effektives Flucht-Vermeidungstraining von Faktoren abhängt wie die Diskrimination der aversiven Situation, die Vorgeschichte in bezug auf die aversiven Stimuli im besonderen und auf Flucht- und Vermeidungsprozeduren im allgemeinen, die Stimulusintensität, das Ausmaß, in dem die erwünschten Verhalten »reflexhafte« Reaktionen auf Angst sind, sowie das Vorhandensein unerwünschter alternativer Reaktionen, durch die das aversive Ereignis erfolgreich geflohen oder vermieden wird.

Bestrafung, also die kontingente Anwendung aversiver Stimuli, kann eine unerwünschte Reaktion rasch und wirksam unterdrücken. Zu den Parametern, welche die Effektivität und Dauerhaftigkeit der Bestrafung beeinflussen, zählen die Stimulusintensität und der Kontingenzplan, die Unmittelbarkeit und Häufigkeit der Bestrafung, die Möglichkeit unerwünschter Fluchtreaktionen, das Nichtvorhandensein von positiver Verstärkung als einer vorhersagbaren Wirkung der Bestrafung, sowie die gleichzeitige Entwicklung alternativer wünschenswerter Verhalten, die positive Verstärkung erzeugen. Bestrafung kann, ebenso wie Flucht und Vermeidung, paradoxe Ergebnisse zeigen, wenn diese und ähnliche Faktoren unberücksichtigt bleiben. Das vorhandene Beweismaterial bestätigt nicht den Verdacht, daß Bestrafung und andere Operationen, die sich aversiver Stimuli bedienen, schädliche Nebeneffekte haben müssen, wenn die Prozeduren sorgfältig geplant und den individuellen Umständen entsprechend angewandt werden.

TEIL IV

Verbale Vermittlung und Selbstregulierung

KAPITEL 8

Verbales Verhalten und Gespräch

In früheren Kapiteln haben wir die Prinzipien und Methoden untersucht, mit deren Hilfe Verhaltensmodifikation bei klinischen Problemen angewandt werden kann; das geschieht durch die systematische Kontrolle der Stimulation des Patienten durch die Umwelt oder der sozialen Konsequenzen des Patientenverhaltens. Unter diesen Bedingungen können die Hauptelemente der Verhaltensformel vom Therapeuten direkt beobachtet und manipuliert werden. Bei der Behandlungsprozedur, die dem klassischen Konditionierungsparadigma nachgebildet ist, bestehen die S-Komponenten der Formel aus externen Umweltstimuli; Kern der Therapie ist deren Neuanordnung. Ist die Reaktion eine klar definierte symptomatische (abweichende) verbale oder motorische Handlung, die wegen ihrer Bedeutung für die Interaktion des Patienten mit seiner sozialen und physischen Umwelt vom Therapeuten isoliert wird, so werden die Umweltkonsequenzen des Zielverhaltens (das sind entweder manipulierbare Belohnungen oder aversive Stimuli) zu therapeutischen Zwecken variiert. Diese therapeutischen Methoden haben ihre Parallele in den operanten Konditionierungsprozeduren des Labors. Doch in vielen Fällen sind die problematischen Verhaltensprozesse verbale und Denkverhalten, die zwischen Stimulusidentifikation und Aktion auftreten. Die Behandlung dieser Störungen durch direkte Konditionierungsprozeduren ist schwierig.

Befaßt man sich mit Verhalten von Einzelpersonen, so ist die technische Handhabung voll kontrollierter Umgebungen mit vielen Hindernissen verbunden. Man begegnet hier nicht nur starken sozialen Widerständen gegen eine rigorose Kontrolle individuellen Verhaltens, sondern jeder dieser Versuche leidet unter charakteristischen Einschränkungen, die auf das Vermögen des Menschen, seine eigene subjektive Umwelt zu schaffen, zurückzuführen sind. Diese besondere Eigenschaft des menschlichen Verhaltens resultiert darin, daß der Mensch von seiner physischen Umwelt unabhängiger ist als irgendeine andere Spezies und daß er die Fähigkeit besitzt, sein Verhalten durch diese privaten Prozesse zu regulieren.

Eine Untersuchung von FINDLEY, MIGLER und BRADY (1963) veranschaulicht die Rolle, die diese privaten Ereignisse auch dann spielen, wenn zu experimentellen Zwecken eine fast totale Kontrolle der externen Umwelt erreicht wird. Eine freiwillige Versuchsperson wurde in eine völlig kontrollierte Umgebung gebracht, die die Isolation simulierte, welcher man in einer Ein-Mann-Raumkapsel ausgesetzt sein dürfte. Hundertzweiundfünfzig Tage lang waren die Lebensbedingungen dieser freiwilligen Versuchsperson so

strukturiert, daß jede ihrer täglichen Handlungen streng programmiert war.
So unterstanden z. B. die Benutzung der Toilette, die Darbietung von Nahrung, das Zubettgehen und Schlafen, die Versorgung mit Musik, Kunst und
Lesestoff der Kontrolle des Versuchsleiters. Die Häufigkeit und Dauer des
motorischen Verhaltens der Versuchsperson konnten gemessen werden, und
die Zugänglichkeit von Items konnte dadurch kontrolliert werden, daß man
Dinge erst dann zur Verfügung stellte, wenn die Versuchsperson eine spezifische Reihe von Handlungen vollzogen hatte.

Obgleich die Performanz der Versuchsperson erkennen ließ, daß ein Mensch
in einer streng programmierten Umwelt sich selbst und seine körperliche
Gesundheit erhalten kann, stellte sich in diesem Experiment nach ungefähr
neunzig Tagen zunehmender Verhaltensstreß ein. Die Versuchsperson schlief
nun kürzer und häufiger, sie beschäftigte sich länger mit ihrer Körperpflege,
und die Zeit, in der sie sich intellektuell oder schöpferisch betätigte, nahm ab.
In den späteren Stadien des Experiments ließ die Aufzeichnung der Kommentare der Versuchsperson, die über eine Wechselsprechanlage vorgenommen wurde, zunehmende Häufigkeit negativer Feststellungen erkennen.
Dieses rigoros kontrollierte Experiment führt im wesentlichen zu denselben
Schlußfolgerungen wie die Berichte von Leuten, deren Abhängigkeit von
programmierter und gewöhnlich streng reduzierter Umweltstimulation durch
kulturelle Bedingungen wie Haft oder zufällige Isolation entstand. Dieses
Isolationsexperiment weist darauf hin, daß gute Ernährung, angemessene
Umweltstimulation, Gelegenheit zu körperlicher Betätigung und Verfügbarkeit körperlicher Annehmlichkeiten nicht ausreichen, um ein leistungsstarkes
psychisches Funktionieren zu gewährleisten. Ob der Mangel an Kontakt mit
anderen Menschen, die beschränkte Bewegungsfreiheit oder die rigoros programmierte und automatisierte Verabreichung »weltlicher Güter« die Haupt-
variable bei der Störung normaler Verhaltensmuster darstellt, ist ungewiß,
doch läßt das Ergebnis dieses Isolationsexperiments ganz gewiß den Schluß
zu, daß eine totale Umweltkontrolle nicht ohne weiteres hingenommen wird,
auch dann nicht, wenn die körperlichen Bedürfnisse völlig erfüllt werden.

Bei Experimenten der sensorischen Deprivation wird jede externe Stimulation in Perioden, die von mehreren Stunden bis zu mehreren Tagen variieren,
streng reduziert. Versuchspersonen, die bei diesen Experimenten mitmachten,
berichteten über Versuche, sich selbst zu stimulieren, indem sie Nonsens-
Verse aufsagten, im Geist »Spiele« durchspielten und auch sonst für eine verbale Stimulusumgebung sorgten, die eine gewisse Aktivität aufrechterhielt.
In vielen Untersuchungen von komplexen psychologischen Funktionen ist die
Zwischenschaltung eines verbal-subjektiven Stadiums zwischen Verhaltens-
input und -*output* allzu augenfällig. Die Interpretationen, die die Versuchsperson abgibt über den physischen Input, ihre früheren Erfahrungen, ihre
Einstellungen zum Experiment und ihre Erwartungen hinsichtlich der Forderungen des Versuchsleiters, stellen sich als wichtige unabhängige Variablen
heraus, die der Versuchsleiter in nur geringem Maße kontrollieren kann. Obgleich diese privaten Erfahrungen (wegen der methodologischen Probleme,

die sie darstellen, und wegen ihrer starken individuellen Abweichungen) in den Untersuchungen, die die *Input-Output*-Beziehungen von Verhalten unterstreichen, höchst unerwünscht sind, bilden sie häufig doch den großartigsten Erfahrungskern des Menschen. Ein verhaltensorientierter Standpunkt darf die Wichtigkeit dieser subjektiven Erfahrungen und ihren Einfluß auf die Modifikation der physischen Umgebung nicht übersehen.

Die Unterscheidung zwischen der Verhaltensmodifikation durch ein außengesteuertes Programm und der Modifikation durch selbst eingeleitete Veränderungen findet ihre Parallele in einer wesentlichen Unterscheidung, die viele Autoren treffen, wenn sie Methoden der Verhaltenstherapie und traditionelle psychodynamische Prozeduren miteinander vergleichen. Der primäre Unterschied liegt in der begrifflichen Vorstellung der Mechanismen, durch die eine Person, wenn sie ihr Handeln bestimmt, ihre vergangenen und gegenwärtigen Erfahrungen nutzt. Psychologische Theorien sind auf einem Kontinuum angesiedelt, auf dem das eine Extrem von der Annahme ausgeht, daß alles Humanverhalten durch die einfache Assoziation von Stimulus- und Reaktionsgliedern gelernt wird, eine Annahme, die der Tradition von LOCKES *Tabula-rasa*-Hypothese verpflichtet ist, wogegen das andere Extrem in der phänomenologischen Theorie und im Existentialismus zu suchen ist, die dem menschlichen Organismus die Fähigkeit zur Selbstbestimmung und Kontrolle zuschreiben, eine Fähigkeit, die den Menschen von Umwelteinflüssen fast unabhängig machen soll. Durch die Position, die der Psychologe auf diesem Kontinuum bezieht, entscheidet er sich zu einem wesentlichen Bezugsrahmen. Das aber hat weitreichende Folgen sowohl für seine theoretischen Annahmen als auch für sein Interesse und seine Einstellung gegenüber experimentellen und klinischen Problemen. Aus Darstellungsgründen haben wir verschiedene Facetten dieser Probleme isoliert, die in der klinischen Forschung und Praxis wichtig sind. In diesem Kapitel fassen wir einige Forschungsarbeiten über verbales Verhalten zusammen, die für die klinische Praxis von Belang sind. Verbale Methoden der Verhaltenskontrolle liegen den meisten traditionellen dynamischen Psychotherapien und allen Prozeduren zugrunde, die sich des Gesprächs bedienen. Im nächsten Kapitel befassen wir uns mit Beispielen aus engeren Bereichen der Forschung und der klinischen Praxis, die mit dem Problem zu tun haben, wie eine Person mit sich selbst interagiert. Das Verständnis der Fähigkeit des Menschen, sein eigenes Verhalten zu regulieren, seine eigenen Handlungen einzuleiten, zu belohnen und zu kritisieren und therapeutische Veränderungen durch Selbstkontrolle und Selbstprogrammierung herbeizuführen, dieses Verständnis ist ein faszinierendes und herausforderndes Problem, für das wir lediglich eine schmale theoretische Basis besitzen. Trotzdem werden diese Fähigkeiten in der klinischen Praxis ständig benutzt, und manchmal sind es die ihnen anhaftenden Mängel, die das Behandlungsziel bilden.

Die innere Umwelt

In jedem lebenden Organismus wird durch biologische Prozesse ein ständiges
Bombardement der Stimulation erzeugt, das sich unter der Haut des Organismus auf allen Integrationsstufen abspielt, die von der einfachen Zelle bis
hin zu komplexen Organsystemen reichen. Der gesunde Mensch befaßt sich nur
dann mit diesen inneren Hinweisreizen, wenn sich ihre Qualität und Intensität ändert. Die subjektiven Beschwerden klinischer Patienten enthalten häufig
Beschreibungen solcher somatischer Ereignisse. Da derartige Stimuli oft sehr
schwer zu lokalisieren sind, setzt sich ein Großteil dieser von neurotischen
Patienten vorgebrachten Beschwerden aus vagen Beschreibungen von Schmerzen, Unwohlsein oder ungewöhnlichen Empfindungen zusammen. Unsere
Auseinandersetzung mit der inneren Umwelt wird sich jedoch nicht mit diesen
physiologischen und biologischen Prozessen befassen, bei denen es sich um
Komponenten neurotischer Symptome handeln kann, sondern mit psychischen Verhaltensarten. Viele darunter sind private Verhalten, die sich aus
verbalen und motorischen Reaktionen zusammensetzen und ebenfalls schwierig zu diagnostizieren sind. Ungeachtet der Wichtigkeit, die wir den Prozessen
beimessen, durch die die Person ohne Unterstützung von außen für lange
Zeitperioden eine innere psychologische Umwelt erzeugen kann, unterschätzen
wir nicht die Bedeutung der biologischen Prozesse, die mit derartigen Erfahrungen korreliert sind. So hat man z. B. gezeigt, daß anhaltende sensorische
Deprivation sowohl zu einer Veränderung der sensorischen und physiologischen Funktion als auch zu einer psychischen Desorganisation führt. Allerdings befaßt sich dieses Buch nur mit den Lernprozessen, die sich im Bereich
des psychischen Verhaltens abspielen.

Das Forschungsgebiet, das für das Verständnis interpersonaler klinischer
Interaktionen am wichtigsten ist, befaßt sich mit Denken, Problemlösen,
Imaginieren, Träumen, Phantasieren, Reden und ähnlichen Tätigkeiten. Eine
Psychologie des menschlichen Verhaltens ist ohne Berücksichtigung dieser
Prozesse undenkbar. Allerdings hat man sich bei der Analyse dieser komplexen Verhalten meistens auf Spekulationen und theoretische Erklärungen
beschränkt. Tatsächlich hat ein halbes Jahrhundert psychologischer Forschung
nur sehr wenig zur Entwicklung eines brauchbaren Modells der Denkprozesse
beigetragen. In jüngerer Zeit durchgeführte Arbeiten, die sich mit dem Denken
auseinandersetzten, entwickelten verschiedene Modelle, die solche Verhalten
als Computeranalogien behandeln (siehe z. B. MILLER, GALANTER und PRI-
BRAM, 1960; REITMAN, 1965; u. a.). Diese Autoren befassen sich weniger mit
den Inhalten als mit den Merkmalen des *Denkprozesses*. Sie halten Sprache
und Denken insofern für relativ unabhängige psychologische Tätigkeiten, als
die Sprache den Rohstoff liefert, mit dem das Denken arbeitet. Regeln der
Denkprozesse können also für verschiedene Verbalverhalten allgemeine Gültigkeit besitzen und um Verständnis der hergeleiteten Prozesse führen, durch
die perzeptorische und sensorische Hinweisreize im Dienste des Problemlösens,
des Planens und des verbalen *Output* verwandelt und organisiert werden.

Doch sind diese Ansätze relativ neu. Anläßlich seiner Ansprache als Präsident der *American Psychological Association*, der er den Titel *The American Revolution* (1960) gab, setzte sich HEBB stark dafür ein, daß man zur zweiten Phase der amerikanischen Revolution übergehen müsse, nämlich dazu, die ernsthafte systematische experimentelle Analyse, deren man sich bereits erfolgreich bei der Erforschung von Lernphänomenen bedient hatte, nun auch zur Erforschung des Denkens einzusetzen. Die Analyse des Denkens sollte direkt zu einem besseren Verständnis der individuellen Erfahrungen und Prozesse beitragen, die man gewöhnlich unter dem Begriff »das Selbst« einreiht. Außerdem sollte sie Aufschlüsse über psychologische Vorgänge liefern, die menschliche Angelegenheiten zweifellos beeinflussen, jedoch nicht direkt beobachtbar sind. HEBBS Herausforderung umfaßte einen weiteren Punkt, der ihn heraushob aus der Schar der vielen Autoren, die ebenfalls den Standpunkt vertreten, daß die Erforschung des subjektiven Bereichs das Kernproblem der Psychologie bilde. Ungeachtet der methodologischen Probleme der Erforschung verdeckter Verhalten ist HEBB der Auffassung, man müsse beim Studium dieses komplexen Prozesses dieselbe experimentelle Strenge und dieselben Kriterien der Replizierbarkeit, Nachprüfbarkeit und allgemeinen Zugänglichkeit sowohl der Methoden als auch der Resultate wahren.

Bei unserer Darstellung der Verhaltensformel haben wir darauf hingewiesen, daß sich die Situierung der verschiedenen Elemente dieser Formel nicht auf die äußere Umgebung beschränkt. Sowohl die Stimulus- als auch die Reaktionskomponenten können in dem Teil des psychologischen Gesamtraums auftreten, den man als *privat* bezeichnet, weil er mit niemand anderem geteilt wird. Die besonderen Eigenschaften solcher privater Verhalten haben, was die sozialen Funktionen der Person anlangt, ihre Vor- und ihre Nachteile. So kann die Person z. B. auf Hinweisreize wie Zahnschmerzen, sexuelle Erregung oder die Erinnerung an einen lustigen Vorfall reagieren. Die Information über solche Ereignisse als mögliche Determinanten des Verhaltens der Person ist einem Beobachter gewöhnlich nicht zugänglich. Folglich kann die Person in vielen Fällen ihr eigenes Handeln folgerichtiger auf eine Vorgeschichte zurückführen als das ein Beobachter könnte. Andererseits findet die Entwicklung der verbalen Etikettierung von Ergebnissen der inneren Umgebung hauptsächlich in der Kindheit statt, wenn ein Erwachsener dem Kind hilft, zwischen Stimuli zu diskriminieren, wobei sich das Kind vor allem der Beobachtung bekannter korrelierter äußerer Ereignisse bedient. So lernt z. B. das Kind seine Emotionen dadurch beschreiben, daß es sich an die Entsprechungen zwischen Stimulusereignis und seiner eigenen Gesamtreaktion hält. Es lernt, Schmerzursachen lokalisieren und seine Stimmungen, seine Vorlieben, seine Haßgefühle und seine Persönlichkeitsmerkmale beschreiben, und das tut es aufgrund von Informationen, die ursprünglich von anderen stammten.

Während eine Person ihre Selbstreaktionen und ihr Vermögen, innere Ereignisse zu beobachten, entwickelt, entsteht aufgrund der wechselhaften Möglichkeit korrektiver sozialer Aktion ein Repertoire zu diesen Ereignissen,

das gewöhnlich unzuverläßig ist und das von Person zu Person anders ausfällt. Trotz all dieser Probleme besteht kein Grund zu der Annahme, daß
sich private von publiken Verhalten wesentlich unterscheiden oder daß ihre
Beziehungen untereinander und zu äußeren Ereignissen besonderen Gesetzen
unterliegen. Von diesem Standpunkt ausgehend schlug SKINNER (1953, 1963)
vor, man solle private Ereignisse, Sprechverhalten mit eingeschlossen, im
Rahmen derselben experimentellen Analyse behandeln, die man für Tierverhalten und für offene Humanreaktionen entwickelt hatte.

Vermittelnde Modelle

Viele Autoren haben Modelle entwickelt, um private Verhalten als intervenierende Ereignisse zu begründen. OSGOODS *Vermittlungshypothese* (1953)
verkörpert diesen theoretischen Ansatz in einer Form, die dem behavioralen
Ansatz am nächsten steht. Diese Hypothese geht auf HULLS Lerntheorie
zurück und behauptet, daß in höheren geistigen Tätigkeiten ein repräsen-
tativer Vermittlungsprozeß ablaufe, mit dem man verschiedene Phänomene
des Sprechverhaltens erfassen könne. OSGOODS Hypothese fußt auf einer
Unterscheidung zwischen stimulierenden Ereignissen, die mit dem tatsächlichen Objekt oder dem äußeren Ereignis assoziiert sind, und stimulierenden
Ereignissen, die mit dem Vorhandensein des äußeren Ereignisses zwar assoziiert, aber nicht völlig von ihm abhängig sind, und die aus sich heraus auftreten können. Die ersteren verkörpern den »objektgebundenen« Teil des
Stimulus, während die letzteren die »ablösbaren« Stimuluselemente repräsentieren. Beide Stimulusklassen lösen einen gewissen Teil an objektgebundenen
und ablösbaren Reaktionsmustern aus. Diese Reaktionen bilden die repräsentativen Prozesse und können auftreten, wenn ein Symbol, das mit dem
ursprünglichen Stimulusobjekt assoziiert ist, dargeboten wird. So versucht die
Vermittlungshypothese den Effekt zu erklären, den ein symbolischer Kontroll-
stimulus (ein Wort z. B.) oder das teilweise Wiederauftreten eines Stimulusereignisses oder ein innerer Hinweisreiz, der mit Stimulusobjekten assoziiert
ist, dann aufweist, wenn sie Reaktionen auslösen, die denen ähnln, welche
ursprünglich an ein Objekt konditioniert waren. Mit diesem Vermittlungsprozeß versucht man auch die Entwicklung von Bedeutungen zu begründen.
So kann z. B. der Anblick eines Insekts eine Angstreaktion auslösen. Gleichzeitig wird das Wort »Spinne« gehört oder gesagt. Die »ablösbaren« Teile
der Reaktion auf das lebende Insekt werden zu dem Wort konditioniert.
Diese vermittelnde Reaktion (^{r}m) erzeugt ein klar unterschiedenes Stimula-
tionsmuster (^{s}m), das eine Reihe von Verhalten auslösen kann. Durch das
Wort, das an die Stelle des ursprünglichen Objekts tritt, und durch sein
Vermögen, ähnliches Verhalten hervorzurufen, ist die Bedeutung des Wortes
definiert. Eine Untersuchung von STAATS, STAATS und CRAWFORD (1962)
beschreibt Forschungsarbeiten, die diesen Prozeß erhärten. Versuchspersonen
wurden angewiesen, eine Liste Wörter zu lernen, wobei der Darbietung des
Wortes »groß« stets ein Schock oder ein harter Mißklang folgte. Diese Proze-

dur konditionierte eine GSR-Reaktion zu dem Wort »groß« allein. Die Versuchspersonen veränderten auch ihre ursprüngliche Bewertung der Bedeutung des Wortes »groß«, das sie nun als unangenehmer empfanden, und die Intensität dieser Bewertung war signifikant bezogen auf die Intensität der konditionierten GSR-Reaktion.

Hauptmerkmal der Vermittlungstheorie ist ihr Versuch, inneren Ereignissen mit der Annahme gerecht zu werden, daß eine teilweise Abbildung der Gesamtreaktion entweder verbal, autonom oder kinästhetisch geschieht, und daß diese teilweisen Darbietungen im wesentlichen dieselben Merkmale aufweisen wie die (als Stimuli beschriebenen) üblichen Ereignisse und Reaktionen offener Verhaltensarten. Da die Vermittlungsprozesse in Abwesenheit äußerer Stimulation und ohne assoziierte beobachtbare Reaktionsereignisse stattfinden können, liefern sie eine schematische Beschreibung der verschiedenen Verkettungen und Anordnungen, denen man unter verbalen und kinästhetischen Hinweisreizen und Reaktionen während des Ablaufs der sogenannten höheren geistigen Prozesse begegnet. Eine Reihe von Untersuchungen zum verbalen Verhalten hat die Nützlichkeit der Vermittlungstheorie belegt. Doch ihr Vertrauen in eine assoziationistische S-R-Theorie, die bei der Analyse von Ereignissen, die in separate Stimulus- und Reaktionselemente getrennt werden, zur Anwendung kommt, dieses Vertrauen und die enge Beziehung zwischen jenen Elementen haben manche veranlaßt, die Vermittlungstheorie als zu eng und zu beschränkt abzutun, wenn es darum geht, allen Spracherwerb und alle Denkprozesse (dazu gehören auch große und komplexe verbale Muster aus der natürlichen Umgebung) zu erklären.

Einer etwas abgewandelten Form des Vermittlungsmodells begegnen wir bei DOLLARD und MILLER (1950). Diese Autoren erblicken in verbalen Reaktionen hinweisreizerzeugende Reaktionen. Sie nehmen an, Denken könne wie eine Reihe verbaler Reaktionen beschrieben werden, die im wesentlichen dem lauten Sprechen ähneln. Verbale Reaktionen können Diskriminationen erleichtern, indem sie klar verständliche Etikette für Ereignisklassen liefern, und sie können den Transfer bereits gelernter Reaktionen dann vermitteln, wenn ein Ereignis mit einem neuen Etikett ausgestattet wird. So bedienen sich z. B. Therapeuten häufig der Etikettierung, wenn es darum geht, dem Patienten zu einer Diskrimination zwischen anfänglich störenden und nunmehr sicheren Ereignissen zu verhelfen. Sie kann das differentielle Etikettieren ähnlicher Kindheits- und Erwachsenenerfahrungen (die z. B. sexuell oder kompetitiv geartet sein können) die hervorragende Ausführung von Verhalten erleichtern, wenn diese Erfahrungen durch ihre neuen Etikette mit Hinweisreizen ausgestattet worden sind. Ein weiteres Beispiel wäre die Angstattacke, die zur vorübergehenden und ungefährlichen somatischen Reaktion umetikettiert wird. Beim Einsetzen des Anfalls kann der Patient dadurch, daß er den Vorgang als Unannehmlichkeit und nicht als Lebensbedrohung etikettiert, angemessene Verhalten einleiten, die den Anfall verkürzen. Verbales Verhalten vermittelt auch Belohnungen, und es befähigt die Person, Reaktionen in originellen neuen und adaptiven Sequenzen zu kombinieren. Der Ansatz von DOLLARD und MILLER analysiert im wesentlichen komplexe verdeckte Reaktionen, die in Verhaltensketten aufgegliedert werden und beschreibt daraufhin die Operation dieser Elemente mit Hilfe des lerntheoretischen Modells.

Andere Autoren des behavioristischen Lagers haben ebenfalls versucht, die Kluft zwischen beobachtbaren und hergeleiteten inneren Prozessen durch vermittelnde Konstrukte zu überbrücken, die den inneren oder »minimal beobachtbaren« Ereignissen und den äußeren Stimulus- und Reaktionsereignissen dieselben Eigenschaften zuschreiben. Der wesentliche Unterschied zwischen diesen und anderen Theorien liegt in der Annahme, daß zusätzliche Modelle der Maschinerie namens Mensch zur Informationsverarbeitung und -vervollständigung und zum entsprechenden Handeln nicht nötig sind. Diese Auffassung vertraut auf die Möglichkeit, daß auch die inneren Prozesse schließlich als Verhaltensereignisse behandelt werden können, die (zumindest unter speziellen Laborbedingungen) beobachtet und zu anderen Variablen in Bezug gesetzt werden können.

Psycholinguistische Modelle

In jüngerer Zeit sind von Theoretikern andere konzeptuelle Ansätze vorgeschlagen worden. Diese Theoretiker glauben, daß die Verhaltensprozesse, die mit Sprache und Denken assoziiert sind, am besten dadurch verständlich gemacht werden können, daß man komplexe Modelle testet, die sich von einer Analyse der Sprachentwicklung des Menschen herleiten. Diese Modelle unterstreichen die offensichtliche Fähigkeit des Menschen, Informationen nicht durch einfache additive und assoziative Kategorien, sondern dergestalt zu organisieren, daß aus Sonderfällen Verhaltensregeln gewonnen werden können, die dann in neuartigen Situationen angewandt werden. Die kürzlich durchgeführten Forschungsarbeiten einer Reihe von Linguisten haben sich mit so schwierigen Problemen befaßt wie die Erklärung verschiedener wohlbegründeter Tatsachen des Spracherwerbs, die sich einer einfachen assoziationistischen Interpretation entziehen. Sprache entwickelt sich in bemerkenswert kurzer Zeit, und es manifestiert sich in ihr ein Reichtum, eine Flexibilität und ein schöpferisches Vermögen, die man kaum erwarten würde, wenn das Sprechen lediglich auf der Reproduktion früher gehörter oder assoziierter Wörterketten basiert. Kulturelle Überkreuzuntersuchungen verbaler und nicht-verbaler Kommunikationsweisen werfen überdies die schwierige Frage auf, wie man Ähnlichkeiten zwischen Signalen, zwischen Interaktionsmustern, zwischen Methoden des Fortschreitens von der Evidenz zur Folgerung und zwischen ähnlichen Tätigkeiten erklären soll, für die es keine simple umweltorientierte Erklärung gibt. Auch an dem Vermögen des kleinen Kindes, Sätze, die grammatikalisch richtig sind, von grammatikalisch unrichtigen zu unterscheiden und jene dann zu reproduzieren, auch an diesem Vermögen rätseln behavioristisch orientierte Psychologen herum. Die neuen Sprachformen, die das Kind hervorbringt, oder seine richtige Beurteilung neuer

Anordnungen von Wörtern lassen sich nicht einfach durch simples Wörterlernen, durch Imitation oder durch Generalisierung erklären.

Im allgemeinen haben die linguistischen Theorien aus jüngerer Zeit der eingeborenen Fähigkeit des menschlichen Organismus, seine perzeptuellen und sprachlichen Erfahrungen auf eine im vorhinein festgelegte Weise zu organisieren, stärker Rechnung getragen. Die wesentliche Aufmerksamkeit gilt den Regeln eines strukturellen biologischen Mechanismus, der äquivalent ist einer von Anbeginn an vorprogrammierten Maschinerie, die auf perzeptuellen und verbalen Input hin handelt und diesen ordnet. Einer der einflußreichsten Verfechter dieses neuen linguistischen Standpunkts ist CHOMSKY (1965). Er trifft eine Unterscheidung zwischen der *Kompetenz* und der *Performanz* verbalen Verhaltens. Die erstere beschreibt das Wissen einer Person über ihre Sprache und die letztere bezeichnet die praktische Anwendung dieses Wissens in konkreten Situationen. Die fundamentalen Gesetzmäßigkeiten einer Sprache können durch ein System aus Regeln analysiert werden. Dieses System wird als eine *generative Grammatik* bezeichnet. Es ist kein Modell, das der Sprecher bewußt benutzt — es ist das Konzept des Wissenschaftlers, mit dem dieser die eigentliche Kompetenz der Person als Sprechender oder Zuhörer beschreibt. CHOMSKY unterscheidet zwischen der Oberflächen- und der Tiefenstruktur eines Satzes. Sätze wie »John wusch den Wagen« und »Der Wagen wurde von John gewaschen« haben dieselbe Bedeutung, so daß sie derselben Tiefenstruktur zuzuordnen sind. Doch durch Regeln der Transformation bekommen beide als aktive oder passive Formen verschiedene Oberflächenstrukturen. Ein interessantes Merkmal dieser Auffassung ist die Behauptung, daß jeder Mensch eine gewisse angeborene linguistische Kompetenz besitzt. Der Umfang dieses Vermögens soll belegbar sein durch die Entdeckung von Universalien (gemeint sind Ähnlichkeiten der Regeln aller menschlichen Sprachen), die die Sprachentwicklung der Kinder in unterschiedlichen Sprachumwelten steuern. Der Meinungsstreit zwischen S-R-Theorien und Theorien, die behaupten, daß der Mensch mit einer biologisch determinierten Fähigkeit der komplexen Sprachentwicklung ausgestattet sei, ist eine moderne Fassung des historischen Meinungsstreits zwischen nativistischen und umweltorientierten Auffassungen hinsichtlich des relativen Beitrags, den die Erfahrung oder die angeborene Kompetenz zur Entwicklung der höheren geistigen Prozesse leisten. Die Forschung auf dem Gebiet der Neurophysiologie hat die zusätzliche erregende Möglichkeit erkennen lassen, daß biochemische und bioelektrische Veränderungen des Nervensystems, die man in jüngerer Zeit erzeugte und mit der Organisation und Speicherung von Information korrelierte, ebenfalls beitragen können zum Verständnis der Veränderungen von Denkprozessen, die von einem dem Verhaltenswissenschaftler meistens fremden Molekularniveau her betrachtet werden. Dieser kurze Überblick der theoretischen Auffassungen auf dem Gebiet der Sprache widerspiegelt das Fehlen von Fakten und die Fülle von Spekulationen auf diesem Gebiet. So aber bleibt ein Großteil des Verhaltens des Klinikers und des Verhaltens, das dieser am Patienten beobachtet, der Spekulation vorbehalten.

Verbale Therapie: das Gespräch

Die Beschaffenheit von verbalen Prozessen und deren Beziehung zu beobachtbaren sozialen und motorischen Handlungen sind ganz besonders relevant für das Gespräch, dieses Hauptinstrument der klinischen Diagnostik und Behandlung. Der verbale Austausch zwischen dem Patienten und dem Therapeuten stellt wohl das älteste und weitverbreitetste Mittel der Psychotherapie dar. Durch überredende, manipulierende oder erläuternde Handlungen hofft der Therapeut, auf Denken und Sprache des Patienten einwirken zu können. Und von der neuen Anschauungsweise des Patienten hofft man, sie werde dessen Verhaltensdefekten abträglich sein. In den letzten und in den folgenden Kapiteln befassen wir uns mit relativ neuen Techniken der Verhaltensmodifikation, die auf der Annahme basieren, daß die therapeutische Intervention dem Symptomverhalten direkt gelten kann. Das Gespräch zeichnet sich durch sein indirektes Vorgehen aus. Bei den meisten Beschwerden bildet nicht die persönliche Interaktion im Behandlungszimmer des Therapeuten, sondern ein anderes Verhalten das Behandlungsziel. Sogar vor dem Hintergrund der direkten Manipulation von Umweltkontingenzen, der Desensibilisierung oder der klassischen Konditionierung manifestiert sich der gewaltige Einfluß, den verbale Kontrolle auf Verhalten ausüben kann; das haben wir in unserer Diskussion über die Wichtigkeit von Instruktionen und Einstellungen im Rahmen dieser Methoden gesehen. Im diagnostischen Stadium der klinischen Interaktion ist das Gespräch eine praktische und weit verbreitete Möglichkeit, um Informationen einzuholen und Beobachtungen über die Interaktionsmuster des Patienten anzustellen, ganz gleich, zu welcher Behandlungsmethode man sich später auch entschließt. Und schließlich kann das verbale Verhalten selbst das Ziel der therapeutischen Prozedur sein; das ist dann der Fall, wenn die wahnhafte Rede des Patienten, seine einstellungsbedingten Reaktionen gegenüber Mitmenschen und ähnliche verbale Verhalten das Kernproblem bilden. Obgleich überzeugend demonstriert worden ist, daß zur Besserung des Patienten weder dessen Einsicht oder Verbalisation noch eine vollständige verbale Beschreibung seiner Schwierigkeiten oder der Natur der Behandlung erforderlich sind, darf die verbale Interaktion des Patienten mit dem Therapeuten und mit Leuten aus einer täglichen Umwelt nicht übersehen werden, da hier Informationsquellen und Möglichkeiten der Beeinflussung des Behandlungsfortschritts liegen.

Abb. 8/1 veranschaulicht die Beziehung zwischen Techniken, die das Interview und andere Verhaltensmodifikationsprozeduren als therapeutische Mittel benutzen. Diese Zeichnung veranschaulicht, welche Wahlmöglichkeiten der Therapeut besitzt, um Verhalten zu ändern. Man wird bemerken, daß nur die Methoden, die physiologische Reaktionen oder motorische Operanten behandeln, Sprache nicht als Mittel der Verhaltensänderung benutzen. In den meisten klinischen Fällen interveniert man gleichzeitig mit mehreren der in Abb. 8/1 dargestellten Behandlungsprozeduren. Doch können wir verschiedene Schemata herausarbeiten, wenn wir als Maßstab den Zeitpunkt der Be-

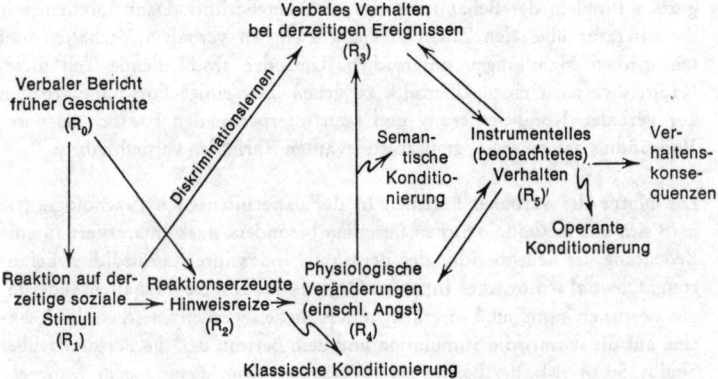

Abb. 8/1: Therapeutische Loci (KANFER und PHILLIPS, *Archives of General Psychiatry,* 1966, *15,* S. 116).

handlung nehmen, an dem die Intervention erfolgt. So befaßt sich die traditionelle Psychoanalyse vor allem mit der Beziehung zwischen (R_0) und (R_3), und sie interessiert sich nur nebenbei mit den Verhalten (R_1) und (R_5); das therapeutische Instrument ist also hauptsächlich verbaler Art. Die Therapie durch Einsicht versucht eine Beziehung herzustellen von (R_0) nach (R_1) und damit nach (R_3); die verbale Natur dieser Prozedur ist definiert durch die Neuanordnung verbaler Etikette im Kontext verschiedener Ereignisklassen. WOLPES Technik der reziproken Hemmung konzentriert sich hauptsächlich auf (R_1) und (R_4). Doch wie wir gesehen haben, benutzt sogar diese Prozedur das verbale Mittel, wenn es darum geht, Hierarchie-Items zu imaginieren. Obwohl sich die Gesprächstherapie auch anderer Techniken bedienen kann, liegt ihr Schwergewicht auf Veränderungen des Verhaltenstypus (R_3) oder auf verbalen R_5-Fällen.

Von allen klinischen Techniken wird das Gespräch am meisten benutzt und am wenigsten verstanden. Der Rest dieses Kapitels befaßt sich mit Forschungsarbeiten über die psychologischen Variablen, welche die Interaktion zwischen Therapeut und Patient sowie deren Produkt, das verbale Verhalten des Patienten, beeinflussen. Wir werden lediglich einige repräsentative Fragen über diese Interaktion untersuchen, sowie die Forschung, die sich mit diesen Fragen befaßt hat. Dieses Vorgehen scheint uns insofern gerechtfertigt, da das Gespräch in der Entwicklung verhaltenstherapeutischer Methoden eine sekundäre Rolle gespielt hat. Die klinische Psychologie und Psychiatrie besitzt eine umfangreiche Literatur, die sich hauptsächlich mit den vielen Möglichkeiten der verbalen Therapie befaßt. Die Arbeiten über verbale Therapietechniken und über deren Effektivität werden wir hier nicht behandeln. Dafür möchten wir auf verschiedene Probleme eingehen, die allen Gesprächsmethoden gemeinsam sind. Unsere erste Frage gilt dem methodolo-

gischen Problem der Behandlung des verbalen Berichts. Dann möchten wir
die Literatur über den Zusammenhang zwischen verbalem Verhalten und
motorischen Handlungen untersuchen. Und der abschließende Teil dieses
Kapitels versucht einen Überblick zu geben über einige Forschungsarbeiten
zur verbalen Konditionierung und zum interpersonalen Faktor, die unser
Verständnis der diversen, gesprächsrelevanten Variablen vertieft haben.

Die Natur des verbalen Berichts. In der experimentellen Psychologie hat
man sich aus methodologischen Gründen besonders stark interessiert für die
Bedeutung des Selbstberichts der Person als Index ihrer tatsächlichen Erfahrung. Obwohl sensorischer Input im Organismus gewisse Verhaltensänderungen bewirken kann, muß sorgfältig unterschieden werden zwischen der Reaktion auf die sensorische Stimulation und dem Bericht, den die Person darüber
abgibt. So ist z. B. der Bericht einer Versuchsperson, die an einem Wahrneh-
mungsexperiment über den relativen Umfang zweier zu diskriminierender
Objekte teilnimmt, eine Funktion nicht nur der tatsächlichen Körpergröße
der Objekte, sondern vieler anderer sozialer und lernbedingter Einflüsse.
NATSOULAS (1967) meinte, man solle verbale *Berichte* anders definieren als
den allgemeineren Begriff *Reaktion.* Wenn von einer Reaktion angenommen
oder gezeigt werden kann, daß sie eine direkte Beziehung zu einem spezifizierten äußeren Ereignis unterhält, können wir sie als *Bericht* charakterisieren. Wenn die Ungewißheit über das Ereignis, auf das der Bericht Bezug
nimmt, zunimmt, wird der Berichtcharakter der Reaktion reduziert. Wird
die Reaktion durch eine große Anzahl möglicher Ereignisse beeinflußt, kann
der verbale Bericht in bezug auf das Ereignis nicht mehr als verläßliche Informationsquelle gelten. Wird die Versuchsperson als Berichterstatter behandelt,
der den Therapeuten oder Versuchsleiter lediglich mit Informationen über
ein Ereignis versorgt, muß man die Existenz dieses Ereignisses durch unabhängige Mittel feststellen. Obgleich es nach wie vor möglich ist, die verbalen
Äußerungen der Person als Reaktionen zu untersuchen, können sie nicht als
Berichte gebilligt werden, so lange keine unabhängige Überprüfung erfolgt
ist. So kann z. B. die Beschreibung, die eine Person über das aggressive, gegen
sie gerichtete Verhalten einer anderen Person liefert, korreliert sein mit spe-
zifizierbaren aggressiven Handlungen der ersten Person. Doch kann diese
Beschreibung andererseits auch beeinflußt worden sein durch die Vorgeschichte,
die der Patient im Hinblick auf jene Person erlebt hat, durch seine Rückschlüsse aus anderen Informationsquellen über die Handlungen jener Person oder durch viele andere Merkmale, die die Gültigkeit des Berichts verzerren.

Einige Autoren haben unterschieden zwischen Berichten über *phänomenale*
und Berichten über *kognitive* Erfahrungen. Im ersten Fall wird allgemein angenommen, daß der Bericht hauptsächlich determiniert sei durch die Effekte
eines Stimulusobjekts; im zweiten Fall dagegen soll er determiniert sein
durch andere verbal vermittelte Rückschlüsse über diese Effekte. Der qualifizierte Kliniker wird versuchen, zwischen diesen beiden Determinantengrup-

pen des Gesprächs des Patienten zu unterscheiden, da er sich der Information bedienen kann, sowohl über die tatsächlichen Erfahrungen des Patienten als auch über die Art und Weise, in der die Vorgeschichte des Patienten und der Rahmen des Gesprächs die Beschaffenheit des Berichts beeinflussen. Doch können diese beiden Informationsmöglichkeiten unterschiedliche Konsequenzen haben. Daher evaluiert der Kliniker das Verhalten des Patienten oder er informiert sich, bevor er sich entscheidet, ob er die Geschichte des Patienten als den Tatsachen entsprechend akzeptieren soll. Leider sind diese Entscheidungsprozesse selten wissenschaftlich fundiert, und in der Praxis wird die Gültigkeit eines Berichts rascher vermutet als angezweifelt. Die Erfahrung und das Geschick des Klinikers spielen bei diesen Entscheidungen eine Hauptrolle.

HEFFERLINE (1962) hielt sich an eine behavioristische Auffassung, als er eine berichtende Reaktion als Reaktion definierte, die mit einer vorauslaufenden Reaktion verknüpft worden ist aufgrund einer kontinuierlichen selektiven Verstärkung durch die soziale Gemeinschaft für genaue Korrelationen zwischen der Reaktion und dem Bericht. HEFFERLINE schlug ein Paradigma vor, in dem auf einen Stimulus hin eine Kette aus zwei korrelierten Reaktionen auftritt, so daß die Formel $S \rightarrow R_1 \cdot R_2$ entsteht. R_1 steht dabei für ein unzugängliches Ereignis, und R_2 ist ein Bericht, eine verbale Reaktion. Dieser Standpunkt sieht im Ursprung selbstbeschreibender verbaler Reaktionen einen Prozeß, der in der frühen Kindheit damit beginnt, daß die Eltern für die offensichtlich privaten Erfahrungen des Kindes Etikette anbieten. So gelangen die Eltern durch das Verhalten des Kindes und durch frühere Vorfälle zu dem Schluß, daß der kleine Hans an Magenschmerzen oder an Kopfweh leidet, weil er zu viel gegessen hat oder weil er erschöpft ist. Die Eltern helfen dem Kind, Schmerzstimuli zu lokalisieren und zu beschreiben, um die entsprechende Behandlung zu erleichtern. Ähnlich werden emotionale mit verbalen Reaktionen gekoppelt, um glückliche, traurige oder wütende Zustände zu beschreiben, und Fragen können Berichte über vergangene Erfahrungen (das sind Eltern und Kind gemeinsame Erinnerungen) stimulieren. Diese ständige soziale Kontrolle verbaler Berichte führt zu einem verbalen Repertoire, mit dessen Hilfe das Kind lernt, innere Ereignisse und vergangene Erfahrungen zu kommunizieren. Wie unzuverlässig derartige Berichte in bezug auf die Etikettierung von Emotionen sind, darauf haben bereits die Untersuchungen von SCHACHTER und anderen (Kapitel 4) hingewiesen. Die Kontrolle, die die Gemeinschaft über die Beziehung zwischen äußeren Ereignissen und beobachtbaren Reaktionen ausübt, dauert das ganze Leben lang, doch sind die kontinuierlichen Zusammenhänge zwischen inneren Ereignissen, verdeckten Reaktionen und verbalen Berichten immer schwieriger zu ermitteln, wenn die Sprachentwicklung und die Unabhängigkeit des Kindes progressiv fortschreiten.

Es gibt nur einige wenige Studien, die versuchten, die Merkmale eines bestimmten Ereignisses und die verbalen Berichte über dieses Ereignis miteinander zu vergleichen. HAGGARD, BREKSTAD und SKARD (1960) interviewten

Mütter, die an der Längsschnittuntersuchung einer Kinderklinik teilgenommen hatten. Als die Kinder zwischen sieben und acht Jahre alt waren, wurden die Mütter einem Interview unterzogen, das auf Informationen anderer Interviews fußte, die durchgeführt worden waren, als die Kinder geboren wurden und als sie eins und sechs waren. Die Autoren stellten fest, daß die Äußerungen der Mütter im letzten Gespräch als Bericht über frühere Ereignisse nicht sonderlich präzis waren. Die Länge des Zeitintervalls wurde allerdings nicht korreliert mit der Zuverlässigkeit des Berichts. Während über bestimmte und sich deutlich heraushebende Ereignisse wie das Gewicht des Kindes bei seiner Geburt mit einer gewissen Zuverlässigkeit berichtet wurde, erinnerten sich die Mütter nicht mehr genau an ihre Ansichten zur und ihre Praktiken der Säuglingspflege. ROSENTHAL (1953) untersuchte die Genauigkeit von Berichten Erwachsener, die während ihrer letzten beiden *High-School*-Jahre an einer Langzeitstudie teilgenommen hatten. Zwar offenbarten ROSENTHALs Daten signifikante Korrelationen zwischen vielen rückblickenden Berichten und Ereignissen aus der Jugendzeit, doch wiesen die Befunde auch auf ungenaue Erinnerungen hin — das traf vor allem auf die Frauen und auf den Bereich der Elternbeziehungen zu. Neben den Verzerrungen, die auf mangelndes Erinnerungsvermögen zurückgeführt werden konnten, kann der Reaktionsmodus *per se* den Inhalt des Berichts beeinflussen. LEIBOWITZ (1968) verglich drei Techniken der Aggressionsmessung: 1. die Messung durch ein Selbstbericht-Inventar; 2. eine Verhaltenstechnik, bei der die Versuchsperson aggressives Verhalten ausübt, indem sie einer anderen Person Elektroschocks verabreicht und 3. eine Rollenspielprozedur zum Ausagieren der Aggression. Die Korrelationen zwischen diesen Messungen lassen erkennen, daß verbale und physische Aggressionen nicht stark korreliert sind, daß sich jedoch Versuchspersonen bei wiederholten Durchgängen derselben Messung ziemlich konsequent verhalten.

Die experimentellen Tests der Kongruenz zwischen verbalen Feststellungen bei Fragebögen und Persönlichkeitsinventaren und direkter Verhaltensmessung bilden einen wesentlichen Anteil der Literatur, die sich mit der Validierung verschiedener Persönlichkeitstests befaßt. Obgleich man Verhaltenstests für Persönlichkeitsmerkmale wie Führungsqualität, Prüfungsangst oder Homosexualität entwickeln kann, ist es andererseits so, daß der Korrelationsgrad zwischen dem verbalen Bericht und dem direkt gemessenen Verhalten bei Einzelpersonen stark voneinander abweicht, und zwar aufgrund der besonderen Bedingungen, unter denen das Experiment durchgeführt wird.

AZRIN, HOLZ und GOLDIAMOND (1961) teilten einen Fragebogen aus, mit dem Kampfflieger über ihre Angst im Kampf befragt worden waren. Diesen Fragebogen erhielten Collegestudenten unter zwei Bedingungen. Die eine Gruppe sollte annehmen, sie hätte nie eines der aufgeführten Symptome erlebt, während die andere Gruppe von der Annahme ausgehen sollte, sie hätte bereits alle aufgeführten Symptome erlebt. Alle Versuchspersonen wurden instruiert, ihrer Erwartungshaltung entsprechend zu antworten, ohne Rücksicht darauf, welches Verhalten tatsächlich stattgefunden haben soll. Außerdem sagte man ihnen, alle Symptome würden gleich häufig erlebt. Die Symptomlisten der Studenten wurden nach der Häufigkeit der Symptome geordnet, und diese Reihenfolge wurde korreliert mit den Berichten anderer Experimentatoren, die denselben Fragebogen an Kampfflieger verteilt hatten, deren Kampferfahrungen noch keine zwei Monate alt waren. Es stellte sich heraus, daß die Reihenfolge der Reaktionen von Studenten und Kampffliegern starke Ähnlichkeit aufwies. Studenten, denen man gesagt hatte, sie sollten sich vorstellen, daß sie die Symptome noch nie erlebt hätten, unterschieden sich nicht von denen, die sich diese Erlebnisse vorstellen sollten. Die Autoren folgerten, daß derselbe Typus einer Reaktionstendenz, der an den Studenten festzustellen war, auch auf die Kampfflieger zutraf, und daß jeder Bericht über die tatsächlichen Symptome von Kampffliegern durch direkte und objektive Messungen validiert werden müßte. Untersuchungen dieser Art verweisen klar und deutlich auf die begrenzte Glaubwürdigkeit von verbalen Berichten und darauf, daß sie als Ersatz für die Beobachtung der berichteten Verhalten unzulänglich sind. Doch kann dieser Mangel an Austauschbarkeit nicht immer als Schwäche der Messungen des verbalen Berichts ausgelegt werden; das zeigt die Untersuchung von LEIBOWITZ, und das haben wir bei den von uns in Kapitel 4 behandelten Studien gesehen, die die Effekte der Desensibilisierung untersuchten. Der Mangel einer hohen Korrelation zwischen verbalen und nicht-verbalen Messungen impliziert nicht die Unterordnung des einen Reaktionssystems unter das andere. Vielmehr verweist er auf die Notwendigkeit, Reaktionsmessungen auszuwählen, die für die zu beantwortende Frage relevant sind. So kann z. B. das verbale Abstreiten von Ängsten durch einen Patienten Hand in Hand gehen mit physiologischen Anzeichen emotionaler Erregung. Trotz der mangelnden Korrelation kann das verbale Verhalten untersucht werden hinsichtlich seiner Determinanten und seiner Effekte auf die soziale Umgebung und auf den Patienten selbst. In bestimmten Situationen kann das Wissen darüber, was der Patient sagt, ebenso wichtig sein wie das Wissen darüber, was er »fühlt« oder wie er physiologisch reagiert.

Ein unmerklicher Befangenheitseffekt, der verbale Berichte verzerrt, entsteht durch die Neigung der Person, den Forderungen zu entsprechen, von denen sie glaubt, sie würden ihr durch die Situation auferlegt. Es ist nachgewiesen worden, daß diese Neigung in verschiedenen wichtigen psychologischen Berichten zum kontaminierenden Faktor wird. In der psychologischen Diagnostik hat man wiederholt entdeckt, daß Antworten auf Fragen aus Persönlichkeitstests beeinflußt werden durch die Neigung der Person, das zu sagen, was sie für die richtige Antwort hält. Die Antworten von Testpersonen zielen unabsichtlich in die Richtung sozial erwünschter Reaktionsmuster. In der Tat richten derzeitige Verfahren der Testplanung ihr Augenmerk auf den Faktor der sozialen Erwünschtheit, um bei der Einzeldiagnostik diese Kontamination auszuschalten. Bei Experimenten mit menschlichen Versuchspersonen hat man, vor allem wenn es um komplexe verbale oder soziale Verhalten ging, nachgewiesen, daß die Erkennung des experimentellen Zwecks und die Interpretation dessen, was der Versuchsleiter von der Versuchsperson verlangen könnte, das experimentelle Ergebnis beeinflussen (ORNE, 1962). ROSENTHAL (1966) hat eine dritte, ebenso wichtige Ursache der Befangenheit bei verbalen Berichten sorgfältig untersucht. In einer Reihe von Studien haben ROSENTHAL und seine Mitarbeiter gezeigt, daß Versuchsleiter in der psychologischen Forschung dazu neigen, das Verhalten ihrer Versuchspersonen unmerklich so zu beeinflussen, daß diese die experimentellen Hypothesen unterstützen. Diese Effekte der Erwartung der Versuchsleiter sind an Versuchspersonen und -tieren nachgewiesen worden. Bei vielen Untersuchungen dieser Art sind die einschlägigen Mittel, durch die derartige Erwartungen vom Versuchsleiter zur Versuchsperson gelangen, nicht klar geworden. Doch verweist die Tatsache, daß man solcher Beeinflussung immer wieder begegnet, auf die ungemeine Wichtigkeit, die situativen Variablen, welche mit den geplanten experimentellen Prozeduren direkt nichts zu tun haben, für den Output des Patienten haben können.

Es würde nicht überraschen, wenn das klinische Gespräch denselben Einflüssen unterworfen wäre. Obgleich wir auf keine Studien gestoßen sind, die klinische Gespräche genauso rigoros erforschten wie jene Untersuchungen, die die Beeinflussung von Versuchspersonen durch ihre Versuchsleiter studierten, haben zahlreiche klinische Berichte auf die Einflüsse hingewiesen der klinischen Umgebung, der beruflichen und persönlichen Merkmale des Therapeuten, sowie auf die versteckte Wirkung des Gesprächs auf die verbalen Äußerungen des Patienten. Eine Studie von BRAGINSKY und BRAGINSKY (1967) veranschaulicht die Art der Effekte, von denen man erwarten darf, daß sie durch nuancierte Variation der Strukturierung des klinischen Gesprächs entstehen. Bei den Versuchspersonen handelte es sich um schizophrene Dauerpatienten. Den Patienten der einen Gruppe wurde gesagt, man wolle mit dem Gespräch herausfinden, wer entlassen werden könne, während einer anderen Gruppe erklärt wurde, man wolle herausfinden, wer in eine offene und wer in eine geschlossene Abteilung gehöre. Den Patienten einer dritten Gruppe wurde gesagt, das Gespräch diene der Bewertung ihrer Gefühle und ihres Behandlungsfortschritts. Die Ergebnisse bestätigten die Erwartung: Die schizophrenen Patienten stellten sich als gesund und als geeignet für die offene Abteilung dar, als ihr diesbezüglicher Status neu überprüft wurde, während sie sich als »kränker« und als ungeeignet zur Entlassung darstellten, als der Status ihres klinischen Aufenthalts untersucht wurde. Die Daten bestätigten eindeutig die Ausgangshypothese, daß die Patienten auf die Absicht des Gesprächs maximal eingehen würden. Da die Interviewer über die Bedingungen, denen die Patienten zugeteilt worden waren, nicht Bescheid wußten, spiegeln die unterschiedlichen Eindrücke, auf denen ihre Beurteilungen fußten, in erster Linie Veränderungen des Gesprächsverhaltens wider, erzeugt durch die unterschiedlichen Anweisungen an die Patienten. So aber entdecken wir, daß das Gesprächsmaterial, das in klinischen Interaktionen erarbeitet wird, nicht nur Verzerrungen ausgesetzt ist, die der zweifelhaften Validität verbaler Berichte über Ereignisse und innere Zustände inhärent sind, sondern daß es auch dem starken und raffinierten Einfluß von situativen Variablen unterworfen ist, die bestimmen, was der Patient sagt und wie er es sagt. Die Ergebnisse vieler anderer Untersuchungen (zusammengefaßt bei GOLDSTEIN, HELLER und SECHREST, 1966) deuten ebenfalls darauf hin, daß eine Reihe von Faktoren — bedingt durch die Persönlichkeit des Therapeuten und des Patienten sowie durch die Beziehung zwischen den beiden — sowohl den verbalen Output als auch die Reaktion des Patienten auf die therapeutische Intervention beeinflußt.

Die Beziehung zwischen Wörtern und Aktion. Obwohl die traditionellen Gesprächsmethoden von der Modifizierbarkeit des Verhaltens durch Veränderungen von Gedanken und Sprechweise ausgehen, ist keineswegs klar, ob verbale Reaktionen immer als Kontrollstimuli für andere Handlungen dienen können. In sozialen Beziehungen ist eine gewisse Kongruenz zwischen verbalen Feststellungen und motorischen Handlungen nötig, damit alltägliche interpersonale Übereinkünfte eingehalten werden können. So beruht z. B. das ganze Gefüge der sozialen Kooperation auf der allgemeinen Überzeugung, daß man sich auf die verbale Zusage einer Person verlassen muß, wenn es um die Verwirklichung der entsprechenden Verhalten geht. Die Zusage, eine Verabredung an einem bestimmten Ort einzuhalten, eine Ware zu liefern oder eine Aufgabe auszuführen — sie stellen die verbal kontrollierenden Stimuli dar, die wahrscheinlich eine Reihe komplexer motorischer Handlungen einleiten, welche schließlich in der Einlösung des gegebenen Versprechens gipfeln. Sitten und Gesetzgebung erzwingen diese vertraglichen Übereinkünfte, indem sie positive Verstärkung verabreichen für die Kongruenz zwischen Wörtern und Handlungen, während sie aversive Konsequenzen bereithalten für die Möglichkeit, daß sich den verbalen Äußerungen die entsprechenden Handlungen nicht anschließen. Da man solcher Kongruenz auf Schritt und Tritt begegnet, hat man nur selten versucht, die spezifischen Prozesse zu erforschen, durch die Worte und Handlungen korreliert sind. Tatsächlich kommt es derart selten zur Abwesenheit solcher Korrelationen in sozialen Interaktionen, daß man häufig an eine Verhaltensstörung oder einen pathologischen Zustand glaubt. Deren Bedeutung aber wird noch unterstrichen durch die scharfen Maßnahmen (u. a. die Aberkennung der bürgerlichen Ehrenrechte), die gegen solche Patienten ergriffen werden, die für »geistig unzurechnungsfähig« gelten und von denen man nicht mehr die übliche Kongruenz von Wort und Tat erwartet.

Nur wenige Studien haben die Beziehung zwischen verbalen und motorischen Verhalten untersucht, indem sie die tatsächlichen Effekte modifizierender verbaler Reaktionen auf das Auftreten verwandter motorischer Reaktionen beobachteten. LOVAAS (1961) berichtete, daß die Konditionierung aggressiver verbaler Reaktionen nachfolgendes nicht-verbales aggressives Verhalten von Kindern steigerte. In einer anderen Studie (1964) stellte derselbe Autor fest, daß die Verstärkung der lauten Benennung bestimmter Nahrungsmittel (Karotten, Äpfel, Sellerie und Rosinen) im Verlauf einer Konditionierungssitzung mit Vorschulkindern dazu führte, daß der tatsächliche Konsum dieser

Nahrungsmittel zunahm. Allerdings wiesen nicht alle Versuchspersonen dieses Ergebnis auf, und spätere Konditionierungsbefunde ergaben eine Abnahme des Konsums. BRODSKY (1967) untersuchte den Zusammenhang zwischen verbalen und nicht-verbalen Verhaltensänderungen bei zwei retardierten Frauen im Kontext einer Verhaltensmodifikationsstudie. Die eine Frau wurde in einer Reihe von Gesprächen für Äußerungen über soziales Verhalten verstärkt. Obgleich die Häufigkeit solcher Äußerungen in den Gesprächssitzungen zunahm, bemerkte der Autor keine entsprechende Verhaltenszunahme in der natürlichen Umgebung der Frau. Die zweite Versuchsperson wurde in einer vorgeplanten Laborsituation immer dann verstärkt, wenn sie soziale Interaktionen einleitete. In diesem Fall generalisierte das vermehrte soziale Verhalten im Labor auf die natürliche Umwelt und auf die verbalen Äußerungen über soziale Interaktionen während des Gesprächs.

Die Tatsache, daß sich manche Verhaltenstherapeuten nicht auf die Modifikation allgemeiner Einstellungen, sondern allgemeinen Verhaltens konzentrieren, basiert auf der klinischen Beobachtung, daß Verhaltensänderungen spätere Einstellungen und Selbstbewertungen beeinflussen. So hat z. B. CAUTELA (1965) behauptet, daß sich modifizierte Verbaläußerungen in der Psychotherapie, gemeinhin als »Einsicht« bezeichnet, häufig Verhaltensänderungen *anschließen*, anstatt ihnen vorauszugehen. Kliniker haben über ähnliche Fälle berichtet, in denen sich Einsicht neuen Verhalten anschloß. Diese Beobachtungen lassen vermuten, daß sich die übliche psychotherapeutische Sequenz, bei der neues Verhalten einer neuen Einstellung folgt, vorteilhaft umkehren läßt.

Sogar bei verbalen Aufgaben, z. B. bei der Performanz mathematischer Probleme, kann die verbale Äußerung, die der Ausführung einer Reaktion vorausgeht, die Präzision der Performanz verbessern. LOVITT und CURTISS (1968) berichten über solche verbesserte Performanz bei einem elfjährigen Jungen, dessen mathematische Leistungen schwankten. Als dieser Junge nicht mehr laut zu verbalisieren brauchte, blieb die verbesserte Performanz erhalten. In späteren Experimenten, die sich mit anderen Problemen befaßten, ließ die Präzision seiner Performanz ebenfalls zu wünschen übrig. Dieser Einzelbefund kann die verbreitete Ansicht, daß die Verbalisierung eines Problems zu seiner Lösung beiträgt, nicht erhärten, genausowenig wie er die Mechanismen, durch die solche Verbesserungen zustande kommen, erklären kann. Zusätzliches Feedback durch lautes Mitsprechen, erhöhte Aufmerksamkeit, vermehrte Diskrimination durch Benennung, sie alle können ebenfalls entscheidend zum verbesserten Verhalten beitragen. Doch illustriert diese Studie ein bestimmtes Vorgehen, das helfen kann, die Parameter zu isolieren, welche die verbale Kontrolle anderen Verhaltens beeinflussen.

Die Beschleunigung des Diskriminationslernens und der Begriffsbildung durch verbale Etikettierung ist eingehend untersucht worden. Nicht systematisch erforscht wurde dagegen die durch Training bewirkte Generalisierung von verbalen auf inhaltsbezügliche nicht-verbale Verhalten. Die entsprechende Methode wird durch eine Laborstudie von PHELAN, HEKMAT und

TANG (1967) illustriert, die Versuchspersonen so trainierten, daß diese sinnlose Silben mit Holzklötzen assoziierten. Danach wurden einige dieser Silben mit unangenehmen Wörtern gekoppelt. Als man die Versuchspersonen später bat, die Klötze zu wählen, die sie am liebsten mochten, neigten sie dazu, jene zu vermeiden, die negativ etikettiert worden waren. Die Autoren meinten, daß die Konditionierung affektiver Wortetikette leicht das nichtverbale Verhalten der Versuchsperson beeinflusse — im eben erwähnten Fall die Wahl der etikettierten Objekte. Doch wurden auf diesem Gebiet wenige Untersuchungen durchgeführt, so daß viele Fragen noch ungelöst sind. So wissen wir z. B. kaum etwas über die Parameter, die den Umfang der verbalen Kontrolle beeinflussen. Ebenso unerforscht sind die Bedingungen, die zur Selbstregulierung durch verbale Kontrolle erforderlich sind; und relativ unausgelotet ist auch der Spielraum, den Stimulusfunktionen aufgrund verbaler und nicht-verbaler Modalitäten besitzen. Die Rolle, die verbale Reaktionen bei der Kontrolle anderer motorischer Verhalten im selben Organismus spielen, scheint bei der Erforschung von Humanverhalten von zentraler Bedeutung zu sein, da man in der klinischen Psychologie häufig Fällen begegnet, in denen die betreffende Person eine Verhaltensepisode anscheinend »kennt«, verbal beschreibt oder darauf hinweist, welche Verhalten von ihr erwartet werden, ohne jedoch in der Lage zu sein, diese Verhalten auszuführen. In solchen Fällen scheinen die verbalen und motorischen Repertoires nicht korreliert zu sein.

Verschiedene, in jüngerer Zeit durchgeführte Studien lassen vermuten, daß sich beim Kleinkind die Entwicklung verbaler Kontrolle über motorisches Verhalten durch Training beschleunigen läßt. LURIA (1961) berichtet über eine Reihe von Beobachtungen, die in russischen Labors durchgeführt wurden und die sich eingehend befaßten mit der Entwicklung der kontrollierenden Funktion der Sprache bei Kindern und mit der entsprechenden Störung aufgrund einer Hirnpathologie. Diese Experimente beobachteten die selbstregulierende Funktion der verbalen Reaktionen des kleinen Kindes, angefangen bei dessen anfänglicher Abhängigkeit von umweltbedingten Hinweisreizen oder von Feedback durch eigene motorische Reaktionen, hinweg über Stadien einer teilweisen Kontrolle, in der Hemmungsreaktionen allmählich nicht mehr durch sensorische Hinweisreize, sondern durch verbale Reaktionen eingeleitet werden, bis hin zu dem Endstadium des »inneren Sprechens«. LURIAS Experimente und die in den USA durchgeführten Replikationen befaßten sich mit der spezifischen Beziehung zwischen verbalem Verhalten und der Kontrolle der motorischen Handlungen durch die Person selbst. Es ist offensichtlich, daß eine derartige selbstregulierende Kontrolle unerläßlich ist, wenn eine Person Verhalten ausführen will, die von den verbalen Äußerungen dieser Person bezeichnet werden. Anders ausgedrückt, muß ein Kind fähig sein, sein eigenes motorisches Verhalten durch eine verbale Reaktion zu kontrollieren, wenn es das seiner Mutter gegebene Versprechen einhalten will, daß es nur zwei Plätzchen nehmen oder daß es das Licht um 21 Uhr ausmachen würde.

LURIAS Experimente demonstrierten, daß Drei- oder Vierjährige in der Regel nicht auf verbale Instruktionen reagieren können, die, in Abwesenheit externer Stimuli, Kontrolle über motorisches Verhalten voraussetzen. Eines der Experimente LURIAS wurde von BEM (1967) repliziert. Dabei entdeckte diese Autorin, daß Dreijährige einen Hebel nicht drücken konnten, wenn ihr Hebeldruckverhalten von einer bestimmten Anordnung von Lichtsignalen abhängig war. Um zwischen einer reifungsbedingten und einer lernbedingten Erklärung dieses Unvermögens zu unterscheiden, sorgte BEM für eine Trainingsprozedur, durch die die Kinder zunächst dahingehend trainiert wurden, daß sie in Gegenwart externen Feedbacks richtig reagierten. Das geschah dadurch, daß das Kind gelehrt wurde, die Lichter zu zählen und diese Zählung zu wiederholen, wenn die Lichter nach und nach ausgeblendet wurden. Die Kontrolle der Zählreaktionen verlagerte sich somit von den immer schwächer werdenden externen Stimuli auf selbsterzeugte verbale Stimuli. Danach erhielten die Kinder motorisches Training, bei dem sie den Hebel drückten, um jeweils ein Licht auszuschalten. Nun wurden Zählen und Hebeldrücken gekoppelt, und die Lichtintensität wurde allmählich reduziert, bis das motorische Verhalten schließlich kein diskriminierbarer Lichthinweisreiz mehr begleitete. So wurde die erfolgreiche Zuordnung des Lichterzählens durch Hebeldrücken auf selbsterzeugte Stimuli verlagert. Dieses gelungene Training von Dreijährigen zeigte, daß verbale Selbstkontrolle experimentell erzeugt werden kann; dadurch aber wurden diese Kinder rascher von externen Hinweisreizen unabhängig. Diese Studien deuten darauf hin, daß die Entwicklung der Kontrolle, die verbale Stimuli über das Verhalten einer Person ausüben, durch Training in der frühen Kindheit beschleunigt werden kann, und daß man sich unter Umständen ähnlicher Methoden bedienen kann, wenn es darum geht, Selbstkontrolle von Erwachsenen durch verbale Selbstinstruktionen zu fördern.

Die Autoren dieses Buches haben diese experimentelle Prozedur in der Klinik bei verschiedenen männlichen Patienten mit Hirnverletzungen angewandt. Diese Patienten .wurden gelehrt, sich selbst laute verbale Instruktionen zu geben, bevor sie einfache motorische Aufgaben lösten. Dabei diente ein Therapeut zunächst als Modell, indem er parallelisierte Instruktionen und Handlungen ausführte. Wenn der Patient in punkto Selbstinstruktion ein gewisses Geschick entwickelt hatte, wurde diese Hilfe nach und nach ausgeblendet. Durch diese Prozedur lernten die Patienten einfache Aufgaben ausführen, zu denen sie vor dem Training unfähig gewesen waren. LURIAS Methode könnte also sowohl beim Training von Kindern als auch beim Retraining von Erwachsenen hilfreich sein.

In einer Analyse der Funktionen verbalen Verhaltens in der Psychotherapie meinten GREENSPOON und BROWNSTEIN (1968), viele Patientenprobleme könnten damit zu tun haben, daß die Ausführung motorischer Verhalten, die vom verbalen Verhalten anderer kontrolliert werden, mangelnd trainiert worden sei. Ähnlich kann die Tatsache, daß die rechtzeitige Errichtung einer verbalen Stimuluskontrolle über das eigene motorische Verhalten gescheitert ist, zu Verhaltensabweichungen beim Erwachsenen führen. Personen, deren Reaktionen nicht durch die verbalen Stimuli anderer kontrolliert werden, sprechen vermutlich nur dürftig auf verbale Methoden der Psychotherapie an, weil die verbalen Äußerungen des Therapeuten ihr Verhalten nur geringfügig beeinflussen können. Ähnlich liegt der Fall bei Patienten, denen es nicht gelungen ist, ihr motorisches Verhalten unter die Kontrolle ihres eigenen verbalen Verhaltens zu bringen: Auch sie werden von Gesprächsmethoden wahrscheinlich nur begrenzt profitieren, da diese Methoden gewöhnlich voraussetzen, daß der Patient, wenn sein verbales Verhalten modifiziert worden ist und wenn er den Therapeuten verlassen hat, sein eigenes Handeln verbal kontrolliert.

Verbales Konditionieren. Die traditionelle Psychotherapie hat in der Regel angenommen, daß die verbalen Äußerungen und die interpersonalen Verhalten des Patienten seit langem bestehende, eingefleischte Muster darstellen, die bei geringfügigen Veränderungen der Umgebung relativ unverändert bleiben. Folglich erwartete man vom feinfühligen Kliniker, daß er aus einer Reihe kurzer Beobachtungen allgemeine Rückschlüsse auf die »grundlegende Persönlichkeitsstruktur« seines Patienten zöge. Diese Erwartung hegte man besonders im Hinblick auf das Gespräch und auf projektive Persönlichkeitstests. Den klinischen »Gesprächstherapeuten« betrachtete man als einen Katalysator, der dem Patienten hilft, die Gedanken und Gefühle zu äußern, die dessen übliche Persönlichkeitsmuster widerspiegeln. Obgleich viele Persönlichkeitstheoretiker — das gilt vor allem für die Psychoanalytiker — auf die Wichtigkeit des interaktionalen Prozesses der Therapie hingewiesen haben, konzentriert sich die Gesprächstherapie nach wie vor hauptsächlich auf die Analyse des Inhalts des Patientenberichts. Die Traumanalyse, die Benutzung von Reaktionen auf Bilder im *Thematic Apperception Test* (TAT) und die strenge Analyse von Therapieprotokollen veranschaulichen den Versuch, aus verbalen Inhalten Rückschlüsse über Persönlichkeitsprozesse und -strukturen zu ziehen. In den frühen fünfziger Jahren begannen Forscher zu untersuchen, inwieweit der Kliniker die verbalen Äußerungen des Patienten durch sehr einfache und unauffällige Verhalten beeinflußt. Der Wunsch, die Erforschung der verbalen Konditionierung voranzutreiben, entsprang dem Wunsch zu beweisen, daß verschiedene Varianten des operanten Konditionierungsmodells von SKINNER erfolgreich auf verbales Verhalten angewandt werden können.

Unter den Experimenten, die die größte Aufmerksamkeit auf sich zogen, war eine Untersuchung von GREENSPOON (1951). GREENSPOONs Studie erforschte die Auswirkungen der Einführung einer kurzen verbalen Reaktion durch den Experimentator auf die Auftretenshäufigkeit einer verbalen Reaktionsklasse im Kontext des kontinuierlichen verbalen Outputs von Versuchspersonen, die instruiert wurden, alle Wörter, die ihnen in den Sinn kamen, laut zu sagen. Die Versuchspersonen wurden gebeten, nur einzelne Wörter und keine Sätze, Zahlen oder Redensarten zu sagen. Immer wenn die Versuchspersonen ein Substantiv im Plural sagten, wurden kontingente verbale Stimuli (»Hmm-hmm«), ein roter Lichtblitz oder ein Tonstimulus verabreicht. Der Effekt dieser vier unterschiedlichen, kontingenten Stimuli auf die Häufigkeit der Äußerung von Substantiven im Plural trat klar zutage. Im Vergleich zu einer Kontrollgruppe bewirkten der verbale Stimulus »Hmm-hmm«, der visuelle Stimulus oder der auditive Stimulus eine signifikante Zunahme der im Plural geäußerten Substantive. DOLLARD und MILLER (1950) interessierten sich für den klinischen Wert der Untersuchung GREENSPOONS. Während GREENSPOON dieses Paradigma als Analogon zur operanten Konditionierung von Tieren herausarbeitete, unterstrichen DOLLARD und MILLER die automatischen unbewußten Aspekte der Verstärkungseffekte und die Anwendungsmöglichkeiten dieses Forschungsansatzes auf dem Gebiet der klinischen Psychologie. Die experimentelle Methode stellte insofern ein interessantes Analogon zum klinischen Gespräch dar, als auch die freien Assoziationen psychoanalytischer Patienten lediglich durch minimale Hinweisreize des Therapeuten unterbrochen werden. So wurden Kliniker auf das verstärkende Potential des Therapeutenverhaltens aufmerksam.

Ein zweites Grundparadigma wurde aus TAFFELS (1955) Satzbauprozedur entwickelt. Durch Verwendung gesonderter Durchgänge gelangte TAFFEL zu einer stärkeren Stimuluskontrolle als GREENSPOON, und er modifizierte das Analogon insofern, als er aus dem freien Operanten eine Diskriminationsaufgabe machte. Bei jedem Durchgang wurden TAFFELS Versuchspersonen Karten gezeigt, auf denen verschiedene Pronomina und ein Verb abgedruckt waren. Nun sollten sie mit diesen Wörtern Sätze bilden. Fiel die Wahl auf ein Pronomen der ersten Person, wurde die Reaktion mit dem verbalen Stimulus »gut« verstärkt. Dieser kontingente verbale Stimulus führte eindeutig zu einer stärkeren Emission der verstärkten Reaktionsklasse.

Die Ähnlichkeit zwischen diesen beiden experimentellen Paradigmen und dem klinischen Gespräch wurde von klinischen Psychologen rasch erkannt und die Untersuchungen des verbalen Konditionierens nahmen rasch zu. Obwohl sich einige dieser Studien mit den Auswirkungen spezifischer Parameter auf die Aneignungsrate verbaler Reaktionen befaßten (z. B. mit Persönlichkeitsmerkmalen des Versuchsleiters und der Versuchsperson, mit verstärkenden Stimuli, mit der Interaktion zwischen Versuchsleiter und Versuchsperson usw.), benutzten andere Studien dieses experimentelle Instrument zur direkten Testung von Hypothesen, die aus der klinischen Theorie und Praxis entwickelt worden waren (Hypothesen z. B. über den Effekt von Interpretationen auf die verbale Produktivität oder über die Rolle des Bewußseins bei der Aneignung). Die Resultate der Untersuchungen des verbalen Konditionierens weisen eindeutig darauf hin, daß es nötig ist, die Annahme noch einmal zu überprüfen, nach der das Gesprächsverhalten des Patienten hauptsächlich bestimmt sein soll durch dessen Denkinhalte, dessen Persönlichkeit oder dessen vergangene Erfahrungen. Das Verhalten des Interviewers und der klinische Rahmen, die Determinanten des erarbeiteten Interviewmaterials sind, müssen ebenfalls genau untersucht werden. Die Konditionierbarkeit verbaler Reaktionen in Laborsituationen, die Situationen des klinischen Gesprächs ähneln, läßt ebenfalls vermuten, daß der Prozeß der Verhaltensmodifikation durch das Gespräch teilweise mit Hilfe des verbalen operanten Konditionierungsparadigmas beschrieben werden kann.

Die Generalisierung von Befunden aus verbalen Konditionierungsstudien auf Gesprächsverhalten wird erleichtert durch die Ähnlichkeit beider Situationen. Die Abhängigkeit der Versuchsperson von Regeln, die der Versuchsleiter aufstellt, der Mangel an spezifischen, aufgabenbezüglichen Instruktionen und die verbale Natur der Interaktion, die letzten Endes so beschaffen ist, daß generalisierte verbale Verstärker intensiv angewandt werden — all diese Dinge liefern eine hervorragende Parallele zwischen dem Gespräch und der verbalen Konditionierungssituation. Von den Variablen, von denen vermutet wird, sie beeinflußten das Verhalten des Interviewten, sind viele anhand von Studien, die sich modifizierter verbaler Konditionierungsprozeduren bedienten, sorgfältig untersucht worden. Über diese Studien haben in jüngerer Zeit KANFER (1968) und KRASNER (1958, 1962 a, 1967) einen Überblick gegeben. In diesem Abschnitt behandeln wir lediglich einige Studien, die klinisch unmittelbar relevant sind, sowie einige ungelöste Fragen, die die vielen Experimente auf diesem Gebiet aufgeworfen haben.

Die Unzuverlässigkeit früherer Erinnerungen hat man in Verbindung mit dem Problem der Validierung von Selbstbeschreibungen diskutiert. Der verbalen Konditionierungsprozedur liegt ein Experiment von QUAY (1959) zugrunde, das belegte, daß die Erinnerung an emotionales und persönliches Material dadurch manipuliert werden kann, daß geeignete Reaktionsklassen minimale soziale Verstärkung erfahren. QUAY bat eine Reihe von Collegestudenten, über frühe Kindheitserinnerungen zu berichten. Nachdem er eine Ausgangsrate des Auftretens von Erinnerungen an Familienangehörige einerseits und an Leute außerhalb der Familie festgelegt hatte, verstärkte der Interviewer differentiell die Berichte verschiedener Gruppen über familienbezügliche und nicht-familienbezügliche Erinnerungen, indem er die entsprechenden Verbaläußerungen mit einem positiven »Hmm-Hmm« bestätigte, das als minimaler verbaler Verstärker dienen sollte. Die Resultate bewiesen, daß die systematische Anwendung dieses generalisierten Verstärkers den Anteil an Erinnerungen der jeweils verstärkten Kategorie erhöhte. Der starke Effekt des Verhaltens des Interviewers auf den Inhalt der Äußerungen der Person ist u. a. auch nachgewiesen worden von ROGERS (1960), der sich in diesem Kontext mit positiven und negativen Selbstbezügen während des Gesprächs befaßte, von SALLINGER und PISONI (1958), die sich in diesem Kontext mit der Rate an selbstbezüglichen Gefühlsäußerungen auseinandersetzten, von KANFER und McBREARTY (1962), die in diesem Kontext die Zeit untersuchten, die in Gesprächen mit Collegestudenten auf vorher festgelegte Themen verwandt wurde, von WASKOW (1962), der in diesem Kontext die Rate der Feststellungen abhandelte, welche sich auf Gefühle und Einstellungen oder auf den intellektuellen Gehalt bezogen, sowie von vielen anderen, die ebenfalls den Inhalt von Gesprächen untersuchten, von dem man bisher ange-

nommen hatte, er spiegle hauptsächlich vergangene Erfahrungen oder intra-
psychische Prozesse wider.

Tatsächlich läßt die umfangreiche Literatur darauf schließen, daß es wenige
Bereiche des verbalen Inhalts gibt, die in der Gesprächssituation nicht manipuliert werden können mit dem einfachen Hilfsmittel der unmerklichen
Verstärkung durch Hinweisreize, die der Interviewer verabreicht. Man hat
gezeigt, daß verstärkende Stimuli wie Kopfnicken, Lächeln, gebrummte
Zeichen der Zustimmung und ähnliche minimale Verhalten erstaunlich effektiv sind, wenn sie systematisch angewandt werden. Auch wenn der Therapeut
nicht bewußt versucht, den verbalen Output des Patienten durch kontingente
Verstärkung zu modifizieren, können durch seine allgemeine Haltung gegenüber den Äußerungen des Patienten und durch seinen Gesprächsstil dieselben
Ergebnisse zustande kommen wie durch systematische Verstärkung. TRUAX
(1966) erforschte die Möglichkeit, daß Verstärkungseffekte sogar dann auftreten, wenn der Therapeut seiner theoretischen Auffassung nach einer
psychotherapeutischen Schule zuzurechnen ist, die den Standpunkt vertritt,
daß der Kliniker im wesentlichen nicht-direktiv handle und dem Patienten in
bezug auf den Gesprächsinhalt völlig freie Wahl lasse. TRUAX analysierte
Auszüge aus Tonbandaufnahmen, welche die von Carl ROGERS durchgeführte
Behandlung eines Falles festhielten. Er stellte die Hypothese auf, daß Empathie, persönliche Wärme und therapeutische Führung bei bestimmten Klassen
des therapeutischen Inhalts als verstärkende Stimuli wirkten und daß diese
kontingent verstärkenden Stimuli in nicht-direktiven therapeutischen
Gesprächen auf verschiedene Arten des Patientenverhaltens differentiell
angewandt würden. TRUAX fand, daß auch die Transaktionen der klientbezogenen Psychotherapie signifikante differentiell verstärkende Effekte
enthielten. Er zeigte, daß sich die empathischen und warmherzigen Bemerkungen des Therapeuten auf das nachfolgende Verhalten positiv verstärkend
auswirkten. TRUAX' Daten stimmten überein mit Vorhersagen, die sich auf
Veränderungen des Patienten bezogen und die von der Verstärkung ausgingen. Die erzielten Ergebnisse, die sogar dann mit einem behavioristischen
Modell des psychotherapeutischen Prozesses übereinstimmten, wenn die verbale Strategie dieses Prozesses in einem nicht lernorientierten theoretischen
Rahmen angesiedelt war, weisen eindringlich darauf hin, daß am therapeutischen Gespräch verbale Konditionierungseffekte stark beteiligt sind.
Einige Untersuchungen (siehe z. B. ADAMS und FRYE, 1964; NOBLIN, TIM-
MONS und REYNARD, 1963; und TIMMONS, NOBLIN, ADAMS und BUTLER, 1965)
haben ergeben, daß die Deutungen, Konfrontationen oder Überlegungen
des Therapeuten, die das klassische Mittel darstellen, um die Einsicht des
Patienten zu fördern, selbst als kontingente verstärkende Stimuli benutzt
werden können. Ihre systematische Anwendung kann — was die Äußerungen
des Patienten betrifft — vorhersagbare Änderungen bewirken.

Der verbale Konditionierungseffekt könnte ein Faktor sein, der verschiedenen Studien zugrunde liegt, die behaupten, daß das verbale Verhalten
des Patienten und sein Wertsystem bei einer geglückten therapeutischen Inter-

aktion dazu neigen, sich dem Verhalten und Wertsystem des Therapeuten anzugleichen. Ob gewollt oder nicht, die konsequente Verabreichung von Hinweisreizen für bestimmte Verhalten, die der Therapeut dem Patienten beibringen möchte, kann die moralischen Wertvorstellungen des Patienten verändern; übrigens ist auf solche Veränderungen in der Forschungsliteratur und im Bereich der klinischen Beobachtung wiederholt hingewiesen worden (PALMORE, LENNARD und HENDIN, 1959; ROSENTHAL, 1955; WELKOWITZ, COHEN und ORTMEYER, 1967). Auch hat man die Modifikation des verbalen Inhalts, der Dauer verbaler Äußerungen und der Reihenfolge der Sprechenden bei Gruppen von drei oder mehr Personen nachgewiesen. Diesen Untersuchungen lag die Absicht zugrunde, die Rolle zu erforschen, die der Gruppenpsychotherapeut durch seine unmerkliche Verstärkung von Gruppenmitgliedern oder von besonderen Inhalten spielt.

Die meisten frühen Untersuchungen des verbalen Konditionierens versuchten im Labor zu beweisen, daß der psychotherapeutische Prozeß wesentliche Elemente operanter Konditionierungsmethoden enthält. Was die direkte Anwendung auf klinische Prozeduren angeht, gibt es zwei Kategorien von Untersuchungen. Die erste Kategorie versucht das gestörte verbale Verhalten des Patienten zu modifizieren, weil es ein Zielsymptom darstellt, dessen Beseitigung weitreichende positive Folgen haben kann. Dieses direkte Vorgehen bei einem systematischen verbalen Verhalten unter Verwendung von Verstärkungskontingenzen beschreibt eine Untersuchung von SHERMAN (1965). Drei stumme psychotische Dauerpatienten wurden zur Wiederherstellung eines verbalen Verhaltens Verstärkungsprozeduren unterzogen. Zu den angewandten Techniken gehörten die zahlreichen operanten Konditionierungsmethoden, die uns vom Tierlabor her vertraut sind. Verhaltensformung, Ein- und Ausblendprozeduren und belohnte Imitation bildeten einige dieser Verfahren. Alle drei Patienten hatten mindestens zwanzig Jahre lang an Mutismus gelitten. Bei allen dreien wurde einiges Verbalverhalten wiederhergestellt, das von zirka dreißig Wörtern bis zur vollen Benutzung einfacher Sätze im gemeinsamen Gespräch reichte. RICKARD, DIGNAM und HORNER (1960) modifizierten die Emission wahnhaften Redens bei einem Dauerpatienten, indem sie sich nur dann um den Patienten kümmerten, wenn er sich vernünftig äußerte. AYLLON und HAUGHTON (1964) benutzten kontingente Verstärkung, verabreicht durch das Pflegepersonal, um bei psychotischen Patienten wahnhaftes und symptomzentriertes Reden zu modifizieren. Es gibt noch einige ähnliche Untersuchungen und Fallberichte, die zum Teil bereits in Kapitel 6 über das operante Konditionieren behandelt wurden. In diesen Untersuchungen hatte die Modalität der kritischen Reaktion relativ geringe Bedeutung. Beim verbalen Verhalten führte man dieselben Prozeduren durch, die man bei verschiedenen motorischen Verhalten angewandt hätte.

Die zweite Kategorie von Untersuchungen befaßt sich mit der Modifikation von Verbalverhalten, allerdings nicht um der Modifikation selbst willen, sondern weil vermutet wird, daß sich solche Veränderungen des verbalen

Repertoires auf andere Verhalten des Patienten auswirken. Bei diesen Untersuchungen ging es entweder um die Demonstration oder um die praktische
Anwendung von operanten Konditionierungsprozeduren bei der Modifikation
von Einstellungen, selbstbeschreibenden Feststellungen, Quantitäten des verbalen Output, Gefühlsanteilen und emotionalen Äußerungen. Ob solche
Prozeduren nun im Labor oder in der Klinik benutzt werden, der wesentliche
Wert ihrer Effektivität erweist sich daran, ob derartige Veränderungen nicht
nur auf Testsituationen generalisieren. So fand z. B. NUTHMANN (1957), daß
verbal verstärkte Versuchspersonen häufiger Selbstanerkennung übten, wenn
man sie mit Items eines Persönlichkeitstests konfrontierte. Nimmt man die
Ergebnisse für bare Münze, so vermittelten solche Versuchspersonen ein besseres Bild von sich selbst, und ihre Persönlichkeitstests fielen positiver aus.
Doch kann man die tatsächliche therapeutische Wirkung einer solchen Prozedur nur dann beurteilen, wenn man festgestellt hat, ob sie auch andere interaktionale und Denkverhalten des Patienten verändert hat.

Das Beweismaterial, das wir über die Generalisierung erfolgreicher Reak-
tionsveränderungen besitzen, ist nicht sonderlich aufschlußreich. In einem
diagnostischen Gespräch verabreichten AIKEN und PARKER (1965) positive
Verstärkung für positive und negative Verstärkung für negative Selbsteinschätzungen. Nach dem Gespräch wurden Testformulare verteilt, die positiv
und negativ formulierte Selbstbeschreibungen in zufälliger Anordnung enthielten. Die Autoren entdeckten eine gewisse Generalisierung der konditionierenden Gesprächseffekte auf die Messungen nach dem Gespräch. Auf der
anderen Seite gelang es ROGERS (1960), in quasi-therapeutischen Gesprächen
selbstbezügliche Darstellungen zu konditionieren, doch konnte er bei Angst-
tests, bei emotionaler Anpassung oder bei selbstbezüglichen Darstellungen
außerhalb der Sitzungen keine veränderten Werte feststellen. DICKEN und
FORDHAM (1967) verstärkten positive Selbstdarstellungen und Feststellungen
positiver Affekte in experimentellen Gesprächen mit Collegestudenten. Diese
Versuchspersonen zeigten im Rahmen des California Psychological Inventory
signifikant stärkere Veränderungen der Werte nach dem Experiment, wenn
man sie mit Versuchspersonen verglich, die im Gespräch mit der »klientbezogenen« Therapie behandelt wurden, oder auch mit Kontrollpersonen,
die keine Gespräche gehabt hatten. Die Versuchspersonen nahmen auch an
Gruppendiskussionen teil. Die experimentelle Gruppe neigte nach diesen
Gesprächen dazu, mehr zu reden als die anderen Gruppen. Bei Gruppen-
therapiepatienten wurde festgestellt, daß die Effekte der verbalen Konditionierung auf Schätzungen der Zulänglichkeit interpersonaler Beziehungen
günstig waren (ULLMANN, KRASNER und COLLINS, 1961; ULLMANN, KRASNER
und EKMAN, 1961). Die Veränderungen der Testreaktionen, die gemessen
wurden, um Einstellungen sichtbar zu machen, scheinen relativ lange fort-
zubestehen. BUGELSKI und HERSEN (1966) konditionierten die Antworten von
Collegestudenten auf zweideutige Feststellungen über alte Leute, indem sie
verbale Verstärkung verabreichten. Drei Wochen nach den Konditionierungs-
sitzungen wurden einige Versuchspersonen stichprobenweise noch einmal

getestet, um die noch vorhandenen Effekte des Trainings festzustellen. Bei diesem Wiederholungstest entdeckte man einen signifikanten Konditionierungseffekt.

Die Rolle des Bewußtseins beim verbalen Konditionieren. Obgleich die Modifizierbarkeit verbaler Reaktionshäufigkeiten durch kontingente verbale Verstärkung eindeutig nachgewiesen wurde, haben Forscher bezweifelt, ob der Mechanismus, der in diesen Untersuchungen am Werk war, dem Prozeß des einfachen operanten Konditionierens gleichzusetzen ist. Den Konditionierungsstandpunkt griffen hauptsächlich kognitive Theoretiker an. Der kognitive Standpunkt behauptet, der Nachweis verbaler Konditionierung sollte *nicht* als eine Konditionierung interpretiert werden, die automatisch erfolgt und nichts zu tun hat mit der bewußten Neigung der Person, ihr Verhalten zu ändern; vielmehr sollte dieser Nachweis als ein Ergebnis von Veränderungen kognitiver Prozesse (z. B. Hypothesen, die die Reaktionen der Person steuern) betrachtet werden. Von dem, was bei der verbalen Konditionierung gelernt wird, glaubt man, es sei die richtige Reaktionsverstärkungskontingenz, und kein Lernen wird erhofft, wenn keine richtige oder teilweise richtige Hypothese vorhanden ist. Daher wird behauptet, der verbale Konditionierungseffekt sei bedingt durch das Bewußtsein der Person, durch ihre Motivation bei der Beschaffung der verschiedenen verstärkenden Stimuli, durch ihre Fähigkeit, in bezug auf die kritische Reaktionsklasse eine Hypothese aufzustellen, sowie durch andere Variablen, die diese Prozesse beeinflussen (SPIELBERGER und DeNIKE, 1966). Der behavioristische Standpunkt (siehe z. B. KANFER, 1968; KRASNER, 1967) unterstreicht dagegen die empirischen Beziehungen zwischen den Bedingungen der Reaktionsaneignung und dem resultierenden Performanzmuster. Obwohl zahlreiche Untersuchungen nachgewiesen haben, daß die Personen, die verschiedene Elemente der Aufgabe (auf einem Fragebogen nach dem Experiment) beschreiben können, die gestellte Aufgabe leichter lernen, ist keineswegs klar, ob die Verbesserung der Performanz dem Bewußtsein vorausgeht oder nachfolgt. Einige Studien haben behauptet, Lernen könne ein Prozeß sein, bei dem verschiedene Veränderungen zwar gleichzeitig, doch auf verschiedenen Ebenen stattfinden. Vermehrte Verbaläußerungen und Äußerungen von Hypothesen zur Aufgabe könnten also gleichzeitig mit der Aneignung der kritischen verbalen Reaktionen stattfinden. Die wechselseitige Abhängigkeit dieser beiden Lernebenen würde bei verschiedenen Aufgaben und in unterschiedlichen Situationen variieren. So gehören z. B. die Instruktionen, die die Aufgabe vorstellen, die gewandte Beschreibung der kritischen Klasse und die Begrenztheit der verstärkten Klasse unter die Variablen, von denen man erwartet, daß sie die Wechselbeziehung zwischen Lernen und Bewußtseinsmessung verbessern. Die empirischen Ergebnisse haben die Hypothese, nach der Bewußtsein eine Vorbedingung des Lernens sein soll, nicht erhärtet. Viele Versuchsleiter haben nur bei den Versuchspersonen Lernen festgestellt, die in Fragebögen nach dem Experiment die richtige Reaktionsverstärkungskontingenz verbalisieren konnten. Andere

Forscher sind bei unbewußten Versuchspersonen auf Lernen gestoßen, und einige Forscher haben bei beiden Gruppen Lernen entdeckt, mit dem Unterschied allerdings, daß die bewußten Versuchspersonen höhere Lernraten erzielten. Diese widersprüchlichen Befunde haben zu einer umfangreichen Debatte über methodologische Fragen geführt, bei denen es sowohl um Fragebogentests über das Bewußtsein ging als auch um die Rolle, die das Bewußtsein entweder als vermittelnder oder als korrelierter Prozeß spielt.

Wir sollten uns daran erinnern, daß bei der verbalen Konditionierung im allgemeinen eine kritische Reaktionsklasse gewählt wird, die im Repertoire der Person mit leicht zugänglichen Reaktionen vertreten ist. In diesem Sinne werden keine neuen Reaktionen gelernt; es werden lediglich bereits vorhandene Reaktionen entweder unter die Kontrolle eines diskriminativen Stimulus gebracht oder ihre insgesamte Emissionsrate wird erhöht. Dieses Merkmal des operanten Konditionierens erhöht die Bedeutung der Art und Weise, wie die Aufgabe der Person präsentiert wird. Je leichter die Reaktionsklasse diskriminiert und je leichter die Reaktionsverstärkungskontingenz beobachtet werden kann, desto rascher sollte das Lernen erfolgen. Die Wichtigkeit der *Ambiguität* der verbalen Konditionierung wurde von KANFER und MARSTON getestet (1961). Collegestudenten wurden mit einer Reihe von Wortpaaren konfrontiert, die sich jeweils aus einem neutralen und einem gehässigen Wort zusammensetzten. Durch Veränderung der folgenden Faktoren wurden drei Ambiguitätsgrade erzielt: 1. Informationen über die Aufgabe; 2. Beschaffenheit des verstärkenden Stimulus und 3. einfache Diskriminierbarkeit der Stimuli. Die verschiedenen Ambiguitätsgrade wurden erzielt durch Veränderung der Instruktionen, indem entweder der verbal verstärkende Stimulus »Gut« oder ein Lichtblitz benutzt wurden, und durch Steigerung der Diskrepanz zwischen den beiden Vertretern des Stimuluspaars, indem die gehässige Bedeutung des einen Vertreters variiert wurde. Die Resultate erhärten die Behauptung, daß Lernen in verbalen Konditionierungsexperimenten durch die unstrukturierte Beschaffenheit der Prozedur beeinträchtigt wird. Alle Gruppen, die durch Instruktionen mehr Informationen erhielten, zeigten signifikant höheres Lernen, steilere und negativer beschleunigte Lernkurven, größeren Lerntransfer und höhere Bewußtseinsschätzungen. Die Effekte der beiden verstärkenden Stimuli interagierten sowohl mit der Variablen der Aufgabeninformation als auch mit der Variablen der Stimulusdiskriminierbarkeit. Unter ausgeprägteren Ambiguitätsbedingungen (minimale Aufgabeninformation) war der soziale Verstärker effektiver als das Lichtsignal. Je stärker die Diskrepanz des jeweiligen Stimuluspaars, desto effektiver das Lichtsignal und desto ineffektiver der soziale Verstärker als verstärkender Stimulus. Die Korrelation zwischen Bewußtseinsschätzungen mit Hilfe eines Fragebogens, der nach dem Experiment ausgefüllt wurde, und Lernwerten variierte bei den Gruppen von 0.34 bis 0.63, ein Ergebnis, das die Hypothese stützt, nach der Lernen und Bewußtsein als getrennte abhängige Variablen behandelt werden können, mit sich verschiebender Kovariation bei verschiedenen Behandlungsgruppen verschiebt.

Die Wichtigkeit sowohl der sozialen Merkmale der Versuchsperson und des Versuchsleiters als auch der interaktionalen Beziehung der beiden beim verbalen Konditionieren ist durch verschiedene Untersuchungen belegt worden. So wird der Konditionierungseffekt gern modifiziert durch die Art der Interaktion zwischen Versuchsperson und Versuchsleiter bei einer früheren Aufgabe, durch die Art und Weise wie die Versuchsperson den Versuchsleiter entweder als angenehm oder unangenehm empfindet, durch den kundgetanen Zweck des Versuchs und durch viele ähnliche interaktionale Variablen.

Man hat gezeigt, daß die verbale Konditionierung auch variiert aufgrund der typischen Variablen, die in anderen verbalen Lernstudien benutzt worden sind. Man hat berichtet, daß der Umfang der Reaktionsklasse, die Beschaffenheit des verstärkenden Stimulus, der Verstärkungsplan und ähnliche Variablen die verbale Konditionierung beeinflussen. Ungeachtet der Fülle an Forschungsergebnissen, sind die Daten über die verbale Konditionierung noch nicht in den Kontext des traditionellen Gesprächs integriert worden. Da diese Forschungsbefunde kaum zur Neuüberprüfung von Therapietechniken herangezogen werden, ist es zweifelhaft, ob sie in der Gesprächstherapie in größerem Umfang in die Praxis umgesetzt werden, so lange keine allgemeine Verhaltenstheorie für alle Strategien der Psychotherapie klarere Richtlinien setzt. Trotzdem hat sich die Erforschung des verbalen Konditionierens, der verstärkenden Effekte verschiedener therapeutischer Prozeduren und des Prozesses der Gesprächsinteraktion dahingehend ausgewirkt, daß Klinikern bewußt geworden ist, wie wichtig ihr eigenes Verhalten ist, wenn es darum geht, den Inhalt des Gesprächs zu steuern.

Andere wechselseitige Einflüsse im Gespräch. Zusätzlich zu den Forschungsarbeiten im Bereich der verbalen Konditionierung gibt es umfangreiche Untersuchungen über die unmerklichen Auswirkungen der Interaktion zwischen Patient und Therapeut auf den verbalen Inhalt und die strukturellen Merkmale des Gesprächs (z. B. der zeitlichen Dauer von Äußerungen, der Häufigkeit von Unterbrechungen, des Schweigens, der Sprechstörungen und ähnlicher Variablen).

Bei experimentellen Gesprächen, in denen der Gesprächsleiter versuchte, seine eigenen verbalen Äußerungen auf fünf Sekunden zu beschränken, entdeckte man, daß die durchschnittliche Dauer der verbalen Äußerungen der Versuchsperson ziemlich konstant blieb, obwohl das Gespräch an ein und demselben Tag von zwei verschiedenen Gesprächsleitern geführt wurde; Wiederholungstests, die in einem Zeitraum von einer Woche bis acht Monaten durchgeführt wurden, bestätigten dieses Ergebnis (SASLOW und MATARAZZO, 1959). Dieselbe Forschergruppe berichtete auch über Unterschiede in der durchschnittlichen Sprechdauer und in verwandten strukturellen Sprachvariablen bei normalen und psychotischen Versuchspersonen (MATARAZZO und SASLOW, 1961). Vorsätzliche Verlängerung der Dauer der Kommentare des Gesprächsleiters von 5 auf 10 und 15 Sekunden bewirkten eine entsprechende Zunahme der durchschnittlichen Redezeit der Versuchsperson. Die umfangreichen Forschungsarbeiten verschiedener Forschungsgruppen über die nicht inhaltbezüglichen Aspekte von Gesprächen werden durch die eben erwähnten Ergebnisse kaum veranschaulicht. Die Verwendung standardisierter Gesprächsmethoden, Messungen von Sprechzeit, Pausen, Wechseln der Sprecher, Schweigen, Versprechen, Latenzen und andere »mikroskopische« Analysen des Gesprächsverhaltens haben die Forscher in die Lage versetzt, Wissen zusammenzutragen über feine wechselseitig wirksame Hinweisreize, die das Gespräch in Zwei-Personen-Gruppen steuern und aufrechterhalten. Durch den Einsatz von Computern und die Verwendung ausgeklügelter mathematischer Modelle bei der Untersuchung interaktionalen Verhaltens (JAFFE, 1964; JAFFE, FELDSTEIN und CASSOTTA, 1967) haben die Theoriebildung und die Datenanalyse, was das Verständnis wechselwirksamer Einflüsse zwischen Sprecher und Zuhörer und die formalen Aspekte von verbalen Interaktionen angeht, entschieden Fortschritte gemacht.

Das therapeutische Kommunikationssystem wird stark beeinflußt durch die Rolle, die jeder Teilnehmer aufgrund seiner Erwartungen hinsichtlich der Natur der Beziehung für sich beansprucht. Um die Auswirkungen solcher Rollenspiele auf den Kommunikationsfluß zu untersuchen, bat KANFER (1965 b) Krankenschwestern, in Zweiergruppen ihre persönlichen Erfahrungen zu diskutieren; dabei wurde immer nur einem Mädchen gestattet, eine Einweg-Sprechanlage zu benutzen. Wie Abb. 8/2 zeigt, verbrachten die Versuchspersonen, wenn sie als *Peers* agierten, in der ersten und zweiten Sitzung annähernd dieselbe Zeit mit Sprechen und Zuhören. Bei der dritten und vierten Sitzung wurden die Versuchspersonen instruiert, als Patient bzw. Therapeut zu fungieren. In diesen Sitzungen war eine augenfällige Veränderung der Redezeiten zu beobachten. Abb. 8/2 zeigt, daß die Frauen, die die Patientenrolle spielten (Gruppe CP), nun mehr als zwei Drittel der Zeit redeten, während die Frauen, die die Rolle des Therapeuten übernommen hatten (Gruppe CT), weniger als 30 Prozent der Zeit redeten. Bemerkenswert ist, daß sich dieses Verhältnis, das für die Sitzungen 3 und 4 galt, auch auf Sitzung 5 auswirkte, bei der die Versuchspersonen instruiert wurden, ohne Sprechanlage und in freier Interaktion »ungezwungene Konversation« zu machen. Im Vergleich zu diesen Ergebnissen wiesen die Versuchspersonen der Kontrollgruppe in allen fünf Sitzungen stabile Zeitwerte auf. Die bemerkenswerte Übereinstimmung der Zeitwerte aller Zweiergruppen läßt vermuten, daß in der Therapie die Wahrung der Kommunikationsrollen von *Peers* und von Arzt-Patient-Dyaden stabil und weitverbreitet ist. Einen Extrapolation von diesen Daten auf ein breites Spektrum verhaltensgestörter Patienten ist nicht einfach, da es sich bei den Versuchspersonen dieser Studie um gesunde junge Frauen handelte. Doch wird die Wichtigkeit der Interaktionsrolle, in der sich jeder Teilnehmer sieht, eindeutig belegt durch den starken Effekt, den diese Rolle auf das Muster des Gesprächs ausübt.

Neben den umfangreichen Forschungsarbeiten über strukturelle Variablen des Gesprächs wurden in Verbindung mit den Operationen des Interviewers auch physiologische Verhaltensmuster untersucht. So befaßte sich z. B. eine

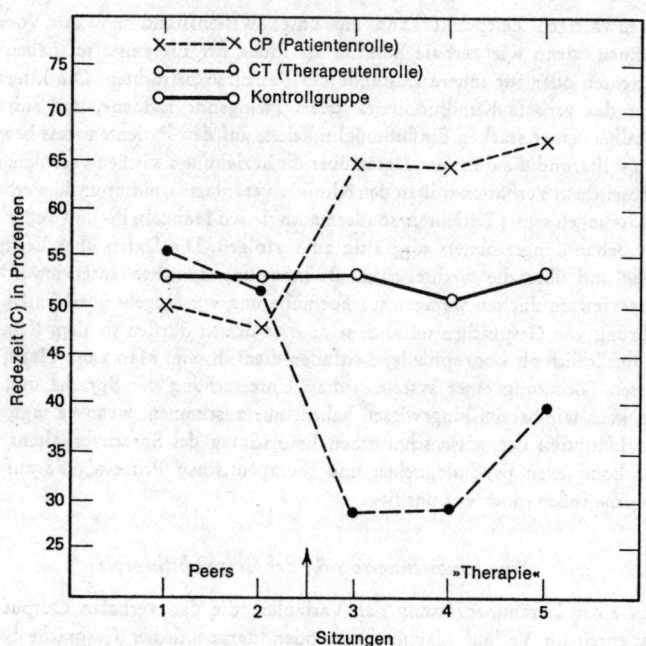

Abb. 8/2: Graphische Darstellung der prozentualen Redezeit C in allen Sitzungen als Funktion von Rolleninstruktionen (KANFER, 1965 b).

ganze Reihe von Studien über »interpersonale Physiologie« mit den Auswirkungen der Angst, der Abneigung, der Spezifität der Erkundigung und anderer unabhängiger Variablen des Interviewers auf die physiologischen Veränderungen des Interviewten, die sich von einem Augenblick zum anderen einstellen. Auch hat man die Kontiguität von physiologischen Veränderungen des Interviewers und des Interviewten festgestellt, und diese Kontiguität wurde als Index für den therapeutischen Rapport vorgeschlagen (COLEMAN, GREENBLATT und SOLOMON, 1956). Zahlreiche Untersuchungen haben die Auswirkungen von Drogen auf Gesprächsverhalten bewiesen, und andere Studien haben gezeigt, wie verbales Verhalten durch sensorische Deprivation und neurologische Schäden beeinflußt wird. Die mannigfachen Untersuchungen über strukturelle und physiologische Dimensionen verbaler Interaktionen liefern ein beeindruckendes Spektrum von Faktoren, die Gesprächsverhalten beeinflussen. Doch weiß man bisher noch nicht allzuviel über die Wechselbeziehung zwischen diesen Variablen und über ihr Potential, im Gesprächsverlauf dauerhafte Merkmale von Patienten auszuformen. Aus diesem Grund bleibt die therapeutisch gezielte Nutzung verbaler Operationen oder biologischer Variablen im Gespräch eine Aufgabe der Zukunft. Zum gegenwärtigen Zeitpunkt kann uns unser Wissensstand nur zur Vorsicht mahnen, wenn wir verbale Berichte als Index für Ereignisse im Leben des Patienten oder für innere Zustände des Patienten betrachten. Die Literatur über das verbale Konditionieren liefert zwingende Evidenz, daß sich der Kliniker seiner starken Einflußmöglichkeiten auf den Patienten stets bewußt sein sollte, und die dürftigen Daten über die Beziehung zwischen verbalem und motorischem Verhalten sollten den Kliniker veranlassen, nicht nur die verbalen Äußerungen seines Patienten, sondern auch dessen Handeln in- und außerhalb des Behandlungszimmers sorgfältig zu verfolgen. Die Daten über Lernprozesse und über die wechselseitige Beeinflussung zwischen Interviewer und Interviewten dürften weniger zur Formulierung von Regeln über die Durchführung von Gesprächen nützlich sein; statt dessen dürften sie dem Kliniker hauptsächlich als konzeptueller Leitfaden dienlich sein. Man kann HEBB, auf dessen Forderung einer systematischen Untersuchung der Sprache und des Denkens wir bereits hingewiesen haben, nur zustimmen, wenn er sagt, daß der Hauptteil der wissenschaftlichen Erforschung des Sprachverhaltens und der komplexen psychologischen und therapeutischen Prozesse, die auf der Sprache fußen, noch vor uns liegt.

Eine lernorientierte Sicht der Gesprächstherapie

Aus einer Zusammenfassung der Variablen, die den verbalen Output des Patienten im Verlauf diagnostischer oder therapeutischer Gespräche beeinflussen, geht klar hervor, daß sich das behaviorale zum begrifflichen Konzept der Mechanismen und Ziele des Gesprächs von traditionellen psychodynamischen Therapien erheblich unterscheidet. So erklärt z. B. WOLBERG (1954) die Funktion des Gesprächs folgendermaßen:

»Eines der Ziele der Psychotherapie besteht darin, die Kontrolle des Patienten über seine Emotionen wiederherzustellen. Um das zu ermöglichen, muß der Patient fähig sein, die richtigen symbolischen Verbindungen zu seinen Emotionen herzustellen. Das therapeutische Gespräch hilft ihm, das zu erreichen, und es befähigt ihn, seine Gefühle und ihre Ursprünge zu untersuchen, zu identifizieren und herauszuarbeiten« (S. 158).

Als den therapeutischen Hauptmechanismus des Gesprächs betrachtet WOLBERG die Bewußtwerdung »der Kräfte (im Patienten), die dessen Symptome erzeugen und seine erfolgreiche Anpassung im Leben verhindern«. Im Gegensatz zum Gespräch traditioneller Prägung charakterisiert STORROW (1957) die verbale Verhaltenstherapie als eine Strategie, die keine hypothetischen Zustände oder Dynamismen, sondern berichtbares oder beobachtbares Verhalten unterstreicht, und die sich nicht für die Vergangenheit, sondern für die Gegenwart interessiert. Im Gegensatz zu WOLBERGS traditioneller Auffassung soll das Gespräch dem Patienten nicht zur Einsicht und zum Verständnis verhelfen der unbewußten Motivationen, Gefühle und Begebenheiten aus der Vergangenheit, die zu seinem unangepaßten Verhalten geführt haben. Trotzdem wird die Wichtigkeit der therapeutischen Beziehung für die Gesprächstherapie nicht abgestritten. Die Beziehung zwischen dem Therapeuten und dem Patienten kann dazu dienen, Verhaltensänderungen zu beschleunigen, da der Therapeut in jedem Gespräch versuchen kann, selbst als Verstärkung zu wirken. Die therapeutische Taktik im Gespräch besteht darin, selektiv solche Verbalverhalten zu verstärken, die als Kontrollstimuli für effektiveres Handeln des Patienten dienen können. STORROW (1967) beschreibt den Therapeuten als Verstärkungsmöglichkeit:

»Eine Verstärkungsmöglichkeit erkennt man an der Tatsache, daß Verhalten entscheidend beeinflußt wird. Ich weiß, daß mein Verstärkungswert eine nützliche Stufe erreicht hat, wenn ich am Verhalten des Patienten eine gewisse Veränderung bemerke, wenn der Patient positive Gefühle für mich zu äußern beginnt und wenn er sich auf die Sitzungen freut. Wenn er mir als kompetentem Fachmann mit Respekt begegnet. Wenn er meine Ansichten zu schätzen beginnt. Wenn er nach meinen Vorschlägen zu handeln versucht. Wenn er meine Anerkennung zu suchen beginnt und wenn er auf meine Mißbilligung zumindest etwas bestürzt reagiert« (S. 144—145).

STORROWS Beschreibung impliziert nicht, daß die Therapie durch den therapeutischen Rapport nur mit Hilfe von Taktiken durchgeführt wird, die den Patienten von der Anerkennung oder Mißbilligung des Therapeuten abhängig machen. Obwohl dieses Vorgehen, bei dem sich der Therapeut im Gespräch durchsetzt, zu bestimmten Zwecken und für kurze Zeit nützlich sein kann, besteht das Hauptziel doch darin, den Patienten zu lehren, wie man seine eigene Umwelt und sein eigenes Verhaltenspotential analysiert und wie man Möglichkeiten effektiveren Handelns entwickelt.

Da die Methode des Gesprächs im traditionellen diagnostischen und therapeutischen Bereich eine lange Geschichte hinter sich hat, gibt es zahllose Bücher und Artikel, die verschiedene Gesprächsmethoden und -strategien beschreiben, Methoden und Strategien, die darauf abzielen, den verbalen Output des Patienten aufrechtzuerhalten, dem Patienten zu einer effektiveren Beschreibung seiner Umgebung und seines vergangenen Verhaltens zu verhelfen und ihn so weit zu bringen, daß er sich mit Verhaltensalternativen beschäftigt. In der Tat begegnet man in den Gesprächsstrategien, die im Verlauf der Therapie zur Anwendung kommen, verschiedenen »Schulen« der Psychotherapie; sie bilden die Grundlage der Operationen, die aus verschiedenen Grundannahmen über den therapeutischen Prozeß abgeleitet werden — Annahmen z. B. über die Rolle der Übertragung, der Traumanalyse oder der Deutung. Die in den bisherigen Kapiteln beschriebenen Verhaltensmodifikationstechniken sind als Alternativen für solche Fälle gedacht, in denen eine Gesprächstherapie weder möglich noch wirksam ist. Die in jüngster Zeit durchgeführten Forschungsarbeiten haben klar gemacht, daß Verhaltensmodifikation sowohl durch direkte Kontrolle der Umwelt als auch durch Gesprächsmethoden bewirkt werden kann. Die Integration beider Auffassungen in den klinischen Gesamtbereich bedeutet die optimale Nutzung der verfügbaren Methoden, da sich das Gespräch allein nur zum Sammeln von Informationen und für bestimmte Patienten eignet (KANFER, 1966 a). Die Frage ist nicht, ob man alle Gesprächsmethoden durch Konditionierungsmethoden *ersetzen* sollte, die Frage ist, wie man dem Patienten mit dem Gespräch oder mit dem Konditionieren oder mit beidem am besten hilft. Die richtige Nutzung des Gesprächs aber setzt die Einsicht voraus, daß physiologische und psychologische Determinanten die Beobachtungen des Therapeuten beeinflussen, so daß Interpretationen des Gesprächsverhaltens auch diese Variablen berücksichtigen müssen.

Die Tatsache, daß Verhaltensmodifikationsmodelle Konditionierungstechniken bevorzugen, hat eine zweite Folge, nämlich die, daß die zunehmende Verwendung von Konditionierungsmethoden nicht bloß eine unbedeutende Revision von Gesprächsmethoden darstellt — wir haben es hier mit einem drastischen Wandel der Bedeutung des therapeutischen Gesprächs zu tun. Durch die Verbesserung der Konditionierungstechniken könnte die Gesprächstherapie schließlich nur mehr als Hilfsmittel der Verhaltensmodifikation fungieren. Da die Psychologen in der Psychotherapie zunehmend dieselben direkten Methoden der Verhaltensmodifikation verwenden wie sie im Labor benutzt werden, könnten sie bei der Behandlung von Symptomen, gegen die Gesprächstherapien machtlos sind, erfolgreicher sein. Handelt es sich bei den zentralen Symptomen um offene oder publike Verhalten, ist das Verständnis der Denkprozesse des Patienten nicht mehr so wichtig und erfordert die Behandlung, falls direkte Modifikationstechniken angewandt werden können, weniger Gespräche und eine nicht mehr so enge persönliche Beziehung.

Trotzdem sind Gesprächstechniken nach wie vor sehr nützlich, wenn es um die Behandlung von Personen geht, die Beratung, Einstellungsänderungen oder Informationen benötigen, jedoch in der Lage sind, ohne weiteres Training effektive soziale Verhalten auszuführen. Durch ihre Replikation einer engen persönlichen Beziehung wird die Gesprächstherapie zu einem idealen Instrument der direkten Modifikation jener Probleme, die den Umgang des Patienten mit anderen Personen erschweren. Fälle, in denen die Zielverhalten verbale Verhalten sind, die dazu dienen, Lebenssituationen effektiv zu erfassen, Gefühle einzuschätzen oder Entscheidungen zu treffen — derartige Fälle behandelt man ebenfalls am besten mit Gesprächstherapie. In solchen Fällen kann das Problemverhalten im Verlauf des Gesprächs untersucht werden, und es kann verändert werden durch dieselben Prinzipien der Verhaltensmodifikation, die bei motorischen, sozialen oder interaktionalen Reaktionen benutzt werden.

KANFER (1961) hat in einer Abhandlung verschiedene Merkmale der Natur des Lernens im Kontext der Gesprächstherapie untersucht:

1. In der verbalen Therapie werden wesentliche Verhaltensänderungen durch die systematische Anwendung externer Kontrollen erzielt. Rückschlüsse über den Einfluß des Therapeuten auf das Patientenverhalten entstammen den zuvor erwähnten Untersuchungen über dyadische Einflüsse, verbales Konditionieren und die Psychologie des Überzeugens. Dieser Standpunkt unterscheidet sich von der Annahme, daß Veränderung zurückzuführen sei auf spontane Entwicklung, zu der der Therapeut als Katalysator bei-

trägt; oder daß *innere* Prozesse durch den Therapeuten gesteuert oder freigesetzt werden. Verhaltensänderungen im Gesprächskontext wurzeln in der Interaktion zwischen Patient und Therapeut und werden durch Verhalten des Therapeuten gesteuert.

2. Das Lernen durch Gespräche kann bequemlichkeitshalber in zwei Stadien unterteilt werden — erstens lernt die Person, die Umwelt anders wahrzunehmen (Diskriminationslernen) und zweitens lernt sie neue Verhalten in sozialen Interaktionen (operantes Konditionieren). Das erste, das zweite oder beide Stadien können dem Behandlungsziel dienen. Lernt eine Person, ihre Wahrnehmung ihrer Umgebung oder ihrer selbst zu verändern, indem sie vom Therapeuten angeregt und verstärkt wird, kann ihr Repertoire bereits Reaktionen enthalten, die sich als adäquat herausstellen, wenn sie mit der richtigen (realistischen) Diskrimination gekoppelt werden. Ist der Patient unfähig, zwischen den verschiedenen stimulierenden Bedingungen, die zu einer bestimmten problematischen Reaktion führen, zu diskriminieren, greift der Therapeut häufig ein, indem er aus seinem eigenen Erfahrungsschatz jene Kontingenzen zwischen Stimulusdimensionen und Reaktionen zur Verfügung stellt, die der Situation entsprechen. Gesprächstechniken, die diesen Zweck verfolgen, werden von vielen Verfechtern traditioneller Therapien eingehend beschrieben, während DOLLARD und MILLER (1950) diese Techniken anhand lernorientierter Begriffe darstellen. Die problematische Reaktion kann also durch Veränderung der vorauslaufenden verbalen Kontingenz, von denen sie abhängig sein kann, modifiziert werden.

Das zweite Stadium, das Lernen neuer instrumenteller Reaktionen, kann in Gesprächen dann stattfinden, wenn diese Reaktionen interpersonaler und verbaler Art sind und wenn sie so geartet sind, daß sie in der therapeutischen Beziehung auf natürliche Weise auftreten können. Handelt es sich jedoch um Reaktionen, die nicht praktiziert und verstärkt werden können, kann das Gespräch dazu dienen, diese Verhalten unter günstigen Umständen außerhalb des Behandlungskontexts des Klinikers zu planen und zu instigieren. In Kapitel 9 werden viele Methoden beschrieben, mit denen eine Person so trainiert wird, daß sie ihr Verhalten auch in Abwesenheit des Therapeuten modifiziert.

3. Die abhängigen Variablen der Gesprächstherapie bilden nicht nur, wie das bei der traditionellen Therapie der Fall ist, den primären Gehalt der Kommunikationen des Patienten. Sie umfassen alle anderen Verhaltensänderungen, die während des Gesprächs stattfinden. Obgleich ihre Beziehung zum Gesprächsprozeß nicht immer klar ist, werden Verhalten außerhalb der Therapie, wenn auch nicht als eindeutiger Maßstab der therapeutischen Effektivität, so doch als Index des erzielten Behandlungsfortschritts aufgezeichnet. Die Rolle, die das Gespräch als Informationsinstrument spielt, ähnelt der effektiven Rolle der verbalen Instruktion bei Lernaufgaben im Labor. In beiden Fällen ist es einfacher, Effekte nachzuweisen als die Prozesse, durch die sie zustandekommen, zu erhellen.

Ist die abhängige Variable eine autonome Reaktion, also z. B. eine Angstreaktion, können die üblichen Techniken der Löschung, der Gegenkonditionierung oder der einengenden Stimuluskontrolle manchmal direkt angewandt werden; das veranschaulichen die in Kapitel 4 dargestellten Techniken, die im Rahmen kombinierter Modelle auch mit dem Gespräch arbeiten. So werden bei der Desensibilisierung das Entspannungstraining und die Errichtung der Angsthierarchie gewöhnlich mit Hilfe von Gesprächen durchgeführt. Man wird sich erinnern, daß diese Operationen von vielen Variablen beeinflußt werden, die auch andere therapeutische Interaktionen beeinflussen.

Wir haben uns kurz mit einigen Problemen befaßt, die durch die Annahme der traditionellen Psychotherapie entstanden, die Annahme nämlich, daß das verbale Gesprächsverhalten des Patienten alleiniger Angelpunkt des ganzen therapeutischen Unternehmens ist, und daß die verbalen und emotionalen Verhalten des Patienten als Manifestationen grundlegenderer innerer Persönlichkeitsprozesse zu betrachten sind. Die Forschungsarbeiten, in denen Faktoren, welche Verbalverhalten beeinflussen, untersucht wurden, sollten als Warnung davor dienen, Gesprächsdaten und Gesprächsinhalt als verläßliche oder primäre Information über die Ereignisse oder inneren Zustände zu behandeln, die der Patient beschreibt; verläßlich ist diese Information nur dann, wenn die Bedingungen, unter denen der Bericht erfolgt, berücksichtigt werden und wenn die Verläßlichkeit des Berichts bewiesen werden kann. Sind solche Vorsichtsmaßnahmen getroffen worden, kann die Beobachtung eines Patienten im Gespräch sehr hilfreich sein und können Gesprächstechniken im Rahmen eines umfangreichen Behandlungsprogramms die angewandten Modifikationstechniken entweder hervorragend ergänzen oder zur Wirkung bringen.

Zusammenfassung

Es ist für die Gesprächstherapie typisch, daß sie soziale Verhalten indirekt verändern möchte, indem sie die Einstellungen des Patienten, seine Umwelt und seine Selbstwahrnehmung zu modifizieren versucht. Auch ist sie dazu benutzt worden, das interpersonale und verbale Verhalten des Patienten, so wie es sich in der Therapiesitzung manifestiert, zu ändern und den Patienten dazu zu bringen, daß er seine Umgebung und sein eigenes Verhalten ändert. Doch lag ihrer Benutzung im wesentlichen das Prinzip zugrunde, nach dem Verbalverhalten symbolischer Ersatz für andere Verhalten sein soll. Sind verbale Verhalten einmal modifiziert worden, so erwartet man, daß sich alle Reaktionen, die ihrer Kontrolle unterstehen (also auch emotionale und soziale Handlungen), dementsprechend ändern.

Da sich die Gesprächstherapie der Sprache als Hauptmodus der Interaktion bedient, ist die begriffliche Vorstellung vom Verbalverhalten bei der Anwendung von Gesprächsstrategien ein entscheidender Faktor. Zur Zeit besitzen wir noch keine vollständige Darstellung der Determinanten der Sprache. Mit verschiedenen Spielarten der Vermittlungshypothese hat man den Prozeß zu erklären versucht, durch den eine Darbietung äußerer Stimuli oder vergangener Ereignisse bewirkt, daß verbale Verhalten und kontrollierende Stimuli für andere Handlungen in Gang gesetzt werden. Diese Vermittlungsmodelle betrachten verbale Verhalten als gelernte Reaktionen, die dazu dienen, Erfahrungen zu verknüpfen und zu diskriminieren und die Informationsverarbeitung und Wahrnehmung einer Person zu organisieren, indem sie die Kluft zwischen umweltbezüglichem Input und verhaltensbezüglichem Output überbrückt. Auf der anderen Seite stattet das psycholinguistische Modell den menschlichen Organismus mit der Fähigkeit aus, auf vorherbestimmte Weise seine wahrnehmungsbezüglichen und linguistischen Erfahrungen zu organisieren; doch es legt weniger Gewicht auf die Rolle des Lernens in der Sprachentwicklung und in sprachbezüglichen Prozessen (z. B. Denken und Wahrnehmen).

Beschreibt eine Person ihre Erfahrungen oder ihre inneren Zustände im Gespräch, darf dieses Verhalten nicht als wahrer Bericht über vergangene oder innere Zustände genommen werden, sondern es muß als Reaktion erkannt werden, die sowohl durch die Vorgeschichte der Person als auch durch die Gesprächssituation kontrolliert wird. Die Entwicklungsgeschichte von selbstbeschreibenden Verhalten und die Verschwommenheit dieser Verhalten bei den meisten Erwachsenen widerspiegelt die relativ dürftige Kontrolle dieses Verhaltens durch Umweltkontingenzen und soziale Instanzen. Folglich ist die Übereinstimmung zwischen verbalen Berichten und Beobachtungsdaten ein und desselben Ereignisses häufig alles andere als vollkommen.

Umfangreiches Material belegt, daß in Gesprächssituationen sogar minimale, unmerkliche Hinweisreize, die vom Zuhörer ausgehen, den Inhalt und die strukturellen Merkmale des verbalen Output einer Person beeinflussen. Man nimmt an, daß derartiges verbales Konditionieren in allen Gesprächen auftritt und daß dieses Konditionieren vom Therapeuten bewußt dazu benutzt werden kann, Merkmale der Äußerungen des Patienten zu modifizieren. Forschungsergebnisse haben jedoch nicht klar erkennen lassen, inwieweit und unter welchen Bedingungen verbale, im Gespräch erzielte Verhaltensänderungen auf außertherapeutisches Patientenverhalten generalisieren. Durch die verbalen Konditionierungsmethoden ist der starke Einfluß der unmerklichen Reaktionen des Therapeuten eindeutig belegt worden. Doch ist dieser Effekt keine unvermeidliche Folge der Anwesenheit eines Zuhörers. Vielmehr variiert er durch die Art des benutzten verstärkenden Stimulus, durch die Beziehung zwischen der Person und dem Verhaltensmodifikator, durch die Merkmale der kritischen Reaktionsklasse und durch andere Variablen. Darüber hinaus werden Veränderungen des Verbalverhaltens auch durch das Bewußtsein der Person von der Reaktionsverstärkungskontingenz und von ihrer Einstellung gegenüber Veränderungen überhaupt geprägt.

Die wechselseitigen Einflüsse im Gespräch hat man nicht nur anhand des verbalen Austausches, sondern auch anhand von physiologischen Messungen untersucht, die an beiden Partizipanten vorgenommen wurden. Das Gespräch wird nach wie vor benutzt zum Sammeln von Daten über die Geschichte des

Patienten, zur Beobachtung des Patientenverhaltens unter verschiedenen Gesprächsbedingungen, sowie zur Verhaltensmodifikation. Da die Mannigfaltigkeit der therapeutischen Techniken, die sich nicht des Gesprächs bedienen, zunimmt, nimmt die zentrale und vielseitige Bedeutung der Gesprächstechniken allmählich ab. Bei den meisten Verhaltenstherapien dienen Gesprächsmethoden spezifischen Zwecken, so daß sie kaum mehr als Instrument der psychologischen Behandlung fungieren, und bei manchen Patienten werden überhaupt keine Gesprächsmethoden benutzt.

KAPITEL 9

Selbstregulierung und ihre klinische Anwendung

Die bisherigen Kapitel dieses Buches haben sich unter anderem mit der Forschung und Methodologie befaßt, die zur Entwicklung jener klinischen Prozeduren beitrugen, welche Verhaltensänderungen bewirken durch Umweltkontrolle entweder des Stimulus oder der Verstärkung des Patientenverhaltens
oder aber beider Möglichkeiten. Diese therapeutischen Techniken erfordern
die Anwesenheit des Therapeuten während der kritischen Phasen der Verhaltensänderung. Der Patient trägt nur geringfügige Verantwortung für die
Veränderung. Das letzte Kapitel unterschied sich von den vorausgegangenen
insofern, als es Techniken der Verhaltensänderung beschrieb, die hauptsächlich auf verbalen Methoden fußen. Zu diesen Techniken gehören alle Gesprächsmethoden, und ihnen gemeinsam ist die Annahme, daß sich umfassende
Veränderungen des Patientenverhaltens als sekundäre Folgen einstellungs-
und vorstellungsbezüglicher Verhaltensänderungen einstellen. Obwohl durch
kontingente Verstärkung eine gewisse direkte Modifikation von Verbalverhalten auf dieselbe Weise versucht werden kann, wie wir ihr in verbalen Konditionierungsstudien begegneten, ist der Patient aktiver Teilnehmer am Prozeß der Gesprächstherapie und setzt man erhebliches Vertrauen in seine
Fähigkeit, sich im täglichen Leben außerhalb der Therapiesitzung durch Ge-
sprächsinformationen und -einsichten leiten zu lassen.

In diesem Kapitel diskutieren wir einige Experimente, die den Prozeß der
Selbstregulierung erforschten, sowie einige Untersuchungen, in denen der Patient die Hauptverantwortung für die Kontrolle seiner Umwelt und seiner
Handlungen trug; dabei richtete er sich nach einem therapeutischen Plan, den
er gemeinsam mit dem Therapeuten erarbeitet hatte. Die interpersonale Beziehung, die nötig ist, um ein derartiges Programm durchzuführen, ist nicht
nur ein Merkmal der Psychotherapie. Es handelt sich hier im wesentlichen um
eine Trainings- und Schulungsbeziehung, in der eine Person durch eine erfah-
renere Person neue Fertigkeiten erwirbt. Mit diesen Fertigkeiten ist die Fähigkeit der Person gemeint, ihr eigenes Verhalten effektiver zu regulieren. Jüngst
entwickelte Techniken, die auf Verhaltensprinzipien basieren, umfassen ein
äußerst spezifisches Training zur Ausführung bestimmter Verhalten und die
Steuerung beim Erwerb besonderer sozialer Fertigkeiten, die das Repertoire
der Selbstkontrolle des Patienten bereichern können. Wir haben diese Techniken an anderer Stelle unter dem Begriff *Instigationstherapie* beschrieben
(KANFER und PHILLIPS, 1966). Das wesentliche Unterscheidungsmerkmal dieser Technik besteht darin, daß die Beziehung zwischen Lehrer und Lernendem
durch Ermunterung und Unterstützung so beeinflußt wird, daß Planung und

Instigation des Handelns zusammenwirken. Der tatsächliche Prozeß der allmählichen Verhaltensänderung soll im Verlauf der selbstüberwachten Ausführung neuer Reaktionen und in Abwesenheit eines Beobachters, Therapeuten oder Beraters stattfinden. Der Vorteil der aktiven Beteiligung des Patienten besteht nicht nur darin, daß der Therapiefortschritt aufrechterhalten wird.
Experimente und klinische Erfahrungen lassen vermuten, daß die wesentlichste Kraft, die zur Besserung führt, nämlich die Selbstwahrnehmung des
Patienten, diesen veranlaßt, sich auch weiterhin zu ändern und den Horizont
seiner persönlichen Entwicklung fortlaufend zu erweitern. Bei den umweltorientierten Verhaltenstherapien sind Partizipation und Selbstregulierung
dann besonders wichtig, wenn die Kooperation unter Patienten, die sich
externen Manipulationen widersetzen, maximiert werden soll. Bei der Durchführung von Programmen in der natürlichen Umwelt des Patienten ist dessen
aktive Teilnahme ebenfalls unerläßlich; das gilt vor allem dann, wenn die
Symptome keine stationäre Behandlung und kein therapeutisches Eingreifen
in das Privatleben des Patienten erfordern.

Das Selbstkonstrukt

Viele psychotherapeutische Schulen fordern vom Patienten, er solle sein eigenes Lebensmuster und seine Einstellung anderen und sich selbst gegenüber neu
ordnen. Doch wird die therapeutische Interaktion häufig auch als Katalysator
betrachtet, der Veränderungen im Selbst bewirkt. Diese Veränderungen führen
ihrerseits zur Aneignung persönlich befriedigender und psychologisch effektiverer Verhaltensweisen. Realistische Selbstreaktionen und das Wissen um die
Schwerpunkte des eigenen Lebens scheinen die treibenden Kräfte zu sein,
welche die Neuorganisation des Selbst im Sinne einer wirksameren Anpassung besorgen. In diesen Theorien wird das Selbst, oder eine gleichwertige
psychologische Kraft wie z. B. das Ich, als eine aktive innere Struktur betrachtet, die zur Genesung beitragen kann, sobald der Therapeut die Konflikte
oder Hindernisse beseitigt hat, die das effektive Funktionieren dieser inneren
Kraft blockiert haben. So ist z. B. das Hauptziel der klient-bezogenen Therapie ROGERS' die Überprüfung der Selbststruktur des Patienten. Dieses Ziel
wird erreicht durch die Schaffung einer nachgiebigen und toleranten Umwelt,
in der die Überprüfung und neuerliche Ausweitung der Selbststruktur stattfinden können (ROGERS, 1951). SULLIVAN (1954 b) sieht im Selbstsystem eine
Organisation von Erfahrungen, die dazu dient, die Einzelperson vor Angst-
erfahrungen zu schützen, und die darin resultiert, daß das Erfahrungsspek-
trum der Person durch Vermeidung gefährlicher Situationen eingeschränkt
wird. In der Therapie wird die Grundlage dieser Vermeidungsreaktionen
(oder Sicherheitsoperationen) untersucht, und das Selbstsystem modifiziert.
    Andererseits betrachten jüngere Lernauffassungen des Selbst nicht als ein-
heitliche Persönlichkeitsstruktur. CAMERON (1947) beschreibt diesen Gesichtspunkt, wenn er seine Auseinandersetzung mit der Entwicklung von Selbstreaktionen folgendermaßen zusammenfaßt:

»Da die Leute auf das Wort *Selbst* allzu leicht abergläubisch reagieren, möchten wir hier zum Abschluß wiederholen, daß Selbstreaktionen, seien sie nun verbal oder nicht-verbal, offen oder verdeckt, nichts anderes sind als erworbene Verhaltensmuster. Es sind dies Reaktionen eines biosozialen Mannes, einer biosozialen Frau oder eines biosozialen Kindes auf ihre eigene Erscheinung, auf ihr eigenes Verhalten und auf ihren eigenen Status als soziale Geschöpfe; es sind dies Reaktionen, die ursprünglich als offene Verhalten im Beisein anderer gelernt und praktiziert wurden und die später ins Selbstgespräch und ins sozial organisierte Denken eingingen. Selbstreaktionen bleiben immer menschliches Verhalten, werden nie in statische Substanz verwandelt, werden nie verdinglicht oder durch Diagramme in eine sektionierte *Psyche* verwandelt. Es gibt kein alleinstehendes, einheitliches Selbst im Kern unseres Wesens. Wir setzen uns — das haben wir gesehen und werden wir noch deutlicher sehen — sozusagen aus vielen Personen in einem Haus mit vielen Räumen zusammen. Der Grund für einen Großteil unserer Frustration und unserer Konflikte liegt in dem universalen Umstand, daß nämlich kein Mensch je alle seine Selbstreaktionen zu einem einzigen, unzweideutigen, kohärenten Ganzen verschmilzt« (S. 102).

Einem ähnlichen Standpunkt begegnen wir bei ROTTER, der auch die Abhängigkeit des Selbstkonzepts von besonderen Verhalten und Situationen unterstreicht. ROTTER (1954) schreibt:

»Eine soziale Lerntheorie benutzt kein Konstrukt des Selbst, benutzt nicht das Selbstkonzept. Sie bedient sich lediglich einiger Implikationen dieser Konstrukte ... Wenn wir mit dem Selbst eine Person meinen, die aus der Gesamtsituation abstrahiert ist, dann ist diese Abstraktion ganz eindeutig wichtig und notwendig. Wenn es möglich ist, den Begriff *Selbst* durch den der *Person* zu ersetzen, kann gegen den Begriff nichts eingewendet werden. Der Gedanke, daß die Person als Ganzes auf einen ihrer Teile reagieren kann, ist annehmbar und sehr wichtig. Die Person kann eine Einstellung zu ihrem Selbst als Einheit haben, sie kann eine Einstellung dazu haben, wie sie in einer bestimmten Situation funktionieren würde, sie kann eine Einstellung zu einem bestimmten Teil ihres Selbst haben oder auch eine Einstellung dazu, wie sie von anderen Leuten wahrgenommen wird. Die grundlegende Formulierung der sozialen Lerntheorie stellt fest, daß einer der wesentlichen Prädikatoren von Verhalten die Erwartung der Person ist im Hinblick auf das Ergebnis ihres Verhaltens in einer bestimmten Situation. Man kann solche Erwartungen als Selbstkonzepte bezeichnen, oder man kann sagen, das Selbstkonzept einer Person in einer bestimmten Situation sei eine Determinante, ja eine Hauptdeterminante ihres Verhaltens. In diesem Sinne könnten wir, da Erwartung stets befaßt ist mit dem Ergebnis des Verhaltens einer Person selbst, jedesmal, wenn wir das Wort *Erwartung* erwähnen, in Klammern das Wort *Selbstkonzept* daneben setzen« (S. 239—240).

SKINNER verwirft ebenfalls die überlieferte, kulturell bedingte Annahme, nach der das Selbst ein einheitliches, steuerndes System sein soll, das verantwortlich ist für die Integration psychologischer Funktionen. Es handelt sich beim Selbst lediglich um einen Entwurf, um ein *funktional geschlossenes Reaktionssystem*. Bei der Auseinandersetzung mit den Daten müssen wir die funktionale Einheit solcher Systeme und die verschiedenen Beziehungen, die zwischen ihnen bestehen, klären (SKINNER, dt. Ausgabe 1973, S. 264). Das einheitliche Merkmal eines funktionalen Systems kann sich aus einer Reihe gemeinsamer Verstärkungen zusammensetzen, die die Person veranlaßt, eine eindeutige Klasse verwandter instrumenteller Verhalten zu etablieren. Aber es können auch übereinstimmende Verhaltensmuster für besondere Situationen organisiert werden, so z. B. das Verhalten bei der eigenen Mutter, bei den eigenen Spielkameraden oder beim eigenen Selbst. So können in ein und derselben Person viele separate »Selbst-Systeme« in Erscheinung treten, deren Kongruenz untereinander unterschiedlich ausfällt.

Die behavioristische Konzeption der Entwicklung kohärenter Systeme aus Einstellungen und Selbstreaktionen geht davon aus, daß diese Reaktionen gelernt sind, genauso wie auch Reaktionen auf äußere Objekte und Ereignisse gelernt sind. Sprache dient dazu, Reaktionsklassen und Ereignisse zu kombinieren und aufeinander zu beziehen, und sie trägt zur Kohärenz der entsprechenden Einstellungen bei, indem sie zeitliche und räumliche Lücken zwischen Situationen überbrückt. So sammelt das Kind Wissen über sich selbst durch viele Leute, die seinen Körper, sein soziales Verhalten, seine Sprechweise usw. von frühester Kindheit an unter den verschiedensten Bedingungen beschreiben. Es etikettiert sein eigenes Verhalten und dessen Auswirkungen auf andere. Es lernt, was es tun und was es nicht tun kann, wie andere auf es reagieren und welche Konsequenzen verschiedene Handlungen für es selbst und für andere haben. Dieses Wissen kann auch dann als Hinweisreiz für sein Verhalten fungieren, wenn es nicht richtig ist. Da die Hinweisreize eine zusammenhängende Gruppe von Kriterien des Handelns bilden, können diese selbstverordneten Standards weitreichende motivationale Folgen haben. Das auffallendste Merkmal des Wissens über sich selbst besteht jedoch darin, daß dieses Wissen auf Gebieten, die für das soziale Funktionieren entscheidend sind, häufig nicht vorhanden ist. Die soziale Umwelt sorgt in bezug auf die Auswirkungen, die die Einzelperson auf sie hat, nur selten für direktes und unmittelbares Feedback. Obgleich das Verhalten einer Person anhaltende Konsequenzen hat, werden diese von der Person häufig nicht sofort erkannt, so daß das Feedback der Umwelt oft verzögert oder vorenthalten wird oder aber zu unklar ist. Bei dem, was der beste Freund einem nicht sagen möchte oder nicht sagen kann, handelt es sich häufig um die Kluft zwischen der vermeintlichen und der tatsächlichen Effektivität des eigenen sozialen Reaktionsmusters. Verschwommene Selbstkenntnis aber reduziert die Fähigkeit, Verhalten so effektiv wie möglich zu planen und anzuführen. In jedem Therapieprogramm, das teilweise auf der realitätsgerechten Einschätzung der Handlungen und ihrer sozialen Konsequenzen durch den Patienten basiert, muß die Aufgabe des Therapeuten zum Teil darin bestehen, daß dieser die Kongruenz zwischen den Handlungen des Patienten, ihren Konsequenzen und ihren vorausgegangenen Bedingungen erfaßt und beobachtet; und auch die Fähigkeit des Patienten, selbst seine Verhalten zu beobachten und adäquat über sie zu berichten, muß auf diese Weise ergründet werden.

Streitet man ab, daß das *Selbst* eine Prozeßeinheit oder eine mentale Struktur ist, muß man einige der besonderen Gebiete durchleuchten, auf denen es Psychologen gelungen ist, Forschungsdaten zusammenzutragen über die funktional aufeinander bezogenen Reaktionssysteme, die wir insgesamt als *Selbst* bezeichnen. Ein weites Forschungsfeld befaßt sich mit den verschiedenen Bedingungen, die die Performanzstandards determinieren, welche eine Person als wünschenswert oder ausreichend anerkennt. Die Forschung auf diesem Gebiet wurde eingeleitet von KURT LEWIN und seinen Studenten, und bekannt ist sie geworden als Erforschung des *Anspruchsniveaus*, des erwarteten Niveaus zukünftiger Performanz. HOPPE (1930) stellte seinen Versuchspersonen verschiedene Aufgaben und forderte sie auf, über ihre entsprechenden Lösungsversuche zu diskutieren. Er bemerkte, daß die Ziele, die sie sich zunächst gesetzt hatten, bescheiden waren, und daß ihr Anspruchsniveau nach Fehlschlägen sank und nach Erfolgen stieg. Diese Veränderungen des Anspruchsniveaus wurden interpretiert als Rückwirkungen der Einstellung der Versuchspersonen zu der jeweiligen Aufgabe und des charakteristischen Grads ihrer Selbsteinschätzung. Eine ganze Reihe später durchgeführter Studien, die sich quantitativer Prozeduren bedienten, um zu messen, wie die Versuchspersonen ihre zukünftige Performanz einschätzten, stellten fest, daß diese Punktwerte unter verschiedenen motivationalen Bedingungen variierten und zwar bedingt durch frühere Erfahrungen im Labor oder in der natürlichen Umwelt der Person. Auch stellte man fest, daß Vorhersagen anders ausfielen, wenn die Versuchspersonen feststellen sollten, welchen Punktwert sie erhofften, welchen höchsten oder niedrigsten Punktwert sie erhofften oder befürchteten oder welcher Punktwert sie befriedigen würde. Bei zahlreichen Variablen, z. B. bei der Besserungsrate der Versuchsperson, der Bedeutung des zu erreichenden Zieles und der Nähe des Aufgabenendes, entdeckte man, daß sie die selbstbewertenden Messungen beeinflußten. Diese Forschungsergebnisse weisen auf die Wichtigkeit der vielen Überlegungen der Versuchspersonen hin, von denen manche realistischer und manche phantastischer Art sind und die die Bewertung ihrer Fähigkeiten beeinflussen. Da diese Erfassungen auch das zukünftige Verhalten einer Person beeinflussen, ist die Kenntnis ihrer Determinanten für den Kliniker, der Verhalten vorhersagen möchte, sehr wichtig.

Die Regulierung des eigenen Verhaltens ist nicht nur bedingt durch die Einschätzung der eigenen Performanz, sondern auch durch die relative Beziehung zwischen dieser Performanz und dem sozialen Bezugsrahmen. FESTINGER (1954) nahm einen Trieb im menschlichen Organismus an, der der Bewertung der eigenen Meinungen und Fähigkeiten diene. Die Implikation des Vorhandenseins dieses Triebes besteht darin, daß wir von Personen die Ausführung von Verhalten erwarten müßten, durch die sie in die Lage gesetzt werden, aufgrund objektiver nicht-sozialer Kriterien genaue Bewertungen zu treffen. Sind keine eindeutigen Kriterien gegeben, würden als Informationsquelle Vergleiche mit den Meinungen und Fähigkeiten anderer Personen dienen. Diese Hypothesen veranlaßten FESTINGER zu einer Reihe von Vorhersagen. So dürften z. B. subjektive Bewertungen instabil sein, wenn weder physikalische noch soziale Vergleiche möglich sind. FESTINGER beruft sich auf Arbeiten, die sich mit dem Anspruchsniveau befassen, um diese Vorhersage zu belegen. Weiterhin sollten, wenn zur Selbstbewertung sowohl objektive als auch soziale Grundlagen gegeben seien, die ersteren vorgezogen werden. Obwohl FESTINGER zusätzliche Hypothesen aufstellt, genügt es hier anzumerken, daß seine Theorie über soziale Vergleichsprozesse die Selbstreaktionen auch in den vergangenen Erfahrungen der Person verankert und daß sie aufmerksam macht auf die kontinuierliche Abhängigkeit dieser Reaktionen vom Feedback der sozialen Umgebung. So müßte der Inhalt von Selbstreaktionen einer ständigen Modifikation unterworfen sein und müßte sich die Person nach FESTINGERS motivationaler Hypothese aktiv um eine Verifizierung dieses Inhalts bemühen. Diese psychologischen Prozesse dürften den therapeutischen Prozeß unterstützen, wenn der Kliniker, der Verhalten modifizieren möchte, kontrollierte Informationen über die Meinungen und Fähigkeiten des Patienten besitzt.

Der Kliniker dient dem Patienten nicht nur als eine Art Schallverstärker und er liefert diesem nicht nur einige Richtlinien für Verhalten der Selbstbewertung und für die Einführung von Standards, sondern er ermutigt bei der Ausführung von Therapieverordnungen auch selbstanpassende Verhalten. Diese Verhalten basieren häufig auf Feststellungen des Therapeuten oder auf Zielvorstellungen, die in den Gesprächssitzungen diskutiert worden sind. Bei der verbalen Therapie mit Erwachsenen hilft der Kliniker häufig lediglich bei der Entwicklung eines Verhaltensmodifikationsprogramms. Die Verantwortung für die Durchführung des Programms wird dem Patienten übertragen. Die psychologischen Prozesse, die dieser therapeutischen Selbstverwirklichung zugrundeliegen, sind im Labor nicht direkt erforscht worden, und es ist wenig über sie bekannt. So kann z. B. die Wahrscheinlichkeit, daß sich ein Patient an die mit dem Therapeuten erarbeiteten Richtlinien hält oder daß er seine Umgebung in bestimmter Hinsicht modifiziert, zusammenhängen mit seiner Einschätzung der eigenen diesbezüglichen Befähigung, mit seiner Motivation zur Veränderung, mit seinen Vorstellungen über das, was »Besserung« bedeutet, und mit anderen Faktoren. Keine dieser Variablen ist jedoch eingehend untersucht worden. Um dem Patienten zu helfen, Standards zu entwickeln und für sich selbst Anreize zu schaffen, kann sich der Therapeut des Gesprächs bedienen. Das Gespräch aber setzt den Patienten in die Lage, Richtlinien des Therapeuten zu behalten und einzuüben. Obwohl derartige Äußerungen eindeutig diskriminative Stimulusfunktionen enthalten, sind die Mechanismen, durch die sie erinnert werden und durch die sie in Abwesenheit des Therapeuten Verhaltenskontrolle erzeugen, kompliziert und durch die verfügbaren Labordaten nicht ohne weiteres zu erklären.

Selbstkontrolle

Eine wesentliche Voraussetzung bei der Durchführung einer Instigationstherapie ist die Fähigkeit des Patienten, sein Verhalten selbst zu kontrollieren. Im alltäglichen Sprachgebrauch sind Begriffe wie Selbstkontrolle, Willensstärke oder Selbstdisziplin beliebig austauschbar. Wie wir bereits bemerkt haben, haben manche Theoretiker die Bereitschaft oder Neigung, die eigenen Handlungsweisen zu regulieren, als bleibende Persönlichkeitsmerkmale betrachtet, die aus der biologischen Konstitution des einzelnen oder aus seinen Lernerfahrungen bei der Kontrolle seiner Handlungen und Impulse resultieren. Ein verhaltensorientierter Ansatz befaßt sich mit dem Bereich der Selbstregulierung, indem er von einer Analyse der spezifischen Handlungsweisen einer Person in spezifischen Situationen ausgeht. Um der Mannigfaltigkeit an Situationen, in denen Selbstregulierung praktiziert wird, gerecht zu werden, ist es angebracht, zwischen den Begriffen »Selbstregulierung« und »Selbstkontrolle« zu unterscheiden. Der erste Begriff bezeichnet den allgemeinen Fall, in dem eine Person ihr eigenes Verhalten steuert. Dieses Verhalten kann weder schwierig noch konflikthaft sein, was z. B. beim Erlernen einer neuen Fertigkeit oder beim Problemlösen der Fall sein kann. Ist das auszuführende oder zu vermeidende Verhalten jedoch konflikthaft, so bezeichnen wir den Prozeß, bei dem Verhalten eine neue Richtung gegeben wird, als »Selbstkontrolle«. Bei klinischen Problemen begegnet man dem Sonderfall der Selbstregulierung am häufigsten, und meistens werden in diesem speziellen Kontext Methoden des Selbstmanagements angewandt. Bei Problemen der klinischen Selbstkontrolle genießt der Klient, der Hilfe sucht, gewöhnlich einige Aspekte des Problems, über das er klagt. So kann z. B. der sexuell gestörte Exhibitionist, der Alkoholiker oder der Kleptomane unaufhörlich über seine unglückselige Neigung jammern oder er kann den ernsthaften Wunsch äußern, sich zu verändern. Tatsächlich können einige Effekte seines Verhaltens aversiv sein, denn er kann in Verruf geraten, seinen Arbeitsplatz verlieren oder von der Polizei verhaftet werden. Doch bringen solche Verhalten gleichzeitig auch eine gewisse Befriedigung, durch die sie aufrechterhalten werden. Da sich die positiven Konsequenzen solcher Verhalten häufig sofort einstellen, während die aversiven Konsequenzen häufig vage sind und erst später eintreten können, erfordert die Modifikation solchen Verhaltens häufig die Hilfe eines Therapeuten. Selbstkontrolle stellt also einen Sonderfall der Selbstregulierung dar und kann dadurch charakterisiert werden, daß das Verhalten, das sich durch die Bemühungen der Person selbst ändern soll, durch konflikthafte Konsequenzen kontrolliert wird und zu Beginn der Behandlung des Problems eine hohe Auftretenswahrscheinlichkeit besitzt. Bedient sich das therapeutische Programm einiger Techniken der Instigationstherapie, ist das Vermögen des Patienten, sein Verhalten selbst zu regulieren, eine wesentliche Voraussetzung. Das theoretische Dilemma, das allen psychologischen Ansätzen gemeinsam ist, basiert auf Verhaltensbedingungen, unter denen ein und dieselbe Person gleichzeitig Subjekt und Objekt, Handelnder und Ziel der Handlung ist. Die praktische Durchführung von Selbstkontrolle ist immer einfacher gewesen als ihre theoretische Formulierung. Schon vor zirka 4000 Jahren erteilte Homer einen guten Rat zur Selbstkontrolle — wir meinen die Ermahnungen, die Circe dem Seefahrer Odysseus mit auf den Weg gab. Um der schrecklichen Gefahr des betörenden Gesangs der Sirenen zu entgehen, sollte Odysseus die Ohren seiner Seeleute mit Bienenwachs verstopfen. Und um seiner eigenen Kontrolle willen ließ er sich an den Schiffsmast binden und er warnte seine Freunde, ja nicht seine Fesseln zu lösen, »schrie er auch noch so, darum fle-

hend, losgebunden zu werden«. Odysseus' erfolgreiche Strategie, Stimuli auszuschalten, die die Versuchung mit sich bringen, unerwünschtes oder destruktives Verhalten zu praktizieren, und seine Strategie, derartigen Reaktionen
noch vor der Konfrontation mit der eigentlichen Gefahr vorzubeugen, diese
Strategien werden heute bei der Behandlung von Alkoholismus, von sexuell
abnormen Verhalten und von ähnlichen Selbstkontrollproblemen benutzt.
Auch befinden sich diese Strategien unter jenen Kontrollmitteln, die von
modernen Psychologen angeführt werden (Skinner, dt. Ausgabe 1973). Doch
bedürfen die Mechanismen, die es einer Person ermöglichen, ihr eigenes Verhalten angesichts konkurrierender Umweltkontrollen zu steuern, nach wie vor
der Erklärung. Behavioristische Autoren haben versucht, dieses Dilemma zu
umgehen, indem sie solche Bedingungen als Sonderfall der Situation behandelten, in der eine Person auf das Verhalten einer anderen Person hin handelt. So schreibt z. B. Skinner: »Wenn ein Mensch sich selbst kontrolliert,
sich zu einer bestimmten Handlungsweise entschließt, die Lösung eines Problems ausarbeitet oder vermehrte Selbstkenntnis anstrebt, *verhält* er sich. Er
kontrolliert und steuert sich selbst, ebenso wie er das Verhalten einer anderen
Person kontrollieren und steuern würde — durch die Manipulation von Variablen, deren Funktion das Verhalten ist« (1973, S. 214).

Skinner glaubt, daß bei der Beschreibung von Selbstkontrolle die Frage,
wer wen kontrolliert, dadurch beantwortet werden könne, daß man die Beziehung untersucht zwischen den verschiedenen organisierten Reaktionssystemen der Person, und daß man das Ausmaß erforscht, in dem diese Systeme kontrollierende Beziehungen zueinander unterhalten. Diese Auffassung
macht die Unterscheidung zwischen Person und Umwelt, die in unserer Verhaltensformel impliziert ist, null und nichtig. Die S-, R-, KV- und K-Kompo-
nenten liegen alle in derselben Person, in O. In der klinischen Praxis würde
dieser Standpunkt bedeuten, daß die Wahrscheinlichkeit, daß eine Person
lernt, ein abweichendes Verhalten, z. B. Überessen, zu kontrollieren, von den
Reaktionsverstärkungskontingenzen für Essen und Nicht-Essen abhängt, von
der umweltbedingten Möglichkeit, sich Essen zu verschaffen, und von allen
anderen Merkmalen, die mit der Aufrechterhaltung der Eßreaktion assoziiert
sind, sowie vom Vorhandensein kontrollierender Reaktionen im allgemeinen
Repertoire der Person. Stehen die instrumentellen Verhalten der Selbstkontrolle zur Verfügung und können diese vermehrt werden durch Veränderung
der Stimulusbedingungen und durch kontingente Verstärkung, müßte der
Patient eine Reduktion seiner Neigung zum Überessen zeigen, da die Wahrscheinlichkeit der Äußerung der selbstkontrollierenden Reaktion in diesem
Fall so sehr bestärkt würde, daß sie die Stärke der Reaktion des Überessens
übertreffen würde. Die zusätzliche Schwierigkeit, die auf die Variablen zurückzuführen ist, welche die Patient-Therapeut-Beziehung beeinflussen, sowie
auf die Wahrscheinlichkeit, daß der Patient die Ratschläge des Therapeuten
befolgen wird, diese Schwierigkeit ist bei dieser Auffassung ein praktisches
und kein theoretisches Problem. Die früheren Erfahrungen, die die Person in
bezug auf die Kontrolle ihrer eigenen Umgebung und auf die Beschaffung von

Verstärkungen für diese Kontrolle gemacht hat, würden bei der Therapie durch selbstregulierende Methoden ebenfalls eine entscheidende Rolle spielen. Das praktische Hauptproblem liegt im anfänglichen Übergewicht der Verstärkung der unerwünschten Reaktion, denn der Widerstand gegen die Versuchung, diese Reaktion auszuführen, hat Konsequenzen, die schwächer und unmittelbar weniger lohnend sind als eine selbstkontrollierte Alternativreaktion.

Der Prozeß der Selbstkontrolle umfaßt stets die Veränderung der Wahrscheinlichkeit der Ausführung einer Reaktion, die sowohl belohnende als auch aversive Konsequenzen hat, und er umfaßt stets die selektive Imitation einer kontrollierenden Reaktion durch die Person, eine Imitation, die trotz der Tatsache stattfindet, daß die verführerische Reaktion verfügbar und unmittelbar lohnender ist. Nach wiederholten Durchgängen stellt sich die verführerische Reaktion dann wieder ein, wenn die kontrollierende Reaktion blokkiert wird oder die Bedingungen sich ändern. Tritt die verführerische Reaktion nicht mehr auf, weil die mit ihr assoziierten belohnenden Konsequenzen reduziert worden sind oder weil die kontrollierende Reaktion nunmehr eine wohletablierte Alternativreaktion auf die stimulierenden Bedingungen darstellt, sprechen wir von keiner Selbstkontrolle mehr. Dieser Prozeß wurde von Skinner als Vorgang beschrieben, bei dem ein »Organismus die bestrafte Reaktion dadurch weniger wahrscheinlich machen [kann], daß er die Variablen, von denen er eine Funktion ist, ändert. Jedes Verhalten, dem dies gelingt, wird automatisch verstärkt. Dieses Verhalten bezeichnen wir als Selbstkontrolle« (dt. Ausg., 1973, S. 216). Skinner führt verschiedene Methoden der Selbstkontrolle an, die jedoch alle die Manipulation kontrollierender Reaktionen beinhalten. Sie bilden eine Gruppe von Reaktionen, die sich durch ihre besondere Beziehung zur jeweils kontrollierten Reaktion insofern auszeichnen, als ihre Performanz das verführerische Verhalten entweder unmöglich oder weniger wahrscheinlich macht. Ein gutes Beispiel für eine kontrollierende Reaktion ist das Zeitschloß, das am Eisschrank oder an einem Zigarettenkästchen angebracht wird, um Naschereien zwischen den Mahlzeiten oder übermäßiges Rauchen zu unterbinden; ein weiteres bekanntes Beispiel ist die Tatsache, daß man es absichtlich unterläßt, Geld einzustecken, um der eigenen Kauflust oder dem Wunsch, eine Kneipe zu besuchen von vornherein zu begegnen. Zahlreiche andere Beispiele aus dem Alltag veranschaulichen die Techniken, durch die eine im vorhinein erfolgende Manipulation der sozialen, physischen oder physiologischen Umwelt zu einer Reduktion der Wahrscheinlichkeit der kontrollierten Reaktion führt. Obgleich es sich hier um echte Beispiele von Selbstkontrolle handelt, (da die Person die Modifikation selbst einleitet), helfen diese Methoden dem einzelnen auch insofern, als die Verhaltenskontrolle der Umwelt übertragen wird, die nun so modifiziert ist, daß das unerwünschte Verhalten nicht mehr so leicht stimuliert oder aufrechterhalten wird. Das hervorstechende Merkmal dieser Methoden ist das Zerbrechen einer Verhaltenskette in einem frühen Stadium, in dem die Wahrscheinlichkeit des Überwechselns von einem Glied zum nächsten noch gering ist und in dem Alternativreaktionen leichter zu bestärken sind. So ist es z. B. einfacher, die ganze Sequenz aus Trinkverhalten zu vermeiden, wenn kein Alkohol vorhanden ist oder wenn man die Kneipe gar nicht erst betritt, wie wenn man den ersten Drink bereits hinter sich hat.

Eine beliebte Methode, Versuchungen zu kontrollieren, basiert auf den Effekten der Bestrafung. Die emotionalen Begleitumstände einer starken aversiven Stimulation werden wieder wachgerufen, wenn sich ein Kind in einer Situation befindet, in der es schon einmal bestraft wurde. Sowohl die äußeren Hinweisreize als auch die Hinweisreize, die durch sein eigenes Verhalten entstehen, erzeugen aversive Stimuli, die im allgemeinen als Angst charakterisiert werden. Treten die emotionalen Reaktionen im Kontext einer Übertretung oder einiger Reaktionen auf, die zur Ausführung einer früher bestraften Handlung führen, so bezeichnet man sie als *Schuld*. Jede Handlung, die die Wahrscheinlichkeit der Ausführung der schulderzeugenden Verhaltenssequenz verringert, dient als Fluchtreaktion und wird dadurch verstärkt, daß das Kind von der Schuldsituation fortgebracht wird. Vom Standpunkt des Beobachters aus gesehen besteht der Nettoeffekt darin, daß es dem Kind mißlingt, eine für es attraktive Handlung auszuführen. Strenggenommen führen solche Trainingsmethoden zu keiner »Selbst«-Kontrolle im Sinne unserer Definition, da es die aversive Komponente der kontrollierten Reaktion ist, die direkt geändert wird, mit dem Ziel, ihre Auftretenswahrscheinlichkeit zu reduzieren. Von Selbstkontrolle kann man erst dann sprechen, wenn das Kind eine unabhängige und zunächst nicht belohnte Reaktion einführt, oder wenn es den aversiven Stimulus selbst auftreten läßt, indem es z. B. seiner »bösen, Bonbons stehlenden Hand« einen Klaps gibt, oder wenn es sich an aversive Konsequenzen erinnert. So ist es also wichtig zu unterscheiden zwischen den Ergebnissen der direkten Modifikation der kontrollierten Reaktion durch aversive Konsequenzen einerseits und jener Selbstkontrolle, bei der eine kontrollierende Reaktion zwischengeschaltet wird, *ohne daß* das Attraktive der kontrollierten Reaktion direkt reduziert würde.

Neben den bisher erwähnten Kontrolltechniken können bei der Selbstkontrolle auch Selbstverstärkung und Selbstbestrafung benutzt werden. Die begriffliche Formulierung der Rolle, die diese Prozesse bei der Selbstkontrolle spielen, ist sogar noch problematischer. Tatsächlich könnte man, darauf haben wir bereits hingewiesen, zwei einfache Erklärungen vorbringen, die das Konzept der Selbstregulierung völlig außer Acht lassen und trotzdem manche Fälle von »Selbstkontrolle« zu begründen scheinen: 1. handelt es sich hier um Sonderfälle, bei denen eine Reaktionskette unterbrochen wird, weil einer Alternative (z. B. einer kontrollierenden Reaktion) schließlich eine größere positive Verstärkung folgt als die ursprüngliche Sequenz erbrachte; oder 2. handelt es sich um antizipatorische Angstreaktionen, die mit den aversiven, dem ursprünglichen Verhalten sich anschließenden Bedingungen (Schuld z. B.) assoziiert sind, die der Fluchtreaktion (das heißt jedem Verhalten, das die Sequenz verändert) den Weg bereiten. Keine dieser beiden Erklärungen macht jedoch klar, wie die Person den Verlauf ihres Verhaltens *aktiv* ändern kann und welche Beziehungen zwischen solchen selbst eingeleiteten Verhalten und anderen Variablen bestehen. Die Probleme der Selbstkontrolle und der Selbstverstärkung definieren sich durch das Nichtvorhandensein von *momentanen* äußeren Verstärkungskontingenzen und durch die *selektive* Manipulation der Umwelt durch die Person selbst, die den natürlichen Effekten der Außenkontrolle entgegenwirkt.

SKINNERS Auseinandersetzung mit der Selbstkontrolle befaßt sich in erster Linie mit dem Prozeß, durch den eine kontrollierte Reaktion entweder gehemmt oder in ihrer Wahrscheinlichkeit reduziert wird. Eine umfassendere Definition der Selbstkontrolle schließt auch Fälle mit ein, in denen eine Reaktion trotz ihrer noxischen Effekte aufrechterhalten wird. Wir können zumindest zwei Fälle von Selbstkontrolle unterscheiden: 1. in diesem Fall ist ein hochgeschätztes Ereignis oder ein verstärkender Stimulus *ad libitum* verfügbar und gelingt es der Person *nicht*, das Verhalten auszuführen und 2. in diesem Fall wird ein Verhalten trotz seiner bekannten aversiven Konsequenzen *ausgeführt*. Der erste Fall wird durch Situationen illustriert, die gewöhnlich als »einer Versuchung widerstehen« beschrieben werden; der zweite Fall umfaßt Situationen, in denen Schmerz, unangenehme Stimulation oder ähnliche Ereignisse sogar dann erduldet werden, wenn eine Fluchtreaktion möglich ist. In menschlichen Situationen, von denen man gewöhnlich annimmt, sie lägen im Bereich der Selbstkontrolle, zieht die zu kontrollierende Reaktion immer konflikthafte Konsequenzen nach sich. Erst wenn das kontrollierte Verhalten unmittelbaren positiv verstärkenden Wert und langfristige aversive Konsequenzen (z. B. durch Trinken oder Rauchen) hat, oder wenn es unmittelbare aversive Konsequenzen, aber langfristige positive Effekte (z. B. Heldentaten oder Ertragen von Schmerz) aufweist, erst dann stellt sich überhaupt die Frage, ob die Person Selbstkontrolle übt.

In beiden Fällen — also sowohl beim Bestärken des Widerstands gegen die Versuchung, als auch bei der Steigerung der Toleranz gegenüber noxischer Stimulation — wird gewöhnlich für ergänzende kontrollierende Variablen gesorgt, die dem Effekt der vorangegangenen Verstärker entgegenwirken sollen. Generalisierte soziale Verstärkung und selbstbeschreibende Äußerungen mit sozial verstärkenden Eigenschaften können auf die Durchführung von Selbstkontrolle kontingent gemacht werden. Dadurch können einige Verhalten bestärkt werden, die auf den ersten Blick dem Organismus abträglich zu sein scheinen. Das in diesen Situationen beobachtete Verhaltenssegment kann den Eindruck erwecken, als bilde es eine Ausnahme zu der grundlegenden motivationalen Annahme, daß Organismen Schmerz vermeiden und positive Verstärkung suchen. Weder beim selbstauferlegten Verzicht auf positive Verstärker noch beim Erdulden noxischer Stimuli darf man erwarten, daß das Verhalten in Abwesenheit zusätzlicher starker Variablen auftritt; und genausowenig darf man von solcher Selbstkontrolle erwarten, daß sie sehr lange anhält, wenn sich Parameterwerte verändern, so daß das verführerische Verhalten anziehender oder die kontrollierende Reaktion geschwächt wird. So ist z. B. die kontrollierende Reaktion, die darin besteht, daß man Zahlen zählt oder daß man Leibesübungen macht, vermutlich nur dann effektiv, wenn die Versuchung vorübergeht. Bleibt die Situation jedoch unverändert, ist ein Zusammenbrechen der Selbstkontrolle zu erwarten, da die kontrollierende Reaktion durch Erschöpfung oder Sättigung geschwächt wird. Daher steht die Stabilität selbstkontrollierender Verhalten in direktem Bezug zu situativen Variablen und zu augenblicklichen Fluktuationen der Verfassung des Organismus und der Umwelt. Redensarten wie »Jeder Mann hat seinen Preis« oder »Er war am Ende seiner Kräfte« scheinen auf diese relative Instabilität der Selbstkontrolle zu verweisen.

FERSTER (1965) unterscheidet drei Formen der Selbstkontrolle. Die weitestverbreitete Form wird bei Performanzen angewandt, welche die Beziehung zwischen dem Verhalten der Person und der Umgebung dieser Person verändern, so daß schließlich aversive Konsequenzen für die Person reduziert werden. Die Kontrolle des Eßverhaltens einer fettleibigen Person illustriert diese erste Form. Eine zweite Form der Selbstkontrolle bemüht sich um die Performanz solcher Verhalten, die das langfristig effektive Handeln einer Person sogar dann steigern, wenn sich die Konsequenzen stark verzögern oder wenn sie unmittelbar aversiv sind. Diesen Typus der Selbstkontrolle veranschaulicht z. B. die Person, die sich selbst Klavierspielen lehrt. Eine dritte Form der Selbstkontrolle befaßt sich nicht mit der Modifikation des Verhaltens der Person, sondern mit der Veränderung der körperlichen Umwelt. Das Verstecken einer Flasche Whisky an einer schwer zugänglichen Stelle ist ein Beispiel für diese Art der Selbstkontrolle. Bei allen drei Kontrollformen praktiziert die Person Verhalten, das langfristig positive Konsequenzen hat. FERSTER weist in seiner Analyse darauf hin, wie wichtig es ist, diese Konsequenzen auch unter dem Gesichtspunkt zu betrachten, daß die Beziehung der Person zu ihrer sozialen und körperlichen Umwelt optimal gestaltet werden sollte, um der Person die in ihrem kulturellen und physischen Rahmen zugänglichen Verstärker zu erschließen. Das aber heißt, daß ein Merkmal, das allen selbstkontrollierenden Verhalten eigen ist, anscheinend darin besteht, daß diese Verhalten zur besseren Anpassung an die kulturellen und sozialen Forderungen der Umwelt des einzelnen beitragen. Auf die Unentschlossenheit, der man häufig bei Personen begegnet, die ein Programm in Angriff nehmen, das schließlich zu einer Neuverteilung oder Verzögerung der vorhandenen Verstärker führen kann, auf diese Unentschlossenheit stößt man häufig auch bei Personen, die mit einem Therapeuten willentlich Kontakt aufnehmen. Die Vereinbarung eines definitiven Termins oder das dem eigenen Mann oder der eigenen Frau gegebene Versprechen, einen Therapeuten aufzusuchen, sind zwei Möglichkeiten, durch die der therapeutische Kontakt wahrscheinlicher wird. Zugleich kann man, um die Aversivität einer Therapie zu reduzieren, Freunde aufsuchen, die Positives über Psychotherapeuten zu berichten wissen, man kann populärwissenschaftliche Zeitschriften lesen und ähnliche Aktivitäten entwickeln.

Wir haben verschiedene Beispiele angeführt, die veranschaulichten, daß ein Selbstkontrollprogramm zunächst erfordern kann, daß die Person auf un-

mittelbare oder zeitnahe Verstärkung um späterer und wichtigerer Verstärker willen verzichtet. Die Untersuchung von Variablen, welche die Verzögerung des Verstärkungskonsums (Befriedigung) beeinflussen, ist daher für die
technische Planung eines Selbstkontrollprogramms relevant. Die Faktoren, die
eine Person befähigen, Befriedigung hinauszuschieben, müßten also auch die
Verwirklichung von Selbstkontrolle erleichtern. In einer Reihe von Experimenten mit Kindern wurden viele dieser Determinanten erforscht — z. B.
von MISCHEL und GILLIGAN, 1964; MISCHEL und METZNER, 1962; und
MISCHEL und STAUB, 1965. Diese Forscher definierten Selbstkontrolle als die
Fähigkeit, Befriedigung dadurch zu verzögern, daß man einer unmittelbaren,
aber kleineren, eine mittelbare, aber größere Belohnung vorzieht. Unter den
Faktoren, welche die Versuchsergebnisse determinierten, befanden sich Variablen wie: die generalisierten Erwartungen der Person hinsichtlich der Ver-
stärkungskonsequenzen, die sich der einen oder der anderen Wahl anschließen; die Verstärkungsgeschichte der Versuchsperson; situative Manipulationen; der Belohnungswert des gewählten Item; und die Dauer der zeitlichen
Verzögerung. Die Ergebnisse beweisen den Wert der häufig praktizierten
Methoden, mit deren Hilfe die Wahrscheinlichkeit des sofortigen Belohnungs-
konsums durch Training, Versprechen zukünftiger Belohnungen oder Modifizieren der Erwünschtheit der Belohnung verändert wird. Dieses Paradigma
hilft die *relative* Beschaffenheit der Selbstkontrolle veranschaulichen; es verweist auf Variablen, die der Patient unter Anleitung des Therapeuten benutzen kann, um die Art der Bewältigung seiner persönlichen Probleme zu ändern.

    In den Untersuchungen von MISCHEL u. a. wurde die zukünftige Verabrei-
chung von Belohnungen durch den Versuchsleiter kontrolliert, doch wurde die
Wahl des Kindes immer honoriert. Die Laborprozedur ähnelte praktischen
Situationen, in denen Einzelpersonen den Konsum der Belohnung aufschie-
ben, und zwar um natürlicher langfristiger Konsequenzen willen, die nicht
völlig ihrer Kontrolle unterstehen. Ein klassisches Beispiel liefert der eiserne
Sparer, der auf unmittelbare Genüsse um späterer willen verzichtet. Doch ist
das Risiko einer derartigen Wahl augenfällig. Die Möglichkeit einer Geld-
entwertung, einer Wirtschaftskrise, eines Raubüberfalls oder ähnlicher Eingriffe von außen kann derartige »selbstkontrollierende« Verhalten schwächen,
so lange die Endkonsequenzen ungewiß bleiben. Personen, die es immer wieder erlebt haben, daß man ihnen Belohnungen vorenthielt, oder die ihrer
Umgebung nicht trauen, werden also nur ungern für verzögerte Belohnungen
arbeiten oder Selbstkontrolle um solcher Belohnungen willen üben.

    Frühe Manifestationen von Selbstkontrolle werden, das gilt vor allem für
Familien der amerikanischen Mittelschicht, durch viele Eltern bereits in der
Kindererziehung unterstützt. Entwicklungspsychologen haben oft aufmerksam
gemacht auf die häufige und anhaltende Verstärkung selbstregulierender Verhalten, die Eltern im frühen Sozialisationstraining ihrer Kinder (vor allem
bei einer Nichtausführung der gewünschten Reaktionen) verabreichen. So bestehen z. B. bei der Erziehung zur Reinlichkeit oder dazu, daß das Kind eine

wertvolle Vase nicht in die Hand nimmt, die Konsequenzen der Hemmung solcher Verhalten häufig darin, daß der Erwachsene große Mengen verbaler Anerkennung, materieller Belohnungen oder anderer Verstärkungen verabreicht, die durch Wörter und Handlungen mit dem kontrollierenden Verhalten des Kindes assoziiert sind. Bei unserer Auseinandersetzung mit den Schuldgefühlen, die zur Kontrolle sozial unerwünschter, aber persönlich attraktiver Verhalten benutzt werden, wiesen wir darauf hin, daß sich verbreitete soziale Praktiken, die den Widerstand gegen die Versuchung zu fördern versuchen, stark auf aversive Methoden stützen. Tatsächlich haben viele in der Entwicklung eines Gewissens oder in der Internalisierung sozialer Normen ein Hauptziel des frühen Sozialisationstrainings erblickt. Die Gesellschaft schätzt die Hemmung vieler Verhalten — z. B. aggressiver Handlungen oder sexueller Ausschreitungen —, da es schwierig ist, derartigen Reaktionen durch fortwährende Kontrollen von außen zu steuern. ARONFREED (1968) unterstreicht in einem umfangreichen Überblick über die Theorie und Forschung, die Sozialisationsmechanismen zum Gegenstand haben, die zentrale Bedeutung, die diese Tatsache für das Verständnis der Entwicklung vom Säugling zum Gemeinschaftswesen hat. Auch weist dieser Überblick darauf hin, wie verschiedene Lernmechanismen (darunter stellvertretendes Lernen, aversive und positive Verhaltenskontrolle, respondentes Konditionieren und Selbstverstärkung) im Sozialisationsprozeß des Kindes zum Tragen gebracht werden.

Wenn wir uns nun der Toleranz gegenüber noxischer Stimulation zuwenden, so entdecken wir, daß eine kritische Voraussetzung der Definition von Selbstkontrolle das Vorhandensein von Reaktionen ist, die die Flucht oder Vermeidung der aversiven Stimulation ermöglichen. Da die Hinweisreize für diese antagonistischen Reaktionen selbstverabreicht werden können und da ihre Performanz verdeckt sein kann, neigt der Beobachter oft zu dem Schluß, daß die Handlungen einer Person disziplinierte Willensakte darstellen, die natürlichen Verhaltensprinzipien widersprechen. Tatsächlich fußt dieser Schluß häufig auf einer unvollständigen Analyse der kontrollierenden Variablen. Bei einer Demonstration der Effekte, die einfache kontrollierende Reaktionen auf die Erduldung des Eintauchens der Hand in Eiswasser haben können, verabreichten KANFER und GOLDFOOT (1966) verschiedenen Gruppen von Studentinnen verbale Reaktionen oder Ablenkungsmöglichkeiten durch Umweltobjekte. Die Toleranz der Versuchspersonen wurde signifikant beeinflußt durch das Vorhandensein dieser kontrollierenden Reaktionen. Die stärkste Toleranz war bei Versuchspersonen zu beobachten, die einer Stimulation von außen ausgesetzt wurden. Doch änderte sich die Toleranz auch durch die Verfügbarkeit verbaler Reaktionen. Im Prinzip belegt diese Untersuchung die Modifizierbarkeit selbstkontrollierender Variablen durch eben den Mechanismus, der im Kontext der Verhaltensanalyse dieses Prozesses vorgeschlagen wurde.

Das Erleiden noxischer Stimulation (insbesondere die augenscheinliche »vorsätzliche« Verabreichung von Schmerzstimuli) ist wegen seiner widersprüchlichen motivationalen Prinzipien häufig als anomales Verhalten charakterisiert worden. Die Literatur kennt viele Situationen, in denen Menschen wie Tiere noxische Stimulation zu suchen scheinen. Die Relevanz dieser Untersuchungen für das Verständnis der Selbstkontrolle liegt in der Demonstration, daß zeitlich begrenzte Verhaltensbeobachtungen als alleinige Grundlage einer Verhaltensanalyse nicht ausreichen. Sandler (1964) beschrieb eine Reihe von Experimenten, bei denen charakteristische Schmerzreaktionen von Tieren durch experimentelle Operationen modifiziert wurden. Sandler (1964) wie Brown (1965) folgern aus ihren Analysen des Masochismus, daß die Mißachtung anderer relevanter Variablen, z. B. der Veränderung der biologischen Verfassung des Organismus oder des Vorhandenseins einiger anderer Kontingenzen in der Vorgeschichte des Organismus, häufig zu trügerisch simplen Definitionen führt. In solchen Situationen widerspiegeln augenblickliche Beobachtungen lediglich ein Bruchstück der Verhaltensepisode, in der konflikthafte Vermeidungs- und Annäherungsreaktionen eng miteinander verquickte Vorgeschichten aufweisen, die ihre jeweilige Dominanz zu jedem Zeitpunkt determinieren. Wenn man sich, um derartige Verhalten zu beschreiben, auf Konzepte wie das des Masochismus beruft, verschleiert man die beobachteten Prozesse, anstatt sie zu erklären. Wenn der Beobachter eine besondere Gruppe zusammenwirkender kontrollierender Umweltstimuli, deren Operation das Erhaltensergebnis erklären könnte, nicht beschreiben kann, fühlt er sich häufig versucht, daraus zu schließen, daß seine Beobachtungen einem motivationalen Prinzip widersprechen. Beobachtungen von Humanverhalten verwirren um so mehr, als die Determinanten des beobachteten Verhaltens verquickt sein können mit äußerst idiosynkratischen vorausgegangenen Faktoren, über die der Beobachter wenig weiß. Doch können die mannigfaltigen und komplexen Gruppen determinierender Ereignisse in der Lebensgeschichte einer Person anhand von Labordemonstrationen untersucht werden, bei denen ungewöhnliche Ergebnisse aus natürlichen Situationen repliziert werden durch eine Auswahl besonderer Vorausgegebenheiten oder besonderer Kombinationen aus Trainingsvariablen. Die bisher angeführten Untersuchungen zeigen, daß der letztendliche Ursprung selbstregulierender Verhalten in der sozialen und biologischen Umwelt der Person liegen könnte, daß jedoch das Aggregat an Erfahrungen der Person deren Gesamtverhalten gestaltet, und daß die Person bis zu einem gewissen Grad ihr eigenes Verhalten durch gezielte Veränderung der Einflüsse, denen sie sich aussetzt, beeinflussen kann.

Motivationale Aspekte der Selbstregulierung (Selbstverstärkung)

Muß Verhalten ohne äußere Verstärkung aufrechterhalten werden, kann die Person für die parallele motivationale Operation der Selbstverstärkung sorgen. Diese Fähigkeit, Stimulation selbst zu erzeugen, setzt den Menschen in die Lage, sein Handeln so fortzusetzen oder zu verändern, daß er von seiner Umgebung weniger abhängig ist als es Vertreter anderer Spezies sind. Die Errichtung spezifischer Kontingenzen zur Verabreichung von Selbstbelohnung oder Selbstbestrafung durch frühes Training kann die Reaktion einer Person auf Umweltstimuli insofern ändern, als sich die Person dadurch Hinweis-reize, die ihren Ursprung in ihrer eigenen Vorgeschichte haben, selbst verab-reichen kann. Wir haben bereits darauf hingewiesen, daß SKINNER und FER-STER Techniken der Selbstkontrolle beschrieben, die darin bestehen, die Kon-sequenzen des Verhaltens einer Person zu ändern, um das Verstärkungspoten-tial der Umwelt zu maximieren. Die Selbstverstärkung operanter Verhalten stellt einen Sondertypus selbsteingeleiteter Verhalten dar, der bei der Auf-rechterhaltung oder Modifikation fast aller Verhalten des menschlichen Re-pertoires weitreichende Konsequenzen haben kann.

Der Akt der Selbstverstärkung ist so geartet, daß er nicht ohne weiteres mit den Variablen, die ihn steuern, korreliert werden kann. SKINNER hat eine Eigenschaft der positiven Verstärkung definiert, als er feststellte, sie setze voraus, »daß es in der Macht der Einzelperson selbst liegt, Verstärkung zu empfangen; sie tut es aber erst dann, wenn eine bestimmte Reaktion emittiert worden ist« (dt. Ausgabe 1973, S. 222). Obwohl diese Voraussetzung unter-streicht, daß Selbstverstärkung auf besondere diskriminative Stimuli kontin-gent ist, liefert sie keine vollständige Definition der Verhaltensklasse, auf die Selbstbelohnung und Selbstbestrafung abzielen. Selbstbelohnung ist häufig kontingent nicht nur auf äußere Ereignisse, sondern auch auf das Auftreten eines breiten Spektrums früher errichteter Muster. So kann z. B. Selbstbeloh-nung verordnet werden anläßlich des Erreichens eines bestimmten Perfor-manzniveaus oder anläßlich des Erschöpfungszustands nach einer Übung. Und scharfe Selbstkritik kann einem störenden Gedanken oder einer mißbilligten sozialen Handlung folgen. Um diese Prozesse zu durchleuchten, benötigt man Daten, die das Auftreten von Selbstverstärkung und die Bedingungen erklä-ren, unter denen es eine Person unterläßt, fortwährend verfügbare positive Verstärker zu verabreichen. Handelt es sich um noxische Stimuli, müssen nicht nur die Bedingungen bekannt sein, unter denen eine Person ihre Ver-abreichung vorenthält oder abbricht, sondern auch die Variablen, die für die Fälle verantwortlich sind, in denen mehr schmerzhafte, von außen verab-reichte aversive Stimuli durch selbstverabreichte milde negative Bestrafung vermieden werden können. Auf dieser Grundlage können die schmerzhaften Selbstbeschuldigungen oder Bußen häufig als Flucht vor stärkeren Stimuli (Angst oder vorausgeahnte äußere aversive Konsequenzen) verstanden werden.

Um eine bessere Grundlage zu schaffen für den Vergleich zwischen ver-stärkenden Eigenschaften von sozialen oder physikalischen Stimuli einerseits und selbstverabreichten Stimuli andererseits, muß auch belegt werden, daß die Operationen, die als Selbstverstärkung bezeichnet werden, einige der motiva-tionalen, diskriminativen und aufrechterhaltenen Eigenschaften, die anderen verstärkenden Stimuli zugeschrieben werden, gemeinsam haben. Das empi-rische Material, das Untersuchungen zur Selbstverstärkung ergeben haben, macht evident, daß ein selbstregulierender Mechanismus am Werk ist, der, unabhängig von augenblicklichen Umweltbedingungen, die besondere Auf-gabe hat, das Verhalten der Person zu kontrollieren und dadurch die Auto-nomie des menschlichen Organismus zu fördern.

Ein Großteil der im Labor durchgeführten Untersuchungen des Selbstverstärkungsprozesses hielt sich an drei Hauptparadigmen: 1. an das Paradigma des gesteuerten Lernens, wenn es darum ging, verschiedene Variablen zu untersuchen, die die Rate der selbstverstärkenden Reaktionen beeinflussen; 2. an das Paradigma des stellvertretenden Lernens, wenn es darum ging, die verschiedenen Effekte zu untersuchen, die das Modellernen auf die Selbstbewertung und -verstärkung hat und 3. an das Modell der Versuchung, wenn es darum ging, Variablen zu untersuchen, die, im Gegensatz zur sozialen Sanktion, die Selbstverabreichung von Belohnungen beeinflussen.

1. *Das Paradigma des gesteuerten Lernens.* Bei dieser Prozedur, über die KANFER und seine Mitarbeiter (KANFER und MARSTON, 1963 a, b; MARSTON und KANFER, 1963 b; KANFER 1966 b; KANFER und DUERFELDT, 1967 a; KANFER, DUERFELDT und LE PAGE, 1969) berichteten, steht der verstärkende Stimulus der Versuchsperson frei zur Verfügung und er wird selbstverabreicht. Die Versuchsperson wird instruiert, sich selbst zu belohnen oder zu kritisieren, nachdem sie eine Reaktion geäußert hat. Gewöhnlich wird sie mit einer Lernaufgabe konfrontiert, in der äußere Verstärkung so lange verabreicht wird, bis ein niedriges Lernniveau erreicht ist. So ist die Versuchsperson nicht fähig, einen hohen Grad an subjektiver Gewißheit über die Richtigkeit ihrer Reaktion zu erzielen. Nun wird die Versuchsperson gebeten, die Funktion des Versuchsleiters zu übernehmen und sich den verstärkenden Stimulus selbst zu verabreichen, und zwar immer dann, wenn sie glaubt, richtig reagiert zu haben. Dieses Paradigma ist benutzt worden zur Erforschung der motivationalen Eigenschaften von Selbstverstärkungen, der Variablen, welche die Häufigkeit von Selbstbelohnungen beeinflussen, sowie der Beziehung zwischen Selbstverstärkung und anderen abhängigen Variablen, die häufig in Lernaufgaben untersucht werden. Durch eine Reihe von Studien fand man heraus, daß die Rate der selbstverabreichten Belohnung bei einer Aufgabe, für die die Versuchsperson nur geringe Fertigkeiten mitbringt, genauso hoch ist oder etwas höher liegt als die Rate der vorausgegangenen äußeren Verstärkung bei derselben Aufgabe. Werden falsche Reaktionen durch einen Versuchsleiter während des Trainings negativ verstärkt, so neigen die Versuchspersonen später bei derselben Aufgabe dazu, mit einer Rate Selbstkritik zu üben, die etwas niedriger liegt als die vorausgegangene äußere Verstärkung.

Löst eine Person eine Aufgabe und unterlaufen ihr dabei sehr wenige Fehler, unterbricht sie den Lösungsvorgang nur selten, um ihre Performanz einzuschätzen. Und so lange ihre Performanz bei dieser Aufgabe nicht ungewöhnlich gut oder schlecht ist, ist es noch unwahrscheinlicher, daß sie ihre Leistungen nach einer derartigen Selbstbewertung belohnt oder kritisiert. Unter Laborbedingungen führen die offene Selbsteinschätzung und die kontingente Selbstverstärkung, die für jeden Durchgang unerläßlich sind, zu größerer Genauigkeit und höherer Häufigkeit von Selbstbelohnungen, was auf die geschicktere Durchführung der experimentellen Aufgabe zurückzuführen ist. Bei den Untersuchungen, die diese Prozedur benutzten, entdeckte man auch, daß die Rate der Selbstbelohnung durch viele Durchgänge hindurch sogar dann ziemlich stabil bleibt, wenn das äußere Feedback unterbrochen wird. Die Selbstkritik aber zeigte nach dem Training gewöhnlich eine etwas niedrigere Rate, und sie nahm zu, als sich die Durchgänge mehrten, und später ging sie auf ein stabiles Niveau zurück.

Wird eine Person im Kontext einer zweideutigen Aufgabe trainiert und bekommt sie zur Selbstbelohnung äußere Verstärkungsmittel wie z. B. Pokermarken, neigt die Rate der Selbstbelohnung dazu, auf ähnliche Lernaufgaben zu generalisieren. Diese Befunde lassen vermuten, daß selbstverstärkende Operationen durch äußere Verstärkung modifiziert werden können. Und die klinischen Folgerungen aus diesen Befunden verweisen auf die Möglichkeit der gezielten Manipulation der Häufigkeit, mit der sich eine Person im Alltag selbst verstärkt, um ihre Selbsteinschätzung und ihr Selbstvertrauen zu kräftigen. Die Häufigkeit von Selbstbelohnungen wurde auch durch experimentelle Instruktionen beeinflußt. Wurde Versuchspersonen erklärt, sie sollten sich bei der Selbstverstärkung an stenge Kriterien halten, neigten sie dazu, sich selbst weniger häufig zu belohnen als Versuchspersonen, die instruiert worden waren, zwanglos vorzugehen; das war sogar dann der Fall, wenn sie ebenso genaue Lösungen brachten. Auch zeigte man, daß die Beurteilung der Performanz einer anderen Person bei derselben Aufgabe durch die frühere Selbstbelohnungsrate des Beobachters beeinflußt wird.

Obwohl Selbstbelohnung und Selbstkritik früher häufig auf generalisierte Einstellungen zur eigenen Performanz bezogen wurden und obwohl man deshalb eine Wechselbeziehung zwischen ihnen erwarten sollte, haben mehrere Untersuchungen erbracht, daß selbstkritische und selbstbelohnende Verhalten nicht stark korreliert sind. Wird eine Person z. B. dahingehend trainiert, daß sie verstärkt dazu neigt, sich bei einer bestimmten Aufgabe selbst zu belohnen, verändert sich ihre Tendenz, sich selbst für unrichtige Performanzen bei derselben Aufgabe zu kritisieren, zur selben Zeit nicht. Ebensowenig entdecken wir eine ausgeprägte Übereinstimmung zwischen der vagen Vorstellung, die eine Person über ihr eigenes Performanzniveau hat, und dem besonderen Verhalten der Selbstbelohnung bei Einzeldurchgängen. Folglich ist es möglich, eine Person so zu trainieren, daß sie sich nur selten belohnt, aber ihre Gesamtperformanz in Verbindung mit einer Referenzgruppe entweder als sehr gut oder als sehr schlecht bewertet, was vom unabhängigen Training für solche Äußerungen abhängt (KANFER und DUERFELDT, 1967 a).

Ein Überblick über die experimentellen Befunde auf diesem Gebiet (KANFER, 1967 b) weist darauf hin, daß selbstverstärkende Operationen durch eine Reihe von experimentellen Variablen modifiziert werden können, und daß die Untersuchung des selbstverstärkenden Prozesses zum Verständnis der Mittel beitragen kann, durch die die Leute ihr Verhalten aufrechterhalten, ohne von der äußeren Umgebung unterstützt zu werden. Doch erfordert eine vollständige Erforschung der Selbstverstärkung den Nachweis, daß die definierenden Operationen nachfolgendes Verhalten beeinflussen und folglich verstärkende Eigenschaften besitzen. Man hat auf verschiedene Studien hingewiesen (KANFER, 1967 b), die belegen, daß das Auftreten selbstbelohnender und selbstkritischer Reaktionen bei späteren Durchgängen die Genauigkeit der Performanz beeinflußt oder dieselbe Reaktion während vieler Durchgänge aufrechterhält. Könnte nachgewiesen werden, daß derartige selbstverstärkende Mechanismen späteres Verhalten steuern, würden sie sich in der klinischen Praxis zunehmender Beliebtheit erfreuen. In diesem Fall könnten Gespräche dazu dienen, den Patienten zu lehren, Kriterien für angemessene Verhalten zu entwickeln und seine eigenen Handlungen in Übereinstimmung mit den neu gelernten selbsterzeugten Reaktionen zu verstärken. Dabei könnten dem Patienten motivationale Hilfsmittel direkt zur Verfügung gestellt werden, wodurch der verhaltensmodifikatorische Prozeß auch dann erleichtert würde, wenn der Therapeut nicht zugegen ist, um den Patienten durch äußere Verstärkung zu steuern und zu motivieren.

2. *Das Paradigma des stellvertretenden Lernens.* Obwohl die Rate der Selbstbelohnungen durch kontingente Reaktionskonsequenzen direkt beeinflußt werden kann, kann ihr Auftreten auch durch vorangehende Beobachtungen des selbstbelohnenden Verhaltens von Modellen variiert werden. BANDURA und seine Mitarbeiter haben im Kontext verschiedener experimenteller Prozeduren die Weitervermittlung von selbstbelohnenden Mustern bei Kindern untersucht. Auf einen Teil dieser Untersuchungen sind wir im Verlauf unserer Diskussion über das stellvertretende Lernen im Kapitel 5 eingegangen. Eines der angesprochenen Paradigmen setzt voraus, daß das Kind mit einem Modell konfrontiert wird, das ein Geschicklichkeitsspiel (z. B. ein Tischkegelspiel) spielt. Hat das Modell einen vorher festgelegten Punktwert erreicht, belohnt es sich selbst in Form von Süßigkeiten oder *Tokens.* Die Punktwertkontingenz und die Kriterien der Selbstverstärkung werden verdeutlicht durch die verbalen Kommentare, die das Modell über die Kontingenzen abgibt, durch seine selbstbewertenden Äußerungen und durch sein Selbstlob und seine Selbstkritik. Nach der Beobachtungsphase wird das Kind gebeten, dasselbe Spiel zu spielen, wobei es Punktwerte in der Größenordnung des Modells erzielen kann. Die abhängige Variable ist gewöhnlich die Anzahl der Selbstbelohnungen oder die Anzahl der Durchgänge, bei denen sich das Kind belohnt. Dieser Versuchsplan ermöglicht die Kontrolle des Performanzniveaus des Kindes durch systematische Manipulation der Punktwerte. Er eignet sich besonders zur Untersuchung von Modellmerkmalen und von Beziehungen zwischen Modell und Beobachter, die bei der Weitervermittlung von selbstverstärkenden Verhalten als Parameter dienen.

In einer Reihe von Untersuchungen, die BANDURA und seine Kollegen durchführten, erwiesen sich die charakteristischen Eigenschaften des Modells, die Standards der Selbstbelohnung, die Diskrepanz zwischen Standards des Modells und Standards der Versuchsperson, sowie die Beziehung zwischen Modell und Versuchsperson als die Variablen, welche die Modifikation von Selbstbelohnungsmustern am stärksten beeinflußten. BANDURA und KUPERS (1964) entdeckten z. B., daß Kinder, die erwachsene Modelle beobachteten, in bezug auf das Kriterium, für das sie sich mit Süßigkeiten belohnten, Muster der Selbstbelohnung zeigten, die sie modellgemäß parallelisierten. Darüber hinaus imitierten die Kinder auch die selbstanerkennenden und selbstkritischen Verbaläußerungen des Modells. Bei der Errichtung von Standards der Nichtverstärkung mit niedrigem Performanzniveau waren *Peer*-Modelle weniger effektiv als erwachsene Modelle. Außerdem belohnten sich die Kinder, die *Peer*-Modelle beobachtet hatten, mit mehr Süßigkeiten als die Kinder, die erwachsene Modelle beobachtet hatten, und als die erwachsenen Modelle selbst.

Doch ist die Aneignung ausgeprägter Kriterien der Selbstbelohnung nicht nur direkte Funktion der Beobachtung eines Modells. BANDURA und WHALEN (1966) präsentierten das Kegelspiel, nachdem die Kinder mit Erfolg oder Mißerfolg Spiele gespielt hatten, bei denen anscheinend Körperkraft, Fähigkeit des Problemlösens und psycho-motorische Geschicklichkeit gemessen wurden. Kindergruppen beobachteten, wie Modelle das Kegelspiel mit hohen, mittleren und niedrigen Kriterien der Selbstbelohnung spielten. Bei variierenden Performanzniveaus stieß man auf unterschiedliche Behandlungseffekte. Die vorausgegangene Erfahrung des Erfolgs oder Mißerfolgs beeinflußte Selbstbelohnungsraten nur bei niedrigem Performanzniveau. In dieser Gruppe belohnten sich Kinder, die an der vorausgegangenen Aufgabe gescheitert waren, weniger häufig nach der Beobachtung von Modellen mit niedriger Leistung, während sich die Kinder, die erfolgreiche Modelle beobachtet hatten, mehr Selbstbelohnungen verabreichten als jene Kinder, die genauso kompetente, erfolgreiche Modelle beobachteten. Diese Ergebnisse unterstreichen die komplexe Interaktion zwischen den Hinweisreizen des Modellernens, der Vorgeschichte der Person und der Performanz selbst, die alle drei miteinander verquickte Determinanten der Verabreichung von Selbstbelohnung sind.

3. *Das Paradigma der Versuchung.* Viele Studien haben sich mit den Schwindeleien von Kindern befaßt, doch nur wenige haben darauf hingewiesen, wie relevant derartige Daten für den Bereich der Selbstverstärkung sind. Diese Studien haben einige Merkmale gemeinsam, so die Bereitstellung ad libitum von Belohnungen, eine Gruppe von klarst formulierten Regeln, die die eigentlichen Standards der Selbstbelohnung beschreiben, sowie die mangelnde Kontrolle des Versuchsleiters, durch die dieser nicht in der Lage ist, zu beobachten, ob sich die Versuchsperson an die festgesetzten Kontingenzen hält, ebensowenig wie er in der Lage ist, die Einhaltung dieser Kontingenzen durchzusetzen. Das Wissen des Versuchsleiters über die tatsächliche Performanz der Versuchsperson, das sich dieser durch Beobachtung oder durch Vorschriften, die in die Aufgabe eingebaut sind, aneignet, dieses Wissen ermöglicht die Tabellarisierung der Verabreichung unverdienter oder unangemessener Selbstbelohnungen. Werden erwünschte Belohnun-

gen zur Verfügung gestellt, haben wir es mit einer Prozedur zu tun, die zu Verhalten auffordert, das als Lügen oder Unehrlichkeit bekannt ist.

MISCHEL und GILLIGAN (1964) haben eine Prozedur benutzt, bei der Kinder ein Schießstandspiel spielten. Ziel dieses Spiels war es, durch Treffsicherheit einen hohen Punktwert zu erzielen. Doch gestatteten eine bewegliche Zielscheibe und ein »frisierter« Punktanzeiger eine Manipulation, bei der Punktwerte herauskamen, die mit dem Geschick der Versuchsperson nichts zu tun hatten. Das Kind wurde aufgefordert, seinen Punktwert aufrechtzuerhalten, und für ein bestimmtes Performanzniveau wurden Preise versprochen. Wenn der Versuchsleiter den Raum verließ, konnte das Kind mit seinen Punkten schwindeln und unverdiente Preise einheimsen. Diese aufgeblähten Punktwerte stellten die unangemessene Selbstbelohnung dar. KANFER (1966 b) und KANFER und DUERFELDT (1968) benutzten eine Prozedur im Rahmen einer Schulklasse, bei der die Kinder aufgefordert wurden, bei jedem Durchgang, und noch bevor der Versuchsleiter ein Zettelchen aus einem Lotteriekästchen zog, an eine Zahl zu denken. Die Kinder wurden instruiert, sich selbst immer dann mit einem Punkt in ihrem Punktebüchlein zu belohnen, wenn die vom Versuchsleiter gezogene Zahl mit der ihren übereinstimmte. So entdeckte man, daß die Häufigkeit unverdienter Selbstbelohnungen korreliert mit dem Alter des Kindes, mit seinem Leistungsstatus in der Klasse, mit der Größe der Belohnung, mit der Anwesenheit eines erwachsenen Modells, das ebenfalls unverdiente Belohnungen einheimste und mit ähnlichen Variablen.

Das Wissen über die Beziehungen, welche die Entstehung und die Operationen dieser Klassen von »Selbstreaktionen« bestimmen, ist eine wesentliche Voraussetzung der klinischen Praxis. Die Verhaltenstherapie tendiert in jüngerer Zeit immer mehr dazu, bei der Behandlung von Verhaltensproblemen auch Selbstreaktionen zu berücksichtigen, und sie bedient sich nun auch selbstregulierender Mechanismen, um Verhalten zu modifizieren. Techniken, die darin bestehen, daß der Patient einen Teil der Rolle des Therapeuten übernimmt und versucht, sein Verhalten selbst zu modifizieren, sind keine Neuerung der Verhaltenstherapie. Es hat viele Philosophen und Moralisten gegeben, die unterstrichen, wie wichtig Selbstregulierung zur Verwirklichung des eigenen Glücks sei, ein Standpunkt, dem man auch in vielen Religionen begegnet. Verhaltenstherapeuten unterscheiden sich nicht in der Anwendung dieser allgemeinen Techniken, sondern in ihren Bemühungen, diese Techniken in ein theoretisch stimmiges Modell der Verhaltensmodifikation zu integrieren und dem Patienten zusätzliche Verhalten zu liefern, die seine Selbstregulierung erleichtern. Diese zu erlernenden kontrollierenden Reaktionen werden in der Regel aus einer experimentellen Analyse des klinischen Problems abgeleitet. Der offenkundige Vorteil der Tatsache, daß man dem Patienten selbst einen Teil der Kontrolle überträgt, besteht darin, daß der therapeutische Prozeß verkürzt werden kann und daß die in der Therapie eingeleiteten Veränderungen aufrechterhalten und ausgeweitet werden können.

Die klinische Verwendung von Verfahren der Selbstkontrolle

Die geschickte technische Handhabung der Umwelt, mit dem Ziel, die Selbstkontrolle des Patienten zu verbessern, hat Fox (1962) relativ früh beschäftigt; Fox beschreibt die Behandlung von Collegestudenten, die unter ineffektiven Lerngewohnheiten litten. Dieser Autor machte es sich zur Aufgabe, drei Komplexe zu verwirklichen: 1. Lernen sollte unter Stimuluskontrolle stattfinden; 2. die Lernperiode sollte als effektiver diskriminativer Stimulus für solche Verhalten wirksam werden, die als »gute Lerngewohnheiten« bezeichnet wurden und 3. sollte das Programm schließlich ohne die Hilfe des Therapeuten verwirklicht werden. Die Collegestudenten setzten sich einzeln mit dem Versuchsleiter zusammen, um ihre Verstärkungspläne zu analysieren, und sie beschrieben ihre derzeitigen Lerngewohnheiten. Dann bekam jeder Student einige schriftliche Instruktionen, die besondere Verhaltenssequenzen erläuterten. So wurde z. B. einer der Studenten aufgefordert, zu einer bestimmten Zeit die Bibliothek aufzusuchen, im ersten Stock alle Bücher zurückzulassen, außer denen, die er zum Physiklernen brauchte, und sich in einen bestimmten Raum zu begeben, um dort Physik zu lernen. Er sollte die Bibliothek sofort verlassen, wenn er sich unbehaglich fühlte oder zu träumen begann. Hatte er sich entschlossen, die Bibliothek zu verlassen, sollte er vorher sorgfältig eine Seite Physiktext durchlesen oder die einfachste Physikaufgabe lösen, um dann sogleich hinauszugehen, auch dann, wenn sein Interesse wiedererwacht war. An jedem der darauf folgenden Tage wurde der Student aufgefordert, die Arbeit, die er am Tag zuvor nach seinem Entschluß, die Bibliothek zu verlassen, geleistet hatte, zu steigern. Nach einer Woche kamen zusätzliche Arbeitsbereiche hinzu. Jede Person bekam einen anderen Raum und andere Arbeitsstunden zugeteilt.

Derartige Prozeduren sollen die aversiven Konsequenzen des Lernens minimal halten und für Möglichkeiten positiver Verstärkung sorgen, indem in jeder Sitzung zumindest etwas Arbeit geleistet wird. Dieses Programm enthält auch sukzessive Annäherungen und Verstärkungspläne mit fixierter Quote. Die Studenten werden in der Darstellung des jeweiligen Sachverhalts trainiert, das heißt der Lernstoff wird umrissen, vorgetragen oder revidiert. Dem Studenten werden neue Techniken beigebracht, die seine Darstellung verbessern; er lernt z. B. Fragen stellen oder einen Überblick über den Lernstoff zu geben. Fox berichtet, mit dieser Technik Erfolg gehabt zu haben und diesen Erfolg führt er auf die benutzten Methoden der Stimuluskontrolle zurück. Das Hauptmerkmal dieses Ansatzes besteht darin, daß der Patient einem Training unterzogen wird, das es ihm ermöglicht, seine Umgebung so zu gestalten, daß seine Lernschwierigkeiten minimiert werden.

Goldiamond (1965) stellt drei Untersuchungen vor, deren Prozedur darin besteht, daß eine Person instruiert wird, Verhalten zu entwickeln, die ihre Umgebung verändern, so daß ihr eigenes Verhalten einer anderen Kontrolle unterstellt wird. Bei dem Prozeß, selbst ein Programm zu entwickeln, können dem Patienten die Methoden der Verhaltensanalyse beigebracht werden, so daß er diese, wenn nötig, auf sich selbst anwenden kann. Erläutert wird dieser Ansatz durch Beispiele der Behandlung von Fettsucht bei FERSTER, NURNBERGER und LEVITT (1962). Die therapeutische Prozedur setzte sich aus vier Schritten zusammen: 1. wurde untersucht, welche Variablen zum Essen führten; 2. wurde festgestellt, wie diese Variablen manipuliert werden konnten; 3. wurden die unerwünschten Effekte des Überessens identifiziert und 4. wurde für eine Methode gesorgt, die die nötige Selbstkontrolle förderte. So lernten fettsüchtige Frauen, ihr eigenes Eßverhalten zu Hause zu kontrollieren, indem sie sich operanter Lernmethoden bedienten, mit denen sie in der Klinik vertraut gemacht worden waren. Sie fertigten Tagesberichte über die Bedingungen ihrer Nahrungsaufnahme an, sowie über die Verhaltensketten, die zum Essen führten. Da die tatsächliche Gewichtszunahme zeitlich zu sehr vom Essen entfernt ist, um unmittelbare aversive Effekte zu haben, griff man zur verbalen Praxis, mit dem Ziel, jenes aktive verbale Repertoire des Patienten zu erweitern, das mit den aversiven Endkonsequenzen der Fettsucht zu tun hatte. So standen nun verbale Stimuli als unmittelbare negative Verstärker zur Verfügung. Um kompaktere Stimuluskontrolle zu erzielen, verordnete der Therapeut, daß Essen nur an einem bestimmten Ort und zu bestimmten Zeiten stattfinden dürfe, und Tätigkeiten, die mit Essen zu tun hatten, mußten schärfer kontrolliert werden.

Um Stimuluskontrolle gezielt zu gestalten, programmierte man z. B. spezifische Eßroutinen. Eine Reduktion der Neigung zum Essen kann auch dadurch bewirkt werden, daß man andere Tätigkeiten ins Spiel bringt, die mit Essen unvereinbar sind. So kann z. B. der Freund, den man antelefoniert (eine Taktik, die bei den anonymen Alkoholikern verbreitet ist) mit der eigenen Neigung kollidieren, zwischen den Mahlzeiten immer dann Imbisse einzunehmen, wenn das Eßverlangen stark ist. Auch kann der Patient die Lektüre seiner Abendzeitung auf eine Zeit verschieben, in der seine Eßgier besonders ausgeprägt ist. Ein weiteres Beispiel für die Abschwächung eines unerwünschten Verhaltens ist die Ausübung einer intensiv verstärkenden Tätigkeit, die Zeit und Aufmerksamkeit in Anspruch nimmt. So können z. B. ein Spaziergang, eine Autofahrt, ein Gespräch oder ähnliches Tun stärker sein als das Essen, weil die Unterbrechung derartiger Verhalten momentane aversive Konsequenzen haben könnte. In manchen Fällen bewirkt das stärkere oder unvereinbare Verhaltensrepertoire, daß sich die Person von dem Ort entfernt, an dem sie gewöhnlich ißt. FERSTER u. a. wandten diese Techniken in einem therapeutischen Kurzzeitprogramm mit kleiner Gruppe an, bei der den Patienten Grundprinzipien der Stimuluskontrolle, der Benutzung dominierender Repertoires, der Intensivierung aversiver Konsequenzen und andere selbstregulierende Techniken beigebracht wurden.

Im Rahmen einer Gesprächseinzeltherapie behandelte STUART (1967) einen Patienten, der unter seiner Eßsucht litt. STUART trainierte den Patienten so, daß dieser durch Neuanordnung von Verhaltenssequenzen sein eigenes Verhalten steuerte. STUART schilderte eingehend den Inhalt der Gesprächssitzungen. Das erste Gespräch befaßte sich mit der Aufzeichnung der Zeit, Natur,

Quantität und der Umstände aller Nahrungs- und Flüssigkeitsaufnahme. Gefordert wurde ein viermaliges Wiegen pro Tag, ein Vorgang, der erstens an das therapeutische Programm erinnern sollte und der zweitens feststellen sollte, ob das Körpergewicht des Patienten stark fluktuierte. Außerdem bat man den Patienten, Verhalten zusammenzustellen, die als positive Verstärker dienen konnten, und seine stärksten gewichtbezüglichen Ängste zu nennen. Nach diesen Aufzeichnungsprozeduren verlangte der erste Schritt des Therapieprogramms vom Patienten, er solle seine Mahlzeiten eine bestimmte Zeit lang unterbrechen. Diese Zeit betrug zunächst zwei, drei Minuten und wurde allmählich auf fünf Minuten erhöht. Der Patient wurde instruiert, in dieser Zeit sein Eßbesteck wegzulegen und auf seinem Platz am Tisch zu sitzen. Diese Taktik sollte die Selbstkontrolle stärken und zeigen, daß Essen eine Reaktionskette ist, die zerbrochen werden kann, und daß jede Komponente dieser Kette sukzessiv bewältigt werden kann.

In späteren Gesprächen wurde der Patient instruiert, in seiner Wohnung außerhalb der Küche keine Nahrungsmittel aufzubewahren und in der Küche nur solche Lebensmittel zu lagern, die der Zubereitung bedurften. Er wurde aufgefordert, aus dem Essen »eine reine Erfahrung« zu machen, das heißt er sollte Essen nicht mit Tätigkeiten wie Lesen, Radiohören, Fernsehen oder Telefongesprächen koppeln. Diese Schritte veranschaulichen die Methode, die darin besteht, daß die Stimuluskontrolle der Eßreaktion verengt wird und daß das Eßverhalten von anderen, mit ihm zusammenhängenden Verhalten, die als Hinweisreize für Essen dienen könnten, getrennt wird. In jedem Gespräch wurde die Gewichtstabelle begutachtet, um den therapeutischen Fortschritt vor Augen zu führen. In späteren Sitzungen wurde vom Patienten gefordert, er solle langsamer essen, um so die direkte Kontrolle über die Eßreaktion zu intensivieren; außerdem wurden Reaktionen vorgeschlagen, die Alternativen zum Essen darstellen. Diese Prozeduren ähneln insofern Fersters Vorgehen, als sie ersatzweise ablenkende Verhalten zu errichten versuchten. In späteren Sitzungen kam auch verdeckte Sensibilisierung (CAUTELA, 1966) zur Anwendung. Bei dieser Prozedur wird der Patient einem Training unterzogen, in dem er sich entspannt und sich vorstellt, er genieße eine Mahlzeit. Diese Vorstellung soll er nun koppeln mit der Vorstellung von einem stark aversiven Ereignis. Diese Prozedur ähnelt im wesentlichen jenen Stimuluskontrollmethoden der Verhaltensmodifikation, mit denen wir uns bereits in einem früheren Kapitel befaßt haben. Das vorgestellte verbotene Objekt (CS) wird mit dem aversiven UCS gekoppelt, so daß dem Auftreten des unerwünschten Verhaltens vorgebeugt wird. STUART berichtet über Nachuntersuchungen, die ein Jahr darauf bei acht Patienten durchgeführt wurden. Alle acht Patienten zeigten nach zwölf Monaten erhebliche Gewichtabnahmen, die elf bis einundzwanzig Pfund betrugen.

Verdeckte Sensibilisierung

Die Methode der verdeckten Sensibilisierung, die STUART benutzte, geht auf CAUTELA (1966, 1967) zurück. Bei dieser Prozedur wird dem Patienten beigebracht, in derselben Weise zu entspannen wie bei der Desensibilisierungsprozedur. Dann wird er aufgefordert, sich das angenehme Objekt (z. B. Alkohol, Essen oder den homosexuellen Partner) möglichst deutlich vorzustellen. Nun soll er sich ausmalen, er stehe kurz davor, die unerwünschte Handlung auszuführen, und auch den Beginn dieser Sequenz soll er sich vorstellen. Wenn er den Endpunkt der Annäherung an die unerwünschte Reaktion fast erreicht hat, soll er sich vorstellen, er bekomme Magenschmerzen. Aversive und imaginative Stimuli werden in unterschiedlicher Form angeboten. Als positive Verstärkung imaginierter erfolgreicher Flucht oder Vermeidung der problematischen Sequenz fungiert das Gefühl der Erleichterung. Dabei wird der Patient z. B. aufgefordert sich vorzustellen, daß er nach draußen an die frische Luft eilt, nachdem er einen Drink oder eine homosexuelle Handlung abgelehnt hat, und daß sich der Brechreiz dadurch gibt, so daß er sich nun sehr wohl fühlt. Nach der praktischen Einübung mehrerer Durchgänge im Behandlungszimmer des Therapeuten wird der Patient angewiesen, die selbstverabreichte Behandlung zwischen den einzelnen Sitzungen fortzusetzen. Je mehr die Therapie fortschreitet, desto mehr ist es der Patient selbst, der die technische Handhabung der Selbstkontrolle übernimmt. CAUTELA glaubt, dieses Verfahren könne bei Fettleibigkeit, Homosexualität und bei ähnlichen Problemen benutzt werden. Das Hauptmerkmal der verdeckten Sensibilisierung liegt in der Tatsache, daß der Patient Techniken gelehrt wird, die den Prozeduren der Aversionstherapie ähneln. Allerdings werden die tatsächlichen Verhaltensereignisse durch verbale Reaktionen ersetzt, und der Patient übernimmt, ohne daß er vom Therapeuten direkt unterstützt wird, die Verantwortung für die praktische Durchführung der Behandlung.

BARLOW, LEITENBERG und AGRAS (1969) testeten in zwei Fällen von sexueller Perversion die Annahme, daß die Koppelung der verbalen Beschreibung einer noxischen Szene mit dem unerwünschten Verhalten für die Effektivität der verdeckten Sensibilisierung entscheidend sein könnte. Die Autoren errichteten für die beiden Patienten — es handelte sich um einen Pädophilen und einen Homosexuellen — die entsprechenden Hierarchien sexuell erregender Szenen. Die Patienten wurden aufgefordert, ihre täglichen sexuellen Erregungszustände aufzuzeichnen. Die Items der Hierarchie wurden auf Indexkarten festgehalten, und die Patienten wurden vor jeder Sitzung gebeten, diese Karten je nach Erregungsstärke in vier Gruppen aufzuteilen. Schließlich wurden während jeder Vorbereitungssitzung und vor jeder zweiten Behandlungssitzung die GSR-Reaktionen auf sechs ausgewählte Szenen der Hierarchie aufgezeichnet. Diese Meßwerte bildeten die abhängigen Variablen bei der Bewertung der Behandlungseffekte. In jeder Sitzung wurden nach einem Muskelentspannungstraining acht Szenen der Hierarchie dargeboten. Vier Szenen wurden mit imaginiertem Brechreiz gekoppelt, während die restlichen

Szenen das Einsetzen von Brechreiz und die Erleichterung beinhalteten, die
der Verzicht auf die Erregungsszene zur Folge hatte. Nach der Aneignung
(Koppelung von noxischen mit erregenden Szenen) wurde eine Löschungsprozedur eingeführt. Diese Sitzungen bestanden aus der jeweils zehn Sekunden dauernden Darbietung der erregenden Szene; doch trat nun an die Stelle
der Brechreiz erzeugenden Szene ein dreißig Sekunden langes Leerintervall.
War dieses Intervall zu Ende, sagte der Therapeut: »Mit dem Imaginieren
aufhören.« Nach acht Löschungssitzungen wurde die Aneignungsprozedur
wieder eingeführt.

Die Verlaufskurven der Abb. 9/1 zeigen die Ergebnisse für den pädophilen
Patienten. Sowohl die Aufzeichnung der sexuellen Erregungszustände als auch
der Punktwert bei der Gruppierung der Indexkarten der Hierarchie zeigen
eine deutliche Abnahme im Verlauf der zunehmenden Aneignung. Die Weglassung der noxischen Szene während der Löschung führte mehrere Tage nach
der Veränderung der Prozedur zu einem Ansteigen der sexuellen Erregungszustände. Und wie man sieht, folgte der Wiedereinführung der Aneignungsprozedur eine Reduktion dieser Triebregungen. Dieselben Veränderungen waren am zweiten Patienten festzustellen. Die GSR-Daten erholten sich während der Löschung nur beim pädophilen Patienten. Diese Untersuchung deutet darauf hin, daß die Koppelung von noxischen mit erregenden Stimuli den
Konditionierungsmechanismus bilden kann, der dem therapeutischen Effekt
der verdeckten Sensibilisierung zugrunde liegen könnte.

Kontingenz-Management

HOMME (1965, 1966) hat eine Technik der Verhaltensmanipulation vorgeschlagen, bei der der Patient Selbstkontrolle praktiziert, indem er Verhalten
dadurch neu gestaltet, daß er verdeckte verbale Reaktionen benutzt, die als
kontrollierende Hinweisreize für wünschenswerte Verhalten dienen. HOMME
beschreibt mit dem Begriff »coverant« (= covert und operant = verdeckt und
operant) Reaktionen, bei denen es sich um verbale Operanten handelt, die
dem Beobachter gewöhnlich unzugänglich sind. Zu diesen Operanten gehören
Verhalten wie Denken, Sich-Vorstellen, Entspannen und Imaginieren.
HOMME nimmt an, daß die Häufigkeit derartiger Verhalten durch dieselben
Prinzipien kontrolliert werden könne, die offene Verhalten kontrollieren.

HOMMES Hauptthese ist die, daß das symptomatische Verhalten reduziert
werden könne durch spezifische vorauslaufende verbale Verhalten, die mit der
Zielreaktion unvereinbar sind. Beim Selbst-Management von Kontingenzen
wird der Patient zunächst dahingehend unterstützt, daß er möglichst vollständig entspannt. Dieser Körperzustand soll helfen, zwischen Feedback der
angespannten und der entspannten Muskulatur zu diskriminieren, und der
Patient wird gelehrt, diesen körperlichen Zustand mit dem selbsterteilten Be-
fehl »Entspann dich« zu assoziieren. Der Entspannungs-Coverant ist vor
allem deshalb nützlich, weil er Verhalten mit hoher Wahrscheinlichkeit ermöglicht, die auf seine Ausführung kontingent sind. Eine weitere Form des

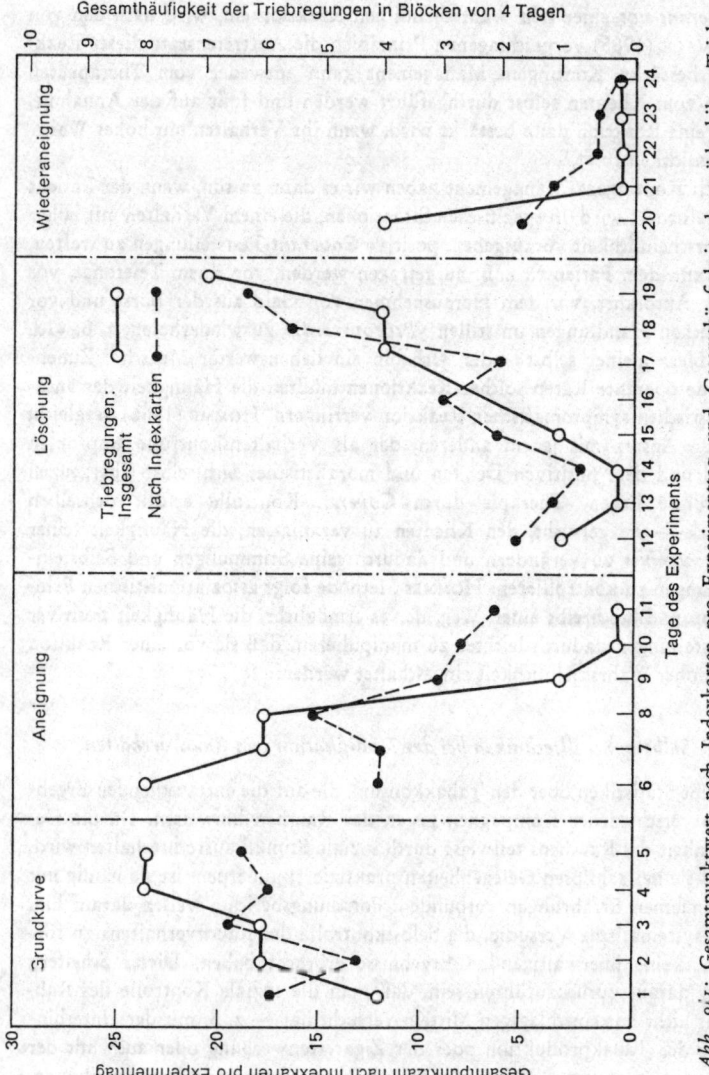

Abb. 9/1: Gesamtpunktwert nach Indexkarten pro Experimenttag und Gesamthäufigkeit der pädophilen Triebregungen in Blöcken von 4 Tagen mit je einem Experimenttag dazwischen. Niedrige Punktwerte stehen für geringe sexuelle Erregung (BARLOW, LEITENBERG und AGRAS, 1969, S. 599).

Coverant, dem Feststellungen wie »Ich bin für mein eigenes Verhalten verantwortlich« zugrundeliegen und der als Coverant der Selbstbewältigung bezeichnet wird, ist deshalb nützlich, weil er mit Feststellungen der eigenen Unzulänglichkeit und Minderwertigkeit unvereinbar ist. Schaltet man den *Coverant* vor einer sehr wahrscheinlichen Reaktion ein, wird nach den von PREMACK (1965) vorgeschlagenen Prinzipien die Auftretensrate dieser Reaktion bestärkt. Kontingenz-Management kann entweder vom Therapeuten oder vom Klienten selbst durchgeführt werden und fußt auf der Annahme, daß eine Reaktion dann bestärkt wird, wenn ihr Verhalten mit hoher Wahrscheinlichkeit folgt.

Mit Kontingenz-Management haben wir es dann zu tun, wenn der Patient aufgefordert wird, in spezifischen Situationen, die einem Verhalten mit hoher Wahrscheinlichkeit vorausgehen, positive *Coverant*-Feststellungen zu treffen. So kann dem Patienten z. B. aufgetragen werden, vor einem Telefonat, vor einer Autofahrt, vor dem Herausnehmen von Geld aus der Börse und vor ähnlichen Handlungen im stillen »*Procoverants*« zu wiederholen, z. B. »Ich bin Herr meiner selbst« oder »Ich bin ein liebenswerter Mensch«. Zunehmende operante Raten solcher Reaktionen müßten die Häufigkeit der antagonistischen symptomatischen Reaktion verringern. HOMME (1966) vergleicht diesen Ansatz mit jenem anderen, der als Verhaltenskontrolle empfohlen wird und dem positiven Denken und moralistisches Sich-selbst-Überzeugen zugrunde liegen. Therapie durch *Coverant*-Kontrolle erfüllt denselben Zweck — sie versucht, den Klienten zu veranlassen, die Häufigkeit seiner *Procoverants* zu verändern und dadurch seine Stimmungen und Selbsteinstellungen zu kontrollieren. HOMMES Methode folgt assoziationistischen Prinzipien und beschreibt einen Weg, der es ermöglicht, die Häufigkeit positiver Feststellungen dadurch leichter zu manipulieren, daß sie vor einer Reaktion mit hoher Wahrscheinlichkeit eingeschaltet werden.

Selbstkontrolltechniken bei der Modifikation von Rauchverhalten

Es gibt Statistiken über den Tabakkonsum, die auf die enttäuschenden Ergebnisse verschiedener Kampagnen gegen das Rauchen hinweisen. Da die Gewohnheit des Rauchens teilweise durch soziale Stimuli aufrechterhalten wird, wird sie bei zahllosen Gelegenheiten praktiziert; außerdem ist sie häufig mit angenehmen Erfahrungen verbunden. Forschungsberichte weisen darauf hin, daß systematische Versuche, die Selbstkontrolle des Rauchverhaltens zu fördern, keine überwältigenden Ergebnisse erbracht haben. Dieses Scheitern kann darauf zurückzuführen sein, daß man die soziale Kontrolle des Rauchens nicht mit einschlägigen Mitteln versucht hat — z. B. mit der Unterbindung der Tabakproduktion oder der Zigarettenwerbung oder auch mit der öffentlichen positiven Verstärkung des Nichtrauchens oder der Entwöhnung. So wird die Person, die sich das Rauchen abgewöhnen will, nach wie vor mit Situationen konfrontiert, in denen (durch das Vorhandensein von S ^{D}'s für das Rauchen) die Versuchung zu rauchen groß ist oder in denen dieses Verhalten sogar noch verstärkt wird. Da unsere Gesellschaft auch in diesem Bereich davor zurückscheut, das Recht des einzelnen auf Entscheidungsfreiheit zu schmälern, hat man keine der Methoden der Umweltkontrolle in einem breiteren Rahmen auf Rauchverhalten angewandt. Folglich hat man Prozeduren der Selbstkontrolle überaus häufig auf Verhalten wie Rauchen, Überessen und Trinken angewandt, auf Verhalten also, bei denen die Befürwortung durch die Umwelt oder die inhärente Befriedigung konflikthafte Konsequenzen nach sich zieht und bei denen Fremdkontrollen unpraktisch sind.

Viele klinische Prozeduren, die bei der Kontrolle von Rauchverhalten benutzt werden, ähneln den Methoden, die man bei Dickleibigkeit anwendet. So schlägt z. B. HOMME (1965) zur Coverant-Kontrolle des Rauchens folgende Schritte vor. Zunächst wird die Person instruiert, eine Liste der verbalen Ereignisse zusammenzustellen, die sie in bezug aufs Rauchen für aversiv hält. Nun sucht sie sich eine Tätigkeit aus, die sie täglich häufig ausübt. Diese Tätigkeit bildet zu jedem Zeitpunkt, an dem die Person ans Rauchen denkt oder nach einer Zigarette greift, für den vorausgehenden, gegen das Rauchen gerichteten Coverant eine verstärkende Konsequenz (C+). Gegen das Rauchen gerichtete Coverants werden eingeübt und umfassen Items wie das Aufsagen der schädlichen Wirkungen des Rauchens. Nun wird auf diesen gegen das Rauchen gerichteten Coverant hin eine fest etablierte Reaktion ausgeführt. Diese kontrollierende Reaktion sollte vorzugsweise darin bestehen, daß sie die Person der Situation entzieht — so kann die Stimulussituation z. B. dadurch geändert werden, daß die Person ihren Bürosessel verläßt oder das Radio andreht. Die Effektivität dieser Prozeduren ist durch Forschungsdaten noch nicht bewertet worden. Doch zielen diese Prozeduren im wesentlichen darauf ab, eine hohe Rate der Reaktionen zu erzeugen, die sich gegen das Zielverhalten und seine vorauslaufenden Ereignisse richten.

TOOLEY und PRATT (1967) kombinierten drei Methoden der Verhaltensmodifikation, als sie erfolgreich das Rauchen eines Ehepaares behandelten. Ihre Prozedur kombinierte Coverant-Kontrolle, verdeckte Sensibilisierung und vertragliches Management. Die letzte Technik impliziert das Aushandeln sogenannter Verhaltensverträge, in denen sich der Raucher bereit erklärt, im Austausch gegen Anerkennung durch den Therapeuten und gegen andere soziale Belohnungen gewisse Verpflichtungen des Nichtrauchens einzugehen. Das vertragliche Management wurde von denselben Autoren (PRATT und TOOLEY, 1964 a, b) als Technik beschrieben, bei der zwischen Patient und Therapeut eine Übereinkunft erzielt wird, die die Verpflichtungen beider Parteien klar festlegt. Nach den Bedingungen des Vertrags wird der Patient für die erfolgreiche Verwirklichung der vorher bestimmten Punkte verstärkt. In ihrer Auseinandersetzung mit der Fallgeschichte der beiden Raucher weisen die Autoren auf eine ganze Reihe gängiger therapeutischer Techniken des Selbst-Managements hin, wie daß der Patient über sein Verhalten Buch führt, auf die Verabreichung aversiver Konsequenzen, falls der Vertrag gebrochen wird, und die Einübung kontrollierender Reaktionen, die das Verhalten, das mit der symptomatischen Reaktion unvereinbar ist, stärken sollen.

Da das Rauchen Verhalten einschließt, das überall in der Umwelt des Patienten stattfinden kann, müssen aversive Prozeduren, die im Labor oder in der Klinik durchgeführt wurden, durch selbstkontrollierende Verhaltensarten ergänzt werden. KEUTZER, LICHTENSTEIN und MEES (1968) befaßten sich mit einer Reihe von Untersuchungen, in denen Prozeduren der Aversionstherapie benutzt wurden. Diese Techniken bedienten sich der Methoden der Stimuluskontrolle, die wir in den Kapiteln 3, 4 und 7 behandelten.

MEES (1966 a) berichtet über die Spielart einer Aversionstechnik, bei der die Versuchspersonen aufgefordert wurden, den Atem anzuhalten, während sie sich vorstellten, sie inhalierten Zigarettenrauch. Das Atemanhalten wurde auch außerhalb des Labors angewandt und schien sehr effektiv zu sein. Es ist den Selbstkontrolltechniken zuzuordnen, da die Versuchsperson im Beisein einer Stimulation, die früher für die symptomatische Reaktion des Rauchens als S ^{D} fungiert hatte, eine kontrollierende Reaktion (Atemanhalten) einführen muß.

Eine Methode der Selbstkontrolle, die in der klinischen Praxis weit verbreitet ist, besteht darin, daß die Bedingungen, unter denen symptomatisches Verhalten auftreten darf, immer stärker eingeengt werden. Das zugrunde liegende Lernkonzept ist das Konzept der Verringerung des Spektrums der diskriminativen Stimuli, die das störende Verhalten kontrollieren. NOLAN (1968) illustrierte diesen Ansatz. Bei der Versuchsperson seiner Studie handelte es sich um die Frau dieses Autors. NOLAN placierte einen Sessel so, daß es für seine Frau sehr unbequem war, wen sie von diesem Sessel aus fernsehen, sich unterhalten oder sonstwie betätigen wollte. Wollte sie rauchen, setzte sie sich in den »Rauchersessel«. Tägliche Buchführung über den Zigarettenkonsum und über die im »Rauchersessel« zugebrachte Zeit ließ innerhalb eines Monats ein allmähliches Nachlassen des Konsums erkennen. Diese Methode ermöglicht gleichzeitig die stufenweise Reduktion verstärkender Stimuli wie Lesen, Kaffeetrinken oder Alkoholkonsum, die mit der Rauchgewohnheit in der Regel assoziiert sind. Bei dieser therapeutischen Technik wird die Selbstkontrolle insofern erleichtert, als keine plötzliche und vollständige Ausschaltung der Reaktion erforderlich ist. Statt dessen sorgt man für Umweltveränderungen, durch die das Verhaltensmuster gestört wird, so daß die aufrechterhaltenen Stimuli und ihre Assoziation mit der Reaktion reduziert werden.

Die Autoren dieses Buches haben bei Erwachsenen, die an Fingernägelbeißen und Haarauszupfen litten, eine ähnliche Technik der Stimuluskontrolle angewandt. In der Praxis wird von den Patienten gefordert, sie sollen die symptomatische Reaktion zeitlich wie räumlich nach und nach reduzieren. So wird der Patient z. B. aufgefordert, Fingernägel nur in einem bestimmten Zimmer oder zu einer bestimmten Zeit zu kauen. Diese Einschränkung wird langsam verstärkt und die Forderung nach antagonistischen Ersatzreaktionen werden immer strenger, bis das Symptom schließlich auf ein erträgliches Ausmaß reduziert oder völlig gelöscht ist. Die zusätzlichen Reaktionen werden eingeführt, um die Ausführung der symptomatischen Reaktion zu verhindern.

Durch Errichtung konkurrierender Reaktionen, die zunächst nicht allzusehr einschränken oder allzu neuartig sind, wird der Patient dahingehend unterstützt, daß er seine Selbstkontrolle, noch bevor er die ersten Versuche zur Besserung unternimmt, nicht als unmöglich aufgibt. Zur selben Zeit dient die Einschaltung einiger neuer Verhalten dazu, die alte Reaktionskette zu unterbrechen, den Entzug der Zielreaktion zu verstärken, Gelegenheit zur Selbstbeobachtung zu geben und das Auftreten der symptomatischen Reaktion zu verzögern. Die technische Handhabung neuer Verhaltenssequenzen hilft der Person, kontrollierende Stimuli zu einem frühen Zeitpunkt der Gesamtsequenz zu manipulieren, zu einem Zeitpunkt, zu dem die symptomatische Reaktion noch nicht im Begriff ist aufzutreten, so daß es noch relativ einfach ist, die Kette zu unterbrechen. Dadurch, daß vom Patienten oder von der Patientin verlangt wird, sich auf einen bestimmten Stuhl zu setzen, sich in ein bestimmtes Zimmer zu begeben, über ihre Beobachtungen Buch zu führen oder ein bestimmtes Schmuckstück anzulegen, wird für eine Unterbrechung der fest eingeführten Verhaltenskette gesorgt.

OBER (1968) verglich Selbstkontrolltechniken mit Aversionsmethoden und mit einer Therapie durch Einsicht, die auf BERNES »Spiele der Erwachsenen« (dt. Ausgabe 1967) basierte. Der Autor beschaffte sich durch Selbstberichte der Patienten und durch die Berichte von Informanten Raucherdaten, und er entdeckte, daß beide Informationsquellen sehr stark korrelierten. Die experimentellen Gruppen zeigten eine Reduktion ihres Rauchverhaltens von annähernd 50 Prozent, wobei kein signifikanter Unterschied zwischen den angewendeten operanten und aversiven Prozeduren festzustellen war. Beide Methoden waren effektiver als eine Transaktionsanalyse. RUTNER (1967) verglich unterschiedlich behandelte Gruppen miteinander — die Behandlungen wurden durchgeführt mit Hilfe von verdeckter Sensibilisierung, Atemanhalten (unter Verwendung der bereits dargestellten Methode von MEES), vertraglichem Management (TOOLEY und PRATT, 1967) und Selbstüberwachung (KANFER, 1967 b). Alle Versuchspersonen kamen zu einer Behandlungssitzung. Sie wurden in die jeweilige Prozedur eingeführt und erhielten genügend Training, um die Behandlung selbst durchzuführen. Nach 21 Tagen wurden Daten über ihr Rauchverhalten in eben dieser Zeit erhoben. Alle fünf Gruppen hatten ihr Rauchverhalten nach der Behandlung signifikant reduziert. Die Gruppe mit vertraglichem Management war die erfolgreichste. RUTNER benutzte auch die ROTTERsche IE-Skala, die unterscheiden hilft zwischen Personen, welche entweder von sich selbst oder von den Umweltbedingungen annehmen, daß sie ihr Verhalten kontrollieren. Es gab keine Korrelation zwischen den Punktwerten dieser Skala und der erfolgreichen Verhaltensmodifikation. KEUTZER (1967) verglich HOMMES verdeckte Kontrollprozedur, MEES' Technik des Atemanhaltens und eine Gruppe mit negativer Übung, um festzustellen, welche dieser Prozeduren bei der Reduktion von Rauchverhalten am effektivsten ist. Außerdem wurden verschiedene Kontrollgruppen benutzt. Die Versuchspersonen wurden aufgefordert, zwischen den experimentellen Sitzungen mit ihrer jeweiligen Technik zu arbeiten. Obwohl die behandelten Gruppen eine signifikant stärkere Reduktion des Rauchverhaltens aufwiesen als die Kontrollgruppen, war zwischen den verschiedenen Behandlungsarten kein signifikanter Unterschied festzustellen. Doch lassen sich die Berichte über die erfolgreiche Kontrolle von Rauchverhalten nicht verallgemeinern. Mangelhafte Nachuntersuchungen, unzureichende posttherapeutische Messungen und die unzulängliche Planung von klinischen Untersuchungen haben dazu geführt, daß die erzielten Forschungsdaten und die allgemeine Effektivität dieser Techniken in Frage gestellt worden sind (BERNSTEIN, 1969).

Andere selbstverabreichte Techniken der Verhaltenskontrolle

Im Prinzip kann eine Person jede Anordnung einer Reaktionsverstärkungskontingenz auf ihr eigenes Verhalten anwenden, wenn sie fähig ist, das Auftreten der Reaktion zu beobachten und sich die kontingente Verstärkung nur dann zu verabreichen, wenn es das Behandlungsprogramm erfordert. Es gibt zahlreiche Berichte von Klinikern, die darauf hinweisen, daß die Anwendung von Elektroschocks, die nach einem Paradigma der Aversionstherapie erfolgte, mit Erfolg unter die Kontrolle der Person selbst gebracht wurde. So beschreiben z. B. McGUIRE und VALLANCE (1964) ein einfaches Gerät, das dazu dient, milde Schocks zu verabreichen, die kontingent sind auf gewisse symptomatische Verhalten. Bei dieser Prozedur kann z. B. ein Fetischist aufgefordert werden, sich selbst immer dann Schocks zu verabreichen, wenn seine fetischistischen Phantasien einsetzen. Obsessives Grübeln, Alkoholexzesse und andere Verhaltensstörungen hat man behandelt, indem man den Patienten zunächst mit der anzuwendenden Aversionstherapie vertraut machte, um ihn dann mit einem tragbaren Elektroschockgerät nach Hause zu schicken, wo er die Behandlung selbst durchführen sollte. McGUIRE und VALLANCE berichten über die erfolgreiche Behandlung einiger Fälle mit dieser Methode, wobei nur wenige Patienten aus der Behandlung ausschieden.

Eine hervorragend kontrollierte Untersuchung von REHM und MARSTON (1968) schildert die direkte Anwendung von Konzepten der Selbstverstärkung und Selbstüberwachung bei klinischen Prozeduren. Ihr Verfahren bediente sich im wesentlichen der Manipulation offener Selbstverstärkung, um eine positive Veränderung von Selbsteinstellungen und sozialen Verhalten zu erzielen; verbunden mit diesem Verfahren waren auch Angstreduktion und zunehmende Annäherung an angsterregende Situationen. Collegestudenten, die über Kontaktschwierigkeiten mit Mädchen berichteten, wurden zunächst gesiebt, um die Studenten auszuschließen, die wirklich schwerwiegende emotionale Probleme aufwiesen. Die Versuchspersonen der Selbstverstärkungs- oder SR-Gruppe wurden aufgefordert, eine Desensibilisierungshierarchie zusammenzustellen, die aus 30 Standarditems bestand — diese Items setzten sich aus heterosexuellen Situationen zusammen, die von Kontakten wie Platznehmen neben einem Mädchen im Unterricht bis hin zum Küssen eines Mädchens reichten. Jeder Student ordnete diese Items nach dem Grad an Unbehagen, den er in der jeweiligen Situation erleben würde. Außerdem erhielt jede Versuchsperson Informationsmaterial, das die theoretische Grundlage der Behandlung umriß. Und schließlich wurden die Studenten einer Testserie unterzogen, die der Bewertung der therapeutischen Effekte diente. Diese Serie bestand aus mehreren Fragebögen und aus Tonbandaufzeichnungen, die soziale Situationen darstellten, auf die die Versuchspersonen so reagieren sollten, als suchten sie tatsächlich Kontakt mit einem Mädchen. Wesentlich an dieser Prozedur war, daß die Versuchspersonen aufgefordert wurden, sich in die Situationen zu begeben, die in der Hierarchie schrittweise beschrieben wurden, und ihre jeweilige Performanz zu evaluieren und, falls sie erfolgreich verlief, mit Selbstanerkennung zu belohnen. Die Versuchspersonen führten genau Buch, und ihre Selbstbelohnung wurde durch den Therapeuten in fünf Sitzungen pro Woche zusätzlich verstärkt. Die Kontrollgruppen besuchten Sitzungen, in denen mit herkömmlichen nicht-direktiven Methoden oder mit stützender Therapie gearbeitet wurde; in diesen Sitzungen wurden die Versuchspersonen ermuntert, ihre Probleme zu formulieren und durchzuarbeiten. Neben einer Nachbehandlungssitzung fand nach sieben bis neun Monaten nach Behandlungsabschluß eine Nachuntersuchung statt. Gemessen wurden selbstberichtete Ängste und offenes Verhalten in spezifischen Situationen, verbales Verhalten in simulierten sozialen Interaktionen, und es wurden Tests durchgeführt über allgemeine Ängste und Selbstbeschreibungen. Bei all diesen Messungen schnitt die Selbstverstärkungsgruppe am besten ab. Diese Untersuchung belegt die Nützlichkeit eines systematischen lernorientierten Vorgehens bei therapeutischen Prozeduren, die davon ausgehen, daß Veränderungen sozialer Verhaltensweisen durch die Veränderung der Selbstreaktionen, von denen diese Verhalten abhängen, vermittelt werden können. Von dieser Annahme geht auch die herkömmliche Therapie durch Einsicht aus. Doch im Gegensatz zu dieser Art von Therapie benutzt der lernorientierte Standpunkt Trainingsmethoden, die auf der Verstärkungstheorie fußen, und diese Methoden kombiniert er mit der Aufzeichnung und Identifikation spezifischer Reaktionen, die das Behandlungsziel bilden, sowie mit der Technik der Selbstbelohnung.

RUTNER und BUGLE (1969) berichten über die Verwendung von Prozeduren der Selbstkontrolle, bei denen die Versuchsperson aufgefordert wird, über die Häufigkeit des symptomatischen Verhaltens Buch zu führen. Diese »Buchführung« soll das Verhalten unterbrechen und der Person die Möglichkeit geben, das Einsetzen des Verhaltens zu erkennen und zu kennzeichnen, mit dem Ziel, es schließlich unter ihre Kontrolle zu bringen. Eine schizophrene Patientin, die bereits dreizehn Jahre im Krankenhaus zugebracht hatte, zeigte sich tief bekümmert, weil ihr Verhalten von »Stimmen« kontrolliert würde. Diese Patientin wurde gebeten, drei Tage lang die Häufigkeit ihres halluzinatorischen Verhaltens aufzuzeichnen, und die so ermittelte Häufigkeitstabelle wurde auf der Station aufgehängt. Die aufgezeichneten Halluzinationen gingen am ersten Tag von einem Ausgangswert von 91 auf 0 zurück, stiegen am folgenden Tag auf 60 und erreichten dann wieder die Nullgrenze. In den drei Monaten danach traten keine Halluzinationen auf. Die Autoren meinten, daß sich durch die öffentliche Zurschaustellung der Tabelle auf der Station der Status der Halluzinationen änderte — aus privaten Ereignissen ohne Feedback von der Gemeinschaft seien publike Ereignisse geworden, die sozialer Mißbilligung und negativer Verstärkung ausgesetzt gewesen seien. Dieselbe Patientin zeigte noch viele andere gemeinschaftsbezogene Verhaltensänderungen. Diese erstaunliche Reduktion eines psychotischen Symptoms durch relativ einfache Techniken stimmt überein mit der Annahme, daß die Aufrechterhaltung psychotischen Verhaltens eng korreliert sein kann mit der Tatsache, daß solches Verhalten öffentlicher Evaluation und Verstärkung nicht zugänglich ist. RUT-NERS und BUGLES Einzelfallstudie stimmt mit anderen klinischen Erfahrungen überein. Trotzdem sind umfassendere Untersuchungen nötig, um den zugrunde liegenden Prozeß zu verstehen und die Evaluation der generellen Effektivität dieser Technik zu ermöglichen.

Die Tatsache, daß verhaltenstherapeutische Verfahren allmählich vom Therapeuten an den Patienten selbst delegiert werden, setzt gewöhnlich voraus, daß der Patient in bezug auf das Behandlungsprogramm praktisch geschult wird. Erst dann ersucht der Kliniker den Patienten, die klinische Funktion selbst zu übernehmen. MEES (1966 b) berichtet über eine derartige erfolgreiche Weitervermittlung bei einem Patienten, der lernte, sadistische Phantasien während der Onanie durch selbstverabreichte aversive Stimuli zu kontrollieren. Obgleich keine Veröffentlichungen existieren, die im Kontext des operanten Konditionierens durch positive Verstärkung derartige Übertragungen vom Kliniker auf den Patienten beschreiben, läßt die bereits behandelte Literatur über die Selbstverstärkung vermuten, daß positive Verstärkung, die auf bestimmte Kriterien kontingent ist, ebenfalls selbstverabreicht werden kann. Die Verwendung von verbal selbstverstärkenden Stimuli und von materiellen Verstärkern (z. B. eines Hutkaufs oder eines Kinobesuchs), die beide kontingent gemacht werden auf den Vollzug einer vorgeschriebenen Verhaltenssequenz, ist in der Behandlung weit verbreitet und stimmt mit den täglichen Erfahrungen der meisten Leute überein. Doch befindet sich die Forschung auf dem Gebiet der Selbstkontrolltechniken großenteils noch in dem Stadium, in dem lediglich Demonstrationen und Fallberichte zur Verfügung stehen; außerdem mangelt es nach wie vor an streng kontrollierten Untersuchungen der spezifischen Variablen.

Vertragliches Management

Viele Autoren haben nachdrücklich betont, daß jede psychotherapeutische Interaktion, was die Behandlungsbedingungen anlangt, eine stillschweigende oder ausdrückliche Übereinkunft zwischen Patient und Therapeut erfordert. SULZER (1962) und PRATT und TOOLEY (1964 b) haben die Nützlichkeit des therapeutischen Vertrags im Rahmen von Verhaltensmodifikationstechniken untersucht. Derartige Prozeduren zeichnen sich dadurch aus, daß gezielte Verträge ausgehandelt werden, die vom Patienten spezifische Verhalten fordern, deren Verwirklichung der Therapeut mit vorher festgelegten Verstärkungen belohnt. Diese Verträge bilden also eine Übereinkunft zwischen den beiden Parteien, durch die ihre Verhaltensweisen aufeinander kontingent gemacht werden; außerdem wird in diesem Vertrag auch der wechselseitige Austausch von Verhalten genau festgelegt.

Auf diesem Gebiet haben sich in jüngster Zeit KANFER und seine Mitarbeiter (KANFER und KAROLY, 1972 a, 1972 b; KANFER, COX, GREINER und KAROLY, 1974; und KAROLY und KANFER, 1974) in Arbeiten zur Theoriebildung und Forschung bemüht, die Rolle sozialer Verträge im Bereich der Instigationstherapie zu durchleuchten. Im therapeutischen Geschehen könnte man den Vertrag am besten als das Frühstadium einer *Bindung* betrachten, in der Therapeut und Patient es für nötig halten, ein therapeutisches Programm und die Bedingungen, unter denen es durchgeführt werden soll, festzulegen. Dieser Vertrag erfüllt also zwei Funktionen: Erstens soll er die Verantwortung, die dem Therapeuten und dem Klienten im therapeutischen Prozeß zukommt, definieren, und zweitens soll er als Instrument dienen der stärkeren Fremdkontrolle des Patientenverhaltens und des verstärkten Feedbacks der Erfolge, die der Klient im Hinblick auf die ihm gesetzten Ziele zu verzeichnen hat. Derartige Verträge sind nicht nur zwischen dem Therapeuten und seinem Klienten möglich, denn ebenso kann der Klient einen Vertrag mit sich selbst oder können zwei Klienten unter Anleitung eines Therapeuten einen Vertrag untereinander abschließen. Verträge können zwischen zwei Parteien geschlossen werden oder sie können einseitig sein; einseitig sind sie dann, wenn sich die eine Partei zu einem Modifikationsprogramm verpflichtet, ohne von der zweiten Partei einen besonderen Beitrag zu erwarten. Wechselseitige Verträge werden gewöhnlich bei der Eheberatung oder im Kontext von Familien oder Lehrer-Schüler-Beziehungen geschlossen, und sie spezifizieren die Verpflichtungen und wechselseitigen Verstärkungen beider Parteien. Der einzelne kann also einen Vertrag mit sich selbst oder mit dem Therapeuten schließen, er kann einen Vertrag mit anderen schließen, wobei der Therapeut als Kontrolleur und Vermittler fungiert, oder er kann einen Vertrag mit einer Gruppe schließen, z. B. mit seiner Schulklasse oder seiner Familie. In jedem Fall werden die Ziele, Methoden und Konsequenzen, die den therapeutischen Fortschritt kontrollieren und beschleunigen, ausdrücklich festgelegt.

Wird in ein Selbstkontrollprogramm ein formeller Vertrag aufgenommen, müssen zwei Aspekte berücksichtigt werden: 1. die Variablen, die die Wahrscheinlichkeit, daß eine Person einen Vertrag unterzeichnet, verändern können und 2. die Auswirkungen, die der Vertrag auf die spätere Verwirklichung des therapeutischen Programms hat. In einigen jüngst durchgeführten Laboruntersuchungen haben KANFER, COX, GREINER und KAROLY (1974) diese Fragen durchleuchtet. Als kritisches Verhalten, das kontrolliert werden sollte, wählten die Autoren die Toleranz gegenüber dem Handeintauchen in Eiswasser, und die Collegestudenten, die als Versuchspersonen dienten, erhielten entweder mündliche Instruktionen oder einen schriftlichen Vertrag desselben Inhalts. Es stellte sich heraus, daß der schriftliche Vertrag signifikant längere

Toleranz gegenüber Eiswasser erzeugte als die mündlichen Instruktionen. Außerdem zeigten Versuchspersonen, die ihr Scheitern bei der gestellten Aufgabe auf ihr eigenes Handeln zurückführten, später erheblich mehr Selbstkontrolle als Versuchspersonen, die ihr Scheitern auf das Handeln des Versuchsleiters zurückführten. Unserer Meinung nach weist dieser Befund darauf hin, daß die Beziehung zwischen den beiden Vertragspartnern entscheidend zur Einhaltung des Vertrags beiträgt. KAROLY und KANFER (1974) erarbeiteten ähnliche Befunde in einer anderen Laborsituation mit Kindern. All diese Laborexperimente zeigen, daß die Effektivität eines Vertrags, der Verhaltensänderungen durch Selbstkontrolle fördern möchte, zusammenhängt mit dem wechselseitigen Vertrauen zwischen Klient und Therapeut.

Kliniker, die über die Verwendung von Verträgen berichtet haben, haben darauf hingewiesen, daß die Spezifizierung einiger positiver Konsequenzen für die Erfüllung des Vertrags sehr wichtig ist. Wenn z. B. ein fettleibiger Patient eine gewisse, im vorhinein festgelegte Gewichtsabnahme zu verzeichnen hat, bekommt er gewöhnlich eine positive Konsequenzverabreichung — er darf sich dann z. B. ein Kleidungsstück kaufen oder einen Kurzurlaub machen. Doch kann die eigentliche Effektivität eines Vertrags vermindert werden, wenn der Therapeut oder eine andere Person den Klienten lediglich in seinen Vertragsverpflichtungen oder in seiner Absicht, ein Programm durchzuführen, verstärken, anstatt tatsächliche Verhaltensänderungen abzuwarten. Das Laboranalogon, das mit Eiswasser arbeitete (KANFER, COX, GREINER und KAROLY, 1974), zeigte, daß Versuchspersonen, die für ihre Vertragserfüllung Verstärkung erwarteten, das Eiswasser länger ertrugen als Versuchspersonen, die nicht verstärkt oder die nur dafür verstärkt wurden, daß sie den Vertrag unterzeichneten. Diese Daten zeigen, wie wichtig es ist, die Verstärker eines therapeutischen Programms so lange zurückzuhalten, bis die Vertragsbedingungen erfüllt worden sind.

Doch können die Verpflichtungen, die man gegenüber dem therapeutischen Programm selbst eingeht, verschiedenen Variablen unterworfen sein. So wird z. B. der Alkoholiker, der nach einer »Bierreise« ins Krankenhaus eingeliefert wird und schwer unter den physischen und sozialen Nachwirkungen seines alkoholischen Exzesses leidet, geneigter sein, einen Vertrag zur Einschränkung seines Alkoholkonsums zu unterzeichnen, als dieselbe Person zu einem Zeitpunkt, zu dem es ihr relativ gut geht. Die Wahrscheinlichkeit, eine Verpflichtung einzugehen, kann auch von anderen Faktoren, die mit der Behandlung selbst zu tun haben, abhängen. Besteht z. B. die hohe Wahrscheinlichkeit, daß die Person in bezug auf die Vertragserfüllung mit Forderungen konfrontiert wird, wird die Wahrscheinlichkeit, daß sie einen derartigen Vertrag unterzeichnet, signifikant verringert werden; und wenn der Beginn eines Programms, das aversive Komponenten enthält, unmittelbar bevorsteht, wird die Person weniger geneigt sein, sich vertraglich zu binden, wie wenn das Programm in weiterer Zukunft geplant ist; und alle Hinweisreize, die die Person an aversive Komponenten des Vertrags zum Zeitpunkt seiner Unterzeichnung erinnern, können die Vertragstreue der Person verringern (KANFER, COX,

GREINER, KAROLY, 1974). Doch können diese Faktoren im klinischen Rahmen dadurch reduziert werden, daß der Therapeut seine Unterstützung zusichert, daß er die Beschaffenheit des Programms klar und deutlich erklärt und daß er sich anderer Mittel bedient, die die Scheu des Patienten, sich vertraglich zu binden, verringern.

Auf dem Gebiet der Behandlung von Übergewicht, Kettenrauchen, homosexuellen Phantasien und Alkoholismus hat man mit Verhaltensverträgen, die mit Selbstkontrolltechniken kombiniert wurden, Erfolge erzielt. Doch kann der Verhaltensvertrag in jedem Fall hilfreich sein, da der Klient nicht von vornherein mit der gewaltigen Aufgabe konfrontiert wird, sein unerwünschtes Verhalten in einem Zug zu eliminieren. Ein Klient zeigte sich z. B. wegen seiner sexuellen Impotenz stark beunruhigt. Doch konnte dieser Mann die Vorstellung, er könnte je sexuell richtig kompetent sein, zu Beginn nicht akzeptieren. Ein Vertrag mit ihm und seiner Frau sorgte zunächst für eine Stimuluskontrolle, die die Leiden seiner Beunruhigung nicht völlig ausschaltete, sondern auf Phasen beschränkte, in denen sie sein eheliches Verhalten nicht direkt beeinträchtigten. Später wurden Sexualverhalten vertraglich festgehalten, die nicht unmittelbar mit der Orgasmusfähigkeit zu tun hatten. Das Ziel der nun folgenden Verträge entsprach der Auffassung von MASTERS und JOHNSON (1970) und anderen, denn nach und nach wurde die Einübung der instrumentellen Verhalten vermehrt, die den frühen Teil der Verhaltenskette des Sexualverkehrs bilden. In diesem Fall erfüllten die Verhaltensverträge in erster Linie den Zweck, daß der Klient die Angst, er würde sich nie verändern, aufgab. Indem zunächst eine nur geringe Verhaltensänderung gefordert wurde und indem für einen Rahmen gesorgt war, in dem auch Selbstkontrolltechniken benutzt werden konnten, nahm mit jedem Schritt des Modifikationsprogramms die Angst des Klienten ab, während seine Motivation zunahm (KANFER, 1975). Berichten über die erfolgreiche Verwendung von Verträgen begegnen wir bei der Behandlung von jugendlicher Delinquenz (STUART, 1971), von Drogensucht (BOUDIN, 1972; WISOCKI, 1972), von Körpergewichtsproblemen (TOBIAS, 1972) und von vielen anderen Symptomen.

Wie wir gesehen haben, können Verträge für kurze Zeiten geschlossen und im Verlauf der Behandlung immer wieder erneuert und modifiziert werden. Ein Vertrag muß folgende Punkte berücksichtigen: 1. eine klare Beschreibung des geforderten instrumentellen Verhaltens; 2. ein Kriterium für die Dauer oder Häufigkeit der Verhaltensübungen, die der Vertrag zum Ziel hat; 3. spezifische positive Verstärkungen, die auf die Erfüllung dieses Kriteriums kontingent sind und 4. die Beschreibung einer leicht aversiven Konsequenz, die dann verabreicht werden sollte, wenn der Vertrag innerhalb der vorgeschriebenen Zeit nicht erfüllt wird. Hinzu kommen noch 5. eine Art Gratifikationsklausel, die besagt, daß zusätzliche positive Verstärkung verabreicht wird, wenn die Person mehr als die minimalen Forderungen des Vertrags erfüllt, und 6. eine Beschreibung der Mittel, mit denen das vertraglich festgelegte Verhalten beobachtet, gemessen und aufgezeichnet wird. Vertragliches Management kann noch effektiver gestaltet werden, wenn der Vertrag kombiniert wird mit dem publiken Gefühl der Verpflichtung gegenüber einem Freund, einem Ehepartner oder einer Gruppe von Mitarbeitern. Doch weist die Forschung auf dem Gebiet der Reagibilität und Gegenkontrolle (BREHM, 1966) darauf hin, daß Vorsicht geboten ist, wenn man die Kontrolle von Verstärkern einer anderen Person überträgt, da die Gefahr besteht, daß sich der Klient gegen solche Kontrolle sträubt. Das kann zur Folge haben, daß der Klient die Person, die seine therapeutische Tätigkeit überwacht, meidet oder daß seine Beziehung zum »Zeugen« und zum Kontrolleur des Vertrags gefährdet wird.

Obgleich das vertragliche Management gewisse Ähnlichkeiten aufweist mit jener Übereinkunft, die eine Person zu Beginn des neuen Jahres mit sich selbst schließen kann oder mit den berühmten »guten Vorsätzen« die man faßt, hat es den zusätzlichen Vorteil, daß es der Person die Möglichkeit gibt, mit jemand anderem Methoden der Verwirklichung der angestrebten Ziele und der Errichtung der entsprechenden verstärkenden Konsequenz zu diskutieren. Dabei wird die Selbstkontrolle intensiver gestaltet, indem ein Teil dieser Kontrolle jemand anderem übertragen wird, der dem Klienten hilft, kontrollierende Reaktionen zu entwickeln und der die Verantwortung für die Verabreichung kontingenter Verstärker übernimmt.

Selbstkonfrontation

Zahlreichen therapeutischen Techniken ist das Prinzip gemeinsam, daß sie den Patienten objektives Feedback liefern, um es diesen zu ermöglichen, »sich selbst so zu sehen, wie andere sie sehen«. Die Entwicklung audiovisueller Verfahren hat neues Interesse an dieser Technik geweckt. Diese Verfahren liefern dem Patienten objektive Informationen über sein eigenes Verhalten, die zum Hinweisreiz für sein selbstregulierendes Handeln werden können. GALLUP (1968) behandelt in seinem Überblick über die betreffende Literatur die Reagibilität von Menschen und Tieren gegenüber ihrem Spiegelbild und behauptet, derartige Mittel der Selbstkonfrontation seien dann therapeutisch nützlich, wenn es darum geht, die verzerrten Rückschlüsse des Patienten über sich selbst, die letztlich auf Einschätzungen durch seine Umgebung fußen, zu modifizieren. Die klinischen Untersuchungen von MOORE, CHERNELL und WEST (1965) und von STOLLER (1968) berichten über die positiven Effekte der Konfrontation von Patienten mit Videoaufnahmen von sich selbst im Rahmen von Einzel- und Gruppentherapien. CORNELISON und ARSENIAN (1960) konfrontierten psychotische Patienten mit Fotos von sich selbst und stellten als Resultat dieser Selbstkonfrontation positive Veränderungen fest.

Selbstkontrolle durch imaginierte aversive Konsequenzen

DAVISON (1969 a) berichtet über eine Selbstkontrolltechnik, die bei einem elfjährigen Jungen, der zu Hause große Schwierigkeiten bereitete, angewandt wurde. Nachdem der Autor herausgefunden hatte, unter welchen Umständen das Kind ungehorsam war und in welchen Situationen es sich gut betrug, forderte DAVISON den Jungen auf, sich so intensiv wie möglich an die Faktoren zu erinnern, die früher sein gehorsames Verhalten kontrolliert hatten. Es stellte sich heraus, daß es der Ärger seines Vaters oder die strenge Aufsicht der Leiter eines Sommerferienlagers gewesen war, die als diskriminative Stimuli für das gute Betragen des Jungen gewirkt hatten. Ein kurzes Training im Behandlungszimmer setzte den Jungen in die Lage, sowohl die hemmenden imaginativen Stimuli als auch die Angst, die mit diesen Stimuli assoziiert war, zu erzeugen. Einübung in die (von DAVISON so bezeichnete) Technik der »imaginalen aversiven Kontingenz« führte zu einer raschen Besserung der Kind-Vater-Beziehung. In den darauffolgenden Sitzungen wurde der Junge mit verschiedenen anderen Techniken behandelt. Davison wies auch auf die Wichtigkeit der Beziehung zwischen dem Jungen und dem Therapeuten hin und wie nützlich diese Beziehung war, als es darum ging, effektive Verstärkung und Stimuluskontrolle zu liefern, um das Verhalten des Jungen zu modifizieren. Diese Technik ähnelt insofern HOMMES *Coverant*-Kontrolle, als die Selbsterzeugung von kontrollierenden Reaktionen angestrebt wird und als die Folge die ist, daß die Wahrscheinlichkeit des unerwünschten Verhaltens reduziert wird. FERSTER berichtete, man habe mit dieser Technik bei jedem Einzelauftreten einer Gewohnheit deren letztendliche aversive Konsequenz gestärkt.

Einübung in die Verhaltensanalyse

Eine Gruppe verwandter Techniken des Selbstkontrolltrainings wurde von GOLDIAMOND (1965) beschrieben. Wenn man von der Annahme ausgeht, daß die Schwierigkeit des Patienten, sich selbst zu kontrollieren, in seiner Unfähigkeit begründet ist, die äußeren und inneren Stimulusbedingungen, die Umweltkontingenzen und seinen Verstärkungsplan zu analysieren, so bleibt das Reaktionsmuster des Patienten hoffnungslos in kontrollierenden Variablen verankert, die ihm nicht zugänglich sind. Lehrt man eine Person die Durchführung einer Verhaltensanalyse, das heißt lehrt man sie, die funktionalen Beziehungen zwischen ihren Handlungen und vorausgehenden und nachfolgenden Umweltereignissen zu durchschauen, so kann die Person stärkere Kontrolle über äußere und innere Determinanten ihrer Handlungen gewinnen. Ist die Person zusehends »Herr ihrer selbst«, müßte auch ihr Verhalten effektiver werden. Diese Prozedur ähnelt der Methode, mit der FERSTER Fettleibigkeit behandelte und die wir in diesem Kapitel bereits dargestellt haben. Diese Prozedur soll dem Patienten vor allem helfen, sein eigenes Verhalten objektiver zu sehen, seine Umwelt richtig einzuschätzen, die Konsequenzen seines Verhaltens unvoreingenommener zu beurteilen und schließlich seinen eigenen »Fall« zu behandeln, indem er — wie die Kliniker — kontrollierende Variablen manipuliert. Bei der klinischen Anwendung dieser Prozedur nimmt der Patient an einem Lehrkurs für Verhaltensanalyse teil, in dem ihn der Therapeut über Operationen berät, die aufgrund von Verhaltensgesetzen die gewünschte Verhaltensänderung bewirken könnten. Diese Technik eignet sich vor allem für Personen, die sich durch eine gewisse Bildung, durch eine starke Motivation und durch ihr Interesse an einem Programm auszeichnen, das zunächst nur entfernte Relevanz für ihre derzeitigen Verhaltensprobleme zu besitzen scheint. Am besten eignet sich dieses Verfahren für intelligente erwachsene Patienten, deren Verhaltensprobleme darauf zurückzuführen sind, daß sie keine Techniken kennen, um ihre Umwelt und ihr eigenes Verhalten zu verändern.

Einige theoretische Überlegungen zur therapeutischen Selbstregulierung

Eine wesentliche Kritik an der frühen lernorientierten operanten Behandlung psychiatrischer Probleme hat darin bestanden, daß die Therapietechniken nur äußere Kontrollen gelten ließen. Der traditionsverbundene Therapeut behauptete, einzig und allein die Reorganisation der Persönlichkeit, eine vertiefte Selbstbewußtheit und ein umfassenderes Verständnis der Determinanten des eigenen Verhaltens könnten dauerhaften Persönlichkeitswandel bewirken. Symptombeseitigung und Lernen effektiverer Verhalten hielt man für bloße Nebenprodukte grundlegenderer psychologischer Prozesse. Solche Kritik scheint noch am ehesten bei den frühen Versuchen der Verhaltensmodifikation gerechtfertigt, die sich auf die Reduktion motorischer Symptome konzentrierten, auf Symptome also, welche sich durch direkte Manipulation der Umwelt leichter manipulieren ließen. Tatsächlich war die Behandlung klar definierbarer Reaktionsklassen am erfolgreichsten bei psychotischen Dauerpatienten und bei Kindern, da deren Umgebung in hohem Maße kontrolliert werden kann. Bei erwachsenen Neurotikern hat die stärkere Unabhängigkeit der problematischen Verhalten von der kontrollierenden sozialen Umgebung Probleme aufgeworfen in bezug auf die Definition des Zielverhaltens, auf die Anordnung günstigerer Reaktionsverstärkungskontingenzen und auf die Bereitstellung effektiverer Verstärker. Diese Probleme sind vor allem bei solchen Patienten ausgeprägt, deren symptomatische Verhalten hauptsächlich aus verdeckten, einsamen, privaten und häufig unzugänglichen Reaktionen bestehen. Außerdem handelt es sich bei diesen Verhalten um jene sogenannten »mentalen Ereignisse«, die aus methodologischen und philosophischen Gründen aus den frühen behavioristischen Systemen ausgeschlossen wurden. Ansätze von heute versuchen dem ganzen Spektrum menschlicher Problemverhalten, also auch den »Selbstreaktionen«, gerecht zu werden. Diese inneren Ereignisse werden zwar nur aus der Ferne durch die soziale und physikalische Umwelt eingeleitet oder aufrechterhalten, bilden aber trotzdem einen wichtigen Verhaltensbereich, der das Handeln des einzelnen sich selbst und anderen gegenüber beherrscht. Derzeitige Bemühungen, behavioristische Systeme auf diese privaten Verhaltensmuster auszuweiten, sind mit verschiedenen Schwierigkeiten verbunden. Diese Schwierigkeiten sind zurückzuführen a f unser begrenztes

Wissen über 1. die besonderen psychologischen Prozesse, die die Reaktionen einer Person auf sich selbst und auf die Variablen beherrschen, die Quellen der Fremdkontrolle über ihr Verhalten darstellen; 2. die Mittel, mit denen diese Reaktionen in die gesamten Aktionssysteme der Person integriert werden und 3. die Ereignisse, die diese verdeckten Muster verstärken und aufrechterhalten können.

Die Person als Objekt und Subjekt

Im Rahmen unserer Diskussion über verbale Interaktionen haben wir kurz auf das Problem hingewiesen, daß jede sich verhaltende Person eine Doppelrolle spielt. Die Selbstverabreichung von Prozeduren ist im Labor keineswegs neu. Tatsächlich gab es im neunzehnten Jahrhundert einige Forscher, die auf den Gebieten des Lernens und der Psychophysik häufig an sich selbst Experimente durchführten. Psychologen faßten z. B. Reihen paarweise assoziierter sinnloser Silben zu unterschiedlich langen Listen zusammen, um zu untersuchen, inwiefern ihr eigenes Behalten dieser Listen von verschiedenen Darbietungsvariablen abhing. Ähnlich arrangierten Forscher in psychophysikalischen Experimenten Zufallsreihen von Stimulusdarbietung, um anschließend ihre eigenen Reaktionen auf jeden Durchgang aufzuzeichnen. Obwohl durch das Wissen der Forscher zweifellos ein gewisser Befangenheitseffekt entstand, widerspiegelten die erzielten Daten im wesentlichen dieselben Lehrmuster, auf die man bei uninformierten Versuchspersonen stieß. Forscher von heute haben ähnliche Ergebnisse erzielt, als sie auch bei selbstverabreichten Prozeduren Aneignungskurven erarbeiteten, die für das klassische Konditionieren normal sind. Allerdings gibt es noch nicht genügend Arbeiten, um beurteilen zu können, inwieweit selbstverabreichtes Lernen vom Lernen durch eine andere Person abweicht.

In der klinischen Praxis wirft die Anwendung selbstverabreichter Techniken ein zusätzliches Problem auf. Patienten bitten häufig ihre Freunde um Rat, den sie jedoch nicht befolgen, weil er ihnen zu schwierig dünkt. Das Ergebnis kann darin bestehen, daß ihnen erhebliche soziale Verstärkung zuteil wird, wenn sie sich für unfähig erklären, ihr eigenes Verhalten zu kontrollieren. Tatsächlich ist es keineswegs ungewöhnlich, daß eine Person, die auf ihr Unvermögen, sich selbst zu kontrollieren, hinweist, in den Genuß positiver Konsequenzen kommt, da sie durch solches Verhalten andere Personen kontrolliert, die nun ihrerseits voller Sympathie reagieren und die aversive Stimulation der Person reduzieren. Der Verstärkung für Feststellungen der eigenen Unfähigkeit oder Unzulänglichkeit begegnen wir in der Kindererziehung, wenn Lehrer oder Eltern ihre Leistungsansprüche an das Kind herabsetzen, wenn sie ihm helfend beistehen oder wenn sie seine »Versuche« belohnen, obwohl es beharrlich beteuert, eine Aufgabe nicht lösen oder einige Elemente seines eigenen Reaktionssystems nicht kontrollieren zu können.

Selbstüberwachung

Die Untersuchungen selbstregulierender Prozesse müssen nachweisen, welche Bedingungen dem Versuch einer Person, ihr eigenes Verhalten zu modifizieren, zugrunde liegen, welche Methoden und Mechanismen dieser Modifikation dienen und unter welchen Bedingungen diese Modifikationsversuche abgebrochen werden. Einige Grundlagen der Spekulationen über Selbstüberwachungsprozesse können wir der Literatur entnehmen, die sich mit Experimenten über menschliche Wachsamkeit und Aufmerksamkeit befaßt. Untersuchungen in diesen Bereichen haben bewiesen, daß Aufmerksamkeitsverhalten beeinflußt werden durch die Veränderung einer Eigenschaft des dargebotenen Stimulusmaterials, durch die kontingente Verstärkung des Aufmerkens und durch die natürlichen Konsequenzen des Aufmerkens oder Nicht-Aufmerkens auf bestimmte Signalinputs. Beim kontinuierlichen Verhalten von Erwachsenen gibt es Punkte, an denen selbstüberwachende Prozesse einsetzen, und die Hinweisreize für das Einsetzen solcher Prozesse müssen untersucht werden. Auf einer spekulativen Basis hat KANFER (1967 b) behauptet, daß selbstüberwachende Prozesse dann ausgelöst werden, wenn sich in einer Situation, die letztlich aversive Konsequenzen haben kann, die Selbstüberwachung als Abrücken von einer Reihe allgemein anerkannter Verhalten offenbart. Um die Natur der Selbstüberwachung richtig zu verstehen, hier ein Beispiel aus dem Lernverhalten von Kindern. Mütter oder Lehrer fungieren für das Kind als Überwachungsinstanz, indem sie nur dann eingreifen, wenn eine Verhaltenssequenz signalisiert, daß das Kind von der Verhaltensreihe abweicht, die der Erwachsene für situationsgerecht hält. Selbstüberwachungstraining wird dadurch erleichtert, daß der Trainer die Hinweisreize, die zur Aufdeckung von Abweichungen führen, etikettiert und dem Kind hilft, seine Verhaltensweisen zu korrigieren, indem er es direkt führt oder indem er ihm die Möglichkeit gibt, Korrekturen seiner (gemeint ist des Trainers) Selbstüberwachung zu beobachten. Ein nützliches Modell könnte dem Feedbackkreislauf ähneln, der in der Qualitätskontrollanalyse enthalten ist. Zunächst beeinflußt die Feedbackschleife nur die Mutter des Kindes, die als »Aufseherin« fungiert und beim Kind Verhaltenskorrekturen einleitet. Durch Training wird schließlich diskretes Feedback für das Kind etabliert, so daß Etikettierung und Korrektur durch die Mutter nicht mehr nötig sind. Diese Hypothese behauptet, daß Selbstüberwachung *kein* kontinuierlicher Prozeß sei, sondern lediglich als selbstkorrigierende Prozedur benutzt werde, wenn das Überwachungssystem durch Gegensätzlichkeiten, durch Hinweisreize für drohende Gefahr oder durch konflikthafte motivationale Zustände aktiviert wird.

Eine Reihe von Untersuchungen scheint darauf hinzuweisen, daß man nur selten wirklich adäquater Selbstbeobachtung begegnet, und daß die Gelegenheit, sein eigenes Verhalten zu beobachten, objektiv zu Veränderungen größeren Umfangs führen kann, wenn man als Vergleich die minimalen Effekte heranzieht, die auf jene Informationen über sich selbst zurückzuführen sind, die verbal und abstrakt sind und die auf den Beobachtungen anderer fußen.

HOLZMAN, ROUSEY und SNYDER (1966) untersuchten z. B. die Effekte der Konfrontation mit der eigenen Stimme. Ganz gleich, ob die Versuchspersonen ihre eigene Stimme bewußt erkannten oder nicht, ihre physiologischen Reaktionen wurden durch ihre eigene Stimme stets stärker aktiviert als durch fremde Stimmen. Erfolgte ein Playback erst drei Monate nach der Aufzeichnung, wurden die Versuchspersonen durch ihre eigene Stimme nach wie vor signifikant aktiviert, die ihre Stimme erkannten, und eine Tendenz in diese Richtung war bei den Versuchspersonen festzustellen, die ihre Stimme nicht erkannten. Daraus schließen die Autoren, daß das Hören der eigenen Stimme eine andere Erfahrung sein müsse als das Hören fremder Stimmen. Man hat wiederholt nachgewiesen, daß markante Verhaltensänderungen stattfinden können, wenn man eine Person mit einem Bild oder einer Videoaufnahme von sich selbst konfrontiert (CORNELISON und ARSENIAN, 1960; MILLER, 1962; WALZ und JOHNSTON, 1963). BOYD und SISNEY (1967) konfrontierten neuropsychiatrische Patienten mit Playbacks eines standardisierten Gesprächs, das im Videoverfahren aufgezeichnet worden war. Diese Konfrontation mit dem eigenen Selbstbild erzeugte, das ging aus der benutzten *Leary Interpersonal Check List* hervor, Veränderungen der Patientenreaktionen, die darauf hinwiesen, daß interpersonale Selbstkonzepte, das ideale Selbst und das publike Selbst einander weniger stark und pathologisch befehdeten als das bei Kontrollpersonen der Fall war, die mit keinem Playback ihrer eigenen Gespräche konfrontiert worden waren. Diese Unterschiede traten zwei Wochen nach der ursprünglichen Selbstkonfrontation zutage.

Wir haben behauptet (KANFER, 1967 b), daß das Erlernen der Überwachung des eigenen Verhaltens und der einigermaßen objektiven Beobachtung der eigenen Handlungen eine wesentliche Voraussetzung der Entwicklung nützlicher selbstregulierender Verhalten ist. Daher erwartet man, adäquate Selbstkontrolle müsse häufiger bei den Personen zu finden sein, die, was Selbstbeobachtung und Selbstüberwachung anlangt, ein besseres Training hatten und die, wenn nötig, selbstregulierende Prozesse aktivieren können. Abweichungen vom kulturell determinierten und allgemein anerkannten Verhaltensspektrum, die selbstregulierende Prozesse auslösen, können bei körperlichen Reaktionsmerkmalen, bei funktionalen Konsequenzen, bei der Verhaltensrate oder bei der Empfänglichkeit für die vorhandenen Stimulusbedingungen auftreten. Ein gutes Beispiel für die Selbstüberwachung, die eine Verhaltensmodifikation einleiten soll, ist die häufige Aufforderung des Verhaltenstherapeuten an den Patienten, die Behandlung mit der Aufzeichnung der Auftretenshäufigkeit der Symptome, der Konsequenzen und der entsprechenden Stimulusbedingungen zu beginnen. So hat z. B. LINDSLEY am *Kansas University Medical Center* tragbare Zähler verwendet, die ans Handgelenk angelegt wurden und den beim Golfspiel benutzten Zählern ähnelten. Mit diesem Zähler kann der Patient die genaue Rate einer spezifizierten Reaktionsklasse für einen bestimmten Zeitabschnitt ermitteln. Dem Patienten wird bei der Analyse seines Problems beigebracht, die Zusammenhänge zwischen vielen symptomatischen Reaktionen und besonderen Umständen oder verstärkenden Kontingenzen zu durchschauen. Die graphische Darstellung der Reaktionsverteilung und der verhaltensmodifikatorischen Pläne stellen weitere Trainingsinstrumente dar, die dem Patienten helfen, genaue Methoden der Selbstüberwachung zu entwickeln. Die Überwachung des Verhaltens durch den Patienten selbst kann diesem zu einer besseren Diskrimination zwischen seinen Verhalten verhelfen und die verschiedenartigen sozialen Kontexte erhellen, mit denen bestimmte Reaktionen assoziiert sind.

Im Alltag scheint es für den Beginn selbstüberwachender Verhalten eine Reihe von Hinweisreizen zu geben. Das sind unter anderem: 1. die Intervention von außen, z. B. eine angedrohte Bestrafung oder ein äußeres Ereignis, das speziell auf das eigene Verhalten abzielt — Beispiele, die diese Kategorie veranschaulichen, sind die kritischen Anmerkungen einer Mutter oder die niedrigen Schätzungen einer bestimmten Arbeitsleistung durch einen Vorgesetzten; 2. das Vorhandensein extremer Aktivierungsniveaus kann ebenfalls als Hinweisreiz der Selbstüberwachung dienen — ein Beispiel ist das physiologische Feedback von Hyperaktivität, von Erregung, von emotionalen Zuständen, von Langeweile oder von deprimiertem Verhalten; 3. kann auch der mißlungene Versuch, die vorhergesagten Konsequenzen oder die gewünschten Effekte zu verwirklichen, zur Selbstüberwachung führen, z. B. dann, wenn man es nicht schafft, einen unvertrauten Wagen anzulassen, wenn das Erzählen eines Witzes in einer sozialen Situation kein Lachen auslöst oder wenn es einer verbalen Reaktion nicht gelingt, physikalische oder soziale Stimulusobjekte zu kontrollieren und 4. die Verfügbarkeit mehrerer unterschiedlicher Rollen- oder Reaktionsgruppen mit annähernd gleicher Stärke. Dieser Hinweisreiz für die Selbstüberwachung ist den meisten Wahl- oder Konfliktsituationen inhärent. Ist das selbstüberwachende Verhalten einmal in Gang gebracht worden, so ist seine Beschaffenheit bedingt durch das frühere Training der Person. So können z. B. die Bedingungen, die wir für das Einsetzen der Selbstüberwachung angenommen haben, die Person veranlassen, sich zusätzliche Informationen dadurch zu beschaffen, daß sie die Reaktionen anderer auf sich selbst beobachtet oder daß sie über ihre Performanz objektive Informationen einholt; doch kann sich eine andere Person statt dessen introvertierter Grübelei überlassen. Die beständigen Aktionsmuster der Selbstüberwachung bilden eine wichtige Persönlichkeitsdimension, da ihre jeweiligen Beiträge zur effektiven Selbstregulierung oder Selbstkorrektur stark voneinander abweichen.

In einem Überblick über die experimentellen Arbeiten und die klinischen Berichte zur Selbstregulierung befaßte sich KAZDIN (1974) mit den methodologischen Problemen, die definitive allgemeingültige Feststellungen über die Effekte der Selbstüberwachung erschwert haben. Während verschiedene Forscher zeigten, daß Selbstüberwachung allein nicht ausreicht, um die Reaktion zu ändern, wußten andere über markante Effekte der Selbstüberwachung bei der Behandlung von Zielverhalten zu berichten. Ausgehend von bestimmten Untersuchungen behauptete KAZDIN, daß Veränderungen selbstüberwachten Verhaltens nicht durch die präzise oder verläßliche Selbstkontrolle der Person bedingt seien, ebenso wie äußerst zuverlässige Selbstüberwachung in Abwesenheit anderer Kontingenzen keine derartigen Verhaltensänderungen garantiere. Ähnlich behauptete KANFER (1975), Selbstüberwachung könne einen nützlichen Bestandteil eines therapeutischen Gesamtprogramms bilden. Doch ist Selbstüberwachung nicht hinreichend verläßlich, um an sich als diagnostische Technik dienen zu können, und ihr allgemeingültiger Effekt als Verhaltensmodifikationstechnik ist für den Fall, daß nur sie bei einer breiten Vielfalt unterschiedlicher Verhaltensarten angewandt wird, nicht nachgewiesen worden. Am nützlichsten ist sie wohl dann, wenn sie als Komponente in ein Gesamtprogramm integriert wird, das therapeutische Verträge, Selbstbewertungen, Selbstverstärkung und andere Methoden einschließt. Unter solchen Bedingungen darf man von der Selbstüberwachung erwarten, daß sie zunächst manche Klientenverhalten aufrechterhält. Ihre Effekte scheinen am Anfang am stärksten zu sein, während sie später nachlassen (KAZDIN, 1974). Ihre Anwendung erfordert ein Training des Klienten, der lernen soll, woran man Zielverhalten erkennt, wie man die anfallenden Daten aufzeichnet und graphisch darstellt und wie man die visuellen Daten sowohl als Anreiz als auch als Hinweisreize für Selbstverstärkungskontingenzen benutzt. Neben ihren therapeutischen Effekten kann die Selbstüberwachung dazu beitragen, daß der Klient seine problematischen Verhalten, die Bedingungen, unter denen diese auftreten, und das Ausmaß, in dem diese mit anderen Aktivitäten in Widerstreit geraten, leichter erkennt. So lange wir über die vielen Variablen, die die Selbstüberwachung im verhaltensmodifikatorischen Kontext beeinflussen — dazu gehören z. B. das Timing der Selbstüberwachung, deren störende Auswirkung auf das Zielverhalten, die verstärkenden und aversiven Konsequenzen, die mit der Selbstüberwachung verknüpft sind — keine weiteren Forschungserkenntnisse besitzen, fußt diese Technik weniger auf Forschungsdaten über ihre weitverbreiteten Effekte als auf Berichten über ihren klinischen Nutzen.

Die Aneignung selbstbeschreibender Verhalten ist von SKINNER (1953, 1957) analysiert worden, und in jüngerer Zeit hat sich BEM (1967) mit diesem Gegenstand befaßt. Diese Autoren glauben, daß selbstbeschreibende Feststellungen von multiplen kontrollierenden Stimuli abhängig seien. Diese Feststellungen würden zum Teil durch innere Stimuli determiniert, doch könnten sie auch durch diskriminative Stimuli, für die die soziale Umgebung der Person sorgt, kontrolliert werden. Selbstbeschreibungen sind also das Ergebnis der Informationen einer Person über sich selbst, die aus vielen Quellen stammen. Ein wichtiger Maßstab zur Evaluierung solcher Informationen wird von den sozialen Normen gebildet, mit denen sich die Person auseinandersetzen muß. Tatsächlich meinten verschiedene Autoren in sozialen Vergleichsprozessen die Hauptquellen selbstbewertender Feststellungen zu erkennen. So müßten z. B. die Bewertung, die ein Tennisspieler über sein eigenes Spiel abgibt, und sein daraus resultierender Trainingsplan abhängen vom Umfang und von der Art der Selbstbeobachtungen und von der normativen Gruppe, mit der er seine Performanz vergleicht. Ein Tennischampion würde wohl kaum mit dem ersten Platz in einer *High-School*-Mannschaft zufrieden sein. Eine Studie von

KANFER und DUERFELDT (1967 a) erforschte die Effekte der bei einer zweideutigen Aufgabe durchgeführten Bewertung eines Versuchsleiters auf die
spätere Selbstbewertung der Person. Die Beurteilung des Versuchsleiters basierte angeblich auf der Performanz einer *Peer*-Gruppe. Das Resultat ließ
signifikante Effekte dieser Beurteilung auf die Selbstbewertung des Verhaltens
der Person erkennen, obwohl sich die Häufigkeit ihrer Selbstverstärkungen
nicht änderte. Mehrere Untersuchungen von BANDURA und seinen Kollegen,
auf die wir bereits eingegangen sind, haben nachgewiesen, wie wichtig soziale
Performanzstandards für die Entwicklung der Selbstbelohnungsmuster von
Kindern sind.

Selbstüberzeugung

Hat eine Person eine selbstbeschreibende Feststellung getroffen und ihr Verhalten mit einer Bezugsgruppe verglichen, steht ihr der nächste Schritt des
Prozesses bevor — die Modifikation ihres eigenen Verhaltens. FESTINGER
(1957) hat sich mit den Problemen auseinandergesetzt, die dann entstehen,
wenn eine Person Informationen bekommt, die mit ihrem früheren Verhalten
unvereinbar sind. FESTINGER glaubt, das Zusammenbestehen zweier Kognitionen, die unvereinbar miteinander sind, erzeuge einen aversiven motivationalen Zustand, durch den eine dieser Kognitionen verändert würde. Da das
vergangene Verhalten nicht modifiziert werden kann, wird die Person versuchen, diese Kluft durch jedes nur mögliche Manöver, das die beiden Ereignisse einander anpaßt, zu überbrücken. Einen etwas abweichenden Standpunkt zum selben Problem bezog BEM (1967), der behauptete, die Einzelperson gehe bei ihren Meinungen und Einstellungen zunächst von einer Bewertung ihrer eigenen vorausgegangenen Verhalten aus, die sie so beurteilt, wie
sie ein anderer Beobachter beurteilen würde. Kann eine Person veranlaßt
werden, Verhalten auszuführen, das mit ihren früheren Einstellungen nicht
voll übereinstimmt, so kann diese Person Einstellungen oder Meinungen
äußern, die als interpersonale Beurteilungen gelten können, bei denen der Beobachter und der Beobachtete ein und dieselbe Person sind.

· Die experimentelle Basis wird von BEM in zwei Untersuchungen über die
Selbstüberzeugung vorgeführt. Bei der ersten Untersuchung (BEM, 1965) wurden die Versuchspersonen trainiert, daß sie, wenn ein farbiges Licht angeknipst war, die Wahrheit sagten, während sie bei einem anderen Licht logen.
Nun wurden die Versuchspersonen aufgefordert, Ansichten, mit denen sie
nicht übereinstimmten, zu äußern, während eines der beiden farbigen Lichter
angeknipst war. Man entdeckte, daß die Ansichten, die geäußert wurden,
wenn das »Licht der Wahrheit« an war, später signifikant häufiger verfochten
wurden als die Ansichten, die geäußert wurden, wenn das »Licht der Lüge«
eingeschaltet war. Die Lichter bestimmten also das Ausmaß, in dem Versuchspersonen an das glaubten, was sie selbst geäußert hatten. BEM berichtete auch,
daß sich die Versuchspersonen des Einflusses ihrer früheren Feststellungen
oder der Farbe der Lichter nicht bewußt gewesen seien. In einer anderen

Untersuchung wurde dieselbe Technik benutzt, um zu zeigen, daß eine Person veranlaßt werden kann, an ihre eigenen »falschen Bekenntnisse« zu glauben, wenn äußere Hinweisreize vorhanden sind, die in der Regel den Anlaß geben, die Wahrheit zu sagen (BEM, 1966). Ähnlich führten »wahre Bekenntnisse«, die mit Hinweisreizen des Lügens assoziiert waren, zu Zweifeln an sich selbst, das heißt zu Verzerrungen der Erinnerung an tatsächliche Erfahrungen. Diese Studien weisen darauf hin, daß es sich bei Äußerungen von Meinungen um Rückschlüsse der Person aus Beobachtungen ihres eigenen offenen Verhaltens und der begleitenden Stimulusvariablen handeln kann (und zwar immer dann, wenn innere Stimuli nicht genügend stark sind, um diese Effekte zu beeinträchtigen). BEM argumentiert, daß deshalb die Feststellungen einer Person, funktional gesehen, den Feststellungen ähneln, die jeder außenstehende Beobachter über das Verhalten dieser Person treffen würde, weil beide der Beobachtung einer Reaktion und der kontrollierenden Faktoren dieser Reaktion entspringen.

Glaubt eine Person, eine auffällige Verhaltensäußerung sei nicht einer äußeren Instanz, sondern ihrem eigenen Handeln zuzuschreiben, wird sich das geänderte Verhalten nachhaltiger durchsetzen. DAVISON und VALINS (1969) testeten diese Hypothese mit einem Experiment, das ein Analogon darstellte zur psychiatrischen Behandlung mit Beruhigungsmitteln. Alle Versuchspersonen bekamen ein Mittel (es handelte sich stets um ein Placebo) verabreicht, angeblich um dessen Effekte auf die Hautempfindlichkeit für Elektroschocks zu testen. Vor und nach Einnahme des Mittels wurden Schmerzschwelle und Schocktoleranz getestet. Beim zweiten Test wurde die Schockintensität insgeheim um die Hälfte reduziert. Nun glaubten alle Versuchspersonen, daß das Mittel ihre Performanz verändert habe. Die Hälfte der Versuchspersonen wurde dann informiert, daß sie in Wirklichkeit ein Placebo eingenommen hatten, während die andere Hälfte nach wie vor glaubte, sie habe ein echtes Mittel verabreicht bekommen. Bei einem späteren Test stellte sich heraus, daß die Versuchspersonen, die ihre niedrigere Empfänglichkeit der Wirkung des Mittels zuschrieben, die Schocks als schmerzhafter erlebten und signifikant weniger davon ertrugen als jene Versuchspersonen, die über den Placebo-Effekt informiert worden waren (und die ihre Verhaltensänderung beim vorausgegangenen Test sich selbst zugeschrieben hatten).

Eine Replikationsstudie mit geringfügigen Verfeinerungen der Prozedur führte zu denselben Ergebnissen. In einem anderen Experiment (BANDLER, MADARAS und BEM, 1968) wurden die Versuchspersonen aufgefordert, nach Verabreichung von Elektroschocks angesichts einer Fluchtmöglichkeit oder keiner Fluchtmöglichkeit ihr Unbehagen zu schätzen. Die Autoren gingen davon aus, daß eine Person, die auf einen aversiven Stimulus reagiert, ihr eigenes offenes Verhalten als Grundlage der abgeleiteten Schmerzhaftigkeit benutzen kann. Daher, so vermuteten die Autoren, müßten die Versuchspersonen den Schock als schmerzhafter erleben, wenn sie ihn beendeten (das heißt vor ihm flüchteten), obwohl sich die Schockintensität nicht änderte. Die Resultate bestätigten diese Vorhersage. Geeignete Kontrollprozeduren schalteten andere

Erklärungen dieser Befunde aus; Aufzeichnungen der galvanischen Haut-reaktionen ließen darauf schließen, daß Unterschiede der tatsächlichen physiologischen Erregbarkeit nicht als Basis der Schätzungen des Unbehagens fungierten. Diese Experimente stützen die allgemeine Annahme, daß Beobachtungen des eigenen vergangenen Verhaltens verblüffende Auswirkungen haben können auf spätere Einstellungen und Verhaltensweisen. Dieser Effekt kann noch gesteigert werden, wenn die Person ihr Handeln dem eigenen Entschluß zuschreiben kann.

In der klinischen Praxis benutzen verschiedene therapeutische Schulen Techniken, die mit dieser theoretischen Auffassung übereinstimmen. So befürwortete z. B. GEORGE KELLY (1955) ein Rollenspielverfahren, in dem der Patient aufgefordert wird, Verhalten zu praktizieren, die zwar nicht charakteristisch für ihn sind, die jedoch übereinstimmen mit dem Verhalten der anderen Person, die er gern sein möchte. Wiederholte Performanz dieses Verhaltenstypus soll die Person nicht nur veranlassen, anders zu handeln, sondern sich selbst auch anders zu sehen. Der Nachdruck, den die Verhaltenstherapie nicht auf die Einsicht, sondern auf die Ausführung von Verhalten legt, wird durch die Annahme gestützt, daß es Verhaltensänderungen sind, die eine Person veranlassen, ihre Selbsteinstellung zu modifizieren und die ihr neue Einsichten bringen, nachdem sich neue Verhalten eingestellt haben. Eine ganze Reihe von Forschungsarbeiten, die von ROGERS' nicht-direktivem Verfahren ausgingen, befaßten sich mit Veränderungen, die während der Therapie auftraten und sich auf die Diskrepanz zwischen dem realen und dem idealen Selbstbild einer Person auswirkten. Man nimmt an, daß therapeutische Fortschritte an der Verringerung der Diskrepanz zwischen beiden Einstellungsgruppen gemessen werden können. Der verhaltensorientierte Gesichtspunkt erwartet, daß die zunehmende Übereinstimmung zwischen realen und idealen Selbsteinstellungen begleitet wird von einer zunehmenden Veränderung hin zu dem Verhalten, das dem idealen Selbstbild zuzuordnen ist, oder daß dieser Übereinstimmung eine derartige Veränderung eventuell sogar vorausgeht.

Es genügt nicht, die Mechanismen, die die Selbstwahrnehmung modifizieren, zu beschreiben; man muß auch nach der motivationalen Grundlage fragen, von der die Bemühungen, eigene Einstellungen zu ändern, ausgehen. Einige Persönlichkeitstheorien enthalten ein motivationales Konstrukt, das einen angeborenen menschlichen Trieb zur Übereinstimmung, Selbsterfüllung, Selbstbesserung oder Selbstverwirklichung annimmt, indem es dem Menschen die Gabe zuschreibt, sich unablässig um höhere und bessere Niveaus des Funktionierens zu bemühen. Obwohl behavioristische Ansätze die angeborenen Qualitäten, die ein derartiges motivationales System voraussetzt, nicht akzeptieren, könnte das Vorhandensein solcher Qualitäten dadurch belegt werden, daß man sich auf die gemeinsamen frühen Erfahrungen vieler Kinder der Zivilisation des Westens beruft, in der die positiven Qualitäten des ständigen Strebens nach Übereinstimmung mit sich selbst und nach Selbstentwicklung unterstrichen und in der die entsprechenden instrumentellen Verhalten verstärkt werden. Dieses Problem ist, will man das Funktionieren des Menschen überhaupt verstehen, ungemein wichtig. Trotzdem gibt es nur wenige experimentelle Arbeiten, die auf den empirischen Nutzen einer Beschreibung der Eigenschaften hinweisen, die selbstkorrigierende Verhaltensprozesse einleiten und aufrechterhalten.

Servomechanismen und Selbstregulierung

Als wir uns im zweiten Kapitel mit der Verhaltensformel befaßten, haben wir darauf hingewiesen, daß innere oder organismische Variablen die Reaktion auf die Umgebung ständig modifizieren. Das Verhalten der Person selbst kann als Input dienen, und es kann zusätzlich modifiziert werden durch vergangene Erfahrungen, gegenwärtige motivationale Bedingungen oder andere individuelle Faktoren. Zahlreiche psychologische Theorien auf den Gebieten des Lernens, der Wahrnehmung und der Motivation berufen sich auf das Konzept der Feedbackschleife, das besagt, daß die kontinuierliche Anpassung des Verhaltens einer Person durch die Reaktion dieser Person bedingt ist. Der Forschungsbereich des Reaktions-Feedbacks liefert einige Vorstellungen, die die theoretische Grundlage für selbstkorrigierende Verhalten fundieren können. In verschiedenen Kontexten hat man von Zeit zu Zeit die Meinung vertreten, daß die Reaktionswahrscheinlichkeit beeinflußt wird von dem früheren Erregungszustand der Person, von ihren Erfolgserwartungen oder von selbst auferlegten Performanzkriterien. All diesen Mechanismen ist die Vorstellung gemeinsam, daß Anpassung ausgelöst wird durch die Feedback-Effekte einer Reaktion, die so lange weitere Reaktionen beeinflußt, bis dem auferlegten Standard oder Reaktionsniveau entsprochen ist.

Die in jüngerer Zeit erschienene Literatur zum verbalen Lernen veranschaulicht die Phänomene menschlicher Selbstanpassung, um die es uns hier geht. So ist z. B. häufig beschrieben worden, wie das Wissen über die Ergebnisse das Lernen und die Performanz erleichtert. In einem Überblick über die Literatur, die sich mit den motivationalen Auswirkungen von bereits gewußten Ergebnissen auseinandersetzt, behaupten LOCKE, CARTLEDGE und KOEPPEL (1968), diese Auswirkungen würden modifiziert durch die Bewertungsstandards des Lernenden und durch die Ziele, die sich dieser im Hinblick auf die Performanz der Aufgabe setzt. Diese Autoren weiten also das einfache Konzept, das besagt, daß bereits gewußte Ergebnisse verstärken, auf ein Ziel oder auf eine Bezugsebene aus, die bereits vorher existieren und mit denen die Performanz verglichen wird. BROWN und MCNEILL (1966) beschreiben »Es-liegt-mir-auf-der-Zunge-«Verhalten, in dessen Verlauf eine Person, bevor sie ihre endgültige Wahl trifft, verschiedene Reaktionen äußert, die der richtigen ähneln. Adams schildert solches Verhalten folgendermaßen:

»Wenn die Person eine Reihe ähnlicher Reaktionen durchläuft, hat sie das klare Gefühl, die richtige Reaktion zu kennen, das Gefühl, sie liege ihr auf der Zunge und sie könne sie in noch diesem Augenblick äußern. Darüber hinaus weiß die Person nicht nur, wenn sie sich irrt und welche Reaktionen sie verwerfen muß, sie kennt auch den relativen Umfang ihrer Fehler. So kann die Person nach der Hauptstadt von Illinois gefragt werden, und ihre Antwort kann lauten: ›Die Hauptstadt von Illinois, das ist doch *Bloomington* ... Nein, das ist falsch! *Plainfield!* Nein, das stimmt auch nicht. *Summerfield!* Das stimmt schon eher! *Springfield!* Das ist es!‹ Die Person scheint genau zu wissen, daß ihre erste Reaktion weit am Ziel vorbei schießt, daß ihre zweite Reaktion dem Ziel schon näher kommt, daß ihre dritte Reaktion dem Ziel ganz nahe ist usw« (ADAMS, 1967, S. 284—285).

HART (1965) konfrontierte Versuchspersonen mit assoziativen Wortpaaren, dann unterzog er sie einem Behaltenstest. Hatten sich die Versuchspersonen an die Wortpaare erinnert, sollten sie sagen, ob sie das *Gefühl* gehabt hätten, die fehlenden Wörter *zu wissen*. In einem sich anschließenden Wiedererkennungstest, bei dem die richtige Antwort unter vier Möglichkeiten gewählt werden mußte, stellte sich heraus, daß die Versuchspersonen, die »das Gefühl zu wissen« gehabt hatten, bei der Vorhersage des Erfolgs des Wiedererkennungstests ausgezeichnet abschnitten.

Diese Experimente zeigen, daß man die Effekte des Verhaltens einer Person als Bindeglied betrachten kann, durch das ihre Handlungen sofort in Stimuli für nachfolgende Reaktionen oder für die Parallelisierung mit einem Performanzstandard verwandelt werden. Diese Feedback-Effekte unterscheiden sich von den Umweltkonsequenzen einer Reaktion. Man hat zahlreiche Experimente durchgeführt, um diese Effekte im Tierverhalten zu isolieren, denn die frühe S-R-Theorie betonte vor allem das propriozeptive Feedback in Form reaktionserzeugter Hinweisreize, das (z. B. beim Durchlaufen eines Labyrinths) das nächste Reaktionselement in einer Kette motorischer Verhalten auslösen sollte. Im Gegensatz dazu unterstreicht die S-R-Theorie das kognitive Lernen von Stimuli, und sie versucht nicht, Lernen mit einem peripheren Reaktionsauslöser zu erklären. Die Resultate dieser Untersuchungen waren nicht unzweideutig. Obwohl man nachwies, daß propriozeptives Feedback zum Lernen beisteuerte, erwies es sich nicht als unbedingt notwendig (SOLOMON und TURNER, 1962).

Eine entscheidende Ausweitung der Theorie des Reaktionsfeedbacks haben MILLER, GALANTER und PRIBRAM (1960), ADAMS (1967, 1968) und andere vorgeschlagen. Diese Autoren integrierten in die Feedback-Schleife eine fehlerkorrigierende Phase, die nach der Servotheorie konzipiert war, der Theorie also, die die Grundlage bildet für die Selbstkorrektur von Thermostaten oder von automatischen Kurssteuergeräten im Flugwesen. In diesen Modellen wird ein Input (z. B. ein Signal aus dem Muskelsystem des Organismus) mit einem Referenzmechanismus verglichen. Jede Abweichung vom Standardwert (= ein Fehler) wird so lange korrigiert, bis dieser Fehler einen Nullwert erreicht hat. Motivations- und Lernstudien haben das offene Ergebnis dieser mutmaßlichen Korrekturmanöver demonstriert, und sie haben sogar gezeigt, daß sich die korrigierenden Handlungen eines Lernenden dessen eigener Reaktion anschließen und der äußeren Verstärkung *vorausgehen*. Das theoretische Hauptproblem ist die Erklärung des Prozesses, der in der Speicherung vergangener Erfahrungen besteht, und der Mechanismus, durch die der lebende Organismus gegenwärtige und vergangene Performanzen vergleicht oder durch die er, aufgrund eben dieses Vergleiches, Standards parallelisiert und korrigierendes Verhalten fortsetzt oder abbricht. In dem hypothetischen Modell eines Vergleichsmechanismus, der die Bewertung (oder das Feedback) der gegenwärtigen Reaktion und das vorgegebene Kriterium parallelisiert, könnte der Zustand einer nicht diskriminierbaren Differenz zwischen der Bewertung der eigenen Performanz und dem Standardwert als Signal dienen für das Abbrechen weiterer korrigierender Reaktionen und für die Verabreichung von Selbstverstärkung. In der Tat könnte das Erreichen des Kriteriums das verstärkende Ereignis selbst sein. Diese Verstärkung (die dem von ADAMS [1968], EIMAS und ZEAMAN [1963] und anderen vorgeschlagenen Mechanismen ähnelt) würde, da sie die fehlerkorrigierende Sequenz abbricht, informative Eigenschaften aufweisen, und motivationale Eigenschaften dürfte man ihr zuschreiben, wenn man die Annahme akzeptiert, daß der Mensch seiner Natur nach durch die Verwirklichung von Zielen motiviert ist. Obwohl diese theoretische Formulierung empirisch hauptsächlich durch Analoga gestützt wird, kann die Erklärung von verbalen Lernvorgängen und von Wahrnehmungsdaten durch eine Theorie, die Reaktions-Feedback und einen Mechanismus der Parallelisierung von Kriterien einschließt, dann von heuristischem Wert sein, wenn wir unsere Überlegungen zur Selbstregulierung ordnen. Eine provisorische Sicht der Selbstregulierung, die sich an diese hypothetischen Richtlinien hält, hat den Vorteil, daß die begrifflichen Zusammenhänge zwischen Selbstüberwachung (= die gezielte Beachtung des Reaktions-Feedback), Performanzkriterien (= soziale oder persönliche Standards) und Selbstverstärkung (= das Ergebnis der Diskrimination zwischen Performanz und Standard) geklärt werden. Doch liegt der enorme Vorteil in der Möglichkeit, daß man zwischen diesem menschlichen Funktionsbereich und anderen Forschungsbereichen des Lernens eine direkte Verbindung herstellen kann, so daß zur Verfeinerung dieses doch sehr groben Modells eine breitere empirische Grundlage geschaffen wird.

Die klinischen Prozeduren, die aus dem Selbstregulierungsmodell hervorgehen, stimmen mit den Techniken überein, die wir auf den letzten Seiten behandelt haben. Werden Patienten aufgefordert, über ihr eigenes Verhalten Buch zu führen, dürfte die gezielte Beschreibung bestimmter Reaktionen, wenn man sie mit verschwommenen Selbstberichten oder beiläufigen und anekdotischen Erinnerungen vergleicht, die Diskrimination zwischen dem Patientenverhalten und dem vom Therapeuten oder Patienten vorgeschlagenen Standard wesentlich erleichtern. Außerdem wird bei der Wahl eines Zielverhaltens gewöhnlich direkt oder indirekt auf geeignete Ersatzreaktionen hingewiesen, so daß ein Grundmaßstab entsteht, der es ermöglicht, die Abweichung des Verhaltens vom idealen oder festgesetzten Standard zu messen. Und schließlich sollte der Therapeut durch diese Spezifizierungen dem Patienten bei der Wahl geeigneter »fehlerkorrigierender« Verhaltensweisen helfen, so daß die Aneignung neuer Reaktionen, die die alten unerwünschten ersetzen, beschleunigt wird.

Ausgehend von diesen Überlegungen kann man auch vorhersagen, daß positive Verhaltensänderungen nur dann erzielt werden, wenn die selbstüberwachte Reaktion einige aversive Elemente enthält. So dürfte z. B. ein Selbstbericht über erfolgreiches soziales Verhalten oder eine mangelnde Übereinstimmung zwischen Patient und Therapeut über die wünschenswerte Reaktion geringe Veränderung bewirken. Klinische Beobachtungen und beiläufige Bemerkungen von Versuchspersonen in Verhaltensmodifikationsstudien weisen tatsächlich darauf hin, daß die Effekte der Selbstüberwachung sehr unterschiedlich ausfallen können. Manche dieser Unterschiede können auf die Diskrepanz oder Übereinstimmung zwischen der Zielreaktion und der Erwünschtheit dieser Reaktion zurückzuführen sein. Wie wichtig es ist, zur Selbstbeobachtung eine bestimmte Reaktion auszuwählen, belegt eine Untersuchung von McFall (1970). Studenten wurden aufgefordert, über die Häufigkeit ihres Rauchverhaltens im Rahmen der Unterrichtszeit zu berichten. Die eine Gruppe sollte die tatsächliche Häufigkeit ihres Zigarettenrauchens aufzeichnen, während eine zweite Gruppe lediglich die Gelegenheiten, bei denen sie rauchen wollte, es aber dann doch sein ließ, festhalten sollte. Der Versuchsleiter riet nicht vom Rauchen ab. McFall entdeckte, daß sich die Häufigkeit des Rauchens während einer Ausgangsphase, in der ein Beobachter unauffällige Messungen durchführte, durch Selbstüberwachung signifikant veränderte. In der Selbstüberwachungsperiode steigerten jedoch die Versuchspersonen, die über ihr Rauchen Buch führten, ihre Rauchrate, während die Versuchspersonen, die lediglich ihre Gedanken ans Rauchen registrierten, ihre entsprechende Rate verringerten. In dieser Untersuchung bewirkte die Selbstüberwachung bei den beiden Reaktionsklassen entgegengesetzte Effekte.

Selbst-direktive Verhaltenstherapien werden meistens bei freiwilligen Patienten durchgeführt. Unter dieser Bedingung der Freiwilligkeit ist die Erwünschtheit der Verhaltensänderung und die Annehmbarkeit einer Ersatzreaktion selten ein Problem. Die Eigenschaften des hypothetischen Mechanismus der Selbstregulierung, mit denen wir uns weiter oben befaßten, bilden den Gegenstand einer Abhandlung von Kolb, Winter und Berlew (1968). In zwei Untersuchungen über selbstgesteuerte Modifikation setzten sich graduierte Studenten, die Mitglieder einer Labortrainingsgruppe waren, in bezug auf ihr persönliches Verhalten Modifikationsziele, die für ihre Gruppeninteraktion relevant waren. Die Autoren nahmen an, daß Personen eher dauerhafte Veränderungen anstreben, wenn sie selbst für sie verantwortlich sind. Außerdem nahmen sie an, daß ihre Versuchspersonen zu den festgelegten Zielen motiviert waren. Jede Versuchsperson wurde gebeten, ein bestimmtes Ziel zu nennen, für das sie sich einsetzen würde. Die Versuchspersonen beobachteten ihre eigenen Verhalten, die für die Zielreaktion relevant waren und fertigten täglich Diagramme über ihre Auftretenshäufigkeit an. Bei dieser Prozedur wiesen die Autoren darauf hin, daß eine bestimmte Zielsetzung wichtig ist. Außerdem sagten sie voraus, daß die beobachtete Verhaltensänderung mit dem persönlichen Engagement der Versuchspersonen zusammenhängen würde. Die angewandten Prozeduren arbeiteten mit zwei Feedback-Möglichkeiten — mit Feedback durch Selbstbeobachtung und mit Feedback durch die Beobachtungen und Meinungen, die andere Gruppenmitglieder während der Zusammenkünfte äußerten. Dieser Prozedur unterzogen sich im Verlauf einer zehnwöchigen Reihe von Zusammenkünften 54 Versuchspersonen. Die eine Hälfte dieser Gruppe wurde aufgefordert, ihre Projekte in den Sitzungen zu diskutieren, so daß alle übrigen Gruppenmitglieder reagierten (Feedback-Bedingung). Die zweite Hälfte diskutierte ihre Projekte nicht in der Gruppe (No-Feedback-Bedingung). So wurde die jeweilige Feedback-Menge bei den verschiedenen Gruppen variiert. Die Autoren stellten signifikant mehrere Veränderungen bei den Versuchspersonen fest, deren Projekte in der Gruppe diskutiert wurden. Darüber hinaus gab es eine niedrige signifikante Korrelation mit dem Grad an persönlichem Engagement, der anhand eines Fragebogens, den die Versuchspersonen ausfüllten, evaluiert wurde. In einer zweiten Untersuchung unterzogen sich alle Versuchspersonen derselben Prozedur, nur daß nun auch die Gruppenleiter den Umfang der beobachteten Verhaltensänderung aufzeichneten. Gewöhnlich neigten die Gruppenleiter dazu, die Veränderungen niedriger einzustufen als die Versuchspersonen. Doch entdeckte man, daß der Gesamtumfang an Diskussionen signifikant bezogen war auf die selbst registrierte und von den Gruppenleitern festgestellte Veränderung. Diese Untersuchung zeigt also, daß es effektiv ist, wenn man ein bestimmtes Ziel setzt und wenn das anfängliche Verhalten und die sukzessiven Verhaltensänderungen selbst überwacht werden. Die Tatsache, daß, um Verhaltensänderungen zu beschleunigen, die Feedback-Menge, die aus Selbstbeobachtungen und Schätzungen der Gruppe bezogen wird, relevant ist, bestätigt die weitverbreitete Ansicht, daß im Kontext selbsteingeleiteter Verhaltensmodifikationen Feedback-Vorgänge wichtig sind. Ähnlich spiegelt sich in der anfänglichen Bereitschaft, ein spezifisches Performanzkriterium zu erfüllen, der Einfluß, den das anfängliche Zielniveau der Person auf den Umfang der zu erwartenden Verhaltensänderung ausübt. Weitere Experimente auf diesem Gebiet müssen feststellen, in welchem Umfang therapeutische Manipulationen der Vergleichsstandards und der Feedback-Menge den Behandlungsablauf beeinflussen können.

Voraussetzungen der Selbstkontrolle

Wir haben bereits darauf hingewiesen, daß der Entschluß, das eigene Verhalten zu ändern, die gezielte Unterbrechung bisher hervorragend koordinierter, reibungslos funktionierender Prozeduren erfordert. Unsere theoretische Analyse hat ergeben, daß, um die Unterbrechung unerwünschter Reaktionsketten maximal zu gestalten, sechs Punkte erfüllt sein sollten: 1. muß die Person relativ früh in die Reaktionssequenz eingreifen können; 2. muß sie Umweltkontrollen benutzen, damit nicht zu einem Zeitpunkt auf die symptomatische Reaktion verzichtet werden muß, zu dem der Profit und die Stärke dieser Reaktion aufgrund vergangener Erfahrungen zu groß sind; 3. muß sie Alternativverhalten ausführen, die angemessen verstärkt werden; 4. muß sie kontrollierende Reaktionen praktizieren und erwarten können, daß diese durch die soziale Umgebung verstärkt werden; 5. muß sie das erwünschte Endverhalten spezifizieren und 6. muß sie während ihrer Modifikationsversuche unmißverständliches Feedback erhalten. Die Techniken des vertraglichen Managements, der *Coverant*-Therapie, der gezielten Selbstbeobachtung, der Etikettierung diskriminativer Stimuli für symptomatische Verhalten und andere Methoden der Erzeugung positiver Konsequenzen zur Selbstkontrolle — all diese Verfahren beschleunigen die Einführung neuer Verhalten. Bemerkenswert ist, daß sich die Ermahnung, das moralische Überzeugen und der Appell an die Willenskraft des Patienten insofern von den bisher dargestellten Behandlungsmethoden unterscheiden, daß sie den Patienten nicht in die Verhaltensanalyse und in spezifische Techniken einführen, die ihn befähigen würden, eben jene Ziele zu verwirklichen, auf die die wohlgemeinten Ratschläge abzielen.

Unser Überblick über Arbeiten zur Selbstverstärkung zeigt, daß die Muster selbstverabreichter Belohnungen und Kritiken durch soziale Manipulationen beeinflußt werden können, sobald ein Prozeß der Selbstüberwachung begonnen hat. Es gibt nur wenige Arbeiten aus der klinischen Praxis, die die Laborbefunde und die theoretische Bedeutung dieses Mechanismus der Selbstregulierung bestätigen.

Obwohl sich dieses Kapitel mit verhaltensorientierten Ansätzen auf einem der faszinierendsten Gebiete menschlicher Funktionsweise befaßt hat — wir meinen das Vermögen des Menschen, sein eigenes Los zu bestimmen —, müssen wir doch zugeben, daß die Forschung im Labor wie die klinische Praxis anstelle von eindeutigem Beweismaterial lieber mit Spekulationen aufwarten. Gelänge es jedoch, Verhaltenstherapie auch auf diese Gebiete auszuweiten, so würde das beweisen, daß der behavioristische Ansatz auf das ganze Spektrum des menschlichen Verhaltens angewandt werden kann. Um den klinischen Anwendungsmöglichkeiten der Lernpsychologie eine stabilere Grundlage zu geben, muß die Forschung vor allem in diesem Bereich vorangetrieben werden.

Zusammenfassung

Trainingsmethoden, die dem Klienten helfen sollen, sein eigenes Verhalten zu kontrollieren, sind in der Verhaltenstherapie erst in jüngster Zeit angewandt worden. Es handelt sich hier um eine Reihe von Techniken, die eine Ausweitung der Verhaltenstherapie auf neue Problemkreise ermöglichen. Diese Techniken eignen sich vor allem für solche Patienten, deren Verhalten so intakt ist, daß sie ohne weiteres kooperieren können, und deren Umwelt schwer kontrollierbar ist.

Bei der begrifflichen Erfassung des Selbstregulierungsprozesses geht man von der Annahme aus, daß Selbsteinstellungen, Selbstbewertungen und Selbstverstärkungen der selektiven Verstärkung entspringen, die die selbstbezogenen Verhalten des Kindes durch die soziale Umgebung erfahren. Im Laufe der

Zeit werden derartige Reaktionsmuster durch Imitation und durch Kontingenzlernen für verschiedene Verhaltenssegmente etabliert. Der Bequemlichkeit halber hat man diese funktionell zusammenhängenden Reaktionsmuster als Selbstsystem bezeichnet.

Selbstkontrolle ist als ein Prozeß beschrieben worden, in dem die Person die Auftretenswahrscheinlichkeit eines Verhaltens dadurch ändert, daß sie die Variablen, die das Auftreten in der Vergangenheit gesteuert haben, modifiziert. Die verbreitetsten Methoden der Selbstkontrolle sind die, bei denen die Person die Stimuluskontrolle von einem Merkmal der Umwelt auf ein anderes verlagert, bei denen sie eine konkurrierende Reaktion benutzt oder bei denen sie eine kontrollierende Reaktion verstärkt. Selbstkontrolle erstreckt sich auf zwei Kategorien von Situationen: In der 1. Kategorie steht ein hoch geschätztes Ereignis oder ein verstärkender Stimulus zur Verfügung und gelingt es der Person nicht, Verhaltensweisen auszuführen, die dieses Ereignis oder Objekt erreichbar machen würden und in der 2. Kategorie erträgt die Person auch weiterhin aversive Stimulation und es gelingt ihr nicht, vorhandene Flucht- oder Vermeidungsreaktionen zu nutzen. Das Zielverhalten der Selbstkontrolle hat immer (positive und negative) konflikthafte Konsequenzen, und ihr Potential, entweder eine Annäherungs- oder eine Vermeidungsreaktion aufrechtzuerhalten, ist fast gleich stark.

Wir haben gesehen, daß das Training, das zu verzögerter Verstärkung erzieht, eine Facette des Selbstkontrollprogramms darstellt. Es gibt viele anders geartete Selbstkontrollprogramme, die unter anderem folgende Techniken umfassen: zunehmende Verstärkung kontrolllierender Reaktionen, gezielte Veränderung kontrollierender Umweltstimuli in einem frühen Stadium der Verhaltenssequenz (in dem die Wahrscheinlichkeit des Auftretens der Zielreaktion gering ist), Verwendung von Verstärkung für die Nichtausführung der Zielreaktion, Performanz unvereinbarer Verhalten, Ausschaltung der physikalischen Stimuli, die für die unerwünschte Reaktion als S ^{D} fungieren usf.

Da Selbstkontrolle schließlich ohne Unterstützung von außen stattfindet, ist Selbstverstärkung ein wesentliches Merkmal dieser Prozedur. Eine Reihe von Untersuchungen der Selbstverstärkung hat sich mit den Determinanten der Selbstverstärkung, mit ihren motivationalen Merkmalen und mit den Lernbedingungen ihrer planmäßigen Verabreichung befaßt. Bei der Erforschung dieses Prozesses hat man drei Hauptparadigmen des Labors benutzt: 1. untersuchte man die Variablen, welche die Rate von selbstverstärkenden Reaktionen beeinflussen, mit dem direktiven Lernmodell; 2. durchleuchtete man Effekte des Modellernens mit dem Paradigma des stellvertretenden Lernens und 3. erforschte man die Variablen, die, im Gegensatz zur sozialen Bestrafung, die Selbstverabreichung von Belohnungen beeinflussen, mit dem Modell der Versuchung. Alle diese Studien haben nachgewiesen, daß Selbstbelohnungen und Selbstbestrafungen durch mannigfaltige Variablen modifiziert werden können. Auch haben sie festgestellt, daß diese selbstverabreichten Operationen Verhalten aufrechterhalten können, was bedeuten würde, daß sie motivationale Eigenschaften besitzen.

In der Klinik können Selbstkontrollprozeduren direkt gelehrt werden, indem man dem Patienten die üblichen Lernprinzipien beibringt und indem man ihm hilft, Programme zu entwickeln, die die unerwünschten Verhaltensweisen allmählich reduzieren. Auf diese Weise hat man Rauchverhalten, Überessen, Lernunfähigkeit und ähnliche Probleme behandelt. Bei der *verdeckten Sensibilisierung* wird der Patient so trainiert, daß er sich selbst gerade dann imaginäre aversive Stimuli verabreicht, wenn er sich versucht fühlt, das unerwünschte Verhalten auszuführen. Beim *Kontingenz-Management* lernt die Person, verdeckte verbale Reaktionen zu äußern, die mit dem unerwünschten Zielverhalten unvereinbar sind. Kontingenz-Management findet auch dann statt, wenn ein Patient kurz vor dem sehr wahrscheinlichen Auftreten von Verhaltensweisen positive verdeckte Feststellungen trifft, wodurch er die Stärke, mit der diese Verhalten in seinem Repertoire vertreten sind, erhöht. Im therapeutischen Rahmen hat man auch Veränderungen der Stimuluskontrolle benutzt, indem man die Bedingungen, unter denen ein symptomatisches Verhalten auftreten konnte, immer stärker einschränkte. Außerdem hat man über die Benutzung selbstverabreichter Schocks und Verstärkungen berichtet, die die Verwirklichung der jeweiligen Stufe einer (nach Schwierigkeitsgraden eingeteilten) Hierarchie zum Ziel hatten.

Klinische Befunde und Befunde der Forschung lassen vermuten, daß schon die bloße systematische Beobachtung des eigenen Verhaltens, die der Verhaltenstherapeut meistens dann fordert, wenn der Patient über seine Reaktionen Buch führen soll, positive therapeutische Effekte haben kann. Andere Autoren haben über das sogenannte *vertragliche Management* berichtet, das alle Vorteile aufweist einer eindeutigen Übereinkunft zwischen Patient und Therapeut über die Behandlungsbedingungen. Bei diesem Ansatz wird das Verhalten der Parteien wechselseitig kontingent gemacht, und der beidseitige Austausch von Verhalten wird vertraglich festgelegt. Und im Rahmen der *Selbstkonfrontationstechniken* hat die neueste Entwicklung von audiovisuellen Geräten dazu geführt, daß der Patient immer mehr objektives Feedback über sein eigenes Verhalten bekommen kann.

Die Tatsache, daß auch Techniken der Selbstregulierung ins Arsenal der Verhaltenstherapie aufgenommen wurden, ist von besonderer Bedeutung, da die frühesten und erfolgreichsten Methoden der Verhaltenstherapie fast ausschließlich auf der Kontrolle der Behandlungsumgebung des Patienten fußten. Wir haben es hier mit Versuchen zu tun, die Verhaltenstherapie auf ein breites Spektrum von Problemen auszuweiten. Theoretische Fragen über die Konzeptualisierung von Verhaltensweisen, bei denen die Person Subjekt und Objekt des Verhaltens zugleich ist, hat man bisher nicht zu beantworten vermocht. Doch haben all diese Techniken die Probleme und Möglichkeiten einer behavioristischen Theorie in den Brennpunkt gerückt, die sich mit jenen unzugänglichen, privaten Erfahrungen befassen, die der frühe Behaviorismus aus der Psychologie auszuklammern versuchte.

TEIL V

Die klinische Anwendung
der Verhaltensmodifikation
und ihre Probleme

KAPITEL 10

Der breitere Kontext der Verhaltenstherapie: Soziale, organismische und diagnostische Fragen

Die ersten beiden Kapitel dieses Buches setzten sich mit dem allgemeinen Bezugsrahmen und den Paradigma auseinander, mit deren Hilfe die Philosophie, die Ziele und die Operationen der Verhaltenstherapien dargestellt werden können. Die Kapitel drei bis neun befaßten sich mit den theoretischen und Forschungsgrundlagen einiger spezifischer Verhaltensmodifikationstechniken. Hin und wieder haben wir auch beschrieben, wie sich verhaltenstherapeutische Techniken mit dem klinischen Gesamtkontext vertragen, und wir haben auf einige der Vor- und Nachteile hingewiesen, mit denen sich der Kliniker bei ihrer praktischen Anwendung konfrontiert sieht. Ab und zu haben wir auf gesellschaftliche Strömungen aufmerksam gemacht, die die Entwicklung der Verhaltenstherapien beeinflußten, sowie auf die Tatsache, daß Parameter, die außerhalb des behavioralen Lernparadigmas liegen, Verhalten und seine Modifikation beeinflussen. Doch haben wir bisher kaum Gelegenheit gehabt, den Lernbereich zu verlassen und uns auf anderen Gebieten der Forschung oder klinischen Praxis umzusehen, die für die von uns beschriebenen Methoden relevant sind. Doch schien es uns wünschenswert, zuerst die Therapien und ihre Lerngrundlagen zu behandeln. Dies getan, können wir nun das Bild, das wir von der klinischen Praxis entworfen haben, abrunden, indem wir andere Kontexte, die die Arbeit des Verhaltenstherapeuten beeinflussen, durchleuchten. Außerdem haben wir in Verbindung mit den jeweiligen Modellen eine Reihe von Fragen behandelt, die für alle Therapien, besonders aber für Verhaltenstherapien, relevant sind, doch haben wir diese Fragen — z. B. die ethische Problematik der Verhaltenssteuerung oder die theoretischen und praktischen Probleme der Diagnostik — nicht als Gegenstände für sich behandelt.

Diese letzten beiden Kapitel sollen sich nun mit dem Gesamtkontext der Verhaltensmodifikation befassen. Allerdings sind wir nicht in der Lage, alle einschlägigen Probleme zu behandeln oder einigen Fragen erschöpfend auf den Grund zu gehen. Um den breiteren sozialen und psychologischen Kontext, in dem der Verhaltenstherapeut tätig ist, zu illustrieren, haben wir statt dessen ganz bestimmte Teilbereiche ausgewählt. Dabei gingen wir von der heutigen psychologischen Literatur aus, die sich besonders intensiv mit der Verhaltenstherapie befaßt. Die Abschnitte dieses Kapitels und das nächste Kapitel haben nur insofern etwas gemeinsam, als sie an Beispielen Themen erläutern, die in anderen Kapiteln bereits gestreift worden sind.

Der erste Teil dieses Kapitels befaßt sich mit einigen Variablen aus der umfangreichen Literatur zur Verhaltensbeeinflussung und -änderung. Begriff-

liche Formulierungen des herkömmlichen psychotherapeutischen Prozesses
haben zusehends aus der Literatur geschöpft, die sich mit Experimenten zur
Einstellungsänderung, interpersonalen Interaktion, sozialen Einflußnahme,
Rollentheorie, Erwartung und ähnlichen Bereichen befaßt hat. In dieser Literatur haben sich spezifische Variablen abgezeichnet, deren psychotherapeutische Effekte derzeit evaluiert werden, und man hat Hypothesen aufgestellt,
die die therapeutische Wirksamkeit erklären und verbessern sollen. CART-
WRIGHT (1968) unterstrich in seinem Jahrbuch (»Annual Review«), das einen
Überblick über die Psychotherapieforschung gab, diesen Trend:

»Der Person, die die derzeitige Literatur überblickt, drängt sich der wesentliche Eindruck auf, daß die Psychotherapie als Forschungszweig keinen klar umrissenen
Problembereich mehr abgibt, für den besondere Theorien und Techniken entwickelt
werden müssen. Es wird immer offenkundiger, daß die derzeitige Sicht der Psychotherapie eine Art dyadische Beziehung repräsentiert, für die die Befunde der Erforschung anderer sozialer Beziehungen relevant sind ... Diese Sicht der Psychotherapie
als einer sozialen Beziehung, die anderen Beziehungen ähnelt, und die Sicht der entsprechenden Probleme als Lernprobleme haben dazu geführt, daß sich ein Großteil
der Rätselhaftigkeit dieses Gebiets verflüchtigt hat und daß durch die Verwendung
von Analogmethoden direktere Forschungsansätze zum Tragen kamen. Die Literatur
vermittelt heute den Eindruck, als sei eine neue Zeit angebrochen, die den therapeutischen Handwerker fast genauso entscheidend prägt wie die industrielle Revolution die Rationalisierung von Produktionsmethoden prägte (CARTWRIGHT, 1968,
S. 387).

Mehrere Jahrzehnte lang haben Psychologen, die die empirische Grundlage
der Psychotherapie festigen wollten, auf die Wichtigkeit der Versuche hingewiesen, die die Befunde aus den sozialen und experimentellen Labors extrapolieren wollten auf den klinischen Bereich. Untersuchungen zur Persönlichkeit und zur Psychopathologie, die Variablen und Prozeduren des Labors
benutzen, verdeutlichen noch stärker, daß der umfangreiche Corpus an psychologischem Wissen für die klinische Verhaltensänderung ungemein relevant
ist. Doch sind die Kliniker erst in jüngerer Zeit durch Publikationen beeinflußt
worden, welche sich (ausgehend vom sozialen, physiologischen und persön-
lichkeitsbezogenen Standpunkt) mit der Manipulation von Verhalten im Labor befaßten. Die Tatsache, daß die Methoden und Erkenntnisse der allge-
meinpsychologischen Forschung in der psychotherapeutischen Sitzung ver-
spätet zur Anwendung gelangten, ist u. a. auf die feste Überzeugung einiger
Psychotherapeuten zurückzuführen, daß die Extrapolation von Experimenten
auf die reale Therapie im Widerspruch stehe zum humanistischen Geist der
Therapie und daß sie unwissenschaftlich sei, da sie begrenzt gültige Befunde
durch Ausweitung ohne Test überstrapaziere. KRASNER (1962 b) hat dieser
Kritik einen Standpunkt entgegengesetzt, der der von CARTWRIGHT erwähnten neuen Ära zugrunde liegen könnte:

»Man hat Konditionierungsstudien als ›Laborstudien‹ oder als experimentelle Analogons der Psychotherapie bezeichnet. Ich halte diese Bezeichnung für falsch. Die
meisten unter uns beschäftigen sich so ausschließlich mit dem psychotherapeutischen

Prozeß der Forschung und der klinischen Praxis, daß dieser Prozeß heute von einer heiligen Aura umgeben ist ... Die meisten Forscher implizieren, daß der psychotherapeutische Prozeß, so wie er heute praktiziert wird, der einzige und beste Weg sei, um Verhalten von Menschen zu ändern. Der Maßstab für die Annehmbarkeit eines Forschungsergebnisses wird in diesem Fall durch die Frage »Wie nah kommt das Ergebnis dem realen psychotherapeutischen Prozeß?« gesetzt. Ich bin überzeugt, daß wir den Zweck der Psychotherapie, der doch darin besteht, das Verhalten der Leute zu ändern, aus den Augen verlieren. Der Zweck der Psychotherapie ist *nicht* die Psychotherapie an sich ... Es ist gut für den Therapeuten, wenn ihm die Psychotherapie Spaß macht und wenn er spürt, daß das, was er tut, wichtig ist, doch der Zweck der Psychotherapie ist das nicht. Der entschuldigende Ton, dessen sich Abhandlungen über die experimentelle Untersuchung von Verhalten befleißigen, ist nicht am Platz. Diese sogenannten Laborstudien haben wesentliche Implikationen für den psychotherapeutischen Prozeß und beziehen einige ihrer Hypothesen von der Psychotherapie. Trotzdem neige ich immer weniger dazu, sie als ›experimentelle Analogons‹ der Psychotherapie zu bezeichnen. Vielmehr sehe ich in ihnen nur einen Teil einer umfassenderen Psychologie der Verhaltenskontrolle, die darauf ausgerichtet ist, Techniken der gezielten Kontrolle, Manipulation und Veränderung von Verhalten zu entwickeln ... Unser Hauptziel ist nicht, ein Analogon der Psychotherapie zu schaffen, sondern Techniken der Verhaltenskontrolle zu entwickeln (KRASNER, 1962b, S. 103).

Zu den Variablen, die als mögliche Grundlagen experimentell erarbeiteter therapeutischer Methoden besonders aufmerksam untersucht worden sind, gehören die Faktoren der interpersonalen Beeinflussung in der Klinik. Derartige Variablen sind nicht bestimmten Techniken zuzuordnen, sondern vermutlich Bestandteil aller verhaltensmodifikatorischen Ansätze, also auch der Verhaltenstherapien, die den persönlichen Kontakt zum Kliniker erfordern. Manche Kritiker haben Verhaltenstherapien als mechanistisch und inhuman charakterisiert, womit sie unter anderem meinten, daß Variablen interpersonaler Beeinflussung zu wenig beachtet und genutzt würden. Die Tatsache, daß Verhaltenstherapien in hohem Maße soziale Verstärkung, Modellernen und stellvertretende Verstärkung verwenden, beweist jedoch, daß das keineswegs der Fall ist.

Außerdem können sich verhaltensorientierte Kliniker auch der Forschungsdaten über interpersonale Parameter bedienen, die weniger direkt von sozialen Lernmodellen abgeleitet wurden. So erweist sich das Konstrukt der sozialen Verstärkung im klinischen Bereich als nützlicher, wenn man es mit der Erforschung von Parametern verknüpft, welche der sozialen Beeinflussung zugrunde liegen. Die persönlichen und behavioralen Eigenschaften, die in der sozialpsychologischen Forschung die starke Einflußnahme einer Person kennzeichnen, sind vermutlich eng verquickt mit dem sozial verstärkenden Vermögen dieser Person. Unserer Meinung nach kann die Verhaltenstherapie mehr leisten, wenn die Verhaltenstherapeuten auf einer möglichst breiten experimentellen Grundlage aufbauen und sich des jeweils neuesten Wissensstandes der experimentellen Psychologie bedienen. Das aber setzt voraus, daß der Verhaltenstherapeut sein Fach als nur einen Anwendungsbereich des Wissens begreift, das auf dem umfassenderen Gebiet der Verhaltensbeeinflussung und der interpersonalen Kommunikation zusammengetragen worden ist. Demgemäß befassen wir uns in diesem Kapitel mit einigen anschaulichen Variablen und Studien, die ausgewählt wurden, weil sie sich für die Verhaltenskontrolle als relevant erwiesen haben. Diese Auswahl erhebt nicht den Anspruch auf Vollständigkeit und soll lediglich Denkanstöße geben. Besagte Variablen werden hier nicht als Techniken oder Mechanismen, sondern als Korrelate der Verhaltensbeeinflussung diskutiert.

Ein zweiter breiter Forschungsbereich, der viel mit lernorientierten Modifikationstechniken zu tun hat, setzt Persönlichkeit und organismische Merkmale in Bezug zum Lernen. Auch die Literatur zu diesem Gegenstand kann hier nicht erschöpfend abgehandelt werden. Sie offenbart lediglich, daß die Beziehungen zwischen Lernen und Persönlichkeitsvariablen schwer zu durchschauen sind und allzu leicht beeinflußt werden durch den einzigartigen historischen und umweltbedingten Hintergrund einer Person, so daß es so gut wie unmöglich ist, diese Beziehungen in einem Überblick über die gängigen therapeutischen Prozeduren eingehend zu durchleuchten. Trotzdem lassen die Befunde vermuten, daß eine Vorhersage der Effekte einer speziellen Technik — sagen wir der Desensibilisierung — verbessert werden kann, wenn man einige dauerhafte Persönlichkeitsmerkmale des Patienten (z. B. seine Extraversions- und Introversionswerte) berücksichtigt. Im zweiten Teil des vorliegenden Kapitels befassen wir uns auch mit dieser Literatur, um die mögliche Bedeutung von persönlichkeitsbedingten und organismischen Parametern für die Anwendung von Verhaltenstherapien zu veranschaulichen. Die behandelten Variablen werden als Korrelate von Lerneffekten betrachtet. Obwohl sie häufig aus besonderen Persönlichkeitstheorien entwickelt wurden, liegt das Schwergewicht in unserem Fall nicht auf den intervenierenden Prozessen oder Persönlichkeitsmerkmalen, die sie in der Theorie häufig repräsentieren, sondern auf den Auswirkungen, die sie als bremsende Faktoren auf verhaltensorientierte Ansätze haben. So vertiefen sie unser Verständnis des Verhältnisses der Person zu ihrer Umwelt und ihrem Problem; doch verändern sie nicht den fundamentalen Bezugsrahmen, den wir in den ersten beiden Kapiteln umrissen haben.

Der dritte Teil dieses Kapitels schließlich befaßt sich mit der Verhaltensdiagnose. Die Diagnose ist der Kreuzweg, an dem ernste Entscheidungen getroffen werden müssen, um die Ziele des klinischen Gesamtprojekts zu verwirklichen. Das ist der kritische Augenblick, in dem die zur Verfügung stehenden Techniken (wir haben sie untersucht), die persönlichen und organismischen Merkmale von Therapeut und Patient und die umweltbedingten Hilfsmittel, über die diese beiden verfügen, zu einer Reihe flexibler Behandlungsstrategien verschmolzen werden. Aus dieser Begegnung im interpersonalen klinischen Rahmen ergibt sich das therapeutische Programm. Die Diagnose oder Verhaltenserfassung ist also der Punkt, in dem alles bisher Diskutierte zusammenmündet. Doch läßt das Verständnis der Entscheidungsprozesse des verhaltensorientierten Klinikers bisher einiges zu wünschen übrig. Es gibt kaum wissenschaftliche Richtlinien bei der Auswahl der Behandlungsstrategie, die bei einer bestimmten Konstellation aus Patient/Zielverhalten/Umwelt am geeignetsten ist. Der Kliniker verfügt lediglich über Faustregeln, wenn er versucht, mit einer funktionalen Analyse die Variablen abzusondern und einander zuzuordnen, die die optimale Lösung der Probleme des jeweiligen Patienten versprechen. Viele Faktoren, die die gewählte Behandlungstaktik beeinflussen, sind nicht bloß Verhaltenstherapien eigen, auch wenn sie mit verhaltensbezogenen Begriffen beschrieben werden. Auch verläßt sich die Diagnose des Klinikers, darauf haben wir bereits in Kapitel 2 hingewiesen, immer noch großenteils auf das herkömmliche klinische Gespräch und die Beobachtungsgabe des Therapeuten. Ungeachtet dieser Überschneidung mit traditionelleren Prozeduren unterscheiden die diagnostischen Prozeduren und Ziele den Verhaltensmodifikator ganz erheblich von anderen Klinikern. So aber dürfte die Verhaltensdiagnose den geeigneten Schlußstein dieses Kapitels bilden, denn sie ist der unerläßliche Kontext, in dem die Theorien und die Techniken der lernorientierten Verhaltenstherapien mit Problemen und Variablen der klinischen Praxis insgesamt zusammenmünden.

Ein Gesichtspunkt, unter dem die drei Themen dieses Kapitels angeschnitten werden könnten, geht von der Variablengruppe aus, die zum Behandlungsergebnis entscheidend beitragen kann. PAUL (1969 a) hat vier Variablenklassen oder -bereiche vorgeschlagen, die in Erfolgsstudien jeder Therapie beschrieben, gemessen und/oder kontrolliert werden sollten. Jeder dieser Bereiche zerfällt in eine Reihe von Unterklassen, die berücksichtigt werden müssen. Tab. 10/1 faßt Pauls Übersicht zusammen. Wir können ihr entnehmen,

I. *Klienten (z. B. Versuchspersonen, Patienten, Studenten usw.)*
   A. Zielverhalten
      (z. B. Symptome oder Beschwerden, die motorische, autonome, physiologische, vorstellungsbedingte oder verbale Reaktionen umfassen)
   B. Relativ stabile persönlich-soziale Merkmale
      (z. B. Geschlecht, Alter, Bildungsgrad, Erfahrungen, sozioökonomisches Niveau, Angstniveau, Extraversion)
   C. Tägliche Umgebung
      (z. B. Familie, Arbeitsplatz, Freizeit, hygienische Umweltbedingungen, Drogen usw.)
II. *Verhaltensmodifikatoren (z. B. Therapeut, automatische Geräte, Berater, Techniker)*
   A. Verhaltensmodifikationstechnik
      (z. B. einzelne Aktionen, Behandlung, Strategie, manipulierte Variablen)
   B. Relativ stabile persönlich-soziale Merkmale
      (z. B. Empathie, Erfahrung, Ansehen, theoretische Orientierung, Gefühlswärme, Liebenswürdigkeit, Sympathie für den Klienten)
   C. Behandlungsumgebung
      (z. B. Klinik, Station, Zuhause, Schule, Labor)
III. *Zeit (z. B. Diagnose nach dem ersten Kontakt, vor der Behandlung, während der Behandlung, nach der Behandlung)*
IV. *Kriterien des Behandlungsergebnisses (z. B. abhängige Variablen, die auf Zielverhalten basieren und mit verschiedenen Instrumenten gemessen werden, wobei Fehlerkontrollen stattfinden)*

Tab. 10/1: Variablenbereiche, die bei der Evaluierung von Behandlungsergebnissen relevant sind (PAUL, 1969 a).

daß die Effektivität jeder Therapie wahrscheinlich durch Merkmale des Klienten beeinflußt wird, unter anderem durch die speziellen Beschwerden, die das Modifikationsziel bilden, durch eingefleischte Wesenszüge und durch den Gesamtkontext, in dem der Klient lebt. Jede Unterklasse kann ebenfalls viele spezifische Variablen aufweisen, die für das Ergebnis relevant sind. Jeder der drei Bereiche — der Therapeut oder eine andere Modifikationsinstanz, Ereignisse, die mit dem Vergehen der Zeit korreliert sind und die abhängigen Verhaltensvariablen, mit denen das Ergebnis erfaßt wird — enthält zahlreiche Einzelvariablen, die die therapeutische Effektivität vermutlich beeinflussen. Es ist das Endziel des Klinikers, ein therapeutisches Rezept zu verschreiben, das diese Variablen berücksichtigt. Um im Rahmen eines therapeutischen Paradigmas eine der Komponenten detailliert erfassen und ihren Stellenwert ermitteln zu können, ist die Kontrolle aller anderen Komponenten erforderlich. Ein Idealplan wissenschaftlicher Evaluierung wäre wahrscheinlich faktorieller Natur und würde alle vier Bereiche und mannigfache Subvariablen jedes Bereichs systematisch manipulieren. So kann z. B. die Empathie des Therapeuten bei verschiedenen Patiententypen, die sich unterschiedlichen Behandlungen unterziehen, unterschiedliche Effekte erzielen. Sie kann sich auf die Desensibilisierung von monophobischen Patienten unerheblich auswirken, während sie zu einem entscheidenden Faktor werden kann, wenn es darum geht, chronisch ängstlichen Patienten durch Rollenspiel neue soziale Fertigkeiten beizubringen.

Alle von uns untersuchten Verhaltenstherapien können im Kontext der in Tab. 10/1 aufgeführten Variablen gesehen werden. Die Bereiche III und IV haben wir in Kapitel 1 und in Diskussionen über Evaluierungsstudien gewisser Techniken gestreift. Bereich II war Hauptgegenstand der letzten Kapitel, die sich auf A (Modifikationstechniken) konzentrierten und sich zuweilen auch mit C (Behandlungskontext) befaßten. Und was den Bereich I angeht, so beschäftigten wir uns bei jeder Modifikationstechnik mit den entsprechenden Zielverhalten, wobei wir auch den Einfluß von C (Umwelt) auf die Wahl und Effektivität der Modifikationstechnik etwas berücksichtigten. Die Behandlung der stabilen persönlich-sozialen Merkmale (B) des Patienten und Therapeuten, denen wir in den Bereichen I und II begegnen, bleibt diesem Kapitel vorbehalten. Der diagnostische Prozeß, der alle Bereiche gleichermaßen erfaßt, um eine Behandlungsstrategie zu erarbeiten, muß als gesonderter Gegenstand ebenfalls noch untersucht werden.

Die interagierenden Unterklassen der Merkmale von Therapeut und Patient bilden die Behandlungsbeziehung. Die Variablen, die für diese beiden Unterklassen relevant sind, werden häufig weniger treffend definiert und verstanden als die anderer Unterklassen. In vielen Fällen weiß man nur wenig über die Mechanismen, die für ihre Effekte verantwortlich sind. Das hindert jedoch nicht, daß Merkmale von Therapeut und Patient das Behandlungsergebnis offensichtlich stark beeinflussen können, und zwar in einer Weise, die nicht in Verbindung mit dem intentionalen Lernen, das im Behandlungsrahmen geplant wird, untersucht zu werden braucht.

Spezifische Variablen der Interaktionen zwischen Patient und Therapeut

Variablen aus so unterschiedlichen Forschungsbereichen wie dem der interpersonalen Anziehungskraft und dem der Rollentheorie können häufig mit der Verhaltensformel beschrieben werden, so daß der verhaltensorientierte Ansatz auf ein breites Spektrum von Patientenproblemen und Therapeutenentscheidungen ausgeweitet werden kann. Die kognitiven Modelle, die diesen Forschungsbereichen zugrunde liegen, sind komplexer und molarer als das von uns benutzte Verhaltensmodell und sie befassen sich eingehender mit hypothetischen vermittelnden Mechanismen und allgemeinen transsituationalen Merkmalen. Doch können die empirischen Beziehungen und manchmal sogar eine Gruppe von Prozeduren des einen Modells in die Sprache des andern übertragen werden und so zu seiner Bereicherung dienen. Der Unterschied liegt im theoretischen, nicht im experimentellen Bereich. Das Verhaltensmodell setzt sich mit den verbal-logischen Operationen kognitiver oder dynamischer Modelle nicht gesondert auseinander. Es versucht nicht, Struktur- oder Prozeßanaloga zu benutzen, um das Verständnis zu erleichtern oder eine abstrakte Skizze vom Lokus des Verhaltens zu schaffen. Doch können sich die beiden Ansätze im behavioralen Bereich der Beobachtung, der Datenerhebung, der Vorhersage und der empirischen Testung häufig zu wechselseitigem Gewinn ergänzen.

Es ist nicht nur offensichtlich, daß die meisten Behandlungen in einem interpersonalen Rahmen stattfinden, der durch die Interaktion von mindestens einem Patienten und einem Therapeuten charakterisiert ist, sondern es besteht allgemein (durch Forschungsdaten erhärtete) Übereinstimmung darüber, daß diese interpersonale Beziehung entscheidende Effekte auf den Prozeß und das Ergebnis der Behandlung hat, ganz gleich, welcher Technik oder Theorie der Verhaltensänderung man sich bedient. Kliniker mit den verschiedensten Auffassungen stimmen darin überein, daß die Qualität der therapeutischen Beziehung bei allen verhaltensmodifikatorischen Ansätzen wichtig ist. Der verhaltensorientierte Kliniker kann den Therapeuten als »sozialen Verstärkungsapparat« bezeichnen und er kann erkennen, daß der therapeutische Prozeß von denselben Variablen beeinflußt wird, die andere interpersonale Situationen beeinflussen (KRASNER, 1962 a). LAZARUS hat erklärt: »WOLPE und auch ich haben ausdrücklich festgestellt, daß Beziehungsvariablen in der Verhaltenstherapie häufig ungemein wichtig sind. Faktoren wie Wärme, Empathie und Echtheit werden zwar als unerläßlich, aber häufig auch als nicht ausreichend betrachtet« (KLEIN, DITTMANN, PARLOFF und GILL, 1969, S. 262). Therapeuten, die mit ROGERS klientbezogener Methode arbeiten, haben interaktionale Verhalten und Beziehungsvariablen wie Empathie oder Wärme stets als Hauptkräfte der Verhaltensänderung hervorgehoben (vgl. z. B. ROGERS, GENDLIN, KIESLER und TRUAX, 1967). Auch psychoanalytisch orientierte Forscher, die sich allgemeiner Konzepte (z. B. Übertragung und Gegenübertragung) und spezifischerer Variablen (z. B. Einfühlungsvermögen, Zuneigung und Erfahrung) bedienen, haben untersucht, welchen persönlichen und welchen technischen interaktionalen Beitrag der Therapeut zum therapeutischen Prozeß und Ergebnis leistet (STRUPP, 1960). Eine Reihe von Untersuchungen (vgl. z. B. ADAMS und FRYE, 1964; TRUAX, 1966) hat darauf hin-gewiesen, daß die tatsächlichen Operationen klientbezogener und analytischer Therapeuten anhand ihrer verstärkenden Effekte auf die verbalen Äußerungen des Patienten beschrieben und geordnet werden können.

Die allgemeine Annahme, daß Beziehungsfaktoren eine wichtige oder sogar die einzige Determinante der Verhaltensänderung sein können, ist durch die Beobachtung erhärtet worden, daß sehr unterschiedliche psychotherapeutische Ansätze ungefähr denselben Erfolg zeitigen und daß erfahrene Psychotherapeuten, welcher theoretischen Schule auch immer, in ihren Beziehungen zum Patienten einander sehr stark ähneln. Ein Beispiel für die erste Beobachtung lieferte CARTWRIGHT (1966), der Paare einander zugeordneter Patienten und Therapeuten benutzte (die letzteren mit mannigfacher Erfahrung entweder in der klientbezogenen oder in der psychoanalytischen Therapie), um festzustellen, ob es bei therapeutischen Prozessen stärkere Ähnlichkeit gebe zwischen verschiedenen Patiententypen derselben Behandlungsweise oder zwischen ähnlichen Patiententypen unterschiedlicher Behandlungsweisen. Die gewählten Maßstäbe ergaben klientbezogene, psychoanalytische und relativ nicht-theoretische (neutrale) Indizes für Patientenveränderung im Verlauf einer Reihe von Therapiesitzungen. Die Therapeutenverhalten, die in der Sprache der jeweiligen Schule kodifiziert wurden, fielen bei den beiden Schulen sehr unterschiedlich aus. Andererseits erwiesen sich die Therapeutenverhalten in jeder Therapeutengruppe selbst als gleichartig. Trotz der unterschiedlichen Verhalten ihrer theoretisch divergierenden Therapeuten machten die ihnen zugeordneten Patienten im Verlauf der Behandlung eine ähnliche Entwicklung durch, und sie erreichten ähnliche Verhaltensziele. CARTWRIGHT schreibt:

»Zugeordnete Therapeuten verschiedener Schulen erzeugten bei ihren Patienten einen ähnlichen Grad therapeutischen Fortschritts, obwohl das Auslösungsmoment einer entscheidenden Patientenreaktion durch den klientbezogenen Therapeuten als typische klientbezogene Reaktion (d. h. als ›Klärung‹) und durch den analytischen Therapeuten als typische psychoanalytische Reaktion (d. h. als ›Deutung‹) kategorisiert wurde« (CARTWRIGHT, 1968, S. 398—399).

Diese Befunde unterstreichen die Tatsache, daß spezifische technische Unterschiede zweier theoretisch verschiedener verbaler Therapiearten wesentlich weniger wichtig sind als die interaktionale Beziehung zwischen Therapeut und Patient.

Eine Reihe von Untersuchungen hat direkter gezeigt, daß »erfahrene« oder »erfolgreiche« Therapeuten einander in bezug auf Beziehungsvariablen stark ähneln, ganz gleich, wie sehr sie sich in Theorie oder Technik unterscheiden. Maßstäbe und Konstrukte, die zur Darstellung von Beziehungsvariablen benutzt werden, weichen stark voneinander ab und stimmen im Hinblick auf die Frage, welche Aspekte der therapeutischen Interaktion entscheidend zur Veränderung beitragen, kaum überein. Die einschlägige Variablenreihe wurde untersucht und die Ergebnisse unterstrichen übereinstimmend die Bedeutung der Beziehung. Ein Beispiel ist die Studie von PARLOFF (1961), welche die Therapeut-Patient-Beziehung in einem gruppentherapeutischen Rahmen mittels Q-*Sort*-Schätzungen beschrieb. Die Q-*Sort*-Items (FIEDLER, 1950) beschrieben die Fähigkeit des Therapeuten, den Patienten zu verstehen und mit ihm zu kommunizieren, die emotionale Distanz zwischen den beiden und die »Status«-Dimension, die sich im Verhalten des Therapeuten widerspiegelte. Patienten und Kliniker schätzten Patientenveränderungen anhand des symptombedingten Behagens, der Effektivität und der Objektivität zu Beginn und am Ende der Behandlung. Je näher die Patient-Therapeut-Beziehung einem »idealen Standard« kam, desto höher schätzten der Patient selbst und andere Personen den Symptomverlust, die vermehrte Einflußnahme und die verstärkte Objektivität. Die Qualität der Beziehung stand also im signifikanten Verhältnis zur Besserung des Patienten.

So lange der Verhaltenstherapeut sich auf herkömmliche klinische *Modi* der Interaktion mit Patienten verläßt (im Gegensatz zu automatisierten elektromechanischen Modi wie z. B. LANGS DAD — siehe Kapitel 4), kann er durch den Einfluß seiner eigenen persönlichen und interaktionalen Merkmale die Effektivität seiner Verhaltensprozeduren verbessern oder verschlechtern. So bewirkt die Tatsache, daß man in der verbalen Therapie größeres Vertrauen in den *Kliniker* setzt, daß die Effekte seiner Individualität (und nicht nur seiner Unzuverlässigkeit) im Vergleich zu mechanischen Apparaten zunehmen. Nehmen wir als extremes Beispiel einen uns bekannten Fall, bei dem ein blinder Verhaltenstherapeut eine Jugendliche behandelte, deren wesentliches Verhaltensmuster gegenüber Männern ihr verführerisches Wesen war. Da der Therapeut für die visuellen sexuellen Stimuli unzugänglich war, gelang es dem Mädchen nicht, ihn durch verführerischen Flirt so weit zu bringen, daß er ihre asozialen und antisozialen Verhalten unterstützte. Auch konnte das Mädchen die mangelnde Verstärkung ihrer Verhalten durch den Therapeuten nicht verunglimpfen, da es eindeutig seine Blindheit, nicht aber seine Männlichkeit war, die ihren Versuch, sein Verhalten zu kontrollieren, scheitern ließ. Als die gewohnheitsmäßigen, sexuell aufreizenden Verhalten in der Therapie gelöscht worden waren, begann das Mädchen mit dem Therapeuten konstruktiver zu interagieren, und es fing an, sein Selbstbild zu überarbeiten und die Konsequenzen von Alternativverhalten zu definieren. Von anderen, weniger augenfälligen Therapeutenmerkmalen ist zu erwarten, daß sie die Durchführung einer bestimmten Prozedur ähnlich beeinflussen.

Bei der Auswahl der persönlichen und interaktionalen Merkmale, die zur gezielten Beschleunigung therapeutischer Bemühungen eingesetzt werden können, sieht sich der Verhaltensmodifikator zwei zusammenhängenden Problemen konfrontiert. Erstens überschneiden sich die zahlreichen spezifischen Variablen, deren Effektivität empirisch unterstützt werden kann. Sie sind auf vielerlei Art definiert worden und sie sind schwierig zu messen und zu operationalisieren. So hat man sich z. B.mit der *Empathie* des Therapeuten theoretisch wie experimentell eingehend beschäftigt, doch hat man ihre Beziehung

zu anderen Konstrukten (z. B. dem der persönlichen Wärme) nicht durch-
leuchtet; Empathie wird von Untersuchung zu Untersuchung anders definiert;
und gemessen wird sie gewöhnlich nicht anhand verhaltensorientierter Be-
griffe, sondern anhand von Beobachterschätzungen der »Genauigkeit« von
Reaktionen auf Gefühle. Diese mangelnde spezifische Definition kann zu
Schätzungen führen, die insofern ungewöhnlich sind, als z. B. ein einfaches
»Mmh«, das der Therapeut in den Gesprächspausen von sich gibt, als präzise
Reaktion auf die geäußerten und die »tieferen, versteckteren Gefühle« des
Patienten gewertet wird (TRUAX und CARKHUFF, 1967). Am anderen Ende
des Spektrums hat man einige interaktionale Variablen auf einem ausführlich
dargestellten Verhaltensniveau operationalisiert und erfaßt. So hat man z. B.
sich *zuwendende* Verhalten des Therapeuten definiert durch Augenkontakt,
entspannte Körperhaltung und verbale Anteilnahme. Die Lernbarkeit und
die positiven Effekte sich zuwendender Verhalten sind experimentell untersucht worden (IVEY, NORMINGTON, MILLER, MORRILL und HASSE, 1968).

Das zweite Hindernis bei der vernünftigen Verwendung interaktionaler
und persönlich-sozialer Merkmale zur Förderung von Verhaltensänderungen
ist das mangelnde Wissen über irgendeinen übergeordneten Faktor, auf den
die einzeln untersuchten Variablen bezogen sein könnten. Das heißt die Wechselbeziehungen zwischen spezifischen Variablen liegen nicht nur im dunkeln,
sondern es scheint auch wahrscheinlich, daß viele separate Variablen die Aktion einer übergeordneten Klasse oder eines übergeordneten Faktors, mit dem
sie ihrerseits korreliert sind, widerspiegeln. So lange die Mechanismen, die
für die Effekte der Wärme, Empathie, des Status usw. verantwortlich sind,
nicht besser verstanden und irgendwelche Interaktionen dieser Mechanismen
nicht beschrieben worden sind, läuft der Verhaltenstherapeut Gefahr, eine
interaktionale Variable zu benutzen, deren Effekte relativ unbedeutend und
indirekt sind.

Zwei umfassende Faktoren würden sich besonders gut als Klassen eignen,
in die sich wesentlich mehr spezifische interaktionale Variablen einordnen ließen: gemeint sind die positive soziale Verstärkung und die Erwartungskon-
gruenz. Viele Merkmale, die besonders erfolgreichen Therapeuten zugeschrieben werden, z. B. Empathie, Wärme und Echtheit (TRUAX und CARKHUFF,
1967) oder Spezifität und Zielgerichtetheit der Kommunikation (vgl. u. a.
POPE und SIEGMAN, 1968) oder Zuneigung für den Patienten (STRUPP, 1960),
scheinen hervorragend in den Kontext einer sozialen Verstärkung zu passen.
Therapeutenvariablen wie Geschlecht, Alter, Status, emotionale Verfassung
und Wertsystem sind im Rahmen des verbalen Konditionierungsparadigmas
manipuliert worden und man hat entdeckt, daß sie Effekte haben, die jenen
parallel laufen, welche man von klinischen Theorien und von der Psychotherapieforschung erwartet (KANFER, 1968; KRASNER, 1962 a). Ähnlich hat
man Variablen wie »Ambiguität« in Laborexperimenten zum verbalen Konditionieren, in Experimenten zum sozialen Ausschluß und zur sozialen Einflußnahme und im Rahmen von Analog- oder von tatsächlichen Therapien
untersucht, und die Befunde erwiesen sich auf allen Ebenen als gleichartig.

Obwohl präzise Definitionen unterschiedlich ausfielen, hat die Ambiguität des Versuchsleiters Therapeuten gewöhnlich zu Reaktionen geführt, die nicht klar bewerteten (also unverbindlich oder voller unausgesprochener Vorbehalte waren), und zu Feststellungen, die nicht direktiv waren, so daß weder die Situation noch die von Versuchsperson/Klient erwarteten Verhalten klar strukturiert werden konnten (vgl. z. B. HELLER, 1968). Auch ist behauptet worden, daß das Fehlen eines klar umrissenen Behandlungszieles die Ambiguität, die der therapeutische Prozeß für den Patienten besitzt, erhöht und den Patienten für die Beeinflussung durch den Therapeuten empfänglicher macht (FRANK, 1961 b). Dadurch, daß die meisten herkömmlichen und verbalen Therapien es unterlassen, den Patienten mit den einschlägigen Regeln und den angepeilten Endreaktionen vertraut zu machen, entstehen jene mehrdeutigen Bedingungen, die den Einfluß des Therapeuten maximieren können (KANFER, 1968). Denn so hat der Patient das Gefühl, er müsse für die »Heilung« hart arbeiten; doch da die Kriterien für dieses Ziel nicht spezifiziert sind, kann er seine Fortschritte nicht einschätzen, so daß er sich nun an den Therapeuten wendet, um von ihm durch Hinweisreize zu erfahren, wohin sein Weg führt und was er tun soll, um dorthin zu gelangen. KRASNER faßte die Untersuchungen der Ambiguität und der Instruktion, die in mannigfachen Kontexten durchgeführt wurden, folgendermaßen zusammen: »Diese Befunde stimmen überein mit der Interpretation, daß Ambiguität den verstärkenden Wert des Therapeuten erhöht (1962 a, S. 76).

Die zweite Hauptklasse, in die man spezifische Beziehungsvariablen einordnen könnte, kennt man als »Kognitionen«, »Erwartungen« oder »Rollenspiel«. FRANK (1962) glaubt z. B., daß sich die soziale Rolle und der »persönliche Magnetismus« eines Therapeuten therapeutisch auswirken, weil sie die Erwartung des Patienten, ihm könne geholfen werden, steigern. Eine warmherzige, empathische Beziehung sei, so meint der Autor, vor allem deshalb wichtig, weil sie das Vertrauen des Patienten und seinen Glauben, daß der Therapeut ihm helfen könne, bestärken. Dieser Effekt ist besonders wünschenswert bei bestimmten Patienten (z. B. bei Schizophrenen), deren generelles Mißtrauen gegenüber anderen verhindert, daß sich die Elemente einer derartigen Beziehung aus der bloßen Rollendefinition und aus den bloßen Persönlichkeitsmerkmalen heraus entwickeln. So aber begreift Frank Wärme. Empathie, Echtheit und andere Beziehungsvariablen, die den therapeutischen Prozeß und das therapeutische Ergebnis beeinflussen, als Größen, die zweitrangig sind im Vergleich zu den kognitiven Erwartungen des Patienten und Therapeuten und insbesondere zu der Wechselseitigkeit dieser Erwartungen FRANK belegt seinen Standpunkt mit Untersuchungen von FREEDMAN, ENGELHARDT, HANKOFF, GLICK, KAYE, BUCHWALD und STARK (1958), die gezeigt haben, daß der Effekt der »Wärme« des Therapeuten bedingt ist durch die Art und Weise wie der schizophrene Patient seine Krankheit und seine Pflegeerwartungen sieht. Patienten, die dazu neigten, ihre psychischen Probleme zu verleugnen, gaben ihre Behandlung häufiger auf, wenn ihr Psychiater auf dem Beziehungsindex einen hohen Punktwert erzielte, wie wenn der Punktwert niedrig war. Das Gegenteil traf auf Patienten zu, die sich zu ihren Problemen stellten.

Bei prognostischen Erwartungen, das heißt bei Erwartungen hinsichtlich des antizipierten Grads der Besserung des Patienten, hat man nachgewiesen, daß sie die tatsächliche Besserung richtig vorhersagten. GOLDSTEIN (1962) gab einen Überblick über die vorhandene Forschungsliteratur und gelangte zu dem Schluß, daß sich diese prognostischen Erwartungen von der tatsächlichen Prognose unterscheiden und daß Patientenerwartungen mit der Besserung kurvilinear korreliert sind. Patienten, die gemäßigte prognostische Erwartungen hegen, zeigen die größte therapeutische Veränderung. Ähnlich beeinflussen die prognostischen Erwartungen des Therapeuten offensichtlich das Behandlungsergebnis, ganz gleich welche Behandlung angewandt wird.

Wir wenden uns nun kurz verschiedenen konkreten Forschungsbereichen zu, die sich mit den Interaktionen zwischen Therapeut und Patient befaßt haben. Zwar erwähnen wir häufig mögliche Bezüge zu sozialer Verstärkung und zu Erwartungen, doch ist die Relevanz dieser oder übergeordneter Alternativvariablen oft rein spekulativ. Da sich die Untersuchungen komplexerer Pläne und multipler Variablen bedienen, bleibt zu hoffen, daß diese Beziehungen empirisch geklärt werden.

Merkmale des Therapeuten

In den letzten Jahren ist das Interesse an dem persönlichen Behandlungsbeitrag des Therapeuten gewachsen, so daß man eine Vielfalt an relativ stabilen persönlich-sozialen Merkmalen des Therapeuten untersucht hat. Unter den Variablen, die erforscht wurden, befinden sich Gefühlswärme, Einfühlungsvermögen, Wertsysteme, klassenmäßige Herkunft, theoretische Orientierung und autoritäres Wesen (vgl. z. B. LEVINSON, 1962).

Die programmatischen Untersuchungen von BETZ und WHITEHORN (BETZ, 1967; CARSON, 1967) über den unterschiedlichen Erfolg von Therapeuten bei schizophrenen und neurotischen Patienten illustrieren hervorragend diesen Forschungsbereich. Die Arbeiten dieser Autoren sind besonders interessant, da die stabilen Therapeutenvariablen, die sie untersuchten, ihrerseits in Bezug gesetzt wurden zu Gesprächsverhalten und zu Erwartungen des Therapeuten und Patienten.

Diese Forschungsarbeiten gingen davon aus, daß einige Krankenhauspsychiater bei hospitalisierten Schizophrenen gleichbleibend hohe Besserungsraten erzielten, während andere sich mit niedrigen Raten begnügen mußten, obwohl beide Arten von Psychiater bei anderen Patienttypen genauso gut abschnitten. BETZ und WHITEHORN stellten Unterschiede zunächst im klinischen »Stil« fest und später in den Wertvorstellungen oder Interessen, die mit dem Strong Vocational Interest Inventory erarbeitet wurden (WHITEHORN und BETZ, 1954, 1960). Laut Strong Inventory zeigten sich die Therapeuten, die bei den schizophrenen Patienten erfolgreich waren und als »A's« kategorisiert wurden, eine Abneigung gegen manuelle, technische oder mechanische Tätigkeiten,

denen sie problemlösende Aktivitäten vorzogen. Die Therapeuten, die mit
den schizophrenen Patienten nicht zurechtkamen und als »B's« eingestuft wurden, sprachen auf die entgegengesetzten Items des *Inventory* an. Was den klinischen Stil anlangt, so entdeckte man, daß die A-Therapeuten den psycho-
pathologisch orientierten therapeutischen Zielen persönlichkeitsbezügliche
Ziele vorzogen, daß sie unerwünschten Patientenverhalten aktiv Grenzen
setzten und bei der Diskussion von Problemen ihre eigene Meinung freier
äußerten. B-Therapeuten waren nachgiebiger, sie belehrten und interpretierten mehr und befaßten sich eingehender mit symptomatischen Veränderungen.

Andere Korrelate des A-B-Status des Therapeuten umfaßten die Feld-Ab-
hängigkeit/Unabhängigkeit (wobei die B's feldunabhängiger waren; POLLAK
und KIEV, 1963) und Selbstbeschreibungen von Streßreaktionen (SANDLER,
1965). Interessant ist, daß in der SANDLER-Untersuchung Collegestudenten,
die als A- oder B-Typen klassifiziert worden waren, ihre eigene Streßanpas-
sung in einer Weise beschrieben, die der Darstellung von Patienten, welche auf
A- bzw. B-Therapeuten am stärksten ansprachen, *entgegengesetzt* war. Die
A-Männer beschrieben sich selbst häufiger als vertrauensvoll, selbstbestrafend
und kooperativ und standen so im Gegensatz zur Persönlichkeit der schizophrenen Patienten, mit denen die A-Therapeuten am besten zurechtkamen.

Die Behauptung der SANDLERschen Studie, daß das komplementäre Verhältnis zwischen Therapeuten- und Patientenmerkmalen teilweise die unterschiedliche Effektivität von A- und B-Therapeuten bewirken kann, ist durch
eine Studie mit A- und B-Patienten teilweise erhärtet worden (BERZINS,
FRIEDMAN und SEIDMAN, 1969). Collegestudenten/Patienten wurden mit
Hilfe der üblichen A-B-*Strong Inventory-Skala* klassifiziert und ihre Symp-
tombeschreibung, ihre Beschwerden und ihre Rollenerwartungen wurden geschätzt. Wie die A-Therapeuten erwiesen sich auch die A-Patienten als selbst-
bestrafender, doch ließen sie auch erkennen, daß sie hofften, sich in der Therapie aktiv und produktiv befreien zu können. Die B-Patienten dagegen
erwarteten von einem analytischen lehrerähnlichen Therapeuten rationale
Führung und Korrektur. Die A- bzw. B-Patienten schienen also eine Behand-
lungsform zu erwarten, die dem Stil der B- bzw. A-Therapeuten stark entsprach, und die Forscher schlossen daraus, daß der Patient mit dem Therapeuten am besten fährt, dessen persönlicher Stil dem seinen entgegengesetzt ist.

BETZ (1962) verweist, was die Erwartungshaltung anbelangt, ebenfalls auf
den grundlegenden Unterschied zwischen A- und B-Therapeuten. Sie erinnert
an Franks bereits beschriebenen Standpunkt, der besagt, daß die Fähigkeit,
Erwartungen positiver Interaktionen zu wecken, bei Schizophrenen (also der
Patientengruppe, bei der sich die A-Therapeuten auszeichnen) besonders wichtig ist.

»Ärzten, die einstellungsgemäß dazu neigen, Spontaneität zu erwarten und zu re-
spektieren, gelingt es leichter, selbstachtende soziale Partizipation zu wecken, als
Ärzten, die einstellungsgemäß dazu neigen, Spontaneität zugunsten förmlicherer
Erwartungen einzuschränken. Das scheint der grundlegende Unterschied zwischen A-
und B-Therapeuten zu sein« (BETZ, 1962, S. 52).

Obwohl Verhaltensunterschiede beim Modellernen und beim direkten Verstärken besonderer spontaner Selbstäußerungen nicht direkt untersucht wurden, läßt Betz' Feststellung vermuten, daß es sich hier möglicherweise um die
Mechanismen handelt, die zur unterschiedlichen Effektivität von A- und
B-Therapeuten führen.

Eines der Hauptziele, das Betz und Whitehorn in ihrem Forschungspro-
gramm ansteuerten, war herauszufinden, ob die entscheidenden Determinanten des Behandlungserfolgs beim Therapeuten lagen. Ihre Strategie bestand
darin, zunächst Unterschiede im Behandlungserfolg festzustellen, dann persönliche Unterschiede der Therapeuten zu ermitteln und schließlich nach Mechanismen zu forschen, durch die persönliche Merkmale zu unterschiedlichen
Behandlungsergebnissen führen können; diese Strategie geht — das haben wir
gesehen — indirekt vor, wenn sie die für den Therapeuten entscheidenden
Verhaltensweisen festzustellen sucht. Da sich der A-Therapeut vom B-Therapeuten in mannigfacher Hinsicht unterscheidet und da die primäre Klassifizierung in A und B nur eine dürftige und indirekte Reflektion entscheidender Verhaltensunterschiede sein kann, scheint eine direktere, experimentelle
Behandlung dieser Fragen notwendig.

Zahlreiche Studien haben mittels korrelativer oder experimenteller Methoden eine direktere Erfassung der Auswirkungen spezieller Merkmale und
Verhalten des Therapeuten versucht. Das Schwergewicht kann dabei auf the-
rapiespezifischen Variablen liegen, z. B. auf den sprachhemmenden Auswirkungen interpretierender Feststellungen in Analoggesprächen (Kanfer, Phillips, Matarazzo und Saslow, 1960) oder auf dem Umfang der Gesprächs-
partizipation, die der Interviewte als Funktion des Gesprächsthemas und der
Interviewerkommentare (Zustimmung, Ablehnung usw.) wünscht (Kanfer
und Marston, 1964). Andere Studien konzentrierten sich auf die allgemeinen affekterregenden Qualitäten spezieller Therapeutenverhalten, z. B. auf
die Korrelation zwischen Patienten-GSR's und der »Freundlichkeit« und
»Aufmerksamkeit« des Therapeuten, die in jeder Sitzung im Rahmen kleiner
Interaktionseinheiten erfaßt werden (Dittes, 1957). Auch wurden die Auswirkungen der persönlichen Einstellung des Therapeuten zum Patienten untersucht — z. B. die ungünstige Prognose über den Patienten, den der Therapeut nicht leiden kann (Strupp, 1960), oder die Tatsache, daß ein Therapeut
seinen Patienten nicht aus der Behandlung entläßt, weil er ein übertriebenes
Interesse für die Probleme des Patienten hat (McNairr, Lorr und Callahan, 1963). Wieder andere Studien befaßten sich mit beständigeren Merkmalen des Therapeuten, z. B. mit seinen typischen temporalen Sprachmustern
(Goldmann-Eisler, 1952; Matarazzo, Wiens, Matarazzo und Saslow,
1968).

So lange diese Vielfalt an Befunden, Variablen und funktionellen Beziehungen nicht anhand einiger übergeordneter Variablen geordnet werden
kann, ist es schwierig, die vorhandenen empirischen Ergebnisse zu interpretieren und aufzuarbeiten. Die therapieorientierten Untersuchungen, mit denen
wir uns weiter oben befaßt haben, sind nur zum Teil durd entsprechende Stu-

dien im Lernlabor ergänzt worden — durch Studien über die Merkmale effektiver Modelle und sozialer Verstärker, sowie durch Experimente über effektive Faktoren der Einstellungsänderung in der sozialpsychologischen Forschung. Wenn diese Laboruntersuchungen eine Annäherung der theoretischen Standpunkte erlauben, sollten ihre Schlußfolgerungen auch die praktischen Zusammenhänge zwischen verwandten klinischen Studien klären. So hat man z. B. die Theorie über die interpersonale Anziehungskraft bereits in die Stimulus-Reaktionssprache übertragen. Eine Reihe von Untersuchungen hat ergeben, daß die Versuchsperson eine andere Person zu »mögen« beginnt, wenn diese Person assoziiert ist mit direkter oder stellvertretender Verstärkung der Versuchsperson (JAMES und LOTT, 1964; LOTT, LOTT und MATTHEWS, 1969). Man hat entdeckt, daß beliebte Personen effektivere Modelle und Verstärker sind (siehe z. B. LOTT und LOTT, 1969; SAPOLSKY, 1960), daß sie, wenn es darum geht, ekelhafte Handlungen wie das Essen von Heuschrecken ausführen zu lassen, mehr Überzeugungskraft besitzen und seltener Disharmonie erzeugen (ZIMBARDO, WEISENBERG, FIRESTONE und LEVY, 1965) usw. Da die Natur der Vorgänge, die zwei Personen veranlassen, einander zu »mögen«, weiter erforscht wird und da man sich bemüht, die Interaktionen zwischen den Reaktionen und der Verstärkung des Therapeuten einerseits und verschiedenen Reaktionsklassen des Klienten andererseits genauer zu erhellen, dürfen wir auf ein Konzept hoffen, das verschiedenartige Therapeutenmerkmale — z. B. Freundlichkeit, Herzenswärme, verbale Rate, A-B-Typ oder Erwartung — zum Teil unter einen Hut bringt.

Bei einem weiteren interessanten Beispiel für eine direkte Erfassung des Therapeuteneinflusses wurde der relative Umfang, in dem Therapeuten und Patienten wechselseitig voneinander abhängen oder sich wechselseitig beeinflussen, diagnostiziert. Im Rahmen einer Untersuchung von HOUTS, MACINTOSH und MOOS (1969) wurden sieben Patienten von vier verschiedenen Therapeuten im Turnus behandelt. Beobachter zeichneten eine Reihe Patienten- und Therapeutenverhalten auf. Nach jeder Sitzung tat sowohl der Patient als auch der Therapeut kund, wie sich ihrer Ansicht nach beide Partizipanten, was die von den Beobachtern registrierten Verhalten betraf, benehmen *sollten*. Die Ergebnisse ließen erkennen, daß Therapeuten in ihrem Verhalten von Patienten stärker beeinflußt wurden als umgekehrt. Das heißt, daß Therapeutenverhalten unter den Patienten weniger stabil (oder flexibler) waren als Patientenverhalten unter den Therapeuten. Doch nach den Erwartungsfragebögen beeinflußten die Therapeuten- und Patientendifferenzen einander stark. Die Forscher folgerten:

»... Unterschiede zwischen Therapeuten spielen in den [Erwartungs-] Fragebögen eine größere Rolle als in den Verhaltensschätzungen für Therapeut und Patient. Das weist auf eine Diskrepanz zwischen den Erwartungen der Therapeuten hin, sowie darauf, daß diese Diskrepanz zum Teil auf die Tatsache zurückzuführen ist, daß Therapeutenunterschiede im Denken der Therapeuten eine wichtigere Rolle spielen als im Verhalten der Therapeuten oder Patienten« (HOUTS u. a., 1969, S. 44).

Diese Ergebnisse lassen — ähnlich wie die von CARTWRIGHT (1966) — ver-

muten, daß globale Effekte verschiedener Therapeutenmerkmale erst dann
nützlich oder aufschlußreich sind, wenn man ihnen belegbare Verhaltensreferenten zuordnen kann.

Beziehungsvariablen

Der Begriff »Beziehung« referiert eine große Anzahl von Variablen, die sich
in Verhalten oder Effekten konkretisieren, welche von uns als »Zuneigung«,
»Anziehung« usw. bezeichnet werden. Wir behandeln in diesem Abschnitt nur
einige beispielhafte Variablen, die wir wegen ihres offenkundigen Einflusses
auf das Patienten- und Therapeutenverhalten und das Behandlungsergebnis
auswählten.

Die interpersonale Beeinflussung in der Therapie ist ein interaktiver Prozeß. Jeder Partizipant wird durch die Hinweisreize und Verstärker, die der
andere emittiert, und durch dessen Verhalten, das seine Reaktion herausfordert, beeinflußt. Die *interaktive* Natur der therapeutischen Transaktionen ist
bereits erwähnt worden, z. B. in der Untersuchung von Houts u. a. (1969).
Auf jedem Reaktionsniveau fallen die Ergebnisse ähnlich aus. In Kapitel 8
und an anderen Stellen haben wir dargelegt, daß mannigfaltiges Material den
wechselseitigen Einfluß evident macht; das gilt sogar für das Niveau der physiologischen Reaktionen. Coleman, Greenblatt und Solomon (1956) entdeckten z. B. übereinstimmende Veränderungen der Herzschlagrate, die über
insgesamt 44 Therapiesitzungen hinweg auf momentane Affektverschiebungen beim Therapeuten und Patienten hinwiesen. Auf dem verbalen Verhaltensniveau sind die prozentualen Sprechzeiten von Therapeut und Patient
stark korreliert (Matarazzo, Wiens, Matarazzo und Saslow, 1968). Korrelative Analysen von Patienten- und Therapeutenverhalten anhand von
fünfminütigen Gesprächssegmenten haben gezeigt, daß Kommunikationsstörungen immer bei beiden Partizipanten auftraten (Tourney, Lowinger,
Schorer, Bloom, Auld und Grisell, 1966). Und im Verlauf der Behandlung hat sich gezeigt, daß die Wahrnehmung und Bewertung der Hauptziele
der Therapie durch den Therapeuten und Patienten ebenfalls einen wechselseitigen Einfluß erkennen ließen (Paude und Gart, 1968).

Diese Fülle an Untersuchungsergebnissen aufzuarbeiten und in die Praxis
umzusetzen, ist deshalb schwierig, weil man eine ganze Reihe von Variablen
und Mechanismen zur Vorhersage und Kontrolle der interaktionalen Beeinflussung vorgeschlagen hat. So trägt der reziproke soziale Verstärkungswert,
den der eine Partizipant für den anderen darstellt, wahrscheinlich entscheidend zu den Interaktionen der beiden bei. Im Gegensatz zum Laborexperimentator ist der Therapeut in seinem Verhalten weniger streng programmiert,
und er wird in dem, was er jetzt oder später tut, durch das Verhalten des
Patienten beeinflußt. Natürlich wird der Therapeut, was seine momentanen
Entschlüsse hinsichtlich der zu verfolgenden Ziele und anzuwendenden Techniken betrifft, durch neue Informationen seines Patienten beeinflußt. Doch
kann das interpersonale Verhalten des Therapeuten, w n man von dieser

bewußten und berufsbedingten Empfänglichkeit einmal absieht, durch Patientverstärkung auch direkt ausgeformt werden, und das in einer Weise, die nicht durch taktische therapeutische Überlegungen diktiert wird (KANFER, 1961).

Ein besonders interessantes Gebiet, auf dem die Effekte von Patient-Therapeut-Interaktionen untersucht worden sind, ist das der wechselseitigen Erwartungen. Wir erwähnten früher FRANKS (1962) Behauptung, daß »die Fähigkeit von Patient und Therapeut, den Erwartungen des anderen zu entsprechen, eine wichtige Komponente des Heilens ist«. Als KLEIN, DITTMANN, PARLOFF und GILL (1969) ihre Reaktionen auf eine Periode eingehendster Beobachtung der klinischen Tätigkeit von WOLPE und LAZARUS beschrieben, kommentierten sie:

»Den stärksten Eindruck machte auf uns die Tatsache, daß Verhaltenstherapeuten sehr häufig die Suggestion benutzen und daß sie die Erwartungen und Einstellungen des Patienten häufig manipulieren. In ihren Beschreibungen von Techniken schweigen sich Verhaltenstherapeuten über diesen Punkt ganz und gar nicht aus, doch bereitete uns die Literatur nicht auf die unverfrorene Art vor, mit der die Therapeuten ihre Patienten handhaben. Der Hauptbereich der Suggestion liegt in der Orientierungsperiode der Behandlung. In diesem Abschnitt erzählt der Therapeut dem Patienten eingehend von der Leistungsfähigkeit der Behandlungsmethode, er weist darauf hin, daß sie bei ähnlichen Patienten erfolgreich angewandt worden sei, und er geht fast so weit, dem Patienten ein ähnliches Ergebnis zu versprechen. Der Patient wird mit einer detaillierten lerntheoretischen Formulierung der Ätiologie seiner Probleme ausgestattet und bekommt eine direkte Erklärung der Art und Weise geliefert, wie die spezifischen Behandlungsprozeduren seine Symptome ›beseitigen‹ werden. Die Motive und Wertvorstellungen des Patienten können ebenfalls mit einbezogen werden, um ›Mißverständnisse‹, die wünschenswerte Operationen blockieren oder den Behandlungseffekt einschränken, zu ›korrigieren‹. Tatsächlich hatten wir den Eindruck, als würden Behandlungspläne und -ziele so detailliert vorgetragen, daß der Patient genau lernte, wie sich die Dinge entwickeln würden und welche Reaktionen und Veränderungen von ihm auf diesem ganzen Weg erwartet würden« (S. 262)

Die Effekte der Patienten- und Therapeutenerwartungen auf Behandlungsprozeß und -ergebnis sind unabhängig voneinander im interaktionalen Kontext untersucht worden. Die Ergebnisse hat man in Verbindung mit Laboruntersuchungen der interpersonalen Wahrnehmung und Anziehungskraft interpretiert (GOLDSTEIN, 1962). Man hat postuliert, daß die Effekte von Therapeutenerwartungen auf Patientenverhalten abhängen von kognitiver Ähnlichkeit und interpersonaler Anziehungskraft, die ihrerseits durch den Prozeß der operanten Konditionierung die Effektivität der Kommunikation beeinflussen. Der Grad, in dem sich ein Patient zu seinem Therapeuten hingezogen fühlt und die spätere Veränderung dieser Anziehungskraft stehen in wesentlichem Bezug zu der prognostischen Erwartung des Therapeuten zu Beginn der Behandlung (HELLER und GOLDSTEIN, 1961). Bei einem Überblick über diese und ähnliche Studien folgerte GOLDSTEIN (1962), daß eine kognitive Ähnlichkeit zwischen zwei Personen kovariiere mit ihrer interpersonalen Anziehungskraft und ihrer kommunikativen Effektivität (NEWCOMB, 1956; TRIANDIS, 1960) und daß die Weitervermittlung der prognostischen Erwar-

tungen des Therapeuten an den Patienten dadurch erleichtert werde, daß sich
der Patient zum Therapeuten hingezogen fühlt; so aber wird dieser zum
mächtigen Verstärker. Da ROSENTHAL und FODE (1963) entdeckten, daß die
falsche Einschätzung von Versuchspersonen durch Experimentatoren mit der
Zu- oder Abneigung korrelierte, die die Experimentatoren für die Versuchspersonen empfanden, behauptet GOLDSTEIN, die Anziehung, die der Therapeut auf den Patienten ausübe, trage ebenfalls zur Kommunikation von prognostischen Erwartungen des Therapeuten bei. Und wie wir in diesem Kapitel
bereits erwähnten, hat sich gezeigt, daß prognostische Patientenerwartungen
in kurvilinearer Beziehung zum Behandlungsergebnis stehen. Patienten, die
sich eine mittlere Besserung versprechen, machen eine positivere therapeutische Entwicklung durch als Patienten, die sich sehr wenig oder sehr viel Besserung erhoffen. Die prognostischen Patientenerwartungen sind eine Funktion der Stärke der Beschwerden des Patienten (LIPKIN, 1954), der Örtlichkeit
und der Art der Beschwerden (HEINE und TROSMAN, 1960) und anderer Variablen. Wenn man Rollenerwartungen untersucht, wird der interaktionale
Einfluß rollenbezogener Überzeugungen noch evidenter. Patientenerwartungen vor der Therapie, die davon handeln, wie sich der Therapeut verhalten
wird, wurden von APFELBAUM (1958) klassifiziert als *wohltuend* (erwartet
wird ein beschützender, unkritischer Therapeut), als *kritisch* (erwartet wird
ein Therapeut, der auf Verantwortlichkeit drängt und der analytisch und kritisch ist) oder als *modellhaft* (erwartet wird ein Therapeut, der weder urteilt
noch beschützt, sondern zuzuhören versteht und selbst wohlangepaßt ist).
APFELBAUM fand, daß Behandlungsdauer, Behandlungsabbruch, Schwere der
Krankheit und Besserung alle zusammenhingen mit den Rollenerwartungen,
die der Patient anfänglich hegte. LENNARD und BERNSTEIN (1960) gingen
noch weiter, indem sie demonstrierten, daß eine gespannte Patient-Therapeut-
Beziehung bedingt ist durch den Grad an Nichtübereinstimmung zwischen
den wechselseitigen Rollenerwartungen. GOLDSTEIN (1962) hat eine Reihe
anderer Studien zusammengefaßt, die diesen allgemeinen Schluß stützen. So
kann man z. B. aus der Übereinstimmung von Therapeuten- und Patientenerwartungen in bezug auf die Vorteile, die der Patient aus der Therapie ziehen sollte, darauf schließen, ob sich der Patient weiterbehandeln lassen wird
(GLIEDMAN, STONE, FRANK, NASH und IMBER, 1957). Obwohl sich in den
Patientenerwartungen weder Beschwerden noch erhoffte Behandlungseffi-
zienz widerspiegeln konnten, ging aus diesen Erwartungen tatsächlich hervor,
ob der Patient die Behandlung abbrechen oder fortsetzen würde, was vermutlich auf die Übereinstimmung mit den Ansichten des Therapeuten zur selben Frage zurückzuführen ist (HEINE und TROSMAN, 1960).

    Viele operant arbeitende Verhaltenstherapeuten neigen dazu, »Kognitio-
nen«, »Erwartungen« und ähnliche Konstrukte aus ihrem Modell auszuschließen. Trotz dieser Tendenz ist ein lernorientierter Ansatz der Verhaltensmodifikation keineswegs unvereinbar mit der Berücksichtigung von Verhaltens-
ereignissen, auf die sich diese Konstrukte beziehen, so lange diese Ereignisse
klar definiert, operational und wiederholbar sind (eine Frage, mit der wir uns

in Kapitel 8 befaßt haben). Lernorientierte Forscher können die Grenzen ihrer Konstrukte testen und versuchen, die *behavioralen* vorauslaufenden Ereignisse, Komponenten und Konsequenzen von Phänomen (wie »Wechselseitigkeit von Rollenerwartungen«) mehr explizit und konkreter zu formulieren, denn diese Phänomene — das ist durch Untersuchungen in der Klinik und im Labor nachgewiesen worden — spielen bei dyadischen Interaktionen eine entscheidende Rolle. Die Variablen, um die es hier geht, können gewöhnlich in die Sprache der Verhaltensgleichung übertragen werden; dann aber kann man ihre effektiven Parameter und Mechanismen weiteren Testungen unterziehen. »Erwartungen« können z. B. definiert werden als »ein Kürzel für das Maß, in dem man Umweltkontingenzen gelernt hat« (ULLMANN und KRASNER, 1969). Die Effekte, die eigene Erwartungen auf eigenes und fremdes Verhalten haben, können ebenfalls mit Verhaltensbegriffen formuliert werden:

»... das Verhalten, das darin besteht, daß man die Situation etikettiert, die ›Prophezeiung‹ oder Erwartung also, verändert wahrscheinlich die Hinweisreize, auf die eine Person achtgibt und reagiert. Da das Verhalten der Person Stimuli für andere Personen liefert, ist ihre Prophezeiung ein Aspekt der Situation, die durch diese Prophezeiung verändert wird. Verhalten führt zu Konsequenzen, und ändert die Person ihr Verhalten, treten neue Konsequenzen auf, so daß Umweltereignisse nach und nach zu Erwartungen umgeformt werden« (ULLMANN und KRASNER, 1969, S. 73).

Andererseits können die Erwartungen eines Patienten hinsichtlich des Verhaltens oder der Rolle seines Therapeuten als Verstärker betrachtet werden; bei dieser Betrachtungsweise wird der Eintritt in die Behandlung für den Patienten aufgrund vergangenen Lernens zum S^D. Bleibt die erwartete Verstärkung aus, so wird das therapiebezogene Verhalten gelöscht, es sei denn neue verstärkende Stimuli, die nicht nur dieselbe Kraft besitzen, sondern auch ausreichen, um die Löschungseffekte zu überwinden, sind in der Zwischenzeit verfügbar geworden. Auch die Aneignung neuer Einstellungen und »Bedeutungen«, von der angenommen wird, daß sie als Konsequenz der therapeutischen Interaktion stattfindet, ist als klassischer Konditionierungsprozeß erforscht worden. Die Kontrolleffekte von Einstellungen und »Bedeutungen« auf anderes Verhalten sind getestet worden, um ihre sekundären positiven und aversiven Verstärkungseigenschaften zu untersuchen (STAATS, 1968), und einiges wies darauf hin, daß diese Verstärkungseigenschaften die Grundlage bilden für die Nützlichkeit der Bestätigung von Erwartungen, der Interpretation und anderer »kognitiver« Phänomene der Psychotherapie.

Placebo-Effekte und Befangenheit des Experimentators

In jüngster Zeit durchgeführte Untersuchungen der Befangenheit des Experimentators und der Placebo-Effekte haben ebenfalls auf die wechselseitige Bereicherung hingewiesen, zu der es dann kommt, wenn Forschungsansätze aus verschiedenen Kontexten in bezug auf Phänomene, die empirisch einander zu ähneln scheinen, zusammengefaßt werden. In diesem Fall überschneiden sich das Interesse des Klinikers, Experimentators, Verhaltensmodifikators und kognitiven Theoretikers für die Vorhersage und Kontrolle beeinflussender Effekte. Die Erforschung der Erwartung, die Vorhersagen über Placebo- und Befangenheits-Effekte ermöglichen kann, kann das Instrumentarium des Verhaltenstherapeuten bereichern. Und die Erforschung des Beitrags von Verstärkungsoperationen und Modellernmechanismen zur Entstehung dieser Effekte kann die Hypothesen des kognitiven Theoretikers über die Verwandlung von Erwartungen in offenes Verhalten bereichern.

SHAPIRO (1960) hat die Placebo-Reaktion definiert als den »psychologischen, physiologischen oder psychophysiologischen Effekt jeder medikamentösen Behandlung oder Prozedur, der einer therapeutischen Absicht entspringt und der von der pharmakologischen Wirkung des Medikaments oder von den spezifischen Wirkungen der Prozedur fast oder völlig unabhängig ist und statt dessen durch einen psychologischen Mechanismus entsteht«. Er weist darauf hin, daß, obwohl sich die praktische Medizin wähend des größten Teils ihrer Geschichte hauptsächlich auf Placebo-Effekte verließ, erst in jüngerer Zeit Bemühungen unternommen wurden, um die Placebo-Reaktion zu erforschen. Die moderne Forschung hat Placebo-Wirkungen untersucht, indem sie den Verabreicher, den Empfänger, die Art der Beschwerde, die Form des Placebo und die Situation, in der es verabreicht wird, unter die Lupe nahm (HAAS, FINK und HARTFELDER, 1963; HONIGFELD, 1964 a).

Ebenso wie Effekte des Experimentators als wichtige Größe im Laborkontext anerkannt worden sind, haben auch Placebo-Effekte als zentrales Phänomen des klinischen Bereichs zunehmende Aufmerksamkeit auf sich gezogen. Diese verwandten Phänomene fesseln das Interesse nicht nur, weil sie relevant sind, wenn es darum geht, Forschungskontrollgruppen zusammenzustellen und Grundkurven-Vergleichsdaten zu messen, sondern auch, weil sie Effekte haben, die häufig wünschenswert sind und die — würden die zugrunde liegenden Mechanismen besser verstanden — therapeutisch genutzt werden könnten. In klinischen Erfolgsstudien müssen Placebo-Effekte kontrolliert werden, doch können sie auch ganz bewußt erzeugt werden, um eine therapeutische Wirkung zu beschleunigen. Die Mechanismen sind vermutlich mit jenen verwandt, denen man bei anderen Beeinflussungsoperationen begegnet. Die Placebo-Reaktion bildet also einerseits den Bereich, in dem sich verhaltensorientierte und kognitiv arbeitende Therapeuten und Forscher zusammentun können, und andererseits verspricht sie Ergebnisse, die die Therapeuten aller Schulen nutzen könnten. Die Placebo-Reaktion bildet, wie die bereits diskutierten Merkmale des Therapeuten und Patienten auch, einen Teil des allgegenwärtigen Kontexts der Verhaltensbeeinflussung, in dem die spezifischen Techniken der Verhaltenstherapien praktiziert werden.

FRANK (1961 a) unterstreicht, daß Erwartungen in der Psychotherapie und in anderen Behandlungsprozessen hervorragende Heilmittel abgeben können, und er erklärt, daß

»... die Effektivität des Placebo in seiner Fähigkeit liegt, die Hilfeerwartung des Patienten zu mobilisieren ... Die Fähigkeit, positiv auf ein Placebo zu reagieren, ist weniger ein Zeichen für starke Leichtgläubigkeit als für die mühelose Anerkennung anderer in ihren sozial definierten Rollen ... Wenn ein Teil des Erfolgs aller Formen der Psychotherapie der Fähigkeit des Therapeuten, die Hilfeerwartung des Patienten zu mobilisieren, zugeschrieben werden kann, müßten einige Effekte der Psychotherapie den Effekten auf ein Placebo ähnlich sein« (S. 70—71).

Es ist nicht bekannt, inwieweit die »Anerkennung anderer in ihren sozial definierten Rollen« und die Hilfeerwartung quer durch alle Situationen auftreten, das heißt inwieweit sie ein allgemeingültiges Merkmal sind. Die Suche nach der »Placebo-Reaktor«-Persönlichkeit, das heißt nach dem beständigen Merkmal oder der stabilen Tendenz einer positiven Placebo-Reaktion (und Suggestion), die bei den verschiedensten klinischen Beschwerden und Placebo-Verabreichern auftritt, ist in der Forschung besonders intensiv betrieben worden. Die bisherigen Ergebnisse sind widersprüchlich. Die Diskussion über diesen Gegenstand widerspiegelt zum Teil die unterschiedliche Auffassung einerseits der Leute, die die Persönlichkeit mit stabilen Merkmalen und Zuständen erklären, und andererseits jener Leute, die situative Verhaltensdeterminanten unterstreichen. ULLMANN und KRASNER (1969) stellen fest, daß »die meisten Menschen unter angemessenen Kontingenz- (d. h. Verstärkungs-) Bedingungen die Rolle eines Placebo-Reaktors spielen. Das Problem wird leichter durchschaubar, wenn man, anstatt herauszufinden, wer ein Placebo-Reaktor ist und wer nicht, nach den Umweltstimuli sucht, die die Placebo-Reaktion wahrscheinlich machen« (S. 79).

Beim Vergleich von Patientengruppen mit unterschiedlichen Placebo-Reaktionen stieß man jedoch gewöhnlich auf zusätzliche signifikante Unterschiede, obwohl die speziellen Korrelate von Studie zu Studie erheblich voneinander abwichen. Erhielten z. B. chirurgisch behandelte Patienten, die an starken und anhaltenden Wundschmerzen litten, Salzlösungsinjektionen, so berichteten 30 bis 40 Prozent über ein Nachlassen der Schmerzen (LASAGNA, MOSTELLER, FELSINGER und BEECHER, 1954). Bei den Personen, die über eine Schmerzlinderung berichteten, stellte sich heraus, daß sie abhängiger, konventioneller und emotionaler reagierten als die Patienten, die keine Placebo-Wirkung zeigten und mißtrauisch und unzugänglich reagierten. Bei anderen Studien erwies sich die negative Reaktion schizophrener Patienten auf Placebos im Rahmen einer Nachuntersuchung als ausgezeichneter Indikator für eine weitere Einweisung ins Krankenhaus (HANKOFF, FREEDMAN und ENGELHARDT, 1958).

FRANK (1961 a) hat behauptet, der direkte Effekt von Placebo bestehe in der Reduktion von Angst und ähnlicher Gefühle, die Schmerzempfindungen steigern. Wie immer auch ihre Wirkungsweise, es gibt mannigfache Evidenz, daß Placebo-Reaktionen bei einer großen Anzahl von Personen (nach BEECHER, 1955, sind es 32 Prozent) mit den verschiedensten Beschwerden auftreten und daß sie großenteils durch den Placebo-Verabreicher und die Erwartungen des Placebo-Empfängers bedingt sind.

HONIGFELD (1964 a) folgerte aus seinem umfangreichen Überblick über die einschlägige Literatur, daß der Placebo-Reaktor fiktiv ist. Da die Forscher nur in seltenen Fällen Placebo-Reaktionen in derselben Population an den Placebos, Beschwerden, Verabreichern und Situationen untersuchen, belegt nichts die Annahme, daß die Placebo-Reaktion ein allgemein verbreitetes Merkmal ist. Vielleicht können verläßliche individuelle Unterschiede der Placebo-Reagibilität festgestellt werden, wenn man für konstante Streßbedingungen, positive Erwartungshaltung und autoritäres Auftreten des Placebo-Verabreichers und für ein deutliches Unwohlbefinden des Patienten sorgt. Dadurch würde ein direkter Vergleich der Parameter ermöglicht, die Placebo-Reaktionen, Suggestibilität, Reaktionen auf andere und eigene Erwartungen beeinflussen — das aber sind durchweg Phänomene, die untereinander und mit der Effektivität der Psychotherapie und mit ähnlichen psychologischen Therapien zusammenzuhängen scheinen. GOLDSTEIN (1962) folgert aus seinem Überblick über die Literatur zur Placebo-Reaktion und zum Erwartungseffekt:

»... wir stoßen auf eine starke Ähnlichkeit zwischen positiven Placebo-Reaktoren auf der einen Seite und Therapie-Patienten mit günstigen prognostischen Erwartungen und mit Empfänglichkeit für die Erwartungen ihrer Therapeuten auf der anderen Seite. Sowohl bei den Placebo- als auch bei den Psychotherapie-Patienten scheinen Angstniveau, Umfang der subjektiven Beschwerden, Hingezogensein zum Therapeuten, Feldabhängigkeit und Suggestibilität wesentliche Größen zu sein, die die Reaktion auf die Behandlung determinieren. Daher läßt die Möglichkeit, daß wir in beiden Fällen Personen untersuchen, die sich in verschiedenen wesentlichen Aspekten ähneln, unsere Annahme, daß der psychotherapeutische Prozeß im Licht von Placebo-Konstrukten betrachtet werden kann, noch wichtiger erscheinen« (1962, S. 110).

Einem interessanten Zusammenhang zwischen der Erforschung der Übereinstimmung von Patienten- und Therapeutenerwartungen einerseits und Placebo-Reaktionen andererseits begegnen wir in zwei Untersuchungen von FREEDMAN u. a. FREEDMAN, ENGELHARDT, HANKOFF, GLICK, KAYE, BUCHWALD und STARK (1958) stellten fest, es gäbe (was die Natur und die Ziele der bevorstehenden Interaktionen anlangt) einen signifikanten Zusammenhang zwischen der Dauer des therapeutischen Kontakts und der Übereinstimmung zwischen den anfänglichen Patienten- und Therapeutenerwartungen. HANKOFF u. a. (1958) benutzte viele schizophrene Versuchspersonen aus der bereits erwähnten Studie von FREEDMAN, die das Ergebnis erbrachte, daß anfängliche negative Placebo-Reaktionen auf einen weiteren Krankenhausaufenthalt schließen ließen. Man entdeckte, daß die Patienten, die negative Placebo-Reaktionen zeigten, zu denen gehörten, die in der Untersuchung von FREEDMAN u. a. unvereinbare Erwartungen geäußert hatten. HANKOFF u. a. folgerten, daß die Sequenz aus unvereinbaren Erwartungen, nicht auftretenden Placebo-Reaktionen, Abbruch anderer medikamentöser und klinischer Behandlungen und Wiedereinweisung ins Krankenhaus, daß diese Sequenz einen Faktor darstelle, der für jeden Behandlungserfolg wichtig ist und immer mit Erwartungen zu tun hat. Die Autoren fassen zusammen, daß die »Placebo-Reaktion — besonders in bezug auf die wechselseitigen Erwartungen — daher als Indikator der Natur und Qualität der therapeutischen Beziehung dienen kann und somit nützlichen Vorhersagewert in bezug auf den Behandlungserfolg besitzt« (S. 550).

Wir haben bereits darauf hingewiesen, daß die Placebo-Reaktion als nicht-spezifische Beeinflussung von Verhalten betrachtet werden kann, der man in allen therapeutischen Bemühungen begegnet, ebenso wie Voreingenommenheit des Versuchsleiters einen nicht-spezifischen Einfluß auf Laborverhalten bewirken kann (ROSENTHAL, 1966). ROSENTHAL und seine Mitarbeiter haben eine Reihe von Untersuchungen durchgeführt, die belegten, daß sich die Erwartungen, Hypothesen oder Wünsche des Versuchsleiters auf die Versuchsergebnisse entscheidend auswirken. Die Arbeiten dieser Autoren gehen davon aus, daß diese Effekte der Voreingenommenheit leicht demonstrierbar, weit verbreitet und stark sind. Anderen Forschern fiel es schwer, den Effekt der Voreingenommenheit zu erzeugen, und sie entdeckten Alternativmechanismen (z. B. fehlerhafte Aufzeichnung), mit denen sie die aufgetretenen Voreingenommenheitseffekte erklärten, und sie kritisierten die statistischen Analysen, die bei einem Großteil der positiven Studien benutzt wurden (BARBER, CALVERLEY, FORGIONE, McPEAKE, CHAVES und BOWEN, 1969; BARBER und SILVER, 1968). Während das Ausmaß und die Stärke des Effekts zweifelhaft bleiben, muß unterstrichen werden, daß ein Großteil derselben Parameter, die impliziert waren in Placebo-Reaktionen, in der Einflußnahme des Therapeuten und in der Beeinflussung der Therapeut-Patient-Beziehung, den Voreingenommenheitseffekt des Versuchsleiters zu beeinflussen scheinen (vgl. z. B. KINTZ, DELRATO, METTEE, PERSONS und SCHAPPE, 1965). Diese Übereinstimmungen lassen stark vermuten, daß die Effektivität jeder Verhaltensmodifikationstechnik nur durch ordnungsgemäße Kontrollen der Placebo- oder Experimentator-Effekte evaluiert werden kann, daß die spezifischen und nicht-spezifischen Beiträge zum Ergebnis voneinander getrennt werden müssen und daß sich verhaltensorientierte Ansätze bei parametrischen und analytischen Untersuchungen der Erwartungseffekte als überaus fruchtbar erweisen können. Und vor allem lassen diese Gemeinsamkeiten vermuten, daß der Verhaltenstherapeut ein wesentliches therapeutisches Mittel aus der Hand gäbe, wenn er diese nicht-spezifischen (Erwartungs-)Variablen ignorierte, anstatt sie zu kontrollieren und zu nutzen.

Lernen durch organismische Variablen

Wir haben uns bis jetzt mit Faktoren des therapeutischen Kontexts befaßt, die Lernen auf nicht-spezifische Weise beeinflussen und sich daher auf das Ergebnis jeder Therapie auswirken können. Es gibt einen weiteren großen Variablenbereich, der ebenfalls das Lernen und das therapeutische Ergebnis beeinflußt, allerdings in- und außerhalb des therapeutischen Rahmens. Dieser Bereich, den wir grob als den organismischen bezeichnen, umfaßt eine ganze Menge physiologischer, genetischer, konstitutioneller und anderer biologischer Variablen.

Die Verhaltensformel S-O-R-KV-K weist auf die dominierende Rolle hin, die biologische Faktoren bei allem Humanverhalten spielen. Die O-Faktoren, um die es hier geht, stellen allerdings keine molikularen physiologischen, biochemischen oder elektrischen Funktionen und Strukturen dar. Es geht hier um organismische Merkmale, die assoziiert sind mit beständigen Verhaltensmustern. Ebenso wie Erwartungen und andere kognitive Variablen berühren die biologischen Variablen, die das Lernen und damit auch die Therapie beeinflussen, unsere Darstellung von Techniken der Verhaltenstherapie nur am Rande. Folglich beabsichtigen wir keinen erschöpfenden Überblick über die Typen und Mechanismen, die auf biologische Weise Verhaltensänderungen beeinflussen; doch wir anerkennen die Bedeutung dieser Einflüsse und die Notwendigkeit, sie einzubeziehen, wenn es darum geht, für Einzelpersonen und für besondere Gruppen therapeutische Ansätze zu planen und Behandlungsergebnisse vorherzusagen.

Anhand einiger Beispiele wollen wir die komplexen Interaktionen und ihre entscheidenden Verhaltenseffekte untersuchen, denen wir begegnen, wenn wir uns mit individuellen Unterschieden bei wesentlichen biologischen Merkmalen befassen. Abb. 10/2 veranschaulicht Veränderungen der Herrschaftsstruktur einer Rhesusaffenkolonie nach chirurgischen Eingriffen in die amygdaloide Region der Schläfenlappen des Pallium dieser Affen. Durch die biologische Veränderung nur eines Mitglieds der Kolonie wurden nicht nur die allgemeine soziale Herrschaftsstruktur, sondern auch die spezifische korrelierte Annäherung, die aggressiven Verhalten und das Aktivitätsniveau aller Koloniemitglieder beeinflußt. PRIBRAM (1962) fand, daß die Effekte dieser Amygdaloidektomie bedingt waren durch den Eingriff selbst und durch die Herrschaftsstruktur, die unmittelbar vor dem Eingriff bestand. Biologische und komplexe soziale Variablen interagieren also und erzeugen dadurch bei allen Mitgliedern einer Affengruppe Verhaltensänderungen.

Erbanlagen, frühe Erfahrungen und konstitutionelle Veränderungen im späteren Leben können physiologische Differenzen erzeugen, durch die gelernte Verhaltensmuster grundlegend eingeschränkt oder verändert werden. Bei Ratten führt die frühe Konfrontation mit einer Umgebung, die eine Fülle an Stimuli und Reaktionsmöglichkeiten aufweist, zu einer Gehirnchemie und einer Gehirnrinde, die anders ausfallen als die von Ratten, die in einer reiz- und reaktionsarmen Umgebung leben (BENNET, DIAMOND, KRECH und ROSENZWEIG, 1964). Von schweren physiologischen Schädigungen vor und nach der Geburt (darunter auch die genetisch bedingten) nimmt man an, sie führten zu der extremen geistigen Retardation, die wesentlich stärker ist als die, welche man aufgrund der üblichen Kurve vorhersagen würde (DINGMAN und TARJAN, 1960). Hirnschäden, die ihrer Ätiologie nach von pränatalen Anomalien und Geburtstraumen bis zu Infektionen, Systemerkrankungen und Toxizität reichen, haben komplexe Auswirkungen auf Verhalten, was von ihrer jeweiligen Situierung, Schwere und von individuellen Merkmalen wie Alter des Traumas und Niveau einstiger Funktionsfähigkeit abhängt. Doch auch wenn die Hirnverletzung so beschaffen ist, daß sie zunächst Verhaltensexzesse auslöste und nun die Fähigkeit zu simpler Selbstversorgung beeinträchtigt, können Verhaltensmodifikationsprozeduren häufig entscheidende Besserung bewirken. ROHAN und PROVOST (1966) beschreiben z. B. eine operante Trainingsprozedur, die bewirkte, daß sich ein blinder und stark hirngeschädigter Mann, der auf andere Lernansätze nicht angesprochen hatte, selbsternährende Verhalten wieder aneignete. PATTERSON (1965 a) hat über ein operantes Programm in einer Schulklasse berichtet, das bei einem hirngeschädigten neunjährigen Jungen die Hyperaktivität reduzierte und die Aufmerksamkeit und schulische Leistung steigerte.

Die Anzahl der verfügbaren Beispiele ist fast unbegrenzt; jedes biologische Merkmal, das die Fähigkeit der Person beeinflußt, relevante Stimuli wahrzunehmen und zu diskriminieren, symbolisch oder motorisch zu reagieren, auf verbreitete verstärkende Stimuli anzusprechen oder besondere Verstärkungspläne anzunehmen, wird den Umfang und die Qualität des Verhaltensrepertoires beeinflussen, das die Person erwerben und aufrechterhalten kann. Diese Merkmale können so allgemein sein wie ein genetisch beeinflußtes Aktivitätsniveau oder so spezifisch wie der Gehörverlust einer gewissen Frequenzbreite. Obwohl die behaviorale Bedeutung von biologischen Merkmalen offenkundig ist, ist ihr praktischer Wert bei der Planung eines therapeutischen Programms häufig gering. Die meisten Patienten mit psychologischen Problemen bewegen sich, so weit wir wissen, im Normalbereich der biologischen Variation. Außerdem verweisen biologische Abweichungen seltener auf spezifische therapeutische Operationen; doch sie setzen therapeutischen Zielen Grenzen oder erfordern eine prothetische Umwelt, es sei denn, ein bestimmtes biologisches Merkmal kann identifiziert und die diesbezüglichen Verhalten können irgendwie manipuliert werden. Es liegt auf der Hand, daß die meisten verhaltenstherapeutischen Techniken beim Klienten gewisse biologische Fähigkeiten voraussetzen. Schock-Vermeidungs-Prozeduren können zwar erfolgreich bei Säuglingen angewandt werden, doch erfordert z. B. die Behandlung, die als generalisierte Verstärker Token benutzt, derart komplexe Funktionen wie Verzögerung der primären Verstärkung, Verwendung von Symbolen und Behalten vergangener Kontingenzen. Derartige Funktionen übersteigen das Vermögen eines Säuglings, nicht jedoch das Vermögen des Retardierten oder Schizophrenen. Desensibilisierung, Rollenspiele und andere Techniken, die eine stärkere Beteiligung des Patienten voraussetzen, erfordern offensichtlich auch komplexere Fähigkeiten, z. B. das Vermögen, »sich etwas vorzustellen«, auf selbstpräsentierte symbolische Stimuli automatisch zu reagieren und eigenes und fremdes Verhalten zu beobachten und zu beschreiben. Selbstregulierende Verhalten, die durch weniger direkte Formen der Verhaltenstherapie instigiert werden, erfordern einen noch höheren Grad an intellektueller Entwicklung und eben die biologischen und sozialen Fertigkeiten, die diesem Niveau der Diskrimination, Kooperation und der Entschlossenheit sich zu ändern entsprechen.

Eine der Leistungen der Verhaltenstherapie besteht darin, daß sie das Repertoire biologisch geschädigter Personen erweitern kann. Verhaltensthera-

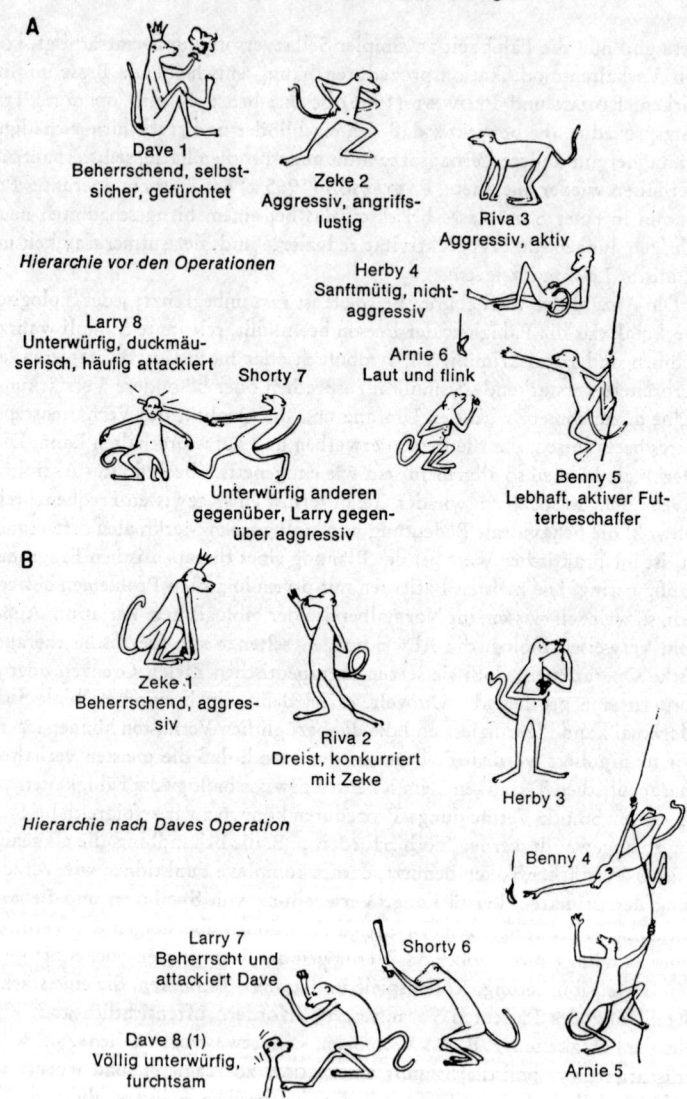

Abb. 10/2: A) Machthierarchie einer aus acht präadoleszenten Rhesusaffen bestehenden Kolonie vor den chirurgischen Eingriffen; B) wie A), nur daß an Dave eine bilaterale Amygdaloidektomie vorgenommen wurde – Dave rutscht auf den letzten Platz der Hierarchie; C) wie A) und B), nur daß Dave und Zeke bilaterale Amygdaloidektomien hinter sich haben; D) abschließende Hierarchie nach Amygdaloidektomien an Dave, Zeke und Riva. Minimale Unterschiede im Hinblick auf die Ausdehnung der resezierten Stellen korrelieren nicht mit Unterschieden der Verhaltensergebnisse. Herbys nicht-aggressive »Persönlichkeit«, die zweimal an zweiter Stelle steht, veranschaulicht die unterschiedlichen Auswirkungen ähnlicher Läsionen

C

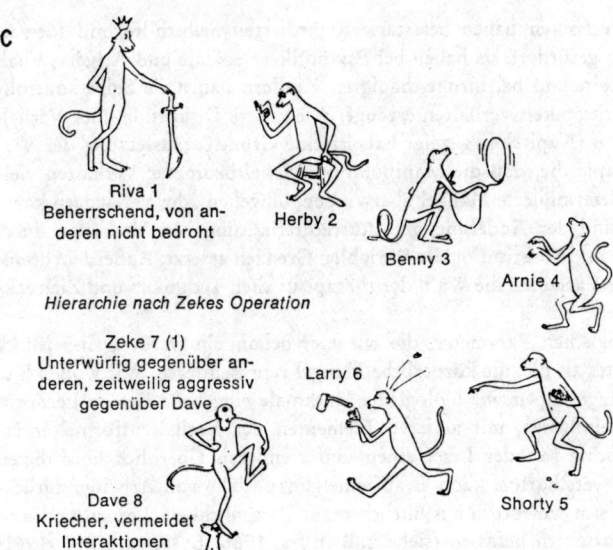

Riva 1
Beherrschend, von an-
deren nicht bedroht

Herby 2

Benny 3

Arnie 4

Hierarchie nach Zekes Operation

Zeke 7 (1)
Unterwürfig gegenüber an-
deren, zeitweilig aggressiv
gegenüber Dave

Larry 6

Shorty 5

Dave 8
Kriecher, vermeidet
Interaktionen

D

Riva 1
Noch beherrschender, un-
vermutet aggressiv und
heimtückisch

Herby 2

Hierarchie nach Rivas Operation

Benny 3

Arnie 4

Shorty 5

Zeke 7
Nach wie vor zeitweilig
aggressiv gegenuber Dave

Larry 6

Dave 8
Ausgestoßen, flüch-
tet vor allen

(Thompson, R. F.; »Foundations of Physiological Psychology«. Harper und Row,
New York 1967, S. 560–561).

peutische Techniken haben bei stark Retardierten Selbsthilfe und formale Fertigkeiten gefördert, sie haben bei Psychotikern soziale und Arbeitsverhalten entwickelt, und bei hirngeschädigten Kindern haben sie Selbstkontrolle und Aufmerksamkeitsverhalten erzeugt. Wie unsere Diskussion über Verhaltensprothesen (Kapitel 6) gezeigt hat, ist eine Grundvoraussetzung der Verhaltenstherapie die, daß die Manipulation umweltbedingter Verhalten viele biologisch determinierte Mängel überwinden, umgehen oder verringern kann. Trotzdem sind der Änderung und Aufrechterhaltung von Verhalten durch erbbedingte und konstitutionelle Variablen Grenzen gesetzt. Außerdem beeinflussen diese Variablen die Wahl der therapeutischen Techniken und Zielreaktionen.

Die biologischen Parameter, die wir hier behandeln werden, sind jedoch anders geartet als die, die körperliche Mängel repräsentieren. Wir wollen hier kurz auf einige allgemeine biologische Merkmale eingehen, die, um Lernprozesse zu beeinflussen, mit anderen Elementen der Verhaltensformel interagieren. Möchte sich der Leser einen umfassenderen Überblick über diesen Gegenstand verschaffen, kann er auf eine ganze Reihe von Arbeiten zurückgreifen, die sich wesentlich ausführlicher mit Persönlichkeit, Lernen und biologischen Variablen befassen (siehe z. B. Buss, 1966, Eysenck, 1960, 1961; Kruse, 1957; Maher, 1966).

Zentrale Hemmung und Exzitation

Die kortikale Hemmung und Exzitation gehören zu den wichtigsten biologischen Prozessen, die in bestimmte Psychopathologien und in einige Persönlichkeitstheorien eingegangen sind. Pawlow (1927, 1957) erblickte in diesen Prozessen hypothetische molare Konstrukte, und auf diesen Konstrukten basiert großenteils seine Theorie über das Funktionieren der Großhirnrinde. Beide Prozesse besitzen ihre spezifischen und vorerst kaum verstandenen neurophysiologischen Referenten und beide sind sie in ihrer Art positiv. Das aber heißt, daß Hemmung nicht die Abwesenheit von Exzitation, sondern ganz im Gegenteil ein aktiver Prozeß ist. Die Begriffe sind häufig verwirrend, so lange nicht geklärt ist, ob sie hypothetische Konstrukte, neurophysiologische Vorgänge oder Verhaltenskonsequenzen beschreiben. Besonders verwirrend ist die Tatsache, daß kortikale Hemmung im Sinne Pawlows bei offenem Verhalten das *Gegenteil* von Hemmung bewirken soll, nämlich behaviorale Erregung. (Franks, 1961, befaßt sich eingehender mit dieser Frage.)

Pawlow stellte in bezug auf die kortikalen Erscheinungen der Psychopathologie viele Hypothesen auf. Doch widersprachen seine Vorstellungen einander häufig, und er unterbreitete keine experimentellen Arbeiten, um ihre Richtigkeit zu belegen. Pawlow behauptete, neurasthenische Patienten litten unter einem Übermaß an zentraler Exzitation, während Hysterikern ein Übermaß an zentraler Hemmung eigen sei. Das würde bedeuten, daß die Konditionierung bzw. Löschung von Neurasthenikern rasch bzw. langsam erfolgen müßte, während Hysteriker umgekehrt reagieren müßten. Eine um-

fangreiche Literatur hat sich mit Hilfe verschiedener diagnostischer Kategorien mit Konditionierbarkeit, Erregungs- und Wachsamkeitsniveau, Löschung,
Entwicklung reaktiver Hemmung und ähnlichen Lernphänomenen befaßt, in
dem Bemühen, die Relevanz der kortikalen Hemmung und Exzitation bei
spezifischen Psychopathologien zu testen. So haben z. B. besonders russische
Forscher behauptet, daß sich einige schizophrene Kategorien durch mangelnde
kortikale Hemmung auszeichnen, während andere Kategorien einen ausgeprägten Grad an Hemmung zeigen (LANG und BUSS, 1965). Eine dieser Untersuchungen stammt von STANISCHEWSKAYA (1955), der zur Messung des Orien-
tierungsreflexes den Blutdruck benutzte und herausfand, daß Normale bei
der Darbietung eines neuen Stimulus zunächst eine generalisierte Reaktion
emittieren, die jedoch — wahrscheinlich durch eine Hemmung — rasch zu
einer lokalisierten Reaktion reduziert wird. Er stellte fest, daß gewöhnliche
Schizophrene nur das allgemeine Erregungsstadium erkennen lassen, während
Katatoniker weder allgemein noch speziell reagieren, also überhaupt keine
Orientierungsreaktion emittieren.

Einige andere russische Forscher haben bei chronischen und insbesondere bei
katatonen Schizophrenen entdeckt, daß die Orientierungsreaktion entweder
völlig fehlte oder nur schwach vertreten war. Von der Hemmung nimmt man
an, sie bilde die Grundlage der Löschung und des Diskriminationslernens: So
glaubt man, daß unverstärkte Reaktionen zentral gehemmt oder unterdrückt
würden. Demzufolge müßten Schizophrene, die sich durch mangelnde Hemmung auszeichnen (z. B. die, die nur die generalisierte Orientierungsreaktion
kennen), schwache Löschungsreaktionen emittieren, sie müßten übergenerali-
sieren und sie müßten unfähig zum Diskriminationserwerb sein. Eine massive
Hemmung wie wir ihr beim Katatoniker begegnen, müßte den Patienten im
Grunde »entkortiziert« zurücklassen. Die Forschungsergebnisse bestätigen
meistens die Rückschlüsse, die man aus den russischen Hypothesen über die
Rolle der Hemmung in der Schizophrenie ziehen kann (eine Zusammenfassung über diesen Gegenstand findet sich bei LYNN, 1963). Da jedoch eine Reihe
anderer Hypothesen den Daten ebenfalls gerecht wird und da die Hemmung,
so wie sie in diesem Kontext benutzt wird, den Status eines locker definierten
hypothetischen Konstrukts besitzt, ist es schwierig gewesen, die Relevanz dieser Theorie für die Ätiologie der Schizophrenie überzeugend zu beweisen.

Ungeachtet der ziemlich direkten Verbindungen, die man zwischen Exzita-
tion/Hemmung und verschiedenen Lernparametern annimmt, liefert die Literatur über diese Hirntätigkeiten dem Verhaltenstherapeuten keine spezifischen
Erkenntnisse im Hinblick auf die Verbesserung seiner Diagnostik und seiner
Behandlungsoperationen. In dieser Hinsicht ähnelt die Exzitation/Hemmung
einer Reihe anderer biologischer Variablen oder Konstrukte, die bislang von
wesentlich größerer theoretischer denn praktischer Bedeutung gewesen sind.
Doch da wir diese biologischen Prozesse immer besser verstehen, wird die
Möglichkeit, vom psychobiologischen Labor auf die Klinik zu extrapolieren,
vermutlich immer praktikabler werden, ebenso wie man heute bereits bestimmte Variablen (z. B. »interpersonale Anziehung« oder »Erwartung«) aus

der sozialen und kongnitiven Psychologieliteratur extrapoliert, um sie dann auf klinische Probleme anzuwenden. So könnte es eines Tages z. B. möglich sein, einen Schizophrenen nach seinen kortikalen Exzitations-' und Hemmungsmustern zu klassifizieren, die Techniken vorherzusagen, die sein Verhalten am ehesten ändern, und die Grenzen zu bestimmen, die den therapeutischen Bemühungen durch die Merkmale seines zentralen Nervensystems gesetzt sind. Gegenwärtig besitzen die Theorien und Forschungsdaten über die Exzitation-Hemmung nur insofern unmittelbare klinische Relevanz, als sie die Grundlage derzeitiger Arbeiten zur Extraversion-Introversion bilden.

RUSSELL (1958) hat in Verbindung mit biochemischen Verhaltenskorrelaten eine ähnliche Feststellung getroffen:

»Manche Verhaltensformen sind direkter auf ihre biochemischen Korrelate bezogen als andere. Ist der Bezug direkt, widerspiegeln sich biochemische Ereignisse in spezifischen Verhaltensänderungen. Ist der Bezug jedoch verschwommen, können Veränderungen biochemischer Ereignisse eine Vielfalt von Verhaltensmustern beeinflussen. Im letzten Fall kann ein bestimmter biochemischer Zustand Verhaltensänderungen erleichtern, doch kann es sein, daß die tatsächliche Änderung nicht ohne Lernen oder ohne die Anwendung einer anderen psychologischen Prozedur der Verhaltensmodifikation stattfindet ... Ungeachtet der vielen Beispiele für spezifische und verschwommene Beziehungen zwischen biochemischen Ereignissen und Verhalten, kann man ohne weiteres sagen, daß unser allgemeines Wissen über die biochemischen Verhaltenskorrelate noch sehr gering ist. Wir wissen wenig über die Prozesse, durch die biochemische Ereignisse, um eine Formulierung von GRENELL (1957) zu gebrauchen, ›in allgemeine Verhaltensmuster umgewandelt werden‹. Die derzeitigen theoretischen Modelle, die den Anschein erwecken, als beschrieben sie diese Prozesse, werden formuliert mit Hilfe von verschwommenen physiologischen Mechanismen, metabolischen Vorgängen in bestimmten Gehirnregionen, synaptischen Transmissionen und molikularen Verlagerungen und Interaktionen in Nervenzellmembranen. Die Entscheidung darüber, welches dieser Modelle adäquat ist, erfordert wesentlich mehr Informationen als wir heute besitzen. Diese Informationen können wir uns nur durch die Forschung beschaffen, zu der auch die systematische Beobachtung der Effekte ›biochemischer Läsionen‹ auf Verhalten gehört« (S. 211).

Introversion — Extraversion

Einer weiteren Ausweitung der PAWLOWSCHEN Theorien über die kortikale Hemmung und Exzitation begegnen wir in EYSENCKs Arbeiten über die Persönlichkeitsdimension der Introversion-Extraversion (EYSENCK, 1957; EYSENCK und RACHMAN, 1965). EYSENCK postuliert, daß man »hochgradiger Extraversion bei Leuten begegnet, bei denen hemmende Prozesse rasch, heftig und nachhaltig auftreten, während erregende Prozesse langsam, schwach und unbeständig sind; hochgradige Introversion aber begegnet man bei Leuten, auf die das Gegenteil zutrifft« (EYSENCK und RACHMAN, 1965, S. 35). Abb. 10/3 umreißt EYSENCKs Vorstellungen darüber, wie biologische Unterschiede bei kortikalen Prozessen mit Umwelteinflüssen interagieren, wodurch unterschiedliche Persönlichkeitsdimensionen der Extraversion-Introversion zustande kommen. Das Niveau der Extraversion-Introversion manifestiert sich seinerseits in einer Reihe von Unterschieden der Konditionierbarkeit, der Merkmale

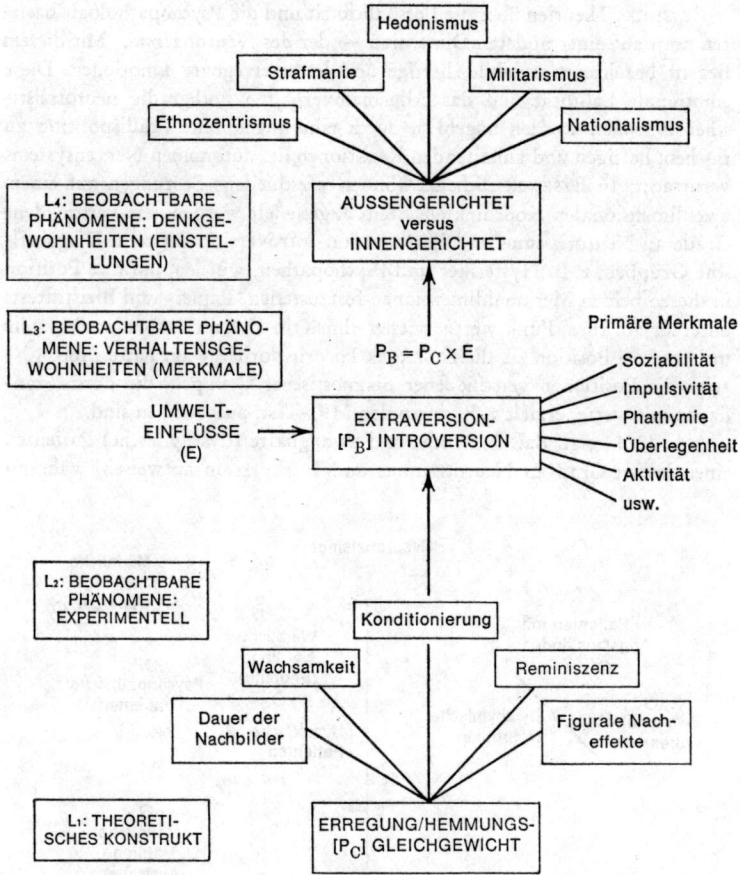

Abb. 10/3: EYSENCKS Theorie der Extraversion-Introversion. Diagrammartige Darstellung der Interaktion zwischen genetischen und Umwelteinflüssen, durch die phänotypische Verhaltensmuster entstehen (EYSENCK und RACHMAN, 1965, S. 41).

und der Gewohnheiten. In dieser Abbildung stellt das Gleichgewicht zwischen Erregung und Hemmung ein theoretisches Konstrukt (L₁) dar, das individuelle Unterschiede der Konditionierbarkeit und verwandter, im Labor beobachteter Phänomene (L₂) erklären soll. Von diesen Unterschieden wird angenommen, daß sie mit multiplen Umwelteinflüssen interagieren, um verschiedene beobachtbare Merkmale zu erzeugen (z. B. Aktivitätsniveau und Soziabilität), die sich aus zwei Gruppierungen zusammensetzen — der Extraversion und der Introversion (L₃). Ähnlich sind auch Einstellungen das Ergebnis von Umwelteinflüssen, die mit der grundlegenden Extraversion-Introversions-Struktur des einzelnen interagieren.

EYSENCKs Theorien über die Persönlichkeit und die Psychopathologie basieren noch auf einer anderen Dimension — der des *Neurotizismus*. Mit diesem Begriff bezeichnet er labile, heftige und leicht erregbare Emotionen. Diese emotionale Labilität und das Allgemeinverhalten hochgradig neurotizistischer Personen werden angeblich durch eine angeborene Prädisposition zu raschen, heftigen und anhaltenden Reaktionen des autonomen Nervensystems verursacht. In EYSENCKs Schema können verschiedene Störungen auf einem zweidimensionalen Koordinatensystem angesiedelt werden, das verschiedene Grade an Neurotizismus und Extraversion-Introversion darstellt. Diagnostische Gruppen, z. B. Hysteriker und Psychopathen, wurden, um ihre Position in diesen beiden Merkmaldimensionen festzustellen, Papier- und Bleistifttests unterzogen. Ihre Punktwerte wiesen ihnen in diesem Koordinatensystem meistens die Position zu, die EYSENCKs Theorie vorhergesagt hatte. Abb. 10/4 zeigt die Positionen verschiedener diagnostischer Gruppen, die durch Standardpunktwerte, erzielt z. B. durch den MPI-Test, ausgewiesen sind.

Abb. 10/4 zeigt, daß ängstliche und zwanghafte (dysthymische) Patienten einen hohen Grad an Neurotizismus und Introversion aufweisen, während

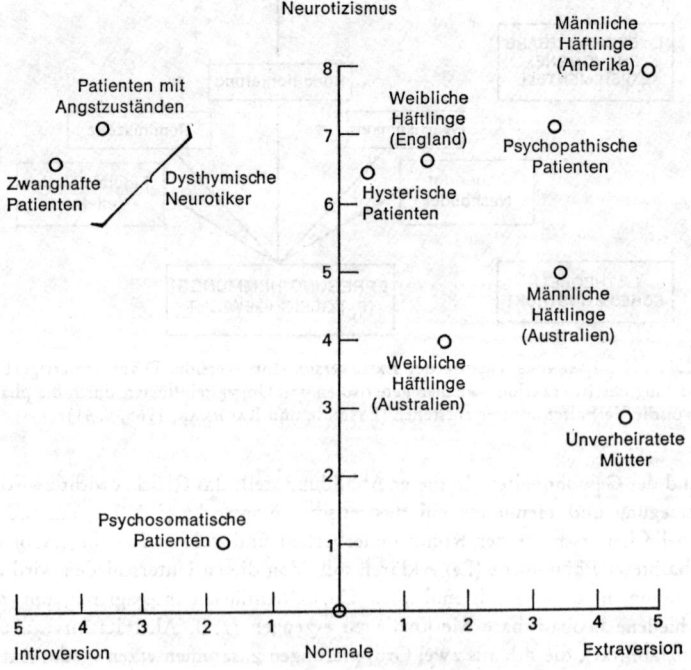

Abb. 10/4: Positionen verschiedener neurotischer und krimineller Gruppen im Zwei-Faktoren-Bereich des Neurotizismus und der Introversion-Extraversion (EYSENCK und RACHMAN, 1965, S. 21).

Psychopathen geringen Neurotizismus und hohe Extraversion erkennen lassen. Dysthymische Patienten, die durch ihr labiles überaktives autonomes Nervensystem zum Neurotizismus prädisponiert sind, sind (durch ihre hohe kortikale Erregung) auch biologisch dazu prädisponiert, konditionierte Reaktionen rasch, heftig und anhaltend zu emittieren. Daher entwickeln sie leicht die konditionierten dysthymischen Symptome von Phobien, Zwangsvorstellungen usw., und es gelingt ihnen nicht, diese Symptome rasch zu löschen. Von den Psychopathen nimmt EYSENECK andererseits an, daß sie bei der Konditionierung scheitern. Dieses Scheitern ist darauf zurückzuführen, daß Extravertierte (die sich durch hochgradige kortikale Hemmung auszeichnen) biologisch prädisponiert sind, nur unter Schwierigkeiten schwache konditionierte Reaktionen auszuformen und nur langsam autonome Reaktionen zu emittieren. Daher neigen Psychopathen nicht dazu, konditionierte Angstreaktionen auszubilden, die normalerweise asoziale Handlungen hemmen.

Eine ganze Reihe experimenteller und klinischer Forschungsarbeiten stützt EYSENCKS Theorie. Doch wie bei anderen kortikalen Prozeßtheorien sind natürlich auch in diesem Fall Alternativerklärungen möglich. Für die Leute, die, was die Symptombildung betrifft, die Rolle der sozialen Verstärkung betonen und die, anstatt generelle Persönlichkeitszustände oder -merkmale anzunehmen, von situationsspezifischen Verhalten ausgehen, für diese Leute ist EYSENCKS operanter Konditionierungsansatz weniger attraktiv, vor allem so lange die relevanten biologischen Faktoren hypothetische Konstrukte bleiben.

Da die Messungen der Extraversion-Introversion in bezug auf Lernen und Konditionieren hinreichenden Vorhersagewert besitzen, bedienen sich Verhaltenstherapeuten häufig dieser Dimension, um Forschungs- und Behandlungspläne zu formulieren. So könnte z. B. EYSENCKS Theorie vorhersagen, daß eine aversive Konditionierungstherapie bei Psychopathen und anderen Extravertierten relativ langsam und letztlich wirkungslos verlaufen würde, obwohl es häufig gerade diese Personen sind, die Zielverhalten (z. B. Alkoholismus, unannehmbare sexuelle Reaktionen) äußern, welche sich zur Behandlung mit aversiver Konditionierung hervorragend zu eignen scheinen. Andere Beobachtungen, die für die Behandlungsplanung relevant sind, schließen die stärkere Schmerztoleranz (auch gegenüber Schock und anderen aversiven CS) ein, über die bei Extravertierten berichtet wurde (LYNN und EYSENCK, 1961), sowie die Fähigkeit starker Stimuli, die Hemmung von Extravertierten zu überwinden, so daß sich diese genauso leicht konditionieren lassen wie Introvertierte (EYSENCK, 1965 a). Stimulierende Medikamente können zur Überwindung der zentralen Hemmung von Extravertierten benutzt werden, wenn eine Konditionierungstherapie durchgeführt wird (EYSENCK, 1963). Doch können auch die autonome Labilität und die Neigung zur Angstreaktion des stark neurotischen Patienten die Durchführung von Konditionierungstherapien erschweren. EYSENCKS Theorie sagt (gestützt von Befunden aus Klinik und Labor) vorher, daß sehr ängstliche Personen weniger leicht zu konditionieren sind als Personen mit niedrigerem Angstniveaus. So weisen z. B. die meisten Berichte darauf hin, daß die systematische Desensibilisierung bei Personen mit mittlerem Angstniveau erfolgreicher ist (siehe z. B. MARKS und GELDER, 1966; GELDER, MARKS, WOLFF und CLARKE, 1967).

LADER und WING (1966) versuchten pathologische Angst und die Effekte der Desensibilisierung mit Hilfe von angeborenen Unterschieden der zentralen Habituation zu erklären und kamen darin EYSENCKS Neurotizismus und Introversions-Dimensionen nahe. Wie EYSENCK sagen auch LADER und WING vorher, daß Habituation und Desensibilisierung am raschesten erfolgen, wenn sich der Patient auf dem niedrigsten Aktivitäts- oder Erregungsniveau befindet; diese Vorhersage belegen sie mit experimentellen Daten. Sollte die LADER-WING-Hypothese weiter bestätigt werden, würde eine Veränderung der Desensibilisierungsprozedur erforderlich werden. Darauf hat RACHMAN hingewiesen: »Das Schwergewicht müßte verlagert werden vom derzeitigen Bestreben, eine antagonistische Reaktion immer dann aufzuerlegen, wenn Angst ausgelöst wird, auf eine Prozedur, die eine zuverlässige und anhaltende Abnahme des Erregungsniveaus bewirken kann, so daß die Desensibilisierung durch die Hierarchie-Items leicht und rasch erfolgen kann« (RACHMAN, 1968, S. 58). Deprimierte Personen, die nach EYSENCKS Schema geringen Neurotizismus aufweisen, jedoch introvertiert sind, können wegen ihrer geringen Reagibilität auf Desensibilisierung und andere Konditionierungstherapien schlecht ansprechen — ungeachtet der Vorhersage, daß die Konditionierung von Introvertierten leicht vorstatten gehen müßte (MEYER und CRISP, 1966).

Die vorangehende Diskussion impliziert, daß die vorhandene Literatur über Neurotizismus und Extraversion-Introversion mehr Möglichkeiten der direkten Extrapolation von experimentellen Daten auf die klinische Praxis bietet als das bei der kortikalen Hemmung-Exzitation der Fall ist. Die Extraversion-Introversion erweckt bei vielen, wenn nicht bei den meisten Persönlichkeitstheoretikern den äußerlichen Eindruck eines Konstrukts (das gilt z. B. für die Feldabhängigkeit-Unabhängigkeit und für das Nach-Außen/Nach-Innen-Gerichtetsein). Doch muß ihre praktische Bedeutung für die Behandlung noch belegt werden. So weiß man z. B. nicht, ob die üblichen Schockniveaus, die bei der aversiven Konditionierung benutzt werden, ausreichen, um die Schmerztoleranz zu überwinden, die man Psychopathen zuschreibt. Falls dem nicht so ist, können dann — möglicherweise mit Hilfe von Extraversions-Punktwerten — befriedigende Niveaus hergestellt werden? Können auf Neurotizismus- und Introversionsskalen Punkte festgelegt werden, jenseits derer eine Desensibilisierung wahrscheinlich scheitern wird? Sind diese Punkte bedingt durch die Beschaffenheit, den Umfang und die Intensität der phobischen Symptome des jeweiligen Patienten? So lange die klinische Forschung diese Fragen nicht beantwortet hat, können die entsprechenden Variablen in der Praxis des Verhaltenstherapeuten nur generelle Verwendung finden.

Erregung

Die Erregung oder Aktivierung, die ein biologischer Gesamtzustand ist, der mit Hilfe von Indices wie EEG-Desynchronisierung, GSR, Herzrate oder Muskelspannung gemessen wird, hängt eng zusammen mit Theorien über die zentrale Exzitation und Hemmung. Doch befaßten sich die Arbeiten über die Erregung nicht mit den hypothetischen zentralen Steuerungsprozessen, sondern mit den nicht-spezifischen Effekten der Stimulation auf direkt meßbare Reaktionen des autonomen Nervensystems. Die Interkorrelationen zwischen verschiedenen Erregungsmessungen sind weder genau noch vollständig. Einzelpersonen zeigen auf vielfältige Stimuli oder vielfältigen Streß hin charakteristisch voneinander abweichende autonome Reaktionsmuster. Daher muß »Erregung« als Allgemeinzustand des Organismus betrachtet werden, der sich nicht unbedingt in offenem Verhalten oder in irgendeinem vorhandenen physiologischen Meßwert widerspiegelt (siehe z. B. LACEY, BATEMAN und Van-LEHN, 1953). Unsere Behandlung der Probleme der Angstmessung in Kapitel 2 ist hier großenteils relevant, doch allgemein begegnen wir nur geringer Übereinstimmung über die Eigenschaften, die Erregung definieren — gemeint sind ihre Reaktionsmerkmale und ihre auslösenden Stimuli.

Unterschiede im Hinblick auf das absolute Erregungsniveau, auf allgemeine stimulationsbedingte Modifikationsmuster und auf spezifische Stimulationsreaktionen, hat man als Variablen untersucht, die besonderen Störungen oder allgemeinen psychopathologischen Kategorien zugrunde liegen können. So hat man z. B. gezeigt, daß neurotische Patienten bei Streßstimuli auch dann noch anhaltend erhöhten Blutdruck hatten, als sich die entsprechenden Werte von Normalpersonen längst wieder eingependelt hatten oder zu ihrem Ausgangswert zurückzukehren begannen (MALMO und SHAGASS, 1952). Akute Schizophrene werden durch Streßstimuli anscheinend stärker erregt als Normalpersonen, und chronische Schizophrene scheinen weniger reaktiv zu sein als Normalpersonen (MALMO, SHAGASS und DAVID, 1951). VENABLES (1964) hat die Theorie aufgestellt, daß sich Schizophrene ständig in einem extrem hohen Erregungszustand befinden und daher unfähig sind, diesen Zustand bei zusätzlicher Stimulation zu steigern. VENABLES' Hypothese wird durch eine Reihe von Studien unterstützt, die immer dann ein verbessertes Funktionieren von Schizophrenen belegten, wenn den Kranken Beruhigungsmittel verabreicht wurden. Einem anderen Forschungsansatz begegnen wir in Untersuchungen von VENABLES und WING (1962), die ergaben, daß GSR-Niveau (als Erregungsmaßstab) und Ausmaß der sozialen Abkapselung bei chronischen Schizophrenen positiv korreliert sind. MAHR (1966) meinte, VENABLES' Befunde zeigten, daß der schizophrene Rückzug ein Versuch sein könne, die Stimulation von außen einzudämmen, um ein bereits hohes Erregungsniveau in erträglichen Grenzen zu halten. Wie wir sehen, unterscheiden sich die Theorien über die zentrale Hemmung-Exzitation und über die Erregung, was die Daten und das Verhalten betrifft, nicht sehr stark voneinander, nur daß eben die hypothetischen Konstrukte der ersten Theorienkategorie verläßlicher sind.

VENABLES' Ansichten über die starke Erregung bei behavioral unresponsiven Schizophrenen ähneln dem Standpunkt, den SCHACHTER im Hinblick auf Psychopathen äußerte (SCHACHTER und LATANÉ, 1964). SCHACHTER meinte, Emotion sei eine Funktion der Interaktion zwischen einem Zustand psychologischer Erregung und Kognitionen, die dieser Erregung entsprechen (SCHACHTER, 1964 a). Bei Neurotikern, die an chronischer Angst leiden, hat man entdeckt, daß sie in ihren autonomen Reaktionen emotional unbeständig und überaktiv sind. SCHACHTER argumentiert, daß »das kognitive System und die Persönlichkeitsstruktur dieses Personentypus so geartet ist, daß er seine Umwelt ständig als bedrohlich erfährt oder emotional interpretiert — diese Interpretation aber löst die autonome Aktivität aus« (SCHACHTER und LATANÉ, 1964, S. 269). Im Gegensatz zu EYSENCK stellt SCHACHTER die Hypothese auf, daß das hohe Niveau und die Mühelosigkeit der Erregung bei Neurotikern nicht genetisch oder konstitutionell, sondern kognitiv bedingt seien. Doch haben andere Forscher entdeckt, daß Versuchspersonen, die über ein starkes Bewußtsein für autonome Veränderungen bei Streß berichten, tatsächlich stärkere physiologische Reaktionen emittieren und den Umfang der Veränderung zu diesem Zeitpunkt überschätzen. Das aber heißt, daß sowohl ihr tatsächliches Erregungsniveau als auch die Benennung ihrer Gefühle intensiver ausfallen (MANDLER, MANDLER und UVILLER, 1958). Andererseits entdeckten SCHACHTERs Untersuchungen, daß Psychopathen weniger ängstlich und emotional weniger reaktiv sind als Normale, daß sie jedoch überraschenderweise auf mannigfache milde und heftige Streßsituationen *autonomer* reagieren als Normale. Da SCHACHTER entdeckte, daß die autonome Erregung noch keinen Bericht über einen emotionalen Zustand ergibt, sondern zu diesem Zweck gekoppelt werden muß mit kognitiven und situativen Faktoren, die dafür sorgen, daß die Erregung als Emotion etikettiert werden wird, scheint das Problem bei den Psychopathen ein Problem der Etikettierung zu sein: Wie etikettiert der Psychopath die Empfindungen seiner körperlichen Erregung? SCHACHTER meint dazu:

»Soziopathen reagieren anscheinend auch auf geringfügig stimulierende Ereignisse stärker ... Derart generalisierte, relativ indiskriminierte Reagibilität kommt, so meinen wir, so viel wie überhaupt keiner Reagibilität gleich ... Nur die intensiven autonomen Reaktionen, die vermutlich stärker und anders geartet als diese normalen Reaktionen sind, verbinden sich bei der soziopathischen Person mit emotionalen Eigenschaften ... Soziopathen sind Personen, die sich durch markante autonome Reagibilität auszeichnen und die im Verlauf ihrer Entwicklung gelernt haben, ihre eigenen Erregungszustände *nicht* mit emotionalen Etiketten zu versehen (oder die nicht gelernt haben, ihre Zustände so zu etikettieren)« (SCHACHTER und LATANÉ, 1964, S. 266—267).

Wenn nicht angeboren, können Erregungsschwellen früh im Leben durch Training in der Etikettierung von Stimuli und durch körperliche Empfindungen während der Erregung erworben werden. Ob nun erworben oder angeboren, unterschiedliche Erregungsschwellen und -intensitäten sind für lernorientierte Therapien von großer Bedeutung. Ganz gleich, ob ihr Mangel an relativer

Erregung auf einen maximalen Effekt oder auf eine sehr hohe Schwelle zurückzuführen ist, die Konsequenz der relativen Nicht-Reagibilität der Psychopathen ist die, daß sie sich in einer Schmerz-Vermeidungsprozedur nur unter Schwierigkeiten konditionieren lassen. Doch lernen sie bei positiver Verstärkung ebenso wie normale Personen, und beim Vermeidungslernen erbringen sie wesentlich bessere Leistungen, wenn sie ein autonom aktivierendes Mittel wie Adrenalin verabreicht bekommen (siehe z. B. LYKKEN, 1957; SCHACHTER und LATANÉ, 1964). So weisen also die Arbeiten von EYSENCK wie von SCHACHTER darauf hin, daß die aversive Konditionierung von Psychopathen schwierig ist und daß die Behandlung durch aktivierende Mittel erleichtert wird. Auch stimmen diese beiden Autoren insofern überein, als sie Neurotiker als emotional hyperresponsiv betrachten und als sie glauben, daß Neurotiker bei nachhaltiger Erregung und bei starken Emotionen einfach zu konditionieren sind. Was jedoch die Behandlung selbst betrifft, so unterstreicht SCHACHTER die Veränderungen der kognitiven Etikettierung, die der Patient in bezug auf seine Umwelt und seine eigenen Empfindungen durchführt, während EYSENCK die angeborenen kortikalen Unterschiede bei Neurotikern hervorhebt und damit die Verwendung von Mitteln, die Erregung reduzieren, befürwortet.

Ähnlich implizieren auch VENABLES' (1964) Hypothesen über den Schizophrenen, daß sich Erregung auswirkt auf das Lernvermögen, und sie implizieren die Notwendigkeit, das Erregungsniveau medikamentös zu korrigieren. VENABLES meint, der akute Schizophrene sei wegen seines chronisch niedrigen Erregungsniveaus unfähig, seine Aufmerksamkeit zu konzentrieren, den nötigen Prozeß des selektiven Ignorierens auszuführen oder unter den Stimuli zwischen Figur- und Grundverhältnissen zu unterscheiden. Medikamente oder Stimulationen mit erregender Wirkung müßten diese Patienten befähigen, ihre Aufmerksamkeit zu konzentrieren und dadurch Diskriminationen und neue Verhalten zu lernen, zu denen sie sonst unfähig wären. Wenn VENABLES recht hat, müßten Stimulation oder adrenalinhaltige Mittel notwendige Beigaben der Konditionierungstherapie von akut schizophrenen Personen sein. Andererseits weisen chronische Schizophrene nach VENABLES ungewöhnlich hohe Erregungsniveaus auf und sie leiden an eng begrenzter Aufmerksamkeit. Viele Stimuli, die zum Lernen und zur Performanz-Aufrechterhaltung erforderlich sind, werden überhaupt nicht wahrgenommen. Will man mit solchen Patienten verhaltenstherapeutisch zurechtkommen, müßte man die Erregung durch Medikamente oder andere Mittel reduzieren.

Einige allgemeine Bemerkungen

Wir konnten uns in diesem Abschnitt nur mit drei Bereichen der umfangreichen Literatur befassen, die für die biologischen Grundlagen des Lernens und der Verhaltenskontrolle relevant ist. Was bleibt, ist eine umfangreiche Liste nicht behandelter Gegenstände. Doch können die drei bereits behandelten Bereiche die Möglichkeiten, Schwierigkeiten und Enttäuschungen veranschaulichen, die der Versuch mit sich bringt, biologische und behaviorale Ansätze in die Psychopathologie zu integrieren und diese Integration im klinischen Bereich zu nutzen.

COHEN (1969) hat eine ganze Reihe neuerer Entwicklungen der Neurobiologie mit Hinblick auf ihren Nutzen für die Verhaltenstherapie untersucht. Motivation dieser Untersuchung war seine

»... Besorgnis über die immer breiter werdende Kluft zwischen neurobiologischen Untersuchungen von Gehirnmechanismen und Bemühungen, eine wissenschaftlichere Basis der Diagnose und Behandlung von kognitiven, behavioralen und interpersonalen Störungen zu schaffen. Es ist nötig, daß sich psychopathologische Untersuchungen enger an die biologische Forschung halten, die sich mit dem Funktionieren des Nervensystems befaßt. Dieser Forschungszweig ist es, der sowohl die diagnostischen und therapeutischen Prozeduren als auch die Forschungsbemühungen des Klinikers ständig untermauern oder vervollständigen sollte« (COHEN, 1969, S. 589).

Die psychologische Forschung, ihre Konstrukte und ihre Messungen hatten nur sehr geringen Einfluß auf Nosologie und Diagnose, auf prognostische Schemata und therapeutische Techniken oder auf Erfolgsbewertungen. Die Beschaffenheit des Materials, mit dem sich COHENs Überblick befaßt, macht zum Teil verständlich, warum dieser Einfluß so unerheblich gewesen ist. Was dem Verhaltenstherapeuten ganz einfach fehlt, ist das Gefühl für auch nur wenige zentrale Konstrukte oder Prinzipien, die direkt auf klinische Probleme angewandt werden könnten. Statt dessen versieht uns die Literatur entweder mit detaillierten Untersuchungen, die technisches Wissen und Urteilsvermögen auf einem nicht-psychologischen Gebiet voraussetzen, oder sie liefert abstrakte Zusammenfassungen von Daten und Theorien, denen es an konkreter Substanz und konkreten Hinweisen mangelt.

Dem Kliniker legen sich bei der Benutzung neurobiologischer Erkenntnisse Hindernisse in den Weg, die verschieden geartet sind. Eines dieser Hindernisse bezieht sich auf die begriffliche Ebene und auf die Einheitlichkeit der Analyse. Lord BRAIN (1965), der überragende englische Neurophysiologe, hat selbst bezweifelt, ob »heutige physikalische Konzepte der Verursachung, die auf der molekularen Ebene gültig sind, das wechselbezogene Wirken der Millionen Nervenzellen notgedrungen vollständig erklären, die in allen höheren Geistestätigkeiten wirksam sein müssen ... Der naive physikalische Determinismus, der vor allem einigen Autoren des 19. Jahrhunderts zusagte, kann für die heutige Interpretation der Hirn-Geist-Beziehung unter Umständen unbrauchbar sein« (S. 196).

Von den speziellen logischen und semantischen Schwierigkeiten der Auseinandersetzung mit Hirn-Geist-Interaktionen einmal völlig abgesehen, sind viele psychobiologische und Lern-Konstrukte zu verschwommen oder zu grob, um für die klinische Praxis präzisen und konkreten Wert zu besitzen. So muß z. B. ein genereller Faktor der Konditionierbarkeit, der in vielen Hypothesen über die Natur oder Ätiologie spezifischer Störungen eine wichtige Rolle spielt, zunächst als realer Parameter fest etabliert werden. Kortikale Hemmung und Exzitation haben, so wie sie PAWLOW benutzte, kaum etwas mit

Prozessen zu tun, die in der Elektrophysiologie direkt gemessen werden, da es sich bei ihnen um Abstraktionen über ziemlich globale oder summierte kortikale Funktionen handelt. Eine klare Beschreibung der autonomen Reagibilität wird kompliziert durch die niedrigen Korrelationen zwischen verbalem Bericht, Verhalten und physiologischen Messungen als Indikationen der Erregung. Aus diesem Grund haben einige Forscher darauf gedrängt, man solle die Beziehungen zwischen Verhalten und biologischen Variablen direkt untersuchen, also ohne eine weitere Gruppe theoretischer Konstrukte (wie z. B. die Extraversion-Introversion) zwischen die beobachteten Verhalten und die biologischen Messungen zu schalten.

Ein weiteres Hindernis ist die relative Unfähigkeit des theoretisch orientierten Klinikers, die Techniken und Konstrukte der Psychobiologie nicht in »Kochbuchmanier« zu benutzen. Sogar die Anwendung autonomer Messungen (z. B. der GSR) auf die Veränderungen, die die Desensibilisierung bewirkt, kann für den Verhaltenstherapeuten erhebliche technische und konzeptuelle Schwierigkeiten mit sich bringen. LACEY (1959) hat darauf hingewiesen, daß Kliniker allzu häufig den Fehler begehen, eine »Erregungsmessung« so zu benutzen, als seien alle autonomen Messungen stark interkorreliert oder als sei eine Messung ein geeigneter Index für alle Einzelpersonen. Überdies können sie häufig nicht mit den mathematischen Prozeduren umgehen, die nötig sind, um stabile Messungen der Labilität zu erzielen. LACEY kritisiert auch die Tatsache, daß in psychophysiologischen Untersuchungen klinischer Probleme traditionelle Konzepte wie das der Homöostase oder der Erregung verwendet würden, da diese Konzepte eine Datenmenge ergeben, die nicht ausreicht. Statt dessen, so meint LACEY, seien neue Konzepte erforderlich, wenn es darum geht zu erklären, wie die autonome Aktivität Verhalten kontrolliert und moduliert; außerdem sollte die autonome Aktivität selbst vom transaktionalen Standpunkt aus betrachtet und nicht bloß als Indikator benutzt werden. Auf diesem Gebiet haben es Kliniker ganz einfach an Raffiniertheit fehlen lassen.

Ein weiteres Hindernis bei der Anwendung psychobiologischer Methoden und Daten auf die Therapieplanung hat mit der Spezifität vieler Beziehungen zwischen Biologie und Verhalten und der minimalen Größe dieser Beziehungen zu tun. So hat z. B. FRANK (1961) auf die »diminutive Größe« der erzielten Korrelationen zwischen konditionierenden Variablen und Variablen der Persönlichkeit und Konstitution (z. B. Extraversion-Introversion) hingewiesen. Wahrscheinlich besitzen diese Korrelationen geringen praktischen Nutzen, so interessant sie theoretisch auch sein mögen. Ähnlich kann man biologische Auswirkungen auf Verhalten selten auf allgemeine Weise charakterisieren, ohne daß man die spezifischen Bedingungen, die das Verhalten umgeben und auslösen, berücksichtigte. COOK und KELLEHER (1963) veranschaulichen diesen Punkt anhand der Effekte, die Meprobamat auf »Aggressivität« hat. Dieses Mittel reduziert das Angriffsverhalten, das bei Tierpärchen durch Elektroschock oder Isolation erzeugt wird, doch steigert es die Angriffe von Katzen auf Mäuse, wenn das Verhalten durch Elektroschocks unterdrückt worden ist.

Dieses Mittel, darauf hat BRADY (1967) hingewiesen, dämpft oder steigert Angriffsverhalten, obwohl in beiden Fällen die Effekte der Schocks abnehmen; das ist darauf zurückzuführen, daß die unterschiedlichen Verhaltensfunktionen der Schocks in der einen Situation eine andere Wirkung haben als in der zweiten.

Viele Schwierigkeiten der experimentellen Kontrolle entstehen dann, wenn die Abnahme der Lernrate oder der Performanz die abhängigen Variablen sind, die zur Testung von Hypothesen über biologische Verhaltensdeterminanten bei anomalen Gruppen benutzt werden. Das Vorhandensein korrelierter Variablen, Hospitalisierungseffekte und unzuverlässige Diagnosen bilden einen eigenen Problemkreis. Doch auch die Schwierigkeit periphere Effekte von denen des zentralen Nervensystems und gelernte Aufmerksamkeits- und Aktivierungseffekte von angeborenen Effekten zu trennen, die Problematik der Konditionierbarkeit und viele andere Fragen machen es einem schwer, zwischen den Theorien eine Wahl zu treffen und einzelne oder widersprüchliche Befunde im klinischen Bereich anzuwenden.

Der Verhaltenstherapeut scheint kaum direkt verstärkt zu werden, wenn er sein Augenmerk trotz allem immer wieder auf biologische Variablen richtet und sich für die Forschung und theoretische Entwicklung auf diesen Gebieten interessiert. Bei der direkten Verwendung von psychobiologischen Variablen muß er sich bisher mit einfachen Manipulationen auf empirischer Grundlage begnügen, z. B. mit aktivierenden Mitteln, die Psychopathen vor der Konditionierung verabreicht werden. Doch vielleicht wird der Kliniker schließlich über diagnostische Mittel verfügen, mit denen er, im Gegensatz zu Messungen allgemeiner Merkmale biologische Variablen isolieren kann, die im Rahmen der jeweiligen Behandlung das Lernen und die Wahrnehmung quantitativ signifikant beeinflussen.

Verhaltensdiagnostik

Die letzten beiden Abschnitte zeigten, wie wichtig die allgemeinen, nichtspezifischen Einflüsse sind, denen Prozesse der Verhaltensänderung ausgesetzt sind. Die sozial-interpersonalen Merkmale des Therapeuten und Patienten beeinflussen indirekt das Behandlungsergebnis. Die biologischen Merkmale des Patienten bestimmen das Wie und Wieviel seiner therapeutischen Lernleistung. Vermehrtes Wissen über diese Parameter und ihre Verhaltenseffekte und zusätzliche Interventions- und Kontrollbereiche dürften die Leistungsfähigkeit der Verhaltenstherapie verbessern. Das Ziel der Verhaltenstherapie (und der Grund, warum sie auch in der psychologischen Grundlagenforschung wurzeln soll) ist die Schaffung eines konsequenten, allgemeingültigen behavioristischen Standpunkts und einer vollständigen Kategorie psychologischer Prinzipien, die vom Beginn bis zum Schluß der Behandlung angewandt werden können. Doch um ein Verhaltensmodell durch den ganzen Behandlungsprozeß hindurch benutzen zu können, braucht der Verhaltenstherapeut systematische

Methoden der Informationssammlung, die es ihm erlauben, die Schwierigkeiten des Patienten zu erfassen und das geeignetste Behandlungsprogramm zu wählen.

Um auf klinischem Gebiet behavioristisch vorgehen zu können, müssen zwei Bedingungen erfüllt sein: 1. muß das zu behandelnde Problem lokalisiert werden und 2. muß die Ausgangsbeschwerde des Patienten in einer Reihe von Fragen formuliert werden, die mit Hilfe einer Verhaltenstechnologie nach und nach gelöst werden. Es müssen sowohl die Gesamtsituation als auch die spezifischen Verhalten — z. B. des aggressiven Kindes, des ängstlichen und unglücklichen Erwachsenen, des promisken Jugendlichen oder des unzuverlässigen Psychotikers — diagnostiziert werden, bevor eine effektive Behandlungsstrategie durchgeführt werden kann. In den ersten Entwicklungsstadien der Verhaltenstherapie hat man diesen Prozeß der *Erfassung* oder der *Diagnose* vernachlässigt. Die behavioralen Kliniker verließen sich gewöhnlich auf traditionelle Methoden, auf diagnostische Klassifizierungen und auf ihren persönlichen Schatz an klinischen Erfahrungen. In einer Evaluierung der Verhaltenstherapie weisen KLEIN, DITTMANN, PARLOFF und GILL (1969) auf diese schwierig zu erwerbende Fertigkeit hin: »Obwohl der Verhaltenstherapeut gewiß nicht den Wunsch hat, seine Resultate irgendwelchen ›dynamischen‹ Theorien zuzuschreiben, die er in der Vergangenheit gelernt haben mag, liegt doch auf der Hand, daß viele klinische Entscheidungen in der Behandlung auf dem Verständnis einer funktionalen Verhaltensorganisation basieren . . .« (S. 265).

Wie bereits bemerkt, ist der Verhaltenstherapeut nach wie vor ebenso Künstler wie Wissenschaftler, wenn er sich auf sein Feingefühl, seine Erfahrungen und sein allgemeines Wissen über Psychologie und menschliches Verhalten verläßt, um die richtigen Entscheidungen zu treffen im Hinblick auf die wesentlichen Zielreaktionen, auf die Wahl der Behandlungsmethode und auf die kritischen Punkte, an denen eine andere Behandlungsstrategie nötig wird.

Die Verhaltenstechnologie muß mit der Zeit ausgeweitet werden, damit sie nicht nur die Behandlungsinstrumente umfaßt, sondern auch die Interaktionen zwischen Therapeut und Patient von der allerersten bis zur allerletzten Sitzung. Eine vollständige Darstellung des klinischen Unternehmens würde deshalb folgende Punkte umfassen: Eine Beschreibung der nützlichen Informationen über den Patienten aus dritter Hand; die ersten Gespräche oder andere Beobachtungen; die Begründung der Hypothesen des Klinikers, die zur Wahl der Zielverhalten führt sowie Merkmale der Therapie, die den Kliniker veranlassen, seine therapeutische Taktik zu ändern oder die Behandlung zu beenden. Die Kenntnis der Grundlagen der klinischen Entscheidungen sowie der Relevanz verschiedener behavioraler und sozial-environmentaler Dimensionen für den Behandlungserfolg dürfte die Entwicklung jener diagnostischen Techniken erleichtern, die eine gültige Vorhersage darüber zulassen, welche Behandlungsmethode für den einzelnen Patienten von optimaler Wirkung sind.

Wir befassen uns in diesem Abschnitt eingehender als in den vorausgegangenen Kapiteln mit Trends, probeweisen Ansätzen und zukünftigen Möglichkeiten, nicht aber mit der Forschung in Klinik und Labor. Dieser Abschnitt setzt sich mit dem Teil der Verhaltenstherapie auseinander, der bis zum gegenwärtigen Zeitpunkt systematisch am wenigsten erforscht worden ist. Doch haben Autoren in jüngerer Zeit begonnen, neue Modelle und Techniken vorzuschlagen, die sich zur Verhaltensdiagnose eignen. Es gibt heuristische Ansätze, die mit dem behavioristischen Kontext übereinstimmen, bisher jedoch nur verschwommen beschrieben und durch die Forschung noch nicht getestet worden sind. Doch wollen wir zunächst eine kurze Beschreibung eines Verhaltensmodells anomalen Verhaltens geben, um uns so auf die sich anschließende Untersuchung der allgemeinen Funktionen der Diagnostik und einiger Schattenseiten traditioneller Praktiken und Konzepte vorzubereiten. Anschließend werden wir die in jüngerer Zeit unternommenen Versuche der Verhaltensanalyse und die restlichen Probleme dieses Gebiets behandeln.

Verhaltensmodelle der Pathologie

Insofern die Ziele einer Therapie verschwommen, nicht-spezifisch und subjektiv sind, werden sich Diagnostik und diagnostische Nosologien vermutlich weiterhin auf nicht-spezifische, dynamische Persönlichkeitskonzepte und unzuverlässige Etikettierungen verlassen. In dem Umfang, in dem Verhaltenstherapeuten eigenständigere und spezifischere Erfolgskriterien und spezifizierbare therapeutische Operationen entwickeln, nimmt auch ihr Bedarf an einschlägigen diagnostischen Informationen zu. Ihre Fähigkeit, diese Entwicklungen voranzutreiben, hängt teilweise davon ab, ob sie ein angemessenes Konzept gestörten Verhaltens besitzen. Das erste und zweite Kapitel umrissen einige Merkmale eines Verhaltenskonzepts der Pathologie, mit dessen Hilfe man möglicherweise diagnostische Techniken und Klassifizierungsschemata entwickeln kann, die den Bedürfnissen der Verhaltenstherapie entsprechen. In den sich anschließenden Kapiteln und den dargestellten Untersuchungen stießen wir auf eine einigermaßen folgerichtige Betrachtung der Natur von Verhaltensstörungen. Nun scheint es angemessen, noch einmal die Hauptmerkmale eines solchen Modells durchzugehen, da diese für die Diagnostik besonders wichtig sind und nun, da die verschiedenen therapeutischen Techniken dargestellt worden sind, wahrscheinlich größere Bedeutung erlangt haben.

Das »medizinische Modell« ist zum vertrauten Ziel der Kritik geworden, obwohl dieser Begriff von verschiedenen Kritikern unterschiedlich ausgelegt wird (siehe z. B. SARBIN, 1967; SZASZ, 1960; ULLMANN und KRASNER, 1969). Das »medizinische Modell« impliziert in der Regel drei Punkte: 1. Vertrauen in die Folgerichtigkeit und Ziele des herkömmlichen medizinischen diagnostischen Prozesses; 2. Festhalten an dem Standpunkt, daß pathologische innere Prozesse zu Verhaltens-»Symptomen« führen und daß derartige »Symptome« kein legitimes Behandlungsziel bilden — statt dessen sollte die Behandlung den Ursachen gelten und 3. sollten Personen, die Verhaltensprobleme haben, in Übereinstimmung mit dem sozialen Rollenmodell, das Patienten mit medizinischen Beschwerden zugewiesen wird, als »krank« behandelt werden.

Zwei eng verwandte Modelle des gestörten Verhaltens können dem medizinischen Modell gegenübergestellt werden. Das eine wird gewöhnlich in Verbindung mit Therapien durch Stimuluskontrolle angeführt, während sich das andere besonders für solche Therapien eignet, die sich der Kontrolle von Konsequenzen bedienen. Die theoretischen und praktischen Unterschiede dieser beiden Therapiearten sind auf wechselwirksame Differenzen von Patientenpopulationen, therapeutischen Technologien und Psychopathologiemodellen zurückzuführen. Therapeuten, die der klassischen Konditionierung und Therapeuten, die der operanten Konditionierung anhängen, betrachten unangepaßtes Verhalten gewöhnlich als *gelernt*. Doch konzentrieren sich die Therapeuten, die sich auf Behandlungstechniken des klassischen Konditionierens verlassen, auf neurotische Verhalten, die sich als klassisch konditionierte Respondenten (Angst) betrachten, sowie als Verhalten, die durch Reduktion des Angsttriebs verstärkt werden. Eine zweite Gruppe von Verhaltensstörungen repräsentiert »das gescheiterte Auftreten von Konditionierungsprozessen, die sozial wünschenswerte Gewohnheiten erzeugt hätten« (EYSENCK und RACHMAN, 1965, S. 7), oder »das Scheitern eines positiven, appetitiven Konditionierungstypus, der im Gegensatz steht zu den Gepflogenheiten und Gesetzen des fraglichen Landes« (ebd., S. 8). Soziopathische und homosexuelle Verhalten sind Beispiele für die zweite Gruppe. Psychotische Verhalten stellen das Ergebnis einer völlig anderen Ätiologie dar. Obwohl sie auf Modifikation durch Lernen ansprechen, sind sie endogener Natur. EYSENCK reserviert den Begriff »Verhaltenstherapie« für Prozeduren PAWLOWscher Prägung. Er spricht von »Heilerfolgen«, die bei Neurotikern durch diese Therapien erzielt wurden und bezeichnet die operante Konditionierung psychotischer Symptome als »Rehabilitation«, wobei er die unterschiedlichen Ätiologien, die für diese beiden Typen der Verhaltensstörung angenommen werden, unterstreicht.

Dieser Position entgegengesetzt ist der Standpunkt der Verhaltensmodifikatoren, die sich bei ätiologischen Annahmen und therapeutischen Methoden primär auf die operante Konditionierung verlassen. FERSTER (1965) entwarf z. B. eine funktionale Analyse abweichenden Verhaltens, die neurotische und psychotische Verhalten gleichermaßen auf unglückliche gegenwärtige und vergangene Verstärkungsprozesse zurückführt. Wesentliche physiologische Schäden, die EYSENCK als Ätiologie der Psychose postuliert, werden von FERSTER als mögliche, doch nicht bewiesene Ursache für das Scheitern, normale Performanzen zu entwickeln, anerkannt.

FERSTER und viele andere Verhaltenstherapeuten sehen alles symptomatische Verhalten unter dem Gesichtspunkt der Kluft, die dieses Verhalten von den erwünschten Konsequenzen der entsprechenden soziokulturellen Umwelt trennt.

»... das Milieu spezifiziert die Verhalten, die dem Individuum, das in ihm lebt, zur Verfügung stehen. Man kann sich die Umwelt eines Individuums als eine endlose Vielfalt von Reaktionsschlüsseln vorstellen, die alle dazu dienen, einen Verstärker zu erzeugen oder einen aversiven Stimulus zu vermeiden, falls — und nur falls — das Repertoire des Individuums die erforderlichen Verhaltensitems enthält ... Die

Benutzung des Milieus als Standardbezugsgröße liefert ein Klassifizierungssystem, das quer durch die Kulturen gültig ist, weil es nicht spezifische Verhaltensitems oder eine spezifische environmentale Praxis referiert. So können z. B. zwei völlig verschiedenartige Repertoires zweier völlig verschiedener Kulturen die Eigenschaft gemeinsam haben, daß alle Performanzen dieser beiden Repertoires durch positive Verstärkung aufrechterhalten werden und daß die individuellen Repertoires das Maximum dessen darstellen, was durch solche Umwelten aufrechterhalten werden kann. Umgekehrt können verschiedene Verhaltensitems nicht existieren, weil es keine vorauslaufenden Erfahrungen gegeben hat, die nötig gewesen wären, um diese Items langsam immer komplexer zu gestalten. Schuld kann aber auch sein, daß der spezielle Verstärkungsplan, der die Performanz im Augenblick aufrechterhält, die Disposition, die Performanz auszuführen, reduziert hat. Eine derartige Evaluierung der Diskrepanz zwischen dem tatsächlichen Repertoire eines Individuums und dem potentiellen Verhalten, das durch das Milieu des Individuums unterstützt wird, ist nicht von der speziellen Performanz, die evaluiert wird, abhängig. Zwei sehr verschiedenartige Performanzen können aus demselben Grund in einem Repertoire fehlen, wie eine einzelne Performanz aus verschiedenen Gründen im Repertoire zweier Individuen fehlen kann.

Die Grundprozesse, durch die Verhalten bestärkt, geschwächt, aufrechterhalten, gelöscht, einer Stimuluskontrolle unterzogen wird usw., können den Rahmen liefern, mit dessen Hilfe die Beziehung spezifiziert werden kann zwischen dem existenten Repertoire des Individuums und dem Repertoire, das durch das Milieu potentiell vorhanden ist« (FERSTER, 1965, S. 12—13).

Das operante Modell betrachtet Problemverhalten demnach als das Ergebnis eben jener funktionalen Prozesse, die Verhalten generell beeinflussen, wobei die Verstärkungsgeschichte (und physiologische, anatomische und andere konstitutionelle Auswirkungen auf diese Geschichte) als primärer ätiologischer Faktor gilt. Schwerpunkt sind Symptome, keine inneren vermittelnden Prozesse. Da ein bestimmtes Verhalten aus einer Vielzahl möglicher Interaktionen in der Verstärkungsgeschichte des Individuums resultieren kann, ist es schwierig, direkt zu beweisen, daß Symptome tatsächlich so und nicht anders entstanden sind. Auch die Evidenz aus Tierversuchen, die besagt, daß Problemverhalten so erzeugt werden *können*, ist nicht befriedigend; das geht teilweise aus der sozialen Effektivität und nicht aus der autonomen Krankheitsdefinition der »Symptome« hervor. Tierversuche haben z. B. bewiesen, daß durch differentielle positive Verstärkung und durch verkettete Verstärkungspläne eine unendliche Vielfalt von Verhalten errichtet werden kann. Ob ein bestimmtes »Problem«verhalten auf diese Weise erzeugt worden ist, ist eine andere Frage. Ferner hängt die Frage, ob eine bestimmte Reaktion, die bekanntermaßen so erzeugt worden ist, als neurotisches oder psychotisches Symptom eingestuft wird, von der Toleranz ab, mit der das kulturelle Milieu des Patienten Verhaltensabweichungen beurteilt. So aber ist die Definition von Verhalten als Symptom häufig eine soziologische Frage und keine Frage, die von der Lernpsychologie beantwortet werden kann.

Da sich die respondenten und operanten Modelle der Pathologie im Hinblick auf die Anzahl und Komplexität der potentiellen ätiologischen Variablen grundlegend voneinander unterscheiden, wird das operant-orientierte Modell niemals über eine klar umrissene *Post-hoc*-Erklärung der Symptombildung verfügen. Längsschnittuntersuchungen können zumindest belegen, daß verschiedene Verstärkungsmuster in der natürlichen Umwelt Problemverhalten erzeugen können und das auch tun, ebenso wie kontrollierte therapeutische Durchgänge die Relevanz demonstrieren können, die gewisse Variablen für die augenblickliche Aufrechterhaltung von Symptomen besitzen — z. B. dann, wenn die Wutanfälle eines Kindes durch Aufmerksamkeitsentzug des Erwachsenen gelöscht werden.

Im bezug auf die Umweltkontingenzen, die bestimmte anomale Verhalten erzeugen können, gibt es zahlreiche Hypothesen. So hat z. B. SALZINGER (1968) aus Laborforschungsoperationen die Symptome extrapoliert, die diese Operationen zu erzeugen scheinen. Er hat aus Beobachtungen anomaler Verhalten Rückschlüsse gezogen auf die Lernoperationen, die diese Verhalten verursacht haben könnten. In den vorangegangenen Kapiteln stießen wir häufig auf ähnliche Formulierungen. SALZINGER setzt sich mit den Implikationen der Forschung auseinander, die sich mit der intermittierenden Verstärkung anomalen Verhaltens befaßt und stellt fest:

»Die Literatur über die intermittierende Verstärkung zeigt, daß das uneinheitlich verstärkende Verhalten der Mutter und/oder des Vaters gerade wegen dieser Uneinheitlichkeit erheblich dazu beiträgt, daß das Kind stabiles anomales Verhalten entwickelt. Die Tatsache, daß sich die Mutter sehr bemüht, den Wutanfällen des Kindes nicht nachzugeben, was sie allerdings doch hin und wieder tut, veranschaulicht natürlich genau das Paradigma, durch welches das Verhalten, das die Mutter zu eliminieren versucht, aufrechterhalten wird. Die präzisen Ergebnisse der Verstärkungsforschung sind wahrscheinlich weniger wichtig als die Entdeckung, daß viele verschiedene Arten von Verstärkung zur Aufrechterhaltung von Verhalten beitragen ... Die Tatsache, daß eine Konditionierung rascher erfolgt als eine Löschung, prädestiniert den intermittierenden Verstärkungsplan für die Erzeugung anomalen Verhaltens. Auch sollte hier erwähnt werden, daß zur Spezifizierung eines Verstärkungsplans die Spezifizierung des Verhaltens gehören muß, das das Tier zum Experiment mitbringt ... Obwohl es bei einigen Verhaltenstherapeuten Mode geworden ist, die Verstärkungsgeschichte des Patienten (mit Ausnahme der jüngsten Ereignisse) nicht zu beachten, weisen Befunde der verhaltenstheoretischen Literatur anscheinend darauf hin, daß Verhalten, das dem augenblicklichen Verstärkungsplan gemäß abläuft, nicht nur von der Verstärkungskontingenz abhängt, die dieses Verhalten spezifiziert, sondern auch von der Verstärkungsgeschichte des Organismus und von der Art und Weise, in der der augenblickliche Verstärkungsplan eingeführt wurde« (S. 6).

Ebenso wie die diagnostischen Aspekte eines behavioralen Vorgehens im klinischen Bereich auf einer behavioralen Konzeption der Natur und Ursprünge der Pathologie fußen müssen, hat sich die herkömmliche psychiatrische Diagnostik eine bestimmte Sicht der Natur der Krankheit und ihrer Heilung angeeignet, die auf einem frühen allgemeinen medizinischen Modell basiert. Nun können wir, was den Standpunkt der Pathologie angeht, dieses Modell und die mit ihm verbundenen diagnostischen Prozesse dem behavioralen Ansatz gegenüberstellen.

Herkömmliche Modelle und Funktionen der Diagnose

Das medizinische Modell läßt sich am besten an den Infektionskrankheiten veranschaulichen. Bei der Malaria z. B. hat die Medizin eine klare Beschreibung der ökologischen und biologischen Mechanismen geliefert, die bei der Zuziehung der Krankheit, bei ihren Auswirkungen auf den menschlichen Organismus und bei ihren Manifestationen oder »Anzeichen und Symptomen« wirksam sind. Ihre Prognose im Hinblick auf verschiedene therapeutische Mittel und ihr natürlicher Verlauf bei Nichtbehandlung des Kranken kann anhand empirischer Evidenz beschrieben werden. *Ätiologie, Diagnose* und *Prognose* sind eindeutig miteinander verbunden und gehen entweder Hand in Hand mit einem gewissen Wissensstand oder mit einer Theorie über den Krankheitsprozeß. Ein derartiges Modell geht davon aus, daß die Kenntnis der Hauptursachen und der manifesten Anzeichen und Symptome eine feste Grundlage abgibt für die Entscheidungen des Arztes, bei denen es um die Behandlung und um die Vorhersage des zukünftigen Verlaufs der Krankheit geht. Wenn man von spezifischen pathologischen Prozessen weiß, daß sie auf bestimmte Behandlungsmittel ansprechen, wird die Diagnose zur Hauptaufgabe des Arztes. Ist eine Krankheit richtig diagnostiziert worden, werden rasch die entsprechenden Heilmaßnahmen ergriffen. Doch sogar in der heutigen medizinischen Praxis berücksichtigt dieses simple Modell nicht die Komplexität der Faktoren, so daß ein wesentlich ausgefeilteres Modell unumgänglich ist. Tuberkulose und andere Krankheiten sind auf vielfältige Einflüsse zurückzuführen, wobei die Merkmale des Wirts, der pathologischen Entwicklung und der Umwelt interagieren, um die besondere Qualität und den Verlauf der Krankheit zu modifizieren.

Die traditionelle psychiatrische Diagnose versuchte, das einfache medizinische Modell zu imitieren, indem sie Anzeichen oder Symptome entdeckte, die auf eine bestimmte Persönlichkeitsstruktur hinwiesen — auf eine Struktur, die es gestattete, den Patienten einer bestimmten Kategorie von Personen zuzuordnen. Mit Hilfe der Persönlichkeitstheorie (also mit Hilfe spärlichen Wissens und reichhaltiger Theorie) werden hierauf Rückschlüsse gezogen auf Ätiologie, Prognose und Behandlungsergebnis.

In der klinischen Psychologie wie in der Psychiatrie und Medizin befinden sich die Konzeptionen und Methoden der Diagnose in einer Art Gärungsprozeß. Dieser Prozeß widerspiegelt das Gefühl, »daß wir auf der Schwelle eines neuen Zeitalters der Medizin stehen — eine revolutionäre Periode, in der unsere Einstellung zur Krankheit und zur medizinischen Diagnose tiefgreifende Veränderungen erfahren wird« (ENGLE, 1964, S. 17). Verfeinerte Analysen der logischen Prozesse und statistischen Modelle, die der Diagnose zugrunde liegen, Entwürfe von Computerprogrammen zur Durchführung der Diagnose, neue und hochentwickelte diagnostische Laborprozeduren und ein größeres Verständnis der biologischen Grundprozesse der Pathologie, all diese Dinge tragen zu dieser revolutionären Entwicklung der Medizin bei (siehe z. B. JACQUEZ, 1964). Während sich die diagnostischen Theoretiker der Medizin mit der Frage abmühen, ob die bestmögliche Methode, den diagnostischen Prozeß zu formulieren, diejenige sei, die sich mathematischer Modelle bedingter Wahrscheinlichkeit bedienen, hat die Psychiatrie, die über keine kohärente Gruppe von Konzepten verfügt, immer noch mit der Wahl der nützlichsten Klassifizierungskategorien zu kämpfen. GERARD und MATTSSON (1964) diskutierten dieses Problem, als sie ihre Bemühungen, die Klassifizierung der Schizophrenie zu verbessern, schilderten:

»Die Überzeugung von Wissenschaftlern und Laien, daß wissenschaftlicher Fortschritt im wesentlichen von der verbesserten Quantifikation abhänge, ist allzu weit verbreitet. Doch diese Überzeugung ist nicht ganz richtig. Der Fortschritt beginnt mit der verbesserten ›Entitation‹, ein Wort, das einer von uns erfunden hat und das die Suche nach den richtigen, zu quantifizierenden Entitäten bezeichnet; diese Suche aber ist unser aller Problem. Dieses Problem aber besteht in der Frage, wie man ein formloses und verworrenes Universum in irgendwelche Arten von Entitäten (einzeln oder in Gruppen) aufteilen soll, mit denen man effektiv arbeiten kann. Es ist auch darauf hingewiesen worden, daß es schwieriger ist, die Diagnose einer Krankheit zu stellen als einen Organismus über eine Spezies zu klassifizieren . . .
   Auf dem Gebiet der Geistesstörungen ist das Problem dadurch kompliziert worden, daß die Kliniker ihre Diagnosen ursprünglich und hauptsächlich mittels subjektiver Evaluierung von Verhaltensphänomenen durchführten. Jahrhundertelang hat man alle möglichen objektiven Kriterien (z. B. biochemischer, physiologischer, anthropometrischer Art) im Hinblick auf die Unterscheidung zwischen Schizophrenen und Nicht-Schizophrenen als gültig betrachtet. Leider hat sich herausgestellt, daß keines dieser Kriterien einigermaßen folgerichtig und fähig ist, scharf zu trennen zwischen einer Kategorie, die klinisch als schizophren zu diagnostizieren ist, und einer anderen Kategorie, die klinisch anders zu diagnostizieren ist« (S. 81—82).

Der Terminologie der psychiatrischen Diagnose mangelt es an einer einheitlichen Konzeption, die man den Klassifikationskategorien zugrunde legen könnte. Diese Terminologie war gewöhnlich eine undifferenzierte Mischung aus verschiedenen Persönlichkeitstheorien, Syndromen vermeintlich ähnlicher Symptome sowie aus Krankheitsbildern, die angeblich dieselbe Ätiologie und Prognose teilten. *Das diagnostische und statistische Handbuch* der *American Psychiatric Association* (1952) legte seinen Kategorien eine Kombination aus verschiedenen Größen zugrunde. Man errichtete eine Typologie auf der Grundlage vermuteter primärer Abwehrmechanismen, abgeleiteter abstrakter innerer Prozesse (z. B. »Angst . . . unbewußt und automatisch kontrolliert durch die Nutzung verschiedener psychologischer Abwehrmechanismen«) und verschiedener ätiologischer Faktoren (z. B. Alkoholikerpsychose, Altersirresein oder Psychose mit nicht diagnostizierter körperlicher Verfassung), die strukturelle oder funktionale biologische Veränderungen als Primärursachen der Verhaltensstörung annehmen. Die Mischung verschiedener Größen umfaßt auch die Symptom-*Clusters,* z. B. phobische Neurosen, eheliche Fehlanpassung oder Rückzugsreaktionen von Jugendlichen. Dauer und Schwere bilden einen weiteren modifizierenden Teil der Diagnose, z. B. dann, wenn psychotische Reaktionen als akut oder chronisch gekennzeichnet werden. Durch die Toleranz der Gemeinschaft werden insofern einige Störungen definiert, als an ihr der Umfang gemessen wird, in dem eine Einzelperson z. B. durch ihre unzulängliche Persönlichkeit, durch ihre Homosexualität oder durch pathologisches Stehlen von gebilligtem Verhalten abweicht. Die Unzufriedenheit, die diese Art der Klassifizierung erregte, führte 1968 zu einer Überprüfung der psychiatrischen Nomenklatur (APA Manual, 1968), doch wurde das Klassifizierungsschema in seiner Konzeption nur geringfügig verändert.

In den letzten Jahrzehnten entwickelte und benutzte der klinische Psychologe in seiner Rolle als Diagnostiker eine Reihe diagnostischer Techniken (darunter projektive Tests und Fragebögen), mit dem Ziel, für diagnostische Etikette zu sorgen. Aufgrund der sich häufenden Beweise, daß es diesen Tests an klinischem Nutzen, Vorhersagevalidität, ja sogar an Zuverlässigkeit mangelt, ist man von Versuchen, Persönlichkeitsmerkmale zu evaluieren, nach und nach abgekommen. Statt dessen zielt die Entwicklung nun zur vermehrten Verwendung der Verhaltensbeobachtung, der Erfassung situationsspezifischer Variablen und der Einbeziehung der sozialen Umwelt des Patienten in die Diagnose. Gleichzeitig hat sich das Schwergewicht der Diagnose von der Person auf das Problem verlagert. Indem man sich nicht mehr an ein medizinisch-psychiatrisches, sondern an ein sozialpsychologisches Modell zu halten begann, wurden die Bemühungen, die Person anhand eines bestimmten Geisteskrankheitstypus zu charakterisieren, durch den Versuch ersetzt, die »Probleme im Leben selbst« zu entdecken (SZASZ, 1960).

Funktionen der psychologischen Diagnose. Dadurch, daß im diagnostischen Modell verschiedene Zielsetzungen kombiniert wurden und daß man ein anderes organisatorisches Schema entwickelte, wurde auch der Bereich der psychologischen Diagnose beeinflußt. MISCHEL (1968 a) beschrieb die Situation in seinem Buch *Personality and Assessment* vom Verhaltensstandpunkt aus:

»Die Persönlichkeitstheorie, die experimentelle Forschung und die Diagnostik haben eine sehr unterschiedliche Geschichte, und ihre wechselseitigen Implikationen sind nicht gründlich erforscht worden. Vorlesungen über die Persönlichkeitstheorie befassen sich gewöhnlich mit den Konzepten, die von verschiedenen Autoren vertreten werden und geben eine Zusammenschau der psychologischen Konzepte vom Menschen. Andererseits wird die Persönlichkeitsdiagnose typischerweise dem praktischen Bereich des ›Wie man's macht‹ zugewiesen, und behandelt wird sie in einem unabhängigen Kurs über geordnete Meßverfahren. Besonders schmerzlich ist es, daß die meisten Persönlichkeitstheorien immer noch großenteils von Entwicklungen in der Verhaltenstheorie und in der experimentellen Forschung getrennt bleiben, und das trotz vieler Proteste und einiger wichtiger Bemühungen in die entgegengesetzte Richtung ...

Fortschritte auf dem Gebiet der Persönlichkeitspsychologie und -diagnose sind dadurch behindert worden, daß man nicht vermochte, mit den relevanten Bedingungen, die soziales Verhalten erzeugen, aufrechterhalten und modifizieren, zu arbeiten. Bei den Prinzipien, die aus der Grundlagenforschung hervorgingen, hat man häufig nicht erkannt, daß sie für das Verständnis der Determinanten von Testreaktionen in der Klinik oder im diagnostischen Projekt direkt relevant sind. Es ist, als lebten wir in zwei voneinander völlig unabhängigen Welten: im Labor mit seinen Abstraktionen und seinen künstlichen Situationen und im realen Leben selbst ...

Die traditionelle Trennung zwischen Theorie, Grundlagenforschung und diagnostischen Verfahren ist weniger auf eine logische Notwendigkeit oder auf einen praktischen Vorteil als auf historische Zufälle und berufsbedingte Befangenheit zurückzuführen; diese Trennung fordert ihren Tribut von der Ausbildung der klinischen und der Persönlichkeitspsychologen. Die resultierenden Spaltungen auf dem Gebiet spiegeln sich in den Reaktionen von Studenten wider, die ihr Praktikum beginnen und sich bald zu Recht fragen, was ihre theoretischen Seminare über die Grundlagen der Psychologie mit ihrer neuen täglichen Tätigkeit zu tun haben« (S. 1—2).

Liegt der Schwerpunkt der Diagnose auf dem praktischen klinischen Nutzen, sollte das sinnvollste Ziel eine Analyse des Patientenverhaltens sein, die mit dem konzeptuellen und empirischen Behandlungsrahmen verquickt ist. In einem Podiumsgespräch aus jüngerer Zeit vertraten verschiedene Psychiater diesen Standpunkt. In der privaten Praxis hat die Tatsache, daß Patienten aus administrativen Gründen nicht kategorisiert werden müssen, zu einer noch stärkeren Ablehnung der herkömmlichen Diagnostik der Institutionen geführt. Das mangelnde Wissen über die Beziehung zwischen Diagnose und Reaktion auf die Behandlung beraubt die Diagnose in Einzelfällen ihres praktischen Werts.

Eine Verhaltensdiagnose zielt weder auf eine Persönlichkeitsbeschreibung, noch ordnet sie den Patienten einem bestimmten Persönlichkeitstypus zu. Verhaltensdiagnose oder -analyse können verschiedene Aufgaben erfüllen: 1. Erkennung der therapeutischen Zielreaktionen und ihrer aufrechterhaltenden Stimuli; 2. Diagnose der funktionalen Beziehungen zwischen Reaktionsklassen und zwischen diskriminativen und verstärkenden Stimuli; 3. Bestimmung der vorhandenen sozialen Hilfsmittel, der persönlichen Vorteile und der Fertigkeiten, die im therapeutischen Programm genutzt werden können, sowie der Begrenzungen und Hindernisse, die in der Person und in der Umwelt liegen und 4. Vorhandensein der spezifischen therapeutischen Strategien oder behavioralen Techniken, die mit den persönlichen und Umweltfaktoren der Lebenssituation des Patienten am besten übereinstimmen.

Eine Verhaltensdiagnose versucht Informationen zu liefern, die es dem Kliniker gestatten, Modifikationsziele zu definieren, Bedingungen, die das unerwünschte Verhalten aufrechterhalten, zu erkennen und die geeignetsten Modifikationsmittel zu wählen. Aus forschungsbedingten, statistischen oder administrativen Gründen kann es nötig sein, in der Gesamtsituation nach gewissen Schlüsselgrößen zu suchen, die es ermöglichen, den Patienten einer geeigneteren Problemklasse zuzuordnen. Zu diesem Zweck können als Unterscheidungsmerkmal des Patienten z. B. umfangreiche Verhaltensmuster oder sozial signifikante Ereignisse wie Psychose oder Selbstmord gewählt werden. Doch hat das Etikett, wenn das geschehen ist, keinen großen Nutzen für die Behandlung.

Andere Unzulänglichkeiten herkömmlicher Systeme. Indem sie das Ideal des einfachen medizinischen Modells zu übertreffen suchten, haben psychiatrische und psychologische Diagnostiker abweichende Verhalten verfrüht als Manifestationen von Krankheiten akzeptiert und ihre Ziele höher gesteckt als es der Wissensstand auf diesem Gebiet erlaubte. Verschiedene Auseinandersetzungen mit der derzeit üblichen psychiatrischen Klassifizierung haben dieses Grundproblem nicht bereinigt, und durch die zählebige Verquickung der diagnostischen Kategorisierung mit therapeutischen Strategien ist eine korrekte Evaluierung der Behandlungseffektivität eine fast undurchführbare Aufgabe geworden.

»Mannigfache Kritiken haben sich mit der inneren Folgerichtigkeit, der Eindeutigkeit, der Präzision und der Zuverlässigkeit psychiatrischer Klassifizierungen befaßt. Wir glauben, daß der wesentliche Fehler, den wir begehen, darin besteht, daß wir nicht hinreichend wissen, wie man Verhalten den einschlägigen Dimensionen gemäß kategorisiert, die eine Vorhersage der Reaktionen auf soziale Erwartungen, soziale Streßsituationen, Lebenskrisen oder psychiatrische Behandlung erlauben. Dieser Mangel ermöglicht lediglich eine grobe und probeweise Annäherung an eine Taxonomie effektiven und ineffektiven Verhaltens. Eine Erwartung, die man an ein praktisches diagnostisches Schema vernünftigerweise stellen kann, ist die, daß das taxonomische System eng verquickt sein sollte mit dem begrifflichen und empirischen Rahmen der Behandlung« (KANFER und SASLOW, 1969, S. 419).

Auf der deskriptiven Ebene hat man entdeckt, daß herkömmliche nosologische Kategorien (wie Hysterie und paranoide Schizophrenie) in der Praxis unzuverlässig sind (KANFER und SASLOW, 1969); SCHMIDT und FONDA, 1956) und daß sie im Widerspruch stehen zu den Symptom- und Verhaltensmustern, die in jeder Klassifizierung subsumiert werden (KATZ, COLE und LOWERY, 1964; LORR, KLETT und McNAIR, 1963; ZIGLER und PHILLIPS, 1961). Bei Patienten, die derselben herkömmlichen diagnostischen Kategorie angehörten, haben Faktorenanalysen in der Regel widersprüchliche und heterogene Untergruppierungen von Verhalten ergeben. Versuche, auf empirische Weise dadurch verläßlichere Kategorien zu erzielen, daß man nach homogenen Verhaltensgruppierungen suchte, haben sich generell als enttäuschend herausgestellt. Das Ergebnis waren häufig keine Patientenhomogenität, sondern Schätzungsstereotypen. WITTENBORN (1962) erzielte z. B. bei vielen Symptomverhaltensskalen eine niedrige Zuverlässigkeit unter den Schätzern, und die Faktoren, die sich abzeichneten, stimmten mit herkömmlichen diagnostischen Kategorien stark überein. Zusätzlich zu den Beschränkungen, die der Faktorenanalyse als Mittel zur Auffindung neuer Dimensionen auferlegt sind, befaßt sich dieser Ansatz nicht direkt mit dem Problem der Erkennung von Zielverhalten oder der Auswahl einer therapeutischen Strategie.

Ähnlichen Problemen begegnete man, als man versuchte, Diagnosen mit Hilfe versicherungsstatistischer Methoden durchzuführen. Dem lag die Absicht zugrunde, Unzuverlässigkeit und geringe Validität klinischer Beurteilungen durch objektive, quantitative Techniken auszuschalten (MISCHEL, 1968 a). Tests oder Schätzungen, die bei versicherungsstatistischen Vorhersagen benutzt werden, weisen jedoch einige Mängel auf. Es ist schwierig, für die Verhaltensmuster, die die Tests vorhersagen sollen, sinnvolle Kriterien zu finden, und die Vorhersagevalidität ist häufig nicht sonderlich beeindruckend, obwohl sie der klinischen Beurteilung in der Regel überlegen ist. Die diagnostische Etikettierung kann zuweilen als sich selbst erfüllende Prophezeiung fungieren, indem sie das Verhalten des Behandlungspersonals verändert, so daß der Patient zu den vorhergesagten Verhalten hingesteuert wird (siehe z. B. ULL-MANN, 1967b). Wichtiger noch ist, daß diagnostische und prognostische Fest-stellungen, die mit Hilfe von heute gängigen Methoden getroffen werden können, gewöhnlich relativ geringen Nutzen haben, wenn es darum geht, praktische klinische Entscheidungen zu treffen. Man hat entdeckt, daß be-handlungsbezügliche Entschlüsse von diagnostischen Evaluierungen, die offen-kundig klinische Entscheidungen steuern sollten, relativ unbeeinflußt blieben (DAILEY, 1953). MEEHL (1960) berichtete, daß nur 17 Prozent einer Thera-peutenstichprobe Vortests im Behandlungskontext positiv werteten. McPART-LAND und RICHART (1966) haben anschaulich dargestellt, wie ein Ansatz, dessen Schwerpunkt von gestörten subjektiven Zuständen und klinischen »Symptomen« gebildet wird, zu geringen Nutzen haben kann. Derartige An-sätze sind häufig deshalb fehlerhaft, weil sie sich lediglich mit den Nebenpro-dukten größerer Verhaltensmuster befassen. Die Diagnose, die nur mit Symp-tomen arbeitet, konzentriert sich gern auf Verhalten, die für das gesamte Lebensmuster des Patienten unwichtig sein können. Die wirtschaftlich schlecht gestellten Patienten, die in einer öffentlichen Klinik behandelt und von McPARTLAND und RICHART studiert wurden, zeigten eine Besserung ihrer kli-nischen Symptome, nicht aber ihrer alltäglichen Probleme. Die akuten Symp-tome einer Depression können verschwunden sein, doch heißt das nicht, daß die Therapie für den Patienten Wiederherstellung des Ehefriedens oder einen neuen Arbeitsplatz bedeutet. McPARTLAND und RICHART folgerten, daß einer Symptombesserung gewöhnlich keine weniger problematische Lebensweise folgt und daß eine schwierige Lebenslage in der Regel gestörtem Denken und Fühlen vorausgeht, anstatt dessen Folge zu sein. Die Forscher bemerkten, daß klinische Entscheidungen selten von den komplexen Lebensproblemen ihrer Patienten beeinflußt wurden.

Auf theoretischem Gebiet hat die hypothetische Natur der dynamischen Persönlichkeitstheorien dazu ermutigt, nicht nachprüfbare Prozesse oder Strukturen als diagnostische Konstrukte zu verwenden. Dynamische Theore-tiker haben die Wichtigkeit der interaktionalen und strukturellen Beziehun-gen innerer Zustände (Konflikte, Abwehrmaßnahmen) unterstrichen, und Per-sönlichkeitstheoretiker haben sich mit einzelnen, quantifizierbaren Variablen befaßt, die durch alle Situationen hindurch gültig sein sollen. Beiden gemein-sam ist jedoch die Verwendung von »Reaktionen als (indirekte oder direkte) Anzeichen für allgemeingültige mentale Grundstrukturen; beide nehmen sie an, daß diese abgeleiteten Grunddispositionen (ganz gleich, ob sie als Eigen schaften, Zustände, Prozesse, Dynamismen, Motive oder sonstwie etikettiert werden) generalisierte und nachhaltige Auswirkungen auf Verhalten haben; und beide widmeten sich der Suche nach Anzeichen, die als verläßlicher Index für diese hypothetischen zugrunde liegenden Dispositionen dienen können« (MISCHEL, 1968a, S. 8). Hypothetische Konstrukte sind als Grundlagen der Diagnostik insofern unbefriedigend, als sie nicht verifizierbar sind, als sie im Hinblick auf Verhaltensbeschreibung und -vorhersage unwirtschaftlich sind und als sie nur unerheblich und indirekt mit offenen Verhaltensmustern verbunden sind.

Begrifflich gesehen, vermuten Eigenschafts- und Zustandsmodelle eine hochgradige Übereinstimmung der Prädispositionen der Person, und diese Übereinstimmung bildet die Grundlage der Vorhersage von Verhalten quer durch die Situationen. Obwohl diese Annahme sehr verlockend ist, konnte sie empirisch nicht belegt werden. Daher ist die Beschreibung und Vorhersage von Verhalten mit Hilfe von Eigenschaften und Zuständen zusehends kritisiert worden: »Die eigentliche Schwierigkeit ist die, daß dieses Vorgehen nicht richtig funktioniert hat, und trotz der gewaltigen Literatur, die es erzeugt hat, scheint es in eine Sackgasse zu führen« (VERNON, 1964, S. 239). Doch vertreten keineswegs alle Praktiker oder Theoretiker diesen Standpunkt (siehe z. B. BLOCK, 1968). Allerdings kommt die Forschung, die demonstriert, daß Verhalten von spezifischen situativen Stimuli abhängt, in hohem Maße den praktischen Bedürfnissen des Therapeuten nach spezifischen Richtlinien der Behandlungsprogrammierung entgegen. Auch stimmt das Beweismaterial überein mit dem Verhaltensmodell, das von der Annahme ausgeht, daß die spezifische, umweltorientierte Verhaltenskontrolle eine entscheidende Rolle spielt.

Die Diagnose im Dienst der Verhaltensmodifikation

Das diagnostische Modell, das sich für die Verhaltenstherapie eignet, unterscheidet sich vom herkömmlichen Modell in einigen wesentlichen Punkten. So versucht es z. B. nicht, die gesamte Persönlichkeit zu beschreiben, sondern es beschränkt sich auf die Variablen, die für die Behandlung besonders relevant sind. Heutige nosologische Systeme und diagnostische Standardtests sind bei der Planung einer verhaltenstherapeutischen Strategie selten relevant. Bei der Wahl seiner Behandlungstechnik benötigt der Kliniker Informationen über die Zielverhalten, die Verstärkungsparameter, durch die diese Verhalten aufrechterhalten werden, die Gelegenheiten für andere wünschenswertere Reaktionen in der Umwelt des Patienten, die Merkmale des Therapeuten, die Fähigkeit des Patienten, sich selbst zu beobachten und zu verstärken, die Voraussetzungen des gewählten Lernparadigmas usw. Darstellung 10/5, ein von KANFER und SASLOW (1969) entwickelter Führer für das Gespräch und die Protokollierung der Geschichte des Patienten, weist auf den erheblichen Umfang der spezifischen Daten hin, die zu einer klinischen funktionalen Analyse gehören können. Sie umfaßt historische, soziale, kognitive und biologische Faktoren sowie direkt beobachtbares Verhalten. Derartige Informationen sind häufig objektiv, sie sind spezifisch und dienen dem direkten therapeutischen Eingriff. Entgegen der Behauptung, daß Verhaltenstherapie ahistorisch und

Darstellung 10/5: Komponenten einer Verhaltensdiagnose (KANFER und SASLOW, 1969)

1. *Analyse einer Problemsituation.* Die Hauptbeschwerden des Patienten werden in die Kategorien Verhaltensexzeß und Verhaltensdefizit eingeordnet. Die Exzesse und

Defizite werden dargestellt mittels Häufigkeit, Intensität, Dauer, angemessener Form und Stimulusbedingungen. Ihrem Gehalt nach repräsentieren die Reaktionsklassen die Hauptziele der therapeutischen Intervention. Ein zusätzlicher und unerläßlicher Faktor besteht darin, daß die nützlichen Verhaltensmerkmale des Patienten registriert werden, da sie später im Therapieprogramm benutzt werden sollen.

2. *Klärung der Problemsituation.* Wir befassen uns in diesem Abschnitt mit den Leuten und Umständen, die zur Aufrechterhaltung der Problemverhalten beitragen, sowie mit den Konsequenzen, die diese Verhalten für den Patienten und für Leute aus seiner Umwelt haben. Auch verfolgen wir aufmerksam die Konsequenzen von Veränderungen dieser Verhalten, die sich aus der psychiatrischen Intervention ergeben können.

3. *Motivationale Analyse.* Da verstärkende Stimuli individuell verschieden sind und ihr Effekt bei jeder Einzelperson durch eine Reihe einzigartiger Parameter bedingt ist, wird für jeden Patienten eine Hierarchie aus besonderen Ereignissen, Personen und Objekten errichtet, die als Verstärker dienen. In diese Hierarchie werden sowohl die verstärkenden Ereignisse aufgenommen, die Annäherungsverhalten erleichtern, als auch jene Ereignisse, die durch ihre Aversivität Vermeidungsreaktionen bewirken. All diese Informationen sollen verschiedene Verstärker liefern, die dann im Rahmen eines bestimmten verhaltenstherapeutischen Programms eingesetzt werden und die es dem Therapeuten und anderen wichtigen Personen in der Umwelt des Patienten gestatten, sich der jeweils passenden verstärkenden Verhalten zu bedienen.

4. *Analyse der Entwicklung.* Erkundigungen werden eingezogen über die biologische Ausstattung des Patienten, über seine soziokulturellen Erfahrungen und über die für ihn charakteristische Verhaltensentwicklung. Die betreffenden Fragen werden so formuliert, daß a) sein gewohnheitsmäßiges Verhalten in verschiedenen chronologischen Stadien seines Lebens beschrieben wird, daß b) spezifische neue Stimulusbedingungen in Bezug gesetzt werden zu auffälligen Veränderungen seines gewohnheitsmäßigen Verhaltens und daß c) derart verändertes Verhalten sowie andere Folgen biologischer und soziokultureller Ereignisse in Bezug gesetzt werden zu gegenwärtigen Problemen.

5. *Analyse der Selbstkontrolle.* In diesem Abschnitt werden sowohl die Methoden als auch der Umfang der Selbstkontrolle untersucht, die der Patient in seinem täglichen Leben praktiziert. Man befaßt sich mit Personen, Ereignissen und Institutionen, die Verhalten der Selbstkontrolle erfolgreich verstärkt haben. Die Defizite oder Exzesse der Selbstkontrolle werden evaluiert im Hinblick darauf, welche Bedeutung ihnen als therapeutische Ziele zukommt und wie sie im therapeutischen Programm benutzt werden können.

6. *Analyse sozialer Beziehungen.* Nun wird die soziale Umwelt des Patienten untersucht mit dem Ziel, die Rolle der Leute in dieser Umwelt zu erfassen, die die Problemverhalten des Patienten beeinflussen können oder die vom Patienten selbst um seiner eigenen Befriedigungen willen beeinflußt werden. Diese interpersonalen Beziehungen werden überprüft, um festzustellen, welche Personen an dem Behandlungsprogramm, das auf den Prinzipien der Verhaltensmodifikation basiert, beteiligt werden können. Diese Überprüfung hilft dem Therapeuten auch insofern weiter, als er die tatsächlichen sozialen Beziehungen überdenken kann, in denen der Patient funktionieren muß.

7. *Analyse der sozialen, kulturellen und materiellen Umwelt.* In diesem Abschnitt wird die vorausgegangene Analyse des individuellen Verhaltens des Patienten ausgeweitet, indem nun auch die Normen seiner natürlichen Umwelt berücksichtigt werden. Es werden Übereinstimmungen und Diskrepanzen zwischen den eigentümlichen Lebensmustern des Patienten und den Normen seiner Umwelt definiert, so daß die Bedeutung dieser Faktoren festgesetzt werden kann. Dadurch aber wird es möglich, die Behandlungsziele zu formulieren, die die Bedürfnisse des Patienten genauso berücksichtigen wie den Druck seiner sozialen Umwelt.

oberflächlich sei, illustriert Darstellung 10/5 die Fülle von Informationen, die der Kliniker häufig braucht, um eine Verhaltensanalyse durchzuführen, die zu einer bestimmten Behandlungsstrategie führt.

Ein weiteres Merkmal des verhaltensorientierten Vorgehens bei der Diagnose besteht darin, daß die betreffenden Daten häufig keine indirekten und generalisierten Indikatoren für behaviorale Prädispositionen sind, sondern direkte Verhaltensbeispiele für spezifische Situationen. Diagnose und Vorhersage werden während der ganzen Behandlung fortgesetzt, und die Art der Intervention, die jeweils benutzt wird, wird regelmäßig überprüft, wenn die Daten der therapeutischen Operationen eine Veränderung des Programms nahelegen. Darüber hinaus werden die Parameterwerte der Behandlungsvariablen der Reaktion des Patienten ständig angepaßt. Stärke und Timing der Verstärkung, Umfang der aufgezeichneten Verhaltenseinheiten, Häufigkeit der Behandlungssitzungen oder die einzelnen Schritte einer Desensibilisierungshierarchie, werden ständig neubewertet und angepaßt.

Die funktionale Verhaltensanalyse ist ein integraler Bestandteil der Behandlung: »Der Verhaltensdiagnostiker führt die Interessebedingungen direkt oder indirekt in die Testsituation ein, und anstatt nach Anzeichen eines anhaltenden inneren Zustands zu suchen, variiert er diese Stimulusbedingungen systematisch und er beobachtet ihre Auswirkungen auf Verhalten ... Ihn interessiert, wie Lernbedingungen die Performanz einer Person verändern, während ihn Schätzungen des Performanzniveaus, das mit den Niveaus anderer Personen verglichen wird, nicht interessieren« (MISCHEL, 1968 b, S. 2).

Die operanten Verhaltenstherapien haben in der Regel diagnostische Methoden benutzt, die vom Einzelfall ausgingen und mit experimentellen Verhaltensmustern arbeiteten. Da die Stimulussubstitution und andere kombinierte Therapien vermittelnde Konstrukte (z. B. Angst) enthalten, arbeiteten sie häufiger mit der Erfassung von Merkmalen mittels standardisierter Tests und Fragebögen. Doch werden dieses Tests nicht zu herkömmlichen psychodynamischen Rückschlüssen, sondern zur statistischen Beschreibung und Vorhersage benutzt. Einfache und direkte Messungen bei Berichten über vergangene Verhalten, Populationsgrundraten, Selbstschätzungen der Patienten und beobachtete Verhalten besitzen, was die Vorhersage zukünftiger Verhalten einschließlich des Behandlungsergebnisses angeht, größeren Nutzen als komplexe klinische Evaluationen, die sich auf abgeleitete Zustände und Merkmale stützen. Der verhaltensorientierte Kliniker neigt, wenn er zu seinen Entscheidungen Merkmalmessungen hinzuzieht, dazu, statistisch und quantitativ vorzugehen. Ein Beispiel sind die individuellen Punktwerte der Extraversion oder der Angst, die man benutzt, wenn es um die Frage geht, ob eine Desensibilisierung oder eine aversive Konditionierung am Platz ist.

Insoweit die Operationen und Erfolgskriterien der Verhaltenstherapien als beobachtbare, objektive Sachverhalte definiert werden können, dürfte ein statistisches, entschlußförderndes, diagnostisches Modell nützlicher und praktikabler sein als die Operationen und Kriterien der traditionellen Psychotherapien. Obwohl sich operante Konditionierungstherapien bisher kaum statistischer Vorhersagen bedienten, steht dem vom Konzept her nichts im Wege. CRONBACH und GLESER (1965) haben ein entschlußförderndes, diagnostisches Modell vorgeschlagen, das sowohl die Werte und Ergebnisse von Alternativentscheidungen als auch den für die Diagnose und die Vorhersagen nötigen Aufwand berücksichtigte. Ein derartiges utilitaristisches Modell dürfte der pragmatischen Orientierung der Verhaltenstherapien entgegenkommen.

Sicher gibt es eine Reihe von Faktoren, die der Kliniker differenziert bewerten muß, wenn es um die Frage geht, welche Verhalten er modifizieren soll. Die Modifizierbarkeit eines bestimmten Verhaltens im Rahmen der Therapie hängt teilweise davon ab, was das Verhalten im Augenblick aufrechterhält. Die Wahl der Zielreaktionen wird beeinflußt durch das Ausmaß, in dem die Modifikation nicht nur für den Patienten, sondern auch für andere Personen, die diesem nahestehen, vorteilhafte oder nachteilige Konsequenzen hat. Manche Zielverhalten können andere Reaktionen, die funktional auf das Symptomverhalten bezogen sind, indirekt positiv verändern; so kann z. B. die Beseitigung des Bettnässens zu einer verbesserten Mutter-Kind-Beziehung führen, wenn die Therapie auch zum Besten der Mutter geschieht. Die praktischen Hilfsmittel (sozialer, temporaler, körperlicher und wirtschaftlicher Art), mit denen man auf verschiedene Zielverhalten einwirken kann, unterscheiden sich meistens voneinander; das Vorhandensein eines kooperativen Ehepartners, Vorgesetzten oder Lehrers oder die Möglichkeit einer Intensivbehandlung können das therapeutische Ziel anders ausfallen lassen. Der Rahmen, in dem Therapeut und Patient interagieren, führt dazu, daß gewisse Behandlungstechniken und damit gewisse Behandlungsziele in den Vordergrund rücken. Tab. 10/6 enthält einige Alternativtechniken, die bei Zielreaktionen, welche der Verhaltensformel gemäß definiert sind, angewandt werden können. Ein entschlußförderndes Modell, das auf objektiver Diagnose und statistischen Daten basiert, könnte dem Kliniker bei der Wahl unter den verfügbaren Techniken beistehen. Eine Frage, die alldem vorausgeht, verlangt jedoch die Entscheidung, ob das Verhaltensproblem z. B. als Reaktionsdefizit oder als schwache Stimuluskontrolle definiert werden soll. Unterschiedliche psychologische Formulierungen können ein und dieselbe Behandlung vorschlagen; doch kann die praktische Bedeutung der Wahl häufig dadurch klarer gemacht werden, daß man die Voraussetzungen und Konsequenzen ins Auge faßt, die bei verschiedenen Alternativstrategien, diktiert durch unterschiedliche Formulierungen, vorhersehbar sind. Doch besitzt der Verhaltenstherapeut kaum irgendwelche wissenschaftlich fundierten Prozeduren, die ihm bei der Entscheidung, welches Element einer komplexen Verhaltenskette er behandeln soll, helfen können.

Methoden der Reaktionsdiagnose. Bei der Diagnose von Reaktionsrepertoires muß der Kliniker verschiedene Voraussetzungen erfüllen. In Kapitel 2 und 6 wurde bereits darauf hingewiesen, daß der Kliniker bei wichtigen Reaktionsklassen die sie definierenden Dimensionen, die Reichweite der einzuschließenden Klassenmitglieder, die funktionalen Beziehungen zwischen den Verhalten

Tab. 10/6: Manipulationsbeispiele bei Verhalten, das für verschiedene therapeutische Ziele relevant ist.

Element der Verhaltens- formel	Status des Elements	Potentielle therapeutische Operationen	Beispiel
R	Nicht- existent	Ausformung durch suk- zessive Annäherung (Reaktionsdifferenzie- rung). Modellernen und Imitation mittels stell- vertretender und direkter Verstärkung.	Sprachtraining autistischer Kinder.

Training sozialer Fertig- keiten mittels Modeller- nen und Rollenspiel. |
| R | Mangel- haft | Sind die auslösenden Bedingungen maximiert, verstärkt man hundert- prozentig und geht man zu einem intermittieren- den Plan über; jede Be- strafung der Zielreaktion wird unterbunden. Man unterdrücke eine konkurrierende wahr- scheinlichere Reaktion durch Löschung, Beseiti- gung der auslösenden Stimuli, Sättigung oder aversive Konditionierung. Man mache die Reak- tion zur entscheidenden Verstärkungsquelle. Man benutze einen wirk- sameren Verstärker.

Man verstärke alle Reak- tionen, die Glieder einer Verhaltenskette sind, welche mit der gewünsch- ten Reaktion endet.

Man beschleunige die Stimulusgeneralisierung durch Verstärkung der Reaktion in Verbindung mit vielen verschiedenen Situationen, die als S^D's dienen können. | Belohnung, keine Bestra- fung, Selbstbestätigung in der Therapiegruppe.

Aversive Konditionie- rung der homosexuellen Phantasie mit dem Ziel, heterosexuelle Fantasie und Aktivität zu vermeh- ren.

Lehreraufmerksamkeit steht nur dann zur Ver- fügung, wenn das Kind mit *Peers* spielt. Verwen- dung von *Tokens*, Geld oder anderen generali- sierten Verstärkern. Flucht vor Schocks dur Ausspuk- ken des Alkohols. Man verstärke das rechtzeitige Aufstehen, das zum pünkt- lichen Arbeitsbeginn un- erläßlich ist. Selbstbestätigung durch Rollenspiel mit vielen verschiedenen Personen. |
| R | Exzessiv | Löschung | »Auszeit« und Nichtzu- wendung, kontingent verabreicht auf Wutan- fälle. |

Element der Verhaltens- formel	Status des Elements	Potentielle therapeutische Operationen	Beispiel
R	Exzessiv	Man verstärke eine we- niger wahrscheinliche konkurrierende Reaktion. Unterdrückung durch Bestrafung. Man beseitige ein frühes Glied der Verhaltenskette, die mit der Reaktion endet. Man beschleunige Stimu- lus- und Verstärkungs- kontrolle, um sogleich zu löschen.	Man verstärke konstruk- tives Spiel, um Autismen zu reduzieren. Man schok- ke selbstverletzende Hand- lungen autistischer Kinder Der Patient kauft keine dickmachenden Lebens- mittel. Dickleibige Frauen wer- den dahingehend trainiert, daß sie *volle* Mahlzeiten zu sich nehmen, allerdings nur in einem bestimmten Rahmen zu bestimmten Zeiten und nachdem die Kalorien der Mahlzeit herabgesetzt wurden.
S	Kontrolle unwirksam, Reaktion unange- messen	Stimulusdiskriminations- training, bei dem ein- deutige S^Δ's und S^D's ver- abreicht werden und das mit einem hundertpro- zentigen Verstärkungs- plan beginnt.	Training sozialer Fertig- keiten, die bei unter- schiedlichen Kategorien von Personen Verwen- dung finden können — z. B. Mann versus Frau, Peer versus Vorgesetzter.
S	Kontrolle zu stark	Ausblendung eines S^D bei Hinzufügung neuer S^D's.	Beim Sprechtraining wer- den Objekte und Bilder durch die gesprochenen Hinweisreize des Trai- ners ersetzt.
S	Kontrolle zu schwach	Man verstärke nur in Verbindung mit aus- gewählten S^D's und unter- drücke Reaktionen auf andere Stimuli, z. B. durch Bestrafung oder Löschung. Man trainiere die Auf- merksamkeit auf innere Ereignisse, die als S^D's und S^A's fungieren sollen. Man steigere den Ein- fluß relevanter S^D's durch Verwendung kräf- tigerer Verstärker.	Heftiges Spielen mit dem Kind im Kinderzimmer, Auferlegung von »Aus- zeit« wenn das Kind im Wohnzimmer heftig zu spielen beginnt. Abschweifende Aufmerk- samkeit beim Lernen ist ein Hinweisreiz nicht für das Nichtlernen in der Lernsituation, sondern für das Abbrechen des Ler- nens. Man verwende volle und hervorragende Mahl- zeiten um sich Stimulus- kontrolle über das Essen

Element der Verhaltensformel	Status des Elements	Potentielle therapeutische Operationen	Beispiel
			zu verschaffen (und Zwischenmahlzeiten z. B. auszuschalten); erst dann kann mit der Reduktion der Nahrungsaufnahme begonnen werden.
K	Mangelhaft in bezug auf Reichweite oder Typus	Sekundäre Verstärkung, Koppelung nichteffektiver mit effektiven Stimuli. Deprivation konkurrierender Verstärker. Kontrolle mittels aversiver Verstärkung wird durch Kontrolle mittels positiver Verstärkung ersetzt.	Therapeut sagt »gut«, er lächelt und nimmt das autistische Kind in den Arm, wenn er Nahrungsverstärker verabreicht. Man isoliere das Kind, um die soziale Verstärkung durch andere Personen zu beschleunigen. Die Eltern schimpfen und klagen nicht mehr, sondern benutzen als kontrollierende Verstärker Lob und Zuneigung.
K	Exzessiv	Aversive Konditionierung. Man lösche den Wert des sekundären Verstärkers, indem man den betr. S^D in einen S^Δ verwandelt.	Man kopple homosexuelle Phantasien oder Alkoholkonsum mit Elektroschocks. Man beseitige alle soziale Verstärkung, die mit dem Aufenthalt in einer Kneipe assoziiert ist.
KV	Schwacher oder überforderter Verstärkungsplan	Man sorge für häufigere Verstärkung. Um nichteffektives Reagieren zu unterbinden, sorge man für klarere S^Δs. Wenn Reaktionen lediglich als Ausbruch vor einer vorhersagbaren Verstärkung auftreten, sorge man für einen variablen intermittierenden Verstärkungsplan.	Einen deprimierten Vertreter ermuntere man, seine Aussichten positiver zu sehen. Durch Diskussion sind die Hinweisreize einer Ehefrau klar herauszuarbeiten, die erkennen lassen, daß sie zum gegebenen Zeitpunkt für die Aufmerksamkeiten ihres Mannes nicht empfänglich ist. Um »Büffeln« vor Prüfungen zu vermeiden, bediene man sich häufiger überraschender Zwischenprüfungen.

Element der Verhaltensformel	Status des Elements	Potentielle therapeutische Operationen	Beispiel
KV	Verstärkungsplan wird überfordert	Um die Löschungsresistenz zu fördern, zunächst 100-prozentige Verstärkung, die jedoch nach und nach in einen variablen intermittierenden Plan verwandelt wird.	Der Patient, der neue soziale Fertigkeiten lernt, gibt auf, wenn ihm »Abführen« zuteil werden; er braucht also schon zu Beginn des Prozesses garantierte Erfolge.
O		Die Verfassung des Organismus und die auf ihn einwirkenden Operationen beeinflussen viele S-, R-, K- und KV-Ereignisse, so daß die Effekte der Manipulationen dieser Ereignisse gesteigert oder abgeschwächt werden können.	Einige Möglichkeiten, die Verfassung des Organismus zu manipulieren, sind Medikamente, schmerzhafte Stimulation, Deprivation und Prothesen.

einerseits und den Stimuli und anderen Reaktionen und Konsequenzen der täglichen Umgebung andererseits erkennen muß. Auch benötigt der Kliniker das diagnostische Werkzeug, mit dem er die wesentlichen Zielreaktionen des einzelnen Patienten feststellen kann. Die derzeitige Entwicklung der diagnostischen Theorie und die Fortschritte der Methoden der Verhaltensbeobachtung dürften sich nur dann als hilfreich erweisen, wenn die entsprechenden Bedürfnisse berücksichtigt werden. Die derzeitige Verhaltenstheorie oder der Verhaltenskontext der Persönlichkeitsentwicklung verweisen kaum auf historische oder behaviorale Segmente, die einen besonders empfindlichen Maßstab der Fehlanpassung oder Störung abgeben könnten. Ohne solche Kriterien der Aufdeckung primärer Reaktionsdimensionen oder Verhaltensinhalte ist es jedoch schwierig, kritische Mechanismen oder Reaktionsmuster, die primäre Therapieziele darstellen, rasch zu erkennen. Daher bedient sich der Verhaltenstherapeut häufig sowohl herkömmlicher Persönlichkeitstheorien, mit deren Hilfe er die vorliegenden Beschwerden untersucht, als auch der Adaptation herkömmlicher Meßtechniken, die er zur Evaluierung benutzt. So hat man z. B. Verfahren der Selbstschätzung und Fragebögen entwickelt, um wichtige Ängste zu erkennen (GEER, 1965; WOLPE und LANG, 1964). Tab. 10/7 illustriert diesen Ansatz — sie stellt GEERS Forschungsmodell des *Fear Survey Schedule* in Verbindung mit einigen normativen Daten dar. Auch ist man dabei, die behavioralen Korrelate von Punktwerten aus verschiedenen Tests (z. B. MMPI, *Maudsley Personality Inventory* und *Rorschach*) zu erforschen (BRADY, PAPPAS, TAUSIG und THRONTON, 1962; GREENSPOON und GERSTEN, 1967; MORGENSTERN, PEARCE und REES, 1965).

Auch die direkte Beobachtung auf einer Zeit- und Situationsstichprobenbasis erfreut sich, was die Reaktionsdiagnose betrifft, zunehmender Beliebtheit. Beobachtungen zu Hause, auf der Station oder in natürlichen Umgebungen werden häufig gleichzeitig zur Diagnose, zur Testung von Hypothesen und zur Behandlung benutzt (siehe z. B. MARTIN, WEINSTEIN und LEWINSOHN, 1968). Repräsentative Beobachtungsdaten finden sich in verschiedenen Tabellen des Kapitels 6, in dem wir auch einen Teil der Arbeiten zum Problem der Zuverlässigkeit, der Gültigkeit, der Voraussetzungen für Stichproben und der Beobachtungseffekte behandelten (CRONBACH, GLESER, NANDA und RAJARATNAM, 1967; PATTERSON und HARRIS, 1968). Um mit den Problemen der situativen Spezifität von Reaktionen zu Rande zu kommen, benutzen manche Forscher eine P-Technik-Analyse beobachteter Verhaltenshäufigkeiten quer durch verschiedene Umweltkontexte. Diese Art der Analyse ermöglicht die Skalierung von Individuen auf Kontinuen, die auf Merkmalen oder Situationen (= diskriminative Stimuli) basieren (PATTERSON und BECHTEL, 1970).

Technologische Fortschritte haben die Diagnostik mit Beobachtungstechniken bereichert. Ein Teil dieser Techniken wurde bereits in früheren Kapiteln behandelt. Als Beispiele seien Volumenmesser für Sexualreaktionen (BANCROFT, JONES und PULLAN, 1966; FREUND, 1963) und kombinierte audiovisuelle Kommunikationsgeräte zur Messung von Kommunikationsmustern (NATHAN, BULL und ROSSI, 1968) genannt. ELWOOD (1969) hat die Entwicklung eines automatisierten Systems beschrieben, das für eine Standardisierung der Umwelt sorgt und in der Lage ist, gängige psychologische Tests zu verabreichen. Mit diesem System hat man alle Items der *Wechsler Adult Intelligence Scale* verabreicht, alle Reaktionen aufgezeichnet und die Punktwerte verschiedener Untertests ohne professionellen Prüfer erarbeitet. Geräte, mit deren Hilfe die Verhaltensbeobachtung vereinfacht und zuverlässiger wird und die auch auf feine Reaktionsänderungen ansprechen, reichen von Intervallzeitgebern über mehrkanälige Ereignismeßgeräte bis hin zu winzigen Sendern, die die Person bei sich führt (PURCELL und BRADY, 1966).

Doch hat man erst damit angefangen, die herkömmliche operante Methodologie und das herkömmliche operante Rüstzeug für analoge Verhaltensstichproben zu verwenden, um so Verhaltensexzesse und -defizite festzustellen. Ein Großteil dieser Arbeiten bediente sich der herkömmlichen psychiatrischen Diagnosen und anderer fragwürdiger Kriterien, um den diagnostischen Wert der Verhaltensrate und anderer operanter Reaktionsmerkmale zu evaluieren; dadurch aber wurde der Wert der Ergebnisse beeinträchtigt (siehe WEISS, 1969, und LINDSLEY, 1962 für operante Konditionierungstechniken der Diagnostik). Zu den interessanten Entwicklungen auf diesem Gebiet trug WEISS (1969) bei, der den Umfang und das Geschick von Reaktionen untersuchte, die von Personen emittiert wurden und die als soziale Verstärker für andere funktionierten. Die Versuchsperson äußerte eine einfache motorische Reaktion (z. B. einen Hebeldruck), um zu zeigen, daß sie dem Sprecher zuhörte. Rate und Situierung ihrer motorischen Reaktionen wurden mit Gruppennormen verglichen. Dabei entdeckte man, daß das Vermögen, den Sprecher zu verstärken, korreliert war mit dem soziometrischen Status, dem thera-

Tab. 10/7: Items des *Fear Survey Schedule* II mit einigen illustrativen normativen Daten (aus *Greer*, 1965)[1]

Item	Mittlere Punktwerte		Item-Gesamtpunktwerte Korrelationen	
	Männer	Frauen	Männer	Frauen
1. Scharfe Gegenstände	1.60	1.87	0.477	0.434
2. Im Auto Mitfahren	0.60	0.93	0.411	0.527
3. Tote Körper	1.70	1.98	0.592	0.400
4. Ersticken	2.05	2.04	0.510	0.476
5. Nichtbestehen e. Prüfung	3.30	3.32	0.411	0.380
6. Sich blamieren	2.79	2.94	0.467	0.575
7. Passagier in e. Flugzeug	1.26	1.79	0.513	0.448
8. Würmer	0.27	1.32	0.355	0.402
9. Auseinandersetzung mit Eltern	1.27	1.37	0.493	0.287
10. Ratten und Mäuse	1.03	2.33	0.568	0.316
11. Leben nach dem Tod	0.86	1.22	0.445	0.426
12. Injektionsnadeln	1.50	1.89	0.607	0.312
13. Kritisiert werden	1.98	2.30	0.612	0.573
14. Jemand das erste Mal treffen	1.30	1.52	0.496	0.493
15. Achterbahn	1.32	1.99	0.332	0.222
16. Alleinsein	0.70	1.23	0.548	0.489
17. Fehler begehen	2.22	2.52	0.492	0.578
18. Mißverstanden werden	1.74	1.94	0.468	0.471
19. Tod	1.96	2.39	0.538	0.659
20. In eine Schlägerei verwickelt werden	1.83	1.78	0.585	0.481
21. Überfüllte Orte	0.72	0.77	0.424	0.431
22. Blut	0.77	0.84	0.550	0.306
23. Große Höhen	1.76	1.73	0.461	0.368
24. Anführer sein	1.02	1.45	0.497	0.557
25. Allein schwimmen	0.96	1.43	0.474	0.395
26. Krankheit	1.25	1.86	0.568	0.426
27. Mit Betrunkenen zusammen sein	1.16	2.63	0.518	0.463
28. Verletzung oder Krankheit geliebter Menschen	3.11	4.08	0.534	0.627
29. Befangen sein	2.18	2.41	0.648	0.537
30. Einen Wagen fahren	0.48	1.06	0.558	0.492
31. Einer Autoritätsperson begegnen	1.27	1.66	0.546	0.514
32. Geisteskrankheit	1.29	1.97	0.516	0.519
33. Geschlossene Orte	0.78	1.16	0.434	0.477
34. Mit dem Schiff fahren	0.53	1.88	0.555	0.532
35. Spinnen	1.20	2.19	0.466	0.472
36. Gewitter	0.45	1.03	0.482	0.428
37. Keinen Erfolg haben	2.79	2.28	0.442	0.597
38. Gott	1.35	1.50	0.382	0.313
39. Schlangen	1.97	3.05	0.482	0.482
40. Friedhöfe	0.71	1.24	0.549	0.546
41. Vor einer Gruppe sprechen	2.59	2.87	0.487	0.484

1 Die Angst der Personen gegenüber dem Objekt oder der Situation wurde mittels einer Sieben-Punkte-Skala festgehalten: 1 = keine Angst, 7 = Terror.

peutischen Geschick, mit Punktwerten aus Selbstberichtmessungen (z. B. anhand des *Edwards Personal Preference Schedule*) und mit anderen interpersonalen Verhalten.

Diagnose motivationaler und Verhalten aufrechterhaltender Variablen

Eine zweite diagnostische Aufgabe des Klinikers ist die Definition der Bedingungen, die Problemverhalten aufrechterhalten, sowie der verstärkenden Konsequenzen, die therapeutisch manipuliert werden können und das Verhalten des Patienten am stärksten beeinflussen. Kann der Zugang des Patienten zu wesentlichen Verstärkern kontrolliert werden, können generalisierte Verstärker (z. B. *Tokens*) — für die eine Auswahl an Eintauschverstärkern zur Verfügung steht — hervorragende Arbeit leisten, ohne daß der Therapeut über die Verstärkungshierarchien des Patienten Bescheid zu wissen braucht. Ähnlich kann bei Vorschulkindern ein Umlernen durch bloße kontingente Verabreichung der Aufmerksamkeit der Kindergärtnerin erzielt werden. Wenden wir uns jedoch ambulant behandelten Erwachsenen zu, die in einem komplexen sozialen System leben, so entdecken wir, daß die Durchführung einer motivationalen Analyse wesentlich schwieriger ist. Welche sind die einflußreichsten Verstärker, die der Therapeut, Ehepartner oder Patient manipulieren kann, um Verhaltensänderungen herbeizuführen? Welche sind die Operationen, die in diesem komplexen System die symptomatischen Verhalten gegenwärtig aufrechterhalten? Objektive Persönlichkeitstests können zur Beantwortung solcher Fragen beitragen. Bedürfnisorientierte Instrumente wie die *Edwards Personal Preference Schedule* können so gehandhabt werden, daß sie umfangreiche Verstärkerhierarchien ergeben. CAUTELA und KASTENBAUM (1967) entwickelten eine *Reinforcement Survey Schedule* des Selbstberichts, um auf einer Fünf-Punkte-Skala die »angenehmen Gefühle« zu bewerten, die Personen mit einer großen Anzahl von Objekten und Ereignissen assoziieren. Doch gibt es in der Regel kaum mehr als »Ahnungen«, die auf dem beobachteten Zusammentreffen von Zielreaktionen und Konsequenzen fußen, wenn es darum geht, Faktoren zu identifizieren, die Problemverhalten aufrechterhalten.

Wenn der Kliniker in Erfahrung bringen muß, ob es Defizite oder Abweichungen im motivationalen System des Patienten sind, die dessen Problemverhalten zugrundeliegen, können verschiedene experimentelle Analoga fruchtbare Möglichkeiten liefern. So benutzte z. B. PATTERSON (1967) die Hebeldruckrate der Erzeugung von Bildern, die aggressive Interaktionen zeigten, als Maßstab für die aversiven Merkmale dieser Stimuliklasse bei einzelnen Kindern. Im Verlauf einer fünfwöchigen Beobachtungsperiode in der Schulklasse wurden die Reaktionsraten validiert; das geschah in Verbindung mit der Häufigkeit, mit der die Personen der Aggression von *Peers* zum Opfer fielen. PATTERSON gelang es, für diese Labormessungen eine zufriedenstellende übereinstimmende Validität zu etablieren. In einer anderen Untersuchung benutzte PATTERSON (1965 b) eine operante Aufgabe für Kinder, bei der *Peers* oder Eltern soziale Verstärkung verabreichten. Patterson fand, daß die differentielle Reagibilität auf verschiedene Lieferanten sozialer Verstärkung mit dem Geschlecht des Kindes und mit den Beschreibungen korrelierte, die die Lehrer von der Persönlichkeit und von den Problemverhalten des Kindes lieferten. Diese Untersuchungen unterscheiden sich von anderen diagnostischen Techniken in zweierlei Hinsicht. Erstens benutzen sie in einer standardisierten Laborprozedur eine einfache und quantifizierbare Reaktion. Die herkömmlichen diagnostischen Methoden erbringen häufig Beträge komplexen verbalen Outputs, die schwierig zu kategorisieren sind. Zweitens beschränken diese neuen Techniken die Vorhersage auf eine sehr spezifische Reaktionsklasse, anstatt zu versuchen, das gesamte Reaktionsrepertoire des Individuums zu diagnostizieren.

Allgemeine Anmerkungen

Die oben dargestellte Entwicklung der Forschung legt den Schluß nahe, daß die Konstruktion von diagnostischen Verhaltensprozeduren schwierig aber machbar sein dürfte. Man kann sich zukünftige diagnostische Prozeduren vorstellen, bei denen verschiedene standardisierte Aufgaben Meßwerte mit Vorhersagevalidität für eine lange Reihe verwandter Verhalten ergeben und bei denen jeder Patient zusätzliche fallspezifische Beobachtungen oder Tests hinter sich bringt. Es bleibt abzuwarten, ob eine kleine Gruppe von Analogsituationen oder standardisierten Beobachtungen ausreicht, um differentielle Vorhersagen der Reagibilität des Patienten auf verschiedene Behandlungsprozeduren zu ermöglichen. Beobachtungen, die in standardisierten Situationen bestimmte Reaktionsdefizite oder -exzesse eindeutig etablieren können, würden das Dilemma des Therapeuten, die richtigen Zielverhalten auszuwählen, lindern. Auch würden sie ihm eine Reihe von festumrissenen Zielen an die Hand geben, die, was die Evaluierung des Behandlungserfolgs angeht, am Ende jedes Behandlungsstadiums gemessen werden könnten.

Ein weiterer Bereich der zukünftigen Entwicklung ist die Erkennung der wesentlichen Gemeinsamkeiten unter Patienten mit ähnlichen Problemen — Gemeinsamkeiten entweder im Hinblick auf ihre Lerngeschichte oder auf die für sie charakteristische Art und Weise, wie sie auf signifikante soziale Stimulation reagieren. Der Kliniker, der Zielverhalten wählt, stützt sich heute zum Teil auf das relative Unbehagen oder die soziale Disharmonie, die ein bestimmtes Symptom für das Individuum bewirkt. Dieser Ansatz führt häufig zu einer Überbetonung der Nebenprodukte oder der langfristigen, zufällig übereinstimmenden Konsequenzen der Handlungen des Patienten, die die Zielverhalten, welche therapeutisch behandelt werden sollten, verschleiern können. Ergebnisse von Verhaltensmustern sind z. B. die Klagen einer Mutter, daß ihr Kind schwer zu beeinflussen oder faul sei, sind die Schritte, die ein Ehepartner zur Scheidung unternimmt, sind die homosexuellen oder delinquenten Verhalten, die die Polizei auf den Plan rufen oder ist das Versagen eines Mannes, seine Familie zu unterhalten. Der effektivste Behandlungsansatz muß nicht unbedingt von diesen Ereignissen, sondern kann genauso von den Reaktionen ausgehen, die der Patient und seine Umwelt emittieren und diese Konsequenzen erst zur Folge haben.

Die traditionelle Klassifizierung von Symptomen basierte z. B. auf dem Gehalt der Erfahrungen des Patienten, auf den abhängigen oder feindseligen Beziehungen, die er zu seiner Familie unterhielt, auf seinen psychosexuellen Erfahrungen oder auf seinen abwertenden oder selbstsicheren Einstellungen sich selbst gegenüber. Eine andere Gruppe von Dimensionen, die zu pathologischen Verhalten führt, kann die gemeinsame Modifizierbarkeit von Reaktionen mittels einer bestimmten Behandlung zur Grundlage haben, und diese Gemeinsamkeit ist zurückzuführen auf die Ähnlichkeit der Lernparameter, die bei der Aneignung dieser Verhalten bestand. Dieser Ansatz wäre relativ gehaltfrei. Was er unterstreichen würde, wären Verstärkungspläne, Spielräume der diskriminativen Stimuli, einander ergänzende Kontrollen durch positive und aversive Konsequenzen oder ähnliche Lernkonstanten beim Erwerb grundlegender sozialer Verhalten. Einem interessanten Beispiel dieses Ansatzes begegnen wir in Untersuchungen (z. B. FERSTER, 1958 b; WEINER, 1965) spezieller Aneignungsbiographien, die zu »fehlangepaßtem Verhalten« führten. »Fehlangepaßt« wird definiert durch das Versagen des Organismus, in den Genuß verfügbarer Verstärkung zu kommen, oder durch seine Reaktionen, die immer dann auftreten, wenn ihm die Konsequenzen schaden.

Die Verhaltensdiagnostik der Zukunft dürfte auf der Ausarbeitung und Ausweitung von Techniken basieren, die vor allem mit Laboranaloga oder Reaktionsstichproben arbeiten. Ihre Entwicklung und ihre Nützlichkeit wird von einem besseren Verständnis der ökologischen Verhaltensstruktur abhängen. So ist z. B. das, was mit dem Jungen, der sich von *Peers* absondert, »nicht stimmt«, auf die Tatsache zurückzuführen, daß für ihn nur die Mutter einen einflußreichen sozialen Verstärker darstellt. PATTERSON (1967) schlug vor, die Behandlung solle sich in diesem Fall darum bemühen, weitere wichtige soziale Verstärker zu erschließen, anstatt das Spielen mit *Peers* primär direkt zu verstärken. Für das bislang isolierte Kind würden wahrscheinlich beide Ansätze, falls erfolgreich, den sozialen Verstärkungswert von *Peers* erhöhen. Zu welcher Strategie man sich entscheidet, wäre also eine Frage der Effizienz, doch wäre die grundlegende Beziehung, die es zu definieren gälte, stets das Wechselspiel zwischen Reaktionsänderung und Verstärkeränderung.

Zusammenfassung

Dieses Kapitel behandelte die verschiedensten Themen: interpersonale Einflüsse und kognitive Erwartungen, biologische Auswirkungen auf Verhalten und Logik und Aufgaben der Diagnostik. Ihnen gemeinsam ist die Rolle, die sie für die spezifischeren Operationen der Verhaltenstherapie, ja in der Tat für jeden Ansatz der Verhaltensmodifikation spielen.

Variablen, die im sozialpsychologischen Labor und in der Klinik erforscht worden und die dem Bereich der interpersonalen Einflüsse zuzuordnen sind, wurden besonders im Hinblick auf ihre Bedeutung für die klinische Praxis behandelt. Unsere Wahl fiel auf sie, weil ihnen heute große Wichtigkeit beigemessen wird, doch sollten sie gleichzeitig den wesentlich größeren Bereich der persönlich-sozialen Variablen repräsentieren, die die spezifischen Effekte einer verhaltenstherapeutischen Technik indirekt unterstützen oder beeinträchtigen können. Obwohl manche Autoren behaupten, daß prognostische und Rollenerwartungen, interpersonale Anziehung oder empathische Wärme und Echtheit des Beeinflussenden bei allen Bemühungen der Verhaltensmodifikation die effektiven Hauptvariablen darstellen, glauben wir, daß eben diese Variablen nicht-spezifische Effekte aufweisen, die das Ergebnis der primären therapeutischen Operationen positiv oder negativ beeinflussen können. Um die Behandlung seiner Patienten möglichst effektiv zu gestalten, muß der Verhaltenstherapeut die Forschungsergebnisse berücksichtigen, die man in bezug auf diese und viele ähnliche Variablen erzielt hat. Bis in die jüngste Zeit gab es kaum irgendwelche Annäherungen zwischen der diagnostischen oder therapeutischen klinischen Praxis und der relativ raschen Entwicklung auf den Gebieten der wissenschaftlichen Psychologie, die sich mit persönlichkeits- und entwicklungsbezüglichen, mit sozialen und anderen Problemen auseinandersetzen. Ebenso wie die Lernforschung nach langem Zögern die Praxis der Verhaltenstherapien bereichert hat, beginnen nun andere Forschungsbereiche langsam, die klinische Praxis direkt zu beeinflussen. Wir haben uns mit den verschiedenen sozialen und kognitiven Variablen deshalb kurz befaßt, um auf diese Fortschritte und darauf hinzuweisen, daß das Verhaltensmodell fähig ist, sie in den Bereich der empirischen Daten zu integrieren.

Ein ähnliches, doch schwierigeres Problem werfen die biologischen oder organismischen Variablen auf. Offensichtlich ist es so, daß biologische Funktionen dem Erwerb und der Aufrechterhaltung von Verhalten Grenzen setzen. Obwohl die wissenschaftliche Sicht in jüngerer Zeit durch Psychobiologie, Genetik, Pharmakologie, Neurophysiologie usw. entscheidend bereichert worden ist, fällt es dem Kliniker nach wie vor schwer, das Wesentliche an diesen Entdeckungen zu erfassen und in seine Arbeit mit den Patienten einfließen zu lassen. Unsere überaus kurze Behandlung einer kleinen Gruppe von Variablen, von der man derzeit annimmt, sie spiele im Hinblick auf Lern- und Performanzprozesse eine entscheidende Rolle, hat einige der Hindernisse veranschaulicht, denen sich der Verhaltenstherapeut gegenüber sieht, wenn er versucht, in seiner Behandlungsplanung biologische Faktoren nicht nur generell zu berücksichtigen. Abgesehen von der relativen Unwissenheit des Klinikers über die Theorie, die Daten und die Verfahren dieses Gebiets, gibt es noch andere Hindernisse; z. B. die niedrigen Korrelationen zwischen diesen Variablen (so zwischen Extraversion und jeder spezifischen Reaktion oder jedem Verstärkungsparameter); die hypothetische intervenierende Natur vieler Variablen (zu denen die kortikale Hemmung gehört); die nicht-spezifischen Effekte vieler Variablen (man denke nur an die Erregung oder Aktivierung); sowie die Instabilität und Idiosynkrasie anderer Variablen (z. B. autonomer

Reaktionen). Trotz dieser Schwierigkeiten werden bei der Planung von Therapieprogrammen zusehends Variablen berücksichtigt, die der Verhaltensvorhersage dienen oder auf andere Weise eine wesentliche Rolle spielen. Das ist z. B. dann der Fall, wenn bei der Behandlung von Patienten, die in bezug auf den Erwerb neuer Verhalten biologisch gehandikapt sind, Medikamente benutzt werden. Die spezifischen Variablen, die uns als Illustration dienten, haben alle irgendwie mit den Erregungs- und Hemmungskonstrukten zu tun, und man nimmt von ihnen an, daß zwischen ihnen und Lernprozessen wesentliche Zusammenhänge bestehen. Sie bilden ein Kontinuum zwischen relativ hohen und niedrigen Abstraktionsniveaus und veranschaulichen die Probleme, die entstehen, wenn es darum geht, auf verschiedenen Abstraktionsniveaus mit empirischen Daten die Richtigkeit gewisser Konstrukte zu belegen.

Drittens behandelten wir die Erfassung und Diagnose von Verhalten. Der kontextbezügliche Einfluß ist hier eher indirekt. Dieser dritte Bereich hat zu tun mit den begrifflichen und prozeduralen Mitteln, die dem Verhaltenstherapeuten zur Verfügung stehen, wenn er Informationen sammeln und verarbeiten soll, die für *alle* erfolgsrelevanten Domänen wichtig sind, und wenn er dadurch die besten praktischen Entscheidungen hinsichtlich der zu wählenden Behandlungsstrategie treffen soll. Die Diagnose ist ein ständiger wesentlicher Bestandteil der Verhaltenstherapie. Die quantitative Evaluation der Veränderung von Zielverhalten und die Neustrukturierung therapeutischer Taktiken aufgrund der fortwährenden Überprüfung erzielter Fortschritte sind Ideale, denen die Verhaltenstherapie verpflichtet ist. Erfassung und Diagnose haben die praktische Aufgabe, die Entscheidungen des Klinikers maximal zu gestalten. Das Verhaltensmodell der Psychopathologie hat, was die Formulierung von Behandlungsstrategien angeht, nicht den geringsten Platz für die herkömmlichen diagnostischen Etikette. Auch die traditionellen Tests von Persönlichkeitsmerkmalen besitzen für den Verhaltenstherapeuten keinen großen Wert, es sei denn, es handelt sich um die wenigen Variablen, die im Hinblick auf das Ergebnis von Stimulussubstitutionstherapien Vorhersagewert besitzen. Bei der Durchführung seiner funktionalen Analyse muß sich der verhaltensorientierte Kliniker im großen und ganzen auf Selbstberichte, Berichte anderer und direkte Beobachtungen verlassen. Die Forschung und die Neuerungen werden wahrscheinlich verbesserte Beobachtungstechniken, verfeinerte diagnostische Instrumente, sowie analoge Verhaltensstichproben liefern, die sich der operanten Methodologie bedienen und die dazu benutzt werden können, das Reaktionsrepertoire eines Patienten, die Reichweite und den Typus effektiver Verstärkungskontingenzen und andere Lernparameter zu bewerten. Der Verhaltenstherapeut wird in einiger Zeit sein »klinisches Wissen« wahrscheinlich dazu benutzen, daß er die Rolle bewertet, die andere Faktoren (z. B. Hilfsmittel aus der sozialen und materiellen Umwelt des Patienten, kulturelle Normen und Erwartungen der Personen, mit denen der Patient lebt) bei der Wahl der Behandlungsstrategie spielen, und daß er entscheidet, an welchem Punkt der komplexen, wechselbezogenen Verhaltensmuster des alltäglichen Lebens er intervenieren soll.

KAPITEL 11

Einige Fragen zur Ethik, zur Ausbildung und zu den theoretischen Grundlagen der Verhaltensmodifikation

Neben den Problemen der jeweils spezifischen Anwendung von Forschungsergebnissen in der verhaltenstherapeutischen Praxis begegnen wir allgemeinen Fragen, die dem Gesamtbereich der Psychologie gelten. Andere Probleme wiederum befassen sich mit der Rolle der Verhaltenstherapie in unserer sich wandelnden Kultur. In den bisherigen Kapiteln setzten wir uns mit spezifischen Aspekten des Meinungsstreits in der klinischen Praxis auseinander sowie mit den psychologischen Modellen, die dieser Praxis zugrunde liegen. In einer Arbeit, die sich in erster Linie damit befaßt, die Bezüge zwischen verhaltenstherapeutischen Techniken und der entsprechenden Grundlagenforschung zu erhellen, kann keines dieser Probleme in seiner vollen Tragweite behandelt werden. Trotzdem sollten wir in diesem letzten Kapitel einige begriffliche, soziale und praktische Probleme erläutern, die von Verhaltensmodifikationstechniken aufgeworfen werden und die wir bisher nur am Rande behandelt haben. Diese Probleme betreffen den Berufsstand des Verhaltenstherapeuten generell und nicht bloß den einzelnen Praktiker, der in seinem jeweiligen konkreten therapeutischen Vorgehen mit Entscheidungen und Fragen konfrontiert ist, die an dieser Stelle nicht behandelt werden sollen. So werden wir uns in dieser Diskussion einiger theoretischer Probleme nicht mit vereinzelten Theorien oder Erkenntnissen über Parameter des Lernens, sondern mit allgemeinen Entwicklungstrends der Verhaltenstheorie befassen.

Die Behandlung dieser allgemeinen Fragen zum Schluß dieses Buches schien uns deshalb angemessen, weil sie für die derzeitige Bewertung und für den zukünftigen Nutzen der Verhaltenstherapie wichtig sind. Außerdem sollten wir uns vor Augen führen, daß eine konsequente Bewertung der Verhaltenstherapie nur dann möglich ist, wenn wir ihren Standort im breiteren Kontext der gegenwärtigen fachlichen und wissenschaftlichen Entwicklungen bestimmen. Wir sind der Meinung, daß die Verhaltenstherapie nicht aus dem breiten Gesamtzusammenhang der klinischen Praxis herausgelöst werden darf, ja, daß sie — wollen wir sie richtig verstehen — in den Kontext der Psychologie, Biologie, Technologie und des soziokulturellen Wandels integriert werden muß. Der verhaltensorientierte Standpunkt ist zugleich Spiegel und Konsequenz des *Zeitgeists*, der seinerseits rasche und häufig unvorhergesehene Veränderungen in jedem Bereich unserer Kultur widerspiegelt. Die zukünftige Lebensfähigkeit jedes therapeutischen Ansatzes hängt zweifellos ab von seiner Fähigkeit, neues Wissen zu integrieren, sich wandelnde Verhaltenskriterien der Gesellschaft zu berücksichtigen und Veränderungen der beruflichen Praxis, bewirkt durch neue soziale Forderungen an die Verhaltenswissenschaften, zu vollziehen. In diesem Sinne ist der gegenwärtige Status jeder Therapie großenteils bedingt durch deren Verhältnis zum derzeitigen Entwicklungsstand anderer Fachbereiche und zu den derzeitigen gesellschaftlichen Forderungen. Um die Aussichten der Verhaltenstherapie von heute und morgen bewerten zu können, müssen wir uns mit diesem breiteren Kontext befassen.

Dieses Kapitel behandelt vier miteinander verquickte Aspekte dieses Kontexts, die alle im Hinblick auf die zukünftige Form und Bedeutung der klinischen Psychologie eine wesentliche Rolle spielen werden. Wir werden uns zunächst den soziokulturellen Veränderungen zuwenden, die die Anforderungen an die klinische Praxis und ihre Möglichkeiten beeinflussen. Zweitens werden wir uns mit einigen ethischen Problemen befassen, die aus der klinischen Praxis und Forschung nicht wegzudenken sind. Dabei werden wir uns zunächst mit allgemeinen Fragen der gesellschaftlichen Veränderung und der beruflichen Verantwortlichkeit auseinandersetzen, um dann auf die entsprechenden Probleme der klinischen Psychologie und Verhaltenstherapie einzugehen. Da die soziokulturellen Entwicklungen stets den Hintergrund abgeben, vor dem alle anderen Einflüsse entstehen, wird jeder Abschnitt dieses Kapitels auch diesen Aspekt behandeln. Der dritte Abschnitt geht auf die Erziehungsmodelle und -ziele der klinischen Psychologie ein. Er untersucht Entwicklungen der Verhaltenstherapie, die sich auf Ausbildungsprogramme auswirken könnten. Und der letzte Abschnitt schließlich setzt sich mit einigen Problemen der gegenwärtigen S-R-Theorien und damit auseinander, wie diese Theorien auf klinische Probleme angewandt werden. Außerdem diskutieren wir die begrifflichen und praktischen Veränderungen, die, soll das Verhaltensmodell an Einfluß zunehmen, wahrscheinlich nötig sein werden.

Soziokultureller Wandel und klinische Praxis

Die vier Fragen, die dieses Kapitel behandelt, sind wechselseitig bedingt, sind eng miteinander verquickt. Ersichtlich wird dieses Ineinandergreifen aus den raschen und komplexen Veränderungen der heutigen klinischen Praxis und der Vorstellungsmodelle und Aktivitäten auf dem Gebiet der Geistesstörungen. Die herkömmlichen Modelle und Annahmen, von denen man bei der Beschreibung gestörten Verhaltens ausgeht, die Methoden, mit denen man psychopathologische Erkrankungen zu »kurieren« versucht, das in den heilenden Berufen tätige Personal, die Versorgung der psychisch Kranken und das ganze Bild, das sich die Gesellschaft von der gestörten Einzelperson macht, all diese Dinge werden neu überprüft und durch neue Entwicklungen werden neue Akzente gesetzt. COWEN und ZAX (1967) haben einige der Hauptgründe zusammengefaßt, die zu der allgemeinen Unzufriedenheit mit Behandlungsmethoden der Psychopathologie geführt haben:

1. Die Hilfsmittel, mit denen man die Forderungen und Bedürfnisse der Kran-

ken zu befriedigen versucht, sind unzureichend. Chronischer Mangel an Apparaten, Personal und Geld hat zu unzulänglichen Leistungen, langen Wartelisten und verschleppten Neuerungen geführt.

2. Die herkömmlichen therapeutischen Verfahren sind nicht in der Lage, bei umfangreichen Kategorien von Störungen entscheidend zu helfen. Senile, schizophrene, retardierte und andere chronische Patienten haben häufig lediglich ein Minimum an Schutz und Pflege erhalten, ohne in den Genuß einer Behandlung oder Rehabilitation zu kommen.

3. Die so hochgeschätzte Einzeltherapie hat sich nicht als wirklich effektiv erwiesen, und schon gar nicht gewachsen war sie den hohen Ansprüchen, die man an sie stellte. Es gibt zahlreiche Arten von Verhaltensstörungen, bei denen man Behandlungsdaten erarbeitet hat, die die Nützlichkeit der Einzelpsychotherapie nicht belegen.

4. Der üblichen Krankenversorgung ist es nicht gelungen, große Ungerechtigkeiten auszuschalten, die vor allem mit Unterschieden der Rasse, Erziehung, des Alters und der sozialen Klasse zu tun haben. Man hat immer wieder nachgewiesen, daß Art, Umfang und Qualität der Versorgung von diesen klinisch unmittelbar nicht relevanten Variablen abhängen.

5. Den herkömmlichen Behandlungsmethoden und den entsprechenden Versorgungssystemen ist es nicht gelungen, sich den sozialen Bedürfnissen und dem Lebensstil der größten Gruppe Versorgungsbedürftiger anzupassen, von denen die meisten nicht die Hilfe bekommen, die sie brauchen. Es existiert häufig eine gewaltige Kluft zwischen den hochgesteckten Zielen vieler Therapien und den realen Bedürfnissen eines sozial, beruflich oder sexuell behinderten oder unfähigen Patienten. Diese Kluft sticht bei den ungebildeten, armen und alten Patienten am stärksten ins Auge.

Durch diese und andere Ursachen der Unzufriedenheit sieht man sich heute gezwungen, Ziele und Modelle der ärztlichen Versorgung zu überprüfen und Organisation und Techniken neu zu gestalten. Verhaltensstörungen werden nicht mehr als individuelle Probleme, sondern als Probleme der *Gemeinschaft* definiert; das geht aus Präsident KENNEDYs Botschaft an den Kongreß von 1963 hervor, in der er die bundesweite Unterstützung der staatlichen Planung umfassender Versorgungsmöglichkeiten befürwortete. Die Unterstützung der verschiedenen Behandlungsweisen beginnt sich auf lokale Gemeinschaftszentren zu verlagern und die ambulante Behandlung (Tageskliniken usw.) rückt zusehends in den Vordergrund (siehe z. B. *Community Mental Health Centers Act*, 1963). Das Schwergewicht liegt in zunehmendem Maße nicht mehr auf der »Heilung«, sondern in erster Linie auf der Vorbeugung und in zweiter Linie auf der Rehabilitation (siehe z. B. FAIRWEATHER, 1964; CAPLAN, 1964; SANFORD, 1965). Diese fundamentalen Veränderungen werfen bereits neue Probleme auf und lassen herkömmliche Ausbildungsmethoden rasch veralten. Das gilt auch für die Definition der Rolle des Klinikers und für die ethischen Maßstäbe, die den Rechten und Pflichten des Klinikers zugrunde liegen.

Auslösende Momente der Veränderung

Der Psychotherapeut ist, wie jeder andere Fachmann auch, in seiner Tätigkeit den Werten, Bedürfnissen und Forderungen der Gesellschaft verpflichtet. Durch die neuen Erkenntnisse und Technologien verändern sich seine therapeutischen Instrumente und die zu behandelnden Verhaltensprobleme ständig. Außerdem wird seine Strategie durch Veränderungen beeinflußt, die in seiner Wissenschaft und in seinem Arbeitskontext stattfinden. Der rasche Wandel, der sich auf diesen beiden Gebieten vollzogen hat, hat auch die klinische Praxis entscheidend beeinflußt.

Die entscheidende Beeinflussung psychologischer Behandlung durch Projekte der öffentlichen Hand, ist, was die zukünftige Entwicklung angeht, wohl am schwersten abzuschätzen. Diese Beeinflussung ist zwar allgemein bekannt, doch ihre eigentliche Bedeutung einzusehen, ist schwierig. Wir meinen hier die enormen und immer rascheren Veränderungen im soziokulturell-materiellen Bereich, die eine Folge sind der technischen Entwicklung, der Bevölkerungszunahme, der soziopolitischen Neuorganisationen und des zunehmenden Wissens. Der Wandel der Psychologie und der psychopathologischen Methoden läuft diesen umfassenderen sozialen Veränderungen parallel, und diese Veränderungen haben eine tiefgreifende Wirkung auf das gesamte Leben der Normalperson. Technologische Fortschritte in der Physik und in den Sozialwissenschaften und ihr Einfluß auf die bestehende kulturelle Ordnung erzeugen neue Bedürfnisse, neue Werte und neue Probleme, denen neue kulturell-politische Strukturen nur zeitweise gerecht werden, denn all diese Strukturen veralten entweder rasch oder sie erzeugen eigene Probleme. Verhaltensmuster sind ständigen neuen Einflüssen ausgesetzt und bislang stabile soziale Einrichtungen erfordern dringend radikale Veränderung. Ganz gleich, ob es sich um das Fernsehen oder um die Pille, um den Wohlstand oder um automatisierte Fabriken, um die Zerstörung der Umwelt oder um die Politik der schweigenden Mehrheit handelt, die Erfindungen und Ereignisse der letzten Jahrzehnte, die dem Durchschnittsbürger zunächst so gar nichts sagten, haben zu so tiefgreifenden Verhaltensänderungen geführt, daß sie häufig als Revolutionen bezeichnet wurden — so gab es z. B. die sexuelle Revolution, die Revolution der Bürgerrechtsbewegung, die Revolution auf dem Gebiet der Erziehung. Andere Etikette unterstreichen ebenfalls das dramatische Tempo, mit dem sich Verhalten und Einstellungen ändern — so gab es die Drogenkrise, die Krise der Stadtentwicklung, das Generationenproblem, die Wohlstandsgesellschaft und die Bevölkerungsexplosion.

CARL ROGERS (1968) schrieb mit dem Blick auf das Jahr 2000:

»... ich möchte auf das größte Problem hinweisen, mit dem der Mensch in den kommenden Jahren konfrontiert sein wird. Ich meine nicht die Wasserstoffbombe, so schrecklich diese auch sein mag. Ich meine nicht die Bevölkerungsexplosion, so fürchterlich es auch ist, wenn man über die Folgen nachdenkt ... Ich meine die Frage, wieviel an Veränderung der Mensch akzeptieren, aufnehmen und verarbeiten kann, und ich meine das Tempo, mit dem er das schafft. Kann er Schritt halten mit dem ständig zunehmenden Tempo der technologischen Veränderung oder gibt es einen Punkt, an dem der menschliche Organismus zerbricht? Kann er die statischen Mittel und die statischen Richtlinien, die seine ganze Geschichte beherrscht haben, aufgeben, um sich nun die dynamischen, die prozeßhaften Mittel und Wege anzueignen, die fortwährende Veränderbarkeit, die er, will er überleben, sein eigen nennen muß?« (S. 260).

Das größte Problem für den Kliniker ist seine relative Unfähigkeit, den sich verändernden psychologischen Anforderungen und den materiellen wie sozialen Hilfsmitteln der »realen Welt« gerecht zu werden. Erfindungen neuer »hardware« zerstören den Arbeitsprozeß und die Lebensweise vieler Menschen und führen zu neuen Methoden der Veränderung instrumenteller Verhalten, noch bevor diese Erfindungen in Miniatur- oder Analogstudien objektiv bewertet werden können. Veränderungen auf den Gebieten der Erziehung, der Einstellungskriterien im Beruf, der Urbanisierung, der Beziehungen zwischen Gruppen, der finanziellen Gleichstellung und Erwartungen führen zu neuen Vorstellungen und Haltungen. Und diese neuen Gesichtspunkte beeinflussen ihrerseits sowohl die Probleme und Erwartungen, mit denen sich der Patient an den Kliniker wendet, als auch die Rolle, die Ziele und die therapeutische Intervention des Klinikers selbst.

Der technologische Fortschritt kann, wenn man ihn weitläufig als »Organisation von Wissen zu praktischen Zwecken« definiert (MESTHENE, 1968, S. 44), als Angelpunkt der Diskussion über einen Großteil der tiefgreifenden Veränderungen der Lebensweise des Menschen dienen. Das ist deshalb so, weil die so definierte Technologie die meisten Veränderungen direkt oder indirekt nach sich zieht. SCHON (1968) hat die Natur des gegenwärtigen sozialen Wandels in hochentwickelten Gesellschaften umrissen: »Die Natur der Veränderungen, die wir zu begreifen versuchen, ist noch nicht klar, doch scheint sie sich in einer Reihe elementarer Schwerpunktverschiebungen zu äußern: Die Tendenz geht vom Produkt zum Prozeß, vom Einzelteil zum System und zum Netz, von statischen zu flexiblen Organisationen (und Technologien), von stabilen Institutionen zu temporären Systemen und zur Fähigkeit, schwierigere und größere Informationskomplexe zu handhaben, von stabilen, dauerhaften Werten zu Werten im Dienst der Veränderung« (S. 16). Die »elementare« Natur dieser Schwerpunktverschiebungen »bewirkt, daß die beiden miteinander verquickten Aufgaben, einerseits von den Möglichkeiten (der Technologie) zu profitieren und andererseits ihre Gefahren einzudämmen, eine wesentliche intellektuelle und politische Herausforderung unserer Zeit darstellen« (MESTHENE, 1968, S. 48)

Eine Analyse dieser weitreichenden und langfristigen Veränderungen läßt eine dreifache Herausforderung der klinischen Psychologie erkennen: 1. sollte sie die »sozialen und psychologischen Verschiebungen«, die der rapide soziokulturelle Wandel mit sich bringt, lindern helfen; 2. sollte sie eine eigene lebensfähigere und effektivere Technologie entwickeln und 3. sollte sie aus ihrem eigenen Fortschritt Kapital schlagen, während sie gleichzeitig die Gefahren einer immer effektiveren Verhaltenskontrolle eindämmen sollte. Konkreter ausgedrückt heißt das, daß der technologische und soziale Wandel zu neuen konflikthaften Werten und zu neuen Kontrollmöglichkeiten geführt hat — Beispiele hierfür sind elektronische Abhöranlagen oder Fernsehwerbung. Neue ökologische Konzeptionen von der Umwelt und von Menschenhand durchgeführte Eingriffe in diese Umwelt sind notwendig geworden (man denke nur an die Stadtsanierung, an neue Möglichkeiten der Konservierung oder an die Kontrolle der Umweltverschmutzung). Technologische und soziale Veränderungen haben in der Gesellschaft und im einzelnen neue Hoffnungen und Ängste geweckt (es existiert einerseits die Möglichkeit wirtschaftlicher und sozialer Gleichheit und andererseits die Bedrohung der bürgerlichen Freiheiten). Dieselben Probleme und Auswirkungen begegnen uns in der klinischen Psychologie, und in dem allgemeinen sozio-technologischen Kontext der folgenden Abschnitte werden wir kurz auf sie eingehen.

In den völlig anderen Bereichen der psychologischen Theorie und Forschung zeichnen sich einige Entwicklungen ab, die eine neue Sicht der Verhaltenstherapie vermitteln könnten. Die heutige Erforschung der Persönlichkeit, der Motivation und anderer Gebiete der Psychologie ist als ein »verwirrendes Wuchern« charakterisiert worden, als ein Verzicht auf die »einfachen und souveränen Ideen« der Vergangenheit (SANFORD, 1968). Das heißt, die heutige Forschung befaßt sich vor allem mit diversen, nicht zusammenhängenden Domänen und kümmert sich kaum um großangelegte Theorien.

Der wissenschaftliche Tatendrang hat in der Forschung und in der Praxis zu einer empirischen und aufs einzelne ausgerichteten Grundhaltung geführt, die häufig zur Folge hatte, daß bisher anerkannte Methodologien und Begriffssysteme beiseite geschoben wurden — so benutzte man z. B. im zunehmenden Maße Einzelfallmethoden oder gab man die Persönlichkeitspsychologie z. T. auf. Wir werden etwas später in diesem Kapitel auf einige Fragen der Lernforschung eingehen, die mit der Verhaltenstherapie besonders stark in Konflikt geraten sind. An dieser Stelle sei lediglich betont, daß die Verhaltenstherapie, deren Entwicklung Hand in Hand ging mit der Entwicklung der Psychologie, in Zukunft dieselben Chancen hat, wenn sie sich neue methodologische und konzeptuelle Entwicklungen der Psychologie zunutze macht und wenn sie die Trends, durch die Gesichtspunkte von heute veralten, berücksichtigt.

Alte und neue Werte und das Problem der Kontrolle — einige ethische Fragen

In der Vergangenheit dachte der durchschnittliche Berufspsychologe bei dem Begriff »Ethos« wohl in erster Linie an das Verbot, Klienten sexuell auszunutzen, die eigene legitime Zuständigkeit zu überschreiten oder seine Schweigepflicht zu verletzen. Dieses »Ethos« hat in der *American Psychological Association* möglicherweise auch einen gewissen Standesdünkel erzeugt, der sie bewegt haben mag, ihre umfangreichen und detaillierten *Ethical Standards*

(APA, 1953, 1963) zu entwickeln, die als offiziell anerkannter ethischer Kodex einer wissenschaftlichen Organisation lange Zeit einzig dastanden.

In jüngerer Zeit ist die ethische Frage zu einem wichtigen allgemeinen und polemischen Diskussionsgegenstand aufgerückt, und das nicht nur in der angewandten Psychologie, sondern auch in politisch einflußreichen staatlichen Gremien, in der wissenschaftlichen Forschung und in der beruflichen Praxis aller Bereiche. Da sich die Fragestellung geändert hat, ist dieses Thema immer akuter geworden, was sicher zum Teil auf die bereits erwähnten sozialen und technologischen Veränderungen zurückzuführen ist. Sowohl die *American Psychological Association* als auch die *Association for the Advancement of Behavior Therapy* haben Sonderausschüsse eingesetzt mit der Aufgabe, ethische Richtlinien für die Anwendung der Verhaltensmodifikation und für die Bewertung und Beglaubigung der fachlichen Eignung von Verhaltenstherapeuten zu entwickeln. Diese Aktivität beweist, wie dringend es ist, Wertkonflikte auf unserem Gebiet feinfühlig zu behandeln, zu durchleuchten und zu beschreiben, genauso wie Forschung und berufliche Praxis generell einer erneuten eingehenden Überprüfung bedürfen.

Konflikt zwischen Wissenschaft und gesellschaftlicher Moral

Durch den Zuwachs an Macht und Kontrolle, der ein Ergebnis ist neuen Wissens, neuer Rollen und neuer Technologie, sind in allen Disziplinen Situationen entstanden, in denen Wertvorstellungen, Forderungen der Gesellschaft und die selbstauferlegten Verpflichtungen des Fachmanns und des Wissenschaftlers miteinander in heftigen Konflikt geraten. Neue Möglichkeiten und neue Anforderungen an die Wissenschaft und an den Fachmann erzeugen schwierige ethische Probleme. BRAYFIELD (1968) bemerkte, daß »die ethischen Fragen zur Entwicklung und Anwendung psychologischen Wissens in einem Maße öffentlich erörtert werden können, daß sie in einem Maße unser berufliches Interesse in Anspruch nehmen und daß sie in einem Maße immer komplexer und umfassender werden, wie das zu keiner Zeit in der Geschichte unserer Disziplin der Fall gewesen ist« (ohne Seitenangabe). Das trifft auch auf die meisten, wenn nicht auf alle anderen Gebiete zu, die von der rapiden Entwicklung des Wissens und der Technologie betroffen sind. Unter den vielen kritischen Bereichen haben wir zur genaueren Untersuchung die Problemkreise Kontrolle, Privatsphäre und Humanforschung ausgewählt. In jedem dieser Bereiche sieht sich der Forscher und der Berufspsychologe mit Konflikten zwischen Werten und Prioritäten konfrontiert. Der forschende Psychologe kann in seiner Arbeit Prioritäten setzen, die mit den gesellschaftlichen Wertvorstellungen im allgemeinen oder mit den Belangen der Versuchsperson im besonderen in Konflikt geraten. Die Prioritäten der Versuchsperson unterscheiden sich von den grundlegenden Bedürfnissen der Wissenschaft. Für eine wissenschaftliche Disziplin besitzt die Anhäufung von Wissen einen anderen Stellenwert als für die Gesellschaft generell. Der klinische Forscher ist gleichzeitig Mitglied vieler sozialer Einheiten. Das aber führt zu widerstreitenden

Verpflichtungen. Als Bürger, Wissenschaftler, Kliniker, Angestellter und Vertrauensperson ist er verschiedenen Segmenten der Gesellschaft, seiner eigenen Disziplin, seinem Patienten, seiner Versuchsperson, seinem Vorgesetzten oder andern Personen und Prinzipien verpflichtet.

In der Realität zeichnet sich das zunehmende Interesse für ethische Probleme in kürzlich erlassenen Gesetzen und Verwaltungserlassen der Bundesregierung ab, die für eine schärfere Kontrolle der Arzneimittelforschung und für Richtlinien bei der Benutzung von menschlichen Versuchspersonen in vom Bund unterstützten Forschungsarbeiten sorgten (siehe z. B. CURRAN, 1969). Andere Beispiele des zunehmenden Interesses der Öffentlichkeit für fachliche Entscheidungen mit ethischer Färbung sind die vielen Diskussionen über gleiche Zuteilung von spärlichen klinischen Hilfsmitteln wie Nierendialysen oder verpflanzbaren Organen (siehe z. B. de WARDENER, 1966) oder über die Exituskriterien in Fällen von Organentfernungen zu Verpflanzungszwecken (*Ad Hoc Committee*, 1968). Kongreß-Hearings haben sich befaßt mit psychologischen Tests, Verletzungen der Privatsphäre und mit Verhaltensforschung, die sich mit Außenpolitik überschneidet (APA, 1965 a, 1966 a, b); auch daraus ist zu ersehen, daß die Öffentlichkeit auf ethische Fragen der Psychologie und verwandter Disziplinen sehr empfindlich reagiert.

In all diesen Fällen ist es stets schwierig, die widerstreitenden Wertvorstellungen und die zu treffenden Entscheidungen gegeneinander abzuwägen. So ist z. B. eine Nierendialyse, was Zeit, Personal und Geräte angeht, eine kostspielige Sache. Sie kann nur in klinischen Zentren durchgeführt werden, wo die entstehenden Kosten großenteils durch Subventionen getragen werden. Doch auch dort sind nicht genügend Geräte vorhanden, um alle Patienten zu behandeln, auch wenn sie noch so zahlungsfähig sind. Patienten, die innerhalb kurzer Zeit sterben würden, können ein einigermaßen normales und produktives Leben führen, so lange sie regelmäßig mit der Dialyse behandelt werden. Die Verwaltung und die Ärzte müssen über die Kriterien entscheiden, die bestimmen, wer unter den zahlreichen Antragstellern als Patient ausgewählt wird. Anhand nur sehr weniger Präzedenzfälle müssen sie eine ganze Reihe von Variablen abwägen — z. B. Alter, Leistung im Beruf, Familie, medizinische Prognose mit und ohne Therapie und psychologische Anpassung. Diese Entscheidung auf Leben und Tod und ihr stark wertebestimmter Charakter haben Fachleute wie Öffentlichkeit zu der Frage veranlaßt: Wer sollte zu solchen Entscheidungen ermächtigt werden? Die Mediziner wegen ihres Fachwissens, die Vertreter des Steuerzahlers, der für die Geräte berappt hat oder zivile und kirchliche Obrigkeiten der Gemeinschaft, die mit ihrem Urteil die Gesellschaft vertreten? Krankenhäuser überlassen die Entscheidung häufig Ausschüssen, in denen alle Interessengruppen vertreten sind. Diese Ausschüsse stellen für die Kandidaten, die medizinisch in die engere Wahl gekommen sind, ihre eigenen Kriterien auf.

Bei der praktischen Anwendung wissenschaftlicher Erkenntnisse in öffentlichen Angelegenheiten und bei den weitreichenden Entscheidungen darüber, welche wissenschaftlichen Vorhaben finanziell unterstützt werden sollen, ist eine wesentliche Frage, die beantwortet werden muß, die, welche Projekte der Gesellschaft letztlich zum Vorteil gereichen. Die Entscheidung, welche Politik man am besten verfolgt, kann nach den Verhaltenskonsequenzen beurteilt werden. Ebenso wie bei der funktionalen Analyse des Verhaltens einer Einzelperson oder eines sozialen Systems können auch in diesem Fall alle Elemente der Verhaltensformel im Hinblick auf ihre Effekte, ihren Preis oder ihre Modifizierbarkeit überprüft werden. Dieser Entscheidungsprozeß ähnelt der Behandlungsstrategie, die im klinischen Fall entwickelt wird. Die Beantwortung der Frage »Welchen Preis fordert die Wissenschaft?« ist nur begrenzt möglich, doch würde sie erleichtert werden, wenn eine vorausgehende Analyse die relevanten Vorbedingungen und die Ergebnisse solcher Entscheidungen in behavioraler Terminologie fixieren würde.

Wie das Beispiel von der Nierendialyse zeigt, führen bei derartigen Fachentscheidungen die Wertvorstellungen am ehesten zum Konflikt, bei denen es um die Problematik der Kontrolle geht. Wer soll ermächtigt werden, unter welchen Umständen und mit welchem Ziel wen zu beeinflussen? In der klinischen Praxis wird daraus die Frage: Wo liegt die ideale Grenze zwischen der Hilfe, die man dem sich ändernden Patienten gewährt, und dem »unzulässigen« Einfluß, den man ausübt?

Kontrollprobleme

Die vielfältige Problematik der Kontrolle hat das brennende Interesse von Humanisten, Wissenschaftlern und Politikern erregt. Gesellschaftskritiker haben zwei widersprüchliche Aspekte herausgearbeitet. Auf der einen Seite begegnen wir in den meisten Diskussionen über Verhaltensmodifikation, Systementwicklung und sozioökologische Intervention der Angst vor der depersonalisierten, zentralen Kontrolle und vor der Möglichkeit, daß humanistische moralische Werte durch materialistische und pragmatische ersetzt werden könnten. Auf der anderen Seite fordert man eine Verstärkung der organisierten sozial-environmentalen Kontrolle auf nationaler Ebene, mit dem Ziel, die neuen Errungenschaften der Gesellschaft in ihren Gefahren einzuschränken und in ihrem Nutzen maximal zu fördern. Das *Bulletin of the Atomic Scientists* hat in den letzten Jahren angesichts der Zerstörung unserer biophysikalischen Umwelt zunehmend den Weltuntergang heraufbeschworen:

»Der Mensch hat einige Schritte getan in Richtung auf die Beeinflussung und Regelung seiner natürlichen Umgebung ... Heute ist der Punkt erreicht, an dem eine weitere Kontrolle der Natur zum Vorteil des Menschen die Gefahr in sich birgt, daß die Sozialstruktur des Menschen nicht mehr Schritt halten kann mit der vehementen Entwicklung der wechselseitig abhängigen Technologien. Ob und wie die fällige Neustrukturierung stattfinden kann, wird in den kommenden Jahrzehnten zur entscheidensten Herausforderung der abendländischen Gesellschaft werden« (SCHILLER, 1968, S. 14).

SCHILLER fährt mit der Behauptung fort, es gebe im Westen einen Mythos, der Freiheit mit der unbegrenzten Wahlfreiheit des Individuums gleichsetze.

Er glaubt, dieser Mythos werde am Schluß einen gewaltigen Freiheitsverlust zur Folge haben, wenn nicht zentral gesteuerte Maßnahmen ergriffen würden, die der technologisch bedingten Zerstörung unserer gesamten Gesellschafts- struktur vorbeugend entgegenwirken:

»Es ist reine Ironie, daß die Sorge um die Erhaltung der persönlichen Freiheit, die sich gegen den angeblichen Ansturm der Reglementierung wendet, eine äußerst reale und äußerst gegenwärtige Gefährdung der Freiheit übersehen haben könnte ... Denn es ist doch so, daß die Vorstellung, von einem zügellosen Staat, der Amerika seinen tyrannischen Willen aufzwingt, die gegenwärtigen Verhältnisse, gelinde ge- sagt, karikiert, denn in diesem Land werden die wahrhaft nationalen Funktionen im Namen der Erhaltung der Freiheit vernachlässigt oder bestenfalls unzureichend verwaltet. Tatsächlich ist in unserem Zeitalter massiver technischer Neuerungen die Klärung der Beziehung zwischen Individuum und Gesellschaft überfällig« (SCHILLER, 1968, S. 17).

Alle Bestandteile eines ökologischen Systems sind ihrer Definition nach wech- selbezogen und voneinander abhängig. Daraus folgt, daß Planung und Mana- gement unausgewogen sind, wenn sie sich nur auf einzelne Elemente konzen- trieren, da die Veränderungen irgendeines Elements zu Veränderungen des gesamten Systems führen. Unerwartete und unerwünschte Unausgewogen- heiten einer Ökologie machen sich nur sehr langsam bemerkbar, doch ihre Korrektur ist langwierig und schwierig. Es kann sein, daß sich die Auswir- kungen eines Eingriffs erst in einer Krise in weiter Zukunft bemerkbar ma- chen. Da die Beziehungen, mit denen wir es hier zu tun haben, zahlreich und komplex sind, sind wir gegenwärtig nicht in der Lage, die Vorhersagen zu treffen, die es uns erlauben, für ein besseres biologisches oder soziales Gleich- gewicht in einem ökologischen System zu sorgen.

Der Mythos von der uneingeschränkten Wahlfreiheit des Individuums als Garantie für die Freiheit aller bricht in sich zusammen, wenn Größe und Kompliziertheit der Ökologie des Menschen zunehmen. Der Bauer, der einst in seiner Autarkie und Wahlfreiheit eine Bastion des Individualismus dar- stellte, ist heute nicht nur von Preisstützungen und Erzeugerquoten abhängig, sondern wird auch eingeschränkt in seiner Verwendung von wissenschaftlich entdeckten Erzeugnissen (ein Beispiel ist DDT), damit biologische Schädi- gungen des gesamten Tierlebens und die Zerstörung der Produktivität durch vertilgungsresistente Insekten vermieden werden. Die Schwierigkeiten, denen die Regierung bei der Subvention der Landwirtschaft und der Lebensmittel- preise begegnet, veranschaulichen vorzüglich die generelle Problematik, die das Verständnis und die Kontrolle ökologischer Systeme mit sich bringen. Ge- wöhnlich müssen bei der Planung einer Strategie der Veränderung viele wech- selbezogene Variablen berücksichtigt werden. SCHILLER behauptet, wir müß- ten jene planlosen individuellen Entscheidungen vermeiden, die weitreichende soziale Konsequenzen nach sich ziehen, da solche Entscheidungen andere Ein- schränkungen auferlegen, welche letztlich die Einschränkungen durch gesell- schaftliche Zwangsmaßnahmen weit übertreffen können. Ein Unvermögen der Gesellschaft, Verhalten zu regeln, die sich auf andere auswirken, kann die

Hoffnung auf individuelle Erfüllung, die der derzeitige materielle und technologische Fortschritt beinhaltet, zunichte machen. Viele Ökologen (z. B. HARDIN, 1968; ODUM, 1969) sind der Meinung, eine völlig neue Art zu denken und eine andere Art »wechselseitig gebilligten Zwangs« seien nötig, um der Krise unserer biologisch-materiellen Umwelt zu begegnen. So aber wird die Vorstellung von der »Freiheit«, die in der Pionierzeit Amerikas verbreitet war, als die Bevölkerung klein und die Ausbeutungsmöglichkeiten der Natur unerschöpflich schienen, untragbar, wenn sich individuelle Freiheiten dahingehend auswirken, daß das Wohl oder sogar das Überleben der sozialen Gruppe bedroht sind. Beispiele hierfür sind die Wasserverschmutzung oder die rücksichtslose Nutzung des Bodens.

Bildet die soziokulturelle Umwelt das Modifikationsziel, scheinen Vorhersage und Kontrolle noch schwieriger als im Einzelfall zu sein. Als Maßnahmen, die die Handhabung und Regelung der Ökologie des Menschen verbessern sollen, hat man wissenschaftliche Systeme des Entschlußfassens, die Einführung nationaler Datenbanken und die regelmäßige Überprüfung der sozialen Gesamtperformanz und der Lage des Landes vorgeschlagen (BAUER, 1966; GROSS, 1966; PRICE, 1969).

Befürworter wie Kritiker dieses Standpunkts weisen auf praktische und einstellungsbedingte Hindernisse hin, die sich einer technischen Lösung der ökologischen Probleme des Menschen in den Weg stellen würden. Alle gesellschaftlichen Institutionen sträuben sich gegen Veränderungen und reagieren auf die Drohung, die die Macht des Wissens impliziert, feindselig. Werden gesellschaftliche Organisationen modifiziert, um neue Möglichkeiten zu verwirklichen, kann es sein, daß Ziele, die einst genauso wichtig waren, vernachlässigt werden. Auch dann, wenn über neue Ziele und Methoden Übereinstimmung erzielt wird, gibt es keine moralischen, gesetzlichen oder politischen Führungsgruppen, die eindeutig autorisiert wären, großangelegte Zwangsmaßnahmen gegenüber individuellem und gemeinschaftlichem Verhalten zu verfügen. Probleme dieser Art werden noch kompliziert durch das mangelnde Verständnis und die zu geringe Einbeziehung der Öffentlichkeit. Das aber hat zu einer *Laissez-faire*-Haltung gegenüber wissenschaftlichen und technologischen Neuerungen geführt. Die politische Lösung des Kontrollproblems durch totalitäre Machthaber ist genauso unzureichend, aber nicht nur wegen ihrer politischen und gesellschaftlichen Auswirkungen, sondern auch deshalb, weil die heutigen totalitären Systeme, was die ökologische Steuerung anlangt, nicht effektiver verfahren als demokratische Regierungen. Und schließlich gibt es noch ein Problem, dem wir alle in den verschiedensten Bereichen begegnet sind — es besteht darin, daß es offensichtlich ungemein schwierig ist, Ausübung von Macht angemessen zu kontrollieren, ohne die nötigen Entschlüsse durch Bürokratismus und Machtkämpfe zu gefährden.

Der Widerstand gegen eine stärkere wissenschaftlich fundierte Kontrolle der Gesellschaft wird vor allem durch die Angst erzeugt, eine unpersönliche »Maschinenzivilisation« könne das Individuum rasch unterdrücken und die Gesellschaft entmenschlichen. Man befürchtet, daß Ungerechtigkeiten zunehmen, weil statistische Vorhersagen über menschliche Werte getroffen werden. Hält z. B. ein Polizist einen »verdächtigen« Passanten an, so reagiert er auf einer statistischen Basis auf die Kleidung, die Bewegungen, den vermeintlichen sozioökonomischen Status und auf andere Merkmale dieser Person. Vertreter von Minderheiten und Jugendliche, deren Äußeres von dem der übrigen Gesellschaft abweicht, beklagen sich über Schikane der voreingenommenen Polizei, wenn sie aufgrund richtiger oder falscher Vermutungen angehalten und überprüft würden. In solchen Fällen liegt die Schuld nicht bei der statistischen Methode. Sie liegt bei der Entscheidung darüber, wie und wann statistische Auswahlverfahren angemessen sind. Nur wenige Menschen beklagen sich darüber, daß am meisten Polizei immer dann aufgeboten wird, wenn — nach statistischen Erkenntnissen — die Kriminalität am stärksten ist. Derselbe Fehler, einen Mißstand auf ein Instrumentarium und nicht auf seine unangemessene Anwendung zurückzuführen, wird dort begangen, wo Methoden und Geräte psychologischer Vorhersage und Kontrolle benutzt werden. Nicht Hypnose-, Konditionierungs- oder Überzeugungsmethoden bilden die Gefahr — die Gefahr bildet ihr wahlloser Gebrauch.

Man hat Wissenschaftlern den Vorwurf gemacht, sie sorgten für neue Möglichkeiten, den einzelnen zu kontrollieren, und man hat sie bezeichnet als »Hexenmeister, die dem menschlichen Abenteuer gegenüber völlig blind sind ... [Das ist] eine Diktatur nicht von genagelten Stiefeln, sondern von Reagenzgläsern« (ELLUL, 1964, S. 434—435). Ein französischer Soziologe, der für moderne wissenschaftliche Managementverfahren in der Regel aufgeschlossen ist, warnte: »Hütet euch vor der Versuchung, der man so leicht erliegt: der Arroganz der Vernunftgläubigkeit ... Es ist eine Narrheit anzunehmen, eine rationale Sicht der Welt, die auf der Unvermeidbarkeit wissenschaftlichen Fortschrittes basiert, könne mit einer fragmentierten, kulturell vielfältigen Gesellschaft voller komplexer emotionaler Probleme zurechtkommen ... Jede Person als abstrakte Einheit zu betrachten, bedeutet, gegenüber der kulturellen und institutionellen Vielfalt die Augen verschließen« (CROZIER, 1969). Dogmatische oder totalitäre Kontrolle kann aus dem blinden Glauben an das »technologische Wundermittel« für alle Probleme des Menschen hervorgehen oder aus dem Mißbrauch wissenschaftlicher Erkenntnisse, der dadurch zustande kommt, daß diese zur logischen Grundlage deklariert werden, die bei politischen Entscheidungen menschliche Werte oder moralische Urteile ersetzt.

Die Wertkonflikte und Dilemmas der wissenschaftlichen Berufe sind auch dem Psychopathologen nicht fremd. In allen heutigen Behandlungsansätzen stoßen wir auf ethische Probleme und widersprüchliche Ziele; bei vielen therapeutischen Entscheidungen, die von einem Augenblick zum anderen gefällt werden, läßt sich jeder Therapeut von seinem Glauben an sich selbst als gesellschaftliche Instanz, von einer kleinen Machtgruppe innerhalb der Gesellschaft oder vom Klienten leiten. Jeder Therapeut stellt sich gewisse Fragen: In welchem Umfang verletzen Techniken der Verhaltenskontrolle die Freiheit des Individuums? Stellt die *Nichtanwendung* einer potentiellen Technologie der Verhaltenskontrolle letztlich einen Verlust an Freiheit für das Individuum und die Gesellschaft dar, oder dreht es sich um eine notwendige Vorsichtsmaßnahme gegen eine Manipulation? Statistische Vorhersagen und im Labor entwickelte Therapiemethoden können den Eindruck erwecken, als bedrohten sie humanistische Werte und die Achtung vor der Würde und Wahlfreiheit des einzelnen. Die gesellschaftliche Verordnung von Verhalten kann zwar erfahrungsbezogen sein, doch kann sie auch emotionale Bedürfnisse übersehen, die für die Erfüllung des Menschen vielleicht wichtiger sind.

Diese und viele ähnliche Fragen hat man im Zusammenhang mit den Behandlungsansätzen für Verhaltensstörungen aufgeworfen. In der Psychopharmazeutik und in der Neurophysiologie hat man sehr früh das Potential der »Kontrolle des Geistes« und die Möglichkeit erkannt, die Wertwahl des einzelnen von außen zu steuern. Und ebenso erkannte man den Konflikt, in dem sich der Psychologe befindet, der in seiner Rolle auf einzigartige Weise sowohl Forscher/Entwickler als auch Praktiker/Anwender ist. Diese Koppelung zweier Rollen bedeutete, daß man Wertungsprobleme nicht vermeiden konnte, indem man die Anwendung der eigenen Befunde und die moralischen Dilemmas der Praxis auf andere soziale Gruppen abschob. Man veranstaltete Symposien, um einen Meinungsaustausch zwischen den verschiedensten betroffenen Gruppen in Gang zu bringen, nämlich zwischen Psychologen, Pharmakologen, Philosophen, Theologen, Historikern und Künstlern (FARBER und WILSON, 1961, 1963). Manche schlugen vor, »die Gesellschaft müsse sich so organisieren, daß ein gewisser Anteil der fähigsten und phantasiebegabtesten Wissenschaftler ständig bemüht ist, die langfristigen Auswirkungen vorherzusehen«, die neue Erkenntnisse und Praktiken nach sich ziehen; tut man das nicht, bliebe diese Aufgabe der »Aufgewecktheit einzelner überlassen, die Gefahren vorherzusehen und Lobbies zu bilden, die versuchen, die Fehler zu korrigieren ...« (SOLANDT, 1969, S. 445).

Wenn eine soziale Institution wie die Nervenklinik neu organisiert werden soll, muß ebenfalls das empfindliche Gleichgewicht zwischen heilsamer Führung und totaler Kontrolle sorgfältig gewahrt werden. So verglich z. B. SASLOW (1964) die Merkmale einer therapeutischen Stationsgemeinschaft mit der in China verbreiteten »Umerziehung« (LIFTON, 1961). In bezug auf die Kontrolle des Kommunikationsflusses, die Manipulation des Triebzustands, die Forderung nach »Tugend« oder Reinheit (die von den Kontrolleuren definiert werden), den Kult der Selbstanklage, das Verbot, grundlegende Annahmen in Frage zu stellen und die Benutzung spezifischer Sprachverhalten, die den Denkprozeß abbrechen, in bezug auf all diese Dinge entdeckte SASLOW qualitative Ähnlichkeiten mit nur quantitativen Unterschieden zwischen den beiden Strukturen. SASLOW folgerte, daß, obwohl die »Umerziehung« hauptsächlich aus Zwang und Ermahnungen besteht, während die Stationsgemeinschaft Therapie und Selbstverwirklichung betont, beide Arten der Behandlung dieselben Prozeduren benutzen und von derselben Annahme ausgehen, daß nämlich die soziale Kontrolle durch Personen, die durch doktrinäre Anmaßung und legale und soziale Vorrechte gegen Gegenkontrolle gefeit sind, immer »zu deinem Besten« ist. Der Autor wies auch darauf hin, daß die Rückkehr in Amerikas pluralistische Gesellschaft psychiatrischen Patienten helfen könne, die absolutistischen Tendenzen von Krankenhausstationen zu bekämpfen. Das Krankenhauspersonal muß also ständig das ethische Dilemma der Unterscheidung zwischen Zwang und Behandlung im Auge haben und darauf achten, daß die Behandlung zwangfrei bleibt. Dieselben Vorsichtsmaßnahmen gelten verstärkt für die technisch noch totaler manipulierten Umwelten, die wir im Kapitel über operant arbeitende Ansätze beschrieben. Wie immer der Rahmen auch beschaffen sein mag, die Gefahr besteht stets darin, daß ein Therapeut sich das Recht anmaßen kann zu entscheiden, wie Patient und Umwelt funktionieren sollen, wobei er seine eigenen Kriterien erwünschter sozialer Effektivität benutzt, anstelle der Kriterien, die der Empfänger der Behandlung oder die die Gesellschaft liefert.

Als sich neue Therapien (z. B. die Milieutherapie oder die operante Konditionierung) mit den Problemen der sozialen Kontrolle auseinandersetzten, wurde derselbe Maßstab auch an die herkömmlichen Psychotherapien angelegt. Dabei entdeckte man, daß auch sie nicht frei waren von Beeinflussung und Kontrolle, eine Frage, die davor nicht ernsthaft untersucht worden war. Untersuchungen über die Auswirkungen von Erwartungen, Wertvorstellungen und kongruenten Einstellungen, sowie die Abhängigkeit des Behandlungsergebnisses von den sozialen Verstärkungen des Therapeuten und von der Ausformung wechselseitiger Rollenerwartungen (FRANK, 1961 b; GOLDSTEIN, 1962), all diese Dinge haben reichlich belegt, daß alle Psychotherapeuten über ihre Klienten Einfluß und Kontrolle ausüben (vgl. Kapitel 10). Diese Erkenntnis ist von manchen Therapeuten dazu benutzt worden, neue Prozeduren zu verteidigen, die sich augenfälliger Kontrolloperationen bedienen. Unter allen Techniken, die in dem Meinungsstreit über das Kontrollproblem erwähnt wurden, wurden die Konditionierungstherapien am heftigsten kritisiert. MAY z. B. stellte den Verhaltenstherapeuten als eine Art Roboter dar, der die Verhaltenskontrolle um ihrer selbst willen schätzt:

»Nun bedeutet aber diese Art des Konditionierungsansatzes der Psychotherapie ganz offensichtlich, daß der Patient auf die Ziele des Therapeuten hin konditioniert wird, da ja der Therapeut den Patienten kontrolliert; doch übernimmt der Therapeut dafür keine echte Verantwortung, da er selbst eine programmierte IBM-Maschine ist; so aber braucht man nicht erst ins Detail zu gehen, um darauf hinzuweisen, daß die volle Bedeutung der menschlichen Freiheit — gemeint sind Freiheit und Verantwortung in jeder nur sinnvollen Bedeutung — dadurch untergraben wird, und zwar in einem solchen Ausmaß, daß, wenn wir uns diesen Ansatz der Therapie zu eigen machten, die Freiheit zerstört werden würde« (MAY, 1962, zitiert von KRASNER, 1965 b, S. 16).

Kritiker von der populären Presse, die sich mit operanten Ansätzen der Kindererziehung auseinandersetzten, haben sich noch schärfer geäußert: »Der Behaviorismus ist eine Psychologie der Verzweiflung und Selbstverachtung. Wenn der Mensch nichts als eine komplexe Maschine ist, sind Ethik und Anstand Unsinn und sind unsere alten und modernen Philosophen Narren« (LeSHAN und LeSHAN, 1968, S. 100).

Die Kontrolle in der Therapie

KANFER (1965 a) umriß die ethischen Fragen der Verhaltensmanipulation und entdeckte einige Merkmale, auf die sich der Meinungsstreit gewöhnlich konzentriert: 1. Grad und Umfang, in dem Verhaltenskontrolle in therapeutischen Transaktionen möglich und tatsächlich vorhanden ist. Alle Sorge gilt der Annahme, daß Kontrolle *möglich* sei; 2. die *Methoden*, die zur Kontrolle benutzt werden; 3. der *Verhaltensbereich*, der kontrolliert werden soll und 4. die *Kluft* zwischen persönlichen und kulturellen Metawerten. Jedes dieser Merkmale soll in den folgenden Abschnitten eingehender diskutiert werden.

Vorhandensein von Therapeutenkontrolle. Das zunehmende Potential der wissenschaftlichen Kontrolle menschlichen Verhaltens ist eigentlich kein umstrittener Gegenstand zwischen humanistischen oder traditionellen Therapeuten und Behavioristen gewesen. In seiner klassischen Auseinandersetzung mit SKINNER über Probleme der Kontrolle erklärte CARL ROGERS bereitwillig, daß sie in diesem Punkt übereinstimmten.

»Ich bin überzeugt, wir stimmen überein, daß sich die Menschen — als Einzelpersonen und als Gesellschaften — immer bemüht haben, menschliches — also eigenes und fremdes — Verhalten zu verstehen, vorherzusagen, zu beeinflussen und zu kontrollieren.

Ich glaube, wir stimmen überein, daß die Verhaltenswissenschaften in ihrem Verständnis menschlichen Verhaltens rasche Fortschritte gemacht haben und machen werden und daß sich folglich die Fähigkeit, Verhalten vorherzusagen und zu kontrollieren, mit derselben Geschwindigkeit entwickelt« (ROGERS und SKINNER, 1956, S. 307).

Weniger Übereinstimmung herrscht unter den dynamischen Therapeuten darüber, daß jede Therapie mit Kontrolle arbeitet, ganz gleich, ob diese nun vorausgeplant und programmiert ist oder nicht. Gewiß gibt es viele existentialistisch denkende Therapeuten, die ihren direktiven Einfluß abstreiten. GENDLIN (1967) behauptet: Dieser Standpunkt

»... führt den psychotherapeutischen Prozeß nicht auf Wertvorstellungen zurück, sondern Wertvorstellungen auf die Natur des psychotherapeutischen Prozesses ... Wir werden (und können) mit Rückschlüssen auf Werte nicht die Ergebnisse, die wir therapeutisch nennen, aussuchen. Vielmehr ist die Ordnung umgekehrt: Welche Ergebnisse ›therapeutisch‹ sind, erfahren wir empirisch durch den Prozeß selbst ... Kurzum, es sind nicht meine Wertvorstellungen, die den therapeutischen Prozeß bestimmen, sondern es ist die Natur des therapeutischen Prozesses, die (soll dieser überhaupt stattfinden) gewisse Grundaspekte dessen bestimmen, was den Therapeuten ausmacht« (S. 191—192).

Ungeachtet derart extremer Standpunkte geben viele Therapeuten zu, daß ein Großteil des Erfolgs der Psychotherapie — zumindest innerhalb der Grenzen der Patientenkooperation und der Kongruenz zwischen den Zielen und Erwartungen von Patient und Therapeut — auf Kontrolle und Beeinflussung zurückzuführen sei. Wenn Kontrollprozesse bis vor kurzem weniger beachtet worden sind, dann nur deshalb, weil sie relativ unwirksam und verdeckt waren. ULRICH (1967) hat darauf aufmerksam gemacht, daß sich die Problematik sofort ändert, wenn Kontrolle eingeführt wird. Er schreibt:

»Daraus ist zu schließen, daß kontrolliertes menschliches Verhalten eine Tatsache ist, die unabänderlich ist, und Einzelpersonen, die sich mit der persönlichen Freiheit auseinandersetzen, sollten sich zumindest vor Augen führen, daß die einzige sinnvolle Form behavioraler Freiheit möglicherweise auf dem Wissen über die Faktoren basiert, die uns tatsächlich kontrollieren« (S. 229).

Wenn anerkannt wird, daß der Therapeut auf seinen Patienten entscheidenden Einfluß ausübt, müssen sich die Meinungsverschiedenheiten und die ethisch-moralischen Kontroversen mit der Frage auseinandersetzen, wer wen in bezug auf welche Verhalten kontrolliert und das mit welchen Methoden und welchen Wertvorstellungen. Immer häufiger greifen Fachgrößen und potentielle Klientengruppen nicht nur den offenen Zwang, sich therapeutischem Einfluß auszusetzen, an, sondern auch den verdeckteren und raffinierteren Druck, mit dem solche Einflüsse durchgesetzt werden. SZASZ (1970, 1974) z. B. griff nicht nur die verfügte Einweisung in die Nervenklinik an, sondern charakterisiert unsere Gesellschaft als eine Gemeinschaft, die viel zu stark beeinflußt ist von einer Ethik der geistigen Gesundheit — einer Ethik, mit der auf unangemessene Weise zwischenmenschliche Konflikte weginterpretiert oder unterdrückt werden und die dergestalt unsere persönliche Freiheit zunehmend beschneidet. SZASZ spricht dem Individuum das Recht zu, sich zu töten, Drogen zu konsumieren oder verrückte Ideen zu haben, so lange es anderen keinen Schaden zufügt, und der Autor meint, der offene oder verdeckte Zwang sich zu ändern, sei nicht nötig. KITTRIE (1971) geht vom Standpunkt des Juristen aus und vertritt hinsichtlich der Rechte von Häftlingen und anderen Anstaltsinsassen auf Individualität ähnliche Ansichten. Die gut gemeinten Bemühungen, Kriminelle und andere von der Norm abweichende Individuen zu »reformieren«, bedeutet für ihn die Herstellung eines »therapeutischen Zustands«, der nur zu bald mit dem legitimen Schutz der Gesellschaft nichts mehr zu tun hat und die Rechte der Person verletzt, da er zu unrechtmäßiger Anpassung zwingt.

Kontrollmethoden. Einen Brennpunkt der Kontroverse bildet die Anwendung therapeutischer Prozeduren, die mit unmerklichen, aber sehr effektiven Mitteln arbeiten — mit Mitteln, die sich positiver Verstärkung bedienen oder die Alternativreaktionen (darunter auch pathologische) einschränken. Viele Leser scheinen aus den Beschreibungen der »Techniken« und der Laborforschung, die ihnen vorausging, den Schluß zu ziehen, daß der lebende, anteilnehmende Therapeut durch einen toten kalten Automaten ersetzt wird. Doch da wir wissen, wie wichtig es ist, zur Förderung der sozialen Verstärkung und des Behandlungsfortschritts Wärme, Spontaneität und Echtheit zu vermitteln, sind wir davon überzeugt, daß der Verhaltenstherapeut ganz im Gegenteil genau dieselben Eigenschaften besitzen muß wie andere Therapeuten. Trotzdem ist es schwierig, die Vorstellung vom gefühllosen Behavioristen zu beseitigen.

Ebenso scheinen Methoden der Beeinflussung verstärkt beanstandet zu werden, wenn sie ausgefeilt und von vornherein geplant sind. Paradoxerweise können die stärker befürworteten Verfahren, die man an ihre Stelle setzen möchte, genauso stark beeinflussen, nur daß sie eben weniger augenfällig etikettiert und weniger sorgfältig geplant sind, um ihre Effektivität zu maximieren. ROGERS (ROGERS und SKINNER, 1956) z. B. behauptet, die therapeutische Strategie der raffinierten Kontrolle von außen komme der Gehirnwäsche nahe. Und er befürwortet als Alternative zum Verlust der Wahlfreiheit einen Ansatz, der stark an SKINNERS »Futurum Zwei« (Walden Two) und ORWELLS »1984« erinnert und der nicht von statistischen Verhalten, sondern von einer Reihe fluider Prozesse ausgeht, z. B. von Selbstverwirklichung, kreativer Adaptation an eine sich verändernde Umgebung oder Entwicklungsprozessen, die die eigentlichen Ziele bilden und für die Kontrolle ausgeübt wird. Trotz der Tatsache, daß diese Ziele vom Therapeuten und nicht vom Patienten gewählt, verordnet und erleichtert werden, behauptet ROGERS, diese Prozeßziele garantierten eine offene Gesellschaft, in der die individuelle Wahlfreiheit erhalten bleibt. Werden jedoch derart abstrakte Prozeßziele in konkreteren, klareren Begriffen operationalisiert, so unterscheiden sie sich kaum von den Zielen, die der Verhaltenstherapeut verfolgt. Offenbar sind in ROGERS' Augen die raffinierten, aber unverborgenen und ganz bewußten Beeinflussungsoperationen des Modelltrainings, der sozialen Verstärkung und anderer verhaltenstherapeutischer Techniken weniger einwandfrei als die ebenso raffinierten, doch verdeckten Operationen, die vom Therapeuten verordnete Verhaltensänderung bewirken, wobei die therapeutische Intervention nicht ganz so aktiv, nicht ganz so programmiert ist. Obwohl ROGERS der natürlichen Entwicklung der geistigen Gesundheit des einzelnen vertraut, bleibt es in der tatsächlichen Therapie dem Therapeuten vorbehalten, die sog. Selbstverwirklichung zu definieren. Durch dieses Werturteil aber beeinflußt der ROGERSsche Therapeut den Patienten genauso wie andere Therapeuten.

Ein weiteres Merkmal der Kontrollmethoden, das zur Kritik herauszufordern scheint, ist die Benutzung nicht von Bestrafung, sondern von positiver Verstärkung. Die offenkundige Handlung des Belohnens wird im allgemeinen wohlwollend betrachtet, während die Handlung des Bestrafens mißbilligt wird. Im Gegensatz dazu glaubt man, daß die effektive Kontrolle von Individuen durch positive Verstärkung von Betroffenen nicht so leicht durchschaut werden könne, daß Bemühungen der Gegenkontrolle in diesem Fall weniger wahrscheinlich sind und daß diese Prozedur »private« Ereignisse effektiver beeinflußt (siehe Kapitel 8). Daher hält man sie für gefährlicher, bedrohlicher und moralisch verwerflicher als die Kontrolle, die auf aversiven Stimuli basiert (KANFER, 1965 a). Viele Lehrer und Eltern erheben Einwände gegen die Verwendung positiver Verstärkung zur Verhaltenskontrolle, und sie bezeichnen dieses Mittel als »Bestechung« und als zeitweiligen Notbehelf. Positive Verstärkung ist eine augenfällige Möglichkeit, kulturell vorgeschriebene Verhalten aufrechtzuerhalten. Trotzdem zieht man die Kontrolle durch aversive Stimulation in sozialen Institutionen, in der Erziehung, der Religion und der traditionellen Psychologie vor. Die Psychologie unterstrich die Rolle, die die Angst als zentral motivierende Kraft der sozialen Anpassung spielt. Viele Philosophen, Theologen und Persönlichkeitstheoretiker sind der Meinung, daß der Mensch seine »bösen« natürlichen Neigungen bekämpft und in diesem Kontext zur aversiven Selbst- und Fremdkontrolle greift. Vielleicht ist es die neuartige Möglichkeit der positiven Verstärkung überhaupt, die zum Widerspruch reizt.

Schließlich aber müssen alle Methoden, die sich der externen Kontrolle bedienen, in Frage gestellt werden, wenn sie mehr sind als nur zeitweiliger Notbehelf, mit dem Ziel, Verhaltensänderungen einzuleiten. Für dieses »Mehr« gibt es gewiß technische Gründe. So hat man z. B. entdeckt, daß Token-Systemen, wenn sie nicht sorgfältig programmiert sind, im Hinblick auf die Aufrechterhaltung und Generalisierung von Verhalten strenge Grenzen gesetzt sind (siehe z. B. WALKER und BUCKLEY, 1972). Wie immer auch diese technischen Fragen gelöst werden, anhaltende Kontrolle muß aus ethisch-moralischen Gründen stets überprüft werden, auch dann, wenn sie in der relativ milden Form des institutionellen Token-Systems auftritt. Tatsächlich könnte die ständige Anwendung von Methoden, wie sie Token-Systeme darstellen, gesetzlich verboten werden (siehe WEXLER, 1973).

Man sollte sich bemühen, Verhalten dadurch aufrechtzuerhalten, daß man den natürlichen sozialen Kontext oder die natürlichen sozialen Konsequenzen zusammen mit dem Klienten neu arrangiert. Ein Ehepaar kann zu einem Vertrag veranlaßt werden, durch den bestimmte Verhaltensänderungen, die zunächst durch direkte Behandlung instigiert wurden, aufrechterhalten werden. Ein Klient kann eine natürliche Umgebung gegen eine andere eintauschen, um konflikthafte Verstärkungsmuster zu vermeiden. Das ist z. B. dann der Fall, wenn der Alkoholiker die Kneipe um die Ecke meidet und durch neue soziale Bereiche ersetzt. Selbstverstärkung und andere Techniken der Selbstregulierung sollten an die Stelle der direkteren Kontrollmethoden des Therapeuten treten. Auf die Dauer müssen selbstgewählte und selbstauferlegte Kontrollmethoden Verhalten aufrechterhalten. Sollte das nicht der Fall sein, müßten die Kontrollverfahren ständig überprüft werden.

Der zu kontrollierende Verhaltensbereich. Das dritte Merkmal, von dem KANFER (1965 a) erkannte, daß es die Einstellungen zur Kontrolle beeinflußt, ist der manipulierte Verhaltensbereich. Kontrolle bei der Aneignung von Fahrfertigkeiten wird gewöhnlich als wünschenswert betrachtet, während Kontrolle interpersonaler Fertigkeiten und Verhalten schon als fragwürdiger empfunden werden kann und Kontrolle sexueller oder selbstsicherer Fertigkeiten häufig verurteilt wird. Einige Kritiker halten Verhaltensprozeduren für nutzlos, wenn es darum geht, die wichtigsten und außerordentlichsten Funktionen des Menschen zu beeinflussen: »Der Maschinenstandpunkt bewährt sich auf einfachen Ebenen. Er kann ein Kind französische Grammatik oder einfache Formen des Gehorsams lehren. Doch er kann keine Kreativität, Anpassungsfähigkeit, Empathie, Liebe und keinen Mut zuwege bringen«

(LeSHAN und LeSHAN, 1968, S. 100). Die meisten Verhaltenstherapeuten und viele informierte Kritiker der Verhaltenstherapie würden dieser Feststellung nicht zustimmen. Tatsächlich ist es die potentielle Kontrolle gerade solcher komplexer Funktionen wie Kreativität, Selbstkontrolle, Empathie oder Wertbildung, die am meisten gefürchtet oder am eifrigsten gesucht wird.

Der Gehalt privater Wertvorstellungen oder Prozesse ist für die meisten Leute eine intime, persönliche Angelegenheit, die vor äußerer Beeinflussung unbedingt geschützt werden muß. Die therapeutische Beeinflussung wird als besonders bedenklich betrachtet, wenn sie offensichtlich gut funktionierenden Personen (und keinen stark geschädigten Organismen) gilt, da gerade dann die Gefahr besteht, daß private Ereignisse beeinflußt werden. Verhaltensorientierte Kontrollmethoden werden in unserer Gesellschaft in Situationen akzeptiert, in denen ein hoher Grad an Anpassung erwartet wird (z. B. im Kontext der Wiedereinführung minimaler sozialer Verhalten bei Psychotikern oder bei der Beseitigung phobischer Verhalten), nicht akzeptiert werden sie jedoch häufig bei der Beeinflussung der Merkmale, die den Entscheidungsprozeß einer Person ausmachen. Dieses Problem ist eng verquickt mit den Metawertkonflikten, die wir im nächsten Abschnitt behandeln. Tatsächlich ist es so, daß die meisten Überzeugungsmethoden, ganz gleich, ob es sich um Gehirnwäsche oder Psychotherapie handelt, das Individuum veranlassen, seine privaten Erfahrungen, Ängste, Überzeugungen und Einstellungen zu offenbaren, damit sie überprüft und modifiziert werden können. Diese Tatsache ist wegen der Beschaffenheit des behandelten Materials und deswegen besorgniserregend, weil Selbstbeschuldigungen und Selbstoffenbarungen externe Kontrollen verstärken können.

»Die Privatheit, also die Unzugänglichkeit vieler persönlicher Verhalten in einer demokratischen Gesellschaft, stellt wahrscheinlich das Bollwerk der Demokratie dar, weil sie Variabilität und Divergenz von Einstellungen und Überzeugungen ermöglicht. Was im Alltag als das Recht auf Privatsphäre eifersüchtig gehütet wird, wird in der psychotherapeutischen Sitzung ausgeliefert ... Die Möglichkeiten, wichtige Verhaltenssequenzen zu kontrollieren, die gewöhnlich nicht der Kontrolle durch direkte soziale Verstärkung unterworfen sind, diese Möglichkeiten erhöhen das Ausmaß des Therapeuteneinflusses gewaltig« (KANFER, 1965 a, S. 191).

Persönliche Werte und Metawerte. Bei dem vierten Merkmal, das die Einstellung zur Verhaltenskontrolle im Kontext der Psychotherapie beeinflußt, haben wir es mit der Beziehung zwischen den persönlichen Werten und jenen (Meta-)Werten zu tun, die von den meisten Mitgliedern einer bestimmten Kultur anerkannt werden. Persönliche Wertvorstellungen umschließen eine Vielfalt alternativer Verhalten und Ziele, die bei der individuellen Befriedigung gleichermaßen akzeptabel sind. Als gesellschaftliche Instanz handelt der Therapeut mit dem Ziel, die Alternativen vielfältiger zu gestalten, die dem Patienten innerhalb der kulturellen Metawerte zur Verfügung stehen. Da diese Metawerte, vor allem wenn es um private Verhalten geht, häufig verschwommen oder konflikthaft sind, kann der Therapeut unter Umständen zum Deuter und Schiedsrichter kultureller Werte werden. Die Mannigfaltig-

keit von Subkulturen, persönlichen Werten und Therapeuteninterpretationen
hat wahrscheinlich bewirkt, daß sich bei den Psychotherapeuten kein Totali-
tarismus breitgemacht hat und daß eine Ineffizienz therapeutischer Beein-
flussungsmethoden vermieden worden ist. Je stärker eine therapeutische Kontrolle wird und je einheitlicher die Werte sind, die Therapeuten in ihrer
Funktion als Deuter und Instanzen der Gesellschaft befürworten, desto tota-
litärer können therapeutische Prozeduren ausfallen.

Es gibt viele Lebensweisen, zu denen sich Leute entschließen können und
die persönliche Werte widerspiegeln. Hier begegnen wir den Gegensätzen
zwischen homosexuell und heterosexuell, verheiratet und geschieden, starkem
und nicht existentem Drogenkonsum, betonter Freizeit und übergeordneter
Arbeit. Die Kultur gestattet im Alltag viele bipolare Verhaltensmuster, die
nach beiden Extremen zielen, obwohl sie offiziell nur eine polare Entschei-
dungsmöglichkeit gutheißt. So gibt es z. B., obwohl Scheidung in unserer
Kultur verbal abgelehnt wird, Junggesellenklubs und hohe Scheidungsraten.
Im Hinblick auf Alkohol, Zigaretten und Drogenkonsum gibt es sogar noch
mehr konflikthafte kulturelle Signale für die Ausführung individuellen Verhaltens. Metawerte räumen dem einzelnen mehrere Wahlmöglichkeiten ein
und werden in einiger Hinsicht immer nachgiebiger. Wenn ein Therapeut nur
den einen Pol eines Wertpaares vertritt, ist der Klient nicht mehr frei, durch
den therapeutischen Einfluß hindurch die verschiedenen Entscheidungsmög-
lichkeiten zu nutzen.

Verhaltenstherapeuten liegt das ethische Problem der Kontrolle genauso
am Herzen wie ihren Kritikern. Sie können auf gewisse positive Aspekte
ihrer Auffassung von der therapeutischen Verhaltensmanipulation hinweisen:
Es wurde ausdrücklich bestimmt, daß ihre Ziele und Operationen offen dar-
zulegen sind und durch den Klienten oder die Gesellschaft abgelehnt werden
können; die Verhaltensmanipulation schafft planvoll und effizient das, was
andere Prozeduren anstreben und nicht erreichen; und die therapeutischen
Ziele werden von der Gesellschaft, ihren Instanzen oder vom Patienten definiert, nicht aber von der Theorie, die dem Modifikationsprozeß zugrunde-
liegt. Wird z. B. ein bettnässendes Kind mit der Klingel- und Kissenmethode
behandelt, so haben die Eltern des Kindes in ihrer Funktion als Instanzen der
Gesellschaft die offene Kontrolle des Zielverhaltens, das sie den Therapeuten
aufsuchen ließ, befürwortet. Macht das Kind eine Reihe psychoanalytischer
Spielsitzungen mit, führt der Therapeut eine neue Wertgruppe, die seinem
theoretischen Standpunkt entspricht, ein, da sich diese Behandlungsprozedur
nicht um die bloße Beseitigung der unmittelbaren Beschwerde, sondern um
wesentlich umfassendere Veränderungen bemüht.

Zur selben Zeit bleibt die Frage »Wer kontrolliert den Kontrolleur?« und
welche gesellschaftliche Instanz soll ermächtigt werden, legitime Manipula-
tionsziele zu bestimmen, ein ungelöstes Grundproblem der Diskussion unter
Verhaltenstherapeuten. Man hat immer wieder betont, wie wichtig es ist, in
der Berufsausbildung die wertbedingten Implikationen des therapeutischen
Einflusses, die Rolle des Therapeuten bei der Verwirklichung gesellschaftlicher

Ziele und die persönlichen und sozialen Konsequenzen therapeutischer Entscheidungen eingehend zu behandeln (siehe z. B. KRASNER, 1965 a). ROE (1959) meinte, Bewußtsein sei eine hervorragende Abwehrmaßnahme gegen Manipulation, weshalb die psychologische Aktivität, die die Veränderung der Gesellschaft bezweckt, in aller Offenheit abgewickelt werden sollte. Andere Autoren haben auf eine intensivere Erforschung der ethischen Wertvorstellungen und -entscheidungen gedrängt, die in der Verhaltenskontrolle eine Rolle spielen (KRASNER, 1964). Doch im Grunde ist das Dilemma nicht aus der Welt zu schaffen, und die Erziehung der Öffentlichkeit zum Bewußtsein, zur Diskussion und zur abschließenden Regelung der Verhaltenskontrolle scheint der Hauptprozeß zu sein, der dem Verhaltenstherapeuten helfen kann, die nötigen Entscheidungen zu treffen und die Konflikte zu lösen.

LONDON (1964) stellte in bezug auf die Vorstellungen und Reaktionen, die bei Problemen der Verhaltenskontrolle gewöhnlich geäußert werden, einige besonders überzeugende Beobachtungen an. Er behauptet, der Mensch müsse sich grundsätzlich als Kontrolleur des eigenen Verhaltens betrachten und sich als willensfrei erfahren. Doch er behauptet weiter, der Mensch könne ohne externe Kontrolle nicht effektiv funktionieren: »Dieses Gefühl der Willensfreiheit ist ganz gewiß ebenso ein Teil der Natur des Menschen wie die Tatsache, daß er sie nicht besitzt« (S. 170). Der Autor folgert:

»Psychotherapeuten haben eine wichtige Aufgabe, und es sieht so aus, als lernten sie, diese Aufgabe wirklich zu bewältigen. Da ihre Fähigkeit, Verhalten zu kontrollieren und zu manipulieren, zunimmt, wird der moralische Charakter ihres Unterfangens klarer und beunruhigender zu Tage treten. Doch gleichzeitig sollte auch ihr Wissen über den Menschen zunehmen und ihre moralische Position dadurch haltbarer werden. Wenn das geschieht, wird ihr Anspruch auf den Status einer Zunft frei und klar sein, und wird ihre Fähigkeit, dem Individuum und der Gesellschaft zu dienen, kostbar sein« (LONDON, 1964, S. 173).

Die soziopolitische Matrix der Privatheit

Die Achtung vor dem Recht des Individuums oder der Gruppe, sich vor zudringlicher Überwachung zu schützen, wird in unserer westlichen Gesellschaft hoch geschätzt. Doch andererseits benötigt die Gesellschaft Informationen über Individuen und Gruppen, um anderen Werten (z. B. dem des Überlebens) dienen zu können. Das ist z. B. bei Krankheiten der Fall, die die Ärzte verpflichtet sind, dem Gesundheitsamt zu melden. Um den Konflikt zwischen diesen beiden Wertgruppen zu veranschaulichen, sollten wir uns vor Augen führen, daß das Wissen und das Instrumentarium der Verhaltenswissenschaft in zunehmendem Maße als Herrschaftsmittel benutzt werden, mit dem Ziel, die komplexen Probleme des Sozialverhaltens unserer Gesellschaft zu lösen (siehe z. B. NRC Advisory Committee, 1968). Das aber hat bewirkt, daß man neue Mittel des Sammelns, Integrierens und Bewertens sozial-behavioraler Daten vorgeschlagen hat. Außerdem hat man für eine Nationale Datenbank plädiert, in der alle wichtigen sozialwissenschaftlichen Informationen und Berichte anhand eines Zentralcomputers gespeichert sein sollen. Eine Nationale

Datenbank könnte Informationsquellen des Handels, der Erziehung und der Regierung benutzen und enorme Informationsmengen über die Merkmale und das Verhalten jeder Person oder Gruppe bereithalten. Der Kostenaufwand, der mit dem Sammeln und Zusammenstellen der Daten aus den vielen vorhandenen, aber weit verstreuten Registern verbunden wäre, hat verhütet, daß das Volk seiner Privatsphäre beraubt wurde. Fortschritte der Computertechnologie haben sowohl den Kosten- als auch den Zeitaufwand verringert, die zur Speicherung und Abrufung großer Datenmengen nötig sind. Sozialbehaviorale Datenbanken, die die ganze Bevölkerung erfassen, würden unschätzbaren Wert besitzen im Hinblick auf Grundlagenforschung und System- und Evaluationsforschung sowie auf vorurteilsfreie Politikplanung und unvoreingenommene Entscheidungen. Auch wenn ihre Benutzer die lautersten und besten Absichten hätten, könnte schon die bloße Existenz eines solchen Speichers eine grundlegende Verletzung des Rechts auf Privatheit bedeuten. Eine zusätzliche Gefahr wäre die, daß die Daten auch solchen Personen zugänglich sein könnten, die niedrigere Motive treiben. Ein nationales Datenzentrum wäre also der Inbegriff des zunehmenden Konflikts zweier Werte: Einerseits besteht die gesellschaftliche Notwendigkeit, durch Wissen zu planen und zu handeln, und andererseits hat das Individuum das Recht, das Ausmaß und die Bedingungen festzulegen, in dem und unter denen persönliche Informationen anderen zugänglich sein sollen.

Eine Kommission des Office of Science and Technology, die beauftragt wurde, Probleme der Privatheit in der Verhaltensforschung zu untersuchen, nannte die Forschung »die Wurzel des Konflikts zwischen dem Recht des Individuums auf Privatheit und dem Recht der Gesellschaft auf Offenlegung« *(Executive Office of the President*, 1967, S. 4). Die Bedrohung der Privatsphäre durch eine bundesweite zentrale Datenbank wurde im Rahmen von Hearings im Senat und im Repräsentantenhaus untersucht und von vielen Wissenschaftlern und anderen Fachleuten diskutiert (HARRISON, 1967; RUEBHAUSEN und BRIM, 1965; WESTIN, 1967).

Die Privatsphäre ist nicht nur deshalb ein ethisches Problem der Verhaltensänderung, weil private Ereignisse das Modifikationsziel bilden können, sondern auch deshalb, weil die effektive Beeinflussung jeglichen (publiken oder privaten) Verhaltens wahrscheinlich eine umfassende behavioral-soziale Verhaltenserfassung und damit eine Verletzung der Privatsphäre nötig machen würde. Für die Besserung des Patienten können umfangreiche Daten nötig sein, bevor eine Verhaltensmodifikationsprozedur geplant und durchgeführt werden kann. Der Konflikt zwischen dieser Notwendigkeit und dem Recht des Patienten auf eine Intimsphäre ist ein Dilemma, dem sich jeder konfrontiert sieht, der mit Verhaltensbeeinflussung zu tun hat. Die widersprüchlichen Verpflichtungen und Verantwortungen des Fachmanns werden illustriert durch ausgedehnte Diskussionen und Hearings im Kongreß, die sich mit psychologischen Tests bei Personalentscheidungen der Regierung befaßten (siehe z. B. APA, 1965 a). Ähnliche Einwände hat man in Verbindung mit den Untersuchungspraktiken von Wohlfahrts- und anderen Einrichtungen erhoben.

Meistens wird eben erst damit begonnen, die diagnostische Tätigkeit einzelner Psychologen und kleinerer Instanzen im Hinblick auf mögliche Verletzungen der Privatsphäre des Patienten zu untersuchen. Sogar in bezug auf den Datenerhebungsprozeß, der einen Teil bildet der Verhaltensmodifikationsprozedur des einzelnen Praktikers und lange nicht so umfassend ist als es z. B. eine Nationale Datenbank wäre, hat man bisher noch keine praktischen Richtlinien zum Schutz der Intimsphäre des Individuums und zur Verwirklichung des jeweiligen therapeutischen Ziels entwickelt. So hat man z. B. kategorisch auf die »Vertraulichkeit« zwischen Kliniker und Klient gepocht. Doch durch den Wandel der klinischen Praxis und der psychopathologischen Intervention ist dieses Problem schwieriger und konflikthafter geworden. PETERSON (1968a) hat z. B. darauf hingewiesen, daß sich durch die zunehmende Sozialisierung der psychosozialen Wohlfahrtsfunktionen der Fachmann -und-Modifikator weniger dem Einzelklienten als der organisierten Gesellschaft verpflichtet. Die Fürsorgebeamtin repräsentiert, ungeachtet ihrer Empathie für die Notlage und die Bedürfnisse des Empfängers, das öffentliche Interesse für eine gerechte finanzielle Verteilung der Gelder der Behörde. Gewöhnlich kontrolliert sie die dem Klienten zugestandene Unterstützung, indem sie ihm sagt, was und wie er kaufen soll, wie er seine Kinder anziehen soll und was er ihnen zu essen geben soll; daneben beeinflußt sie noch viele andere Verhalten. Hand in Hand mit dem Verlust der sozioökonomischen Kontrolle des eigenen Lebens geht der Verlust anderer unmerklicher Kontrollen, darunter auch das Recht des Klienten, den über ihn angestellten Nachforschungen Grenzen zu setzen. Die Fürsorgebeamtin kann das Recht für sich beanspruchen, Nachbarn auszufragen oder die Wohnung zu inspizieren, ohne Protest befürchten zu müssen. Da sich die klinische Intervention vom Behandlungszimmer des Therapeuten auf die natürliche Umgebung zu verlagern beginnt, befassen sich Beobachtung und Datenerhebung in zunehmendem Maße mit bisher privaten Lebensbereichen des Patienten. PETERSON (1968a) hat dazu bemerkt, daß sich, gilt die Intervention einer Organisation oder Gruppe (z. B. einer Familie), die Identität der Person, um deren Recht auf Privatheit und um deren informierte Einwilligung es geht, stark verwischen kann. Nehmen wir an, ein Elternteil suche einen Verhaltenstherapeuten auf, der zur Diagnose und Behandlungsplanung eine funktionale Analyse des Verhaltens des Kindes im Elternhaus für nötig hält. Wessen Zustimmung und welche Schutzmaßnahmen sind im Hinblick auf die anderen Familienmitglieder nötig, deren privates Verhalten zu Hause beobachtet und registriert werden soll? Gilt die Intervention größeren Verbänden, so gestaltet sich die Situation noch schwieriger durch die Fragen, wer der Klient ist, wer über Natur und Zweck der Datenerhebung informiert werden muß, und wessen Einverständnis zur Sammlung und Verteilung welcher Informationen nötig ist.

Um zu veranschaulichen, was auf dem Gebiet der Verhaltensüberwachung technisch möglich ist, haben PURCELL und BRADY (1966) (siehe auch Kapitel 10) die Verwendung winziger Sender beschrieben, die die Aufgabe hatten, während einer mehrtägigen Periode das verbale Verhalten einer Gruppe institutionalisierter Kinder und aller Personen, mit denen die Kinder interagierten, aufzuzeichnen. Das Material der Autoren weist darauf hin, daß sich alle Beteiligten dem Verfahren rasch anpaßten, so daß sogar die anfängliche Wachsamkeit und das Bewußtsein beobachtet zu werden nicht lange anhielt — das galt zumindest für diese freiwilligen, kooperativen Versuchspersonen. Eine Instrumentierung dieser Art trägt anscheinend dazu bei, daß die Verzerrung der natürlichen sozialen Interaktionen, der man bei der direkten Beobachtung von Familien bei sich zu Hause begegnet, teilweise beseitigt wird (PATTERSON und HARRIS, 1968). Deshalb ist es wahrscheinlich, daß man in Klinik und Forschung immer häufiger zur instrumentierten Verhaltensüberwachung greifen wird. Die Beobachtung im natürlichen Rahmen und die damit verbundene Verletzung der Privatsphäre dürften zunehmen, da die direkte Beobachtung eine wesentliche Grundlage der Verhaltensdiagnose darstellt und da es, technisch gesehen, immer einfacher wird, den Patienten in seiner natürlichen Umgebung zu beobachten.

Fragen der Humanforschung

Der Forscher der mit menschlichen Versuchspersonen arbeitet, sieht sich häufig vor einem schwierigen Dilemma. Die Gesellschaft schützt die Rechte und das Wohl der Einzelperson, doch schätzt sie andererseits jeden Wissenschaftsfortschritt. Im Hinblick auf seine Wissenschaft und seinen beruflichen Werdegang und im Hinblick auf seine Forschungsobjekte und sein allgemeines Trachten nach Wissen hat der Wissenschaftler vielfältige Interessen und Verpflichtungen. Versucht ein Forscher festzustellen, welche Prozeduren bei dem Versuch, eine bestimmte Forschungsfrage zu beantworten, erlaubt sind, muß er — vor allem wenn es um menschliche Versuchspersonen geht — die widerstreitenden Werte ausbalancieren, um zu einer ethisch vertretbaren, gerechten Lösung zu gelangen. Potentielle Risiken für einzelne Versuchspersonen müssen abgewogen werden gegen den Wert, den das Versuchsergebnis für die Gesellschaft haben kann. Wenn die Fähigkeiten und Methoden des Wissenschaftlers raffinierter und seine Ziele ehrgeiziger werden, wird auch seine Manipulation von Versuchspersonen problematischer.

Wie bereits vermerkt, hat die Forschung über Organverpflanzungen und über Eingriffe ins Erbmaterial die ethische Problematik des Humanexperiments aktualisiert. Das hat zu einer intensiven Neuüberprüfung der Fragen und Richtlinien geführt, mit denen sich der Forscher konfrontiert sieht. Sogar so populäre und verschiedenartige Presseorgane wie das *Wall Street Journal* (1964, 1966) und der *Saturday Review* (1966) haben sich eingehend mit dem Meinungsstreit zur Forschungstechnik befaßt. Und die Wissenschaftler haben ein noch brennenderes Interesse bekundet. *Daedalus,* die Zeitschrift der *American Academy of Arts and Sciences,* widmete z. B. in jüngerer Zeit den ethischen Aspekten der Humanversuche eine ganze Nummer. Obwohl die medizinischen Versuche als Paradigma der Fragen generell dienten, räumte der Herausgeber bereitwillig ein, daß die ganze Auseinandersetzung auch für andere Versuchsgebiete relevant sei.

»Es gibt Grund zu der Annahme, daß sich die Sozialwissenschaftler in zunehmendem Maße mit ethischen Fragen beschäftigen werden; allerdings nicht nur deshalb, weil ihre Forschungsvorhaben auf immer mehr Widerstand stoßen. Schule und Slums sind zwei Bereiche, die sich besonders gut für Humanversuche eignen, so daß die Schüler und die Slumbewohner möglicherweise ähnlich »geschützt« werden sollten wie heute Krankenhauspatienten und Versuchspersonen der medizinischen Forschung »geschützt« werden. Man wird Alternativen gegeneinander abwägen müssen, damit einerseits die Bedürfnisse der Gesellschaft berücksichtigt und andererseits die Rechte des Individuums nicht vernachlässigt werden. Es kann sich herausstellen, daß das medizinische Paradigma — mit seinem Schwergewicht auf Einverständnis, Fachkompetenz, Überprüfungsmechanismen, angemessener Forschungsplanung, Achtung vor den Gesetzen, Schutz der Privatsphäre, Regulierung durch den Staat usw. — erhebliche Relevanz besitzt für die Formen des psychologischen und erzieherischen Experimentierens, die sich in der Zukunft abzeichnen (GRAUBARD, 1969, S. VI—VII).

Wenn man annimmt, daß die konkreteren Vorsichtsmaßnahmen der eben angeführten Liste durch administrative und gesetzmäßige Vorschriften verwirklicht wurden oder werden, bleibt die Frage der informierten Einwilligung ein besonders komplexes und schwieriges Problem. Die Vorbedingung, daß die informierte Versuchsperson vor dem Experiment ihre Einwilligung gibt, bedeutet einen Schutz der Rechte und des Wohls des Individuums und hilft die Zwänge ausgleichen, mit denen der Experimentator konfrontiert ist aufgrund seiner persönlichen Wertvorstellungen oder aufgrund seiner individuellen oder gesellschaftlichen Verpflichtung, nach neuem Wissen zu streben. Die anläßlich des Nürnberger Prozesses von 1946 geschaffenen Gesetze, die eine Antwort auf die Greueltaten von Naziforschern waren, forderten, daß eine Versuchsperson, bevor sie an einem Experiment teilnimmt, genau Bescheid wissen müsse über Natur und Zweck, Methode und Dauer, Gefahren und Auswirkungen des Versuchs. Dieser Kodex versucht jedem Rückfall in die sinnlosen Folterungen und Unmenschlichkeiten vorzubeugen, die unter dem Deckmantel des wissenschaftlichen Experiments in den KZ's der Nazis begangen wurden. Doch setzt ein volles, freies und informiertes Einverständnis komplexe Vorgänge und subjektive Bewertungen voraus (BEECHER, 1966; *Boston University*, 1963; PAPPWORTH, 1967). Zu den schwierigsten Problemen gehören die Fragen, welches Risiko eine freiwillige Normalperson eingehen darf und ob ihr Einverständnis je ganz und gar unbeeinflußt sein kann, wenn der Forscher gleichzeitig der Kliniker ist, der die körperlichen oder seelischen Beschwerden des Patienten lindert. Es ist schwierig zu entscheiden, wer (wenn überhaupt jemand) das Recht haben soll, im Namen von Personen zu entscheiden, die selbst entschlußunfähig sind (z. B. Retardierte, Psychotiker oder Minderjährige), oder wie vollständig eine Darstellung der Methoden und Risiken sein muß, damit die Versuchsperson »richtig informiert« ist. Die Natur des Experimentierens ist durch die Ungewißheit des Versuchsergebnisses bestimmt. So aber kann kein Forscher seinen Versuchspersonen je aufrichtigen Herzens versichern, daß mit den angeführten Möglichkeiten die denkbaren Konsequenzen der experimentellen Prozeduren erschöpft seien. Da die komplexen wissenschaftlichen Zusammenhänge eines Forschungsvorhabens häufig nur für den Spezialisten durchschaubar sind, ist zu bezweifeln, ob der Laie mit Hilfe von Urteils- und Begriffsvermögen wirklich frei handeln kann. Und wie sieht es mit den Imponderabilien, die die Motivation der Einwilligung beeinflussen, aus — mit dem Ansehen und der Überzeugungskraft des Forschers, mit dem Vertrauen und der Dankbarkeit gegenüber dem Experten, mit den Vor- und Nachteilen, die das Experiment z. B. für Studenten oder Häftlinge mit sich bringt, oder auch mit den verschiedenartigen »neurotischen« Bedürfnissen? Eine Beschreibung der konkreten Maßnahmen, die in jedem Einzelfall ergriffen werden müssen, um sicherzugehen, daß die Einwilligung »frei« und »informiert« ist, eine derartige Beschreibung ist äußerst schwierig.

Diese allgemeinen Probleme bilden den Kern des Meinungsstreits, der sich in allen Bereichen der Humanforschung abspielt. Auf den Gebieten der Verhaltensmodifikation und der psychologischen Forschung wird das Problem durch die Auswirkungen, die eine Information der Versuchsperson auf das Forschungsergebnis haben kann, noch mehr kompliziert. So kann z. B. das »Sich-Bewußtsein« des experimentellen Zwecks die unabhängige Variable bilden, die der Forscher manipulieren möchte. Doch auch wenn das nicht der Fall ist, gibt es immer noch mannigfache Studien, die der Versuchsperson ihre Absichten und ihre Meßdimensionen verheimlichen. KELMAN (1967) setzte sich mit einem Großteil der ethischen und methodologischen Probleme auseinander, die entstehen, wenn sich die psychologische Forschung der Verschleierung bedient. So wies er z. B. darauf hin, daß die übliche Vorsichtsmaßnahme, die darin besteht, daß man erst nach dem Experiment dessen wahre Natur bekannt gibt, der Versuchsperson den Eindruck vermittelt, man habe sie betrogen. Auch die umfassendste post-hoc-Aufklärung kann bei der Versuchsperson den Eindruck, man habe ihr im Verlauf des psychologischen Experiments erniedrigendes Verhalten abgenötigt, nicht völlig auslöschen (WALSTER, BERSCHEID, ABRAHAMS und ARONSON, 1967). Andererseits aber könnten viele psychologische Forschungsvorhaben gar nicht erst durchgeführt werden, wenn die Versuchspersonen im vorhinein informiert würden.

KELMAN wies auch auf die methodologischen Implikationen der Irreführung im psychologischen Experiment hin. Große Populationen aus Versuchspersonen (z. B. Collegestudenten) hegen nach derartigen Verschleierungen unkontrollierte und nicht näher bekannte Verdachte und Erwartungen gegenüber jeder psychologischen Studie, an der sie teilnehmen. Versuchspersonen können versuchen, den Versuchsleiter »auszutricksen«, weil sie das Gefühl haben, selbst »ausgetrickst« zu werden. In diesem Fall kann es der Versuchsleiter sein, der von den Versuchsergebnissen bitter enttäuscht ist. Nur selten stellt der Forscher genügend Nachforschungen an, um zu vermeiden, daß ihm die Erwartungen und Enttäuschungen der Versuchspersonen entgehen (siehe z. B. STRICKER, 1967; STRICKER, MESSICK und JACKSON, 1967).

Obwohl die verhaltenstherapeutischen Prozeduren in der Regel klar einsehbar sind, begegnen wir bei verhaltenstherapeutischen Erfolgsstudien ähnlichen Problemen der Verschleierung und Information. Erfolgsstudien können als Kontrollpersonen nicht informierte Personen mit Placebobehandlung erfordern. Grundkurvenerhebungen in der natürlichen Umgebung können bei Familien oder Einzelpersonen Selbstoffenbarungen bewirken, zu denen sich die Betroffenen im vorhinein nicht bereit erklärt hätten. In vielen Untersuchungen manipuliert man Verstärkungssysteme mit Hilfe von Instruktionen, die bewußt in die Irre führen sollen. Untersuchungen natürlicher Kontingenzen und ihrer Effekte, die z. B. auf einer Krankenstation durchgeführt werden, setzen häufig eine Täuschung der Versuchspersonen voraus. Wäre die wahre Natur der Beobachtungen und der zugrunde liegenden Absicht bekannt, würde eine Einwilligung oft sicher nicht erteilt werden. So könnte sich z. B. Krankenpersonal dagegen sträuben, an einer Untersuchung der antitherapeutischen Verstärkungskontingenzen teilzunehmen, die das Personal den Patienten verabreicht — z. B. Aufmerksamkeit, die auf seltsames Verhalten kontingent ist oder positive Verstärkung von Passivität.

Die Tatsache, daß man bei der Untersuchung der Effektivität einer Behandlung Kontrollgruppen benutzt, wirft nicht nur das Problem der Irreführung auf, sondern auch die Frage der Vorenthaltung der Behandlung, der Verabreichung von Placebos oder weniger effektiver Behandlungsformen. Natürlich kann man Einwände gegen die Benutzung von Kontrollen in klinischen Untersuchungen am besten mit dem Argument entkräften, daß, so lange die Forschungsarbeit nicht durchgeführt ist, es keinen Beweis dafür gibt, daß die experimentelle Prozedur oder Behandlung, die vorenthalten wird, überhaupt positive Wirkungen erzielen kann. In der Tat kann sich herausstellen, daß sie dem therapeutischen Ziel abträglich sind. Doch häufig bestätigt eine Teilevidenz die mögliche Effektivität; auf alle Fälle werden Placebo- oder Nichtbehandlungs- oder »Warte«-Gruppen jene Prozeduren verweigern, die gewöhnlich auf ähnliche Beschwerden angewandt werden, ganz gleich, welche Vorzüge sie haben. Die »übliche klinische Praxis« ist die Norm, an der Beschwerden über falsche Behandlung gemessen werden. So aber kommt es, daß die Vorenthaltung oder Verzögerung von Behandlungen, die unter bestimmten klinischen Bedingungen »Standardpraktiken« darstellen, für die Gesellschaft häufig unannehmbar ist, obwohl kaum etwas darauf hinweist, daß die Standardbehandlung wirksam ist. Die Verwendung von Analogstudien kann dieses Problem in den frühen Stadien der Forschung umgehen. Das hindert jedoch nicht, daß klinischen Untersuchungen, die mit echten Zielpopulationen arbeiten, am Schluß nichts anderes übrig bleibt, als Analogergebnisse zu erhärten und im Hinblick auf die Prognose, die Anwendbarkeit der Prozedur auf eine Reihe von Beschwerden und Patientenmerkmale und die situativen Einschränkungen Fragen zu beantworten. Haben vorausgegangene Studien eine Nützlichkeit der Methode erkennen lassen, taucht das ethische Problem der Kontrollgruppen im klinischen Stadium der Überprüfung der Forschungsergebnisse auf.

Beim entgegengesetzten Problem der klinischen Praxis geht es darum, daß man sich nach wie vor auf herkömmliche Verfahren stützt, deren Nützlichkeit trotz jahrelanger Forschung noch bewiesen werden muß. Setzt die »informierte Einwilligung« voraus, daß Patienten, die Schocks oder eine Psychotherapie durch Einsicht verabreicht bekommen, zunächst mit den entmutigenden Daten der Effektivität solcher Behandlungsmethoden vertraut gemacht werden müssen? Wenn die Psychotherapie die Rate oder den Umfang der Erholung von der Neurose nicht verändert — und daß dem so ist, darauf weisen viele Untersuchungen hin (siehe z. B. Eysenck, 1965 a) —, ist es dann nicht unzulässig, den Klienten psychotherapeutisch zu behandeln und sein Vertrauen, seine Zeit und sein Geld in Anspruch zu nehmen oder Studenten in diesen unwirksamen Verfahren auszubilden? Obwohl nur sehr wenige Kliniker bereit sein dürften, einen so extremen Standpunkt zu vertreten, hat die zunehmende Skepsis gegenüber der Wirksamkeit herkömmlicher Psychotherapien und das daraus resultierende Zögern, sich auf sie zu verlassen, zu einer größeren Aufgeschlossenheit gegenüber Experimenten mit Alternativmethoden geführt, sowie dazu, daß man es für dringend notwendig hält, der Forschung einen einflußreicheren und überzeugenderen Rang zu verschaffen. Immer häufiger stößt man auf Feststellungen wie die folgende von Wolfensberger (1967):

»Eine medizinische Behandlung, deren Wert nicht nachgewiesen ist — ein Beispiel ist der im 18. Jahrhundert praktizierte Aderlaß —, kann schlimmer sein als überhaupt keine Behandlung. Ist es wirklich so undenkbar, daß einige heute weitverbreitete Praktiken des Managements menschlicher Probleme, deren Wert nicht hinreichend nachgewiesen ist (ein Beispiel ist die Psychotherapie), eine Art Aderlaß des 20. Jahrhunderts darstellen?« (S. 49).

Golann (1969), der sich mit den sich abzeichnenden ethischen Problemen der Psychologen auseinandersetzte, stellte dieselbe Frage, wenn auch auf etwas andere Weise:

»Bei den sich abzeichnenden ethischen Problemen »geht es meistens um die Beziehung zwischen Psychologen und ihren Klienten, Kollegen oder Versuchspersonen. Manche Probleme betreffen vor allem die berufliche Praxis, andere die angewandte oder die Grundlagenforschung. Ein noch größeres Problem der Ethik besteht vielleicht darin, daß zwischen diesen Bereichen eine so klare Grenze gezogen worden ist. In welchem Maße basiert die berufliche Praxis auf Forschungsergebnissen? Welchen Einfluß haben Validität oder Erfolgsdaten auf die entsprechende Technologie gehabt? Wie viele neue Programme oder Techniken werden so konzipiert, daß sie zugleich Praxis und Forschung sind ... oder zumindest so, daß sich ihre Wirksamkeit abschätzen läßt?« (S. 457—458).

Der Verhaltensmodifikator, der den Ratschlag Golanns zu befolgen versucht und die Entwicklung von Techniken mit Evaluationsforschung kombiniert, sieht sich den Schwierigkeiten gegenüber, die dann auftreten, wenn man zwei Rollen kombiniert, die feine Unterscheidungen in bezug auf Zweck, Interesse und Einstellung voraussetzen (siehe auch Kapitel 1). Ladimer (1967) hat auf einige dieser Unterscheidungen hingewiesen: In der klinischen Praxis sucht sich der Klient den Praktiker aus, während es in der Forschung der Forscher ist, der seine Versuchspersonen wählt; der Kliniker sorgt so lange für Diagnose und Therapie, so lange der Klient ihrer bedarf, während der Forscher begrenzten Kontakt zur Versuchsperson unterhält, wobei sich dieser Kontakt nicht durch die Bedürfnisse der Versuchspersonen, sondern die der Forschung definiert; Patienten müssen für klinische Leistungen in der Regel bezahlen, während die Versuchsperson für ihre Bemühungen honoriert werden kann; und schließlich fußt die Arbeit in der Klinik auf anerkannten Standardverfahren, wogegen ein typisches Merkmal der Forschung darin besteht, daß sie mit ungetesteten Prozeduren arbeitet. LADIMER weist auch darauf hin, daß sich Rolle und Verpflichtungen des Patienten von denen der Versuchspersonen unterscheiden.

Dem Verhaltensmodifikator stehen sowohl methodologische Hilfsmittel als auch Verhaltensgesetze zur Verfügung, wenn er die Rolle des Klinikers mit der des Wissenschaftlers kombiniert. CAMPBELL (1969) beschrieb, wie Bewertungsstudien für sozial-behaviorale Demonstrationsprogramme politische und administrative Einschränkungen auferlegt wurden, und er schlug bestimmte Pläne und Prozeduren vor, um die resultierenden ethischen und methodologischen Probleme zu reduzieren. Ein Großteil dieser Vorschläge wurde auch im Rahmen der Forschung an klinischen Einzelpersonen verwirklicht. Kann z. B. einigen Versuchspersonen/Patienten eine Behandlung nicht verweigert werden, können besondere Forschungspläne immer noch für adäquate Kontrollen sorgen. Als Grundlagen für systematischere und umfangreichere Kodizes der Humanforschung hat man fürs erste einige Gruppen von Richtlinien vorgeschlagen. WOLFENSBERGER (1967) z. B. diskutiert zulässige und empfehlenswerte Strategien des Forschers, verschiedene Kombinationen aus eingegangenen Risiken, Rechte, auf die die Versuchsperson verzichtet und Voraussetzungen von Forschungsprojekten (Strenge, erwarteter Wissensgewinn, Vorhersagbarkeit verfahrensbedingter Effekte). Verschiedene Kombinationen von Rechten, Risiken und Forschungskategorien verweisen auf verschiedene Formen der Versuchspersoninstruktion, des Verzichts auf Übereinkünfte, der Überprüfung von Vorschlägen durch *Peers* usw.

Doch muß sich der klinische Forscher am Ende, wenn er in seiner Arbeit ethischen Problemen begegnet, auf sein eigenes Urteil und auf die Beratung mit Kollegen verlassen. Er mag sich dann an jene Äußerung erinnern, die ein französischer Biologe vor einigen Jahren tat: Die Wissenschaft habe uns zu Göttern gemacht, noch bevor wir lernten Menschen zu sein.

Als Therapeut und Forscher ist der klinische Psychologe ständig für die Rechte und das Wohl seiner Patienten und Versuchspersonen verantwortlich. Klinische Methoden der Verhaltenskontrolle und neuartige Experimente müssen im Hinblick auf ihre möglichen schädlichen Folgen und auf ihre mögliche Beschneidung der Rechte auf Privatheit genau untersucht werden.

Die klinische Praxis, ihre Ausbildung und ihre Modelle

Ein weiterer wichtiger Einfluß, der die Richtung der klinischen Psychologie und Praxis mitbestimmt, ist auf die Neuerungen und Kontroversen in der wissenschaftlichen Berufsausbildung zurückzuführen. Die Wissensexplosion, die eine Fülle von Fakten und Instrumenten erschloß, hat alle wissenschaftlichen Ausbildungskräfte mit der Notwendigkeit konfrontiert, alte Lehrprinzipien zu überprüfen. Es ist unmöglich geworden, einem Studenten das ganze Wissen auch nur eines Fachgebiets zu vermitteln. Auf den meisten Gebieten sind die jüngsten Erkenntnisse, wenn sie in Lehrbüchern erscheinen, schon wieder überholt. Auch veranlaßt die Fülle von veröffentlichten Büchern und Zeitschriften den Studenten, Wissen nicht mehr zu lernen, sondern einfach abzurufen. Nicht das vollständige Behalten der Vorlesungsnotizen und des Lernmaterials, sondern die Bereitschaft, neue Informationen zu absorbieren, ihre Herkunft zu bewerten und Grundkonzepte zu begreifen, wird dem Fachmann von heute weiterhelfen.

Auch der spezialisierte Praktiker muß sich mit dem Problem der rapiden Einführung neuen Wissens und neuer Techniken auseinandersetzen. In der Medizin ist es z. B. so, daß dieselben wissenschaftlichen Fortschritte, die zahllosen, einst unheilbaren pathologischen Prozessen Einhalt gebieten können, den Arzt in eine »gefährliche Lage bringen«: »Der gewissenhafte Arzt ist bestürzt über das Tempo der Veränderungen, und es wird immer schwieriger für ihn, sie in die Praxis umzusetzen« (RUTSTEIN, 1967, S. 10). In der Praxis haben neue Behandlungsverfahren gelegentlich auch zu nachlässiger Frühdiagnose oder Behandlung geführt. RUTSTEIN definiert als Paradox der modernen Medizin die Diskrepanz zwischen der rapiden Entwicklung der medizinischen Wissenschaft und den hinterherhinkenden Verbesserungen der medizinischen Versorgung der Bevölkerung. Diesem Paradox begegnet man übrigens auf allen Wissensgebieten.

Eine weitere Ursache für eine umwälzende Entwicklung der Berufsausbildung ist der zunehmende Druck der öffentlichen Meinung, die sich für reformierte Ziele und Lehrmethoden einsetzt. Ein rasch zunehmender Anteil der Bevölkerung schlägt den höheren Bildungsweg ein und so nehmen die Bildungsausgaben der öffentlichen Hand zu. Die Öffentlichkeit hält es für unerläßlich, daß die Bildung für den Studenten wie für die Gesellschaft »relevant« sein müsse, daß die Qualität, Zugänglichkeit und Individualisierung der Bildung für alle Bevölkerungsgruppen vermehrt werden müsse und daß die Ausbildung und Leistung der Lehrkräfte effektiver sein müssen.

Dieselben Einflüsse, denen man in der Erziehung und Ausbildung im allgemeinen begegnet, scheinen auch in der klinischen Psychologie wirksam zu sein. Die scharfe Kritik an den Prüfungsprogrammen kommt gleichermaßen von den Studenten, der Fakultät und den praktizierenden Klinikern. Der Trend zur zunehmenden Spezialisierung, diese Reaktion auf die zunehmende Komplexität der Psychologie, gerät in Konflikt mit dem öffentlichen Bedarf an allgemeinen Fertigkeiten. Das Engagement für eine Forschung, die wesentliches Wissen vertiefen möchte, prallt zusammen mit den mannigfachen Erfordernissen der klinischen Versorgung. Die Forderung nach mehr Fachleuten in der Psychiatrie führt zu verstärkten finanziellen Investitionen. Neu entstandene Rollen und Aufgaben, die der Forderung nach einer modernisierten medizinischen Versorgung gerecht werden sollen, führen zu einer Neuüberprüfung der Ziele, Inhalte und Voraussetzungen der klinischen Ausbildungsprogramme.

Vielleicht erlebt die klinische Psychologie diese allgemeine gesellschaftliche Einflußnahme auf die Ausbildung akuter als einige andere Berufe und Wissenschaften, da sie eine relativ junge Disziplin darstellt, die sich sehr selbstbewußt entwickelt und ständig versucht, Selbstprüfung und Selbststeuerung zu üben. Wir befassen uns in diesem Abschnitt mit der Frage, inwiefern gewisse Alternativen, die für verschiedene Grundprobleme vorgeschlagen wurden, für Ausbildungsprogramme und insbesondere für Therapieprogramme relevant sein können. Bei der ersten Frage geht es um das verschwommene Rollenverständnis des Klinikers und um die Frage, wie seine Rolle sinnvoll gestaltet werden könnte. Bei der zweiten Frage geht es um das jeweilige Ausbildungsniveau, das für verschiedene klinische Tätigkeiten nötig ist. Die erste Frage beschäftigt sich mit Alternativmodellen des Klinikers, die zweite Frage dagegen mit der Ausbildung von therapeutischen Hilfskräften.

Einige Modelle der klinischen Rollen und der klinischen Ausbildung

Als die Entwicklung der klinischen Psychologie unmittelbar nach dem Zweiten Weltkrieg explosionsartig zunahm, unternahmen ihre führenden Köpfe bemerkenswerte Bemühungen der introspektiven Selbststeuerung, die bis heute angehalten haben. Daraus resultierten eine Reihe von Tagungen, auf denen man verschiedene Modelle der klinischen Praxis und der akademischen Ausbildung formulierte und den Fachbereichen der Universitäten bestimmte Lösungen anempfahl. Die *Boulder Conference* von 1949 (RAIMY, 1950), die sich auf den Bericht des *Committee on Training in Clinical Psychology (Shakow-Bericht,* APA, 1947) stützte, umriß in bezug auf die Ausbildung von Berufswissenschaftlern wünschenswerte Lehrpläne und Bewertungsprozeduren. Diese Empfehlungen der *Boulder Conference* wurden in die Praxis umgesetzt, so daß das Modell von BOULDER für die Struktur der heutigen psychologischen Fachschaft typisch ist.

Eine wesentliche Empfehlung der *Boulder Conference* bestand darin, daß der Forschung derselbe Rang eingeräumt werden solle wie der Praxis und der Ausbildung klinischer Psychologen. In Übereinstimmung mit dieser Entscheidung sollte der Titel »Psychologe« nur Personen zustehen, die ihren Ph. D. gemacht hatten. Eine zweite wesentliche Entscheidung war die Schaffung eines Kernlehrplans, der Theoriebildung, Begriffsinstrumente und wissenschaftliche Methode umfaßte, um zu gewährleisten, daß jeder Student mit dem Wissen und den Methoden der Psychologie im wesentlichen vertraut sei. Das Schwergewicht der klinischen Ausbildung sollte gleichermaßen auf Theorie und Praxis liegen, und direkt überwachte Praktikumerfahrungen sollten mit der Arbeit in den Kursen koordiniert werden. Die Ausbildung in der Praxis sollte mit zunehmender Qualifikation vom Labor auf die Klinik verlagert werden. Diagnostische Testung und Psychotherapie bildeten die entscheidenden Fertigkeiten, die erworben werden mußten. Insgesamt wollte die Ausbildung einen wissenschaftlich orientierten Akademiker hervorbringen, der mit den Grundlagen der Psychologie eng vertraut war und auch klinische Fertigkeiten besaß.

Spätere Konferenzen zur klinischen Ausbildung in Stanford (1955), Miami (1958) und Chicago (1965) bestätigten die BOULDER-Perspektive, nur daß eben Empfehlungen und Schlußfolgerungen etwas anders ausfielen (LLOYD und NEWBROUGH, 1966). Doch was die einzelnen Probleme betrifft, so vertraten die späteren Tagungen andere Prioritäten und Standpunkte. In den letzten zwanzig Jahren haben sich die Prozeduren so verändert, daß auch die Ausbildung nach dem *Boulder-Modell* beeinflußt wurde. So haben wir heute eine größere Flexibilität bei der Wahl der Kernkurse des ersten Studienjahrs, ein geringeres Schwergewicht auf der geschickten Handhabung einiger spezifischer diagnostischer Instrumente, ein verstärktes Interesse für die Ausbildung in der Therapie und die zunehmende Nutzung von Einrichtungen, die der Universität angeschlossen sind und die der Famulatur dienen können (ALEXANDER und BASOWITZ, 1966). Einige Faktoren haben verhindert, daß das »ideale« *Boulder-Programm* verwirklicht wurde. Einige Empfehlungen wurden nicht weitergegeben. Außerdem waren einige ursprüngliche Ziele nicht durchführbar. Das Resultat war, daß wenige Studenten beide Seiten des *Boulder-Modells* verkörperten; das aber hat bewirkt, daß nur wenige wissenschaftlich produktiv geworden sind. Viele Kritiker fügen hinzu, daß die kürzlich fertig gewordenen Mediziner sogar beim Patientenkontakt oder bei der Bewertung der Instrumente und Methoden, die sie wählen, nichts mehr von dem Skeptizismus und dem empirischen Problemlösungsverfahren, die einen Teil ihrer Ausbildung gebildet hatten, erkennen ließen.

Sich wandelnde Ziele der Ausbildung

Ungeachtet der generellen Befürwortung des *Boulder-Modells*, der man auf späteren Tagungen begegnete, ist es heute doch so, daß es wesentlich weniger Einmütigkeit und wesentlich weniger Vertrauen in die Realisierbarkeit oder Erwünschtheit eines allgemein anwendbaren Ausbildungsmodells gibt. Man hat verschiedene Fachschulen für die Ausbildung klinischer Praktiker vorgeschlagen (APA, 1965 b). Die einschneidensten Veränderungen, die solche Schulen sichtbar machen würden, wäre eine reduzierte Ausbildung in der Forschung und in der experimentellen Psychologie, die Abschaffung der Dissertation und eine verstärkte Ausbildung in der Praxis. Die Verhaltenstherapie, die ihre Techniken vom Inhalt und von den Methoden der experimentellen, der Sozial-, Persönlichkeits- und Lernpsychologie und von der empirischen Evaluation ihrer Operationen und ihrer Effektivität herleitet, kann derartigen Vorschlägen nicht zustimmen.

Eine Reihe von Fragen, die sich in Diskussionen über die Ausbildung schon seit langem abzeichneten, führten mittlerweile zu heftigen Debatten, zu praktischen Entschlüssen und zu regelrechten Interessengruppen, die sich ihrer annahmen. Tab. 11/1 umreißt einige der Fragen oder — wie sie der Autor nennt — Dichotomien, die die psychotherapeutische Ausbildung kennzeichnen. FREDERICK befaßt sich mit den Fragen, was der Kliniker tun soll (Rollenmodelle), welchen inhaltlichen Hintergrund er benötigt, um diese Tätigkeiten

Tab. 11/1: Dichotomien der Therapieausbildung (FREDERICK, 1969 b, S. 394—395).

Schwerpunkt	Inhalt		
Allgemein versus spezifisch	Breit angelegt. Zielt auf umfassenden Lehrplan. Geringe Fachkenntnisse erforderlich (z. B. in psychologischen Tests). Psychiatrische Konzepte und psychologische Behandlung in der Gemeinschaft	versus	Schwergewicht liegt auf hochentwickelten Fertigkeiten in Spezialbereichen. Geschickte Handhabung psychologischer Tests wird unterstrichen. Eingeführter Lehrplan im institutionellen Rahmen und im Praktikum.
Universität versus Praxis	Die primäre Verantwortung für die Ausbildung und die klinische Information sollte bei der Universität liegen.	versus	Die Universität sollte ein »Elfenbeinturm« sein und sich nur mit theoretischen Forschungsfragen befassen. Die praktische Ausbildung sollte nur am Krankenbett stattfinden.
Formal versus nicht-formal	Es gibt nur die Fachfakultät. Offiziell zugelassene Kurse sollten erforderlich sein.	versus	Jede intelligente interessierte Person sollte eine Ausbildung erhalten.
Medizinisches versus psychologisches Modell	Patienten werden als krank betrachtet und dementsprechend mit Diagnose und Behandlung versorgt.	versus	Personen lernen angeblich im Leben abweichende psychologische und emotionale Reaktionen. Sie sind nicht krank. Konzepte der »Pflege und Behandlung« sind unnötig oder ungeeignet.
Wissenschaftler versus Praktiker	Experimentell. Schwergewicht liegt auf der Forschung, auf der Fachsprache, auf dem wissenschaftlichen Lehrplan.	versus	Völlig klinisch. Wenig oder gar keine Forschung, keine Fachsprache, kein akademischer Grad. Evtl. keine Doktorarbeit.
Arzt versus Pfleger	Die Doktorarbeit ist ein *sine qua non* für fachliche Kompetenz.	versus	Sorgfältig ausgewählte Pflegepersonen können (häufig ohne fachliche Überwachung) hervorragende Arbeit leisten.
Privater Praktiker versus Beamter	Freies Unternehmertum; Gebühren sind nötiger Bestandteil der Behandlung, da sie den Patienten motivieren.	versus	Wohl und Dienst an der Gesellschaft sind Hauptziele der Zukunft. Gebühren sind für die Motivation des Patienten nicht nötig.

auszuführen und wer zur klinischen Arbeit ausgebildet werden soll. Im großen und ganzen widerspiegelt die linke Spalte dieser Tabelle einen Teil des *Boulder-Modells*. Die rechte Spalte weist auf verschiedene gegenwärtige Trends hin, darunter auch die der Verhaltenstherapie und die verschiedener Fachschulen. Die Fragestellungen sind nicht neu. Sie bildeten die Brennpunkte jeder Tagung über Ausbildungsprobleme. Doch während die Boulder-Tagung in diesen Punkten anscheinend Übereinstimmung erzielte, zeigte die Miami-Tagung eine Unsicherheit in bezug auf die »richtige« Wahl zwischen diesen Dichotomien, so daß sie eine größere Flexibilität der Ansätze zugestand, und die Tagung in Chicago erlebte die Verlautbarung von Extremen in konkreten Programmen (siehe z. B. PETERSON, 1968 b).

Der sich verlagernde Schwerpunkt der klinischen Praxis

HERSCH (1968) hat behauptet, alle psychiatrischen Bereiche litten an einer »Explosion der Unzufriedenheit«. Dieser Unzufriedenheit begegnet man sowohl in der Enttäuschung über einstige klinische Praktiken als auch in der Forderung, daß die Ausbildung in herkömmlichen klinischen Theorien und Techniken intensiviert werden müsse. Die verschwommenen Grenzen der klinischen Praxis haben Unsicherheit entstehen lassen im Hinblick auf Ziel und Inhalt von Ausbildungsprogrammen. Im Rahmen seiner Analyse dieser »Explosion der Unzufriedenheit« hat HERSCH (1968) auf verschiedene Mängel hingewiesen.

1. Die Unfähigkeit der klinischen Psychologie und Psychiatrie, hartnäckige sozial-behaviorale Probleme wie Delinquenz, multiproblematische Familien oder geistige Retardierung zu beheben. Als Teil des derzeitigen Wandels der Sozialstruktur dieses Landes sind diese Probleme partiell verquickt mit dem sozioökonomischen Status und dadurch mit den Problemen der Bürgerrechte und dem Feldzug gegen die Armut.

2. Die Unfähigkeit, das herkömmliche individuelle klinische Modell — oder sein Derivat für kleine Gruppen — bei mehr als nur einem kleinen Teil der Personen zu benutzen, die von den ausgebildeten Fachleuten versorgt werden müßten.

3. Es gibt mangelnde Beweise dafür, daß die langfristige individuelle Psychotherapie, dieses Bollwerk der klinischen Praxis (und Ausbildung), irgendwelche vorteilhafte Effekte hat. Diese Tatsache wird ergänzt durch sich anhäufende Evidenz, daß nämlich die traditionellen diagnostischen Techniken und Systeme zum Entscheidungsprozeß kaum etwas beitragen (siehe Kapitel 10). Die unkritische Anerkennung herkömmlicher Annahmen über Diagnosen und Psychotherapie hat zu peinlicher Ernüchterung geführt, obwohl die meisten Programme in erster Linie immer noch in diesen Verfahren ausbilden. Diese Anomalie zeigt sich z. B. am Fall der projektiven Techniken. Eine in jüngerer Zeit durchgeführte Untersuchung ergab, daß 86 Prozent der befragten Fakultätsmitglieder projektive Tests als unwichtig und wissenschaftlich nicht erhärtet bezeichneten. Trotzdem vertraten dieselben

Befragten die Meinung, daß projektive Techniken nicht aus dem Lehrplan des Psychologiestudiums gestrichen werden sollten (THELEN, VARBLE und JOHNSON, 1968).

4. Die Unfähigkeit, durch Anwendung vorherrschender Praktiken und Konzeptionen Verhaltensschäden zu verhindern, obwohl man doch überzeugt ist, daß das Endziel nicht Behandlung, sondern Vorbeugung sein müsse.

Die Unzufriedenheit mit der Vergangenheit hat für viele junge Kliniker von heute zu neuen Rollen, Zielpopulationen und Bereichen beruflicher Betätigung geführt. Diese Veränderungen haben jedoch ziemlich lange gebraucht, bis sie Inhalt und Methode von Ausbildungsprogrammen beeinflußten. Dieses Nachhinken kann darauf zurückzuführen sein, daß neue Praktiken häufig als chaotisch empfunden werden und daß man Neuerungen versucht, ohne verfügbares Wissen zu nutzen und ohne einen Ansatz eingehend zu evaluieren, bevor man ihn auf breiterer Basis anwendet (BLOOM, 1969). Zugleich scheinen zukünftige Rollen und Praktiken des Klinikers nicht vorhersagbar, und durch die Forderung nach einem allgemeinen gesellschaftlich positiven Umschwung bekommen sie etwas Verschwommenes. Die Unterstützung sozialer Veränderung kann bewirken, daß die übliche politische Rolle eines Akademikers und die wesentliche Kompetenz eines Psychologen mißbraucht werden. BLOOM behauptet, die meisten Psychologen, die in speziellen neuen klinischen Kontexten arbeiten, benutzten am allerwenigsten die Fertigkeiten, zu denen sie speziell ausgebildet worden waren (nämlich Diagnose und Forschung). Seine Versuchspersonen übernahmen hauptsächlich die Aufgaben, in denen sie nicht ausgebildet worden waren (z. B. Analysen und Interventionen in Gemeinschaften, Administrationstätigkeiten, demographische Erfassungen, Beratungen). Ihre Aktivitäten unterschieden sich großenteils nicht von denen anderer Kollegen anderer Disziplinen. Kritiker haben ihre Besorgnis geäußert, daß ein unüberlegter und voreiliger Bruch mit der Tradition der klinischen Psychologie, ausgelöst durch ihre frustrierenden Mängel, dazu führen kann, daß positive Entwicklungen der Vergangenheit ebenfalls verworfen werden. Daraus aber würden neue Programme resultieren, die ebenso unbefriedigend wären und einer weiteren »Explosion der Unzufriedenheit«, den Weg bereiten könnten (BLOOM, 1969; HERSCH, 1968).

Ausbildung mit Blick auf die Zukunft

Da die heutigen Modelle der klinischen Psychologie und die entsprechenden Ausbildungsziele für eine ständige Kontroverse sorgen, sind Fragen, wie die Ausbildung der Zukunft beschaffen sein soll, noch schwieriger zu beantworten. Die fortwährenden Veränderungen, auf die wir wiederholt hingewiesen haben (und die in der Gesellschaft, im Gesundheitswesen generell und in der klinischen Psychologie speziell stattfinden), erschweren die Vorhersage der Natur der Zielpopulationen und ihrer Schwierigkeiten, der Interventionsziele und der entsprechenden Ausbildung des praktischen Arztes und der theoretischen Fundamente zukünftiger therapeutischer Bemühungen. Doch hat es den Anschein, als würden sich gewisse allgemeine Trends in den nächsten paar Jahrzehnten fortsetzen. Zum einen sind da die Fortschritte der Biologie und der Sozialwissenschaften, die die psychologische Theorie und Praxis bereits beeinflussen. Dieser Einfluß wird in der Zukunft entscheidend zunehmen, sowohl im Rahmen der Aufgaben, die der praktizierende Arzt wird bewältigen müssen, als auch im Hinblick auf die Konzeption vom Menschen und von den Instrumenten, die zu seiner Verhaltensbeeinflussung zur Verfügung stehen werden. Die zunehmende Lebenserwartung, die auf biologische Fortschritte zurückzuführen ist, konfrontierte die psychologische Forschung und Praxis mit neuen Problemen des Alters: mit dem Verlust der sozialen Rolle, dem psychologischen Streß und der körperlichen Behinderung. Der Bereich der geistigen Retardierung ist ein hervorragendes Beispiel für die verstärkte Herausforderung, denn Kinder, die früher gestorben wären, leben heute stark behindert weiter, gleichzeitig hat man biochemische und genetische Entdeckungen gemacht, durch die andere, gewöhnlich zur Retardierung führende Prozesse unterbunden oder kontrolliert werden können. In der Zukunft werden die Möglichkeiten der genetischen Kontrolle, der chemischen Manipulation feiner Nuancen affektiv-kognitiver Erfahrungen, der Entdeckung neurophysiologischer Prozesse, die gleichgestaltig sind mit kognitiven und subjektiven Erfahrungen, diese Möglichkeiten und eine ganze Schar anderer Entwicklungen werden die Psychologie mit unerwarteten Erkenntnissen über die Natur des Menschen und mit unerwarteten neuen menschlichen Problemen konfrontieren (MURPHY, 1969).

Ähnlich weist die Entwicklung neuer Bereiche (z. B. Sozialökologie und gesellschaftliche Systemanalyse) darauf hin, daß die psychologische Theorie und Praxis durch andere Sozialwissenschaften nicht nur relevante Impulse erfährt, sondern von diesen abhängig ist. Dieser Trend zeigt sich zur Zeit an dem Interesse für solche therapeutische Methoden, die durch den Eingriff in eine supraindividuelle soziale Einheit — z. B. ein Ehepaar, eine Familie, eine Krankenstation, eine Institution oder eine Kommune — individuelle Veränderungen erzeugen, und er zeigt sich auch an den vielen verschiedenen Gruppenprozeduren, die in rapid zunehmendem Maße zur therapeutischen Veränderung und zur persönlichen Bereicherung herangezogen werden. Es ist zu hoffen, daß die Fortschritte der soziologischen und sozialpsychologischen Konzepte und Methoden Schritt halten werden mit dem Trend zu neuen sozialen und institutionellen Definitionen von Eingriffen in Problemverhalten. Es kann durchaus sein, daß der Sozialpsychologe, dessen Ausbildung sich auf Verwaltung, Gemeinschaftsorganisation, Einführung von Veränderungen und verwandte Bereiche erstreckte, den individuell orientierten klinischen Psychologen von heute ersetzen wird. In welchem Umfang der wesentliche Inhalt der klinischen Psychologie von heute zu Eingriffen in Gemeinschaften und soziale Gruppen beitragen wird, ist ungewiß. Es gibt Beispiele für sehr fruchtbare Kombinationen beider Ansätze. PAUL (1969b) gelangte z. B. zu dem Schluß, daß eine Kombination aus Milieu- und Lernbehandlungen bei klinischen Dauerpatienten am vielversprechendsten ist, wenn es darum geht, den Umfang dieses »harten Kerns« zu reduzieren. Wenn Biologie und Sozialwissenschaften fortfahren, den Kliniker mit neuen Aufgaben und mit neuen Instrumenten zu konfrontieren, wird sich das Problem, ob man Spezialisten oder »Generalisten« ausbilden soll, noch verschärfen. PAULS Vorschlag impliziert, daß sich die Ausbildung des Studenten sowohl auf Lerntheorie und Verhaltenstherapie, als auch auf gesellschaftliche Systemtheorie und -analyse, auf Verwaltung usw. erstrecken müße.

Ein weiterer Trend, der die klinische Psychologie auch in Zukunft beeinflussen wird, ist die sich beschleunigende Veränderung unserer Wahrnehmung des Ich, der Natur des Menschen und der Gesellschaft, eine Veränderung, die erzeugt wird durch den gewaltigen Einfluß von Urbanisierung, Erziehung, Technologie, Bevölkerungszunahme und Erforschung der physikalischen und biologischen Welt. ALBEE (1967) hat darauf hingewiesen, wie sich in letzter Zeit soziokulturelle Veränderungen auf die Symptomatologie und Therapie auswirkten:

»Eine Untersuchung der Geschichte der Psychoanalyse zeigt, daß die dramatische Veränderung der Fallkategorien, die professionelle Hilfe suchen, nicht mehr auf biologische, sondern auf kulturelle Ursachen von emotionalen Störungen zurückzuführen ist. Die psychoanalytische Theorie baute in hohem Maße auf klinische Erfahrungen mit Personen, die im viktorianischen Wien lebten. Wien um die Jahrhundertwende war jedoch eine nach innen gewandte Kultur ...

In einer nach innen gewandten, verstädternden Gesellschaft ist die Hauptvoraussetzung für persönlich bewegliche, emporstrebende Leute das individuelle Bewußtsein eines jeden. Strenge Unterdrückung der Sexualität der Mittelschicht ist nötig, so lange Erziehung und Ausbildung nicht abgeschlossen sind, es sei denn ein Vermögen ermöglicht die finanzielle Bürde einer Ehe und Familie. Die Kinder werden gelehrt, starke, aber unannehmbare Impulse zu verdrängen und zu kontrollieren. Dieses Hinausschieben von Befriedigung muß individuell kontrolliert werden, während es in früheren, nach der Tradition ausgerichteten Gesellschaften die stabile kleine Gemeinschaft selbst war, die die Person, welche stets in heimischer Umgebung starb, mit externer Kontrolle versorgte.

Dieses nach innen gewandte Muster kennzeichnete vor allem die Neureichen der Mittelschicht, aus denen jene hysterische Gruppe bestand, die mit ihren konfliktbehafteten Neurotikern die ersten Patienten der Psychoanalyse stellte« (ALBEE, 1967, S. 71).

Welche Leute wird der Psychologe in drei oder vier Jahrzehnten behandeln? Man stelle sich Menschen vor, die in gleichförmigen, urbanen Umgebungen zusammengepfercht sind und wesentlich weniger arbeiten, Menschen, die zu Hause oder in der Klinik mit automatisierten Geräten bedient werden, Menschen, die zunehmend säkularisiert und gebildet sind und die sich, da die Wissenschaft neue Entdeckungen macht und alte vertieft, ein neues Bild vom Universum machen, Menschen, die wesentlich mehr Mittel zur gezielten Steuerung des eigenen Verhaltens besitzen sowie die Freiheit, neue Verhalten und bisher verbotene Erfahrungen auszukundschaften.

Man kann sie sich kaum vorstellen, die Fertigkeiten und das Wissen, die der Kliniker im Jahre 2000 besitzen wird, genausowenig wie man sich die Forde-

rungen vorstellen kann, die man ihm stellen wird. So aber sollte man besser
so rasch wie möglich für eine akademische Ausbildung sorgen, die in neue
Richtungen zielt und dem Kliniker genügend Flexibilität läßt, damit er sich
all diesen Veränderungen anpassen und damit er sie sich zunutze machen
kann, ohne daß er speziell für sie ausgebildet worden wäre. Dieser Ausblick
impliziert, daß wir Studenten nicht in Spezialgebieten mit Spezialproblemen
ausbilden können, ebensowenig wie wir sie mit den sozialen Bedingungen der
Zukunft vertraut machen können. Wir können lediglich hervorragende »Generalisten« ausbilden, die in der Lage sind, neues Wissen und neue Fertigkeiten auf neue Probleme anzuwenden und mit neuen Forschungsmethoden ihre
Bemühungen zu bewerten und zu verbessern.

Techniker und Nichtspezialisten als therapeutische Instanzen

GUERNEY (1969) hat darauf hingewiesen, daß die unzulängliche Versorgung
Geistesgesunder und -kranker seit Jahrzehnten ein Faktum ist; sie allein kann
also nicht erklären, wieso Programme zur Ausbildung nicht-professioneller
therapeutischer Hilfskräfte derart zugenommen haben. Die jüngsten Bewegungen, die auf soziale Mißstände hinwiesen, und die Bekämpfung der Armut
und der Rassendiskriminierung haben zweifellos entscheidend dazu beigetragen, daß unbefriedigte Bedürfnisse erkannt wurden und daß man sich gedrängt fühlte, nach Möglichkeiten zu suchen, um ihnen zu begegnen. GUERNEY
weist auf die neue optimistische Überzeugung hin, daß in bezug auf die Verhaltensprobleme etwas unternommen werden könne, zumal hier ein wesentlicher Anstoß zu Neuerungen auf dem Gebiet der psychiatrischen Versorgung
und der Personalprobleme gegeben werden könnte. Der Autor schreibt:

»Man hat das Gefühl, daß Neuerungen, die der Zwangslage abhelfen können, vor
der Tür stehen. Es zeichnen sich auf dem Gebiet der Versorgung Geisteskranker ...
bereits gewisse Erfolge ab, die zu tun haben mit dem Versuch, therapeutische Effektivität zu steigern und das vorhandene Personal wirksamer einzusetzen ...
Es gibt noch andere Entwicklungen, die breiteren Anwendungsmöglichkeiten der
psychotherapeutischen und rehabilitativen Prozesse den Weg zu ebnen scheinen ...
Sie haben zu tun mit ... der Frage, ob die Einzelpsychotherapie, um die Probleme
einer Person zu lösen, für die Entstehungsgeschichte dieser Probleme wirklich ein
intellektuell-emotionales Verständnis mitbringen mußte. Der Standpunkt, der dies
forderte, ging auf die psychoanalytische Tradition zurück. So lange diese Auffassung
vorherrschte, war eine wirklich bedeutende Expansion der psychotherapeutischen
Effektivität durch Einbeziehung großer Bevölkerungsteile blockiert ... In jüngerer
Zeit trugen die (vor anderen Lerntheorien führenden) Auffassungen von ROGERS
und SKINNER entscheidend dazu bei, daß der Therapeut sich über das Handikap seiner selbstauferlegten und fast schon absoluten Omnipotenz hinwegsetzte. Zurückzuführen war das darauf, daß die beiden Autoren Alternativen zur Wahl stellten,
die in erster Linie *ahistorisch* waren.
Keiner ihrer Ansätze verlangt vom Therapeuten, er solle für den Patienten Vergil
spielen. Die Techniken, die von Vertretern dieser Ansätze benutzt werden, setzen
zwar persönliche Qualitäten voraus, die sicher nicht jeder besitzt, doch erfordern sie
keinesfalls die besondere Eignung und die Therapeutenausbildung, die jedes psychoanalytische Modell verlangt. Diese beiden jüngeren Ansätze erfordern angemessene

Intelligenz, Geduld, interpersonales Feingefühl, Selbstkontrolle und die starke Motivation, anderen zu helfen. Doch diese Qualitäten allein genügen nicht, um eine Person zum Fachmann oder zum Wissenschaftler zu machen. Immerhin ist es jedoch so, daß ein Anhänger Rogers' oder Skinners versuchen kann, einer Person mit diesen Qualitäten oder auch nur mit dem Ansatz zu diesen Qualitäten eine qualifizierte Ausbildung zu geben, die sich über eine vernünftige Zeit erstreckt und nach der die Person in der Lage ist, anderen bei psychosozialen Anpassungsproblemen zu helfen« (Guerney, 1969, S. 1—3).

Wie rasch die Verwendung nicht-fachlicher Kräfte zunimmt, veranschaulicht Bloom (1969), der eine Reihe neuartiger, gemeinschaftsorientierter Möglichkeiten der Versorgung Geisteskranker beschreibt. Es gab keine Spezialaufgabe, die nicht auch unausgebildete Nichtspezialisten mit demselben Erfolg ausführten. Obwohl es diesem Bereich an umfangreichen Forschungsdaten mangelt, gibt es doch einige Untersuchungen, die Blooms Feststellung, daß therapeutisch unausgebildete Nichtspezialisten hervorragende Arbeit leisten können, bestätigen. So haben z. B. Rioch, Elkes, Flint, Usdansky, Newman und Silber (1963) nachgewiesen, daß sorgfältig selegierte Hausfrauen mit ausgereifter Persönlichkeit durch intensives Training zu ausgezeichneten Einzelpsychotherapeutinnen ausgebildet werden können. Poser (1966) hat gezeigt, daß Studenten der ersten Semester, die ohne Ausbildung und Erfahrung waren, bei der gruppentherapeutischen Behandlung chronisch schizophrener Dauerpatienten genauso viel oder mehr Erfolg erzielten als Berufstherapeuten. Stollak (1967) bemerkte sowohl an den Kinder- als auch an den Therapeutenverhalten signifikante Veränderungen, als freiwillige Collegestudenten zehn Wochen lang als Spezialtherapeuten ausgebildet wurden. Diese und andere Neuerer, die sich mit dem Problem des nicht-spezialisierten Therapeuten befassen, stimmen mit Rioch (1966) überein, wenn dieser meint:

»Wichtiger noch als das Einsparen der üblichen Arbeitszeit des Fachmanns ist der doppelte Vorteil, den diese neuen Arbeitskräfte haben. Sie bringen neue Gesichtspunkte, flexible Einstellungen und zuweilen sogar neue Methoden mit. Auch lösen sie ihre eigenen Probleme, indem sie bei der Lösung von Problemen anderer helfen. Sie entwickeln sich zu konstruktiven, besser integrierten Bürgern; das aber ist das allerwichtigste, denn dadurch vermehren sie nicht mehr die Unzufriedenheit und das Mißtrauen, sondern den guten Willen der Gemeinschaft« (S. 291).

Riochs Bemerkungen beziehen sich nicht nur auf Nichtspezialisten, die in traditionelle psychotherapeutische Rollen schlüpfen, sondern auch auf Neuerungen in bezug auf gewisse Funktionen im Dienst der Gemeinschaft, zu denen Personen herangezogen werden, die der behandelten Population selbst angehören. Riessman (1967) schreibt, durch neue Sozialgesetze seien in den USA ungefähr 150 000 Arbeitsplätze für Nichtspezialisten geschaffen worden. Obwohl viele dieser Arbeitsplätze keinen unmittelbaren therapeutischen Einsatz erfordern, machen die meisten unter ihnen Interventionen nötig, die für die geistige Gesundheit der Gemeinschaft im weitesten Sinne relevant sind. Ratschläge, Unterstützung oder Training haben sowohl für den Empfänger als auch für den Spender vorteilhafte Auswirkungen. Wie Rioch, unterstreicht auch RIESSMAN das von ihm so benannte »Helferprinzip« — beide, Geber wie Empfänger, ziehen ihren therapeutischen Nutzen aus der Hilfe (RIESSMAN, 1965). Damit dieses Prinzip funktioniert, müssen die Helfer richtig ausgewählt, ausgebildet und überwacht werden; außerdem müssen sie Gelegenheit bekommen, sich fortzubilden.

Zählt man das Hilfspersonal und das nicht spezialisierte Pflegepersonal, das in Nervenkliniken und in anderen Gemeinschaftsinstitutionen tätig ist, zusammen, so kommt man schätzungsweise auf eine halbe Million nicht-spezialisierter Arbeitskräfte, die Klienten mit Verhaltensproblemen helfen. Obwohl das klinische Hilfspersonal in seiner herkömmlichen Rolle einen enormen Einfluß auf den Patienten ausübt, haben ELLSWORTH (1968) und andere gezeigt, daß eben dieses Hilfspersonal dadurch, daß man seine Rolle gezielt modifiziert und aufwertet, wesentlich effektiver arbeitet, wenn es darum geht, die chronischen Patienten zu rehabilitieren, bei denen der ausgebildete Fachmann versagt hat. ELLSWORTHs Versuchsprogramm erzielte bei den Patienten entscheidende Besserungen, die sich im Kontrollgruppenvergleich anläßlich einer Nachuntersuchung nach sechs Jahren als signifikant nachhaltig herausstellten.

Die von uns hier skizzierten Veränderungen der Berufsmodelle, Ausbildungsziele und Personalnutzung und die Entwicklung der Verhaltensthera-pien beeinflussen sich wechselseitig. Zum Abschluß dieses Abschnitts wollen wir auf einige Effekte dieser Beeinflussung eingehen.

Ausbildungsprobleme des verhaltenstherapeutischen Modells

Die Verhaltenstherapien, die ihren Anfang in einem Gärungsprozeß der Psy-chologieausbildung nahmen, haben sich von Anfang an mit dem Problem der Ausbildung von Praktikern befaßt (siehe z. B. KRASNER, 1965 b; ULLMANN, 1967 b). Der behavioristische Bezugsrahmen, der in eine Ausbildungsphiloso-phie übersetzt wird, hat für die psychiatrische Ausbildung generell gewisse Implikationen (siehe Tab. 11/1). Die Praxis der Verhaltenstherapie, die in diesem Buch erläutert worden ist, erfordert eine einzigartige Kombination aus klinischem Geschick und weitläufiger Vertrautheit mit den Theorien und Techniken der experimentellen Psychologie. Verhaltenstherapeutische Tech-nologie kann von Technikern in die Praxis umgesetzt werden, während die Formulierung einer Behandlungsstrategie klinisches und psychologisches Fach-wissen erfordert. Klinische Probleme, die auf neuartige Weise gelöst werden sollen, setzen eine Vertrautheit mit der psychologischen Wissenschaft voraus, die in die Breite wie in die Tiefe geht. FREDERICK hat die allgemeine Ausbil-dung der Spezialausbildung gegenübergestellt; diese Zweiteilung wird zur Dreiteilung, da die verhaltenstherapeutische Ausbildung hinzukommt. Die Verhaltenstherapie erfordert eine nur geringe Ausbildung in den herkömm-lichen Fertigkeiten (z. B. im diagnostischen Test), doch setzt sie klinische Kom-petenz bei der Arbeit mit den Patienten und innige Vertrautheit mit den wissenschaftlichen Grundlagen der Psychologie voraus.

Die verhaltenstherapeutische Vorstellung vom klinischen Psychologen unterscheidet sich vom *Boulder-Modell* in erster Linie darin, daß sie eine Roll und einen Tätigkeitsbereich befürwortet, in denen die Erkenntnisse der Klin und der Forschung zusammenfließen. Das *Boulder-Modell* forderte Kompetenz für beide Bereiche, doch vertrat es den Standpunkt, daß Klinik und Forschung getrennte, wenn auch einander ergänzende Funktionen erfüllten.

Ähnlich wie das *Boulder-Modell* erhebt auch das verhaltenstherapeutische Modell häufig den Anspruch, beiden Bereichen am besten gerecht zu werden, aber nicht nur in bezug auf die erste, sondern in bezug auf alle Dichotomien, denen wir in Tab. 11/1 begegnen. Der Verhaltenstherapeut muß im Rahmen der Universität auf wesentlichen Gebieten eine vollständige akademische Wissensgrundlage erwerben. Doch nur indem er dieses Wissen mit praktischer Erfahrung kombiniert und indem er Techniken und Prinzipien auf individuelle klinische Probleme extrapoliert, kann er die Relevanz seines Wissens prüfen und praktische Fertigkeiten entwickeln. Tab. 11/1 enthält zwei Dimensionen, in denen der Verhaltenstherapeut einen sicheren Stand hat. Er muß sich mit der Forschung vertraut machen, nicht nur weil er die Anwendung im Labor entwickelter Techniken lernen, sondern auch weil er dem empirischen Ansatz gerecht werden muß. Die fortwährende Überwachung der Behandlungseffekte durch quantitative Messungen ist ein so fester Bestandteil der Einzelfallbehandlung, daß der Rolle des Verhaltenstherapeuten ein experimenteller Standpunkt inhärent zu sein scheint. Der Verhaltenstherapeut muß Erfahrungen auch als verantwortlicher Praktiker sammeln. In dieser Hinsicht ist das Modell des Klinikers, auf den die Ausbildung abgestimmt ist, traditionsbunden, doch gewinnt dieses Modell durch die zusätzlichen Forderungen der Verhaltenstherapie nach psychologischen Grundkenntnissen und experimentellen Erfahrungen.

Das verhaltenstherapeutische Modell definiert einen Großteil des Stoffes, der in die Ausbildung des Verhaltenstherapeuten eingehen muß. Aspekte des Verhaltensmodells selbst enthalten weitere Implikationen für den Ausbildungsstoff. Ein Verhaltensmodell, das alles Verhalten, einschließlich der Behandlungsziele, als Ergebnis derselben fundamentalen Prozesse des Lernens und der Biologie betrachtet, legt das Schwergewicht der Ausbildung nicht auf die Psychopathologie oder auf diagnostische Tests, sondern auf eine funktionale Analyse komplexer Reaktionsmuster. Ein angehender Verhaltenstherapeut muß daher eine wertungsfreie Sicht des Klienten entwickeln:

»Das erste, was der in der Ausbildung stehende Verhaltenstherapeut lernen muß, ist eine neue Sicht des Menschen. Für ihn sollte das Zielverhalten ein normales, angemessenes und verständliches Ergebnis vergangener und gegenwärtiger Erfahrungen sein. Das ist an sich schon ein höchst therapeutischer Ansatz. Er veranlaßt den Verhaltenstherapeuten, seinen Klienten als normales Individuum und als Person zu behandeln, die Achtung verdient für die Stärke, die sie in ihren meisten Tätigkeiten manifestiert. Diese Stärke widerspiegelt keine Abwehrmanöver oder Reaktionsbildungen. Die Schwierigkeiten der Person sind kein Auswuchs einer völlig verzerrten Psyche, sie sind kein Resultat eines Kompromisses zwischen innerpsychischen Konflikten. Die Person ist eine einzigartige Person, sie ist kein Etikett, keine Kategorie ... Wenn den Leuten immer noch nach Abstraktionen und Definitionen von Anomalien zumute ist, können sie alles Humanverhalten, insbesondere normales Handeln, als adäquates Modell benutzen. Ich aber glaube, daß jeder, der erklären kann, wieso eine Studentin ein biologisch so befremdendes Verhalten wie die Aufrechterhaltung ihrer Jungfräulichkeit emittieren kann oder wieso ein netter, ordentlicher Student dazu kommt, Gasgranaten auf Zivilisten zu werfen, ein perfektes Modell für Verhalten besitzt, die genauso krank sind wie z. B. das Auf-einem-Stuhl-Sitzen und An-die-Wand-Starren oder das berufliche Scheitern eines New Yorkers oder jenes verderbteste aller verderbten Verhalten, das darin besteht, daß man auf einem Kongreß der APA zu viel trinkt. Wenn wir Verhalten aus der Nähe betrachten, so gibt es nichts Absonderlicheres und nichts Groteskeres als den aufrechten, gesetzesfürchtigen Amerikaner unserer Jahrhundertmitte« (ULLMANN, 1967 b, S. 3—4).

ULLMANN weist darauf hin, daß der zukünftige Verhaltenstherapeut lernt, sich nicht mit den *Ursachen* der Gegebenheiten, sondern mit den *Gegebenheiten selbst* auseinandersetzen: Wichtig für ihn ist, welche Reaktionen unter welchen Umständen mit welchen unerwünschten Auswirkungen auftreten, welche Ersatzverhalten zur Verfügung stehen usw. Eine entscheidende Aufgabe des angehenden Verhaltenstherapeuten ist die Frage nach den *aktuellen Gegebenheiten.*

Die Beschaffenheit der Verhaltenstechniken und der Verhaltensformulierung wirkt sich natürlich auch auf die Befriedigung aus, die der Auszubildende aus seiner Arbeit zieht. Was die Arbeit für den Therapeuten lohnend machen kann, ist seine individuelle Beziehung zum Patienten, ist die Macht, das Leben eines anderen Menschen zu kontrollieren und zu beeinflussen, ist das Verständnis, das er der Persönlichkeit des Patienten entgegenbringt, ist die Besserung des Patientenbefindens. Für den Verhaltenstherapeuten muß ein wesentlicher Verstärker, der seinen beruflichen Einsatz aufrechterhält, in der Beobachtung von Verhaltensänderungen des Patienten bestehen, nicht aber in der Befriedigung, über die Entwicklung des Patienten eine elegante theoretische *post-hoc*-Erklärung abgegeben zu haben.

In bezug auf die Frage, welche Personen als therapeutische Kräfte ausgebildet werden sollen, bejahen die Verhaltenstherapien den derzeitigen Trend, der dahin geht, Nichtspezialisten wirksamer einzusetzen. In Kapitel 6 wurde dargestellt, daß nicht nur klinisches Hilfspersonal und andere Techniker, sondern auch Lehrer, Eltern, Ehepartner, *Peers* und sogar die Kinder eines Patienten so trainiert wurden, daß sie das Verhalten des Patienten änderten. Häufig wird das ohne direkte Intervention und nur durch Beratung mit dem Verhaltenstherapeuten erreicht. Das ist möglich, weil die Ziele, die spezifischen Techniken und die Terminologie der Verhaltenstherapie klar formuliert und leicht lehrbar sind. Die Verhaltenstherapie ist so konzipiert, daß sie es erlaubt, stellvertretende Therapeuten, die in der natürlichen Umgebung des Patienten intervenieren, einzusetzen. Die therapeutischen Kräfte, die einen natürlichen Bestandteil der Umgebung des Patienten bilden, können unmittelbare Effekte beschleunigen, die Aufrechterhaltung von Veränderungen garantieren und für die Generalisierung neu erworbener Verhalten sorgen. Da solche therapeutische Kräfte häufig selbst ihren Beitrag zum Problemverhalten oder zur problematischen Verhaltensinteraktion leisten — das ist z. B. dann der Fall, wenn Familienmitglieder ihr unerwünschtes Verhalten wechselseitig verstärken —, haben wir es hier mit einer direkten Anwendung von RIESSMANS »Helferprinzip« zu tun. Ihrer Natur nach sollte die Verhaltenstherapie fortfahren, die Verwendung nicht-professioneller Kräfte, die therapeutisch intervenieren können, auszuweiten, um den entsprechenden Trend in der Versorgung Geisteskranker zu verstärken.

Schließlich zeichnet sich die Verhaltenstherapie durch einige Eigenschaften aus, die den allgemeinen soziokulturellen Veränderungen, welche die klinischen Praktiken beeinflussen, entgegenkommen. So können z. B. technologische Neuerungen ohne weiteres in viele Teilbereiche der verhaltensorientierten Behandlung integriert werden. In einigen Kapiteln dieses Buches sind wir auf diese Möglichkeit eingegangen — denken wir nur an die automatisierte Desensibilisierung (LANG, 1968), die mechanische Verstärkerverabreichung im Schulunterricht (PATTERSON, 1965 a) und die automatische Aufzeichnung der Häufigkeit erwünschter und unerwünschter Verhalten (LOVAAS, FREITAG, GOLD und KASSORLA, 1965). Der Nachdruck, den die Verhaltenstherapie nicht auf hypothetische vermittelnde Konstrukte, sondern auf pragmatische Ergebnisse legt, kommt den zielgerichteten, interventionsorientierten Programmen der Sozialfürsorge, die sich derzeit mit Problemen der Kriminalität, der *Drop outs* an Schulen und der Arbeitslosigkeit befassen, auf natürliche Weise entgegen. Auch die weitläufigen sozialen, technischen Anwendungsmöglichkeiten der Verhaltenstherapie sind vielversprechend, da sie die Programme des Gesundheitswesens bereichern können, wenn es darum geht, gemeinschaftsbezügliche Definitionen für und Interventionsmöglichkeiten bei Problemverhalten zu entwickeln. Es besteht heute ein neues allgemeines Interesse für Erfolgsforschung und Untersuchungen der Mechanismen, die therapeutische Erfolge bewirken. Die Verhaltenstherapie teilt nicht nur diesen empirisch orientierten Ansatz, sondern hat u. a. zu einer neuerlichen Aufwertung der Evaluationsforschung beigetragen (siehe z. B. EYSENCK, 1965 a; PAUL, 1966).

Allgemeine Fragen zu den Lernparadigmen

Den Lernparadigmen, die die Grundlage der Verhaltenstherapie bilden, sind Grenzen gesetzt, Grenzen, mit denen wir uns zum Teil bereits befaßt haben. In diesem abschließenden Abschnitt scheint es angebracht, eine kurze Zusammenschau der Wissenslücken, Definitionsprobleme und theoretischen Schwierigkeiten zu geben, die eine generelle Herausforderung der Verhaltenstherapie darstellen. Ein Überblick über die Grenzen, die dem klinischen Modell der Verhaltenstherapie gesetzt sind, verbindet sich mit den Kritiken, die in jüngerer Zeit an der S-R-Psychologie geübt worden sind. In diesem Kontext werden wir auch spezifische praktische oder konzeptionelle Schwierigkeiten kurz beschreiben.

*Die Kritik am verhaltenstherapeutischen Ansatz, der auf Lernprinzipien
basiert*

Ein häufiger Einwand gegen die Verhaltenstherapie behauptet, daß sie nicht
wissenschaftliche Prinzipien anwende, sondern sich lediglich ein wissenschaftliches Mäntelchen umhänge, indem sie mit ungenauer Labor-Terminologie
pragmatische *ad-hoc*-Prozeduren beschreibe (BREGER und McGAUGH, 1965;
SIMKINS, 1966). Diese Kritik ist auf unterschiedliche Weise formuliert worden:

»... in der Literatur über die Verhaltensmodifikation zeichnen sich gewisse Tendenzen ab, die weitergehen, als Datenmaterial oder Logik rechtfertigen« (DAVISON,
1967, S. 1).
»... haben wir die funktionalen Beziehungen einmal erarbeitet, befindet sich der ...
Praktiker in einer Lage, im vorhinein zu wissen, was er unternehmen muß, um ein
bestimmtes Verhalten zu beschleunigen oder zu bremsen. So lange diese Funktionen
nicht erarbeitet worden sind, müssen sich Psychotherapie, Verhaltenstherapie, Psychoanalyse und andere Versuche (der Verhaltensmodifikation) auf die ›Geschicktheit‹
oder die Idiosynkrasien des Therapeuten verlassen, nicht aber auf die Anwendung
wissenschaftlicher Prinzipien. Unter diesem Gesichtspunkt bewahrt sich die Verhaltensmodifikation nach wie vor ihren Status einer Kunst« (SIMKINS, 1967, S. 13).

Dieses Argument mag von der Überzeugung ausgehen, daß die Lernforschung
im Labor noch nicht die Stufe erreicht hat, auf der sie die Bezeichnung »Theorie« oder »System« verdient und auf der sie generalisierbare und verläßliche
funktionale Beziehungen erarbeitet hat. Andere Autoren, darunter DAVISON,
anerkennen die Existenz nützlicher Generalisierungen beim Erwerb und bei
der Aufrechterhaltung von Verhalten, doch raten sie dem Verhaltenstherapeuten, in seiner Sprache, seinen Forschungen und seinen logischen Rückschlüssen vorsichtig zu sein. Die Verhaltenstherapie sollte nicht als vollständige, abgerundete Technologie betrachtet werden. Vielmehr ist sie ein sich
entwickelndes, sich veränderndes Instrument, das sich zeitweise brauchbarer
Methoden aus dem Labor bedient und das durch die Erfahrung des Therapeuten bereichert wird. In veröffentlichten Berichten und in Fallbesprechun-
gen begegnen wir vielen Behandlungsbeispielen, die Anspruch auf Erfolg erheben, obwohl es sich in jedem dieser Fälle lediglich um eine spezifische Operation handelte, die keinen eindeutigen und allgemeingültigen Kausalzusam-
menhang belegen konnte. Begriffe wie »Verstärkung« werden häufig ungenau
und vieldeutig oder in einer Weise benutzt, die zum Zirkelschluß führt, oder
sie werden in Verbindung mit Variablen gebraucht, die völlig unpassenden
Paradigmen der Verhaltensänderung entnommen sind. Ein weiterer Denk-
fehler, dem man oft begegnet, besteht darin, daß man aus dem Wissen über die
Variablen, die die gegenwärtige Reaktion beeinflussen, Rückschlüsse über die
Ätiologie des Verhaltens zieht.

Allerdings liegt die Ursache dieser Mängel meistens in den Operationen
selbst oder in Sprech- und Denkgewohnheiten der Therapeuten-und-Forscher,
nicht aber im Modell selbst. In allen therapeutischen Unternehmungen wird
das verfügbare, belegte Wissen ständig überholt von den ehrgeizigen Bestrebungen und den neuen Hypothesen des Klinikers. Die Gefahr der klinischen

Praxis liegt darin, daß das Provisorische klinischer Formulierungen nicht erkannt wird, daß die Ausgangshypothesen nicht durch Kontrollen getestet werden und daß man Erfolge auf verschiedene Mechanismen zurückführt, obwohl man keine Prozedur entwickelt hat, um die entsprechenden Effekte zu messen. Die Tatsache, daß die Praxis häufig über feste experimentelle Grundlagen hinausgeht, ist an sich nicht zu beanstanden, so lange die pragmatisch-prüfende Natur dieses Vorgehens ausdrücklich betont wird.

Fragen zur Extrapolation aus der Tierforschung

Die Frage, ob sich Lernmodelle als Behandlungsparadigmen eignen, hat häufig weniger mit der Grundannahme des Modells zu tun als mit der strukturellen Anwendbarkeit des Modells auf Humanverhalten in natürlicher Umgebung. Kann z. B. ein behavioristisches Modell die Entwicklung von Sprache und Denken oder die Korrelationen von Verhaltensstörungen bei Schizophrenen hinreichend erklären? Der Haupteinwand basiert in seiner einfachsten Form auf der Tatsache, daß die meisten Lernprinzipien, auf die sich Verhaltens-therapiemodelle berufen, Ergebnisse der Tierlaborforschung sind. Die weiße Ratte und die künstliche Laborumwelt erweisen sich als fragwürdige Analoga, wenn man von den entsprechenden Daten auf den klinischen Behandlungs-kontext oder gar auf die komplexe natürliche Umwelt des Patienten extrapoliert. Die grundlegenden Tierexperimente benutzten als kontrollierende Anreize Futter, Wasser und Schock. Es wurden einfache, separate Reaktionen (z. B. Hebeldrücken oder Beinflexion) gemessen, und organismische Faktoren und vergangene Geschichte wurden sorgfältig kontrolliert. Soziale Prozesse, die so komplex waren, daß eine Extrapolation auf Humanprobleme gerecht-fertigt erscheinen konnte, wurden im Tierbereich nur selten untersucht. Allerdings hat man einige interessante erste Schritte in diese Richtung getan. Die entsprechenden Studien haben wir in diesem Buch zum Teil behandelt — so z. B. Azrins (1964) Arbeit über die Aggression, Solomons Untersuchung über das Vermeidungslernen (Solomon und Wynne, 1953; Solomon und Brush, 1956), sowie Studien über die Imitation und die Zusammenarbeit von Tieren (Simmel, Hoppe und Milton, 1968). Obgleich dieser Ansatz fasziniert, müssen diese Studien noch beweisen, daß sie auch für menschliche Gemeinschaften relevant sind. Die Weitervermittlung seines Verhaltens und seiner Kultur von Generation zu Generation ist ein Merkmal des Menschen, das ihn von den Spezies, die unter ihm stehen, unterscheidet. Entscheidende Probleme können mit Hilfe von Tierexperimenten nicht direkt untersucht werden, wenn dieses Merkmal im Spiel ist. Ungeachtet aller Versuche, realistische Analoga zu konstruieren, können einige Humanprobleme nicht an der weißen Ratte erforscht werden. Labortiere geben keine zufriedenstellenden Versuchsobjekte ab, wenn sich die Untersuchung mit dem »Generationskonflikt«, mit dem Aufeinanderprallen von alten und neuen Sitten, mit der Aneignung morali-schen Verhaltens, mit Einstellungsänderungen usw. befaßt. Die verbalen und symbolbezogenen Fähigkeiten des Menschen stellen — verglichen mit seiner soziokulturellen Natur — ein noch schwierigeres Hindernis dar, wenn es darum geht, vom tierischen Verhalten auf Humanverhalten zu extrapolieren. Wie sich verbale Prozesse auf Verhaltenstherapien auswirken, haben wir in Kapitel 8 diskutiert.

Angesichts der Tatsache, daß die Tierforschung und auch die Humanforschung im Labor zu wünschen lassen, wenn man sie als Replikation naturalistischen, komplexen Humanverhaltens betrachtet, muß die Eignung derartiger Studien zu Therapiezwecken in Frage gestellt werden. Dagegen kann man einwenden, daß einfache Prinzipien und Prozeduren bereits ausreichen, um große und entscheidende Einheiten menschlichen Verhaltens vorherzusagen, zu kontrollieren und zu erklären, und daß, solange die Forschung in dieser Hinsicht zu nützlichen Generalisierungen gelangt, ihre angebliche »Übersimplifizierung« ein belangloses Argument ist. Es sind dies die allgemeingültigen Prinzipien eines Modells, die auf jeder Stufe nachweisbar sind und die bei verschiedenen Spezies und verschiedenen Komplexitätsstufen Aktionsrichtlinien liefern. Prinzipien, die sich mit biologischen Osmoseprozessen oder Verstärkungsfragen der Lernpsychologie auseinandersetzen, sind für Ratten und Menschen gleichermaßen relevant. Doch eine Rattensoziologie gibt es nicht. So aber sind Tierexperimente, die die Hauptgrundlage einer allgemeinen Verhaltenstheorie abgeben sollen, nur ein zeitweiliger Notbehelf. Umfang und Raffinesse der Humanforschung, die sich mit Verhaltenserwerb und -modifikation befaßt, nehmen rasch zu, und so darf man hoffen, daß die Therapiemodelle der Zukunft eine umfassendere und hochentwickelte behavioristische Basis besitzen werden. Wir haben in diesem Buch mannigfache Humanstudien angeführt, die mit dem behavioristischen Standpunkt übereinstimmen und für die Verhaltenstherapie unmittelbar relevant sind. Es handelte sich dabei um Untersuchungen über die Beziehungen zwischen verbalen, behavioralen und psychologischen Angstindikatoren (LANG, 1968), über verbale Etiketten, physiologische Merkmale und Kontextkomponenten, die als Variablen emotionale Zustände kontrollieren (SCHACHTER, 1964 a), über Fragen der Selbstregulierung (KANFER, 1967 b), über Probleme des sozialen Lernens und komplexe soziale Interaktionen, die Verhaltenserwerb und -änderung beeinflussen (siehe z. B. BANDURA und WALTERS, 1963; PATTERSON, 1969). Die Humanforschung sollte letzten Endes folgendes ermöglichen: 1. eine direktere Testung des Verhaltensmodells, das man im Tierlabor entwickelt hat; 2. mehr Verständnis und stärkere Kontrolle für die verbalen und sozialen Variablen im Rahmen des behavioristischen Modells und 3. die Ausweitung des Modells auf Parameter, die spezifisch menschlich sind.

Die Allgemeingültigkeit der Verhaltensänderung

Für alle Therapien entscheidend ist die Frage, ob die bei einem Patienten erzielten Verhaltensänderungen auch im Alltag Stabilität bewahren. Der Verhaltenstherapie kann vorgeworfen werden, daß sie unfähig sei, für eine Gruppe klar umrissener Parameter zu sorgen, die der Therapeut diagnostizieren oder manipulieren kann, um vorherzusagen oder zu gewährleisten, daß der therapeutische Erfolg in allen relevanten Lebensbereichen des Patienten stabil und dauerhaft ist. Die Verhaltenstheorie kennt kein Paradigma, das die Aufgabe erfüllen könnte. Daher sucht das Verhaltenstherapiemodell Zuflucht bei einer Reihe gesonderter und nicht ganz so umfassender Prinzipien, aus denen es Techniken entwickelt, die die Dauer und Allgemeingültigkeit der Modifikation unterstützen.

In der Generalisierung erblickt man häufig eine Gruppe von Prinzipien, die im breitesten Rahmen angewendet werden können, doch kann man die übliche Labormanipulation der Stimulus- und Reaktionsgeneralisierung nicht direkt auf die Therapiesituation übertragen. Die Erforschung der Generalisierung im Labor hat sich meistens mit einfachen, meßbaren physikalischen Stimuli, motorischen Reaktionen und starken Anreizen (z. B. Häufigkeit eines Tons, Laufgeschwindigkeit, Hunger und Durst) befaßt, die nicht kennzeichnend sind für die komplexen Stimuluskontexte des Alltags oder der Klinik. Sowohl die Relevanz der funktionalen Beziehungen, die man im Labor entdeckte, als auch ihre Nutzung bei der Entwicklung von therapeutischen Strategien sind noch nicht durch eine naturalistische Erforschung der Generalisierung bestätigt worden. Sogar im Tierlabor sind es nur die einfachsten und greifbarsten Stimuli, die Generalisierungsmessungen ermöglichen. Beim Menschen begegnen wir unbekannten und unerkannten Vermittlungsprozessen, die sich von Person zu Person unterscheiden und die den Transfer von therapeutischen Effekten auf den Alltag behindern oder erleichtern. So ist es z. B. nicht ungewöhnlich, daß der Patient seinem Therapeuten erzählt, eine bestimmte Erfahrung habe ihn an eine der letzten Sitzungen erinnert und das habe ihn bewogen, anders zu handeln. Und ebensowenig ungewöhnlich ist es, daß der Patient einen realen Stimulus als »weniger künstlich« betrachtet, so daß dieser Stimulus eine phobische Reaktion auslöst, die durch die Therapie erfolgreich desensibilisiert worden war.

Angesichts der konzeptuellen und praktischen Probleme, die die Messung von Stimulusähnlichkeiten im komplexen natürlichen Kontext aufwirft, dürfte die Generalisierung auch weiterhin ein ungeeignetes Modell zur Vorhersage therapeutischer Effekte sein. Kritiker, die Verhaltenstherapeuten vorwerfen, sie benutzten den Begriff *Generalisierung* in »nicht wissenschaftlicher« Weise, haben daher recht, wenn sie meinen, daß die Laboroperationen, durch die Generalisierungsexperimente definiert werden, für die Therapieforschung oder -praxis nicht charakteristisch sind. Extrapolationen aus Laborergebnissen liefern dem Therapeuten nur grobe Richtlinien. Trotzdem kann er versuchen, offensichtliche funktionale Ähnlichkeiten oder Unterschiede zwischen klinischen und natürlichen Situationen oder zwischen den Kontexten, in denen der Patient abweichendes oder angepaßtes Verhalten zeigt, zu berücksichtigen.

Manche Autoren bezeichnen die Verhaltenstherapie, ja tatsächlich alle Therapien, als Diskriminationstraining. Unter diesem Gesichtspunkt ist eine Reaktion anomal, wenn sie unzureichender oder unangemessener Stimuluskontrolle ausgesetzt ist. Die Therapie müßte dann darin bestehen, daß man für die Reversion der entsprechenden Diskriminationen sorgt (GREENSPOON, 1961). Der Therapeut, der eine mangelhafte Stimulusdiskrimination als Zielverhalten behandelt, kann den Einfluß der Stimuluskontrolle künstlich verstärken (siehe Kapitel 8). Er kann z. B. für einen Stimulus sorgen, der dem Patienten als Hinweisreiz für wünschenswertes Verhalten dient. So kann er eine dickleibige Person dahingehend trainieren, daß sie nur auf einem Tischtuch mit einem bestimmten Muster ißt. Doch kann eine Stimulusgeneralisierung andererseits durch die therapeutische Instruktion oder Praxis beschleunigt werden. Das ist z. B. dann der Fall, wenn ein Patient im Rollenspiel vor verschiedenen Personentypen Selbstsicherheit demonstriert, um die Gruppe sozialer Stimuli, die derartiges Verhalten auslösen, zu vergrößern.

Reaktionsgeneralisierung ist dann das Ziel, wenn eine oder mehrere Reaktionen in der Hoffnung behandelt werden, daß sich eine umfangreiche Klasse verwandter Verhalten ebenfalls ändern wird. Die sozialen Fertigkeiten eines schüchternen Jungen können so trainiert werden, daß er es wagt, in der Mensa ein Mädchen um ein Rendezvous zu bitten, und dieses Training kann in der Erwartung durchgeführt werden, daß sich der Junge nun auch am Telefon weniger schüchtern verhält, daß er vor den Vorlesungen mit seinen Komilitonen redet usw.

Man hat häufig bezweifelt, ob die Programmierung von Verhalten, auch wenn sie noch so komplex und geschickt ist, hinreichend flexibel sein kann, um den Patienten gegen den Ansturm einer veränderten Umwelt zu wappnen. Ursache, Beschaffenheit und Häufigkeit von Verstärkungskontingenzen und diskriminativen Hinweisreizen ändern sich. In der sich wandelnden sozialen Umwelt des Menschen können alte Verhalten veralten und neue nötig werden. Jede Behandlung erfordert, und sei es auch nur zu Beginn, die Errichtung einiger künstlicher Beziehungen. Findet die Therapie nicht in einer natürlichen Umgebung, sondern im klinischen Rahmen einer *Token*-Ökonomie statt, muß der Therapeut die Verhalten und kontrollierenden Stimuli antizipieren, die, wenn der Patient die Klinik verläßt, zur Aufrechterhaltung des wünschenswerten Repertoires nötig sein werden. Die klinische Umgebung muß gewisse Bedingungen simulieren. Das Problem ist nicht ganz so schwierig, aber dennoch gegeben, wenn die Behandlung in der natürlichen Umgebung durchgeführt wird. Eine therapeutische Intervention, die zu Hause stattfindet, kann den Eltern höchst geeignete Mittel an die Hand geben, um das Problemverhalten ihres Kindes zu modifizieren. Doch verändern sich die typischen Verhalten, die zu Hause auftreten, und die Stimuli, die diese Verhalten kontrollieren, wenn das Kind heranwächst und wenn andere Umweltfaktoren wie die Geburt eines Brüderchens ins Spiel kommen. Inwieweit kann ein therapeutisches Programm den Patienten gegen zukünftige Veränderungen seiner Umwelt wappnen?

Wir begegnen hier einigen wesentlichen Punkten. Die therapeutische Strategie wirkt sich anders aus, je nachdem, inwieweit sie bemüht ist, den Patienten auf Umweltveränderungen vorzubereiten. Auf der einen Seite des Kontinuums können *Token*-Ökonomien für schwer geschädigte institutionalisierte

Patienten bemüht sein, das Leben des Patienten, das sich ausschließlich in ein und derselben institutionalisierten Umgebung abspielt, befriedigender, unabhängiger, menschenwürdiger und für andere weniger beschwerlich zu gestalten. Doch wie FAIRWEATHER (1967) demonstriert hat, kann es auch das Ziel eines Programms sein, den Patienten aus einer Anstalt in eine neue Umgebung zu verpflanzen — in eine Umgebung, die relativ konstant und stabil gehalten wird und in der die Ansprüche an den Patienten so stark wie möglich überwacht werden. Am anderen Ende des Kontinuums stehen z. B. die Eltern, denen allgemeine Prinzipien der Verhaltenskontrolle beigebracht werden, die sie auf Zielverhalten des heranwachsenden Kindes anwenden können; doch steht hier auch der Patient, der neue selbstregulierende Prozeduren lernt, die er in verschiedenen neuen Kontexten benutzt. Das Verhaltensmodell zeichnet sich sowohl durch Flexibilität als auch durch die Fähigkeit aus, spezifische und stark diskriminierende Reaktionen zu errichten. Die Empfänglichkeit eines Patienten für niedrige Verstärkungspläne kann gesteigert werden, so daß er der begrenzten natürlichen Belohnung, die ihm seine Umgebung spendet, gewachsen ist. Doch kann ein Patient auch gelehrt werden, ein Verhaltensprinzip auf vielfältige Problemsituationen anzuwenden — er kann z. B. lernen, mit Entspannungs- oder Desensibilisierungstechniken angsterregende Situationen zu bewältigen. Liefert eine therapeutische Strategie allgemeine Regeln für viele verschiedene Probleme, so versucht der Kliniker nicht, spezifische Verhalten zu errichten, die sich in der Zukunft als ungeeignet erweisen können. Doch erwartet der Verhaltenstherapeut auch nicht, daß er seinen Patienten gegen jeglichen Streß immun machen kann oder daß sein Patient durch die Behandlung allen neuen Situationen gewachsen ist. Der Therapeut setzt sich vielmehr mit den gegenwärtigen Beschwerden des Patienten auseinander, und in diesem Kontext versucht er eine Lösung zu finden, die so dauerhaft und allgemeingültig wie möglich ist.

Die verschiedenen Kapitel dieses Buches haben verschiedene Taktiken dargestellt, mit denen sich Verhaltenstherapeuten um Heilerfolge bemühen. Um ein neu errichtetes Verhaltensmuster angesichts komplexer Veränderungen am Leben zu erhalten, muß der Therapeut unter Umständen folgende Wahrscheinlichkeiten steigern: 1. die Wahrscheinlichkeit einer Verhaltensklasse, die in einem Kontext ausgeformt wurde und in einem anderen Kontext auftritt; 2. die Wahrscheinlichkeit einer ganzen Klasse verwandter Reaktionen, deren Häufigkeit zunimmt, wenn nur einige Mitglieder dieser Klasse in der Therapie bestärkt werden oder 3. die Wahrscheinlichkeit der Löschung oder Bestrafung eines Verhaltens in einem bestimmten Kontext, da diese Löschung oder Bestrafung zur verringerten Performanz desselben Verhaltens in vielen anderen Kontexten führt.

Ein für die Stimulusgeneralisierung relevanter Ansatz war bemüht, Behandlungsprozeduren in möglichst vielen Kontexten durchzuführen. So kann z. B. aversive Konditionierung anhand verschiedener Stimuli in verschiedenen Kontexten von verschiedenen Therapeuten durchgeführt werden. Dem Extrem dieses Ansatzes begegnen wir in der sich verändernden sozialen Umwelt, in der relevante soziale Instanzen Einfluß üben; das ist z. B. dann der Fall, wenn Eltern lernen, neue Verhalten ihres Kindes zu Hause auszuformen. Da sie in vielen Situationen intervenieren können, da sie wechselnde Hinweisreize und Verstärker verwenden können und da sie viele Mitglieder einer einzigen Reaktionsklasse beeinflussen können, wird ein Transfer der Effekte in die Therapieoperationen eingebaut. Doch die Entdeckung der von BAER und WOLF (1967) so bezeichneten »Eingangsverhalten« (siehe Kapitel 6) impliziert, daß zur Erzielung eines direkten Transfers von Behandlungseffekten ein geringerer Kraftaufwand nötig ist. Denn es wird eine kleine Reaktionsklasse identifiziert, die, wenn modifiziert, auch viele andere erwünschte Verhalten durch die Umwelt hindurch verstärkt.

Derartige Mittel ermöglichen es dem Verhaltenstherapeuten, mit verschiedenen Problemen, für die die Forschung am Ende verläßlichere Lösungen finden könnte, auf pragmatische Weise fertigzuwerden. Eines dieser Probleme ist die bereits erwähnte Unfähigkeit, naturalistische Dimensionen von Stimuli oder Reaktionen, mit deren Hilfe Generalisierung vorhergesagt und beschleunigt werden könnte, verläßlich zu spezifizieren oder gar zu messen. Noch zu wenig verstanden und folglich zu wenig genutzt sind jene überraschenden Umstände, unter denen die Effekte einer aversiven Konditionierung oder Bestrafung auf eine so umfassende Art und Weise effektiv sind, wie sie sich der Therapeut nicht erträumt hätte. RACHMAN und TEASDALE (1969) und andere haben darauf hingewiesen, daß am Aversionsparadigma nicht die Tatsache überrascht, daß es nicht effektiver ist, sondern daß es überhaupt effektiv ist, indem es viele Reaktionen mit einer langen Verstärkungsgeschichte in den verschiedensten Umgebungen, die dem Behandlungskontext so gar nicht ähneln, beeinflußt. Dafür sind vermutlich gewisse symbolische Reaktionen oder andere vermittelnde Mechanismen verantwortlich. Wie man diese Mechanismen beschreiben und effektiver nutzen könnte, ist ein Hauptproblem der Verhaltenstherapie. Die Vermittlung von Verhaltensänderungen durch selbstregulierende Reaktionen, mit der wir uns in Kapitel 9 befaßten, hat den enormen Vorteil einer Generalisierung, deren Erzeugung in der Regel schwierig ist.

Mängel von Verhaltenstheorien

Das Ziel jeder Wissenschaft ist die Konstruktion eines Modells, das den natürlichen Phänomen am stärksten entgegenkommt. Psychologische Modelle, darunter auch das Lernmodell, sind noch weit entfernt, mit den komplizierten natürlichen Verhalten außerhalb des streng überwachten Laborexperiments fertig zu werden. Der Verhaltenstherapeut kann aus keiner umfassenden Theorie über das menschliche Lernen schöpfen. Er besitzt im Bestfall eine Methodologie, die in wissenschaftlichen Doktrinen wurzelt, und einige wenige Grundprinzipien, die er durch Extrapolation oder Analogie anwendet. In diesem Sinne ist die Verhaltenstherapie die pragmatische Anwendung von Labortechnologie und empirischen Generalisierungen. Obwohl manchmal so dargestellt, ist sie nicht die wissenschaftliche Anwendung von Lerngesetzen.

Die Kapitel dieses Buches haben viele Beispiele dafür angeführt, daß ein begrifflich »reines« Modell seine »Reinheit« einbüßt, wenn es nicht mehr auf die Lernprozesse angewandt wird, die im Experiment zu seiner Definition führten — ein Beispiel ist die Anwendung des klassischen Konditionierungsmodells bei aversiven Therapien. Die grundlegenden Operationen und Variablen eines Modells — z. B. die Verstärkungsoperation oder der Verstärker, der als Stimulusereignis funktioniert — sind in der realen Welt schwer zu definieren. Die verfügbaren Prinzipien und die ihnen zugrunde liegenden empirischen Daten sind noch nicht in einen einheitlichen Bezugsrahmen eingepaßt worden, um eine Vorhersage darüber zu ermöglichen, welche spezifischen Methoden bei verschiedenen Problemverhalten bestimmter Personen effektiv sein werden.

Die Kritik an der Verhaltenstherapie konzentriert sich häufig auf die Tatsache, daß diesem Therapietypus die S-R-Theorie zugrunde liegt (siehe z. B. BREGER und McGAUGH, 1965). Doch die Mängel, von denen wir hier sprechen, kennzeichnen Lerntheorien im allgemeinen. Für BREGER und McGAUGH ist nicht das Verhaltensmodell Grundlage der Therapie, sondern ein informationsverarbeitendes Lernmodell, das sich auf das Modell von MILLER, GALANTER und PRIBRAM (1960) stützt. Obgleich die damit verbundene kognitive Sicht den Vorteil hat, daß der Focus einzig und allein von menschlichen und subjektiven Prozessen gebildet wird, und obwohl BREGER und McGAUGH versichern, dieses Modell ersetze zeitgemäß »veraltete« behaviorale Lernprinzipien, hat man es doch nicht hinreichend ausgebaut, so daß es kein Organisationsschema für klinische Daten darstellt und kaum in der Lage ist, konkrete Techniken oder Taktiken zu empfehlen. Wollte sich ein Therapeut auf eine Therapie nach dem *Breger-* und *McGaugh-Modell* einlassen, blieben ihm nicht einmal die wenigen soliden Ansatzpunkte, denen wir in diesem Buch begegnet sind. BREGER und McGAUGH beurteilen den Beitrag des kognitiven Modells folgendermaßen:

»Der von uns umrissene Lernstandpunkt liefert keine gebrauchsfertigen Lösungen, die aus dem Labor stammen und auf klinische Probleme angewandt werden können; doch er läßt erkennen, welche Fragen beantwortet werden müssen, um zu sinnvollen Lernformulierungen von Neurosen und Symptomen zu gelangen. Fragen wie: ›Welcher Art sind die Bedingungen, unter denen Strategien gelernt oder entwickelt werden?‹ unterstreichen die Tatsache, daß sich diese Bedingungen von dem am Ende beobachteten Verhalten stark unterscheiden können. Das aber heißt, daß ein bestimmtes Symptom nicht unbedingt wegen der Lernerfahrung erworben wurde, in der seine Stimuluskomponenten mit schmerz- oder angsterzeugenden Stimuli assoziiert waren. Vielmehr kann ein Symptom als eine äquipotentiale Reaktion funktionieren, die vermittelt wurde durch eine zentrale und unter anderen Umständen erworbene Strategie« (BREGER und McGAUGH, 1965, S. 356).

Diese Bemerkung impliziert anscheinend, daß Verhaltenstherapeuten Überzeugungen vertreten, an die sie gar nicht glauben, z. B. die Überzeugung, daß beobachtete Problemverhalten äquivalent oder isomorph sind mit den früheren Bedingungen, unter denen sie entstanden, oder die Überzeugung, daß alle Symptome determiniert sind durch Assoziationen von Reaktionen mit

Schmerz oder Angst. Aber wichtiger noch ist die Tatsache, daß BREGER und McGAUGH zwar einiges gegen behaviorale Lernmodelle einzuwenden haben, daß sie jedoch weder konzeptuell noch pragmatisch bereit sind, einen direkten Beitrag zu therapeutischen Formulierungen oder Technologien zu leisten. BREGERS und McGAUGHS Neuformulierung der Therapie anhand eines kognitiven Lernmodells stieß auf folgenden Einwand:

>Ihre Neuformulierung lieferte lediglich eine andere Redeweise — eine Redeweise, die sich mehr durch ihre Annäherung an eine vernünftige Sprache als durch die Hoffnung auf größere Präzision auszeichnet. Sie haben nicht belegt, daß ihre >Neuformulierung< ... den Modellen, die sie kritisieren, überlegen ist. Statt dessen behaupten sie offensichtlich ... daß eine kognitive Theorie (oder eine Theorie, die zentrale, vermittelnde Konstrukte benutzt) notgedrungen überlegen sein müsse einem konzeptuellen System, das der Sprache der Beobachtung enger verbunden bleibt« (WEST, 1967, S. 215).

Die kritische Auseinandersetzung zwischen Vertretern des Verhaltensmodells und Vertretern anderer Lernmodelle (siehe z. B. RACHMAN und EYSENCK, 1966) hat bewirkt, daß die Forderungen und derzeitigen Standpunkte der verschiedenen Lager klar formuliert wurden. Das gilt auch für einige Schwächen, die der heutige Stand der Lerntheorie dann erkennen läßt, wenn klinische Fälle sehr kompliziert sind. KENDLER (1968) meinte:

>Vielleicht ist es so, daß, um wirklich pessimistisch zu sein, in der Psychologie nie Übereinstimmung erzielt werden wird, weil die Phänomene, für die sich die Leute, die sich selbst als Psychologen identifizieren, interessieren, eigentlich immer völlig anders geartet sind. Obwohl es unser Wunsch ist, daß sich die Fakten des Verhaltens, der phänomenalen Erfahrung und der Physiologie eines Tages zu einem integralen Ganzen zusammenschließen lassen, gibt es nichts, was unseren Erfolg gewährleisten könnte. Im Augenblick sollten wir unser Augenmerk darauf richten, daß es keinen klar umrissenen Bezugsrahmen gibt, der es uns erlaubte, die Probleme, denen wir gegenüberstehen, zu beurteilen« (S. 391—392).

Der Kern dieser Argumente ist, daß es kein adäquates Lernmodell gibt — auch nicht innerhalb der begrenzten Ziele, die sich ein Modell selbst setzt; der Kern ist, daß es weder theoretische noch praktische Beweise gibt, die uns zu einer eindeutigen Wahl zwischen konkurrierenden Modellen raten könnten; der Kern ist, daß die Debatten zwischen Verfechtern verschiedener Paradigmen meistens keine Lösungen bringen. Doch wie die in diesem Buch zusammengetragenen Forschungsarbeiten zeigen, hat das verhaltensorientierte Modell für Hypothesen und Daten gesorgt, die eine fortwährende Testung seines theoretischen Rahmens ermöglichen. Die Forschung in Grenzbereichen läßt vermuten, daß die Ausweitung des Modells seine Mängel beheben wird.

Es gibt einige Kritiker (unter ihnen auch der von uns bereits zitierte SIMKINS, 1967), die behaupten, »eine moderne Lerntheorie gebe es überhaupt nicht« und im Besitz von Verallgemeinerungen, die als »Gesetze« oder »Prinzipien« der Vorhersage und Manipulation von Humanverhalten bezeichnet werden dürften, seien wir auch noch nicht. Doch wie die verschiedenen Kapitel dieses Buches gezeigt haben, gibt es eine ganze Menge empirisch gestützter Verallgemeinerungen, die, ganz gleich ob sie als »Gesetze« oder »Prinzipien« bezeichnet werden, der Verhaltensvorhersage und -kontrolle nützen. Ihre Schwäche liegt darin, daß sie zu wenig komplex sind, das heißt, daß sie uns nicht in die Lage setzen, in Situationen, in denen ein Verhaltenskomplex gleichzeitig vielen Einflüssen ausgesetzt ist, analytische Definitionen und Vorhersagen abzugeben.

Weitere Kritiken an der S-R-Theorie

KENDLER (1965, 1968) meint, die Probleme, die S-R-Modelle und ihre Kritiken aufwerfen, könnten zur diesbezüglichen Forschung und Begriffsbildung beitragen, wenn sie sich auf ganz bestimmte Komponenten beschränken. KENDLER glaubt, es gebe keine allgemeine *S-R-Theorie*. Statt dessen schlägt er vier unabhängige Komponenten des S-R-Modells vor: 1. eine technische Fachsprache; 2. einen methodologischen Standpunkt, der physikalistisch, operational und experimentell ist, sich aber unter keinen Umständen mehr einem logischen Positivismus oder einem reinen Operationismus verschreibt; 3. ein prätheoretisches Modell und 4. eine Gruppe konkurrierender Theorien.

S-R als Sprache. Das System der S-R-Sprache, mit dem Verhaltensereignisse beschrieben werden, wird gern und häufig kritisiert. In Kapitel 2 und in späteren Kapiteln haben wir uns mit dem Problem befaßt, die Referenten für Begriffe wie »Stimulus«, »Reaktion« oder »Verstärkung« zu spezifizieren und abzugrenzen. Einige Kritiken gelten nicht der heutigen Verhaltensterminologie, sondern einem früheren Entwicklungsabschnitt der Reflexologie. Mit der heutigen Fachsprache hat man in der Forschung und in der angewandten Praxis sowohl in theoretischer als auch in empirischer Hinsicht hervorragende Arbeit geleistet. Da die S-R-Sprache, wie KENDLER (1968) bemerkt, andere Konzepte der Verhaltensbeschreibung nicht ausschließt und keine empirischen Bedingungen aufzwingt, müßte sie fähig sein, sich neuen Informationen flexibel anzupassen und sich dadurch ihre pragmatische Nützlichkeit zu erhalten. Die letzten Kapitel haben unterstrichen, daß es notwendig ist, die Struktur der in der natürlichen Umgebung auftretenden Verhalten zu erhellen. Das Erklärungsvermögen und die klinische Nützlichkeit des Verhaltensmodells werden enorm profitieren, wenn es uns gelingt, Verhalten und Stimuli, ausgehend von ihrer tatsächlichen *funktionellen* Äquivalenz, in Gruppen einzuteilen. Während therapeutische Intervention allmählich auf die natürliche Umgebung ausgeweitet wird und sich mit spontanen sozialen Interaktionen befaßt, wird der Bedarf an Informationen über natürliche, funktionelle Verhaltenseinheiten zunehmen.

S-R als Methodologie. Mit der Kritik am methodologischen Standpunkt der S-R-Paradigmen haben wir uns zum Teil in den Abschnitten dieses Kapitels befaßt, die Probleme der Kontrolle und der Extrapolation von der Tierlaborforschung auf den Menschen behandelten. Andere Teile dieses Buches

(Kapitel 1 und 6), die sich mit den Angriffen der humanistischen Psychologen gegen die operationale, physikalische Auffassung der Verhaltenstherapie auseinandersetzten, gingen ebenfalls auf diese Kritik ein. WIEST (1967) hat darauf hingewiesen, daß sich die Kritik an der behavioristischen Methodologie häufig gegen Strukturen (z. B. hypothetisch-deduktives System, Reduktionismus) zu richten scheint, die von den Verhaltensforschern in der Regel gar nicht mehr verteidigt werden (siehe z. B. KOCH, 1964). Für den Verhaltenstherapeuten wäre die Entwicklung verfeinerter Methoden aus folgenden Gründen wünschenswert: 1. könnten idiographische und nomothetische Auffassungen integriert werden; 2. könnten Verhaltenseffekte in der natürlichen Umwelt isoliert werden; 3. könnten Analoga oder Minimodelle der therapeutischen Intervention (zu der auch die technische Manipulation der sozialen Umwelt zählt) konstruiert werden und 4. könnte man mit subjektiven Prozessen (z. B. Selbstregulierung oder stellvertretende Verstärkung) zu Rande kommen. Das wären alles prozedurale Entwicklungen und keine Veränderungen des methodologischen Standpunkts.

S-R als prätheoretisches Modell. Die Verhaltenstherapie hat fast ausschließlich vom S-R-Assoziationismus ein prätheoretisches Modell bezogen. Prinzipien oder empirische Verallgemeinerungen, die im Rahmen des Modells die wesentlichen Ergebnisse bilden, enthalten Gehalt und Technologie der Verhaltenstherapie. Modelle, mit deren Hilfe problematische Verhalten und ihre Aneignung, Aufrechterhaltung und Modifikation beschrieben werden, basieren auf dem behavioralen S-R-System. Die Verhaltensformel S-O-R-KV-K, die wir als Modell benutzten, schließt die ausdrückliche Anerkennung organismischer Variablen mit ein, doch müssen wir zugeben, daß diese Variablen wenig berücksichtigt wurden und in die Gleichung verstärkt integriert werden sollten. Das Haupthindernis des Verhaltensmodells waren die subjektiven Ereignisse. Darauf ist es auch zurückzuführen, daß die S-R-Terminologie und -methodologie die Wichtigkeit der Erforschung dieses Bereichs nicht genügend berücksichtigten. Angesichts der klinischen Anforderungen, denen sich die Verhaltenstherapien ausgesetzt sahen, hat sich deutlich herausgestellt, daß die Verhaltensforschung, was den Bereich des komplexen intraindividuellen Funktionierens betrifft, zu wünschen übrig läßt. Viele psychologische Prozesse, die einst der Begriff »Kognition« abdeckte, scheinen heute einer Analyse mit behavioristischen Methoden zugänglicher zu sein. Zu diesen Prozessen gehören u. a. die Bereiche der Selbstregulierung und Selbstverstärkung, des stellvertretenden Lernens, der Beziehung zwischen motorischer und verbaler Kontrolle und der Rolle, die Respondenten bei der Beeinflussung operanter Verhalten spielen.

Die schwerwiegendste Herausforderung, mit der sich das Verhaltensmodell konfrontiert sieht, sind weniger die informationsverarbeitenden Lernmodelle als die Notwendigkeit, verschiedene Beobachtungen des verbalen Verhaltens und Denkens zu erklären, vor allem die linguistischen Darstellungen des Gramatikerwerbs (siehe z. B. JENKINS, 1968). BEM und BEM (1968), die LEN-

NENBERGS (1967) Werk über die Sprache untersuchten, fassen die Schwierigkeiten, denen sich empirisch orientierte Behavioristen gegenübersehen, folgendermaßen zusammen:

»Abgesehen von den Augenblicken, in denen sie sich sehr vorsichtig verhalten, setzen
die Linguisten ihr formales Modell keiner psychologischen Theorie *per se* gleich, doch
behaupten sie, daß jedes psychologische Modell der linguistischen *Performanz* unvermeidlich ihr formales Modell der linguistischen *Kompetenz* oder etwas sehr Ähnliches
enthalten müsse. Ihr nativistischer Standpunkt wird die Festung so lange halten, bis
eine Lerntheorie die syntaktischen Beziehungen mit Hilfe einer Struktur definieren
kann, die einfacher ist als eine vollständige Transformationsgrammatik, und/oder bis
diese Lerntheorie ihre ganze eigene Entwicklung vor Augen führen kann. Dieser Tag
kann kommen, doch ist es unwahrscheinlich, daß diese erfolgreiche Theorie starke
Ähnlichkeit besitzen wird mit einer simplen Ausweitung irgendeiner modernen empi-
ristischen Ansicht darüber, was wie gelernt wird. Wenn Linguisten behaupten, gegenwärtige Verhaltenstheorien seien *im Prinzip* unzulänglich, fühlt man sich versucht,
auf formale Beweise hinzuweisen, die belegten, daß Hummeln unmöglich fliegen können. Nüchtern betrachtet, ist es jedoch so, daß keine Hummel fliegen könnte, wenn
sie sich an aerodynamische Fluggesetze hielte, die für andere Insekten gelten und
denen der artspezifische Bau der Hummel widerspricht.
Das ist, kurz gesagt, die Geheimwaffe der Linguisten. Und das ist auch der Grund,
wieso in letzter Zeit aus Empirikern Nativisten werden« (BEM und BEM, 1968,
S. 500).

Es bleibt abzuwarten, ob die Forschung und Theorie, die auf SKINNERS
(1967) Interpretation basieren, oder ob ein behaviorales Alternativmodell die
Tatsachen des verbalen Verhaltens schließlich erklären können. (Doch muß sich
ein konkurrierendes Modell nicht mit den Konstrukten des Linguisten *über*
verbales Verhalten auseinandersetzen; darauf haben WIEST (1967) und andere bereits hingewiesen.) Inzwischen machen Verhaltensuntersuchungen und
Interpretationen »kognitiver« Prozesse Fortschritte, die ausreichen, um ein
Modell zu entwickeln, nach dem die Menschen zu leistungsfähigeren und
effektiveren Denkern erzogen werden können. SKINNERS Werk *»Erziehung
als Verhaltensformung«* (dt. Ausgabe 1971) beschreibt einige Denkverhalten
und einen systematischen Ansatz, um »Denken zu lehren«. NEIMARK (1970)
schlägt eine Computeranalogie vor, die beschreibt, wie Kinder (in Entwick-
lungssequenzen, die den Phasen PIAGETS parallel laufen) »Programme« erwerben, die konzentrierte Aufmerksamkeit und andere Komponenten des
Problemlösens von Erwachsenen enthalten. Die Autorin meint, daß die entmutigenden Ergebnisse des Denktrainings auf eine unzulängliche Analyse der
einzelnen Fertigkeiten oder eine fehlerhafte Sequenzanordnung des Trainings
zurückzuführen sein könnten. NEIMARKS Modell stellt den Versuch einer Annäherung zwischen kognitiven und behavioralen Theorien dar, der sich für die
Verhaltenstheorie wie für die klinische Praxis äußerst fruchtbar erweisen
könnte.

S-R als eine Gruppe konkurrierender Theorien. Obwohl die S-R-Theorien
häufig als ein Ganzes angegriffen werden, so daß man glauben möchte, sie ver-
träten einen einheitlichen Standpunkt, gibt es in Wirklichkeit mehrere mitein-

ander konkurrierende Theorien, die sich in bezug auf ihre Grundannahmen und Variablen drastisch voneinander unterscheiden können. Der Verhaltenstherapeut, der sich der Notwendigkeit konfrontiert sieht, eklektisch jeweils das Modell zu nutzen, das seiner pragmatischen Aufgabe am meisten entgegenkommt, sollte mit vielen Theorien vertraut sein, um die verfügbaren Prinzipien in ein persönliches System zu integrieren und für sein theoretisches Denken einen Bezugsrahmen zu schaffen. Hindernisse, die sich einer derartigen Integration in den Weg stellen, dürften abnehmen, da kontinuierliche Forschung und konzeptuelle Fortschritte dafür sorgen, daß unzulängliche theoretische Formulierungen ausrangiert werden können (das war bei einigen Konzepten der Hullschen Theorie der Fall), daß konkurrierende Modelle integriert werden (ein Beispiel ist die Zwei-Prozeß-Theorie des Lernens) oder daß von Variablen konkret gezeigt werden kann, daß sie ineinandergreifen und interagieren (das war bei der klassischen und operanten Konditionierung autonomer Reaktionen der Fall).

Wir haben uns lediglich mit einigen wenigen Kritiken auseinandergesetzt, die nicht nur den Anwendungsmöglichkeiten des Verhaltensmodells, sondern auch dem Modell selbst gelten. Angesichts der Wahl zwischen herkömmlichen klinischen Theorien, die mit der psychologischen Forschung insgesamt wenig zu tun haben, und hochangesehenen Theorien mit begrenzten Daten (darunter die informationsverarbeitenden Theorien), scheint das Verhaltensmodell für die Klinik wie für die Forschung einen heuristischen Rahmen zu liefern, der jedem anderen Modell vorzuziehen ist.

Zusammenfassung

Wie das letzte, so hat sich auch dieses Kapitel mit einigen sehr unterschiedlichen Themen auseinandergesetzt, die jedoch alle im beruflichen und wissenschaftlichen Kontext der Verhaltenstherapie eine entscheidende Rolle spielen. Eingangs skizzierten wir die heutigen dramatischen Veränderungen in unserer gesellschaftlichen und materiellen Umwelt, die sich natürlich auch auf die derzeitige klinische Praxis auswirken und darauf hinweisen, daß jede Therapie, die in Zukunft überleben will, gewisse Voraussetzungen mitbringen muß. Zu diesen Voraussetzungen gehören die Anpassung an sich wandelnde gesellschaftliche Zielvorstellungen und Sitten, ein pragmatisches Vorgehen, die Fähigkeit, Technologien und nicht-spezialisierte Arbeitskräfte zu nutzen, sowie die Aufgeschlossenheit gegenüber neuen Theorien und neuem Wissen. Wir sind der Meinung, daß die Verhaltenstherapie, obwohl weit davon entfernt, ein vollständiges Modell darzustellen, diesen Anforderungen am ehesten genügt.

Die gesellschaftlichen Veränderungen, die die Verhaltenstherapie und die Versorgung Geistesgesunder und Geisteskranker stark beeinflussen, wirken sich ebenso entscheidend auf moralisch-ethische Fragen und auf die Ausbildungspraxis in den akademischen Berufen im allgemeinen und in der klinischen Psychologie im besonderen aus. Vor allem in der Verhaltenstherapie bewirkt zunehmende Effektivität zunehmende Verhaltenskontrolle — mit allen Gefahren und Vorteilen für den einzelnen und die Gesellschaft, die eine derartige Kontrolle mit sich bringt. Da in der Verhaltenstherapie häufig die direkte Beobachtung von Verhalten, die als privat gelten, nötig ist, traten natürlich auch Probleme der Verletzung der Privatsphäre auf. Da die verhaltenstherapeutische Forschung Humanverhalten häufig direkt manipuliert und sich oft gezwungen sieht, die Versuchsperson über das, was von ihr erwartet wird oder was beobachtet und manipuliert werden soll, im unklaren zu lassen, sind entsprechende Vorsichtsmaßnahmen äußerst relevant. Andererseits weist die Verhaltenstherapie in der klinischen Praxis gewisse Eigenschaften auf, die einen Teil dieser ethischen Dilemmas mildern. So ist es gebräuchlich, das Zielverhalten freimütig zu spezifizieren und seine Behandlung gemeinsam zu beschließen und die kontrollierenden Operationen und Verhaltensbeobachtungen ebenso offen durchzuführen und zu definieren. Tatsächlich wird der Patient häufig in Verhaltensprinzipien und -techniken unterwiesen und aufgefordert, durch Beobachtung und Aufzeichnung seiner eigenen Reaktionen an der Überwachung des Behandlungsprozesses teilzunehmen.

Der allgemeine Umbruch, in dem sich das Bildungswesen befindet, findet seine Parallele in der Kontroverse und im Wandel, denen man in den Ausbildungspraktiken und -zielen der heutigen klinischen Psychologie begegnet. Die Enttäuschung über herkömmliche klinische Techniken und die Entwicklung neuer Methoden haben dazu geführt, daß die Gesellschaft mehr Gesundheitsversorgung im Dienst neuer Zielvorstellungen und neuer Klientenpopulationen fordert. Das aber führt zu einer Vielfalt der Ausbildungsprogramme und zu einer allmählichen Loslösung vom traditionellen *Boulder-Modell* des Wissenschaftlers-und-Akademikers der klinischen Psychologie. Die verhaltenstherapeutische Ausbildung kommt dem *Boulder-Modell* sehr entgegen, da die Planung und die Bewertung neuer therapeutischer Programme sowohl eine breite Wissensgrundlage auf den Gebieten Psychologie und Forschung als auch herkömmliche klinische Fertigkeiten erfordern. Andererseits sind die verhaltenstherapeutischen Operationen technisch gesehen häufig so beschaffen, daß Nichtspezialisten einen großen Teil der Behandlung durchführen können. Dadurch aber kann der Mangel an Arbeitskräften gemildert, kann die therapeutische Effektivität des Pflege- und Hilfspersonals gefördert werden.

Beim dritten Thema, mit dem sich dieses Kapitel kurz befaßte, ging es um die *therapiebezüglichen* Unzulänglichkeiten des Verhaltensmodells und darum, wie dieses Modell *in* der Therapie wirklich angewandt wird. Die Kritik an diesem Modell kommt aus zwei Lagern — aus dem humanistischen und dem wissenschaftlichen. Ungeachtet des Klischees, das die Verhaltenstherapie als mechanistisch und depersonalisiert darstellt, besitzen ihre Techniken eine flexible Qualität, die es ihr erlaubt, echt humanistischen Zielen zu dienen. Die verhaltenstherapeutischen Operationen können Analoga der Laborforschung darstellen, von der sie sich herleiten, und die Forschungsgrundlagen sind insofern begrenzt, als sie von der Tierforschung gebildet werden. Andererseits haben die Kritiker, die das Verhaltensmodell und die aus ihm hervorgegangene Therapie als unwissenschaftlich und unmodern verurteilt haben, kein Alternativmodell anzubieten, das ebenso hervorragend fundiert ist. Da unser Wissen über die S-R-Psychologie und über kognitive und soziale Prozesse zunimmt, wird sich das Verhaltensmodell sicher wandeln. Die Verhaltenstherapie ist eine gegenwärtig nützliche Methode, um erwünschte Verhaltensänderungen zu erzielen, und erfordert ständige Überprüfung und Verbesserung. Doch so wie die Dinge stehen, stellt sie ein offenes System dar, das uns mit wertvollen Techniken für humane Aufgaben versorgen kann — ein offenes System, das sich durch größere Flexibilität, größere Nachprüfbarkeit und einen größeren Geltunsbereich auszeichnet als alle traditionellen Schulen der Psychotherapie.

Bibliographie[1]

Ad hoc Committee of Harvard Medical School to Examine the Definition of Brain Death. A definition of irreversible coma. J. Am. Med. Ass., 1968, 205, 337—340

ADAMS, H. E., FRYE, R. L.: Psychotherapeutic Techniques as conditioned reinforces in a structured interview. *Psychol. Rep.*, 1964, 14, 163—166

ADAMS, J. A.: *Human memory.* New York: McGraw-Hill, 1967.

ADAMS, J. A.: Response feedback and learning. *Psychol. Bull.*, 1968, 70, 486—504

AIKEN, E. G., PARKER, W. H.: Conditioning and generalization of positive self-evaluations in a partially structured diagnostic interview. *Psychol. Rep.*, 1965, 17, 459—464

ALBEE, G. W.: Needed: A conceptual breakthrough. In: M. Klutch (Hg.), *Mental health manpower*, Bd. 2. Sacramento: California Dept. of Mental Hygiene, Juni 1967

ALEXANDER, I. E., BASOWITZ, H.: Current clinical training practices: An overview. In: E. L. Hoch, A. O. Ross & C. L. Winder (Hg.), *Professional preparation of clinical psychologists.* Washington: Amer. Psychol. Ass. 1966

ALFERT, E.: Comparison of responses to a vicarious and a direct threat. *J. Exp. Res. Pers.*, 1966, 1, 179—186

ALLEN, K. E., HARRIS, F. R.: Elimination of child's excessive scratching by training the mother in reinforcement procedures. *Beh. Res. & Ther.*, 1966, 4, 79—84

ALLEN, K. E., HART, B. M., BUELL, J. S., HARRIS, F. R., WOLF, M. M.: Effects of social reinforcement on isolate behavior of a nursery school child. *Child Dev.*, 1964, 35, 511—518

American Psychiatric Association: *Diagnostic and statistical manual of mental disorders.* Washington: Am. Psychiat. Ass., 1952

American Psychiatric Association: *Diagnostic and statistical manual of mental disorders* (2. Aufl.) (DSM-II). Washington: Am. Psychiat. Ass., 1968

American Psychological Association: *Committee on Training in Clinical Psychology.* Recommended graduate training program in clinical psychology. *Am. Psychol.*, 1947, 2, 539—558

American Psychological Association: *Ethical standards of psychologists.* Washington, D. C.: Am. Psychol. Ass., 1953

American Psychological Association: *Committee on Ethical Standards for Psychology.* Ethical standards of psychologists. *Am. Psychol.*, 1963, 18, 56—60

American Psychological Association: Special issue: Testing and public policy. *Am. Psychol.*, 1965 a, 20

American Psychological Association: *Committee on the Scientific and Professional Aims of Psychology.* Vorbericht (Clark Report). *Am. Psychol.*, 1965 b, 20, 95—100

American Psychological Association: Testimony before House Special Subcommittee on Government Operations. *Am. Psychol.*, 1966 a, 21, 404—422

American Psychological Association: Testimony before House Subcommittee on

---

1 Ergänzend zu dieser Bibliographie sei hingewiesen auf die umfangreichen Bibliographien bei Kraiker: *Handbuch der Verhaltenstherapie*, München: Kindler Verlag, 1974, und bei Schulte (Hg.): *Diagnostik in der Verhaltenstherapie*, München: Urban und Schwarzenberg, 1974 (Anm. d. Ü.).

international organizations and movements of the Committee on Foreign Affairs. *Am. Psychol.*, 1966b, *21*, 455—470

ANANT, S. S.: Kommentar zu »A follow-up of alcoholics treated by behavior therapy.« *Beh. Res. & Ther.*, 1968, *6*, 133

ANNAU, Z., KAMIN, L. J.: The conditioned emotional response as a function of intensity of the US. *J. Comp. Physiol. Psychol.*, 1961, *54*, 428—432

APFELBAUM, B.: *Dimensions of transference in psychotherapy.* Berkeley: University of California Press, 1958

ARONFREED, J.: *Conduct and conscience: The socialization of internalized control over behavior.* New York: Academic Press, 1968

ARONFREED, J., REBER, A.: *Internalized behavioral suppression and the timing of social punishment. J. Pers. Soc. Psychol.*, 1965, *1*, 3—16

ASHEM, B., DONNER, L.: Covert sensitization with alcoholics: A controlled replication. *Beh. Res. & Ther.*, 1968, *6*, 7—12

ATTHOWE, J. M. jun., KRASNER, L.: The systematic application of contingent reinforcement procedures (token economy) in a large social setting: A psychiatric ward. Abhandlung, unterbreitet der *Am. Psychol. Ass.* in Chicago im Sept. 1965

ATTHOWE, J. M. jun., KRASNER, L.: A preliminary report on the application of contingent reinforcement (token economy) on a »chronic« psychiatric ward. *J. Abnorm. Psychol.*, 1968, *73*, 37—43

AX, A. F.: The physiological differentiation between fear and anger. *Psychosom. Medicine*, 1953, *15*, 433—442

AYLLON, T.: Intensive treatment of psychotic behavior by stimulus satiation and food reinforcement. *Beh. Res. & Ther.*, 1963, *1*, 53—61

AYLLON, T., AZRIN, N. H.: Reinforcement and instructions with mental patients. *J. Exp. Anal. Beh.*, 1964, *7*, 327—331

AYLLON, T., AZRIN, N. H.: The measurement and reinforcement of behavior of psychotics. *J. Exp. Anal. Beh.*, 1965, *8*, 357—383

AYLLON, T., AZRIN, N. H.: *The token economy: A motivational system for therapy and rehabilitation.* New York: Appleton-Century-Crofts, 1968

AYLLON, T., HAUGHTON, E.: Control of the behavior of schizophrenic patients by food. *J. Exp. Anal. Beh.*, 1962, *5*, 343—352

AYLLON, T., HAUGHTON, E.: Modification of symptomatic verbal behavior of mental patients. *Beh. Res. & Ther.*, 1964, *2*, 87—97

AYLLON, T., MICHAEL, J.: The psychiatric nurse as a behavioral engineer. *J. Exp. Anal. Beh.*, 1959, *2*, 323—334

AZRIN, N. H.: Some effects of two intermittent schedules of immediate and nonimmediate punishment. *J. Psychol.*, 1956, *42*, 3—21

AZRIN, N. H.: Aggressive responses of paired animals. Abhandlung unterbreitet anläßlich des Symposium über medizinische Stressaspekte. Washington, D. C.: Walter Reed Institute of Research, April 1964

AZRIN, N. H., HOLZ, W. C.: Punishment. In: W. K. HONIG (Hg.), *Operant behavior: Areas of research and application.* New York: Appleton-Century-Crofts, 1966

AZRIN, N. H., HOLZ, W. C., GOLDIAMOND, I.: Response bias in questionnaire reports. *J. Consult. Psychol.*, 1961, *25*, 324—326

AZRIN, N. H., HUTCHINSON, R. R., HAKE, D. F.: Extinction-induced aggression. *J. Exp. Anal. Beh.*, 1966, *9*, 191—204

BACHRACH, A. J., ERWIN, W. J., MOHR, J. P.: The control of eating behavior in an anorexic by operant conditioning techniques. In: L. P. ULLMANN, L. KRASNER (Hg.), *Case studies in behavior modification.* New York: Holt, Rinehart & Winston, 1965

BAER, D. M.: Some remedial uses of the reinforcement contingency. In: J. M. SHLIEN

(Hg.), *Research in psychotherapy:* 3. Bd., Washington, D. C.: Am. Psychol. Ass., 1968

BAER, D. M., SHERMAN, J. A.: Reinforcement control of generalized imitation in young children. *J. Exp. Child Psychol.*, 1964, *1*, 37—49

BAER, D. M., WOLF, M, M.: The entry into natural communities of reinforcement. Abhandlung, unterbreitet der Am. Psychol. Ass., Washington, D. C., September 1967

BAER, D. M., WOLF, M. M.: The reinforcement contingency in preschool and remedial education. In: R. D. HESS, R. M. BAER (Hg.), *Early education: Current theory, research, and action.* Chicago: Aldine, 1968

BAKER, B. L.: Symptom treatment and symptom substitution in enuresis. *J. Abnorm. Psychol.*, 1969, *74*, 42—49

BALDWIN, J. M.: *Mental development in the child and in the race.* New York: Macmillan, 1895

BANCROFT, J. H. J.: Aversion therapy. Unveröffentlichte DPM-Dissertation, University of London, 1966

BANCROFT, J. H. J., JONES, H. G., PULLAN, B. R.: A simple transducer for measuring penile erection, with comments on its use in the treatment of sexual disorders. *Beh. Res. & Ther.*, 1966, *4*, 239—241

BANCROFT, J. H. J., MARKS, I. M.: Electrical aversion therapy of sexual deviations. *Proc. Roy. Soc. Med.*, 1968, *61*, 796—799

BANCROFT, J.: A comparative study of aversion and desensitization in the treatment of homosexuality. In: L. E. BURNS, J. L. WORSLEY (Hg.), *Behavior therapy in the 1970's.* Bristol: Wright, 1970

BANDLER, R. J. jun., MADARAS, G. R., BEM, D. J.: Self-observation as a source of pain perception. *J. Pers. Soc. Psychol.*, 1968, *9*, 205—209

BANDURA, A.: Social learning through imitation. In: M. R. JONES (Hg.), *Nebraska symposium on motivation*, 1962. Lincoln: University of Nebraska Press, 1962

BANDURA, A.: Influence of models' reinforcement contingencies on the acquisition of imitative responses. *J. Pers. Soc. Psychol.*, 1965 a, *1*, 589—595

BANDURA, A.: Vicarious processes: A case of no-trial learning. In: L. BERKOWITZ (Hg.), *Advances in experimental social psychology*, 2. Band. New York: Academic Press, 1965 b

BANDURA, A.: Modeling approaches to the modification of phobic disorders. In: RUTH PORTER (Hg.), *CIBA Foundation Symposium on the role of learning in psychotherapy.* London: Churchill, Ltd., 1968

BANDURA, A., BLANCHARD, E. B., RITTER, B. J.: The relative efficacy of desensitization and modeling therapeutic approaches for inducing behavioral, affective, and attitudinal changes. Unveröffentlichtes Manuskript, Stanford University, 1968

BANDURA, A., GRUSEC, J. E., MENLOVE, F. L.: Observational learning as a function of symbolization and incentive set. *Child Dev.*, 1966, *37*, 499—506

BANDURA, A., GRUSEC, J. E., MENLOVE, F. L.: Vicarious extinction of avoidance behavior. *J. Pers. Soc. Psychol.*, 1967, *5*, 16—23

BANDURA, A., HUSTON, A. C.: Identification as a process of incidental learning. *J. Abnorm. Soc. Psychol.*, 1961, *63*, 311—318

BANDURA, A., KUPERS, C. J.: Transmission of patterns of selfreinforcement through modeling. *J. Abnorm. Soc. Psychol.*, 1964, *69*, 1—9

BANDURA, A., McDONALD, F. J.: The influence of social reinforcement and the behavior of models in shaping children's moral judgements. *J. Abnorm. Soc. Psychol.*, 1963, *67*, 274—281

BANDURA, A., MENLOVE, F. L.: Factors determining vicarious extinction of avoidance behavior through symbolic modeling. *J. Pers. Soc. Psychol.*, 1968, *8*, 99—108

BANDURA, A., ROSENTHAL, T. L.: Vicarious classical conditioning as a function of arousal level. *J. Pers. Soc. Psychol.*, 1966, *3*, 54—62

BANDURA, A., ROSS, D.. ROSS, S. A.: A comparative test of the status envy, social power, and secondary reinforcement theories of identificatory learning. *J. Abnorm. Soc. Psychol.*, 1963 a, *67*, 527—534

BANDURA, A., ROSS, D., ROSS, S. A.: Imitation of film-mediated aggressive models. *J. Abnorm. Soc. Psychol.*, 1963 b, *66*, 3—11

BANDURA, A., ROSS, D., ROSS, S. A.: Vicarious reinforcement and imitative learning. *J. Abnorm. Soc. Psychol.*, 1963 c, *67*, 601—607

BANDURA, A., WALTERS, R. H.: *Social learning and personality development.* New York: Holt, Rinehart Winston, 1963

BANDURA, A., WHALEN, C. K.: The influence of antecedent reinforcement and divergent modeling cures on patterns of self-reward. *J. Pers. Soc. Psychol.*, 1966, *3*, 373—382

BARBER, T. X., CALVERLEY, D. S., FORGIONE, A., McPEAKE, J. D., CHAVES, J. S., BOWEN, B.: Five attempts to replicate the experimenter bias effect. *J. Consult. Clin. Psychol.*, 1969, *33*, 1—6

BARBER, T. X., SILVER, M. J.: Fact, fiction, and the experimenter bias effect. *Psychol. Bull. Monogr. Suppl.*, 1968, *70*, 6 Teil 2, 1—62

BARLOW, D. H., LEITENBERG, H., AGRAS, W. S.: Experimental control of sexual deviation through manipulation of the noxious scene in covert sensitization. *J. Abnorm. Psychol.*, 1969, *74*, 596—601

BARLOW, D. H.: Increasing heterosexual responsiveness in the treatment of sexual deviation: A review of the clinical and experimental evidence. *Behav. Ther.*, 1973, *4*, 655—671

BARNARD, G. W., FLESHER, C. K., STEINBOOK, R. M.: The treatment of urinary retention by aversive stimulus cessation and assertive training. *Beh. Res. Ther.*, 1966, *4*, 232—236

BARON, A., KAUFMAN, A., RAKAUSKAS, I.: Ineffectiveness of »time out« punishment in suppressing human operant behavior. *Psychon. Sci.*, 1967, *8*, 329—330

BARON, R. M.: Social reinforcement effects as a function of social reinforcement history. *Psychol. Rev.*, 1966, *73*, 527—539

BAUER, R. A.: *Social indicators,* Cambridge: M. I. T. Press, 1966

BAUM, M.: Rapid extinction of an avoidance response following a period of response prevention in the avoidance apparatus. *Psychol. Rep.*, 1966, *18*, 59—64

BEAM, J. C.: Serial learning and conditioning under real life stress. *J. Abnorm. Soc. Psychol.*, 1955, *51*, 543—551

BECKER, W. C., MADSEN, C. H. jun., ARNOLD, C. R., THOMAS, D. R.: The contingent use of teacher attention and praise in reducing classroom behavior problems. Mimeographie, 1967

BEECHER, H. K.: The powerful placebo. *J. Am. Med. Ass.*, 1955, *159*, 1602—1606

BEECHER, H. K.: Consent in clinical experimentation: Myth and reality. *J. Am. Med. Ass.*, 1966, *195*, 34—35

BEECROFT, R. S.: *Classical conditioning.* Goleta, Calif.: Psychonomic Press, 1966

BELL, R. Q.: A reinterpretation of the direction of effects in studies of socialization. *Psychol. Rev.*, 1968, *75*, 81—95

BEM, D. J.: An experimental analysis of self-persuasion. *J. Exp. Soc. Psychol.*, 1965, *1*, 199—218

BEM, D. J.: Inducing belief in false confessions. *J. Pers. Soc. Psychol.*, 1966, *3*, 707—710

BEM, D. J.: Self-perception: An alternative interpretation of cognitive dissonance phenomena. *Psychol. Rev.*, 1967, *74*, 183—200

BEM, D. J., BEM, S. L.: Nativism revisited: A review of ERIC H. LENNENBERG's *Biological Foundations of Language. J. Exp. Anal. Beh.*, 1968, *11*, 497—501

BEM, S. L.: Verbal self-control: The establishment of effective self-instruction. *J. Exp. Psychol.*, 1967, *74*, 485—491

BENNETT, E. L., DIAMOND, M. C., KRECH, D., ROSENZWEIG, M. R.: Chemical and anatomical plasticity of the brain. *Science*, 1964, *146*, 610—619

BERGER, S. M.: Incidental learning through vicarious reinforcement. *Psych. Rep.*, 1961, 9, 477—491

BERGER, S. M.: Conditioning through vicarious instigation. *Psychol. Rev.*, 1962, 69, 450—466

BERGER, S. M.: Observer practice and learning during exposure to a model. *J. Pers. Soc. Psychol.*, 1966, 3, 696—701

BERGER, S. M.: Vicarious aspects of matched-dependent behavior. In: E. C. SIMMEL, R. A. HOPPE, G. A. MILTON (Hg.), *Social facilitation and imitative behavior.* Boston: Allyn and Bacon, Inc., 1968

BERGIN, A. E.: A technique for improving desensitization via warmth, empathy and emotional re-experiencing of hierarchy events. In: R. D. RUBIN, C. M. FRANKS, A. A. LAZARUS (Hg.), *Proceedings of the Association for Advancement of the Behavioral Therapies.* New York: Academic Press, 1969

BERKOWITZ, L.: *Aggression: A social psychological analysis.* New York: McGraw-Hill, 1962

BERKOWITZ, L.: Aggressive cues in aggressive behavior and hostility catharsis. *Psychol. Rev.*, 1964, 71, 104—122

BERKOWITZ, L., LePAGE, A.: Weapons as aggression-eliciting stimuli. *J. Pers. Soc. Psychol.*, 1967, 7, 202—207

BERLYNE, D. E.: Arousal and reinforcement. In: D. LEVINE (Hg.), *Nebraska symposium on motivation*, 1967. Lincoln, Nebraska: University of Nebraska Press, 1967

BERLYNE, D. E.: Conflict, Arousal and Curiosity. New York: McGraw—Hill. Dt. Ausg.: Konflikt, Erregung, Neugier. Zur Psychologie der kognitiven Motivation. Stuttgart: Klett 1974

BERNE, E.: *Games people play: The psychology of human relationships.* New York: Grove Press, 1964. Dt. Ausgabe: Spiele der Erwachsenen. Hamburg: Rowohlt, 1967

BERNSTEIN, D. A.: Modification of smoking behavior. An evaluative review, *Psychol. Bull.*, 1969, 71, 418—440

BERZINS, J. I., FRIEDMAN, W. H., SEIDMAN, E.: Relationships of the A-B variable to patient symptomatology and psychotherapy expectancies. *J. Abnorm. Psychol.*, 1969, 74, 119—125

BETZ, B. J.: Experiences in research in psychotherapy with schizophrenic patients. In: H. H. STRUPP, L. LUBORSKY (Hg.), *Research in psychotherapy*, 2. Bd. Washington, D. C.: Am. Psychol. Ass., 1962

BETZ, B. J.: Studies of the therapist's role in the treatment of the schizophrenic patient. *Am. J. Psychiat.*, 1967, 123, 963—971

BIJOU, S. W., ORLANDO, R.: Rapid development of multipleschedule performances with retarded children. *J. Exp. Anal. Beh.*, 1961, 4, 7—16

BIRK, L., CRIDER, A., SHAPIRO, D., TURSKY, B.: Operant electrodermal conditioning under partial curarization. *J. Comp. Physiol. Psychol.*, 1966, 62, 165—166

BIRNBRAUER, J. S.: Generalization of punishment effects — A case study. *J. Appl. Behav. Anal.*, 1968, 1, 201—211

BIRNBRAUER, J. S., BIJOU, S. W., WOLF, M. M., KIDDER, J. D.: Programmed instruction in the classroom. In: L. P. ULLMANN, L. KRASNER (Hg.), *Case studies in behavior modification.* New York: Holt, Rinehart Winston, 1965

BLACK, A. H.: Heart rate changes during avoidance learning in dogs. *Canad. J. Psychol.*, 1959, 13, 229—242

BLACK, A. H., MORSE, P.: Avoidance learning in dogs without a warning signal. *J. Exp. Anal. Beh.*, 1961, 4, 17—23

BLAKE, B. G.: The application of behavior therapy to the treatment of alcoholism. *Beh. Res. & Ther.*, 1965, 3, 75—85

BLAKE, B. G.: A follow-up of alcoholics treated by behavior therapy. *Beh. Res & Ther.*, 1967, 5, 89—94

BLAKE, P., MOSS, T.: The development of socialization skills in an electively mute child. *Beh. Res & Ther.*, 1967, 5, 349—356

642 Bibliographie

BLOCK, J.: Some reasons for the apparent inconsistency of personality. *Psychol. Bull.*, 1968, *70*, 210—212

BLOOM, B. L.: Training the psychologist for a role in community change: A report of the first institute on innovations in psychological training. Mimeographie, 1969

BLOUGH, D. S.: The study of animal sensory processes by operant methods. In: W. K. HONIG (Hg.), *Operant behavior: Areas of research and application.* New York: Appleton-Century-Crofts, 1966

BOE, E. E., CHURCH, R. M.: *Punishment: Issues and experiments.* New York: Appleton-Century-Crofts, 1968

BOLLES, R. C.: What reinforces avoidance behavior? Mimeographie, University of Washington, 1968

BOREN, J. J., SIDMAN, M.: Maintenance of avoidance behavior with intermittent shock. *Canad. J. Psychol.*, 1957, *11*, 185—192

Boston University, Law-Medicine Research Institute: *Clinical investigation in medicine: Legal, ethical and moral aspects. An anthology and bibliography.* Boston: Boston University, 1963

BOYD, J. D., SISNEY, V. V.: Immediate self-image confrontation and changes in self-concept. *J. Consult. Psychol.*, 1967, *31*, 291—294

BOUDIN, H. M.: Contingency contracting as a therapeutic tool in the deceleration of amphetamine use. *Beh. Ther.*, 1972, *3*, 604—608

BRADY, J. D., ZELLER, W. W., REZNIKOFF, M.: Attitudinal factors influencing outcome of treatment of hospitalized psychiatric patients. *J. Clin. Exp. Psychopathol.*, *1959, 20*, 326—334

BRADY, J. P.: Brevital-relaxation treatment of frigidity. *Beh. Res. & Ther.*, 1966, *4*, 71—77

BRADY, J. P.: Drugs in behavior therapy. Abhandlung, vorgelegt anläßlich des Sechsten Jahrestreffens des *American College of Neuropsychopharmacology* in San Puerto (Puerto Rico) im Dezember 1967

BRADY, J. P., PAPPAS, N., TAUSIG, T. N., THORNTON, D. R.: MMPI correlates of operant behavior. *J. Clin. Psychol.*, 1962, *18*, 67—70

BRADY, J. V.: Ulcers in executive monkeys. *Sci. Amer.*, 1958, *199*, 95—103

BRADY, J. V., PORTER, R. W., CONRAD, D. G., MASON, J. W.: Avoidance behavior and the development of gastroduodenal ulcers. *J. Exp. Anal. Beh.*, 1958, *1*, 69—72

BRAGINSKY, B. M., BRAGINSKY, D. D.: Schizophrenic patients in the psychiatric interview: An experimental study of their effectiveness at manipulation. *J. Consult. Psychol.*, 1967, *31*, 543—547

BRAIN, W. R.: Science and antiscience. *Science*, 1965, *148*, 192—198

BRAYFIELD, A. H.: Ethical problems of the application of psychology. Ansprache anläßlich des XVI. Internationalen Kongresses für Angewandte Psychologie in Amsterdam im August 1968

BREGER, L., McGAUGH, J. L.: Critique and reformulation of »learning theory« approaches to psychotherapy and neurosis. *Psychol. Bull.*, 1965, *63*, 338—358

BREHM, J. W.: *A theory of psychological reactance.* New York: Academic Press, 1966

BRETHOWER, D. M., REYNOLDS, G. S.: A facilitative effect of punishment on unpunished behavior. *J. Exp. Anal. Beh.*, 1962, *5*, 191—199

BRODSKY, G. D.: The relation between verbal and non-verbal behavior change. *Beh. Res. & Ther.*, 1967, *5*, 183—191

BROGDEN, W. J., LIPMAN, E. A., CULLER, E.: The role of incentive in conditioning and extinction. *Am. J. Psychol.*, 1938, *51*, 109—117

BROUGHTON, R. J.: Sleep disorders: Disorders of arousal? *Science*, 1968, *159*, 1070 bis 1078

BROWN, E. C., L'ABATE, L.: An appraisal of teaching machines and programmed instruction with special reference to the modification of deviant behavior. In: C. M. FRANKS (Hg.) *Behavior therapy: Appraisal and status.* New York: McGraw-Hill, 1969

BROWN, J. S.: A behavioral analysis of masochism. *J. Exp. Res. in Pers.*, 1965, *1*, 65—70

BROWN, R., McNEILL, D.: The »tip of the tongue« phenomenon. *J. Verb. Learn. Verb. Beh.*, 1966, *5*, 325—337

BROWNING, R. M.: Operantly strengthening UCR (awakening) as a prerequisite to treatment of persistent enuresis. *Beh. Res. & Ther.*, 1967 a, *5*, 371—372

BROWNING, R. M.: A same-subject design for simultaneous comparison of three reinforcement contingencies. *Beh. Res. & Ther.*, 1967 b, *5*, 237—243

BRYAN, J. H., TEST, M. A.: Models and helping: Naturalistic studies in aiding behavior. *J. Pers. Soc. Psychol.*, 1967, *6*, 400—407

BUCHER, B,. LOVAAS, O. I.: Use of aversive stimulation in behavior modification. In: M. R. JONES (Hg.), *Miami Symposium on the prediction of behavior, 1967: Aversive stimulation.* Coral Gables, Florida: University of Miami Press, 1968

BUCHWALD, A. M., YOUNG, R. D.: Some comments on the foundations of behavior therapy. In: C. M. FRANKS (Hg.), *Behavior therapy: Appraisal and status.* New York: McGraw-Hill, 1969

BUEHLER, R. E., PATTERSON, G. R., FURNISS, J. M.: The reinforcement of behavior in institutional setting. *Beh. Res. & Ther.*, 1966, *4*, 157—167

BUGELSKI, B. R., HERSEN, M.: Conditioning acceptance or rejection of information. *J. Exp. Psychol.*, 1966, *71*, 619—623

BUSS, A.: *The psychology of aggression.* New York: Wiley, 1961

BUSS, A.: *Psychopathology.* New York: Wiley, 1966

CAMERON, N.: *The psychology of behavior disorders: A biosocial interpretation.* New York: Houghton-Mifflin, 1947

CAMPBELL, B. A., CHURCH, R. M. (Hg.): *Punishment and aversive behavior.* New York: Appleton-Century-Crofts, 1969

CAMPBELL, D., SANDERSON, R. E., LAVERTY, S. G.: Characteristics of a conditioned response in human subjects during extinction trials following a single traumatic conditioning trial. *J. Abnorm. Soc. Psychol.*, 1964, *68*, 627—639

CAMPBELL, D. T.: Reforms as experiments. *Am. Psychol.*, 1969, *24*, 409—429

CAPLAN, G.: Principles as experiments. *Am. Psychol.*, 1969, *24*, 409—429

CARLIN, A. S., ARMSTRONG, H. E., jun.: Aversive conditioning. Learning or dissonance reduction? *J. Consult. Clin. Psychol.*, 1968, *32*, 674—678

CARLSMITH, J. M.: The effect of punishment on avoidance responses: The use of different stimuli for training and punishment. Abhandlung, unterbreitet der *Eastern Psychological Association*, Philadelphia, 1961

CARSON, R. C.: A and B therapist »types«: A possible critical variable in psychotherapy. *J. Nerv. Ment. Dis.*, 1967, *144*, 47—54

CARTWRIGHT, R. D.: A comparison of the response to psychoanalytic and client-centered psychotherapy. In: L. A. GOTTSCHALK, A. H. AUERBACH (Hg.), *Methods of research in psychotherapy.* New York: Appleton-Century-Crofts, 1966

CARTWRIGHT, R. D.: Psychotherapeutic processes. *Ann. Rev. of psychol.*, 1968, *19*, 387—416

CAUTELA, J. R.: Desensitization and insight. *Beh. Res. & Ther.*, 1965, *3*, 59—64

CAUTELA, J. R.: Treatment of compulsive behavior by covert sensitization. *Psychol. Rec.*, 1966, *16*, 33—41

CAUTELA, J. R.: Covert sensitization. *Psychol. Rec.*, 1967, *20*, 459—468

CAUTELA, J. R., KASTENBAUM, R. A.: A reinforcement survey schedule for use in therapy, training and research. *Psych. Rep.*, 1967, *20*, 1115—1130

CHOMSKY, N.: *Aspects of a theory of language.* Cambridge, Massachusetts: M. I. T. Press, 1965

CHOMSKY, N.: The case against B. F. Skinner. *New York Rev. of Books*, 1971, 17, 11

CHRISTIAN, J. J., LLOYD, J. A., DAVIS, D. E.: The role of endocrines in the self-regulation of mammalian populations. *Recent Progress in Hormone Research*, 1965, *21*, 271—278

CHURCH, R. M.: Emotional reactions of rats to the pain of others. *J. Comp. Physiol. Psychol.*, 1959, *52*, 132—134

CHURCH, R. M.: The varied effects of punishment on behavior. *Psychol. Rev.*, 1963, *70*, 369—402

CHURCH, R. M.: Response suppression. In: B. A. CAMPBELL, R. M. CHURCH (Hg.), *Punishment and aversive behavior*. New York: Appleton-Century-Crofts, 1969

COFER, C. N., APPLEY, M. H.: *Motivation: Theory and research*. New York: Wiley, 1964

COHEN, H. L.: Behavioral architecture. *Architect. Ass. J.*, 1964, 7—13

COHEN, H. L., FILIPCZAK, J., BIS, J. S.: *Case I: An initial study of contingencies applicable to special education*. Silver Spring, Maryland: Institute for Behavioral Research, 1967

COHEN, S. I.: Neurobiological considerations for behavior therapy. In: C. M. FRANKS (Hg.), *Behavior therapy: Appraisal and status. Assessment and appraisal*. New York: McGraw-Hill, 1969

COLBY, K. M.: Psychotherapeutic process. *Ann. Rev. of Psychol.*, 1964, *15*, 347—370

COLEMAN, R., GREENBLATT, M., SOLOMON, H. C.: Physiological evidence of rapport during psychotherapeutic interviews. *Dis. Nerv. System.*, 1956, *17*, 71—77

Community Mental Health Centers Act, Public Law 88—164, Title II. 88. Kongress, Erste Sitzung, 1963. Eine Gesetzesvorlage, die sich um die Unterstützung der Errichtung und des anfänglichen Betriebs von Gemeinschaftszentren für Geisteskranke und um andere Ziele kümmert

COOK, L., KELLEHER, R. T.: Effects of drugs on behavior. *Ann. Rev. of Pharmac.*, 1963, *3*, 205—222

COOK, S. W.: The psychologist of the future: Scientist, professional, or both. In: J. R. BRAUN (Hg.), *Clinical psychology in transition*, revid. Aufl. Cleveland: The World Publishing Company, 1966

COOKE, G.: The efficacy of two desensitization procedures: An analogue study. *Beh. Res. & Ther.*, 1966, *4*, 17—24

COOKE, G.: Evaluation of the efficacy of the components of reciprocal inhibition psychotherapy. *J. Abnorm. Psychol.*, 1968, *73*, 464—467

COOPER, A. J.: A case of fetishism and impotence treated by behavior therapy. *Brit. J. Psychiat.*, 1963, *109*, 649—652

COOPER, J. E., GELDER, M. G., MARKS, I. M.: Results of behavior therapy in seventy-seven psychiatric patients. *Brit. Med. J.*, 1965, *1*, 1222—1225

CORNELISON, F. S., ARSENIAN, J.: A study of the responses of psychotic patients to photographic self-image experiences. *Psychiat. Quart.*, 1960, *34*, 1—8

COWEN, E. L., ZAX, M.: The mental health fields today: Issues and problems. In: E. L. COWEN, E. A. GARDNER, M. ZAX (Hg.), *Emergent approaches to mental health problems*. New York: Appleton-Century-Crofts, 1967

CRAIG, K. D.: Vicarious reinforcement and noninstrumental punishment in observational learning. *J. Pers. Soc. Psychol.*, 1967, 7, 172—176

CRAIG, K. D.: Physiological arousal as a function of imagined, vicarious, and direct stress experiences. *J. Abnorm. Psychol.*, 1968, *73*, 513—520

CRAIG, K. D., WEINSTEIN, M. S.: Conditioning vicarious affective arousal. *Psychol. Rep.*, 1965, *17*, 955—963

CRAIG, K. D., WOOD, K.: Physiological differentiation of direct and vicarious affective arousal. *Canad. J. Beh. Sci.*, 1969, *1*, 98—105

CREELMAN, M. B.: *The experimental investigation of meaning: A review of the literature*. New York: Springer, 1966

CRONBACH, L. J., GLESER, G. C.: *Psychological tests and personnel decisions* (2. Aufl.). Urbana: University of Illinois Press, 1965

CRONBACH, L. J., GLESER, G. C., NANDA, H., RAJARATNAM, N.: The dependability of behavioral measurements: Multifacet studies of generability. *Technical Report OE6-10-268, Sept. 1967*, U. S. Office of Education

CROZIER, M.: zitiert von Raymond, H. *New York Times*, 1969

CURRAN, W. J.: Governmental regulation of the use of human subjects in medical research: The approach of two federal agencies. *Daedalus*, 1969, 98, 542—594

DAILEY, C. A.: The practical utility of the clinical report. *J. Consult. Psychol.*, 1953, 17, 297—302

D'AMATO, M. R., ETKINS, M., FAZZARO, J.: Cue-producing behavior in the Capuchin monkey during reversal, extinction, acquisition and overtraining. *J. Exp. Anal. Beh.*, 1968, 11, 425—433

D'AMATO, M. R., GUMENIK, W. E.: Some effects of immediate versus randomly-delayed shock on an instrumental response and cognitive processes. *J. Abnorm. Soc. Psychol.*, 1960, 60, 64—67

DARBY, C. L., RIOPELLE, A. J.: Observational learning in the Rhesus monkey. *J. Comp. Physiol. Psychol.*, 1959, 52, 94—98

DAVISON, G. C.: Anxiety under total curarization: Implications for the role of muscular relaxation under desensitization of neurotic fears. *J. Nerv. Ment. Dis.*, 1966, 143, 443—448

DAVISON, G. C.: Some problems of logic and conceptualization in behavior therapy research and theory. Abhandl., vorg. anl. des 1. Ann. Meeting of the Ass. for the Advancem. of the Behav. Ther. Am. Psychol. Ass., Wash., D. C., 1967

DAVISON, G. C.: Elimination of a sadistic fantasy by a clientcontrolled counter-conditioning technique: A case study. *J. Abnorm. Soc. Psychol.*, 1968 a, 73, 84—90

DAVISON, G. C.: Systematic desensitization as a counterconditioning process. *J. Abnorm Psychol.*, 1968 b, 73, 91—99

DAVISON, G. C.: Self-control trough »imaginal aversive contingency« and »one-downsmanship«. In: J. D. KRUMBOLTZ, C. E. THORESEN (Hg.), *Behavioral counseling: Cases and techniques.* New York: Holt, Rinehart &Winston, 1969 a

DAVISON, G. C.: Appraisal of behavior modification techniques with adults in institutional settings. In: C. M. FRANKS (Hg.), *Behavior therapy: Appraisal and status.* New York: McGraw-Hill, 1969 b

DAVISON, G. C.: Counter-control in behavior modification. In: L. A. HAMERLYNCK, L. C. HANDY, E. J. MASH (Hg.), *Behavior change: Methodology, concepts and practice.* Champaign, Illinois: Research Press, 1973

DAVISON, G. C., WILSON, G. T.: Attitudes of behavior therapists toward homosexuality. *Behav. Ther.*, 1973, 4, 686—696

DAVISON, G. C.: Presidential Address. *Annual Convention of the Association for the Advancement of Behavior Therapy.* Chicago, November 1974

DAVISON, G. C., VALINS, S.: Maintenance of self-attributed and drug-attributed behavior change. *J. Pers. Soc. Psychol.*, 1969, 11, 25—33

DAVITZ, J. R., MASON, D. J.: Socially facilitated reduction of a fear response in rats. *J. Comp. Physiol. Psychol.*, 1955, 48, 149—151

DeWARDENER, H. E.: Some ethical and economic problems associated with intermittent hemodealysis. In: CIBA *Ethics in medical progress: CIBA foundation symposium.* Boston: CIBA, 1966

DICKEN, C., FORDHAM, M.: Effects of reinforcement of self-references in quasi-therapeutic interviews. *J. Counsel. Psychol.*, 1967, 14, 145—152

DiLOLLO, V., BERGER, S. M.: Effects of apparent pain in others on observer's reaction time. *J. Pers. Soc. Psychol.*, 1965, 2, 573—575

DINGMAN, H. F., TARJAN, G.: Mental retardation and the normal distribution curve. *Am. J. Ment. Deficiency*, 1960, 64, 991—994

DINSMOOR, J. A.: A quantitative comparison of the discriminative and secondary reinforcing functions of a stimulus. *J. Exp. Psychol.*, 1950, *40*, 457—472

DINSMOOR, J. A.: Escape from shock as a conditioning technique. In: M. R. JONES (Hg.) *Miami symposium on the prediction of behavior 1967: Aversive stimulation.* Coral Gables, Florida: University of Miami Press, 1968

DITRICHS, R., SIMON, S., GREENE, B.: Effect of vicarious scheduling on the verbal conditioning of hostility in children. *J. Pers. Soc. Psychol.*, 1967, *6*, 71—78

DITTES, J. E.: Galvanic skin responses as a measure of patient's reaction to therapist's permissiveness. *J. Abnorm. Soc. Psychol.*, 1957, *55*, 295—303

DOLLARD J. & MILLER, N. E.: *Personality and psychotherapy: An analysis in terms of learning, thinking and culture.* New York: McGraw-Hill, 1950

DORCUS, R. M., SHAFFER, G. W.: *Textbook of abnormal psychology.* Baltimore: The Williams and Wilkins Company, 1945

DUFFY, M. P., FRANKEL, A. S., SIPES, M., STEWART, R. W.: The effects of different kinds of models on interview behavior and feelings about an interview situation. Unveröffentlichtes Manuskript, Indiana University, 1965

EIMAS, P. D., ZEAMAN, D.: Response speed changes in an Estes' paired-associate »miniature« experiment. *J. Verb. Learn. Verb. Beh.*, 1963, *1*, 384—388

EISENBERGER, R., KARPMAN, M., TRATTNER, J.: What is the necessary and sufficient condition for reinforcement in the contingency situation? *J. Exp. Psychol.*, 1967, *74*, 342—350

ELLSWORTH, R. B.: *Nonprofessionals in psychiatric rehabilitation.* New York: Appleton-Century-Crofts, 1968

ELLUL, J.: *The technological society.* New York: Knopf, 1964

ELWOOD, D. L.: Automation of psychological testing. *Am. Psychol.*, 1969, *24*, 287—289

ENGLE, R. L.: Medical diagnosis. In: J. A. Jacquez (Hg.), *The diagnostic process.* Ann Arbor, Michigan: University of Michigan Press, 1964

ESTES, W. K.: An experimental study of punishment. *Psychol Monogr.*, 1964, *57*, 263

ESTES, W. K.: The problem of inference from curves based on group data. *Psychol. Bull.*, *53*, 134—140

ESTES, W. K., SKINNER, B. F.: Some quantitative properties of anxiety. *J. Exp. Psychol.*, 1941, *29*, 390—400

EVANS, D. R.: Masturbatory fantasy and sexual deviation. *Behav. Res. & Ther.*, 1968, *6*, 17—19

Executive Office of the President, Office of Science and Technology: Privacy and behavioral research. Washington, D. C., Februar 1967. Zusammenfassung in: *Am. Psychol.*, 1967, *22*, 345—349

EYSENCK, H. J.: *The dynamics of anxiety and hysteria.* London: Routledge & Kegan Paul, 1957

EYSENCK, H. J. (Hg.): *Experiments in personality.* New York: Praeger, 1960

EYSENCK, H. J. (Hg.): *Handbook of abnormal psychology.* New York: Basic Books, 1961

EYSENCK, H. J. (Hg.): *Experiments with drugs.* Oxford: Pergamon Press, 1963

EYSENCK, H. J.: The effects of psychotherapy. *Internat. J. Psychiat.*, 1965 a, *1*, 99—142

EYSENCK, H. J. (Hg.): *Experiments in behavior therapy.* London: Pergamon Press, 1965 b

EYSENCK, H. J.: Extraversion and the acquisition of eyeblink and GSR conditioned responses. *Psychol. Bull.*, 1965 c, *63*, 258—270

EYSENCK, H. J.: *The biological basis of personality.* Springfield, Illinois: Thomas, 1967

EYSENCK, H. J., RACHMAN, S.: *The causes and cures of neuroses.* London: Routledge and Kegan Paul, 1965

FAIRWEATHER, G. W. (Hg.): *Social psychology in treating mental illness: An experimental approach.* New York: Wiley, 1964

FAIRWEATHER, G. W.: *Methods for experimental social innovation.* New York: Wiley, 1967

FARBER, S. M., WILSON, R. H. L. (Hg.): *Man and civilization: Control of the mind.* 1. Bd. *Conflict and creativity.* 2. Bd., 1963. New York: McGraw-Hill

FARRAR, C. H., POWELL, B. J., MARTIN, L. K.: Punishment of alcohol consumption by apneic paralysis. *Beh. Res. & Ther.*, 1968, 6, 13—16

FELDMAN, M. P.: Aversion therapy for sexual deviations: A critical review. *Psychol. Bull.*, 1966, 65, 65—79

FELDMAN, M. P., MacCULLOCH, M. J.: The application of anticipatory avoidance learning to the treatment of homosexuality. I. Theory, technique and preliminary results. *Beh. Res. & Ther.*, 1965, 2, 165—183

FELDMAN, M. P., MacCULLOCH, M. J.: *Homosexual Behavior: Theory and Assessment.* Oxford: Pergamon Press, 1971

FERSTER, C. B.: Withdrawal of positive reinforcement as punishment. *Science*, 1957, 126, 509

FERSTER, C. B.: Control of behavior in chimpanzees and pigeons by time out from positive reinforcement. *Psychol. Monogr.*, 1958 a, 72, Nr. 8, die ganze Nr. 461

FERSTER, C. B.: Reinforcement and punishment in the control of human behavior by social agencies. *Psychiat. Res. Rep.*, 1958 b, 10, 101—118

FERSTER, C. B.: Essentials of a science of behavior. In: J. I. NURNBERGER, C. B. FERSTER, J. P. BRADY (Hg.), *An introduction to the science of human behavior.* New York: Appleton-Century-Crofts, 1963

FERSTER, C. B.: Classification of behavioral pathology. In: L. KRASNER, L. P. ULLMANN (Hg.) *Research in behavior modification: New developments and implications.* New York: Holt, Rinehart & Winston, 1965

FERSTER, C. B., APPEL, J. B.: Punishment of S△ responding in matching to sample by time out from positive reinforcement. *J. Exp. Anal. Beh.*, 1961, 4, 45—56

FERSTER, C. B., NURNBERGER, J. I., LEVITT, E. B.: The control of eating. *J. Mathetics*, 1962, 1, 87—109

FERSTER, C. B., PERROTT, M. C.: *Behavior principles.* New York: Appleton-Century-Crofts, 1968

FERSTER, C. B., SKINNER, B. F.: *Schedules of reinforcement.* New York: Appleton-Century-Crofts, 1957

FESTINGER, L.: A theory of social comparison processes. *Human Relations*, 1954, 7, 117—140

FESTINGER, L.: *A theory of cognitive dissonance.* Stanford: Stanford University Press, 1957

FIEDLER, F. E.: The concept of an ideal therapeutic relationship. *J. Consult. Psychol.*, 1950, 14, 39—45

FINDLEY, J. D.: An experimental outline for building and exploring multi-operant behavior repertoires. *J. Exp. Anal. Beh.*, 1962, 5, 113—166

FINDLEY, J. D., MIGLER, B. M., BRADY, J. V.: A long-term study of human performance in a continuously programmed experimental environment. Technical Report, Space Research Laboratory, University of Maryland. Unterbreitet der *National Aeronautics and Space Administration*, 1963

FLANDERS, J. P.: A review of research on imitative behavior. *Psychol. Bull.*, 1968, 69, 316—337

FOLKINS, C. H., LAWSON, K. D., OPTON, E. M. jun., LAZARUS, R. S.: Desensitization and the experimental reduction of threat. *J. Abnorm. Psychol.*, 1968, 73, 100—113

FOX, L.: Effecting the use of efficient study habits. *J. Mathetics*, 1962, 1, 75—86

FRANK, J. D.: *Persuasion and healing.* Baltimore: John Hopkins Press, 1961 a

FRANK, J. D.: The role of influence in psychotherapy. In: M. I. STEIN (Hg.), *Contemporary psychotherapies.* New York: Free Press of Glencoe, 1961 b

FRANK, J. D.: The role of cognitions in illness and healing. In: H. H. STRUPP, L. LU-BORSKY (Hg.), *Research in psychotherapy*, 2. Bd. Washington D. C.: Am. Psychol. Ass., 1962

FRANKS, C. M.: Conditioning and abnormal behavior. In: H. J. EYSENCK (Hg.), *Handbook of abnormal psychology*. New York: Basic Books, 1961

FRANKS, C. M.: Behavior therapy, the principles of conditioning and the treatment of the alcoholic. *Quart. J. Stud. Alcohol*, 1963, *24*, 511—529

FRANKS, C. M.: Conditioning and conditioned aversion therapies in the treatment of the alcoholic. *Internat. J. Addictions*, 1966, *1*, 61—98

FREDERICK, C. J. (Hg.): *The future of psychotherapy*. Boston: Little, Brown & Co., 1969 a

FREDERICK, C. J.: Future training in psychotherapy. In: C. J. FREDERICK (Hg.), *The future of psychotherapy*. Boston: Little, Brown & Co, 1969 b

FREEDMAN, N., ENGELHARDT, D. M., HANKOFF, L. D., GLICK, B. S., KAYE, H., BUCH-WALD, J., STARK, P.: *Arch. Neurol. Psychiat.*, 1958, *30*, 657—666

FREUND, K.: A laboratory method for diagnosing predominance of homo- or hetero-erotic interest in the male. *Beh. Res. & Ther.*, 1963, *1*, 85—93

FRIEDMAN, D. E.: A new technique for systematic desensitization of phobic symptoms. *Beh. Res. & Ther.*, 1966, *4*, 139—140

FRIEDMAN, D. E., SILVERSTONE, J. T.: Treatment of phobic patients by systematic desensitization. *Lancet*, 1967, 4. März, 470—472

FULLER, P. R.: Operant conditioning of a vegetative human organism. *Am. J. Psychol.*, 1949, *62*, 587—590

FULLER, R. B.: *Education automation*. Carbondale, Illinois: Southern Illinois University Press, 1962

GALLUP, G. C.: Mirror-image stimulation. *Psychol. Bull.*, 1968, *70*, 782—793

GAMBRILL, E.: Effectiveness of the counterconditioning procedure in eliminating avoidance behavior. *Beh. Res. & Ther.*, 1967, *5*, 263—274

GEER, J. H.: The development of a scale to measure fear. *Beh. Res. & Ther.*, 1965, *3*, 45—53

GELDER, M. G., MARKS, I. M.: Severe agoraphobia: An controlled prospective trial of behavior therapy. *Brit. J. Psychiat.*, 1966, *112*, 309—319

GELDER, M. G., MARKS, I. M., WOLFF, H. H., CLARKE, M.: Desensitization and psychotherapy in the treatment of phobic states: A controlled inquiry. *Brit. J. Psychiat.*, 1967, *113*, 53—73

GELFAND, D. M., GELFAND, S., DOBSON, W. R.: Unprogrammed reinforcement of patients' behavior in a mental hospital. *Beh. Res. & Ther.*, 1967, *5*, 201—207

GELLHORN, E.: Motion and emotion: The role of proprioception in the physiology and pathology of the emotions. *Psychol. Rev.*, 1964, *71*, 457—472

GENDLIN, E. T.: Client-centered developments and work with schizophrenics. *J. Counsel. Psychol.*, 1962, *9*, 205—212

GENDLIN, E. T.: Values and the process of experiencing. In: A. H. MAHRER (Hg.), *The goals of psychotherapy*. New York: Appleton-Century-Crofts, 1967

GERARD, R. W., MATTSSON, N.: The identification of schizophrenia. In: J. A. JACQUEZ (Hg.), *The diagnostic process*. Ann Arbor, Michigan: University of Michigan Press, 1964

GEWIRTZ, J. L., STINGLE, K. G.: Learning of generalized imitation as the basis for identification. *Psychol. Rev.*, 1968, *5*, 374—397

GILMORE, J. B.: Toward an understanding of imitation. In: E. C. SIMMEL, R. A. HOPPE, G. A. MILTON (Hg.), *Social facilitation and imitative behavior*. Boston: Allyn & Bacon, 1968

GLIEDMAN, L. H., STONE, A. R., FRANK, J. D., NASH, E. H. jun., IMBER, S. D.: Incentives for treatment related to remaining or improving in psychotherapy. *Am. J. Psychother.*, 1957, *11*, 589—598

GOFFMAN, E.: *Asylums.* New York: Aldine, Chicago, 1962

GOLANN, S. E.: Emerging areas of ethical concern. *Am. Psychol.*, 1969, *24*, 454—459

GOLD, S., NEUFELD, I. A.: A learning theory approach to the treatment of homosexuality. *Beh. Res. & Ther.*, 1965, *2*, 201—204

GOLDBERG, J., D'ZURILLA, T. J.: Demonstration of slide projection as an alternative to imaginal stimulus presentation in systematic desensitization therapy. *Psychol. Rep.*, 1968, *23*, 527—533

GOLDIAMOND, I.: Self-control procedures in personal behavior problems. *Psychol. Rep.*, 1965, *17*, 851—868

GOLDMAN-EISLER, F.: Individual differences between interviewers and their effect on interviewees' conversational behavior. *J. Ment. Sci.*, 1952, *98*, 660—671

GOLDSTEIN, A. P.: *Therapist-patient expectancies in psychotherapy.* New York: Pergamon, 1962

GOLDSTEIN, A. P., HELLER, K., SECHREST, L. B.: *Psychotherapy and the psychology of behavior change.* New York: Wiley, 1966

GOLDSTEIN, A. P., SHIPMAN, W. G.: Patient's expectancies, symptom reduction, and aspects of the initial psychotherapeutic interview. *J. Clin. Psychol.*, 1961, *17*, 129 bis 133

GOODWIN, D. L.: Training teachers in reinforcement techniques to increase pupil task-oriented behavior: An experimental evaluation. Stanford University, Mimeographie, 1966

GORMEZANO, I., MOORE, J. W.: Effects of instructional set and UCS intensity on latency, percentage, and form of the eyelid response. *J. Exp. Psychol.*, 1962, *63*, 487—494

GRASTYÁN, E., KARMOS, G., VERECZKEY, L., KELLÉNYI, L.: The hippocampal electrical correlates of the momeostatic regulation of motivation. *Electroenceph. Clin. Neurophysiol.*, 1966, *21*, 34—53

GRAUBARD, S. R.: Ethical aspects of experimentation with human subjects. *Daedalus*, 1969, *98*, Nr. 2

GREENSPOON, J.: The effect of verbal and non-verbal stimuli on the frequency of numbers of two verbal response classes. Unveröffentlichte Doktorarbeit, Indiana University, 1951

GREENSPOON, J.: Behavioristic approaches to psychotherapy. In: F. J. SHAW (Hg.), *Behavioristic approaches to counseling and psychotherapy.* University of Alabama Press, 1961

GREENSPOON, J., BROWNSTEIN, A. J.: Psychotherapy from the standpoint of a behaviorist. *Psychol. Rev.*, 1968, *17*, 401—416

GREENSPOON, J., GERSTEN, C. D.: A new look at psychological testing: Psychological testing from the point of view of a behaviorist. *Am. Psychol.*, 1967, *22*, 848—853

GREENWALD, A. G., ALBERT, S. M.: Observational Learning: A technique for elucidating S-R-mediation processes. *J. Exp. Psychol.*, 1968, *76*, 267—272

GRINGS, W. W., CARLIN, S.: Instrumental modification of autonomic behavior. *Psychol. Rec.*, 1966, *16*, 153—159

GRINGS, W. W., LOCKHART, R. A., DAMERON, L. E.: Conditioning autonomic responses of mentally subnormal individuals. *Psychol. Monogr.*, 1962, *76*, die ganze Nummer 558

GROSS, B. M.: The state of the nation: Social systems accounting. In: R. A. BAUER (Hg.) *Social indicators.* Cambridge, Massachusetts: M. I. T. Press, 1966

GROSSBERG, J. M., WILSON, H. K.: Physiological changes accompanying imagined fear situations. Abhandlung, vorgelegt anläßlich des Treffens der *Western Psychological Association* in San Francisco im Mai 1967

GUERNEY, B. G. (Hg.): *Psychotherapeutic agents: New roles for nonprofessionals, parents and teachers.* New York: Holt, Rinehart & Winston, 1966

GWINN, G. T.: The effects of punishment on acts motivated by fear. *J. Exp. Psychol.*, 1949, *39*, 260—269

HAAS, H., FINK, H., HARTFELDER, G.: The placebo problem. *Psychopharm. Service Center Bull.*, 1963, *2*, 1—65

HAGGARD, E. A., BREKSTAD, A., SKARD, A. G.: On the reliability of the anamnestic interview. *J. Abnorm. Soc. Psychol.*, 1960, *61*, 311—318

HAKE, D. F., LAWS, D. R.: Social facilitation of responses during a stimulus paired with electric shock. *J. Exp. Anal. Beh.*, 1967, *10*, 387—392

HALL, R. V., LUND, D., JACKSON, D.: Effects of teacher attention on study behavior. *J. Appl. Beh. Anal.*, 1968, *1*, 1—12

HANKOFF, L. D., FREEDMAN, N., ENGELHARDT, D. M.: The prognostic value of placebo response. *Am. J. Psychiat.*, 1958, *115*, 549—550

HARDIN, G.: The tragedy of the commons. *Science*, 1968, *162*, 1243—1248

HARRISON, A.: The problem of privacy in the computer age: An annotated bibliography. *Memorandum RM-5495-PR/RC*. Santa Monica: Rand Corporation, Dezember 1967

HARLOW, H. F., ZIMMERMANN, R. R.: Affectional responses in the infant monkey. *Science*, 1959, *130*, 421—432

HARMATZ, M. G., LAPUC, P.: Behavior modification of overeating in a psychiatric population. *J. Consult. Clin. Psychol.*, 1968, *32*, 583—587

HART, J. D.: Fear reduction as a function of the assumption and success of the therapeutic role. Unveröffentlichte *Master's Thesis*, University of Wisconsin, 1966

HART, J. T.: Memory and the feeling-of-knowing experience. *J. Educ. Psychol.*, 1965, *56*, 208—216

HARTUP, W. W.: Peers as agents of social reinforcement. *The young child: Reviews of research*. Washington, D. C., Nat. Ass. for the Educ. of Young Children, 1967

HARTUP, W. W., GLAZER, J. A., CHARLESWORTH, R.: Peer reinforcement and sociometric status. *Child Dev.*, 1967, *38*, 1017—1024

HAWKINS, R. P., PETERSON, R. F., SCHWEID, E., BIJOU, S. W.: Behavior therapy in the home: Amelioration of problem parent-child relation with the parent in a therapeutic role. *J. Exp. Child Psychol.* 1966, *4*, 99—107

HEARST, E.: Stress-induced breakdown of an appetitive discrimination. *J. Exp. Anal. Behav.*, 1965, *8*, 135—146

HEBB, D. O.: The American revolution. *Am. Psychol.*, 1960, *15*, 735—745

HEFFERLINE, R. F.: Learning theory and clinical psychology — an eventual symbiosis? In: A. J. BACHRACH (Hg.), *Experimental foundations of clinical psychology*. New York: Basic Books, 1962

HEINE, R. W., TROSMAN, H.: Initial expectations of the doctor-patient interaction as a factor in continuance in psychotherapy. *Psychiat.*, 1960, *23*, 275—278

HELLER, K.: Ambiguity in the interview interaction. In: J. M. SHLIEN (Hg.), *Research in psychotherapy*, 3. Bd. Washington, D. C.: Am. Psychol. Ass., 1968

HELLER, K., GOLDSTEIN, A. P.: Client dependency and therapist expectancy as relationship maintaining variables in psychotherapy. *J. Consult. Psychol.*, 1961, *25*, 371—375

HELLER, K., MARLATT, G. A.: Verbal conditioning, behavior therapy, and behavior change: Some problems in extrapolation. In: C. M. FRANKS (Hg.), *Behavior therapy: Appraisal and status*. New York: McGraw-Hill, 1969

HELMER, J. E., FUREDY, J. J.: Operant conditioning of GSR amplitude. *J. Exp. Psychol.*, 1968, *78*, 463—467

HERRNSTEIN, R. J.: Superstition: A corollary of the principles of operant conditioning. In: W. K. HONIG (Hg.), *Operant behavior: Areas of research and application*. New York: Appleton-Century-Crofts, 1966

HERSCH, C.: The discontent expl. in mental health. *Am. Psychol.*, 1968, *23*, 497—506

HERZ, M. J.: Drugs and the conditioned avoidance response. In: C. C. PFEIFFER, J. R. SMYTHIES (Hg.), *Intern. Rev. of Neurobiology*, 2. Bd. New York: Academic Press, 1960

HETHERINGTON, E. M., FRANKIE, G.: Effects of parental dominance, warmth, and conflict on imitation in children. *J. Pers. Soc. Psychol.*, 1967, *6*, 119—125

HICKS, D. J.: Imitation and retention of film-mediated aggressive peer and adult models. *J. Pers. Soc. Psychol.*, 1965, *2*, 97—100

HILL, F. A.: Effects of instructions and subject's need for approval on the conditioned galvanic skin response. *J. Exp. Psychol.*, 1967, *73*, 461—467

HILL, W. F.: Learning theory and the acquisition of values. *Psychol. Rev.*, 1960, *67*, 317—331

HILL, W. F.: Sources of evaluative reinforcement. *Psychol. Bull.*, 1968, *69*, 132—146

HILLIX, W. A., MARX, M. H.: Response strengthening by information and effect in human learning. *J. Exp. Psychol.*, 1960, *60*, 97—102

HINGTGEN, J. N., SANDERS, B. J., DeMYER, M. K.: Shaping cooperative responses in early childhood schizophrenics. In: L. P. ULLMANN, L. KRASNER (Hg.), *Case studies in behavior modification*. New York: Holt, Rinehart & Winston, 1965

HINSEY, C., PATTERSON, G. R., SONODA, B.: Validation of a procedure for conditioning aggression in children. Abhandlung, unterbreitet anläßlich des Treffens der *Western Psychol. Ass.*, 1961

HOFFMAN, H. S.: The analysis of discriminated avoidance. In: W. K. HONIG (Hg.), *Operant behavior: Areas of research and application*. New York: Appleton-Century-Crofts, 1966

HOGAN, R. A.: Implosive therapy in the short-term treatment of psychotics. *Psychother.: Theory, Res. Pract.*, 1966, *3*, 25—32

HOGAN, R. A., KIRCHNER, J. H.: Preliminary report of the extinction of learned fears via short-term implosive therapy. *J. Abnorm. Psychol.*, 1967, *72*, 106—109

HOLZ, W. C., AZRIN, N. H.: Interactions between the discriminative and aversive properties of punishment. *J. Exp. Anal. Beh.*, 1962, *5*, 229—234

HOLZ W. C., AZRIN, N. H.: Conditioning human verbal behavior. In: W. K. HONIG (Hg.), *Operant behavior: Areas of research and application*. New York: Appleton-Century-Crofts, 1966

HOLZ, W. C., AZRIN, N. H., AYLLON, T.: A comparison of several procedures for eliminating behavior. *J. Exp. Anal. Beh.*, 1963, *6*, 399—406

HOLZMAN, P. S., ROUSEY, C., SNYDER, C.: On listening to one's own voice: Effects on psycho-physiological responses and free associations. *J. Pers. Soc. Psychol.*, 1966, *4*, 432—441

HOMME, L. E.: Perspectives in psychology — XXIV Control of coverants: The operants of the mind. *Psychol. Rec.*, 1965, *15*, 501—511

HOMME, L. E.: Contiguity theory and contingency management. *Psychol. Rec.*, 1966, *16*, 233—241

HOMME, L. E., DeBACA, P. C., DEVINE, J. V., STEINHORST, R., RICKERT, E. J.: Use of the Premack principle in controlling the behavior of nursery school children. *J. Exp. Anal. Beh.*, 1963, 6, 544

HONIG, W. K. (Hg.): *Operant behavior: Areas of research and application*. New York: Appleton-Century-Crofts, 1966

HONIGFELD, G.: Non-specific factors in treatment. I: Review of placebo reactions and placebo reactors. *Dis. Ner. Syst.*, 1964 a, *25*, 145—156

HONIGFELD, G.: Non-specific factors in treatment. II: Review of social-psychological factors. *Dis. Nerv. Syst.*, 1964 b, *25*, 225—239

HOPPE, F.: Erfolg und Mißerfolg. *Psychol Forsch.*, 1930, *14*, 1—62

HOPPE, R. A.: Interrelationships: Conceptual and behavioral. In: E .C. SIMMEL, R. A. HOPPE, G. A. MILTON (Hg.), *Social facilitation and imitative behavior*. Boston: Allyn & Bacon, 1968

HOUTS, P. S., MacINTOSH, S., MOOS, R. H.: Patient-therapist interdependence: Cognitive and behavioral. *J. Consult. Clin. Psychol.*, 1969, *33*, 30—45

HUMPHERY, J.: Behavior therapy with children: An experimental evalution. Unveröffentlichte Dissertation, University of London, 1966

HUNT, H. F., BRADY, J. V.: Some effects of punishment and intercurrent »anxiety« on a simple operant. *J. Compt. Physiol.*, 1955, *48*, 305—310

HUNT, H. F., DYRUD, J. E.: Commentary: Perspective in behavior therapy. In: J. M. SHLIEN (Hg.), *Research in psychotherapy:* 3. Bd. Washington, D. C.: Am. Psychol. Ass., 1968

HURWITZ, H. M. B.: Periodicity of response in operant extinction. *Quart. J. Exp. Psychol.*, 1957, *9*, 177—184

INGRAM, E. M.: Discriminative and reinforcing functions in the experimental development of social behavior in a preschool child. Unveröffentlichte *Master's Thesis*, University of Kansas, 1967

ISAACS, W., THOMAS, J., GOLDIAMOND, I.: Application of operant conditioning to reinstate verbal behavior in psychotics. *J. Speech Hearing Disord.*, 1960, *25*, 8—12

IVEY, A. E., NORMINGTON, C. J., MILLER, C. D., MORILL, W. H., HASSE, R. F.: Microcounseling and attending behavior. *J. Counsel. Psychol. Monogr.*, Ergänzungsnummer, 1968, *15*, Nr. 5, 2. Teil

JACOBSON, E.: *Progressive relaxation*. Chicago: University of Chicago Press, 1938

JACQUEZ, J. A.: *The diagnostic process*. Ann Arbor, Michigan: University of Michigan Press, 1964

JAFFE, J.: Verbal behavior analysis in psychiatric interviews with the aid of digital computers. In: D. MCK. RIOCH, E. O. WEINSTEIN (Hg.), *Disorders of communication*, 42. Bd. Baltimore: Williams & Wilkins, 1964

JAFFE, J., FELDSTEIN, S., CASSOTA, L.: A stochastic model of speaker switching in natural dialogue. In: K. SALZINGER, S. SALZINGER (Hg.), *Research in verbal behavior and some neuro-physiological implications*. New York: Academic Press, 1967

JAMES, G., LOTT, A. J.: Reward frequency and the formation of positive attitudes toward group members. *J. Soc. Psychol.*, 1964, *62*, 111—115

JANIS, I. L., MANN, L.: Effectiveness of emotional role- playing in modifying smoking habits and attitudes. *J. Exp. Res. Pers.*, 1965, *1*, 84—90

JENKINS, J. J.: The challenge to psychological theorists. In: T. R. DIXON, D. L. HORTON (Hg.), *Verbal behavior and general behavior theory*. Englewood Cliffs New Jersey: Prentice Hall, 1968

JOHNSON, S. M., SECHREST, L.: Comparison of desensitization and progressive relaxation in treating test anxiety. *J. Consult. Clin. Psychol.*, 1968, *32*, 280—286

JONES, H. G.: *Personal communication*, 1967

JONES, M. C.: A laboratory study of fear: The case of Peter. *Pedagog. Sem.*, 1924, *31*, 308—315

KAHN, M., BAKER, B.: Desensitization with minimal therapist contact. *J. Abnorm. Psychol.*, 1968, *73*, 198—200

KAMIN, L. J.: »Attention-like« processes in classical conditioning. In: M. R. JONES (Hg.), *Miami symposium on the prediction of behavior, 1967: Aversive stimulation*. Coral Gables, Florida: University of Miami Press, 1968

KAMINSKI, E.: Verhaltenstheorie und Verhaltensmodifikation. Entwurf einer integrativen Theorie psychologischer Praxis am Individuum. Stuttgart: Klett 1970

KANFER, F. H.: The effect of a warning signal preceding a noxious stimulus on verbal rate and heart rate. *J. Exp. Psychol.*, 1958, *55*, 73—80

KANFER, F. H.: Incentive value of generalized reinforcers. *Psychol. Rep.*, 1960, *7*, 531—538

KANFER, H. F.: Comments on learning in psychotherapy. *Psychol. Rep. Monogr. Suppl.*, 1961, *9*, 681—699

KANFER, F. H.: Experimental analogues of psychotherapy. Abhandlung, vorgelegt anläßlich des Treffens der Am. Psychol. Ass., St. Louis, Missouri, 1962

KANFER, F. H.: Issues and ethics in behavior manipulation. *Psychol. Rep.*, 1965 a, *16*, 187—196

KANFER, F. H.: Structure of psychotherapy: Role-playing as a variable in dyadic communication. *J. Consult. Psychol.*, 1965 b, *29*, 325—332

KANFER, F. H.: Implications of conditioning techniques for interview therapy. *J. Counsel. Psychol.*, 1966 a, *13*, 171—177

KANFER, F. H.: Influence of age and incentive conditions on children's self-rewards. *Psychol. Rep.*, 1966 b, *19*, 263—274

KANFER, F. H.: Directions in behavior modification research. Abhandlung, unterbreitet dem *Second Annual Institute on Man's Adjustment in a Complex Environment: The Behavior Therapies.* Veterans Administration Hospital, Brecksville/ Ohio, Mai 1967 a

KANFER, F. H.: Self-regulation: Research, issues, and speculations. Abhandlung, unterbreitet dem *Ninth Annual Institute for Research in Clinical Psychology,* Behavior Modification in Clinical Psychology an der University of Kansas, April 1967 b

KANFER, F. H.: Verbal conditioning: A review of its current status. In: T. R. DIXON, D. L. HORTON (Hg.), *Verbal behavior and general behavior theory.* Englewood Cliffs/New Jersey: Prentice-Hall, 1968

KANFER, F. H., COX, L. E., GREINER, J. M., KAROLY, P.: Contracts, demand characteristics and self-control. *J. Pers. Soc. Psychol.*, 1974, im Druck

KANFER, F. H., DUERFELDT, P. H.: Effects of pretraining of self-evaluation and self-reinforcement. *J. Pers. Soc. Psychol.*, 1967 a, *7*, 164—168

KANFER, F. H., DUERFELDT, P. H.: Learner competence, model competence and number of observation trials in vicarious learning. *J. Educ. Psychol.*, 1967 b, *58*, 153 —157

KANFER, F. H., DUERFELDT, P. H.: Age, class-standing and commitment as determinants of cheating in children. *Child. Dev.*, 1968, *39*, 545—557

KANFER, F. H., DUERFELDT, P. H., LEPAGE, A. L.: Stability of patterns of self-reinforcement. *Psychol. Rep.*, 1969, *24*, 663—670

KANFER, F. H., GOLDFOOT, D. A.: Self-control and tolerance of noxious stimulation. *Psychol. Rep.*, 1966, *18*, 79—85

KANFER, F. H., KAROLY, P.: Self-control: A behavioristic excursion into the lion's den. *Beh. Ther.*, 1972, *3*, 398—416

KANFER, F. H., KAROLY, P.: Self-regulation and its clinical application: Some additional conceptualizations. In: R. C. JOHNSON, P. R. DOKECKI, O. H. MOWRER (Hg.), *Conscience, Contract and Social Reality: Theory and Research in Behavioral Science.* New York: Holt, Rinehart & Winston, 1972, 428—437

KANFER, F. H., McBREARTY, J. F.: Minimal social reinforcement and interview content. *J. Clin. Psychol.*, 1962, *18*, 210—215

KANFER, F. H., MARSTON, A. R.: Verbal conditioning, ambiguity, and psychotherapy. *Psychol. Rep.*, 1961, *9*, 461—475

KANFER, F. H., MARSTON, A. R.: Conditioning of self-reinforcing responses: An analogue to self-confidence training. *Psychol. Rep.*, 1963 a, *13*, 63—70

KANFER, F. H., MARSTON, A. R.: Determinants of self-reinforcement in human learning. *J. Exp. Psychol.*, 1963 b, *66*, 245—254

KANFER, F. H., MARSTON, A. R.: Human reinforcement: Vicarious and direct. *J. Exp. Psychol.*, 1963 c, *65*, 292—296

KANFER, F. H., MARSTON, A. R.: Characteristics of interactional behavior in a psychotherapy analogue. *J. Consult. Psychol.*, 1964, *28*, 456—467

KANFER, F. H., MATARAZZO, J. D.: Secondary and generalized reinforcement in human learning. *J. Exp. Psychol.*, 1959, *58*, 400—404

KANFER, F. H., PHILLIPS, J. S.: Behavior therapy: A panacea for all ills or a passing fancy? *Arch. Gen. Psychiat.*, 1966, *15*, 114—128

KANFER, F. H., PHILLIPS, J. S.: A survey of current behavior therapies and a proposal for classification. In: C. M. FRANKS (Hg.), *Behavior therapy: Appraisal and status.* New York: McGraw-Hill, 1969

KANFER, F. H., PHILLIPS, J. S., MATARAZZO, J. D., SASLOW, G.: Experimental modification of interviewer content in standardized interviews. *J. Consult. Psychol.*, 1960, *24*, 528—536

KANFER, F. H., SASLOW, G.: Behavioral diagnosis. In: C. M. FRANKS (Hg.), *Behavior therapy: Appraisal and status.* New York: McGraw-Hill, 1969

KANFER F. H.: Self-management methods. In: F. H. KANFER, A. GOLDSTEIN (Hg.), *Helping People Change: A Textbook of Methods.* New York: Pergamon Press, 1975

KANTOROVICH, N. V.: An attempt at associative-reflex therapy in alcoholism. *Nov. Reflexol. Fiziol. Nerv. Sist.*, 1929, *3*, 436—447

KAROLY, P., KANFER, F. H.: Effects of prior contractual experience on self-control in children. *Development. Psychol.*, 1974, *10*, 459—460

KARSH, E. B.: Changes in intensity of punishment: Effect on running behavior of rats. *Science*, 1963, *140*, 1084—1085

KATKIN, E. S., MURRAY, E. N.: Instrumental conditioning of automatically mediated behavior: Theoretical and methodological issues. *Psychol. Bull.*, 1968, *70*, 52—68

KATZ, M. M., COLE, J. O., LOWERY, H. A.: Nonspecifity of diagnosis of paranoid schizophrenia. *Arch. Gen. Psychiat.*, 1964, *11*, 197—202

KATZEV, R.: Extinguishing avoidance responses as a function of the delayed warning signal termination. *J. Exp. Psychol.*, 1967, *75*, 339—344

KAZDIN, A. E.: Self-monitoring and behavior change. In: M. J. MAHONEY und C. E. THORESEN (Hg.), *Self-Control: Power to the Person.* Monterey, Kalifornien: Brooks/Cole, 1974

KELLEHER, R. T.: Schedules of conditioned reinforcement during experimental extinction. *J. Exp. Anal. Beh.*, 1961, *4*, 1—5

KELLEHER, R. T., GOLLUB, L. R.: A review of positive conditioned reinforcement. *J. Exp. Anal. Beh.*, 1962, *5*, 543—597

KELLER, F. S.: »Good-bye, teacher . . .« *J. Appl. Beh. Anal.*, 1968, *1*, 79—89

KELLY, G. A.: *The psychology of personal constructs.* New York: Norton, 1955

KELMAN, II. C.: Manipulation of human behavior: An ethical dilemma for the social scientist. *J. Soc. Issues*, 1965, *21*, 31—46

KELMAN, H. C.: Human use of human subjects: The problem of deception in social psychological experiments. *Psychol. Bull.*, 1967, *67*, 1—11

KENDLER, H. H.: Motivation and behavior. In: D. LEVINE (Hg.), *Nebraska symposium on motivation*, 1965. Lincoln/Nebraska: University of Nebraska Press, 1965

KENDLER, H. H.: Some specific reactions to general S-R theory. In: T. R. DIXON, D. L. HORTON (Hg.), *Verbal behavior and general behavior theory.* Englewood Cliffs/New Jersey: Prentice-Hall, 1968

KENNEDY, J. F.: Botschaft des Präsidenten der USA zum Problem der Geisteskrankheit und der Retardation. 5. Februar, 1963. 88. Kongreß, 1. Sitzung, Dokument Nr. 58. U. S. Gov. Printing Office: 1956 0—767—476

KENNEDY, W. A., FOREYT, J. P.: Control of eating behavior in an obese patient by avoidance conditioning. *Psychol. Rep.*, 1968, *22*, 571—576

KESSEN, W., MANDLER, G.: Anxiety, pain, and the inhibition of distress. *Psychol. Rev.*, 1961, *68*, 396—404

KEUTZER, C. S.: Behavior modification of smoking: A review, analysis, and experimental application with focus on subject variables as predictors of treatment outcome. Unveröffentlichte Doktorarbeit, University of Oregon, 1967

KEUTZER, C. S., LICHTENSTEIN, E., MEES, H. L.: Modification of smoking behavior: A review. *Psychol. Bull.*, 1968, 70, 520—533

KIMBLE, G. A.: *Hilgard and Marquis Conditioning and Learning*, 2. Aufl. New York: Appleton-Century-Crofts, 1961

KIMBLE, G. A., KENDALL, J. W. jun.: A comparison of two methods of producing experimental extinction. *J. Exp. Psychol.*, 1953, 45, 87—90

KIMMEL, H. D., HILL, F. A.: Operant conditioning of the GSR. *Psychol. Rep.*, 1960, 7, 555—562

KING, G. F., ARMITAGE, S. G., TILTON, J. R.: A therapeutic approach to schizophrenics of extreme pathology: An operant-interpersonal method. *J. Abnorm. Soc. Psychol.*, 1960, 61, 276—286

KINSMAN, R. A., BIXENSTINE, V. E.: Secondary reinforcement and shock termination. *J. Exp. Psychol.*, 1968, 76, 62—68

KINTZ, B. L., DELPRATO, D. J., METTEE, D. R., PERSONS, C. E., SCHAPPE, R. H.: The experimenter effect. *Psychol. Bull.*, 1965, 63, 223—232

KITTRIE, N. N.: *The right to be different*. Baltimore: John Hopkins Press, 1971

KLEE, J. B.: The relation of frustration and motivation to the production of abnormal fixations in the rat. *Psychol. Monogr.*, 1944, 56, 4, die ganze Nr. 257

KLEIN, M. H., DITTMANN, A. T., PARLOFF, M. B., GILL, M. M.: Behavior therapy: Observations and reflections. *J. Consult. Clin. Psychol.*, 1969, 33, 259—266

KOBASIGAWA, A.: Observation of failure in another person as a determinant of amplitude and speed of a simple motor response. *J. Pers. Soc. Psychol.*, 1965, 1, 626—630

KOCH, S.: Psychology and emerging conceptions of knowledge as unitary. In: T. W. WANN (Hg.), *Behaviorism and phenomenology*. Chicago: University of Chicago Press, 1964

KOLB, D. A., WINTER, S. K., BERLEW, D. E.: Self Directed Change: Two Studies. *J. Appl. Beth. Sci.*, 1968, 4, 453—471

KRASNER, L.: Studies of the conditioning of verbal behavior. *Psychol. Bull.*, 1958, 15, 148—171

KRASNER, L.: The therapist as a social reinforcement machine. In: H. H. STRUPP, L. LUBORSKY (Hg.), *Research in psychotherapy*, 2. Bd. Washington, D. C.: Am. Psychol. Ass., 1962 a

KRASNER, L.: The therapist's contribution. In: H. H. STRUPP, L. LUBORSKY (Hg.), *Research in psychotherapy*, 2. Bd. Washington, D. C.: Am. Psychol. Ass., 1962 b

KRASNER, L.: Behavior control and social responsibility. *Am. Psychol.*, 1964, 17, 199—204

KRASNER, L.: The behavioral scientist and social responsibility: No place to hide. *J. Soc. Issues*, 1965 a, 21, 9—30

KRASNER, L.: Societal and professional implications of the »behavior therapies«. *ETS Res. Memo.*, Princeton/N. J.: Educational Testing Service, Juni 1965 b

KRASNER, L.: Verbal operant conditioning and awareness. In: K. SALZINGER, S. SALZINGER (Hg.), *Research in verbal behavior and some neurophysiological implications*. New York: Academic Press, 1967

KREITZER, S. F.: College students in a behavior therapy program with hospitalized emotionally disturbed children. Abhandlung, unterbreitet der *California State Psychological Association*, Januar 1966

KRUMBOLTZ, J. D., VARENHORST, B. B., THORESEN, C. E.: Non-verbal factors in the effectiveness of models in counseling. *J. Counsel. Psychol.*, 1967, 14, 412—418

KRUSE, H. D. (Hg.): *Integrating the approaches to mental disease*. New York: Hoeber, 1957

KUHN, T. S.: *The structure of scientific revolutions*. Chicago: University of Chicago Press, 1962

LACEY, J. I.: Psychophysiological approaches to the evaluation of psychotherapeutic process and outcome. In: E. A. RUBINSTEIN, M. B. PARLOFF (Hg.), *Research in psychotherapy* 1. Bd. Washington, D. C.: Am. Psychol. Ass., 1959

LACEY, J. I., BATEMAN, D. E., VANLEHN, R.: Autonomic response specifity: An experimental study. *Psychosom. Med.*, 1953, *15*, 18—21

LACEY, J. I., KAGAN, J., LACEY, B. C., MOSS, H. A.: The visceral level: Situational determinants and behavioral correlates of autonomic response patterns. In: P. H. KNAPP (Hg.), *Expression of the emotions in man.* New York: Internal. Universities Press, 1963

LACEY, J. I., LACEY, B. C.: The relationship of resting autonomic activity to motor impulsitivity. In: H. C. SOLOMON, S. COBB, W. PENFIELD (Hg.), *The brain and human behavior*, Baltimore: Williams and Wilkins, 1958

LADER, M. H., WING, L.: Physiological measures, sedative drugs, and morbid anxiety. *Maudsley Monogr.*, Nr. 14, 1966

LADIMER, I.: Rights, responsibilities, and protection of patients in human studies. *J. Clin. Pharmacol. and New Drugs*, 1967, *7*, 125—130

LANG, P. J.: Fear reduction and fear behavior: Problems in treating a construct. In: J. M. SHLIEN (Hg.), *Research in psychotherapy*, 3. Bd. Washington, D. C.: Am. Psychol. Ass., 1968

LANG, P. J.: The mechanics of desensitization and the laboratory study of human fear. In: C. M. FRANKS (Hg.), *Behavior therapy: Appraisal and status.* New York: McGraw-Hill, 1969

LANG, P. J., BUSS, A. H.: Psychological deficit in schizophrenia. II. Interference and activation. *J. Abnormal Psychol.*, 1965, *70*, 77—106

LANG, P. J., LAZOVIK, A. D.: Experimental desensitization of a phobia. *J. Abnorm. Soc. Psychol.*, 1963, *66*, 519—525

LANG, P. J., LAZOVIK, A. D., REYNOLDS, D. J.: Desensitization, suggestibility, and pseudotherapy. *J. Abnorm. Psychol.*, 1965, *70*, 395—402

LANG, P. J., MELAMED, B. G.: Avoidance conditioning therapy of an infant with chronic vomiting. *J. Abnorm. Psychol.*, 1969, *74*, 1—8

LASAGNA, L., MOSTELLER, F., FELSINGER, J. M., BEECHER, H. K.: A study of the placebo response. *Am. J. Med.*, 1954, *16*, 770—779

LATANÉ, B., SCHACHTER, S.: Adrenalin and avoidance learning. *J. Comp. Physiol. Psychol.*, 1962, *55*, 369—372

LAUCKEN, U.: Naive Verhaltenstheorie. Stuttgart: Klett 1973

LAWSON, R.: Frustration: *The development of a scientific concept.* New York: Macmillan, 1965

LAZARUS, A. A.: Crucial procedural factors in desensitization therapy. *Beh. Res. & Ther.*, 1964, *2*, 65—70

LAZARUS, A. A.: Behavior therapy, incomplete treatment, and symptom substitution. *J. Nerv. Ment. Dis.*, 1965 a, *140*, 80—86

LAZARUS, A. A.: Towards the understanding and effective treatment of alcoholism. *South African Med. J.*, 1965 b, *39*, 736—741

LAZARUS, A. A.: Behavior rehearsal vs. non-directive therapy vs. advice in affecting behavior change. *Beh. Res. & Ther.*, 1966, *4*, 209—212

LAZARUS, A. A.: A plea for technical and theoretical breadth. *AABT Newsletter*, Juni 1968, *3*, 2

LAZARUS, R. S.: *Psychological stress and the coping process.* New York: McGraw-Hill, 1966

LAZARUS, R. S.: Emotions and adaptation: Conceptual and empirical relations. In: D. LEVINE (Hg.), *Nebraska symposium on motivation, 1968.* Lincoln: University of Nebraska Press, 1968

LAZARUS, R. S., SPEISMAN, J. C., NORDKOFF, A. M., DAVIDSON, L. A.: A laboratory study of psychological stress produced by a motion picture film. *Psychol. Monogr.*, 1962, *76*, 34, die ganze Nummer 553

LAZOWICK, L.: On the nature of identification. *J. Abnorm. Soc. Psychol.*, 1955, *51*, 175—183

LEIBOWITZ, G.: Comparison of self-report and behavioral techniques of assessing aggression. *J. Consult. Clin. Psychol.*, 1968, *32*, 21—25

LEITENBERG, H.: Is time-out from positive reinforcement an aversive event? A review of the experimental evidence. *Psychol. Bull.*, 1965, *64*, 428—441

LEITENBERG, H.: Punishment training with and without an escape contingency. *J. Exp. Psychol.*, 1967, *74*, 393—399

LEITENBERG, H., AGRAS, W. S., BARLOW, D. H., OLIVEAU, D. C.: The contribution of selective positive reinforcement and therapeutic instructions to systematic desensitization therapy. *J. Abnorm. Psychol.*, 1969, *74*, 113—118

LEITENBERG, H., AGRAS, W. S., THOMPSON, L. E., WRIGHT, D. E.: Feedback in two phobic cases. *J. Appl. Beh. Anal.*, 1968, *1*, 131—137

LEMERE, F., VOEGTLIN, W. L.: An evaluation of the aversion treatment of alcoholism. *Quart. J. Stud. Alcohol*, 1950, *11*, 199—204

LENNARD, H. L., BERNSTEIN, A.: *The anatomy of psychotherapy.* New York: Columbia University Press, 1960

LENNENBERG, E. H.: *Biological foundations of language.* New York: Wiley, 1967

LEONARD, G. B.: *Education and ecstasy.* New York: Delacorte Press, 1968

LESHAN, E., LESHAN, L.: A home is not a lab. *New York Times Magazine*, 7. April 1968, 97—107

LEVIS, D. J., CARRERA, R.: Effects of ten hours of implosive therapy in the treatment of outpatients: A preliminary report. *J. Abnorm. Psychol.*, 1967, *72*, 504—508

LEVINSON, D. J.: The psychotherapeut's contribution to the patient's treatment career. In: H. H. STRUPP, L. LUBORSKY (Hg.), *Research in psychotherapy*, 2. Bd. Washington, D. C.: Am. Psychol. Ass., 1962

LEWIS, M., WALL, A. M., ARONFREED, J.: Developmental change in the relative value of social and non-social reinforcement. *J. Exp. Psych.*, 1963, *66*, 133—137

LIBERMAN, R.: A view of behavior modification projects in California. *Beh. Res. & Ther.*, 1968, *6*, 331—341

LICHTENSTEIN, E., KEUTZER, C. S., HIMES, K. H.: »Emotional« role-playing and changes in smoking attitudes and behavior. *Psychol. Rep.*, 1969, *25*, 279—287

LICHTENSTEIN, P. E.: Studies of anxiety: I. The production of a feeding inhibition in dogs. *J. Comp. Physiol. Psychol.*, 1950, *43*, 16—29

LIEBERT, R. M., ALLEN, M. K.: The effects of rule structure and reward magnitude on the acquisition and adoption of selfreward criteria. *Psychol. Rep.*, 1967, *21*, 445—452

LIFTON, R. J.: *Thought reform and the psychology of totalism: A study of brainwashing in China.* New York: W. W. Norton, 1961

LINDLEY, R. H., MOYER, K. E.: Effects of instructions on the extinction of a conditioned finger-withdrawal response. *J. Exp. Psychol.*, 1961, *61*, 82—88

LINDSLEY, O. R.: Operant conditioning methods applied to research in chronic schizophrenia. *Psychiat. Res. Rep.*, 1956, *5*, 118—139

LINDSLEY, O. R.: Operant conditioning methods in diagnosis. In: J. H. NODINE, J. H. MOYER (Hg.), *Psychosomatic medicine: The first Hahnemann Symposium.* Philadelphia: Lea & Febiger, 1962

LINDSLEY, O. R.: Experimental analysis of social reinforcement: Terms and methods. *Am. J. Orthopsychiat.*, 1963 a, *33*, 624—633

LINDSLEY, O. R.: Free operant conditioning and psychotherapy. In: J. MASSERMAN (Hg.), *Current psychiatric therapies.* New York: Grune and Stratton, 1963 b

LINDSLEY, O. R.: Direct measurement and prosthesis of retarded behavior. *J. Educ.*, 1964 a, *147*, 62—81

LINDSLEY, O. R.: Geriatric measurement prosthetics. In: R. KASTENBAUM (Hg.), *New thoughts on old age.* New York: Springer, 1964 b

LINDSLEY, O. R.: Training teachers and parents in behavior modification. Abhandlung, unterbreitet anläßlich der *Behavioral Technology Conference,* University of Oregon, Juli 1968

LIPKIN, S.: Clients' feelings and attitudes in relation to the outcome of client-centered therapy. *Psychol. Monogr.,* 1954, *68,* die ganze Nr. 372

LIVERSEDGE, L. A., SYLVESTER, J. D.: Conditioning techniques in the treatment of writer's cramp. *Lancet,* Juni 1955, 1147—1149

LLOYD, D. N., NEWBROUGH, J. R.: Previous conferences on graduate education in psychology: A summary and review. In: E. L. HOCH, A. O. ROSS, C. L. WINDER (Hg.), *Professional preparation of clinical psychologists.* Washington, D. C.: Am. Psychol. Ass., 1966

LOCKARD, J. S.: Choice of a warning signal or no warning signal in an unavoidable shock situation. *J. Comp. Physiol.,* 1963, *56,* 526—530

LOCKE, E. A., CARTLEDGE, N., KOEPPEL, J.: Motivational effects of knowledge of results: A goal-setting phenomen? *Psychol. Bull.,* 1968, *70,* 474—485

LOMONT, J. F.: Reciprocal inhibition or extinction? *Beh. Res. & Ther.,* 1965, *3,* 209—219

LOMONT, J. F., EDWARDS, J. E.: The role of relaxation in systematic desensitization. *Beh. Res. & Ther.,* 1967, *5,* 11—25

LONDON, P.: *The modes and morals of psychotherapy.* New York: Holt, Rinehart & Winston, 1964

LORR, M., KLETT, C. J., McNAIR, D. M.: *Syndromes of psychosis.* New York: Macmillan, 1963

LOTT, A. J., LOTT, B. E.: Liked and disliked persons as reinforcing stimuli. *J. Pers. Soc. Psychol.,* 1969, *11,* 129—137

LOTT, A. J., LOTT, B. E., MATTHEWS, G. M.: Interpersonal attraction among children as a function of vicarious reward. *J. Educ. Psychol.,* 1969, *60,* 274—283

LOVAAS, O. I.: Interaction between verbal and nonverbal behavior. *Child. Dev.,* 1961, *32,* 329—336

LOVAAS, O. I.: Control of food intake in children by reinforcement of relevant verbal behavior. *J. Abnorm. Soc. Psychol.,* 1964, *68,* 672—678

LOVAAS, O. I.: A behavior therapy approach to the treatment of childhood schizophrenia. In: J. HILL (Hg.), *Minnesota Symposium on Child Psychology,* Minneapolis: University of Minnesota Press, 1967

LOVAAS, O. I., BAER, D. M., BIJOU, S. W.: Experimental procedure for analyzing the interaction of social stimuli and children's behavior: Abhandlung, vorgetragen anläßlich der SRCD Convention, Berkeley/Kalif., 1963

LOVAAS, O. I., FREITAG, G., GOLD, V. J., KASSORLA, I. C.: Recording apparatus and procedure for observation of behaviors of children in free play settings. *J. Exper. Child Psychol.,* 1965, *2,* 108—120

LOVAAS, O. I., FREITAS, L., NELSON, K., WHALEN, C.: The establishment of imitation and its use for the development of complex behavior in schizophrenic children. *Beh. Res. & Ther.,* 1967, *5,* 171—181

LOVAAS, O. I., SCHAEFFER, B., SIMMONS, J. Q.: Building social behavior in autistic children by use of electric shock. *J. Exp. Res. Pers.,* 1965, *1,* 99—109

LOVITT, T. C., CURTISS, K. A.: Effects of manipulating an antecedent event on mathematics response rate. *J. Appl. Beh. Anal.,* 1968, *1,* 329—333

LOVIBOND, S. H.: *Conditioning and enuresis.* New York: Pergamon Press, 1964

LUBORSKY, L., STRUPP, H. H.: Research problems in psychotherapy: A three-year follow-up. In: H. H. STRUPP, L. LUBORSKY (Hg.), *Research in psychotherapy,* 1. Bd. Washington, D. C.: Am. Psychol. Ass., 1962

LUMSDAINE, A. A., GLASER, R. (Hg.): *Teaching machines and programmed learning: A source book.* Washington, D. C.: Nat. Education Ass., 1960

LUNDIN, R. W.: *Personality: A behavioral analysis.* London: The Macmillan Company, 1969

LUNZER, E. A. (Hg.): The Regulation of Behaviour. Bd. I von: *Development in*

Learning. London: Staples Press. Dt. Ausg.: Gesetze des Verhaltens. Bd. 1 v. *Entwicklung und Lernen.* Stuttgart: Klett 1974

LURIA, A. R.: *The role of speech in the regulation of normal and abnormal behavior.* New York: Liveright, 1961

LYKKEN, D. T.: A study of anxiety in the sociophathic personality. *J. Abnorm. Soc Psychol.,* 1957, *55,* 6—10

LYNN, R., EYSENCK, H. J.: Tolerance of pain, extraversion and neuroticism. *Percept. Mot. Skills,* 1961, *12,* 161—162

MacCULLOCH, M. J., FELDMAN, M. P., ORFORD, J. F., MacCULLOCH, M. L.: Anticipatory avoidance learning in the treatment of alcoholism: A record of therapeutic failure. *Beh. Res. & Ther.,* 1966, *4,* 187—196

MacCULLOCH, M. J., FELDMAN, M. P., PINSCHOF, J. M.: The application of anticipatory avoidance learning to the treatment of homosexuality. II. Response latencies and pulse rate changes. *Beh. Res. & Ther.,* 1965, *3,* 21—44

McFALL, R. M.: The effects of self-monitoring on normal smoking behavior. *J. Consult. Clin. Psychol.,* 1970

McDAVID, J. W.: Imitative behavior in preschool children. *Psychol. Monogr.,* 1959, *73,* die ganze Nr. 486

McDAVID, J. W.: Effects of ambiguity of environmental cues upon learning to imitate. *J. Abnorm. Soc. Psychol.,* 1962, *65,* 381—386

McDAVID, J.W.: Effects of ambiguity of imitative cues upon learning by observation. *J. Soc. Psychol.,* 1964, *62,* 165—174

McGUIRE, R. J., CARLISLE, J. M., YOUNG, B. G.: Sexual deviations as conditioned behavior: A hypothesis. *Beh. Res. & Ther.,* 1965, *2,* 185—190

McGUIRE, R. J., VALLANCE, M.: Aversion therapy by electric shock: A simple technique. *Brit. Med. J.,* 1964, *1,* 151—153

McNAIR, D. M., LORR, M., CALLAHAN, D. M.: Patient and therapist influences on quitting psychotherapy. *J. Consult. Psychol.,* 1963, *27,* 10—17

McPARTLAND, T. S., RICHART, R. H.: Social and clinical outcomes of psychiatric treatment. *Arch. Gen. Psychiat.,* 1966, *14,* 179—184

MADILL, M. F., CAMPBELL, D., LAVERTY, S. G., SANDERSON, R. E., VANDERWATER, S. L.: Aversion treatment of alcoholics by succinylcholine-induced apneic paralysis. *Quart. J. Study Alcohol.,* 1966, *27,* 483—509

MADSEN, C. H. jun., BECKER, W. C., THOMAS, D. R.: Rules, praise and ignoring: Elements of elementary classroom control. *J. App. Beh. Anal,.* 1968, *1,* 139—150

MAHER, B. H.: *Principles of psychopathology: An experimental approach.* New York: McGraw-Hill, 1966

MALMO, R. B.: Anxiety and behavioral arousal. *Psychol. Rev.,* 1957, *64,* 276—287

MALMO, R. B., BOAG, T. J., SMITH, A.: A physiological study of personal interaction. *Psychosom. Med.,* 1957, *19,* 105—119

MALMO, R. B., SHAGASS, C.: Studies of blood-pressure in psychiatric patients under stress. *Psychosom. Med.,* 1952, *14,* 82—93

MALMO, R. B., SHAGASS, C., DAVID, F. H.: Electromyographic studies of muscular tension in psychiatric patients under stress. *J. Clin. Exp. Psychopath.,* 1951, *12,* 45—66

MALTZMAN, I.: Awareness: Cognitive psychology vs. behaviorism. *J. Exp. Res. Pers.,* 1966, *1,* 161—165

MANDLER, G.: The interruption of behavior. In: D. LEVINE (Hg.), *Nebraska symposium on motivation, 1964.* Lincoln/Nebraska: University of Nebraska Press, 1964

MANDLER, G., MANDLER, J. M., UVILLER, E. T.: Autonomic feedback: The perception of autonomic activity. *J. Abnorm. Soc. Psychol., 56,* 367—373

MANN, L.: The effects of emotional role-playing on smoking attitudes and behavior. *J. Exp. Soc. Psychol.*, 1967, *3*, 334—348

MANN, L., JANIS, I. L.: A follow-up study on the long-term effects of emotional role-playing. *J. Pers. Soc. Psychol.*, 1968, *8*, 339—342

MARKS, I. M., GELDER, M. G.: A controlled retrospective study of behavior therapy in phobic patients. *Brit. J. Psychiat.*, 1965, *111*, 561—573

MARKS, I. M., GELDER, M. G.: Common ground between behavior therapy and psychodynamic methods. *Brit. J. Med. Psychol.*, 1966, *39*, 11—23

MARKS, I. M., GELDER, M. G.: Transvestism and fetishism: Clinical and psychological changes during faradic aversion. *Brit. J. Psychiat.*, 1967, *113*, 711—729

MARLATT, G. A.: Exposure to a model and task ambiguity as determinants of verbal behavior in an interview. Abhandlung, vorgelegt anläßlich des Treffens der *Western Psychological Association*, San Diego, 1968

MARLATT, G. A., JACOBSON, E. A., JOHNSON, D. L., MORRICE, D. J.: Effect of exposure to a model receiving varied informational feedback upon subsequent behavior in an interview. Abhandlung, vorgelegt anläßlich des Treffens der *Midwestern Psychological Association*, Chicago, 1966

MARQUIS, J. M.: Orgasmic reconditioning: Changing sexual object choice through controlling masturbation fantasies. *J. Beh. Ther. & Exp. Psychiat.*, 1970, *1*, 263—271

MARSTON, A. R.: Variables in extinction following acquisition with vicarious reinforcement. *J. Exp. Psychol.*, 1964, *68*, 312—315

MARSTON, A. R.: Imitation, self-reinforcement, and reinforcement of another person. *J. Pers. Soc. Psychol.*, 1965, *2*, 255—261

MARSTON, A. R.: Determinants of the effects of vicarious reinforcement. *J. Exp. Psychol.*, 1966, *71*, 550—558

MARSTON, A. R., KANFER, F. H.: Group size and number of vicarious reinforcements in verbal learning. *J. Exp. Psychol.*, 1963 a, *65*, 593—596

MARSTON, A. R., KANFER, F. H.: Human reinforcement: Experimenter and subject controlled. *J. Exp. Psychol.*, 1963 b, *66*, 91—94

MARTIN, B.: The assessment of anxiety by physiological-behavioral measures. *Psychol. Bull.*, 1961, *58*, 234—255

MARTIN, M. L., WEINSTEIN, M., LEWINSOHN, P. M.: The use of home observations as an integral part of the treatment of depression: The case of Mrs. B. Unveröffentlichtes Manuskript, University of Oregon, 1968

MASSERMAN, J. H.: *Behavior and neurosis*. Chicago: University of Chicago Press, 1943

MASSERMAN, J. M., PECHTEL, C.: Neurosis in monkeys: A preliminary report of experimenal observations. *Ann. X. N. Y. Acad. Sci.*, 1953, *56*, 253—265

MASTERS, W. H., JOHNSON, V. E.: *Human Sexual Inadequacy*. Boston: Little, Brown, 1970

MATARAZZO, J. D., SASLOW, G.: Differences in interview interaction behavior among normal and deviant groups. In: I. A. BERG, B. M. BASS (Hg.), *Conformity and deviation*. New York: Harper, 1961

MATARAZZO, J. D., WIENS, A. N., MATARAZZO, R. G., SASLOW, G.: Speech and silence behavior in clinical psychotherapy and its laboratory correlates. In: J. M. SHLIEN (Hg.), *Research in Psychotherapy*, 3. Bd. Washington, D. C. Am. Psychol. Ass., 1968

MAY, R.: Discussion on existentialism and current trends in psychology. Konferenz am *Sonoma State College, Sonoma*, Kalifornien, 1962. Zitiert bei KRASNER, L.: Societal and professional implications of the behavior therapies. *ETS Res. Memo.*, RM-65-9, Juni 1965

MAYER, J., THOMAS, D. W.: Regulation of food intake and obesity. *Science*, 1967, *156*, 328—337

MEEHL, P. E.: The cognitive activity of the clinician. *Am. Psychol.*, 1960, *15*, 19—27

MEEHL, P. E.: Psychopathology and purpose. In: P. H. HOCH & J. ZUBIN (Hg.), *The future of psychiatry*. New York: Grune and Stratton, 1962

MEES, H. L.: Placebo effects in aversive control: A preliminary report. Abhandlung, vorgelegt anläßlich des Treffens der *Oregon-Washington-State Psychological Associations, Ocean Shores,* Washington, Mai 1966 a

MEES, H. L.: Sadistic fantasies modified by aversive conditioning and substitution: A case study. *Beh. Res. & Ther.,* 1966 b, *4,* 317—320

MERTENS, G. C., FULLER, G. B.: *The therapist's manual.* Mimeographie, Willmar State Hospital, Minnesota, 1964

MESTHENE, E. G.: The role of technology in society: Some general implications of the program's research. In: *Fourth annual report, Program in technology and society.* Cambridge: Harvard University Press, 1968

MEYER, V., CRISP, A. H.: Aversion therapy in two cases of obesity. *Beh. Res. & Ther.,* 1966, *4,* 273—280

MEYER, V. & CRISP, A. H.: Aversion therapy in two cases of obesity. *Beh. Res. & Ther.,* 1964, *2,* 143—148

MEYER, V., CRISP, A. H.: Some problems in behavior therapy. *Brit. J. Psychiat.,* 1966, *112,* 367—381

MEYER, V., GELDER, M. G.: Behavior therapy and phobic disorders. *Brit. J. Psychiat.,* 1963, *109,* 19—28

MIGLER, B., WOLPE, J.: Automated self desensitization: A case report. *Beh. Res. & Ther.,* 1967, *5,* 133—135

MILLENSON, J. R.: *Principles of behavior analysis.* New York: Macmillan, 1967

MILLER, E., DVORAK, B., TURNER, D.: A method of creating aversion to alcohol by reflex conditioning in a group setting. In: C. M. FRANKS (Hg.), *Conditioning techniques in clinical practice and research.* New York: Springer, 1964

MILLER, G. A., GALANTER, E. H., PRIBRAM, K. H.: *Plans and the structure of behavior.* New York: Holt, Rinehart & Winston, 1960. Dt. Ausg.: Strategien des Handelns. Pläne und Strukturen des Verhaltens. Stuttgart: Klett 1973

MILLER, J. O.: Diffusion of the intervention effects in disadvantaged families. Mimeographie ohne Datum. George Peabody College, Nashville/Tennessee

MILLER, M. F.: Responses of psychiatric patients to their photographed images. *Dis. Nerv. Syst.,* 1962, *23,* 296—298

MILLER, N. E.: Learnable drives and rewards. In: S. S. STEVENS (Hg.), *Handbook of experimental psychology.* New York: Wiley, 1951

MILLER, N. E.: Learning resistance to pain and fear: Effects of overlearning, exposure, and rewarded exposure in context. *J. Exp. Psychol.,* 1960, *60,* 137—154

MILLER, N. E., DOLLARD, J.: *Social learning and imitation.* New Haven: Yale University Press, 1941

MILLER, R. E., BANKS, J. H. jun., OGAWA, N.: Communication of affect in »cooperative conditioning« of Rhesus monkeys. *J. Abnorm. Soc. Psychol.,* 1962, *64,* 343—348

MISCHEL, W.: *Personality and assessment.* New York: Wiley, 1968 a

MISCHEL, W.: Implications of behavior theory for personality assessment. Abhandlung, unterbreitet anläßlich des Treffens der *Western Psychological Association,* San Diego, März 1968 b

MISCHEL, W., GILLIGAN, C.: Delay of gratification, motivation for the prohibited gratification, and responses to temptation. *J. Abnorm. Psychol.,* 1964, *69,* 411—417

MISCHEL, W., LIEBERT, R. M.: Effects of discrepancies between observed and imposed reward criteria on their acquisition and transmission. *J. Pers. Soc. Psychol.,* 1966, *3,* 45—53

MISCHEL, W., LIEBERT, R. M.: The role of power in the adoption of self-reward patterns. *Child Dev.,* 1967, *38,* 673—683

MISCHEL, W., METZNER, R.: Preference for delayed reward as a function of age, intelligence, and length of delay interval. *J. Abnorm. Soc. Psychol.,* 1962, *64,* 425—431

MISCHEL, W., STAUB, E.: The effects of expectancy on working and waiting for larger rewards. *J. Pers. Soc. Psychol.,* 1965, *2,* 625—633

MONTAGU, A.: Chromosomes and crime. *Psychology Today*, 1968, *2*, 42—49
MOORE, F. J., CHERNELL, E., WEST, M. J.: Television as a therapeutic tool. *Arch.
Gen. Psychiat.*, 1965, *12*, 217—220
MOORE, O. K.: Autotelic responsive environments and exceptional children. In:
O. J. HARVEY (Hg.), *Experience, structure and adaptability.* New York: Springer,
1966
MORGENSTERN, F. S., PEARCE, J. F., REES, W. L.: Predicting the outcome of behav-
ior therapy by psychological tests. *Beh. Res. & Ther.*, 1965, *2*, 191—200
MORILL, C. S.: Teaching machines: A review. *Psychol. Bull.*, 1961, *58*, 363—375
MORSE, W. H.: Intermittent reinforcement. In: W. K. HONIG (Hg.), *Operant behav-
ior: Areas of research and application.* New York: Appleton-Century-Crofts, 1966
MOWRER, O. H.: Apparatus for the study and treatment of enuresis. *Am. J. Psychol.*,
1938, *51*, 163—166
MOWRER, O. H.: A stimulus-response analysis of anxiety and its role as a reinforcing
agent. *Psychol. Rev.*, 1939, *46*, 553—565
MOWRER, O. H.: Preparatory et (expectancy): Some methods of measurement. *Psy-
chol. Monog.*, 1940, *52*, Nr. 2, die ganze Nr. 43
MOWRER, H. H.: On the dual nature of learning — a reinterpretation of »condi-
tioning« and »problem-solving«. *Harvard Educ. Rev.*, 1947, *17*, 102—148
MOWRER, O. H.: *Learning theory and personality dynamics.* New York: Ronald
Press. 1950
MOWRER, O. H.: *Learning theory and behavior.* New York: Wiley, 1960 a
MOWRER, O. H.: *Learning theory and the symbolic processes.* New York: Wiley,
1960 b
MOWRER, O. H., JONES, H. M.: Extinction and behavior variability as functions of
effortfulness of task. *J. Exp. Psychol.*, 1943, *43*, 369—386
MURPHY, G.: Psychology in the year 2000. *Am. Psychol.*, 1969, *24*, 523—530
MURPHY, J. V., MILLER, R. E., MIRSKY, I. A.: Interanimal conditioning in the mon-
key. *J. Comp. Physiol. Psychol.*, 1955, *48*, 211—214
MURRAY, H. A.: *Explorations in personality.* New York: Oxford University Press,
1938

*National Research Council Advisory Committee on Government Programs in the
Behavioral Sciences, National Research Council, National Academy of Sciences.*
The behavioral sciences and the federal government: Summary and recommen-
dations. *Am. Psychol.*, 1968, *23*, 803—809
NARROL, H. G.: A learning therapy for alcoholics: Upon what behavior should
retraining focus? Abhandlung, unterbreitet anläßlich des Treffens der *American
Psychological Association*, Los Angeles, September 1964
NATHAN, P. E., ANDBERG, M., PATCH, V. D.: Behavior therapy and psychotherapy:
A combined procedure for the successful treatment of severe stuttering. Mimeo-
graphie ohne Datum. Harvard Medical School
NATHAN, P. E., BULL, T. A., ROSSI, A. M.: Operant range and variability during
psychotherapy: Description of possible communication signatures. *J. Nerv. Ment.
Dis.*, 1968, *146*, 41—49
NATHAN, P. E., SCHNELLER, P., LINDSLEY, O. R.: Direct measurement of commu-
nication during psychiatric admission interviews. *Beh. Res. & Ther.*, 1964, *2*, 49—57
NATSOULAS, T.: What are perceptual reports about? *Psychol. Bull.*, 1967, *67*, 249—272
NEIMARK, E. D.: Model for a thinking machine: Mark .04. *Merrill-Palmer Quart.*,
1970
NEWCOMB, T. M.: The prediction of interpersonal attraction. *Am. Psychol.*, 1956,
11, 575—586
New York Times, 14. Februar 1974

NISBETT, R. E., SCHACHTER, S.: The cognitive manipulation of pain. *J. Exp. Soc. Psychol.*, 1966, *2*, 227—236

NOBLIN, C. D., TIMMONS, E. O., REYNARD, M. C.: Psychoanalytic Interpretations as verbal reinforcers: Importance of interpretation content. *J. Clin. Psychol.*, 1963, *19*, 479—481

NOLAN, J. D.: Self-control procedures in the modification of smoking behavior. *J. Consult. Clin. Psychol.*, 1968, *32*, 92—93

NUTHMANN, A. M.: Conditioning of a response class on a personality test. *J. Abnorm. Soc. Psychol.*, 1957, *54*, 19—23

OBER, D. C.: Modification of smoking behavior. *J. Consult. Clin. Psychol.*, 1968, *32*, 543—549

ODUM, E. P.: The strategy of ecosystem development. *Science*, 1969, *164*, 262—270

O'LEARY, K. D., DROBMAN, R.: Token reinforcement programs in the classroom: A review. *Psychol. Bull.*, 1971, *75*, 379—398

OLDS, J., OLDS, M.: Drives, rewards and the brain. In: F. BARRON, W. C. DEMENT, W. EDWARDS, H. LINDMAN, L. D. PHILLIPS, J. OLDS, M. OLDS (Hg.), *New directions in psychology II*. New York: Holt, Rinehart & Winston, 1965

ORNE, M. T.: On the social psychology of the psychological experiment: With particular reference to demand characteristics and their implications. *Am. Psychol.*, 1962, *17*, 776—783

OSGOOD, C. E.: *Method and theory in experimental psychology*. New York: Oxford University Press, 1953

PALMORE, E., LENNARD, H. L., HENDIN, H.: Similarities of therapist and patient verbal behavior in psychotherapy. *Sociometry*, 1959, *22*, 12—22

PANDE, S. K., GART, J. J.: A method to quantify reciprocal influence between therapist and patient in psychotherapy. In: J. M. SHLIEN (Hg.), *Research in psychotherapy*, 3. Bd. Washington, D. C.: Am. Psychol. Ass., 1968

PANMAN, R. A., ARENSON, S. J., ROSENBAUM, M. E.: The value of demonstration in human maze learning. *Iowa Acad. Sci.*, 1962, *69*, 490—495

PAPPWORTH, M. H.: *Human guinea pigs: Experimentation on man*. London: Routledge and Kegan Paul, 1967

PARLOFF, M. B.: Therapist-patient relationship and outcome of psychotherapy. *J. Consult. Psychol.*, 1961, *25*, 29—38

Parsons State Hospital. Detailed Progress Report. A demonstration program for intensive training of institutionalized mentally retarded girls. Januar 1967

PATTERSON, G. R.: An application of conditioning techniques to the control of a hyperactive child. In: L. P. ULLMANN, L. KRASNER (Hg.), *Case studies in behavior modification*. New York: Holt, Rinehart & Winston, 1965 a

PATTERSON, G. R.: Responsiveness to social stimuli. In: L. KRASNER, L. P. ULLMANN (Hg.), *Research in behavior modification*. New York: Holt, Rinehart & Winston, 1965 b

PATTERSON, G. R.: A learning theory approach to the treatment of the school phobic child. In: L. P. ULLMANN, L. KRASNER (Hg.), *Case studies in behavior modification*. New York: Holt, Rinehart & Winston, 1965 c

PATTERSON, G. R.: Prediction of victimization from an instrumental conditioning procedure. *J. Consult. Psychol.*, 1967, *31*, 147—152

PATTERSON, G. R.: Social learning: An additional base for developing behavio' modification technologies. In: C. FRANKS (Hg.), *Behavior therapy: Appraisal e status*. New York: McGraw-Hill, 1969

PATTERSON, G. R., BECHTEL, G. G.: Formulating the situational environment in relation to states and traits. In: R. B. CATTELL (Hg.), *Handbook of modern personality study*. Chicago: Aldine, 1970

PATTERSON, G. R., FAGOT, B. I.: Selective responsiveness to social reinforcers and deviant behavior in children. *Psychol. Rec.*, 1967, *17*, 369—378

PATTERSON, G. R., GULLION, M. E.: *Living with children. New methods for parents and teachers*. Champaign/Illinois: Research Press, 1968

PATTERSON, G. R., HARRIS, A.: Some methodological considerations for observation procedures. Abhandlung, unterbreitet anläßlich des Treffens der *American Psychological Association*, San Francisco/Kalifornien, September 1968

PATTERSON, G. R., LITTMAN, R. A., BRICKER, W.: Assertive behavior in children: A step towards a theory of aggression. *Soc. Res. Child. Dev. Monogr.*, 1967, *32*, 1—43

PATTERSON, G. R., LITTMAN, I., BROWN, T. R.: Negative set and social learning. *J. Pers. Soc. Psychol.*, 1968, *8*, 109—116

PATTERSON, G. R., HAWKINS, N., McNEAL, S., PHELPS, R.: Reprogramming the social environment. *J. Child Psychol. Psychiat.*, 1967, *8*, 181—195

PATTERSON, G. R., RAY, R., SHAW, D.: Direct intervention in families of deviant children. Abhandlung, unterbreitet anläßlich des Treffens der *Oregon Psychological Association* und der *Washington State Psychological Association*, Mai 1968

PATTERSON, G. R., REID, J.: Reciprocity and coercion: Two facets of social systems. Abhandlung, unterbreitet anläßlich des *Ninth Institute for Research in Clinical Psychology*, University of Kansas, Lawrence/Kansas, April 1967

PATTERSON, G. R., REID, J. B.: Reciprocity and coercion: Two facets of social systems. In: C. NEURINGER, J. L. MICHAEL (Hg.), *Behavior modification in clinical psychology*. New York: Appleton-Century-Crofts, 1970

PATTERSON, G. R., WHITE, G. D.: It's a small world: The application of »Timeout from reinforcement«. *Oregon Psychological Association Newsletter*, 1969, *15*, Nr. 2 Ergänzungsnummer

PAUL, G. L.: *Insight versus desensitization in psychotherapy: An experiment in anxiety reduction*. Stanford: Stanford University Press, 1966

PAUL, G. L.: Behavior modification research: Design and tactics. In: C. FRANKS (Hg.), *Behavior therapy: Appraisal and status*. New York: McGraw-Hill, 1969 a

PAUL, G. L.: Chronic mental patient: Current status — future directions. *Psychol. Bull.*, 1969 b, *71*, 81—94

PAUL, G. L., SHANNON, D. T.: Treatment of anxiety through systematic desensitization in therapy groups. *J. Abnorm. Psychol.*, 1966, *71*, 124—135

PAWLOW, I. P.: *Conditioned reflexes*. London: Oxford University Press, 1927. Dt. Ausg.: *Die bedingten Reflexe*, München: Kindler Verlag 1972

PAWLOW, I. P.: *Lectures on conditioned reflexes*, 2. Bd.: *Conditioned reflexes and psychiatry*. New York: International Publishers, 1941. Dt. Ausg.: *Sämtliche Werke*, Berlin: Akademie Verlag, 1953—1955

PAWLOW, I. P.: *Experimental psychology and other essays*. New York: Philosophical Library, 1957. Dt. Ausg.: *Sämtliche Werke*, Berlin: Akademie Verlag, 1953—1955

PETONEY, P.: Value change in psychotherapy. *Human Relations*, 1966, *19*, 39—45

PERKINS, C. C. jun.: An analysis of the concept of reinforcement. *Psychol. Rev.*, 1968, *75*, 155—172

PERLOFF, B., LOVAAS, O. I.: Effect of non-contingent aversive stimulation on learned behaviors in an autistic child. Unveröffentlichtes Manuskript, University of California, Los Angeles, 1967

PETERS, H. N.: An experimental evaluation of learning as therapy in schizophrenia (Abstract). *Am. Psychol.*, 1952, *7*, 354

PETERS, H. N.: Learning as a treatment method in chronic schizophrenia. *Am. J. Occupat. Ther.*, 1955, *9*, 185—189

PETERSON, D. R.: *The clinical study of social behavior*. New York: Appleton-Century-Crofts, 1968 a

PETERSON, D. R.: The doctor of psychology program at the University of Illinois. *Am. Psychol.*, 1968 b, *23*, 511—516

PHELAN, J. G., HEKMAT, H., TANG, T.: Transfer of verbal conditioning to nonverbal behavior. *Psychol. Rep.*, 1967, *20*, 979—986

PIERREL, R., SHERMAN, J. G.: Train your pet the Barnabus way. *Brown Alumni Monthly*, 1963, Februar, 8—14

POLIN, A. T.: The effect of flooding and physical suppression as extinction techniques on an anxiety-motivated avoidance locomotor response. *J. Psychol.*, 1959, *47*, 235—245

POLLACK, I. W., KIEV, A.: Spatial orientation and psychotherapy: An experimental study of perception. *J. of Nerv. Ment. Dis.*, 1963, *137*, 93—97

POPE, B., SIEGMAN, A. W.: Interviewer warmth in relation to interviewee verbal behavior. *J. Consult. Psychol. Clin. Psychol.*, 1968, *32*, 588—595

POSER, E. V.: The effect of therapists' training on group therapeutic outcome. *J. Consult. Psychol.*, 1966, *30*, 283—289

PRATT, S., TOOLEY, J.: Contract psychology: Some methodological considerations and the research contract. Mimeographie, Wichita State University, 1964 a

PRATT, S., TOOLEY, J.: Contract psychology and the actualizing transactional field. Sonderausgabe Nr. 1 (Theoretical Aspects in Research), *Internat. J. Soc. Psychiat.*, 1964 b, 51—69

PREMACK, D.: Toward empirical behavioral laws: I. Positive reinforcement. *Psychol. Rev.*, 1959, *66*, 219—233

PREMACK, D.: Reinforcement theory. In: D. LEVINE (Hg.), *Nebraska symposium on motivation, 1965*. Lincoln/Nebraska: University of Nebraska Press, 1965

PRIBRAM, K. H.: Interrelations of psychology and the neurological disciplines. In: S. KOCH (Hg.), *Psychology: A study of a science*, 4. Bd. New York: McGraw-Hill, 1962

PRICE, D. K.: Purists and politicians. *Science*, 1969, 163, 25—31

PURCELL, K., BRADY, K.: Adaption to the invasion of privacy: Monitoring behavior with a miniature radio transmitter. *Merrill-Palmer Quart.*, 1966, *12*, 242—254

QUAY, H.: The effect of verbal reinforcement on the recall of early memories. *J. Abnorm. Soc. Psychol.*, 1959, *59*, 254—257

RACHMAN, S.: Aversion therapy: Chemical or electrical? *Beh. Res. & Ther.*, 1965 a, *2*, 289—300

RACHMAN, S.: Studies in desensitization: I. The separate effects of relaxation and desensitization. *Beh. Res. & Ther.*, 1965 b, *3*, 245—252

RACHMAN, S.: Sexual fetishism: An experimental analogue. *Psychol. Rec.*, 1966 a, *16*, 293—296

RACHMAN, S.: Studies in desensitization: II. Flooding. *Beh. Res. & Ther.*, 1966 b, *4*, 1—6

RACHMAN, S.: *Phobias: Their nature and control*. Springfield/Illinois: Charles Thomas, 1968

RACHMAN, S., EYSENCK, H. J.: Reply to a »critique and reformulation of behavior therapy«. *Psychol. Bull.*, 1966, 65, 165—169

RACHMAN, S., HODGSON, R. J.: Experimentally induced »sexual fetishim«: Replication and development. *Psychol. Rec.*, 1968, *18*, 25—27

RACHMAN, S., TEASDALE, J. D.: Aversion therapy: An appraisal. In: C. M. FRANKS (Hg.), *Behavior therapy: Appraisal and status*. New York: McGraw-Hill, 1969

RAIMY, V. C. (Hg.): *Training in clinical psychology* (Boulder Conference). New York: Prentice-Hall, 1950

RAMSEY, R. W., BARENDS, J., BREUKER, J., KRUSEMAN, A.: Massed versus spaced desensitization of fear. *Beh. Res. & Ther.*, 1966, *4*, 205—207

RAPAPORT, D.: A critique of Dollard and Miller's »Personality and psychotherapy«. *Am. J. Orthopsychiat.*, 1953, *23*, 204—208

RAYMOND, M. J.: Case of fetishism treated by aversion therapy. *Brit. Med. J.*, 1956, *2*, 854—857

RAYMOND, M. J.: The treatment of addiction by aversion conditioning with apomorphine. *Beh. Res. & Ther.*, 1964, *1*, 287—291

RAZRAN, G.: The observable unconscious and the inferable conscious in current Soviet psychophysiology: Interceptive conditioning, semantic conditioning and the orienting reflex. *Psychol. Rev.*, 1961, *68*, 81—147

REHM, L. P., MARSTON, A. R.: Reduction of social anxiety through modification of self-reinforcement: An instigation therapy technique. *J. Consult. Psychol.*, 1968, *32*, 565—574

REID, J. B., HENDRIKS, A.F.C.J.: Preliminary analysis of the effectiveness of direct home intervention for the treatment of predelinquent boys who steal. In: L. A. HAMERLYNCK, L. C. HANDY, E. J. MASH (Hg.), *Behavior Change: Methodology, concepts and practice*. Champaign/Illinois: Research Press, 1973

REITMAN, W. R.: *Cognition and thought: An information-processing approach*. New York: Wiley, 1965

RESCORLA, R. A., SOLOMON, R. L.: Two-process learning theory: Relationships between Pavlovian conditioning and instrumental learning. *Psychol. Rev.*, 1967, *74*, 151—182

REYNOLDS, G. S.: *A primer of operant conditioning*. Glenview/Illinois: Scott, Foresman, 1968

RICKARD, H. C., DIGNAM, P. J., HORNER, R. F.: Verbal manipulation in a psychotherapeutic relationship. *J. Clin. Psychol.*, 1960, *16*, 364—367

RICKARD, H. C., DINOFF, M.: Behavior modification in an therapeutic summer camp. In: H. C. RICKARD (Hg.), *Behavioral intervention in human problems*. New York: Pergamon, 1970

RIESSMAN, F.: The »helper« therapy principle. *Social Work*, 1965, *10*, 27—31

RIESSMAN, F.: Strategies and suggestions for training nonprofessionals. *Comm. Health J.*, 1967, *3*, 103—110

RIOCH, M. J.: Changing concepts in the training of therapists. *J. Consult. Psychol.*, 1966, *30*, 290—292

RIOCH, M. J., ELKES, C., FLINT, A. A., USFANSKY, B. S., NEWMAN, R. G., SILBER, E.: National Institute of Mental Health pilot study in training mental health counselors. *Am. J. Orthopsychiat.*, 1963, *33*, 678—689

RISLEY, T. R.: Learning and lollipops. *Psychol. Today*, 1968a, *1*, 28—31, 62—65

RISLEY, T. R.: The effects and side effects of punishing the autistic behaviors of a deviant child. *J. Appl. Beh. Anal.*, 1968 b, *1*, 21—34

RISLEY, T. R., WOLF, M.: Establishing functional speech in echolalic children. *Beh. Res. & Ther.*, 1967, *5*, 73—88

RITTER, B.: The group treatment of children's snake phobias using vicarious and contact desensitization procedures. *Beh. Res. & Ther.*, 1968, *6*, 1—6

ROE, A.: Man's forgotten weapon. *Am. Psychol.*, 1959, *14*, 261—266

ROGERS, C. R.: *Client-centered therapy*. New York: Houghton-Mifflin Co., 1951. Dt. Ausg.: *Die klient-bezogene Gesprächstherapie*. München: Kindler Verlag, 1972

ROGERS, C. R.: Interpersonal relationships: U.S.A. 2000. *J. Appl. Beh. Sci.*, 1968, *4*, 265—280

ROGERS, C. R. (Hg.), GENDLIN, E. T., KIESLER, D. J., TRUAX, C. B.: *The therapeutic relationships and its impact: A study of psychotherapy with schizophrenics*. Madison/Wisconsin: University of Wisconsin Press, 1966

ROGERS, C. R., SKINNER, B. F.: Some issues concerning the control of human behavior: A symposium. *Science*, 1956, *124*, 1057—1066

ROGERS, J. M.: Operant conditioning in a quasi-therapy setting. *J. Abnorm. Soc. Psychol.*, 1960, *60*, 247—252

ROHAN, W. P., PROVOST, R. J.: Reestablishment of eating habits in a blind and brain damaged patient: A case report. *J. Psychiat. Nurs.*, 1966, *4*, 458—466

ROSENBAUM, M. E., CHALMERS, D. K., HORNE, W. C.: Effects of success and failure and the competence of the model on the acquisition and reversal of matching behavior. *J. Psychol.*, 1962, *54*, 251—258

ROSENBAUM, M. E., HORNE, W. C., CHALMERS, D. K.: Level of self-esteem and the learning of imitation and non-imitation. *J. Pers.*, 1962, *30*, 147—156

ROSENBAUM, M. E., TUCKER, I. F.: The competence of the model and the learning of imitation and non- imitation. *J. Exp. Psychol.*, 1962, *63*, 183—190

ROSENTHAL, D.: Changes in some moral values following psychotherapy. *J. Consult. Psychol.*, 1955, *19*, 431—436

ROSENTHAL, I.: Reliability of retrospective reports of adolescence. *J. Consult. Psychol.*, 1963, *27*, 189—198

ROSENTHAL, R.: On the social psychology of the psychological experiment: The experimenter's hypothesis as unintended determinant of experimental results. *Amer. Scientist*, 1963, *51*, 268—283

ROSENTHAL, R.: *Experimenter effects in behavioral research.* New York: Appleton-Century-Crofts, 1966

ROSENTHAL, R., FODE, K. L.: Psychology of the scientist. V: Three experiments in experimenter bias. *Psychol. Rep.*, 1963, *12*, 491—511

ROSENTHAL, R., KOHN, P., GREENFIELD, P. M., CAROTA, N.: Data desirability, experimenter expectancy, and the results of psychological research. *J. Pers. Soc. Psychol.*, 1966, *3*, 20—27

ROTHAUS, P., JOHNSON, D. L., LYLE, F. A.: Group participation training for psychiatric patients. *J. Counsel. Psychol.*, 1964, *11*, 230—238

ROTTER, J. B.: *Social learning and clinical psychology.* Englewood Cliffs/New Jersey: Prentice-Hall, 1954

RUBINSTEIN, E. A., PARLOFF, M. B. (Hg.): *Research in psychotherapy*, 1. Bd. Washington, D. C.: Am. Psychol. Ass., 1959

RUEBHAUSEN, O. M., BRIM, O. G. jun.: Privacy and behavioral research. *Columbia Law Review*, 1965, *65*, 1184—1211. Neugedr. im *Am. Psychol.*, 1966, *21*, 423—437

RUSSELL, R. W.: Effects of »biochemical lesions« on behavior. *Acta Psychologica*, 1958, *14*, 281—294

RUTNER, I. T.: The modification of smoking behavior through techniques of self-control. Unveröffentlichte *Master's Thesis*. Wichita State University, 1967

RUTNER, I. T., BUGLE, C.: An experimental procedure for the modification of psychotic behavior. *J. Consult. Clin. Psychol.*, 1969, *33*, 651—653

RUTSTEIN, D. D.: *The coming revolution in medicine.* Cambridge/Massachusetts: M.I.T. Press, 1967

SALZINGER, K.: Behavior theory models of abnormal behavior. Abhandlung, unterbreitet anläßlich des *Biometrios Research Workshop on Objective Indicators of Psychopathology*, Tuxedo, New York: Februar 1968

SALZINGER, K., PISONI, S.: Reinforcement or affect responsens of schizophrenics during the clinical interview. *J. Abnorm. Soc. Psychol.*, 1958, *57*, 84—90

SAMPSON, E. E., INSKO, C. A.: Cognitive consistency and performance in the autokinetic situation. *J. Abnorm. Soc. Psychol.*, 1964, *68*, 184—192

SANDLER, D.: Investigation of a scale of therapeutic effectiveness: Trust and suspicion in an experimentally induced situation. Doktorarbeit, Duke University, Ann Arbor/Michigan: University Microfilms, 1965. Nr. 66—1382

SANDLER, J.: Masochism: An empirical analysis. *Psychol. Bull.*, 1964, *62*, 197—204

SANDLER, J., DAVIDSON, R. S.: *Psychopathology: Learning theory, research and application.* New York: Harper & Row, 1973

SANFORD, N.: The prevention of mental illness. In: B. WOLMAN (Hg.), *Handbook of clinical psychology.* New York: McGraw-Hill, 1965

SANFORD, N.: Personality: I. The field. *International encyclopedia of the social sciences.* 2. Aufl. New York: Macmillan, 1968

SAPOLSKY, A.: Effect of interpersonal relationships upon verbal conditioning. *J. Abnorm. Soc. Psychol.*, 1960, *60*, 241—246

SARBIN, T. R.: On the futility of the proposition that some people be labeled »mentally ill«. *J. Consult. Psychol.*, 1967, *31*, 447—453

SASLOW, G.: The use of a psychiatric unit in a general hospital. In: A. F. WESSEN (Hg.), *The psychiatric hospital as a social system.* Springfield/Illinois: C. C. Thomas, 1964

SASLOW, G., MATARAZZO, J. D.: A technique for studying changes in interview behavior. In: E. A. RUBENSTEIN, M. B. PARLOFF (Hg.), *Research in psychotherapy*, 1. Bd. Washington, D.C.: Am. Psychol. Ass., 1959

Saturday Review, 5. Februar 1966

SCHACHTER, S.: The interaction of cognitive and physiological determinants of emotional state. In: L. BERKOWITZ (Hg.), *Advances in experimental social psychology*, 1. Bd. New York: Academic Press, 1964 a

SCHACHTER, S.: The interaction of cognitive and physiological determinants of emotional state. In: P. H. LEIDERMAN, D. SHAPIRO (Hg.), *Psychobiological approaches to social behavior.* Stanford: Stanford University Press, 1964 b

SCHACHTER, S.: Obesity and eating. *Science*, 1968, *161*, 751—756

SCHACHTER, S., LATANÉ, B.: Crime, cognition, and the autonomic nervous system. In: D. LEVINE (Hg.), *Nebraska symposium on motivation, 1964.* Lincoln: University of Nebraska Press, 1964

SCHACHTER, S., SINGER, J. E.: Cognitive, social & physiological determinants of emotional state. *Psychol. Rev.*, 1962, *69*, 379—399

SCHAEFER, E. S., FURFEY, P. H.: Intellectual stimulation of culturally-deprived infants during the period of early verbal development. Mimeographie, Juni 1967

SCHAEFER, H. H., MARTIN, P. L.: *Behavioral therapy.* New York: McGraw-Hill, 1969

SCHILLER, H. I.: Social control and individual freedom. *Bull. Atomic Scientists*, Mai 1968, 16—21

SCHMIDT, H. O., FONDA, C. P.: The reliability of psychiatric diagnosis: A new look. *J. Abnorm. Soc. Psychol.*, 1956, *52*, 262—267

SCHOENFELD, W. N.: An experimental approach to anxiety, escape and avoidance. In: P. J. HOCH, J. ZUBIN (Hg.), *Anxiety.* New York: Grune & Stratton, 1950

SCHOENFELD, W. N., BERSH, P. J., NOTTERMAN, J. M.: Interaction of instrumental and autonomic responses in avoidance conditioning. *Science*, 1954, *120*, 788

SCHON, D. A.: Quoted in *Fourth Annual Report, Program on Technology and Society.* Cambridge: Harvard University, 1968

SCHUTZ, W. C.: Joy: *Expanding human awareness.* New York: Grove Press, 1967

SCHWARTZ, A. N., HAWKINS, H. L.: Patient models and affect statements in group therapy. *Proceed. 73. Ann. Conven. Am. Psychol. Ass.* In: *Am. Psychol.*, 1965, *20*, 548

SCHWITZGEBEL R. L.: A survey of electromechanical devices for behavior modification. *Psychol. Bull.*, 1968, *70*, 444—459

SEGAL, E. F.: The urban learning village: A community training for problem slum families, based on behavior modification models. Abhandlung, vorgelegt anläßlich des Treffens der *Western Psychological Association*, San Diego, Mai 1968

SELIGMAN, M. E. P., MAIER, S. F.: Failure to escape traumatic shock. *J. Exp. Psychol.*, 1967, *74*, 1—9

SELIGMAN, M. E. P., MAIER, S. F., GEER, J. H.: Alleviation of learned helplessness in the dog. *J. Abnorm. Psychol.*, 1968, *73*, 256—262

SELYE, H.: *The physiology and pathology of exposure to stress.* Montreal: Acta, inc., 1950

Bibliographie 669

SHAFFER, L. F.: The problem of psychotherapy. Am. Psychol., 1974, 2, 459—467

SHAPIRO, D., CRIDER, A. B., TURSKY, B.: Differentiation of an autonomic response through operant reinforcement. Psychon. Sci., 1964, 1, 147—148

SHAPIRO, D., TURSKY, B., GERSHON, E., STERN, M.: Effects of feedback and reinforcement on the control of human systolic blood pressure. Science, 1969, 163, 588—590

SHAPIRO, M. M.: Salivary conditioning in dogs during fixed-interval reinforcement contingent upon lever pressing. J. Exp. Anal. Beh., 1961, 4, 361—364

SHAW, F. J.: A stimulus-response analysis of repression and insight in psychotherapy. Psychol. Rev., 1946, 53, 36—42

SHERMAN, A. R.: Therapy of maladaptive fear-motivated behavior in the rat by the systematic gradual withdrawal of a fear-reducing drug. Beh. Res. & Ther., 1967, 5, 121—129

SHERMAN, J. A.: Use of reinforcement and imitation to reinstate verbal behavior in a mute psychotic. J. Abnorm. Psychol., 1965, 70, 155—164

SHOBEN, E. J.: Psychotherapy as a problem in learning theory. Psychol. Bull., 1949, 46, 366—392

SIDMAN, M.: Normal sources of pathological behavior. Science, 1960 a, 132, 61—68

SIDMAN, M.: Tactics of scientific research. New York: Basic Books, 1960 b

SIDMAN, M.: The Lavers Hall project. Mimeographie, Juni 1965.

SIDMAN, M.: Avoidance behavior. In: W. K. HONIG (Hg.), Operant behavior: Areas of research and application. New York: Appleton-Century-Crofts, 1966

SIDMAN, M., HERRNSTEIN, R. J., CONRAD, F. G.: Maintenance of avoidance behavior by unavoidable shock. J. Comp. Physiol., 1957, 50, 553—557

SIDMAN, M., STODDARD, L. T.: The effectiveness of fading in programming a simultaneous form discrimination for retarded children. J. Exp. Anal. Beh., 1967, 10, 3—15

SILVERMAN, R. E.: Eliminating a conditioned GSR by the reduction of experimental anxiety. J. Exp. Psychol., 1960, 59, 122—125

SIMKINS, L.: Behavior modification: Research or engineering. Abhandlung, unterbreitet der Southwestern Psychological Association, Arlington/Texas, 1966

SIMKINS, L.: Problems of response definition in clinical psychology. Abhandlung, unterbreitet der Western Psychological Association, San Francisco, 1967

SIMMEL, E. C., HOPPE, R. A., MILTON, G. A.: Social facilitation and imitative behavior. Boston: Allyn & Bacon, 1968

SKINNER, B. F.: The behavior of organisms: An experimental analysis. New York: Appleton-Century, 1938

SKINNER, B. F.: Walden two. New York, Macmillan, 1948. Dt. Ausg.: Futurum Zwei. Hamburg: Rowohlt Verlag, 1972

SKINNER, B. F.: Science and human behavior. New York: Macmillan, 1953. Dt. Ausg.: Wissenschaft und menschliches Verhalten. München, 1973

SKINNER, B. F.: Verbal behavior. New York: Appleton-Century-Crofts, 1957

SKINNER, B. F.: Two »synthetic social relations«. J. Exp. Anal. Beh., 1962, 5, 531—533

SKINNER, B. F.: Behaviorism at fifty. Science, 1963, 140, 951—958. Mitenthalten in: B. F. SKINNER: Contingencies of reinforcement. New York: Appleton-Century-Crofts, 1969. Deutsch in· Die Funktion der Verstärkung in der Verhaltenswissenschaft. München: Kindler 1974

SKINNER, B. F.: Discussion of behaviorismus at fifty. In: T. W. WANN (Hg.), Behaviorism and phenomenology. Chicago: University of Chicago Press, 1964

SKINNER, B. F.: The technology of teaching. New York: Appleton-Century-Crofts, 1968. Dt. Ausg.: Erziehung als Verhaltensformung. München: Keimer Verlag, 1971

SKINNER, B. F.: Beyond Freedom and dignity. New York: Knopf, 1971. Dt. Ausg.: Jenseits von Freiheit und Würde. Hamburg: Rowohlt Verlag, 1973

SKINNER, B. F.: *About behaviorism.* New York: Knopf, 1974

SLOANE, R. B., DAVISON, P. O., STAPLES, F., PAYNE, R. W.: Experimental reward and punishment in neurosis. *Compre. Psychiat.*, 1965, *6*, 388—395

SMITH, F. J., MARSTON, A. R.: Effects of inter- and intraresponse class differences upon learning via vicarious reinforcement. *J. Verb. Learn. Verb. Beh.*, 1965, *4*, 360—364

SNYDER, R. L.: Some correlates of interaction rate in natural populations of woodchucks. *Ecology*, 1962, *44*, 637—643

SOLANDT, O. M.: The control of technology. *Science*, 1969, *165*, 445

SOLLOD, D., STURMFELS, G.: *Reciprocal inhibition and the conditioned emotional response.* Unveröffentliches Manuskript, Washington University, 1965

SOLOMON, R. L.: Punishment. *Am. Psychol.*, 1964, *19*, 239—253

SOLOMON, R. L., BRUSH, E. S.: Experimentally derived conceptions of anxiety and aversion. In: M. R. JONES (Hg.), *Nebraska symposium on motivation*, 1956. Lincoln/Nebraska: University of Nebraska Press, 1956

SOLOMON, R. L., KAMIN, L. J., WYNNE, L. C.: Traumatic avoidance learning: The outcomes of several extinction procedures with dogs. *J. Abnorm. Soc. Psychol.*, 1953, *48*, 291—302

SOLOMON, R. L., TURNER, L. H.: Discriminative classical conditioning in dogs paralyzed by curare can later control discriminative avoidance responses in the normal state. *Psychol. Rev.*, 1962, *69*, 202—219

SOLOMON, R. L., WYNNE, L. C.: Traumatic avoidance learning: Acquisition in normal dogs. *Psychol. Monogr.*, 1953, *67*, Nr. 4, die ganze Nr. 354

SOLYOM, L., MILLER, S. B.: Reciprocal inhibition by aversion relief in the treatment of phobias. *Beh. Res. & Ther.*, 1967, *5*, 313—324

SOMMER, R.: Hawthorne dogma. *Psychol. Bull.*, 1968, *70*, 592—595

SOMMER, R.: *Personal space: The behavioral basis of design.* Englewood Cliffs/New Jersey: Prentice-Hall, 1969

SPIELBERGER, C. D., DeNIKE, L. D.: Descriptive behaviorism vs. cognitive theory in verbal operant conditioning. *Psychol. Rev.*, 1966, *73*, 306—326

STAATS, A. W.: *Learning, language and cognition.* New York: Holt, Rinehart & Winston, 1968

STAATS, A. W., MINKE, K. A., GOODWIN, W., LANDEEN, J.: Cognitive behavior modification: »Motivated learning« reading treatment with sub-professional therapy-technicians. *Beh. Res. & Ther.*, 1967, *5*, 283—299

STAATS, A. W., STAATS, C. K., CRAWFORD, H. L.: First-order conditioning of word meaning and the parallel conditioning of a GSR. *J. Gen. Psychol.*, 1962, *67*, 159—167

STAHELSKI, A. J., LOVAAS, O. I.: Two studies to increase spontaneity in autistic children. Abhandlung, unterbreitet anläßlich des Treffens der *Western Psychological Association*, San Francisco, 1967

STAMPFL, T. G., LEVIS, D. J.: Essentials of implosive therapy: A learning-theory-based psychodynamic behavioral therapy. *J. Abnorm. Psychol.*, 1967, *72*, 496—503

STANISHEVSKAYA, N. N.: A plethismographic investigation of catatonic schizophrenics. In: *Proc. all-union theoretical-practical conf.* Moskau: Madgiz, 1955

STERNBACH, R. A.: The effects of instructional sets on autonomic responsivity. *Psychophysiol.*, 1964, *1*, 67—72

STERNBACH, R. A.: *Principles of psychophysiology.* New York: Academic Press, 1966

STEVENSON, H. W.: Social reinforcement of children's behavior. In: L. P. LIPSITT, C. C. SPIKER (Hg.), *Advances in child development and behavior*, 2. Bd. New York: Academic Press, 1965

STIMBERT, V. E., SCHAEFFER, R. W., GRIMSLEY, D. L.: Acquisition of an imitative response in rats. *Psychol. Sci.*, 1966, *5*, 339—340

STOLLAK, G. E.: The experimental effects of training college students as play therapists. Abhandlung, unterbreitet anläßlich des Treffens der *Midwestern Psychological Association*, Chicago, 1967

STOLLER, F. H.: Focused feedback with video tape: Extending the group's function. In: G. M. GAZDA (Hg.), *Basic innovations to group psychotherapy and counseling.* Springfield/Illinois: C. C. Thomas, 1968

STORROW, H. A.: *Introduction to scientific psychiatry: A behavioristic approach to diagnosis and treatment.* New York: Appleton-Century-Crofts, 1967

STRAUGHAN, J. H.: Treatment of child and mother in the playroom. *Beh. Res. & Ther.*, 1964, 2, 37—41

STRICKER, L. J.: The true deceiver. *Psychol. Bull.*, 1967, 68, 13—20

STRICKER, L. J., MESSICK, S., JACKSON, D. N.: Suspicion of deception: Implications for conformity research. *J. Pers. Soc. Psychol.*, 1967, 5, 379—389

STRUPP, H. H.: *Psychotherapists in action.* New York: Grune & Stratton, 1960

STUART, R. B.: Behavioral control of overeating. *Beh. Res & Ther.*, 1967, 5, 357—365

STUART, R. B.: Notes on the ethics of behavior research and intervention. In: L. A. HAMERLYNCK, L. C., HANDY, G. J., MASH (Hg.), *Behavior change: Methodology, concepts and practice.* Champaign/Illinois: Research Press, 1973

STUART, R. B.: A three-dimensional program for the treatment of obesity. *Beh. Res. & Ther.*, 1971, 9, 177—186

STURM, I. E.: The behavioristic aspect of psychodrama. *Group Psychother.*, 1965, 18, 50—64

SULLIVAN, H. S.: Basic concepts in the psychiatric interview. In: H. S. PERRY, M. L. GAWEL (Hg.), *The psychiatric interview.* New York: Norton, 1954 a

SULLIVAN, H. S.: *The psychiatric interview.* New York: 1954 b

SULZER, E. S.: Reinforcement and therapeutic contract. *J. Counsel. Psychol.*, 1962, 9, 271—276

SZASZ, T. S.: The myth of mental illness. *Am. Psychol.*, 1960, 15, 113—118

SZASZ, T. S.: *Ideology and insanity: Essays on the psychiatric dehumanization of man.* New York: Doubleday, 1970

SZASZ, T. S.: Our despotic laws destroy the right to self-control. *Psychol. Today*, 1974, 8. Dezember, 19

TAFFEL, C.: Anxiety and the conditioning of verbal behavior. *J. Abnorm. Soc. Psychol.*, 1955, 51, 496—501

TERRELL, G. jun., DURKIN, K., WIESLEY, M.: Social class and the nature of the incentive in discrimination learning. *J. Abnorm. Soc. Psychol.*, 1959, 59, 270—272

THARP, R. G., WETZEL, R. J.: *Behavior modification in the natural environment.* New York: Academic Press, 1969

THELEN, M. H., VARBLE, D. L., JOHNSON, J.: Attitudes of academic clinical psychologists toward projective tests. *Am. Psychol.*, 1968, 23, 517—521

THIESSEN, D. D., RODGERS, D. A.: Population density and endocrine function. *Psychol. Bull.*, 1961, 58, 441—451

THOMAS, D. R., BECKER, W. C., ARMSTRONG, M.: Production and elimination of disruptive classroom behavior by systematically varying teachers' behavior. *J Appl. Beh. Anal*, 1968, 1, 35—46

THORNDIKE, E. L.: *Educational psychology*, 2. Bd.: *The psychology of learning.* New York: Teachers College, Columbia University, 1913

THORNDIKE, E. L.: Reward and punishment in animal learning. *Comp. Psych. Monogr.*, 1932, 8, die ganze Nr. 39

THORNE, F. C.: Rules of evidence in the evaluation of the effects of psychotherapy. *J. Clin. Psychol.*, 1952, 8, 38—41

THORPE, J. G., SCHMIDT, E., BROWN, P. T., CASTELL, D.: Aversionrelief therapy: a new method for general application. *Beh. Res. & Ther.*, 1964, 2, 71—82

THORPE, J. G., SCHMIDT, E., CASTELL, D. A.: A comparison of positive and negative (aversive) conditioning in the treatment of homosexuality. *Beh. Res. & Ther.*, 1963, *1*, 357—362

TILTON, J. R.: The use of instrumental motor and verbal learning techniques in the treatment of chronic schizophrenics. Unveröffentlichte Doktorarbeit, Michigan State University, 1956

TIMMONS, E. O., NOBLIN, C. D., ADAMS, H. E., BUTLER, J. R.: Operant conditioning with schizophrenics comparing verbal reinforcers vs. psychoanalytic interpretations: Differential extinction effects. *J. Pers. Soc. Psychol.*, 1965, *1*, 373—377

TOBIAS, L. L.: The relative effectiveness of behavioristic bibliotherapy, contingency contracting, and suggestions of selfcontrol in weight reduction. Unveröffentlichte Dissertation, University of Illinois, Champaign, 1972

TOLMAN, C. W.: The role of the companion in social facilitation of animal behavior. In: E. C. SIMMEL, R. A. HOPPE, G. A. MILTON (Hg.), *Social facilitation and imitative behavior.* Boston: Allyn & Bacon, 1968

TOOLEY, J. T., PRATT, S.: An experimental procedure for the extinction of smoking behavior. *Psychol. Rec.*, 1967, *17*, 209—218

TOURNEY, G., BLOOM, V., LOWINGER, P. L., SCHORER, C., AULD, F., GRISELL, J.: A study of psychotherapeutic process variables in psychoneurotic and schizophrenic patients. *Am J. Psychother.*, 1966, *20*, 122—124

TRIANDIS, H. C.: Cognitive similarity and communication in a dyad. *Human Relations*, 1960, *13*, 175—183

TRUAX, C. B.: Reinforcement and non-reinforcement in Rogerian psychotherapy. *J. Abnorm. Psychol.*, 1966, *71*, 1—9

TRUAX, C. B., CARKHUFF, R. R.: *Toward effective counseling and psychotherapy: Training and practice.* Chicago: Aldine, 1967

TRUAX, C. B., WARGO, D. G., CARKHUFF, R. R., KODMAN, F. jun., COLES, E. A.: Changes in self-concept during group psychotherapy as a function of alternate sessions and vicarious therapy pre-training in institutionalized mental patients and juvenile delinquents. *J. Consult. Psychol.*, 1966, *30*, 309—314

TURNER, L. H., SOLOMON, R. L.: Human traumatic avoidance learning: Theory and experiments on the operant-respondent distinction and failures to learn. *Psychol. Monogr.*, 1962, *76*, Nr. 40, die ganze Nr. 559

TURNER, R. K., YOUNG, G. C.: CNS stimulant drugs and conditioning treatment of nocturnal enuresis: A long term follow-up study. *Beh. Res. & Ther.*, 1966, *4*, 225—228

TYLER, V. O. jun., BROWN, G. D.: Token reinforcement of academic performance with institutionalized delinquent boys. *J. Educ. Psychol.*, 1968, *59*, 164—168

ULLMANN, L. P.: Abnormal psychology without anxiety. Abhandlung, unterbreitet anläßlich des Treffens der *Western Psychological Association,* San Francisco, 1967 a

ULLMANN, L. P.: The major concepts taught to behavior therapy trainees. Abhandlung, unterbreitet anläßlich des Treffens der *American Psychological Association,* Washington, D.C., September, 1967 b

ULLMANN, L. P.: Behavior therapy as social movement. In: C. M. FRANKS (Hg.), *Behavior therapy: Appraisal and status.* New York: McGraw-Hill, 1969

ULLMANN, L. P., KRASNER, L. (Hg.) *Case studies in behavior modification.* New York: Holt, Rinehart & Winston, 1965

ULLMANN, L. P., KRASNER, L.: *A psychological approach to abnormal behavior.* Englewood Cliffs/New Jersey: Prentice-Hall, 1969

ULLMANN, L. P., KRASNER, L., COLLINS, B. J.: Modification of behavior through verbal conditioning: effects in group therapy. *J. Abnorm Soc. Psychol.*, 1961, *62*, 128—132

ULLMANN, L. P., KRASNER, L., EKMAN, P.: Verbal conditioning of emotional words: Effects on behavior in group therapy. Forschungsberichte der Veterans Administration, Palo Alto/California, Nr. 15, 1961

ULRICH, R.: Behavior control and public concern. Psychol. Rec., 1967, 17, 229—234

ULRICH, R. E., AZRIN, N. H.: Reflexive fighting in response to aversive stimulation. J. Exp. Anal. Beh., 1962, 5, 511—520

VALINS, S., RAY, A.: Effects of cognitive desensitization on avoidance behavior. J. Pers. Soc. Psychol., 1967, 7, 345—350

VENABLES, P. H.: Input dysfunction in schizophrenia. In B. A. MAHER (Hg.), Progress in experimental personality research, 1. Bd. New York: Academic Press, 1964

VENABLES, P. H., WING, J. K.: Level of arousal and the subclassification of schizophrenia. Arch. Gen. Psychiat., 1962, 7, 114—119

VERHAVE, T.: The functional properties of a time out from an avoidance schedule. J. Exp. Anal. Beh., 1962, 5, 391—422

VERNON, P. E.: Personality assessment: A critical review. New York: Wiley, 1964

WAHLER, R. G., WINKEL, G. H., PETERSON, R. F., MORRISON, D. C.: Mothers as behavior therapists for their own children. Beh. Res. & Ther., 1965, 3, 113—124

WALDER, L. O., BREITER, D. E., COHEN, S. I., DASTON, P. G., FORBE, J. A., MCINTIRE, R. W.: Teaching parents to modify the behavior of their autistic children. Abhandlung, unterbreitet anläßlich des Treffens der American Psychological Association, New York, 1966

WALKER, H. M., BUCKLEY, N. K.: Programming generalization and maintenance of treatment effects across time and across settings. J. Appl. Behav. Anal., 1972, 5, 209—224

Wall Street Journal. 31. August 1964 und 21. Januar 1966.

WALSTER, E., BERCHEID, E., ABRAHAMS, D., ARONSON, V.: Effectiveness of debriefing following deception experiments. J. Pres. Soc. Psychol., 1967, 6, 371—380

WALTERS, G. C., ROGERS, J. V.: Aversive stimulation of the rat: Long term effects on subsequent behavior. Science, 1963, 142, 70—71

WALTERS, R. H., BROWN, M.: A test of the high magnitude theory of aggression. J. Exp. Child. Psychol., 1964, 1, 376—387

WALZ, G. R., JOHNSTON, J. A.: Counselors look at themselves on video tape. J. Counsel. Psychol., 1963, 10, 232—236

WASKOW, I. E.: Reinforcement in a therapy-like situation through selective responding to feelings or content. J. Consult. Psychol., 1962, 26, 11—19

WATSON, J. B.: Psychology from the standpoint of a behaviorist. Philadelphia: Lippincott, 1924

WATSON, J. B.: Psychological care of infant and child. New York: Norton, 1928

WATSON, J. B., RAYNER, R.: Conditioned emotional reactions. J. Exp. Psychol., 1920, 3, 1—14

WATSON, L. S. jun.: Application of operant conditioning techniques to institutionalized severely and profoundly retarded children. Abhandlung, vorgelegt anläßlich des Treffens der American Psychological Association, Chicago, 1965

WEBB, W. B. (Hg.): The profession of psychology. New York: Holt, Rinehart & Winston, 1962

WEINER, H.: Some effects of response cost upon human operant behavior. J. Exp. Anal. Beh., 1962, 5, 201—208

WEINER, H.: An operant conditioning analysis of past experience and maladaptive human behavior. Technical Report Nr. 26, Washington, D.C.: St. Elizabeth's Hospital, 1965

WEISS, R. L.: Operant conditioning techniques in psychological assessment. In: P. W. McREYNOLDS (Hg.), *Advances in psychological assessment.* 1. Bd. Palo Alto: Science & Behavior Books, 1969

WEITZMAN, B.: Behavior therapy and psychotherapy. *Psychol. Rev.,* 1967, *74,* 300—317

WELKOWITZ, J., COHEN, J., ORTMEYER, D.: Value system similarity: Investigation of patient-therapist dyads. *J. Consult. Psychol.,* 1967, *31,* 48—55

WESTIN, A. F.: *Privacy and freedom.* New York: Atheneum, 1967

WEXLER, D. B.: Token and taboo: Behavior modification, token economies, and the law. *Calif. Law Review,* 1973, *61*

WHITE, J. D., TAYLOR, D.: Noxious conditioning as a treatment for rumination. *Ment. Ret.,* 1967, *5,* 30—33

WHITEHORN, J. C., BETZ, B. J.: A study of psychotherapeutic relationships between physicians and schizophrenic patients. *Am. J. Psychiat.,* 1954, *111,* 321—331

WHITEHORN, J. C., BETZ, B. J.: Further studies of the doctor as a crucial variable in the outcome of treatment with schizophrenic patients. *Am. J. Psychiat.,* 1960, *117,* 215—223

WICKENS, D. D.: A study of voluntary and involuntary finger conditioning. *J. Exp. Psychol.,* 1939, *25,* 127—140

WIEST, W. M.: Some recent criticisms of behaviorism and learning theory with special reference to Breger and Mc Gaugh and to Chomsky. *Psychol. Bull.,* 1967, *67,* 214—225

WILSON, A., SMITH, F. J.: Counterconditioning therapy using free association: A pilot study. *J. Abnorm.,* 1968, *73,* 474—478

WILSON, G. D.: An electrodermal technique for the study of phobias. *New Zealand Med. J.,* 1966, *65,* 696—698

WILSON, G. D.: Efficacy of »flooding« procedures in desensitization of fear: A theoretical note. *Beh. Res. & Ther.,* 1967, *5,* 138

WILSON, G. T., HANNON, A. E., EVANS, W. I. M.: Behavior therapy and the therapist-patient relationship. *J. Consult. Clin. Psychol.,* 1968, *32,* 103—109

WILSON, G. T., DAVISON, G. C.: Behavior therapy and homosexuality: A critical perspective. *Beh. Ther.,* 1974, *5,* 16—28

WINETT, R. A., WINKLER, R. C.: Current behavior modification in the classroom: be still, be quiet, be docile. *J. Appl. Behav. Anal.,* 1972, *5,* 499—504

WISOCKI, P. A.: The successful treatment of a heroin addict by covert conditioning techniques. *J. of Beh. Ther. and Exper. Psychiat.* 1972, *4,* 55—61

WITTENBORN, J. R.: The dimensions of psychosis. *J. Nerv. Ment. Dis.,* 1962, *134,* 117—128

WITTENBORN, J. R., ADLER, E., LUKACS, A., SHARROCK, J., SIMMONS, J. J.: III. A contingent reinforcer. *Psychol. Rev.,* 1963, *70,* 418—431

WOLBERG, L. R.: *The technique of psychotherapy.* New York: Grune & Stratton, 1954

WOLF, M. M., GILES, D. K., HALL, R. V.: Experiments with token reinforcement in a remedial classroom. *Beh. Res. & Ther.,* 1968, *6,* 51—64

WOLF, M. M., RISLEY, T., MEES, H. L.: Application of operant conditioning procedures to the behavior problems of an autistic child. *Beh. Res. & Ther.,* 1964, *1,* 305—312

WOLFENSBERGER, W.: Ethical issues in research with human subjects. *Science,* 1967, *155,* 47—51

WOLPE, J.: *Psychotherapy by reciprocal inhibition.* Stanford: Stanford University Press, 1958

WOLPE, J.: Some methods of behavior therapy. Im Camarillo State Hospital Mimeograph Report: *Behavior therapy and theory in 1966.* Camarillo State Hospital, Camarillo/California, 1966

WOLPE, J., LANG, P. J.: A fear survey schedule for use in behavior therapy. *Beh. Res. & Ther.*, 1964, 2, 27—30

WOLPE, J., LAZARUS, A. A.: *Behavior therapy techniques: A guide to the treatment of neuroses*. New York: Pergamon Press, 1966

WOLPIN, M., RAINES, J.: Visual imagery, expected roles and extinction as possible factors in reducing fear and avoidance behavior. *Beh. Res. & Ther.*, 1966, 4, 25—37

WOODWORTH, R. S., SCHLOSBERG, H.: *Experimental psychology*. New York: Holt, Rinehart & Winston, 1954

WOODY, R. H.: *Behavioral problem children in the schools*. New York: Appleton-Century-Crofts, 1969

ZAJONC, R. B.: Social facilitation. *Science*, 1965, 149, 269—274

ZAJONC, R. B.: Social facilitation in cockroaches. In: E. C. SIMMEL, R. A. HOPPE, G. A. MILTON (Hg.), *Social facilitation and imitative behavior*. Boston: Allyn & Bacon, 1968

ZEILER, M. D.: Fixed and variable schedules of response independent reinforcement. *J. Exp. Anal. Beh.*, 1968, 4, 405—414

ZEINER, A., GRINGS, W. W.: Backward conditioning: A replication with emphasis on conceptualizations by the subject. *J. Exp. Psychol.*, 1968, 76, 232—235

ZEISSET, R. M.: Desensitization and relaxation in the modification of psychiatric patients' interview behavior. *J. Abnorm. Psychol.*, 1968, 73, 18—24

ZIGLER, E., PHILLIPS, L.: Psychiatric diagnosis: A critique. *J. Abnorm. Soc. Psychol.*, 1961, 63, 607—618

ZIMBARDO, P. G., WEISENBERG, M., FIRESTONE, I., LEVY, B.: Communicator effectiveness in producing public conformity and private attitude change. *J. Pers.*, 1965, 33, 233—256

ZIMMERMAN, D. W.: Sustained performance in rats based on secondary reinforcement. *J. Comp. Physiol. Psychol.*, 1959, 52, 353—358

ZIMMERMAN, J., FERSTER, C. B.: Chained VI performance of pigeons maintained with an added stimulus. *J. Exp. Anal. Beh.*, 1964, 7, 83—89

ZYTOWSKI, D. G.: The study of therapy outcomes via experimental analogues: A review. *J. Counsel. Psychol.*, 1966, 13, 235—240

Glossar

(Zusammengestellt von Edwin Ortmann)

ABAB *experimental design* — experimenteller ABAB-Versuchsplan
Abnormal psychology — Psychopathologie
Acquisition — Aneignung, Erwerb
ACL — *Adjective check list*
Action research — Aktionsforschung
Acting out — Ausagieren
Adaptation — Adaptation
Adaptive — Adaptiv
Adjustment — Anpassung
After-image — Nachbild
Analogue interview — Analoginterview
AMT — s. *Anxiety*...
Amplitude of response — Reaktionsumfang
Alley — (Lauf-)Gang
Alienation — soziale Isolation und Entfremdung
Analogue studies — Analogstudien
Annoyer — Strafstimulus
Antagonistic response — Gegenreaktion oder antagonistische Reaktion
Antecedents — vorauslaufende Ereignisse
Anticipatory avoidance response — antizipatorische Vermeidungsreaktion
Anxiety — Angst
Anxiety conversation — Angsterhaltung
Anxiety index — Angstindikator
Anxiety Management Training (AMT) — Angstbewältigungstraining
Anxiety of failure — Versagensangst
Anxiety relief — Angsterleichterung
Approach — *avoidance* — Annäherung — Vermeidung
Approach behavior — Annäherungsverhalten
Arousal — Erregung
Assertion — a. Selbstbehauptung
Assertive training — Selbstsicherheitstraining
Assertive Training Programm — Selbstsicherheitstrainingsprogramm
Assessment — Erfassung, Diagnostik

Association — Assoziation
Associationistic — assoziationistisch
ATP — *Assertive training program*
Attitudinal change — Einstellungsänderung
Audience effect — Zuhöreffekt
Autoshaping — Selbst-Formung
Aversion relief — Aversionserleichterung
Aversion therapy — Aversionstherapie
Avoidance — Vermeidung
Avoidance conditioning — Vermeidungskonditionierung
Awareness rating — Bewußtseinsschätzung

Back-up reinforcer — Eintauschverstärker
Backward conditioning — Rückwärtskonditionieren
Baseline — Ausgangsdaten, Grundkurve
Baseline observations — Grundkurvenerhebungen
Basic skill — grundlegende Fertigkeit
Behavioral contagion — Verhaltensansteckung
Behavioral contract — Verhaltensvertrag
Behavioral deficit — Verhaltensdefizit
Behavioral equation — Verhaltensformel oder -gleichung
Behavioral excess — Verhaltensexzeß
Behavioral orientation — Verhaltensorientierung
Behavioral rehearsal — Verhaltensübung
Behavioral trap — Verhaltensfalle
Behavior sequence — Verhaltenssequenz
Behavior shaping — Verhaltens(aus)formung
Bell and pad method — Klingel- und Kissenmethode oder Alarmglocken-Matratzen-Methode
Between-subject design — Kontrollgruppenmethode
Bias — Befangenheit
Booster session — Unterstützungssitzung
Broad spectrum therapy — weitgefaßter

oder eklektischer therapeutischer Ansatz

CAD *conditioned avoidance drive* — konditionierter Antrieb zur Vermeidung

CAR *conditioned avoidance reaction* — konditionierte Vermeidungsreaktion

Case study — Untersuchung v. Einzelfällen

Casual observation — Gelegenheitsbeobachtung, Freie Beobachtung

Catamnesis — Katamnese, Nachuntersuchung

CER — *conditioned emotional reaction* —konditionierte emotionale Reaktion

Check list — Beobachtungsbogen

Choice point — Entscheidungspunkt

Choice point learning — Entscheidungslernen

Classical conditioning — klassisches Konditionieren

Coercion — Koerzion

Cognitive templates — kognitive Schablonen

Co-learning — gemeinsames Lernen

Competing (competitive) response — konkurrierende Reaktion

Compulsion — Zwangshandlung

Concept formation — Begriffsbildung

Concordant reaction — konkordante Reaktion

Conditional discrimination learning — konditionales Diskriminationslernen

Conditioned avoidance drive (CAD) — konditionierter Antrieb zur Vermeidung

Conditioned emotional response (CER) — konditionierte emotionale Reaktion

Conditioned facilitation — konditionierte Erleichterung

Conditioning — Konditionieren, -ung

Conjugate reinforcement — konjugierte Verstärkung

Consummatory act — Endhandlung

Consummatory response — konsumatorische Reaktion, Endhandlung

Contingency management — Kontingenz-Management

Contingency relationship — Kontingenzbeziehung

Contingency-shaped behavior — kontingenzgeformtes Verhalten

Contract — (therapeutischer) Vertrag

Contractual management — vertragliches Management

Contradict and attack — Widersprechen und Angreifen

Control — Kontrolle; kontrollieren, steuern

Control group design — Kontrollgruppenplan

Counterconditioning — Gegenkonditionierung, -en

Coverant-control — Coverant-Kontrolle

Covert — verdeckt

Covert sensitization — verdeckte Sensibilisierung

CR *conditioned reaction* — konditionierte Reaktion

Cross-over design — Überkreuzversuch

CS — konditionierter Stimulus

Cue — Hinweisreiz, cue

Cuing — Verabreichung von Hinweisreizen oder cues

Cumulative record — Kumulativaufzeichnung

DAF *delayed auditive feedback* — verzögerte auditive Rückmeldung oder Rückkoppelung

Data collection — Datenerhebung, -sammlung

Debilitating anxiety — leistungshemmende Angst

Deceleration — negative Beschleunigung

Deconditioning — Dekonditionierung

Delayed conditioning — Verzögerungskonditionieren

Delay of reinforcement — Verstärkungsverzögerung

Deliberate use of the word »I« — absichtlicher Gebrauch des Wortes »Ich«

Density — Dichte (eines UCS z. B.)

Desensitization — Desensibilisierung

Systematic Desensitization — systematische Desensibilisierung. Vgl. a. In-vivo — Covert

Design — (Versuchs-)Plan

Differential — differentiell

Differential reinforcement of high rate (DRH) — differentielle Verstärkung mit hoher Rate

Differential reinforcement of other behavior (DRO) — differentielle Verstärkung anderen Verhaltens

Differential reinforcement of pacing (DRP) — DRL mit Zeiteinschränkung (limited hold)

Directed learning paradigma — Paradigma des gesteuerten Lernens
Discordant reaction — diskordante Reaktion (Synonym für »unvereinbare Reaktion«)
Discrimination — Diskrimination
Discrimination learning — Diskriminationslernen
Disruptive behavior — störendes Verhalten, Verhaltensunterbrechung
Distraction — Ablenkung
Doubling — Modellvorgabe
Drive level — Triebniveau
Drive reduction — Triebreduktion
Dual process theory — Zwei-Prozeß-Theorie

Ecological — ökologisch
Effect — Effekt, Wirkung
Electric shock grid — Elektroschockrost
Effect, Law of — Effektgesetz
Elicitation (of a reflex) — (Reflex-)Auslösung
Elicit (to) — auslösen
Embedded in (to be) — eingebunden sein in
EMI — Emotionalitätsinventar
Emission — Emission
Emit (to) — emittieren, zeigen
Emotionality scale — Emotionalitätsskala
Emotive imagery — emotionale Gegenvorstellung
Engineering — technische Handhabung, Durchführung, Manipulation
Enhance (to) — Beschleunigen (Aneignung z. B.)
Environment — Umwelt, Milieu, Umgebung
Equivalent time samples design — Plan äquivalenter Zeitstichproben, äquivalenter Zeitstichprobenplan
Escape — Flucht
Ethology — Ethologie o. vergleichende Verhaltensforschung
Evaluation — Bewertung, Einschätzung
Event — Ereignis
Event-intervall-recording — fraktionierte Zeitstichproben
Event recording — Ereignisaufzeichnung
Event sampling — Ereignisstichprobenverfahren
Examination anxiety — Prüfungsangst
Excitation — Exzitation
Excitatory responses — exzitatorische Reaktionen

Experimental space — Versuchsraum
Exposure — Exposition, Konfrontation
Express agreement when you are praised — Zustimmung bei Lob durch andere
Extinction — Löschung
Extinction gradient — Löschungsgradient
Extinguish, to — löschen
Extrinsic reinforcement — äußere Verstärkung, extrinsische Verstärkung
Eyelid conditioning — Lidschlagkonditionierung

Facial talk — expressives Sprechen
Facilitating anxiety — leistungsfördernde Angst
Factorial design — faktorieller Versuchsplan
Fading (in, out) — Ein- bzw. Ausblenden
Fear-drive — Angsttrieb
Fear Survey Schedule (FSS) — Angstfragebogen
Feedback — Rückmeldung, Feedback
Feeling talk — emotionales Sprechen
Field dependence — Feldabhängigkeit
Figural after effect — figuraler Nacheffekt
First-order rule — Regel erster Ordnung
Fixed interval (FI) — fixiertes Intervall
Fixed ratio (FR) — fixierte Quote (FQ)
Flooding — Reizüberflutung
Free operant — freier Operant
Free operant level — Niveau des freien Operanten
Free performance level — Niveau freier Performanz oder Leistung
FSS *Fear Survey Schedule* — Angstfragebogen
Functional — funktional

Galvanic skin response (GSR) — galvanische Hautreaktion
General anxiety — Allgemeinangst, allgemeine oder generelle Angst
Generalization — Generalisierung
— *of treatment effects* — von Behandlungseffekten
Goal box — Zielbox
Gradual desensitization — stufenweise Desensibilisierung
Graduate modeling — allmählich ansteigendes Modellernen
GSR *galvanic skin response* — galvanische Hautreaktion

Guided experience — gesteuerte Erfahrung
Habit formation — Gewohnheitsbildung
Habit strength — Gewohnheitsstärke
Habituation — Habituation
Heavy schedule — intensiver Verstärkungsplan
Hypothetisized — hypothetisiert

Idealized self-image — idealisiertes Selbst-Bild
Identification paradigma — Identifikationsparadigma
Imitation — Imitation, Nachahmung
Implosion oder *implosive therapy* — Implosionstherapie
Improvisation — Improvisation
Incompatible — unvereinbar
Indicant — Index
Incentive — Anreiz
Induction — Induktion
Inescapable aversive stimulation — unvermeidbare aversive Stimulierung
Inhibition — Hemmung
Inhibition-excitation balance — Gleichgewicht zwischen Inhibition und Exzitation
Inhibitory gradient — Hemmungsgradient
Insight therapie —Therapie durch Einsicht
Instigate, to — instigieren
Instigation — s. u. *vicarious instigation*
Instigation therapy — Instigationstherapie
Instruction — Instruktion, Vorausinformation
Instructional set — Instruktionsset
Instrumental learning — instrumentelles Lernen
Interpersonal attraction theory — Theorie zur interpersonalen Anziehungskraft
Interresponse time (IRT) — Inter-Reaktionszeit
Intersession interval — zeitl. Abstand zwischen den Sitzungen
Intervention, therapeutic — Eingriff, Intervention, therapeutische
Interview therapy — Gesprächstherapie
Intrasituational — vgl. functional
Intrasubject — intraindividuell
Intrinsic reinforcement — innere oder selbsttätige Verstärkung
Intrinsic reinforcer — intrinsischer Verstärker

Intropunitiv — selbstbestrafend
In vivo — in vivo, im oder am lebenden Organismus
In-vivo-desensitization — In-vivo-Desensibilisierung
IRT *interresponse time* — Inter-Reaktionszeit
Item — Testaufgabe, Item

Jerkes-Dodson-Law — Jerkes-Dodson-Gesetz

Label(ling) — Etikett(ierung), Benennen, Benennung
Latent learning — latentes Lernen
Level of aspiration — Anspruchsniveau
Lifemanship — Lebenskunst
Longitudinal study — Längsschnittuntersuchung

Magnitude — Größe
Mand — »Befriedigung«
MAS — *Manifest Anxiety Scale*
Massed practice — massierte Übung
Matched-dependent paradigma — Paradigma des parallel-abhängigen Verhaltens
Matching-to-sample discriminationlearning paradigma — Paradigma des diskriminativen Zuordnungslernens
Maudsley Personality Inventory — MPI
Mediating behaviour — vermittelndes Verhalten
Mediation — Vermittlung, Mediation
Mediation hypothesis — Vermittlungshypothese
Mediator — Mediator, Vermittler
MMPI — *Minnesota Multiphasic Personality Inventory*
Micturition — Miktion, Harnlassen
Mixed model — kombiniertes o. eklektisches Modell
Mixed schedule — gemischter Plan
Model(l)ing — Modellernen (intransitiv) oder Modelltraining (transitiv)
Motivation Motivation
Motivational — motivational
Motor skills — motorische Fertigkeiten
Multiple baseline design — Plan multipler Grundkurven oder Versuchsplan mit multiplen Ausgangsdaten oder multipler Grundkurven-Plan

Negative practice — negative Übung
Negativism — Negativismus

Non-adaptive — nicht-adaptiv
Noncontingent — nicht-kontingent
Nonsense syllable learning — Erlernen sinnloser Silben (yo)
No-trial Learning — Lernen ohne Einübung
Noxious stimulus — noxischer Stimulus

Objectivity — Objektivität (neben Zuverlässigkeit und Gültigkeit eines der drei Hauptkriterien der Güte eines Testverfahrens)
Observation — Beobachtung
Observational learning — Beobachtungslernen
On-line computer processing — On-line-Datenverarbeitung
Operant behavior — operantes Verhalten
Operant conditioning — operantes Konditionieren
Operation (to operate) — Operation, Handlung, Verhalten (operieren)
Operational, Synonym für »transsituational« (i. Ggs. zu »funktional« bzw. »intrasituational«)
Overlearning — Überlernen
Overt — offen

Package, therapeutic — Paket, therapeutisches
Pairing — Koppelung
Paradigma — Paradigma
Paradoxical intention — paradoxe Intention
Participant modeling — partizipierendes Modellernen
Partial irreversibility — partielle Irreversibilität
Pavlovian conditioning — klassisches Konditionieren
Pencil maze — Bleistiftlabyrinth
Perceptual defence — Wahrnehmungsabwehr
Performance — Performanz
Performance deficit — Performanzdefizit, Leistungsdefizit
Performance level — Performanzniveau Leistungshöhe, -niveau
Personality inventory — Persönlichkeitsinventar, -fragebogen
Physical restraint — physische Einschränkung oder Behinderung
PGR *psychogalvanic skin response* — psychogalvanischer Hautreflex

Picture preference task — Präferenzaufgabe mit Bildern
Placebo — Placebo
Placebo reactor — Placebo-Reaktor
Population — Population (jede Untersuchung hat ihre Population), Grundgesamtheit
Potency — Fähigkeit (eines CS z. B.)
Preceding response — vorauslaufende Reaktion
Precurrent history of reinforcement — vorangegangene Verstärkungsgeschichte
Precurrent response — vorauslaufende Reaktion
Prepotency — Prävalenz
Pretraining — Vortraining
Prognostic — prognostisch
Programmed instruction — programmierte Instruktion o. Unterweisung
Prompt — Anregung
Property — Eigenschaft
Prosthetic environment — prothetische Umwelt
Pseudo-conditioning — Pseudokonditionierung
Public speaking anxiety — Angst vor öffentlichem Sprechen
Punisher (punishing stimulus) — Strafstimulus
Punishment by time-out — Auszeitbestrafung
Purposive behaviourism — zweckorientierter Behaviorismus
Puzzle box — Problemkäfig

Randomization — Randomisierung Erreichung einer zufallsgemäßen Verteilung
Randomize — randomisieren
Rater — Schätzer
Rating — Schätzung
Ratio strain — Quotenbelastung
Reactive inhibition — reaktive Hemmung oder Inhibition
Reactivity — Reaktionsfähigkeit Reagibilität
Reciprocal inhibition — reziproke Hemmung oder Hemmung
Reciprocity — Reziprozität
Recovery — Erholung
Reduction — Reduktion (a. Unterdrückung v. Reaktionen)
Redundant — redundant
Reference group — Bezugsgruppe

Reflex fatigue — Reflexermüdung
Reflexive — reflexhaft
Rehabilitation — Rehabilitation, u. a. Behebung oder Verringerung von Behinderungen
Reinforcement cost — Verstärkungsentzug
Reinforcing system — Verstärkungssystem
Relapse rate — Rückfallquote
Relearning — Wiederlernen
Reliability — Zuverlässigkeit, Reliabilität (neben Objektivität und Gültigkeit eines der drei Hauptkriterien der Güte eines Testverfahrens)
Relief stimulus — Erleichterungsstimulus
Reminiscence — Reminiszenz
Replication — Wiederholung, *Replikation* (an einem Objekt)
Resistance to extinction — Löschungsresistenz
Respondent behavior — respondentes Verhalten
Response cost — Verstärkerentzug
Response decrement — Reaktionsabnahme
Response differentiation — Reaktionsdifferenzierung
Response prevention — Reaktionsverhinderung
Retention — Behalten, Zurückhalten
Reversal — Reversion
Reversal technique — Reversionstechnik
Reward — Belohnung
Role reversal — Rollenreversion
Rote learning — mechanisches Einprägen
Rule-governed behavior — regelgesteuertes Verhalten

Sample — Stichprobe
Satiation — Sättigung
Schedule of reinforcement — Verstärkungsplan
School phobia — Schulphobie
Score — Punktwert
Score, to — berechnen, skalieren, bewerten, zuordnen
SD — Systematische Desensibilisierung
S^D diskriminativer Stimulus (mit Konsequenz)
S^Δ diskriminativer Stimulus (ohne Konsequenz)
Secondary gain — sekundärer Gewinn
Self-appraisal — Selbstbewertung, -einschätzung

Self-confrontation — Selbstkonfrontation
Self-depreciation — Selbstabwertung
Self-description — Selbstbeschreibung
Self-destructive — selbstdestruktiv
Self-evaluation — Selbsteinschätzung, -bewertung
Self-instruction — Selbstinstruktion
Self-management — Selbstmanagement
Self-mastery coverant — Coverant der Selbstbewältigung
Self-monitoring — Selbstüberwachung
Self-observation — Selbstbeobachtung
Self-persuasion — Selbstüberzeugung oder Selbstüberredung (je nachdem ob gedanklich oder verbal)
Self rating — Selbsteinschätzung
Self-regulation — Selbstregulierung
Self-reinforcement — Selbstverstärkung
Self-report — Selbstbericht
Self-stimulation — Selbststimulierung
Shaping s. *Behavior*
Sidman avoidance — kontinuierliche Vermeidung
Sign-learning (classical conditioning) — Signallernen
Situational — situativ
Skeletal — skelettbezüglich
Skin resistance — Hautwiderstand
Social facilitation — soziale Erleichterung
Social learning — soziales Lernen
Social skill — soziale Fertigkeit
Speech disfluencies — Sprachstörungen
Spontaneous fluctuation — Spontanfluktuation
Spontaneous recovery — Spontanerholung
Spontaneous remission — Spontanremission
Stage-fright — Angst vor Zuschauern, Lampenfieber
Startle response — Schreckreflex
Stimulation — Stimulierung, Stimulation
Stimulus event — Stimulusereignis
Stimulus facilitation — Stimuluserleichterung
Stimulus substitution — Stimulussubstitution
Strengthen(ing) — (be)stärken
Subassertive — selbstunsicher
Subvocal — subvokal
Successive approximation — sukzessive Annäherung

Suggestibility — Suggestibilität
Suppression — Unterdrückung
Suppressive effect — Unterdrückungs-
effekt
Symptom-relief — Symptomerleichte-
rung
Symptom substitution — Symptomver-
schiebung
Systematic desensitization — systemati-
sche Desensibilisierung

Temporal maze — Zeitlabyrinth
t — Zeitintervall (bei Verstärkungsplä-
nen)
Tact — »Benennung«
Target act — Zielhandlung
Target behavior — Zielverhalten
Temporal summation — zeitliche Bah-
nung
Temptation model — Modell der Ver-
suchung
Terminal response — Endreaktion
Test anxiety — Prüfungsangst
Therapist coaching — Ermutigung durch
den Therapeuten
Thought stopping — Gedankenstop
Threshold — Schwellenwert
Time out — Auszeit, Auszeitbestrafung
Time sampling — Zeitstichprobenver-
fahren
Time series analysis — Zeitreihenanalyse
Time series design — Zeitreihenplan
Token system — Token- oder Münzver-
stärkungssystem
Transfer — Transfer, Übertragung
Transfer of learning — Lerntransfer,
Transfer durch Lernen
Trial — Durchgang
Trial and error learning — Versuch-und-
Irrtum-Lernen

U — Unsicherheitsfragebogen
UCR — unkonditionierte Reaktion
UCS — unkonditionierter Stimulus
Unconditioning — Wegkonditionieren,
Dekonditionierung
Unlearning — Verlernen
Utility — Nutzen, Nützlichkeit

Validity — Gültigkeit, Validität (neben
Zuverlässigkeit und Objektivität eines
der drei Hauptkriterien der Güte eines
Testverfahrens)
Variable interval schedule (VI) — va-
riabler Intervallplan
Variable-interval reinforcement — Ver-
stärkung mit variablem Intervall;
Variointervallverstärkung
Variable-ratio reinforcement — Verstär-
kung mit variabler Quote; Vario-
proportionalverstärkung
Variable ratio schedule (VR) — varia-
bler Quotenplan
Vela — vegetative Labilität
Verbal community — Sprachgemein-
schaft
Verbal content — verbaler Inhalt
VI *variable interval schedule* — varia-
bler Intervallplan
Vicarious conditioning of arousal —
stellvertretendes Konditionieren von
Erregung
Vicarious instigation — stellvertretende
Instigation
Vicarious learning — stellvertretendes
Lernen
VR *variable ratio schedule* — variabler
Quotenplan

Warning stimulus — Warnstimulus

Yoked control — verbundene Kontrolle
Yoked procedure — Verbundverfahren

Namenregister

Sachregister